Wicke/Ziegenrücker
ROCK · POP · JAZZ · FOLK

Peter Wicke
Wieland Ziegenrücker

ROCK POP JAZZ FOLK

Handbuch der populären Musik

VEB Deutscher Verlag
für Musik Leipzig

Die Erläuterungen zu den Stichworten aus den Bereichen Musikelektronik, Akustik und Studiotechnik entstanden unter Mitarbeit von Kai-Erik Ziegenrücker, Klaus-Dieter Hesse und Ute Oehm.

ISBN 3-370-00168-3

3. Auflage
VEB Deutscher Verlag für Musik Leipzig 1987
© VEB Deutscher Verlag für Musik Leipzig 1985
Lizenznummer 418-515/A 41/87
Printed in the German Democratic Republic
Gesamtherstellung:
Offizin Andersen Nexö, Graphischer Großbetrieb, Leipzig
III/18/38
Gestaltung: Lothar Gabler, Leipzig
LSV 8380
Bestellnummer 518 461 6
0 00

Unseren Frauen Gisela und Margot,
ohne die es nicht geworden wäre ...

Vorwort

Vorliegende Publikation wendet sich sowohl an den großen Kreis derjenigen, die als Hörer populärer Musik speziellere Informationen über einzelne ihrer Erscheinungsformen, über historische und ökonomische Hintergründe, über die mit ihr verbundenen Fachbegriffe, über Technik, Instrumente oder Stilrichtungen suchen, als auch an den ausübenden Musiker, den Discjockey, den Wissenschaftler, den Musiklehrer, den Redakteur, den Programmgestalter, den Studierenden, kurz: an all diejenigen, die in Ausbildungseinrichtungen, Massenmedien oder den weit verzweigten kulturellen Institutionen beruflich mit dieser Musik umgehen. Daß hier ein immenses Informationsbedürfnis gewachsen ist, dem vorhandene Publikationen entweder nur sehr oberflächlich Rechnung tragen oder aber aus sprachlichen Gründen und solchen der Erreichbarkeit nur Spezialisten zugänglich sind, gab Anlaß zu diesem Buch. Angesichts der Vielschichtigkeit dieses Interesses, der unterschiedlichen Schwerpunkte, die für einzelne Benutzergruppen dabei jeweils von Bedeutung sind, mußte es darum gehen, faktologische Exaktheit, den Blick auf historische und musikalische Zusammenhänge, die z.T. sehr spezifischen, technischen und spieltechnischen Aspekte dieser Musik mit einer Darstellungsform zu verbinden, die auch dem Nichtfachmann verständlich bleibt. Inwieweit das gelungen ist, wird der Leser zu entscheiden haben. Die Form des Handbuchs schien den Autoren jedenfalls die geeignetste Lösung dafür. Zugunsten einer ausführlicheren, die Entwicklungsprozesse zumindest umreißenden Darstellung wurde auf lexikalische Knappheit mit griffigen Definitionsformeln verzichtet, jedoch das Prinzip alphabetisch geordneter Sachstichworte übernommen, um einen systematisierten und leicht zugänglichen Überblick über diese komplexe und weiträumig verästelte Musikpraxis zu ermöglichen. Während damit dem sicher erst einmal vordringlichen Informationsbedürfnis am besten entsprochen werden konnte, steht hinter der Gesamtanlage dieses Buches, gleichsam als eine zweite Ebene, auch der Versuch, einen Musikbegriff in seinen historischen, ästhetischen, ökonomischen, technischen und spielpraktischen Aspekten zu entfalten, der sich wesentlich von dem unterscheidet, der der so gern als »ernst« apostrophierten Musik zugrunde liegt. Geht man davon aus, daß die verschiedenen Formen der populären Musik nicht einfach als bloß kommerzielle Deformation der vermeintlich »wirklichen« Musik (Sinfonik, Kammermusik und Oper) zu begreifen sind, daß sie vielmehr aus einem eigenen Traditionszusammenhang ganz anderer Art entstanden sind, der mit der Lebensweise der Massen verbunden ist, ihren Wertvorstellungen folgt, auch dort, wo entfremdete Arbeit und eine nahezu hemmungslose kommerzielle Verwertung musikalischer Kreativität diese prägt, dann hat man auch zu akzeptieren, daß hier die Vorstellungen davon, was Musik ist, die Kriterien, nach denen sie bewertet wird, die Bedingungen, unter denen sie existiert und sich entwickelt und damit natürlich auch die Art und Weise, wie musiziert wird, grundsätzlich anderer Natur sind. Sie können unter diesen Voraussetzungen eben nicht immer wieder nur auf die im Konzertsaal etablierten Formen von Musik bezogen und ihre Eigenart als kommerzielle Nivellierung dessen ausgegeben werden, sondern sind als eine eigenständige Kunstpraxis zu begreifen. Nun haftet freilich nahezu jedem musikalischen Terminus, sofern er nicht ohnehin erst im Zusammenhang der populären Musik geprägt wurde, seine Entstehungsgeschichte als ihm immanent gewordener Wertbezug an. So wie, wenn von »Musik« gesprochen wird, automatisch unterstellt ist, das sei Kammermusik, Sinfonik und Oper, alles andere müsse sich terminologisch als »Volks«-Musik, »populäre« Musik usw. davon abheben, so wird auch die Vielzahl allgemeiner musikalisch technischer Termini voraussetzungslos immer mit jener Bedeutung verbunden, die sie durch die Entwicklung von Sinfonik, Kammermusik und Oper angenommen haben. Das bestätigt jeder Blick in ein beliebiges Musiklexikon. Demgegenüber ist in dieser Publikation nun konsequent der Versuch unternommen, auch musikalische Grundbegriffe aus dem praktischen Entwicklungszusammenhang der populären Musik heraus entsprechend neu zu fassen, von den Elementarbegriffen bis in die Spezialterminologie hinein das musiktheoretische und spielpraktische Bezugssystem der populären Musik, deren Genre- und Gattungsstruktur wie deren unterschiedliche stilistische Erscheinungsformen zu entwickeln. Die einzelnen Begriffe sind deshalb immer aus ihrer praktischen Verwendung heraus dargestellt worden, die historisch so genau wie möglich zu lokalisieren versucht wurde. Dort, wo der konkrete Gebrauch des Begriffs eine Festlegung auf einen eindeutigen Begriffsinhalt nicht zuließ, wurde eine solche durch uns auch nicht nachträglich vorgenommen, sondern vielmehr der Begriffsgebrauch selbst dargestellt. Anstelle bündiger Definitionen, die immer der Gefahr ausgesetzt sind, historisch leer zu bleiben, ist vielmehr versucht worden, die Begriffe in bezug auf die hinter ihnen stehenden, sie tragenden und vermittelnden Prozesse zu erläutern. Um aber auch einem Informationsinteresse entgegenzukommen, das sich nicht in jedem Einzelfall auf die dann oft auch sehr komplexe Vielschichtigkeit einlassen will, ist der ausführlicheren Darstellung jeweils eine knappe Begriffsbestimmung vorangestellt worden. Der Vollständigkeit des Überblicks, die damit angestrebt ist, waren freilich einschneidende Grenzen vorgegeben, die dazu gezwungen haben, auch erhebliche Verkürzungen hinzunehmen. Schon aus Raumgründen mußten Akzente gesetzt werden. Wir haben uns dabei von dem ganz praktischen Gesichtspunkt leiten lassen, diejenigen Genres und Gattungen der populären Musik und die sie vermittelnden historischen Prozesse in den Mittelpunkt zu stellen, die quantitativ wie qualitativ in der Musikkultur der Gegenwart den größten Stellenwert beanspruchen. Die verschiedenen Formen der musikalischen Bühnenunterhaltung, von der Operette bis zur Revue, dem Varieté und dem Musical, sind demgegenüber an den Rand gerückt und faktisch nur erwähnt, schon weil sie im Rahmen des Musiktheaters oder in der Kombination mit artistischen und zirzensischen Darbietungen durchaus eigenen Gesetzen folgen, die zudem in zugänglichen Spezialpublikationen hinreichend ausgearbeitet vorliegen. Doch auch unabhängig von konzeptionellen Entschei-

dungen dieser Art sind Disproportionen nicht zu übersehen, die sich aus dem im einzelnen sehr unterschiedlichen Forschungsstand ganz zwangsläufig ergeben mußten. Diese nach und nach abzubauen, bleibt eine Aufgabe, zu der wir uns auch bekennen.
Für den Stichwortaufbau gilt das folgende: Dem Stichwort folgen in Klammern die sprachliche Herkunft und die Lautumschreibung der Aussprache (nach dem Lautschriftsystem der Association Phonétique Internationale) sowie seine Synonyma. Zum Ausgangspunkt bei mehreren Synonyma ist immer derjenige Begriff genommen, der am häufigsten Verwendung findet, alle Synonyma dazu sind als Verweisstichworte aufgenommen. Deutschsprachige Äquivalente der zumeist aus dem Englischen stammenden Fachterminologie sind nur dort zugrunde gelegt worden, wo diese im deutschen Sprachraum tatsächlich auch eingebürgert sind. Eine wörtliche bzw. auch sinngemäße Übersetzung fremdsprachiger Termini erfolgt nur dann, wenn dies zum Verständnis des Begriffs hilfreich ist. Bei der sprachlichen Herkunft sind all diejenigen englischen Termini als engl./amerik. ausgewiesen, die in den USA ihre spezifische Prägung erfahren haben. Ein Problem, das uns bei allem Streben nach logischer Konsequenz immer wieder Schwierigkeiten bereitete, war die Groß- und Kleinschreibung der aus dem Englisch-Amerikanischen stammenden Stichworte. Abweichend von z.T. eingeführter Praxis (z.B. beat/Beat) gaben wir im allgemeinen der Großschreibung den Vorzug. Querverweise im Text sollen Zusammenhänge verdeutlichen und wurden daher nur dort angebracht, wo dies sachlich gerechtfertigt ist, nicht aber, um die in die Publikation aufgenommenen Stichworte anzuzeigen. Wo uns dies angebracht schien, sind zusätzliche Verweise dem Text nachgestellt worden. Wer den Querverweisen folgt, hat einen Wegweiser durch dieses Buch vor sich, der es ihm auch als durchgängig lesbaren Text erschließt.
Fotos, Notenbeispiele und einige Zeichnungen sollen den beschriebenen Sachverhalt verdeutlichen, die Fotos gleichzeitig aber auch etwas von dem Fluidum des Live-Musizierens und der Bühnenshow vermitteln –

8

jener Atmosphäre, ohne die die populäre Musik nicht denkbar ist, die sich jedoch kaum in Worte fassen läßt.

Im Anhang findet sich ein Personenverzeichnis, das die Handhabung des Buches erleichtern soll.

Das Literaturverzeichnis kann aus Raumgründen nur eine Auswahl bisher vorliegender Publikationen, Zeitschriftenartikel von vornherein ausgenommen, enthalten.

Auch bei dieser Zusammenstellung wurde bewußt auf inhaltliche Breite bezüglich der Sachgebiete geachtet, um der in der Praxis anzutreffenden Vielfalt in der populären Musik zu entsprechen.

Abschließend bleibt Dank zu sagen all jenen, die mit Materialien und Detailinformationen wertvolle Hilfe geleistet haben; stellvertretend seien hier genannt: Lawrence Grossberg

(University of Illinois/USA), Charles Hamm (Dartmouth College Hanover/USA), Moe Armstrong (Siboney West Records/USA), Nick Hobbs (All Trade Booking Agency/ Großbritannien), Philip Tagg (Göteborgs Universitet/Schweden), Franz Kerschbaumer (Institut für Jazzforschung, Graz) und Hanns-Werner Heister (Berlin/West). Zu besonderem Dank verpflichtet sind die Autoren den Gutachtern Jochen Lesching (Berlin), Jürgen Balitzki (Berlin), Hans-Jürgen Lindner (Leipzig), Kurt Petermann (Leipzig), Mike Schoenmehl (Mainz) und Martin Wolfram (Berlin) für ihre sachliche, helfende Kritik. Ohne die großzügige Unterstützung und die kollegiale Bereitschaft der zuständigen Mitarbeiter des VEB Deutscher Verlag für Musik Leipzig wäre dieses Buch nicht entstanden.

Berlin/Leipzig, im Sommer 1984

Peter Wicke · Wieland Ziegenrücker

International gebräuchliche Abkürzungen

ac	acoustic, Akustik
acc	accordion, Akkordeon
afl	alto flute, Altflöte
arr	Arrangement
as	alto saxophone, Altsaxophon
b	bass, Kontrabaß/Baß
bar	baryton, Baritonsaxophon
bcl	bass clarinet, Baßklarinette
bg	bass guitar, Baßgitarre
bj	banjo, Banjo
bs	bass saxophone, Baßsaxophon
bssn	bassoon, Fagott
btb	bass trombone, Baßposaune
btp	bass trumpet, Baßtrompete
ca	cor anglais, Englischhorn
cel	celesta, Celesta
cga	conga, Conga
cl	clarinet, Klarinette
c, co	cornet, Kornett
comp	composition, Komposition
d, dr	drums, Schlagzeug
e, el	electric, Elektro-
fg	bassoon, Fagott
fh	french horn, Horn
fl	flute, Flöte
flh	flugelhorn, Flügelhorn
g	guitar, Gitarre
harm	harmonica, Mundharmonika
harp	harp, Harfe
harps	harpsichord, Cembalo
h-h	Hi-Hat
keyb	keyboards, Tasteninstrumente
ld	lead, Leiter
mand	mandolin, Mandoline
mar	marimba, Marimba
mo	mouth organ, Mundharmonika
ob	oboe, Oboe
org	organ, Orgel
p	piano, Klavier
perc	percussion, Schlaginstrumente
picc	piccolo, Pikkolo
r	reeds, Holzblasinstrumente
rec	recorder, Blockflöte
rec	recorded, aufgenommen
r-g	rhythm guitar, Rhythmus-gitarre
sax	saxophone, Saxophon
sou	sousaphone, Sousaphon
ss	soprano saxophone, Sopran-saxophon
syn	synthesizer, Synthesizer
tb	trombone, Posaune
tp	trumpet, Trompete,
ts	tenor saxophone, Tenorsaxophon
t-t	Tom-Toms
tu	tuba, Tuba
va	viola, Viola
v, vi	violin, Violine
vc	violoncello, Violoncello
vb, vib	vibraphone, Vibraphon
voc	vocal, Gesang
v-tb	valve trombone, Ventilposaune
wb	washboard, Waschbrett
x, xyl	xylophone, Xylophon

∗ A ∗

abmischen [auch *mix-down*]: bei der Studioproduktion von Musik der letzte Arbeitsgang
im Mehrspurverfahren. Ausgangspunkt des
Abmischvorgangs ist ein auf einem Mehrspurband komplett synchronisierter Musiktitel, der
am Ende des Mischens als endgültige Fassung
auf einem ¼-Zoll-Tonband als Stereo-Urband
(→ Master Tape) vorliegt. Auf dem Mehrspurband sind die Einzelspuren aus Fremdspan-
nungsgründen voll ausgesteuert; die Lautstärke der einzelnen Instrumente und Stimmen entspricht also nicht den musikalischen
Relationen. Die Signale der Einzelspuren sind
noch unverhallt, ohne Effekte und sowohl
klanglich als auch in der Richtungsverteilung
nicht endgültig festgelegt. Beim Abmischen
wird die musikalische Balance (ausgewogenes
Lautstärkeverhältnis der Instrumente und
Stimmen) hergestellt und die klangliche Gestaltung durch Einsatz von → Filtern und →
Effektgeräten (→ Phaser, → Verzerrer, →
Harmonizer, → Vocoder, → Echogeräte), die
Gestaltung räumlicher Parameter (Hall, Ver-
zögerungen) und die Richtungsverteilung sowie → Panoramaeffekte durch Pan Pots vorgenommen. Dem ausführenden Tonmeister
(Mixing Engineer) steht dafür ein → Mischpult zur Verfügung, das für jede aufgezeichnete Spur gesonderte Regelmöglichkeiten enthält. Für sehr komplexe Klangbilder, die eine
ständige Veränderung der Einstellung erfordern und damit das Leistungsvermögen der
Tonmeister übersteigen, sind inzwischen auch
computergestützte Mischpulte entwickelt worden. Sie speichern die Einstellwerte der einzelnen Spuren und reproduzieren sie bei jedem erneuten Durchlauf automatisch, so daß
jeweils nur die Korrekturen von Hand auszuführen sind, die dann ebenfalls gespeichert
werden.

In der Entwicklung der → Rockmusik hat die
wachsende Bedeutung der Klangqualität als
eigenständiges Gestaltungsmittel den Mischvorgang so unentbehrlich gemacht, daß er hier
seit der zweiten Hälfte der sechziger Jahre
auch bei der Live-Darbietung (→ live) von
Musik zur Anwendung kommt. Dabei laufen
die Instrumente und Mikrofone jeweils getrennt über die Kanäle des von (mindestens)
einem, zum zusätzlichen Gruppenmitglied gewordenen Techniker bedienten Mischpults,
und erst das gemischte Gesamtergebnis wird
dann auf die Lautsprecheranlage im Saal (→
PA-Anlage) gegeben.

Die Entdeckung der künstlerischen Nutzungs-
möglichkeiten des Abmischens und ihr bewußter und zielgerichteter Einsatz als ästhetisches Gestaltungsmittel verbindet sich hauptsächlich mit dem Namen von Phil *Spector*
(geb. 1940), der Anfang der sechziger Jahre
erstmals die darin liegenden klanglichen Möglichkeiten für das von ihm entwickelte Soundmodell voll ausgeschöpft hat, und George
Martin (geb. 1926), der als Produzent der *Beatles* die Mischtechnik zu einem integralen Bestandteil des strukturellen Aufbaus ihrer Titel
gemacht hat. Seit dem Ende der siebziger
Jahre sind es vor allem Brian *Eno* (geb. 1940)
und Trevor *Horn* (geb. 1948), die mit ihren
Mischkonzeptionen einen nachhaltigen Einfluß auf die Entwicklung des Studiosounds
(→ Studio) ausübten.

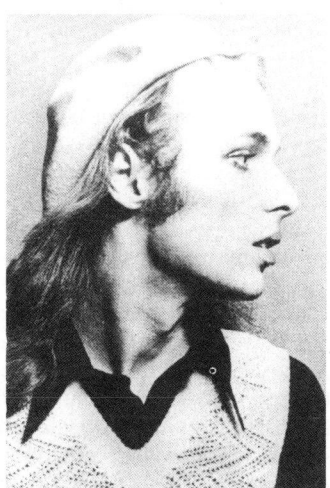

Brian Eno

abreißen: Musikerjargon für das plötzliche,
vorzeitige Beenden eines Musikstücks auf ein

vereinbartes Zeichen des Dirigenten; z. B. in der Blasmusik bei Vorbeimärschen, Paraden, Meldungen usw., auch in der Turniertanzbegleitung bei vorgegebenen Zeiten.

a cappella [ital.]: mehrstimmiger Gesang (Chor oder solistisch) ohne Instrumentalbegleitung. A-cappella-Episoden finden sich vereinzelt als Kontrast in Arrangements von Rockgruppen, z. B. *Queen* (»Bohemian Rhapsody«, 1975; »The Prophet's Song«, 1975), *Gentle Giant* (»Design«, 1976). In den vergangenen Jahrzehnten traten immer wieder Gesangsgruppen hervor, die überwiegend a cappella arbeiteten, so z. B. das schon 1936 gegründete *Golden Gate Quartet* mit → Spirituals und → Gospelsongs, die *King's Singers* mit Originalkompositionen aus vergangenen Jahrhunderten, → Adaptionen und Folklore, natürlich auch größere Chorvereinigungen. Ein Beispiel aus dem Bereich der Popmusik: *Flying Pickets* »Only You« (1983).

Acetate [engl./amerik., ˈæsitit, auch *Promotional Copy*]: Bezeichnung für zu Werbezwekken vorab erfolgte Anpressungen einer Schallplatte, die in begrenzter Stückzahl und ohne Rücksicht auf ihre technische Qualität an Rundfunkredakteure und Journalisten verteilt werden, um auf die Neuerscheinung aufmerksam zu machen. Es ist dies ein reiner Wegwerfartikel, da die wichtigen Leute des Musikgeschäfts meist noch vor dem offiziell anlaufenden Verkauf einer Schallplatte ohnehin mit einem kostenlosen Musterexemplar der Auflage durch die Plattenindustrie beliefert werden.
→ Promotion.

Achtelnoten-Beat: → Beat.

Acid Rock [amerik., ˈæsid rɔk]: → Psychedelic Rock.

Act [engl./amerik., ækt]: im Sprachgebrauch der → Musikindustrie Bezeichnung für die bei ihr unter Vertrag stehenden Musiker, Sänger oder Gruppen.

Action [engl./amerik., ˈækʃən]: im angloamerikanischen Sprachraum aufgekommene Bezeichnung für die vor allem durch den Rhythmus und die Art der Präsentation vermittelte sinnliche Attraktivität von → Rockmusik.
→ Show.

Adaption [auch *Adaptation*]: Umarbeitung einer vorhandenen Komposition meist aus zurückliegenden Epochen der Musikgeschichte mit dem Ziel, sie einer ihr fremden, aktuellen Stilistik (→ Stil) anzupassen. Dabei werden die Originale in ihrer Ganzheit oder längere charakteristische und prägnante Teile daraus so bearbeitet, daß mit diesem »Musizieren über Musik« die Spannung zwischen historischem Abstand und aktueller Aneignungsform zum ästhetischen Reiz eigener Art wird. Die dafür zur Anwendung kommenden Bearbeitungstechniken sind abhängig von der Vorlage und den Eigenheiten der Stilistik, in die sie hineinversetzt werden sollen. Sie reichen von der Neuinstrumentierung bis zur völligen musikalischen Umarbeitung, bei der dann nur noch die Umrisse des Originals erhalten bleiben. Adaptionen gibt es in der Musikgeschichte schon seit dem 18. Jh. (u. a. bei J. S. Bach, R. Schumann, F. Liszt, M. Reger). In der zweiten Hälfte der sechziger Jahre wurden sie unter der Bezeichnung »Klassik-Adaption« zeitweilig auch zu einem eigenen Genre der populären Musik, wo sie besonders in der → Rockmusik im Rahmen des → Classic Rock bis in die siebziger Jahre hinein recht beliebt waren. Schon zuvor allerdings hatten Jacques *Loussier* (geb. 1934) mit seinem 1959 gegründeten Trio (»Play Bach«) und Ward L. *Swingle* (geb. 1927) mit seinen *Swingle Singers* ausgesprochen erfolgreich eine Jazz-Adaption Bachscher Werke versucht (»Bach's Greatest Hits«, 1962). Diese musikalische Gestaltungsweise wurde von zahlreichen Gruppen aufgegriffen und z. T. bis in die Gegenwart hinein mit hoher künstlerischer Meisterschaft gepflegt, z. B. von den *Linha Singers*.
Die ersten Adaptionen klassischer Werkvorlagen im Rock-Idiom hat 1968 die amerikanische Gruppe *Vanilla Fudge* mit dem 1. Satz der cis-Moll-Klaviersonate, op. 27,2, sowie dem Klavierstück »Albumblatt für Elise« von Beethoven durch Uminstrumentierung und Unterlegung eines durchlaufenden → Beat vorgelegt. Im gleichen Jahr veröffentlichte *Blood, Sweat & Tears* auf »Child Is Father to the Man« (1968) eine Version von Saties »Trois Gymnopédies«. Eine ausgesprochene Welle solcher Bearbeitungen löste jedoch die englische Formation *Nice* mit ihrem Titel »Brandenburger« (1969) nach Teilen des 1. Satzes

Linha Singers

aus dem 3. Brandenburgischen Konzert von Bach aus. Gruppen wie *Ekseption* und *Emerson, Lake & Palmer* spezialisierten sich in der Folgezeit mit ihrem Repertoire sogar weitgehend auf das Genre der Klassik-Adaption.

Insgesamt ist diese Entwicklung aber nicht unumstritten geblieben, rief vor allem die Respektlosigkeit des Umgangs mit den Werken der Klassiker bei ihren Liebhabern wahre Stürme der Entrüstung hervor. Und zweifellos war eines der Motive für solche Bearbeitungen auch die bewußte Konfrontation mit dem traditionellen bürgerlichen Musikbetrieb, dem die Rockmusiker ihren nicht minder ernsthaften eigenen künstlerischen Anspruch auf diese Weise entgegensetzen wollten. Auch dieser Anspruch selbst mag für die Welle der Adaptionen um die Wende zu den siebziger Jahren eine Rolle gespielt haben, galt es doch die eigene Seriosität unter Beweis zu stellen, indem vorgeführt wurde, daß Rockmusiker allein schon den spieltechnischen Anforderungen der Vorlagen gewachsen sind. Trotzdem ist keine der vorliegenden Klassik-Adaptionen in sich wirklich überzeugend, stellen sie doch stets einen musikalischen Kompromiß zwischen sozial völlig verschiedenen Musiziersphären dar, deren bloße musikalische Syn-

these vergeblich bleiben muß. Darüber hinaus ist in nicht wenigen Fällen auch der Verdacht durchaus nicht unbegründet, daß mit den Adaptionen nur das kommerzielle Potential der urheberrechtlich nicht mehr geschützten Vorlagen (→ Urheberrecht) auf ebenso rasche wie billige Weise abgeschöpft werden sollte, was ja tatsächlich auch gelungen ist. All das hat die Klassik-Adaptionen trotz ihres damaligen quantitativen Gewichts unter den Rockproduktionen zu einer relativ kurzlebigen Zeiterscheinung werden lassen, auch wenn immer wieder einmal derartige Versuche unternommen werden.

Obwohl eine Konzentration auf bestimmte Komponisten bei der Auswahl der Vorlagen nicht zu übersehen ist (Bach, Mozart, Beethoven), hat die Klassik-Adaption doch alle musikgeschichtlichen Epochen und eine Vielzahl von Werken und Komponisten bis in die Gegenwart hinein erfaßt. Der Begriff »Klassik« ist dafür zwar höchst ungenau und meint eigentlich auch nur, daß die Vorlagen nicht aus dem Bereich der populären Musik entnommen sind. Das Spektrum adaptierter Werke reicht von Pachelbel, der die Vorlage für Brian *Enos* (geb. 1948) »Discret Music« (1975) wie für Van Dyke *Parks'* (geb. 1941) »Clang of the Jankee Reaper« (1975) geliefert hat, über eine ganze Reihe Bachscher Kompositionen (u. a. Präludium Nr. VI aus dem Wohltemperierten Klavier I sowie Toccata F-Dur auf der LP »Tarkus«, 1971, von *Emerson, Lake & Palmer*, die Aria der Goldberg-Variationen in Mike *Kamens* »Winter Child«, 1979; Ouvertüre zur Partita Nr. 2, c-Moll, auf »Ekseption III«, 1970), der Werke Mozarts und Beethovens (u. a. letzter Satz aus Mozarts Klaviersonate A-Dur, KV 331, als »Alla Turca« auf »Ekseption V«, 1972; 1. Satz aus Beethovens 5. Sinfonie auf »Ekseption«, 1968), Brahms' (u. a. Teile des 3. Satzes der 4. Sinfonie auf »Yes«, 1969, von der gleichnamigen englischen Gruppe), Tschaikowskis (u. a. 3. Satz aus 6. Sinfonie auf »Nice«, 1969), Mussorgskis (u. a. Klavierzyklus »Bilder einer Ausstellung« in Teilen als »Picture at an Exhibition«, 1971, von *Emerson, Lake & Palmer*, Orchesterstück »Die Nacht auf dem kahlen Berge« als »Night on the Bare Mountain«, 1971, der italienischen Gruppe *New Trolls*) bis hin zu Bearbeitungen der Werke von Debussy und Strawinsky (auf »Floating World«, 1974, von *Jade Warrior*).

Ausgehend von solchen Klassik-Adaptionen in der Rockmusik wurden klassische Werkvorlagen auch im → Schlager verwendet, wobei hier die offenkundige kommerzielle Absicht nicht einmal zu kaschieren versucht wurde. Die Originale sind zumeist nur auf die einfachste Weise so umarrangiert und gekürzt worden, daß sie sich als unaufdringliche Hintergrundmusik verkaufen ließen. Zu nennen sind hier vor allem die Klassikbearbeitungen von James *Last* (geb. 1929) sowie Miguel *Rios'* (geb. 1944) »Song of Joy« (1970) nach dem Schlußsatz von Ludwig van Beethovens 9. Sinfonie.

Einen Sonderfall der Adaptionen stellen die Versuche dar, Originalkompositionen der Vergangenheit weitgehend notengetreu auf einem Synthesizer zu imitieren. Einen Namen gemacht haben sich damit vor allem der Amerikaner Walter *Carlos* (geb. 1939) mit seinem Album »Switched-on Bach« (1968) und der Japaner Isao *Tomita* (geb. 1932) mit seiner klanglich-eigenwilligen Version von Mussorgskis »Bilder einer Ausstellung« (1975) und Adaptionen nach Ravel und Debussy.

add, added [engl., ˈædid, wörtlich »hinzugefügt«]: → Akkordsymbolschrift.

ad libitum, Abk. *ad lib.* [lat., wörtlich »nach Belieben«]: 1.) Kennzeichnung für zu improvisierende Passagen in Notenausgaben (»Chorus ad lib.«);
2.) frei zu wählende Besetzung entsprechend den vorgegebenen Stimmlagen (»Ad-lib.-Besetzung«);
3.) Bezeichnung für eine Stimme, die im Ensemble nicht unbedingt besetzt werden muß (»Ad-lib.-Stimme«), Gegensatz: → obligat;
4.) »Tempo ad lib.« bedeutet kein festgelegtes, gleichbleibendes Zeitmaß.
»ad-lib.« [engl., ædˈlib] wurde im Musikerjargon zum Synonym für »improvisieren, ausprobieren«.

ADT: → Automatic Double Tracking.

Adult Contemporary [engl./amerik., ˈædʌlt kənˈtempərəri]: → Easy Listening.

Adult Oriented Rock [engl./amerik., ˈædʌlt ˈɔːriəntid rɔk]: →Album Oriented Rock.

afroamerikanische Musik: Sammelbezeichnung für die Musik der hauptsächlich aus Westafrika als Sklaven auf den amerikanischen Kontinent verbrachten Neger. Unter dem Einfluß der musikalischen und kulturellen Traditionen der europäischen Kolonialmächte entwickelten sie hier auf der Basis der ihnen eigenen Musiziergewohnheiten eine relativ eigenständige Musikpraxis, die wesentlich von den unmenschlichen Lebensbedingungen, denen sie als Haus- und Feldsklaven ausgesetzt waren, geprägt worden ist. Begonnen hatte der Sklavenhandel bereits unmittelbar nach der Entdeckung Amerikas, um die

Sklavenarbeit auf einer Plantage

durch Verfolgungen, Zwangsarbeit und Hunger dezimierte, schließlich nahezu völlig ausgerottete indianische Bevölkerung zu ersetzen. Ab 1517 wurde so eine ständig wachsende Zahl von Afrikanern gewaltsam in die gerade eroberten spanischen und portugiesischen Kolonien wie etwa Brasilien, Kuba, Haiti und Jamaika verschifft. In den englischen Kolonien Nordamerikas trafen die ersten Sklaven dagegen erst 1619, ein reichliches Jahrhundert später, ein. Trotzdem ist mit dem Begriff afroamerikanische Musik in der Regel die Musikpraxis der nordamerikanischen Neger gemeint, die vor dem Hintergrund zunächst des angelsächsischen Systems der Sklavenhaltung und dann der militanten Rassentrennung in Nordamerika eine Sonderentwicklung genommen hat, während in den spanischen, französischen und portugiesischen Kolonien das afrikanische Erbe in der → lateinamerikanischen Musik assimiliert worden ist. Diese Unterschiede, die bis hinein in die den Sklaven gewährten sozialen Lebensformen reichten, resultierten daraus, daß die Neger in den süd- und mittelamerikanischen Kolonien mit ihrer romanisch-katholischen Tradition auf ganz andere kulturelle und religiöse Bedingungen trafen als im angelsächsisch-protestantischen Nordamerika. Das gilt auch für die französische Kolonie Louisiana·in Nordamerika, die sich entlang des Mississippi bis an den Golf von Mexiko erstreckte, 1763 zwischen England und Spanien aufgeteilt wurde, mit dem spanischen Teil 1800 teilweise an Frankreich zurückging und 1803 von Napoleon schließlich endgültig an die USA verkauft worden ist. Das von den Franzosen praktizierte romanische System der Sklaverei hat so auch in Teilen Nordamerikas, vor allem um das Mississippi-Delta herum, einschließlich New Orleans – Gebiete, die für die afroamerikanische Musik später von großer Bedeutung waren (→ Mississippi Blues, → New Orleans Jazz, → Creole Jazz) –, bis ins frühe 19. Jh. eine Entwicklung ermöglicht, in der wichtige Seiten der afrikanischen Tradition noch längere Zeit bewahrt werden konnten. Während nämlich der Katholizismus der Spanier, Franzosen und Portugiesen die traditionelle Stammeshierarchie und Familienorganisation der Afrikaner als soziale Kontrollinstanz auszunutzen versuchte, wurden in den angelsächsischen Kolonien die Stammes- und Familienbindungen der Sklaven und damit die soziale Basis ihrer ursprünglichen Kultur systematisch zerstört, um sie als isolierte Einzelwesen, herausgerissen aus ihrem gewohnten sozialen Zusammenhang, leichter beherrschen zu können. Das hat hier die Herausbildung einer eigenständigen, nicht mehr afrikanischen Form des Musizierens geradezu erzwungen.· An die Stelle der traditionellen, an die Stammeskulturen gebundenen Musikformen der Afrikaner, wie sie etwa für die lateinamerikanische Musik zu einer Grundlage geworden sind, trat in Nordamerika, viel ausgeprägter als in Süd- und Mittelamerika, ein neuer Typ des negerischen Musizierens, der durch eine afrikanisierende Aneignung europäischer Musiktraditionen gekennzeichnet war, die afrikanischen Musiziergewohnheiten auf jene Musikformen und Instrumente übertrug, mit denen die Neger seitens der Europäer konfrontiert wurden.

Eine große Rolle spielten dabei die militanten Missionierungsversuche von Puritanern, Anglikanern, Methodisten, Baptisten und untergeordneter Sekten, die in Nordamerika schon frühzeitig einsetzten und über das Absingen von Psalmen und Hymnen den Negersklaven auch das ganz andersgeartete europäische Musiksystem aufzuzwingen versuchten. Diese verbanden die Eigenarten der ihnen fremden Musik – Funktionsharmonik, Diatonik, Monometrik, melodische Entwicklung, geschlossene Form usw. – mit ihren eigenen Musiziergewohnheiten, die durch den polymetrischen und polyrhythmischen Aufbau der afrikanischen Musik, die ihr zugrunde liegenden nichtdiatonischen Tonsysteme, das responsoriale Antiphonieprinzip (→ Call and response) sowie ein völlig anderes Form- und Funktionsverständnis geprägt waren. So bildeten sich allmählich die Charakteristika einer neuen Form des Musizierens heraus, die in Intonation, Rhythmik, Harmonik und Melodik Elemente und Eigenheiten der afrikanischen Musiktradition bewahrte, indem sie sie auf das europäische Musiksystem übertrug. Die additive Rhythmik der afroamerikanischen Musik, die den polymetrischen, perkussiven Rhythmusaufbau des afrikanischen Musizierens auf die europäische Monometrik projiziert, anstelle der Schichtung unterschiedli-

cher Metren das Taktmetrum durch rhythmische Teilung der Grundschläge in mehrere Schichten auflöst (Viertel, Achtel, Sechzehntel) und auf diesen dann durch Offbeat-Akzente oder Offbeat-Phrasierung (→ offbeat) die eigentümlichen Spannungen der Parallelität unterschiedlicher melodisch-rhythmischer Ebenen herstellt, ist ein Resultat dessen. Gleiches gilt für die → Bluestonalität, eine Angleichung des diatonischen Dur-Moll-Systems an die pentatonischen Leiterbildungen afrikanischer Musik, für die Off-pitchness-Intonation (→ off pitchness) und die → Dirty Tones, für das Wechselspiel von Call and response als Melodiebildungsprinzip der afroamerikanischen Musik oder das improvisierende Musizieren mit → Patterns wie der → Bluesformel. Dahinter steht freilich ein langer historischer Entwicklungsprozeß, in dem sich die Grundlagen des afroamerikanischen Musizierens allmählich herausbildeten und dann verfestigten. Seine erste Phase im 17. Jh., die zunächst noch durch ein sehr langsames Anwachsen der Zahl der Sklaven in Nordamerika gekennzeichnet war, gab den Negern kaum Gelegenheit zur Ausbildung stabiler eigenständiger Musikformen. Neben dem Absingen von Psalmen und Hymnen innerhalb der christlichen Kirche waren sie vereinzelt hier auch zum Spielen von Tanzmusik für ihre weißen Besitzer angehalten, kamen so in Kontakt mit der Fiedel und den schottisch-irischen Tänzen wie der → Jig oder dem → Reel, was ihre eigene Musikpraxis später nachhaltig beeinflußt hat. Schwarze Fiedler und sogen. Negro-Jigs gehörten dann auch zu den ersten Formen des afroamerikanischen Musizierens. Das 18. Jh. brachte mit dem Ende des 17. Jh. durch die Einführung der Black Codes erfolgten offiziellen juristischen Sanktionierung der Sklaverei als Institution in allen nordamerikanischen Kolonien ein sprunghaftes Ansteigen der Zahl der Sklaven. Sie wurde 1770 auf insgesamt 462000 geschätzt, während etwa in Virginia 1649 auf 15000 weiße Kolonisten noch lediglich 300 Sklaven kamen. Ihre gruppenweise Haltung ließ nun auch die Ausbildung eigener Musizierpraktiken zu. So entstanden in Anlehnung an die afrikanische Tradition der Arbeitsgesänge die → Worksongs und → Field Hollers; für die wenigen den Schwarzen erlaubten Feiertage und Feste bildete sich auf

der Basis von Jig und Reel ein Tanzmusikrepertoire heraus; mit den → Ring Shouts wurde die afrikanische Tradition religiös-ritueller Tanzformen reaktiviert; im Rahmen der Begräbniszeremonielle entwickelten sich die an alte afrikanische Riten anknüpfenden Klagegesänge, die → Moans. Zur Entfaltung dieser ersten Ansätze einer eigenständigen afroamerikanischen Musikpraxis kam es jedoch erst, als nach der Unabhängigkeitserklärung von 1776 im beginnenden 19. Jh. die Südstaaten zu den arbeitskraftintensiven Baumwoll-Monokulturen übergingen und riesige Sklavenheere auf den Plantagen konzentriert wurden. Sie bildeten soziale Organismen, die in ihrer künstlichen Isolierung voneinander zur Grundlage der afroamerikanischen Plantagen-Kulturen wurden, in denen auch das Musizieren seinen festen Platz hatte und zu stabilen Formen fand. Mit der formellen Aufhebung der Sklaverei 1865 in ganz Nordamerika kamen dann die bis dahin in den isolierten Plantagen-Kulturen getrennt voneinander entwickelten Musizierweisen in Kontakt, verschmolzen zu einer ganzheitlichen afroamerikanischen Kultur, deren Eigenständigkeit durch die 1890 in den Südstaaten erlassenen Segregationsgesetze (Rassentrennungsgesetze) zwangsläufig noch unterstützt wurde. Auf dieser Basis entstanden neue musikalische Ausdrucksformen wie der → Blues und die von ihm abgeleiteten Instrumentaltypen (→ Barrelhouse Piano), zu deren Trägerschicht herumziehende Wandermusikanten wurden. In den seit Beginn des 19. Jh. aktiven unabhängigen schwarzen Kirchen (African Methodist Episcopal Church, gegründet 1794; African Methodist Episcopal Zion Church, gegründet 1796) entstanden mit den → Jubilees und → Spirituals afroamerikanische Formen religiöser Musik, die in der zweiten Hälfte des 19. Jh. wesentlich zur Herausbildung eines afroamerikanischen Kulturbewußtseins im bürgerlichen Sinne beitrugen. Die 1871 stattfindende erste Konzert-Tournee der *Fisk Jubilee Singers* (→ Jubilee) war ein Anzeichen dafür, daß sich ein neues Selbstverständnis von afroamerikanischer Kultur herauszubilden begonnen hatte, das den mit der einsetzenden sozialen Differenzierung unter den Afroamerikanern sich herausbildenden schwarzen Mittelschichten entsprach. Vor diesem Hintergrund entwickelte sich Ende des Jahrhunderts der Klavier-Ragtime (→ Ragtime) als erste komponierte Form der afroamerikanischen Musik nach dem Modell bürgerlicher Kunstpraxis. In den Städten des Südens wurde im Zusammenhang mit den sich wandelnden Freizeitbedürfnissen, der wachsenden Bedeutung von Kneipen- und → Tanzmusik, ebenfalls gegen Ende des Jahrhunderts das Ragtime-Musizieren zum Ausgangspunkt für den → Jazz. In den entstehenden Großstädten brachte die Ghettoisierung der Neger auch unter den veränderten Bedingungen städtischer Lebensweise – der ganz anderen Kommunika-tionsformen hier, der sich herausbildenden Massenmedien, neuerer Organisationsformen des Musizierens – die Eigenständigkeit der afroamerikanischen Kultur nicht zum Erlöschen. Zu ihrer musikalischen Basis wurden nun einerseits der Jazz, andererseits der Blues und schließlich die in den Straßenkirchen entstandenen → Gospels. Schallplattenproduktionen der afroamerikanischen Musik (→ Race Records), die sich durchsetzende Unterhaltungsfunktion und die in den vierziger Jahren aufkommenden Radiostationen für schwarze Musik (→ Rhythm & Blues) erwiesen sich dabei trotz der mit ihnen verbunde-

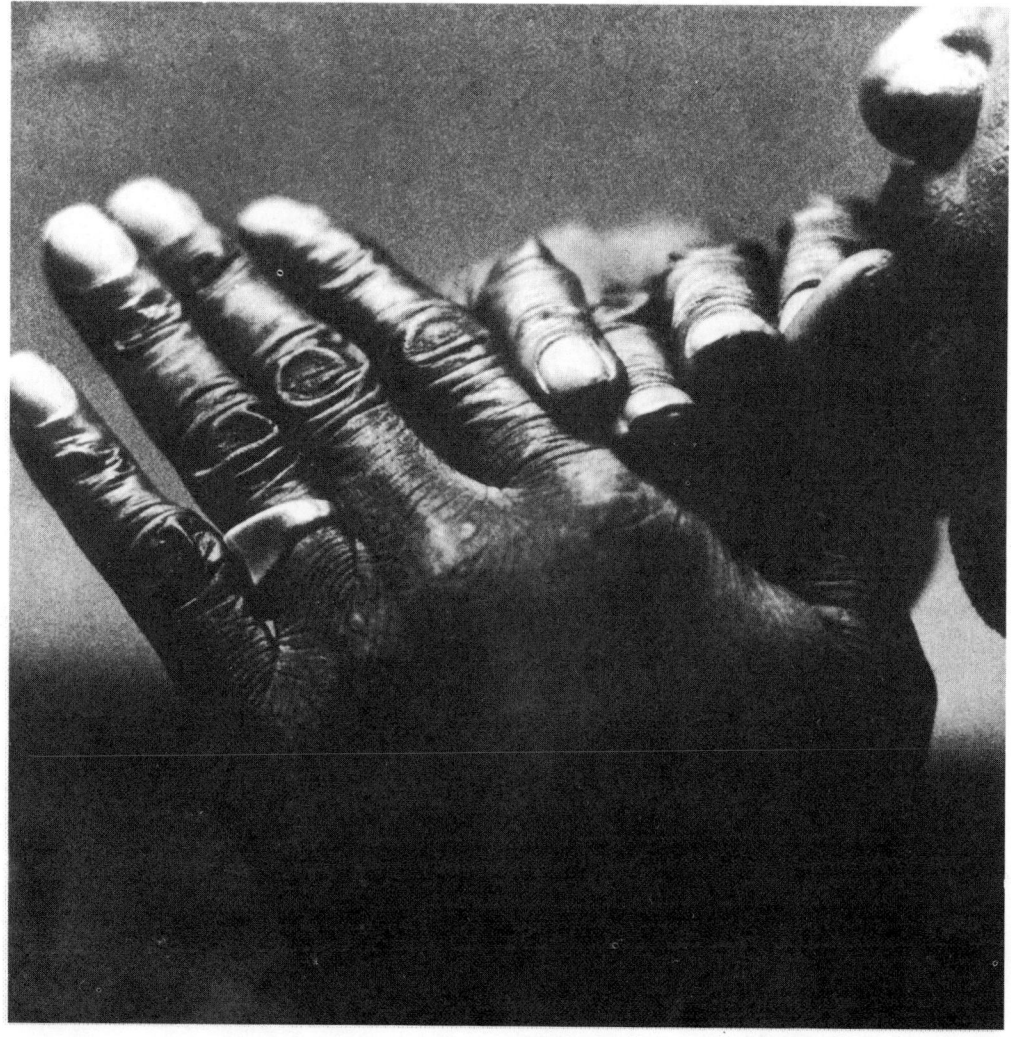

nen Kommerzialisierungstendenz als nachhaltige Entwicklungsimpulse. Bis in die Gegenwart hinein brachten diese drei grundlegend gewordenen Säulen der afroamerikanischen Musikpraxis immer wieder neue Formen hervor, entstanden aus ihrer Kombination immer wieder neue Typen des Musizierens; so in den vierziger Jahren der → Rhythm & Blues, in den sechziger Jahren die Soulmusik (→ Soul), Ende der sechziger Jahre → Funk und mit der Ausbreitung der Disco-Kultur in den siebziger Jahren dann schließlich der → Rap. Sie haben trotz des immensen Einflusses auf die Entwicklung der populären Musik und nicht nur in den USA, der weltweiten kommerziellen Verbreitung, ihre Eigenständigkeit im Rahmen der afroamerikanischen Kultur nie vollständig verloren. Bewahrt wurde diese nicht zuletzt durch das sich in den vierziger Jahren mit Nachdruck herausbildende politische Selbstverständnis der Afroamerikaner, das im → Bebop das erste Mal musikalisch manifestiert wurde und dann gegen die kommerzielle Vereinnahmung der afroamerikanischen Kultur deren politische Funktion im Kampf um die soziale Gleichberechtigung der Schwarzen mobilisierte, in der Bewahrung der kulturellen Identität eine Grundlage für die soziale Befreiung des nordamerikanischen Negers erblickte. So blieb die afroamerikanische Musik lebensfähig auch unter den Bedingungen der kommerziellen Massenproduktion von Musik, ist mit ihrem unerschöpflichen künstlerischen Reichtum zu einer ständigen Quelle für die populäre Musik der Gegenwart geworden, ohne die die → Rockmusik oder die Disco Music (→ Disco Sound) ebensowenig möglich wären wie die hochdifferenzierten Formen des zeitgenössischen Jazz.

Afro Cuban Jazz [engl./amerik., ˈæfrou ˈkjuːbən dʒæz; auch *Cuban Jazz, Cuban Bop, Cu-Bop*]: Synthese aus → Jazz und kubanischer Folklore, die in der zweiten Hälfte der vierziger Jahre im Rahmen des → Bebop aufkam. Wegbereiter war Dizzy *Gillespie* (geb. 1917) mit seiner Band, in die er 1947 den kubanischen Bongo-Spieler Chano *Pozo* (1915–1948) aufnahm und seinem Bebop-Konzept damit als zusätzliche Komponente Elemente der karibischen Perkussionsrhythmik, insbesondere des kubanischen →

Mambo, hinzufügte. Umgekehrt begannen etwa zur gleichen Zeit auch auf Kuba Versuche, die einheimische Tanzmusik mit den Stilprinzipien des Jazz zu verbinden, indem die Themen im Sinne des Jazz arrangiert wurden, der kubanische Rhythmus jedoch unverändert blieb. Im Ergebnis entstand schließlich eine rhythmische und klangliche Version des Bebop, die die Polyrhythmik afrokubanischer Folklore mit der von → swing und → Beat bestimmten Jazzrhythmik verband, vor allem aber eine Vielzahl neuer Rhythmusinstrumente in den Jazz einbrachte, wie → Bongos und → Congas, → Claves, → Cencerro, → Timbales, gelegentlich auch → Maracas und → Guiro. Einflüsse dessen reichen dann sowohl in den → Progressive Jazz, etwa mit Stan *Kenton*s (1912–1979) Aufnahmen »Cuban Carnival« (1948) und »Cuban Episode« (1948), als auch in den → West Coast Jazz, hier insbesondere auf das Quintett des Pianisten George *Shearing* (1919–1983). In Kuba wurden die Anregungen des Afro Cuban Jazz vor allem durch Benny *Moré* (1919–1963) und sein Orchester in einen Tanzmusikstil auf Big-Band-Basis eingeschmolzen, der zur Grundlage des heutigen → Salsa geworden ist.

Afro-Cubano [span.]: 1.) Sammelbezeichnung für kubanische Lied- und Tanzformen mit hohem Anteil afrikanischer Traditionen (Riten, Tänze, Musik, Instrumente usw.). 2.) eigenständiger, stilisierter Tanz mit polyrhythmischer Begleitung (Perkussion).

Afro Rock: Bezeichnung für die Verbindung von → Rockmusik mit charakteristischen Eigenheiten der Musik Afrikas, neben einer Reihe typischer Perkussionsinstrumente (→ Perkussion) vor allem Rhythmusformeln und Melodiebildungsprinzipien, die durch Musiker und Gruppen aus dem afrikanischen Kontinent in die Rockmusik eingebracht wurden. Als erster Vertreter dieser Form des Rock gilt die 1970 in London gegründete Gruppe *Osibisa*, der Musiker aus Ghana, Nigeria und Trinidad angehörten. In der zweiten Hälfte der siebziger Jahre wurden unter dieser Bezeichnung dann vor allem Gruppen und Musiker aus Nigeria und Zaire bekannt, denen es wie etwa *M-Balia Bel, Sam Mangwana, Nyboma* oder Sonny *Okasun* weniger um eine an den Kriterien des internationalen Musikmarktes

orientierte formale Synthese ihrer einheimischen Musizierformen mit dem angloamerikanischen Rock als vielmehr um eine eigenständige, spezifisch afrikanische Entwicklung von Rockmusik ging, als Reaktion gegen die erdrückende, die nationalen kulturellen Traditionen Afrikas verdrängende Übermacht US-amerikanischer Musikimporte. In Europa sind solche Versuche nicht zuletzt durch die weltweite Vormachtsstellung der angloamerikanischen Musikindustrie wenig bekannt geworden, so daß das kreative Potential und die tatsächliche Vielfalt des Afro Rock noch kaum absehbar sind.
→ High Life, → Juju Music.

After Beat [engl./amerik., ʹaːftə biːt, wörtlich »Nachschlag«]: bezeichnet das Hervorheben der Zählzeiten 2 und 4 im → Two Beat, aber auch im → Four Beat. Diese Betonungsvariante hat ihren Ursprung in der afrikanischen Musizierpraxis und durchzieht alle Jazzstile und davon beeinflußte Bereiche der populären Musik, insbesondere auch die Rockmusik (z. B. als ein Merkmal der New Wave). After Beat darf jedoch nicht mit dem → Nachschlag, wie er bei Polka oder Marsch anzutreffen ist, gleichgesetzt werden, da er nicht der europäischen, sondern der afrikanischen Tradition entlehnt ist (Unterschied von → Takt und → Beat).

Afuche [bras., aʹfuʃe]: → Cabaza.

Agentur: Einrichtung zur Vermittlung von Künstlern an lokale Veranstalter; Vertragspartner der Künstler. Die Vermittlung erfolgt als organisatorische Dienstleistung gegen Provision in Form einer prozentualen Beteiligung am Auftrittshonorar oder am Gewinn des Veranstalters. Zu den Aufgaben der Agentur gehört die Tourneeplanung, die Klärung der Reiseformalitäten bis hin zur Hotelbuchung. Gelegentlich treten Agenturen auch selbst als Veranstalter auf. Es gibt sie als selbständige Unternehmen mit lokaler, regionaler, überregionaler und internationaler Reichweite oder angeschlossen an Plattenfirmen, für die das Tourneemanagement ein wichtiges Mittel zur → Promotion des Plattenverkaufs ist. Konzerttourneen stellen damit ein kompliziertes Zusammenspiel verschiedener Agenturen auf den unterschiedlichen Ebenen dar.

In der DDR nimmt die 1960 als Deutsche Künstler-Agentur GmbH Berlin gegründete Künstleragentur der DDR (unter diesem Namen seit 1968) die Aufgabe der Vermittlung von Künstlern wahr, allerdings nur ins Ausland und von dort in die DDR. Als staatlicher Betrieb arbeitet sie auf der Grundlage von Jahres- und Perspektivplänen nach dem Prinzip der sozialistischen Rechnungsführung. Durch die kontinuierliche Zusammenarbeit insbesondere mit den Agenturen der sozialistischen Länder und einen zielgerichteten Gastspielaustausch trägt sie maßgeblich zur Realisierung der sozialistischen Kulturpolitik sowie zur Verbreitung und Popularisierung der Ergebnisse der kulturellen Entwicklung der DDR im Ausland bei.
→ KGD.

Agogik: → rubato.

Agogo [span.]: → Cencerro.

Air-check [amerik., εə tʃek; auch *Air-shot*]: in den vierziger Jahren im Jazz aufgekommene Bezeichnung für Mitschnitte von Rundfunksendungen einer Jazzband; spielen bei der Einschätzung des Gesamtbildes einer Band eine große Rolle, da nur selten das vollständige Repertoire auf Schallplatte vorliegt und Rundfunksendungen der Bands damals in der Regel noch Live-Übertragungen (→ live) waren, die auch bei vorliegender Schallplattenversion eines Titels so entsprechende Vergleiche mit den Live-Versionen zulassen.

Airplay [engl./amerik., ʹεəplei]: Bezeichnung für das Abspiel einer Platte im Rundfunk; ist für kapitalistische Plattenfirmen eines der wichtigsten Mittel zur Popularisierung ihrer Produkte, weshalb sie die Rundfunkstationen mit kostenlosen Freiexemplaren ihrer Platten versorgen und nach Möglichkeit Einfluß auf deren Abspielhäufigkeit zu nehmen suchen.
→ Payola.

Air-shot [amerik., εə ʃɔt]: → Air-check.

Akkord [lat. accordare = »zusammenklingen«]: Zusammenklang von mindestens drei Tönen unterschiedlicher Tonhöhe. Grundlegende Typen sind der → Dreiklang und die → Septakkorde (Vierklänge), darüber hinaus gibt es Fünf- und Mehrklänge sowie spezielle Erscheinungen. Bestimmte Stilrichtungen der populären Musik, insbesondere des Jazz, las-

sen eine zeitbedingte Bevorzugung bestimm-
ter Akkordtypen (»Modeakkorde«) erkennen.
So basieren die frühen Jazzstile auf Drei- und
Vierklängen, der → Swing z. T. auf Fünf- und
Mehrklängen (»Akkordtürme«), der moderne
Jazz weitgehend auf leitereigenen Septakkor-
den. Auch für den Blues sind Septakkorde (→
Blue Chords) von Bedeutung. Die Musik der
Beatles – wie die Rockmusik überhaupt –
gründet sich überwiegend auf dem Dreiklang
(als bewußtem Kontrast zur teilweise überla-
denen Schlagerharmonik jener Jahre).
→ Akkordsymbolschrift.

Akkord-Diagramm: → Tabulatur.

Akkordeon, Abk. *acc:* Balginstrument mit
durchschlagenden Zungen, höchst entwickeltes Harmonikainstrument; drei Hauptteile:
Diskant- bzw. Melodieseite, Baß- bzw. Begleit-
seite, Balg; zwei Typen: Piano-Akkordeon mit
Klaviatur auf Diskantseite, Knopf(griff)-Ak-
kordeon mit beidseitiger Knopftastatur. Tonumfang (von Größe des Instruments abhängig): Piano-Akkordeon f – a³, Knopfgriff-Akkordeon E – cis⁴; 8–140 Bässe. Auf kleinen
Instrumenten (unter 48 Bässen) sind nicht alle
Tonarten spielbar. Die Tonerzeugung erfolgt,
indem durch Zug- oder Druckluft aus dem
Balg bei Tastendruck die Zungen in Schwingungen versetzt werden. Seinen Namen ver-
dankt das Instrument dem Zusammenfügen
von Tönen zu feststehenden Begleitakkorden
auf der Baßseite; Anordnung bei 120 Bässen:
1. Reihe = Wechselbässe (Durterz), 2. Reihe
= Grundtöne (im Rahmen einer großen Septime), 3. Reihe = Durdreiklänge, 4. Reihe =
Molldreiklänge, 5. Reihe = Dominantseptak-
korde, 6. Reihe = verminderte Dreiklänge.
Um auch im Baß melodisch spielen zu können, erfolgt neuerdings das Anbringen zusätzlicher Griffreihen für Einzeltonspiel bzw.
einer Umschaltmechanik für die sogen. Bari-
tonbässe. Für jeden Ton besitzt das Akkordeon mehrere Zungen (mehrchörig), so daß
der Klang durch Zuschaltung von Registern
verändert werden kann: zur Grundreihe (8′)
die Oberoktav (4′), die Unteroktav (16′) sowie
Ober- und Untertremolo (zweite Zunge diffe-
riert gering in der Tonhöhe, um Tonschwe-
bungen zu erreichen). Durch elektrische Verstärkung und elektronische Klangverände-
rungen ergeben sich bei den neuen Instrumenten
unzählige Klangkombinationen, der E-Orgel
vergleichbar.
1829 ließ der Wiener Cyrillus Demian sein
»Accordion« (erste namentliche Erwähnung)
patentieren, nachdem es auch anderenorts
ähnliche Versuche gegeben hatte. 1854 war
auf der Deutschen Industrieausstellung in
München eine »Klavier-Harmonika« zu sehen, die in der Folgezeit sowohl von Laien als
Hausinstrument wie auch von professionellen
Unterhaltungsmusikern in den Cafés gespielt
wurde. Jedoch erst im 20. Jh. erfolgte die bau-
technische Vervollkommnung und damit der
endgültige Durchbruch gegenüber → Bandoneon und → Konzertina. Auf der »Ziehharmonika« spielte man Lieder, Schlager und
Unterhaltungsstücke nach leichten, zu Hunderten gedruckten Verlagsbearbeitungen oder
nach Gehör, wobei die spieltechnisch einfache
akkordische Begleitung (linke Hand) wesentlich zur Verbreitung des Instruments beitrug.
Die Bezeichnung »Schifferklavier« verweist
auf die Popularität des Akkordeons unter den
Matrosen, z. B. zur harmonischen Unterstützung der → Shanties. Unzählige Salonstücke
(→ Salonmusik) entstanden als Akkordeon-
Solo. Auch in der Arbeitermusiktradition vor
und nach dem ersten Weltkrieg spielte das relativ leicht erlernbare und preisgünstige Instrument, besonders in der Gemeinschaft der
Akkordeonorchester, eine wichtige Rolle.
Wir finden das Akkordeon (z. T. sogar mehrfach besetzt) in den Tangokapellen (nach dem
Modell der »Orchestra tipica argentina«) der
zwanziger Jahre, zunehmend auch in den
Tanzbands und Combos anstelle des Harmoniums bzw. Klaviers oder als Nebeninstrument. Dabei erfüllt es sowohl Melodie- als
auch Rhythmusfunktion, wobei der Musiker
meist nur die Diskantseite (rechte Hand)
nutzt. Als namhafte Akkordeonisten sind in
diesem Zusammenhang Art van *Damme* (geb.
1920) und Will *Glahé* (geb. 1902) zu nennen.
Auch bei → Alleinunterhaltern war es ein dominierendes Instrument. Erst mit dem Aufkommen der E-Orgel Anfang der sechziger
Jahre wurde es fast völlig aus der Tanzmusikpraxis verdrängt. Erhalten hat sich das Akkordeon in der französischen Musette-Besetzung
(→Musette) im charakteristischen Tremolo-Re-
gister, besonders aber in den kleinen volkstümlichen Bläsergruppen, z. B. den *Original*

Oberkrainern u. a. Im Jazz und im Rock ist es nur von untergeordneter Bedeutung.
Als Folklore- und solistisches Hausinstrument blieb seine Popularität jedoch bis in die Gegenwart erhalten. In der Sowjetunion zählt man beispielsweise über zwei Millionen Spieler auf dem → Bajan. Der jährlich stattfindende internationale Akkordeon-Wettbewerb in Klingenthal (DDR) demonstriert den hohen künstlerischen Entwicklungsstand dieses Instruments.

Akkordsymbolschrift: Die Akkordsymbole sind ein wichtiger Bestandteil der Musizierpraxis. Der Melodie beigefügt, geben sie Auskunft über die für die Begleitung notwendigen Akkorde und deren Tonbestand, erleichtern das Lesen bzw. Erkennen komplizierter Akkordbilder und gewähren Hilfe beim Improvisieren. Der durch das Symbol verkörperte Akkord hat, unabhängig vom melodischen und rhythmisch-metrischen Geschehen, Gültigkeit, bis das folgende Symbol einen Harmoniewechsel anzeigt, d. h., das Akkordsymbol gilt auch über mehrere Takte hinweg, ohne daß es nochmals angegeben werden muß. Abgesehen vom wechselnden Grundton (Großbuchstabe), bleiben die Symbole in sämtlichen Tonleitern und auf allen Tonstufen unverändert.
Diese Kurzschrift bestimmt vom Grundton ausgehend die weiteren Akkordtöne. Sie läßt in der praktischen Anwendung dem Musiker weitgehende Freiheiten, denn sie kennzeichnet nicht

· die Häufigkeit der Akkordtöne (z. B. Verdopplungen),
· die Akkordstellung bzw. den Baßton (Grundstellung oder Umkehrungen),
· enge oder weite Lage,
· den Oktavbereich.

Auch bleibt der funktionale Zusammenhang der Akkorde, die harmonische Bindung, unberücksichtigt. Insofern besitzt die Akkordsymbolschrift eine gewisse Ähnlichkeit mit der vom 16. bis zum 18. Jh. gebräuchlichen Generalbaßbezifferung.
Die Akkordsymbolschrift hat, soll sie ihre Aufgabe maximal erfüllen, drei Ansprüchen gerecht zu werden. Die Symbole müssen

· in ihrer Auslegung eindeutig sein, dürfen auch bei flüchtiger Handschrift nicht zu Verwechslungen führen,
· in ihrer Gestalt kurz und einprägsam sein, denn für längere Zahlen- und Buchstabenreihen (vor allem bei häufig auftretenden Akkorden) fehlt oft der Platz,
· in ihrer Gesamtheit ein möglichst logisches, verständliches und leicht erlernbares System bilden.

Obwohl international gebräuchlich, existieren in der Schreibung einzelner Akkorde mitunter beträchtliche Abweichungen. Das hängt einerseits mit unterschiedlichen Lehrmethoden, andererseits mit eingefahrenen Verlagsgepflogenheiten beim Notendruck, oft auch mit einer gewissen Gleichgültigkeit zusammen.
Bezugspunkt der Symbolschrift ist der Durdreiklang, der mit dem großgeschriebenen Tonbuchstaben seines Grundtons abgekürzt wird. Bei chromatisch versetzten Stammtönen erscheint das Versetzungszeichen bildlich nach dem Großbuchstaben. Es sollte auf gleicher Höhe wie der Buchstabe stehen, also nicht hochgestellt, um die Möglichkeit der Verwechslung mit Zusatzzeichen und -ziffern auszuschließen, also:

C = C-Dur-Dreiklang
C♯ = Cis-Dur-Dreiklang
C♭ = Ces-Dur-Dreiklang

Der B-Dur-Dreiklang wird stets durch B♭ dargestellt. Das B (ohne Versetzungszeichen) symbolisiert im angloamerikanischen Sprachraum den H-Dur-Dreiklang, weil dort die Tonbezeichnung h unbekannt ist (b flat = »tiefes« b, b naturale = »hohes« b).

Alle Abweichungen vom Durdreiklang sowie Erweiterungen durch Zusatztöne werden durch Zahlen, Zeichen oder Abkürzungen am Großbuchstaben des Grundtons vermerkt.

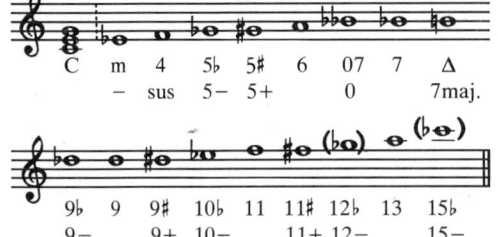

C m 4 5♭ 5♯ 6 07 7 Δ
   − sus 5− 5+   0   7maj.

9♭ 9 9♯ 10♭ 11 11♯ 12♭ 13 15♭
9−   9+ 10−   11+ 12−   15−

1) Molldreiklang: kleines *m*, auch *mi* oder *min* (minor, engl. = »kleiner«) nach Stammtonbezeichnung; gebräuchlich auch Minuszeichen (C−); nicht üblich ist Kleinschreibung des Stammtones (c, cm);

2) Alterationen: ♯ oder + bei hochalterierten Akkordtönen vor oder nach der jeweiligen Zahl (5♯ , 5+/ ♯5, +5), oder − bei tiefalterierten Akkordtönen (5♭, 5−/ ♭5, −5); möglich auch Einbeziehung des ♮ für theoretisch richtige Notierung, z. B. E♭ ♮ oder Hm♮; übermäßiger Dreiklang auch *aug.* (augmented, engl. = »übermäßig«);

3) 6: Sextenakkord; immer große Sexte (auch zum Molldreiklang);

4) 7: kleiner Septakkord (Dominantseptakkord, Blues-Septakkord); immer kleine Septime;

5) Δ: großer Septakkord (»Major-Akkord«), immer große Septime; auch *7maj.* (major, engl. = »größer«) bzw. *maj7, 7ma., 7j.,* auch 7♯ , 7+ oder 7♮ ;

6) ○: verminderter Dreiklang; auch *dim.* (diminished, engl. = »vermindert«), selten *verm.* oder *v*;

7) ○ 7: verminderter Septakkord; auch *dim. 7* oder nur ○;

9) 9: großer Nonenakkord; mit großer None und kleiner Septime; auch 7/9;

8) ∅: halbverminderter Septakkord;

10) 9♭ (9−): kleiner Nonenakkord; mit kleiner None und kleiner Septime; auch 7/9♭;

11) 9♯ (9+): übermäßiger Nonenakkord; mit übermäßiger None und kleiner Septime;

12) 10♭ (10−): kleiner Dezimenakkord (Durdreiklang mit Blue Notes); mit kleiner Dezime und kleiner Septime; auch 7/10♭;

13) 11 (bzw. 11♯): Undezimenakkord (»11er-Akkord«) (alteriert); mit reiner (übermäßiger) Undezime, großer None und kleiner Septime; auch 7/9/11 (♯);

14) 13: Tredezimenakkord (»13er-Akkord«);

mit großer Tredezime, reiner Undezime, großer None und kleiner Septime; auch 7/9/11/13;

15) Vorhalt: Silbe *sus* (suspension, engl. = »Vorhalt«) mit Angabe des vorgehaltenen Tones, z. B. sus4, sus6; Quartvorhalt nur 4 oder sus (Terz fehlt!);

16) fehlende Töne: Zahl im Akkordsymbol durchstreichen; verbal: *no third, ohne Terz*;

17) zusätzliche Töne, abweichend vom Terzenaufbau: Silbe *add* (added, engl. = »hinzugefügt«) mit Angabe des zusätzlichen Tones, z. B. add9;

18) Baßton: da aus dem Akkordsymbol nicht ersichtlich, ist besonderer Hinweis notwendig, z. B. c als Baßton = *c bass, on c* (auf c);

19) bitonale Akkorde: beide Akkorde untereinander, durch Querstrich getrennt; auch mit Klammer verbunden;

20) *non chords, N. C.* (engl. = »ohne Akkorde«): die so gekennzeichnete Melodiepassage wird ohne (akkordische) Begleitung gespielt (z. B. unisono).

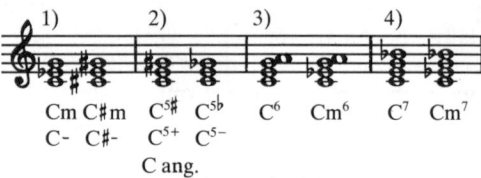

1) Cm C♯m
    C- C♯-
2) C⁵♯ C⁵♭
    C⁵⁺ C⁵⁻
    C ang.
3) C⁶ Cm⁶
4) C⁷ Cm⁷

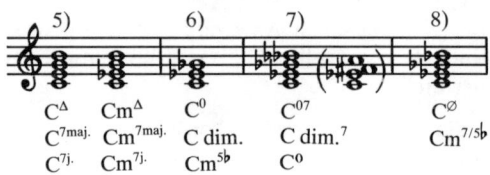

5) CΔ CmΔ
    C⁷maj. Cm⁷maj.
    C⁷ʲ· Cm⁷ʲ·
6) C⁰
    C dim.
    Cm⁵♭
7) C⁰⁷
    C dim.⁷
    C⁰
8) C∅
    Cm⁷/⁵♭

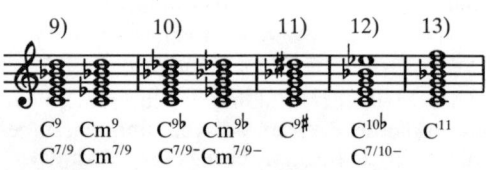

9) C⁹ Cm⁹
    C⁷/⁹ Cm⁷/⁹
10) C⁹♭ Cm⁹♭
    C⁷/⁹⁻ Cm⁷/⁹⁻
11) C⁹♯
12) C¹⁰♭
    C⁷/¹⁰⁻
13) C¹¹

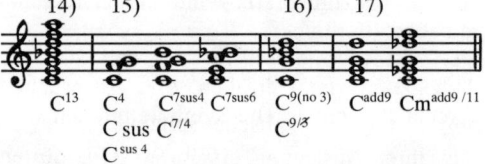

14) C¹³
15) C⁴ C⁷sus⁴ C⁷sus6
    C sus C⁷/⁴
    C sus 4
16) C⁹(no 3)
    C⁹/♭
17) Cadd9 Cmadd9/11

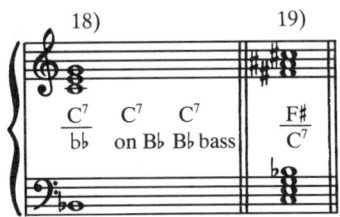

Akkordzither: einfache, volkstümliche Bauart der → Zither mit Melodiesaiten (etwa zwei Oktaven) und Begleitsaiten (für drei bis sechs feststehende Akkorde). Durch unter die Saiten zu schiebende Notenblätter (Unterlegnoten) kann die Melodie abgegriffen werden.

Akustikgitarre, Akustikpiano, Akustik-, Abk. *ac-g, ac-p:* Bezeichnung von Instrumenten, die nicht elektrisch verstärkt, also im Naturklang gespielt werden (oft im Gegensatz zur E-Gitarre, zum E-Piano usw.).

Akzent, Zeichen >: Eine natürliche Folge von Akzenten (Betonungen) ergibt sich aus dem metrischen Gefüge des → Taktes (betonte und unbetonte Taktteile; → Metrum). Durch Hervorheben eigentlich unbetonter Zählzeiten (»künstliche« Akzentuierung) im melodischen, harmonischen oder rhythmischen Ablauf erfolgt eine Störung, gleichzeitig aber auch eine Belebung bzw. Intensivierung des Metrums, ein Beispiel dafür ist die → Synkope. Auch der → Beat erfährt durch Akzente zusätzliche Spannung. Durch unterschiedliche Akzentuierung in den einzelnen Stimmen eines Arrangements ergeben sich interessante Kontraste. Diese Betonungen sind meist dynamischer Natur (stärkeres, lauteres Hervorheben), sie können aber auch mit geringer Verzögerung oder Beschleunigung des Tempos verbunden sein. Wiederkehrende, markante rhythmische Akzente sind kennzeichnend für den → Begleit- bzw. Grundrhythmus von Volks- und Gesellschaftstänzen, z. B. bei Mazurka (a) und Tango (b).

Oft erhalten melodische Spitzentöne, besonders wenn sie nicht mit den metrischen Schwerpunkten übereinstimmen, zusätzliche Akzente. Ein Beispiel ist der sogen. → Secondary Rag, vgl. dazu den »Twelfth Street Rag« (Euday L. Bowman, 1914). Auch → Offbeat-Figuren werden meist akzentuiert (a), ebenso mitunter unbetonte, »nebensächliche« Achtel (b) – typisch für die Swing-Stilistik.

Lullaby of Birdland (George Shearing, 1952)

Joe *Viera* (geb. 1932) spricht sogar von einem »negativen« oder »Anti«-Akzent, der durch das sog. »Verschlucken« (nur andeutungsweises Spiel von Einzelnoten) entsteht, z. B.

Album [engl., ′ælbəm, jedoch in deutscher Aussprache eingebürgert]: aus dem Englischen übernommene synonyme Bezeichnung für eine Langspielplatte (→ LP); werden zwei oder drei LPs als zusammengehörend in einer Plattentasche vertrieben, spricht man analog von einem Doppel- oder Dreifach-Album. → Konzept-Album.

Album Oriented Rock, Abk. *AOR* [engl./amerik., ′ælbəm ′ɔːriəntid rɔk, wörtlich »albumorientierter Rock«, auch *Adult Oriented Rock*]: Ende der sechziger Jahre in der amerikanischen Rock-Kritik aufgekommene Bezeichnung, die auch in die Rundfunkpraxis übernommen wurde. Sie kennzeichnete solche Formen der → Rockmusik, deren strukturelle Komplexität und intellektueller Anspruch großformatige Werkkonzeptionen erforderte und so der Langspielplatte als Medium bedurfte. Typische AOR-Gruppen waren z. B. *Styx, Kansas* und *Foreigner.* Eine wie immer auch geartete stilistische Charakterisierung der Musik ist mit diesem Begriff jedoch nicht verbunden, auch wenn er später häufig einfach als Synonym für → Art Rock gebraucht wurde. Vielmehr weist er darauf hin, daß diese Produktionen nicht in den Single-Programmen der kommerziellen Rundfunkstationen einsetzbar waren, sondern spezielle Programmtypen dafür notwendig wurden, wie sie die ganz anders aufgebauten UKW-Stationen in den USA zur Verfügung stellten (→ Rundfunk).

Alleinunterhalter: Vortragskünstler bzw. Musiker, der ein abendfüllendes Programm aus Wortdarbietung, Gesang und Musik, häufig auch Quiz und anderen Formen der Zuschauermitwirkung allein darbietet. Solche Programme sind etwa seit den zwanziger Jahren vor allem in Restaurants und kleinen Lokalitäten verbreitet.

Alligator [engl./amerik., ′æligeitə]: in den dreißiger und vierziger Jahren in den USA eingebürgerter Slangausdruck für einen Jazz- und Swinganhänger, oft auch abgekürzt zu *Gator* oder *Gate*; besonders häufig als Abschiedsformel in der Verbindung »See you later, Alligator«. Der Begriff taucht als Anspielung in vielen Titeln dieser Zeit auf; 1955 wurde er zur Textgrundlage von Bill *Haleys* (1927–1981) Rock'n'Roll-Hit »See You Later, Alligator«.

All Stars [engl./amerik., ɔːl staːs]: Bezeichnung einer für einen bestimmten Zeitraum zusammengestellten Band, deren Musiker jeder für sich den Status eines → Stars besitzt. Solche Zusammenstellungen von Stars waren vor allem im Bereich des Jazz während der vierziger und fünfziger Jahre beliebt, wobei die Musiker zuvor durch Zeitschriften-Umfragen (→ Poll) ermittelt wurden. Die zunehmende Ausprägung individueller stilistischer Konzeptionen im Jazz hat dann das beliebige Kombinieren von Musikern allein nach ihrer Popularität immer unmöglicher gemacht. Ist es für Festivals oder Tourneen später doch wieder zu solchen zeitweiligen Zusammenstellungen von Bands gekommen, wurde die Bezeichnung All Stars jedoch nicht mehr benutzt, weil durch den inzwischen inflationären Gebrauch des Begriffs Star ihre Verwendung als fragwürdig erschien. Berühmte All-Star-Ensembles waren die *Esquire All Stars*, die in den Jahren 1944 bis 1947 nach Umfrageergebnissen der New Yorker Zeitschrift *Esquire* unter Jazzexperten zusammengestellt worden sind, und die *Metronome All Stars*, eine

zwischen 1939 und 1956 in unregelmäßigen Abständen jeweils nach Umfragen der Zeitschrift *Metronome* für Studioproduktionen formierte Band.

Alt: 1.) → Stimmgattung, die tiefe Frauen- bzw. Knabenstimme; 2.) Kurzform für → Altsaxophon.

Alteration [lat. alteratio = »Änderung«]: bezeichnet die chromatische Veränderung eines Akkordtones nach oben oder unten. Häufig treten z.B. Akkorde mit alterierter Quinte auf, gelegentlich sogar mit hoch- und tiefalterierter Quinte gleichzeitig:

Mit Alterationen können Klangverschärfungen, aber auch stärkere Leittönigkeit (→ Leitton) erreicht werden. Alterierte Akkorde waren unter anderem ein Stilmerkmal der Bebop-Harmonik (→ Bebop), wie des modernen Jazz überhaupt.
→ Harmonik.

alternieren [lat., wörtlich »abwechseln«]: kennzeichnet das Abwechseln zweier Musiker (oder Sänger) innerhalb einer Stimme; beispielsweise wird bei recht anstrengenden, exponierten Bläserstimmen im Blasorchester, gelegentlich auch in der Big Band, eine Verdopplung in der Besetzung zur Entlastung vorgenommen.

Althorn: zu den → Bügelhörnern zählendes Blechblasinstrument in Altlage, um 1820 als eigenständiges Instrument aus dem Signalhorn entwickelt; → transponierendes Instrument, Stimmung überwiegend in Es (seltener in F), klingt eine große Sexte tiefer als notiert; klingender Tonumfang: A–es[2]. Das Althorn zählt zum Instrumentarium des Blasorchesters und hat dort Harmoniefunktion (→ Nachschlag), quasi Hornverstärkung bzw. -ersatz. Als Überbleibsel aus der Militärblasorchestertradition fand das Althorn gelegentlich noch Einsatz in den → Street Bands des frühen Jazz.

alto: → Altsaxophon.

Altsaxophon, Abk. *as*: → Saxophon.

Amateurmusiker: ein Sänger oder Instrumentalist, der aus Freude und Begeisterung musiziert, die Musik jedoch nicht beruflich ausübt; in allen Bereichen der populären Musik anzutreffen, oft sogar zahlenmäßig dominierend (z. B. Folk, Rock, früher Jazz). Der Amateurstatus ist kein Qualitätskriterium, viele Neuerungen bis hin zu stilbildenden Formen kommen von Amateuren (Laien), die sich vielfach ihr Wissen und Können autodidaktisch (→ Autodidakt) erworben haben – vgl. die historische Entwicklung der Rockmusik. Aus den Reihen der Amateurmusiker kommen auch nach entsprechender Qualifizierung die Berufsmusiker.

Amplifier, Abk. *amp* [engl., ′æmplifaiə]: → Verstärker.

Analyse [griech., wörtlich »Auflösung«]: Musikanalyse ist das Erkennen und Erklären einzelner Elemente und ihres Zusammenwirkens innerhalb eines Titels (Komposition, Arrangement), d. h. Untersuchung von Melodik, Rhythmik, Harmonik, Form, Dynamik, Dramaturgie (Spannung/Entspannung), Wort-Ton-Beziehung, Instrumentation, Soundgestaltung usw. Das Analysieren bildet in allen Bereichen der populären Musik, besonders aber in den sehr schnellebigen Genres, die Grundlage zum Erkennen der für eine neue, modische, aber auch historische Erscheinung bestimmenden stilistischen (→ Stilistik) Merkmale. Ohne diese Kenntnisse ist eine angemessene → Interpretation nicht möglich. Jeder Komponist und Arrangeur, jeder kreative Musiker beschäftigt sich deshalb mit intensivem Abhören neuer stilbildender Produktionen anderer Gruppen oder Solisten, um ggf. Elemente in sein Schaffen aufzunehmen. In der gegenwärtigen Tanzmusikpraxis, in der viele Titel nach Gehör nachgespielt werden, ist sorgfältiges Analysieren der Vorlagen notwendig, um deren musikalische Substanz im wesentlichen zu erfassen. Auch in der Ausbildung, im Unterricht, spielt die Analyse eine wichtige Rolle, z. B. im Erarbeiten von harmonischen Abläufen, rhythmischen Begleitfiguren u. a., aber auch im Vergleich von Chorussen namhafter Solisten, im Aufspüren unterschiedlicher Wirkungsweisen von Instrumen-

taleffekten usw. Ebenso notwendig ist die Analyse für die Repertoire- und Programmgestaltung, etwa beim Erforschen von Liedgut einer Epoche oder Region für ein Folkloreprogramm. Auch Produzenten, Redakteure, Moderatoren, letztlich jeder Mitarbeiter kultureller Einrichtungen müssen sich mit analytischen Untersuchungen bzw. deren Ergebnissen beschäftigen, um sich über Wirkungsfaktoren, Rezeptionsfragen und inhaltlich-dramaturgische Aspekte zu informieren, um sich eigene begründete Wertmaßstäbe zu schaffen. Da musikalische Zustände oder Zusammenhänge nur be- bzw. umschrieben werden können, wird die Musikanalyse immer subjektiv gefärbt sein, nicht vergleichbar einer exakten mathematischen Berechnung. Analytische Tätigkeit in der populären Musik setzt nicht nur Fachkenntnis sondern auch – bedingt durch den raschen Wandel modischer Erscheinungen – ständiges Beschäftigen mit dieser Materie voraus. Die Analyse des musikalischen Materials allein reicht jedoch bei weitem nicht aus, um Historisches und Gegenwärtiges einzuordnen. Gesellschaftliche Aspekte, kulturpolitische Prozesse, soziologische Erkenntnisse (z. B. Veränderungen innerhalb von Zielgruppen), besonders auch ökonomische Fragen (Marktanalyse) und der Popularitätsgrad der Interpreten sind einzubeziehen.

Analyzer [engl., ′ænəlaizə, wörtlich »Analysator«, auch *Echtzeitanalysator*, *Real Time Analyzer*]: Der Analyzer ist ein »Klangbeobachtungsgerät«. Er zeigt auf einem Bildschirm oder Leuchtdiodenfeld an, wie hoch die Pegelanteile einzelner Frequenzbänder sind. Dazu wird das Eingangssignal mit Bandpaßfiltern in Frequenzbänder (zumeist Terz- oder Oktavbänder) aufgeteilt. Die Signale aller Filterausgänge werden gleichvielen Logarithmierverstärkern (Pegelmesser) zugeführt und optisch dargestellt. Der Analyzer arbeitet im Echtzeitbetrieb, zeigt also in jedem Moment das Frequenzspektrum an. Eine weitere Betriebsart (Haltefunktion) ermöglicht die unveränderte Abbildung des Spektrums eines wählbaren Zeitpunktes. Im praktischen Einsatz wird der Analyzer – wie auch Pegelmesser und Goniometer – immer an den Punkt des Regieweges automatisch mit angeschlossen, der gerade abgehört wird. Für die Studioarbeit hat der Analyzer große Bedeutung erlangt. Mit seiner Hilfe wird die spektrale Verteilung der Instrumente kontrolliert und verändert, um Überdeckungen und Frequenzlöcher zu vermeiden. Beim → Mehrspurverfahren wird beispielsweise von Anfang an darauf geachtet, daß das der Stimmlage des Vokalsolisten entsprechende Frequenzspektrum nicht von Instrumenten zugedeckt wird. Außerdem sind Spitzen im Frequenzspektrum zu erkennen, die sich im Gesamtpegel stark bemerkbar machen, jedoch den Lautstärkeeindruck nicht erhöhen und klanglich nicht ins Gewicht fallen (Filterung auf Lautheit).

Im Live-Betrieb wird mit Hilfe des Analyzers der Frequenzgang einer → PA-Anlage auf den Zuschauerraum abgestimmt. Dazu wird »rosa Rauschen« (Pink Noise) in den Saal eingespielt. An verschiedenen Stellen im Zuschauerbereich nimmt ein Meßmikrophon das Rauschsignal wieder auf und führt es dem Analyzer zu. Der jetzt dargestellte Frequenzverlauf läßt Raumresonanzen und besonders stark gedämpfte Frequenzgebiete erkennen und durch → Equalizer ausgleichen. Das beschriebene Verfahren des »Ausrauschens« birgt Probleme in sich. Sie resultieren aus der Kompliziertheit der raumakustischen Verhältnisse und dem individuellen Soundgeschmack. Der technisch ausgewiesene »Idealklang« stimmt nicht immer mit den Klangvorstellungen der Musiker überein, so daß meist noch eine Nachregelung erfolgt.

Anrufung: Ruf-Antwort-Prinzip, → Call and response.

Ansatz: die für die gewünschte Tonqualität beim Anblasen von Blechblasinstrumenten erforderliche Stellung bzw. Spannung der Lippen am Mundstück des Instruments. Ein lockerer »guter Ansatz« ermöglicht z. B. das Erreichen extrem hoher Töne auf der Trompete (→ High Note Trumpeter). Ein Variieren im Ansatz ist für bestimmte Effekte (Ziehen und Fallenlassen von Tönen, → smear, → growl usw.) unumgänglich.

Answer Song [engl./amerik., ′aːnsə sɔŋ]: Bezeichnung aus dem amerikanischen Musikgeschäft für einen Titel, der ein anderes Stück aufgreift oder karikiert.

AOR: → Album Oriented Rock.

Arbeiterlied: politisches Liedgut der Arbeiterbewegung, entstand in Deutschland mit der sich hier in der Mitte des 19. Jh. formierenden organisierten Arbeiterbewegung und begleitete sie als Mittel des politischen Willensausdrucks, der Agitation, der Mobilisierung und Solidarisierung bis in die Gegenwart hinein. In Deutschland gilt als erstes Lied dieser Art das während des Weber-Aufstandes in den schlesischen Ortschaften Peterswaldau und Langenbielau im Frühjahr 1844 entstandene »Lied der schlesischen Weber«, das nach der Melodie des Volksliedes »Es liegt ein Schloß in Österreich« gesungen wurde. Im Volkslied liegt eine wichtige Wurzel des Arbeiterliedes, dessen Traditionen innerhalb der organisier-

Hanns Eisler

Ernst Busch

*Druckausgabe
der »Internationale«*

ten Arbeiterbewegung aufgegriffen und dabei an die Lebensweise des Proletariats wie die Bedingungen und Erfordernisse ihres Kampfes angepaßt wurden. Soldatenlieder, Freiheitslieder und vaterländische Lieder der verschiedensten Art sind weitere Quellen für die den Arbeiterliedern zugrunde liegenden Melodien, denn sie besaßen einen hohen Verbreitungsgrad und konnten nicht selten sogar auf der Basis der Originaltexte durch geringfügige Umstellungen und Veränderungen in beißende Parodien verwandelt werden. Ein großer Teil der Arbeiterlieder geht aber auch auf Komponisten zurück, die wie Hanns *Eisler* (1898–1962) der Arbeiterklasse verbunden waren oder aber mit einem entsprechenden Talent begabt ihr selbst entstammten. Musikalisch umfaßt das Arbeiterlied eine Vielzahl

von Liedgenres; das Spektrum reicht von den Hymnen wie der »Internationale« (1888) über Marschlieder, Balladen bis hin zum → Song.

Archaic Folk Jazz [engl./amerik., aː'keiik fouk dʒæz]: → archaischer Jazz.

archaischer Blues: Bezeichnung, die sich für die frühen, noch von den → Field Hollers und → Worksongs geprägten Bluesformen aus der Zeit zwischen 1865 und etwa 1900 eingebürgert hat. Es waren ursprünglich unbegleitete Sologesänge, oft noch ohne klare Strophengliederung und einer ausgeprägten Sprechmelodik. Später wurden diese Lieder dann auf der Gitarre oder dem Banjo begleitet, wobei im Wechselspiel zwischen Sänger und Begleitinstrument wie in dem sich herauskristallisie-

renden Aufbau der Strophen das noch von der afrikanischen Responsorialtradition herkommende Ruf-Antwort-Prinzip (→ Call and response) des kollektiven Musizierens auch hier zum Tragen kam. Hinter diesem Übergang von der kollektiven Musikpraxis der Field Hollers, Worksongs und → Spirituals zur solistischen Musikpraxis des Blues stehen letztlich die veränderten Arbeits- und Lebensbedingungen der Afroamerikaner nach der 1865 erfolgten gesetzlichen Aufhebung der Sklaverei für alle amerikanischen Bundesstaaten. Wirklich rekonstruierbar ist diese Entwicklungsphase heute aber kaum noch, denn eine Dokumentation des Blues begann erst in den zwanziger Jahren durch die dabei vor allem auf kommerzielles Material orientierte Schallplattenindustrie. Lebendig blieb diese Tradition allerdings unter den afroamerikanischen Straßenmusikanten besonders in den Südstaaten, wo sie sich bis heute erhalten hat und in dieser Form auch in Schallplatteneditionen zugänglich gemacht wurde.
→ Blues.

archaischer Jazz [auch *Archaic Folk Jazz, Brass Band Jazz, Marching Band Jazz*]: in der Jazzliteratur verbreitete Sammelbezeichnung für alle den → Jazz unmittelbar vorbereitenden Instrumentalstile der → afroamerikanischen Musik im letzten Drittel des 19. Jh. bis etwa zur Jahrhundertwende. Dazu gehörte sowohl die Musik der → Marching, → Street bzw. → Brass Bands, die Musik der → Spasm Bands, der → Jug und → Washboard Bands als auch der südstaatliche Band-Ragtime (→ Ragtime). Ihnen allen war eine Spielweise gemeinsam, die mit dem immer deutlicheren Bezug auf einen gleichmäßig pulsierenden Grundschlag (→ Beat) anstelle des europäischen Taktmetrums mit seinen festliegenden Binnenschwerpunkten (den »starken« Zählzeiten), mit der allmählichen Offbeat-Phrasierung (→ offbeat) der Melodiestimmen und den improvisierten Mittelstimmen Eigenheiten besaß, die dann in entwickelter Form zur Grundlage des Jazz wurden.

Archi [ital., 'arki]: Streicher; die Gruppe der Streichinstrumente.

arco, con arco [ital., wörtlich »mit dem Bogen«]: Spielanweisung für Streicher.

arpeggio [ital., ar'pedʒo, wörtlich »harfenartig«]: Die Töne eines Akkords werden nicht gleichzeitig (geschlossen), sondern nacheinander (gebrochen) in rascher Folge von unten nach oben gespielt (a). Im weiteren Sinne bezeichnet man damit auch das Begleiten auf Gitarre oder Tasteninstrumenten in »gebrochenen« (arpeggierten) Akkorden, wie es bei liedhaften, langsameren Titeln gebräuchlich ist (b).

Arpeggiator: elektronischer Effekt in Keyboards; bei Anschlag eines Akkords wird dieser »gebrochen« (→ arpeggio) ausgeführt, das heißt, trotz gleichzeitigem Tastendruck erklingen die Töne nacheinander. Geschwindigkeit, Ausdehnung über mehrere Oktavbereiche und Richtung der Tonfolge (auf- oder abwärts) sind regelbar.

Arrangement, Abk. *arr* [franz., arãʒə'mã:, wörtlich »Übereinkunft, Abmachung, Vereinbarung«]: Bearbeitung einer → Komposition, die bereits als Aufnahme, Originalpartitur, Arrangement, Klavierstimme oder auch nur als mit → Akkordsymbolen versehene → Melodiestimme vorliegt, für eine exakt vorgegebene (Spezialarrangement) oder allgemein nutzbare (→ Druckarrangement) Besetzung; wobei es nur ein gradueller, kein wertmäßiger Unterschied ist, ob die Bearbeitung schriftlich als → Partitur oder in Stimmen vorliegt oder nur mündlich als sogen. → Head Arrangement abgesprochen wurde. Das Arrangement ist eine für den Bereich der populären Musik typische kreative Erscheinung. Die Trennung in E- und U-Musik im 19. Jh. und die damit einsetzende Massenproduktion und -verbreitung von »leichter« Musik zog auch Veränderungen im Schaffensprozeß nach sich. Während der Komponist artifizieller Musik unter → Komposition das »Gesamtwerk«, die Einheit von thematischem Einfall, dessen Verarbeitung einschließlich der → Instrumentation versteht, liefert ein Teil der Autoren populärer

Musik nur eine Klavierskizze (bestenfalls ein → Particell), die vom Arrangeur der jeweiligen Besetzung entsprechend für die Aufführung oder Produktion bearbeitet wird. Der Grund für diese Arbeitsteilung liegt vor allem darin, daß Werke der populären Musik in unterschiedlichsten Instrumental- und Vokalvarianten aufgeführt werden, und der Komponist beim Konzipieren seines Einfalls unmöglich alle in Frage kommenden Besetzungen vorhersehen und berücksichtigen kann. Die Einheit von Komponist und Arrangeur besteht jedoch auch heute oft noch dort, wo der Titel nur für den eigenen Bedarf (z. B. LP einer Rockgruppe) oder in einem speziellen Auftrag (z.B. Film- oder Bühnenmusik) benötigt wird. Aber mit wachsendem Popularitätsgrad werden sich unzählige Arrangeure dieses Titels annehmen und ihm eine vielleicht erheblich vom Original abweichende Gestalt verleihen und aus dem musikalischen Grundbestand etwas Neues, durchaus Eigenständiges, womöglich sogar Stilbildendes entstehen lassen. Deshalb ist auch das Arrangement durch das → Urheberrecht geschützt.

Der Arrangeur legt den musikdramaturgischen Gesamtablauf des Titels fest, bestimmt Einleitung, Zwischenteile und Schluß, verändert (erweitert) ggf. Harmonik und Rhythmik des → Themas, auch dessen → Phrasierung und → Artikulation entsprechend der geforderten → Stilistik, fügt Neben- und Gegenstimmen, → Sätze und → Background hinzu, wählt die geeignete Besetzung aus, vermerkt die klangliche Umsetzung (→ Sound). Er hat also erheblichen, oft entscheidenden Anteil an der Endgestalt eines Titels, »vollendet« die Komposition im Begriffssinn der artifiziellen Musik.

Jeder Zeitabschnitt in der Geschichte der Tanz- und Unterhaltungsmusik ist durch charakteristische stilistische Eigenheiten im musikalischen Erscheinungsbild geprägt, die sich im Arrangement widerspiegeln, oft sogar in ihm begründet sind. Ein historischer Abriß des Arrangierens baut auf den jeweils modischen Besetzungen auf, wobei sich der Bogen von der Wiener → Schrammelmusik des vergangenen Jh. bis zu den elektronischen Experimenten der Gegenwart spannt. Die namhaften Unterhaltungsmusik-Komponisten des 19. Jh., an der Spitze Johann *Strauß* (Sohn) (1825–1899), schrieben die Partituren ihrer Werke selbst, schufen aber auch beispielgebende Bearbeitungen von Stücken anderer Autoren für die eigenen Orchester, darunter Übertragungen aus dem Bereich der Opern- und Konzertmusik. Das trifft auch für die zahlreichen in den Militärblasorchestern entstandenen Originalkompositionen und → Transkriptionen zu. Die kleinen volkstümlichen Ensembles musizierten meist ohne Noten nach mündlicher Absprache oder nutzten die in zunehmendem Maße von den Verlegern bereitgestellten Druckarrangements, die den regionalen Besonderheiten Rechnung trugen (→ Wiener, → Pariser und → Berliner Besetzung).

Neue, die Arrangiertechnik befruchtende Elemente kamen im Laufe der Jazzentwicklung,

Tin Roof Blues (New Orleans Rhythm Kings, 1923, arr Elmer Schoebel)

besonders in den zwanziger und dreißiger Jahren, also mit der Herausbildung der → Big Band. Die spontan variierte polyphone Satzstruktur der frühen New-Orleans-Band wich allmählich dem homophonen Satz in einfacher Dreistimmigkeit, wobei als Novum die Parallelführung aller Stimmen auftrat (→ Parallelsatz) – ein Satzprinzip, das in der Folgezeit bestimmend für das Jazzarrangement wurde (Notenbeispiel Seite 31).

Musikerpersönlichkeiten wie Fletcher *Henderson* (1898–1952), Duke *Ellington* (1899–1974), Benny *Carter* (geb. 1907) und Don *Redman* (1900–1964), die für eigene und andere namhafte Jazzorchester arrangierten, hatten wesentlichen Anteil an der Herausbildung und Profilierung der Big Band, besonders während des Swing. War das Absprechen eines Titelablaufs in den kleinen Besetzungsformen möglich gewesen, wurde nunmehr das schriftlich fixierte Arrangement zur Notwendigkeit; nur so konnten die Musiker ins große Kollektiv eingegliedert werden. Die klangliche Ausgewogenheit des jeweiligen Satzes (in der Zahl der Einzelstimmen erheblich erweitert), das Gegeneinandersetzen und Miteinanderführen der einzelnen Gruppen, Backgrounds, → Riffs und Ensemble-Chorusse, → Intros und → Endings – das alles lag nun in den Händen des Arrangeurs, wobei durch viele Beispiele

belegt ist, daß führende Arrangeure des Jazz immer wieder durch »ihre« Musiker inspiriert wurden, kreative Gedanken und Anregungen der anderen bewußt einbezogen, ihnen auch Freiräume zum Improvisieren ließen. Die Satzspielweise wurde zum bestimmenden Kriterium der Big Band (Notenbeispiel unten).

Neue Impulse erhielt das Big-Band-Arrangement durch Experimente von Musikern um Stan *Kenton* (1912–1979), z. B. Pete *Rugolo* (geb. 1915), Gerry *Mulligan* (geb. 1927), Bill *Russo* (geb. 1928). Neben harmonischen und formalen Erweiterungen wurde auch mit der Standardbesetzung variiert, z. B. Vergrößerung der Sätze, Einbeziehung von Holzbläsern, Streichern, Hörnern, zusätzlichen Schlaginstrumenten, Harfe usw. Man bezeichnet diese Stilrichtungen als → Progressive Jazz (zweite Hälfte der vierziger Jahre) bzw. → Third Stream Music (Anfang der sechziger Jahre); in beiden Fällen wurden Elemente der zeitgenössischen artifiziellen Musik assimiliert. Viele arrangiertechnische Modelle und Erfahrungswerte des Jazz seit den zwanziger Jahren beeinflußten nachhaltig die kommerzielle Tanzmusik der Folgezeit, sowohl in den großen als auch in den kleinen Besetzungen. Das betrifft insbesondere die Übernahme bestimmter Klangbilder und Satzweisen (z. B. Big Band: → Glenn-Miller-Sound, → Four-Brothers-

Midnight Blue (Neal Hefti)

Satz u. a.; Combo: Dixieland-Dreiersatz, →
Shearing-Satz u. a.). Die Stimmführung im
Parallelsatz wurde teilweise auch auf die Streicher (Tanzstreichorchester) und Vokalstimmen (Background-Chor) übertragen.

Verbunden mit dem Aufkommen der Beatmusik waren neue Klangvorstellungen, die sich
aus der Gitarrenbesetzung (Teilung in Lead-,
Rhythmus- und Baßgitarre sowie Drums), der
elektrischen Verstärkung und elektronischen
Verfremdung (→ Effekte), dem Einsatz elektronischer Keyboardinstrumente und natürlich auch aus andersartigen melodisch-harmonischen und rhythmisch-stilistischen Eigenheiten ergaben. Rockarrangements sind meist
eine, nur in mündlicher Absprache existierende Kollektivarbeit der gesamten Gruppe
(Head Arrangement).

Überblickt man die Entwicklung der populären Musik der vergangenen zwanzig bis dreißig Jahre, so zeigt sich auch für den Arrangeur
eine fast unüberschaubare Fülle historischer,
gebräuchlicher und modischer Besetzungsvarianten, Arrangementtypen, Stilistiken und
Klangbilder. Dies trifft für die traditionelle
Unterhaltungs- und Blasmusik ebenso zu wie
für Rock- und Popmusik, Jazz und Folk. Eine
Spezialisierung ist deshalb unerläßlich. Arrangieren bedeutet heute nicht nur satztechnische Ausarbeitung und Instrumentation, sondern auch Realisierung von Soundvorstellungen im weitesten Sinne. Der Arrangeur muß
deshalb neben dem musiktheoretischen Wissen über einen ausgeprägten Klangsinn verfügen und mit den vielfältigen Möglichkeiten
der Klangbeeinflussung bei Produktion und
Live-Auftritten vertraut sein.

artifizielle Musik: → E-Musik.

Artikulation: 1.) exakte Lautbildung bzw.
deutliche Aussprache beim Singen und Re-
den; gutes Artikulieren ist somit Grundvor-
aussetzung für einwandfreie Textverständlich-
keit (Rockmusik), andererseits bildet differenzierte, auch künstlerisch überhöhte Artikulation ein wirkungsvolles Gestaltungsmittel;
2.) das Verbinden bzw. Trennen aufeinander-
folgender Töne beim Musizieren, wobei verschiedene Abstufungen zu unterscheiden
sind: a) legato = gebunden; b) non legato = nicht gebunden; c) portato = getragen;

d) tenuto = gehalten;   e) staccato = abgesto-
ßen, getrennt.

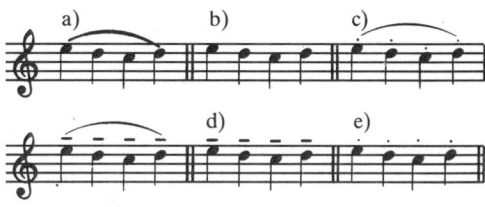

In der Jazz- und Tanzmusikpraxis geben die
Artikulationszeichen *Strich* und *Punkt* Hinweise zur arrangementsgerechten → Stilistik.
Die gleiche Tonfolge ergibt unterschiedlich artikuliert eine konträre Zuordnung, z. B. swinggemäß (a) oder rockgemäß (b):

Akzentuierung (→ Akzent), → Phrasierung
und → Tongebung bilden mit der Artikulation
eine untrennbare Einheit in der Melodiegestaltung.

Art Rock [engl./amerik., a:t rɔk; auch *Culture
Rock, Symphonic Rock, Adult Oriented Rock*]: in
der ersten Hälfte der siebziger Jahre besonders
in Großbritannien verbreitete Spielart der →
Rockmusik, in der ein Kunstverständnis
durchzusetzen versucht wurde, das an den
Normen des bürgerlichen Kunstwerkbegriffs
aus dem 19. Jh. orientiert war. Instrumentale
Großformen nach Art der sinfonischen Dichtung, der Sinfonie, der → Suite, des Orato-
riums, Zitate bzw. Stilzitate (→ Zitat) aus der
Musik des 18. und 19. Jh., die Übernahme musikalischer Techniken aus dieser Musik wie
Kontrapunktik, motivisch-thematische Arbeit
und nicht selten Begleitung durch großes Sinfonieorchester kennzeichneten diese Tendenz
innerhalb der Entwicklung des Rock. Ausgangspunkt dafür war ein gewachsenes Selbstbewußtsein vieler Rockmusiker, aus dem heraus sie ihre Musik als »Kunst« zu begreifen
begannen. Trotz mancher interessanter Experimente, die das mit sich brachte und von denen durchaus auch Impulse für die weitere
Entwicklung ausgingen, lag dem Ganzen doch
ein fundamentales Mißverständnis zugrunde.
Das, was die betreffenden Musiker und Gruppen unter Kunst verstanden und woran sich
ihr Verständnis von Rockmusik als Kunstform

orientierte, war von der Praxis des bürgerlichen Konzertbetriebs abgeleitet und damit auf die Musik und Musikanschauung des 19. Jh., die im bürgerlichen Konzertsaal dominiert, ausgerichtet. Rockmusik als eine durch und durch zeitgenössische Musikform, die in und von den Bedingungen der modernen Massenkommunikation lebt, wurde hier kurioserweise mit einem historischen Kunstverständnis zu verbinden versucht, das mehr als hundert Jahre alt ist. Die Konsequenz war eine Entwicklung weg von den sozialen und musikalischen Grundlagen des Rock mit dem Resultat eines schwülstig-bombastischen Eklektizismus voller Mystizismus und sich verselbständigender Artistik, dem eine insgesamt nur kurze Lebensdauer beschieden war. Den Anspruch auf künstlerische Ernsthaftigkeit des Rock, den zuvor schon etwa die *Beatles* mit ihrer LP »Sgt. Pepper's Lonely Hearts Club Band« (1967) auf sehr eigenständige und den musikalischen Möglichkeiten der Rockmusik auch angemessene Weise geltend gemacht hatten, vermochte die Gigantomanie des Art Rock nicht einzulösen.

King Crimson

Die erste Gruppe, die mit einer Mischung aus Rock, Spätromantik, Mystizismus und Religion ein komplettes Sinfonieorchester für ihre Produktionen bemühte – von den in eine andere Richtung zielenden Versuchen der Beatles hier abgesehen –, war die englische Formation *Moody Blues* mit ihrem 1967 erschienenen Werk »Days of Future Past«, das zusammen mit dem Londoner Festival Orchestra eingespielt wurde. 1969 ließen sich *Deep Purple* bei einem Konzert in der Londoner Royal Albert Hall durch das Royal Philharmonic Orchestra begleiten, mit einem »Concerto for Group and Orchestra« von Deep-Purple-Keyboarder Jon *Lord* (geb. 1941), dem ein Jahr darauf die Aufführung der »Gemini Suite« für Rockgruppe und Sinfonieorchester folgte. Auch wenn die Zusammenarbeit mit großen Orchestern schon aus rein praktischen Gründen Ausnahme blieb, der eklektische Klangbombast dieser Aufführungen fand reichlich Nachahmer. *Genesis, King Crimson, Yes* und *Gentle Giant* in Großbritannien sowie *Kansas* in den USA begannen mit musikgeschichtlichem Zitatbeiwerk durchsetzte Klangmassen in großformatigen Werkkonzeptionen aufeinanderzutürmen. Im einzelnen

Yes

Genesis

war das freilich nicht selten, etwa bei Gentle Giant, mit einem immensen musikalischen Schwierigkeitsgrad verbunden, der von dem spieltechnischen Leistungsvermögen der Musiker zeugte. Doch die fragwürdige Gesamtkonzeption führte entweder zur Verselbständigung kunstvoll auf die Spitze getriebener spieltechnischer Schwierigkeiten und damit zur inhaltsleeren Artistik oder zu deren Legitimation durch schwülstige, mystische Texte. Typisch dafür ist etwa auch das ambitionierte Opus »Myths and Legends of King Arthur and the Knights of the Round Table« (1975) von Rick *Wakeman* (geb. 1949), das auf einer Kombination von Keyboards und Sinfonieorchester beruht. Der spektakuläre Charakter derartiger Klangexperimente, vor allem bei ihrer Live-Aufführung, übte trotz der mit dem Aufwand ständig steigenden Eintrittspreise eine Anziehungskraft aus, bei der der Erfolg nicht ausblieb und den Art Rock in der ersten Hälfte der siebziger Jahre zur beherrschenden Erscheinungsform der Rockmusik werden ließ. Allerdings kam auch bald die Reaktion darauf; und die fiel dann um so radikaler aus. Die Revolte des → Punk mit ihrem anfänglichen Kult des Dilettantismus ist nicht zuletzt auch als Reaktion auf diese Entwicklung zu begreifen, die die Rockmusik mehr und mehr zur Angelegenheit von Hochleistungsartisten und ingenieurtechnischen Klangexperimenten machte, deren mystische Umkleidung mit der sozialen Wirklichkeit Jugendlicher kaum noch etwas zu tun hatte.
Eine Sonderform des Art Rock ist der → Classic Rock, bei dem das direkte Zitat oder die → Adaption der Musik des 18. und 19. Jh. im Vordergrund steht, wenngleich die Trennungslinien hier nicht immer eindeutig verlaufen.
→ Progressive Rock.

ASCAP [engl./amerik., 'æzkəp, Abk. für *American Society of Composers, Authors and Publishers*]: eine am 13. 2. 1914 in New York durch eine Gruppe von Komponisten um John Philip *Sousa* (1854–1932) und Victor *Herbert* (1859–1924) gegründete Verwertungsgesellschaft musikalischer Rechte (→ Tantiemen). Sie hatte als Interessenvertretung der Musikverleger, Komponisten und Texter im Musikgeschäft einen großen Einfluß auf die Entwicklung der populären Musik in den USA. Heute gehören ihr rund 16 000 Komponisten und Texter als Mitglieder an.
→ BMI.

Atabaques [port. (Pl.), ata'ba:kes]: in Brasilien verbreiteter afrikanischer Trommeltyp, unten offene Standtrommel (der → Conga vergleichbar); Verwendung z. B. in den → Sambas und → Batuques.

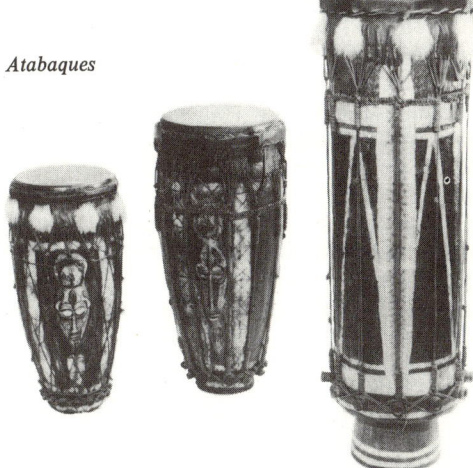

Atabaques

atonal [sinngemäß »ohne Tonart«]: umstrittener Begriff zur Kennzeichnung einer Musik, die nicht tonartlich gebunden ist, die keinen Grundtonbezug bzw. kein tonales Zentrum aufweist; in der populären Musik selten. Atonalität ist anzutreffen im → Free Jazz und vereinzelt im Avantgarde Rock (→ Avantgarde).

attack [engl., ə'tæk, wörtlich »Angriff«]: harter, kräftiger, explosiver Anstoß des Tones, typisch für die frühen Jazzstile, auch im Free Jazz wieder anzutreffen.

Aufführungsrecht: in der Musikpraxis das Recht der öffentlichen Aufführung eines Bühnenwerks (»großes Recht«) oder eines nichtdramatischen Werks (»kleines Recht«) auf der Grundlage des geltenden Urheberrechts. Die »kleinen Rechte« werden von den Urheberrechtsgesellschaften, die »großen Rechte« von den Verlagen wahrgenommen.

Aufnahmestudio: → Studio.

Auftakt [engl. 'upbeat]: Als metrische Erscheinung (→ Metrum) kennzeichnet der Auftakt den Beginn eines → Motivs, eines Liedes oder einer größeren Komposition auf einem unbetonten Taktteil, also vor der ersten Hauptbetonung. Viele deutsche Volkslieder beginnen auftaktig, weil der Text mit unbetonten Silben anfängt.

aug, augmented [engl., ɔ:g'mentid, wörtlich »übermäßig«]: → Akkordsymbolschrift.

ausblenden [auch *fade out* oder *Fading*]: bei der elektromagnetischen Schallaufzeichnung mögliche allmähliche Lautstärkeminderung eines Tones oder Klanges bis zu seiner völligen Auslöschung; wird in der übergroßen Mehrheit der Studioproduktionen von → Schlagern und instrumentaler → Tanzmusik, etwas weniger häufig auch in der → Rockmusik, anstelle einer komponierten Schlußwendung eingesetzt, so daß die Titel einfach so lange immer leiser werden, bis sie schließlich aufhören.

austerzen: bei Schlagersängern zur Verstärkung des klanglichen Volumens ihrer Stimme vor allem für die Refrains häufig benutztes aufnahmetechnisches Verfahren, bei dem die Stimme durch nochmalige Aufnahme auf einer zweiten Spur (→ Overdubbing) oder durch Mitwirkung anderer Sänger im Intervallabstand von einer Terz verdoppelt wird. → Automatic Double Tracking.

Ausweichung: → Modulation.

Autochord: Akkordbegleitautomatik (→ Begleitautomatik).

Autodidakt: Bezeichnung für jemand, der sich bestimmte Kenntnisse im Selbstunterricht aneignet. In der populären Musik sind die meisten Musiker mehr oder weniger Autodidakten, so daß diese Art der Kenntnisaneignung hier eine immens große Rolle spielt. Seinen Grund hatte das nicht nur in der traditionellen Unterschätzung der populären Musik durch die musikalischen Lehreinrichtungen, sondern auch in dem großen Anteil volksmusikalischer Traditionen an der populären Musik und ihrer ungeheuren Schnellebigkeit. Trotzdem sind auch hier vor allem die handwerklich-technischen Anforderungen an den Musiker inzwischen so gewachsen, daß die Zahl der Absolventen musikalischer Bil-

dungseinrichtungen ständig zunimmt. Andererseits ist die populäre Musik in einzelnen ihren Erscheinungsformen auch ein spontaner musikalischer Ausdruck der Massen, so daß es immer wieder zu neuen Entwicklungen kommt, die von Autodidakten getragen werden. Letztlich drückt sich darin ein Grundwiderspruch der populären Musik aus, der Widerspruch zwischen hochgradiger Professionalisierung und spontaner Unmittelbarkeit, der sowohl dem hochqualifizierten Musiker als auch dem Autodidakten seinen Platz gibt.

Autoharp [engl., 'ɔ:təha:p]: in den USA verbreitete Abart der → Zither, von Charles F. Zimmermann konstruiert und 1882 in Washington zum Patent angemeldet, rasche Verbreitung in der frühen Country Music. Die Saiten werden über eine Knopfmechanik angeschlagen, wobei die nicht benötigten Saiten

Autoharp

mittels Filz abgedämpft sind. Die Autoharps dienen überwiegend als akkordisches Begleitinstrument, wobei je nach Größe des Instruments bis zu 72 Akkorde spielbar sind (54 Saiten). Melodiespiel ist möglich, wie z. B. in Aufnahmen von Mike *Seeger* (geb. 1933) und der *Carter Family*.

Automatic Double Tracking, Abk. *ADT* [engl., ɔ:tə'mætik 'dʌbl 'trækiŋ]: aufnahmetechnischer Effekt, bei dem zur Verstärkung der Gesangsstimme das Tonsignal mit minimaler Zeitverschiebung im Aufnahmevorgang automatisch verdoppelt wird; häufig bei Refrains von Schlagern.

Avantgarde [frz., avã:'gard]: bezeichnet in der Kunst die in der Entwicklung der künstlerischen Ausdrucksmittel fortgeschrittensten

Frank Zappa

Kräfte; wird im Zusammenhang der populären Musik lediglich im Jazz- und Rockbereich gebraucht, und zwar im allgemeinen für solche Gruppen, deren Musikauffassung sich der gängigen Spartierung von Jazz, Rock und E-Musik entzieht, die sich um eine Synthese des wirklich Neuen aus allen Bereichen der Musik bemühen. Beispiele dafür sind die vom Jazz herkommenden Experimente des Musikers *Sun Ra* mit seinem Orchester (→ Free Jazz), die Arbeit von Frank *Zappa* (geb. 1940) mit seinen *Mothers of Invention* sowie die Gruppen *Henry Cow, Art Bears* u. a. (→ Rock In Opposition).

AWA: Anstalt zur Wahrung der → Aufführungsrechte auf dem Gebiet der Musik in der DDR; staatliche Einrichtung, die nach der Verordnung über die Wahrung der Aufführungs- und Vervielfältigungsrechte auf dem Gebiet der Musik vom 17. 3. 1955 die Rechte der Komponisten, Texter, Arrangeure und Musikverleger aus der DDR für die Aufführung ihrer Werke (ausgenommen abendfüllende Bühnenwerke) in und außerhalb der DDR wahrnimmt.
→ Tantiemen.

★ B ★

backbeat [engl., ′bækbi:t]: Spielanweisung »Betonung auf 2 und 4«.

Background [engl., ′bækgraund, wörtlich »Hintergrund«]: bezeichnet die klangliche Ausfüllung eines → Arrangements durch Vokal- oder Streicherchöre, die aufnahmetechnisch dezent im Hintergrund gehalten werden und oft zusätzlich noch durch Verhallung nur einen diffusen Klangteppich abgeben. Sie können orgelpunktartig unterlegt sein, der Melodieführung synchron laufen oder auch durch Motivwiederholungen die Phrasenenden des Melodieverlaufs in die Pausen des Solisten verlängern. Solcherart klangliche Auffüllung ist hauptsächlich in den Arrangements von → Schlagern üblich. Auch → Riffs, ostinate Rhythmusfiguren u. ä. können Backgroundfunktion erfüllen.

Backing Group [engl., ′bækiŋ gru:p]: Bezeichnung einer instrumentalen und/oder vokalen Begleitgruppe für einen Solisten, die entweder als feste Gruppe ständig mit ihm zusammenarbeiten kann oder aber zu Studioproduktionen eigens zusammengestellt wird.

Backline [engl./amerik., ′bæklain]: 1.) das gesamte auf der Bühne befindliche Instrumentarium und technische Zubehör einer Gruppe, ausgenommen → PA- und → Monitoranlage;

2.) Bezeichnung für die → Rhythmusgruppe in einem Jazz-Ensemble.

Badge [engl., bædʒ]: → Button.

Bagpipe [engl., ′bægpaip]: → Dudelsack.

Baião [bras., bai′a:o]: brasilianische Lied- und Tanzform, auf den → Batuque zurückgehend, zur → Samba-Familie gehörend. Im Baião vermischen sich afrikanische, europäische, teilweise auch indianische Kulturelemente. Er wird meist in einem mäßigen Tempo im $\frac{2}{4}$-Takt getanzt und gesungen. Gegenüber anderen brasilianischen Formen dominiert im Baião das Melodische. Vielleicht war das einer der Gründe, der um 1950 dazu führte, ihn von Frankreich ausgehend – nunmehr als *Baion* – kurzzeitig als Modetanz zu kreieren.

Baion, Bajon [span./franz., bai′ɔn/ba′jɔ̃]: → Baião.

Bajan [russ./tatarisch, ba′jan]: in der Sowjetunion verbreitete Form des → Akkordeons mit beidseitiger chromatischer Knopfgriffanordnung.

Bakersfield Sound [amerik., ′beikəsfi:ld saund]: Anfang der sechziger Jahre in Bakersfield, Kalifornien, von Buck *Owens* (geb. 1939) und seiner 1957 formierten Gruppe *Buckaroos* entwickelte Spielart der Country Music (→

Country & Western), die auf dem Rhythmuskonzept des → Rockabilly aufbaut und sich durch ihren markanten, boogiebeeinflußten (→ Boogie Woogie) Basisrhythmus auszeichnet. Buck Owens' »Act Naturally« (1963) war nicht nur die erste Produktion aus Bakersfield, die landesweite Popularität erzielte und den Begriff überhaupt erst aufkommen ließ (auch die *Beatles* haben sie auf »Help«, 1965, in ihr Repertoire übernommen), sie durchbrach zugleich das bis dahin verbreitete Vorurteil, echt amerikanische Country Music könne nur aus Nashville (→ Grand Ole Opry, → Nashville Sound) kommen, und ebnete damit den Weg für eine Reihe anderer Interpreten wie etwa den in Bakersfield geborenen Merle *Haggard* (geb. 1937).

Balalaika [russ.]: Zupfinstrument, russisches Nationalinstrument; dreieckiges, halbbauchiges Korpus, Decke mit Schalloch, langer Hals mit Bünden, hinterständige Wirbel; drei Saiten (auch doppelchörig), davon zwei gleichgestimmt, die dritte im Quartabstand; in Familie gebaut (von Piccolo- bis Kontrabaßbalalaika). Die Balalaika ist seit etwa 1700 vor allem in der Ukraine bekannt und wird in Gruppen mit teilweise über fünfzig Mitwirkenden gespielt. Balalaika-Orchester gehören häufig zu sowjetischen Estradenensembles (→ Estrade).

Ballade: 1.) in der Folklore vieler Völker seit Jahrhunderten in vielgestaltigen Varianten zu findende Lied- und Tanzform erzählenden Inhalts;
2.) wichtige Vokalform (Ballads) der afroamerikanischen Folklore, auch im Ruf-Antwort-Prinzip (→ Call and response) kollektiv improvisiert;
3.) Bezeichnung für langsame, oft sentimental-erotische Schlager bzw. Lieder in den USA, die aufgrund ihres melodisch-harmonischen Gehalts zu → Evergreens und Jazzstandards wurden, z. B. »Body and Soul« (John W. Green, 1930), »Georgia on My Mind« (Hoagy Carmichael, 1930), »Moonlight in Vermont« (Karl Suessdorf, 1944);
4.) verbreitete Liedform in der → Country Music, z. T. europäischen Ursprungs;
5.) Als Beispiel einer instrumentalen Balladenkomposition sei der Richard-Clayderman-Erfolgstitel »Ballade pour Adeline« (Paul de Senneville, 1978) erwähnt.

La Bamba [span.]: Lied- und Tanzform aus Veracruz, gehört zur Familie des → Son; vermutlich im 19. Jh. als Synthese mexikanischer und kubanischer Folklore entstanden; international bekannt durch das Evergreen »La Bamba«.

Band [engl., bænd, wörtlich »Kapelle, Orchester«]: kleines Musikerensemble, speziell im Jazz und Rock; bezeichnet aber auch Blasmusikgruppen (→ Brass Band) und → Musikkorps (ital. banda). Im archaischen Jazz taucht der Begriff häufig auf (→ Street Band, Marching Band, → String Band, Ragtime Band usw.), verliert sich dann aber im Swing (→ Combo), blieb jedoch für die typische → Dixieland-Band. Größere Besetzungen (→ Orchestra) erhielten die Bezeichnung → Middle Band und → Big Band. Auch in anderen Kombinationen erscheint dieses Wort, z.B. → All-Star-Band (zusammengestellte Gruppe namhafter Musiker), Begleitband (für Programm- oder Solistenbegleitung), Spitzenband, Studioband (für eine Produktion zusammengestellte Besetzung) u. a.

Bandleader [engl., ʹbændliːdə]: Kapellenleiter.

Bandoneon [auch *Bandonion*]: nach seinem Konstrukteur Heinrich *Band* (1846) benanntes Balginstrument, das aus der → Konzertina entwickelt wurde; Diskant- und Baßseite mit Knopfgriffanordnung für Einzeltonspiel, jedoch im Gegensatz zur Konzertina in vertikaler Anlage. Das in den zwanziger Jahren gebaute Einheitsbandoneon verfügt über 72 Tasten (144 Töne): Diskant $g-a^3$, Baß $C-b^1$. Das Gehäuse ist quadratisch, an den Ecken abgeschrägt. Eine spezielle Anordnung der Zungen und die Oktavverdopplung jedes To-

Bandoneon

Band Wagon beim Dresdner Dixieland-Festival

nes ergibt den unverwechselbaren, sich von den anderen Harmonikainstrumenten abhebenden Klangcharakter. Es wird nicht umgehängt, sondern auf den Knien gehalten. Da auch viele Notenunkundige dieses Instrument spielten, erfand man eine Zahlengriffschrift, die heute jedoch kaum noch genutzt wird. Neben Bearbeitungen von Liedern und leichten Unterhaltungsstücken entstand auch Originalliteratur für Solisten und für Bandoneonorchester. Noch in den dreißiger Jahren gehörte das Bandoneon zum Grundinstrumentarium der Tanz- und Unterhaltungskapellen.

Bandschleifen-Mellotron: → Mellotron.

Band Wagon [engl./amerik., bænd ˈwægən]: Pferdewagen, später auch Lastkraftwagen, auf dem die afroamerikanischen → Street Bands bei Umzügen, aber auch bei Kapellenwettstreiten Anfang des Jahrhunderts im Süden der USA durch die Städte (New Orleans, Louisiana u. a.) fuhren.

Banjo: [afr./amerik., ˈbanjɔ, ˈbændʒou]: Zupfinstrument; gitarreähnliche Struktur (→ Gitarre); rundes zylindrisches Holzkorpus, mit Resonanzfell bespannt (Korpus ähnlich dem → Tamburin), Holzboden (früher auch unten offen); Metallzargen mit Spannschrauben; langer Hals, Griffbrett mit → Metallbünden (ursprünglich bundlos), Metallsaiten; unterschiedliche Typen:
· *viersaitiges Tenorbanjo:* c, g, d^1, a^1 (wie → Viola); Tonumfang: $c-es^3$, oktavtransponierend (klingt eine Oktave tiefer als notiert),
· *fünfsaitiges Banjo (Five String Banjo)* mit kürzerer Melodiesaite (g^2) mit Stimmwirbel am Hals, neben tiefster Saite angebracht: g^1, c, g, h, d^1; zahlreiche offene Stimmungen (→ Open Tunings),
· *sechssaitiges Gitarrbanjo:* Stimmung wie → Gitarre,
· *achtsaitiges Mandolinbanjo:* Stimmung wie → Mandoline.
Verschiedene Spieltechniken: begleitendes Akkordspiel, Single-String-Technik (Einzeltonspiel), → Finger Picking, Frailing (Clawhammer), Hammering, Pulling usw.
Das Banjo ist eines der ältesten Instrumente

der populären Musik: Aus Westafrika, wo es als *Bania* vermutlich auf arabischen bzw. mittelasiatischen Einfluß (Tanbur) zurückgeht, kam es mit den Sklaven nach Nordamerika, die vor allem in den Südstaaten der USA das Instrument in einfachster Form bauten. Auch über England und Portugal gelangte später das Banjo nach Amerika und wurde zu einem beliebten Hausinstrument der weißen Siedler. 1831 baute Joel Walker *Sweeney* (1810–1860) das fünfsaitige Banjo; das Tenorbanjo entstand erst um 1920. Umherziehende farbige Bluessänger nutzten das Banjo zur Begleitung; diesen Zweck erfüllte es auch in den → Minstrel Shows. Nach 1895 kam es in die Rhythmusgruppe der Jazzbands und nachfolgend in die Tanzkapellen, wo es – besonders als viersaitiger Typ – bis zum Ende der zwanziger Jahre blieb, dann verdrängte die Gitarre das Banjo. In den Dixielandgruppen wird es seit etwa 1940 (→ Revival Jazz) wieder gespielt. Namhafte Banjospieler waren z. B. Johnny *St. Cyr* (1890–1966), in der zweiten Hälfte der zwanziger Jahre in den Armstrong-Besetzungen vertreten, weiterhin Bud *Scott*

(1890–1949), Harry F. *Reser* (1896–1965) und Danny *Barker* (geb. 1909), der u. a. 1957 eine Solo-LP veröffentlichte. Um Gitarristen ohne grifftechnische Schwierigkeiten das Banjospiel zu ermöglichen, konstruierte man das der Gitarrestimmung entsprechende sechssaitige Instrument.

Durch die Minstrel Shows war das Banjo auch unter der weißen Bevölkerung rasch bekannt geworden, und es wurde in deren Volksmusik einbezogen. So bildeten sich in den Appalachen nach 1900 bestimmte Spielweisen, z. B. das Finger Picking, heraus. Ashley Clarence *Tom* (1895–1967) und später Earl *Scruggs* (geb. 1924) propagierten die Dreifingertechnik und verhalfen damit dem Banjo als Soloinstrument zum Durchbruch, ebenso »Uncle« Dave *Macon* (1870–1952), einer der profilierten Entertainer, auch durch seine Auftritte in der → Grand Ole Opry in Nashville berühmt. Im → Bluegrass, in der → Country Music, im → Skiffle und im → Folk Revival dominierte das Five String Banjo, das damit auch in Europa populär wurde. Heute gehört es ebenfalls zum Begleitinstrumentarium des → politischen Liedes, wie Pete *Seeger* (geb. 1919) und Perry *Friedman* (geb. 1935) überzeugend belegen.

Tenor-, Five-String-, Gitarr- und Mandolinbanjo

Bänkelsang: Form des populären Liedes, die im 17. Jh. aus den mittelalterlichen Flugblattliedern hervorgegangen ist. Die Bezeichnung geht auf den Begriff *Bänkel* zurück, eine Verkleinerungsform von *Bank*, auf die die Sänger stiegen, wenn sie auf Straßen und Plätzen ihre Lieder zu Gehör bringen wollten. Der Bänkelsang hatte sowohl eine Informations- wie eine Belehrungsfunktion. Die Lieder behandelten aktuelle Ereignisse von allgemeinem Interesse wie Katastrophen, Verbrechen, Hinrichtungen usw. und schlossen mit einer moralisierenden Sentenz, die den Hörern die Schlußfolgerungen für das eigene Verhalten nahebrachte. Als Grundlage wurden Choralmelodien oder Kirchenlieder verwendet, auf die die Bänkelsänger ihre Verse dichteten. Ihren Vortrag, zu dem sie sich auf Harfe, Violine, später auch Drehorgel begleiteten, ergänzten und verdeutlichten sie mit großen Bildtafeln. Diese stellten die besungenen Ereignisse in ihren wichtigsten Phasen dar, auf die sie jeweils passend zu den Liedstrophen mit einem Stock zeigten. Auf Jahrmärkten hielt sich die Form des Bänkelsangs noch vereinzelt bis in die ersten Jahrzehnte unseres Jahrhunderts, wobei man die Lieder inzwischen als *Moritat* bezeichnete (wohl von Mordtat abgeleitet, die unter den berichteten Ereignissen mittlerweile dominierte). Im → Kabarett der zwanziger Jahre hatte der Bänkelsang in einer literarisierten Form noch einmal eine Renaissance, wobei so bedeutende Dichter wie Ringelnatz, Brecht, Kästner und Wedekind die Verse lieferten.

Banya [ind., auch *Bayan*]: → Tabla.

Barbershop Harmony [engl./amerik. Slang, ˈbaːbəʃɔp ˈhaːmɔni]: Begriff für eine volkstümliche Singweise weißer Amerikaner, die sich in der zweiten Hälfte des 19. Jh. in den USA herausgebildet hat. Die Melodie wird a cappella in → Parallelbewegung, meist in Quinten, Quarten oder Terzen, begleitet (organale Praxis), wobei die sich ergebenden Akkorde oft ohne harmonischen Bezug zur traditionellen Kadenzierung bleiben. Dieses aus dem Stegreifsingen entstandene Satzprinzip, das sogen. *Barbershop Singing*, fand seine Weiterführung im Repertoire solistischer Vokalensembles, z. B. bei den *Mills Brothers* und den *Singers Unlimited*. Namengebend waren die Herren-Friseurgeschäfte (= Barbershops), die

besonders in den Kleinstädten und ländlichen Gegenden der USA zu einem geselligen Treffpunkt wurden. Beim vokalen Improvisieren bildete sich allmählich das *Close Harmony Singing* (= Singen in enger → Lage) als harmonische Eigentümlichkeit heraus. Im übertragenen Sinne gebraucht man den Begriff Barbershop Harmony allgemein für den unbegleiteten Männergesang in den USA.

Barbesetzung: → Barmusik.

Bariton: 1.) → Stimmgattung, die mittlere Männerstimme;
2.) Kurzform für → Baritonsaxophon;
3.) auch *Baryton*, ursprünglich *Euphonium*; hohes Baßinstrument (Baritonlage) der Familie der → Bügelhörner; weiter mensuriert als → Tenorhorn, deshalb vollerer Klang in der Tiefe; drei bis vier → Ventile; in C, aber auch

Bariton/Tenorhorn

transponierend in B (Baß-, auch Violinschlüssel), Tonumfang wie Tenorhorn (E – b^1), jedoch zusätzlich Pedaltöne; mit Hilfe des 4. Ventils kann abwärts lückenlos bis E$_1$ geblasen werden. Im → Blasorchester meist im Satz mit → Tenorhorn (zweistimmig), aber auch als hohe → Tuba eingesetzt. In kleinen Bläsergruppen dient das Bariton oft als Baß.

Baritonsaxophon, Abk. *bar*: → Saxophon.

Barkarole [ital. barcaruola, von barca = »Boot«]: Arbeitslied der Gondelführer in Venedig, das zum Takt des Ruderschlags und der schaukelnden Bewegung der Gondeln gesungen wurde. Es basiert auf einem $^6/_8$-Rhythmus und ist auf weiträumige Melodiebögen meist in einer Molltonart angelegt. Bereits im 18. Jh. wurde es in stilisierter Form in der Oper aufgegriffen. Als Klavierstück erfreute es sich dann im Rahmen der → Salonmusik des 19. Jh. größter Beliebtheit. Das wohl berühmteste Stück dieser Art ist die inzwischen in unzähligen Bearbeitungen erschienene Barkarole aus Jacques *Offenbachs* (1819–1880) phantastischer Oper »Hoffmanns Erzählungen« (1880/81).

Barmusik: Bezeichnung für die in den Nacht- und Tanzbars übliche dezente Hintergrundmusik, die zur Erzeugung einer Atmosphäre der Intimität, zur akustischen Abschirmung von Zweisamkeit und als Tanzmusik eingesetzt ist. Ihrem Charakter entsprechend wird sie in kleiner Formation (sogen. Barbesetzung) ausgeführt, z. B. im → Klaviertrio, im Quartett (Keyboards, Gitarre, Baß, Schlagzeug) u. ä. mit Solo- und Gruppengesang. Das Repertoire setzt sich aus dem aktuellen Tanzmusikangebot und → Evergreens zusammen, wobei stimmungsvolle, gefühlsbetonte Titel bevorzugt werden. Die Barmusik wurde in den fünfziger Jahren durch den Combo-Jazz, besonders zur Zeit des → Cool Jazz, beeinflußt. Ensembles wie das *George Shearing Quintet* (→ Shearing-Satz) besaßen Vorbildfunktion.

Baroque Jazz [engl./amerik., bəˈrouk dʒæz]: bezeichnet die Verwendung von Musiziervorlagen aus der sogen. »Barockzeit«, meist von J. S. Bach, im → Jazz; begann in der zweiten Hälfte der dreißiger Jahre im → Swing unter dem Motto »Jazz Goes Baroque« mit Benny *Goodmans* (geb. 1909) »Bach Goes to Town« (1937) und der Einspielung von »Concerto en ré de J. S. Bach« (1937) durch die Geiger Stéphane *Grappelly* (geb. 1908) und Eddie *South* (1904–1962) und setzte sich in den sechziger Jahren mit den »Play Bach«-Adaptionen (→ Adaption) des *Jacques-Loussier-Trios* sowie den *Swingle Singers* fort.

Baroque Rock [engl., bəˈrouk rɔk]: → Classic Rock.

Barré [franz., baˈreː, wörtlich »versperrt, quergelegt«]: von den Gitarristen genutzter Quergriff, bei dem der Zeigefinger der linken Hand, seltener der kleine Finger, zwei bis drei Saiten (»kleines« Barré) oder auch vier bzw.

alle Saiten (»großes« Barré) verkürzt und somit einen künstlichen → Sattel bildet (→ Kapodaster). Damit wird das höhere Lagenspiel und das Musizieren in komplizierten Tonarten ermöglicht bzw. erleichtert.

Barrelhouse Piano [engl., ˈbærəlhaus ˈpjænou]: früher Blues-Piano-Stil der Afroamerikaner zur Unterhaltung in billigen Kneipen im Süden der USA, in denen Alkohol aus Fässern ausgeschenkt wurde (Barrelhouse = »Faßhaus«); aufgekommen in der Mitte des 19. Jh. unter Einfluß des Jig Pianos (→ Ragtime); von wesentlicher Auswirkung auf die Herausbildung des → Boogie Woogie; meist in mittleren bis langsamen Tempi; auch bewußtes

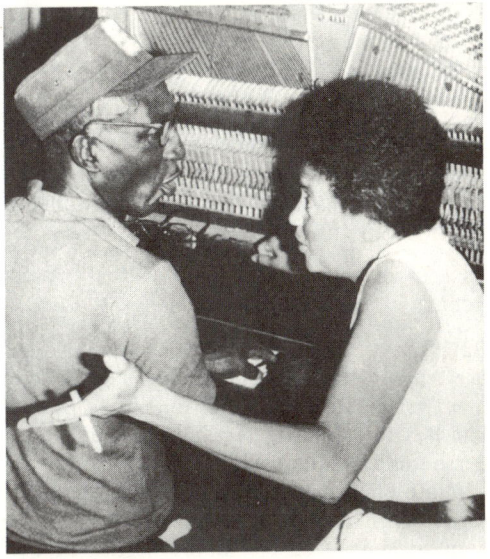

Barrelhouse-Pianist

Nutzen von verstimmten oder mit Papier präparierten Klavieren für → Dirty Tones. Dieser Klavierstil ist durch einen sehr lauten, harten, kurzen (staccato) Anschlag, der notwendig war, um den Lärm der Gäste zu übertönen, charakterisiert. Die perkussive Spielweise zeigt sich auch in der Begleitung der linken Hand: auf 1 und 3 den Baß in Oktaven, auf 2 und 4 Begleitakkorde in der Mittellage (→ Stride Piano). Mit der rechten Hand erfolgen Improvisationen auf der Grundlage der → Bluesformel. Beide Hände sind also unabhängig voneinander eingesetzt. Pedal wurde nicht verwendet (nur zum Markieren des Beat), statt dessen Tonverlängerung durch Tremoli und getrommelte Noten, also perkussive Techniken. Bedeutende Vertreter dieses Stils sind *Speckled Red* (Rufus *Perryman*, geb. 1891), Cow Cow *Davenport* (1894–1955), Eurreal *Montgomery* (genannt Little Brother, geb. 1907) und »Champion« Jack *Dupree* (geb. 1910). Die Barrelhouse-Pianisten ließen sich auch mit anderen Instrumenten begleiten, z. B. Gitarre, Banjo, Schlagzeug, Waschbrett, → Kazoo.

Barrel Organ [engl., ′bærəl ′ɔ:gən]: → Drehorgel.

Baß: 1.) → Stimmgattung, die tiefe Männerstimme;
2.) Kurzform für → Kontrabaß und → Baßgitarre, auch → Tuba;
3.) die tiefste Stimme im → Satz, das rhythmisch-harmonische Fundament im → Begleitrhythmus.

Bass Bin [engl., beis bin, wörtlich »Baßkasten«]: spezielles Lautsprechergehäuse (Box) für die Wiedergabe von tiefen Frequenzen (30 bis 500 Hz) in Form eines gefalteten Exponentialhorns (→ Horn).

Bass Drum [engl., beis drʌm, wörtlich »Baßtrommel«]: Große → Trommel.

Baßgitarre, Abk. *bg* [engl. bass guitar]: 1.) in der Instrumentensystematik eine → Gitarre mit zwei Hälsen, wobei der eine Hals Bünde und Besaitung wie die Normalgitarre aufweist, der bundlose andere bis zu zwölf fest eingestimmte Baßsaiten (sogen. Freisaiten) hat, die nicht durch Abgreifen verkürzt werden, sondern mitschwingen (→ Bordun). Die in der Wiener → Schrammelmusik gebräuchliche so-

Schrammelgitarre

gen. *Schrammelgitarre* hatte neben den sechs Griffsaiten sieben Freisaiten (A_1, B_1, H_1, C, Cis, D, Dis).

Wenn heute für den Elektro-Baß (kurz: → E-Baß) auch die Bezeichnung Baßgitarre steht, so ist das aus oben angeführtem Grund eigentlich irreführend, instrumentenkundlich sogar falsch. Auch das terminologisch korrektere *Gitarrbaß* (Gitarrebaß) hat sich bisher nicht durchgesetzt. Da aber einerseits die originale Baßgitarre kaum noch gebräuchlich ist, andererseits der E-Baß im allgemeinen Sprachgebrauch gegenwärtig als Baßgitarre bezeichnet wird, soll auch das Instrument hier unter diesem Terminus erläutert werden;
2.) *E-Baß:* Struktur wie → Gitarre, jedoch längere Mensur (zwischen 70 und 80 cm); meist Brett, aber auch mit flachem Resonanzkörper; Griffbrett mit bis zu 22 Bünden, aber auch ohne Bünde (→ Fretless Bass); Saiten und Stimmung wie → Kontrabaß: E_1, A_1, D, G; Tonumfang: $E_1 - f^1$; Notierung: oktavtransponierend, eine Oktave über dem Klang, im Baßschlüssel; Anschlag mit Fingern oder → Plektrum. Die Baßgitarre bildet in der Rockmusik und dem davon beeinflußten Pop- und Schla-

gerbereich (besonders in der stark »baßlasti-gen« Diskomusik) das rhythmisch-harmoni-sche Fundament; Baßgitarre und Schlagzeug sind, da Gitarre und Keyboards oft solistisch hervortreten, die eigentliche Rhythmusgruppe. Das bedingt Konzentration auf klanglich deut-liches, exakt rhythmisches und stark grundtonorientiertes Spiel, bedeutet aber gleichzeitig weitgehend Verzicht auf freies melodisches Musizieren, wie es sich bei den Jazzbassisten herausgebildet hat (ausgenom-men vereinzelte Soli). Wesentliche künstleri-sche Impulse kamen daher meist von den dem Jazz nahestehenden Baßgitarristen.

Obwohl schon seit den dreißiger Jahren in Zu-sammenhang mit der Konstruktion von E-Gi-tarren auch mit dem Bau von Baßgitarren ex-perimentiert wurde (Fender, Rickenbaker), waren die Ergebnisse noch längere Zeit tech-nisch und klanglich unbefriedigend. Während z. B. im Rock'n'Roll der fünfziger Jahre die E-Gitarre bereits im Instrumentarium inte-griert war, spielten die Bassisten (z. B. Al *Rex*

von Bill Haleys Comets) noch Kontrabaß, meist ohne elektrische Verstärkung. Dies führte in der zweiten Hälfte der Fünfziger zu-nehmend zu akustischen Differenzen, und so kam es – verbunden mit dem Wandel im Soundbild der sich herausbildenden Beatmu-sik – innerhalb weniger Jahre zum Durch-bruch des Elektro-Basses, der Baßgitarre. Die-ser Wandel war schon Anfang der sechziger Jahre in den Beatgruppen nahezu abgeschlos-sen. Aus der Vielzahl begabter Bassisten ragt Jack *Bruce* (geb. 1943) durch sein einfallsrei-ches Musizieren (*Cream*) heraus. Abgeleitet vom Gitarrespiel übernahmen die Baßgitarri-sten → Plektrum und Finger als Anschlags-mittel. Das Einbeziehen des Daumens, z. B. durch Larry *Graham* (geb. 1946; Gruppe *Sly & the Family Stone*), eröffnete neue Klangmög-lichkeiten und wurde zu einem Stilmerkmal der Soul- und Funky Music (→ Britch, piz-zen). Höhepunkt in der bisherigen künstleri-schen und spieltechnischen Entwicklung die-ses Instruments setzten Alphonso *Johnson* (geb. 1951), Stanley *Clarke* (geb. 1951) und vor allem Jaco *Pastorius* (geb. 1951), der sowohl bei *Weather Report* aus auch auf Solo-LP's bis-

Claus Winter (Karussell)

her nur auf der Gitarre übliche Techniken (z. B. Oktavspiel von Wes *Montgomery*) auf die Baßgitarre übertrug, ebenso Mark *King* (geb. 1951). In England ließ Colin *Hodgkinson* aufhorchen, der auch durch Akkordspiel auf seinem Fender-Baß versuchte, die in der Gruppe *Back Door* fehlende Gitarre zu ersetzen. → Effektgeräte lassen heute Klangmanipulationen zu, die einerseits den originalen Kontrabaßton, andererseits eine vollständige Verfremdung ermöglichen, letztlich die stilistischen Nuancen im Gesamtsound bestimmen.

Baßklarinette, Abk. *bcl*: → Klarinette.

Baßorgel: ein → Akkordeon, das für die Akkordeongruppen als Baßinstrument gebaut wurde und nur aus der Baßseite (mit Klaviatur) besteht; Tonumfang: $C - a^1$.

Baßposaune, Abk. *btb*: → Posaune.

Baßreflexbox: Bezeichnung für ein Lautsprechergehäuse. Die Baßreflexbox verdoppelt die für die Abstrahlung tiefer Frequenzen eigentlich zu kleine Membranfläche des → Lautsprechers (Speaker). Der von der Membranrückseite abgegebene Schall wird durch die Schallführung phasengedreht und somit in gleicher Phasenlage wie der Schall der Membranvorderseite abgestrahlt. Das konstruktive Merkmal der Baßreflexbox ist eine tunnelartige Öffnung. Je größer die Luftmenge im Gehäuse und im Tunnel ist, desto tiefer liegt die Resonanzfrequenz des Gehäuses. Wird in dieses Gehäuse ein Lautsprecher eingebaut, entsteht ein System, dessen Resonanzfrequenz tiefer liegt als die der Box und des Lautsprechers allein.

Baßsaxophon, Abk. *bs* bzw. *bss*: → Saxophon.

Baßstimme: In der populären Musik, besonders in Jazz und Rock, ist die Baßstimme als harmonisch-rhythmische Stütze und klanglicher Gegenpol zur Melodie von großer Bedeutung, unabhängig davon, ob notiert oder improvisiert und welches Instrument sie ausführt (Tuba, Kontrabaß, Baßgitarre, Klavier, Baßsynthesizer). Tonmaterial und Rhythmus muß mit den anderen Instrumenten der Rhythmusgruppe abgestimmt sein (→ Komplementär-, → Polyrhythmik). Während sich der Baß in

den Tänzen des 19. Jh. und im frühen Jazz auf die Markierung der Taktschwerpunkte mit Akkordtönen (Grundton, Quinte, Terz) beschränkt, läuft im Boogie Woogie, im Swing und in nachfolgenden Stilrichtungen der → Walking Bass über alle 4 Zählzeiten des $\frac{4}{4}$-Takts (vielfach in Sekundfortschreitung). Eine stiltypische Eigenheit einiger stark von afrikanischem Einfluß geprägter Tänze zeigt sich in der → ostinaten Wiederholung von ein- oder zweitaktigen Baßfiguren (→ Pattern), ausgeprägt in lateinamerikanischer Folklore und im Rock. Mit dem Einsatz der → Baßgitarre und deren größerer spieltechnischer Beweglichkeit wurde auch die Baßstimme variabler, rhythmisch interessanter, melodisch kontrapunktierend; neue Spieltechniken kamen auf. Im Electronic Rock erzielen Sequenzer mannigfaltige Spielfiguren als Baßgrundlage.

a) traditionelle Baßstimme, b) Walking Bass, c) Eintakt-Pattern, d) Zweitakt-Pattern, e) Rock-Baß, f) Sequenzerfigur.

Baßtrompete, Abk. *btp*: → Trompete.

Batterie [franz.]: → Schlagzeug; auch Bezeichnung für militärische Trommelsignale.

Battle [engl./amerik., ′bætl, wörtlich »Schlacht«]: musikalische Wettkämpfe zwischen Bands oder Solisten, die besonders im → Swing sehr populär waren.

Batuque [port., ba′tu:kə]: Sammelbezeichnung für kultisch-religiöse, aber auch kriegerische und sexuelle Elemente symbolisierende Rund- und Reihentänze, die von den versklavten Afrikanern in Brasilien ausgeübt wurden und z. T. heute noch in abgewandelter Form als profane Lieder und Tänze lebendig sind. Das Begleitinstrumentarium bestand ursprünglich nur aus Trommeln (→ Atabaques) und einfachen Rhythmusinstrumenten (→ Reco-Reco, → Cabaza). Neben der Polyrhythmik, die sich aus der Kombination ostinater Rhythmuspatterns ergab, stellte das in diesen improvisierten Liedern und Tänzen übliche Ruf-Antwort-Prinzip (→ Call and response) ein typisch afrikanisches Relikt dar. Die Batuques waren für die Profilierung brasilianischer und anderer lateinamerikanischer Folklorereformen, insbesondere für die → Samba, von nachhaltiger Bedeutung. Unter Einfluß portugiesischer Volksmusik bildeten sich auch in Brasilien verschiedene, auf dem Batuque basierende volkstümliche Liedformen heraus.

Bearbeitung: 1.) Synonym für → Arrangement;
2.) Neufassung von bereits Vorhandenem; eine Komposition erhält für einen bestimmten Zweck (z. B. zur Repertoire-Erweiterung, für eine erleichterte Verlagsausgabe) oder für einen konkreten Anlaß (Programm, Konzert, Produktion) eine neue, angepaßte Gestalt. Der schöpferische Anteil des Bearbeiters ist im einzelnen recht unterschiedlich zu bewerten – es kann ein durch die Bearbeitung eigenständiges, urheberrechtlich geschütztes Werk entstehen, es können aber auch nur geringe Veränderungen gegenüber dem Original vorgenommen worden sein. Das Bearbeiten fremder (oder auch eigener) Kompositionen stellt einen legitimen Vorgang dar, tausendfach in der Musikgeschichte zu belegen. Mit dem Aufkommen der Hausmusik und dem Entstehen der bürgerlichen Tanz- und Unterhaltungsmusik im 18./19. Jh. gab es eine unübersehbare Flut von gedruckten Bearbeitungen, in denen, da sie sich an einen großen, musikalisch wenig vor- bzw. ausgebildeten Benutzerkreis wandten, oft eine Nivellierung der kompositorischen Substanz zu verzeichnen war. Die steigende Sucht der Verleger, damit durch hohen Absatz großen Profit zu erzielen, führte zu einer künstlerisch minderwertigen Qualität. Im 20. Jh. wiederholte sich dieser Vorgang bei den in mehrfachen Modewellen auftretenden simplen »Verschlagerungen« klassischer Themen und Werkausschnitte in Rundfunk- und Schallplattenproduktionen (→ Adaption). Dadurch hat das Wort »Bearbeitung« heute oft einen negativen Beigeschmack. Gelungene, in Anspruch und Ausführung überzeugende Bearbeitungen sind jedoch ein unverzichtbarer Bestandteil aller Genres der populären Musik.

Beat [engl., bi:t, wörtlich »Schlag«, auch »Pulsschlag«]. 1.) der Grundschlag, das metrische »Pulsieren« im Jazz und anderen afroamerikanischen Musizierformen, aus der afrikanischen Folklore übernommen. Im Gegensatz zum europäischen → Takt mit seinen charakteristischen Betonungsverhältnissen (→ Metrum) läuft der Beat in gleichmäßig akzentuierten Zählzeiten ab. Die Notierung der auf dem Beat basierenden Musik erfolgt zwar im (⁴/₄-) Takt, da es eine andere notenschriftliche Alternative nicht gibt, jedoch darf dies über das unterschiedliche Wesen von Takt und Beat nicht hinwegtäuschen. Das Tempo regelt die zeitlichen Abstände der einzelnen Schläge (Beats). Selbst wenn die Rhythmusgruppe innerhalb eines Titels kurzzeitig pausiert (→ Stop Time), läuft der Beat unhörbar, aber von den Musikern gefühlt, weiter. Meist wird er auch durch körperliche Bewegungen (Fußtreten, Körperfedern, Mitschwingen usw.) verdeutlicht. Die Existenz des Beats ist die Voraussetzung für andere rhythmisch-metrische Eigenheiten wie → offbeat, → swing, → drive, → Double Time.
Der weitgehend vom Marsch abgeleitete → *Two Beat* wurde Mitte der zwanziger Jahre durch den *Four Beat*, der grundlegenden Form des Beats, charakterisiert durch vier gleichmäßige Schläge, abgelöst. Frühe Dokumente die-

ser Entwicklung sind Aufnahmen von *King Oliver's Creole Jazz Band* (1923/24). Wie der Two Beat erhielt auch der Four Beat zunehmend eine zusätzliche, oft sehr starke Akzentuierung der 2. und 4. Zählzeit, als eine Überlagerung durch → After Beats.
Übersicht:
a) Two Beat, b) Two Beat mit After Beat, c) Four Beat, d) Four Beat mit After Beat, e) europäischer Akzenttakt als Vergleich

Klavier (R. H.),Banjo
Kl. Tr., Hi-Hat
Klavier(L.H.)
Tuba, Baß, Gr. Tr.

Ergebnis:

Der Beat kann sich im melodisch-rhythmischen Ablauf gleichzeitig auf mehreren Ebenen zeigen. Beim Übergang von Two Beat zu Four Beat blieb die Viertelnote, in schnellem Tempo gelegentlich auch die Halbe Note, Bezugspunkt. Schon im Swing, grundsätzlich aber im Bebop nutzen die Musiker auch die Achtelnoten als gefühlsmäßige Orientierungsgröße; es kommt z. B. zur Überlagerung von Viertelnoten-Beat (Baß) und Achtelnoten-Beat (Melodie). Später, z. B. im Soul, bezog man sich sogar auf Sechzehntelunterteilungen. Diese Eigenheit, das gleichzeitige Empfinden größerer und kleinerer Beateinheiten während des Musizierens, trägt die Bezeichnung *Multi-Beat.* Durch die Nutzung des Multi-Beats konnten verstärkt auch Titel mit ungeraden und kombinierten Taktarten einbezogen werden (Jazz Waltz, $^5/_4$-Swing u. a.);
2.) In Abwandlung des eigentlichen Begriffsinhalts bedeutet Beat auch »Schlagfolge« und kennzeichnet eine prägnante, sich wiederholende Rhythmusfigur (Pattern), z. B. → Clave-Beat.

Beat, Beat Music [engl., bi:t; auch *Mersey Beat, Mersey Sound, Big Beat* oder *Beatmu-*

sik]: um 1960 in Großbritannien aufgekommene Bezeichnung für eine damals noch von Amateuren getragene Musikpraxis Jugendlicher, die in dieser Zeit im westenglischen Industriegebiet von Liverpool und Umgebung am Mersey River entstanden war. Das erste Mal dokumentiert als Bezeichnung in diesem Sinne ist der Begriff im Titel einer ab Juli 1961 erschienenen lokalen Musikzeitschrift: *Mersey Beat. Britain's Leading Beat Paper.* Mit dem phänomenalen Erfolg der *Beatles* wurde er dann allgemein übernommen, bis ihn in der zweiten Hälfte der sechziger Jahre die amerikanische Bezeichnung *Rock Music* (→ Rockmusik) schließlich verdrängte. Heute gilt er eingeschränkt auf die britische Entwicklung dieser Musik bis etwa Mitte der sechziger Jahre; lediglich im deutschen Sprachraum hat sich der Terminus Beat oder Beatmusik vereinzelt als Bezeichnung für die Gesamterscheinung – synonym zu Rockmusik – erhalten.
Die Herausbildung des Beat als einer zunächst nur lokalen Amateurmusikbewegung vollzog sich vor dem Hintergrund von sozialen Spannungen, die aus umfassenden wirtschaftlichen Strukturveränderungen in dieser Region hervorgegangen waren.
Als Ventil für die daraus erwachsenden Frustrationen und das andauernde Konfliktpotential einer solchen Situation begannen die Jugendlichen hier sich in den Kneipen und Clubs der Vorstädte ein eigenes Freizeitterrain zu schaffen. Musik wurde darin zu einer Art Katalysator, gab den Hoffnungen, Wünschen und Glücksansprüchen dieser Generation Raum und einen adäquaten Ausdruck. Noch in Auswirkung der Skiffle-Welle (→ Skiffle) der Jahre zuvor, die einen regelrechten Musizierboom unter der britischen Jugend ausgelöst hatte, bildete das Selbstmusizieren vor einem gleichaltrigen Publikum die Basis dafür. Neben Rhythm & Blues-Klassikern aus der Tamla-Motown-Produktion (→ Motown Sound) lieferten vor allem die frühen amerikanischen Rock'n'Roll-Standards (→ Rock'n'Roll), die in der britischen Öffentlichkeit ein vehementer Streitpunkt zwischen den Generationen geblieben waren, das Material für eine musikalische Ausdrucksform, in der sich die wachsende Opposition Jugendlicher formulieren konnte. Zwar gab es mit Tommy

Tommy Steele

Cliff Richard

Steele (geb. 1936), Cliff *Richard* (geb. 1940) und Billy *Fury* (1941–1983) auch so etwas wie eine spezifisch britische Rock'n'Roll-Variante, aber die war den Produktionsnormen der Musikindustrie weitgehend angepaßt, gesäubert, geglättet und entsprach eher dem offiziellen Selbstverständnis von jugendlicher Freizeitunterhaltung als dem realen Lebensgefühl Jugendlicher. Dieses hatte sich schon im provokanten, oft auch gewalttätigen Auftreten der sogen. Teddy Boys – der Anhängerschaft des Rock'n'Roll in Großbritannien – lautstark Geltung verschafft. Die Anfang der sechziger Jahre dann zahlreich entstehenden Amateurgruppen in der Clubszene von Liverpool und Umgebung begannen so auch gerade jene Seiten des frühen Rock'n'Roll wieder aufzugreifen, die er im Prozeß seiner kommerziellen Verwertung inzwischen verloren hatte, die intensive rhythmische Unmittelbarkeit und die aggressive Direktheit des Musizierens. Die Originale wurden entsprechend den Möglichkeiten von Amateuren einfach so zurechtgespielt, daß sie durch Lautstärke und ein sehr vordergründiges Betonen der Motorik der metrischen Grundlage, des → Beat, das erhielten, was den englischen Jugendlichen als die Substanz des Rock'n'Roll erschien. Das allgemein verbreitete Gruppensingen war dabei wohl vor allem der Tatsache geschuldet, daß sich die Stimmen auf diese Weise gegenseitig unterstützen konnten. In der Besetzung folgten diese Amateurbands mit drei elektrisch verstärkten Gitarren und Schlagzeug fast ausnahmslos dem damals in England sehr populären Trend der instrumentalen Gitarrengruppen wie er von den *Shadows* mit ihrem 1960 erschienenen »Apache« geradezu mustergültig repräsentiert wurde (→ Gitarre).

Der Anstoß zu diesem Trend war aus den USA gekommen, wo sich mit dem Abflauen der Rock'n'Roll-Welle gegen 1958 solche Gitarren-Instrumentals kurzzeitig auch in den Hit-Listen (→ Charts) durchsetzten. An sich aber waren diese Instrumentalbands in den USA ein Phänomen der lokalen Ebene, spielten dort regelmäßig zum Tanz meist für ein festes Publikum. Der Gitarrist Duane *Eddy* (geb. 1938) brachte es mit seiner Gruppe und einem technisch makellosen Studiosound, der durch eine Kombination von → Echos die Melodiestimme auf der elekrischen Gitarre in eine schwirrende-schwebende Linie verwandelte (→ Twangy Sound), allerdings auch außerhalb den USA, besonders in Großbritannien zu einem solchen Erfolg, daß dort sein Stil eine Vielzahl von Nachahmern fand.

Für die Liverpooler Amateurbands wurde diese Besetzung mit der Funktionseinteilung der Gitarren in Melodie-, Rhythmus- und Baßgitarre zum Vorbild, nur daß sie sie auf die frühen Rock'n'Roll-Standards übertrugen und daraus allmählich ein durchaus eigenständiges Spielkonzept entwickelten. So übernahm man schon beim direkten Nachspiel der amerikanischen Rock'n'Roll-Songs eigentlich nur die rhythmisch-melodische Grundlage und füllte sie mit eigenen instrumentalen Begleitformeln und Zwischenspielen aus. Das ergab so eine beinahe volksmusikalische Prägung des Liverpooler Beat, der ohne Kenntnis der Notenschrift und ohne eine spezielle musikalische Vorbildung mit der relativ leicht auch autodidaktisch zu erlernenden Plektrumgitarre gespielt werden konnte. Rhythmisch reduzierte sich das musikalische Geschehen auf die überlaut in den Vordergrund gespielten metrischen Grundschläge (Beat) und deren Achtelteilungen, was eine treibende Motorik zur Folge hatte und dieser Musik ja dann auch ihren Namen gab. Durch einen starken Gegenakzent (After Beat) jeweils auf der zweiten und vierten Zählzeit in Kleiner Trommel und/ oder Tom-Tom gegenüber der regulären 1–3-Betonung wurde ein spannungsreiches Musizieren möglich, das durch vielfältige Synkopenbildungen noch einen zusätzlichen rhythmischen Impuls erhielt. Die akkordisch geschlagene Rhythmusgitarre markierte zugleich das harmonische Gerüst, wozu der Baß in einfacher Stufenfortschreitung die Grundtöne lieferte, während die Melodiegitarre dem Gesang noch eine Stütze gab. Gesungen wurde einstimmig oder in Terzverdopplungen, der charakteristische Satzgesang bildete sich erst später mit der Professionalisierung der Mersey-Beat-Gruppen heraus. Einen Eindruck von diesem frühen Stadium der Beatmusik vermitteln noch heute die ersten Single-Produktionen der *Beatles*, obwohl hier eine Anpassung an die klanglichen Normen des Aufnahmestudios bereits erkennbar ist. Vor allem jene Titel, die sie wie »Please Please Me« und »Love Me Do« – das angeblich sogar auf das

Jahr 1957 zurückgehen soll –, schon vor ihren Aufnahmesessions für den britischen Schallplattenkonzern EMI in ihrem Repertoire hatte, zeigen noch die typischen Eigenarten des Mersey Beat.

Die vermutlich erste Schallplattenproduktion des Liverpooler Beat war allerdings 1961 auf dem Label Fontana der »Boll Weevil Song« von *Howie Casey and the Seniors*. Aus der Vielzahl der nach Schätzungen über 350 Mersey-Beat-Gruppen, die wie *Cass and the Casanovas*, *Freddie Starr and the Midnighters*, *Billy J. Kramer and the Dakotas*, *Kingsize Taylor and the Dominoes*, *Ian & The Zodiacs* und *Rory Storm and the Hurricans* in den Jahren 1962 bis 1964 insgesamt etwa zweihundert Singles veröffentlichten, konnten sich damals neben den *Beatles* mit überregionalem Erfolg allerdings nur die *Swinging Blue Jeans* (»Hippy Hippy Shake«, 1963), *Gerry and the Pacemakers* (»How Do You Like It«, 1962) und dann vor allem die *Searchers* (»Needles and Pins«, 1963) behaupten.

Nicht zuletzt unter dem Einfluß der *Beatles*, die von ihrem Manager Brian *Epstein* (1934–1967) ein entsprechendes Erscheinungsbild mit Pilzfrisur und lässig-gepflegter Bühnenkleidung verpaßt bekamen, erfuhr die britische Jugendszene eine starke Stilisierung, die den jugendlichen Anhängern dieser Musik ein neues kulturelles Selbstverständnis als *Mods* (abgeleitet von Modernists) vermittelte und als sozialer Hintergrund zum Verständnis

The Beatles

Bee Gees

(1963), »I Want to Hold Your Hand« (1963), »A Hard Day's Night« (1964), »Eight Days a Week« (1964), »Help« (1965) und »Yesterday« (1965) folgten, die ihnen eine an Hysterie grenzende Popularität – auch als → Beatlemania bezeichnet – einbrachten. Die *Rolling Stones*, die sich als Gegenpol zu den Beatles profilierten, blieben der Rhythm & Blues-Tradition zunächst weiter verpflichtet, wobei aber auch sie mit Titel wie »The Last Time« (1964) und vor allem »Satisfaction« (1965) schon damals zu einer eigenständigen, nervös-aggressiven Auffassung dieser Musik fanden, die mit dem Gestus des Exzessiven verbunden, auf Schock und Bürgerschreck angelegt war.

1964 erreichten die *Beatles* auch auf dem amerikanischen Markt mit »I Want to Hold Your Hand« den Durchbruch. Im April 1964 belegten sie mit »Cant't Buy Me Love«, »Twist and Shout«, »She Loves You«, »I Want to Hold Your Hand« und »Please Please Me« gleich alle ersten fünf Plätze der Auflistungen der meistverkauften Schallplatten in den amerikanischen *Billboard*-Charts (→ Charts). Zu dieser Zeit entfielen 60% sämtlicher Schallplattenverkäufe in den USA auf die Beatles, weshalb man dort auch von einer »British invasion« sprach. Aus der englischen Beatmusik war eine internationle Erscheinung geworden, die weltweit Nachahmer fand, neue musikalische Entwicklungen auslöste und unter der amerikanischen Bezeichnung *Rock Music* von da an auch international verbreitet wurde.

Zu erklären ist der weltweite Siegeszug dieser Musik aus dem Umstand, daß die Beatles, die Rolling Stones wie auch andere der britischen Beatgruppen mit ihren Songs tatsächlich das Alltags- und Selbstbewußtsein Jugendlicher in einer Weise spiegelten, die sie zum Identifikationsobjekt einer ganzen Generation werden lassen konnte. Zugleich fiel diese Entwicklung mit einer Art Aufbruchsstimmung Jugendlicher zusammen, die sowohl auf die Tatsache zurückging, daß ihre materielle Situation ihnen die Herausbildung eigenständiger Verhaltensnormen – in Unabhängigkeit, oft sogar Gegensatz zu ihren Eltern – und damit eines entsprechenden Selbstbewußtseins als Generation erlaubte als auch in den wachsenden sozialen und politischen Spannungen in Westeuropa und den USA wurzelte, die in den sechziger Jahren nach dem wirtschaftlichen

dieser Entwicklung entscheidend ist. In dieser Form griff die Liverpooler Beatbewegung nämlich auch auf andere britische Großstädte über und ließ wie in Manchester mit den *Hollies, Freddie and the Dreamer* und *Wayne Fontana and the Mindbenders* weitere lokale Beatzentren entstehen. Die Hauptstadt London mit ihrer ganz andersgearteten Bluesszene (→ Blues) als Hintergrund, die sich hauptsächlich um die Sänger und Gitarristen Alexis *Korner* (1928–1984) mit seiner Gruppe *Blues Incorporated* und *John Mayall* (geb. 1933) mit seinen *Bluesbreakers* formiert hatte, brachte mit einer stark Rhythm & Blues orientierten Spielweise der Beatmusik und Gruppen wie den *Yardbirds*, den *Animals*, vor allem den *Rolling Stones* und etwas später den *Who* den eigenständigsten Beitrag ein.

Wirklich durchgesetzt, zunächst national, dann international, haben diese Musikform ab 1963 aber die *Beatles*, obwohl noch ihr »Please Please Me« (1963) in einer Fassung mit *Gerry and the Pacemakers* populärer war als das Original. Doch waren sie die ersten, die sich von den Rock'n'Roll- und Rhythm & Blues-Vorbildern lösten und nach eigenen Wegen suchten. Ihre im Mai 1963 erschienene erste Langspielplatte »Please Please Me« enthielt neben sechs übernommenen bereits acht eigene Titel, denen dann Songs wie »She Loves You«

Boom der Nachkriegszeit durch die Frage nach dem sozialen Sinn der kapitalistischen Wohlstandsgesellschaft und den Perspektiven der Jugend in ihr ausgelöst wurden.

Die Auswirkungen dieser Entwicklung betrafen dann nicht minder auch die ökonomische Struktur der → Musikindustrie, die Verkaufserfolge dieses Ausmaßes bis dahin nicht gekannt hatte. So erreichte etwa die britische Schallplattenindustrie nach dem Erscheinen der ersten Single der *Beatles* im Oktober 1963 (»Love Me Do«/»P.S. I Love You«) binnen nur drei Jahren das Zwanzigfache ihres Produktionsaufkommens, veranlaßte der Stellenwert des Exportartikels »Beatles« in der Außenhandelsbilanz Großbritanniens 1965 das britische Repräsentantenhaus zur Verleihung des Ordens M.B.E. (Members of the Order of the British Empire) an diese Gruppe. Diese Komplexität ökonomischer, sozialer, politischer und ästhetischer Faktoren hat dann die von der britischen Beatmusik ausgehende Entwicklung der angloamerikanischen Rockmusik wesentlich geprägt.
→ Rockmusik.

Beatlemania [engl., ′biːtl′meinjə]: 1964 in der englischen Presse aufgekommene Bezeichnung für die damals zu beobachtende Massenhysterie Jugendlicher in Konzerten der *Beatles*, bei denen Schreikrämpfe, Weinkrämpfe, Ohnmachtsanfälle und Nervenzusammenbrüche nicht selten die Begleiterscheinungen waren. Trotzdem ist dieses Phänomen insgesamt maßlos übertrieben worden, was den Live-Auftritten der Beatles wiederum schon ihm vorhinein eine Aura des Sensationellen gab, die dann selbst auch zum Auslöser derartiger Exzesse wurde. Fragt man nach den Ursachen, so sind diese ganz sicher nicht – wie damals oft unterstellt – in der Musik der Beatles zu suchen, auch wenn sie durch ihre sinnliche Unmittelbarkeit, ihren emotionalen Realismus und durch die Tatsache, daß Musiker und Publikum gleichaltrig waren, ein bis dahin nicht gekanntes Maß an Identifikation ermöglicht hat. Viel entscheidender dafür war die geballte Macht der Medien, die erstmals mit einer derartigen Konzentration auf die Jugendlichen einwirkte, die Beatles zu etwas Übernatürlichem hochstilisierte, wochenlang vor den Konzerten eine Erregung schürte, die

sich dann unter dem emotionalen Eindruck des Massenerlebnisses auf den Konzerten entlud. Allerdings hatten die Konzertveranstaltungen der Beatles ohnehin schon Ventilfunktion und nur das hat eine solche Kulmination überhaupt möglich gemacht. Diese Generation Jugendlicher unterschied sich in den Lebensbedingungen, die sie vorfand, in den Werten, die sie ausbildete, so weitgehend von der Generation ihrer Eltern, daß das sowohl im Elternhaus wie in der Schule zu Konflikten führen mußte, die sich im Gemeinschaftserlebnis, das die Musik der Beatles vermittelte, dann abreagierten. Obwohl für das Phänomen der Beatlemania damit das Zusammenwirken unterschiedlicher, sozialer und kommerzieller Faktoren ausschlaggebend war, ist es insgesamt jedoch nur ein besonderer Ausdruck der hemmungslosen kommerziellen Verwertung des Erfolgs der Beatles nicht zuletzt durch die bürgerliche Presse. Die künstlich geschürte Erregung um das Quartett aus Liverpool ist ab Mitte der sechziger Jahre dann rasch wieder abgeklungen, ohne daß sich an der spontanen Begeisterung für diese Gruppe und ihre Musik etwas geändert hätte.

Bebop [amerik., ′biːbɔp; auch *Rebop* oder *Bop*]: Anfang der vierziger Jahre entstandener Jazzstil (→ Jazz), der in einem Lokal im New Yorker Stadtteil Harlem, dem Minton's Playhouse, zunächst weitgehend unbeachtet von der Öffentlichkeit von einer kleinen, sporadisch zusammengekommenen Gruppe junger Negermusiker aus New York und Kansas City entwickelt wurde, die sich hier nach ihren offiziellen Verpflichtungen noch zu gemeinsamen → Sessions trafen. Die Bezeichnung dafür ist die lautmalerische Nachbildung einer in diesem Stil häufigen Zweitonphrase, der abwärtsspringenden verminderten Quinte (Flatted Fifth), die sowohl in der Harmonik wie für die Themengestaltung eine wichtige Rolle spielte. Zu den Musikern, die an der Ausarbeitung dieser Spielweise des Jazz maßgeblich beteiligt waren, gehörten der Trompeter Dizzy *Gillespie* (geb. 1917), der Altsaxophonist Charlie *Parker* (1920–1955), der Pianist Thelonious *Monk* (1920–1982), der Gitarrist Charlie *Christian* (1919–1942) und der Schlagzeuger Kenny *Clarke* (geb. 1914). Ihr Versuch zu einer Erneuerung des Jazz, der ab Mitte

Kenny Clarke

der vierziger Jahre dann mit Vehemenz die Jazzentwicklung erfaßte, stand im Zeichen eines neuen politischen Selbstbewußtseins der Afroamerikaner und richtete sich ganz bewußt gegen das soziale und ästhetische Normensystem der weißen Bourgeoisie, an das sich die → Big Bands des → Swing mit dem Preis wachsender Kommerzialisierung mehr und mehr angepaßt hatten. Vor dem Hintergrund des sich auch politisch wandelnden Selbstver-

Charlie Mingus, Roy Haynes, Thelonius Monk, Charlie Parker (v.l.n.r.)

ständnisses der Farbigen in den USA entstand so eine Musik, die nicht mehr den Weißen zum Geschäft werden, sondern das Recht der afroamerikanischen Bevölkerungsminderheit auf ihre eigene kulturelle Identität behaupten sollte. In der Forderung nach künstlerischer Freiheit und ihrer Verwirklichung sahen diese Musiker auch ein Stück sozialer Freiheit, was für sie den Jazz zu einem künstlerischen Ausdrucksmedium im Kampf um soziale Gleichstellung werden ließ. Die Suche nach neuen musikalischen Ausdrucksmöglichkeiten führte zu einem intellektuell so anspruchsvollen Musizieren, daß der Jazz hier endgültig seine funktionale Bindung als Tanzmusik verlor. Der Bebop leitete damit die Ära des → Modern Jazz ein. Zu Kennzeichen dieser Spielweise wurden rasende Tempi, rasche Harmoniewechsel, verbunden mit einer enormen Erweiterung der Harmonik um alterierte und chromatische Akkorde, überraschende Intervallsprünge, asymmetrische melodische Konstruktionen, komplexe Überlagerung verschiedener rhythmischer Ebenen sowie die Wahl ausgefallener Titel und Themen. Angeknüpft hatten die Pioniere des Bebop am Solistenkonzept des Swing und den dort schon gebildeten kleinen Experimentalformationen, auch wenn sie sich selbst als radikale Alternative zum Swing begriffen, was sie im Hinblick auf die Big-Band-Version des Swing mit ihren überperfektionierten Arrangements in gewisser Hinsicht auch waren. Feste Besetzungsstandards gab es dabei nicht, obwohl das Quintett mit Trompete, Saxophon, Klavier, Kontrabaß und Schlagzeug eine häufig gebrauchte Zusammenstellung im Bebop war. In der Instrumentenbehandlung und Spielweise begann sich die Grenze zwischen Melodie- und Rhythmusinstrumenten hier allmählich zu verwischen, was vor allem für das Schlagzeug mit Konsequenzen verbunden war. Es wurde jetzt mit fast melodieartiger Wirkung und als Background-Klangfarbe gespielt, statt wie bisher lediglich die metrische Basis des musikalischen Ablaufs abzugeben. Der durchlaufende, gleichmäßig stark betonte → Beat ging auf den Kontrabaß über. Ein ausgeprägtes Offbeat-Spiel (→ offbeat) ließ nun auch erste Ansätze zur Polyrhythmie erkennen, da die Offbeat-Akzente jetzt unregelmäßig fielen. Die Baßstimme wurde melodisch weitaus fle-

xibler als bisher gehandhabt und entwickelte sich zu einer selbständigen Gegenstimme. Hinter all dem stand die Suche nach einer möglichst unvermittelten Expressivität, die sich auch in der Improvisationstechnik niederschlug. An die Stelle der improvisierenden Umformung vorgegebenen Materials trat nun ein viel freierer Bezug auf das vereinbarte Thema, das jetzt auch in seinem bislang als musikalischer Rahmen verbindlichen harmonischen Grundgerüst durch Erweiterung und Alteration so weit verändert wurde, daß es schließlich in der Improvisation als solches gar nicht mehr erkennbar war. Charlie *Parker* führte in seinen Soli dann zusätzlich noch die weitgehende Dissoziation des zunächst entwickelten melodischen Materials durch Reduktion auf seine Zentral-, Ziel- und Spitzentöne ein, eine Spielweise, die später von Miles *Davis* (geb. 1926) vervollkommnet wurde. Die Rekonstruktion des gemeinten melodischen Verlaufs blieb dem Hörer überlassen. Trotz einhelliger Ablehnung dieses Stils seitens der – weißen – Jazzkritik erweiterte sich der Kreis der Bebop-Musiker ab Mitte der vierziger Jahre rasch und fand eine unerwartete Resonanz bei der weißen amerikanischen Nachkriegsjugend, die diese Musik als Zeichen des Nonkonformismus schlechthin nahm. Aus dem Bebop wurde damit die »Bopper«-Kultur – Sammelbecken weißer wie schwarzer Aussteiger aus dem »American way of life«, wenn auch jeweils aus unterschiedlichen Gründen. In musikalischer Hinsicht hat der Bebop jedoch die harmonischen, melodischen und rhythmischen Grundlagen für alle weiteren Entwicklungsformen des Jazz, bis hin zum → Free Jazz, gelegt.
→ Afro Cuban Jazz.

Becken [engl. cymbals, ital. piatti]: Schlaginstrument; Material: Bronze, Neusilber, Messinglegierungen; unterschiedliche Größen bis 60 cm Durchmesser; zwei Grundformen: türkisch (a) und chinesisch (b):

Die aus Asien stammenden Becken kamen, obwohl schon bis ins Mittelalter hinein in Europa bekannt, dann jedoch weitgehend vergessen, ab Mitte des 17. Jh. unter dem Einfluß der türkischen Janitscharenmusik in den Militärblasorchestern auf. Neu und für die damalige Zeit sehr effektvoll war ihre Kombination mit der Großen → Trommel als Grundrhythmusinstrumente. Die ursprüngliche Trennung in Beckenschläger/Trommelschläger wurde vor allem bei Konzerten im Laufe der Zeit aufgehoben: Ein Becken montierte man fest auf die Große Trommel oben auf, so daß ein Musiker mit der rechten Hand die Trommel, mit der linken die Becken schlagen konnte (was zweifellos einen Verlust an musikalischer Intensität mit sich brachte). Diese Schlagvariante ist heute noch z. T. in den Sinfonie- und Blasorchestern anzutreffen. Beim Marschieren verwendet man meist chinesische Becken zum Gegenschlagen.

Im Jazz nutzte man seit den zwanziger Jahren die → Hi-Hat für den paarigen Beckeneffekt, zusätzlich ein oder mehrere auf einem Ständer befestigte Einzelbecken, letztere zunächst nur für den sogen. → Abschlag (*Chocked Cymbal*, »Abschlagbecken«) oder spezielle Effekte. Erst seit dem Swing, besonders aber im Bebop, wurde das Einzelbecken auch für den durchlaufenden Grundrhythmus genutzt.

Heute sind verschiedene Beckentypen entsprechend den differenzierten Soundvorstellungen in Gebrauch:

· *Sizzle Cymbal (Nietenbecken)* – klirrendes Geräusch beim Anschlag durch im Becken locker eingelassene Niete; auch mit auflegbarem Metallbügel (früher Metallkette) anstelle der Niete,

· *Crash Cymbal* – dünn und fein gearbeitetes Becken, das beim Anschlag rasch anspricht; besonders für Akzent- und Effektschläge geeignet,

· *Ride Cymbal* – vom Material her stärker gearbeitet; geeignet für längere Rhythmusflächen; wird von oben angeschlagen,

· *Splash Cymbal* – spezielles »Zisch«-Becken (dem Sizzle im Klang ähnlich, jedoch ohne Niete).

Jedes Becken ermöglicht durch unterschiedlichen Anschlag mit Stock, Besen oder Filzschlegel mannigfaltige Klangfarben (am Rand, am Beckenkopf usw.). Billy *Cobham* (geb. 1944) propagierte die Spielweise mit umgekehrt montierten (auf den Kopf gestellten) Becken (*upside down*). Auch werden in Rock und Jazz neuerdings Becken in chinesischer Form mit einbezogen.

Abschließend sei auf die kleinen, u. a. im Orff-Instrumentarium anzutreffenden Zimbeln hingewiesen, die auch in → Perkussionsensembles verwendet werden (*Finger Cymbals*).

Begleitautomatik: Spielhilfe in elektronischen Tasteninstrumenten (z. B. E-Orgeln). Die Begleitautomatik ermöglicht es, bei Anschlag einer Taste eine vollständige, in der Regel jedoch monotone Begleitung mit Wechselbässen und nachgeschlagenen Akkorden zu realisieren. Die angeschlagene Taste bestimmt die Durtonart. Mollakkorde sind durch Drükken einer Zusatztaste möglich. Die Geräte werden auch als eigenständiges Instrument mit Klaviatur und in Kombination mit einem → Rhythmusgerät gebaut (Autochord). Besonders für Alleinunterhalter, aber auch für das häusliche Musizieren ergeben sich dadurch neue Möglichkeiten.

Begleitrhythmus: Gesamtheit der von den Rhythmusinstrumenten ausgeführten Einzelfiguren; der einem Titel unterlegte, für eine Tanzart charakteristische Grundrhythmus.

Begrenzer: → Limiter.

Beguine [franz., be'gi:n]: seit Anfang der dreißiger Jahre weltweit verbreiteter Gesellschaftstanz, dessen Urform sich im 19. Jh. als Synthese afrikanischer, afroamerikanischer (Rumba, Tango) und europäischer (Mazurka, Polka) Tänze auf Martinique und anderen Inseln der Antillen herausbildete und der musikalisch eine gewisse Parallelität zum kubanischen → Bolero darstellt. Die Beguine wurde meist von Geigen, Gitarren und Rhythmusinstrumenten begleitet. Auch gegenwärtig gehört sie noch zum Repertoire der String Orchestras auf Martinique und wird zum Karneval, anderen geselligen Anlässen, besonders aber zu musikalischen Wettstreiten gespielt, gesungen und getanzt. Über den bewegten Grundrhythmus im mittleren bis langsamen Tempo (⁴⁄₄-Takt) schwingen meist größere, kantable Melodiebögen. Eine der bekanntesten Beguines komponierte Cole *Porter* (1891–1964) in dem Musical »Jubilee« (1935) – »Begin the Beguine«. Im Programm der Gesellschafts- und Turniertänzer ordnet man diese Musik der Rumba zu.

Rhythmusmodell:

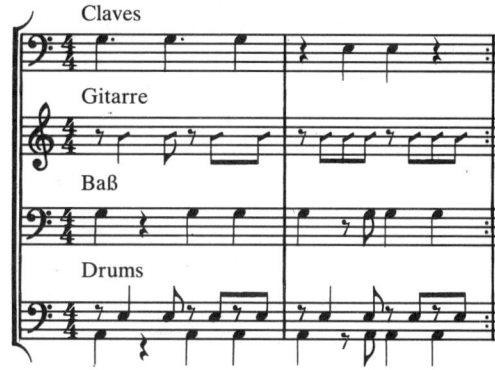

Bell [engl., bel]: → Glocke; bells = → Glokkenspiel.

bend [engl., bend, wörtlich »biegen, beugen«]: Mittel der Tonverschleierung (→ Tongebung), wobei der Ton von der exakten Tonhöhe kurz nach unten gedrückt, dann aber wieder auf die ursprüngliche Höhe gezogen wird.

Berliner Besetzung: Ende des 19. Jh. aufgekommener deutscher Typ des → Salonorchesters; gegenüber der → Wiener und → Pariser Besetzung beträchtlich erweitertes Instrumentarium: Violine I/II, Viola, Violoncello, Kontrabaß, (Flöte), Klarinette, Kornett, Posaune, Klavier (Harmonium), Schlagzeug.

Berufsmusiker: Im Gegensatz zum → Amateurmusiker, der die Musik neben seinem eigentlichen Hauptberuf ausübt, beschäftigt sich der Berufsmusiker (»Profi«) ausschließlich mit dem Musizieren, es bildet seine Existenzgrundlage.

In der DDR legt der Bewerber nach erfolgreicher Qualifizierung vor einer vom Rat des Bezirkes berufenen Kommission die sogen. Berufsmusikerprüfung (Haupt- und Nebeninstrument, Musiktheorie, Musikgeschichte, Kulturpolitik, gesetzliche Grundlagen) ab, worauf er die Zulassung zur hauptberuflichen Ausübung von Tanz- und Unterhaltungsmusik erhält. Die Vergütung seiner Tätigkeit erfolgt auf gesetzlicher Grundlage.

Besen [engl. brush]: Anschlagsmittel für Trommeln und Becken; ein in einem Metallgriff zusammengehaltenes Bündel dünner, biegsamer Stahldrähte, die sich fächerförmig verbreitern. Die Größe des »Fächers« ist regulierbar. Für bestimmte Klangeffekte reicht ein Besen aus, meist verwendet der Schlagzeuger jedoch zwei. Aufgekommen sind die »Jazzbesen« in den zwanziger Jahren, wichtig wurde die Brushes-Technik beim → fill out der Bebop-Drummer. In der Tanzmusik finden die Besen bei ruhigen Titeln bzw. bei gedämpfter Atmosphäre (Bar) Einsatz.

Besetzung: die in einem Ensemble vorhandenen oder in einer Partitur bzw. einem Arrangement geforderten Instrumente und Vokalstimmen, aber auch die Anzahl der für eine Stimme benötigten Musiker oder Sänger (z. B. vierfach besetzte 1. Violine).

Bestseller [engl./amerik, ˈbestselə]: im amerikanischen Verlagswesen aufgekommene Bezeichnung für das bestverkaufte Buch des Jahres, von der Musikindustrie übernommen für die am häufigsten verkauften Schallplatten. Der Begriff ist genaugenommen ein Synonym zu der Bezeichnung → Hit, nur daß er konsequenter als dieser und damit tatsächlich nur auf die absolut erreichten Verkaufsspitzen angewendet wird. Mit der Expansion der Schallplattenindustrie hat sich auch die Bestseller-Marke – bezogen auf den Zeitraum eines Jahres – immer weiter nach oben verschoben. In absoluten Zahlen ausgedrückt lag sie in den USA schon nach der Durchsetzung des → Rock'n'Roll Mitte der fünfziger Jahre über der Millionengrenze. Inzwischen bedeutet ein Bestseller zwischen ein und fünf Millionen verkaufter Schallplatten. Über längere Zeiträume betrachtet werden für einzelne Titel jedoch wesentlich höhere Verkaufsspitzen erreicht, wobei dann aber alle mit ihm herausgebrachten Schallplattenveröffentlichungen mitgezählt sind. So wurde etwa 1971 der Gesamtverkauf von Bill *Haleys* »Rock Around the Clock« (1954) mit 17½ Millionen Exemplaren, des *Beatles*-Titels »I Want to Hold Your Hand« (1964) mit 13 Millionen Exemplaren angegeben. Michael *Jacksons* (geb.1959) »Thriller« (1983) erreichte in reichlich einem Jahr sogar mehr als 30 Millionen verkaufter Platten. Bestseller werden, sobald eine, in den einzelnen Ländern unterschiedlich festgelegte Marke überschritten ist, zusätzlich noch mit Schallplattenpreisen (→ Goldene Schallplatte) ausgezeichnet.

Big Band [engl., big bænd, wörtlich »große Kapelle«]: verbreitete große Standardbesetzung im Jazz und in der traditionellen Tanzmusikpraxis, charakterisiert durch die Einteilung in Gruppen bzw. → Sätze: Melodiegruppe (→ Melody Section) mit Saxophonsatz (→ Reed Section) sowie Trompeten- und Posaunensatz (→ Brass Section), Rhythmusgruppe (Rhythm Section) mit Klavier (Keyboards), Gitarre, Baß und Schlagzeug; Standardtyp: fünf Saxophone, vier Trompeten, vier Posaunen, Piano, Gitarre, Baß und Schlagzeug.

Die Big Band entwickelte sich aus der siebenköpfigen New-Orleans-Band, wobei die drei Blasinstrumente (Kornett/Trompete, Klarinette, Posaune) nun mehrfach besetzt wurden. Von Einfluß waren auch die größeren Ensembles, die im 19. Jh. vor allem im Süden der USA musizierten, insbesondere die → Brass Bands und → Orchestras. Inhaltliche Voraussetzung, die zur Herausbildung von Big Bands führte, war der Wandel vom linearen (New Orleans Jazz) zum harmonischen (Swing-Stil) Musizieren. Was der Einzelmusiker improvisierend geblasen hatte, wurde nun im Arrangement mehreren Musikern im Satz übertragen, d. h. die Melodie erhielt mehrere untergeordnete Stimmen hinzugefügt. Das vollzog sich nicht nach den Regeln der europäischen Harmonik, sondern nach Prinzipien afrikanischer Mehrstimmigkeit, nämlich in Parallelführung aller Stimmen unter der Melodie, im sogen. → Parallelsatz. Eine Voraussetzung für das Big-Band-Musizieren bildet das schriftlich fixierte → Arrangement, was Notenkenntnisse und fundierte Spieltechnik seitens der Musiker erfordert. Angestrebtes und oft verwirklichtes Ideal ist, daß der aus vier oder fünf Musikern gebildete Satz wie ein einziges Instrument, also klanglich ausgewogen und präzis im Zusammenspiel, klingt.

Die Anfänge des Big-Band-Spiels liegen noch vor 1920. Entscheidenden Einfluß nahm Fletcher *Henderson* (1898–1952) in New York; schon 1920 musizierte er in folgender Besetzung: zwei Trompeten, Posaune, Alt-, Tenorsaxophon, Klarinette und Rhythmusgruppe. Bereits ein Jahr später erweiterte er die Bläserzahl: drei Trompeten, zwei Posaunen, zwei Alt- und ein Tenorsaxophon. Allmählich vergrößerten sich die einzelnen Sätze. Besondere

Peter Herbolzheimer

ven Versuchen, Neues einzubringen, Stan *Kenton* (1912–1979) sei hier u. a. genannt. Auch ausgefallene Instrumente wurden herangezogen, z. B. die Bläserbesetzung des *Jazz Composer's Orchestra* 1968: zwei Flügelhörner, zwei Posaunen, zwei Hörner, Tuba, zwei Sopran-, zwei Alt-, zwei Tenor- und ein Baritonsaxophon.

Streichinstrumente fanden, von wenigen Be-

Thad Jones

Bedeutung erlangte auch aufgrund seiner Flexibilität der Saxophonsatz, der die Lead-Funktion der Trompete (Kornett) ablöste. Nach anfänglich drei Saxophonen (meist zwei Alt- und ein Tenorsaxophon) rückte der Vierersatz (zwei Alt- und zwei Tenorsaxophone oder zwei Alt-, ein Tenor- und ein Baritonsaxophon) in den Vordergrund, bis Ende der dreißiger Jahre die Fünfstimmigkeit erreicht wurde (zwei Alt-, zwei Tenor- und ein Baritonsaxophon). Die Klarinette blieb nur noch als Zusatzinstrument für solistische Zwecke. Trompeten- und Posaunensatz erweiterten sich jeweils zur Vierstimmigkeit. Die eingangs angegebene Rhythmusgruppe unterlag keinen Veränderungen, gelegentlich verzichtete man auf Klavier oder Gitarre, auch bezog man zusätzliche Perkussionsinstrumente ein. Persönlichkeiten wie Benny *Goodman* (geb. 1909), Duke *Ellington* (1899–1974), Count *Basie* (1904–1984), Woody *Herman* (geb. 1913), Dizzy *Gillespie* (geb. 1917), Lionel *Hampton* (geb. 1913), Gil *Evans* (geb. 1912), Don *Ellis* (1934–1978) und viele andere prägten das Profil der Big Band. Es fehlte nicht an kreati-

mühungen abgesehen (z. B. Artie *Shaws* Experiment, ein Streichquartett einzubeziehen, 1936), keinen bleibenden Platz. Zu den führenden Jazz-Ensembles zählen die immer wieder neue Sounds produzierende *Toshiko Akiyoshi/Lew Tabackin Big Band* und die *Thad Jones/Mel Lewis Big Band.*

Neben den Jazz-Big-Bands entstanden schon in den zwanziger Jahren erweiterte Ensembles im Bereich der kommerziellen Tanzmusik, die auch verstärkt Show-Elemente einbezogen und vor allem in den größeren Hotels auftraten. Von nachhaltigem Einfluß wurde die Spielweise des Orchesters Glenn *Miller* und anderer amerikanischer Big Bands für die Entwicklung in Europa nach 1945. An allen wichtigen Rundfunkstationen bildete man Big Bands als Grundstock für sendereigene Produktionen, auch zahlreiche unabhängige Orchester entstanden. Zu nennen sind u. a. die Ensembles von Kurt *Edelhagen* (1920–1982), Walter *Eichenberg* (geb. 1922), Günter *Gollasch* (geb. 1923), Max *Greger* (geb. 1926), Peter *Herbolzheimer* (geb. 1935), Martin *Hoffmann* (geb. 1938), Paul *Kuhn* (geb. 1928). Als ein spe-

Rundfunktanzorchester Berlin (Leitung: Martin Hoffmann)

Rundfunktanzorchester Leipzig bei der Probe (Leitung: Walter Eichenberg)

zieller, verkleinerter Big-Band-Typ kamen nach dem Vorbild des Orchesters James *Last* in den siebziger Jahren sogen. Party-Orchester (→ Happy Music, → Party Sound) auf. Die Rockmusik übernahm nur vereinzelt Elemente der Big-Band-Praxis (insbesondere den gemischten Bläsersatz), z. B. *Blood, Sweat & Tears, Chicago.*

Big Beat [engl., big biːt]: → Beat.

Big City Blues [amerik., big ʹsiti bluːz]: → City Blues.

bitonal: gleichzeitiger Ablauf zweier (lat. bi- = »zwei-«) harmonischer Ebenen, z. B. Melodie und Begleitung stehen in unterschiedlichen Tonarten, haben eine voneinander abweichende Tonika; häufigste Form der Polytonalität; in populärer Musik sehr selten.

Saudades do Brazil (Darius Milhaud, 1920) oberes System – Tonika C ♯ , unteres System – Tonika A

Black Bottom [engl./amerik., blæk ʹbɔtəm, wörtlich »schwarzer Boden« (= Erde am Ufer des Mississippi), nach Helmut Günther auch »schwarzer Hintern« (= afroamerikanische Herkunft)]: im Süden der USA entstandener Modetanz, der auf dem Ragtime fußt, aber auch Elemente des New Orleans Jazz assimilierte. Andererseits nahm der neue Tanz auch Einfluß auf die musikalische Substanz des Jazz (z. B. in Jelly Roll *Mortons* »Black Bottom Stomp«, 1926). Der weltweit verbreitete »Black Bottom« von Roy *Henderson* entstammt George *Whites* Revue »Scandals« (1926). Der Höhepunkt der Black-Bottom-Welle war in den Jahren 1926/27. In englischen Tanzschulen erfand man neues charlestonähnliches Schrittmaterial, womit der Tanz auch in Europa populär wurde und den → Charleston nach 1927 ablöste.
Eine rhythmisch-metrische Charakteristik besteht in der häufigen Synkopierung der jeweils zweiten Takthälfte, sonst weitgehend mit dem Charleston identisch.

Blasmusik: Sammelbezeichnung für Musik, die überwiegend auf Blasinstrumenten ausgeführt wird. Die Blasmusik stellt kein eigenes Genre dar, sie dominiert in der Militär- und Marschmusik, ist Bestandteil der Unterhaltungsmusik und der Folklore, aber auch im sinfonischen Bereich anzutreffen. Abzugrenzen sind, obwohl ebenfalls hauptsächlich mit Blasinstrumenten musiziert, die sogen. Bläsermusik (der Kammermusik zugeordnet, z. B. Bläserquintett, Hornquartett, Blechbläserensemble usw.) und die Big-Band-Musik. Der Begriff »Blasmusik« leitet sich von der mittelalterlichen Bezeichnung »blasende Music« ab, mit der man die Bläser betitelte, die Turm- und Ratsmusiken ausführten, zu Umzügen, geselligen Anlässen und auch beim militärischen Zeremoniell aufspielten. Aus diesen kleinen Bläsergruppen entstand unter Wahrung regionaler Besonderheiten das → Blasorchester, wobei noch heute die *Harmoniemusik* (das eigentliche Blasorchester mit Holz- und Blechblasinstrumenten und Schlagzeug) von der *Blechmusik* (nur Blechblasinstrumente, → Brass Band) getrennt wird.
Entscheidend für die Entwicklung der Blasmusik war vor allem das 19. Jh. Durch Verbesserungen an den Holzblasinstrumenten (besonders bei Flöte und Klarinette), durch Erfindung der Ventile für die Blechblasinstrumente, durch die Konstruktion neuer Instrumente (Tuba u. a. → Bügelhörner, Saxophone), durch das Einbeziehen einer Schlagzeuggruppe nach dem Modell der türkischen Janitscharen-Kapellen und durch die ständige instrumentale Erweiterung und personelle Vergrößerung der Orchester ergaben sich bald Spiel- und Klangmöglichkeiten, die dem Sinfonieorchester nahekamen. Neben den militärischen Aufgaben wuchs die Bedeutung der Blasmusik im zivilen Bereich. In immer größerem Maße musizierten die Militärorchester auch zur Unterhaltung. Das wiederum bedingte eine Veränderung des Repertoires: Neben Märschen erklangen nun originale Unterhaltungs- und Tanzkompositionen (Walzer, → Polkas, → Quadrillen usw.; → Potpourris, → Salonmusik, zahlreiche Soli u. a.). Ein wesentlicher Teil des Repertoires bestand aus → Transkriptionen und Bearbeitungen klassischer Werke (Opern, Sinfoniesätze, Ballette, Suiten u. a.). Den Blasorchestern – es sei erwähnt, daß es sich um Berufsorchester hoher Qualität handelte – fiel auch die Aufgabe mit zu, bei ihren vielen Auftritten zur Verbreitung

der »ernsten« Musik, besonders unter den ärmeren Schichten, beizutragen, da es ja die modernen Massenmedien noch nicht gab. So stimmten z. B. Brahms, Berlioz, Strauss und Wagner den Transkriptionen ihrer Werke für Blasorchester zu, ja baten sogar darum und äußerten sich beifällig über die Qualität der Interpretation (Klangkultur, Dynamik, Spielfertigkeit).

Nach 1850 erfolgten mehrfache Bestrebungen, die individuellen Erscheinungen im Blasmusikwesen, bedingt durch unterschiedliche Auffassungen und Möglichkeiten der Militärkapellmeister, zu vereinheitlichen, besonders bezüglich der Besetzung der Orchester und der Stimmung und Notierung der Instrumente. In Deutschland war es Friedrich Wilhelm *Wieprecht* (1802–1872), in Österreich Andreas *Leonhardt* (1800–1866). Die im militärisch-professionellen Sektor erreichte Standardisierung konnte sich jedoch im Laienbereich nur schwer durchsetzen. Zunehmend hatten auch Laiengruppen begonnen, nach dem Vorbild der Militärorchester zu musizieren, doch es gab verständlicherweise erhebliche Qualitätsunterschiede und eine Vielfalt von Besetzungsvarianten. Vor allem die kleinen Bläsergruppen, die (überwiegend in ländlichen Gebieten, speziell in den Alpenländern) folkloristische Lieder und Tänze spielten, erfreuten sich großer Beliebtheit.

Im 20. Jh. wurde die dem Begriff Blasmusik immanente inhaltliche Breite immer deutlicher, wobei die unterhaltende Funktion gegenüber der ursprünglichen militärischen Funktion bald überwog. Einen Schwerpunkt bildete sowohl in den Hörgewohnheiten des Publikums als auch in den Programmen der Ensembles die sogen. »traditionelle«, dem 19. Jh. verbundene Blasmusik (Marsch, Walzer, Polka usw.), die selbstverständlich modische Aspekte der Tanz- und Unterhaltungsmusik des 20. Jh., z. B. Einflüsse der Big-Band-Musik, einbezog. Die Bedeutung der Transkriptionen klassischer Werke, gegen die auch ästhetische Einsprüche geltend gemacht wurden, ging zurück, dafür stieg die Zahl der Originalkompositionen, in denen die klangliche Spezifik dieser Musik zur Geltung kam. Komponisten wie Paul Hindemith (Konzertmusik für Blasorchester op. 41, 1926), Nikolai Mjaskowski (Sinfonie in Es für Blasorchester,

1939) u.v.a. schufen dafür gültige Beispiele. Anzahl und Qualität der Laienorchester, für die weitverzweigte Organisationsformen und nationale wie internationale Wettbewerbe geschaffen wurden, stiegen auch außerhalb Europas beachtlich, wogegen die Zahl der Berufsorchester zurückging. Die vielen kleinen Bläsergruppen mit ihren »volkstümlichen Weisen«, für die an verschiedenen Sendern sogar eigene Hitparaden eingerichtet wurden, bilden eine massenwirksame Flanke der populären Musik. Im weiteren Sinne gehören zur Blasmusik auch die Fanfarenzüge, Schalmeienorchester, Jagdhorngruppen und Posaunenchöre.

→ Militärmusik.

Blasorchester: Klangkörper zur Interpretation von → Blasmusik; im Gegensatz zur → Brass Band auch *Harmonieorchester* genannt. Das Blasorchester erfuhr seine Profilierung im 19. Jh. im Zusammenhang mit der Verbesserung bzw. Neukonstruktion von Blasinstrumenten und dem großen Aufschwung militärischer und unterhaltender Blasmusik.

Als Vorbild diente das Sinfonieorchester, wobei das Problem, eine den Streichern adäquate Blasinstrumentengruppe zu finden, mit dem Bau der → Bügelhörner weitgehend gelöst wurde. Innerhalb des Blasorchesters existieren verschiedene Gruppen (Register, Sektionen), in denen Instrumente verschiedener Stimmlagen (Instrumentenfamilien) vertreten sind, so daß dem Komponisten bzw. Bearbeiter eine umfangreiche, nuancierte Klangpalette zur Verfügung steht. In der Partitur eines großen Blasorchesters sind heute in der Regel verzeichnet:

Holz:
Flöte I/II mit Piccolo
(Oboe I/II)
Klarinette in Es
Klarinette I–III in B
(Fagott I/II)

Saxophone/Hörner:
Altsaxophon I/II in Es
Tenorsaxophon I/(II) in B
Baritonsaxophon in Es
Horn I–IV in F bzw. Es

Rundfunkblasorchester Leipzig bei der Probenarbeit (Leitung: Klaus Wiese)

»enges« Blech:
Trompete I–III (IV) in B
Posaune I–III (IV)

Schlagzeug:
Große Trommel mit Becken (auch getrennt)
Kleine Trommel
Pauken
zusätzliches Schlagwerk (Glockenspiel, Xylophon, Triangel usw.)

»weiches« Blech:
Flügelhorn I/II in B
Tenorhorn I (II/III) in B
Bariton/Euphonium
Tuba I/II (mit Kontrabaß)

Zusätzlich sind (selten) besetzt: Altflöte, Englisch Horn, kleine As-Klarinette, Baßklarinette, Kontrafagott, Harfe, Baßgitarre; als Begleitinstrumente: Es-Trompeten und Baßtrompete – z. B. in der ČSSR, Althorn I/II in Es – z. B. in der Sowjetunion (weitere Hinweise in den Artikeln zu den einzelnen Instrumenten). Gegenwärtig treten noch immer aufgrund eigenständiger nationaler Entwicklungen Abweichungen in Besetzung und Notierung (Transposition) auf. Von der aufgeführten großen Besetzung leiten sich analoge kleine Varianten ab, oft zusätzlich mit Gitarre, Akkordeon, E-Orgel u. ä. (vgl. Jindřich Praveček, Instrumentationslehre für Blasorchester, Leipzig 1981).

Blech: bezeichnet die Gruppe der Blechblasinstrumente (nicht die Saxophone, die zu den Holzblasinstrumenten zählen) im Orchester; in der → Big Band und im Tanzstreichorchester besteht das »Blech« aus dem Trompeten- und Posaunensatz; im → Blasorchester unterscheidet man das »weiche« Blech (z.B. Flügelhörner, Tenorhörner, Bariton, Tuben) und das »enge« (= eng mensurierte) Blech (Trompeten, Posaunen).

Blender [engl., ʹblendə]: → Verzerrer.

Block Chords [engl., blɔk kɔːds, wörtlich »Blockakkorde«]: → Locked Hands Style.

blocken: pianistische Technik; Akkordeinwürfe in Melodiepausen bzw. harmonische Stützakkorde als Begleitungen beim Chorusspiel, auch auf andere Instrumente übertragen (z. B. Gitarre).

Blockflöte, Abk. *rec* [engl. recorder, ital. flauto dolce]: Holzblasinstrument (Ahorn, Buchsbaum, Grenadill, auch Kunststoff); längs geblasen; Schnabelmundstück mit (namengebendem) Block, der einen schmalen Luftkanal offen läßt, durch den der Luftstrom auf die Zunge (Labium) auftrifft und somit die Luftsäule im sich nach unten verengenden koni-

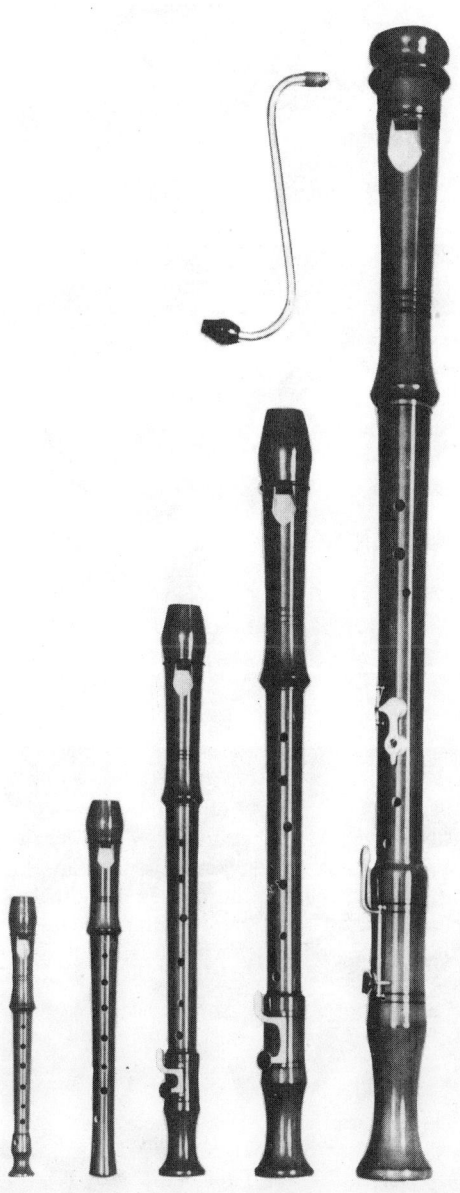

Sopranino, Sopran-, Alt-, Tenor- und Baßblockflöte

schen Rohr zum Schwingen bringt; sieben Grifflöcher und ein Überblasloch auf der Rückseite (Überblasen in die Oktave), auch Doppeltonlöcher für Chromatik, bei größeren Instrumenten vereinzelt Klappenmechanik; in Familie gebaut:

· *Diskant* (in F; 22 cm): $f^2 - g^4$, oktavtransponierend (notiert $f^1 - g^3$),
· *Sopran* (in C; 29 cm): $c^2 - d^4$, oktavtransponierend (notiert $c^1 - d^3$),
· *Alt* (in F; 42 cm): $f^1 - g^3$, nichttransponierend,
· *Tenor* (in C; 59 cm): $c^1 - d^3$, nichttransponierend,
· *Baß* (in F; 88 cm): $f - g^2$, nichttransponierend,
· *Großbaß* (in C; 119 cm): $c - d^2$, nichttransponierend.

Die Blockflöte ist historisch sehr alt (Knochenflöten seit der Steinzeit). Bis etwa 1750 – danach wurde sie wegen ihres wenig wandlungsfähigen Tones von der Querflöte verdrängt – war sie ein beliebtes, vielseitig verwendetes Instrument in Kunst- und Volksmusik. Nach 1910 bezog man sie erneut in die Haus- und Schulmusik ein. Während die Blockflöte heute in Folkgruppen öfters anzutreffen ist, gilt sie in Rock und Jazz mehr als Kuriosität. Dazu zählen zählen z. B. Aufnahmen der *Beatles* (»Fool on the Hill«, Solo von Paul McCartney, 1967), von *Amazing Blondel* und *Passion*, letztere produzierten unter Bezug auf Renaissance-Musik eine Rockversion des Liedes »Herzallerliebstes Mädel« mit Blockflötenquartett.

Bluebeat [engl., ˈbluːbiːt]: 1960 bei der Londoner Plattenfirma *Melodisc* eingerichtetes → Label, das auf die Musikbedürfnisse der Einwanderer vor allem von den westindischen Inseln abgestellt war und sich durch den Import des jamaikanischen → Ska profilierte. Dieser wurde im Zusammenhang mit der Rhythm & Blues-Begeisterung (→ Rhythm & Blues) britischer Jugendlicher zu Anfang der sechziger Jahre auch außerhalb der Emigrantenlokale zur Tanzmusikmode und firmierte dabei nach dem Namen des Labels als Bluebeat. Die Bluebeat-Welle hatte 1963/64 ihren Höhepunkt in England, wobei die dafür dann zum Synonym gewordenen Titel wie Millie *Smalls* (geb. 1943) »My Boy Lollipop« (1964 auf Fon-

tana) oder Prince *Busters* (geb. 1939) »The Lion Roars« (1963 auf Dice) gar nicht einmal von dem Bluebeat-Label kamen. Musikalisch war und blieb dies aus Jamaika importierter Ska. Das Label existierte noch bis 1967, war aber lediglich für die sich 1965/66 anschließende Rocksteady-Phase (→ Rocksteady) weiter von Bedeutung.

Blue Blowing [engl./amerik., bluː ˈblouiŋ]: Anfang der zwanziger Jahre von dem Jazzsänger und -musiker Red *McKenzie* (1907-1948) erfundener Ausdruck für das Kammblasen, das rhythmische Hindurchblasen durch einen mit Pergamentpapier umwickelten Kamm (→ Kazoo). Der Begriff bürgerte sich nach dem Namen seiner 1923 bekannt gewordenen Gruppe ein, die er *Mount City Blue Blowers* nannte.

Blue Chord [engl., bluː kɔːd]: der für die Bluestonalität typische kleine Septakkord, der als Tonika, Subdominante und Dominante erscheinen kann, ohne dominantisch aufgelöst werden zu müssen. Blue Chords bestehen aus dem Dreiklang mit hinzugefügter Bluesseptime (→ Blue Notes). Ein Blue Chord mit Bluesseptime und -terz ist der auch in der Rockmusik verbreitete kleine Dezimenakkord (10-, → Akkordsymbolschrift).

$$I^7 \quad IV^7 \quad V^7 \qquad C^{10-}$$

Blue Ending [engl., bluː ˈendiŋ]: häufige Schlußwendung bei Blues- und Boogie-Woogie-Klavierstücken, die auch nach 1920 in Arrangements auftauchte. Der Tonika-Schlußakkord enthält die kleine Septime (Blue Note), oft noch die große None; auf dem Klavier tremoliert (→ Tremolo).

Blue Eyed Blues [engl./amerik., bluː aid bluːz, wörtlich »blauäugiger Blues«]: eher abschätzige Bezeichnung für den sogen. »weißen« Blues, die auf das Vorurteil zurückgeht, Weiße könnten keinen adäquaten Blues spielen, weil ihnen der Erfahrungshintergrund dafür fehle. Der Stellenwert des Blues in der Rockmusik und Musiker wie Alexis *Korner* (1928–1984), John *Mayall* (geb. 1933), Eric *Clapton* (geb. 1945), Steve *Winwood* (geb. 1948), Johnny *Winter* (geb. 1944), Mike *Bloomfield*

(geb. 1943), Paul *Butterfield* (geb. 1942) haben mit ihren Aufnahmen jedoch das Gegenteil bewiesen.
→ Blues.

Bluegrass [amerik., ′blu:gra:s]: Ende der dreißiger, Anfang der vierziger Jahre in den USA von dem Sänger und Mandolinisten Bill *Monroe* (geb.1911) entwickelte Spiel- und Interpretationsweise alter euroamerikanischer Volksmusik hauptsächlich aus dem traditionsreichen Gebiet des Appalachen-Gebirges (→ Country Music). Im wesentlichen handelte es sich dabei um Tanzlieder, Balladen und Tänze eigentlich schottischen, irischen und englischen Ursprungs, die Monroe mit einem stark synkopierten Rhythmus afroamerikanischer Prägung versah und im virtuosen Gegeneinanderspiel von Mandoline, Fiddle und Banjo spannungsreich und voller Dynamik durchaus zeitgemäß zu interpretieren wußte. Die Gitarre lieferte die Akkordbegleitung dazu, während der Baß den Rhythmus unterstützte. Der zum Teil auch mehrstimmig entfaltete Gesang wies die typische Eigenart der Lieder aus den Appalachen auf, das hohe, na-

Bill Monroe and his Bluegrass Boys

sale Vokalisieren. Auch die Bezeichnung Bluegrass geht auf Bill Monroe zurück, der seine 1939 zusammengestellte Gruppe, in Anlehnung an seine Heimat Bluegrass State in Kentucky, *Bill Monroe and his Bluegrass Boys* nannte. Mit dieser Formation hatte er noch 1939 bei einem Auftritt in der → Grand Ole Opry seinen ersten großen Erfolg. Während der vierziger Jahre vervollkommnete er mit seinen Bluegrass Boys diese Spielweise zu jener charakteristischen Verbindung von Lockerheit und Perfektion, wie sie zum Kennzeichen des Bluegrass geworden ist. Neben Monroe war es vor allem sein ehemaliger Banjo-Spieler Earl *Scruggs* (geb.1924) mit den von ihm 1948 gegründeten *Foggy Mountain Boys*, der sich zu einem originären Repräsentanten des Bluegrass entwickelte. Es dauerte dann bis Anfang der sechziger Jahre, daß sich diese Musik zeitweilig als eine der beliebtesten Musikrichtungen in den USA behaupten konnte. Ihr ausgeprägter Konservatismus, der freilich oft auch den Songtexten ein monströses Gepräge aus uramerikanischen Wertvorstellungen und bodenständigem Traditionsbewußtsein gab, verhinderte einen raschen kommerziellen Verschleiß. Besonders unter der studentischen Jugend der USA fand sie in

dieser Zeit eine aktive Anhängerschaft, die entgegen den konservativen Ambitionen der Klassiker dieser Spielweise den Bluegrass zur experimentierfreudigsten Musikrichtung im Country & Western-Bereich (→ Country & Western) werden ließ. So wurden mit → Autoharp, → Steel Guitar und → Dobro neue Instrumente in das angestammte Instrumentarium des Bluegrass zu integrieren versucht, wobei sich allerdings nur das letztere wirklich durchzusetzen vermochte und inzwischen seinen Platz im Bluegrass gefunden hat. Eine nach der Gruppe *New Grass Revival* als *New Grass* bezeichnete Richtung bemühte sich Anfang der sechziger Jahre nicht ohne Erfolg selbst um eine Synthese mit dem → Rock'n'Roll. Außerhalb der USA hat Bluegrass allerdings kaum eine nennenswerte Rolle gespielt; dafür war diese Spielweise und ihr Repertoire wohl doch zu tief in der Tradition und der Kultur des weißen Amerika verwurzelt.

Blue Notes [engl., blu: nouts]: Bezeichnung der drei für den Blues charakteristischen, dem europäischen Tonsystem fremden, labil intonierten Tonstufen – Bluesterz, Bluesseptime und Flatted Fifth (→ Tritonus), oder stabil notiert – kleine Terz, kleine Septime und verminderte Quinte. Blue Notes sind ursprünglich melodische Intervalle, in ihrer Tonhöhe schwankend, vom farbigen Sänger/Musiker bewußt als Ausdrucksmittel schwebend (zwischen den fixierten Tonstufen unserer siebenstufigen Leiter) intoniert, zumal sie im melodischen Ablauf oft an exponierter Stelle erscheinen. So ist vor allem die Bluesterz häufig melodischer Spitzenton, während die Bluesseptime meist als markanter Durchgangston bei abwärts gerichteten Bluesphrasen auftritt.
Im Jazz fand zunächst nur die Bluesterz (nach 1895) Verwendung, erst gegen 1920 bezog man auch die Bluesseptime ein. Die Flatted Fifth wurde Modeintervall des → Bebop, kam also nach 1940 hinzu. Die Blue Notes gehen zweifellos auf die ursprüngliche afrikanische Musik zurück, wie es jedoch zu ihrer Herausbildung aus dem über dreihundertjährigen Kulturaustausch von Afrikanern und Europäern auf amerikanischem Boden kam, ist noch nicht endgültig geklärt (vgl. dazu Carl

Gregor Herzog zu Mecklenburg/Waldemar Scheck: Die Theorie des Blues im Modernen Jazz, Strasbourg/Baden-Baden 1963, insbesondere 17ff.). Zunehmend versuchten die Jazzmusiker die Blue Notes auch auf Instrumenten in → temperierter Stimmung (Klavier, Bundinstrumente) zu spielen, was nur durch Stabilisierung der Tonhöhe möglich war. Dieser Prozeß führte schließlich zu der dem eigentlichen Erscheinungsbild der »echten« Blue Notes widersprechenden Notierung als kleine Terz und kleine Septime, wobei deutlich die europäische Mollterz von der Blue-Note-Terz zu trennen ist, da sie keine melodisch-harmonischen Gemeinsamkeiten aufweisen. Die »jüngere« Flatted Fifth wurde oft rein eingesetzt, nimmt also eine gewisse Sonderstellung ein.
Stabile Blue Notes tauchen auch als klangliche Erweiterung in Akkorden auf (→ Blue Chords), ohne jedoch den harmonischen Zusammenhang zu verändern. Das Zusammentreffen labiler Blue Notes mit dem Dur-Moll-Kadenzgefüge führt zur harmonischen Verschleierung, letztlich zu einem zusätzlichen, im Jazz und Rock vielfältig eingesetzten Spannungsfeld.
→ Bluestonleiter, → Tongebung.

Blues [amerik., blu:z]: eine der Hauptformen der → afroamerikanischen Musik, die zu den wichtigsten Traditionen der populären Musik gehört und seit den fünfziger Jahren, mit der Herausbildung von → Rock'n'Roll und → Rockmusik, zu einem der Fundamente ihrer Entwicklung geworden ist. Im Blues hat auch der → Jazz seine Wurzeln, in dem er dann als musikalisches Formmodell ebenfalls eine bedeutende Rolle spielt. Blues ist eine poetisch-musikalische Gestaltungsform, die durch einen charakteristischen textlichen, melodischen, harmonischen und formalen Aufbau gekennzeichnet ist. Als künstlerisches Ausdrucksmittel der afroamerikanischen Bevölkerung in Nordamerika ist der Blues in seiner Entwicklung bis in die Gegenwart hinein eng mit dem Schicksal der amerikanischen Neger und ihren unmenschlichen Lebensverhältnissen im amerikanischen Kapitalismus verbunden. Diese enge Bindung an die jeweiligen Lebensverhältnisse der Farbigen in den USA führte zu einer kaum überschaubaren Vielfalt an regionalen Bluesspielweisen und -stilen, sowohl vokaler als auch instrumentaler Art.

Die Grundform des Blues ist musikalisch auf einer kurzen harmonischen Folge von acht, zwölf oder sechzehn Takten aufgebaut, die in Gruppen zu jeweils vier Takten zusammengefaßt sind. Zugrunde liegt dem die auf europäische Wurzeln zurückgehende einfache harmonische Kadenz mit den Akkorden der ersten, vierten und fünften Stufe der Tonleiter (→ Kadenz). Den Viertaktgruppen entsprechen in der Melodiestruktur jeweils viertaktige Phrasen, die auf der Basis eines melodischen Variationsverfahrens entwickelt werden. Ihnen sind zweizeilige Textverse zugeordnet. Im Verlauf seiner Entwicklung hat sich als Standardform des Blues ein zwölftaktiger Formtyp herauskristallisiert, der oft auch als *Bluesschema* oder → *Bluesformel* bezeichnet wird. Abgeleitet ist dieser musikalische Aufbau aus der poetischen Struktur der Bluestexte, deren Eigentümlichkeiten sich aus der inhaltlichen Bestimmung des Blues ergeben. Er ist im Unterschied zu anderen Vokalgattungen nicht erzählenden, sondern reflektierenden Charakters, bezieht sich nicht auf eine Geschichte als zeitlichen Ablauf von Ereignissen, sondern konstatiert ein Ereignis, schildert eine Situation (Statement), zu der sich der Sänger dann reflektierend in Beziehung setzt, seine Antwort darauf formuliert (Response). Damit gliedert sich die Bluesstrophe inhaltlich in Statement und Response, wobei in der Standardform dem Statement durch seine Wiederholung noch ein besonderer Nachdruck verliehen wird:

I received a letter
that my man was dyin',

I received a letter
that my man was dyin',

I caught a 'plane
and went home flyin'.

Ich bekam einen Brief,
daß mein Mann im Sterben liege,

Ich bekam einen Brief,
daß mein Mann im Sterben liege.

Ich nahm ein Flugzeug,
um nach Hause zu fliegen.

(Ida Cox, Death Letter Blues)

Diesem inhaltlichen Aufbau der Bluesstrophe folgt die Vertonung, so daß sich daraus organisch das musikalische Formmodell des Blues ergibt. Ein in seiner Art charakteristisches Beispiel für diese zwölftaktige Standardform ist der »Canned Heat Blues« von Tommy *Johnson* (rec 1928):

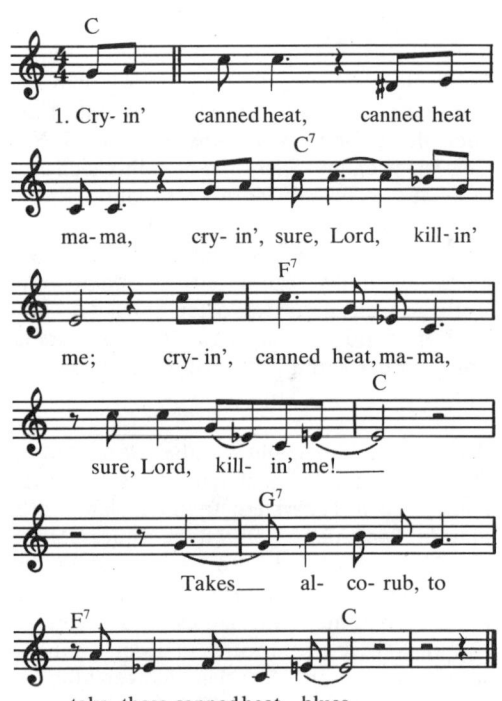

Obwohl mit diesem formalen Schema durchaus eine besonders häufig gebrauchte Form vor allem des komponierten Blues beschrieben ist, geht seine Identifizierung mit einer solchen Standardformel auf den Einfluß der Musikindustrie seit den frühen zwanziger Jahren zurück, als deren Folge eine Normierung und Standardisierung auf diesen Formtyp erfolgte. Die Bluestradition selbst ist weitaus reicher, wovon nicht nur die Überlieferung des → Country Blues durch Musiker wie etwa John Lee *Hooker* (geb. 1917) oder auch Robert Pete *Williams* (geb. 1914) Zeugnis ablegt, deren Blues oft ohne klare Strophengliederung, Sprechgesang benutzende und nicht selten nur über einen einzigen Akkord gesungene Lieder sind. Auch die zwölftaktige Standardform selbst ist reich an textlichen, melodischen, harmonischen und formalen Varianten. So gibt es Bluesstrophen, die nur aus dem zweimal wiederholten Statement bestehen (z. B. Jelly Roll Morton, »See See Rider Blues«). Es gibt Textvarianten, die statt des Statements die Antwortphrase wiederholen (z. B. Howlin' Wolf, »Cryin' at Daybreak«) oder aber einen durchlaufenden Text aufweisen (z. B. Josh White, »Frankie and Johnny«). Unter den melodischen Varianten ist die durchgehende Gestaltung der Melodik statt der variierten Wiederholung der ersten Viertaktgruppe häufig anzutreffen (z. B. Bukka White, »Sleepy Man Blues«). Ebenso folgt auch der harmonische Aufbau keinesfalls immer dem Stereotyp der Bluesformel (z. B. Lightin' Hopkin, »Trouble Blues«). Ein auch in der Rockmusik verbreiteter Ableger der zwölftaktigen Bluesform behält die Antwortphrase durch alle Textstrophen hindurch unverändert bei, so daß eine Art Refrain entsteht (z. B. Muddy Waters, »You Can't Lose What You Ain't Never Had«). Neben solchen Varianten der dreiteiligen zwölftaktigen Standardform sind aber auch die zweiteiligen, acht- oder sechzehntaktigen Bluestypen als Grundformen dieser afroamerikanischen Vokalgattung anzusehen. Davon zeugen etwa die in ihren unzähligen regionalen und individuellen Versionen regelrechte Liedfamilien bildenden achttaktigen volksmusikalischen Prototypen wie »Baby, Please Don't Go«, »Sittin' on Top of the World«, »Someday Baby«, »Slidin' Delta« oder »Jim Crow«. Ein charakteristischer sechzehntaktiger Blues ist demgegenüber beispielsweise »Careless Love«, der sich in einer Bearbeitung durch William Christopher *Handy* (1873–1958) sowohl im Repertoire von Bessie *Smith* (1895–1937) als auch in einer Variante unter dem Titel »Oh My Babe Blues« im Repertoire von Ma *Rainey* (1886–1939) befand:

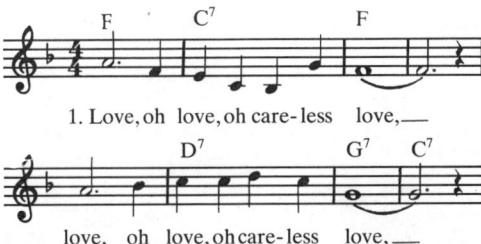

1. Love, oh love, oh care-less love,—

love, oh love, oh care-less love,—

love, oh love, oh care-less love, you—

see what love has done for me.——

Diese sechzehntaktige Form hat vor allem im Bereich des → Vaudeville Blues eine besondere Ausprägung erfahren, die mit der nochmaligen Wiederholung des Statements nach der Antwortphrase (A A B A) im Aufbau der Songform des populären Liedes folgt (→ Song) und bis heute sehr verbreitet ist (z. B. Bessie Smith, »Nobody Knows You When You're Down and Out«).

Von nicht minder großer Bedeutung sind neben diesen Grundformen aber auch die irregulären und kombinierten Bluestypen. Die irregulären Bluesformen entstehen durch Einschübe von oft nur 1, ½ oder 1½ Takten in die Grundformen (z. B. Blind Lemon Jefferson, »Bad Luck Blues«) oder durch Erweiterung der Viertaktgruppen auf solche von fünf und mehr Takten (z. B. Blind Lemon Jefferson, »Crawling Baby Blues«, mit drei Fünftaktgruppen). Kombinierte Formen sind besonders im Vaudeville Blues, aber auch als musikalische Grundlage im → Rock'n'Roll und in der Rockmusik anzutreffen und verbinden die Grundformen von acht, zwölf oder sechzehn Takten zu größeren mehrteiligen Gebilden. Beispiele dafür sind etwa der „St. Louis Blues" (1914) und der »Memphis Blues« (1911) von William Christopher Handy, die auf der Kombination von zwölf- und sechzehntaktiger Grundform aufgebaut sind, oder auch Chuck Berrys (geb. 1931) »Johnny B. Goode« (1958) und Bill *Haleys* (1925–1981) »See You Later, Alligator« (1955). Insgesamt ist der Blues also von einem außerordentlichen Formenreichtum und keinesfalls, wie das die meisten einschlägigen Definitionen nahelegen, auf seine zwölftaktige Standardform festzuschreiben.

Ähnlich problematisch ist auch ein anderer Punkt in den gebräuchlichen Blues-Definitionen, seine Beschreibung in Inhalt und Ausdruck als »melancholisch«, »klagend«, als

Zeugnis der »Niedergeschlagenheit darüber ..., abseits zu stehen« (T. Palmer, All
You Need Is Love, München/Zürich 1977,
68). Hinter einer solchen Deutung verbergen
sich jedoch eher die europäischen Hörgewohnheiten, die die charakteristischen Blue
Notes als Moll wahrnehmen und mit einem
auch in der Weltliteratur verbreiteten rührse-
lig romantisierten Bild des amerikanischen
Negers verbinden. Die Blue Notes mit ihrer
schwebenden Intonation der dritten und sie-
benten Stufe der Tonleiter sind aber ganz im
Gegenteil ein Mittel des gesteigerten Ausdrucks, seiner Intensivierung, und keineswegs
ein Moment der Darstellung von Melancholie
oder Klage. Zwar bedeutet »to be blue« in der
englischen Umgangssprache soviel wie »be-
trübt, melancholisch, schwermütig sein«, aber
in der Sprache der schwarzen Amerikaner hat
das einen weit vielschichtigeren Sinn bekommen. Der Blues ist kein Klagelied, sondern
eine poetisch-musikalische Form des Ausdrucks sozialer Erfahrungen im Spiegel der
Subjektivität des Musikers, Moment der
Selbstverständigung und des Selbstbewußtwer-
dens, und das umfaßt die Auseinandersetzung
mit der unmenschlichen Härte der Lebensbedingungen auf den Plantagen der Südstaaten
und in den Ghettos der Großstädte des Nordens ebenso wie die Lebensfreude, den Witz,
die Unterhaltung bei Feiern und Festen. Die
Bluestexte mit ihrer oft hintergründigen Doppeldeutigkeit (Double-talk) spiegeln das Leben der Afroamerikaner in seiner ganzen
Breite, mit all ihren Hoffnungen, Wünschen,
Sehnsüchten wie auch den vielen leidvollen
Erfahrungen.
Entstanden ist der Blues als unbegleiteter Sologesang, dessen Wurzeln nicht nur weit in
die Sklavenzeit auf die → Worksongs, →
Field Hollers, → Shouts und → Moans zurückreichen, sondern Vorformen schon in den
alten afrikanischen Spottgesängen, in den zu
afrikanischen Begräbnisriten auf Trinidad verwendeten Bele-Tänzen und in weltlichen
Tanzliedern verschiedener Herkunft besitzt.
So findet sich als Bezeichnung für den Blues
anfangs auch noch der Begriff → Reel – ursprünglich ein englisch-irischer Tanz, dessen

Name im 19. Jh. zugleich als Synonym für die
weltliche Volksmusik der Neger insgesamt gebraucht wurde. Wirklich rekonstruierbar ist
die Entstehung des Blues heute jedoch nur
noch schwer, zumal auch die ersten Sammlungen der Musik der amerikanischen Neger
(z. B. W. F. Allen/Ch. P. Ware/L. McKim, Slave
Songs of the United States, New York 1867)
allein auf ihre geistlichen Gesänge (→ Spiritual) konzentriert waren, denn sie galten – aus
religiösen Vorurteilen heraus und weil in der
Kirche einem von der bürgerlichen Gesellschaft akzeptierten sozialen Erfahrungs- und
Ausdrucksbereich entstammend – für kultu-
rell wertvoller als die verschiedenen Formen
ihrer weltlichen Volksmusik. Worksongs,
Field Hollers, Shouts und Moans haben jedoch in mehrfacher Hinsicht dem Blues ver-
gleichbare stilistische Merkmale, so daß darin
zweifellos einer seiner Ursprünge zu sehen ist.
Der Übergang von der vorwiegend kollektiven
Musikpraxis der Sklavengemeinschaften zur
solistischen Ausdrucksform des Blues, der zugleich zur tragenden Komponente der sich
herausbildenden nationalen afroamerikanischen Kultur wurde, kann sich auch erst nach
der formellen Aufhebung der Sklaverei mit
dem Ende des Sezessionskrieges 1865 vollzogen haben, denn erst sie schuf die sozialen
und ökonomischen Voraussetzungen für die
Entstehung und Entfaltung einer afroamerikanischen Kultur auf nationaler Ebene und
führte damit zum Bewußtsein einer eigenen
Identität der Schwarzen. Unter den Bedingungen der Sklaverei auf den Plantagen der Südstaaten war für die Massen der Feldsklaven
ihre Kommunikation auf die unmittelbare
persönliche Umgebung beschränkt. Mit der
Freisetzung der Sklaven zur Lohnarbeit wurde
eine größere Mobilität nicht nur ermöglicht,
sondern geradezu erzwungen, was den Negern
ihr individuelles Schicksal in seinen sozialen
Dimensionen erfahrbar machte und zugleich
ihre verschiedenen lokalen kulturellen Traditionen in Kontakt brachte. Schließlich war
auch erst unter diesen Bedingungen das Dasein der schwarzen Wandermusikanten möglich, die zu ihrem Lebensunterhalt für ein
schwarzes Publikum Musik machten und so
zum Träger einer solchen Entwicklung wurden. Auf der anderen Seite hat die restriktive
Gesetzgebung mit ihrem militanten Rassis-

Memphis Slim

mus gegenüber den Farbigen und so deren Isolation von der Gesellschaft »nur für Weiße« die Herausbildung einer eigenständigen, schwarzen Kultur der amerikanischen Neger unfreiwillig noch unterstützt (→ afroamerikanische Musik). Geprägt wurde die Entwicklung des Blues dann nicht zuletzt durch den Umstand, daß sich mit der Aufhebung der Sklaverei die unmittelbaren Lebensbedingungen der afroamerikanischen Bevölkerung in den USA faktisch nicht veränderten. Der größte Teil von ihnen lebte noch immer auf den Plantagen und war dort auf die Arbeitsmöglichkeiten beschränkt, die man für Schwarze akzeptierte. So entwickelte sich der Blues dann in der Tradition der hier gebräuchlichen Worksongs und Field Hollers.

Zur instrumentalen Begleitung wurden zuerst Banjo und Gitarre, später Piano und auch ganze Instrumentenkombinationen eingesetzt. Geographisch ist die Entwicklung des Blues in einigen Regionen des Südens der USA lokalisierbar, die den hier entstandenen Bluesspielweisen und -formen ihre Namen gaben. Als das wichtigste Gebiet für die Herausbildung dieses Liedtyps gilt das Mississippi-Delta mit dem → *Mississippi Blues*. Im Südwesten der USA entwickelte sich der → *Texas Blues*, im Südosten dagegen ein Bluesstil, der durch die ausgefeilte Gitarrentechnik und den melodischen Erfindungsreichtum von Musikern wie Joshua Barnes *Howell* (1888–1967), Robert *Hicks* (1902–1930) und Blind Willie *McTell* (1898–1960) gekennzeichnet war und von Johnny *Ace* (1929–1954) und Junior *Parker* (geb. 1927) um eine differenziert entwickelte Harmonik bereichert wurde. Da dieser Blues von der Ostküste kaum eine nennenswerte überregionale Verbreitung erfuhr, fehlt ihm auch ein seine Herkunft identifizierender spezieller Name.

Alle diese ursprünglichen Entwicklungsformen des Blues sind allerdings erst nachträglich dokumentiert worden, in den zwanziger Jahren hauptsächlich durch die dabei auf kommerzielles Material orientierte Schallplattenindustrie, so daß daraus freilich immer nur bedingt Rückschlüsse möglich sind. Zunächst war es die Plattenfirma Paramount Records, die etwa ab 1923 auch die ländlichen Blues-Sänger in ihre Race-Record-Serie (→ Race Records) aufnahm. Danach begann die Ge-

Huddie Ledbetter

net Records mit der Produktion von Blues-Sängern durch mobile Aufnahmestudios gleich an Ort und Stelle im Süden (Field Records). Der erste schwarze Volksmusiker, der im Musikgeschäft dann richtiggehend aufgebaut wurde, war der 1933 im Staatsgefängnis von Louisiana entdeckte Huddie *Ledbetter*, genannt *Leadbelly* (1885–1949). Auch als ab 1933 die Volksliedforscher John A. *Lomax* (1875–1948) und dessen Sohn Alan *Lomax* (geb. 1915) im Auftrag der Washington Library of Congress mit der systematischen Sammlung des Liedgutes der Schwarzen im Süden der USA begannen, lag bereits mehr als ein halbes Jahrhundert Entwicklung, Anpassung an die sich verändernden Lebensverhältnisse, Verschmelzung lokaler Traditionen, Aufgreifen neuer musikalischer Einflüsse hinter dem Blues. Die Entwicklungsphase bis etwa zur Jahrhundertwende, die auch als → *archaischer Blues* bezeichnet wird, ist daher heute nur noch indirekt rekonstruierbar. Oft wird deshalb auch auf eine solche zeitliche Einteilung verzichtet – zumal sie den Abbruch von Entwicklungen suggeriert, die tatsächlich bis in die Gegenwart fortdauern – und stattdessen vielmehr die Verwurzelung in den ländlichen Lebensverhältnissen, die stark volksmusikalische Prägung des Blues, als einheitlicher Entwicklungszusammenhang mit regional unterschiedlichen Traditionen (Mississippi Blues, Texas Blues, Blues der Ostküste) unter der Bezeichnung → *Country Blues* zusammengefaßt.

Für die Renaissance dieser volksmusikalischen Bluestradition im Rahmen des amerikanischen → Folk Revival Anfang der sechziger Jahre, die zugleich mit einer musikalischen und technischen Perfektionierung einherging, bürgerte sich die Bezeichnung → *Folk Blues* ein.

Eine ganz andere Entwicklungslinie des Blues, der → *City Blues*, ist an die Lebensbedingungen in den Großstädten des industriellen Nordens der USA gebunden. Hier erlaubten die Organisation der Arbeit und die Bedingungen des sozialen Lebens kaum mehr das Selbstmusizieren, das so von musikalischen Bühnenveranstaltungen und später durch die Massenmedien Schallplatte bzw. Rundfunk abgelöst wurde. Das aber ebnete auch einer kommerziellen Verwertung des Blues den Weg. Die Musikverlage nahmen sich seiner an. Der erste gedruckte Blues wird William Christopher *Handy* zugeschrieben, dessen »Memphis Blues« 1912 erschien und ihn dazu veranlaßte, sich als »Vater des Blues« bezeichnen zu lassen (W. C. Handy: Father of the Blues. An Autobiography, London 1961). Allerdings war schon zuvor der »Dallas Blues« von einem weißen Musiker namens Hart *Wand* im Druck erschienen. Für den Blues bedeutete diese Entwicklung seine Unterwerfung unter die kommerziellen Gesetze der Verlagsproduktion und damit eine wachsende Standardisierung auf das zwölftaktige Formmodell als Gestaltungsschema. Er wurde zum Betätigungsfeld professioneller Komponisten.

Big Joe Turner

Mit der Umwandlung der volksmusikalischen Bluestradition in eine komponierte Form der Bühnenunterhaltung, dem → *Vaudeville Blues* oder auch *klassischen Blues*, verlagerte sich der Schwerpunkt seiner weiteren Entwicklung dann mehr und mehr zu den Zentren der Verlagsindustrie in die Großstädte. Vorausgegangen war dem schon während des ersten Weltkrieges eine beispiellose Bevölkerungswanderung aus den Südstaaten der USA in den industriellen Norden. Der hier mit der anlaufenden Rüstungsproduktion und der Einführung der Fließbandarbeit ständig wachsende Arbeitskräftebedarf gab vor allem den Schwarzen eine Hoffnung, ihren miserablen Lebensverhältnissen auf den Farmen des Südens zu entkommen, so daß sie zu Tausenden in die Industriestädte des Nordens strömten. Selbst wenn sie eingepfercht in die Ghettos der Großstädte nun als Lohnarbeiter in der Regel unter dem sozialen Existenzminimum zu leben gezwungen waren, ihre Kaufkraft schuf trotzdem einen besonderen Markt auch für Schallplatten, die als Race Records sich schnell zu einem blühenden Geschäft entwickelten. Obwohl hinter dieser Entwicklung letztlich nichts anderes als die kommerzielle Verwertung einer volksmusikalischen Tradition durch professionelle Musiker, Verleger und Schallplattenproduzenten stand, die schwarzen Interpreten des klassischen Blues – hauptsächlich Frauen – blieben auch im Musikgeschäft nur die skrupellos ausgebeuteten Vertreter einer farbigen Minderheit, was sie die Ängste und Sorgen, die Enttäuschungen, Verzweiflungen und Hoffnungen, den leidvollen Alltag ihres Publikums, der ihr eigener war und oft genug trotz erfolgreicher Karriere auch blieb, nie vergessen ließ. Das macht die Glaubwürdigkeit und Überzeugungskraft ihrer Interpretationen aus, die sich, trotz der inzwischen kommerziellen Produktionsbedingungen mit ihrer Tendenz zur musikalischen Standardisierung, auf die Erfahrungen und Bedürfnisse des afroamerikanischen Proletariats in den Ghettos der Großstädte bezogen und in vielen Fällen das Attribut »klassisch« durchaus zu Recht tragen.

Hier in den Großstädten entwickelte sich mit dem *instrumentalen Blues* noch eine nicht unwichtige Sonderform, die aus der Gitarren- und Pianobegleitung der Sänger entstand. Ne-

ben dem Gitarren-Blues ist der Piano-Blues eine der am weitesten verbreiteten Formen dieses instrumentalen Blues geworden. Schon in der Verwendung als Begleitinstrument bildete sich im Zusammenhang mit dem volksmusikalischen → Barrelhouse Piano eine charakteristische Klaviertechnik heraus, die durch immer wiederkehrende Baßfiguren (→ Walking Bass), Bassläufe in triolischer Form oder offene (ohne Terzen) Oktaven und Quinten, gekennzeichnet ist. Daraus entstand eine solistische Piano-Blues-Version, die solche Bässe als rhythmische Grundmuster pointiert der Melodiestimme entgegensetzt und sich etwa an den Aufnahmen des Pianisten Henry *Brown* (geb. 1906) beobachten läßt. Zu einem Zentrum dieser Spielweise entwickelte sich in den zwanziger Jahren Chicago, wo daraus dann der → *Boogie Woogie* wurde. Sehr populär waren in den zwanziger Jahren auch die Klavier-Gitarre-Duos im instrumentalen Blues, wie das Duo Scrapper *Blackwell* (1903–1965), Gitarre, und Leroy *Carr* (1906–1935), Klavier, die ab 1928 eine ganze Plattenserie einspielten.

Einschneidende Konsequenzen für die Entwicklung des Blues hatte die Weltwirtschaftskrise zwischen 1929 und 1933, eine der bisher größten Krisen des amerikanischen Kapitalismus, denn sie bedeutete auch den völligen Zusammenbruch des Schallplattenmarktes. Von der Vielzahl der auch kleineren Firmen, die in den zwanziger Jahren die Entwicklung

des klassischen Blues getragen hatten, blieben danach nur noch zwei große Firmengruppen übrig, die RCA Victor (mit dem Race-Label Bluebird) und die ARC-Brunswick-Balke-Collender-Gruppe (mit den Race-Labels Vocalion und Okeh), die spätere CBS Columbia (→ Musikindustrie). Dazu kam ab 1934 noch die Decca als neugegründete amerikanische Tochterfirma des gleichnamigen britischen Schallplattenkonzerns. Diese große Plattenkonzerne produzierten nun aber ausschließlich für den nationalen amerikanischen Markt, nahmen also auch nur noch solche Musiker unter Vertrag, die sich von den regionalen Traditionen des Blues und seinem jeweiligen sozialen Hintergrund gelöst hatten, ihn zu einer Form der Unterhaltungsmusik machten, die sich tatsächlich »from coast to coast« an die Schwarzen verkaufen ließ. Die Konzentration der Bluesproduktion auf einige wenige große Plattenfirmen bedeutete auch, daß die kommerziell erfolgreichen Musiker jetzt mit einer Produktion nach der anderen systematisch zu Stars aufgebaut wurden. Zu den meistproduzierten Bluesmusikern der dreißiger Jahre gehörten etwa die Sänger und Pianisten Peetie *Wheatstraw* (1902–1941) und Leroy *Carr* sowie der Sänger Amos *Easton* (geb. 1905). Blieb schon das nicht ohne Folgen, so zeichnete für die hier einsetzende Verflachung und musikalische Standardisierung vor allem aber der Umstand verantwortlich, daß die Bluesproduktion in den Händen von nur zwei Männern lag, die zugleich auch als Verleger tätig gewesen sind: Mayo *Williams* (1894–1980) als Produzent für die Race-Serien von Decca und Lester *Melrose* (1896–1971) gleichzeitig für die RCA Victor und für die spätere CBS Columbia. Sie waren es auch, die in der zweiten Hälfte der dreißiger Jahre dann die Begleitbands um Bläser, vor allem Alt- und Tenorsaxophon und Klarinette, bei ihren Aufnahmen erweiterten und damit an den damals vorherrschenden Swing-Sound anzupassen suchten. Mit den *Harlem Hamfats*, einer 1936 gegründeten Band, hatten sie für ihre Studioproduktionen ab 1937 eine ständige Begleitband unter Vertrag, die dem Swing-Sound (→ Swing) recht nahe kam. Damit war der Grundstein für eine Swing-Version des Blues gelegt, die sich dann besonders im Mittleren Westen der USA (Kansas City) entwickelte und auch als → *Jump Blues* bezeichnet wird.

Für den Jazz selbst war der Blues spätestens schon seit etwa 1915 zu einer seiner unmittelbaren musikalischen Grundlagen geworden, wo er als Formmodell und dann vor allem als Riffthema eine zentrale Rolle spielte (→

Jazz). Angeregt durch den Erfolg des klassischen Blues der zwanziger Jahre setzte sich der Sologesang im Jazz durch, und es wurde dann auch musikalisch noch einmal auf diese Tradition zurückgegriffen und Blues in die damals vorherrschende Jazz-Stilistik, den Swing, adaptiert.

Anfang der vierziger Jahre führte der zweite Weltkrieg und die rasch angekurbelte Rüstungsindustrie erneut zu einer Welle des Zustroms der afroamerikanischen Bevölkerung aus dem Süden in die einen Arbeitsplatz versprechenden Großstädte des Nordens. So verließen zwischen 1940 und 1950 rund 1,6 Millionen Schwarze die Südstaaten der USA (nach M. Haralambos, Right On. From Blues to Soul in Black America, London 1974, 27). Mit ihnen kamen auch noch einmal Volksmusiker aus den Zentren der Entwicklung des Country Blues am Mississippi-Delta, aus Texas und von den südlichen Ostküsten-Staaten. Neben New York und Los Angeles sammelten sich die Musiker vor allem in Chicago. Hier war nach der Aufhebung der Prohibition 1933 und damit der Legitimation jener Unzahl von Kneipen und Clubs des vorher verbotenen Alkoholausschanks eine Musikszene entstanden,

Louisiana Red

Eric Clapton

ser Entwicklung hatte in der zweiten Hälfte der vierziger Jahre dann der → Rhythm & Blues seinen Ausgangspunkt.

Danach hat die Bluestradition sowohl den → Rock'n'Roll als auch die → Soul Music gespeist, fand eine eigenständige Weiterentwicklung auch im Rahmen der angloamerikanischen → Rockmusik statt, für die der Blues so etwas wie eine ständige Quelle der Inspiration geworden ist. Der erste überragende europäische Musiker des Blues in diesem Zusammenhang war Alexis *Korner* (1928–1984), dessen 1961 in London gegründete Formation *Blues Incorporated* durch die hier versammelten Musiker zur Keimzelle später führender Rockgruppen wie den Rolling Stones, den Animals oder der Band von Manfred *Mann* (geb. 1940) wurde. Überhaupt ist kaum eine von den Rockgruppen dann ohne den Blues ausgekommen. Die *Rolling Stones* hatten einen ihrer ersten Erfolge mit »Little Red Rooster« (1964), einem Blues von *Howlin' Wolf*; bei den *Beatles* ist die Blues-Struktur eines Titels wie »Can't Buy Me Love« (1964) unverkennbar; die *Animals* spielten Titel des Sängers John Lee *Hooker* (geb. 1917), dem wohl bekanntesten Vertreter von Detroits Bluesszene – und so lassen sich überall in der Rockmusik derartige Bezüge aufweisen. Allerdings handelte es sich dabei eigentlich immer nur mehr um eine bloße Partizipation an der Bluestradition. Sie wirklich in Richtung eines eigenständigen »weißen« Blues (→ Blue Eyed Blues) weiterzuführen, war neben Alexis Korner dann vor allem das Anliegen des Engländers John *Mayall* (geb. 1933). Aus seinen *Bluesbreakers* ging auch der Gitarrist Eric *Clapton* (geb. 1945) hervor, der großen Anteil an einer rockspezifischen Spielweise des Blues hatte, wie sie dann der farbige Amerikaner Jimi *Hendrix* (1942–1970) repräsentierte. Für ihn war der Blues wieder weniger mit einem formalen Modell der musikalischen Organisation als vielmehr mit einer emotionalen Grundstimmung (→ Blues Feeling), mit der subjektiven Aufarbeitung und Umsetzung sozialer Erfahrungen in Musik verbunden. In seinen Titeln ist so häufig zugunsten des mit dem elektronischen Instrumentarium der Rockmusik unmittelbar in Klang umsetzbaren Blues Feeling die Re-

deren Traditionen bis weit in die zwanziger Jahre zurückreichten (→ Chicago Jazz). Chicago gehörte zu den Zentren der amerikanischen Musikindustrie, wo auch das Imperium der Bluesproduktion von Mayo *Williams* und Lester *Melrose* angesiedelt war. Mit dem Zustrom von afroamerikanischen Volksmusikern gewannen die ländlichen Spielweisen des Country Blues wieder an Bedeutung, vollzog sich eine Rückkehr zu den expressiven Ausdrucksformen des volksmusikalischen Blues. Das wichtigste Kennzeichen für diesen → *Chicago Blues* der vierziger Jahre aber wurde der Einsatz der elektrisch verstärkten Gitarre, die die volksmusikalischen Einflüsse zu einem charakteristischen großstädtischen Bluesidiom umschmolz. Eine ganz ähnliche Entwicklung vollzog sich mit dem → *West Coast Blues* auch an der Westküste der USA, nur daß hier durch Musiker aus Texas, Oklahoma und Arkansas der Texas Blues zur Grundlage einer solchen, durch die elektrisch verstärkte Gitarre geprägten großstädtischen Spielweise wurde. In die-

John Mayall

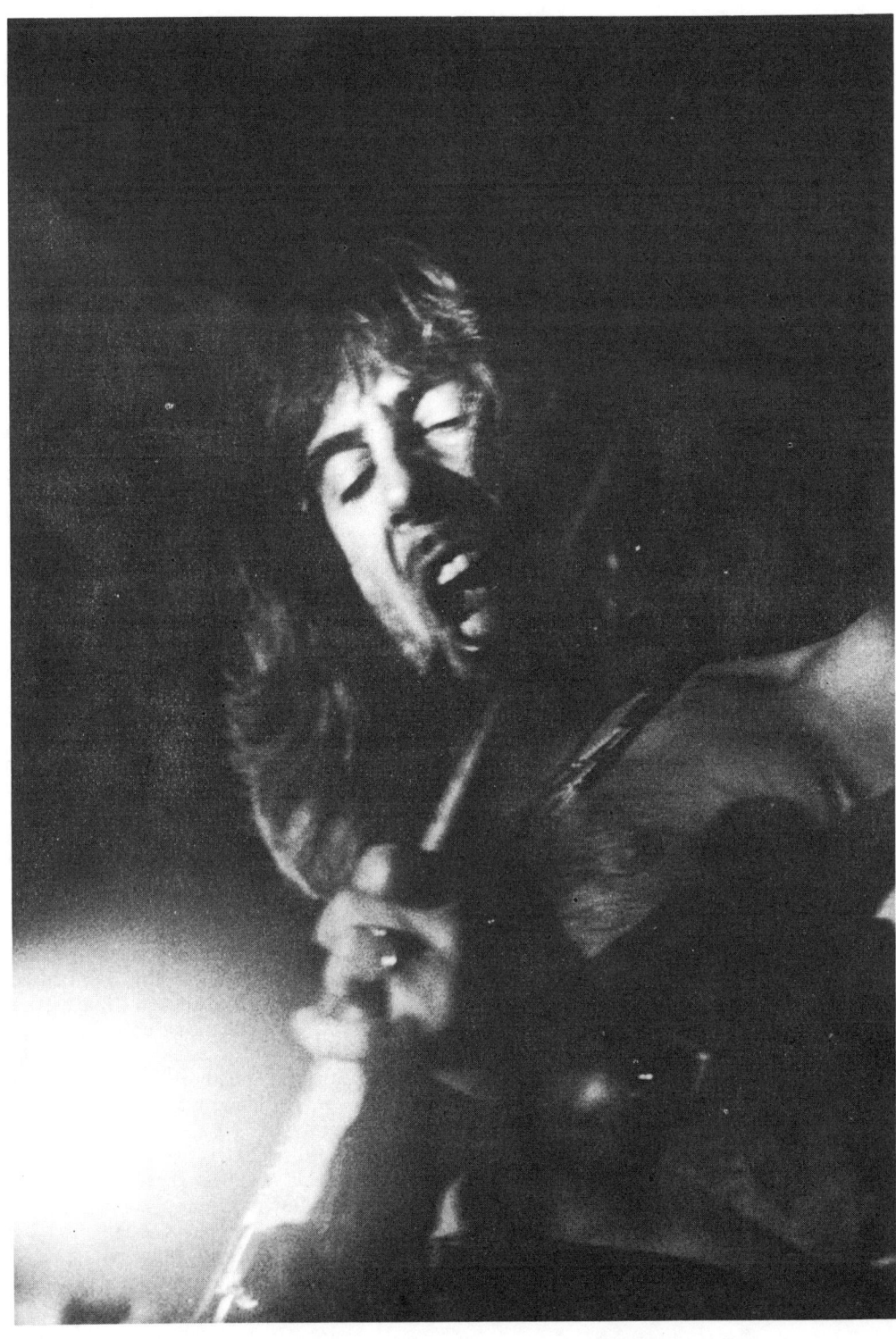

gelhaftigkeit des musikalischen Aufbaus durchbrochen oder ganz darauf verzichtet. Stattdessen dominieren die klanglichen Möglichkeiten der elektrisch verstärkten Gitarre, die durch technische Effekte wie das → Wah-Wah-Pedal, → Feedback und Echohall einen nahezu grenzenlosen Ausdrucksreichtum erhalten hat, mit dem musikalisch ein Klangbild erzeugt wird, das an die Eigenheiten der Blues-Intonation angelehnt ist. Darin hat der Blues zweifellos eine adäquate Weiterentwicklung in den neuen musikalischen und technischen Dimensionen der Rockmusik erfahren.

Blues Feeling [engl./amerik., blu:z 'fi:liŋ]: im Blues die Fähigkeit des Musikers, die emotionalen Ausdrucksqualitäten seiner Musik durch ein inneres Beteiligtsein adäquat umzusetzen, was sich dann in oft nur schwer faßbaren Nuancen der Intonation und Phrasierung, des Timbre und des Rhythmus niederschlägt.
→ Blues, → Feeling.

Bluesformel: Aus der Vielzahl von Bluesformen – nach Alfons Michael Dauer sind bisher etwa 180 Typen gefunden worden – hebt sich der seit etwa 1910 nachweisbare zwölftaktige Ablauf als *das* Bluesmodell schlechthin heraus, da die Mehrzahl der bekannten Blueslieder dergestalt gebaut ist; man bezeichnet es

1

vokal	instrumental
Anrufung	+ Kommentar

←———— 4 Takte ————→

5

vokal	instrumental
Anrufungs-wiederholung	+ Kommentar

←———— 4 Takte ————→

9

vokal	instrumental
Beantwortung	+ Kommentar

←———— 4 Takte ————→

als Standardform, als Bluesformel. Es ist dreiteilig und gliedert sich in Ruf – Rufwiederholung – Beantwortung (Ruf-Antwort-Prinzip, → Call and response). Das (gesungene) Bluesmotiv, der Ruf, umfaßt meist zwei Takte, die beiden folgenden instrumental ausgeführten Takte (z. B. Gitarre, Mundharmonika, Klavier) enthalten noch keine Beantwortung, sondern mehr eine Bestätigung des Rufs, eine Kommentierung desselben. Den »Bluesstimmenablauf« (nach A. M. Dauer) in der zwölftaktigen Form zeigt die Übersicht links unten.
Die Bluesformel hat eine charakteristische Harmoniefolge:

1		2		3	
T	T	T	T^7	S^7	S^7
I	I	I	I^7	IV^7	IV^7

7		9		11	
T	T	D^7	S^7	T	T
I	I	V^7	IV^7	I	I

Die Takte der Anrufung (1/2 = Tonika), Anrufungswiederholung (5/6 = Subdominante) und Beantwortung (9/10 = Dominante/Subdominante) basieren auf den drei Kadenzfunktionen, hingegen bleiben die »kommentierenden« Takte (3/4, 7/8, 11/12) immer in der Tonika, der Grundfunktion.

Blues Harp [engl., blu:z ha:p]: → Mundharmonika.

Bluesschema: → Bluesformel.

Blues Shouting [amerik., blu:z 'ʃautiŋ]: Bluesinterpretation mit einem stark rhythmisierten, schreienden Gesangsstil (→ Shout), oft ausgeprägter Sprechrhythmik und → Offbeat-Phrasierung. Das Blues Shouting entstand vor allem im Mittleren Westen der USA im Zusammenhang mit dem → Jump Blues. Entwickelt wurde dieser Gesangsstil bei der Bluesinterpretation, um – damals noch ohne technische Hilfsmittel – gegen die Big-Band-Begleitung und vor allem gegen den Lärm in den Lokalen durchdringen zu können. Ein typischer Vertreter dieses Gesangsstils war Jimmy *Rushing* (1903–1972).

Bluestonalität, Bluestonleiter: Der Blues hat eine eigene → Tonalität, die sich aus der

Überlagerung von → Pentatonik und Dur-Moll-System ergibt. Dies zeigt sich in der Melodik durch das Nebeneinander von stabilen (z. B. Durtonleiter) und labilen (→ Blue Notes) Tonstufen, in der Harmonik auch durch deren Gleichzeitigkeit, z. B. in → Blue Chords. Das in den Bluesliedern verwendete Tonmaterial läßt die Aufstellung einer allgemeingültigen Tonleiter nicht zu, die Praxis kennt mehrere Bluestonleitern mit unterschiedlicher Anzahl und Plazierung der Tonstufen, gemeinsame Merkmale sind die Stufen I, IV und V, der Verzicht auf den → Leitton und das Einbeziehen der Blue Notes. Einige Varianten:

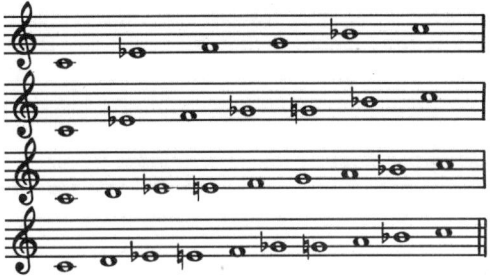

Eine methodische Ableitung ergibt sich aus der Kombination zweier pentatonischer Reihen im Kleinterzabstand:

Blue Yodel [engl./amerik., blu: joudl]: → Jodeln.

BMI [engl., bi:em 'ai, Abk. für *Broadcast Music Incorporated*]: eine im Oktober 1939 von den amerikanischen Rundfunkgesellschaften, der National Association of Broadcasters (NAB), als Konkurrenzunternehmen zur → ASCAP gegründete Verwertungsgesellschaft musikalischer Rechte (→ Tantiemen). Die Rundfunkgesellschaften setzten sich damit gegen die wachsenden Zahlungsforderungen der ASCAP zur Wehr, die als Interessenvertretung der Musikverleger, Komponisten und Texter eine pauschale Tantiemenzahlung für das Abspiel der von ihr geschützten Musik verlangte. So hatten nach einer Vereinbarung aus dem Jahre 1930 die Radiostationen fünf Prozent ihrer Werbeeinnahmen an die ASCAP abzuführen, die diese Summe unter ihren Mitgliedern aufteilte. Eine 1937 beschlossene Verdopplung dieses Betrags führte zur Kündigung der Verträge durch die Rundfunkgesellschaften, zu einem Boykott der von der ASCAP vertretenen Musik und zur Sicherung eigener Rechte an der bisher rechtlich nicht geschützten Musik durch die Gründung der BMI. Dabei handelte es sich hauptsächlich um die volksmusikalische Tradition, die damit in die Rundfunkprogramme kam und so zu einem wesentlichen Faktor für die weitere Entwicklung der populären Musik in den USA werden konnte.

Die Auseinandersetzungen zwischen beiden Verwertungsgesellschaften erreichten im Zusammenhang mit dem Rock'n'Roll ihren Höhepunkt. Da der größte Teil der Rock'n'Roll-Songs bei der BMI in Lizenz war, richteten sich die Angriffe der ASCAP jetzt gegen diese Musik, obwohl sie selbst beispielweise mit Bill *Haleys* »Rock Around the Clock« (1955) durchaus auch an diesem Geschäft beteiligt war. Den BMI-Songs wurden obszöne Texte, der BMI moralische Verantwortungslosigkeit vorgeworfen. Nach einer Reihe spektakulärer Gerichtsprozesse, bei denen es um unerlaubte Monopolbildungen ging, die ausgerechnet der ehemalige Alleinmonopolinhaber ASCAP der BMI vorwarf, mußte sich die ASCAP geschlagen geben. Fortan waren die Marktpositionen beider Verwertungsgesellschaften relativ klar gegeneinander abgegrenzt. Der Schwerpunkt der ASCAP blieb im traditionellen Bereich von Filmmusik und Schlager, mit dem Resultat freilich, daß 1972 zum Beispiel achtzig Prozent aller Hits in den USA BMI-Lizenzen darstellten.

Bolero [span.]: 1.) ein aus dem → Fandango Ende des 16. Jh. abgeleiteter spanischer Tanz im ¾-Takt in mittlerem Tempo. Er besteht aus fünf Teilen: Paseo, Traversias, Diferencias, Traversias und Finale. Der Vortrag erfolgt solistisch, der Sänger bzw. Tänzer unterstützt die rhythmischen Akzente mit Kastagnetten. Als Begleitinstrumente dienen weiterhin Gitarre und Tamburin.

Den Grundrhythmus zeigt das umseitige Notenbeispiel.

2.) *Bolero cubano*, der kubanische Bolero im ²/₄- bzw. ⁴/₄-Takt: Anfang des 19. Jh. gelangte – wie viele andere iberische Tänze zuvor – auch der spanische Bolero nach Kuba und fand dort (besonders unter der kreolischen Bevölkerung) große Resonanz. Das Nebeneinander von spanischem Bolero und einheimischer Habanera führte in Verbindung mit vorhandenem Liedgut zu einer neuen Gesangsform, den Canciones cubanas. Dies hatte zur Folge, daß sich das Spanische nach und nach mit dem Afrokubanischen vermischte, was sich besonders im Rhythmisch-Metrischen (Wechsel von ³/₄- zu ⁴/₄-Takt) zeigte.

Der veränderte Bolero-Rhythmus diente zur Begleitung dieser populären Lieder mit besinnlich-lyrischem Inhalt, oft voller Wehmut und Traurigkeit. Der bald Eigenständigkeit erlangende Bolero war somit ein notwendiges Pendant zu den meist raschen und ausgelassenen polyrhythmischen kubanischen Tänzen. Vorrang genoß die Melodie, die häufig zweistimmig (in Terzen oder Sexten) gesungen oder auf Gitarren gespielt wurde, wobei die Begleitung dezent im Hintergrund ablief. Der weitverbreitete Bolero blieb kleinen Ensembles vorbehalten. Nach 1945 sprach man auch von Rumba-Bolero. Zu Evergreens wurden die Boleros »Perfidia« und »Frenesi« (Alberto Dominguez, 1939).

Rhythmusmodell:

Bombs [engl./amerik., bɔms, wörtlich »Bomben«, auch *Dropping Bombs*]: im → Bebop Bezeichnung für unregelmäßige und unerwartete Schläge der Großen Trommel (→ Trommel).

Bones [engl., bounz, wörtlich »Knochen«]: 1.) Schlaginstrument; ursprünglich aus zwei Knochenplatten, heute meist aus länglichen Hartholzplatten, die gegeneinander geschlagen werden (»Brettchenklapper«); dient meist zur Verstärkung des After Beat (Händeklatschen auf 2 und 4).
2.) im Musikerjargon auch Kurzform für »Posaunen« (Trom*bones*).

Bongos [span.]: paarweise verwendete kleine Einfelltrommeln, die mit Fingern oder Händen, selten mit Schlegeln angeschlagen werden. Beide Trommeln verfügen über die gleiche Zargenhöhe, wobei die (einfachere) zylindrische Form ca. 10 cm kürzer ist als die nach unten konisch verlaufende. Der Durchmesser der Ziegen- oder Kunststoffelle beträgt zwischen 15 und 25 cm. Die Zargen bestehen aus Holz, außen oft mit Kunststoff überzogen.

Bongos

Die Bongos werden – zwischen die Knie geklemmt – im Sitzen geschlagen (kleines Bongo am linken Knie). Man kann sie bis zum Quintabstand stimmen (»Idealstimmung«: Tritonus). Im Gegensatz zu anderen lateinamerikanischen Rhythmusinstrumenten, denen oft ostinate Rhythmuspatterns übertragen werden, improvisiert der Bongotrommler (Bongonero) seine Schlagfolge, vergleichbar einem afrikanischen Master-Trommler. Unterschiedliche Klangfarben ergeben sich durch differenzierten Anschlag. Ursprünglich in Kuba bzw. Westafrika beheimatet, gehören die Bongos heute mit zum Grundinstrumentarium der Schlagzeuger, wo

sie vor allem bei Rumba, Mambo, Calypso, Beguine, Cha-Cha-Cha u. a. verwendet werden. Der Kubaner Chano *Pozo* (1915–1948) war einer der ersten, der afrokubanische Rhythmen und auch die Bongos in den Bebop (→ Afro Cuban Jazz) brachte, vgl. Aufnahmen mit dem Orchester Dizzy Gillespie aus dem Jahre 1947.

Boogie Woogie [amerik., ꞌbuːgi ꞌwuːgi]: Blues-Piano-Stil der Afroamerikaner, der Anfang des Jahrhunderts im amerikanischen Mittelwesten unter den Barrelhouse-Pianisten (→ Barrelhouse Piano) aufkam, aber auch in St. Louis, Indianapolis und Louisville zu finden war, bevor er etwa ab 1910 mit der Massenwanderung der schwarzen Bevölkerung aus dem Süden in die Industriestädte des Nordens gelangte und dann in der zweiten Hälfte der zwanziger Jahre vor allem in Chicago seine Blütezeit hatte. Die Bezeichnung Boogie Woogie dafür – ein Slangausdruck, dessen Herkunft und Bedeutung noch ungeklärt ist, aber wohl auf einen obszönen Hintersinn verweisen soll – wurde jedoch erst Ende der zwanziger Jahre gebräuchlich. Das erste Mal findet sie sich in diesem Zusammenhang 1928 in dem Titel »Pine Top's Boogie Woogie« des Pianisten Clarence »Pine Top« *Smith* (1904–1929). Davor hieß dieser Stil regional unterschiedlich

Fast Western Style, Juking oder *Breakdown.* Der Terminus Boogie war allerdings in der Tanzmusik besonders in Texas schon viel früher verbreitet, wo er als Titel, wie etwa »That Syncopated Boogie-Boo« (Mayo/Lewis, 1912), ohne eine musikspezifische Bedeutung verwendet wurde.
Grundlage des Boogie Woogie ist die zwölftaktige Standardform des → Blues mit ihrer zyklischen Harmoniefolge (→ Bluesformel). Sein Aufbau ergibt sich aus der Reihung improvisierter rhythmischer und melodischer Variationen auf der Harmoniefolge des Themas, dem ein perkussives Baß-Ostinato unterlegt ist. Im Unterschied zum Barrelhouse-Klavierstil, aus dem die Spielweise des Boogie Woogie ursprünglich hervorgegangen war, ist der Baß hier aber in eine selbständig bewegte Stimme verwandelt, ohne jedoch seinen perkussiven Charakter zu verlieren. Diese *Walking Basses* genannten Spielfiguren in der linken Hand des Pianisten können ostinat wiederholte gebrochene Akkorde, auf- und abwärtsgleitende Skalen und Arpeggien, offene (ohne Terzen) Oktaven und Quinten sein, die als präzise Achtel, gleichmäßig, triolisch oder punktiert, gespielt werden. Notiert ist der Boogie Woogie zwar im $\frac{4}{4}$-Takt, hat aber eigentlich einen $\frac{8}{8}$-Beat. Die Themen der rechten Hand sind aus wiederholten, kurzen, stark

Vince Weber

rhythmisierten zwei- oder viertaktigen Intervall- bzw. Akkordfolgen zusammengesetzt.

Als Klavierstil ist der Boogie Woogie wesentlich geprägt durch die Spieltechnik des Instruments. Sie verbindet die Tradition des Barrelhouse Style und des perkussiven Jig-Piano (→ Ragtime) mit einer Imitation der vokalen Blues-Intonation. So werden die Tasten des Instruments beim Boogie-Woogie-Spiel nicht in der herkömmlichen Weise angeschlagen,

sondern angestoßen, um einen möglichst perkussiven Charakter der Töne zu erhalten. Verlängert werden sie durch Tremoli, Triller oder Repetitionen, wogegen das Pedal nur zur Markierung des Beat benutzt wird. → Dirty Tones als charakteristische Eigenheiten der Blues-Intonation haben ihre pianistische Entsprechung im fast gleichzeitigen Anschlagen zweier benachbarter Tasten, was zu unerwarteten Dissonanzen führt.

Zu den Zentren des Boogie Woogie wurden etwa ab 1925 Kansas City und vor allem Chicago, wo er in Pianisten wie Albert *Ammons* (1907–1949), Arthur *Taylor* (geb. 1903), Pete *Johnson* (1904–1967), Meade Lux *Lewis* (1905–1964) und Jimmy *Yancey* (1894–1951) seine bedeutendsten Vertreter hatte. Der Zusammenbruch des Schallplattenmarktes und die Massenentlassungen von Musikern während der Weltwirtschaftskrise ab 1929 bedeuteten auch für den Boogie Woogie ein schnelles, vorläufiges Ende, bis er auf Initiative des Jazz-Produzenten John Henry *Hammond* (geb. 1910) anläßlich eines im Dezember 1938 von ihm in der New Yorker Carnegie Hall veranstalteten Konzerts, das unter dem Titel »From Spirituals to Swing« auch die ehemals führenden Chicagoer Boogie-Woogie-Pianisten noch einmal der Öffentlichkeit vorstellte, wiederentdeckt wurde. Die Popularität, die er danach bekam, brachte ihn auch ins Repertoire der Tanzkapellen. Sie übertrugen ihn auf ihre Besetzungen und spielten ihn als reine Tanzmusik. Tommy *Dorseys* (1905–1956) Big-Band-Bearbeitungen des Boogie Woogie im Swingstil (→ Swing) lösten schließlich eine kommerzielle Tanzmusikmode aus, die von Orchestern wie den Big Bands von Will *Bradley* (geb. 1912), Freddie *Slack* (1910–1965) und Bob *Zurke* (1910–1944) getragen wurde und nach 1945 auch Europa erreichte. Dieser Modetanz hat mit dem Klavierstil allerdings nur noch den Namen gemeinsam. Eine große Rolle spielte die Boogie-Woogie-Tradition dann für den → Rhythm & Blues, über dessen Adaption sie bis in den → Rock'n'Roll hineinreicht.

Book [engl./amerik., buk, wörtlich »Buch«]: im → Swing Bezeichnung für das Repertoire einer Band an einstudierten → Arrangements.

Saga

Helen Schneider

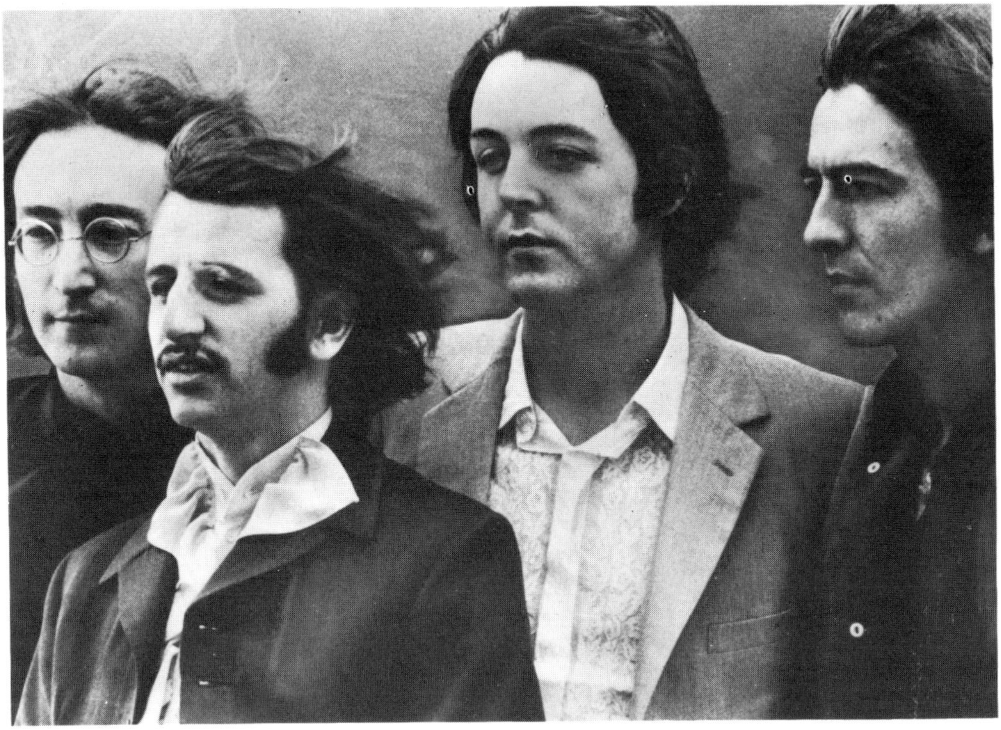

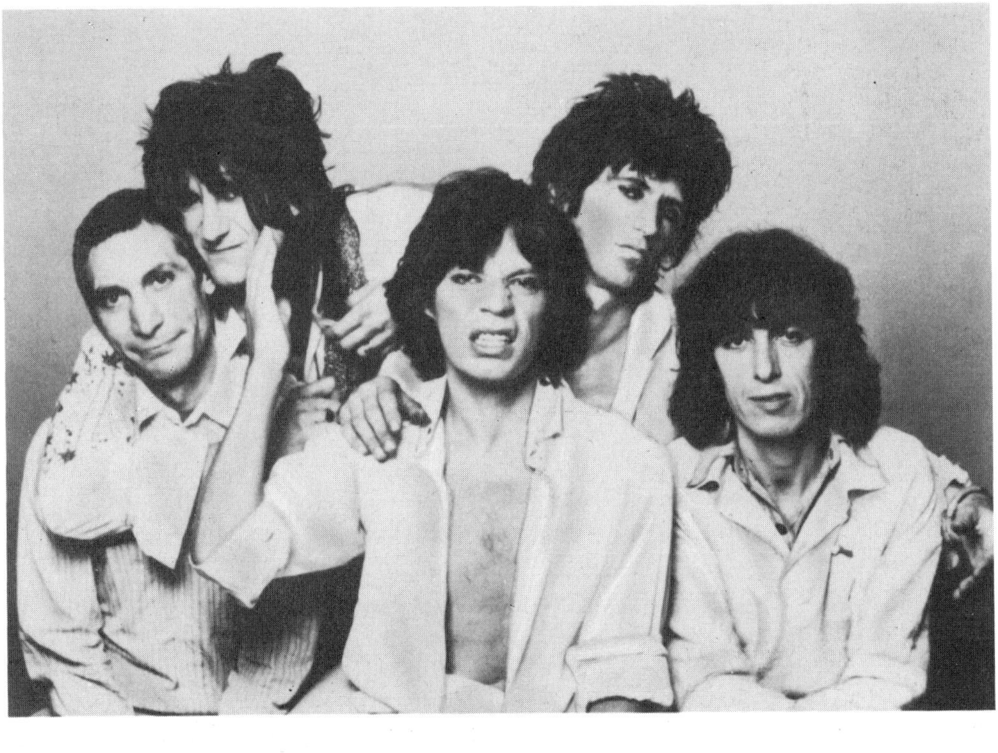

The Who
Deep Purple
Supertramp
Barclay James Harvest
Queen

Phil Collins
Peter Gabriel
Spider Murphy Gang

Rod Stewart

Michael Jackson
Neil Diamond
Elton John
Slade

Shakin' Stevens
Nik Kershaw
Howard Jones
Roger Chapman

Carlos Santana

Tangerine Dream
Goldene Schallplatte (Karat,
Der blaue Planet)
Schowaddywaddy

Boomer [amerik., ˈbuːmə]: → Song Plugger.

Booster [engl., ˈbuːstə, wörtlich »Zusatzdynamo«, »Verstärker«]: elektronisches → Effektgerät, das nach dem Prinzip eines Vorverstärkers oder → Verzerrers arbeitet. Das Klangergebnis ist gegenüber dem Verzerrer klarer und oft mit Rückkopplungseffekten (→ Rückkopplung) verbunden. Einige Geräte sind speziell für einen bestimmten Frequenzbereich ausgelegt, z. B. *Treble-Booster* (Höhen) oder *Bass-Booster* (Tiefen).

Bootlegs [amerik., ˈbuːtlegs, auch *Bootleg Records*]: Bezeichnung für Raubpressungen von Schallplatten, also für Veröffentlichungen, die durch Umgehung der Urheber- und Leistungsschutzrechte (→ Urheberrecht) illegal vertrieben werden. Der Begriff ist in den zwanziger Jahren, während der Prohibition in den USA, für die Hersteller und Verteiler von schwarz gebranntem Alkohol aufgekommen, war dann aber schon in den dreißiger Jahren für die ersten Raubpressungen einzelner Jazz- und Bluesaufnahmen gebräuchlich. Ende der sechziger Jahre erhielt die Praxis des Bootlegging vor allem in der → Rockmusik ein bis dahin nicht gekanntes Ausmaß. Zu diesem Zeitpunkt hatte die etablierte Schallplattenindustrie die Entwicklung dieser Musik so weit unter ihrer Kontrolle, daß immer häufiger aus kommerziellen Gründen, um den Verkauf bereits auf dem Markt befindlicher Produktionen nicht zu gefährden bzw. nicht eine Marktübersättigung hervorzurufen, Aufnahmen zurückgehalten oder gar nicht veröffentlicht wurden. Auf dem illegalen Weg der Bootleg Records, oft mit Wissen, teilweise sogar Unterstützung der beteiligten Musiker, fanden sie dann trotzdem zu ihrem Publikum. Neben solchen nichtveröffentlichten Studioaufnahmen sind es vor allem Mitschnitte von Live-Auftritten, die als Bootlegs verbreitet werden und so oft wichtige Stationen der Rockgeschichte dokumentieren, für die Schallplattenfirmen aber wegen der zu erwartenden geringeren Absatzzahlen gegenüber Studioproduktionen uninteressant sind. Das erste weltweit bekannt gewordene Bootleg in diesem Zusammenhang war ein 1969 unter dem bürgerlichen Namen Bob *Dylans*, Robert Zimmermann, veröffentlichtes Doppelalbum, »Great White Wonder«. Die *Pink-Floyd*-Bootlegs »Tour 72« und »Tour 74« sollen dann sogar Auflagenhöhen bis zu 150 000 Stück erreicht haben. An sich jedoch bewegen sich die Auflagen der Bootlegs zwischen tausend und dreitausend Stück, wobei in den letzten Jahren die Kassette als neue Verbreitungsform von Bootlegs eine immer größere Bedeutung bekommen hat.

Inzwischen haben sich auch eigens auf diese Praxis spezialisierte sogen. *Boot-Labels* entwickelt, unter denen das bekannteste die Trade Mark of Quality (TMOQ) in den USA ist. Zur Verschleierung werden die Interpreten auf den → Cover in der Regel nur mit Tarnnamen angegeben, wie Robert Zimmermann für Bob *Dylan* oder Greatest Group On Earth für die *Rolling Stones*. Die wenigen Bootleg-Kataloge, die existieren, verzeichnen, wie das von einem kanadischen Fan herausgegebene Hot Wacks, insgesamt etwa viertausend Titel, wobei die Rolling Stones mit mehr als vierhundert Bootlegs, zum großen Teil allerdings mit den gleichen Aufnahmen, die Spitze halten.

Zu unterscheiden von den Bootlegs dieser Art, hinter denen oft echtes Sammler-Interesse und weniger kommerzielle Motive stehen (einige Bootleg-Hersteller überweisen aus ihrem Verkaufserlös sogar Tantiemen an die Musiker), sind die fälschlicherweise häufig den Bootlegs zugeordneten *Counterfeits*. Dabei handelt es sich um Fälschungen von im Verkauf befindlichen Schallplatten, die von den illegalen Herstellern in großer Auflage als Billigangebote in die Schallplattengeschäfte gebracht werden und eine reine Form von Wirtschaftskriminalität darstellen.

Bop [amerik., bɔp]: → Bebop.

Bop Scat [engl., bɔp skæt]: → Scat.

Bordun: 1.) ein vom Melodiespiel unabhängiger, ständig mitklingender, gleichbleibender tiefer Ton oder Klang, der typisch für das Klangbild des betreffenden Instruments ist, z. B. durch mitklingende Pfeifen beim → Dudelsack oder durch mitschwingende Saiten bei der → Drehleier;
2.) ein orgelpunktartiges über längere Zeit gehaltenes (auch rhythmisiertes) Intervall (z. B. »Bordunquinte«) in einer Komposition bzw. einem Arrangement.

Stan Getz

Bossa Nova [port.]: Musizierstil aus der Synthese von → Samba- und → Cool-Jazz-Elementen. Um 1952 experimentierten Jazzmusiker an der Westküste der USA mit lateinamerikanischen Rhythmen, besonders mit der Samba (»Brasilian Jazz«). Andererseits beschäftigten sich brasilianische Musiker mit den aktuellen Jazzströmungen. So veröffentlichte z. B. Laurindo *Almeida* (geb. 1917), ein in den USA lebender brasilianischer Gitarrist, 1953 seine erste LP. Er vereinte die Tradition der virtuosen spanischen Gitarrenmusik mit afrobrasilianischen Rhythmen. In Brasilien waren es Musiker wie der Pianist Antonio Carlos *Jobim*, die Gitarristen Baden *Powell*, Luis *Bonfa*, João und Astrud *Gilberto* (Gesang), die die traditionsreiche Samba in neuer Gestalt zu Gehör brachten, wofür der Name Bossa Nova (wörtlich »neue Sache«) geprägt wurde. Obwohl diese Musizierweise große Resonanz fand, fehlte es im Heimatland der Samba nicht an Gegenstimmen, die vor einer Preisgabe nationaler Traditionen warnten. Dennoch wurde für einige Jahre die etwas unterkühlte monorhythmische Musik mit den oft sehr intellektuellen Texten zu einer bestimmenden Modeerscheinung, auch als Tanz, besonders unter der Jugend. Charlie *Byrd* (geb. 1925), US-amerikanischer Jazzgitarrist, Schü-

ler von Andrés Segovia, weilte einige Zeit in Südamerika, war von der angetroffenen rhythmischen Vielfalt fasziniert und veröffentlichte 1962 u. a. gemeinsam mit dem Tenorsaxophonisten Stan *Getz* (geb. 1927) in den USA eine LP unter dem Titel »Jazz Samba«, womit er den neuen brasilianischen Tanz wieder mit dem Jazz verschmolz und letztlich die internationale, zunehmend kommerzialisierte Modewelle der Bossa-Nova-Musik einschließlich entsprechender Tanzschritte auslöste.
Im Vordergrund der Bossa Nova steht als Begleit- und Melodieinstrument die der »klassischen« Tradition verpflichtete Gitarre, ursprünglich ohne elektrische Verstärkung. Der afrobrasilianischen Musik wesensfremd ist die recht komplizierte Harmonik, die bei den durchsichtigen Arrangements vordergründig zu hören ist. Das Bossa-Nova-Musizieren stellt hohe Anforderungen an Musiker (Spieltechnik, Improvisation) und Publikum (Hörgewohnheit). Auf zusätzliche, sonst in der Folklore gebräuchliche Rhythmusinstrumente wird weitgehend verzichtet. Den typischen Grundrhythmus bringt (dezent) der Drummer häufig mit → Besen. Die z. T. weitgespannte, herbe Melodik wirkt stark synkopiert, die Melodieakzente werden oft scheinbar verschleppt, nachgezogen (Cool-Spielweise). Das

zeigt sich auch im Grundrhythmus, wo meist im → Claves-Beat das dritte Viertel im zweiten Takt um ein Achtel verzögert wird (s. Drums im Notenbeispiel).

Desafinado (Antonio Carlos Jobim, 1962)

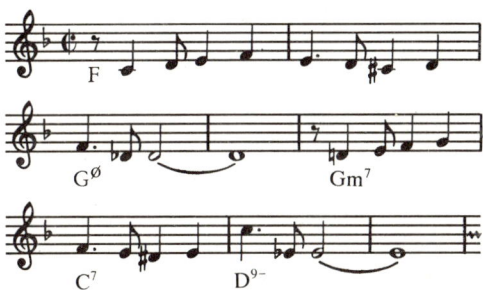

Grundrhythmus:

Zu Evergreens wurden die 1961/62 geschriebenen Kompositionen von Antonio Carlos *Jobim* (geb. 1927) »Desafinado«, »The Girl from Ipanema« und »Samba de una nota so«.

Bostella [ital.]: geselliger, fröhlich-ausgelassener Modetanz in der zweiten Hälfte der sechziger Jahre; bekannt geworden durch »La Bostella« (Gérard Gustin, 1965).

Boston [amerik., ˈbɔstən]: nach der gleichnamigen nordamerikanischen Stadt benannter Gesellschaftstanz; Kurzform für *Valse Boston*. Der Boston bildete sich nach 1875 als langsame Variante des Wiener Walzers in den USA heraus. Er stellt ein Gegengewicht zu den zahlreichen schnellen Tanzformen jener Zeit (z. B. Ragtime, Cakewalk) dar. Die für den Wiener Walzer typische Kreisbewegung der Tänzer mußte im Boston einem dem Tanzgefühl dieser Zeit entsprechenden Vorwärtsschreiten weichen. Gegen 1903 tanzte man den Boston bereits in London und Paris, bald avancierte er zum Modetanz besonders der oberen Gesellschaftsschichten und verdrängte auch in Europa den traditionsreichen Wiener Walzer. Als jedoch in England ein anderer Typ des langsamen Walzers (→ English Waltz) mit einfacherer Schrittfolge vorgestellt wurde, konnte sich der Boston nur noch kurze Zeit behaupten, in England verschwand er bereits um 1914, in Deutschland etwa 10 Jahre später. Charakteristisch für die Musik (bevorzugt in Moll) sind große Melodiebögen, teilweise sentimental anmutend, die auch ausdrucksvoll mit bewußten geringfügigen Tempoveränderungen interpretiert wurden, so daß für die Tanzenden ein ständiges Mithören und Hineinfühlen notwendig war, um »im Takt« zu bleiben. → Hemiolenbildung in der Melodie nutzten die Komponisten häufig, um der auf die Dauer einförmigen Betonung der 1. Zählzeit des Taktes zu entgehen. Die Zeit überdauernde Bostons waren z. B. »Destiny« (Sidney Baynes) und »Millions d'Arlequin« (Ricardo Drigo).

Bottleneck [engl., ˈbɔtlnek, wörtlich »Flaschenhals«]: Spieltechnik auf der Gitarre (*Slide Guitar*); ursprünglich Gleiten mit einem auf den kleinen Finger der linken Hand gesteckten, abgeschlagenen Flaschenhals, heute mit Metallröhrchen o. ä., auf einer oder mehreren Saiten, was einen Glissando-Effekt (= slide) ergibt. Häufig werden dafür die benötigten Saiten auf einen Dreiklang gestimmt (→ Open Tunings). Diese Technik führten die Gitarristen des Mississippi Delta Blues ein (z. B. Son *House*, geb. 1902, und Robert *Johnson*, 1911–1938), andere entwickelten sie weiter (z. B. Muddy *Waters*, 1915–1983), auch

Bottleneck

Country- und Rockgitarristen nutzen den Slide-Effekt (z. B. Ry *Cooder*, geb. 1947; Duane *Allman*, geb. 1946; auch Johnny *Winter*, geb. 1944 u. v. a.). Beim Bottleneck liegt die Gitarre oft auf den Knien bzw. auf einem Tisch (wie bei der → Steel Guitar), wobei der gleitende Gegenstand von Zeige- und Mittelfinger geführt wird.

Bounce [engl./amerik., bauns, wörtlich »Sprung«]: eine rhythmisch betonte, aber federnde Spielweise des Swing im langsamen bis mäßigen Tempo ($^4/_4$-Takt). Das »Springen« ergibt sich aus dem bewußten Unterscheiden von betonten und unbetonten Taktzeiten. Zu dieser Musik wurde eine Schrittkombination entwickelt, so daß die Bounce kurzzeitig (von den USA ausgehend) auch ein Modetanz war.

Bouzouki [griech., bu'zuki]: Zupfinstrument, der Mandoline verwandt; griechisches Nationalinstrument; bauchiges Korpus, langer Hals, Griffbrett mit ca. 26 Bünden, vier metallene Doppelsaiten; mit → Plektrum gespielt. Ähnlich wie die → Balalaika erklingt die Bouzouki meist im Ensemble. In zahlreichen Liedern und Schlagern (z. B. Manos Hadjidakis' »Ein Schiff wird kommen«, 1960) dient das Instrument zur Vermittlung einer folkloristischen Atmosphäre. Mikis *Theodorakis* (geb. 1925) verwendet die Bouzouki häufig, u. a. auch in dem bekannten → Sirtaki aus der Filmmusik zu »Alexis Sorbas« (1964).

Brass Band [engl., bra:s bænd, franz. fanfare, sinngemäß »Blechmusik« (im Gegensatz zur Harmoniemusik, → Blasorchester)]: Schon in den vergangenen Jahrhunderten, besonders aber im 19. Jh., entstanden im Bereich der Militärmusik reine Blechbläserbesetzungen, z. B. Kavallerie-Trompeterkorps, Jäger-Waldhornistenkorps, Infanterie-Signalhornkorps. Parallel zur Entwicklung des Blasorchesters formierten sich auch größere Besetzungen mit »gemischten« Blechblasinstrumenten (einschließlich Saxophonen), die heute vor allem in Westeuropa und den USA einen wichtigen Platz im Musikleben einnehmen. Durch den Verzicht auf Holzblasinstrumente mußten entsprechende Blechblasinstrumente konstruiert werden, z. B. Kornette und andere → Bügelhör-

ner. Zum Instrumentarium einer großen Brass Band zählen (z. T. mehrfach besetzt):

Kornett in Es
Kornett I–IV in B
Horn I–IV in F (Es)
Sopransaxophon in B
Altsaxophon in Es
Tenorsaxophon in B
Baritonsaxophon in Es
Baßsaxophon in B
hohe Trompete in Es
Trompete I–IV in B
Posaune I–IV (Baßposaune) in C (B)
Pauken
Schlagzeug
Flügelhorn in Es
Solo-Flügelhorn in B
Flügelhorn I–III in B
Althorn in Es
Tenorhorn in B
Bariton in B
Tuba in Es
Tuba in B

Ende des 19. Jh. bildeten sich in New Orleans in Nachahmung der großen Militär-Brass-Bands kleine Formationen farbiger Musiker, noch mit getrenntem Schlagzeug (separate Große und Kleine Trommel sowie Becken), die die Marschmelodien mit afrikanischem Feeling spielten und zum → archaischen Jazz zu rechnen sind. Man bezeichnete sie auch als *Street Bands* bzw. *Marching Bands*. Sie bestanden bis zum Ende der zwanziger Jahre. Bekannt wurden u. a. die *Excelsior Brass Band* und die *Texudo Brass Band*.

Brass Band Jazz [engl./amerik., bra:s bænd dʒæz]: → archaischer Jazz.

Brass Section [engl., bra:s 'sekʃən]: Blechbläsergruppe in der → Big Band, also Trompeten und Posaunensatz.

Bratsche: → Viola.

Break [engl., breik, wörtlich »Lücke, Unterbrechung«]: das solistische Überspielen bzw. Ausfüllen von bewußt (oft auch von der Rhythmusgruppe) ausgesparten Takten am Ende eines Refrains bzw. beim Übergang zum → Chorus, also an Zäsuren im musikalischen Ablauf. Breaks sind meist zwei-, seltener viertaktig und bilden – virtuos eingefügt – durch das Pausieren der anderen Musiker ein überraschendes, spannungssteigerndes Element. Breaks finden sich schon in den Anfängen des Blues, wo sie dem Sänger eine Atem- und Denkpause gewährten (die Vier-Takt-Phrase wurde geteilt: zwei Takte Gesang, zwei Takte instrumentaler Break, meist auf der Gitarre), gleichzeitig aber auch das afrikanische Ruf-Antwort-Prinzip weiterführten. Aus dem Break, der besonders im Swing über eine längere Taktstrecke gedehnt wurde, entwickelte sich der Solochorus. Dem Break verwandt sind die → Fill ins.

Break Dance [engl./amerik., breik da:ns]: Anfang der siebziger Jahre in den Slums des New Yorker Stadtteils South Bronx unter der farbigen, vor allem puertorikanischen Jugend entstandene Tanzform; Sammelbezeichnung für Straßentänze. Break-Tänze sind vom Ursprung her Wettkampfspiele, die anstelle von blutigen Bandenkriegen, Ausdruck sozialer Spannungen und Konflikte, ausgetragen wurden. So erklären sich auch aggressive, kampfbetonte Bewegungsabläufe – eine Analogie bildet die brasilianische Capoeira, ein Tanz der Sklavenzeit, in dem die Afroamerikaner die ihnen von ihren weißen Herren verbotenen kriegerischen Kampfspiele in tänzerische Form umwandelten. Das Breaking der siebziger Jahre war zunächst gekennzeichnet durch sehr individuelle Bewegungen und akrobatische Tricks, die einen trainierten Körper voraussetzten. Als akustisches Stimulans diente Diskomusik, die aus großen Recordern (»Ghettoblaster«) abgespielt wurde. Mitte der siebziger Jahre übernahm man dann, allerdings abgeschwächt, derartige Bewegungsabläufe auch in die Diskotheken. Mit geschicktem Scratching (→ Rap) feuerten die Rapper (Discjockeys) die Tanzenden an. Rap wurde schließlich die hauptsächliche Begleitmusik. Break Dance stellt in der seither auch unter kommerziellen Aspekten verbreiteten Form eine Synthese aus Jazz- und Diskotanz, Pantomime und Akrobatik dar, die in Gruppen, innerhalb dieser aber vorwiegend solistisch, überwiegend von Jungen dargeboten wird. Elemente der US-amerikanischen Partytänze, wie → Electric Boogie, Flash Dance, Moon Walking u. a., wurden vom Break Dance assimiliert.

Breakdown [engl./amerik., ˈbreikdaun]: → Boogie Woogie, → Jig.

Brettl-Lieder: historische Sammelbezeichnung für die in deutschen → Varietés und → Kabaretts gesungenen Lieder (*Brettl* bedeutet im Süddeutschen soviel wie »Tingeltangel«). Dieser inhaltlich wie musikalisch-stilistisch weitgefaßte Liedtyp ist insbesondere verbunden mit Namen wie Frank *Wedekind* (1864–1918), der u. a. 1901/02 fünf Hefte mit Brettl-Liedern veröffentlichte, Otto Julius *Bierbaum* (1865–1910), der seiner Sammlung »Deutsche Chansons« den Untertitel »Brettl-Lieder« gab, und Ernst von *Wolzogen* (1855–1934).

Bridge [engl., bridʒ, wörtlich »Brücke«]: im Jazz und Rock Bezeichnung für den kontrastierenden (achttaktigen) B-Teil (Mittelteil) einer (zweiunddreißigtaktigen) AABA-Form, der gewissermaßen die »Brücke« zur abschließenden Wiederholung des A-Teils darstellt. Der Bridge-Teil enthält neue melodische Motive, häufig sequenziert (→ Sequenz), und einige standardisierte harmonische Wendungen, z. B. (bezogen auf C-Dur):

$- \mid C^7 \quad \mid C^7 \quad \mid F \quad \mid F \quad \mid C \quad \mid C \quad \mid G^7 \mid G^7 \quad \mid -$

$- \mid F \quad \mid F \quad \mid C \quad \mid C \quad \mid D^7 \mid D^7 \mid G^7 \mid G^7 \quad \mid -$

$- \mid E^7 \mid E^7 \mid A^7 \mid A^7 \mid D^7 \mid D^7 \mid G^7 \mid G^7 \quad \mid -$

Andere Bezeichnungen dafür sind auch *Channel* oder *Release*. In der Rockmusik wird mitunter auch in einer AB-Form der Vers A, der in den Refrain B mündet, Bridge benannt.

Britch [engl., britʃ, im Musikerjargon »pizzen«]: Mitte der siebziger Jahre aufgekommene Spieltechnik auf der Baßgitarre (vergleichbar dem → Slap Bass): der Daumen der (rechten) Spielhand schlägt auf die Saiten; Zeige- oder Mittelfinger reißt die Saite so stark an, daß sie auf das Griffbrett bzw. den Tonabnehmer zurückschlägt.

Brummtopf: Reibtrommel; Kinder- bzw. Volksinstrument, vermutlich afrikanischen Ursprungs. Auf das über dem Resonanzkörper (Ton-, Holz- oder Metallzylinder) befindliche Fell wird von unten her ein Holzstab gedrückt, den der Spieler mit der (meist mit Harz o. ä.

präparierten) Hand reibt, so daß sich die Schwingungen auf das Fell übertragen, wobei ein lautes, brummendes Geräusch entsteht (Stabreibtrommel; englische Bezeichnung *Lionsroar* = »Löwengebrüll«). In der → lateinamerikanischen Musik finden sich ähnliche Instrumente, z.B. die → Cuica. Beim *Waldteufel* führt durch die Mitte des Trommelfells eine Saite, die mit einem feuchten Läppchen gerieben wird (Fadenreibtrommel). Diese alten, weit verbreiteten Trommeltypen werden heute wieder in den entsprechenden Folkloregruppen verwendet.

Brush [engl., brʌʃ]: → Besen.

Brushes [engl., 'brʌʃis]: Spielanweisung »mit Besen« (Drums).

Bubblegum [amerik., 'bʌblgʌm, sinngemäß »Kaugummimusik«]: in der zweiten Hälfte der sechziger Jahre in den USA aufgekommene abschätzige Bezeichnung für → Rockmusik, deren Anspruchsniveau sich an der Altersgruppe der Sechs- bis Zwölfjährigen orientiert. Sie ist auf sehr simplen Grundstrukturen aufgebaut und weist musikalisch eine starke Nähe zum herkömmlichen → Schlager auf. Typische Vertreter dieser Richtung waren *The Osmonds* und David *Cassidy* (geb. 1950). Gegen Ende der sechziger Jahre machten in den USA zeitweilig auch einige Gruppen auf sich aufmerksam, die sich in humoristischer Absicht selbst mit diesem Begriff umgaben und eine eher ironische Spielart derartiger Musik entwickelten. Beispiele dafür sind *Ohio Express*, *Prof. Morrison's Lollipop* und *St. Louis Invisible Band*.

Bucket Mute [engl., 'bʌkit mjuːt]: »Kübel«-Dämpfer (→ Dämpfer).

Bügelhörner [engl., bugle]: Blechblasinstrumentenfamilie, die Anfang des 19. Jh. in Frankreich aus dem Signalhorn entwickelt und mit → Ventilen versehen wurde. Dazu zählen → Kornett (Cornet à pistons), → Flügelhorn, → Althorn, → Tenorhorn, → Bariton (Euphonium), → Tuba, → Helikon und → Sousaphon. Gemeinsame Merkmale: bis auf Baßinstrumente transponierend, drei Ventile (bei Tuba bis zu fünf), weitgehend konischer Rohrverlauf, je nach Tonlage eng (Kornett) bis weit (Tuba) mensuriert, unterschiedliche Bautypen (oval, tuba- oder trompetenähnlich). Bügelhörner gehören zum Grundinstrumentarium des → Blasorchesters bzw. der → Brass Band (»weiches« Blech) und sind auch im Jazz (Kornett, Flügelhorn, Tuba) anzutreffen.

Bump [engl./amerik., bʌmp, wörtlich »Stoß«]: Diskotanz um 1974/75, dessen Charakteristikum im Gegeneinanderstoßen (»bumpen«) gleicher oder unterschiedlicher Körperteile der Tanzpartner besteht. »Lady Bump« (Sylvester Levay, 1976) kann als Modelltitel gelten.

Bund, Bundstab: auf Saiteninstrumenten (z.B. Gitarre, Banjo, Zither) angebrachte Einteilung als Griffhilfe, die ein Abgreifen der Saiten in Halbtonschritten (→ temperierte Stimmung) durch Aufsetzen des Fingers kurz vor dem Bundstab ermöglicht. Diese Markierung auf dem Griffbrett erfolgt durch quer eingelassene Metall-, auch Holzstäbchen (= Bundstab), früher durch quergebundene (daher der Name), bewegliche Darmsaitenteile (Laute), die beim Greifen als → Sattel wirken.

Button [engl., 'bʌtn, wörtlich »Knopf, Abzeichen«, auch *Badge*]: im amerikanischen Wahlkampf schon in den fünfziger Jahren als sogen. »Meinungsknopf« eingeführte kleine runde Ansteck-Plakette, die von den Promotion-Experten (→ Promotion) der Musikindustrie für die Ausstattung der → Fans eines Musikers oder einer Gruppe übernommen wurde. Inzwischen weitverbreitet, werden Buttons sowohl von Gruppen mit dem → Logo ihrer Band als auch auf Festivals mit dem graphischen Symbol oder Namen der Veranstaltung verteilt.

b/w [Abk. für backed with; engl., bækt wið; auch *c/w* = coupled with]: bei diskographischen Angaben zu → Singles übliches Kürzel zur Kennzeichnung von A- und B-Seite; es steht zwischen der Angabe der Titel und bedeutet, daß der zweite Titel auf der Rückseite (B-Seite) der Schallplatte ist.

⋆C⋆

Cabaza, Cabasa [port., ka'basa, wörtlich »Kürbis«, auch *Chaqueré* oder *Xaqué-Xaqué*]: in der Sambamusik verwendetes brasilianisches Schüttelinstrument afrikanischen Ursprungs; besteht ursprünglich aus einem größeren ausgehöhlten, getrockneten Kürbis (heute Holz- bzw. Kunststoff), an einem Stiel befestigt und mit Ketten aus Fruchtkörnern bzw. Perlen umhängt. Der Hohlkörper ist nicht wie bei den → Maracas gefüllt. Bei Dreh- und Schüttelbewegungen entsteht ein rasselndes Geräusch, das durch Anschlagen mit der flachen rechten Hand rhythmisch präzisiert wird. Ein moderner Bautyp (*Afuche*) besteht aus einem Leichtmetallzylinder, um den mehrere Kugelkettenringe gewickelt sind. Bei Drehung reiben sich die Kugeln an der Zylinderwand, wodurch ein cabazaähnliches Geräusch hörbar wird.

Café chantant [franz., ka'fe ʃã'tã]: vor allem im Paris des 19. und frühen 20. Jh. verbreitete Form des Konzert-Cafés, die zur Geburtsstätte des modernen → Chansons wurde.

Caféhaus-Musik: Bezeichnung für die in den in der zweiten Hälfte des 19. Jh. aufgekommenen Konzert-Cafés aufgeführte Musik. Das Repertoire der hier musizierenden kleinen Instrumentalensembles (→ Salonorchester), manchmal auch nur Violine mit Klavierbegleitung, entstammte der bürgerlichen → Salonmusik, aber auch Opern, Operetten und Orchesterwerken, die dann durch Umarbeiten und Umarrangieren entsprechend bearbeitet wurden. Die Caféhaus-Musik war als Hintergrundmusik zur Erzeugung von Atmosphäre eingesetzt und gilt als Inbegriff der → Unterhaltungsmusik. Ihr Hauptfunktion bestand freilich darin, im Dienste des gastronomischen Betriebs Gäste anzuziehen.

Cajun Music [amerik., 'keidʒən 'mju:zik]: Volksmusikpraxis im Süden der USA, die auf französische Einwanderer zurückgeht und sich im Südwesten Louisianas bis in die zwanziger Jahre hinein nahezu unberührt erhalten hatte. Die ursprünglich aus der kanadischen Region Acadia stammenden Einwanderer (daher die Bezeichnung, Cajun ist abgeleitet von A-*cadia*) ließen sich im Süden von Nordamerika nieder, als sie mit Beginn der Auseinandersetzungen zwischen Engländern und Franzosen im Rahmen des Unabhängigkeitskrieges der dreizehn britischen Kolonien 1755 wegen ihrer neutralen Einstellung aus ihrem angestammten Siedlungsgebiet vertrieben wurden. Ihre Isolation als französisch sprechende und katholische ethnische Minderheit in Nordamerika führte durch fast zwei Jahrhunderte über Generationen hinweg zur Bewahrung der Eigentümlichkeiten ihrer Kultur. Ihre Musik blieb in den französischen Ursprüngen verwurzelt und ist durch ihre eigenartige Instrumentierung mit Akkordeon, Fiedel und Trian-

Cabaza

Cakewalk (um 1900)

gel, Anfang des 20. Jh. um die Gitarre erweitert, gekennzeichnet. Ende der zwanziger Jahre wurde diese Volksmusikpraxis von der Schallplattenindustrie entdeckt und binnen weniger Jahre an die Standards des kommerziellen → Country & Western so weit angepaßt, daß sie bis auf den französischen Akzent der Sänger ihre Eigenständigkeit nahezu völlig verlor. Gespielt wurde sie nun mit dem für das Country & Western-Klischee typischen Instrumentarium → Steel Guitar, Baß und Schlagzeug als Basis. Erst im Zuge des → Folk Revival der sechziger Jahre wurde sie in ihrer ursprünglichen Gestalt, die in vielen Familien gepflegt worden war, wiederentdeckt.

Eine Sonderform ist die in den dreißiger Jahren entstandene Synthese von Cajun Music und afroamerikanischem Blues, die als → *Zydeco* bezeichnet wird.

Cakewalk [amerik., ʹkeikwɔːk]: ursprünglich ein tief in der Tradition der afroamerikanischen Negersklaven verwurzelter Rundtanz, dessen Bezeichnung aber auf ein erst im frühen 19. Jh. auf den Plantagen des amerikanischen Südens aufgekommenes und jährlich veranstaltetes Preistanzen zurückgeht, bei dem ein Kuchen (engl. cake) die Siegertrophäe gewesen sein soll. Ab 1877 begannen dann die → Minstrel Shows mit Cakewalk-Imitationen, die ihn auf einen Rhythmus festlegten, den man als typisch für den Negertanz ansah – einen stark synkopierten Rhythmus

im ²⁄₄-Takt:

$$\frac{2}{4} \quad \text{♫♩♫} \quad / \quad \text{♫} \quad \text{♫♩}$$

Durch die Minstrelsy wurde er landesweit populär und in den neunziger Jahren des 19. Jh. kam es schließlich zu einer Cakewalk-Welle mit Preistänzen und Tanzwettbewerben, die zur ersten von den USA ausgehenden internationalen Musikmode werden sollte. In immer größeren Auflagen erschienen jetzt Notendrucke mit Cakewalks im Klavierarrangement. Zu den erfolgreichsten Komponisten gehörten Abe *Holzmann* (1874–1939), J. Bodewalt *Lampe* (1869–1929) und vor allem Kerry *Mills* (1869–1948), dessen »At a Georgia Camp Meeting« (1897) eines der populärsten Stücke seiner Art war. Aufgegriffen wurde der Cakewalk auch von den damals sehr beliebten Blaskapellen, deren berühmteste – die Band von John Philip *Sousa* (1854–1932) – ihn mit ihren Auslandsgastspielen nach Europa brachte und damit hier unmittelbar nach der Jahrhundertwende eine Modewelle ohnegleichen auslöste. In den USA war er um diese Zeit schon wieder vom → Ragtime verdrängt worden, in dem der Cakewalk-Rhythmus allerdings eine große Rolle spielte.

California Jazz [amerik., kæliʹfɔːrnjə dʒæz]: → West Coast Jazz.

California Music [amerik., kæliʹfɔːrnjə ʹmjuːzik]: → Surf Music.

*Cakewalk als Modetanz
in einem Pariser Salon
(um 1900)*

Call and response [engl., cɔl ænd ris'pɔns, auch *Ruf-Antwort-Prinzip*]: eines der grundlegenden formbildenden Elemente in jeder von afrikanischen Traditionen beeinflußten populären Musik, insbesondere in Blues, Jazz und Rock. In der schwarzafrikanischen Musik gab es den respondierenden Wechselgesang, ausgehend von dem Verhältnis Vorsänger–Chor (Stammesgemeinschaft), in vielen Varianten. Er wurde auch in die afroamerikanischen Musizierbereiche übernommen, z. B. in die → Worksongs (Vorarbeiter–Arbeiter), in die → Spirituals (Reverend–Gemeinde), in Blues, Jazz, Soul, Rock u. a. Im übertragenen Sinne hatte der Vorsänger die Funktion, Fragen zu stellen, Feststellungen zu treffen, durch vorgegebene melodisch-rhythmische Modelle oder improvisierte Phrasen Spannung aufzubauen, die der Chor beantwortete, auch wiederholte, bestätigte oder ergänzte, wobei die Spannung abgebaut oder gelöst wurde. Da die Fragestellung fast immer sehr emphatisch, oft schreiend, eine Antwort erwartend erfolgte, prägte man dafür das Begriffspaar »Ruf/Antwort« bzw. »Call/Response« oder nach Alfons Michael Dauer »Statement/Response«. Dieses Verhältnis zeigt sich im Kleinen wie im Großen. Wir begegnen ihm als Energiequell für Motiv und Anschlußglied innerhalb einer Vier-Takt-Phrase, besonders aber auch als tragendes Element der zwölftaktigen → Bluesformel a–a–b = Ruf–Ruf–Antwort. Im New Orleans Jazz zeigt sich das Ruf-Antwort-Prinzip in abgewandelter Form: Die »rufende« Lead-Stimme (Kornett/Trompete) wird durch Umspielung (Klarinette, Posaune) »beantwortet«.

Calypso: folkloristische Lied- und Tanzform auf der Insel Trinidad. Die Herkunft des Wortes ist ungewiß. Die Geschichte des Calypso reicht bis in die 1. Hälfte des 19. Jh. zurück, wo sich nach Aufhebung der Sklaverei 1838 die Erinnerung an das unwürdige Dasein in Unterdrückung und Rechtlosigkeit in vielen Liedern (Kalindas) der Farbigen widerspiegelte. Auch die in der Folgezeit einsetzende neue Abhängigkeit und verschärfte Ausbeutung fand ihren Niederschlag in den oft improvisierten Gesängen. Bis in die Gegenwart bestimmen sozialkritische, aktuelle Geschehnisse aufgreifende Texte (vielfach in regionalen Dialekten) den Inhalt der Calypsos. Mitunter lebten die Sänger, die Calypsonians, verfolgt im Untergrund. Einige der bekannten Sänger gaben sich phantasievolle Namen, z. B. *Lord Executer, Attila de Hun, King Salomon, Lord Melody, Calypso Rose* (eine der wenigen Sängerinnen). Doch zum Calypso gehört auch das Heitere, Ironisierende. Das zeigt sich insbesondere zum Karneval und zu den vielfältigen Vergnügungen, aber auch bei den beliebten Calypso-Wettbewerben. Eine erste Blütezeit des Calypso war zwischen 1900 und 1940. Danach setzte durch die Verbreitung über Rundfunk und Schallplatte eine zunehmende

Kommerzialisierung ein, die Mitte der fünfziger Jahre ihren Höhepunkt erreichte, als der Calypso durch die US-amerikanische Musikindustrie zum Modetanz kreiert wurde. Einer der wegbereitenden Titel war der später in vielen Varianten kopierte und inhaltlich verfälschte »Banana Boat Song« (1956) in der Interpretation von Harry *Belafonte* (geb. 1927), in dessen Liedern viele Elemente der ursprünglichen Calypso-Musik weiterleben. Trotz schlagerhafter Verflachung und Degradierung zur Touristenattraktion hat sich auf Trinidad, gerade in Zeiten politischer Konflikte, das gesellschaftliche Engagement in den Liedern erhalten. Der echte Calypso ist in Wort und Musik Volkspoesie, vielgestaltig in seinen Erscheinungsformen, die sich kaum kategorisieren lassen. Selbst das sonst typische Merkmal eines unverwechselbaren Grundrhythmus läßt sich beim Calypso nicht belegen (vgl. die in einigen Schlagzeugschulen völlig voneinander abweichenden Rhythmusschemata). Eine Begründung dafür ist die Tatsache, daß die Calypso-Sänger häufig Rhythmusfiguren anderer Tänze zur Begleitung ihrer Lieder nutzen. Als gemeinsame Kennzeichen können die Geradtaktigkeit ($\frac{2}{2}$ bzw. $\frac{4}{4}$), die Polyrhythmik und die Verwendung von → Tresillo und → Cinquillo angegeben werden. Während sich früher die Begleitung auf Gitarre und Rhythmusinstrumente beschränkte, singen heute die Calypsonians meist mit kleinen, aber auch größeren Bands, seit den vierziger Jahren oft auch mit Steel-Drum-Bands (→ Steel Drums).

Camp [engl., kæmp]: Bezeichnung aus dem Musikerslang für eine bewußte und so kunstvolle Nachahmung musikalischer Banalität, daß sie auf diese Weise wieder zum ästhetischen Reiz wird. Zum Stilprinzip ist das 1966 von der englischen *New Vaudeville Band* erhoben worden, die uralten → Evergreens damit neue Aktualität zu geben suchte. Auch im Repertoire der *Beatles* finden sich Beispiele dafür (»Oh! Darling«, 1969). Ausgebaut wurde diese Form der → Parodie Ende der sechziger Jahre dann von der amerikanischen Gruppe *Sha Na Na*, die daraus über den → Rock'n'Roll der fünfziger Jahre eine Art Nostalgie-Revue entwickelte.

Cancan [franz., kã'kã, wörtlich »Lärm, Getöse«]: ein nach der Juli-Revolution von 1830 in Paris aufgekommener Gesellschaftstanz in rasantem $\frac{2}{4}$-Takt. Er geht zurück auf einen aus Algier stammenden Sprungtanz. Die wüste, sich über alle Sittenregeln hinwegsetzende Form der Ausführung brachte ihn schnell in Verruf und setzte ihn als öffentliches Ärgernis auch der behördlichen Verfolgung aus. Um so größere Triumphe feierte er dafür im Varieté, wo er chorisch von Frauen als Bühnenschautanz dargeboten wurde und bis in unser Jahrhundert hinein eine Attraktion im Pariser Nachtleben blieb. Noch heute unvergessen ist er aber vor allem durch Jacques *Offenbach* (1819–1880), der ihn immer wieder in seine Operetten eingebaut hat.

Carioca [span.]: schneller Modetanz der dreißiger Jahre, der von Rio de Janeiro ausgehend Europa erreichte; Herkunft ungewiß, vermutlich auf afrobrasilianische Tänze zurückzuführen (Samba-Familie), musikalisch einer schnellen Rumba entsprechend. Eine Erklärung für die Ähnlichkeit von brasilianischer Carioca und kubanischer Rumba könnte darin zu finden sein, daß gemeinsame Quellen in den Tänzen der afrikanischen Yorubas liegen, die als Sklaven sowohl nach Brasilien als auch nach Kuba verschleppt wurden. In Brasilien existiert die Carioca noch heute in Abwandlung unter dem Namen »Samba carioca«. Der Carioca-Rhythmus (Ein-Takt-Pattern) hat als bestimmendes Kennzeichen den → Tresillo (a), der auch »europäisch vereinfacht« auftritt (b).

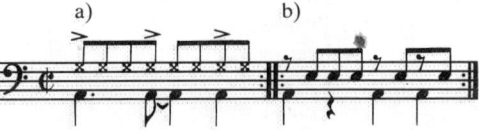

CD-System: → Compact Disc.

Cello: → Violoncello.

Cembalo, Abk. *harps* [ital., 'tʃɛmbalo, engl. harpsichord]: besaitetes Tasteninstrument in Flügelform, dessen Saiten durch eine über Tasten ausgelöste mechanische Zupfvorrichtung angerissen und in Schwingungen versetzt werden (sogen. Kielinstrument), keine Anschlagsdynamik; ein- bis dreimanualig (→ Manual); Tonumfang F_1–f^3. Das Cembalo, das seine

Cancan

Blütezeit als Solo- und Begleitinstrument (Generalbaßinstrument, Basso continuo) in der Musik des 16. bis 18. Jh. hatte, erscheint in der populären Musik selten, meist nur, um dem Gesamtsound eine charakteristische Eigenheit zu geben (etwa in der Mischung von Cembalo und Streichern als Begleitung in Schlager- und Popmusik-Arrangements). Der Cembaloklang läßt sich fast originalgetreu synthetisch mit elektronischen Instrumenten herstellen. Ein Cembalo setzte z. B. Rick *Wakeman* (geb. 1949) in seinen LPs ein; auf dem »White Album« der *Beatles* ist es im Titel »Piggies« (1968) zu hören; der Ungar Tamás *Balassa* (geb. 1926) produzierte in den sechziger Jahren einige Cembalo-Soli, u. a. den »Cembalo-Boogie« (1961).

Cencerro [span., sen′sero, auch *Cowbell* oder *Campana*]: trapezförmig gestaltete Kuhglocke aus Kupfer- oder Messingblech von 10 bis 20 cm Länge, ohne Klöppel; mit einem kurzen, dicken Holzstab (Clave, auch Trommelstock) angeschlagen. Der Cencerro wird flach in der linken Hand gehalten oder (meist in

unterschiedlichen Größen) an einem Ständer befestigt (= Campana). Mit dem Cencerro schlägt man meist den Grundbeat, wobei durch differenzierten Anschlag (z. B. mit Abdämpfen) wirkungsvolle Sounds erzielt werden können. Paarig verbundene länglich-kegelförmige Glocken tragen die Bezeichnung *Agogo*.

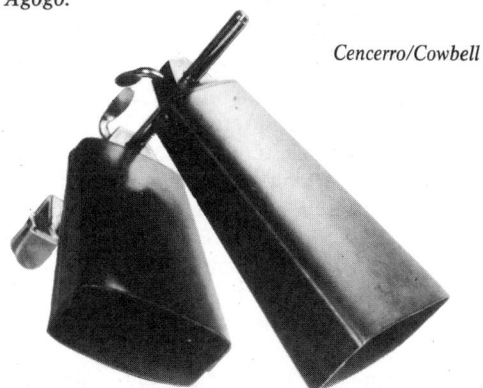

Cencerro/Cowbell

Cha-Cha-Cha [kuban., ′tʃa tʃa tʃa]: Modetanz Mitte der fünfziger Jahre, der in das lateinamerikanische Programm der Turniertänzer aufgenommen wurde. Der Cha-Cha-Cha geht auf den kubanischen Bandleader Enrique *Jorrín* (geb. 1926) zurück, der aus dem Montuno-Teil des → Son, aus dem schon der Mambo entstanden war, eine langsamere Variante formte, die er 1953 in Havanna vorstellte. Der Cha-Cha-Cha ist also eine auf kubanischer Musizierpraxis basierende künstliche Konstruktion, fand aber dennoch große Zustimmung und drängte den Mambo in den Hintergrund. Charakteristika sind langsames bis mittleres Tempo, straffer Rhythmus mit fast gleichstarken Betonungen aller vier Zählzeiten im ⁴/₄-Takt, weitgehendes Verzichten auf Synkopierungen. Der Name (ursprünglich Mambo-Cha-Cha-Cha) gibt das Geräusch der geschüttelten → Maracas wieder.

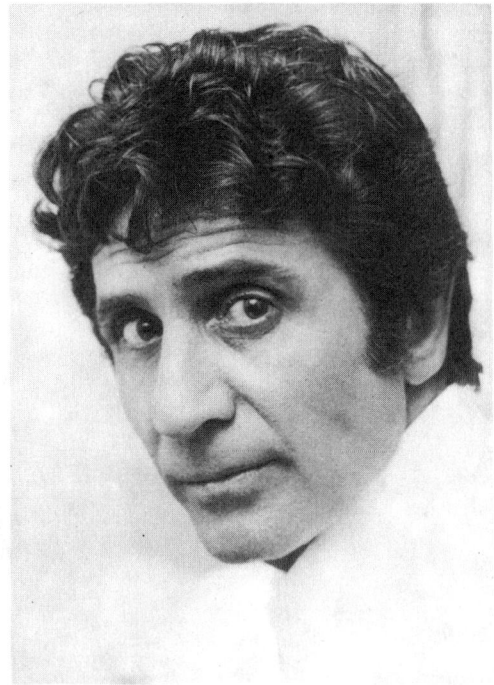

Gilbert Bécaud

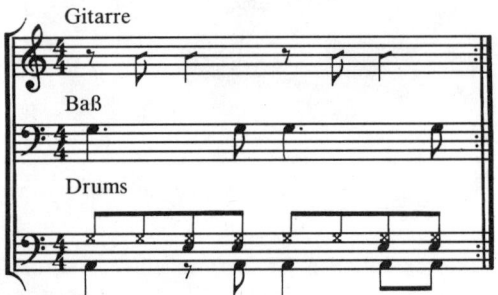

Changes [engl., ˈtʃeindʒiz, wörtlich »Wechsel, Veränderungen«]: gebräuchlich für Akkord- bzw. Harmoniewechsel (Chord Changes), auch für komplexe Akkordfolgen.

Channel [engl., ˈtʃænl]: → Bridge.

Chanson [franz., ʃãˈsõ]: im Französischen ursprünglich eine dem deutschen »Lied« ähnliche Sammelbezeichnung für Gesänge der verschiedensten Art, die auch das Volkslied in seiner historischen Gestalt umfaßten. Eine neue Prägung erhielt der Begriff in den Pariser Konzert-Cafés, den → *Cafés chantants*, der zweiten Hälfte des 19. Jh. Hier entstand in der Tradition des städtischen populären Liedes der Straßensänger ein Vortragslied eigener Art, das von den Pariser Literaten aufgegriffen und zu einer poetisch-musikalischen Ausdrucksform von inhaltlicher und künstlerischer Verbindlichkeit weiterentwickelt wurde. Gegen Ende des Jahrhunderts gaben die Bühnen der *Cabarets* eine wichtige Plattform für das Chanson ab, wurden hier von ihren Verfassern in der Regel auch selbst vorgetragen

(Poètes-chansonniers). Seitdem versteht sich das Chanson als ein instrumental begleitetes Vortragslied, das ein literarisch formuliertes poetisches Anliegen im Text musikalisch umsetzt und transportiert. In der französischen Tradition sind die Texte dabei oft skurril, ironisch oder melancholisch, immer aber von einer an Zwischentönen reichen Poesie, die ein Kennzeichen des Chansons ausmacht. Auf die heutige musikalische Gestalt des französischen Chansons hatte während der dreißiger Jahre der Jazz in Form der kleinen Ensembles des → Swing einen nicht unerheblichen Einfluß. Als Begründer des modernen französischen Chansons in diesem Sinne gilt Charles *Trenet* (geb. 1913), der zugleich einen Interpretationsstil prägte, der, aufgebaut auf die starke persönliche Ausstrahlungskraft des Interpreten, seither zum Chanson dazugehört. Neben ihm war es vor allem Edith *Piaf* (1915–1963), die mit Chansons von Raymond *Asso* (1901–1968) diesem Interpretationsstil als

Juliette Gréco

Charakteristikum des französischen Chansons zum Durchbruch verhalf. Beide feierten Ende der dreißiger Jahre im Pariser Théâtre de l'ABC immense Erfolge und wurden zum Vorbild für eine ganze Reihe bedeutender Chanson-Interpreten und -Schöpfer in Frankreich wie die Dichter, Musiker und Sänger Georges *Brassens* (geb. 1921) und Jacques *Brel* (1929–1978) oder die Sänger und Komponisten Gilbert *Bécaud* (geb. 1927) und Charles *Aznavour* (geb. 1924). Durch sie erhielt das Chanson eine Eigenständigkeit, die es auch außerhalb der französischen Tradition lebendig machte und zu einem selbständigen Genre der populären Musik werden ließ, das sich in vielen Ländern der Welt etabliert hat.

Auch in der DDR ist diese Vokalgattung aufgegriffen worden. Als politisches Chanson mit analytischer Schärfe ebenso wie in heiter-ironischer oder besinnlicher Form hat es eine Reihe namhafter Autoren und Interpreten hervorgebracht. Zu nennen sind hier Gisela *May* (geb. 1924), Hanna-Maria *Fischer* (geb. 1936), Dorit *Gäbler* (geb. 1943), Sonja *Kehler* (geb. 1933), Barbara *Kellerbauer* (geb. 1943), Barbara *Thalheim* (geb. 1948), Kurt *Nolze* (geb. 1939) u. a.

Dorit Gäbler

Chansonnier/Chansonnette [frz., ʃãsɔ'nje/ ʃãsɔ'nɛt]: Bezeichnung für die Chanson-Interpreten(-tinnen).

Charleston [amerik., 'tʃaːlstən]: Modetanz in der zweiten Hälfte der zwanziger Jahre, zurückgehend auf einen spätestens seit der Jahrhundertwende nachweisbaren Volkstanz der Farbigen, benannt nach der Hafenstadt Charleston in South Carolina. Obwohl wiederholt auf der Bühne vorgestellt, setzte sich der Charleston erst mit J. P. *Johnsons* (1891–1955) Komposition in dem Musical »Runnin' Wild« (1923) auch unter der weißen Bevölkerung in den USA durch. 1925 erreichte der Charleston mit Josephine *Baker* (1906–1975) in der »Revue Nègre« Paris, erlebte im Folgejahr eine euphorische Zustimmung in Europa, die jedoch schon 1927 spürbar nachließ. Dennoch blieb er das Symbol der Tanzlust in den Zwanzigern, was in erster Linie auf die unverwechselbaren Tanzbewegungen, das Drehen auf den Fußballen und das Schleudern der Füße, zurückzuführen ist. Das ausgelassene Tanzen auf engem Raum wurde bis zu ekstatischen

Zuständen gesteigert. Musikalisch stellt der Charleston eine Mischung aus → Ragtime und schnellem → Foxtrott dar, typisch die starke Synkopierung.

Abgelöst wurde der Charleston von ähnlichen Tänzen, z. B. → Black Bottom und Big Apple.

Charleston-Maschine: → Hi-Hat.

Charts [engl./amerik., tʃaːts, wörtlich »Tabellen«]: wöchentlich oder vierzehntägig zusammengestellte Listen der in dem betreffenden Zeitraum meistverkauften Schallplatten, die in den Branchenzeitschriften der kapitalistischen Musikindustrie veröffentlicht sind. Sie werden durch telefonische Umfrage in einem repräsentativen Netz von Schallplattengeschäften und anhand der → Playlists ausgewählter Rundfunkstationen ermittelt und sollen ein möglichst genaues Indiz für den kommerziellen Erfolg einer Schallplatte sein.

Um den unterschiedlichen Zielgruppen auf dem Schallplattenmarkt gerecht zu werden und möglichst verläßliche Daten über die Marktentwicklung zu erhalten, sind die Charts noch einmal in verschiedene Rubriken unterteilt, die inzwischen immer ausgeklügelter geworden sind. Darüber hinaus wird oft noch mit zusätzlichen Indizes die Dauer des Verbleibs in den Charts sowie die Veränderungen gegenüber der Plazierung der Vorwoche markiert (*Chart Action*).

Begonnen mit der Veröffentlichung von Charts hat im Juli 1940 das amerikanische Musikmagazin *Billboard. The International Music-Record-Tape Newsweekly* zunächst mit einer einfachen Auflistung der meistverkauften Singles (*Best Selling Singles*). 1955 wurde diese Liste auf die einhundert meistverkauften Singles der Woche erweitert und 1958 in *The Hot 100* umbenannt. Sie ist nach den absoluten Verkaufszahlen aufgebaut, unabhängig von der jeweiligen Musikart, und beinhaltet damit die → Popular Music im kommerziellen Sinn, deshalb oft vereinfacht auch nur als *Pop Charts* bezeichnet. Der kommerzielle Erfolg von Platten schwarzer Musiker, deren Verkauf auf Farbige beschränkt war, die so einen besonderen Markt bildeten (Special Field), veranlaßte 1942 die Redaktion von Billboard zur Veröffentlichung einer Sonderliste unter der Überschrift *Harlem Hit Parade*. Sie wurde 1945 von zehn auf fünfzehn Platten erweitert und mit → *Race Records* überschrieben. 1949 bekam diese Sparte dann die Bezeichnung → *Rhythm & Blues* und erfaßte nunmehr fünfzig Platten. Noch eine Änderung der Bezeichnung erfolgte schließlich 1969 mit der Einführung des Begriffs → *Soul*. Ab 1949 erschien als dritte Rubrik der Billboard-Charts die *Best Selling Retail Country & Western Records*, 1956 von fünfzehn auf fünfzig Positionen erweitert und vereinfacht als *C & W* ausgewiesen (→ Country & Western). Diese Grundstruktur mit Pop Charts und Special Fields wurde dann beibehalten, nur noch um weitere Rubriken ergänzt. Die Billboard-Charts umfassen heute neben den *Hot 100 Singles* noch die *200 Top LPs* und zu den Rubriken *Soul* und *C & W* noch die Sparten *Classical* (→ artifizielle Musik), → *Jazz* und *Latin* (→ Latin Rock, → lateinamerikanische Musik). Sie sind inzwischen wiederum in Singles und LPs unterteilt und oft

auch noch nach geographischen Regionen geordnet. Dazu gibt es Unterkategorien wie → *Easy Listening*, → *Comedy, Radio Singles* usw. Nach dem Muster von Billboard hat inzwischen jede größere Branchenzeitschrift ihre nach speziellen Gesichtspunkten zusammengestellten Charts. Die wichtigsten sind neben *Billboard* (USA) die von *Cash Box* (USA), *Record World* (USA) und *Rolling Stone* (USA) sowie die von *Melody Maker* (GB), *Sounds* (GB) und *New Musical Express* (GB).

Die Zusammenstellung der Charts erfolgt natürlich nicht frei und unabhängig von den Zwängen der Musikindustrie, so daß die Plazierungen durchaus nicht als ein absoluter Gradmesser der Popularität einer Schallplatte anzusehen sind. In Einzelfällen tauchen auch immer wieder einmal handfeste Spekulationen um Manipulationen in den Charts auf. Trotz solcher zweifelhaften Aspekte der Charts ist deren Bedeutung für die Entwicklung der populären Musik innerhalb der kapitalistisch organisierten Musikindustrie nicht zu unterschätzen, denn nach der Plazierung in den Charts richtet sich der Marktwert eines Künstlers und das hat erheblichen Einfluß auf Produktionspolitik und Verkaufsstrategie der Musikindustrie. Ein anderer wichtiger Aspekt sind die Kategorisierungen in den Charts, die seit ihrem Bestehen ebenso wie die Rubriken der Schallplattenkataloge die Terminologie der populären Musik geprägt haben. Alle diese Begriffe sind hier aber rein kommerzielle Kategorien, die durch die Struktur des Schallplattenmarktes definiert sind. Ihre Umdeutung in stilistische Kategorien, wie sie in den Musikzeitschriften üblich ist, bereitet deshalb, genauer verfolgt, erhebliche Schwierigkeiten und ist in vielen Fällen eigentlich sogar ganz unmöglich. Trotzdem ist mit diesen inzwischen einmal eingebürgerten Begriffen zu rechnen, auch wenn eine eindeutige Definition nach musikalischen Kriterien meistens nicht möglich ist.

Übersicht über die Charts von *Billboard, Cash Box, Record World* und *New Musical Express*:

Billboard
HOT 100
TOP LPs & Tapes
Hot Soul Singles
Soul LPs

Hot Country Singles
Hot Country LPs
Bubbling Under the Top LPs/Hot 101–110
[Anwärter auf die TOP LPs oder HOT 100]
Top 50 Adult Contemporary
Disco Top 100
Jazz LPs
Latin LPs (Pop and Salsa)
Hits of the World (12 countries)
Spiritual LPs
Videocassette Top 40
Singles Radio Action Chart (National plus 8 regions)
Album Radio Action Chart (National plus 5 regions)
Inspirational LPs
[künstlerisch besonders wertvolle (»inspirierte«) LPs]
Classical
Box Office Chart
[Verkäufe an Kassen in Stadien, Auditorien usw. bei Veranstaltungen]
Rock Albums
Top Tracks
Top Adds (Rock Albums)

Cash Box
Top 100 Singles
Top 100 Albums
Top Albums 101–200
Top 100 Country
Country Albums
Top 100 Black Contemporary
[zeitgenössische schwarze Popmusik (Soul usw.)]
Jazz Albums
Radio Chart
Rap Report (Rock Album Programmer)
[Programmdienst für automatische Rundfunkstationen]
The Juke Box Programmer
Top New Pop Singles
Top New Country Singles
Top New Rhythm & Blues Singles
Top New Dance Singles
International Bestsellers

Record World
Singles 1–100
Singles 101–150
Albums 1–100
Albums 101–150
Albums 151–200
Country Singles
Country Albums
Disco File Top 50
Black Oriented Singles
[Produktionen für den schwarzen Markt (Soul usw.)]

Black Oriented Album Chart
The Jazz LP Chart
Classical Retail Report
Radio Marketplace
Album Airplay
Retail Report
[separate Auflistung des Einzelhandelsverkaufs]
Latin American Hit Parade
International

New Musical Express
UK Top Fifty 45s (1–50)
UK Top Fifty LPs (1–50)
Independent 45s (1–30)
Independent LPs (1–30)
Dance Floor 45s (1–25)
African LPs (1–15)
Third World LPs (1–15)
Reggae 45s (1–15)
Reggae LPs (1–10)
Reggae Disco 45s (1–15)
Reggae Pre 45s (1–10)
R & B Ska (1–10)
Videos 20 (1–20)
Movies 10 (1–10)
US 45s (1–15)
US LPs (1–15)
Jazz (1–20)
5 Years Ago (1–10)
10 Years Ago (1–10)
15 Years Ago (1–10)
20 Years Ago (1–20)

Chase Chorus [engl., tʃeis ˈkɔrəs, wörtlich »Jagd-Chorus«]: im Chicago Jazz Ende der zwanziger Jahre aufgekommene, besonders im Bebop praktizierte Art der Improvisation – mehrere Musiker wechseln sich solistisch innerhalb eines → Chorus (meist in zwei- oder viertaktiger Folge) ab, im weiteren Sinne ebenfalls eine Anlehnung an das Ruf-Antwort-Prinzip. (→ Call and response). Im Bebop und später im Hard Bop spricht man auch von *Four/Fours* (Viertaktwechseln).

Chicago Blues: regionale städtische Spielweise des Blues (→ City Blues), die sich Anfang der vierziger Jahre herausbildete und noch einmal ausgeprägte volksmusikalische Einflüsse in der Tradition des → Mississippi Blues zur Grundlage eines großstädtischen Bluesidioms werden ließ.
Chicago war mit dem Eintritt der USA in den zweiten Weltkrieg 1941 zu einem der Zentren für den damit einsetzenden Zustrom von farbigen Landarbeitern in die großstädtischen In-

dustriegebiete des Nordens geworden, der sich schließlich zu einer Abwanderungswelle der schwarzen Bevölkerung aus den amerikanischen Südstaaten ohnegleichen auswuchs. Die Umstellung der amerikanischen Wirtschaft auf die Kriegsproduktion schuf neue Arbeitsplätze vor allem in der Rüstungsindustrie und versprach damit ein Entkommen aus den unmenschlichen Lebensverhältnissen auf den Farmen und Plantagen des Südens. Mit dem Strom der Landarbeiter kamen auch noch einmal Volksmusiker in die Großstädte des Nordens, was vor allem in Chicago und an der Westküste (→ West Coast Blues) zur Herausbildung neuer regionaler Blues-Spielweisen führte. Da diese Abwanderungswelle aus dem Süden den Hauptverkehrsrouten folgte, sammelten sich in Chicago hauptsächlich die Zuwanderer aus Mississippi, Alabama und Tennessee, unter ihnen Musiker wie die Sänger und Gitarristen Muddy *Waters* (1915–1983), Elmore *James* (1918–1963), Arthur »Big Boy« *Crudup* (1905–1974), John Lee *Hooker* (geb. 1917) und Chester *Burnett*, genannt *Howlin' Wolf* (1910–1976), die die Tradition des Mississippi Blues mitbrachten. Sie übertrugen hier ihre traditionellen Spielweisen auf die elektrisch verstärkte Gitarre und entwickelten aus den expressiven Ausdrucksformen des volksmusikalischen Blues einen lautstark-aggressiven Bluesstil, in dem sich die Enttäuschung und Verbitterung gerade jener Neuankömmlinge angesichts der entwürdigenden Bedingungen der Ghettoexistenz spiegelte. Dieser Chicago Blues bildete Ende der vierziger Jahre dann eine der musikalischen Grundlagen des → Rhythm & Blues. → Blues.

Chicago-Stil: 1934 von dem französischen Jazzforscher Hugues Panassié eingeführte Bezeichnung für die im Chicago der zwanziger Jahre entstandene und durchweg von weißen Musikern getragene Jazzspielweise (vgl. H. Panassié: Le jazz hot, Paris 1934, 92). Sie repräsentiert den ersten Versuch weißer Musiker, eigenständige Ausdrucksformen innerhalb des Jazzidioms zu entwickeln, was sie von dem ebenfalls weißen Dixieland-Jazz (→ Dixieland) der zehner Jahre mit seinem lediglich parodistischen Verhältnis zu dieser afroamerikanischen Musikpraxis unterscheidet. Eine

große Rolle spielte dabei die 1922 an der Chicagoer Austin High School als Schüler-Band gegründete *Austin High School Gang.* Zu ihren Gründungsmitgliedern gehörten der Kornettist und Trompeter Jimmy *McPartland* (geb. 1907), dessen Bruder Dick *McPartland* (1905–1957) als Gitarrist, Jim *Lanigan* (geb. 1902) am Klavier, der Klarinettist Frank *Teschemacher* (1906–1932) und der Tenorsaxophonist Bud *Freeman* (geb. 1906). In den folgenden Jahren kamen dazu noch Benny *Goodman* (geb. 1909), der Posaunist Floyd *O'Brien* (1904–1968), der Gitarrist Eddie *Condon* (1904–1973) und der Schlagzeuger Dave *Tough* (1908–1948). Sie alle stehen nicht nur für den Chicago-Stil der zwanziger Jahre, sondern gehörten später dann in den unterschiedlichsten stilistischen Zusammenhängen jeweils zu den bedeutendsten Vertretern ihres Instruments im Jazz. In Chicago begannen sie sowohl unter dem Einfluß schwarzer New-Orleans-Bands (→ New Orleans Jazz) und deren möglichst stilgetreuer Kopie als auch des weißen Dixieland nach und nach ihre eigenen Ausdrucksformen im Jazz zu suchen. Was so als Imitation des afroamerikanischen New Orleans Jazz begann, entwickelte sich schließlich zu einem eigenständigen Stil, der ein wichtiges Bindeglied zum → Swing darstellt. Kennzeichnend für ihn war zunächst die Einführung der Solofolge, solistischer Passagen in freier Stimmerfindung, die lediglich von der Rhythmusgruppe begleitet werden. Damit trat das Miteinander im Kollektivspiel zugunsten des Nacheinander individueller Soli immer mehr in den Hintergrund. Die frei angelegten Solopassagen ließen anstelle des respondierenden Variationsverfahrens im New Orleans Jazz die melodische Improvisation auf der Basis der Harmoniefolge des Themas treten. Die Solofolge brachte die Notwendigkeit der vorherigen Vereinbarung des Grobablaufs mit sich, die Herausbildung des sogen. → Head Arrangements. Die Melodiestimmen verloren ihre lineare Eigenständigkeit und wurden in Terz- und Sextparallelen zueinander geführt, was den homophonen Satzaufbau des späteren Swing vorbereitete. Die häufig hier als Improvisationsgrundlage verwendeten Tin Pan Alley Songs (→ Song, → Tin Pan Alley) brachten eine komplexere Harmonik in den Jazz ein. Um dem pulsierenden Rhythmusempfinden der schwarzen Bands möglichst nahe zu kommen, wurde hauptsächlich → onbeat gespielt. Die vier Grundschläge im Takt erhielten damit ein gleiches Gewicht (→ Four Beat); gegenüber dem New Orleans Jazz ein wesentlicher Schritt weiter in Richtung auf das gleichmäßig durchgehende, gedachte oder markierte Kontinuum metrisch-rhythmischer Grundeinheiten (→ Beat) der spezifischen Jazzrhythmik. Mit all dem vollzog sich langsam auch eine Umwertung des Jazz. Die Individualisierung des Musizierens im Solo, die darin zunehmende spieltechnische Virtuosität und das darin liegende Moment der musikalischen Selbstdarstellung des Solisten lösten ihn allmählich aus der festen funktionalen Bindung als Tanzmusik. Jazz wurde nun auch um seiner selbst willen gespielt und so vom Publikum akzeptiert. Das sich damit herausbildende künstlerische Selbstbewußtsein der Jazzmusiker war dann vor allem mit dem Namen des Kornettisten Bix *Beiderbecke* (1903–1933) verbunden, der zu den ersten großen Solisten des Jazz gehörte. Seine 1923 gegründeten *Wolverines* spielten mit dem »Riverboat Shuffle« (1924) auch die erste Schallplattenaufnahme im Chicago-Stil ein. In der zweiten Hälfte der zwanziger Jahre verlagerte sich dann der Schwerpunkt der Entwicklung dieses Stils durch die Übersiedlung der Musiker nach New York. Unter den Folgen der Weltwirtschaftskrise 1929–1932, die den Jazzmusikern durch massenhafte Schließung von Lokalen ihre Existenzgrundlagen entzog, fand er sein vorläufiges Ende. Er wurde später zwar wieder aufgegriffen, unter der Bezeichnung *Greenwich Village Style* – nach einem New Yorker Stadtteil, in dem einige Lokale lagen, die diesen Stil bis in die sechziger Jahre hinein förderten – sogar mit Bezug auf die jeweils aktuelle Jazzentwicklung weitergeführt, ohne jedoch im Jazzgeschehen noch einmal eine nennenswerte Rolle zu spielen.

Chocallo [span., tʃoˈkaljo, auch *Chocalho* (port.) oder *Chocolo*, deutsch *Schüttelrohr*]: → Tubo.

Chorus [engl., ˈkɔːrəs, hier wörtlich »Refrain«]: einerseits Bezeichnung für das → Thema, dessen Melodik, Harmonik und Formablauf (Taktzahl) Grundlage für nachfol-

gende Improvisationen bilden, andererseits Jazzterminus für die über diese Grundeinheit (z. B. zwölftaktige Bluesform, zweiunddreißigtaktige AABA-Form u. a.) erfolgte Improvisation (»einen Chorus spielen«); dem Thema schließen sich meist mehrere solistische, von verschiedenen Instrumentalisten vorgetragene Chorusse an, auch arrangierte Ensemble-(Tutti-)Chorusse sind üblich.

Chorusbuch: Zusammenstellung bekannter Titel (→ Evergreens, → Oldies), meist als Melodiestimme mit → Akkordsymbolen, auch mit Baß und B- und Es-Stimmen; dient als Anhalt zum Improvisieren (→ Chorus, daher der Name) und zum Musizieren in kleinen Besetzungen.

Chorus-Effekt: Bezeichnung für ein elektronisches → Effektgerät und die mit ihm erzielte Klangwirkung, die sich – wie der Name besagt – in einem chorischen, volleren Sound äußert. Er beruht auf einer zeitlich variablen Beeinflussung der Frequenzzusammensetzung des Tonsignals (Spektralmodulation). Die Funktionsweise des Chorus-Effekts ähnelt der des → Flangers und des → Phasers. Sie beruht auf veränderlicher Phasenverschiebung. Das Chorus-Effektgerät erzeugt zusätzlich zum Eingangssignal ein zeitverschobenes Zweitsignal. Die Zeitverzögerung wird von einem → Oszillator gesteuert, ist also veränderlich. Es entstehen somit regelmäßige Tonhöhenschwankungen, die sich bei der Mischung mit dem Originalsignal als periodisch auftretende geringfügige Verstimmung bemerkbar machen. Sowohl der Grad der Verzögerung, als auch der Bereich und die Geschwindigkeit ihrer Veränderung (Amplitude und Frequenz des Oszillators) lassen sich in einem bestimmten Bereich stufenlos regeln. Chorus-Effekte werden als separates Zusatzgerät (in Mono- und Stereo-Betrieb) angeboten, sind aber auch oft Bestandteil eines → Multieffektgeräts (zusammen mit elektronischem →Echogerät, Flanger, Phaser). Einzelinstrumente (z. B. E-Gitarre, E-Baß, E-Piano) oder Gruppen (z. B. Bläsersätze) lassen sich durch den Chorus-Effekt klanglich verdichteter, abgerundeter und fülliger gestalten.

chromatisch [griech. chroma = »Farbe«]: Als chromatisch bezeichnet man →diatonische

Tonfolgen, bei denen die Ganztonschritte mit zusätzlichen Halbtonschritten überbrückt werden. Die chromatische Tonleiter besteht also aus einer lückenlosen Folge von zwölf Halbtonschritten auf der Grundlage einer diatonischen Tonleiter – aufwärts leittönig, abwärts gleittönig (→ Leitton) notiert.

William Christopher Handy

Chromatik ist in Folklore relativ selten anzutreffen, öfter dagegen im Schlager. Gehäufte Anwendung wirkt oft sentimental, kitschig.

Cimbalom [ung., 'tsimbalom]: →Hackbrett.

Cinquillo [span., siŋ'kiljo, wörtlich »Quintole«]: eine der grundlegenden Rhythmusfiguren der lateinamerikanischen Folklore, häufig auch im Ragtime; keine rhythmisch exakte Quintole, sondern:

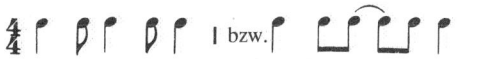

In der Samba:

Im Ragtime (The Entertainer, Scott Joplin):

City Blues [amerik., 'siti blu:z, auch *Big City Blues* oder *Urban Blues*]: städtische Tradition des Blues, die von den Lebensverhältnissen und sozialen Bedingungen in den Großstädten des industrialisierten Nordens der USA geprägt ist und um 1900 einsetzt. Diese Entwicklung vollzog sich vor dem Hintergrund einer massenhaften Abwanderung der schwarzen Bevölkerung aus dem ländlichen Süden, die damit nicht nur vor dem extrem militanten Rassismus in den Südstaaten flüchtete (1866 war in Tennessee die Terrororganisation Ku-Klux-Klan gegründet worden, die schon bald darauf überall im Süden ihr Unwesen trieb), sondern in den nordamerikanischen Industriezentren vor allem auch auf einen Arbeitsplatz hoffte. Hier aber ließen die Organisation der Arbeit in den Fabriken und die Lebensbedingungen der nun zu Angehörigen des Proletariats gewordenen Afroamerikaner ein Weiterleben des selbsttätigen Musizierens kaum noch zu. Ihre volksmusikalischen Traditionen (→ Country Blues) gingen damit auf professionelle Musiker über, wurden zu einer Form der Bühnendarbietung und vor allem dann durch das Massenmedium Schallplatte produziert und verbreitet (→ Race Records). Das hatte tiefgreifende Veränderungen zur Folge, denn nun begann die Verbreitung dieser Musik über den Markt, für den sie massenhaft und unter dem Gesichtspunkt des kommerziellen Erfolgs produziert wurde. Die ehemalige regionale Vielfalt der ländlichen Bluestradition reduzierte sich unter diesen Bedingungen allmählich auf ein standardisiertes Formmodell (→ Bluesformel), nach dessen Muster der Blues dann für den ständig steigenden quantitativen Bedarf der Schallplattenindustrie auch mehr und mehr von eigens darauf spezialisierten Autoren wie William Christopher *Handy* (1873–1958), Perry *Bradford* (1893–1970) oder Clarence *Williams* (1893–1965) regelrecht komponiert wurde. Die Aufführung vor Publikum in den Sälen der → Vaudeville-Theater erforderte einen Gesangsstil, der unter diesen akustischen Bedingungen – damals noch ohne technische Hilfsmittel – tragen konnte und an die musikalische Struktur entsprechend angepaßt worden ist. Als Begleitinstrument setzte sich hier anstelle der Gitarre das Piano durch, und auf dem Höhepunkt dieser Entwicklung in den zwanziger Jahren standen dann ganze Begleitbands auf der Bühne. 1920 wurde der erste Blues auf Schallplatte veröffentlicht, eine Aufnahme des »Crazy Blues« von Perry Bradford mit Mamie *Smith* (1883–1946) und den *Johnny Dunn's Original Jazz Hounds*. In den folgenden Jahren bis zum Ausbruch der Weltwirtschaftskrise 1929 erschienen dann über 3200 Titel für die ausschließlich schwarzen Käufer dieser Musik. Danach wurde dieser Blues langsam zur Grundlage einer Unterhaltungsmusik, auf die auch der populäre → Swing-Stil des Jazz einen immer größeren Einfluß bekam. In den vierziger Jahren entstand daraus vor allem in den Städten des mittleren Westens der USA ein Big-Band-Blues, der auf der → Boogie-Tradition basierte (→ Jump Blues).

Andererseits aber kamen mit dem ständigen Zustrom von Schwarzen aus den ländlichen Regionen auch immer wieder Volksmusiker in die Großstädte, die die traditionellen Blues-Spielweisen hier einbrachten. Insbesondere die elektrisch verstärkte Gitarre, die in den dreißiger Jahren aufkam, bewahrte die expressiven Ausdrucksformen des Country Blues auch in den Großstädten des Nordens. Da die Abwanderung in Richtung Norden jeweils den Hauptverkehrswegen folgte, wirkten die unterschiedlichen regionalen Traditionen dabei weiter. So sammelten sich die Bluesmen aus dem Mississippi-Delta und den angrenzenden Regionen (→ Mississippi Blues) hauptsächlich in Chicago, das damit schon in den dreißiger Jahren zu einem Zentrum der Umschmelzung traditoneller Spielweisen in ein großstädtisches Blues-Idiom wurde (→ Chicago Blues). Weiter westlich führten die Routen in die Städte an der amerikanischen Westküste, wo sich auf der Basis des → Texas Blues eine ähnliche Entwicklung vollzog (→ West Coast Blues). Aus dieser Berührung der ländlichen Bluestradition mit den inzwischen entwickelten städtischen Spielweisen, die durch das Anwachsen des Zustroms von Schwarzen mit der kriegsbedingten Steigerung der industriellen Produktion nach dem Eintritt der USA in den zweiten Weltkrieg einen Höhepunkt erreichte, entstand in der zweiten Hälfte der vierziger Jahre dann der → Rhythm & Blues.

Obwohl die Entwicklung des City Blues eng mit den Verwertungsinteressen der Musikindustrie verbunden war, haben auch diese großstädtischen Bluesformen die ursprüngliche Authentizität dieser Musik als Spiegel der oft genug leidvollen Erfahrungen der schwarzen Amerikaner behalten. Die strikte Rassentrennung, die bis in die fünfziger Jahre hinein auch für die Musik galt, verhinderte schließlich, daß der Blues hier vollständig in den Sog des Musikgeschäfts geriet. Er behielt seine Funktion als Katalysator der kulturellen und sozialen Identität der afroamerikanischen Bevölkerung trotz seiner kommerziell orientierten Verbreitung durch die Massenmedien, denn das blieb auf die schwarzen Ghettos der nordamerikanischen Großstädte beschränkt. Deshalb konnten sich auch unter diesen Bedingungen wieder lokale Zentren der Entwicklung herausbilden (Chicago, Kansas City, Memphis, Atlanta, Birmingham, St. Louis, New Orleans), entfernte der kommerzielle Erfolg die Musiker nicht von ihrem sozialen Wirkungsfeld. Darin liegen letztlich die Wurzeln des musikalischen Reichtums dieser städtischen Bluestradition.
→ Blues.

Clambake [amerik., ′klæmbeik]: ursprünglich ein synonymer Ausdruck für → Jam Session, also für ein lockeres Zusammentreffen von Musikern zum zwanglosen gemeinsamen Musizieren. Der Swing-Posaunist und Trompeter Tommy *Dorsey* (1905–1956) gebrauchte ihn z. B. in diesem Sinne im Namen der 1936 in seinem Orchester entstandenen Improvisationsband *Tommy Dorsey's Clambake Seven*. Später erhielt er eine mehr und mehr abwertende Bedeutung und galt im Jargon der Jazzmusiker dann nur noch als Bezeichnung für ein einfallsloses und unorganisiertes Zusammenspiel.

clap hands [engl., klæp hænds, wörtlich »in die Hände klatschen«]: In der afrikanischen Musik wie auch in der Folklore anderer Länder gehören das Klatschen mit den Händen, das Stampfen mit den Füßen und ähnliche, den Rhythmus markierende Aktionen zum Bestandteil des geselligen und kultischen Musizierens. Diese Praxis lebt in vielen afroamerikanischen Musizierformen weiter. »clap hands« findet sich auch als Aufforderung des öfteren in den Instrumentalstimmen, quasi als Arrangementbestandteil.

Classic Rock [engl., ˈklæsik rɔk; auch *Baroque Rock*]: Ende der sechziger Jahre besonders in Großbritannien verbreitete Form der → Rockmusik, die auf dem → Zitat bzw. der → Adaption von Werkvorlagen aus der Musik des 18. und 19. Jh. aufbaute. Ausgelöst worden war dies mit Gruppen wie *Vanilla Fudge, The Nice* und *Ekseption*, die sich an Rockversionen einzelner Werke von Bach, Beethoven und Mozart versuchten. Die Resonanz, die das fand, veranlaßte nicht nur eine Reihe von Bands – neben den schon erwähnten vor allem auch *Emerson, Lake & Palmer* – sich auf derartige Adaptionen zu spezialisieren, sondern führte selbst bei darauf nicht festgelegten Gruppen zu einer wachsenden Zahl von Produktionen, die durch Stil- oder Melodiezitate an die Musik des 18. und 19. Jh. angelehnt waren. Zwar hatte es das auch zuvor schon gegeben – nicht zuletzt finden sich im Repertoire der *Beatles* seit ihrem »Yesterday« (1965), dem ein klassischer Streichquartettsatz unterlegt ist, eine Reihe von Beispielen dafür –, doch wurde daraus nun eine Mode, die eben ein entsprechendes Etikett verlangte. In jeder Hinsicht typisch dafür war beispielsweise die englische Gruppe *Procul Harum*, die nach ihrem Erfolg mit »A Whiter Shade of Pale« (1967), dessen Baßlinie einer Arie aus der Bach-Kantate »Vergnügte Ruh, beliebte Seelenlust« (BWV 170, Nr. 1) entnommen ist, nahezu alle ihre Werke mit diversen Klassik-Anklängen zu durchsetzen begann. Zum Stilprinzip erhoben hat die Methode des Zitierens auch das *Electric Light Orchestra*, das damit eine über Jahre hinweg erfolgreiche, sehr ausbalancierte Mischung aus Rock und Klassik zustandebrachte. Die Bezeichnung dieser Richtung des Rock als Classic Rock ist freilich höchst ungenau, da die musikalischen Anregungen aus nahezu allen musikgeschichtlichen Epochen kamen. Gleiches gilt auch für die synonym gebrauchte Bezeichnung *Baroque Rock*, da in jedem Fall nicht mehr gemeint war, als daß der stilistische Bezug nicht auf die populäre Musik und ihre Geschichte erfolgte. Als dann nach dem ersten Versuch von *The Nice* mit ihrer Rock-Suite »Ars Longa Vita Brevis« (1969) das Experimentieren mit großformatigen Werkkonzeptionen und mit den Kompositionsprinzipien der → artifiziellen Musik einsetzte, die Zusammenarbeit mit ganzen Symphonieorchestern begann, tauchte dafür die Bezeichnung → Art Rock auf, die den Begriff Classic Rock allmählich verdrängte bzw. ihn auf die → Klassik-Adaption als Sonderform des Art Rock eingrenzte.

Clave-Beat [span./engl., kleiv biːt]: für die lateinamerikanische Tanzmusik typische zweitaktige Rhythmusfigur auf der Grundlage des → Tresillo; meist mit → Claves ausgeführt; bildet die »Seele der kubanischen Musik« (Fernando Ortiz).

Claves [span., ˈklaːves, Aussprache oft engl. ˈkleivz, auch *Klanghölzer, Rumbastäbchen*]: zwei bis zu 20 cm lange, 1,5 bis 3 cm starke Harthölzer, die gegeneinander geschlagen einen hellen, durchdringenden Klang ergeben. Voraussetzung dafür ist, daß die linke, den Clave haltende Hand einen als Resonator dienenden Hohlraum bildet. Mit diesen aus Kuba stammenden, auf afrikanisches Instrumentarium zurückgehenden Klanghölzern wird der charakteristische → Clave-Beat geschlagen, seltener rhythmisch improvisiert. Die Claves gehören zu den auch in Lateinamerika weitverbreiteten Perkussionsinstrumenten.

Clavinet: elektromechanisches Tasteninstrument (Keyboard), das von den Harmonikawerken Hohner (Trossingen, BRD) entwickelt wurde. Mit seinem spezifischen Klangcharakter hebt sich das Clavinet als eigenständiges Instrument aus der Vielzahl von E-Piano-Modellen heraus. Zur Tonerzeugung griff man auf ein altes, dem Clavichord (im 14. Jh. aufgekommenes Tasteninstrument) eigenes Prinzip zurück. Beim Tastendruck schlägt ein Metallblättchen (Tangente) von unten die Saite an. Die mechanischen Schwingungen der Metallsaiten werden von → Tonabnehmern in elektrische Tonsignale umgewandelt. Mit

Hilfe von Klangreglern am Instrument läßt sich der Grundsound beeinflussen. Außerdem ist es möglich, durch unterschiedliche Intensität des Anschlags geringfügige dynamische Differenzierungen zu erzielen. Der Klang des Clavinets bleibt – trotz aller Veränderungsmöglichkeiten – bedingt durch das Tonerzeugungsprinzip sehr obertonreich und deshalb spitz und knackig. Das Clavinet gehört zum Instrumentarium des Keyboarders und nimmt vor allem in vielen Bereichen der Rockmusik einen wichtigen Platz als Rhythmusinstrument (z. B. Funk, Soul) ein, ersetzt oft die Rhythmusgitarre. Als typisches Beispiel kann der Abschnitt »Recollection« auf der LP »Journey to the Centre of the Earth« (1974) von Rick *Wakeman* gelten. Der Clavinet-Sound ist Bestandteil der meisten polyphonen Synthesizer.

Clog Box [engl., klɔg bɔks, wörtlich »Holzklotz-Kästchen«]: ein mit Kerben versehener, am Schlagzeug befestigter Holzblock von ca. 20 cm Länge, der mit Trommelstöcken angeschlagen wird; heute selten verwendetes Effektinstrument.

Cluster [engl., 'klʌstə, wörtlich »Büschel, Traube«, sinngemäß »Tontraube«]: Klang aus mehreren benachbarten großen und kleinen Sekunden, der in Einzelnoten nur schwer notierbar wäre. Meist wird die obere und untere Begrenzung angegeben. Cluster sind gut auf Klaviaturen ausführbar (Faust, Unterarm u. a.), können aber auch arrangiert werden (z. B. fünf Saxophone jeweils im Kleinsekundabstand). Schon das gemeinsame Anschlagen von kleiner und großer Terz (Bluestonalität) durch die frühen Blues-Pianisten ergab clusterähnliche Klänge. Aber erst in den fünfziger Jahren wurden Cluster als ein stilbildendes Element, z. B. bei Cecil *Tylor* (geb. 1933), eingesetzt und besonders im Free Jazz genutzt. Auch in der elektronischen Rockmusik, besonders bei Gruppen wie *Tangerine Dream* und *Kraftwerk*, finden sich derartige Klänge.

Coda [ital., wörtlich »Schwanz«]: Schlußteil, der als wirkungsvolles, auch besinnliches Finale Kompositionen beschließt. In der Coda der → Wiener Walzer klingen meist wesentliche Themen der vorausgegangenen vier bis fünf Walzer thematisch verarbeitet an, als

effektvolle Schlußsteigerung (Stretta) geformt.

Collage [frz. kɔ'la:ʒ]: eigentlich ein Terminus aus der bildenden Kunst für die Technik der Bildgestaltung vermittels aufgeklebter Fotofragmente, Textilstücke, Papierfetzen usw. (Klebebild); wurde auf die Musik übertragen für das Zusammenfügen heterogenen musikalischen Materials aus unterschiedlichen Stil- und Gattungszusammenhängen, Geräuschen und akustischer Umwelt. In der populären Musik finden sich solche musikalischen Collagen nur vereinzelt, lediglich Frank *Zappa* (geb. 1940) hat sie zum durchgängigen Stilprinzip seiner Musik gemacht. Das bekannteste Beispiel dafür ist jedoch der *Beatles*-Titel »Revolution 9« (John Lennon, 1968), der aus beschleunigt und verlangsamt, vorwärts und rückwärts ablaufenden Tonbandaufnahmen unterschiedlichster Musik, Alltagsgeräuschen, Frauenchören, Babystimmen und synthetischen Geräuschen zusammengesetzt ist.

Combo [Abk. von engl. combination, wörtlich »Vereinigung«]: kleine, drei bis acht Musiker umfassende Formation (*Small Band*) in variabler Besetzung. Der Begriff kam in den dreißiger Jahren im Jazz auf und bezeichnete zunächst Swing- und Bebop-Ensembles im Gegensatz zur → Big Band (man spricht gelegentlich vom Combo-Jazz). In den Combos entfiel die strenge Trennung in Rhythmus- und Melodiegruppe, alle Musiker hatten auch solistische Aufgaben zu erfüllen (vgl. z. B. Spielweise und Besetzung des *Modern Jazz Quartets*, 1951–1974; vib, p, b, d). Zu einer der ersten Combos zählt das berühmte *Benny-Goodman-Trio* (1935; cl, p, d). In der Folgezeit wurde der Begriff Combo auch auf Tanzmusikensembles vom Duo bis zum Oktett, gelegentlich auch für noch größere Besetzungen bei entsprechender solistischer Spielweise, übertragen. Nicht in Anwendung kommt das Wort für Rockgruppen, Dixieland-Bands, Blasmusikkapellen u. a.

Comeback [engl., kʌm'bæk, wörtlich »Wiederkehr«]: erneute Popularitätswelle von Musikern oder Gruppen, die den Höhepunkt ihrer Karriere bereits überschritten zu haben schienen bzw. sie aus privaten oder gesundheitlichen Gründen unterbrochen hatten.

Commercial [engl./amerik., kə'mə:ʃəl]: im Jazz während der Swing-Zeit (→ Swing) aufgekommene Bezeichnung für die als Spielvorlage ins Repertoire einer Band übernommenen → Schlager. Angespielt wurde mit dieser Bezeichnung sowohl auf den kommerziellen Charakter des Schlagers (commercial = »kommerziell«) als auch auf die angestrebte verkaufsfördernde Wirkung einer solchen Praxis (*Commercials* sind in der Sprache der Werbung auch die Reklamespots des Rundfunks bzw. des Fernsehens).

Compact Disc [engl., 'kɔmpækt disk, auch *CD-System*]: auf der Basis des in den siebziger Jahren entwickelten digitalen Aufzeichnungsverfahrens (→ Digital Recording) 1983 von Philips in Zusammenarbeit mit Sony auf den Markt gebrachtes Schallplattensystem (sogen. *Digitalplatte*). Die wesentlich kleineren (je nach Hersteller 10 oder 12 cm Durchmesser) einseitigen Platten haben eine Spieldauer von ca. 60 min. Sie werden durch einen Laserstrahl berührungslos abgetastet und können so nicht nur gegen äußere Beschädigungen, Staub usw. versiegelt werden, sondern weisen damit auch eine rausch- und störgeräuschfreie Wiedergabe auf. Die klangtechnische Überlegenheit dieses Schallplattensystems steht freilich in keinem Verhältnis zu den Nachteilen, die der Benutzer dafür in Kauf nehmen muß, was die Compact Disc in ihrer derzeitigen Form als eine technische Innovation eindeutig im Interesse des Kapitals in der Musikindustrie, des Kampfs um Marktvorteile ausweist. So relativieren sich nicht nur die technischen Parameter, die für den Benutzer mit entsprechenden Kosten verbunden sind, durch die Grenzen des Übertragungsweges über die herkömmlichen Lautsprecherwiedergabesysteme, bringt die Compact Disc gegenüber der Langspielplatte eine nur minimal verlängerte Spieldauer, sie ist als Medium vor allem nicht kompatibel, läßt auf den Abspielgeräten die Wiedergabe des bisherigen Schallplattensystems nicht zu. Für den Benutzer bedeutet das entweder die Abhängigkeit seines Musikgebrauchs von der Produktionsstrategie des Compact-Disc-Herstellers oder aber Doppelanschaffungen, da einer allgemeinen Einführung der Compact Disc neben dem damit ausgelösten Interessenkonflikt innerhalb der Pho-

noindustrie vielmehr noch der technische Aufwand dafür entgegensteht.

Compressor [engl., kɔm'presə]: → Kompressor.

Concept Album [engl., 'kɔnsept 'ælbəm]: → Konzept-Album.

Concertina [engl., kɔnsə'ti:nə]: → Konzertina.

Concerto, Concertino [ital., kon'tʃɛrto, kontʃɛr'ti:no]: aus der artifiziellen Musik übernommener Begriff für Kompositionen, die in Inhalt und Form dem Prinzip des klassischen Konzerts entsprechen, z. B. Rolf *Liebermanns* »Concerto for Jazzband and Symphony Orchestra« (1954) oder Jon *Lords* »Concerto for Group and Orchestra« (1969). Mit *Concertino* (als Verkleinerungsform von Concerto) sind auch zahlreiche kleinere Kompositionen der sogen. »gehobenen« Unterhaltungsmusik überschrieben, in denen ein Soloinstrument »konzertiert«.

Conga Drum [span./engl., 'konga drʌm, auch *Conga, Quinto, Tambora, Tumbadora, Tumba*]: einfellige Trommel westafrikanischen Ursprungs, in Lateinamerika beheimatet. Die Conga wird einzeln, aber auch zu zweien bzw. dreien an einem Ständer befestigt, geschlagen, mitunter auch umgehängt oder im Sitzen zwischen die Knie geklemmt. Der hölzerne, faß-

Conga

oder kegelstumpfförmige Körper hat eine Länge von bis zu 80 cm, Felldurchmesser 22–30 cm. Das Trommelende ist offen und darf wegen des Luftaustritts beim Anschlagen nicht auf dem Boden stehen. Congas können mittels Spannschrauben bis zum Oktavabstand gestimmt werden. Der Anschlag erfolgt wie bei den Bongos in vielen Varianten (Fell- und Randschläge, klingend und gedämpft) mit den Händen (Finger, Handballen, Seitenflächen, Faust). Der Congasero kann sowohl den Grundbaß markieren als auch solistisch in Erscheinung treten. Congas ergänzen in jüngerer Zeit in Jazz, Rock und Pop häufig das traditionelle Schlagzeug. Dem Klang nach unterscheidet man *Tumba* (tief), *Conga* (Mitte) und *Quinto* (hoch).

Conga cubana [span., auch *Comparsa*]: ein auf Kuba besonders zur Karnevalszeit beliebter Straßentanz im bewegten Zweiertakt, der um 1856 »erfunden« worden sein soll. Kilometerlang durchtanzen buntgekleidete Kubaner die Straßen in wirbelnden Bewegungen, den Oberkörper leicht nach vorn gebeugt, mit den Armen rudernd. Stilistisch fügt er sich in die große Reihe der polyrhythmischen afrokubanischen Tänze ein, wobei als Ursprung die → Contradanza cubana angenommen werden kann. Um 1930 wurde die Conga (namengebend die gleichnamige Trommel) auch in Europa bekannt.

Contradanza cubana [span.]: kubanischer Gesellschaftstanz zwischen 1800 und 1880, mit Auswirkung auf zahlreiche Tanzformen des 20. Jh. Aus dem altenglischen *Country Dance* entstand die im 18. Jh. beliebte französische *Contredanse*, die Kolonisatoren mit nach Haiti brachten, wo sich unter afrikanischem Einfluß die *Tumba francesca* herausbildete. Um 1792 gelangte dieser Tanz nach Kuba, speziell in die Provinz Oriente (Santiago), fast gleichzeitig brachten französische Auswanderer die Contredanse mit. Unter Assimilation afrokubanischer Elemente formte sich die *Contradanza cubana*, die rasch Popularität erhielt. Die lebhafte Contradanza im $^2/_4$-Takt, bald nur noch Danza genannt, wurde zum Ausgangspunkt für die → Habanera. Aus der im $^6/_8$-Takt stehenden, der Tumba francesca ähnlichen Contradanza gingen Tänze wie → Conga, → Guajira, Criolla und Clave hervor.

cool [engl., ku:l, wörtlich »kühl«]: bezeichnet im Gegensatz zu → hot die verhaltene, kühle (keinesfalls aber eine gefühllose, kalte) Spielweise, die für den auf den hektischen, expressiven Bebop folgenden → Cool Jazz charakteristisch und namengebend wurde. Die Tongebung ist weitgehend vibratolos, gehaucht, dem europäischen Klangideal angenähert (überwiegend weiße Musiker!), ohne Dirty Tones u. a. → Hot-Intonationsmerkmale.

Cool Jazz [engl./amerik., ku:l dʒæz]: Ende der vierziger Jahre in New York aus der Weiterentwicklung des → Bebop entstandene Spielweise des → Jazz, die gegenüber dem überhitzten und hektischen Spielkonzept des Bebop jedoch von einer entspannten und intellektualisierten Musizierhaltung ausging, was sich in einer dem Bebop entgegengesetzten Klangästhetik manifestierte. Daher auch die Bezeichnung als Cool Jazz (von englisch cool = »kühl«), die freilich insofern unzutreffend ist, als dieser Stil des Jazz mitnichten, wie damit suggeriert, als unterkühlt bezeichnet werden kann. Es ist vielmehr eine auf Linearität und Transparenz bedachte, fast kammermusikalische Musizierweise im Jazz, die von einem Kreis junger Musiker um den Komponisten, Arrangeur und Pianisten Gil *Evans* (geb. 1912) entwickelt wurde. Besonders in dem Baritonsaxophonisten Gerry *Mulligan* (geb. 1927) und dem Pianisten John *Lewis* (geb. 1920) fand Evans zwei Partner, deren Kompositionen und Arrangements das neue, auf differenziert nuancierte Klangfarben-Kombinationen und eine nahezu vibratolose Tongebung aufgebaute Klangkonzept wesentlich herausbilden halfen. Als der damals noch zum *Charlie Parker Quintet* gehörende Trompeter Miles *Davis* (geb. 1926) mit dem Evans-Kreis in Kontakt kam, erwies er sich als kongenialer Mitstreiter und schließlich auch überragender Solist des Cool-Ideals. Davis formierte 1948 aus den Musikern des Evans-Kreises eine Werkstattband – ein für die damalige Zeit einmaliges Unternehmen –, die von der Schallplattenfirma Capitol übernommen und als *Miles Davis and his Orchestra* bzw. *Miles Davis Capitol Orchestra* zum ersten Repräsentanten des Cool Jazz wurde. Eine stärker an der zeitgenössischen europäischen Instrumentalmusik orientierte Richtung bildete sich

Gil Evens
Modern Jazz Quartet

um den Pianisten und Komponisten Lennie *Tristano* (1919–1978) und sein 1951 eröffnetes Jazz-Studio heraus. Die Tristano-Schule, in der sich u. a. der Altsaxophonist Lee *Konitz* (geb. 1927), der Tenorsaxophonist Warne *Marsh* (geb. 1927) und der Gitarrist Billy *Bauer* (geb. 1915) zusammenfanden, entwickelte die schon im Bebop wesentlich erweiterte Harmonik nun in Richtung bitonaler, polytonaler und schließlich auch atonaler Mehrklangsbildungen weiter. Ausgangspunkt dafür war eine durchgreifende Linearisierung des Musizierens, das sich bei *Tristano* allmählich zu einer durchgearbeiteten, von der Zwölftontechnik Arnold Schönbergs (1874–1951) beeinflußten Polyphonie entfaltete. Tristano führte schließlich auch die themenfreie Improvisation ein, mit der er ebenso wie mit seinem kammermusikalischen Spielkonzept über die eigentliche Cool-Phase hinaus von großer Bedeutung für die Entwicklung des Jazz blieb. Das gilt auch für das 1952 von John *Lewis* gegründete *Modern Jazz Quartet*, das sich zum repräsentativsten Vertreter des Cool Jazz entwickelte, ohne allerdings dem strengen Klassizismus der Tri-

stano-Schule zu folgen. In jedem Falle ging es
dabei darum, den Jazz als eigenständige
Kunstform eine entsprechende kulturelle Anerkennung zu verschaffen, was dann in der →
Third Stream Music kulminierte. Der Cool
Jazz selbst verflachte schließlich durch die
kommerzielle Umsetzung, die diese Spielweise u. a. in der → Barmusik fand – ein Prozeß, der in der Folge den → Hard Bop als radikale Gegenreaktion provozierte.

Coon Song [amerik., ku:n soŋ]: Bezeichnung
für einen unter den amerikanischen Blackface
Minstrelsy (→ Minstrel Show) aufgekommenen Liedtyp, bei dem es sich um eine Art spöt-
tisch-karikierendes musikalisches Porträt des
Südstaaten-Negers handelte. Die Bezeichnung
dafür, abgeleitet von *racoon* (= »Waschbär«),
war ein damals weitverbreiteter abfälliger
Slangausdruck für Neger. Die Texte der Coon
Songs setzten sich dann auch aus bloßen Stereotypen über das angebliche Verhalten und
Aussehen des Negers zusammen. Musikalisch
waren sie den Unterhaltungsmusikstandards
des 19. Jh. verpflichtet, wurden in den Minstrel Shows aber auf dem Banjo begleitet, um
ihnen so den Anschein von etwas typisch Ne-
groidem zu geben. Als die Coon Songs um
1890 schließlich eine regelrechte Modeerscheinung in den USA zu werden begannen,
verbreiteten sie die Musikverlage bereits in
Massenauflage als Notendruck – dann aber in
der Regel mit Klavierbegleitung. Das berühmteste Lied dieser Art entstand jedoch schon in
den zwanziger Jahren des 19. Jh. und gilt noch
heute als ein Symbol für die Rassendiskrimi-
nierung in den USA: »Jim Crow« von Thomas
D. *Rice* (1808–1860).
→ Plantation Song.

Copyright [engl., ′kɔpirait]: Vervielfältigungs-
recht. Mit dem Vermerk »*copyright by* ...«,
neuerdings durch © mit Verlags-, Ort- und
Jahresangabe im Impressum oder unter der ersten Notenseite werden die Weltverlagsrechte
an einem Werk (Komposition/ Text) angegeben. Dieser Hinweis ist ein Schutzvermerk,
der unerlaubtes Kopieren und Verbreiten von
urheberrechtlich geschützten Werken (→ Urheberrecht) untersagt. Er wird auch bei Videos
und Filmen angebracht.

Cornet à pistons [franz., kɔr′nɛt-apis′tɔ̃]: →
Kornett.

Thomas D. Rice

corny [engl./amerik., ′kɔ:ni, wörtlich »abgedro-
schen«]: zunächst unter Jazzmusikern aufgekommener Slangausdruck für eine geschmack-
lose, altmodische oder stilfremde Phrasierung,
dann auf ein abgehacktes, poltriges Spiel
schlechthin ausgedehnt; im deutschen Äquivalent etwa »zickig«.

Counterfeits [engl./amerik., ′kauntəfits]: →
Bootlegs.

Country Blues [amerik., ′kʌntri blu:z]: volksmusikalische Tradition des Blues, die sich unter den ländlichen Lebensverhältnissen in den
agrarischen Südstaaten der USA mit regional
unterschiedlichen Spielweisen und Stilformen
(→ Mississippi Blues, → Texas Blues) herausgebildet hat. Entdeckt wurde diese Musik erst
in den zwanziger Jahren, als die Schallplattenindustrie, angeregt durch den kommerziellen
Erfolg des → klassischen Blues, für ihre →
Race-Record-Serien auch Volksmusiker in die
Aufnahmestudios holte. Diese waren während
des ersten Weltkrieges im Zusammenhang mit
einer großen Abwanderungswelle von Afroamerikanern aus den Südstaaten in den durch
die Kriegsproduktion Arbeitsplätze verspre-

chenden industriellen Norden auch in die Zentren der Schallplattenindustrie gekommen. So begann 1924 zunächst die in Wisconsin beheimatete Paramount Records Country-Blues-Sänger in ihre Race-Record-Serie aufzunehmen. Zu ihren Veröffentlichungen gehörten dann Aufnahmen mit Charley *Patton* (1889–1934), Son *House* (geb. 1902), Blind Lemon *Jefferson* (1897–1930), die wesentliche regionale Traditionen des volksmusikalischen Blues repräsentieren. Wenig später schickte die Chicagoer Gennet Records die ersten fahrbaren Aufnahmestudios übers Land, um die Volksmusik gleich an Ort und Stelle aufzuzeichnen *(Field Records)*. Von den Großen des Schallplattengeschäfts folgte 1926 die Columbia dieser Praxis. In einem Zeitraum von nur rund fünf Jahren wurde auf diese Weise dann der gesamte Süden von den professionellen Talentesuchern der Plattenindustrie durchgekämmt, denn das Verfahren erwies sich auch als äußerst profitabel, wurde den im Musikgeschäft völlig unerfahrenen Musikern in der Regel doch nur eine geringfügige einmalige Abfindung für ihre Aufnahme bezahlt. Daß die Auswahl dabei im wesentlichen kommerziellen Kriterien folgte und sich an dem gerade geschaffenen Markt für den Blues orientierte, hat einen Teil dieser einmal reich entwickelten volksmusikalischen Tradition des Blues für immer verschüttet, obwohl dadurch andererseits überhaupt erst die Aufmerksamkeit dafür geweckt worden ist. Eine systematische Erforschung der Musik der Schwarzen im Süden der USA erfolgte erst ab 1933, als der Musikethnologe und Volksliedsammler John A. *Lomax* (1875–1948) und dessen Sohn Alan *Lomax* (geb. 1915) im Auftrag der Library of Congress, Washington, mit der Sammlung von Liedern begannen. Sie waren es auch, die dabei im Staatsgefängnis von Louisiana den Sänger und Gitarristen Huddie *Ledbetter*, genannt *Leadbelly* (1888–1949), entdeckten, der dann als erster schwarzer Volksmusiker die Rassenschranken im Musikgeschäft der USA durchbrach und den Country Blues auch einem weißen Publikum bekannt machte.
Der Country Blues ist von einem außerordentlichen Reichtum am Formen, Stilen und Spielweisen, die in spezifischen regionalen Traditionszusammenhängen verwurzelt sind und eine verallgemeinernde Festlegung auf ein stilistisches Grundmodell nicht zulassen. Da hier auch noch nicht wie in den städtischen Bluesformen das auf europäische Ursprünge zurückgehende vollentwickelte harmonische Kadenzgesetz durchgesetzt ist, fehlt ebenfalls die durchgehende Bindung an das Bluesschema mit seinem charakteristischen Bluesstimmenablauf (→ Blues). Stattdessen dominieren oft noch Elemente der typisch negroiden Sprechmelodik (parlando), die eine musikalisch freiere Gestaltung zur Folge haben. Begleitet wird der Country Blues in der Regel durch ein Einzelinstrument, dem Banjo, vor allem aber der Gitarre und auch der Mundharmonika.

Country Music [engl./amerik., ˈkʌntri ˈmjuː zik]: Bezeichnung für die ländliche weiße Volksmusik in den USA. Sie geht zurück auf die kulturelle Tradition der Siedler in den südlichen und westlichen Bundesstaaten Nordamerikas und ist ihrer musikalischen Herkunft nach hauptsächlich englischen, irischen, schottischen, zum Teil auch deutschen und französischen Ursprungs. Diese Ursprünge haben sich miteinander und mit anderen kulturellen Einflüssen, nicht zuletzt auch der afroamerikanischen Volksmusik (→ afroamerikanische Musik) vermischt und so zur Herausbildung eines der wichtigsten Bestandteile der populären Musik in den USA geführt. Als zentrales Überlieferungsgebiet bis in die Gegenwart hinein gilt das Appalachen-Gebirge, ein sich zwischen dem nördlichen Alabama und West-Virginia erstreckender Gebirgszug, der oft auch als die Geburtsstätte der Country Music bezeichnet wird. Die harten Bedingungen der Landnahme in den Bergen und die auf den natürlichen Gegebenheiten der Bergwelt gegründete Lebensweise hier haben tatsächlich zu einer Konservierung volksmusikalischer Traditionen geführt, in denen sich die charakteristischen Eigenarten dieser Musik in ihrer Ursprünglichkeit erhalten konnten. Auch der → Dulcimer und die → Autoharp, neben der europäischen Fiedel (Fiddle, → Violine) und dem → Hackbrett die typischen Instrumente der Country Music, besitzen in den Appalachen ihre Heimat. Kulturelle Austauschprozesse, wie sie durch herumziehende Sänger, Medicine Shows (von geschäftstüchtigen »Doktoren« organisierte Wandershows zur Absatzförderung ihrer »Heilmittel«) und den → Minstrel Shows vermittelt wurden, sorgten dafür, daß im Verlauf des 19. Jh. Banjo und Gitarre Eingang in diese Musik fanden. Das Liedgut setzte sich aus den verschiedenen ethnischen Ursprüngen zusammen, wobei in den Appalachen selbst die englisch-irische Linie dominierte und so auch am umfassendsten überliefert ist. Dabei handelte es sich um a cappella vorgetragene Balladen, → Jigs, → Reels und die traditionellen → Square Dances.

In den zwanziger Jahren wurde ebenso wie die afroamerikanische Volksmusik (→ Race Records) auch die Country Music von der Musikindustrie entdeckt und dann in einer geradezu beispiellosen Weise kommerziell verwertet. Die erste Aufnahme eines Country-Musikers erschien 1923 mit Fiddlin' John *Carson* (1868–1949) bei der Schallplattenfirma Okeh, die 1920 auch die erste Produktion eines → Blues herausgebracht hatte und, angeregt durch ihren Erfolg bei der kommerziellen Verwertung afroamerikanischer Volksmusik, ihre Aktivitäten auch auf die euroamerikanische Musik und den potentiellen Käuferkreis unter den weißen Farmern und Siedlern auszuweiten begann. Zu den Musikern, die die Musik der Berge durch ihre Schallplattenaufnahmen bekannt machen halfen, gehörte vor allem die *Carter Family*, die ab 1927 Country-Klassiker wie »Wild Wood Flower« (1928) oder »Will the Circle Be Unbroken« (1930) herausbrachte und damit landesweite Popularität erhielt. Auch der Rundfunk nahm sich sehr bald der Musiker aus den Bergen an, die inzwischen unter der Bezeichnung → Hillbillies firmierten. Während dieser Begriff später zum Synonym für die noch unverfälschte, authentische Musik der volksmusikalischen Tradition des Country werden sollte, verlor diese selbst im Kontext von Rundfunk und Plattenindustrie allmählich ihren Charakter als Volksmusik. Eine zentrale Rolle bei der Professionalisierung der Country Music und ihrer Integration ins Showgeschäft spielte die in der zweiten Hälfte der zwanziger Jahre am Sender WSM in Nashville, Tennessee, unter dem Titel → Grand Ole Opry eingerichtete und seither wöchentlich ausgestrahlte Live-Radio-Show. Aus ihr ging auch der erste große kommerzielle

Star des Country hervor, Jimmie *Rodgers* (1897–1933). Unter dem Einfluß von Hollywoods Filmindustrie wurde in den dreißiger und vierziger Jahren die Country Music – beziehungsweise das, was im Prozeß ihrer musikindustriellen Zurichtung nach den Kriterien einer leicht konsumierbaren Ware von ihr noch übrig war – mit dem romantisch verklärten Bild des »singenden Cowboy« verbunden und dafür dann das Etikett → *Country & Western* in Umlauf gebracht. Der erste »singende Cowboy« Hollywoods und Star dieses Genres war Gene *Autry* (geb. 1907). Die in ihren Grundzügen ebenso konservative wie reaktionäre Country & Western-Ideologie hat die weitere Entwicklung nachhaltig geprägt und diese Musik zum Sinnbild eines Amerika-Klischees voller Abenteuerlichkeit und Romantik werden lassen, was mit den tatsächlichen Lebensbedingungen der Cowboys freilich ebensowenig zu tun hatte wie mit der weißen ländlichen Volksmusik. Aus der Country Music war eine Sound-Schablone gemacht worden, die von routinierten Sessionmusikern in den Aufnahmestudios der Plattenfirmen getragen wurde. Zu Inbegriff und Kultfigur des Country & Western-Betriebes wurde nach dem zweiten Weltkrieg zunächst der Sänger Hank *Williams* (1923–1953). Ihm folgten Johnny *Cash* (geb. 1932), John *Denver* (geb. 1943) und Roger *Miller* (geb. 1936). Auch wenn der Country & Western-Rummel von Film- und Musikindustrie die authentische Country Music mehr und mehr verdrängte, ist sie doch nie ganz verschwunden, wovon nicht zuletzt der → Bluegrass als ein Versuch ihrer zeitgemäßen Neuinterpretation Zeugnis ablegt. Doch erst im Zuge des → Folk Revival der sechziger Jahre hat das Verhältnis zu dieser Musik eine prinzipielle Änderung erfahren, in dessen Folge sich ein breiteres und wesentlich tieferes Verständnis für die Country Music und ihre Tradition herauszubilden begann, das ihrer kommerziellen Verfälschung unter dem Etikett Country & Western entgegengesetzt wurde.

Country Rock [engl./amerik., ˈkʌntri rɔk]: in der zweiten Hälfte der sechziger Jahre in den USA vor allem durch Gruppen wie *Buffalo Springfield*, *International Submarine Band* und *The Byrds* hervorgebrachte Synthese aus →

Rockmusik und Country-Sound (→ Country
Music, → Country & Western). Als erste Platte
dieser Art gilt das 1967 erschienene Album
»Safe at Home« der International Submarine
Band, das noch vor dem jene Entwicklung
eigentlich auslösenden »Sweetheart of the Rodeo« (1968) der Byrds auf Klangformen und
Instrumentarium der Country Music zurück-
griff. Banjo, Mandoline, Geige, Akkordeon sowie Steel Guitar einerseits und die musikalische Neufassung klassisch gewordener Coun-
try-Songs von Merle *Haggard* (geb. 1937),
William *Bell* (geb. 1939) und anderen definierten diese Spielart der Rockmusik, die sich
nach ihrem kommerziellen Höhepunkt um die
Wende zu den siebziger Jahren mit Gruppen
wie *The New Riders of the Purple Saga*, *Eagles*,
The Band und *Poco* später hauptsächlich auf
lokaler Ebene weiterentwickelte. *Southern
Rock* wurde dann das neue Etikett, wobei hier
besonders die als *Texas Rock* firmierenden
Produktionen auch überregionale Beachtung
fanden. Zu erwähnen ist in diesem Zusammenhang vor allem die Gruppe ZZ *Top*.

Country & Western [amerik., ′kʌntri ənd
′westən; auch *C&W*]: in den vierziger Jahren
in den USA aufgekommene Verkaufsbezeich-
nung für die sowohl mit authentischer ländlicher Volksmusik euroamerikanischer Herkunft (→ Country Music) als auch der Fülle
ihrer kommerziellen Nachahmungen produzierten Schallplatten. Die Einführung dieses
Begriffs, der 1949 von dem Musikmagazin
Billboard zur Bezeichnung der entsprechenden Rubrik ihrer → Charts übernommen und
bis heute beibehalten wurde, signalisierte
einen funktionierenden und ausgebauten
Markt für weiße Volksmusik beziehungsweise
das, was dafür ausgegeben sowie aus ihr gemacht worden war. Bei dem weit größten Teil
der als Country & Western vertriebenen Produktionen handelte es sich schon damals
nämlich mitnichten um Volksmusik, sondern
vielmehr um eine der authentischen Country
Music professionell und oberflächlich nachge-
bildete Imitation, die voll und ganz den Normen des amerikanischen Showgeschäfts verpflichtet war. Sie hatte und hat bis heute ihre
Plattform in der → Grand Ole Opry in
Nashville, Tennessee, dem kommerziellen
Zentrum des Country & Western. Aber auch

Hank Williams

Hollywoods Filmmusikproduktion hinterließ
hier ihre Spuren, daher der Verweis auf das
entsprechende Filmgenre in der Bezeichnung.
Die in den dreißiger Jahren massenhaft produzierten Western-Filme waren in ihrem Handlungsablauf meist nichts anderes als bloßer
Anlaß für die Präsentation ihrer eigentlichen
Attraktion, des singenden Cowboys. Was dabei
als Country Music ausgegeben wurde, hatte
ebensowenig mit Volksmusik zu tun wie das
Bild des Cowboys in diesen Filmen mit dessen
tatsächlichen Lebensbedingungen. In Wirklichkeit hatten nicht einmal die Country Music dieser Spielart und die Cowboys miteinander zu tun, denn die damals als Country
Music bekannt gewordene Musik hat ihren
Ursprung in den Appalachen, nicht aber den
Prärie-Ebenen des Westens der USA. Bei der
als Country & Western bezeichneten Musik
handelt es sich in der Hauptsache also um
eine Schlagerproduktion wie jede andere
auch, die lediglich in ihrem Klangbild durch
das verwendete Instrumentarium mit Fiedel,
Banjo und Gitarre (Steel Guitar) noch Anklänge an die authentische Country Music
aufweist, wobei auch das inzwischen in einen
gängigen Popsound eingeschmolzen wurde
(→ Nashville Sound). Verbunden ist das oft
mit einer ausgesprochen konservativen und reaktionären Ideologie, die die Traditionen des
weißen Amerika für eine militant patriotische
Verteidigung »amerikanischer« Werte herauf-
beschwört. Seine ersten Symbolfiguren hatte
der Country & Western-Kult mit Gene *Autry*
(geb. 1907) und Hank *Williams* (1923–1953).
In den sechziger und siebziger Jahren standen

Johnny Cash

dafür vor allem die Namen von Johnny *Cash* (geb. 1932), Loretta *Lynn* (geb. 1935) und Roger *Miller* (geb. 1936).

Aber auch wenn damit eine für den Country & Western-Bereich durchaus typische und in jeder Hinsicht dominierende Musikproduktion angesprochen ist, mit diesem Begriff handelt es sich nicht um eine musikalische Stilbezeichnung, sondern um ein reines Verkaufsetikett, das im Plattenvertrieb jede Art Musik meint, die – wie unmittelbar oder mittelbar auch immer – etwas mit der euroamerikanischen Volksmusik, der Country Music, zu tun hat oder auch nur vorgibt zu tun zu haben. Eine musikalisch-stilistische Definition von Country & Western ist damit ausgeschlossen.

Couplet [frz., ku'plɛ]: Liedform aus dem unterhaltenden Musiktheater des 18. und 19. Jh. (hauptsächlich → Vaudeville, Singspiel, Posse und → Operette), die sich im ausgehenden 19. Jh. innerhalb von Kabarett, Gesangsunterhaltungen und Komikerdarbietungen zu einem eigenen Genre verselbständigt hat und zu den musikalischen Quellen des → Schlagers gehört. Die Bezeichnung ist abgeleitet von den französischen *couplets* (= »Strophen«)

und zeigt an, daß es sich beim Couplet um ein Strophenlied handelt. Seine spezifischen Kennzeichen sind der formale Aufbau mit gleichbleibendem Refraintext zu wechselnden Stropheninhalten sowie die Gliederung des musikalischen Ablaufs nach dem AB-, ABA- oder ABCB-Schema. Das Couplet kam als Gesangseinlage in der Art eines heiter-witzigen Vortragsstückchens in der französischen Tradition des unterhaltenden Musiktheaters auf, wobei es sich hier von analogen Gesangsnummern wie dem Air oder dem Chanson durch seinen pointiert-humorvollen Text und durch seine Funktion im Stückzusammenhang unterschied. Es war direkt aus einer bestimmten Handlungssituation herausentwickelt, benutzte den Bezug auf diese Situation jedoch, um aus dem Handlungsablauf herauszutreten und die handelnden Personen als Sprachrohr des Autors über aktuelle Fragen aus dem politischen und gesellschaftlichen Leben räsonieren zu lassen. Der formal begründete Zwang, zu jeder Textstrophe immer wieder den gleichen Refrain folgen zu lassen, wurde dabei für hintergründige Komik von nicht selten satirischer Schärfe benutzt. Dieses Prinzip, heterogene Stropheninhalte im Refrain auf einen gemeinsamen witzigen Nenner zu bringen, ist zum Charakteristikum der Couplet-Technik geworden. Die mit der Ausweitung des Amüsierbetriebs aufkommenden Gesangskomiker und singenden Unterhalter nahmen sich in Kabarett und Varieté der oft zu großer Popularität gelangten Liedeinlagen aus dem Musiktheater an und verselbständigten sie so zu einem eigenständigen Liedgenre mit satirischem, humoristischem oder leichtgeschürzterotischem Inhalt, das sich besonders um die Jahrhundertwende einer immensen Beliebtheit erfreute. Eine Rolle gespielt haben mag dabei auch der Umstand, daß sie sich als lose Blätter in einer Weise vertreiben ließen, die den Bedürfnissen der expandierenden Verlagsindustrie ausgesprochen entgegenkam. Ihr Vortrag erfolgte meist mit Klavierbegleitung, in der Form des Tanz-Couplets auch mit Tanzelementen verknüpft.

Musikalisch bilden sich die charakteristischen Merkmale des Couplets in Melodik und Rhythmik aus, an denen sich auch seine beiden Haupttypen festmachen lassen: das in der Alltagssprache verwurzelte, melodisch den

Sprechgestus nachzeichnende und vom Sprachwitz lebende Couplet sowie der rhythmisch straffere, den zeitgemäßen Tanzrhythmen wie Polka, Walzer und Marsch verpflichtete Couplet-Typ. Beide Formen, die zur Grundlage seiner Verwendung durch die Couplet-Humoristen des Kabaretts wurden, sind hauptsächlich der Berliner und Wiener Lokal-Posse des 19. Jh. geschuldet und mit Namen verbunden wie dem Klassiker der Berliner Posse, David *Kalisch* (1820–1872), Ferdinand Jakob *Raimund* (1790–1836), Schauspieler und Verfasser einer Vielzahl von Zauberpossen mit Gesang und Tanz für die Wiener Vorstadttheater, sowie vor allem Johann Nepomuk *Nestroy* (1801–1862), der in seinen »Possen mit Gesang« die Wiener Volkskomödie zur Vollendung brachte. Sie waren das Vorbild für die unzähligen Couplet-Humoristen im ausgehenden 19. Jh. Dabei erfuhr das Couplet, das zwanzig und mehr Strophen aufweisen konnte, eine Festlegung auf eine dreistrophige Standardform, wobei die erste Strophe als Aufhänger für den Refrain einen

Vorgang aus dem Alltagsleben schilderte, die zweite Strophe den nun festliegenden Refrain mit erotischen Anspielungen ins Komische wendete, während die dritte Strophe den Refraintext zur abschließenden Sentenz einer zeitbezogenen aktuellen bzw. politischen Glosse machte. In dieser Form hat sich das Couplet bis weit in die zwanziger Jahre hinein als fester Bestandteil des Kabaretts erhalten, wobei die Grenzen vor allem zum Schlager immer fließender wurden. Einen abschließenden Höhepunkt fand das Couplet im Schaffen von Otto *Reutter* (1870–1931), dem insgesamt bedeutendsten Schöpfer dieses Genres. Nach dem Krieg lebte es im Kabarett zwar wieder auf, doch ohne zu einer nennenswerten Weiterentwicklung zurückzufinden. Seinen ehemals zentralen Platz in der populären Musik hatte es inzwischen dem Schlager überlassen müssen.

Cover [engl., ˈkʌvə, wörtlich »Hülle«]: englische Bezeichnung für Schallplattentasche. Das Cover einer Schallplatte hat im Laufe der Entwicklung der populären Musik einen immer größeren Stellenwert bekommen, was sich in der optischen Gestaltung dieses Verpak-

Covers aus der Amiga-Produktion

kungsmittels niederschlägt. So erfüllt es die Funktion eines Kaufstimulus, das die Platte aus der Masse des Angebots optisch herausheben soll. Mit der Herausbildung des Concept Album ist es mehr und mehr auch in die künstlerische Gesamtkonzeption einbezogen worden, versinnbildlicht hier auf seine Weise die inhaltliche Grundidee. In jedem Falle wird auf die Cover-Gestaltung sehr viel Sorgfalt und oft ein beträchtlicher Aufwand verwandt. Die Rückseite ist häufig für den Abdruck der Songtexte genutzt oder aber enthält eine Einführung in den Inhalt der Platte (→ Liner Notes).

Cover Version [engl./amerik., ˈkʌvə ˈvəːʃən]: Bezeichnung für die mit anderen Musikern nachproduzierte Kopie eines bereits auf Schallplatte vorliegenden Titels, die in der Regel noch in der Popularitätsphase des Originals herausgebracht wird und als rein kommerziell orientierte Praxis nichts mit der eigenständigen Neuinterpretation vorhandener Musiktitel zu tun hat, selbst wenn der Begriff im journalistischen Sprachgebrauch oft auch dafür Verwendung findet. Aufgekommen ist diese Bezeichnung im Zusammenhang mit der Herausbildung des amerikanischen → Rock'n'Roll – obwohl sich die Praxis selbst schon viel früher nachweisen läßt – als die Schallplattenindustrie auf die zunehmende Popularität des afroamerikanischen → Rhythm & Blues mit dessen Nachproduktion durch die bei ihr unter Vertrag stehenden weißen Musiker reagierte. Da gegen sie keine rassischen Vorurteile in der amerikanischen Öffentlichkeit bestanden, waren solche Cover Versions von Rhythm & Blues-Hits oft um ein Vielfaches erfolgreicher als die Originale, was zwar auf Kosten der Interpreten der Originalaufnahme ging, aber im Interesse der Eigentümer (Schallplattenfirma und/oder Verlag) der mechanischen Vervielfältigungsrechte (→ Mechanicals) lag. So sind die meisten der frühen Rock'n'Roll-Hits dann auch nichts anderes als weiße Cover Versions von afroamerikanischen Rhythm & Blues-Songs, wie zum Beispiel Elvis *Presleys* »Hound Dog« (1956; Original: Willie Mae *Thornton*, 1953) oder Bill *Haleys* »Shake, Rattle and Roll« (1954; Original: Joe *Turner*, 1954). Als sich auch die Originalversionen bei den weißen Jugendlichen durchzusetzen be-

gannen, trat die Praxis der Cover Versions wieder in den Hintergrund, ist aber bis heute ein gelegentlich anzutreffender Bestandteil des internationalen Musikgeschäfts geblieben.

Cowbell [engl., ˈkaubel, wörtlich »Kuhglocke«]: → Cencerro.

Creative Music [engl./amerik., kriˈeitiv ˈmjuːzik]: → Free Jazz.

Creole Jazz [amerik., ˈkriːoul dʒæz]: Richtung innerhalb des → New Orleans Jazz, die von kreolischen Musikern getragen und von ihrer Musiktradition geprägt war. Die Kreolen (von span. criollo = »eingeboren«), Nachkommen aus Mischehen zwischen Franzosen und Afroamerikanern, galten in dem Anfang des 18. Jh. von den Franzosen gegründeten New Orleans als Weiße und waren damit lange Zeit in deren Kultur integriert. Als Musiker besaßen sie in der Regel eine klassische Ausbildung, wirkten in den bürgerlichen Musikvereinigungen, dem Sinfonieorchester und der Oper mit, gründeten sogar ein eigenes Orchester, eine eigene Oper und selbst ein eigenes Konservatorium in New Orleans. Mit der 1803 erfolgten Übernahme der Stadt durch die Amerikaner änderte sich allerdings ihr Status. Aufgrund ihrer nicht reinweißen Hautfarbe verloren sie allmählich ihre bürgerlichen Rechte, bis sie schließlich 1889 offiziell zu Farbigen erklärt und den Afroamerikanern gleichgestellt wurden. Wie diesen war ihnen fortan die Teilnahme an dem von Weißen getragenen Kulturleben der Stadt untersagt. Den kreolischen Musikern blieb damit nur noch die Ausübung von Tanzmusik in den für Schwarze zugelassenen Lokalen des Vergnügungsviertels der Stadt. Hier gerieten sie in den sich herausbildenden Jazz hinein, zu dem sie dann einen durchaus eigenständigen Beitrag leisteten. Als ursprünglich an der klassischen Musik geschulte und des Notenlesens kundige Musiker blieb ihr Zusammenspiel zwar weitgehend an den harmonischen Gesetzen der klassischen Musiktradition, ihre Spielweise und Tongebung am Klangideal der europäischen Musik orientiert, doch brachten sie die französische Holzbläsertradition, als Musiziervorlagen Themen aus der bürgerlichen Tanzmusik des 19. Jh. und aus der französi-

Alphonse Picou

schen Volksmusik sowie einen starken lateinamerikanischen Einfluß (→ Habanera und →
Rumba) in den frühen Jazz ein. Das letztere
erklärt sich aus der Nachbarschaft von Frankreich und Spanien, zu dessen Kolonien der
karibische und mittelamerikanische Raum gehörte und über das schon im 19. Jh. Elemente
der → lateinamerikanischen Musik nach
Europa und da vor allem natürlich auch nach
Frankreich flossen. Unter der ersten Generation von Jazzmusikern in New Orleans befan-
den sich dann auch eine Reihe namhafter kreolischer Musiker. Aus ihren Reihen kamen
die meisten der frühen Jazz-Klarinettisten wie
etwa Lorenzo *Tio* (um 1885–1933), George
Baquet (1883–1949) oder Alphonse *Picou*
(1879–1961), aber auch Posaunisten wie Ho-
noré *Dutrey* (1870–1937) und Kornettisten wie
Freddie *Keppard* (1889–1933). Es dauerte
allerdings nicht sehr lange, bis sich die musikalisch stark am Ragtime ausgerichtete kreoli-
sche Richtung des New Orleans Jazz mit der
afroamerikanischen, stärker bluesorientierten
Spielweise so weit vermischt hatte, daß eine
Unterscheidung nur noch in den Personalsti-
len der ·Musiker möglich war.

Crooner [engl./amerik., ʹkruːnə, von engl.
croon = »summen«]: in den vierziger Jahren in
den USA aufgekommene Bezeichnung für
Sänger, die durch starkes Verhauchen der
Stimme, leisen Gesang sehr dicht am Mikrophon ihrer Darbietung ein Höchstmaß an Intimität verliehen. Crooner in diesem Sinne waren Bing *Crosby* (1903–1977), Frank *Sinatra*
(geb. 1915) und Perry *Como* (geb. 1912). Später
wurde der Begriff in den USA auch einfach
zum Synonym für Schlagersänger schlechthin.

Crossing over [engl., ʹkrɔsiŋ ʹouvə]: → Panoramaeffekt.

Crossover [engl./amerik., krɔsʹouvə]: 1.) kommerzielle Bezeichnung im amerikanischen
Musikgeschäft, die mit dessen Ausrichtung
auf möglichst festumrissene und genau definierte Märkte im Zusammenhang steht, wie
das am deutlichsten in der Struktur und den
Auflistungsmodalitäten der → Charts zum
Ausdruck kommt. Danach werden als Crossover solche Titel bezeichnet, die diese Struktur
durchbrechen und sich auf unterschiedlichen
Märkten kommerziell behauptet haben, also
auch in verschiedenen Rubriken der Charts
gleichzeitig auftauchen. Besonders häufig
wurden solche Parallelplazierungen, als mit
der Herausbildung des → Rock'n'Roll ab
Mitte der fünfziger Jahre afroamerikanische
Rhythm & Blues-Songs (→ Rhythm & Blues)
auch bei den weißen Jugendlichen eine immer
größere Popularität erzielten und damit sowohl in den Rhythm & Blues-Charts als auch
in den weißen Pop-Charts unter den jeweils
meistverkauften Schallplatten plaziert waren.
Der Rock'n'Roll selbst ist eigentlich ein typisches Crossover-Phänomen gewesen, da er
sich, wie etwa die meisten der frühen Elvis-
Presley-Hits, oft sogar gleich in mehreren
Chart-Rubriken durchsetzte. Der erste Titel,
der sowohl in den Pop-Charts als auch den
Rhythm & Blues- und den Country & Western-
Charts gleichzeitig auftauchte, war Elvis Presleys »Hartbreak Hotel« (1956), die erste Num-
mer 1 in allen drei Rubriken Elvis Presleys
»Hound Dog« (1956), dem dann Titel wie
»Let Me Be Your Teddy Bear« (1957) und
»Jailhouse Rock« (1957) in ebenso erfolgrei-
cher Position folgten. Seit Anfang der sechzi-
ger Jahre werden solche Crossover-Titel zu

einem eigenständigen Verkaufsgenre unter der Bezeichnung → *Easy Listening* zusammengefaßt.

2.) Das Crossover ist eine spezielle → Frequenzweiche, die in Verbindung mit Lautsprecherkombinationen verwendet wird. Das Frequenzspektrum des Tonsignals wird in die für die einzelnen Lautsprechersysteme günstigen Bereiche aufgeteilt. Für eine Dreierkombination wären die Frequenzbänder Tiefen (20 bis 250 Hz), Mitten (250 bis 5000 Hz) und Höhen (5000 bis 15000 Hz) möglich. Die Flankensteilheit der Weichen beträgt 6, 12 oder 18 dB pro Oktave. Das Crossover wird der → Endstufe nachgeschaltet, wenn diese das gesamte Frequenzspektrum verstärkt. Vor den Endstufen befindet sich das Crossover dann, wenn auch die Leistungsverstärker für bestimmte Frequenzgebiete optimiert sind.

Csárdás [ung., ′tʃaːrdaːʃ]: lebhafter ungarischer Tanz im ²⁄₄- oder ⁴⁄₄-Takt, dessen Wurzeln bis auf die mittelalterlichen Heiduckentänze zurückreichen. Die Bezeichnung dafür ist abgeleitet vom ungarischen *Csárda*, der Pußta-Schenke. Vorangestellt ist ihm in der Regel eine langsame, melancholische Einleitung, der *Lassu* genannte Kreistanz der Männer. Ihm folgt der eigentliche Csárdás (auch *Friss* oder *Friszka*) mit einem scharf akzentuierten, dem Sporenschlag nachgebildeten Rhythmus als Paartanz. In den dreißiger Jahren des 19. Jh. gelangte er in die Ballsäle der ungarisch-österreichischen Monarchie, wurde zum Modetanz und zur Standardnummer in der Wiener Operette.

Cuban Bop [engl./amerik., ′kjuːbən bɔp]: → Afro Cuban Jazz.

Cuban Jazz [engl./amerik., ′kjuːbən dʒæz]: → Afro Cuban Jazz.

Cu-Bop [engl./amerik., ′kjuːbɔp]: → Afro Cuban Jazz.

Cue [engl., kjuː]: Hinweis (Handzeichen, Kopfnicken usw.) für Musiker, z. B. für gemeinsamen Einsatz nach einer freien Passage.

Cuica [span., ′kwika, auch *Puita* oder *Roncador*]: auf afrikanischen Ursprung zurückgehende Stabreibtrommel; in der lateinamerikanischen Folklore anzutreffen; Spielweise wie → Brummtopf.

Culture Rock [engl./amerik., ′kʌltʃə rɔk]: → Art Rock.

Cumbia [span.]: folkloristische Lied- und Tanzform in Kolumbien, die in zahlreichen Varianten afrikanische, indianische und europäische Elemente in sich vereint; steht sowohl im ²⁄₄- wie auch im ³⁄₄-Takt; begleitet durch Gitarren, Trommeln, indianische Flöten, auch Akkordeon.

Cup Mute [engl., kʌp mjuːt]: → Dämpfer.

c/w [Abk. für coupled with, engl., kʌplt wɪð]: → b/w.

Cymbal [engl., ′simbəl]: → Becken.

Cymbal [ung., ′tsymbal]: → Hackbrett.

★ **D** ★

Dämpfer: Vorrichtungen zur Veränderung der Klangfarbe bzw. zur Reduzierung der Lautstärke. Dämpfer existieren in unterschiedlicher Gestalt:

· als Papp-, Kunststoff-, Holz- oder Metallkonstruktion, die in die Stürze der Blechblasinstrumente gesteckt wird,

· als kleiner Holz-, Metall- oder Kautschuk-

kamm, der auf den Steg bei Streichinstrumenten gesetzt wird,

· als Pedal mit entsprechender Mechanik bei Klavier und Vibraphon,

· als Tuch- bzw. Filzstreifen für Trommeln,

· die Hand in der Stürze des Horns, auf dem Fell der Trommeln, auf den Saiten der Gitarre.

 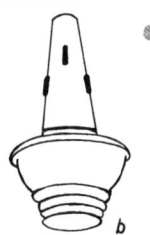   

a   b   c   d   e

Im Jazz, und abgeleitet davon in der Popmusik, sind vor allem die Trompeten- bzw. Posaunendämpfer hervorzuheben, weil sie wichtige klangverschleiernde → Effekte darstellen, die z. T. stilbildend (→ Jungle Style) wurden. Typen: a) spitzer Dämpfer (Straight), b) Cup Mute (Hush), c) Harmon Mute, d) Plunger Mute (vor die Stürze gehalten), e) Bucket Mute (Velvet). Darstellung siehe oben.
Anweisung »mit Dämpfer«: con sordino (ital.), muted (engl.)
Anweisung »ohne Dämpfer«: senza sordino (ital.), open (engl.)
o = offen, + = gedämpft.

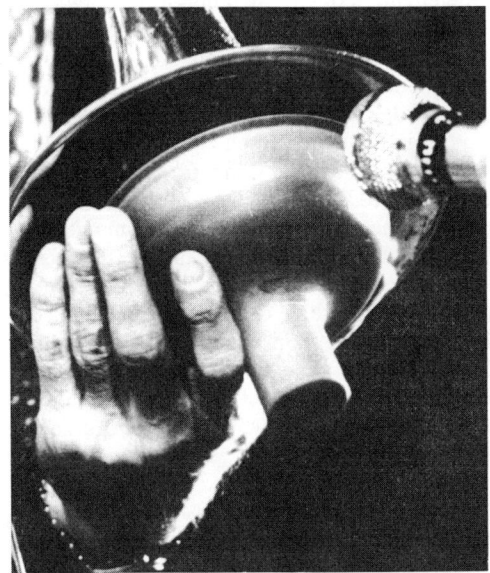

Dance Music [engl., da:ns 'mju:zik]: → Tanzmusik.

Danzón [span., dan'sɔn]: kubanischer Gesellschaftstanz in gemessenem Tempo, der zwischen 1900 und 1920 zum Nationaltanz wurde. Der Danzón ist eine um 1880 (von Miguel *Failde*, 1852–1921, in Matanzas) vollzo-

gene Synthese von Elementen der vorwiegend in den gehobenen Schichten gepflegten Contradanza cubana und afrokubanischer Folklore. Trotz der komplizierten Schrittfolge wurde dieser Baile del salón (Salontanz) rasch sehr populär. Sein Grundrhythmus basiert auf dem → Cinquillo.

Die Texte des Danzón spiegeln das gesellschaftliche Leben Kubas wider, auch auf humorige Art. In der Musik klingen oft Zitate aus klassischen Werken und Opern an. Zur Begleitung dienen meist größere Orchester. Seit seiner Entstehung erfuhr der Danzón immer wieder eine Erweiterung seiner Form, im Schlußteil waren rhythmische Improvisationen möglich. Aus dem Danzón gingen 1939 der → Mambo und 1949 der → Cha-Cha-Cha hervor.

dB [Abk. für Dezibel = $\frac{1}{10}$ Bel]: nach dem Erfinder des Telefons Alexander Graham Bell benannte Einheit für → Pegel.

Deejay [amerik., 'di:dʒei]: phonetische Schreibweise der Abkürzung DJ (→ Discjockey).

Delay [engl., di'lei, wörtlich »Verzögerung, Verspätung«, auch *Delay Unit*]: → Verzögerungsgerät, → Echogerät.

Delta Blues: → Mississippi Blues.

Demo [abgeleitet von engl. demonstration tape, demən'streiʃən teip]: ist eine meist mit normaler Heimtechnik erstellte Tonbandaufnahme von Musiktiteln bzw. deren Rohfassungen, mit der vor allem Rockgruppen ihre Neuschöpfungen zur Produktion anbieten. Trotz ihrer zwangsläufig eingeschränkten klanglichen Qualität vermittelt sie doch eine ungefähre Vorstellung, die eine Entscheidung über die Eignung zur Studioproduktion zuläßt. Da ausgeschriebene Notentexte bei → Rockmusik nicht vorliegen und auch nicht viel aussagen würden, sind solche Demonstrations-Aufnahmen ein unerläßliches Hilfsmittel geworden.

Detroit Sound [amerik., di'trɔit saund]: → Motown Sound.

diatonisch [griech., wörtlich »durch die Töne«]: Als diatonisch bezeichnet man Tonfolgen auf der Grundlage siebenstufiger, aus fünf Ganz- und zwei Halbtonschritten bestehender Tonleitern (→ Dur, → Moll, → modale Leitern). Auf Diatonik basiert der größte Teil aller Melodien der populären Musik, Ausnahmen bilden z. B. → Bluestonalität und → Pentatonik.

digitale Synthesizer [engl., 'sinθəsaizə, 'sintəsaizə]: neueste Synthesizer-Generation mit fast unbegrenzten Möglichkeiten der Klanggestaltung durch die Kombination von Musikinstrument und moderner Computertechnik. Das bei den analogen Synthesizern grundlegende Prinzip der Spannungssteuerung wird bei diesen Systemen von der digitalen Steuerung durch den Computer abgelöst. Man spricht z. B. statt → VCO (spannungsgesteuerter Oszillator) von DCO (Digital Controlled Oscillator, digitalgesteuerter Oszillator) usw. Zur Programmierung des Computers dient eine alphanumerische Tastatur. Außerdem kann der Computer beliebige, mit einem Lichtstift auf den Bildschirm geschriebene Kurvenformen sowie über ein Mikrophon zugeführte Klangstrukturen analysieren und in Form sogen. Algorithmen speichern. Die Umwandlung analoger Signale in digitale Informationen und umgekehrt ermöglicht ein Converter (engl., wörtlich »Umformer«). Die einzelnen Programme werden auf Magnetbandkassette oder Floppy Discs (spezielle Magnetscheiben) gespeichert und bleiben so ständig reproduzierbar. Ein solcher digitaler Computer setzt sich aus Ein- und Ausgabeeinheit (*Input/Output Devices*), Arbeitsspeicher (*Memory System*), Rechen- (*Arithmetic Unit*) und Bedienungseinheit (*Control Unit*) zusammen. Dazu können weitere Baueinheiten (z. B. externe Speicher) treten. Für den musikalischen Gebrauch wird der Computer in der Re-

gel mit einem separaten Keyboard gekoppelt, das neben dem eigentlichen Spielen auch zum Programmieren und Abrufen der Programme dient. Einige Herstellerfirmen dieser noch recht kostspieligen neuen Synthesizer-Systeme sind Yamaha, Fairlight und PPG. Inzwischen arbeiten zahlreiche Musiker nicht nur im Bereich des Elektronik Rock mit digitalen Synthesizern. Die erste LP, die ausschließlich mit diesem neuen Instrumentarium produziert wurde, stammt von Klaus *Schulze* (geb. 1947) und trägt den programmatischen Titel »Dig It« (1980, bei Amiga unter dem Titel »Elektronik Impressionen« 1982 erschienen).

Digital Recording [engl., 'didʒitəl ri'kɔ:diŋ]: Digitalaufnahme; als Verweis auf Schallplatten, denen statt einer herkömmlichen Tonbandaufzeichnung eine digital kodierte Tonaufnahme zugrunde liegt. Dabei werden die durch das Schallereignis beim Aufnahmevorgang hervorgerufenen elektrischen Schwingungen nicht mehr in einer ihnen analogen Form auf die magnetisierbare Schicht des Tonbands übertragen und so gespeichert (Analogaufzeichnung), sondern durch eine rasche Folge elektrischer Impulse abgetastet und so in einzelne Stufen zerlegt (digitalisiert, von englisch digit = »Finger«). Bei der Wiedergabe wird das Ausgangssignal aus der digital kodierten Form wieder zusammengesetzt, wobei, ähnlich dem Zeilenaufbau des Fernsehbildes, das die Auflösungsgrenzen des Auges ausnutzt, infolge der Trägheit des menschlichen Ohres das Tonsignal in seiner ursprünglichen Schwingungsform, statt als extrem rasche Folge von Einzelimpulsen wahrgenommen wird. Die bei der magnetischen Aufzeichnung unvermeidlichen Störgeräusche (Rauschen) und Verzerrungen können so das Tonsignal nicht mehr beeinflussen, da ja nur ein Code von ihm aufgezeichnet ist. Es entstehen verzerrungs- und rauschfreie Aufnahmen von außerordentlich hoher technischer Qualität, die das ursprüngliche Tonsignal nahezu ohne jeden Informationsverlust wiedergeben. Bei der Umsetzung auf die herkömmliche Schallplatte treten dann zwar unvermeidlich wieder Informationsverluste, Verzerrungen und Störgeräusche auf, aber diese potenzieren sich zumindest nicht mehr mit denen der Magnetaufzeichnung wie beim analogen Aufzeichnungsverfahren. Wirklich zum Tragen gebracht werden die Vorzüge dieses Aufzeichnungsverfahrens aber erst, wenn auch die Schallplatte das Tonsignal in einer digitalisierten Form enthält (→ Compact Disc). Dann allerdings stehen die Nachteile, die mit dem technischen Aufwand verbundenen Kosten dafür und vor allem die fehlende Kompatibilität des Wiedergabesystems (es ermöglicht kein Abspiel herkömmlicher Langspielplatten), in keinem sinnvollen Verhältnis mehr zur klangtechnischen Überlegenheit dieses Aufzeichnungsverfahrens, die sich durch die technisch bedingten Grenzen der Übertragungswege in Heimanlagen (Verstärker- und Lautsprechercharakteristik) ja ohnehin wieder relativiert.

Digitalschallplatte: → Compact Disc.

dim, diminished [engl., diˈminiʃd, wörtlich »vermindert«]: → Akkordsymbolschrift.

Direct-to-Disc-Recording [engl./amerik., diˈrekt tə disk riˈkɔːdiŋ]: Schallplatten-Aufnahmeverfahren, bei dem die vom Mikrophon aufgenommenen Schallwellen direkt auf die Matrize (→ Schallplatte) übertragen und nicht erst auf Tonband aufgezeichnet werden. Es entspricht damit dem 1925 eingeführten elektrischen Aufnahmeverfahren. Der Begriff kam jedoch erst Ende der vierziger Jahre nach der Einführung des Tonbands für die Musikaufzeichnung auf, als gelegentlich auf dieses Verfahren zurückgegriffen wurde, um für Aufnahmen mit besonders hoher Klangqualität das damals noch starke Bandrauschen zu vermeiden. Die rasche Verbesserung der magnetischen Tonaufzeichnung hat dieses Verfahren jedoch schnell überflüssig gemacht, zumal es mit dem Zwang, eine Plattenseite ohne Unterbrechungen aufnehmen zu müssen, einen entscheidenden Nachteil besaß.

Direktionsstimme, Direktion: ersetzt im → Druckarrangement die → Partitur; alle wesentlichen Einzelstimmen sind zur Erleichterung für die Einrichtung bzw. Einstudierung des Titels meist in zwei Notenliniensystemen zusammengefaßt. Die Direktion kann auch beim Musizieren genutzt werden, wenn Einzelstimmen nicht besetzt sind. Sie enthält die Melodie (oft im → Satz) mit Akkordsymbolen, dazu wichtige Arrangementsinformatio

nen für den Musiker (Baßführung, Nebenstimmen, Einwürfe, Breaks, rhythmische Begleitmodelle u. a.). Gebräuchlich in der Tanz- und Unterhaltungsmusik sind die Piano-Direktion (Klavierstimme mit Einzeichnungen) und die C-Stimme (Akkordeon, Gitarre, Violine mit Einzeichnungen), in der Blasmusik oft die Flügelhornstimme als Direktion mit → Stichnoten.

Dirty Tones [engl./amerik., ˈdəːti tounz, wörtlich »schmutzige, dreckige Töne«]: ursprünglich eine aus der afrikanischen Tradition übernommene Gesangsweise im Blues und Jazz, bei der zur Ausdruckssteigerung bestimmte Töne (z. B. → Blue Notes) gepreßt, gequetscht, damit unsauber hervorgebracht wurden. Dirty Tones übertrug man auch auf das Instrumentalspiel, wozu Hilfsmittel wie → Dämpfer (→ Growl) bei Trompeten und Posaunen (auch nur teilweise Drücken der Ventile) oder später im Rock → Verzerrer bzw. → Wah-Wah-Pedal bei der Gitarre genutzt wurden. Auf dem Klavier versuchte man diesen Effekt durch kleine → Cluster (z. B. gleichzeitiges Anschlagen von kleiner und großer Terz) zu imitieren.

Discjockey [engl./amerik., ˈdiskdʒɔki, auch *DJ* oder *Deejay*]: Programmgestalter und Moderator in Diskotheken oder auch an Rundfunkstationen, soweit diese mit Schallplattenprogrammen und damit in der Funktion als Werbemedium für die Plattenindustrie arbeiten. In dieser Funktion haben im amerikanischen Rundfunkwesen, aus dem diese Bezeichnung auch hervorgegangen ist, die Discjockeys vor allem in den fünfziger Jahren zeitweilig eine Schlüsselstellung für die Musikindustrie innegehabt, oblag ihnen doch die Programmzusammenstellung und damit die Entscheidung über die Abspielhäufigkeit einer Platte (→ Air-play). Das provozierte zu verschiedenen Formen der Einflußnahme auf sie seitens der Plattenfirmen, unter denen die als → Payola bekannt gewordene direkte Bestechung nicht selten war. Als dies 1960 durch den *Federal Bribery Act* (Bestechungsgesetz) verboten und zur Kontrolle der Discjockeys Programmdirektoren eingesetzt wurden, verloren sie diese Schlüsselstellung wieder und mit ihr auch den vordem erheblichen Einfluß auf die Entwicklung der populären Musik. Zu den in diesem

Zusammenhang wichtigsten Discjockeys gehörte zweifellos Alan *Freed* (1922–1965), dessen bis 1953 von der Station WJW/Cleveland als »Record Rendezvous« und dann in »The Moon Dog Rock'n'Roll House Party« umbenannte Sendung den amerikanischen → Rock'n'Roll nicht nur popularisieren, sondern durch die Art seiner Musikauswahl auch herausbilden half. Die wachsende Konkurrenz während dieser Jahre im kommerziell organisierten Rundfunkwesen der USA zwang die Discjockeys zugleich in die Funktion, das Medium Rundfunk durch die Art ihrer Moderation weitgehend zu personifizieren. Der persönliche Stil des Discjockeys, Musikauswahl, eine oft zu rasanter Schnellsprechakrobatik umfunktionierte Moderation, Telefonkontakt zum Hörer während der Sendung und diverse Programmeffekte wurden zu entscheidenden Komponenten, die das Bild des Discjockeys fortan prägten und auch in die Diskothek übernommen worden sind.

Von zentraler Bedeutung waren die Discjockeys wieder ab Mitte der siebziger Jahre, allerdings jetzt in den Diskotheken im Zusammenhang mit der Disko-Welle (→ Disco Sound), als sie durch ihre Musikauswahl wesentlich darüber entschieden, was zur Disco Music wurde und was nicht und so den Disco Sound vorbereiten halfen, ebenso wie mit der

von ihnen entwickelten Mischtechnik, dem kunstvollen Ineinanderfahren verschiedener Titel zu quasi einem neuen, dann der Entwicklung der Disco Music bis hin zum → Rap die Richtung gewiesen wurde.

Von der in jedem Fall eng mit der internationalen Musikindustrie verflochtenen Funktion des Discjockeys unterscheidet sich die des *Diskomoderators* in den sozialistischen Ländern, was auch durch die Terminologie zum Ausdruck gebracht wird.
→ Diskothek.

Disco [engl./amerik., 'diskou]: → Disco Sound, → Diskothek.

Disco Music [engl./amerik., 'diskou 'mju:zik]: → Disco Sound.

Disco Sound [amerik., 'diskou saund, auch *Disco Music, Disco*]: Soundmodell auf der Basis der Motown-Traditionen (→ Motown Sound), des → Philly Sound und des afroamerikanischen → Funk, das sich im Zusammenhang mit einer Diskotheken-Renaissance Mitte der siebziger Jahre in New York herausbildete. Diese Renaissance der Diskothek, die während der Twist-Ära (→ Twist) in den USA schon einmal eine Hochzeit hatte, ging von den Afroamerikanern aus. Zumeist in alten Lagerhäusern begannen sie wieder mit Non-

Gloria Gaynor

Hot Chocolate

Stop-Musik von der Schallplatte und legten damit den Grundstein für einen regelrechten Tanzkult, der sich dann in Privatklubs und teuren Etablissements für die Schickeria von New York zu einer Phantasiewelt aus Licht, Innenarchitektur, Musik, Mode und Technik entfaltete. Wonach hier getanzt wurde, was hier als Tanzmusik angenommen wurde, das war *Disco Music*; sorgfältig registriert von der Regenbogenpresse und verbunden mit dem üblichen Gesellschaftsklatsch wer, wo, mit wem und wie sich hier amüsierte. Afroamerikanische Popmusik erwies sich als ideal für diesen Kontext. Zu den ersten kommerziell erfolgreichen Titeln, die explizit auf diesen Zusammenhang reagierten, gehörten das »Disco Queen« (1975) der *Hot Chocolate* und »Disco Sax« (1975) mit Houstern *Person*. Für eine elitäre Schicht von Jungmillionären, Pop- und Leinwandstars wurde Disco so zum Lebensstil, zu einer fast rituellen Freizeitkreation, die sich rasch als Dernier cri und schließlich als Massenmode etablierte. Eine große Rolle spielte dabei der Film »Saturday Night Fever« (Regie: John Badham, 1977), der mit John Travolta in der Hauptrolle und einer haupt-

sächlich von den *Bee Gees* erstellten Filmmusik den Glamour der Disco-Welt, die Faszination eines hemmungslosen Tanzvergnügens und die sinnliche Attraktivität körperlichen Selbstausdrucks weltweit einem breiten Massenpublikum nahebrachte. War die Diskothek von New Yorks Schickeria als Luxusspielwiese zum Ausleben ihrer Phantasien, als reizstarkes Gegenmittel gegen ödende Langeweile übersättigter Snobs okkupiert worden, so wurde nun daraus ein Massenzufluchtsort aus der Alltäglichkeit, eine irreale Scheinwelt des Vergnügens als Kompensationsmittel für einen unbewältigten Alltag. Aus den gängigen Tanz-Hits, zu denen etwa Gloria *Gaynors* (geb. 1949) »Never Can Say Goodbye« (1974) und George *McCraes* (geb. 1944) »Rock Your Baby« (1974) gehörten, beides typische Nummern im Philly Sound, entstanden spezielle Disco-Versionen. Unterlegt mit einem vorwärtstreibenden, unsynkopierten $^4/_4$-Beat, angereichert mit Perkussionseffekten und vor allem verlängert durch ausgedehnte instrumentale Zwischenpassagen, erfuhren sie eine optimale Anpassung an den Gebrauchszusammenhang in der Diskothek. Diese Disco-Versionen verselbständigten sich dann zur Schablone, die fortan die Basis für die Massenfabrikation von Disco Music abgab. Das herausragendste Kennzeichen dessen ist aufnahmetechnischer Natur und sorgt mit einer künstlichen Tiefenbetonung sowie hallfreier, »trockener« Aufnahme vor allem von Schlagzeug und Baß für größtmögliche Präsenz des gleichmäßig pulsierenden Disco-Beat im ⁴/₄-Metrum auch bei Abstrahlung in größere Räume.

Abgehackte, springende Baßformeln in Funky-Manier (→ Funk), diverse Perkussionseffekte und ein Streicherbackground als klangliche Mitte bilden zusammen mit dem typischen Disco-Beat eine klanglich-rhythmische Gesamttextur, in der der floskelhafte Gesang als Melodieträger eher im Hintergrund steht. Entscheidend ist hier nicht der Song, sondern das Endlos-Kontinuum einer motorisch animierenden, mitreißenden, aber zugleich der phantasievollen Entfaltung körperlicher Bewegung im Tanz Raum gebenden Funktionsmusik für die Diskothek. Selbstgenuß in der Bewegung, ein technisch perfektes Klangerlebnis, verbunden mit vielfarbigem Licht, Lasereffekten, künstlichem Nebel, ein Kult der Bewegung und ein Kult des Phantastischen, in der Innenarchitektur wie in der Kleidung, abgeschottet gegen die Alltäglichkeit der Realität – für all das stand der Disco Sound, der damit weit mehr als nur Musik war, sondern wesentlich auch eine bestimmte Atmosphäre verkörperte. Dafür typische Titel waren das »Saturday Night Fever« (1977) der *Bee Gees* aus dem → Soundtrack des gleichnamigen Films, ihr »Stayin' Alive« (1977), Donna *Summers* (geb. 1948) »Love to Love You Baby« (1975) und »Once Upon a Time« (1978), das »Disco Inferno« (1977) der *Trammps* und Grace *Jones'* (geb. 1952) »Need a Man« (1977). In Westeuropa wurde vor allem in der BRD mit *Silver Convention* und ihrem »Fly Robin Fly« (1975) oder *Boney M.* und »Daddy Cool« (1976) sowie den hier praktizierten Zusammenstellungen von Tanz-Hits zum Disco-Medley (→ Medley) – die produzierte Nachbildung des in amerikanischen Diskotheken üblichen kunstvollen Zusammenfahrens un-

terschiedlicher Titel – sehr schnell auf die neue Modewelle aus den USA reagiert, so daß der Disco Sound keine Angelegenheit allein der amerikanischen Musikindustrie blieb. Allerdings hat dann die Massenfabrikation dieser Musik mit ihrer relativ eng begrenzten Funktionsbestimmung als »Nur«-Tanzmusik eine musikalische Stereotypie, zwar voller technischer Raffinesse, aber kaum zu überbietender Gleichförmigkeit, zur Folge gehabt, die dem Disco Sound Ende der siebziger Jahre schließlich das kommerzielle Ende gebracht hat. Die Produktion von Musik eigens für den Gebrauchszusammenhang der Diskothek setzte sich jedoch mit dem → Rap dann fort.
→ Diskothek.

Diseuse [franz., di'zø:z, sinngemäß »Vortragskünstlerin«]: Bezeichnung für weibliche Chansoninterpreten (→ Chanson).

Diskographie: ein nach bestimmten Gesichtspunkten zusammengestelltes Verzeichnis von Schallplatten. Dabei kann ein abgegrenzter Zeitraum, eine bestimmte Plattenart (78er, EP usw.), eine Plattenfirma oder Plattenserie, ein Interpret oder eine Musikrichtung das Auswahlkriterium sein. Wissenschaftliche Diskographien dokumentieren neben einer vollständigen Titelaufnahme (einschließlich Komponist, Arrangeur und Textautor) noch eine Vielzahl weiterer Angaben, die die Diskographie zu einem wichtigen Hilfsmittel beim Studium der Entwicklung der populären Musik machen können. Dazu gehören die Namen aller an der Aufnahme beteiligten Musiker, die Instrumentierung, die Aufnahmeart (Studioproduktion oder Live-Mitschnitt), Aufnahmeort und Aufnahmedatum, Name der Firma und des → Labels, Erscheinungsdatum, Matrizen-Nummer und Katalog-Nummer. Manchmal sind darüber hinaus auch noch die Plazierung in den → Charts sowie die Zeitdauer dieser Plazierung angegeben. Die ersten Diskographien wurden in den dreißiger Jahren mit Jazzaufnahmen zusammengestellt (Charles Delaunay, Hot Discographie, in: Hot Jazz, Paris 1936, 271ff). Heute gibt es für jeden Bereich der populären Musik inzwischen eine Vielzahl von Diskographien, die in der Regel in Buchform publiziert sind.

Diskomoderator [auch *Schallplattenunterhalter* oder *SPU*]: in der DDR Bezeichnung für den Moderator einer → Diskothek, die ihn auch terminologisch vom → Discjockey amerikanischer Prägung abheben soll. Der Unterschied liegt darin, daß seine Tätigkeit nicht von kommerziellen Mechanismen gesteuert wird, sondern ihm die Gesellschaft stattdessen ein wesentliches Stück Verantwortung für die kulturvolle Freizeitgestaltung Jugendlicher und die niveauvolle Realisierung ihrer Bedürfnisse nach Tanz und Geselligkeit überträgt. Entsprechend weitgesteckt ist sein Aufgabenbereich, der sich keineswegs auf das Auflegen und Ansagen von Schallplatten (unter Einhaltung der gesetzlichen Bestimmungen) reduziert, sondern die inhaltliche Gestaltung dieses so zentralen Freizeitraums Jugendlicher einschließt. Das kann allein durch den Programmaufbau und eine dem Anlaß und der Musik entsprechende Moderation erfolgen, kann aber auch eine Reihe nichtmusikalischer Programmelemente wie die Vorführung von Dias, Kurzfilmen oder Modenschauen, die Einbeziehung von Wortbeiträgen, Gesellschaftsspielen und Quizrunden oder von Kurzinterviews mit prominenten Persönlichkeiten umfassen.

Diskothek [griech.]: Veranstaltungsform, in der auf Tonträgern, hauptsächlich Schallplatten, gespeicherte Musik mit einer bestimmten Programmdramaturgie zum Tanz, auch zu Unterhaltung und Geselligkeit abgespielt wird. Durch den Programmaufbau, die Art der Moderation und eine Reihe von akustischen und visuellen Spezialeffekten wird hier eine Atmosphäre geschaffen – ein wesentliches Element der Diskothek –, die so nur in der Diskothek möglich ist und aus ihr eine weltweit verbreitete und ungeheuer populäre neue Form von Geselligkeit hat werden lassen. Dafür entstanden besonders in den siebziger Jahren auch spezielle Musikformen, die wie → Disco Sound oder → Rap als Funktionsmusik dem in der Diskothek organisierten Gebrauchszusammenhang bei einem Höchstmaß an klangtechnischer Perfektion optimal angepaßt sind. Das Grundprinzip dieser Veranstaltungsform ist mit Non-Stop-Musik von der Schallplatte zum Tanzen in den fünfziger Jahren von den Afroamerikanern in den USA aufgebracht worden und hat hier dann im Zusammenhang mit dem → Twist eine große Rolle gespielt. In Frankreich wurde Anfang der sechziger Jahre daraus die stationäre Diskothek, ein eigens für diese Zwecke mit einer besonderen Innenarchitektur ausgestalteter Club, wobei sich der Schwerpunkt nun auf die mit immer größerer Raffinesse aufgebaute Atmosphäre verlagerte, was die Kleidung und den Verhaltensstil der Besucher einschloß. Berühmtestes Beispiel und Vorbild für ähnliche Einrichtungen in Westeuropa und den USA war das *Chez Castel* in Paris. Hatte in den sechziger Jahren der Durchbruch der → Rockmusik dann erst einmal die Aufmerksamkeit etwas weg vom Tanzen und auf die spektakulären Konzertereignisse gelenkt, so setzte Anfang der siebziger Jahre, ausgehend von den USA, eine Renaissance der Diskothek ein, in der sie zu einer multimedialen Freizeitinstitution wurde, die mit ihrem weltweiten Massenpublikum ein wichtiges Funktionselement der internationalen Musikindustrie darstellt.

In der DDR hat sich gegenüber den vorwiegend stationären Diskotheken in Westeuropa und USA die Form der mobilen Diskothek behauptet, d. h., die Licht- und Tonanlage, Eigentum des Diskomoderators, wird jeweils vor Veranstaltungsbeginn in den Sälen aufgebaut. Damit erreicht die Diskothek als ökonomisch wenig aufwendige Veranstaltungsform auch alle nichtstädtischen Bereiche und ist so zu einem wichtigen Faktor des kulturellen Alltags in der DDR geworden. Die ersten öffentlichen Diskotheken fanden hier Ende der sechziger Jahre auf Initiative von FDJ-Singeklubs (→ Singeklub) statt. Die kulturelle Breitenwirkung dieser Veranstaltungsform hat dann eine Reihe unterschiedlicher Diskothekentypen entstehen lassen, die sich nach den angesprochenen Altersgruppen in der Musikauswahl (Jugend-, Kinder-, Rentnerdiskothek) und nach dem Charakter des Programms (thematisch gestaltete Diskothek, Mischprogramm mit Live-Auftritt einer Gruppe) sowie der Nutzung nichtmusikalischer Programmteile (Dia- und Filmvorführungen, Modenschauen, Interviews usw.) unterscheiden.
→ Discjockey, → Diskomoderator.

Distortion [engl., disˈtɔːʃən, wörtlich »Verzerrung«]: → Verzerrer.

Original Dixieland
Jass Band

divisi [ital.]: Spielanweisung für Streicher; der angegebene Part darf nicht auf einem Instrument mehrstimmig gespielt werden, sondern ist auf mehrere Instrumente zu verteilen (z. B. in einem akkordischen Streicher-Background).

Dixieland [amerik., 'diksilænd]: erster weißer Jazzstil (→ Jazz), der sich um die Jahrhundertwende in New Orleans als weiße Nachahmung des schwarzen → New Orleans Jazz herauszubilden begann und dann zwischen 1917 und 1927 hauptsächlich in New York seine Blütezeit hatte. Der Begriff ist eigentlich eine volkstümliche und leicht geringschätzige Bezeichnung für den Süden der USA und leitet sich von der Mason-Dixon-Linie ab – eine zwischen 1763 und 1767 von den englischen Landvermessern Charles Mason und Jeremiah Dixon festgelegte Grenzziehung zwischen den Besitzungen Lord Baltimores (heute Maryland) und der Familie Penn (heute Pennsylvania), die später zur Trennlinie zwischen den Nord- und Südstaaten der USA wurde. Er taucht erstmals im Titel einer Komposition von Daniel D. *Emmett* (1815–1904) aus dem Jahre 1859 auf, »I Wish I Was in Dixie's Land«, die dann im Bürgerkrieg der Jahre 1861–1865 zu einer Art Kampfeslied der Südstaatler geworden ist und so die Bezeichnung Dixieland zum Synonym für den Süden der USA gemacht hat. Im Sinne von »*Music from Dixieland*« galt sie zunächst für den Jazz insgesamt, war selbst bei den farbigen Bands zur Kennzeichnung ihrer Musik verbreitet, bevor

sie allein dem weißen Jazz vorbehalten blieb. Allerdings findet sie sich auch heute noch oft fälschlicherweise als Oberbegriff für alle frühen Jazzformen vor dem → Swing.
Die früheste Nachahmung des schwarzen New Orleans Jazz wird den verschiedenen Bands von Jack *Laine* (1873–1966) zugeschrieben, der mit seiner 1888 gegründeten ersten Kapelle als der Begründer des Dixieland gilt. Er selbst nannte seine Musik freilich noch »Ragtime«, was auf einen starken Ragtime-Einfluß (→ Ragtime) und eine an diesem orientierte Spielweise hindeutet. Auch die 1916 von einem seiner Musiker, dem Kornettisten Nick *LaRocca* (1889–1961), gegründete *Original Dixieland Jass Band* war noch stark dem Ragtime und → Marsch verhaftet und benutzte die afroamerikanischen Stilmittel des Jazz als bloße Effekte. Trotzdem hat sie mit dem »Dixieland Jass Band One Step« 1917 bei der New Yorker Plattenfirma Victor Records die erste Schallplattenaufnahme der Jazzgeschichte eingespielt, damit übrigens auch zur Durchsetzung des Begriffs Jazz als Bezeichnung dafür beigetragen, obwohl sie mit den authentischen Ursprüngen dieser Musik nur sehr mittelbar zu tun hatte, ihr Musizieren eher als eine Parodie dessen begriff. Sie spielte noch ganz unter europäischen Voraussetzungen, rhythmisch mit der Bindung an das Taktmetrum und einer vom Ragtime herkommenden ausgeprägten Synkopierung der Melodiestimmen, übernahm von den schwarzen Vorbildern lediglich die Besetzung (Kornett, Posaune, Klarinette, Klavier und Schlag-

zeug) und den vermeintlich »wilden« Charakter des afroamerikanischen Musizierens, was in der Nachahmung dann oft an den Rand des Klamauks geriet. Das von dem Trompeter Paul *Mares* (1900–1949) ab 1923 unter dem Namen *New Orleans Rhythm Kings* geleitete ehemalige *Friar's Society Orchestra* lehnte sich dagegen schon genauer an den Interpretationsstil der schwarzen Bands an und verließ die Bindung an Marsch und Ragtime weitgehend, um in der Two-Beat-Manier (→ Two Beat) der frühen afroamerikanischen Jazzbands aus New Orleans zu spielen. Neben New York, wo die Original Dixieland Jass Band ab 1917 und ab 1923 die New Orleans Rhythm Kings die neue Musik aus dem Süden bekannt machten, gab es, abgesehen von einer Vielzahl namenlos gebliebener Kapellen, mit der *Brown's Band from Dixieland* des Posaunisten Tom *Brown* (1890–1958) ab 1915 auch in Chicago eine Dixieland Entwicklung, die Mitte der zwanziger Jahre dann in den → Chicago–Stil mündete.

Schon zum Ende der dreißiger Jahre, besonders aber nach dem zweiten Weltkrieg kam es im Zusammenhang mit dem → Revival Jazz

zu einer Renaissance des Dixieland, die bis heute andauert und in den seit 1971 in Dresden stattfindenden Internationalen Dixieland-Festivals ein Forum eigener Art besitzt. Musikalisch handelt es sich dabei allerdings inzwischen um Mischformen verschiedener älterer Jazzstile, die mit der mehr oder weniger parodistischen Jazzauffassung des Dixieland der zehner Jahre nur noch den Namen und die Tatsache gemeinsam haben, daß sie von weißen Bands und Musikern gespielt werden.

DJ [engl./amerik., 'di:dʒei]: → Discjockey.

Dobro [amerik., 'doubrɔ]: spezieller akustischer Gitarretyp, bei dem in das Hartholz-Korpus drei Metallkegel zur Resonanzverstärkung eingelassen wurden. Besaitung und Stimmung entsprechen der Normalgitarre. 1925 baute der US-Amerikaner John *Dopyera* das erste Instrument dieses Typs (National Guitar). »Dobro« ist eine Ableitung aus dem Firmennamen *Do*pyera *Bro*thers (Original Music Instruments Co.). 1928 kam eine vollständig aus Metall gefertigte Dobro auf den Markt, jedoch lief auch die Produktion des Hartholztyps weiter. Blues-, Country- und später Rockgitarristen verwendeten das im Vergleich zur

Blamu Jatz Orchester

Gitarre wesentlich stabilere, gegen Witterungseinflüsse nicht so anfällige Instrument. Es wurde z. B. bei Aufnahmen der *Rolling Stones* und von *Fleetwood Mac* eingesetzt. Dobro-Spieler nutzen oft das → Bottleneck. Dazu hält man das Instrument waagerecht und verwendet für den Slide-Effekt einen kurzen, massiven Metallstab, der mit Daumen und Mittelfinger gehalten wird. Die Saiten erhalten dann eine Dreiklangsstimmung (→ Open Tunings).

Doghouse [engl., ʹdɔghaus, wörtlich »Hundehütte«]: scherzhafter Ausdruck im Jazzjargon für Kontrabaß.

Dolby-Stretcher [engl., ʹdɔlbi ʹstretʃə, auch kurz *Dolby*]: Verfahren bzw. Gerät oder Schaltung zur Rauschminderung, benannt nach dem englischen Ingenieur R. M. Dolby. → Kompander.

Dominantkette: häufige Harmoniefolge, vor allem in Evergreens der zwanziger/dreißiger Jahre (→ Barbershop Harmony). Die Tonika wird über eine Reihe von Klammer- bzw. Zwischendominanten (Quintfolge) erreicht, z. B. in C-Dur: $E^7–A^7–D^7–G^7–C$. Man spricht von der Dominante 1. Grades (G^7), 2. Grades (D^7 = Doppeldominante), 3. Grades (A^7) usw.

Dominantseptakkord: der kleine → Septakkord in Dur auf der V. Stufe (Dominante), einer der häufigsten Akkorde der Schlager- und Popmusik, aber auch des Jazz. Er enthält den → Leitton und den Gleitton der jeweiligen Tonart und drängt deshalb zur Auflösung in die Tonika (I). Die Umkehrungen des Dominantseptakkords und seine Auflösungen: Grundstellung (a), Quintsextakkord (b), Terzquartakkord (c) und Sekundakkord (d).

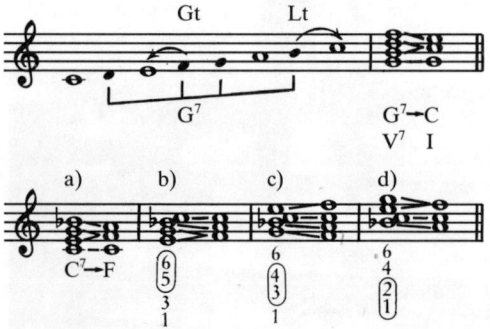

Double Bass [engl., ʹdʌbl beis]: →Kontrabaß.

Double Groove [engl., ʹdʌbl gruːv, wörtlich »Doppelrille«]: in der → New Wave gelegentlich anzutreffender Verkaufsgag, bei dem in eine Schallplatte zwei nebeneinander verlaufende Stereorillen mit unterschiedlichen Musikstücken eingeschnitten sind, so daß eine winzige Verschiebung des Tonarms am Plattenspieler genügt, um von einem Titel in den anderen zu gelangen.

Double Neck Guitar [engl., ʹdʌbl nek giʹtaː]: Doppelhalsgitarre (→ Gitarre).

Double Time [engl., ʹdʌbl taim]: Verdopplung des Tempos. Aus einem langsamen bzw. mittleren Tempo heraus empfindet man die doppelte Zahl der Grundschläge: anstelle des Viertelbeats den Achtelbeat. Wenn beispielsweise der Solist beim Chorusspiel im Double Time improvisiert, kann die Rhythmusgruppe im Grundtempo bleiben. Beim Hörer entsteht dann der Eindruck zweier Tempo-Ebenen.

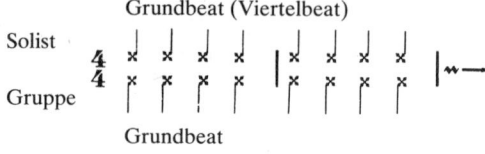

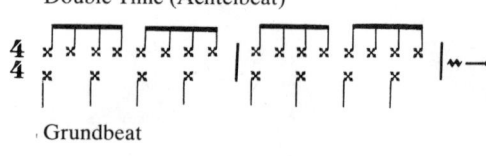

Wenn alle Musiker im Double Time spielen, ergibt sich ein → Tempowechsel: der ursprünglichen Zeitdauer der Viertelnote entspricht nunmehr die Achtelnote, die Anzahl der Takte verdoppelt sich (→ Long Meter).

Down Beat [engl., daun biːt, wörtlich »Abwärtsschlag«]: kennzeichnet den Abwärtsschlag des Dirigenten zur Markierung der be-

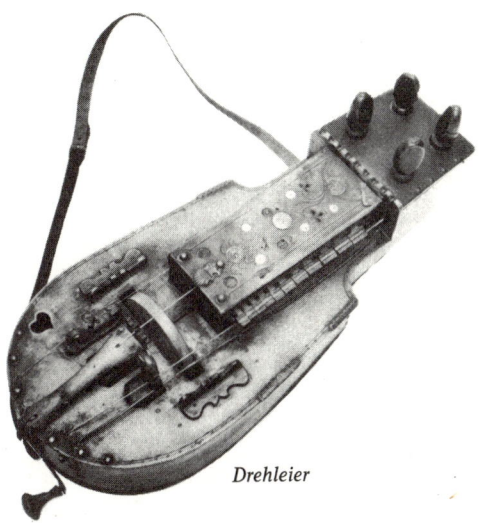

Drehleier

tonten Zählzeit, im weiteren Sinne jeden betonten Taktteil (→ Metrum).

Drehleier [engl. hurdy gurdy, auch *Radleier*]: Streichinstrument; schon seit dem 10. Jh. bekanntes, einst weitverbreitetes Volksinstrument; zeitweise in hohem Ansehen (z. B. bei den Minnesängern und im 18. Jh. am französischen Hof), dann in Begleitung der Bettler und Armen; durch → Folk Revival wiederentdeckt. Die Drehleier ist in unterschiedlicher Form gebaut und hat vier bis sechs Saiten, die durch ein im Korpus befindliches, mittels einer Kurbel bewegtes Rad gleichzeitig angestrichen werden. Diese schwingenden Melodiesaiten sind in ihrer Länge durch Betätigen einer Tastatur (Tangentenmechanik) zu verkürzen. Zwei bis vier Bordunsaiten (→ Bordun) klingen mit.

Drehorgel [engl. barrel organ, auch *Leierkasten*]: → mechanisches Musikinstrument. Diese kleine, transportable (fahr- oder tragbare) Orgel entspricht in ihrem Aufbau im wesentlichen der großen Orgel (Pfeifen-, Wind- und Regierwerk). Sie hat jedoch keine Tastatur, sondern auswechselbare Walzen oder Lochscheiben, auf denen das Lied oder Musikstück »programmiert« wurde. Durch Drehen der Kurbel werden diese in Bewegung versetzt, gleichzeitig erfolgt durch einen Blasebalg die Luftzufuhr. Durch die Markierungen (Stifte bzw. Löcher) in den Walzen bzw. Scheiben öffnen sich entsprechende Ventile,

die den Pfeifen Luft zuführen. Die Drehorgel, gegen Ende des 17. Jh. in einfacher Form entwickelt, verdrängte die → Drehleier und wurde ein beliebtes Instrument der Straßenmusikanten. Die »Leierkastenmänner« trugen im 19. Jh. wesentlich zur Verbreitung populären Musikguts bei.

Dreiklang: Zusammenklang von drei Tönen im Terzabstand (Grundstellung des Akkords); wichtigste harmonisch-kangliche Erscheinung der populären Musik. Grundtypen: Durdreiklang (a), Molldreiklang (b), übermäßiger (c) und verminderter (d) Dreiklang.

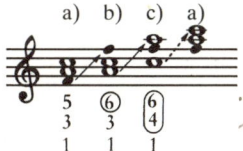

Durch Umstellung der Töne (Oktavierung) ergeben sich die *Umkehrungen*: Grundstellung (a), Sextakkord (b) und Quartsextakkord (c).

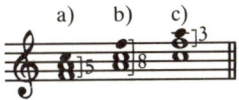

Von besonderer harmonischer Bedeutung ist der Grundton; nach ihm wird der Dreiklang benannt (z.B. Grundton f¹–F-Dur-Dreiklang). Der Melodieton bestimmt die → *Lage*: Quintlage (a), Oktavlage (b) und Terzlage (c)

Die Dreiklangstöne sind auch in der Melodiebildung ein wichtiges Element:

Rock Around the Clock (Bill Haley, 1954)

→ Akkordsymbolschrift.

drive [engl./amerik., draiv]: in → Jazz und → Rockmusik verwendeter Ausdruck für eine besondere rhythmisch-musikalische Intensität der Interpretation; wirkt wie ein ständiges Vorwärtstreiben und Lauterwerden, obwohl exakt im Zeitmaß und in gleichbleibender Lautstärke gespielt wird; entsteht durch Verdichtung der rhythmischen Spannungsverhältnisse zwischen → Beat und → offbeat und wird durch ein geringfügig zu frühes Anspielen der Töne erreicht.

Drone [engl., droun]: → Orgelpunkt.

Dropping Bombs [engl./amerik., ′drɔpiŋ bɔms]: → Bombs.

Druckarrangement: Im Gegensatz zum Spezialarrangement, das für eine bestimmte Besetzung bzw. für einen vorgegebenen Anlaß erstellt wird, muß das Druckarrangement einem großen Benutzerkreis gerecht werden. Es soll
· in unterschiedlichsten Besetzungen spielbar sein und auch in einer kleinen Gruppe gut und »voll« klingen,
· dem unterschiedlichen Leistungsvermögen von Amateur- und Berufsmusikern entsprechen; sie in der Wahl der Tonarten, im Tonumfang der Instrumente und in der spieltechnischen Schwierigkeit nicht überfordern,
· den verschiedenen Stimmlagen der Sänger(innen) durch sinnvolle Tonartwahl entgegenkommen,
· und dennoch weitgehend dem durch die Medien verbreiteten Original entsprechen.
Das Anfertigen einer derartigen Bearbeitung ist also eine recht komplizierte Angelegenheit, oft eine »Rechenaufgabe«, die ein spezielles Wissen erfordert. Das Druckarrangement wird meist ohne Partitur (Ausnahmen nur im Blasmusikbereich) geliefert, dafür enthält es eine → Direktion, eine Stimme, in der alle wesentlichen musikalischen Abläufe skizzenhaft enthalten sind (oft in → Stichnoten). Der Name *Druck*arrangement weist auf die Verbreitung durch die Musikverlage hin, jedoch gibt es auch handschriftliche, also nicht gedruckte Arbeiten gleicher Art, z. B. für reisende Gesangssolisten, die oft mit anderen Begleitbands auftreten müssen, oder für Artisten, die musikalische Untermalung benötigen. In der Musikpraxis spielt das Druckarrangement eine wichtige Rolle bei der Verbreitung eines Titels – früher mehr noch als heute, aber auch in der Gegenwart nutzen Tausende Kapellen diese Ausgaben. Im 19. und in der ersten Hälfte des 20. Jh. existierten unzählige Varianten: für unterschiedliche Unterhaltungsensembles (→ Salonorchester), für zahlreiche Blasmusikbesetzungen, für Tanzkapellen (später in Alleinunterhalter-, Combo- und Big-Band-Ausgaben unterteilt). Regionale Besonderheiten, z. B. abweichende Notierung von Blasinstrumenten, wurden berücksichtigt.
Zum Tanzmusik-Druckarrangement: Grundlage bildet das Stimmenmaterial für die Rhythmusgruppe – Piano-Direktion (Keyboards) als Begleitstimme mit Einzeichnung von Melodie- und Nebenstimmen; Baßgitarre; Gitarre und Schlagzeug, jeweils mit Gesangsnoten und Text. Beigefügt ist weiterhin der gegenwärtigen Musizierpraxis entsprechend jeweils ein vierstimmiger Bläsersatz für Es- und B-Instrumente, so kann der Kapellenleiter seiner Besetzung gemäß die Stimmen auswählen. Posaune (auch für Baritonsaxophon möglich – Austausch der Notenschlüssel!) liegt mitunter als 5. Stimme bei. Das Druckarrangement weist selbstverständlich gegenüber dem Spezialarrangement aus seiner Funktion resultierende Nachteile auf. Ein versierter Kapellenleiter betrachtet das Gedruckte jedoch als eine Vorgabe, die er für seine Gruppe einrichten und ausarbeiten muß, die Musiker werden sie ihrerseits mit dem notwendigen Feeling bereichern.

Drums, Abk. *d, dr* [engl., drʌms]: → Schlagzeug.

Drum-Synthesizer [engl., drʌm ′sinθəsaizə, -′sintəsaizə]: → Synthesizer.

Dub [engl., dʌb, auch *Heavy Reggae*]: bezeichnet eigentlich den baßbetonten instrumentalen Rhythmus des → Reggae. Als dieser im Zusammenhang mit einer Reafrikanisierung dieser Musik in den siebziger Jahren, mit der Hervorhebung ihrer afrikanischen Wurzeln und Ursprünge immer mehr in den Vordergrund rückte, wurde daraus eine Stilbezeichnung, die diese Form des Reggae von seiner kommerziellen Spielart abhob.

Dub Version [engl., dʌb ′və:ʃən]: bei jamaikanischen Reggae-Produktionen (→ Reggae) auf

Bulgarischer Dudelsackbläser

der Rückseite der Single enthaltene Zweitfassung des Titels, die für den Gebrauch in Diskotheken nur dessen baßbetonten instrumentalen Rhythmus enthält, auf den der Discjockey einen Text improvisiert. Bezeichnet wird diese Improvisationspraxis dann als *Talk Over*.

Dudelsack [engl. bagpipe, auch *Sackpfeife*]: Blasinstrument (Holzpfeife), dessen Luftzufuhr über einen Tierbalg (Windsack) erfolgt. Dieser wird vom Dudelsackpfeifer über ein Anblasrohr oder mittels eines kleinen Blasebalgs ständig mit Luft gefüllt. An den Windsack angeschlossen sind die Spielpfeife (mitunter auch zwei) mit den Grifflöchern und zwei bis drei ständig mitklingende Begleitpfeifen (→ Bordun, meist Grundton und Quinte). Der Spieler preßt die Luft mit dem Oberarm aus dem Balg in die Pfeifen. Der Dudelsack ist ein historisch sehr altes, weitverbreitetes Volksinstrument mit oft bedeutender regionaler Tradition (z. B. die Dudelsack-Wettbewerbe in Strakonice, ČSSR). In Schottland gehört das Dudelsackblasen zum militärischen Zeremoniell. Der Ire Séamus *Ennis* (geb. 1919) gehört zu den bedeutendsten Dudelsackbläsern und Folkloreforschern Englands. In der Rockmusik wurde der Dudelsack gelegentlich

als Effektinstrument bzw. als musikalischer Bühnengag eingesetzt. Sein typischer Klang ist auch häufig als Imitation (Keyboards) zu hören (vgl. z. B. »Mull of Kintyre«, Paul McCartney und Wings, 1977).

Duett [ital.]: zwei Sänger(innen) z. B. Simon & Garfunkel, Cindy und Bert, Baccara, Hauff/Henkler; Komposition für zwei gleiche Instrumente bzw. solistische Singstimmen.
→ Duo.

Dulcimer [engl., ′dʌlsimə]: 1.) Saiteninstrument mit zwei (auch mehr) Melodiesaiten und einer Bordunsaite (→ Bordun); vom → Scheitholz abstammendes, in den Appalachen beheimatetes Volksmusikinstrument, das vor allem durch Jean *Ritchie* (geb. 1922) in den vierziger Jahren bekannt wurde. Der Dulcimer wird wie die → Zither auf die Knie oder auf einen Tisch aufgelegt, die Tonhöhe greift man mit den Fingerkuppen der linken Hand oder einem Bambusstäbchen auf den Melodiesaiten, mit dem Daumen der rechten Hand, auch mit einem → Plektrum reißt man die jeweilige Saite an. Verschiedene Stimmungen sind gebräuchlich. Der Dulcimer erfreut sich zunehmender Beliebtheit in den Folkgruppen. Er gehört zum Grundinstrumentarium der → Country Music.
2.) englische Bezeichnung für → Hackbrett.

Duo [ital.]: Besetzung mit zwei Musikern (z. B. die polnischen Pianisten Marek & Vacek) bzw. Komposition für zwei Instrumente (Kammermusik).
→ Duett.

Duole [ital.]: rhythmische Erscheinung, bei der bei gleicher Zeitdauer ein dreiteiliger Notenwert nur zweifach unterteilt wird, (»zwei für drei«), z. B.:

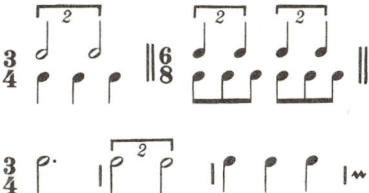

Dur [lat. durus = »hart«, engl. major]: in der populären Musik dominierendes → Tongeschlecht. Charakteristisches Intervall ist die große Terz im ersten Tetrachord. Melodisch-harmonisch wichtige Töne sind → Leit- und Gleitton.

Durdreiklang und Durtonleiter:

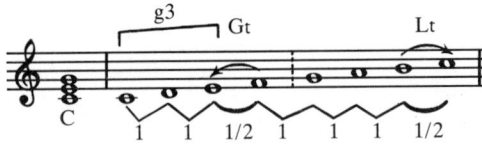

Dur-Moll-System: dominierendes → Tonsystem in der populären Musik, begründet in den vom Grundton bzw. Grundklang (Tonika) bestimmten melodisch-harmonischen Beziehungen der einzelnen Tonstufen der Dur- und Molltonleiter (→ Kadenz); seit etwa 1600 in der europäischen Musik vorherrschend. Die dem Dur-Moll-System immanente Kadenzharmonik bestimmt auch gegenwärtig alle Bereiche der populären Musik weitgehend. Selbst im Melodischen anzutreffende → Pentatonik, → Blue Notes und modale Leitern werden häufig mit Dur-Moll-Kadenzierung versehen, auch das in der Rockmusik typische Vermeiden von Leittönigkeit (→ Leitton) oder die Überlagerung mit → Collagen, Geräuschen u. ä. beeinträchtigt diesen Bezug nicht.
→ Harmonik.

Dynamik [griech.]: 1.) Zu den grundlegenden Eigenschaften eines Tones gehört (neben Tonhöhe, -dauer, Klangfarbe u. a.) auch die Stärke, mit der er erklingt, die *Tonstärke*. Die Gesamtheit dieser Tonstärkegrade bzw. ihr Verhältnis zueinander in einer Komposition bzw. einem Arrangement bezeichnet man als Dynamik. Bezugsebenen sind laut (f = *forte*) und leise (p = *piano*) mit den erforderlichen Abstufungen bzw. Steigerungen von pppp, ppp, pp, p, mp bis mf, f, ff, fff und ffff. Diese aus dem Italienischen übernommenen Abkürzungen, die in den Noten vermerkt sind, geben nur einen relativen Hinweis. Jeder Interpret wird die verbale Forderung »piano« im musikalischen Zusammenhang seinem Empfinden entsprechend modifizieren. Das bezieht sich auch auf allmähliche Tonverstärkungen, wie crescendo (Abk. cresc., ital. = »an Tonstärke zunehmend«, Zeichen ◁══════), decrescendo (Abk. decresc., ital. = »an Tonstärke abnehmend«, Zei-

chen ══════▷), diminuendo (Abk. dim., ital. = »nachlassend«). Auch → Akzente sind eine dynamische Erscheinung.
Obwohl die Dynamik ein wirkungsvolles Mittel zur Ausdruckssteigerung, zur Kontrastierung, zum plastischen Hervorheben musikalischer Abläufe darstellt, wird sie in wichtigen Bereichen der populären Musik vernachlässigt, wenig beachtet. So z.B. häufig beim Live-Musizieren von Tanzmusik, bei Rock-Konzerten, auch bei Blasmusik-Veranstaltungen u. a. Die Gründe dafür sind unterschiedlich: ein konstanter, lauter, vordergründiger Begleitrhythmus läßt in der Melodie kaum dynamische Kontraste zu, die Umweltgeräusche bedingen oft durchgängig kräftiges Musizieren, auch der (z. T. fehlerhafte) Einsatz der Übertragungstechnik (→ PA-Anlage) wirkt sich oft negativ auf die Dynamik aus, letztlich muß sogar die Gleichgültigkeit vieler Musiker gegenüber einem in der Tonstärke abgestuften Spiel erwähnt werden. Das Verhältnis von → Lautstärke (meist dem »kompakten Sound« gleichgesetzt) und differenzierter Tonstärke (= Dynamik) wird immer wieder mißverstanden. Auch bei hoher Grundlautstärke kann durchaus dynamisch musiziert werden – gute Gruppen beweisen es. Außerdem beschränkt sich Dynamik nicht nur auf einen Titel, sondern auch auf das gesamte Programm; das Einschieben eines Ruhepunktes bringt z.B. einen dynamischen Kontrast in der Programmdramaturgie.
Dynamik erhöht den Klangwert auch im Detail: ein Crescendo in einem kurzen Schlagzeug-Break schafft zusätzliche Spannung, vor einem dynamisch nuancierten Background hebt sich der Solist plastisch ab usw. Gestaffelte Dynamik gehört zur klanglich ausgewogenen Registerarbeit. Wenn beispielsweise in einem großen Blasorchester alle Musiker forte blasen, werden einige Gruppen aufgrund der Instrumentenspezifik (z. B. Trompeten/Posaunen) herausstechen. Der Bearbeiter muß also in der Partitur die Register seiner Klangvorstellungen entsprechend dynamisch abstufen (natürlich kann auch der Orchesterleiter diese Aufgaben übernehmen).
Ein einfacher dynamischer Effekt ergibt sich aus der *Echowirkung* (leise Wiederholung eines Motivs). Häufig tritt die sogen. *Terrassendynamik* auf: größere Formteile erhalten unter-

schiedliche Tonstärkegrade (z. B. einen etwas leiseren Mittelteil in einer AABA-Form). Werden Crescendo und Decrescendo bewußt genutzt, so spricht man von *Übergangsdynamik*. In der populären Musik lassen sich dynamische Schattierungen häufig auf die Instrumentation zurückführen. Durch Pausieren von Instrumenten, durch Zurücknehmen hinzugefügter Effekte, auch durch Wechsel der Oktavbereiche u. a. zieht der veränderte Sound meist auch einen dynamischen Wandel nach sich, der mittels entsprechender Vorschrift noch betont werden kann. In jedem Falle müssen sich sowohl die Musiker auf der Bühne als auch der Tontechniker im Saal gleichermaßen um die Realisierung der beabsichtigten Dynamik bemühen.

Bei Produktionen müssen dynamische Extreme auf technischem Wege zunächst nivelliert werden (Anhebung von sehr leisen Stellen, Absenkung von sehr lauten Stellen), man nennt das Dynamikkompression. Bei der Wiedergabe vollzieht sich der umgekehrte Weg (Dynamikexpansion), so daß das gesamte dynamische Spektrum wieder zu erleben ist.

2.) Von Dynamik spricht der Akustiker, wenn er das Verhältnis von größtem zu kleinstem Schalldruck bezeichnet, gemessen in Dezibel (dB). Störpegel und Klirrfaktor begrenzen z. B. den Dynamikbereich einer elektrischen Übertragungsanlage, den sogen. Störabstand. Auch jedes Musikinstrument und jedes Orchester besitzt in diesem Sinne eine Dynamik.

East Coast Jazz [engl./amerik., i:st koust dʒæz]: → Hard Bop.

Easy Listening [engl./amerik., 'i:zi 'lisniŋ]: Verkaufsetikett für leicht eingängige, unterhaltende Musiktitel, das 1961 durch das amerikanische Branchenblatt *Billboard* als Spezialkategorie in seinen → Charts eingeführt worden ist. Unter dieser Kategorie wurden solche Titel zusammengefaßt, die durch Parallelplazierungen (→ Crossover) in den bestehenden Rubriken der Charts (Popular Music, Rhythm & Blues, Country & Western) keiner von ihnen eindeutig zuzuordnen waren. In der möglichst eindeutigen Zuordbarkeit zu bestimmten Verkaufskategorien liegt jedoch der Sinn einer solchen Etikettierung, denn aus ihnen werden Rückschlüsse auf die Marktsituation, auf die anzusprechenden Zielgruppen und vor allem Konsequenzen für die notwendige Verkaufsstrategie abgeleitet. Das Einführen einer neuen Kategorie in die Charts bedeutet damit immer, daß ein neuer Markt entdeckt worden ist, auf dem nur ganz bestimmte Titel absetzbar sind. Die unter der Kategorie Easy Listening aufgeführten Titel waren dabei stärker noch als andere Rubriken der Charts hauptsächlich durch kommerzielle

und nicht durch musikalische Kriterien definiert. Sie erfaßte Titel aus allen Stilbereichen der populären Musik, deren stilistische Merkmale so unscharf oder so wenig vordergründig ausgeprägt waren, daß sie über ihre ursprüngliche Zielgruppe hinaus, zumeist als eingängige und relativ anspruchslose Hintergrundmusik Verbreitung fanden. Da der Begriff so schnell eine negative Konnotation im Sinne von kommerziell und anspruchslos erhielt, wurde er später durch die neutralere Bezeichnung *Adult Contemporary* ersetzt, ohne daß sich damit freilich am Sachverhalt etwas änderte. Typische Beispiele für diese Verkaufsstrategie sind »The End of the World« (Skeeter Davis, 1963), »Together Again« (Ray Charles, 1966), »The Way We Were« (Barbra Streisand, 1973).

E-Baß [Abk. für Elektro-Baß]: 1.) ein Kontrabaß, der anstelle des großen Resonanzkörpers nur ein Brett hat, da der Ton über Tonabnehmer von den Saiten abgenommen und dann entsprechend verstärkt wird.
2.) Heute meist Synonym für → Baßgitarre.

Echo: In der Akustik bezeichnet man als Echo einen Schallrückwurf, der als separates Schallereignis wahrgenommen wird. Echos treten ab einer Zeitdifferenz von etwa 100 ms zwischen Primärschall und erster starker Reflexion auf. Diese Angabe ist nur ein Richtwert, da der Höreindruck auch von der Art des Signals (z. B. mehr oder weniger impulshaltig) und der Stärke des Rückwurfs abhängt. Im musikalischen Bereich finden Echowirkungen häufig als gestalterisches oder Effektmittel Verwendung. Sie sind Element der Komposition bzw. des Arrangements oder werden elektronisch erzeugt (→ Echogerät). Komponierte Echowirkungen lassen sich schon im 16. Jh. feststellen (z. B. Orlando di Lassos »Echo«, 1581). In der modernen Popmusik stehen solche Effekte zwar oft im Dienst des musikalischen Ausdrucks (vgl. Phil Collins »In the Air to Night«, 1981), werden aber zuweilen auch als bloßes klangliches Reizmittel verwendet.

Echogerät: → Effektgerät zur künstlichen Erzeugung von → Echos. Technisch einfachste Möglichkeit hierzu bietet die Bandmaschine, bei der das vom Wiedergabekopf abgenommene Signal mit verringertem Pegel dem Aufzeichnungskopf wieder zugeführt wird. Die Echoimpulse haben einen gleichbleibenden zeitlichen Abstand. Dieser ist vom Tonkopfversatz (Abstand zwischen Aufnahme- und Wiedergabekopf) und der Bandgeschwindigkeit abhängig. Neben der Bandmaschine, mit der sich Echoeffekte quasi als Nebenfunktion verwirklichen lassen, gibt es spezielle Geräte zur Echoerzeugung, die nach unterschiedlichen Prinzipien arbeiten. Beim *Bandschleifen-Echogerät* wird das Signal auf eine endlose Magnetbandschleife aufgezeichnet. Mehrere Wiedergabeköpfe nehmen es der Reihe nach wieder ab, bis ein Löschkopf die Aufnahme löscht. Die Lautstärke der einzelnen Echoimpulse kann eingestellt werden. Ihre zeitliche Aufeinanderfolge läßt sich mit der Bandgeschwindigkeit schneller oder langsamer gestalten. Der Nachteil solcher Geräte liegt in der Tonkopfverschmutzung und der Abnutzung durch Bandabrieb, so daß ständige Wartung nötig ist. In dieser Beziehung weist das *Scheibenechogerät*, bei dem eine Metallscheibe an Stelle des Magnetbandes tritt, entscheidende Vorteile auf. Vollelektronische analoge und digitale Echogeräte erzeugen Echos auf rein elektronischem Weg. Dabei kann durch Regler der zeitliche Abstand der Echoimpulse, die Anzahl der Wiederholungen und ihr Verhält-nis zur Lautstärke des Originalsignals variiert werden. Diese Echosysteme zeichnen sich gegenüber den erstgenannten durch kleinere Abmessungen, geringeres Gewicht, Verschleißfreiheit und technisch bessere Klangergebnisse aus. Sie werden als kleine zuschaltbare Effektgeräte für einzelne Instrumente angeboten, aber auch in größerer Form für PA-Anlagen oder für den Studiogebrauch.

Echogeräte sind spezielle → Verzögerungsgeräte (daher auch die gebräuchliche Bezeichnung *Delay*). Vollelektronische Echosysteme können in der Regel auch sehr kurze Verzögerungszeiten realisieren und somit zur Erzeugung von → Nachhall dienen. Sie entsprechen in der Funktionsweise den elektronischen → Hallgeräten, so daß keine deutliche Trennung möglich ist. Man findet elektronische Hall- und Echogeräte oft in Verbindung mit anderen Effekten, z. B. → Phaser, → Flanger, → Chorus-Effekt (→ Multieffektgerät), da die Funktionsweise dieser Geräte ebenfalls auf einer Signalverzögerung beruht.

Effekte: Effekte mannigfaltigster Art finden sich in allen Bereichen der populären Musik, jedoch bezogen auf Zeit und Genre graduell unterschiedlich. Sie zeigen sich einerseits vor allem in der traditionellen Tanz- und Popmusik im Einbeziehen bzw. Nachahmen von Umweltgeräuschen (z. B. Sektkorkenknall im »Champagner-Galopp«, Glockengeläut in der »Petersburger Schlittenfahrt«, Meeresrauschen in Seemannsschlagern), andererseits in Blues und Jazz, später auch im Rock in dem auf afrikanische Traditionen zurückzuführenden Bemühen, Töne, Akkorde, Instrumenten- und Gesangsklang zu verschleiern, wozu die differenzierte → Tongebung ebenso dient wie zusätzliche Hilfsmittel (→ Dämpfer, Effektgeräte usw.). Mit der raschen und weltweit umfassenden Verbreitung von populärer Musik in den letzten Jahrzehnten nahm auch die Zahl der herangezogenen Effekte stark zu. Das bezieht sich besonders auf die Klangbeeinflussung. Waren Arrangementseffekte wie der → Glenn-Miller-Sound, der → Four-Brothers-Satz u. ä. zunächst typisch für ein Orchester, so wurde der Einsatz bestimmter Zusatzgeräte in jüngerer Zeit nachgerade stilbildend (z. B. der Verzerrer für die Gitarre im Hard Rock). Durch die sprunghafte Entwicklung der Musikelektronik eröffneten sich neue Dimensionen in der Klangmanipulation (→ Hall, → Echo, → Booster, → Compressor, → Flanger, → Harmonizer, → Leslie, → Phaser, → Talkbox, → Verzerrer, → Wah-Wah-Pedal). Neben diesen, die Musik direkt verändernden Möglichkeiten, werden vor allem in der Rock- und Popmusik zahlreiche äußere Effekte zur Bühnenshow herangezogen, z. B. farbiges Licht, Laser, Nebel, Film- oder Diaprojektionen, gestaltete Bühnenbilder, Go-Go-Girls usw. Alle Effekte bergen in sich die Gefahr der schnellen Abnutzung bei häufigem Einsatz, oft auch der Ablenkung vom eigentlichen musikalischen Anliegen. Überlegt und gezielt eingesetzt, bringen sie eine willkommene Bereicherung.

Effektgeräte: Sammelbezeichnung für alle Geräte, die sowohl im Studio- als auch im Live-Gebrauch dazu dienen, den Klang eines einzelnen Instruments oder den Gesamtsound durch spezielle elektronische Schaltungen und Regelmöglichkeiten zu verändern. Die Anwendung bleibt nicht nur auf bestimmte → Effekte beschränkt, sondern hat häufig eine Verbesserung der Klangqualität zum Ziel. Elektronische Effektgeräte gibt es in den unterschiedlichsten Formen: als kleines per Fuß zu bedienendes Zusatzgerät für einen Instrumentalisten, als integriertes Bauteil in elektronischen bzw. elektrisch verstärkten Musikinstrumenten, als → Multieffektgerät, als Modul im → Mischpult oder externes Gerät, das vom Toningenieur jederzeit zugeschaltet werden kann, wobei es sich in der Regel um einen 19-Zoll-Einschub für ein → Rack handelt. Dazu zählen: → Booster, → Chorus-Effekt, → Echogerät, → Equalizer, → Expander, → Filter, → Flanger, → Hallgerät, → Harmonizer, → Kompressor, → Lautstärkeschwellpedal, → Limiter, → Octavider, → Phaser, → Ringmodulator, → Sustainer, → Talkbox, → Verzerrer, → Vocoder, → Wah-Wah-Effekt.

E-Gitarre: → Gitarre.

Einleitung: → Intro.

einrichten: Auswahl des für die jeweilige Besetzung notwendigen und geeigneten Stimmenmaterials eines → Druckarrangements sowie ggf. satztechnische Veränderungen, Einzeichnen von Phrasierungen, Schreiben von Zusatzstimmen usw.; das Arrangement wird »eingerichtet«.

Electrical Transcription, Abk. *ET* [engl./amerik., iˈlektrikəl trænsˈkriptʃən]: in den dreißiger Jahren im amerikanischen Rundfunk eingeführte Sonderform der → Schallplatte. Dabei handelte es sich um einseitig bespielte Wachsplatten, die bei einem Durchmesser von 40 cm und bereits einer Abspielgeschwindigkeit von $33\frac{1}{3}$ Umdrehungen in der Minute eine Spielzeit von ca. 15 Minuten besaßen. Entgegen der Normalform der Schallplatte wurden sie in der Regel von innen nach außen abgespielt. Gegenüber der damals verwendeten 78er Schellackplatte besaßen sie eine wesentlich bessere Klangqualität, das empfindliche Trägermaterial machte sie jedoch für den Großhandel völlig ungeeignet. Sie enthielten fertige Radio-Programme, die im Auftrag der großen Rundfunkgesellschaften von speziellen Transcription-Firmen hergestellt und zumeist per Abonnement den lokalen Radio-Stationen angeboten wurden. Ihre Einführung fällt mit der Herausbildung des → Swing zusammen, so daß sie dann besonders für die großen Swing-Bands eine ihrer Haupteinnahmequellen darstellten. Nach dem zweiten Weltkrieg wurden sie durch das → Magnettonband abgelöst.

Electric Boogie [engl./amerik., iˈlektrik ˈbuːgi, auch *Robot*]: Partytanz aus den USA nach Diskomusik und → Rap. Die eckigen, ruckhaften Tanzbewegungen sollen Roboter nachahmen, die, an Steckdosen angeschlossen, kurzzeitig Stromstöße erhalten. Im weiteren Sinne soll damit ein Protest gegen die Entmenschlichung, alles Individuelle Zerstörende durch die hochgradige Technisierung in den westlichen Industrienationen zum Ausdruck kommen.
→ Break Dance.

Electric Folk [engl./amerik., iˈlektrik fouk]: → Folk Rock.

Electric Jazz [engl./amerik., iˈlektrik dʒæz]: → Fusion Music.

Electronic Drums [engl., ilekˈtrɔnik drʌms]: etwa 1980 von der englischen Firma Simmons entwickeltes Schlagzeug, das bei rein elektro-

Electronic Drums

nischer Klangerzeugung nach dem Prinzip eines → Synthesizers die herkömmliche Spielweise des Schlagzeugers ermöglicht. Die einzelnen Trommeln (flache, sechseckige Bauweise, Kunststoff) nehmen die Schlagimpulse auf und verwandeln sie in elektrische Triggerimpulse. Jeder Trommel ist ein Modul des Synthesizers zugeordnet. Erhält das Modul einen solchen Impuls, so gibt es ein Tonsignal an den Ausgang ab, das einem Trommelschlag entspricht. Jedes Modul verfügt über ein Festprogramm (vom Hersteller einprogrammierter Sound) und weitere freie Speicherplätze, auf denen der Schlagzeuger selbstgefundene Sounds einspeichern kann. Effekte eines akustischen Schlagzeugs, z. B. offene und geschlossen Hi-Hat oder Randschläge können mit Electronic Drums nachgebildet werden. Zum Ausbalancieren der Lautstärken der einzelnen Module dient ein siebenkanaliger Mixer.

Das Electronic Drums hat aufgrund seiner elektronischen Klangerzeugung einige wesentliche Vorteile: Die Signale sind rückkopplungs- und übersprechfrei und besitzen einen konstanten Ausgangspegel, der Sound ist schnell und genau reproduzierbar. Diese Vorzüge kommen sowohl im Live-Gebrauch (die Übertragung des herkömmlichen Schlagzeugs durch zahlreiche Mikrophone entfällt) als auch im Studio zur Geltung. Dadurch ist das Electronic Drums in gewissen stilistischen Be-

reichen eine willkommene klangliche Erweiterung des traditionellen Instrumentariums und spielt insbesondere in der → New Wave eine große Rolle. Mittlerweile wird es auch von anderen Firmen in verschiedenen Varianten gebaut.

Electronic Rock [engl., ilek'trɔnik rɔk]: Mitte der siebziger Jahre aufgekommene Form der → Rockmusik, die entweder vollständig auf elektronischen Klangerzeugern aufgebaut ist oder bei der doch zumindest synthetisch erzeugte Klänge im Klangbild dominieren. Inhaltlich ist das oft mit einer Science-Fiction-Version der Welt verbunden, in der die Angst vor einer allgewaltig werdenden Technik und der atomaren Selbstvernichtung der Menschheit thematisiert wird. Wegbereiter dieser Entwicklung waren vor allem *Pink Floyd* und *Emerson, Lake & Palmer*, die seit Anfang der siebziger Jahre elektronisch erzeugte Klänge zu einer tragenden Komponente ihrer Soundkonzeption (→ Sound) gemacht haben. Für den Electronic Rock sind dann die verschiedenen Formen der → Synthesizer, → Electronic Drums, → Sequenzer und das → Hallgerät die wichtigsten Instrumente. Allerdings ist in vielen Fällen dabei ein Widerspruch zwischen dem oft gewaltigen Aufwand an Elektronik und dem musikalischen Resultat, einige Grundklänge und endlos wiederholte Tonketten, nicht zu überhören. Der Gefahr der Verselbständigung von Technik und technischen Effekten ist kaum einer der Gruppen des Electronic Rock entgangen. Einen Namen ge-

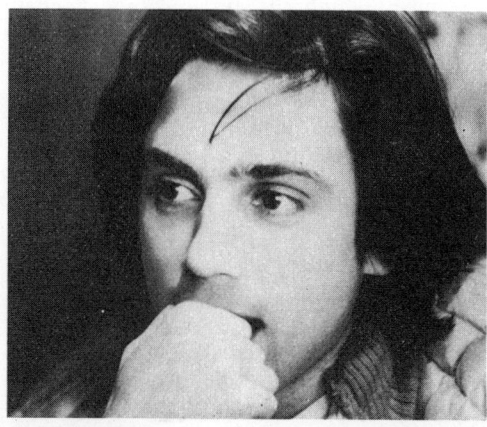

Jean-Michel Jarre

Vangelis

Pond

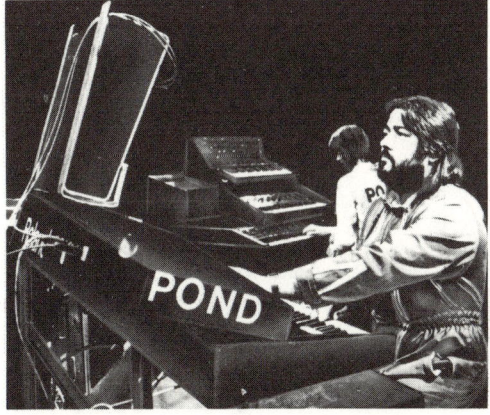

macht haben sich damit hauptsächlich Musiker und Gruppen aus der BRD wie die Gruppe *Kraftwerk*, Klaus *Schulze* (geb. 1947) und nicht zuletzt *Tangerine Dream*.

elektroakustische Übertragungskette: Prinzipdarstellung des Weges von Musik und Sprache bei den Medien Rundfunk, Fernsehen, Film, Schallplatte und Kassette von der Aufnahme bis zur Wiedergabe. Die schematische Darstellung macht die Abschnitte deutlich, wo Tonsignale von einer in eine andere Signalform umgewandelt werden. Verschiedene Energieformen sind Träger der Information. Die Qualität der Übertragungskette hängt von jedem einzelnen Glied in gleichem Maße ab. Schwache Punkte sind die Schallspeicherung (Magnettongerät bezüglich Fremdspannung und Rauschen) und die Schallwiedergabe (Lautsprecher bezüglich linearer Verzerrungen und Impulstreue). Da zu-

sätzlicher Qualitätsgewinn aus physikalischen und ökonomischen Gründen mit analogen Tonsignalen problematisch ist, geht man dazu über, Teil für Teil der Übertragungskette zu digitalisieren, d.h. die Tonsignale in Form von PCM(Puls-Code-Modulation)-Daten zu übertragen. Für die HiFi-Praxis ist das durch das Compact-Disc-Verfahren schon wirksam. (siehe Abb. Seite 146)

Elektrogitarre: → Gitarre.

Elektronenorgel: → E-Orgel.

elektronisches Schlagzeug: umgangssprachliche Bezeichnung für elektronische → Rhythmusgeräte, Drum-Synthesizer (→ Synthesizer) und → Electronic Drums.

Elektro-Pop: → Synthi-Pop.

E-Musik: umgangssprachlich verbreitetes Kürzel für »ernste« Musik, mit dem im Unterschied zu → U-Musik *Oper, Kammermusik* und *Sinfonik* von den Genres und Gattungen der → populären Musik abgehoben werden. Auch wenn diese Formen der Musik zweifellos anderen sozialen und ästhetischen Gesetzmäßigkeiten folgen als diejenigen der populären Musik, ist deren Festlegung auf das Attribut »ernst« jedoch nicht minder fragwürdig als die Kennzeichnung der populären Musik als »heiter«. Daß es derzeit immer noch keine sinnvolle Bezeichnungsmodalität für diesen Bereich der musikalischen Praxis gibt, die ihre wesentlichen ästhetischen Charakteristika auf den Begriff bringt und so von anderen Formen der Musikpraxis wie der → Folklore oder der populären Musik begrifflich unterscheidbar macht, hängt mit dem hier traditionell verinnerlichten bürgerlichen Vorurteil zusammen, nach dem für sie die Kennzeichnung als Musik schlechthin völlig ausreichend sei, da Musik sich durch Kammermusik, Oper und Sinfonik definiere, anderes allenfalls Abgeleitetes, folkloristische Vorform oder kommerzielles Surrogat für Musik sei.
Als Behelfslösung ist in vorliegender Publikation der neutralere Begriff *artifizielle Musik* dafür verwendet, der insofern auch durchaus Wesentliches trifft, als kunstimmanente (artifizielle) Faktoren in diesem Bereich der musikalischen Praxis tatsächlich eine ästhetisch nicht unwichtige Rolle spielen.

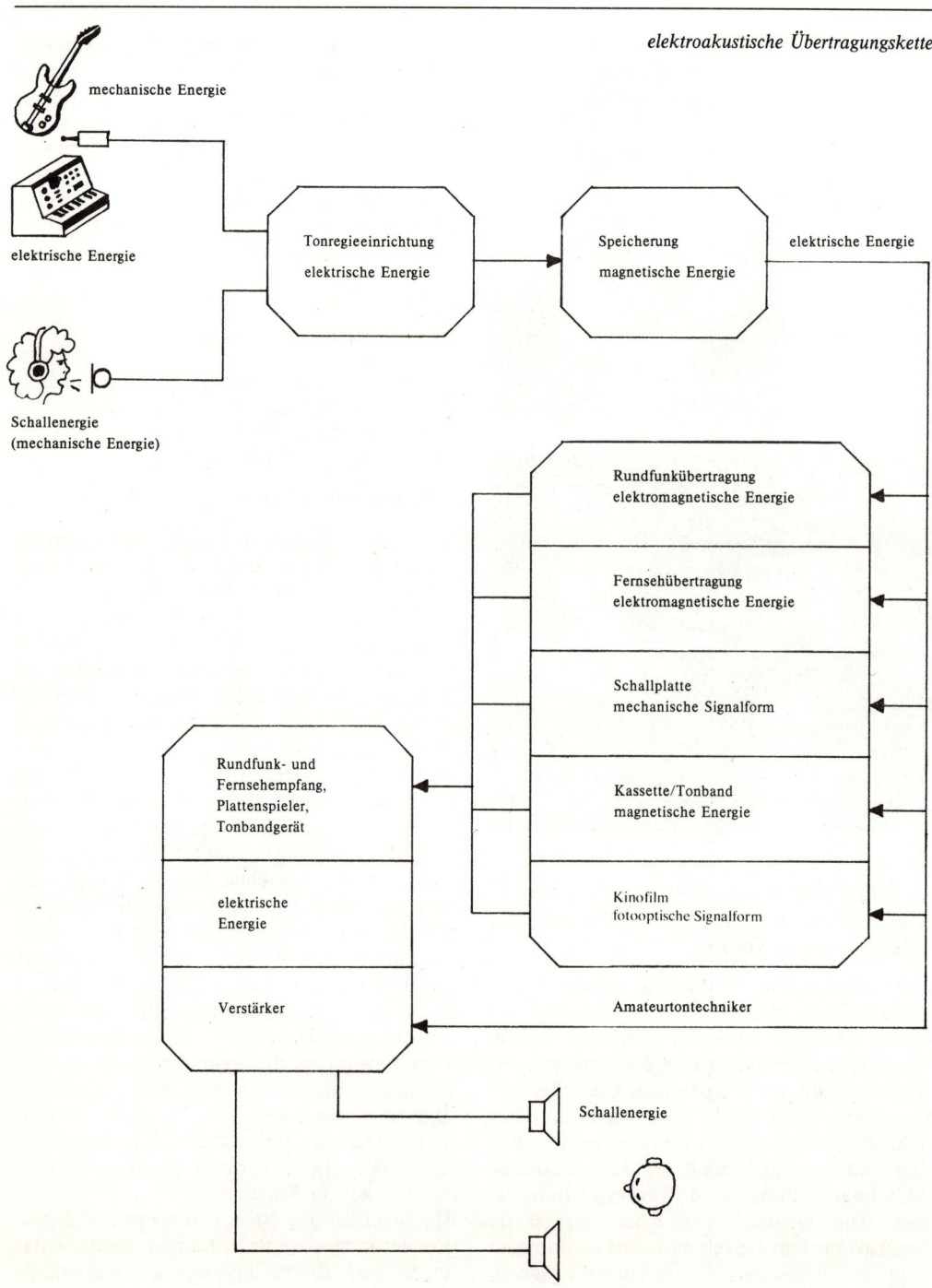

elektroakustische Übertragungskette

Ending [engl., ′endiŋ, wörtlich »beenden, abschließen«]: meist zweitaktige Schlußwendung in einem Arrangement bzw. einer Improvisation; kann als Höhepunkt gesteigert werden, aber auch verklingen (→ ausblenden). Als Endings werden auch Akkordfolgen bezeichnet

(z. B. → Turnarounds), die die Schlußtakte harmonisch bereichern und mit der Tonika enden, z. B. in C-Dur

– |C — F   Fm | C ⌣ ⌣ ⌣ ‖ oder

– |C — Dm⁷ D♭⁷ | C   F   C ⌣ ‖

→ Tag, → Blue Ending, → Coda.

Endstufe: Bezeichnung für Leistungsverstärker als eigenständiges Gerät in der PA-Technik oder als Baugruppe z. B. in → Instrumentalverstärkern. Die Endstufen einer → PA-Anlage verstärken das Ausgangssignal des Mischpults möglichst verzerrungsfrei und stellen somit die für die Ansteuerung der Lautsprecher notwendige elektrische Leistung bereit. Die Qualität einer → PA-Anlage hängt direkt von der der Endstufen ab. Leistung in Watt und → Klirrfaktor in Prozent sind die wichtigsten Kenngrößen. Einige Typen von Endstufen arbeiten in Frequenzbändern (Tiefen, Mitten, Höhen), die optimal auf die Lautsprecher abgestimmt sind. In hochwertigen Endstufen sind Clipper, Limiter und Schutzschalter enthalten, die die angeschlossenen Lautsprecher und die Geräte selbst vor Überlastung bzw. Übersteuerung schützen. Durch den Betrieb mehrerer solcher Verstärker-Endstufen, die bereits einzeln 100 bis 600 Watt erbringen, lassen sich enorme Leistungen, wie sie in einem Freiluft-Rockkonzert notwendig sind, erzeugen. Dabei sind Werte der elektrischen Verstärkerleistung insgesamt um und über 10 000 Watt keine Seltenheit.

Englisch Horn, Abk. *ca*: → Oboe.

English Waltz [engl., ˈiŋliʃ wɔːls]: zu den → Standardtänzen zählender langsamer Walzer, der sich nach 1910 in England herausbildete, später zum Modetanz wurde und den nordamerikanischen → Boston verdrängte. Von diesem unterscheidet er sich durch stärkeres Hervorheben der unbetonten zweiten und dritten Taktzeit und durch einfachere Schrittfolgen. Der entscheidende Anstoß für das Entstehen dieses Tanzes liegt in den politischen Ereignissen begründet, da es dem Nationalgefühl der Engländer widersprach, vor und während des ersten Weltkriegs den Wiener Walzer als deutsch-österreichischen Kulturbeitrag zu tanzen. So ist der English Waltz letztlich eine Synthese aus Wiener Walzer und Boston.

enharmonische Umdeutung: Enharmonische Umdeutung (Verwechslung) ist – → temperierte Stimmung vorausgesetzt – das Umnotieren grifftechnisch gleicher, aber auf verschiedene Stammtöne bezogener Noten, z. B. cis – des oder fis – ges. Man nutzt diese Möglichkeit zur lesetechnischen Erleichterung, z. B. bei chromatischen Wendungen, beim verminderten Septakkord oder bei ungebräuchlichen Tonarten für → transponierende Instrumente (Es-Altsaxophonstimme in einem E-Dur-Stück müßte in Cis-Dur notiert werden, meist Umsetzung nach Des-Dur). Enharmonik bildet auch durch Umdeuten von Akkorden die Voraussetzung für bestimmte → Modulationen.

Ensemble [franz., ã′sã:bl, sinngemäß »Gemeinschaft, Künstlergruppe«]: Begriff für eine beständige, oft aber auch nur kurzzeitig zusammengefaßte Gruppe, z. B. Theaterensemble, Volkskunstensemble, Tanzensemble, Folkloreensemble, Tournee-Ensemble; mitunter auch als Synonym für Combo, Band, Big Band usw. (z. B. Art Ensemble of Chicago). Das sogen. *Ensembleprogramm* vereint Darbietungen aus Musik, Tanz, Wort und Artistik.

Entertainer [engl./amerik., entə′teinə, wörtlich »Unterhalter«]: gemeint sind Sänger, deren Auftritte neben ihren Liedern die Conférence ihres Programms, humoristische Zwischentexte, schauspielerische und tänzerische Einlagen, manchmal auch die Leitung von Spielen und dergleichen umfassen. Sie bauen so ihren Gesangsvortrag zur kompletten → Show aus, die damit zur → Personality Show wird. Die ersten großen Entertainer, für die dieser Begriff auch aufkam, waren Bing *Crosby* (1903–1977), Frank *Sinatra* (geb. 1915) und Sammy *Davis* jr. (geb. 1925). Heute wird dieser Begriff in noch umfassenderem Sinne gebraucht, wobei die musikalische Leistung an sich nicht im Vordergrund stehen muß, vgl. z. B. die Auftritte von Otto *Waalkes* (geb. 1946, Bild Seite 148).

Envelope-Generator, Abk. *EG* [engl., ′enviloup-, auch *Hüllkurvengenerator, Envelope-Shaper* (Hüllkurven-Former) oder *ADSR-Generator* (Attack Time, Decay Time, Sustain Level, **R**elease Time)]: Baueinheit im → Synthesizer, mit deren Hilfe sich Ein- und Ausschwingvor-

Otto

gänge verwirklichen lassen. Envelope-Generatoren sind bei frei programmierbaren Synthesizern in der Regel für den VCF (Voltage-
Controlled-Filter) und den VCA (Voltage-
Controlled-Amplifier) vorgesehen. Im VCF
wird der Klang (z. B. Obertongehalt) und im
VCA die Lautstärke durch den EG gesteuert.
Im weiteren soll nur die Modulation des VCA
betrachtet werden. Erhält der EG einen Trig-

gerimpuls (Impuls zur Auslösung eines
Schaltsignals) – durch Anschlag einer Taste
am Keyboard hervorgerufen –, so beginnt der
Einschwingvorgang mit der eingestellten Attack Time. Kurze Einschwingzeiten haben
einen perkussiven Toneinsatz zur Folge, lange
Zeiten dagegen ein weiches Anschwingen. Ist
die Maximallautstärke erreicht, beginnt das
Hinübergleiten in den quasistationären Zu-
stand mit der Decay Time (Rückkehrzeit) auf
den Sustain Level (Haltepegel). Die Dauer des
Sustains wird nicht durch den EG bestimmt.
Zur Auslösung des Release-Vorganges ist ein
erneuter Triggerimpuls notwendig, der beim
Loslassen der Taste entsteht. Von diesem Zeitpunkt an beginnt das Verklingen des Tones
mit der gewählten Release Time.

Analog dazu arbeitet der EG des VCF; nur
wird hier im Gegensatz zum VCA nicht die
Verstärkung und damit die Lautstärke modu-
liert, sondern die Grenzfrequenz des Hoch-
paß- oder Tiefpaß- bzw. die Mittenfrequenz
des Bandpaßfilters und damit der Klangcharakter beeinflußt.

Die Hüllkurven für VCA und VCF sind getrennt einstellbar, die Zeiten müssen aber aufeinander abgestimmt sein. Eine lang gewählte
Release Time am VCF kommt beispielsweise
nicht zur Geltung, wenn am VCA die Release
Time sehr kurz eingestellt ist.

Synthesizer, die sich auch über andere Instrumente (z. B. E-Gitarre) spielen lassen, verfügen über einen Hüllkurvenverfolger (Envelope-Follower). Dieses Gerät wandelt die Amplitude des eingegebenen Signals in eine
Steuerspannung um, die den verschiedenen
Baueinheiten des Synthesizers zugeführt werden kann. Bei einem einstellbaren Spannungs-
schwellwert erzeugt der Envelope-Follower zudem Triggerimpulse.

E-Orgel, Elektronenorgel: im engeren Sinn
umfaßt der Begriff alle elektronischen Tasteninstrumente, die in ihrem Klang und in der
Bauweise ihrer Spielvorrichtungen Ähnlichkeit zur historischen Pfeifenorgel (→ Orgel)
besitzen; im weiteren Sinn zählen auch die
elektromechanischen Modelle (→ Hammond-
Orgel, → Wurlitzer-Orgel) dazu. Die Übernahme der Bezeichnung »Orgel« für diese
elektronischen Instrumente scheint nicht so
sehr durch ihre Klangverwandtschaft zum Ori-

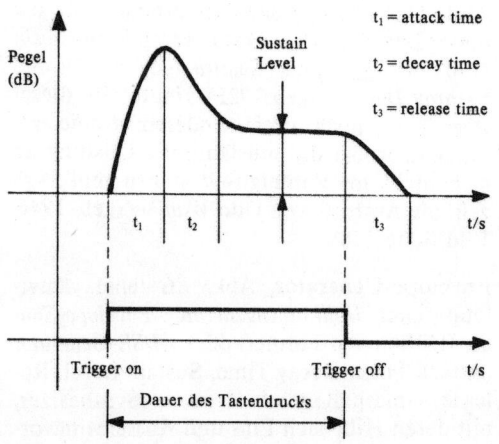

t_1 = attack time

Sustain
Level

t_2 = decay time

t_3 = release time

Pegel
(dB)

t_1 t_2 t_3 t/s

Trigger on   Trigger off   t/s

Dauer des Tastendrucks

ginalinstrument gerechtfertigt (den Klang einer großen Konzertorgel zu treffen, vermochte bisher keine E-Orgel), als vielmehr durch die gleiche Anlage der Vorrichtungen zum Spielen (Manuale, Pedal) und zur Klangbildung (Register). Die E-Orgel ist als eigenständiges Instrument zu betrachten, das über einen großen Reichtum an Klangfarben und Effekten verfügt. Zur Tonerzeugung dienen Sinus-, Rechteck- und Sägezahngeneratoren (→ Tonfrequenzgenerator). Instrumente mit additiver Klangbildung besitzen für jeden Ton einen Sinusgenerator. Der Klang entsteht durch das Hinzumischen von Obertönen zum Grundton (z. B. Hammond-Orgel). Die einzelnen → Register werden analog zur Pfeifenorgel mit → Fußtonzahlen bezeichnet. Andere E-Orgeln arbeiten auf der Basis von Muttergeneratoren, d. h., nur für die einzelnen Töne der höchsten Oktave sind Tongeneratoren vorhanden, während die Töne der darunterliegenden Oktavbereiche durch Frequenzteilung gewonnen werden. Aufgrund der Vielzahl unterschiedlichster Fabrikate lassen sich allgemeinverbindliche Aussagen hinsichtlich der Möglichkeiten der Klangformung und Ausrüstung mit zusätzlichen Effekten bei E-Orgeln kaum treffen. Einfach strukturierte, kleine Instrumente besitzen nur ein Manual (Tastenreihe), wenige Register und kaum weitere Effekte. Bei einigen Modellen lassen sich der Baß- und Höhenbereich gesondert klanglich regeln (registrieren). Man spricht dabei von Manualteilung. Große Elektronenorgeln ähneln in der Anlage ihres Spieltischs der Pfeifenorgel. Sie verfügen über mehrere terrassenförmig angeordnete Manuale, Baßpedal, differenzierte Registriermöglichkeiten (für jedes Manual gesondert) und zahlreiche zusätzliche Effekte. Das Baßpedal der E-Orgel wird im allgemeinen mit dem linken Fuß gespielt und umfaßt selten mehr als eine Dezime. In der Benennung der einzelnen Register geht man von der Fußtonzahl aus, oder man richtet sich nach der Klangverwandtschaft zu anderen Instrumenten. Durch die Nachbildung bestimmter Klangfarben (Obertonspektren), verbunden mit den entsprechenden Ein- und Ausschwingvorgängen, können Streich-, Holz- und Blechblasinstrumente, Klavier oder Cembalo imitiert werden. Oft sind zu diesem Zweck vom Hersteller bereits Festregister vor-

gesehen. Zu den typischen zusätzlichen Effekten einer Elektronenorgel zählen Vibrato, Tremolo, Hall (Reverb), Percussion (hartes Anschlaggeräusch), Sustain (Ton klingt noch bei losgelassener Taste nach) und die Möglichkeit, bestimmte Klangfarbenkombinationen (Mixturen) einzublenden (z. B. mittels eines Knieschwellers). Das Lautstärkeverhältnis der Manuale untereinander kann über Schieberegler verändert werden. Die Regelung der Gesamtlautstärke erfolgt durch ein Pedal (→ Lautstärkeschwellpedal). In moderne Instrumente sind oft zusätzliche elektronische Effektgeräte eingebaut (z. B. → Phaser, elektronisches → Leslie, → Wah-Wah-Effekt, → Begleitautomatik, → Rhythmusgerät). Mit der Entwicklung der modernen Computertechnik ergaben sich zahlreiche neue Klangmöglichkeiten, sowie Spiel- und Registrier-(Programmier-) Erleichterungen. So findet man in zunehmendem Maß Synthesizer-Baugruppen in E-Orgeln, und mit der Vermischung beider Instrumente und der allgemeinen Bevorzugung des → Synthesizers ist die Bedeutung der Elektronenorgel zurückgegangen. Nach wie vor sind sie ein beliebtes stationäres Hausinstrument anstelle des Klaviers. Auch in vielen Tanzcombos gehören sie zum Grundinstrumentarium, ebenso wie bei Alleinunterhaltern. Zahlreiche Schallplatten, die unter Mottos wie »Orgel-Sound« oder »Orgel-Spezialitäten« die neuesten internationalen Erfolgstitel in Interpretationen auf diesem Instrument anbieten, beweisen einerseits die Klangvielfalt großer E-Orgeln, aber andererseits, daß der Klang den typischen Grundcharakter beibehält. Im Bereich der Rockmusik wurde die Elektronenorgel anfangs als Klavierersatz genutzt, erhielt jedoch bald eigenständige Aufgaben. Im Vordergrund stand hierbei der typische Klang der → Hammond-Orgel. Im Lauf der siebziger Jahre erlangten im Ensemble der Keyboards zunehmend E-Piano und Synthesizer Bedeutung. Im Zuge der Rückorientierung auf ältere Spielarten der Popmusik (→ New Wave) wurde der typische E-Orgel-Klang neubelebt und vielfach als Mittel für nostalgische Wirkungen verwendet. Ein weiteres umfangreiches Aufgabenfeld fand die E-Orgel im Bereich der sakralen Musizierpraxis, etwa als Instrument kleiner kirchlicher Gemeinden oder als Übungsinstrument.

EP [engl./amerik., 'i:pi:, Abk. für Extended Player, iks'tendid 'pleiǝ]: Mitte der fünfziger Jahre im Zusammenhang mit dem → Rock'n'Roll aufgekommenes Schallplattenformat, das äußerlich der → Single gleicht, also wie diese einen 17 cm-Durchmesser und 45 Umdrehungen pro Minute Abspielgeschwindigkeit hat, im Unterschied zu ihr aber eine etwa auf das Doppelte verlängerte Spieldauer aufweist (durch entsprechend engen und weitgeführten Schnitt) und damit zwei Titel auf jeder Seite enthalten kann. Als EP wurden früher auch, obwohl nicht korrekt, die 25 cm-(10 inch)-Singles bezeichnet, die jedoch nicht die Verlängerung der Spieldauer eines vorhandenen Formats wie der Extended Player, sondern vielmehr ein neues, heute allerdings nicht mehr gebräuchliches Plattenformat darstellten. Seit Anfang der siebziger Jahre erscheinen EPs gelegentlich auch mit einer Laufgeschwindigkeit von $33\frac{1}{3}$ Umdrehungen pro Minute. Zurückzuführen ist dieses Format auf das kommerzielle Bedürfnis der Mehrfachverwertung auf Single oder → LP schon veröffentlichten Materials. → Schallplatte.

E-Piano: elektromechanisches oder elektronisches Tasteninstrument (Keyboard), das in der Rock-, Pop- und zum Teil auch in der Jazzmusik die (vorwiegend rhythmische) Funktion des Klaviers übernimmt, wobei das Klangergebnis meist vom originalen Klavierklang abweicht. Neben dieser Bereicherung des Sounds, der mittels elektronischer Schaltungen zusätzlich verfremdet werden kann, bietet einen E-Piano weitere Vorzüge, die vor allem im Live-Gebrauch zur Geltung kommen. Aufgrund geringer Abmessungen und konstanter Stimmung (außer bei Instrumenten mit Saitenbezug) ist es wesentlich transportgünstiger als herkömmliche Klaviere bzw. Flügel. Außerdem läßt sich ein E-Piano leichter an ein PA-System anschließen. Die einzelnen Herstellerfirmen entwickelten zahlreiche unterschiedliche Prinzipien, von denen sich einige wegen ihrer spezifischen Klangeigenschaften als eigenständiges Instrument behaupten konnten. Dazu gehört das *Fender Piano* (»Fender Rhodes«, später nur »Rhodes«). Hier eine kurze Darstellung des Funktionsprinzips: Der Tastendruck löst über die vom Klavier übernommene Mechanik ein befilztes Hämmerchen aus, das gegen einen dünnen Klangstab schlägt und diesen in Schwingung versetzt. Der entstehende natürliche Ton bleibt fast unhörbar. Die Schwingungen werden deshalb von → Tonabnehmern induktiv abgenommen und auf elektrischem Weg weitergeleitet, verändert durch Filter, verstärkt und hörbar gemacht. Wie beim originalen Klavier erfolgt die Bedienung der mechanischen Dämpfungsvorrichtung über ein Pedal. Außerdem gibt es Regler für Lautstärke und Vibrato. Durch Zuschalten von Effektgeräten (→ Phaser, → Wah-Wah) lassen sich interessante Soundvarianten erzielen. Der Originalklang ist obertonreich, hell, an eine Celesta erinnernd. Ein ähnliches Tonerzeugungsprinzip und Klangergebnis weist das Wurlitzer-Piano auf. Eine weitere Variante des E-Pianos stellt das → Clavinet dar, bei dem über einem Tangentenmechanismus (ähnlich dem Clavichord) angeschlagene Metallsaiten den Ton erzeugen. Auch hier dienen Tonabnehmer zur Umwandlung des Signals in elektrische Wechselspannung. Das gleiche Prinzip, jedoch mit der vom Klavier bekannten Hammermechanik, findet man u.a. bei Modellen von *Yamaha* (»Electric Grand CP 80«, »CP 70B«). Diese Ausführungen kommen im Klangergebnis dem Klavier am nächsten. Neben der Mechanik weisen sie die typische kreuzsaitige Bespannung und die Form eines Stutzflügels auf. Zur elektroakustischen Umwandlung der Saitenschwingung dienen piezoelektrische Tonabnehmer. Als frühen Vorläufer dieser Form des E-Pianos könnte man den *Neo-Bechsteinflügel* ansehen, der bereits um 1931 von dem deutschen Physiker Walther Hermann Nernst (1864–1941) in Zusammenarbeit mit O. Vierling, S. Francó und H. Driescher entwickelt wurde und der mit elektromagnetischen Tonabnehmern arbeitet. Die bisher beschriebenen Instrumente stellen Kombinationen von mechanischer Tonerzeugung und elektrischer Übertragung bzw. Verstärkung dar. Gegenüber vielen rein elektronischen Systemen besitzen sie den Vorteil, daß ihr Klang, vor allem die Dynamik, in gewissem Grad vom Tastendruck abhängig ist (dynamischer Anschlag). Im Laufe der siebziger Jahre entstanden zahlreiche E-Pianos, deren Tonerzeugung auf rein elektronischer Basis durch Generatoren erfolgte. Die einzelnen Modelle erlangten jedoch zunächst nicht die Bedeutung der »klassischen« Fender- oder Wurlitzer-Pianos, die in ihrem Klangcharakter den Wünschen der Musiker am ehesten entsprachen. Die Stärke dieser elektronischen Pianos liegt in der Vielfalt der Klangfarben. So kann der vom Generator erzeugte Ton durch geringen technischen Aufwand auch den Klangcharakter z. B. eines Streichinstruments (→ Strings) oder Cembalos annehmen.

Seit Beginn der achtziger Jahre nutzt man die Vorzüge digitaler Technik auch im Instrumentenbau. Die neuentwickelten digitalen Keyboards (z. B. von Yamaha »GS 1« und »GS 2«) enthalten beliebig austauschbare Magnetkarten, auf denen die verschiedenen Klangergebnisse gespeichert sind. Es lassen sich zahlreiche zusätzliche Effekte erzielen. Außerdem besitzen diese Instrumente eine druckempfindliche Tastatur, das heißt, mittels Differenzierung des Anschlags können – wie beim originalen Klavier – dynamische Unterschiede herausgearbeitet werden. Aufgrund ihrer aufwendigen technischen Ausstattung sind diese E-Pianos zugleich in die Kategorie → Synthesizer einzuordnen. Man bezeichnet sie jedoch wegen ihrer am Klavierklang orientierten Programmierung noch als E-Piano. Natürlich vermögen sowohl analoge als auch digitale Synthesizer durch ihre differenzierten Einstellmöglichkeiten den Klavierklang nachzubilden. In der Praxis trifft man oft keine konkrete Unterscheidung zwischen Klavier und E-Piano. Titel, die im Studio mit einem Klavier produziert wurden, realisiert man live mit einem E-Piano. Ein differenzierter Einsatz beider Instrumente läßt sich auf einigen LPs von *Supertramp* feststellen (z. B. »Breakfast in America«, 1979).

Das E-Piano gehört zur Grundausstattung eines Keyboarders. Neben seiner rhythmischen Begleitfunktion kommt es vor allem im Bereich des Jazz auch als Soloinstrument zur Geltung. So zählt u. a. Chick *Corea* (geb. 1941), der bereits auf den LPs »Filles De Kilimanjaro« (1969) und »Bitches Brew« (1970) von Miles Davis gemeinsam mit Herbie *Hancock* (geb. 1940) bzw. Joe *Zawinul* (geb. 1932) E-Piano spielte, nach wie vor als weltweit anerkannter Spezialist auf diesem Intrument.

Episode [griech., wörtlich »Einschub«]: bezeichnet im musikalischen Zusammenhang einen Abschnitt (Zwischensatz), der thematisch wichtige Teile (Sätze) quasi als Überleitung verbindet. Als Episoden kann man aber auch die sich ergebenden, meist unzusammenhängenden Abschnitte im → Art Rock und im → Free Jazz benennen.

Equalizer [engl., ˈiːkwəlaizə, wörtlich »Ausgleicher«]: elektronisches → Effektgerät, das den Frequenzgang beeinflußt und vor allem zur Klangregelung genutzt wird. Equalizer erzeugen lineare → Verzerrungen. Sie sind in die Gruppe der → Filter einzuordnen. Man unterscheidet graphische und parametrische Equalizer. Bei beiden Gerätetypen wird zunächst das Frequenzspektrum des anliegenden Tonsignals in eine, je nach Fabrikat unterschiedliche Anzahl von Frequenzbändern aufgespalten. Graphische Equalizer besitzen eine Pegelregelmöglichkeit pro Frequenzband (6, 10, 27). Bei der Aufteilung in 10 Bänder handelt es sich um einen Oktav-Equalizer. Sind 27 Bänder vorhanden, so spricht man von einem Terz-Equalizer. Die Mittenfrequenzen eines Oktav-Equalizers lauten 32 Hz, 63 Hz, 125 Hz, 250 Hz, 500 Hz, 1 kHz, 2 kHz, 4 kHz, 8 kHz und 16 kHz. Die Klangmanipulationen werden durch ein beliebiges Anheben bzw. Absenken der einzelnen Frequenzbänder mittels Flachbahnregler erreicht. Deren Stellung gibt einen guten Überblick über die eingestellte Filterkurve – daher auch der Name graphischer Equalizer. Die Qualität eines solchen Geräts hängt von der Steilheit der Filterflanken und der Größe des Regelbereichs ab. Mit größeren, für Tonstudios oder PA-Anlagen vorgesehenen Equalizern läßt sich der gesamte hörbare Frequenzbereich regeln. Sie sind oft zweikanalig ausgelegt, so daß die Soundgestaltung für beide Kanäle getrennt und unterschiedlich erfolgen kann. Bei Live-Veranstaltungen dienen Equalizer dazu, den Klang elektroakustischer Übertragungsanlagen den raumakustischen Gegebenheiten anzupassen und ein bestimmtes individuelles Klangbild zu erzielen. Sie werden vom Toningenieur bedient bzw. vor dem Konzert beim → Soundcheck eingestellt. Im Bereich der Heimelektronik nutzt man graphische Equalizer ebenfalls, um den Klang nach wohnlichen

Gegebenheiten und persönlichem Geschmack zu gestalten. Häufig sind sie bereits in Verstärker eingebaut. Graphische Equalizer werden neben der Beeinflussung komplexer Klangbilder auch zur Klangfarbengestaltung einzelner Instrumente verwendet. Geräte, die fest in ein Instrument (z. B. E-Baß) integriert oder als separates Zusatzgerät dafür vorgesehen sind, richten sich selbstverständlich nach dessen Klangspektrum. Bei der Unterdrükkung von bestimmten Koppelfrequenzen und für die Erzielung bestimmter Sounds bei Einzelinstrumenten sind die parametrischen Equalizer den graphischen überlegen. Sie bieten außer der Pegelbeeinflussung Variationsmöglichkeiten in bezug auf die Mittenfrequenz der Bänder und die Steilheit der Filterflanken. Den Verlauf der resultierenden Filterkurve kann man nicht mehr auf den ersten Blick erkennen. Der Einsatz eines → Analyzers gleicht die relative Unübersichtlichkeit eines hochwertigen parametrischen Equalizers aus.

Equipment [engl., i'kwipmənt, wörtlich »Ausrüstung, Ausstattung«]: Bezeichnung für das von einer Rockband bei Live-Auftritten benötigte Material – also Instrumentarium, PA-Anlage, Monitoranlage, einzelne Verstärker, Mikros, ggf. separate Effektgeräte, Lichtanlage, Projektoren, Kisten usw. Das Equipment gehört in den Verantwortungsbereich der Roadie-Teams (→ Roadies).

Estradenmusik: Estrade (soviel wie »Podium«) wird in der Sowjetunion ein in den zwanziger und dreißiger Jahren entwickelter Veranstaltungstyp genannt, dessen Wurzeln auf die Arbeit der russischen revolutionären Kulturgruppen zurückreichen. Aus der Vereinigung von Musik der unterschiedlichsten Genres, Tanz und Artistik sollte eine neuar-

Equipment (Stern Meißen)

tige Ensemblekunst hervorgehen, die in den Massen verwurzelt ist und zugleich der Aufgabenstellung des revolutionären Kulturkonzepts der jungen Sowjetmacht mit einer Verbindung von Erholung und Bildung, Erziehung und Unterhaltung entsprach. Musikalisch hieß das sowohl die Leistungen der bürgerlichen Musik der Vergangenheit zu popularisieren, etwa nach dem Modell der sogen. »populären Klassik«, Massenlied und Volksmusik in diesen Zusammenhang einzubringen, als auch diese drei Elemente in einer völlig neuen Form von Musik zu vereinigen, der eigens für diesen Zweck geschriebenen Estradenmusik. Daraus ist in der Sowjetunion eine bis in die Gegenwart hineinreichende Tradition entwickelt worden, die sich mit ihren vielfältigen Formen sowohl instrumentaler als auch vokaler Art aus den genannten drei Quellen speist, den künstlerischen Anspruch der Klassik mit der Popularität der Massenmusikpraxis zu verbinden sucht. Ihre Hauptformen sind das orchesterbegleitete Sololied und das orchesterbegleitete Chorlied, wobei Orchesterbesetzung und -behandlung am Modell der Klassik orientiert sind. Das melodisch-thematische Material ist der Volksmusik nachgebildet oder basiert auf dem → Massenlied der Gegenwart. Namhafte Vertreter der sowjetischen Estradenmusik sind Isaak *Dunajewski* (1900–1955) oder Iwan *Dsershinski* (geb. 1909).

ET [engl./amerik., ′i:ti:] → Electrical Transcription.

Etüde [franz.]: Übungsstück, Studie, meist einem speziellen musikalischen oder spieltechnischen Problem gewidmet. Viele anerkannte Musiker widmen sich auch der Ausbildung des künstlerischen Nachwuchses und schreiben entsprechende Unterrichtsliteratur, z. B. Oscar *Petersen* (geb. 1925) für Piano, Joe *Pass* (geb. 1929) und Barney *Kessel* (geb. 1923) für Gitarre, Gene *Krupa* (1909–1973) und Buddy *Rich* (geb. 1917) für Drums. In der DDR leisteten die *Dresdner Tanzsinfoniker* auf diesem Gebiet Pionierarbeit, weiterhin Thomas *Buhé* (geb. 1920), Günter *Kiesant* (geb. 1932), Jürgen *Kliem* (geb. 1938), Manfred *Pie-*

per (geb. 1931), Manfred *Schmitz* (geb. 1939) u. a. m.

Euphonium [griech.]: → Bariton.

Evergreen [engl., ′evəgri:n]: Bezeichnung für ältere Tanz- oder Gesangsschlager (→ Schlager), die trotz ihres Alters nichts von ihrer ursprünglichen Popularität eingebüßt haben. Oft werden von ihnen immer wieder neue Versionen eingespielt, die sie über Jahrzehnte hinweg lebendig halten. Mit mehr als 250 Versionen ist »Stardust« (1927) von Hoagy *Carmichael* (1899–1981), ein Swing-Schlager (→ Swing), der in dieser Hinsicht bisher erfolgreichste Titel.

Expander [engl., iks′pændə, wörtlich »Ausdehner«]: → Regelverstärker, der den Abstand zwischen niedrigstem und höchstem Tonsignalpegel vergrößert, indem leise Signale stärker abgeschwächt werden als laute.

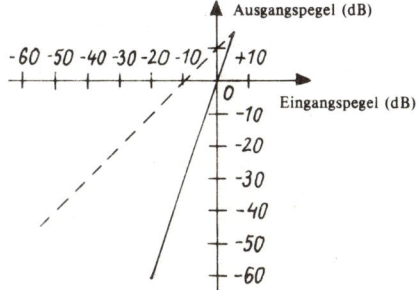

Der Expansionsgrad gibt den Grad der Dehnung des Pegelbereichs an. Der Expander ist dem Funktionsprinzip nach das Gegenstück zum → Kompressor. Er kann auf einen Kompressor abgestimmt sein und mit ihm als → Kompander betrieben werden. Die Verwendung eines Expanders als → Effektgerät (z. B. für Gitarre) äußert sich klanglich in einer verkürzten Abklingzeit des Tones.

Explosion [engl., iks′plouʒən, wörtlich »Knall«]: Fachterminus für Akzentschläge auf der Großen Trommel bzw. kurze Wirbel auf der Kleinen Trommel nach Phrasenende eines Solos (»Abschlag«) im traditionellen Jazz; im Bebop auch → Bombs.

⋆ F ⋆

fade out [engl., feid aut]: → ausblenden.

Fading [engl., 'feidiŋ]: → ausblenden.

Fagott [ital. fagotto = »Bündel«, engl. bassoon]: Holzblasinstrument; u-förmig geknicktes, parallel verlaufendes Rohr von insgesamt über 250 cm Länge (Teile: Flügel, Stiefel, Baßröhre und Schallstück); konische Bohrung; s-förmiges Metallrohr mit Doppelrohrblatt als Anblasvorrichtung; fünf offene Grifflöcher und Klappensystem; Tonumfang: $B_1 - es^2$, nichttransponierend (Baß- und Tenorschlüssel).
Das noch vor 1600 entstandene Fagott erfuhr besonders im 19. Jh. seine klangliche und spieltechnische Vervollkommnung. Vom Sinfonieorchester her wurde es in die größeren Unterhaltungs- und Blasorchester übernommen, wo es überwiegend Baß- und Harmoniefunktion zu erfüllen hatte. Sonst fand es in der populären Musik kaum Einsatz. Lediglich im modernen Jazz, z. B. durch Yusef *Lateef* (geb. 1921) und Frank *Tiberi* (geb. 1925), kam seine unverwechselbare Klangfarbe vereinzelt zur Geltung. Es wird von einigen Avantgarde-Rockbands (→ Rock In Opposition) wie *Henry Cow* oder *Art Bears* eingesetzt.

Das *Kontrafagott* mit einer Rohrlänge von fast 6 m, die in vier nebeneinanderliegenden Holzröhren aufgeteilt ist, hat einen Tonumfang von $(A_2)C_1 - g(b)$ und wird eine Oktave höher notiert (oktavtransponierend).

Falsett [ital., von falsare = »fälschen«]: besonders hohe Gesangsweise bei Männern, bei der die Kopfstimme durch zusätzliche Brustresonanz verstärkt wird. Damit kann über den normalen Tonumfang hinaus gesungen werden. Das klangliche Ergebnis ist kraftvoller als bei der gehauchten, ungestützten sogen. *Fistelstimme*. Das Falsett findet sowohl in der Folklore als auch in der Rock- (z. B. *Tiny Tim*) und Popmusik (z. B. George *McCrae*) als Klangreiz Anwendung. Häufig werden Oberstimmen in Gesangssätzen im Falsett ausgeführt (z. B. *Beach Boys, Bee Gees*).

Fan [amerik., 'fæn]: ursprünglich amerikanischer Slangausdruck für einen begeisterten und engagierten Anhänger einer Musikrichtung, eines Musikers, Sängers, auch Filmstars oder Sportlers; abgeleitet von der Abkürzung des englischen Begriffs *fanatic* (= »Fanatiker, Schwärmer«). Inzwischen ist dieser Ausdruck

*Frank Schöbel
beim Autogrammgeben*

allgemein verbreitet und nicht mehr auf den englischen Sprachraum beschränkt.

Fandango [span.]: gesungener spanischer Nationaltanz in mittlerem bis schnellem Tempo; schon seit dem 17. Jh. nachweisbar, Herkunft jedoch ungewiß, vermutlich maurisch-afrikanischer, evtl. auch lateinamerikanischer Einfluß (Chica). Die Fandango-Lieder wurden mit Gitarren, Kastagnetten, Tamburin und anderen Instrumenten begleitet. Nach jeder Strophe folgte ein improvisiertes instrumentales Zwischenspiel, auch freirhythmische Vokalimprovisationen (Coplas, im Stile des Canto → flamenco) wurden eingefügt. Die Liedtexte sind meist lyrisch gehalten, die Themenkreise Liebe, Religion, aber auch Arbeit überwiegen. In Spanien bildeten sich von diesem ursprünglichen Werbetanz zahlreiche regionale Varianten heraus, z. B. die Malagueña, Granadina und Rondeña. Der Fandango prägte wesentlich die spanische Instrumentalmusik und war von großem Einfluß auf die Entwicklung wichtiger Lied- und Tanzformen in Lateinamerika. Dort wurde er als unzüchtiger, anrüchiger Tanzstil zeitweise sogar von Kirche und Staat verboten, was seiner Popularität jedoch keinen Abbruch tat.

Fanfare: 1.) in langgestreckter Trompetenform gebautes, ursprünglich ventilloses Blechblasinstrument, auf dem nur → Naturtöne geblasen werden konnten; Grundstimmung in Es. Heute baut man Fanfaren auch mit Ventilen (= Ventilfanfare) und in anderen Grundstimmungen, um die Musik für die Fanfarenzüge diatonisch bzw. chromatisch schreiben zu können;
2.) kurzes, meist nur wenige Takte umfassendes, signalartiges Stück zur Eröffnung von Veranstaltungen, Sendungen u. a. oder für zeremonielle Zwecke (z. B. Siegerehrung); ähnlich dem → Tusch (→ Signature Tune);
3.) Bezeichnung für französische Blechbläsergruppen (Fanfare-Orchester).

Fantasie: in der → Salon- und Unterhaltungsmusik anzutreffendes Instrumentalstück ohne festgelegtes Formschema, oft aus einer Improvisation entstanden (Fantasie über ein Lied, eine Opernarie usw.).

Fanzine [engl., fæn′zi:n]: Zeitschrift von → Fans für Fans; kam im Zusammenhang mit dem → Punk Rock auf und ist ein im Billigverfahren mit Handabzug von den Jugendlichen selbst hergestelltes Blatt über einzelne Gruppen oder eine Musikrichtung, in dem sie sich und anderen Fans des Heiligenscheins ihres Verehrungsobjektes, verbunden mit Auftrittsdaten und diversen personellen Informationen, versichern. Die Fanzines stehen, obwohl auf privatem Wege hergestellt und vertrieben, mit ihrem unkritischen und unreflektierten Verhältnis zu Gruppen und Musikern letztlich in der Funktion der Musikindustrie – liefern kostenlos für die Industrie eine willkommene → Promotion.

Fast Western Style [engl./amerik., fɑ:st ′westən stail]: → Boogie Woogie.

Featuring [engl., ′fi:tʃərin]: Bezeichnung für das Hervorheben einer bestimmten Person mit der ursprünglichen Bedeutung von »in der Hauptrolle« bei Filmen; von Rockgruppen übernommen, um die → Stars ihrer Band bei Konzertankündigungen und auf Schallplattentaschen publikumswirksam in den Vordergrund zu bringen (z. B. »Big Brothers & The Holding Company Featuring Janis Joplin«).

Feedback [engl., ′fi:dbæk]: → Rückkopplung.

Feeling [engl., ′fi:liŋ, wörtlich »Gefühl, Einfühlung«]: meint die Fähigkeit des Musikers, sich in die besondere emotionale Qualität seiner Musik einfühlen zu können, um deren Stimmungsgehalt auf seine Hörer möglichst zwingend zu übertragen; spielt vor allem im Zusammenhang mit dem Blues, dem Jazz und der Rockmusik eine große Rolle und ist als eine zentrale Komponente von deren Ästhetik anzusehen.
→ Blues Feeling.

Fender: Markenzeichen für Musikinstrumente, Verstärker, Effektgeräte usw.; die vollständige Firmenbezeichnung ist *Fender Musical Instruments*, Fullerton (Californien). Der Name geht auf den Gründer Leo *Fender* (geb. 1907) zurück, der sich vor allem um die Weiterentwicklung der elektrischen Gitarre verdient machte. Nach vorangegangenen erfolgreichen Versuchen (1944 in Zusammenarbeit mit Doc Kaufmann die »K and F Electric Guitar«, 1948 die klassische »Broadcaster«) machten ihn das Modell der »Fender Stratocaster« in den Händen so bekannter Gitarristen wie z. B. Jimi *Hendrix* oder Eric *Clapton*, wie auch seit 1951 die verschiedenen Ausführungen von elektrischen Baßgitarren (heute »Fender-Precision-« und »Fender-Jazz-Bass«) weltberühmt. Die seit 1965 an das CBS-Unternehmen angeschlossene *Fender Company* trat außerdem mit qualitativ hochwertigen Instrumentalverstärkern und Lautsprecherboxen hervor. Eine große Bedeutung kommt vor allem in den siebziger Jahren dem *Fender Piano* (»Fender Rhodes«, »Rhodes«) zu, das sich im Bereich der Popmusik den Status eines eigenständigen Instruments erobert hat (→ E-Piano). Mit seinem spezifischen Klang trug es erheblich zur Soundgestaltung verschiedener Rockgruppen (z. B. *Supertramp*) und Jazzpianisten (z. B. Herbie *Hancock*) bei.

Festival: wichtige Veranstaltungsform der populären Musik, die den Entwicklungsstand eines bestimmten Bereichs vor einer großen Öffentlichkeit dokumentiert, neue Namen bekannt macht, Vergleiche ermöglicht (Wettbewerb), engere Kontakte unter den Beteiligten herstellt, künstlerische Experimente zur Diskussion stellt u. a., je nach Schwerpunkt des entsprechenden Festivals. Zahlreiche dieser Veranstaltungen sind auf Schallplatten veröffentlicht worden und haben heute bereits historischen Wert, so z. B. Mitschnitte der in *Newport* (Rhode Island, USA) stattgefundenen Jazz Festivals (1954–1971) und Folk Festivals (1959–1970). Legendär für die Rockgeschichte sind u. a. die Open-Air-Festivals in *Woodstock* und *Altamont* (beide 1969), bei denen Hunderttausende zugegen waren, die aber auch das Anliegen derartiger Treffen durch Gewalttätigkeiten und Drogenmißbrauch (Altamont!) zunichte machten. Außerdem traten künstlerische Aspekte zunehmend in den Hintergrund, ökonomisches Denken von spekulierenden Veranstaltern und Industriezweigen überwog. Heute gibt es eine Vielzahl regionaler, nationaler und internationaler Festivals mit unterschiedlichem Stellenwert und mehr oder weniger langer Tradition.

Bedeutende Festivals populärer Musik sind in der DDR z. B. das Festival des politischen Liedes, Rock für den Frieden in Berlin, Leistungsschau der Unterhaltungskunst in Magdeburg, Interpretenwettbewerb der Unterhaltungskunst der DDR in Karl-Marx-Stadt, Internationales Schlagerfestival in Dresden, Internationales Liederfestival »Menschen und Meer« in Rostock, Internationales Dixieland-Festival in Dresden, Jazz Bühne Berlin, Tage des Chansons in Frankfurt (Oder).

Festivalsound [engl., ′festəvəl saund]: Fachterminus für das Klangbild großorchestraler, mitunter auch überladener Arrangements (Big Band mit Streichern und Background-Chor), typisch für Wettbewerbsbeiträge zu Schlagerfestivals, Gala-Programmen u. ä.

Fiddle [engl., ′fidl]: → Violine.

Fiedel: → Violine.

Field Holler [engl./amerik., fi:ld ′hɔlə]: ein unter den Plantagennegern der amerikanischen Südstaaten aufgekommener musikalisierter Ruf, der in Tonhöhen- und Klangelementen auf das Erbe afrikanischer Sprachformen zurückgeht. Er ist eine Art gerufenes »Hallo«, das der Verständigung über größere Entfernungen, dem Anrufen eines Bekannten usw. diente. In Tonhöhenverlauf und Klangcharakter ähnelt er einem fallenden Jodler (→ Jodeln), wobei die Stimme von einem zumeist langgezogenen Ausgangston über eine Vielzahl individueller Verzierungen, Glissandi, Drehs, Rücksprünge und Falsetti langsam in die Tiefe gleitet. Die dazu frei erfundenen Kurztexte drückten die momentane Stimmungslage des Rufers aus oder waren Bestandteil der gegenseitigen Verständigung.

Die Field Hollers, von denen es bestimmte, individuell variierte Grundmuster gab, gingen schließlich als eine seiner musikalischen Wurzeln in den → Blues ein. Die Praxis des Hol-

lerns war jedoch nicht nur auf den Plantagenfeldern verbreitet, sondern auch in anderen Zusammenhängen; unter den Holzfällern, um das Fallen eines Baumes anzuzeigen, oder den Cowboys, um ihre Herden in Bewegung zu bringen.
→ afroamerikanische Musik.

fill in [engl./amerik., fil in, sinngemäß »Einwürfe, Füller«]: zwischen den melodischen Phrasen (in Atemzäsuren bzw. Pausen) eingestreute, akzentuierte Akkorde oder Melodiefloskeln bei weiterlaufendem Beat in der Rhythmusgruppe (kein → Break); im gleichen Sinne angewandte Schlagzeugtechnik zur Steigerung der rhythmischen Intensität, besonders markant bei Kenny *Clarke* (geb. 1914) und Max *Roach* (geb. 1925) anzutreffen. Der Hinweis *fill in* bedeutet heute im Notenbild auch »improvisiere!«.

fill out [engl./amerik., fil aut]: im Gegensatz zum *fill in* kennzeichnet *fill out* eine gleichmäßige, den Beat stützende, aber dennoch markante Schlagzeugfigur, z. B. das gleichförmige »Wischen« mit den → Besen oder das andauernde »Zischen« mit dem Becken. Ein wichtiger Vertreter dieser Spielweise, die vor allem im Cool Jazz Bedeutung erlangte, war Denzil *Best* (1917–1965).

Filmmusik: Begleit- und Hintergrundmusik in Filmen, die als Element der Gesamtdramaturgie das Handlungsgeschehen illustriert, emotional ausdeutet, überhöht oder intensiviert. Der Ausgangspunkt für diese Verbindung von Musik und Film war ursprünglich einmal rein pragmatischer Natur – die Musikbegleitung sollte die starken Geräusche der Vorführapparaturen übertönen. In der Stummfilmzeit wurden dafür → Stehgeiger, Klavierspieler, → Kinoorgeln oder auch ganze → Kinoorchester eingesetzt. Die Musik entnahm man zunächst mehr oder weniger wahllos den unterschiedlichsten Genres und Gattungen, begann jedoch sehr bald schon auch mit ihrer Zuordnung zum Filmgeschehen, indem im Ausdruckscharakter zu bestimmten filmischen Situationen jeweils passende Fragmente aus dem vorhandenen Repertoire dafür zusammengestückelt wurden. Eigens angelegte Kataloge, die → *Kinotheken*, halfen bei der Suche geeigneter Passagen und der Zusammenstellung der Begleitmusik. Von Filmmusik im eigentlichen Wortsinn ist aber erst zu sprechen, als Originalpartituren speziell für den jeweiligen Film geschrieben wurden, die zusammen mit ihm in den Verleih kamen. Die Einführung des → Tonfilms machte dies dann nicht nur unerläßlich, sondern ließ die Musik sogar erst einmal in den Vordergrund treten, um die nun hinderlichen Sprachbarrieren zu umgehen. Es entstand der *Musikfilm*, die Verfilmung von → Operetten, → Musicals, → Revuen oder zu diesem Zweck geschriebenen musikalischen Lustspielen. Bereits die ersten kommerziellen Tonfilmproduktionen, »The Jazz Singer« (Regie: L. Bacon, 1927) und der unmittelbar darauf gedrehte Nachfolgefilm »The Singing Fool« (Regie: L. Bacon, 1928), der amerikanischen Warner-Brothers-Gesellschaft gehörten diesem Genre an und leiteten die Herausbildung des *Filmschlagers* (→ Schlager) ein. In den folgenden beiden Jahrzehnten wurde der Film zum wichtigsten Popularisierungsmittel des Schlagers, der nun überwiegend aus dem Zusammenhang von Filmmusiken kam. In Deutschland waren es Filme wie »Liebeswalzer« (Regie: W. Thiele, 1929), »Die drei von der Tankstelle« (Regie: W. Thiele, 1929) oder »Die Privatsekretärin« (Regie: W. Thiele, 1930) mit der Musik von Werner Richard *Heymann* (1896–1961), die dem Filmschlager zum Durchbruch verhalfen. Auch nach dem zweiten Weltkrieg spielte die Filmmusik im Rahmen der populären Musik noch eine gewisse Rolle. Mit dem → Rock'n'Roll begann die zielgerichtete Nutzung des Films als → Promotion für den Schallplattenverkauf. Nach den herkömmlichen Mustern des Musikfilms wurde nun aber um schon im vorhinein produzierte Songs herum, nicht mehr umgekehrt, eine zumeist recht dürftige Fabel aufgebaut, die den Sänger in einer Hauptrolle präsentierte und einen äußeren Anlaß zum Absingen der als → Hits programmierten Titel lieferte. Elvis *Presley* (1935–1977) und Bill *Haley* (1927–1981) haben eine Unzahl derartiger Filme gedreht, darunter »The Blackboard Jungle« (Regie: R. Brooks, 1955) und der Nachfolgefilm »Rock Around the Clock« (Regie: R. Brooks, 1956), denen Bill Haleys »Rock Around the Clock« (1955) seine ungeheure Popularität verdankte, oder »Jailhouse Rock«

(Regie: R. Thorpe, 1957), einer der über dreißig Filme mit Elvis Presley. Auch die *Beatles*
haben mit »A Hard Day's Night« (Regie:
R. Lester, 1964) und »Help« (Regie: R. Lester,
1965) nach dieser Schablone Filme gedreht,
die nichts anderes als eine Folie für die Musik
abgaben. Das dramaturgische Grundmuster
des Musikfilms wurde damit derart verschlissen, daß er später kaum noch eine Rolle
spielte. Dafür begann 1965 mit dem Film
»T. A. M. I. Show« (Regie: S. Binder, 1965) die
Ära der *Konzertfilme*, der Verfilmung von Konzerten, die mit »Monterey Pop« (Regie:
D. A. Pennebaker, 1968) und »Woodstock«
(Regie: M. Wadleigh, 1970) sowie »The Last
Waltz« (Regie: M. Scorsese, 1976) ihre Höhe-
punkte hatte. War hier die Musik jeweils der
eigentliche Anlaß zum Film, so kam es doch
auch immer wieder zu Filmmusik-Erfolgen,
die dann nachträglich auf Schallplatte erschienen und zunächst wirklich nur als Musik zum
Film konzipiert waren, etwa 1985 Giorgio *Mo-
roders* (geb. 1941) Vertonung des berühmten
Fritz-Lang-Stummfilms »Metropolis« (1926);
ein bisher einmaliges Beispiel für die nach-

Oliver Onions

trägliche Vertonung eines Filmklassikers im
Pop-Sound.
Unter dem → Pseudonym *Oliver Onions* schrie-
ben die beiden Italiener Guido und Maurizio
DeAngelis (geb. 1946 und 1948) die Musik zu
zahlreichen international bekannten Filmen.
Ein Beispiel aus der jüngeren Vergangenheit
für die Funktion von Film und Filmmusik im
Zusammenhang der populären Musik ist die
Rolle, die »Saturday Night Fever« (Regie:
J. Badham, 1977) für die Verbreitung des →
Disco Sound und der Disco-Kultur spielte.
→ Music Video

Filter: Schaltungen, die elektrische Signale
frequenzabhängig übertragen, also den Frequenzgang beeinflussen. Man unterscheidet
passive und aktive Filter. Die Wirkung aktiver
Filter beruht auf Verstärkung, die passiver lediglich auf Dämpfung. Die folgenden Angaben beziehen sich nur auf passive Filter. Filter, die tiefe Frequenzen übertragen und hohe
unterdrücken, bezeichnet man als *Tiefpässe*

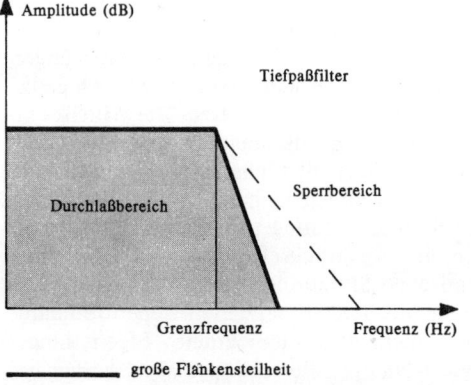

(Tiefpaßfilter). *Hochpässe* (Hochpaßfilter) unterdrücken tiefe Frequenzanteile.

Die Grenzfrequenz scheidet den gedämpften vom unbeeinflußten Frequenzbereich. Die Flankensteilheit bezeichnet die Trennschärfe des Filters. Sie kann jedoch nicht als Maß für dessen Qualität angesehen werden, weil unterschiedliche Verwendungszwecke unterschiedliche Flankensteilheit erfordern. Weitere Filterarten, die sich durch Kombination von Hoch- und Tiefpaß ergeben, sind *Bandpaß* (nur ein in Höhe und Tiefe begrenztes Frequenzband kann ungehindert passieren) und *Bandsperre* (ein bestimmtes Frequenzband wird unterdrückt). Die Angabe der Mittenfrequenz bezeichnet die Lage des Bandes. Es gibt spannungsgesteuerte Filter (VCF), bei denen die Grenz- bzw. Mittenfrequenz von Steuerspannungen verändert wird.

Filter dienen zur Klangfarbengestaltung, zur Unterdrückung von Störanteilen und zur Raumentzerrung. Für bestimmte Filter sind die Bezeichnungen Universalentzerrer, graphischer und parametrischer → Equalizer gebräuchlich. Moderne universelle Filter verfügen über viele parallele Einstellmöglichkeiten für Höhenanhebung/Höhenabsenkung, Tiefenanhebung/Tiefenabsenkung und Präsenz/Absenz. Wählbar sind Grenz- und Mittenfrequenzen, Grad der Anhebung oder Absenkung, die Breite der Frequenzbänder und die Flankensteilheit. Darüber hinaus sind Filterschaltungen in vielen elektronischen Geräten enthalten, wo sie zur Frequenzaufteilung (→ Frequenzweiche) und zur Frequenzbandbegrenzung (z. B. Eingangstiefpaß eines Analog-Digital-Wandlers) benutzt werden.

fine [ital.]: Ende, Schluß.

Finger Picking [engl./amerik., ˈfiŋgə ˈpikiŋ, wörtlich »Finger-Zupfen«]: nach 1900 von Farbigen im Süden der USA entwickelter Gitarrenstil. Die Finger-Picking-Technik entstand aus dem Bemühen heraus, den pianistischen Ragtime und Spielfiguren des frühen Jazz auf die Gitarre zu übertragen. Mit dem Daumen spielt der Gitarrist den Baß (Grund-, Wechselbaß und Durchgänge), mit Zeige-, Mittel- und Ringfinger der rechten Hand geschlossene oder gebrochene Begleitakkorde bzw. Melodielinien.

2 Patterns

The Entertainer (Scott Joplin, arr Siegfried Schwab)

Schon um 1920 übernahmen die weißen Country-Musikanten diese Technik und schufen unzählige Varianten. Die Grundmuster (Picking Patterns oder Picks) wurden modifiziert durch *hammering on* (Aufschlagsbindungen), *pulling off* (Abzugsbindungen), *sliding* (Glissando), *bending* bzw. *slur* (Ziehen bzw. Drücken der angeschlagenen Saite), *brushing* (lautes Anschlagen von Akkorden mit dem Fingernagel) u. a. Die individuelle Spielweise einiger Solisten fand zahlreiche Nachahmer. So gibt es z. B. das nach Elisabeth *Cotton* (geb. 1893) benannte *Cotton Picking* (berühmt wurde ihr »Freight Train«), das *Travis Picking* (nach Merle *Travis*, geb. 1917) und das *Carter Picking* (auch *Scratch*, nach der *Carter Family*). In der US-amerikanischen Folk- und Country-Szene dominierte bald dieser Gitarrenstil und verbreitete sich in den sechziger Jahren mit der Folkbewegung um die ganze Welt, verbunden mit Namen wie Pete *Seeger* (geb. 1919), Joan *Baez* (geb. 1941), Paul *Simon* (geb. 1942), Stephen A. *Stills* (geb. 1945), Stefan *Grossman* (geb. 1945), Leo *Kottke* (geb. 1945) u. v. a.

Flageolettöne, Abk. *flag*, *harm* oder *arm* [franz., flaʒoˈlet]: durch Teilschwingung der Saiten entstehende hohe, etwas hohl-pfeifend klingende Töne; besonders bei Streichinstrumenten und Harfe, aber auch bei Gitarre verwendet. Beim *natürlichen* Flageolett berührt ein Finger der Greifhand nur leicht die Saite an den gewünschten Teilungspunkten (z. B.

1:2, 1:4, 1:3 usw.); es ergeben sich Schwingungsknoten, wodurch der entsprechende → Oberton, bezogen auf die Gesamtlänge der Saite, erklingt. Beispielsweise auf der Gitarre: Oktave der Leersaite – 12. Bund, Doppeloktave – 5. Bund, Terz der Doppeloktave – 9. und 4. Bund, Quinte der Oktave – 7. und 19. Bund usw. Beim *künstlichen* Flageolett verkürzt der Zeigefinger durch festes Aufsetzen die Saite (= künstlicher → Sattel), ein anderer Finger setzt nur leicht auf. Dadurch können auch Doppelflageoletts genutzt werden. Flageolettöne bereichern des öfteren freie Soli von Gitarristen und Geigern in Jazz und Rock, häufig noch elektronisch manipuliert (vgl. das Geigensolo in »Am Fenster«, 1978, der Gruppe *City*).

Flagwaver [amerik., ˈflægweivə]: im Swing Bezeichnung für besonders rasante Big-Band-Arrangements, die bei den in den dreißiger Jahren veranstalteten Band-Wettkämpfen (→ Battle) aufkamen. Ein typisches Beispiel dafür ist etwa Count *Basies* (1904–1984) »Jumpin' at the Woodside« (1938) im Originalarrangement seiner Band.

Flamenco

Flamenco [span., auch *Cante flamenco*]: für die spanische Folklore bedeutsamer Lied- und Tanzstil aus Andalusien. Über die Herkunft des Flamenco gibt es verschiedene Theorien, die z. T. maurischen, arabischen, afrikanischen, auch indischen Einfluß belegen. Verbreitet war er seit Anfang des 19. Jh. unter den südspanischen Zigeunern (*Cante gitano*), doch eine einseitige Erklärung als »Zigeunermusik« wird dem Erscheinungsbild des Flamenco nicht gerecht. Beim Flamenco bilden Lied und Tanz eine Einheit. Alte Flamenco-Lieder waren oft unbegleitet, trotzdem gehört die Gitarre zum Grundbestand dieser Musik; die Flamenco-Gitarristen entwickelten eine eigenständige, unverwechselbare Spielweise, besonders in den Pausenimprovisationen zwischen den Gesangsteilen. Eingeleitet wird der Flamenco mit einem schmerzvollen »Ay, Ay«, dem sich der Gesangsteil anschließt. Die Sänger (cantaores), meist gleichzeitig Dichter, nutzen → Falsett, Kehllaute, Zwischentöne und andere stimmliche Mittel zur expressiven Gestaltung. Der Gesang verläuft teils rhythmisch festgelegt (z. T. in mehrfachen Wiederholungen melodischer Patterns), teils rezitativisch ungebunden. Auch Sprechgesang wird zur Gestaltung der dramatischen Texte eingesetzt. Einige Interpreten erlangten eine virtuose Kunstfertigkeit, die sie weit über die Landesgrenzen hinaus bekannt machte. Das Wechseln der Tempi dient der Spannungssteigerung. Gesang und Tanz erfahren durch Händeklatschen und Fußstampfen (zapateado) eine rhythmische Unterstützung. Musikalisch interessant sind Melodik und Harmonik der Flamenco-Musik: Sie beruhen häufig auf einem Modus über e, bei dem kurzzeitig einige chromatische Veränderungen erfolgen (Parallelen zu arabischen und indischen Skalen).

Beim Flamenco unterscheidet man den virtuosen *Cante grande* bzw. *Cante jondo* und den einfacheren, schlichten *Cante chico*. Die Volkspoesie des Flamenco hinterließ ihre Spuren durch die spanischen Kolonisatoren in zahlreichen lateinamerikanischen Liedern und Tänzen.

Flanger [engl., ˈfleindʒə]: elektronisches → Effektgerät, das in der Funktionsweise dem → Phaser ähnelt. Beim Flanging-Effekt handelt es sich, wie auch beim Phasing um eine Spektralmodulation des Tonsignals, d. h. um eine zeitlich variable Veränderung der Frequenzzusammensetzung, beruhend auf einer sich ständig ändernden Phasenverschiebung. Das Eingangssignal wird im Flanger zunächst verdoppelt und durch eine Verzögerungseinheit minimal zeitverschoben. Die Verzögerungszeit des Zweitsignals ändert sich ständig. Sie wird von einem Funktionsgenerator (FG) gesteuert. Es ergeben sich geringfügige Tonhöhenschwankungen. Hinter der Bezeichnung *Flanging* verbirgt sich zumeist die Tatsache, daß die Steuerspannung für die Modulation der Verzögerungszeit aus dem Eingangssignal durch einen Envelope-Follower (EF, Hüllkurvenfolger) gebildet wird, und daß die Möglichkeit der Rückführung (Feedback, Regeneration) des Ausgangs auf den Eingang besteht. Die Intensität des Effekts läßt sich dadurch erhöhen. Variiert man das Lautstärkeverhältnis von originalem und verzögertem Signal derart, daß der Originalklang unhörbar ist, so ergibt sich ein Frequenzvibrato. Die folgende Abbildung zeigt eine mögliche Funktionsweise eines Flangers in Form eines Blockschaltbildes.

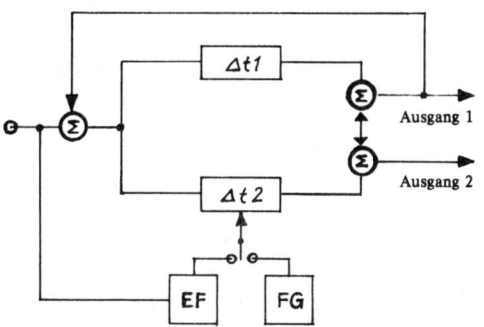

Wegen gleicher Funktionsprinzipien findet man den Flanger auch oft in Kombination mit anderen Effektgeräten (elektronisches → Echogerät, → Chorus-Effekt, → Phaser; → Multieffektgerät). Auch Leslie-Effekte (→ Leslie) lassen sich mit dem Flanger erzeugen. Zumeist wird er jedoch zur interessanteren Klanggestaltung bei E-Gitarren benutzt.

Flat Picking [engl./amerik., flæt ′pikiŋ]: bezeichnet im Gegensatz zum → Finger Picking das Spiel mit → Plektrum.

Flatted Fifth [engl., ′flætid fifθ, wörtlich »verminderte Quinte«]: → Tritonus.

Flatterzunge [ital. frullato]: tremoloartiger Klangeffekt beim Blasinstrumentenspiel; entsteht bei Unterbrechung des gleichmäßigen Luftstroms durch Flatternlassen der Zunge (Bildung eines rollenden r-Lautes); im Jazz als → Dirty Tones verwendet.

Flip Side [engl./amerik., flip said]: Bezeichnung für die Rückseite einer Single mit einem Erfolgstitel auf der A-Seite. Mit Flip Sides werden (selbst bei minderwertiger Qualität) oft große Summen verdient, da der Autor von der Abrechnung des umseitigen Hits profitiert.

Flöte, Abk. *fl* [engl. flute, ital. flauto]: 1.) Sammelbezeichnung für Holzblasinstrumente (in der Neuzeit auch aus Metall gefertigt), bei denen der für die Tonerzeugung notwendige Luftstrom beim Auftreffen auf die Kante des Anblaslochs (Querflöte) oder des Labiums (→ Blockflöte) gebrochen wird, so daß die Luftsäule im Instrument in Schwingungen gerät. Flöten sind seit Jahrtausenden in vielerlei Gestalt in allen Kulturen anzutreffen. Nach der Spielhaltung unterscheidet man Längs- und Querflöten, nach der Struktur z. B. Kernspalt- bzw. Schnabelflöten, Kerb- und Gefäßflöten usw. Eine spezielle Entwicklung stellen die sogen. Einhandflöten dar, z. B. die baskische *Txistu*, die mit der linken Hand gehalten und gegriffen wird, während die rechte eine Trommel bedient. Folkloristische Flötentypen sind u. a. die → *Panflöte, Kena* bzw. *Quena* und *Gaita* aus Südamerika, *Kaval* vom Balkan, → *Tin Whistle, Frula* (Jugoslawien), → *Okarina*, dazu zahlreiche asiatische und afrikanische Formen. Viele dieser exotischen Flöten wurden mit dem → Folk Revival einer größeren Öffentlichkeit bekannt gemacht. Einige Musiker des Jazz, z. B. Yusef *Lateef* (geb. 1921) und Don *Cherry* (geb. 1936), beziehen die charakteristischen Klangfarben dieser Instrumente in ihre Improvisationen ein; 2.) allgemeine Bezeichnung für die *Block*flöte bis etwa zur Mitte des 18. Jh., dann, verbunden mit einem gravierenden musikalisch-inhaltlichen Stilwechsel, Synonym für die *Quer*flöte; 3.) *Querflöte, Große Flöte:* Kopfstück mit

Mundlochplatte und Stimmkorken, Mittel- und (auswechselbares) Fußstück mit Klappenmechanismus; überwiegend zylindrisches Rohr aus Metall oder Holz (selten Kunststoff), Rohrlänge ca. 68 cm; Tonumfang: $(h)c^1 - d^4$, nichttransponierend;

weiterhin:

· *Piccolo, Kleine Flöte* (Rohrlänge ca. 26 cm) – Tonumfang: (h^1) $d^2 - b^4$, oktavtransponierend, eine Oktave unter dem Klang notiert,
· *Altflöte* in G bzw. F (Rohrlänge ca. 86 bzw. 97 cm) – Tonumfang: $g - g^3/f - f^3$, transponierend, notierter Tonumfang: $c^1 - c^4$,
· *Baßflöte* – Tonumfang: $c - c^3$, oktavtransponierend, eine Oktave über dem Klang notiert.

In den Partituren von Johann *Strauß (Sohn)* (1825–1899) sind wie im klassischen Sinfonieorchester zwei Flöten (2. Flöte auch mit Piccolo wechselnd) gefordert. Diese Besetzungsvariante gilt ebenso für das → Blasorchester. Auch zum → Salonorchester gehörte oft eine Flöte. In den Jazzformationen war die Flöte zunächst nicht anzutreffen. Aufnahmen des Orchesters Chick *Webb* in den Jahren 1934 bis 1939 mit dem Flötisten Wayman *Carver* (geb. 1905) gelten diesbezüglich als Kuriosität. Erst mit Beginn der fünfziger Jahre etablierte sich das Instrument allmählich. Als Zweitinstrument neben dem Saxophon spielten es Jerome *Richardson* (geb. 1920), Frank *Wess* (geb. 1922) und Bud *Shank* (geb. 1926). Die Flöte wurde zwar jazzgemäß phrasiert, ansonsten jedoch weitgehend der »klassischen« Tongebung entsprechend geblasen. Seit der Mitte der fünfziger Jahre begannen einige Musiker zunächst die Überblastechnik zur Klangverfremdung einzusetzen, z. B. Sam *Most* (geb. 1930), Sahib *Shibab* (geb. 1935) und später vor allem Roland *Kirk* (1936–1977). Jeremy *Steig* (geb. 1936) nutzte dann zusätzliche Effekte, wie Klappen- und Anblasgeräusche, Mitsingen, Glissandi u. ä. – Effekte, die in der Folgezeit im Jazz und dann auch im Rock für das Flötenspiel typisch wurden. Als der führende Musiker der sechziger Jahre gilt Herbie *Mann* (geb. 1930). Paul *Horn* (geb. 1930) produzierte Anfang der siebziger Jahre zwei ob ihrer Klanglichkeit spektakuläre LPs mit meditativer Flötenmusik in einem indischen Mausoleum und in ägyptischen Pyramiden.

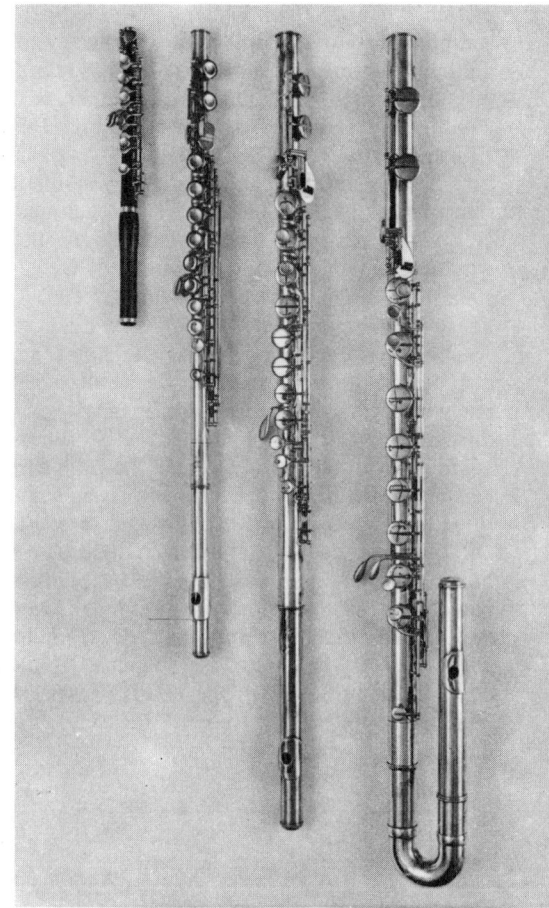

Piccolo, Große Flöte, Alt- und Baßflöte

Bernd Aust (Electra)

Auf den Einsatz exotischer Flöten im Jazz wurde bereits verwiesen.

Ian *Anderson* (geb. 1946) ist der herausragende Flötist in der Rockmusik. Inspiriert von Roland Kirk übernahm er dessen Flötenspielweise und baute sie unter Einbezug anderer elektronischer Effekte und einer bühnenwirksamen Show aus, so daß sein Musizieren letztlich das Profil von *Jethro Tull* prägte. Auch bei *King Crimson, Genesis, Gentle Giant, Black Window, Atomic Rooster* u. a. Gruppen wird gelegentlich mit Flöte gearbeitet. Bevorzugte Bereiche sind Folk Rock und Jazz Rock.

Flop [amerik., flɔp]: der Begriff bedeutet im amerikanischen Englisch soviel wie »Versager, Niete«; ist im Musikgeschäft zu einer branchenüblichen Bezeichnung für einen kommerziellen Mißerfolg geworden.
→ Hit.

Flügelhorn, Abk. *flh*: Sopraninstrument der → Bügelhörner in Trompetenform; Anfang des 19. Jh. aus dem Signalhorn durch Anbringen von drei → Ventilen konstruiert; Rohrverlauf (ca. 130 cm Länge) weiter mensuriert als beim → Kornett, daher etwas wärmer, weicher und schmiegsamer klingend; ursprünglich becherförmiges Mundstück, heute auch oft trompetenähnlich; transponierend in B, Tonumfang fis – c^3, klingend e – b^2. Dem Wunsch vieler Jazzmusiker nach einem tieferen, voluminöseren Ton entsprechend, werden jetzt auch vierventilige, eine Quarte tiefer stehende Flügelhörner gebaut.

Das Flügelhorn (zwei- auch dreifach besetzt) zählt zu den Melodieinstrumenten im → Blasorchester und in der → Brass Band und führt das »weiche Blech« an. Von der Funktion in der Blasmusik her wird es oft mit den 1. Violinen im Sinfonieorchester verglichen. Mitunter fand es Eingang in den modernen Jazz. Einer der ersten Jazz-Flügelhornisten war Joe *Bishop* (1907–1976), der Ende der dreißiger Jahre im Orchester Woody *Herman* mitwirkte. Zu nennen sind weiterhin Miles *Davis* (geb. 1926), Art *Farmer* (geb. 1928), Shorty *Rogers* (geb. 1924), Jimmy *Owens* (geb. 1943), Thad *Jones* (geb. 1923), Ack *van Rooyen* (geb. 1930) und Joachim *Graswurm* (geb. 1934). Auch im Jazz-Rock, z. B. bei *Blood, Sweat & Tears*, trat das Flügelhorn gelegentlich an die Stelle der Trompete.

Joachim Graswurm/Ack van Rooyen

Folk [engl., fouk]: → Folklore, → Folk Music.

Folk Blues [amerik., fouk blu:z]: eine in den sechziger Jahren im Zusammenhang mit der Wiederbelebung und Erneuerung der traditionellen Volksmusik (→ Folk Revival) in den USA entstandene Spielweise des → Country Blues, die ihn an den europäisch beeinflußten Musikgeschmack des weißen Publikums anpaßt und zu einer kultivierten virtuosen Bühnendarbietung macht. Charakteristisch für diese geglättete, perfektionierte und oft locker fröhliche Interpretationsweise des Country Blues ist die Gitarrentechnik des → Finger Picking. Verbunden ist dieser Blues vor allem mit den Namen Big Bill *Broonzy* (1893–1958) und Brownie *McGhee* (geb. 1915).
Gelegentlich findet sich der Begriff Folk Blues auch einfach als synonyme Bezeichnung für Country Blues gebraucht.
→ Blues.

Folklore [engl., ˈfouklɔ:(r), in deutscher Aussprache gebräuchlich, auch *Folk*]: bedeutet im Englischen wörtlich »Volkskunde« und ist zugleich zum Sammelbegriff für all diejenigen Erscheinungsformen der alltäglichen Lebensweise meist regional gebundenen Ursprungs geworden, mit denen sich die Volkskunde beschäftigt. Dazu gehören neben der → Volksmusik auch Bräuche, Sagen, Sprichwörter, Trachten, Tänze, charakteristische handwerkliche Techniken usw. Daneben hat sich ausgehend von den USA und dem dort zuerst einsetzenden kommerziellen Interesse an den

verschiedenen Formen von Volksmusik eine
Verwendung dieses Begriffs eingebürgert, die
ihn auf die musikalische Seite reduziert. Dabei wurde mit Folklore dann nicht nur die
Volksmusik im traditionellen Sinn bezeichnet, sondern sind auch alle ihr musikalisch
ähnlichen oder verwandten zeitgenössischen
Formen des Musizierens darunter subsumiert.
So ist der Begriff in den internationalen
Sprachgebrauch eingegangen, wird auch im
Deutschen sowohl für die traditionelle Volksmusik, deren Nachschöpfung durch professionelle Musiker für Bühne und Schallplatte, deren Pflege im Rahmen der Laienmusikbewe-
gung als auch für die an volksmusikalische
Traditionen anknüpfenden Lieder von Singe-
gruppen oder → Liedermachern verwendet.

Im Rahmen der politischen Liedbewegung (→
politisches Lied) ist es in den letzten Jahren
auch in der DDR zu einer neuartigen Form
der Aneignung nationaler Folkloretraditionen
und ihrer Wiederbelebung gekommen, einer
Folklorebewegung, die sich die Volksmusik
der Vergangenheit in authentischer Gestalt zu
erschließen sucht, die Bezüge zu den politischen Kämpfen ihrer Zeit aufdeckt und sie so
mit ihrer politischen Dimension auch in der
Gegenwart wieder zum Leben bringt.

Folk Music [engl./amerik., fouk 'mju:zik;
auch *Folk*]: englischsprachiger Ausdruck für
→ Volksmusik, der in den USA nach dem
zweiten Weltkrieg noch einen spezielleren
Sinn erhalten hat, was analog auch für den Be-

Zupfgeigenhansel

Arbeiterfolk

griff *Folksong* (Volkslied) gilt. Gemeint ist damit dann die von der angloamerikanischen
Folklore beeinflußte Musik wie sie im Rahmen des von den USA ausgegangenen → Folk
Revival der sechziger Jahre entstanden ist. Dabei handelt es sich nicht mehr um Volksmusik
im eigentlichen Wortsinn, also um eine im
Volk spontan entstandene und über Generationen hinweg mündlich tradierte Musikpraxis, sondern vielmehr um größtenteils von
Studenten und jungen Intellektuellen zur Gitarre vorgetragene aktuelle Lieder (→ Topical
Song, → Protestsong), die auf traditionellem
Volksliedmaterial basieren können oder zumindest der angloamerikanischen Folklore
nachempfunden sind. Ausgangspunkt dafür
war eine maßgeblich von Pete *Seeger*

(geb. 1919) und Woody *Guthrie* (1912–1967)
entwickelte Auffassung, nach der jedes Volkslied zu seiner Zeit ein aktuelles Lied gewesen
sei, im sogen. *Folk Process* nicht nur überliefert, sondern immer auch an die aktuellen Bedingungen inhaltlich angepaßt worden sei.
Diese Einstellung führte schon in den vierziger und frühen fünfziger Jahren zu einem
Umgang mit dem traditionellen Liedgut der
nordamerikanischen Volksmusik, in dem es
für Friedens- und Antikriegslieder adaptiert
und mit neuen, aktualisierten Texten versehen interpretiert wurde. Eine wichtige Basis
dafür waren die → Hootenanies genannten
Veranstaltungen. Ende der fünfziger, Anfang
der sechziger Jahre griffen junge Intellektuelle
und College-Studenten vor dem Hintergrund

Tom Paxton/Phil Ochs

des → Folk Revival jener Jahre diesen Ansatz auf und schufen ihm Rahmen der Bürgerrechtsbewegung, insbesondere aber im Zusammenhang mit dem Protest gegen den amerikanischen Vietnam-Krieg auf der Basis der angloamerikanischen Folklore und in Anlehnung an sie mit der Folk Music ein engagiertes Ausdrucksmittel des politischen Selbstverständnisses ihrer Generation. Joan *Baez* (geb. 1941), Bob *Dylan* (geb. 1941), Phil *Ochs* (1940–1976) und Tom *Paxton* (geb. 1937) artikulierten mit ihren Liedern eine ebenso persönliche wie allgemeingültige Weltsicht, die Betroffenheit auslöste und einer ganzen Generation amerikanischer Jugendlicher ihre Stimme verlieh. Bob Dylans »The Times They Are A'Changin'« (1963), »Blowin' in the Wind« (1963) und »Masters of War« (1964), Phil Ochs' »There But for Fortune« (1964) und »I Ain't Marchin' Anymore« (1965) und Tom Paxtons »What Did You Learn in School Today« (1964) wurden zu klassischen Zeugnissen der Folk Music. Vor allem in der internationalen Rockmusik haben die Lieder und Texte der amerikanischen Folksong-Bewegung tiefe Spuren hinterlassen (→ Folk Rock), bevor diese Musik mit der politischen Desillusionierung an den Colleges und Universitäten nach den Höhepunkten der Studentenbewegung Ende der sechziger Jahre allmählich ihre einmal so zentrale Funktion verlor.

Folk Revival [engl./amerik., fouk ri'vaivəl]: Bezeichnung für eine um 1958 in den USA einsetzende breite Bewegung hin zur → Folk-

lore, die sich während der sechziger Jahre zu einer internationalen Erscheinung auswachsen sollte. Dahinter stand nicht nur ein Wandel im musikalischen Zeitgeschmack, der sich am deutlichsten 1958 mit dem völlig unerwarteten kommerziellen Erfolg des Volksliedes »Tom Dooley« in der Version des *Kingston Trios* manifestierte, sondern zugleich auch eine soziale und politische Bewegung, die mit der Suche nach einer alternativen Kultur, nach alternativen Lebensformen und in gewisser Hinsicht auch der Verklärung der Volksmusik zum Ausdruck authentischer Erfahrung von den amerikanischen Universitäten ausging. Die Colleges und Universitäten wurden dann auch zur Heimstatt einer rasch wachsenden Zahl von Folklorekonzerten, in denen Veteranen des Blues wie Robert *Johnson*, John Lee *Hooker*, Lightnin' *Hopkins* und Sonny *Terry* wiederentdeckt wurden, unverfälschte Country Balladen mit Roscoe *Holcomb*, Frank *Proffit* oder Horton *Baker* erklangen, von denen Impulse auf eine Generation von Studenten ausgingen, sich im Stile der traditionellen Volksmusik auch selbst auszudrücken oder das traditionelle Liedrepertoire auf eine subjektiv-individuelle Weise neu zu interpretieren. Mit Joan *Baez*, Bob *Dylan*, Phil *Ochs* und Tom *Paxton* nahm die amerikanische Folksong-Bewegung (→ Folksong) hier ihren Anfang, verschmolz mit der schon in den dreißiger und vierziger Jahren durch Woody *Guthrie*, Cisco *Houston* und Pete *Seeger* begonnenen Erneuerung der Arbeiterliedbewegung, was sich in den → Protestsongs der sechziger Jahre, der Entdeckung des Liedes als politische Waffe, dann niederschlug. Der Volksmusik nachempfundene Spielweisen wie der → Folk Blues Brownie *McGhees* und Big Bill *Broonzys* fanden ebenso große Anhängerscharen wie der uramerikanische → Bluegrass Bill *Monroes* und die → Country Music der Bergregionen des mittleren Westens. Zum Sammelbecken all dessen wurde das 1959 auf Initiative Pete *Seegers* zustande gekommene und dann bis 1970 jährlich veranstaltete Newport Folk Festival in Newport, Rhode Island. Mit den politischen Hoffnungen der Studentenbewegung fand Ende der sechziger Jahre auch das Folk Revival, dessen Anregungen inzwischen in den meisten westeuropäischen Ländern aufgegriffen worden waren, sein Ende. Ohne die Kraft einer sozialen Bewegung, von der es mit den durch den Vietnam-Krieg mehr und mehr politisierten Aktivitäten der Studentenbewegung getragen worden war, mußte es in den Sog der Musikindustrie geraten und unterlag deren Verschleißmechanismen. Das Newport Folk Festival, die Plattform der Bewegung, wurde zum kommerziellen Massenfestival und zerstörte sich damit selbst. Das für 1971 vorbereitete Festival fand nicht mehr statt, erwies sich als nicht mehr organisierbar.

Folk Rock [engl., fouk rɔk; auch *Electric Folk*]: in der zweiten Hälfte der sechziger Jahre in den USA und England entstandene Spielart der → Rockmusik, in der auf Elemente der traditionellen Volksmusik sowie des amerikanischen → Folksongs zurückgegriffen ist. Diese Entwicklung vollzog sich in England und den USA in genau gegenläufiger Richtung – in den USA vom Folksong zum Rock, in England von der Rockmusik in Richtung auf die Folklore –, mit dem Ergebnis der Nutzung des elektrisch verstärkten Instrumentariums der Rockmusik einschließlich der damit verbundenen klanglichen Möglichkeiten für die Interpretation von Folksongs einerseits, der Einbeziehung akustischer Instrumente in die Klangstrukturen der Rockmusik sowie der rockspezifischen Adaption traditionellen Volksmusikgutes andererseits. Zwischen diesen Polen breitete sich dann das sehr differenzierte Spektrum von Folk-Rock-Versionen aus, in denen der Synthese aus traditionellem Volkslied und großstädtischem Rock die verschiedenartigsten, klanglich zumeist sehr reizvollen musikalischen und stilistischen Kombinationen abgewonnen wurden. In den USA gab dafür Bob *Dylan* (geb. 1941) den Anstoß, als er 1965 auf dem Newport Folk Festival mit einem elektrisch verstärkten Instrumentarium aufwartete und dem amerikanischen Folksong damit die Richtung zum Rock wies. Die Gruppe *The Byrds* mit ihren frühen Produktionen und etwas später auch das Folktrio *Peter, Paul & Mary* gehörten in den USA zu den ersten, die diesen Impuls aufgriffen und sich hier zeitweilig zugleich als die wichtigsten Repräsentanten des neuen Musikstils erwiesen. In England war es 1968 die Gruppe *Fairport Convention*, die die ersten Folk-Rock-Titel im eigentlichen Sinne, auf das Rockinstrumenta-

rium übertragene altenglische Lieder, herausbrachte. Aus ihren Reihen rekrutierte sich dann eine ganze Anzahl, obwohl oft nur kurzlebiger britischer Folk-Rock-Bands wie *Trader Horne, Fotheringay, Matthews Southern Comfort, Sweeney's Man* und *Steeleye Span*. Den Hintergrund für diese Entwicklung bildete in Westeuropa wie den USA die Studentenbewegung mit ihrer Suche nach einer alternativen Kultur und Lebensweise, der das Konzept des Folk Rock auf seine Weise Ausdruck verlieh. Unter dem Druck der sozialen und politischen Realität um die Wende zu den siebziger Jahren hielt der Utopieanspruch der Studentenbewegung nicht stand und mit ihr zerfiel auch die Folk-Rock-Bewegung zu einer im internationalen Musikgeschäft kaum mehr registrierten vereinzelten Erscheinung im kommerziellen Pluralismus der Stile und Richtungen des Rock. Einen letzten großen Höhepunkt des Folk Rock brachten 1970/71 die Produktionen des amerikanischen Quartetts *Crosby, Stills, Nash & Young.*

Folksong [engl./amerik., fouk sɔŋ]: → Folk Music.

Form: Aufbau und Gliederung einer → Komposition, eines Titels, eines → Arrangements; wichtiges musikalisches Gestaltungselement beim künstlerisch-kreativen Schaffensprozeß in enger Beziehung zu Melodie, Harmoniefolge, Rhythmik, Tempo und Dynamik, auch Instrumentation (Sound); oft bestimmt von Textvorlage bzw. inhaltlicher Thematik; abhängig von Zeit und Modegeschmack, Tanztyp und Stilart (→ Stil), selbstverständlich auch von Auftrag bzw. Zielstellung der Komposition (z. B. zeitgebundene Filmmusik, Plazierung in einem Programm usw.). In der populären Musik findet sich einerseits ein großer Formenreichtum, andererseits die Bevorzugung einiger weniger standardisierter Modelle, wie der → Bluesformel und der AABA-Form (→ Song). Im Gegensatz zur artifiziellen Musik ist der einfache, überschaubare, schon beim ersten Hören (bewußt oder unbewußt) erschließbare Formaufbau ein unverzichtbares Attribut populärer Musik, Voraussetzung der raschen Rezipierbarkeit. Die Musik lebt von Spannung und Entspannung. Prinzipien der Formbildung sind Wiederholen, Verändern, Kontrastieren, also das Verhältnis von Be-

kanntem, bereits Gehörtem und Neuem, wie
es in den Liedformen, aber auch in → Variation und → Improvisation zum Ausdruck
kommt. Die musikalische Form wächst aus
dem → Motiv. Dieses kann im Sinne einer
Entwicklung verarbeitet (z. B. in polyphoner
Musik, in der Fuge) oder durch Aneinanderreihung einzelner Abschnitte zu einer größeren Struktur erweitert werden. Letzteres trifft
auf die sogen. *Liedformen* zu, die für die populäre Musik grundlegend sind. In ihnen zeigt
sich das → Metrum als periodisierende Einheit, z. B. im zweigliedrigen »metrischen Achttakter« (nebenstehendes Schema).
Durch Reihung dieser Achttakter ergeben sich
größere, mehrteilige Formen von 16, 24 oder
32 Takten. Häufig ist aber auch Dreigliedrig-
keit mit der zwölftaktigen Einheit (vgl. Blues).
Die Regelmäßigkeit dieser Formen, ihre Pe-
riodik, wird im Streben nach lebendigem, or-
ganischem Melodieverlauf öfters unterbrochen, vgl. z. B.

Yesterday (John Lennon/Paul McCartney,
1965)

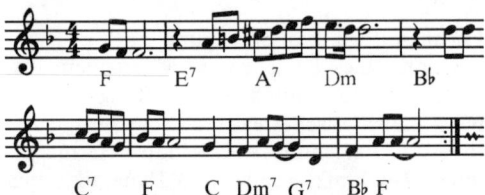

Die Zweiteiligkeit, die Gliederung in → Vers
(→ Strophe) und → Refrain (→ Chorus),
kann als die typische Form der Schlager-, Pop-
und Rockmusik bezeichnet werden. Zu den
größeren, mehrteiligen Formen zählen auch
→ Marsch, → Polka und → Walzer (Walzer-
kette). Besonders der Marsch – meist mit →
Trio – wurde zum Vorbild für einige afroamerikanische Tänze, insbesondere für den Ragtime. Während die Liedformen europäische
Musiktradition widerspiegeln, geht das Ruf-
Antwort-Prinzip (→ Call and response) auf die
afrikanische Musizierpraxis zurück. Es übt
nachhaltigen Einfluß auf die Formbildung in
Jazz und Rock aus. Die Aufgabe traditioneller
Formen im freien Spiel (Free Jazz, z. T. auch
Art Rock) bedeutet nicht Verzicht auf jegliche
Formung, sondern lediglich spontane Formge-
bung während des Musizierens.

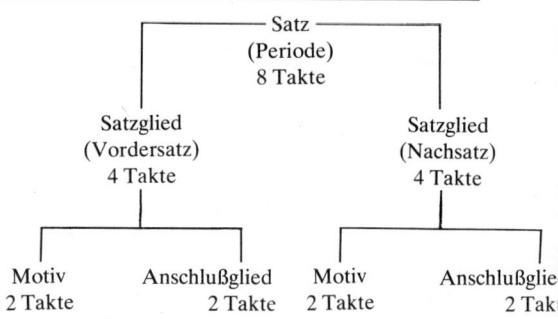

→ Suiten, → Concerti, Rhapsodien u. ä., wie
sie in der sogen. »gehobenen« Unterhaltungsmusik, auch im modernen Jazz und Rock anzutreffen sind, bilden in ihrem formalen Aufbau entweder Übernahmen aus dem Bereich
der artifiziellen Musik oder lassen sich auf
Liedformen zurückführen.

Formant: Frequenzbereich der Eigenresonanz
eines   Tonerzeugers   (Musikinstrument,
menschliche   Stimme);   bestimmt   dessen
Klangfarbe, da jeder Tonerzeuger eine charakteristische Anzahl und Lage von Formanten
aufweist. Ein physikalischer → Klang (im musikalischen Sinne → Ton) besteht aus Grundton und Obertönen. Die Anzahl und Amplituden der Obertöne sind instrumentenspezi-
fisch. Werden auf einem Instrument verschiedene Grundtöne gespielt, so erscheinen die
dazugehörigen Obertonspektren. Aufgrund
von Resonanz- und Überlagerungserscheinun-
gen kommt es dazu, daß Obertöne, die in ein
bestimmtes Frequenzgebiet fallen, immer mit
größerer Amplitude abgestrahlt werden als andere. Solche bevorzugten Frequenzgebiete
sind unabhängig von der gespielten Tonhöhe
und werden als Formanten bezeichnet. Sie bestimmen den Klang der Instrumente. Sehr
deutlich läßt sich diese Erscheinung auch bei
der menschlichen Stimme beobachten. Die
einzelnen Vokale haben ausgeprägte Formanten. Das zeigt sich durch den stets gleichbleibenden Klangeindruck beim Singen verschiedener Tonhöhen auf dem gleichen Vokal. Die
Lage der Vokalformanten wird vom Komponisten berücksichtigt, da sich z. B. in hoher So-
pranlage Silben mit »u« kaum singen lassen.

Four Beat [engl., fɔ: bi:t]: → Beat.

Four Brothers [engl./amerik., fɔ: ˈbrʌðəs, wörtlich »vier Brüder«]: bezieht sich auf den vier-

stimmigen Saxophonsatz in der Besetzung mit drei Tenor- und einem Baritonsaxophon. Woody *Herman* (geb. 1913) schuf mit seiner »*Second Herd*« diesen Sound, angeregt durch die Spielweise der New Yorker Band Gene *Rolands* (1921–1982) mit vier Tenorsaxophonen (1946). Den namengebenden Titel schrieb 1947 der Arrangeur Jimmy *Giuffre* (geb. 1921) als Solo für die Herman-Saxophonisten Sims, Getz, Steward (ts) und Chaloff (bar). Sowohl die Komposition »Four Brothers« als auch die typische Klangfarbe des tiefen Saxophonsatzes wurden von vielen Big Bands übernommen.

Foxtrot [engl./amerik., 'fɔkstrɔt; dt. Schreibung *Foxtrott*, wörtlich »Fuchsgang«]: in den USA zwischen 1910/12 aus → Ragtime und → Onestep entwickelter Gesellschaftstanz in mittlerem Tempo (⁴/₄-Takt). Vom Jazz übernahm der Foxtrott die → Offbeat-Phrasierung in der Melodik, zunächst auf der Grundlage des Two Beats, nach 1930 des Four Beats (Swing). Nach seiner endgültigen Ausprägung wirkte der Foxtrott auf den Jazz zurück, indem er viele Themen als Improvisationsgrundlage lieferte. Man tanzte den Foxtrott ursprünglich langsam mit Gehschritten (*quick* und *slow*), er wurde zum Ausgangspunkt zahlreicher Geh- bzw. Schreittänze. Bald übernahm er jedoch Bestandteile anderer Modetänze, so daß schon 1923 zu lesen war, daß die »glatte, fließende Bewegung an Stelle des harten, gestelzten und marschartigen Tanzes der früheren Jahre« (J. Bradly) getreten war.

England erreichte der Foxtrott 1914 und wurde dort sehr beliebt; in Deutschland begann sein Siegeszug nach dem ersten Weltkrieg. 1920 erfolgte eine erste Ordnung des Schrittmaterials auf einer Konferenz (Englischer Stil). Das Tempo des Tanzes zog immer mehr an. Schließlich unterschied man 1924 die langsame Variante, den *Slowfox*, und den raschen → *Quickstep* – beide Formen wurden in das Turnierprogramm als Standardtänze aufgenommen. Bis in die fünfziger Jahre hinein überstand der Foxtrott alle Modeerscheinungen. Es kam zu zahlreichen Kombinationen, z. B. Polka-Fox, Samba-Fox usw.

Freak [engl., fri:k, wörtlich »Laune, verrückter Einfall«, auch Bezeichnung für einen mißgebildeten Menschen]: In der Rockmusik versteht man unter *freaking out* sich von den gesellschaftlichen Normen und Zwängen zu lösen, um selbst kreativ sein zu können, sich von den anderen Menschen durch individuelle Kleidung und Lebensstil abzuheben. Meist geschah dies jedoch aus Gründen einer kommerziellen Show, z. B. im Auftreten von Alice *Cooper* (geb. 1948), der sich selbst als »das Endprodukt einer Überflußgesellschaft« bezeichnete. Frank *Zappa* (geb. 1940) setzte sich mit dem Inhalt dieses Begriffs in dem Doppelalbum »Freak Out« (*The Mothers of Invention*, 1966) auseinander.

Free Concert [engl., fri: 'kɔnsət, wörtlich »Freikonzert«]: kann ohne Eintritt zu zahlen von jedermann besucht werden. Die Veranstaltung von Free Concerts kam in der zweiten Hälfte der sechziger Jahre bei den amerikanischen West Coast Bands (→ San Francisco Sound) auf und stand in Zusammenhang mit deren gesellschaftspolitischen Ambitionen, die sie mit der Studentenbewegung verband. Rockmusik sollte als Motor einer Revolution durch die psychische Selbstbefreiung des Menschen, als Bestandteil einer kritisch intendierten Gesellschaftsutopie durch solche unentgeltlichen Konzerte von ihren kommerziellen Mechanismen frei gemacht werden. Auslöser dafür war allerdings ein sehr energischer Druck seitens der jugendlichen Fans, die ihren Gruppen den Widerspruch zwischen der Botschaft ihrer Musik und dem eigenen krämerischen Verhalten vorwarfen. Die Veranstaltung solcher Free Concerts kam jedoch

recht schnell wieder in Verruf, als sich nämlich mit ihrer Verbreitung auf dem Höhepunkt
der Studentenbewegung auch der Verdacht er-
härtete, daß sie von Musikern und Plattenfirmen nur als ein auf ihre Weise wirksames
Werbemittel betrachtet wurden und so der mit
der Verweigerung von Eintrittsgeld artikulierte
antikapitalistische Protest lediglich als ein genau kalkuliertes Glied in der kapitalistischen
Verwertung von Musik fungierte.

Free Jazz [amerik., fri: dʒæz, auch *Creative
Music, New Thing, Total Music*]: um 1960 in
New York und Chicago entstandene Erscheinungsform des → Jazz, die nicht mehr als ein
Stil im herkömmlichen Sinne anzusprechen
ist, da hierfür gerade das Aufheben übergreifender und verbindlicher musikalischer Rahmenbedingungen kennzeichnend wird. Das
allerdings bedeutet keineswegs ein völlig
freies, also regelloses Musizieren, auch wenn
an die Stelle einer gemeinsamen thematischen Grundlage hier jetzt die freie Improvisation tritt. Vielmehr haben die Regeln des Zusammenspiels nur ihren allgemeinen und
normativen Charakter verloren, können frei
gewählt oder überhaupt neu geschaffen werden. Zu den Pionieren dieser Entwicklung gehörten der Pianist Cecil *Taylor* (geb. 1933) und
der Tenorsaxophonist Ornette *Coleman*
(geb. 1930), der mit einem 1961 eingespielten
Titel diesem Entwicklungsabschnitt des Jazz
auch seine Bezeichnung gab. Eine große Rolle
für die Herausbildung des Free Jazz spielte
die Ende der fünfziger Jahre von dem Tenor-
und Sopransaxophonisten John *Coltrane*
(1926–1967) und dem Trompeter Miles *Davis*
(geb. 1926) entwickelte modale Spielweise, bei
der nicht mehr über eine Akkordfolge, sondern über eine vorher festgelegte Tonskala improvisiert wird, auf der dann beliebige Ak-
kordbildungen möglich sind. Das hat den Jazz
nicht nur endgültig aus der tonalen Bindung
herausgeführt, sondern ihn auch in die Nähe
außereuropäischer Tonsysteme gebracht. *Coltrane* begann Anfang der sechziger Jahre in
der Folge dieser Entwicklung mit arabischen
und indischen Skalen zu experimentieren und
wurde damit zum Initiator einer Richtung des
Free Jazz, die sich bewußt und intensiv mit
den Musikkulturen Asiens und Afrikas aus-
einandersetzt. Dabei ist zugleich das Instru-

Cecil Taylor

Carla Bley

mentarium des Jazz durch Instrumente aus
diesen Kulturen bereichert worden, hat insbesondere der Perkussionsapparat eine erhebliche Erweiterung erfahren, wie überhaupt der
Klangraum durch Einbeziehen von Geräuschen, durch den Versuch der spieltechnischen Ausdehnung des herkömmlichen Tonumfangs der Instrumente (Überblasen usw.)
vergrößert wurde. Eine weitere wichtige und
folgenreiche Errungenschaft des Free Jazz war
der Wegfall der Hierarchie der Instrumente
und Musiker innerhalb der Ensembles, die
Aufhebung der Funktionsteilung von Solist
und Begleitung, was ein wirklich kollektives
Musizieren und Improvisieren ermöglicht hat.
In Verbindung damit wurde auch der bisher
verbindliche Grundrhythmus beim Zusammenspiel aufgegeben. Anknüpfend an die afrikanische Tradition der Polyrhythmie begannen sich stattdessen die verschiedenen individuellen Rhythmen der Musiker im Ensemblespiel zu überlagern.
Die ästhetische Radikalität, mit der sich im
Prozeß der Herausbildung des Free Jazz ein
neues musikalisches Bewußtsein gegenüber
der bisherigen Entwicklung hier Geltung verschaffte, stand zum Teil zumindest in einem
unmittelbaren Zusammenhang mit der Emanzipationsbewegung der Farbigen. Das hat
einem politischen Funktionsverständnis des
Jazz zum Durchbruch verholfen, für das entsprechende Ausdrucksformen geschaffen werden mußten. In Titeln wie etwa »Stop! Look!
And Sings Songs of Revolution!« (1963) von
Charlie *Mingus* (1922–1979) oder »Things
Have Got to Change« (1971) von Archie *Shepp*
(geb. 1937) fand das einen ganz unmittelbaren
Niederschlag. Im Rahmen dieser Entwicklung
haben sich dann ab Mitte der sechziger Jahre
weitere programmatische Konzepte des Musizierens ausgeprägt, die den Free Jazz in unterschiedliche Richtungen und Musikauffassungen differenzieren. Dazu gehört der
Versuch, mit szenischen Mitteln dem Jazz
neue Ausdrucksmöglichkeiten zu erschließen.
Zu nennen ist hier vor allem das *Art Ensemble
of Chicago*, der Kern einer 1965 von dem Chicagoer Pianisten Richard *Abrams* (geb. 1929)
sowie einigen jüngeren Musikern ins Leben
gerufenen Musiker-Kooperative, der *Association for the Advancement of Creative Musicians*
(AACM). Mit theatralischen Elementen

John Coltrane

durchsetzt sind auch die Veranstaltungen des
Ensembles von *Sun Ra*, der eine religiös-medi-
tative Spielart des Free Jazz vertritt, die er
selbst als »Musik des Universums« definiert
und mit kosmischen und interplanetaren Vorgängen in Zusammenhang bringt. Seine Ensembles tragen dann auch entsprechend spektakuläre Namen wie *Myth-Science Arkestra,
Solar Arkestra* oder *Intergalatic-Research Arkestra*. Doch unabhängig von dem pub-
licityträchtigen pseudophilosophischen Gesamtkonzept hat seine Musik mit ihrer
ungewöhnlichen Vielfalt, ihrer strukturellen
Dichte, der Intensität ihrer perkussiven Basis
wie mit dem Mixed-Media-Konzept ihrer Aufführung großen Einfluß auf die zeitgenössische Musikentwicklung, weit über den Jazz
hinaus, genommen. Für den Jazz selbst ist vor
allem sein Versuch, das von der spontanen In-
teraktion geleitete Musizieren auf ein großes
Ensemble zu übertragen, wichtig geworden.
Mit diesem Problem hat sich auch eine mehr
oder weniger sporadisch zusammengefundene
New Yorker Gruppe von Musikern um den in
Österreich geborenen Trompeter Mike *Mantler*

(geb. 1943) und die Pianistin Carla *Bley* (geb. 1938) auseinandergesetzt, die als *Jazz Composer's Orchestra* international bekannt geworden ist. Während hier noch ausgeschriebene Cluster und vorkomponierte Abläufe die musikalische Organisation der Big Band bestimmten, wurde die herkömmliche Form des Zusammenspiels im größeren Ensemble-Verband durch das 1966 in der BRD formierte *Globe Unity Orchestra* unter Leitung des Pianisten und Komponisten Alexander *von Schlippenbach* (geb. 1938) radikal aufgebrochen.

Innerhalb der damit skizzierten Eckpunkte weist der zeitgenössische Jazz hinter dem Etikett Free Jazz eine solche Vielfalt an Spielweisen und Musikauffassungen auf, daß sich das jeder summarischen Kennzeichnung entzieht. Mit der Formation um Alexander von Schlippenbach beginnt zugleich eine eigenständige Entwicklung des europäischen Jazz, der sich von den amerikanischen Vorbildern emanzipiert und auf den ebenfalls mit dem Free Jazz verbundenen Stellenwert nationaler Entwicklungsformen des Jazz verweist, unter denen auch die sozialistischen Länder einen führenden Platz behaupten. In diesem Zusammenhang gehört das ursprünglich in Großbritannien entwickelte Konzept der → Improvised Music, in dem ganz von den in der amerikanischen Kultur verwurzelten Traditionen des Jazzmusizierens abzukommen versucht wird, um an dessen Stelle ein aus der europäischen Musik heraus entwickeltes Modell des improvisierenden Musizierens zu setzen.

Free Time [engl., fri: taim, sinngemäß »in freiem Zeitmaß, ohne festgelegtes, gleichbleibendes Tempo«]: bezeichnet in Jazz- und Rocktiteln Stellen, wo das konstante Tempo zugunsten ungebundener rhythmischer Entfaltung aufgehoben wird (konzertante Stücke, Improvisationen).

French Horn [engl., frentʃ hɔːn]: → Horn.

Frequenz [auch *Schwingungszahl*]: Anzahl der Schwingungen in einer Sekunde, angegeben in der Einheit *Hertz* (Hz, nach dem deutschen Physiker Heinrich Hertz benannt), manchmal auch in *cps* (cycles per second). 1 Hz bedeutet

Archie Shepp

eine Schwingung pro Sekunde; 1 000 Hz sind 1 kHz (Kilohertz).

Der Mensch kann Schallschwingungen von 16 Hz bis 20 kHz wahrnehmen. Natürlich sind diese Werte individuell verschieden, zumal die obere Hörgrenze mit wachsendem Alter sinkt. Die Frequenz ist ausschlaggebend für die Tonhöhenempfindung, wobei niedrige Schwingungszahlen tiefen und große Werte hohen Tönen entsprechen. Den Intervallen liegen bestimmte feste Verhältnisse der Schwingungszahlen zugrunde. So haben die Frequenzen eines beliebigen Tones und des um eine Oktave höheren immer das Verhältnis 1:2. Unser Hörbereich umfaßt reichlich zehn Oktaven (von 16 Hz bis 16 384 Hz sind es genau zehn Oktaven). Während die unterste Oktave nur einen Frequenzunterschied von 16 Hz ausmacht, beträgt er bei der höchsten Oktave (von 8 192 bis 16 384 Hz) 8 192 Hz.

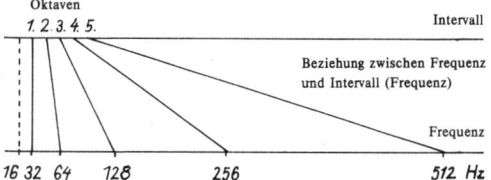

Eine Beziehung zwischen Tonhöhe und zugehöriger Frequenz stellt der *Normstimmton* (*Kammerton*) a[1] mit 440 Hz her, der auf der Stimmtonkonferenz 1939 in London auf diesen Wert festgelegt wurde. Heute stimmen Orchester häufig noch höher ein, um einen brillanteren Klang zu erreichen. Interessant ist, daß der höchste in der Musik verwendete Grundton c[5] (Klavier, Celesta) nur eine Frequenz von 4 186 Hz aufweist. Das Frequenzspektrum der Instrumente schließt jedoch außer den Grundtönen die für die Klangfarbe verantwortlichen → Obertöne ein, so daß der Frequenzbereich des hörbaren Schalls insgesamt dennoch ausgeschöpft wird. Hier einige Beispiele, wobei die Angaben zur oberen Frequenzgrenze, die von den besonderen Eigenschaften jedes Instruments, der Lautstärke und der Spielweise abhängt, nur ungefähren Charakter tragen.

Klavier   27,5 Hz–6 kHz
Orgel   16,35 Hz–15 kHz
Kontrabaß (viersaitig)   41,2 Hz–9 kHz
Violine   196 Hz–15 kHz

B-Klarinette   146,8 Hz–13 kHz
B-Trompete   164,8 Hz–10 kHz
Posaune   82,4 Hz–8 kHz

Frequenzweiche: in der Tontechnik elektronische Schaltungsanordnung zur Beeinflussung des Amplitudenfrequenzganges. Der Begriff Weiche deutet die Funktion des Gerätes an, nämlich ein Frequenzspektrum in Bereiche aufzuteilen, so daß diese dann getrennt weiterverarbeitet werden können. Mit Frequenzweichen ist es möglich, den gesamten menschlichen Hörbereich in mehrere Frequenzbänder zu zerlegen, die z. B. zur Ansteuerung einzelner Lautsprecher einer Lautsprecherkombination (Hoch-, Mittel- und Tieftöner) benötigt werden (→ Crossover). Die Aufspaltung eines Frequenzspektrums ist außerdem für Meßzwecke und zur differenzierten Klangregelung (→ Equalizer) erforderlich.

Fret [engl., fret]: → Bund bei Saiteninstrumenten.

Fretless Bass [engl., ′fretles beis, wörtlich »bundloser Baß«]: → Baßgitarre mit Hals ohne eingelassene Bundstäbchen; Vorzug: weicherer, dem Kontrabaß ähnlicher Klang; Einsatz insbesondere in jazzorientierter Rockmusik und zeitgenössischem Jazz.

Frontline [engl., ′frʌntlain, wörtlich »Frontlinie«]: bezeichnet die Musiker oder Sänger (*Frontliner*), die vorn an der Bühnenkante (vor der Rhythmusgruppe) stehen, also unmittelbaren Kontakt zum Publikum haben (Blickfang bilden).

Fugato [ital., wörtlich »fugenartig«]: Bezeichnung für Abschnitte in Arrangements, deren kontrapunktische Satzweise (→ Kontrapunkt) dem Bau einer Fuge (zumindest teilweise) ähnelt. Dieses Formungsprinzip wird in der populären Musik gelegentlich verwendet, z. B. wenn inhaltlich ein historischer Bezug zum 17./18. Jh. (Barock) hergestellt werden soll. Es ist anzutreffen z. B. im Cool Jazz (in Aufnahmen des *Modern Jazz Quartets*), im Art Rock (bei *Gentle Giant*) und vereinzelt in der konzertanten Unterhaltungsmusik. Fugati, sogar gesamte Fugen finden sich als Übertragung Bachscher Werke bei den *Swingle Singers*, den *Linha Singers* u. ä. Gruppen; vgl. dazu Dave Brubecks »Fugue« aus dem Ballett »Points on Jazz« (1962).

fulltone [engl., ′fultoun]: Spielanweisung »mit vollem Ton«.

Funk [amerik., fʌnk]: Ende der sechziger, Anfang der siebziger Jahre aufgekommene Stilrichtung afroamerikanischer → Popmusik. Der Begriff ist abgeleitet von dem afroamerikanischen Adjektiv *funky*, das dem besonderen Lebensgefühl der schwarzen Amerikaner – Resultat ihrer sozialen Situation wie ihrer kulturellen Traditionen – einen allerdings eher symbolischen Ausdruck gab, bei dem kaum genau beschreibbar ist, was eigentlich gemeint sein soll. Es bezeichnete ursprünglich so etwas wie das seelisch-emotionale Wesen der Afroamerikaner und ihrer Kultur, hat inzwischen aber etwa dieselbe Konnotation wie der Begriff → Soul bekommen. In die Musik ist die Bezeichnung übernommen worden, um jene Eigenschaften der Spielweise eines schwarzen Musikers zu umschreiben, die besonders eng mit dem spezifischen Lebensgefühl der Afroamerikaner, mit ihrer sozialen Situation und den Wurzeln ihrer Kultur verbunden sind. In diesem Sinne findet sie sich bereits Mitte der fünfziger Jahre in der als → Hard Bop bezeichneten Spielweise des → Jazz, die auch als *Funky Jazz* bekannt war. Später engte sich der Gebrauch dieser Bezeichnung auf einzelne Musikstücke ein, die über einem federnden → Beat und einer dominanten, aber beweglichen Baßführung in einem rhythmischen Wechselspiel von kurzen, abgehackten Phrasen und Melodiefloskeln ablaufen. In diesem Zusammenhang taucht der Begriff ab 1967 in Titelüberschriften auf; das erste Mal bei *Dyke and the Blazes*

Level 42

in ihrem »Funky Broadway« (1967). Danach folgten »Funky Donkey« (1967) mit Prettie *Purdie* (geb. 1944), »Funky Chicken« (1970) mit Willie *Henderson* (geb. 1943), »Funky Music Sho Nuff Turns Me On« (1971) mit Edwin *Starr* (geb. 1942) und als erfolgreichste Produktion dieser Art »Funky Worm« (1973) von den *Ohio Players*. Mit dem Erfolg dieses Titels setzte sich der Begriff weitgehend durch und wurde zu einer Stilkategorie, für die die Musik von Gruppen wie *Parliament, Tavares, Trammps* und vor allem *Earth, Wind and Fire* einstand. Charakteristisches Kennzeichen blieben die flexiblen, springenden Baßlinien, der federnde Beat und das rhythmische Ineinanderschachteln kurzer melodischer Floskeln. Im Zuge der Diskotheken-Renaissance Mitte der siebziger Jahre in den USA mündete diese Stilistik dann in den → Disco Sound. Anfang der achtziger Jahre kam es noch einmal zu einer bemerkenswerten Renaissance der Funk-Stilistik in den unterschiedlichsten musikalischen Zusammenhängen; die Funk-Jazz-Fusion von James »Blood« *Ulmer* (geb. 1942), der vom Straßensound der Ghettos und einer hochdynamischen Disco-Atmosphäre geprägte → Rap von *Grandmaster Flash*, die Punk-Funk-Synthese von *Bush Tetras* und der weiße synthetische Tanz-Funk von Gruppen wie *Human League* und *Culture Club,* schließlich die Verbindung von → Hard Rock und Funk im sogen. *Heavy Metal Funk,* z. B. bei *Level 42.*

funktionelle Musik: → Muzak.

Funky Jazz [amerik., ′fʌnki dʒæz]: → Hard Bop.

Fusion Music [engl./amerik., ′fjuːʒən ′mjuːzik, auch *Electric Jazz* oder *Rock Jazz*]: um 1970 in den USA aufgekommene Richtung im → Jazz, die sich, angeregt durch die parallele Entwicklung des → Jazz Rock und als Reaktion auf die sich abzeichnende Esoterik des → Free Jazz, um eine stilistische Synthese von Jazz und → Rockmusik bemühte. Die Bezeichnung dafür ist durch die Schallplattenindustrie geprägt worden und war durch kommerzielle Erwägungen motiviert – der Begriff ist neutral genug, um keine der potentiellen Käufergruppen abzuschrecken.
Die ersten Annäherungsversuche von Jazzmusikern an die Rockmusik gab es bereits in der

Herbie Hancock

zweiten Hälfte der sechziger Jahre mit dem *Gary Burton Quartet* und dem *Charles Lloyd Quartet*, die sich jedoch noch auf rhythmische Elemente sowie das Experimentieren mit einer elektrisch verstärkten Rockgitarre beschränkten und weder bei den Jazzfreunden noch bei den Rockfans auf Verständnis stießen. Den Durchbruch brachte erst das 1970 erschienene Doppelalbum »Bitches Brew« von Miles *Davis* (geb. 1926), das einen enthusiastisch gefeierten Versuch der Integration der Rockstilistik in den Jazz darstellte. Die Basis dafür war eine durchgängige Elektrifizierung des Instrumentariums in der Art der Rockgruppen, die Nutzung der im Rock entwickelten Sound-Effekte für die Klanggestaltung, eine deutliche Markierung tonaler Schwerpunkte in den melodisch prägnanten ostinaten Baßfiguren und eine Vereinfachung der rhythmischen Strukturen durch eine wieder durchgeschlagene $\frac{8}{8}$-Beat-Begleitung im Schlagzeug. Auf dieser Grundlage, die bereits mit dem 1969 erschienenen Album »In a Silent Way« vorbereitet worden war, entwickelte Davis ein kollektives Improvisationskonzept, das die im Jazz verbreiteten Spielweisen auf das nunmehr elektrisch verstärkte Instrumentarium übertrug und den sich daraus ergebenden neuen musikalischen Möglichkeiten nachging. Das erwies sich als ein Wendepunkt, der der weiteren Entwicklung den Weg wies. Diese wurde dann fast ausnahmslos von ehemaligen Mitgliedern der *Miles Davis Group* angeführt, die auch an der Produktion von »In a Silent Way« bzw. »Bitches Brew« mitgewirkt hatten. Gitarrist John *McLaughlin* (geb. 1942) stellte 1971 sein *Mahavishnu Orchestra* zusammen, mit dem ihm auf »The Inner Mounting Flame« (1972) die überzeugendste Synthese von Rockmusik und Jazz gelang. Pianist Josef *Zawinul* (geb. 1932) und Saxophonist Wayne *Shorter* (geb. 1933) gründeten 1971 *Weather Report*, eine ausgesprochen experimentierfreudige Formation, deren fließende Improvisationen und intensive Rhythmuskomplexe neue Impulse einbrachten.

Am kommerziell erfolgreichsten erwiesen sich jedoch die Konzepte der beiden Pianisten Chick *Corea* (geb. 1941) und Herbie *Hancock* (geb. 1940), die Miles Davis mit seiner spektakulären Kombination von zwei E-Pianos bekannt gemacht hatte und die dann jeder ihren eigenen Weg gingen. Herbie *Hancock* erreichte mit seiner 1971 als Sextett gegründeten Formation in wechselnder Besetzung, ab 1973 als Quintett, eine für den Jazzbereich ungewöhnliche Popularität, die ihm 1974 für »Head Hunters« seine erste → Goldene Schallplatte einbrachte. Chick *Corea* formierte 1972 seine *Return to Forever*, mit der er nicht minder erfolgreich auf John *McLaughlins* Konzeption aufbaute.

Inzwischen nehmen Rock-Jazz-Synthesen einen breiten Raum im heute gespielten Jazz ein. Ihren spektakulären Charakter haben sie verloren, erwiesen sich dafür aber als ein legitimer Bestandteil in der Entwicklung des zeitgenössischen Jazz.

Fußschweller: → Lautstärkeschwellpedal.

Fußtonzahl: Begriff bzw. Maß, der ursprünglich bei der Orgel verwendet, später aber auch auf andere Instrumente (→ Akkordeon, → E-Orgel) übertragen wurde und die Tonhöhe eines → Registers angibt. Die Länge einer offenen Labialpfeife im Ton C beträgt etwa 8 Fuß (ein altes Längenmaß, dessen Größe regional und zeitlich bedingt um 30 cm schwankte, angegeben als ′ hinter der Zahl: 8′ ca. 2,40 m). Nach akustischen Gesetzmäßigkeiten verdoppelt sich die Pfeifenlänge für den eine Oktave tiefer liegenden Ton C_1 und halbiert sich bei jedem höheren Oktavbereich, so daß sich folgende Werte ergeben: $C_2 = 32′$, $C_1 = 16′$, $G_1 = 10\ ^2\!/_3′$, $C = 8′$, $G = 5^1\!/_3′$, $c = 4′$, $e = 3^1\!/_5′$, $g = 2^2\!/_3′$, $c^1 = 2′$ usw. Die Fußtonzahl bezeichnet jeweils das ganze Register, das auf dem entsprechenden Grundton steht. Bei Kopplung mehrerer Register wird der Grundton durch mitklingende Töne anderer Oktavbereiche klanglich beeinflußt, so daß letztlich eine Imitation anderer Instrumente möglich ist. Deshalb steht z. B. auf E-Orgeln entweder die Fußtonzahl oder die adäquate Instrumenten- oder Klangfarbenbezeichnung (z. B. Flöte, Cello, Violine, Nasal) vermerkt.

Fuzz [engl., fʌz, wörtlich »sich auflösen, zerfasern«]: → Verzerrer.

★ G ★

Gag [engl., gæg]: Bezeichnung für überraschende Bühneneffekte bei Show-Veranstaltungen (→ Show). Eine besondere Rolle spielen sie bei den Live-Konzerten der Rockgruppen, weil hier ein Übermaß an Konkurrenz zu möglichst einmaligen und originellen Präsentationsformen zwingt. Dabei sind dann leider auch Perversionen wie das Verbrennen der Instrumente und die Zerstörung der Bühneneinrichtung, Obszönitäten und Gewalttätigkeiten nicht ausgeblieben. Immer aber hat sich gezeigt, daß eine darauf gegründete Popularität fragwürdig bleibt und nur von äußerst kurzer Dauer ist. Andererseits ist die Nutzung von

Bühneneffekten und pyrotechnischen Hilfs-
mitteln (z. B. künstlicher Nebel) ein durchaus
legitimer Bestandteil der Live-Darbietung von
Rockmusik, wenn sie sich in die künstlerische
Gesamtkonzeption einordnet und nicht zum
Selbstzweck wird.

Galopp: beliebter Gesellschaftstanz im 19. Jh.
Entstanden in Norddeutschland (bekannt als
Rutscher in den Hamburger Wirtshäusern),
geht der Galopp auf deutsche Volkstänze, z. B.
den Hopser, zurück. Etwa von 1820 bis 1875
wurde er in Stadt und Land meist als übermü-
tiger Abschluß von Tanzveranstaltungen und
Bällen getanzt. Die Paare »galoppierten« ausgelassen durch den Saal oder führten den Tanz
mit Drehbewegungen in der Art der Schnellpolka aus. Obwohl er in den bürgerlichen
Kreisen zunächst ob des oft ungezügelten
Umhertobens verpönt war, fand er doch rasch
besonders unter den Jugendlichen viele Anhänger. Geräusche wie Pistolenschüsse, Knal-
len von Peitschen oder Sektkorken, z. B. im
»Champagner-Galopp« von Hans Christian
Lumbye (1810–1874), sollten die Tänzer zusätzlich animieren. Eine Parallele zum französischen → Cancan zeigt sich in Jacques *Offenbachs* (1819–1880) »Galop infernal« (= Höl-
lengalopp), dem wohl populärsten Cancan, aus
»Orpheus in der Unterwelt« (1858).
Die Zahl der im 19. Jh. entstandenen Galopp-
Kompositionen geht in die Tausende, nicht
nur für den Tanzsaal, sondern auch für die
Bühne (Operette, Posse). Einer der ältesten
überlieferten Galoppe stammt aus der Posse
»Ein Wiener in Berlin« (1825). Der Galopp
steht im $^2/_4$-Takt, die Melodie verläuft dabei
meist in durchgängiger Achtelunterteilung.
Die Komposition setzt sich oft aus drei Teilen
(ABA oder ABC) zusammen. Im 20. Jh. hat
sich der Galopp in der Unterhaltungs- und
Blasmusik erhalten. Zum Standardrepertoire
gehört z. B. der Galopp aus der »Komödian-
ten-Suite« (1946) von Dmitri *Kabalewski* (geb.
1904).

Ganztonleiter: Folge von sechs Ganzton-
schritten (Teilung des Oktavraums in sechs
gleichgroße Teile), → temperierte Stimmung
vorausgesetzt. Durch Fehlen einer reinen
Quinte wird der → Tritonus zum charakteristischen Intervall.

Da sich eine Harmonisierung der Ganztonleiter im Sinne der Dur-Moll-Tonalität verbietet,
werden Ganztonfolgen im modernen Jazz und
Rock als ein das tonale Zentrum verschleiern-
des Element – besonders bei Improvisationen
(nicht nur für den alterierten Dominantseptakkord) – genutzt.

Sunset Boulevard (Jack Wheaton, 1972)

Garage Bands [engl./amerik., ˈɡæraːʒ bænds]:
→ Punk Rock.

Gassenhauer: bereits seit dem 16. Jh. bekannte Form des Straßenliedes, die im 19. Jh.
jedoch von den mit der Industrialisierung verbundenen Veränderungen der Städte erheblich geprägt wurde und hier ihre größte Popularität erhielt. Der Gassenhauer des 19. Jh.
gehört zu den musikalischen Traditionslinien
des → Schlagers. Der Begriff ist seiner Herkunft nach eigentlich ein Kraftwort für auf der
Straße vagabundierende Personen, im Sinne
von Gassengänger oder Pflastertreter, wurde
dann aber auch auf deren Lieder übertragen
und in diesem Sinne schließlich als Bezeichnung für das städtische Straßenlied überliefert. Analog dem traditionellen städtischen →

Berliner Leierkastenmann um 1860

Volkslied lebt der Gassenhauer auf der Straße, wird hier umgesungen, auch mit zusätzlichen Strophen versehen und in immer wieder neuen Varianten weitergegeben. Seine musikalischen Vorlagen entstammen im Unterschied zum Volkslied aber aus sehr heterogenen Quellen bereits vorhandener Musik, neben den Restbeständen des traditionellen Volksliedes vor allem der zeitgenössischen Tanz- und Unterhaltungsmusikproduktion. Deren populärste Melodien wurden auf der Straße phantasievoll mit neuen Texten versehen, zur treffsicheren → Parodie umgewandelt und mit unüberhörbarem Lokalkolorit überzogen. Eine große Rolle spielten dabei die herumziehenden Drehorgelspieler und gewerbsmäßigen Straßensänger, die die bereits dem städtischen Lebenszusammenhang angepaßten Vorlagen lieferten, oft auch gleich in gedruckter Form, als Flugblatt, das sie nach ihren Darbietungen auf den Straßen und in den Hinterhöfen verkauften. Mit dem sich entfaltenden Verlagswesen kamen solche Flugblattlieder auch aus der Feder professioneller Schreiber, begannen auf der Straße dann jedoch ein Eigenleben zu führen. Dabei wurden sie von den das Straßenmilieu beherrschenden Gruppen geprägt, dem spöttischen Witz der Halbwüchsigen, der antibürgerlichen Gossenperspektive des Lumpenproletariats und der Biedermeierlichkeit des Kleinbürgertums. Sie spiegeln Lokalereignisse, Klatsch und Tratsch, das Straßenleben mit seinen Geschäften, Verkehrsmitteln und Vergnügungsstätten. Noch heute bekannte typische Beispiele des Berliner Gassenhauers sind etwa »Du bist verrückt, mein Kind« auf die Melodie eines Marsch-Chores aus Franz von *Suppés* (1819–1895) Operette »Fatinitza« (1876), »Mutter, der Mann mit dem Koks ist da«, gesungen nach einem Walzerlied aus Karl *Millöckers* (1842–1899) Operette »Gasparone« (1884), sowie das »Komm, Karlineken, komm, wir woll'n nach Pankow gehn« auf eine seinerzeit sehr populäre Marschmelodie des Hamburger Komponisten Emil *Ascher*.

Gastmusiker [engl. guest]: Musiker (oft sogen. → Studiomusiker), der eine Gruppe bei einer Produktion oder einem Auftritt unterstützt, jedoch nicht zur Stammbesetzung zählt. Dabei kann es sich um einen zusätzlichen Perkussio-

nisten, um einen Bläsersatz o. ä. handeln, aber auch um einen sogen. »Stargast« (→ Special Guest). Z. B. wirkte Billy *Preston* (geb. 1946) bei den *Beatles*-LPs »Abbey Road« (1969) und »Let It Be« (1970) mit; für »For No One« (1966) wurde ein Hornist verpflichtet, für »Penny Laine« (1967) ein Trompeter usw.

Gegenbewegung: → Stimmführung.

Geige: umgangssprachliche, seit dem 18. Jh. im deutschen Sprachraum gebräuchliche Bezeichnung für → Violine.

GEMA [Abkürzung für Gesellschaft für musikalische Aufführungs- und mechanische Vervielfältigungsrechte]: Institution, die im Auftrag der Komponisten, Texter, Arrangeure und Verleger in der BRD die Verrechnung der anfallenden → Tantieme vornimmt und nach einem festgelegten Schlüssel (»Punktierung«), der die Zuordnung zu E- oder U-Musik berücksichtigt, an seine Mitglieder aufteilt. So erhalten z. B. für einen Schlager der Verleger und das Autorenteam in der Regel folgende Anteile: Komponist $4/12$, Texter $3/12$, Arrangeur $1/12$ oder $2/12$, Verleger $3/12$ oder $4/12$.

Generaldirektion beim Komitee für Unterhaltungskunst: → Komitee für Unterhaltungskunst.

Geräusch: Tongemisch, das aus einer Vielzahl von z. T. dicht beieinanderliegenden Einzelfrequenzen besteht und das keine harmonischen (ganzzahligen) Schwingungsverhältnisse aufweist. Im Gegensatz zum Ton, Intervall oder Akkord handelt es sich beim Geräusch um ein diffuses Schallereignis ohne konkret fixierbare Tonhöhen. Alle musikalisch verwerteten Schwingungsvorgänge sind mit gewissen Geräuschanteilen behaftet, die vor allem bei lauten bzw. harten Klangeinsätzen (z. B. Anschlagen einer Gitarrensaite) zur Geltung kommen. Zahlreiche Perkussionsinstrumente dienen ausschließlich zur Erzeugung von Geräuschen, die für bestimmte rhythmische Abläufe besonders markant sind. Im Instrumentalspiel werden Geräusche oft als zusätzlicher Effekt genutzt, z. B. in der → Slap-Bass-Technik und beim Funky-Baß, beim perkussiven Anblasen von Trompete und Posaune, beim Klappern mit Griffklappen von

Holzblasinstrumenten, beim Schlagen auf das Gitarrenkorpus usw.

Auch in elektronisch erzeugten oder verstärkten Klangstrukturen treten Geräusche in Form der unerwünschten → Verzerrungen auf. Der Geräuschpegel (Störspannungspegel) bezeichnet die Summe aller nichtlinearen Verzerrungen, die als Rauschen oder Brummen die Wiedergabe einer Schallaufzeichnung beeinträchtigen. Zahlreiche Künstler im Bereich der populären Musik arbeiten mit elektronisch erzeugten oder der natürlichen Umwelt entnommenen Geräuschen als Effekt oder bewußt eingesetztes Mittel im Sinne des musikalischen Ausdrucks. Die Palette der auf natürlichem Weg hervorgerufenen, durch Mikrophone aufgenommenen und zum Teil elektronisch bearbeiteten Geräusche reicht dabei von der zugeschlagenen Autotür im Titel »We Love You« von den *Rolling Stones* (1967) über Wind, Regen, Schritte usw. (z. B. LP »Caverna Magica« 1983 von Andreas *Vollenweider*) bis zur kompletten Einnahme eines Frühstücks in dem Stück »Alan's Psychedelic Breakfast« von *Pink Floyd* (LP »Atom Heart Mother« 1970) und der Geräuschcollage mit abschließend betätigter Klospülung im Abschnitt »Progress« aus der »Elegy«-Suite von *Chicago* (LP »Chicago 3« 1971). In den letztgenannten und zahlreichen weiteren Beispielen werden Einflüsse einer Strömung der artifiziellen Musik des 20. Jh. – der *Musique concrète* – deutlich, deren Komponisten in ihren Werken auf Alltagsgeräusche zurückgriffen, d. h. mittels eines Magnettonbandgerätes aufnahmen, übereinanderlagerten und elektronisch verfremdeten (»Geräuschmusik«). Elektronisch erzeugte Geräusche unterschiedlichster Art lassen sich auf fast allen Schallplatten von Solisten oder Gruppen des Electronic Rock finden. Man nutzt zu ihrer Herstellung zwei technische Möglichkeiten. Entweder man setzt sie aus einer großen Anzahl von Sinusschwingungen zusammen (additive Klangbildung, synthetischer Aufbau) oder man sondert bestimmte Frequenzen bzw. Frequenzbereiche aus dem vom Rauschgenerator erzeugten Rauschen aus (analytischer Abbau, selektive Klangbildung). Beim Rauschen handelt es sich um das dichteste und am weitesten ausgedehnte Geräusch, da es alle hörbaren Frequenzbereiche gleichermaßen erfaßt. Durch Herausfiltern bestimmter Klanganteile lassen sich z. B. Meeresrauschen, Regen, Wind, Beifall usw. erzeugen.

Gesellschaftstanz: Im Unterschied zum Volks- und Kulttanz, zu Ballett und Showtanz umfaßt der Gesellschaftstanz all jene Tänze, die nach mehr oder weniger festgelegtem Schrittmaterial, meist normiertem Tempo und einem standardisierten → Begleitrhythmus bei geselligen Anlässen unterschiedlichster Art gepflegt werden. Zum Gesellschaftstanz zählen Gruppen-(Formations-) und Paartänze, Tanzspiele, Modetänze und Turniertanz. Er entspringt dem Bewegungsbedürfnis aller Altersschichten, ist Ausdruck der Lebensfreude und unterstützt die Partnerbeziehungen. Mit der Profilierung der höfischen Tänze im 14./15. Jh. beginnt der Gesellschaftstanz – eine typisch europäische Erscheinungsform, die erst mit der Kolonisation auch auf anderen Kontinenten bekannt wurde. Diese, der Folklore entlehnten, stark stilisierten Hoftänze bildeten einen wesentlichen Bestandteil des steifen, gezierten höfischen Zeremoniells. Der Gesellschaftstanz war also in dieser frühen Phase ausschließlich ein Tanz der herrschenden feudalen Klasse. Bedeutende, vorwiegend aus Italien, Frankreich und Spanien stammende Tänze des 16.–18. Jh. (oft zu → Suiten zusammengefaßt) sind *Galliarde* (ital., schneller $\frac{3}{4}$- bzw. $\frac{3}{2}$-Takt), *Chaconne* (span., langsamer $\frac{3}{4}$-Takt), *Allemande* (dt., langsamer $\frac{4}{4}$-Takt), *Saltarello* (ital., schneller $\frac{6}{8}$-Takt), *Pavane* (ital. Schreittanz, langsamer $\frac{4}{4}$-Takt), *Courante* (franz., schneller $\frac{3}{2}$-Takt), *Branle* (franz., lebhafter $\frac{4}{4}$- bzw. $\frac{2}{2}$-Takt), *Volta* (franz. Drehtanz, schneller $\frac{3}{2}$-Takt), *Bourrée* (franz., schneller $\frac{2}{2}$-Takt), *Sarabande* (span. Schreittanz, langsamer $\frac{3}{2}$-Takt), *Siciliano* (ital., langsamer $\frac{6}{8}$-Takt), *Gavotte* (franz., schneller $\frac{4}{4}$-Takt), *Gigue* (irisch-schottisch, schneller $\frac{3}{8}$- bzw. $\frac{6}{8}$-Takt). Die größte Verbreitung fand das aus Frankreich stammende *Menuett*, das im Gegensatz zu den oben aufgezählten Gruppentänzen erstmals auch paarweise getanzt wurde.

Nach den bürgerlichen Revolutionen in England und Frankreich nahm das aufstrebende Bürgertum zunehmend am Gesellschaftstanz teil und schuf sich, anknüpfend an folkloristische Traditionen, im 18., besonders aber im

Tanz im Grunewald (Berlin um 1870)

19. Jh. eigene Tanzformen (Konter- und Rundtänze), z. B. Anglaise, Ecossaise, Française, → Ländler, → Mazurka, → Polonaise, Schottisch, → Quadrille, → Rheinländer, → Galopp, → Cancan, → Csárdás, → Habanera – insbesondere aber → Walzer und → Polka. Die in diesen Tänzen weitgehend erhaltenen folkloristischen Wurzeln verloren sich im Laufe des 19. Jh. mit zunehmender Industrialisierung und damit einhergehender Kommerzialisierung des Unterhaltungsbetriebs immer mehr. Die einsetzende Massenproduktion und -konsumtion führte zu einer qualitativen Verflachung der musikalischen und tänzerischen Substanz.

Der Gesellschaftstanz im 20. Jh. ist gekennzeichnet durch eine Vielzahl von oft nur kurzlebigen Modetänzen, andererseits aber auch durch das Bemühen, eine Ordnung der Tänze und Systematisierung des Schrittmaterials, wegweisend durch englische Tanzlehrer seit dem ersten Weltkrieg (»Englischer Stil«), vor-

zunehmen. So kam es zur Festlegung des »Welttanzprogramms« (1963 in London), der Gliederung in → Standard- und → lateinamerikanische Tänze für die Turnierwettbewerbe und die Tanzausbildung.

Seit Beginn des 20. Jh. überschwemmten Modetänze das internationale Tanzparkett. Als wichtigste Quelle erwiesen sich dabei immer wieder die in Amerika aus dem jahrhundertelangen Mit- bzw. Nebeneinander von (versklavten) Afrikanern und europäischen Kolonisatoren und Einwanderern in einem oft schwer überschaubaren Akkulturationsprozeß entstandenen Lied- und Tanzformen. Zentren bilden dabei die USA (→ Cakewalk, → Ragtime, → Twostep, → Onestep, → Shimmy, → Charleston, → Black Bottom, → Swing, → Boogie Woogie, → Jitterbug, → Jive, → Rock'n'Roll u. a.), Mittelamerika (→ Rumba, → Mambo, → Calypso, → Beguine u. a.) und Südamerika (→ Samba, → Bossa Nova, → Tango u. a.). All diese Tänze sind aus der afroamerikanischen Folklore abgeleitete, durch die US-amerikanische Musikindustrie stilisierte und kommerziell verbreitete Mo-

delle, zu denen »gesittete« und vereinfachte Schrittkombinationen von professionellen Tanzlehrern erfunden wurden. Das in den afrokubanischen und afrobrasilianischen Volkstänzen typische Darstellen erotischer Szenen (zurückgehend auf afrikanische Fruchtbarkeitstänze) mußte salonfähigen Choreographien weichen. Auch europäische Volkstänze kamen kurzzeitig in Mode, so z. B. → Letkiss, → Kasatschok, → Sirtaki. Versuche, künstlich Tänze zu schaffen und zu popularisieren, schlugen bis auf den → Cha-Cha-Cha fehl.

Diese Modetänze kamen in Wellen, mehr oder weniger gesteuert, von ökonomischen Interessen bestimmt, vielfach auch in Wiederspiegelung gesellschaftlicher Ereignisse (Krisen, Weltkriege usw.). Der Reiz der Neuheit, das Exotische, das Auflehnen gegenüber Altem oder auch nur das Mitmachen einer Mode ließen diese Tänze rasch in der Publikumsgunst steigen, meist aber auch ebenso schnell wieder fallen. Dabei spielt die Verbreitung eine wichtige Rolle.

Die Beschränkung auf den feudalen Hof wurde schon Anfang des 18. Jh. durch Ausrichtung öffentlicher Bälle (z. B. in der Pariser Oper) durchbrochen. Um 1750 gab es bereits eine größere Zahl städtischer Tanzlokale. Im 19. Jh. kamen prächtige Tanzpaläste (Wien, Paris, Berlin) dazu, aber auch unzählige Vorortkneipen und Gartenlokale. Auch auf den Bühnen (Operette, Possen, Varieté, Music Hall usw.) propagierte man neue Tänze. Nach 1900 entstanden Tanzbars und Dancing Rooms. Völlig neue Möglichkeiten bot der Einsatz der Medien Rundfunk, Film und Schallplatte, später dann Fernsehen, LP und Video. Damit war nunmehr eine individuelle Nutzung der Gesellschaftstänze für Partys und andere private Vergnügungen gegeben. Das z. T. erstarrte Regelwerk zu den Standardtänzen stieß trotz Aufnahme modischer Elemente unter den Jugendlichen zunehmend auf Ablehnung. Mit dem Aufkommen der Rockmusik ergaben sich neue individuelle Ausdrucksmöglichkeiten auch im tänzerischen Bereich, die bis zu akrobatischen Einlagen beim Flash Dancing reichen. Parallel dazu lebten Volkstanztraditionen im geselligen Spiel auf.

In den sozialistischen Ländern führte das Bemühen, eine dem sozialistischen Lebensgefühl adäquate Geselligkeit zu schaffen, zu
zahlreichen neuen Tanzformen von allerdings
nur regionaler Bedeutung, in der DDR z. B. →
Lipsi, Orion, Pertutti, Tschila u. a. Es zeigt
sich jedoch auch ein geändertes Verhältnis
zum Gesellschaftstanz allgemein, dem ein
wichtiger Stellenwert bei der sinnvollen Freizeitgestaltung eingeräumt wird.

Ghost Band [engl./amerik., goust bænd, wörtlich »Geisterband«]: Bezeichnung für die
Nachfolge-Orchester berühmter Swing-Bands
(→ Swing), deren Leiter verstorben sind, die
trotz allem aber unter seinem Namen weitergeführt werden. Das bekannteste unter ihnen
ist das noch heute existierende *Glenn Miller
Orchestra*, das nach dem Tod von Glenn *Miller*
(1904–1944) durch die von seinem ehemaligen Rechtsberater David *Mackay* gegründete
»Glenn-Miller-Stiftung« am Leben gehalten
wurde und seither unter Leitung schon einer
ganzen Reihe von → Bandleadern und immer
wieder neuen Musikern den → Glenn-*Miller*-
Sound in den Originalarrangements so perfekt
wie möglich zu reproduzieren sucht.

Gig [amerik., gig]: Begriff aus dem Slang der
amerikanischen Negermusiker des Jazz, wo er
ein kurzzeitiges und kurzfristiges Engagement
bezeichnete; ist dann in den Sprachgebrauch
der Rockmusiker übernommen worden, in
dem er im Unterschied zu den Studiotermi-
nen die Live-Auftritte (→ live) meint.

Gimmick [engl., ′gimik, wörtlich »Kniff«]: in
der → Rockmusik verbreiteter Ausdruck für
musikalisch-technische Überraschungseffekte.
Damit kann sowohl der besonders raffinierte
Einsatz eines Effektgerätes (→ Effekte) als
auch ein technisch gut aufbereiteter musikalischer Einfall gemeint sein. Die Verselbständigung dessen zum allein tragenden Element
der musikalischen Gestaltung ist dabei eine
Gefahr, der immer wieder Gruppen und Musiker um den Preis der raschen Abnutzung solcher Effekte erlegen sind. Der Technisierungs-
grad der Rockmusik fordert andererseits zum
ästhetischen Spiel mit solchen Effekten geradezu heraus, so daß man darin zweifellos auch
ein nicht nur legitimes, sondern zugleich spezifisches Element der Rockmusik zu sehen
hat.

Gitarre, Abk. *g* [engl. guitar]: Zupfinstrument;
Stimmung: E A d g h e^1; Tonumfang E – c^3,
oktavtransponierend, Klang eine Oktave tiefer
als notiert; Violinschlüssel, auch → Tabulatur; → Kapodaster (→ Barré); Grundstruktur:

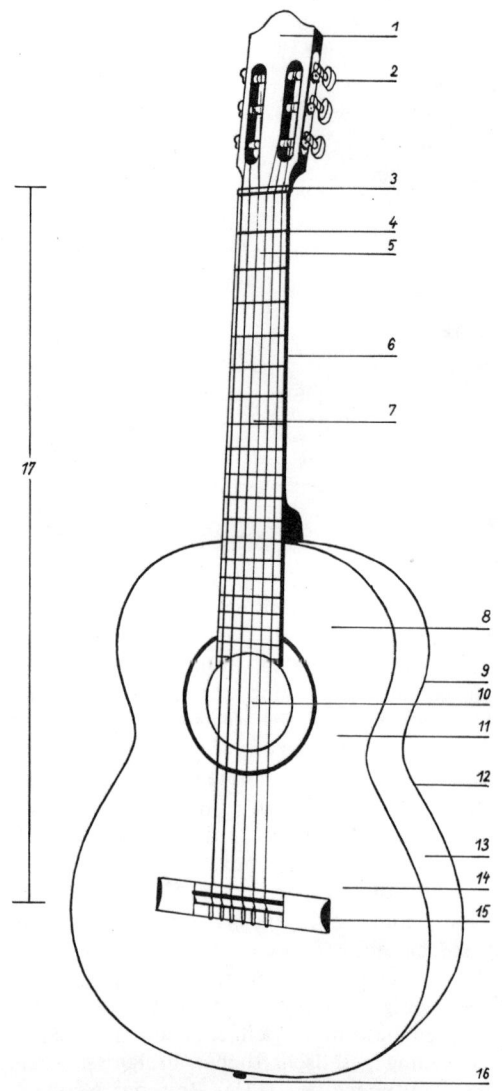

1 Wirbelbrett (Kopfplatte)
2 Wirbel mit Schraubenmechanik
3 Sattel
4 Bundstäbchen
5 Bund (z. T. mit Orientierungspunkten)
6 Hals
7 Griffbrett
8 Oberbügel

9   Korpus
10 Schalloch
11 Decke
12 Boden
13 Zarge
14 Unterbügel
15 Steg mit Saitenhalter
16 Knopf für Traggurt
17 Mensur (schwingende Saitenlänge)

Typen:

· *Konzertgitarre* (klassische G., spanische G.):
s. Zeichnung; Kunststoffsaiten (Nylon); Fingeranschlag; geeignet für Lied- und Chanson-
begleitung, → Flamenco und für Solospiel,

· *Vollresonanzgitarre* (Plektrumgitarre): großes
Korpus mit langem, schmalem Hals, gewölbte
Decke und Boden; zwei f-Schallöcher; Steg
und Saitenhalter getrennt, Steg in Höhe ver-
stellbar; Korpus mit einseitiger Einbuchtung
(Cutaway) am Halsansatz für leichteres Spiel
in hohen Lagen; starke Stahlsaiten; Plektrumanschlag; geeignet als Rhythmusinstrument,
auch für Soli (mit elektrischer Verstärkung),

· *Halbresonanzgitarre:* kleineres Korpus, fla-
chere Zargen, meist beidseitige Einbuchtun-
gen am Halsansatz; wegen geringer Eigenresonanz nur elektrisch verstärkt spielbar; ein bis
drei → Tonabnehmer (Pick up) und Klangreg-
ler; dünne Metallsaiten; Plektrumanschlag,

· *Solidbody Guitar* (Brettgitarre, E-Gitarre):
kleines, unterschiedlich geformtes, massives,
flaches Korpus (»Brett«; besonders geeignet

für Musizieren im Stehen); keine Eigenresonanz, zwei bis drei Tonabnehmer, diverse
Klangregelungen; auch mit Vibratohebel;
schmaler Hals, bis zu 23 Bünde; sehr dünne
Metallsaiten; Plektrum-, auch Fingeranschlag;
geeignet für Rock- und Popmusik (mit zahlreichen → Effektinstrumenten),

· *Double Neck Guitar* (Doppelhalsgitarre): ver-
größertes Korpus (Brett) mit zwei Hälsen; Besaitung entweder sechs- und zwölfsaitig oder
sechs- und viersaitig (Baßgitarre),

· *Westerngitarre:* großes Korpus mit rundem
Schalloch, flache, auch gewölbte Decke,
schmaler Hals; stabile Konstruktion für Stahl-
besaitung (sechs- und zwölfsaitig); Plektrum-,
auch Fingeranschlag, auch Picks (→ Finger
Picking) und → Bottleneck; voller, massiver
Klang; geeignet für Country Music, Folk, auch
Popmusik; Stimmung des Zwölfsaiters:

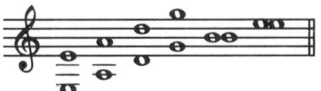

· *Ovation:* Variante der Konzertgitarre (auch
zwölfsaitig) mit abgerundeter Rückseite
(Roundback) aus Fiberglas, 1966 von Charles
Kaman (Gründer der Firma Ovation) entwor-
fen; sehr gute Klangeigenschaften;
weiterhin → *Dobro*, → *Steel Guitar*, → *Baßgitarre*, → *Hawaii-Gitarre*.

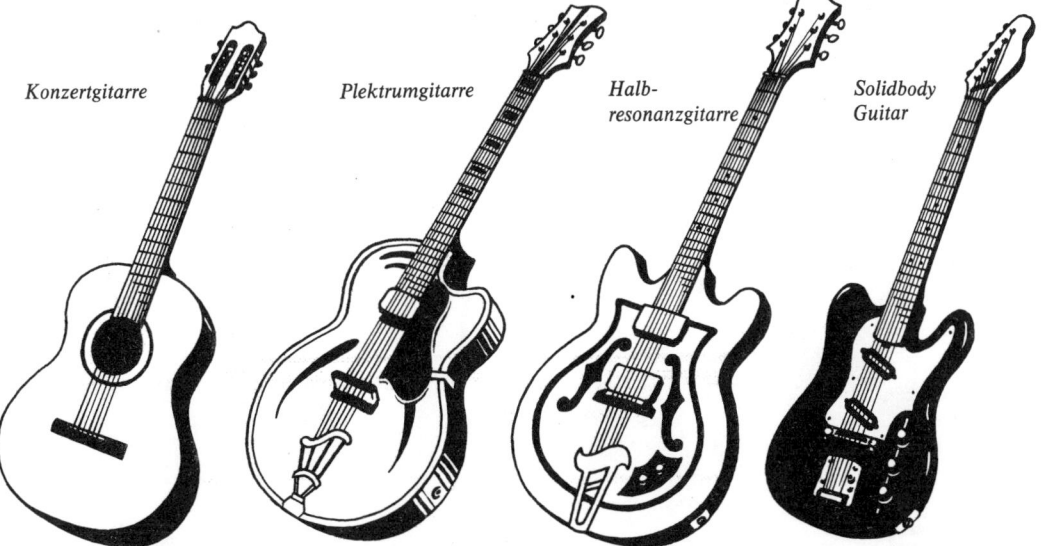

Konzertgitarre   *Plektrumgitarre*   *Halb-*   *Solidbody*
                                                     resonanzgitarre   *Guitar*

Besaitung: Bei Nylon (Konzertgitarre) sind die Baßsaiten (E, A, D) mit feinem Draht aus Gold-, Bronze- oder Silberlegierung umsponnen. Bei Stahlsaiten unterscheidet man *Roundwound Strings* (Metallkern mit rundem Metalldraht umwickelt; lauter, metallisch-heller Klang; für Rock und Folk) und *Flatwound Strings* (Metallkern mit Metallband umwickelt oder geschliffene Oberfläche; leiser, warmer, etwas dumpfer Klang mit wenig Nebengeräuschen; gut für Studioarbeit). Weiterhin muß die Saitenstärke (engl. gauge) berücksichtigt werden: dicke Saiten (heavy) – lauter, länger stehender Ton; dünne Saiten (light) – für Bending- und Slur-Effekte.

Zu einigen terminologischen Fragen: Die dominierende Rolle, die die Gitarre gegenwärtig in der populären Musik spielt, kommt auch in zahlreichen verbreiteten umgangssprachlichen Begriffsbildungen zum Ausdruck

· *akustische* und *elektrisch verstärkte* (E-)Gitarre: Gegensatzpaar, wobei das (hier eigentlich unsinnig gebrauchte) Adjektiv »akustisch« auf die unverstärkte »Natur«-Gitarre verweist,

· *Konzert*gitarre: umgangssprachliche Bezeichnung des Basismodells, für das seit dem 18.Jh. eine umfangreiche »klassische« Literatur (daher auch »klassische« G.) entstanden ist; Einsatz in populärer Musik jedoch viel weiterreichend, insofern einengender Begriff,

· E-Gitarre: im weiteren Sinne Sammelbegriff für alle elektrisch verstärkten Gitarren (Plektrum-, Halbresonanz-, Brettgitarre),

· *Folk* Guitar, *Rock*gitarre usw.: vereinfachte, zusammenfassende Umschreibung von stilistischen und spieltechnischen Spezifika, die sich mit dem Einsatz des Instruments innerhalb eines bestimmten Genres verbinden,

· *Lead* Guitar, *Rhythm* Guitar: Funktionsdarstellung innerhalb einer Gruppe, also führende (Lead) Melodiestimme, rhythmische Begleitung,

· *Slide* Guitar, *Picking* Guitar usw.: Bezeichnung einer bestimmten Gitarrespielweise.

Die Herkunft der Gitarre ist noch immer ungewiß. Vermutlich kamen gitarreähnliche Instrumente noch vor dem 10. Jh. aus dem Orient mit den Arabern nach Spanien. Dort kann man ihre Spuren seit dem 13.Jh. verfolgen. Seither erfuhr die Gitarre zahlreiche bauliche Veränderungen, das betraf z.B. die äußere Gestalt, die Anzahl und Chörigkeit der Saiten, die Stimmung u.a. Die heutige Form erhielt das Instrument im 18.Jh.

Eine erste Blütezeit erlebte die Gitarre (als Vihuela) bereits im 16./17.Jh. in Spanien, wo sie sich als akkordisches Begleitinstrument (Ras-

Westerngitarre   *Double Neck Guitar*   *Ovation*

Egberto Gismonti

gueado-Technik) zu Liedern und Tänzen, besonders bei den → Seguidillas und → Romanzen in allen Bevölkerungsschichten großer Beliebtheit erfreute. Virtuose Fertigkeiten verlangt der Gitarrepart im → Flamenco. Hier mischt sich virtuoses Akkord- und Melodiespiel. Die Flamenco-Musik hat die Gitarretradition in Spanien und Lateinamerika, besonders in Brasilien, nachhaltig geprägt. In Italien verbreitete sich die Gitarre (auch als Viola bezeichnet) mehr als Solisteninstrument mit anspruchsvollerer (Melodie-)Spieltechnik. Bald hatte sie sich auch England und Frankreich erobert. Anfang des 19. Jh. wurde sie in Deutschland und Österreich (Wien!) zum Modeinstrument. Nach kurzem Popularitätsrückgang brachte die Wandervogelbewegung nach 1900 eine erneute massenhafte Verbreitung (→ Klampfe, auch Zupfgeige).

Ohne Zweifel ist die Gitarre gegenwärtig das beliebteste und verbreitetste Instrument der populären Musik und hat selbst das Klavier zurückgedrängt. Die Gründe dafür sind recht unterschiedlich. Man kann mit relativ wenig Übaufwand eine einfache akkordische Begleitung zum Gesang erlernen, außerdem bietet die Gitarre kaum Transportprobleme (im Vergleich zum Klavier). Die große Vielfalt an Einsatzmöglichkeiten (Folk, Blues, Singebewegung, Rock, Jazz, Tanzmusik usw.) inspiriert zum Mitmachen entsprechend dem eigenen Interesse. Darüber hinaus sind spätestens seit den sechziger Jahren durch die Beat- bzw. Rockmusik mit dem differenzierten Einsatz der (E-)Gitarre neue Hörgewohnheiten geweckt und geformt worden.

Mit den Kolonisatoren und später durch die Einwanderer gelangte die Gitarre auf amerikanischen Boden, wo sich regional unterschiedliche Entwicklungen vollzogen. Die versklavten Afrikaner spielten bald auf einfachen selbstgebauten Gitarren ebenso wie auf dem → Banjo. In Lateinamerika entstanden zahlreiche Abarten, z. B. große Gitarren mit Baßfunktion, sogen. *Guitarrones*, aber auch kleine Typen wie *Charango, Cavaquinho, Tres, Tiples* und *Cuatro*. Sie dienen der Lied- und Tanzbegleitung, oft mehrfach besetzt. Unter Einfluß der spanischen Gitarretradition (in jüngerer Zeit u. a. durch Andrés *Segovia*, geb. 1893 und Vicente *Gomes*, geb. 1911) bildete sich aber auch ein beachtliches Solistentum, namentlich in der populären Musik Brasiliens, heraus, so z. B. Laurindo *Almeida* (geb. 1917), Egberto *Gismonti* (geb. 1947), Baden *Powell* (geb. 1937), Luiz *Bonfá* (geb. 1922) u. a.

Innerhalb der afroamerikanischen Musik im Norden Amerikas verdient die Gitarre zu-

nächst als Begleiter und Dialogpartner der umherziehenden Bluessänger hervorgehoben zu werden. Einerseits gibt sie den Grundrhythmus an, andererseits »beantwortet« sie die vom Sänger aufgeworfenen »Fragen«, indem sie in den mehr oder weniger langen Gesangspausen innerhalb der → Bluesformel (Takte 3/4, 7/8, 11/12) melodische Figuren einwirft (Ruf-Antwort-Prinzip, → Call and response). Da die Bluessänger/-gitarristen das Instrument »sprechend« einsetzen, ergeben sich bezüglich der → Tongebung neue klanglich-ästhetische Dimensionen, ohne die die Gitarre im Jazz und im Rock nicht denkbar wäre. Dazu gehören → Glissandi, → Dirty Tones, → Blue Notes, → off pitchness, → Vibrato u. a. m. Belege dafür finden sich im frühen → Blues, so bei Huddie *Ledbetter* (1885–1949), Big Bill *Broonzy* (1893–1958) und Blind Lemon *Jefferson* (1897–1930). Diese Traditionslinie, die von der Kreativität zahlloser Musiker, besonders aber T-Bone *Walker* (1910–1975) und Muddy *Waters* (1915–1983) gezeichnet ist, gipfelt in dem als »King of the Blues« apostrophierten B. B. *King* (geb. 1925). Sein vitales, intensives, nuanciertes Gitarrespiel wurde Bezugspunkt und letztlich Maßstab für alle folgenden Blues- und Rockgitarristen. Es ist interessant festzustellen, daß Bluesgitarristen einerseits pianistische Techniken auf die Gitarre übertragen haben, z. B. Blind Arthur *Blakes* (um 1890–1932) Ragtime-Wechselbaß-Technik, die er für solistisches Bluesspiel nutzte, daß aber andererseits Gitarrebegleitfiguren der Bluessänger den → Boogie Woogie maßgeblich prägten.
Beeinflußt von den farbigen Bluesgitarristen, aber auch auf europäischer Tradition fußend, nimmt die Gitarre in der Volksmusik der weißen US-Amerikaner breiten Raum ein. → Bluegrass und → Country Music sind ebensowenig wie die davon abgeleiteten kommerziellen Formen (→ Country & Western, → Western Swing) ohne Gitarre denkbar. Für diese, einen möglichst vollen Naturklang der Gitarre bevorzugende Musikrichtungen baute man spezielle Instrumente mit einem größeren Korpus (sechs- bzw. zwölfsaitige sogen. Westerngitarre) bzw. mit Metall-Resonator (Dobro). Auch wurden einige wichtige Spieltechniken von den Afroamerikanern übernommen und ausgebaut bzw. selbst entwickelt, z. B. das

→ Finger Picking, das → Bottleneck (Slide Guitar), das Anwenden sogen. offener Stimmungen (→ Open Tunings), spezielle Anschlagsarten usw. Zu nennen sind Doc *Watson* (geb. 1923), Merle *Travis* (geb. 1917) u. v. a. Viele dieser Begleitfiguren finden sich in den Folksongs und im politischen Lied wieder, z. B. bei Bob *Dylan* (geb. 1941), Joan *Baez* (geb. 1941), Pete *Seeger* (geb. 1919) und Hannes *Wader* (geb. 1942).
In den Jazz kam die Gitarre relativ spät – erst Ende der zwanziger Jahre verdrängte sie das Banjo aus der Rhythmusgruppe, weil sie sich klanglich besser dem Swing-Ideal näherte als das metallisch-harte Banjo und durch die andere Besaitung und Stimmung eine günstigere akkordische Begleitung ermöglichte. Als Rhythmusinstrument oblag ihr die harmonische Begleitung, im Swing meist im federnden Durchschlagen der vier Viertel. Beispielgebender Vertreter dafür ist Freddie *Green* (geb. 1911), langjähriger Gitarrist des Orchesters Count *Basie*. Für diese Rhythmusarbeit in Big Band und Combo war die mit Stahlsaiten bezogene, im Korpus vergrößerte Plektrumgitarre konstruiert worden, sie hatte ein erhöhtes Klangvolumen und konnte durch den von Johnny *St.Cyr* (1890–1966) und Bud *Scott* (1890–1949) eingeführten Plektrumanschlag

John McLaughlin

Chuck Berry

kürzer und prägnanter gespielt werden (Schlaggitarre). Dennoch hatte sie es besonders bei solistischen Passagen schwer, sich gegenüber den anderen Instrumenten klanglich zu behaupten. So war es letztlich eine logische Folge, daß von Fortschritten in der Verstärkertechnik auch der Gitarrenbau durch Anbringen von → Tonabnehmern pofitierte. Versuche mit Tonabnehmern sind bei der Firma Gibson schon zwischen 1920 und 1924 bekannt geworden. Eddi *Durham* (geb. 1906) soll als erster eine elektrisch verstärkte Gitarre eingesetzt haben. Als richtungweisender Pionier muß jedoch Charlie *Christian* (1919–1942) genannt werden. Er gilt als Begründer des modernen Jazzgitarrespiels, was sich nicht nur auf die »Elektrifizierung«, sondern mehr noch auf sein an der Saxophonspielweise orientiertes Musizieren (→ Single-String-Technik) und sein harmonisches Gespür bezieht. Neben Christian ist aber unbedingt Django *Reinhard* (1910–1953) zu erwähnen, dessen Zusammenarbeit mit dem Geiger Stephane *Grappelly* im *Quintette du Hot Club de France* (drei Gitarren, Violine und Baß; 1934–1939) weltweites Aufsehen erregte. Reinhard verband Elemente der Zigeunermusik und der modernen französischen Musik mit dem

Swing in einer virtuosen Mischung von Akkord- und Melodiespiel. Von Christian und Reinhard profitierten u. a. Billy *Bauer* (geb. 1915), Barney *Kessel* (geb. 1923), Jimmy *Raney* (geb. 1927), Jim *Hall* (geb. 1930), Tal *Farlow* (geb. 1921) und Joe *Pass* (geb. 1929). Neue Impulse gab Wes *Montgomery* (1925–1968) mit seinen durchdacht sparsamen, dem Blues verpflichteten Improvisationen und dem Einzelstimmenspiel in Oktaven. Er beeinflußte die jüngere Gitarristengeneration, die mit Jazz Rock (→ Fusion), häufig auch mit folkloristisch inspirierten Experimenten, in jedem Falle aber mit durchaus eigenen Handschriften, an die Öffentlichkeit trat, z. B. George *Benson* (geb. 1943), Larry *Coryell* (geb. 1943), Pat *Martino* (geb. 1944), Al *DiMeola* (geb. 1954), Pat *Metheny* (geb. 1950) und – quasi als neue Symbolfigur – John *McLaughlin* (geb. 1942). Sie spielen E-Gitarre, greifen aber immer wieder auf die unverstärkte »akustische« Gitarre zurück (vgl. z. B. die Live-LP »Friday Night in San Francisco« mit Al DiMeola, John McLaughlin und Paco DeLucia, 1980).

Da die elektrische Verstärkung der Gitarre letztlich den für den Eigenklang des Instruments notwendigen Resonanzkörper (→ Resonanz) überflüssig macht, setzten schon in den dreißiger Jahren Experimente mit neuartigen Gitarreformen ein, die über zahlreiche Konstruktionsversuche schließlich zur Halbresonanz- und Brettgitarre führten. Der US-Amerikaner Les *Paul* (Lester Paul Polfus, geb. 1916) spielte schon 1941 auf einer Solidbody-Gitarre, die er mit der Firma Epiphone (»The Long«) entwickelt hatte. In den Folgejahren produzierte er zahlreiche Trickaufnahmen mit seiner Gitarre, d. h. er spielte mehrere Spuren übereinander, die dann, mit zusätzlichen Effekten versehen, abgemischt wurden. Er hatte damit große Publikumsresonanz und wurde – neue Klangräume eröffnend – zu einem Wegbereiter der Rockgitarristen. Den eigentlichen Durchbruch erzielte die E-Gitarre im → Rhythm & Blues und Jahre später weltweit im → Rock'n'Roll, verbunden mit dem Namen von Chuck *Berry* (geb. 1931) u. v. a.

Für die Rockmusik ist die elektrisch verstärkte Gitarre nicht nur das Hauptinstrument schlechthin, sondern darüber hinaus Symbol

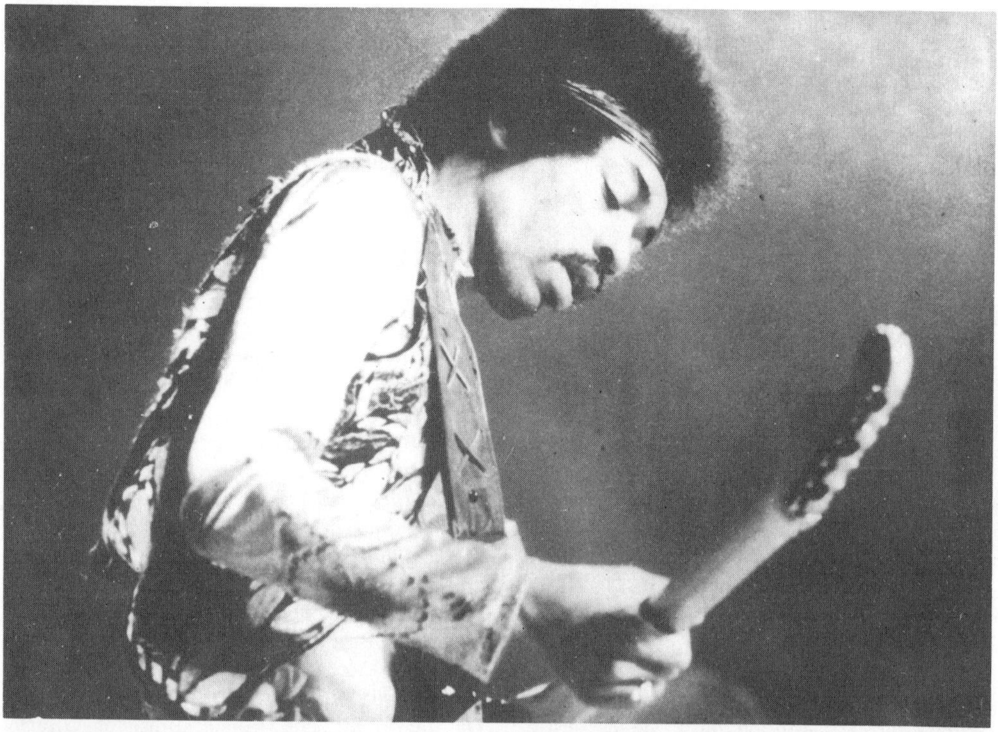

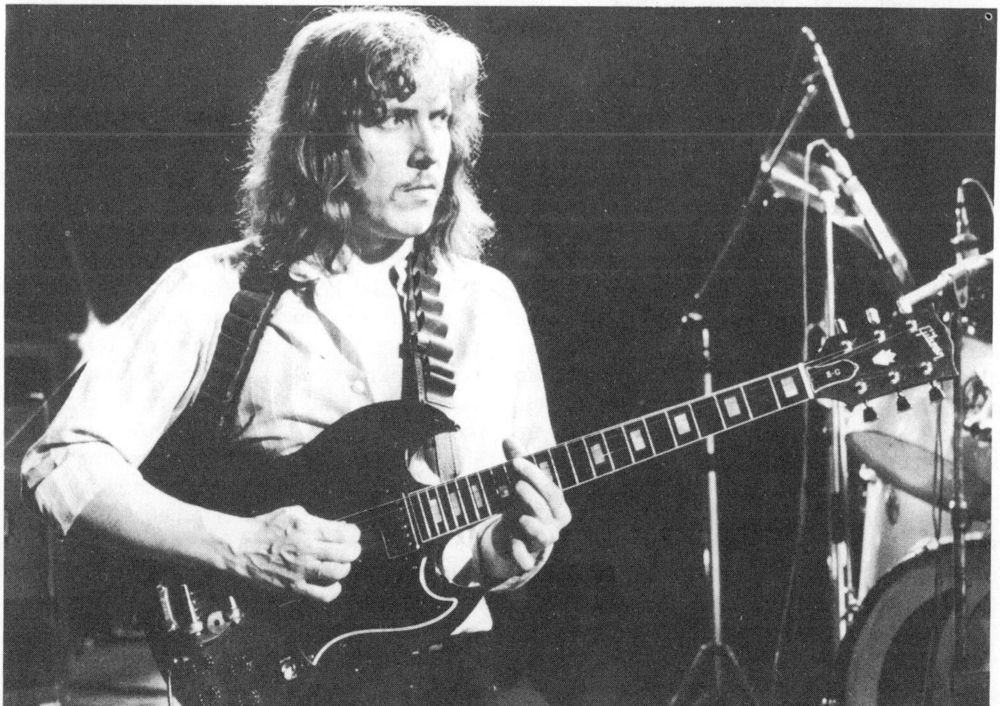

(vgl. Abbildungen auf Covers, Werbepostern usw.) und Synonym (»Gitarrenmusik«) gleichermaßen. Mit dem Aufkommen und der Verbreitung der Beatmusik Anfang der sechziger Jahre begannen Tausende junger Menschen sich diesem Instrument zuzuwenden. Auch bei den namhaften Gruppen handelte es sich zunächst um Amateurmusiker – und ein qualitativer Vergleich etwa mit dem Leistungsvermögen der Jazzgitarristen muß zwangsläufig zuungunsten der Rockmusiker ausfallen. Doch ist dabei zu beachten, daß dem Gitarreeinsatz im Rock grundsätzlich eine andere musikalisch-soziologische Konzeption zugrunde liegt, nämlich das gruppenbezogene Melodie-(Lead-) und Rhythmusspiel, nicht das individuelle Brillieren. In den Titeln der frühen Sechziger läßt sich diese bewußte Funktionstrennung innerhalb der sogen. Gitarrengruppe deutlich verfolgen, später verwischt sie sich. In »Apache«, 1960 wochenlanger Bestseller von *The Shadows*, ist dieses neue Klangbild bereits angedeutet.

Von nachhaltigem Einfluß auf die Rockgitarristen war das von B. B. *King* und Chuck *Berry* geprägte Spiel der englischen Bluesgitarristen der sechziger Jahre (Blues Revival), insbesondere von Eric *Clapton* (geb. 1945), von Jim *Page* (geb. 1944) und Jeff *Beck* (geb. 1944). Nachgerade zur Symbolfigur wurde der farbige Amerikaner Jimi *Hendrix* (1942–1970), nicht nur durch das engagierte, kraftvolle, oft exzentrische Musizieren, sondern auch durch das Nutzen neuer Klangmöglichkeiten der E-

Jimi Hendrix

Peter »Cäsar« Gläser

Gitarre, z. B. das Einbeziehen der akustischen → Rückkopplung (Feedback) und des Verzerrers, das Anreißen der Saiten mit den Zähnen usw. Als Beleg dafür mag die deformierende Verfremdung der USA-Hymne durch elektronische Klangmassen gelten, die Hendrix 1969 auf dem Woodstock-Festival als Protest gegen das militärische Engagement der USA in Vietnam vorstellte. Seither wird das Gitarrespiel meist mit verschiedenen → Effektinstrumenten gekoppelt, wobei deren Einsatz von der jeweiligen Gesamtstilistik der Gruppe abhängig ist (nach 1970 war ein Rückgang in der Vordergründigkeit des verfremdeten Gitarretons zu verzeichnen; rückbesinnende neue »Einfachheit«). Einige weitere Namen mögen stellvertretend für die Vielfalt individueller Gitarrespielweisen im Rock stehen: Duane *Allman* (1946–1971), Carlos *Santana* (geb. 1947), Frank *Zappa* (geb. 1940) und Eddie *van Halen* (geb. 1957).

Populäre Gitarremusik heute, das ist die unbeschreibbare Vielfalt der Folk-, Jazz- und Rockgitarristen, das sind die genannten herausragenden Persönlichkeiten, das sind Leo *Kottke* (geb. 1945), Peter *Horton* (geb. 1941) und Siegfried *Schwab* (geb. 1940, vgl. LPs »Guitarissimo«, 1978 und 1982), das ist in der Popmusik Ricky *King* (geb. 1946) ... – und schließlich Tausende Amateurmusiker und Gitarrefreunde, die im Gitarrespiel eine sinnvolle Freizeitgestaltung sehen.

Gitarren-Synthesizer: → Synthesizer.

Glamour Rock [engl., ′glæmə rɔk]: → Glitter Rock.

Gleitton: → Leitton.

Glenn-Miller-Satz: vom Komponisten, Arrangeur und Bandleader Glenn *Miller* (1904–1944) in seiner Big Band praktizierte Variante des engen fünfstimmigen Saxophonsatzes mit einer Klarinette, zwei Alt- und zwei Tenorsaxophonen; zurückgehend auf Klangbilder, die Miller 1935 im Orchester Ray *Noble* hörte. Dieser Satz ermöglichte insgesamt durch die melodieführende Klarinette eine höhere Lage. Dazu kam ein rasches, flimmerndes Vibrato, so daß auch vom *Glenn-Miller-Sound* gesprochen wird, der zum Erkennungsmerkmal dieses Orchesters wurde und auch heute noch mitunter als Arrangementseffekt Anwendung findet.

Moonlight Serenade (Glenn Miller, 1939)

glissando, Abk. *gliss* [ital., wörtlich »gleitend«]: das rasche, lückenlose Ausfüllen eines vorgegebenen Tonraums entsprechend der spieltechnischen Möglichkeiten, das Auf- oder Abwärtsgleiten von einem Ausgangs- zu einem (bestimmten/unbestimmten) Zielton. Das kann erfolgen durch Ein- bzw. Ausziehen des Posaunenzugs (→ Tailgate), durch Gleiten mit der oberen Handfläche über die weißen oder schwarzen Tasten bei Keyboards, durch Gleiten des Greiffingers auf einer Saite eines Saiteninstruments (Gitarre, Geige, Baß usw.; vgl. z. B. das → Bottleneck auf der Gitarre), durch schnelles Spannen bzw. Entspannen (Pedal) des Paukenfells, durch rasches Durchstreichen der Saiten einer Harfe usw. Elektronische Instrumente haben für das Glissando meist spezielle Vorrichtungen, womit oft auch Akkorde »verschoben« werden können. Als ein → Effekt kann das Glissando (gezielt eingesetzt) belebend wirken, auch ein wirkungsvoller Gag sein. Das häufige »Verschmieren« von Melodietönen (Gesang) ist dagegen meist nur eine Manie.

Glitter Rock [engl., ′glitə rɔk, wörtlich »Glitzer-Rock«, auch *Glamour Rock*]: kurzzeitige Entwicklungsphase der → Rockmusik am Beginn der siebziger Jahre, wo eine um sich greifende allgemeine musikalische Richtungslosigkeit auch dazu führte, daß bei einigen Gruppen Auftritt, Kleidung und Show weit wichtiger wurden als die Musik selbst. Sensationsheischende Kostümierungen, Transvestiten-Look, Make-up, obskure Bühnenshows mit immensem Aufwand versuchten zu ersetzen, was die Musik an Attraktivität und Originalität nicht mehr lieferte. Der Abnutzungseffekt dessen war freilich enorm, so daß es nicht erst der Revolte des → Punk Mitte der siebziger Jahre bedurfte, um derartigen Spektakeln ein rasches Ende zu bereiten. *Roxy Music, Sweet,* Alice *Cooper* (geb. 1948) und David *Bowie* (geb. 1947) gehörten damals zeitweise zu den Hauptvertretern dieser veräußerlichten Auffassung des Rock, bevor sie jeder wieder musikalische Wege fanden, die eine solche Verselbständigung der Bühnenshow überflüssig werden ließ.

Glocke: 1.) umgangssprachliche Kurzform für → Cowbell und → Cencerro;

David Bowie

2.) Originalglocken oder Röhrenglocken (engl. tubular bells): Röhrenglocken nach 1880 in England gebaut; abgestimmte Messingröhren von 75–165 cm Länge und 3–4 cm Durchmesser; in einem Rahmengestell aufgehängt; als Ersatz auch in Plattenform (Plattenglocken); Anschlag mit leder- oder filzgepolstertem Hammer; Tonumfang (bei 25 Röhren): f–f². Glocken werden als tonmalerisch-illustrierendes Element gelegentlich auch in populärer Musik verwendet, typisches Beispiel ist die LP »Tubular Bells« (Mike *Oldfield*, 1973).

Glockenspiel: Metallstabspiel; in zwei Reihen (Klaviaturprinzip) angeordnete, abgestimmte Metallplatten, in Kasten eingebaut; um 1900 ins → Salonorchester eingeführt; auch mit Klaviermechanik (Anschlag über Metallhämmerchen) und Dämpfung als sogen. *Klaviaturglockenspiel* konstruiert; verwandte Formen sind → Lyra und Celesta.

God Rock [engl./amerik., gɔd rɔk]: Bezeichnung für die im Zusammenhang mit der Jesus-People-Bewegung um 1970 vereinzelt aufgetauchten Rockproduktionen zu religiösen Texten. Deren Fragwürdigkeit lag nicht nur in der Verbindung von Religion und Kommerz, sondern nicht minder auch in dem verkitschten Religionsverständnis selbst, das sich zumeist in einer ebenso trivialen wie pathetisch-schwülstigen Form Ausdruck verschaffte. Im besten Falle waren sie wie die beiden Rock-Musicals »Jesus Christ Superstar« (1970) – eine Vertonung der Passionsgeschichte von Andrew Lloyd *Webber* (geb. 1948) – sowie das auf dem Text des Matthäus-Evangeliums fußende »Godspell« (1971) von Stephen *Schwartz* (geb. 1948) clever auf kommerziell kalkulierte Wirksamkeit hin angelegt. Ihre Vermarktung erfolgte dann auch in einer bis dahin nicht dagewesenen Form, sowohl als Schallplattenproduktion als auch als Broadway-Inszenierung, in verschiedenen Nachinszenierungen, mit ihrer Verfilmung und dann erneut als Schallplatte mit den → Soundtracks der Verfilmungen und noch einmal mit den Original-Broadway-Besetzungen. Darüber hinaus spielte derartiges jedoch kaum eine Rolle, sieht man von George *Harrisons* (geb. 1943) Beitrag mit seinem Song »My Sweet Lord« (1970) einmal ab, der sich auf Single

Autorenteam von »Jesus Christ Superstar«: Komponist Andrew Lloyd Webber/Textautor Tim Rice

immerhin über achtmillionenmal verkaufte. Weitere Beispiele sind die Rock-Messen von *Spooky Tooth*, »Ceremony« (1969), und *Electric Prunes*, »Mass in F-Minor« (1973).

Go-Go-Girl [engl./amerik., 'gougou gə:l]: Animiertänzerin, die mit Tanzbewegungen auf der Stelle (go-go) von der Bühne herunter das Publikum zum Tanzen bringen soll. Der in amerikanischen Nachtclubs in den Nachkriegsjahren aufgekommene Einsatz von Go-Go-Girls ist in den sechziger Jahren dann vor allem in den Varietés auch zu einem selbständigen Bestandteil der Bühnenpräsentation von Musik geworden. Die meist nur spärlich bekleideten Tänzerinnen, ursprünglich als Zweier- oder Dreiergruppen, sollten einen zusätzlichen Blickfang zur Musik abgeben, eine Dynamisierung der Darbietung bringen und hatten darüber hinaus oft noch die Funktion eines vokalen → Backgrounds zur Musik.

Goldene Schallplatte: Schallplattenpreis in Form einer vergoldeten Matrize, der 1941 von der Recording Industry Association of America (RIAA) für eine Million verkaufter Singles oder eine Million Dollar Umsatz bei LPs eingeführt wurde. Die erste Goldene Schallplatte erhielt 1941 Glenn *Miller* (1904-1944) für seinen Titel »Chattanooga Choo-Choo« (1939). Später kam ab zwei Millionen Dollar Umsatz noch ein Platin-Preis hinzu. Seit 1974 wird die Goldene Schallplatte bei 500000 verkauften LPs und Platin für eine Million verkaufter Langspielplatten vergeben.

Nach diesem Muster sind dann Goldene Schallplatten auch in anderen Ländern eingeführt worden, werden hier von den Schallplattenfirmen den von ihnen betreuten Gruppen und Musikern verliehen, wobei das Reglement im einzelnen sehr unterschiedlich ist. In der BRD zum Beispiel erfolgt seit 1. Januar 1976 die Verleihung einer Goldenen Schallplatte für 250000 verkaufte LPs und/oder Kassetten sowie 500000 verkaufte Singles, sofern diese Zahlen im Inland erzielt wurden.

Gong [lautmalerisch]: Perkussionsinstrument; aufgehängte dicke, runde Bronzescheibe mit breitem, nach hinten abgebogenem Rand; Durchmesser bis 70 cm; Mitte buckelförmig gewölbt als Anschlagstelle (= *javanischer Gong*), aber auch ohne Buckel (= *chinesischer Gong*); Anschlag mit speziellem Gongschlegel (Kopf aus Filz, Holz, Metall oder Kunststoff). Gongs sind der Größe entsprechend abgestimmt (etwa von $C - g^2$) und ergeben einen glockenartigen Klang. Eine Besonderheit bilden die asiatischen Gongspiele, besonders in den javanischen *Gamelan*-Orchestern. In der populären Musik kommt der Gong als wirkungsvolles Effektinstrument in allen Bereichen vor, z.B. als Eingangs- oder Schlußklang. Ihm verwandt, jedoch ohne bestimmte Tonhöhe und von größerem Durchmesser (bis 150 cm), ist das leicht gewölbte *Tamtam*. Sein Klang wirkt stark rauschend und hat eine lange Abklingphase. Bei Perkussionsensembles kann man gelegentlich das Eintauchen eines angeschlagenen Gongs bzw. Tamtams in ein Wasserbecken beobachten (*Water Gong*), wobei sich der Klang erheblich verändert (glissandoartiges Absinken der Tonhöhe). Auch Anstreichen der Metallscheibe mit einem Violin- oder Baßbogen ist mitunter zu hören.

Tamtam und Gongs

Gospelsong [amerik., ˈgɔspəl sɔŋ, wörtlich »Lieder des Evangeliums«, gospel = »Evangelium«]: entstanden in der Mitte der zwanziger Jahre in den schwarzen Straßenkirchen der Ghettos amerikanischer Großstädte. Sie wurden von religiös engagierten Dichtern und Komponisten für den Gottesdienst in den zumeist in Läden eingerichteten Straßenkirchen geschrieben und bauten auf den Traditionen der afroamerikanischen geistlichen Musik, den → Spirituals und → Jubilees, auf. Die Gospel Meetings, wie die Gottesdienste hier auch genannt wurden, waren gezeichnet von den sozialen Härten des Ghettos und von einer fast fanatischen religiösen Inbrunst. In den Gospelsongs schlug sich das in der Intensität des emotionalen Ausdrucks nieder. Der erste bekannt gewordene Komponist von Gospelsongs war unter dem Namen »Georgia Tom« Thomas A. *Dorsey* (geb. um 1900), ein ehemaliger Jazz-Pianist, der Mitte der zwanziger Jahre für die Chicagoer Pilgrim Baptist Church später berühmte Gospel Songs wie »Precious Lord« oder »Take My Hand« zu schreiben begann. In ihnen verschmolz er die traditionellen Formen der schwarzen geistli-

*Mahalia
Jackson*

chen Musik mit dem swingenden Rhythmus des Jazz, der ostinaten Motorik des → Boogie Woogie und Einflüssen aus dem Blues. Damit schloß er die schwarze Kirchenmusik wieder an die zeitgenössische Musikentwicklung an, was nicht unerheblich zur raschen Verbreitung der Gospelsongs auch außerhalb der schwarzen Straßenkirchen beigetragen hat. Sie wurden zunächst von kleinen unabhängigen Blues-Labels (→ Label) aufgenommen, gewannen ab Mitte der vierziger Jahre aber vor allem durch Sister Rosetta *Tharpe* (geb. 1921) und Mahalia *Jackson* (1911–1972) einen

wachsenden Einfluß im Schallplattengeschäft. Zu diesem Zeitpunkt hatte die konzertante Darbietung von Gospelsongs längst schon einen festen Platz im Musikleben der USA. In den dreißiger Jahren bereits waren die Gospelsongs der schwarzen Straßenkirchen hauptsächlich durch kleine Vokalformationen wie die *Clara Ward Singers* oder das *Golden Gate Quartet* in eine Bühnenkunst transformiert worden.

Es gab aber auch eine weiße Gospelmusik, die ebenfalls Mitte der zwanziger Jahre in den Südstaaten der USA entstand und später auf die → Rockabilly genannte Stilrichtung des Rock'n'Roll nicht ohne Einfluß blieb. Sie geht auf die sich zu dieser Zeit einbürgernde Praxis der Verleger religiöser Liederbücher zurück, Vokalquartette anzuheuern, um sie zur Popularisierung der Lieder unter den Siedlern und Farmern übers Land zu schicken. Derartige Liederbücher zu Texten des Evangeliums entwickelten sich zu einem einträglichen Geschäft, kamen mit immer wieder neuen Liedern in unablässiger Folge als Billigausgaben heraus. Musikalisch standen sie in der konventionellen Tradition der → Country Music, was sie von der herkömmlichen Kirchenmusik unterscheidet. Die erfolgreichsten der zu ihrer Popularisierung durchs Land reisenden Gruppen machten sich schließlich selbständig, produzierten Platten und begannen zu konzertie-

Golden Gate Quartet

ren. Die bekannteste unter ihnen war das 1942 gegründete *Homeland Harmony Quartet*, das mit seinem »Gospel Boogie« (1948) sogar einen Plattenhit landete.

Grammy Award [engl./amerik., 'græmi ə'wɔ:d]: jährlich von der 1957 in Los Angeles gegründeten National Academy of Recording Arts and Sciences (NARAS) vergebener Preis, mit dem in über fünfzig Kategorien die besten Kompositionen, Interpretationen, Produktionen, → Cover, → Liner Notes usw. ausgezeichnet werden. Die Abstimmung erfolgt durch eine Fragebogenaktion, an der sich alle der über dreitausend Mitglieder der National Academy of Recording Arts and Sciences, hauptsächlich Musiker, Sänger, Komponisten, Arrangeure, Toningenieure, Schallplattenproduzenten und Fotografen, beteiligen können.

Grand Ole Opry [amerik., grænd oul 'ɔpri]: Live-Radio-Show der Station WSM in Nashville, Tennessee, die unmittelbar mit der Herausbildung und Entwicklung der kommerziellen Country Music, dem → Country & Western, verbunden ist und damit den Ruf von Nashville als »Music City USA« begründen half. Als Beginn dieser Show gilt der November 1925. Zunächst wurde lediglich ein von Volksmusikanten bestrittenes Programm einmal wöchentlich ausgestrahlt, was zur damaligen Zeit im Süden und mittleren Westen der USA ein keineswegs ungewöhnliches Unternehmen war. In kurzer Zeit entwickelte sich diese Sendung jedoch zu einer der beliebtesten ihrer Art, als dazu übergegangen wurde, sie als öffentliche, im Radio übertragene Live-Show aufzuziehen. Was so in den Studioräumen von WSM seinen Anfang nahm, mit wachsendem Publikumsinteresse den Umzug in immer größere Säle erforderte, endete dann vorerst in dem 3600 Zuschauer fassenden Ryman Auditorium von Nashville, in dem die Grand-Ole-Opry-Show ab 1941 ihr festes Domizil fand. Inzwischen war sie zu einer gigantischen sechsstündigen Radio-Veranstaltung angewachsen, die jede Woche freitags und sonnabends ihre Programme ausstrahlte und damit die kommerzielle Verwertung der euroamerikanischen Volksmusik in großem Stil einleitete. Die Opry-Stars der ersten Stunde, unter ihnen vor allem der Banjo-Spieler Uncle

Ryman Auditorium in Nashville
(Veranstaltungsort der Opry-Show von 1941–1972)

Dave *Macon* (1870–1952), der dem ersten Jahrzehnt der Opry-Show das Gepräge gab, waren zwar noch unmittelbar der Volksmusik in ihrer ursprünglichen Gestalt verbunden und hatten noch wenig mit dem kommerziellen Country Sound aus Nashville der späteren Jahre zu tun. Aber es dauerte nicht lange, bis unter dem Einfluß der Präsentationsformen einer kommerziellen Unterhaltungsshow die Spontaneität des Volksmusikers einer routinierten Professionalität wich, mit allen musikalischen Konsequenzen, die das haben muß. Die Grand Ole Opry entwickelte sich zur zentralen Plattform des Country & Western, der alle hier zu Ruhm und kommerziellen Ehren gekommenen Stars ihre Popularität verdanken. Aus der langen Reihe ist neben Uncle Dave *Macon* vor allen noch Roy *Acuff* (geb. 1903) zu nennen, der ebenfalls wesentlich zur Profilierung der Opry-Show beigetragen hat und dann mit dem als Sänger verdienten Geld 1943 den ersten Verlag in Nashville gründete, Acuff Rose Publications, und ihn dem Opry-Unternehmen an die Seite stellte.
1972 wurde die Grand Ole Opry in einen nach dem Muster von Disneyland eigens errichteten und Opryland genannten Vergnügungspark am Rande von Nashville verlegt, wo sie

ein eigenes Gebäude erhielt, von dem aus sie nun zusätzlich noch regelmäßig auch als Fernsehsendung ausgestrahlt wird.

Greenwich Village Style [amerik., 'grinidʒ 'vilidʒ stail]: → Chicago-Stil.

Griffdiagramm: → Tabulatur.

Grizzly Bear [amerik., 'grizli bɛə]: → Jazz Dance.

groovy [amerik., 'gru:vi]: unter amerikanischen Rockmusikern und -kritikern in der zweiten Hälfte der sechziger Jahre häufig benutzter Slangausdruck, der soviel wie »vital« oder »unbeschwert« bedeutete und eine entsprechende musikalische Stimmung beschrieb. Verbreitet wurde er durch das Album »Feelin' Groovy« (1967) von *Harpers Bizarre*.

Group [engl., gru:p, wörtlich »Gruppe«]: speziell in der Rockmusik gebräuchliches Wort für eine kleine Besetzung, analog der Jazz-Termini → Band und → Combo (z.B. Spencer Davis Group; »Concerto for Group and Orchestra« von Jon Lord, 1969).

growl [engl., graul, wörtlich »knurren, brummen«]: Nachahmung der → Dirty Tones; charakteristische Spieltechnik auf Trompete und Posaune, wobei durch speziellen → Ansatz und zusätzliche → Dämpfer unreine, gepreßte Töne auf dem Instrument hervorgebracht werden. Diese »sprechende«, klangverschleiernde Tongebung findet sich in zahlreichen Aufnahmen des Orchesters Duke *Ellingtons* in den Jahren 1927–1932, dem sogenannten → Jungle Style. Als »Erfinder« des Growl-Effekts gilt der Trompeter Bubber *Miley* (1903–1932), zu den Spezialisten zählen der Trompeter Cootie *Williams* (geb. 1908), z. B. in »Concerto for Cootie« (1940), und der Posaunist Joe *Nanton* (1904–1948).

Grundschlag: → Beat, → Metrum.

Grundton: Der Grundton ist der Bezugston für den Akkordaufbau und der namengebende Ausgangston einer Tonleiter. Der Grundton mit seiner Obertonreihe gibt auch Auskunft über die Stimmung eines Musikinstruments (→ transponierende Instrumente). In der Musizierpraxis der populären Musik spielt der Grundton als harmonischer Bezugspunkt eine

wichtige Rolle; er bestimmt z. B. weitgehend die Baßführung.

Guajira [span., gua'xi:ra]: kubanische Lied- und Tanzform, besonders in den ländlichen Gebieten anzutreffen (als *Guajiros* bezeichnet man die weiße Landbevölkerung). Die Guajira ist eine Spielart der → Contradanza cubana. Der zweiteilige Liedtyp wechselt häufig zwischen Moll und Dur, wobei in der Harmonik mitunter Wendungen des → Flamenco anzutreffen sind. Eine der bekanntesten Guajiras stammt von Joseito *Fernandez* (1908–1979) – »Guantanamera« (1928).

Guaracha [span., gua'ratʃa]: eine der ältesten kubanischen Lied-, auch Tanzformen. Zurückgehend auf das spanische Tonadilla-Theater bildete sich schon im 18. Jh. in Kuba ein ähnliches Volkstheater heraus. Dabei wurde es Mitte des 19. Jh. üblich, zwischen den einzelnen Akten in einem Lied, einer Guaracha, die Handlung zu kommentieren, oft satirisch. Zu diesen Liedern tanzte man auch (Zapateado). Das Tempo ist schnell, mit Wechsel von ³/₄- und ⁴/₄-Takt. Die Guaracha gehört zur Rumba-Familie (→ Rumba) und wird heute noch, wenn auch in veränderter Gestalt, besonders auf dem Lande gern mit heiteren, frechen Texten gesungen.

Guest [engl., gest; auch *Guest Musician*]: → Gastmusiker.

Guijada [span., gi'xa:da]: → Quijada.

Guiro [span., 'giro, wörtlich »Gurke«]: Schrapinstrument; ursprünglich ein bis zu 60 cm langer, ausgehöhlter und getrockneter Flaschenkürbis, heute meist aus Holz- oder Kunststoff. Zwei Löcher an der Unterseite dienen zum Halten des Instruments mit Daumen und Mittelfinger der linken Hand. Über die an der Oberseite eingekerbten Querrillen wird mit einem Holz- oder Metallstäbchen in Auf- und Abwärtsrichtung geschrapt, wobei ein knarrendes Geräusch entsteht, das entsprechend

Guiro

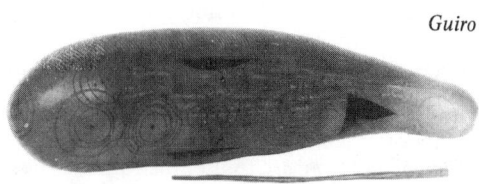

rhythmisch genutzt wird. Der Guiro ist indianisch-kubanischer Herkunft und gehört zum Instrumentarium zahlreicher lateinamerikanischer Tänze.

Guitar [engl., gi'ta:]: → Gitarre.

Gurke [auch *Sambagurke*]: Musikerjargon für → Guiro.

★ H ★

Habanera [span.]: Anfang des 19. Jh. in Kuba entstandenes kompositorisches Genre, das auf die kreolischen *Contradanzas* zurückgeht. Diese waren aus einer Synthese des europäischen Kontertanz (auch Contredanse, Country Dance, Kontratanz) – ein im 18. Jh. weitverbreiteter Gesellschaftstanz, dessen Wurzeln in den ländlichen Volkstänzen liegen – mit dem afrikanischen Erbe der kubanischen Musik entstanden. Aus den Contradanzas wurde die Kurzform *Danza* und als sich bürgerliche Komponisten auf Kuba dieser Tanzform annahmen, um sie als Element einer eigenständigen kubanischen Kunstmusik nach europäischem Vorbild zu stilisieren, schließlich der *Danza Habanera*, nach seinem Entstehungsort Havanna (span. Habana). Der charakteristische Basisrhythmus der Habanera im mäßigen bis langsamen $\frac{2}{4}$- Metrum hat sich über mehrere Stufen der Umformung aus einer → Cinquillo genannten Rhythmusformel afrikanischen Ursprungs entwickelt, die zur Grundlage fast aller späteren Formen der afrokubanischen Musik geworden ist.

Auf dem Höhepunkt ihrer Entwicklung in der zweiten Hälfte des 19. Jh. war die Habanera nicht nur in Europa verbreitet, hatte hier in der → Salonmusik ihren festen Platz, wurde von Komponisten wie Georges *Bizet* (1838–1875), Camille *Saint-Saëns* (1835 bis 1921) und Maurice *Ravel* (1875–1937) aufgegriffen, sondern bildete auch in Lateinamerika den Ausgangspunkt für verschiedene neue Formen der populären Musik, darunter der argentinische → Tango.

Hackbrett [engl. hammer dulcimer; auch ung. *Cimbalom, Cymbal*]: Saiteninstrument, bestehend aus einem trapezförmigen Holzkasten, über den bis zu 108 in Gruppen eingeteilte, mehrchörige Metallsaiten gespannt sind, die mit Klöppeln angeschlagen werden. Tonumfang: Hackbrett $g – g^2$ (g^3), Cimbalom $E – e^3$.

Hackbrett

Während das Hackbrett vorwiegend in den Alpenländern gespielt wird, gehört das größere Cimbalom zum Instrumentarium der osteuropäischen Folkloregruppen.

Half Valve Technique [engl., ha:f vælv tek'ni:k, wörtlich »Halb-Ventil-Technik«]: bezeichnet eine mitunter im Jazz gebräuchliche Trompeten-Spielweise, bei der durch nur teilweises Niederdrücken der Ventile eigenartige Klangwirkungen und Zwischentöne entstehen. Mit dieser Technik sind auch → Glissandi auf der Trompete ausführbar. Rex *Stewart* (1907–1967) nutzte diese Effekte in seinem Solospiel.

Hallgerät: technisches Hilfsmittel zur Erzeugung von künstlichem → Nachhall. Von Mikrophonen mit Richtwirkung, die in geringem Abstand zu Einzelschallquellen aufgestellt sind, werden natürliche Hallanteile gegenüber direkten Signalen benachteiligt. Außerdem finden Aufnahmen oft in »trockenen« Räumen statt. Das erfordert das Zumischen künstlichen Halls. Bei der Gestaltung synthetischer Klangbilder in der Popmusik nutzt man den Hall auch als Effekt.

Rex Stewart

In herkömmlichen Hallgeräten wird das elektrische Tonsignal einem elektromechanischen Wandler zugeführt, der mechanische Teile zum Schwingen anregt. Diese Schwingungen klingen allmählich ab. Sie werden von Schwingungsabnehmern wieder in elektrische Signale umgewandelt und als Hall dem Originalklang zugemischt. Es lassen sich unterschiedliche Nachhallzeiten durch Veränderung der mechanischen Dämpfung erzielen. Als schwingende Teile dienen Stahlplatten, Goldfolien oder Spiralfedern. Hallplatten und -folien sind den Federhallgeräten in der Qualität des Nachhalls überlegen. Da jedoch kleine Hallfedern relativ preisgünstig sind, finden sie noch häufig als zusätzliche Baueinheit in Verstärkern und E-Orgeln Verwendung.

Hall kann auch elektronisch erzeugt werden. Digitale Hallgeräte bilden die Reflexionen quasi rechnerisch in einem Computer nach. Dabei sind nicht nur die Nachhallzeit, sondern auch die Verzögerungszeit bis zur ersten Reflexion, die Stärke der ersten Reflexion und bestimmte Funktionen der Frequenzabhängigkeit des Nachhalls einstellbar. Weitere Vorteile elektronischer Hallgeräte sind: geringere Abmessungen, verschleißfreies Arbeiten, Körperschallunempfindlichkeit, bessere Transportierbarkeit und technisch einwandfreie Klangergebnisse (Rauschfreiheit usw.). Mit analogen und digitalen Hallgeräten ist es oft auch möglich, längere Verzögerungszeiten und somit Echoeffekte zu erzielen (→ Echogerät, → Verzögerungsgerät).

Hammond-Orgel [engl., ˈhæmənd-]: ursprünglich elektromechanisches Tasteninstrument.

Neuentwickelte Modelle arbeiten auf rein elektronischer Basis, wobei man versuchte, den vom Originalinstrument bekannten, typischen »Hammond«-Klang beizubehalten. Der Name geht auf der Konstrukteur Laurens *Hammond* (1895–1973) zurück, der das bereits um 1900 von Dr. Thaddeus *Cahill* (Dynamophon von 1902) zur Tonerzeugung genutzte Prinzip der Zahnradgeneratoren aufgriff und in seiner 1934 in Chicago entwickelten Orgel verwendete. Die gleichmäßige Rotation von metallenen Profilscheiben (der Rand ist entsprechend der zu erzeugenden Tonhöhe mit einer unterschiedlichen Anzahl von Zähnen versehen) ruft in den elektromechanischen → Tonabnehmern eine elektrische Wechselspannung in Form einer Sinusschwingung hervor. Das Instrument beinhaltet 91 solcher tonerzeugenden Systeme. Ein Zahnradgenerator bringt jedoch keine Obertöne hervor, so daß der eigentliche Klang erst durch das Zuschalten weiterer Generatoren (für jeden Oberton einen) entsteht. Das Mischen der sinusförmigen Tonfrequenzen geschieht über ein Zugriegelsystem (additive Klangbildung). Die auf diese Weise erzeugte künstliche Obertonreihe (aus praktischen Gründen bleibt sie auf etwa acht Partialtöne begrenzt) entspricht der temperierten Stimmung des Instruments. Die daraus resultierenden Schwebungen sind charakteristisch für das Klangbild einer Hammond-Orgel. Trotz zahlreicher Registrierungsmöglichkeiten (→ Register) und elektronischer Schaltungen zur Erzeugung bestimmter Effekte (Vibrato, Tremolo, Hall, seit 1955 Percussion) bleibt dieser typische Grundsound erhalten. Zur Klangwiedergabe diente zumeist ein sogenanntes Tonkabinett, das Verstärker und Lautsprecherkombination enthielt und gleichzeitig als klangbelebendes Effektgerät (→ Leslie) arbeitete. 1974 wurde die Produktion der elektromechanischen Hammond-Orgel eingestellt. Die elektronischen Modelle übernahmen von der Originalversion neben dem typischen Klangbild auch den äußeren Aufbau (meist zwei Manuale, Baßpedal, Zugriegelsystem). Aufgrund des beträchtlichen Gewichts fanden Hammond-Orgeln in Kinos, Cafés und Hotelrestaurants als stationäres Instrument für Alleinunterhalter ihren Platz. Im Jazz blieb die Bedeutung auf wenige Musiker wie z.B. Jimmy *Smith* (geb. 1925), Shirley *Scott*

Max Roach

(geb. 1934) oder Joe *Mooney* (1911–1975) begrenzt. Im Bestreben, den reinen Gitarrensound durch andere Klangfarben zu bereichern, verwendeten bereits zahlreiche Rockbands in den sechziger Jahren eine Hammond-Orgel (z. B. die *Beatles* im Titel
»Mr. Moonlight« auf der LP »Beatles for Sale«
1964), wobei sie seltener die rhythmische
Funktion des Klaviers übernahm, sondern vorwiegend als harmonische Stütze (ausgehaltene
Akkorde) diente. Durch einige hervorragende
Instrumentalisten konnte sich die Hammond-
Orgel in Rockgruppen unterschiedlichster Stilistik als gleichberechtigtes, teilweise soundbe-
stimmendes Instrument etablieren, z. B. Ray
Manzarek (geb. 1935) bei The Doors, Jon *Lord*
(geb. 1941) bei *Deep Purple*, Keith *Emerson*
(geb. 1944) bei *The Nice* bzw. *Emerson,
Lake & Palmer* oder Czesław *Niemen* (geb.
1939). Im Laufe der siebziger Jahre wurden
zahlreiche → E-Orgeln und andere elektronische Musikinstrumente entwickelt, die den
Hammond-Klang nachbilden konnten und
gleichzeitig neue Soundvorstellungen schufen,
so daß die Bedeutung der Hammond-Orgel in
starkem Maße zurückgegangen ist.

Happy Music [engl., ˈhæpi ˈmjuːzik]: → Party
Sound.

Sonny Rollins

Hard Bop [amerik., haːd bɔp, auch *New Bop,
Modern Bop, Funky Jazz, Soul Jazz*]: Mitte der
fünfziger Jahre als Reaktion auf die ästhetische Innerlichkeit des → Cool Jazz entstandener Jazzstil (→ Jazz), der aus der Rückbesinnung auf den → Bebop entstand und wie
dieser wieder in die ideologischen und politischen Auseinandersetzungen um die sozialen
Rechte der Afroamerikaner in den USA einbezogen war. Unter der Parole »Back to Black«
wurde der Jazz erneut in den politischen
Funktionszusammenhang der afroamerikanischen Kultur hineingestellt. Verbunden war
das mit einer nachdrücklichen Betonung des
afrikanischen Erbes der afroamerikanischen
Kultur, der kompromißlosen Rückbesinnung
auf ihre traditionellen Werte und einer offenen Politisierung der Hauptvertreter dieser
Form des schwarzen Jazz, was sich nicht nur
im gesellschaftlichen Bewußtsein und Handeln der Musiker, sondern auch in der Wahl
ihrer künstlerischen Ausdrucksmittel und der
Titel für ihre Stücke niederschlug. So spielte
etwa der Schlagzeuger Max *Roach* (geb. 1925),
einer der exponiertesten Vertreter des Hard
Bop, zusammen mit dem Tenorsaxophonisten
Sonny *Rollins* (geb. 1929) und dem Bassisten
Oscar *Pettiford* (1922–1960) eine »Freedom
Suite« (1958) ein, schrieb 1961 nach Texten
von Oscar Brown die »Freedom Now Suite«.
Jazz wurde hier zur unmittelbaren Auseinan-

dersetzung mit den sozialen Erfahrungen der
Afroamerikaner, etwa in dem an die Sklaverei
erinnernden »Worksong« (1959) von Charlie
Mingus (1922–1979) oder das den Geist der
Spirituals heraufbeschwörende »Sermonette«
(1958) des Altsaxophonisten Cannonball *Adderley* (1928–1975). Daneben waren es vor allem der Schlagzeuger Art *Blakey* (geb. 1919),
die Trompeter Clifford *Brown* (1930–1956)
und Donald *Byrd* (geb. 1932), der Pianist Horace *Silver* (geb. 1928) und auch der Tenor-
und Sopransaxophonist John *Coltrane*
(1926–1967), die diesem Stil das Gepräge gaben. Musikalisch ist Hard Bop eine Fortsetzung des Bebop mit deutlichem Bezug auf die
Blues-Tradition und, vor dem Hintergrund

Uriah Heep

Rainbow

AC/DC

einer generellen Intensivierung der rhythmischen Seite, der allmählichen Erschließung
afrikanischer Rhythmusmodelle für den Jazz.
Letzteres führte zu einem bislang unbekannten, sehr starken Hervortreten des Schlagzeugs
im Hard Bop. Auch ungerade → Taktarten
wurden einbezogen.

Hard Rock [engl., ha:d rɔk]: um 1970 als Reaktion auf die Klangexperimente des → Psychedelic Rock der endsechziger Jahre sowie
als Gegenkonzept zu den bombastischen Werken des → Art Rock aufgekommene Spielweise der → Rockmusik, die sich durch ihre
extreme Lautstärke, die formale Anlehnung
an die → Bluesformel und das unerbittliche,
vordergründige Durchschlagen des $^4/_4$-Beats
(→ Beat) auszeichnete. Damit wurde lediglich, allerdings in gesteigerter Form, wieder
auf Elemente zurückgegriffen, die bereits

Status Quo

Mitte der sechziger Jahre etwa bei den *Rolling Stones* oder den *Yardbirds*, den *Kinks* und den *Who* schon einmal den Inbegriff der Rockmusik ausgemacht hatten. Jetzt waren es Gruppen wie *Led Zeppelin*, *Black Sabatt*, die späteren *Deep Purple*, *MC 5* und *Bachmann Turner Overdrive*, die dem Rock damit seine ursprüngliche Kraft und Energie zurückgeben wollten. Allerdings ließ inzwischen die technische Entwicklung, das Wachstum der Verstärkeranlagen, eine wesentlich höhere Lautstärke zu, wobei die Intensität noch durch den Einsatz von Verzerrern und eine obertonreiche Aussteuerung erhöht wurde. Verbunden war das oft mit einer Zelebration von Gewalt, die sich als Ausdruck von Protest verstand und so auch vor allem bei den sozial unterprivilegierten Teilen der Jugendlichen in den kapitalistischen Ländern auf die größte Resonanz stieß. Als Stilkonzept hat sich diese Spielweise der Rockmusik dann ohne große Veränderungen mit Gruppen wie *Blue Öyster Cult* oder *AC/DC* bis in die Gegenwart hinein behauptet. Was sich änderte, war jedoch, dem Bedürfnis der Musikindustrie nach ständig Neuem folgend, die Bezeichnung dafür; Mitte der siebziger Jahre nannte man es *Heavy Rock*, später auch → *Heavy Metal Rock*.

Harfe, Abk. *harp* [engl. harp, ital. arpa]: Zupfinstrument; Konzertharfe: Schallkasten mit fünf Schallöchern an Unterseite und Aufhängeleiste zur Saitenbefestigung, geschwungener Hals mit Stimmwirbeln, Vorder-(Baron-)stange mit Kopf, Fuß mit sieben Pedalen (Zusatzpedal für Tonverlängerung); 47 Saiten (Länge 7–150 cm), diatonisch in Ces-Dur gestimmt, Tonumfang: $Ces_1 - gis^4$, nichttransponierend; differenzierte Spieltechnik. Der moderne Pedalmechanismus (um 1720 Pedalharfe mit zunächst nur fünf Pedalen; 1810 Doppelpedalharfe vom Franzosen S. Erard) ermöglicht Erhöhung jedes Tones um zwei Halbtonschritte, dadurch ist das Spielen in allen Tonarten gegeben.
Die Harfe zählt mit zu den ältesten Musikinstrumenten und ist in zahlreichen Varianten verbreitet. Sie gehört zum Folkloreinstrumentarium der britischen Inseln, der Alpenländer, der iberischen Halbinsel und vieler Regionen Lateinamerikas und Schwarzafrikas (z. B. *Kora*). Die keltische Harfe kann seit dem 8. Jh.

Harfenjule (Berlin um 1900)

in Irland und der Bretagne nachgewiesen werden. Von dort gelangte sie auch nach Schottland (als *Clarsach* bekannt) und Wales (*Triple Harp*). Im Zuge des → Folk Revival kamen diese alten Typen dann wieder zu Gehör, vgl. die Folk Gruppen *Ar Log* (auf ihren LPs 1978 und 1980 sind diese Harfen in Verbindung mit Gitarre und Fiddle zu hören) und *Clanned*. 1972 verhalf Alan *Stivell* (geb. 1944; eigentlich A. Cochvelon) mit seiner LP »Renaissance de la harp celtique« und einem sensationellen Konzert im Pariser »Olympia« der keltischen Harfe wie dieser traditionsreichen Folklore überhaupt zu erneutem Ansehen, was nicht ohne Auswirkungen auf den Folk Rock blieb.
Von den Kolonisatoren mitgebracht, fand die Harfe in Lateinamerika in verschiedener Größe und Gestalt rasche Verbreitung und wurde z. B. in Paraguay und Venezuela nachgerade ein Nationalinstrument. Sie gehört zur Folklore der Indios in den Andenländern. In Mexiko, Peru und Chile setzte sich auch die waagerechte Spielweise durch.
Die Konzertharfe ist das einzige Zupfinstru-

Andreas Vollenweider

ment im Sinfonieorchester und wurde im 19. Jh. in die Unterhaltungs- und Salonmusik einbezogen. Im Jazz spielt die Harfe eine Außenseiterrolle. 1934 ist Caspar *Reardon* (1907–1941) in einer Jack-Teagarden-Aufnahme (»Junk Men«) zu hören (frühester Beleg). Eine gewisse jazzgemäße Eigenständigkeit im Harfenspiel (modal inspiriert, meditativ angelegt) dokumentiert Alice *Coltrane* (geb. 1937) im Ensemble ihres Mannes John. Auch Corky *Hale* (geb. 1931) und Dorothy *Ashley* (geb.1932) sind zu nennen (u.a. ihre LP »The Fantastic Harp of Dorothy Ashley«, 1965), letztere beschäftigte sich auch methodisch und musiktheoretisch mit dem Harfenspiel im Jazz.
Die elektroakustisch verstärkte Spielweise, angereichert mit elektronischen Effekten, vertritt der Schweizer Andreas *Vollenweider* (geb. 1953). Er erweitert die traditionellen Klangmöglichkeiten durch einen mit dem Knie zu bedienenden Dämpfer, so daß sein Musizieren in klanglich-stilistischer Hinsicht an die modernen brasilianischen Gitarristen erinnert. Auf seinen LPs, z. B. »Behind the

Garden« (1981), eröffnet er der Harfe neue Räume innerhalb der populären Musik.

Harlem Jump [engl./amerik., ˈhaːləm dʒʌmp]: in den dreißiger Jahren in New York von schwarzen Bands entwickelter Swingstil (→ Swing), der in der ersten Hälfte der vierziger Jahre dann in den → Rhythm & Blues überging. Er war bei starker Akzentuierung des → Beat durch eine → Jump genannte Rhythmusart gekennzeichnet, bei der die Melodie den Eindruck erweckte, als ob sie springe, so daß die Vortragsweise des Swing hier einen ausgesprochenen Hot-Charakter (→ hot) erhielt. Seine melodische und formale Grundlage war der → Blues. Geprägt wurde dieser Stil hauptsächlich durch die *Chickasaw Syncopators* des Klarinettisten und Saxophonisten Jimmie *Lunceford* (1902–1947), die sich damit zu einer der führenden schwarzen Big Bands des Swing entwickelten. Für den Übergang zum Rhythm & Blues steht dann vor allem die Band des Altsaxophonisten Louis *Jordan* (1908–1975), seine 1939 gegründeten *Tympany Five*. Das »Choo Choo Ch'Boogie« (1946) der Band mit Jordan als Sänger gehört zu den ersten großen Erfolgen des Rhythm & Blues.

Harlem Stride Style [engl./amerik., ˈhaːləm straid stail]: um 1920 in New York auf der Basis der → Boogie-Woogie- und → Ragtime-Tradition entstandener Jazz-Klavierstil auf der Grundlage der Stride-Begleittechnik (→ Stride Piano). Er spielte eine große Rolle im schwarzen → Swing (→Harlem Jump). Seine wichtigsten Vertreter waren James P. *Johnson* (1891–1955) und Fats *Waller* (1904–1943).

Harmonica [engl., haˈmɔnikə]: → Mundharmonika.

Harmonics [engl., haˈmɔniks]: → Flageoletttöne.

Harmoniemusik: → Blasmusik.

Harmonieorchester: → Blasorchester.

Harmonik [griech., harmonia = »geordnetes Gefüge«]: erstens das räumliche Miteinander von nach musikalisch-akustischen Gesetzmäßigkeiten geordneten Tönen als Zusammenklang (→ Akkord) und zweitens die Beziehungen der Akkorde untereinander innerhalb eines bestimmten musikalischen Zusammenhangs (→ Kadenz). Das Analysieren, Beschreiben und Vermitteln dieser Sachverhalte ist Gegenstand der Harmonielehre. Die Harmonik steht – insbesondere im Bereich der → tonal gebundenen Musik – in enger, untrennbarer Wechselwirkung zu anderen Elementen der Musik, so zur Melodik (jeder Melodie sind konkrete Harmonien zugeordnet; Begleitakkorde), zu Rhythmus und Metrum (Harmoniewechsel fallen meist mit betonten Taktteilen zusammen, Rhythmusfiguren und Akzente können die Harmonik verdeutlichen), zur Form (die Harmonik füllt die Form mit Spannung und Entspannung = Auflösung in die Tonika), zum Tempo (langsame Titel fordern größere harmonische Dichte als schnelle). Dennoch muß der Stellenwert der Harmonik gerade in der populären Musik recht differenziert beurteilt werden. Das ist in hohem Maße abhängig von dem Zeit- und Musikstil (→ Stil), dem die Komposition entstammt. Bei einer → Bossa Nova gilt der komplizierten Akkordfolge wesentlich mehr Aufmerksamkeit als beispielsweise der oft simplen Harmonik bei einem Hard-Rock-Titel, der vordergründig vom Rhythmus und vom Sound lebt. Daraus jedoch Wertmaßstäbe ableiten zu wollen, hieße die eigentlichen Sachverhalte zu verkennen. Der Old Time Jazz, in dem die Harmonik aufgrund der linearen Melodieumspielung (→ Improvisation) von untergeordneter Bedeutung, häufig ein Zufallsprodukt war, ist deshalb nicht weniger »wertvoll« als der mit alterierten Akkorden und anderen harmonischen Raffinessen durchdrungene Modern Jazz.

Die historische Entwicklung der populären Musik hat in einigen Bereichen auch zu speziellen harmonischen Klangbildern geführt, basierend auf den der europäischen Musiktradition verbundenen Kadenzierungen, jedoch überlagert bzw. modifiziert durch Einflüsse anderer Kulturen. Grundsätzlich lassen sich zwei Prinzipien unterscheiden:
1. die von Leit- und Gleittönigkeit geprägte, im Dur-Moll-System verankerte »klassische« → Kadenz (I – IV – V – I); die Dominante erscheint (auch in Form von Zwischendominanten, → Dominantketten und Dominantvertretern) als weitaus häufigste Funktion – das Dominantische bestimmt die Akkordverbindungen; typisch sind authentische Schlüsse

(V – I), wobei in Mollkadenzen ausschließlich die Durdominante anzutreffen ist. Dieses harmonische Prinzip liegt der gesamten populären Musik des 19. Jh. und allen davon abgeleiteten und beeinflußten Stilarten im 20. Jh. zugrunde, einschließlich dem Jazz bis hin zum Cool Jazz und vielen Rocktiteln.
2. die Leit- und Gleittönigkeit vermeidenden, nur teilweise im Dur-Moll-System verankerten, auch von modalen Leitern, Pentatonik, Bluestonalität u. a. bestimmten Kadenzierungen; bewußtes Abwenden von Dominantverbindungen, Bevorzugung der Subdominantregion, oft plagale Schlüsse (IV – I), Molldominantklang in Moll. Dieses harmonische Prinzip, verwurzelt in der Folklore vieler Länder und ein Ergebnis der afroamerikanischen Akkulturation, kam Ende der fünfziger Jahre über die Folkbewegung und den Blues in die Beatmusik, war auch für den → Modal Jazz und Rock Jazz grundlegend.

In den einzelnen Jazzstilen ist die Bedeutung der Harmonik unterschiedlich. Größere Beachtung fand sie zunächst Ende der zwanziger Jahre, als die Musiker begannen beim Improvisieren anstelle der Melodie die unterlegte Akkordfolge als Bezugspunkt zu nutzen (→ Improvisation). Die → Kollektivimprovisation auf harmonischer Basis führte letztlich zum Satzdenken, wie es besonders mit der Profilierung der → Big Band erforderlich war. → Zusatztöne und → Alterierungen erweiterten, verschleierten und verschärften die Akkorde in ihrer inneren Spannung. Auch die Zahl der Harmoniewechsel stieg durch Nebenklänge und dominantische Gefüge (→ Jazzkadenz). Mit der → Block-Chord-Spielweise (Milt *Buckner*, 1941) wurde diese Erweiterung der Big-Band-typischen Harmonik auch auf das Klavier übertragen. Im → Bebop kamen noch die sogen. »11er-« und »13er-«Akkorde mit zahlreichen Alterationen hinzu. Ein wirkungsvolles harmonisches Mittel der Spannungssteigerung war das verzögerte Anspielen der Kadenz-Hauptstufen, sozusagen ein Nachhinken der Begleitakkorde gegenüber dem Melodiemetrum. Beim Improvisieren galt es nun nicht nur Melodieabläufe zu erfinden, sondern auch die Harmonievorgabe kreativ abzuwandeln. Die Harmonik wurde letztlich bis an ihre Grenzen ausgedehnt, so daß – analog der Entwicklung in der artifiziellen Musik – ein radikaler Bruch in Form jeglicher Negierung des Harmonischen im Free Jazz die Folge war. Man kann also mit Recht die Harmonik als ein stilbildendes, stilbestimmendes Element bezeichnen, das letztlich gravierende Veränderungen im Jazz bewirkt hat.

Großen Einfluß auf die gesamte populäre Musik hat die Blues-Harmonik, die → Bluesformel, mit ihrer Betonung des Subdominantbereichs und den → Blue Notes.

In der Rockmusik besitzt die Harmonik im allgemeinen nicht den Stellenwert wie etwa im modernen Jazz. Rockharmonik geht auf folgende Traditionslinien zurück: die einfache Kadenzierung herkömmlicher Tanzmusik, die Bluesformel und folkloristische modale Wendungen. Neuerungen kamen vor allem in der Beatmusik der sechziger Jahre. Auffällig war dabei das bewußte weitgehende Vermeiden (verbrauchter) dominantischer Verbindungen bzw. das Bevorzugen der Subdominante und ihr verwandter Klänge. Typisch wurden – auch unter Einfluß irischer, schottischer und altenglischer Folklore – z.B. folgende Akkordverbindungen (Tonika C):

· C B♭ C   (I   ♭VII I)
· C E♭ F G   (I   ♭III IV V)
· C B♭ A♭ G   (I   ♭VII ♭VI V)

Einige Titel basieren auf reinem Moll (also mit Molldominantklang). Mitunter folgen harmonische Verbindungen der Gitarrespieltechnik (→ Rückungen). Um Raum für melodisch freiere Improvisationen zu schaffen, liegen einer längeren Strecke oft nur zwei Harmonien zugrunde, z. T. sogar nur ein Akkord (häufig 10-). Modale Melodiewendungen (→ modale Leitern) werden über mehrere Takte mit den leitereigenen Akkorden der Grundskala harmonisiert.

Harmonika: Sammelbezeichnung für zu den Aerophonen zählende Musikinstrumente mit durchschlagenden Zungen; auch Synonym für → Akkordeon, → Bandoneon, → Konzertina und → Mundharmonika.

Harmonium: wichtiges Harmonieinstrument in der → Salon- und Unterhaltungsmusik des 19.Jh. Durch Treten von Bälgen, die in einem klavierähnlichen Gehäuse untergebracht sind, erfolgt die Luftzufuhr, die durchschlagende Metallzungen in Schwingungen versetzt; auch als Orgelersatz sakral genutzt.

Harmonizer [engl./amerik., ˈhaːmənaizə]: von der amerikanischen Firma Eventide entwickeltes elektronisches → Effektgerät. Der Harmonizer arbeitet auf digitaler Basis, das heißt, die analogen Tonsignale werden zunächst digitalisiert und anschließend verarbeitet. Am Ausgang des Geräts stehen sie jedoch wieder in analoger Form zur Verfügung. Mit Hilfe eines Harmonizers ist es möglich, ein beliebiges Tonsignal in der Tonhöhe zu versetzen, ohne daß eine Zeitraffung oder -dehnung entsteht. Tonhöhenverschiebungen, die z. B. durch die Änderung der Bandgeschwindigkeiten bei Tonbandgeräten erzeugt werden (Vario Speed), sind immer von Zeitraffung bzw. -dehnung begleitet. Beim Harmonizer ist das Intervall des Tonhöhenversatzes innerhalb einer Oktave nach oben und unten beliebig veränderbar. Die Palette der Effekte erhöht sich durch die Möglichkeit des Mischens von originalem und versetztem Signal und der Rückkopplung (Feedback, Regeneration) des Ausgangs auf den Eingang. Außerdem bietet das Gerät aufgrund seines digitalen Prinzips weitere Funktionen wie Verzögerung, Echo und Mehrfachecho (Iteration).

Mit seinen zahlreichen Soundmöglichkeiten findet der Harmonizer sowohl in Tonstudios als auch im Live-Gebrauch zur Klangbereicherung verschiedener Instrumente und zur Vervielfältigung und Verfremdung der menschlichen Stimme Verwendung. Er ist außerdem ein unersetzliches Hilfsmittel in den Händen des Tonmeisters, wenn es darum geht, Instrumente oder Stimmen aus klanglichen Gründen in der Tonhöhe zu versetzen. Das ist der Fall bei der Aufnahme von schwer oder gar nicht stimmbaren Instrumenten (Panflöte, Mundharmonika, Fender-Piano usw.) oder bei der Korrektur von Intonationsmängeln. Da es sich beim Harmonizer um ein eingetragenes Warenzeichen handelt, bieten verschiedene Firmen Effektgeräte mit dem gleichen Funktionsprinzip unter der Bezeichnung *Pitch Transposer* (wörtlich »Tonhöhenversetzer«) an.

Harmon Mute [engl., ˈhaːmɔn mjuːt]: → Dämpfer.

Harp [engl., haːp]: → Harfe.

Harpsichord [engl., ˈhaːpsikɔːd]: 1.) → Cembalo;
2.) → Register in → Clavinet-ähnlichen Keyboards.

Hat [engl., hæt, wörtlich »Hut«]: → Dämpfer; geeignete Hüte wurden in den zwanziger Jahren als Trompeten-Dämpfer verwendet.

Hawaii-Gitarre: aus der → Ukulele entwickelte Gitarre mit Stahlsaiten und erhöhtem Steg und Sattel; erste Konstruktion nach 1875 (James Hoa), in den dreißiger Jahren elektrisch verstärkt, wodurch schließlich der Resonanzkörper entfallen konnte; Stimmungen z. B. e, h, e^1, gis^1, h^1, e^2 oder e, a, e^1, a^1, cis^2, e^2; heute Bezeichnung als → Steel Guitar. Die durch → Glissando und → Vibrato geprägte Spielweise (→ Lap Style Playing) wurde bestimmend für die Pseudo-Hawaii-Romantik in vielen Schlagern.

Head Arrangement [engl., hed əˈreindʒmənt]: mündliche Absprache einer Bearbeitung (→ Arrangement) ohne exakte schriftliche Fixierung; überwiegende Musizierpraxis in Jazz (nicht Big-Band-Jazz), Rock und Folk, auch bei kleinen Tanzmusikformationen. War das Head Arrangement im frühen Jazz eine Notwendigkeit, weil die (Laien-)Musiker nicht über Notenkenntnisse verfügten, so nutzt man heute diese Arrangementsform im Rock, um Erfahrungen und Hinweise aller Gruppenmitglieder einfließen lassen zu können.

Headline [engl., ˈhædlain, sinngemäß »Hauptzeile«; im Fachjargon der »Aufhänger«]: die sich beim Hörer einprägende Titelzeile (Text und Melodie) einer Pop- oder Rockkomposition. Headlines sind meist das Einzige, was – einmal gehört – selbst nach Jahrzehnten noch im Gedächtnis haften bleibt. In der Diskomusik reduziert sich die Headline oft auf sogen. Reizworte, die an exponierter Stelle erscheinen.

Heavy Metal Rock (engl., ˈhevi ˈmetl rɔk, wörtlich »Schwermetall-Rock«]: Spielweise der Rockmusik, die musikalisch de facto mit dem → Hard Rock identisch ist, sich diesem gegenüber jedoch durch noch größere Lautstärken und einen brutalen Kult der Männlichkeit auszeichnet. Äußeres Erscheinungsbild mit schwarzer, eisenbeschlagener Lederbekleidung, die mit Gewaltmetaphern durchsetzte Sprache der Songtexte und der metallische Sound in überdimensionierter Lautheit konstituieren hier eine Ästhetik der Gewalt, die die Rockmusik zu einer monströsen Horrorshow werden läßt oder mit einem makabren Okkultismus durchzieht. Dahinter steht jedoch nicht nur ein auf Krawall und makaber-dramatische Sensation angelegtes Promotionkonzept, sondern nicht minder auch die in Aggressivität umgeschlagene Frustration insbesondere des sozial unterprivilegiertesten Teils der westeuropäischen und US-amerikanischen Jugend mit einem gefährlichen Hang zum Rechtsradikalismus. Letzteres spiegelt sich dann nicht selten im Bühnenverhalten dieser Gruppen bis hin zu den SS-Runen, die die amerikanische Gruppe *Kiss*, einer der exponiertesten Vertreter des Heavy Metal Rock, in ihrem Gruppennamen führt. Als ästhetisches Konzept ist diese Erscheinungsform der Rockmusik 1976/77 neben Kiss vor allem von den englischen Gruppen *Iron Maiden, Judas Priest* und *Motorhead*, der amerikanischen Band *Van Halen* sowie der BRD-Formation *Scorpion* entwickelt worden. Zum populärsten Vertreter wurde jedoch die australische Gruppe *AC/DC*.

Heavy Reggae [engl., ˈhevi ˈregei]: → Dub.

Heavy Rock [engl., ˈhevi rɔk]: → Hard Rock.

Helikon [griech.]: Blechblasinstrument; speziell für die Musikkorps der Kavallerie zum Umhängen konstruierte → Tuba (1849 von J. Stowasser in Wien) mit kreisförmigem, enger mensuriertem Rohrverlauf. Tonumfang, Stimmung und Notierung wie Tuba; spezielle Form: → Sousaphon.

Hemiole [griech.]: rhythmisch-metrische Erscheinung, besonders im Wiener Walzer und Boston anzutreffen. Zwei $^3/_4$-Takte werden durch veränderte Akzentuierung scheinbar in drei $^2/_4$-Takte umgewandelt.

Hemiolenbildung stört den gleichmäßigen Taktablauf und schafft somit Spannung zwischen Melodie und Grundrhythmus.

An der schönen blauen Donau (Johann Strauß, 1867), 3. Walzer

Heterophonie [griech. = »andersklingend«, auch *Variantenheterophonie*]: von dem Musikwissenschaftler Carl Stumpf geprägter Begriff für die voneinander abweichende gleichzeitige Ausführung einer einheitlichen Tonfolge (Melodie). Dieses Prinzip zeigt sich im archaischen Jazz z. B. im gehörsmäßigen Nachspiel einer Marschmelodie durch mehrere Kornettisten und Klarinettisten, wobei eine scheinbare Mehrstimmigkeit entsteht.

HiFi, High Fidelity [engl., ′haifi (-fai), hai fi-′deliti, wörtlich »hohe Klangtreue«]: Qualitätsnorm für hochwertige, auf dem Gebiet der Heimelektronik eingesetzte Aufnahme-, Wiedergabe- und Übertragungsgeräte (Radio, Tuner, Verstärker, Lautsprecherboxen, Magnettonbandgeräte, Plattenspieler, Mikrophone). HiFi-Geräte zeichnen sich durch die Übertragung eines großen Frequenzbereiches (möglichst geradliniger Frequenzgang), geringe Verzerrungen, großen Fremdspannungsabstand, hohe Aufnahme- und Wiedergabegenauigkeit (z. B. geringe Gleichlaufschwankungen bei Laufwerken) und → Stereophonie aus. Die HiFi-Norm (DIN, TGL) legt qualitative Mindestanforderungen fest. Durch den technischen Fortschritt werden hier immer wieder neue Dimensionen eröffnet.
Die ständige Verbesserung der klanglichen Übertragungsmöglichkeiten erfordert eine entsprechende Präzisierung der musikalischen Abläufe und des Zusammenspiels, nimmt Einfluß auf die Gestaltung der Arrangements (Durchsichtigkeit, Vermeidung von Überlagerungen bei gleichen Frequenzbereichen von Instrumenten, aber z. B. auch Hervorhebung tiefer Frequenzen u. ä.), kann letztlich sogar zum stilbildenden Element (z. B. im Disco Sound) werden. Andererseits besteht die Gefahr, daß durch Überbetonung technischer Aspekte Musizierlust und Lebendigkeit (z. B.

beim Improvisieren) zurückgedrängt werden.

Hi-Hat, High-Hat [engl., ′haihæt, wörtlich »Hoher Hut«]: Schlaginstrument, Grundbestandteil des → Schlagzeugs; auf einem ca. 1 m hohen Ständer montiertes Beckenpaar (türkische Becken von ca. 30–36 cm Durchmesser), das durch einen meist mit dem linken Fuß auszulösenden Pedalmechanismus geschlossen, d. h. gegeneinander geschlagen, und geöffnet werden kann. Zusätzlich wird das obere Becken mit Stöcken oder → Besen angeschlagen. Die Erfindung der Hi-Hat wurde zu dem Zeitpunkt notwendig, als ein Schlagzeuger das bisher auf mehrere Musiker verteilte Instrumentarium (→ Street Bands) allein übernehmen mußte. Er ersetzte also mit einem Fuß das bisher übliche Gegeneinanderschlagen der Becken mit beiden Händen. Vorläufer waren das sogen. Handklappbecken (Slap Hand Cymbals), bei dem zwei kleine, senkrecht stehende Becken durch mit der Hand ausgelöste Federspannung gegeneinander geklappt wurden, und schließlich die Anfang der zwanziger Jahre von Vic *Berton* (1896–1951) konstruierte *Charleston-Maschine*, benannt nach dem gleichnamigen Modetanz, bei dem sie nur mit Fußbedienung zur Markierung des → Nachschlags diente. Bei ihr waren die Becken etwa halb so hoch angebracht wie bei der Hi-Hat. Die Hi-Hat soll eine 1926 eingeführte Erfindung des Schlagzeugers Kaiser *Marshall* (1902–1948) sein, zumindest setzte er sie als einer der ersten auch konsequent mit zusätzlicher Handarbeit ein, daher die ursprüngliche Bezeichnung *Sock Cymbal* (Schlagbecken). Fest ins Schlagzeug integriert wurde die Hi-Hat durch Chick *Webb* (1902–1939) und Jo *Jones* (geb. 1911). Heute erfüllt sie im Schlagzeugklang durch differenzierte Anschlagsweise bei offenen, halb geöffneten oder geschlossenen Becken eine wichtige Funktion, vgl. z. B. → Philly Sound.

High Life [engl., hai laif]: Form der populären Musik Westafrikas, die in den zwanziger und dreißiger Jahren unter dem Einfluß des US-amerikanischen Jazz auf der Basis der afrikanischen Musiktraditionen in den teuren Nachtklubs von Accra in Ghana als Tanzmusik entstand; daher auch die Bezeichnung (der Begriff meint ursprünglich einen von Luxus

und Müßiggang geprägten Lebensstil). Sie verbreitete sich rasch über die westafrikanischen Küstenstaaten und entwickelte sich unter dem Einfluß des ökonomischen Aufschwungs nach 1945 im Zusammenhang mit der politischen Unabhängigkeit der Staaten Afrikas, der Entstehung einer nationalen Schallplattenindustrie und nationaler Mediennetze, zu einer der zentralen Formen von populärer Musik auf dem afrikanischen Kontinent. Sie vereinigte musikalische Elemente vor allem melodischer und rhythmischer Natur aus unterschiedlichen ethnischen Quellen; inhaltlich knüpft sie an die Funktion des Musikers in den afrikanischen Musikkulturen an, Überbringer von Neuigkeiten und Nachrichten zu sein. In Anlehnung an den nordamerikanischen Jazz, wobei insbesondere Louis »Satchmo« *Armstrong* (1900–1971) mit seinem Trompetenstil einen nachhaltigen Einfluß ausübte, sind die High-Life-Bands mit Trompete, Posaune, Saxophon, Gitarre und Schlagzeug besetzt. Dabei hat die Trompete als Lead-Instrument (→ Lead) eine dominante Funktion, so daß sich die Entwicklung dieser Musik vor allem mit den Namen bedeutender Trompeter, wie etwa Zeal *Onyia*, verbindet. Je nach Traditionsbezug, ethnischen Ursprüngen und internationalen Einflüssen, vor allem aus der US-amerikanischen Popmusik, lassen sich eine Fülle unterschiedlicher Stilrichtungen unterscheiden. In den sechziger und siebziger Jahren kam es ausgehend von Ghana auch zur Herausbildung einer Big-Band-Version von High Life.
Als Zeugnis der reichhaltigen, außerhalb des Kontinents aber kaum bekannten populären Musik Schwarzafrikas macht High Life seit Ende der siebziger Jahre nun auch in Europa und den USA Furore. International bekanntester Vertreter ist der nigerianische Musiker Fela Anikulapo *Kuti* (geb. 1941) mit seiner Band.
→JuJu Music.

High Note Trumpeter [engl., hai nout 'trʌmpitə, wörtlich »Hoch-Ton-Trompeter«]: im Jazzjargon auf hohe und höchste Töne spezialisierter Trompeter (auch *Screaming Trumpets*, wörtlich »kreischende Trompeten«). Als Prototyp gilt Maynard *Ferguson* (geb. 1928), besonders als Chorustrompeter bzw. Solist in seinem Sextett und seiner Big Band.

Hillbilly [amerik., 'hilbili]: 1900 in den USA von einer New Yorker Zeitung eingeführte spöttische Bezeichnung für die Bewohner des Appalachen-Gebietes, die sinngemäß soviel wie »Hinterwäldler« bedeutet. Als in den zwanziger Jahren die Schallplattenindustrie auch mit der Produktion und Verwertung der weißen amerikanischen → Country Music begann, benutzte sie diesen Begriff als kommerzielles Etikett für ihre Aufnahmen mit weißen Volksmusikern. In den vierziger Jahren verdrängte ihn in dieser Funktion der Terminus → Country & Western, mit dem sich jedoch bereits ein so hoher Kommerzialisierungsgrad und eine durch und durch professionelle Musikproduktion verband, daß aus der Bezeichnung Hillbilly jetzt so etwas wie ein Synonym für noch einigermaßen authentische Volksmusik wurde. Seitdem verbindet sich mit ihr eine möglichst nahe an der euroamerikanischen Volksmusik angelehnte kommerzielle Musikproduktion.

Hit [engl./amerik., hit, abgeleitet vom englischen to hit = »treffen«]: kommerzielle Bezeichnung für ein Musikstück, das zum Verkaufserfolg geworden ist. Da darin das eigentliche Ziel kapitalistischer Musikindustrie besteht, ist in ihr um diesen Begriff ein ausgesprochener Kult entstanden. Das beginnt bereits bei der Ermittlung der Hits. Weil die absoluten Verkaufszahlen der Plattenfirmen nicht kontrollierbar sind und einen Hit auch nur vortäuschen könnten, in der Hoffnung, damit die Verkaufschancen einer Platte zu erhöhen, sind entsprechende statistische Verfahren entwickelt worden, um herauszufinden, welche Titel wirklich Verkaufserfolge sind. So begann man in den dreißiger Jahren zunächst im amerikanischen Rundfunk → Hitparaden einzuführen, wobei die Zahl der Hörerzuschriften ausschlaggebend war. Später wurden in die Musikautomaten (→ Musicbox) Zählwerke eingebaut, die die Abspielhäufigkeit der Platten registrierten. 1940 begann dann das amerikanische Musikmagazin *Billboard* mit der wöchentlichen Veröffentlichung von → Charts, das bis heute beibehaltene, nur immer wieder verfeinerte Verfahren der Ermittlung der Hits. Die mit den Charts veröffentlichten Listen der meistverkauften Schallplatten werden durch regelmäßige Telefonumfragen bei repräsentativen Schallplattengeschäften, den sogen. *Chart Shops*, und – als zusätzlichem Faktor – durch die Auswertung der Abspielhäufigkeit von Platten im Rundfunk zusammengestellt. Eine schon Anfang der vierziger Jahre vorgenommene Aufteilung der Charts in verschiedene Kategorien bezieht die ermittelten Verkaufserfolge noch einmal auf bestimmte Zielgruppen, was für einen absoluten Verkaufserfolg die Einführung des Begriffs *Top Hit* notwendig gemacht hat. Die Top Hits, das heißt die absolut am höchsten notierten Titel, werden dann wiederum in abgestufte Gruppen eingeteilt, die ersten zehn als die *Top Ten*, die ersten vierzig als die *Top Forty*, die ersten einhundert als die *Top Hundred*, wonach sich ihr Einsatz und ihre Einsatzhäufigkeit im Rundfunkprogramm orientiert. Da die Abspielhäufigkeit im Rundfunk jedoch in die Charts eingeht und durch ihre Werbewirksamkeit auch den Plattenverkauf stimuliert, führt sich dieses Zählverfahren eigentlich selbst ad absurdum. Doch trotz seiner Zirkelhaftigkeit bildet es in gewisser Hinsicht schon die Popularität eines Titels ab, nur daß sie auf diese Weise zugleich gemessen und erzeugt wird.

Der inzwischen ausgesprochen inflationäre Gebrauch des Begriffs, der so einen Verkaufserfolg suggerieren und damit realisieren helfen soll, hat für die tatsächlich am häufigsten verkauften Titel auch die Bezeichnung → Bestseller aufkommen lassen.

Hitparade: Programmform in Rundfunk oder Fernsehen, bei der durch schriftliche Höreroder Zuschauerbewertung eines Titelangebots die Reihenfolge der Beliebtheit der Titel ermittelt und regelmäßig, meist wöchentlich, die bewerteten Titel in der ermittelten Rangordnung ausgestrahlt werden. Eingeführt wurde dieser Programmtyp am 20. 4. 1935 unter dem Titel »Your Hit Parade« als Network Radio Program, das heißt über zusammengeschaltete Sendernetze zunächst von New York, Chicago und Los Angeles, in den USA. Bis Juni 1958, ab 1956 auch als Fernsehsendung, sind so jeden Sonnabend nachts landesweit die Woche für Woche ermittelten Top Ten (→ Hit) ausgestrahlt worden. Seine Funktion hatte das ursprünglich darin, daß bis in die zweite Hälfte der vierziger Jahre nicht der Schallplattenverkauf (die gingen noch hauptsächlich an die

Aufsteller von Musikautomaten), sondern die Live-Aufführung im Rundfunk (→ Live) für die Musikindustrie der Hauptfaktor zur Ermittlung eines Hits war. Später wurden solche Wertungsprogramme vor allem als Form der Schallplattenwerbung sehr beliebt und verbreiteten sich damit über die ganze Welt. Ihr Aussagewert in bezug auf die tatsächliche Popularität eines Titels ist jedoch äußerst gering, da immer nur ein verschwindend kleiner und in seiner Zusammensetzung keineswegs repräsentativer Prozentsatz der Hörer sich durch Zuschriften an der Bewertung beteiligt und das Resultat außerdem vom zuvor ausgewählten Angebot abhängig ist. Trotzdem üben sie eine beträchtliche Leitfunktion für das Kaufverhalten aus, was sie als Werbemittel für die Musikindustrie nach wie vor sehr interessant sein läßt. So ist es dann auch immer wieder zu Gerüchten um eine handfeste Einflußnahme auf die Ergebnisse solcher Hitparaden gekommen, durch Lancierung bestimmter Produktionen ins wöchentliche Wertungsangebot, organisierte Massenzuschriften, Korruption und direkte Manipulationen der Wertungsergebnisse. Aber auch bei korrekter Handhabung der Wertungsmodalitäten, die im einzelnen sehr unterschiedlich sind, bleiben die Hitparaden als Programmform der Massenmedien fragwürdig, vermitteln sie doch immer ein im einzelnen nicht kontrollierbares, auf jeden Fall sehr zufällig zustande gekommenes Bild als gültiges Wertungsergebnis, das durch die Massenwirksamkeit von Rundfunk und Fernsehen dann eine verbindliche Leitbildwirkung erhält. Vor allem aber entzieht die Scheinobjektivität des Wertungsverfahrens die Ergebnisse einer kritischen Diskussion der Wertkriterien, die auf diese Weise massenhaft und massenwirksam, aber unbewußt und zufällig zur letzten Instanz erhoben werden.

Hokum [amerik., ˈhoukəm]: das Wort stammt aus den → Minstrel Shows, wo es mit einer Mischung von Herablassung und Nostalgie eine eher gutmütige Verspottung oder Karikierung der traditionellen ländlichen Lebensformen bezeichnete. In den zwanziger Jahren wurde es zu einer musikalischen Stilbezeichnung für die Musik der *Hokum Bands*, die in den Großstädten vor allem des mittleren Westens der USA zu dieser Zeit sehr verbreitet gewesen sind. Das war eine komisch-satirische Imitation der ländlichen volksmusikalischen Tradition, aber mit städtischer Kultiviertheit. Ihre Besetzung bestand aus Gitarre, Klavier, Kontrabaß, Kazoo und manchmal auch Klarinette. Zu den vielen Gruppen dieser Stilrichtung gehörte auch *Tampa Red's Hokum Jug Band*, eine Formation um den Sänger und Gitarristen Hudson *Whittaker* (geb. 1903), der unter seinem Pseudonym *Tampa Red* später als Bluessänger sehr populär wurde.

Holy Blues [amerik., ′houli blu:z]: relativ seltener Bluestyp religiösen Inhalts mit starken → Gospel-Einflüssen, aber deutlicher Bluesstruktur (→ Blues). Religiöse Straßensänger sind offensichtlich vor allem in North und South Carolina des Südens der USA keine Seltenheit gewesen. Unter ihnen muß auch dieser Bluestyp entstanden sein, der später hauptsächlich durch den Musiker Blind Gary *Davis* (1896–1972) repräsentiert wurde.

homophon [griech., wörtlich »gleichklingend«]: der Melodie als Hauptstimme sind alle anderen (Neben-)Stimmen im (Akkord-)Satz untergeordnet, dienen als harmonische Stütze; Gegensatz: → polyphon. Die homophone Satzweise dominiert in allen Bereichen der populären Musik. Noch deutlicher als im traditionellen vierstimmigen Satz mit seinen »strengen« Regeln (→ Kadenz) kommt die Homophonie im → Parallelsatz der Jazzmusiker, bei dem die restlichen Stimmen an die Melodie quasi »angehängt« werden, zum Ausdruck.

Honky Tonk(y) [amerik., ′hɔŋki ′tɔŋk(i)]: in den Südstaaten der USA verbreitete Bezeichnung für Kneipen; in diesem Sinne identisch mit dem Begriff *Barrelhouse* (→ Barrelhouse Piano). Vor allem nach der Aufhebung der Prohibition (Alkoholverbot) Anfang 1933 entstanden Hunderte solcher Honky Tonks, die zugleich zu sozialen Zentren der untersten, schwarzen wie weißen Bevölkerungsschichten wurden. Das machte sie zu Geburtsstätten neuer volksmusikalischer Spielweisen der populären Musik. Typisch dafür und oft auch mit diesem Namen bezeichnet waren kleine Bands um einen Sänger und Gitarristen, die die Tradition des → Blues fortsetzten. Hier findet sich auch eine ausgeprägte Tradition des weißen Solo-Blues, da in diesem sozialen Milieu die Rassentrennung natürlich keine Rolle spielte. Neben vielen anderen Zeugnissen in der Geschichte der populären Musik der USA sind die Honky Tonks damit ein lebendiger Beweis gegen die hartnäckige Legende, daß sich die schwarze und weiße Musik in den USA getrennt voneinander entwickelt hätten. Die Bedeutung der Honky Tonks besteht gerade im Austausch und der Verschmelzung schwarzer und weißer Spielweisen. Zu den wenigen Honky-Tonk-Musikern, die später innerhalb der Musikindustrie Karriere machten, gehörten Gene *Autry* (geb. 1907, → Country & Western) und Bob *Wills* (1905–1975, → Western Swing).

Hootenanny [amerik., ′hu:tə′næni]: ursprünglich Bezeichnung für eine zwanglose Party mit Musik, Tanz und Essen, wobei der Begriff vermutlich auf französische Einwanderer zurückgeht, die ihn im 18. Jh. in den amerikanischen Mittelwesten brachten. Er wurde im 19. Jh. von der sich herausbildenden Gewerkschaftsbewegung in den USA aufgegriffen und bezeichnete nun eine solche zwanglose Zusammenkunft politisch Gleichgesinnter, die in dieser geselligen Form eines relativ kleinen Kreises gegenseitige Selbstverständigung suchten. 1941 entdeckten die *Almanac Singers* – damals eine der populärsten Musikgruppen der amerikanischen Arbeiterbewegung um Pete *Seeger* (geb. 1919) und Woody *Guthrie* (1912–1967) – in Seatle (Washington) durch eine so benannte Gewerkschaftsversammlung diesen Begriff und übernahmen ihn für eine Veranstaltungsform, die sie im New Yorker Stadtteil Greenwich Village in einem eigens dafür eröffneten »Almanac House« – eine Art politisches Kommunikationszentrum – nun regelmäßig wöchentlich durchführten. Auf diesen Veranstaltungen, von deren Eintrittspreisen das »Almanac House« finanziert wurde, sind Gewerkschaftslieder, Friedenslieder, Lieder gegen den Hitler-Faschismus und gegen Rassismus gesungen worden, wobei die Zuhörer als aktive Mitsänger einbezogen waren, was das Singen zu einer gemeinschaftlichen politischen Manifestation werden ließ. So wurden aus den Hootenannies Singeveranstaltungen, die dem gemeinsamen politischen Willen der Beteiligten Ausdruck verliehen. Der Eintritt der USA in den zweiten Weltkrieg

Perry Friedman

1942 unterbrach die Tätigkeit der Almanac Singers, die sich auflösten. Nach dem zweiten Weltkrieg waren es vor allem Pete *Seeger* und Woody *Guthrie*, die wieder mit der Veranstaltung solcher Hootenannies, aber nun in größeren Sälen, begannen. In den fünfziger Jahren wurden die Hootenannies zu einem wesentlichen Bestandteil der amerikanischen Folk-Music-Bewegung (→ Folk Music) und vor allem an Colleges und Universitäten überall im Lande veranstaltet. 1962 organisierte der Sänger Ed *McCurdy* (geb. 1919) in New York eine Reihe von Hootenannies, die bald darauf das ABC-TV des amerikanischen Fernsehens übernahm. Es verwandelte binnen weniger Monate die Hootenannies in eine kommerzielle Show der Folk-Szene, in der von dem ursprünglichen Charakter einer gemeinsamen Singeveranstaltung und dem unmittelbaren spontanen Kontakt zwischen Sänger und Publikum nichts mehr übrigblieb. Das hat den

Begriff des Hootenanny so ruiniert, daß er danach allgemein fallengelassen wurde und erst in den siebziger Jahren durch Veranstaltungen von Pete Seeger wieder aufgekommen ist.

Neben dem gemeinsamen Singen ist es vor allem die Spontaneität des Ablaufs, die die Hootenannies als Veranstaltungsform auszeichnet. An ihnen sind mehrere Sänger auf der Bühne beteiligt. Hootenannies folgen keinem festen Programmaufbau, sondern entstehen aus der gegenseitigen Anregung der Sänger sowie der Mitwirkung des Publikums. Dabei kommen sowohl alte als auch neue Lieder zur Aufführung, zu denen jeder der Sänger sein Repertoire beiträgt. Die anderen greifen die Lieder auf, singen sie mit, wandeln sie ab oder fügen spontan neue Strophen hinzu (songswapping). Das Publikum im Saal beteiligt sich am Singen und initiiert durch Zuruf ihrerseits die Sänger.

In der DDR wurde das Hootenanny Anfang der sechziger Jahre durch den 1959 übergesiedelten kanadischen Folk-Sänger Perry *Friedman* (geb. 1935) bekannt gemacht. Hootenannies bildeten damals den Ausgangspunkt für die → Singebewegung der FDJ. 1966 wurde am Berliner Kino »International« auf Initiative von DT 64, dem Jugendstudio des Berliner Rundfunks, sowie der FDJ-Bezirksleitung Berlin ein Hootenanny-Klub gegründet. Aus ihm ging 1967 der *Oktoberklub* hervor, der zum künstlerischen und politischen Zentrum der Singebewegung in der DDR geworden ist.

Horn, Abk. *fhr* [engl. french horn, ital. corno, auch *Waldhorn*]: 1.) Blechblasinstrument mit kreisförmig gewundenem Rohr (ca. 370 cm Länge), überwiegend zylindrisch, eingangs und ausgangs konisch, weit ausladendes Schallstück; Trichtermundstück; erhielt 1815 als erstes Instrument drei → Ventile; auch Umschalt- (Doppelhorn) und Stopfventil; Stimmung in F, auch in B; transponierend im Violinschlüssel, auch Baßschlüssel, Tonumfang Fis – c^3 (in F klingend H_1–f^2, in B klingend E – b^2); Es-Stimmung noch in Blasmusik gebräuchlich. Mit der rechten Hand, die sich im Schalltrichter befindet, »stopft« der Hornist, reguliert er die Klangfarbe.
Neben solistischer Funktion (typisch für Jagdmusik) übernehmen die Hörner (meist Vierersatz: 1. und 3. Horn hohe, 2. und 4. Horn tiefe Stimme) im → Blasorchester die Begleitung (→ Nachschlag). Im Jazz konnte es sich bisher kaum durchsetzen, obwohl es vereinzelt in Swing-Big-Bands vertreten war und einige Musiker solistisch auf dem Horn hervortraten, z. B. John *Graas* (1924–1962), Julius *Watkins*

Hornsatz

(geb. 1921) und Dave *Amram* (geb. 1930). Auch im Rock blieben Horn-Soli, wie z. B. in »For No One« (John Lennon/Paul McCartney, 1966), eine Seltenheit;
2.) Jazzjargon für Blasinstrumente bzw. für von Blasinstrumenten abgeleitete Techniken (»hornartig«);
3.) In der Tontechnik Bezeichnung für ein Lautsprechergehäuse, genauer für die Form seiner Schallführung. Durch das Horn werden die großen Auslenkungen der Membran in kleine Auslenkungen der Luftteilchen in der großen Hornöffnung umgewandelt. Die Hornöffnung entspricht dann praktisch einer das Schallfeld anregenden Membran von gleicher Größe. Bestimmt werden die Maße eines Horns von dem Durchmesser des einzubauenden Lautsprechersystems (Speaker) und der unteren Grenzfrequenz, die abgestrahlt werden soll. Ein Horn, das tiefe Frequenzen bis zu 30 Hz überträgt, muß sehr groß sein. Um Platz zu sparen, wird deshalb die konische oder exponentielle Form des Tieftonhorns gefaltet.

Hörvermögen: Die Zusammenhänge zwischen Schall als physikalischem Vorgang und der Schallwahrnehmung sind sehr kompliziert. Es sollen daher nur die wichtigsten Erscheinungen betrachtet werden. Der Mensch kann Schall mit Frequenzen von 16 Hz bis 20 kHz wahrnehmen. Die obere Hörgrenze sinkt mit dem Alterungsprozeß. Schwingungen mit weniger als 16 Perioden pro Sekunde werden nicht mehr vom Ohr, sondern (sofern sie überhaupt noch wahrnehmbar sind) eher körperlich aufgenommen (Infraschall). Frequenzen oberhalb der menschlichen Hörgrenze bezeichnet man als Ultraschall. Verschiedene Tierarten (z. B. Hunde) können Schwingungen, die in diesem Bereich liegen, noch hören. Die Frequenz der Schallschwingung ist für die wahrzunehmende Tonhöhe ausschlaggebend. Die Empfindung gleichgroßer musikalischer Intervalle beruht nicht auf Frequenzintervallen, sondern auf Frequenzverhältnissen (→ Frequenz).
Ähnlich verhält es sich mit dem Lautstärkeempfinden. Eine Zunahme der Lautstärke in gleichen Stufen setzt immer eine Vervielfachung des Schalldrucks voraus. Diesem logarithmischen Verhalten werden Angaben von

Schallpegeln (→ Pegel) gerecht. Als Hörschwelle bezeichnet man die Grenze, an der Schall gerade wahrnehmbar wird. Bei einer Frequenz von 1000 Hz liegt sie bei 0 dB. Die obere Grenze – etwa bei 120–130 dB – ist keine Wahrnehmbarkeits-, sondern eine Schmerzgrenze. Höhere Schallpegel und auch Dauerbelastungen mit Schall führen zur Schädigung des Gehörs. Um bei allen Frequenzen die gleiche Lautstärke zu empfinden, sind unterschiedliche Schallpegel erforderlich, die in Kurven gleicher Lautstärke dargestellt werden.

Schallpegel
in dB

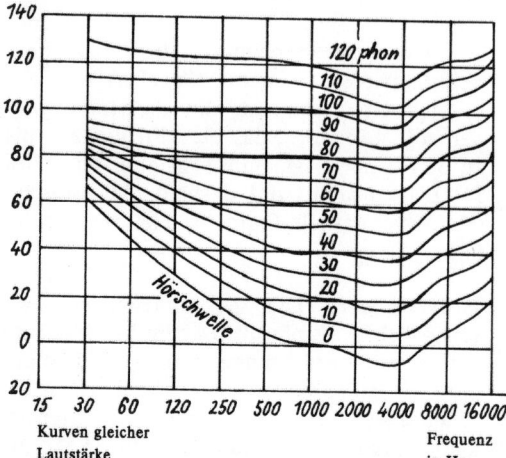

Kurven gleicher Lautstärke — Frequenz in Hz

Bezugsfrequenz sind 1000 Hz. Der Bereich der größten Empfindlichkeit liegt bei 2 bis 3 kHz. Für tiefe und hohe Frequenzen sind höhere Schallpegel erforderlich, um den gleichen Lautstärkeeindruck hervorzurufen. Das Lautstärkemaß, das diese Frequenzabhängigkeit berücksichtigt, ist das *Phon*. Ausgangspunkt sind die Schallpegel bei 1000 Hz. Einige Schallereignisse und deren Lautstärke:

phon
25 Geräuschlautstärke in einem ruhigen Raum
40 gedämpfte Unterhaltungssprache
50 übliche Unterhaltungssprache
70 Klavierspiel im Wohnraum
85 Sprache in 30 cm Entfernung, großer Straßenlärm
110 Kesselschmiede
120 Flugzeugtriebwerk in 3 m Abstand

Ein großes Orchester kann beim Fortissimo bis zu 110 phon erreichen. In Diskotheken sind Lautstärken von 90 bis 100 phon und in Rockkonzerten von 100 bis 120 phon keine Seltenheit.

hot [engl., hɔt, wörtlich »heiß«; nach Alfons Michael Dauer auch »laut«, abgeleitet vom französischen »haut«]: Sammelbezeichnung für wesentliche Merkmale des Jazz bis zum → Cool Jazz; mitunter als Synonym für den Begriff »Jazz« verwendet (*Hot Jazz* = »heiße«, mitreißende, »laute« Musik, auch als Abhebung gegenüber herkömmlicher »lauer« Tanzmusik). Das Hot-Musizieren schließt Eigenheiten wie → offbeat, → off pitchness, → Dirty Tones, → swing, → drive u. a., besonders aber Charakteristika der → Tongebung (→ Hot-Intonation) ein.

Hot-Intonation: Wesensmerkmal der → Tongebung im Jazz bis etwa gegen 1950 (→ Cool Jazz); Übertragung der ausdruckssteigernden Elemente der afrikanischen Sing- und Sprechweise und der vorwiegend perkussiven Tongebung auch auf das Instrumentalspiel: starker, explosiver Toneinsatz oft mit hartem Abbrechen ohne Verbindung zum folgenden Ton (staccato), weiterhin Verschleierung der eigentlichen Tonhöhe durch bewußt unreine Intonation, Vibrato u. a. Die Hot-Intonation bestimmte letztlich die Auswahl des Instrumentariums: Blasinstrumente (besonders mit Kesselmundstück) eigneten sich gut; Gitarre, Banjo und Kontrabaß (→ Slap Bass) nur bedingt; Klavier nicht (deshalb eigenständige Entwicklung). Mit dem Cool Jazz setzte sich eine der Hot-Intonation konträre Tongebung durch, eine dem europäischen Klangideal angenäherte, vibratolose Spielweise, die auch verstärkt den Einsatz anderer Instrumente (Violine, Flöte, Horn, Vibraphon u. a.) mit sich brachte.

Hot Jazz [engl./amerik., hɔt dʒæz, wörtlich »heißer Jazz«]: in der Jazzliteratur gelegentlich anzutreffende Sammelbezeichnung für die frühen Jazzstile (→ Jazz) bis zum → Swing (→ New Orleans Jazz, → Dixieland, → Chicago-Stil) und damit eigentlich ein Synonym zu der Bezeichnung → Traditional Jazz. In der französischen Literatur wird der Begriff als *jazz hot* allerdings recht häufig gebraucht; nicht nur in diesem chronologischen Sinn, sondern auch in der Bedeutung von »authentischem Jazz«, als Abgrenzung gegenüber kommerzielleren Spielarten.

Hot Rod Music [amerik., hɔt rɔd ˈmjuːzik]: → Surf Music.

Hüllkurven-Generator: → Envelope-Generator.

Hully-Gully [engl., ˈhali ˈgali]: Modetanz nach der Musik des → Twist im mittleren Tempo, musikalisch auf die → Rhythm & Blues-Tradition zurückzuführen; entstanden 1963, populär 1964/65. Der Hully-Gully wurde nicht paarweise, sondern in Reihe oder im Kreis mit synchronen Bewegungen getanzt.

Hurdy Gurdy (engl., ˈhəːdi ˈgəːdi]: → Drehleier.

Hush Mute [engl., hʌʃ mjuːt]: → Dämpfer.

Hustle [engl./amerik., ˈhʌsl, wörtlich »Gedränge, Getümmel«]: in zahlreichen Varianten vorbereiteter Diskotanz, in den USA nach 1975 entstanden. Der *Latin Hustle*, der zunächst nach → Salsa-Musik getanzt wurde, ist eine Spezialität der in New York lebenden Puertoricaner. Er wird paarweise mit beidhändigem Anfassen und diversen Drehungen getanzt. Ebenfalls in New York bildete sich der *Disco Hustle* (auch *Continental Hustle*) heraus, den man nach typischer Diskomusik (→ Disco Sound) tanzt. Eine aus Kalifornien stammende, mit gebeugten Knien und Hüftbewegungen in Linie getanzte Variante basiert auf der *Bee-Gees*-Musik zu dem Film »Saturday Night Fever« (Regie: John Badham, 1977).

Hype [engl./amerik., haip, abgeleitet vom englischen hyperbole = »Übertreibung«]: bezeichnet die wohl skrupelloseste Form der → Promotion im Musikgeschäft und ist nichts anderes als eine verharmlosende Umschreibung für Betrug. Durch einen konzentrierten Einsatz aller nur denkbaren Werbemethoden wird ein durchschnittliches Produkt der Musikindustrie zur Sensation hochstilisiert. Gelingt das, führt der damit verbundene schlagartige Verkauf dazu, daß der Betrug erst dann als solcher zu entlarven ist, wenn der Profit bereits realisiert wurde. Aufgekommen ist diese Form der Promotion als Folge des mit der → Rockmusik verbundenen Konzentrationsprozesses innerhalb der Musikindustrie, der die Konkurrenz im Musikgeschäft erheblich verschärft und mit den entstandenen transnationalen Großkonzernen auch die Bedingungen für die sehr kapitalintensiven Hype-Feldzüge geschaffen hat. Ein charakteristisches Beispiel für Hype ist etwa die Karriere von Bruce *Springsteen* (geb. 1949), der Mitte der siebziger Jahre durch die CBS als zweiter Bob Dylan verkauft wurde.
→ Musikindustrie.

Idea Session [engl./amerik., aiˈdiə ˈseʃən]: Zusammenkunft (Probe) einer Gruppe, um Ideen zu sammeln, zu ordnen und zu Titeln bzw. Arrangements zu verarbeiten (scherzhaft »Spinnstunde«). In Idea Sessions studierten sich z. B. die weißen Dixieland-Musiker Ende des 19. Jh. ihre Stücke einschließlich der »Improvisationen« ein.

Image [engl., ˈimidʒ, wörtlich »Bild«]: bezeichnet das als Teil der Verkaufsstrategie für die Öffentlichkeit aufgebaute Persönlichkeitsbild eines Musikers/Sängers, das Eigenschaften ganz verschiedener Art umfassen kann. Der Begriff kommt ursprünglich aus der Produktwerbung, wo er das für die Reklame inszenierte Erscheinungsbild einer Ware meint. Auch das Image eines Musikers setzt sich aus seinem äußeren Erscheinungsbild (Kleidung, Frisur usw.), das auf Identifikation seitens der als Käufer anvisierten Zielgruppe angelegt ist und die Stilisierung eines bestimmten Persönlichkeitstyps darstellt, aus mit diesem verbundenen Charaktereigenschaften, die nicht selten durch Stories, Klatsch und Intimitäten in der Regenbogenpresse lanciert werden, aus einer dazu passenden Repertoire-Gestaltung und oft auch aus Beinamen, die seinen kommerziellen Stellenwert signalisieren sollen (King of ..., Superstar, Super Group usw.), zusammen. Entscheidend für das Image ist dabei nicht, inwieweit es tatsächlich der Persönlichkeit seiner Träger entspricht, sondern nur, daß es glaubwürdig wirkt, einprägsam, in sich widerspruchsfrei und dauerhaft ist und von der anvisierten Zielgruppe auch angenommen wird. Es wird der Marktsituation entsprechend vom → Management des Musikers aufgebaut, um dem potentiellen Käufer gegenüber der zahlreichen Konkurrenz die Ware »Musiker« auf diese Weise besonders nahe zu bringen. Dafür ist im kapitalistisch organisierten Musikgeschäft inzwischen eine ganze Imageindustrie entstanden, die das Image dann produziert und die die Fotowerbung, Posterdrucke, Film, Presse, Rundfunk und Fernsehen umfaßt. Für seine Träger kann das Image mit geradezu persönlichkeitszerstörerischen Konsequenzen verbunden sein, denn einmal aufgebaut, muß den daraus hervorgehenden Erwartungen auch entsprochen werden. Je größer das geschürte öffentliche Interesse dann ist, um so mehr werden sie zu Gefangenen ihrer selbst, was bis zur generalstabsmäßigen Abschirmung von der Öffentlichkeit, wochenlangem Eingesperrtsein in Hotelzimmern auf Tourneen usw. gehen kann und in der Folge nicht selten psychische Deformationen, völlige Vereinsamung, Alkohol- und Rauschmittelmißbrauch bis zum mehr oder weniger freiwilligen Frühtod (Janis Joplin, Jimi Hendrix) nach sich zieht. Auch für die künstlerische Entwicklung bedeutet das einmal aufgebaute Image eine Festlegung, die nur sehr schwer wieder zu durchbrechen ist, denn für die Musikindustrie ist jede Abweichung von dem verbreiteten Image ein unerwünschtes Verkaufsrisiko, was immer wieder zu tiefgreifenden Konflikten zwischen Musikern und ihren Firmen führt.

Imitation [lat., wörtlich »Nachahmung«]: Strenge Imitation, d. h. intervallgetreue Wiederholung eines erklungenen Motivs oder Abschnitts in einer anderen Stimme, auf gleicher oder anderer Tonstufe, ist im Kanon anzutreffen. Diese kontrapunktische Satztechnik (→ Kontrapunkt) findet in dieser Konsequenz in

der populären Musik kaum Anwendung. Ein Beispiel ist *Gentle Giants* »Design« (1976) von ihrer LP »Interview«.

Faßt man jedoch den Begriff weiter, verwendet man ihn losgelöst vom polyphonen Satz auch für notengetreue oder leicht abgewandelte Wiederholung einer melodischen Figur in einer anderen Stimme in homophoner Struktur, so finden sich in den Arrangements viele Beispiele dafür, z. B. in der instrumentalen Imitation einer vorangegangenen Gesangsphrase.

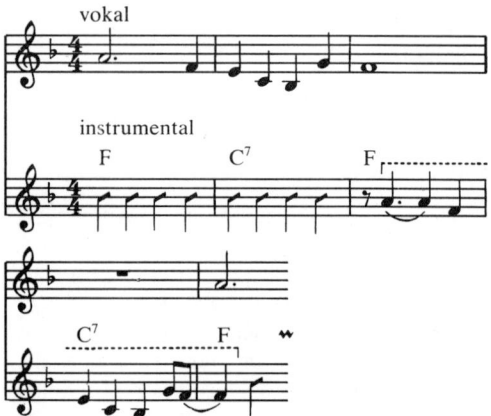

Imitation wird heute auch als Effekt in der Rockmusik mit elektronischem Echogerät (*Sound on sound*) erzeugt: Die gespielte Figur erklingt in einstellbarem Zeitabstand nochmals, oft schon von neuem Originalklang überlagert.

Improvisation [lat., ex improviso, sinngemäß »ohne Vorbereitung, aus dem Stegreif«]: in der Musik die Einheit von Erfindung und gleichzeitiger Ausführung melodischer, harmonischer und rhythmischer Abläufe (»Stegreif-Komposition«). Improvisation gilt als wichtiges, z. T. grundlegendes Gestaltungsmittel in der Folklore, im Jazz und im Rock. Im allgemeinen Sprachgebrauch oft vermengt, vom Bedeutungsgehalt jedoch vom Improvisieren zu trennen sind *Phantasieren* – völlig ungebundenes, nur dem spontanen Einfall folgendes Musizieren – und *Variieren*, das Abwandeln einer vorgegebenen musikalischen Gestalt in enger Bindung an diese. Das Verändern von bekannten, mündlich überlieferten Melodie- und Rhythmusmodellen, z. B. dem arabischen Maqam oder den indischen Râgas,

gehört zur Praxis der Folkloretraditionen und unterliegt meist strengen Regeln. Auch das Improvisieren im Jazz und Rock ist – wie noch darzustellen sein wird – an bestimmte musikalische Sachverhalte gebunden. Es setzt Einfallsreichtum, solide Spieltechnik auf dem Instrument, stilistisches Gespür und zumindest ein Grundmaß an theoretischem Wissen um die musikalischen Zusammenhänge voraus. Andererseits überzeugt in vielen Beispielen das natürliche, »unverbildete«, von Feeling und Engagement getragene Musizieren der Folk-Blues-Veteranen, junger Rockgruppen u. a. Oft wird aber leider auch Improvisieren mit ungestümem, zügellosem Drauflosmusizieren verwechselt.
Spontane Erfindung setzt höchste kreative Bereitschaft voraus. Das ist durch fehlendes Stimulans, körperliche Beschwerden, widrige Umwelteinflüsse und viele andere, die persönliche Stimmung beeinträchtigende Faktoren nicht immer gegeben. Deshalb greifen selbst versierte Improvisatoren auf eingeübte Figuren und Standardphrasen zurück. Mitunter werden sogar (z. B. bei Produktionen, um »Leerlauf« zu vermeiden) gewisse Wendungen aufgeschrieben. Improvisationen können (bzw. müssen) durch Übung, d. h. durch Speicherung eigener, selbst gefundener, er-improvisierter Motive und Figuren vorbereitet werden. Das Improvisierte stellt eine persönliche Leistung, eine individuelle Äußerung dar, die durchaus in ähnlicher oder gar gleicher Gestalt wiederholbar ist: Ein einmal erprobtes Solo taucht oft bei Live-Konzerten mit nur geringen Abweichungen immer wieder auf, ja Fans erwarten nachgerade von ihrem Idol bestimmte (auf einer LP festgehaltene) Melodiewendungen. Das Adjektiv »spontan« hat also relative Bedeutung. Das Nachspielen fremder Improvisationen sollte aufgrund der beschriebenen Persönlichkeitsbindung unterbleiben, es sei denn als Studienobjekt oder bewußte Personalstilkopie.
Grundlage bildet in der Regel das → *Thema* – die Melodie mit den zugehörigen Harmonien und die Taktanzahl. Im Jazz und weitgehend auch im Rock sind drei Formschemata vorherrschend – die zwölftaktige Bluesform, die (zweiunddreißigtaktige) AABA- bzw. AB-Form. Diese Formeinheiten, meist Refrains von → Standards, → Oldies, → Evergreens

usw. – die Verse dieser Titel entfallen beim Improvisieren –, tragen die Bezeichnung → *Chorus*. Die Länge der Improvisation ist also durch die Taktzahl gegeben, wobei seltener deren Halbierung, oft aber Verdopplung und weitere Ausdehnung erfolgen.
Der Old Time Jazz beruht weitgehend auf dem im Bläserensemble (Lead-Kornett, Klarinette, Posaune) anzutreffenden Variationsprinzip. Die Melodie als Grundlage erfährt mehr oder weniger starke Umspielung bzw. Abwandlung, das Musizieren vollzieht sich also horizontal, Zusammenklänge sind zufallsbedingt. Alfons Maria Dauer schreibt dazu: »Die Stegreifvariation ... bezieht sich auf die gegebene Vorlage (Melodie) und gestaltet diese nach bestimmten Gesetzmäßigkeiten um. Im negerischen Musizieren durch die (→) Varianten-Heterophonie ..., durch tonalen Ausgleich (das gegebene Melodieprofil bleibt erhalten, die Einzeltöne werden entweder untereinander oder durch ihre tonal nächst verwandten Intervalle ausgetauscht), durch melodische und rhythmische Paraphrase (Umschreibung). Im europäischen Musizieren durch die bekannten Mittel der Verzierung: Diminuieren, Passeggieren, Figurieren, Vorhalte, Durchgänge, Wechselnoten, Triller, Intervallbrechungen (arpeggieren), Doppelschlag (Circulatio), Pralltriller, Mordent usw.« (Jazz. Die magische Musik, Bremen 1961, 328). Im Old Time Jazz dominiert die *Kollektivvariation* (→ Kollektivimprovisation). In den Chorussen stehen jeweils andere Bläser im Vordergrund, übernehmen die Lead-Stimme, jedoch stets von der gesamten Band unterstützt. Einzige Solostellen waren die → *Breaks*, aus denen sich dann Ende der zwanziger Jahre die Soloimprovisation entwickelte. Neben der Melodieumspielung muß das Ruf-Antwort-Prinzip (→ Call and response) als Improvisationsmethode im Blues genannt werden, wobei hier die Musiker bereits an die Harmoniefolge gebunden sind. Auch ein- und zweitaktige Rhythmusfiguren, sogen. → Stomps, dienten als Ausgangspunkt zur Melodieerfindung.
Im Laufe der zwanziger Jahre wurde zunehmend das Harmoniegerüst des Themas zur Verständigungsgrundlage der Improvisierenden, d. h. das Vertikale, der Zusammenklang gewann an Bedeutung. Das führte nunmehr

zur Schaffung eigenständiger, nicht in melodischer Abhängigkeit zum Thema verlaufender Melodielinien. Die Grundharmonien erfuhren seit den dreißiger Jahren eine klangliche Aufstockung durch Hinzufügen von Zusatztönen und eine Erweiterung durch Nebenklänge, Dominantvertreter usw. bis zum ständigen halbtaktigen Harmoniewechsel (→ Harmonik).

Als Novum kam im → Chicago-Stil die *Soloimprovisation* auf, die Frank *Teschemacher* (1906–1932) eingeführt haben soll. Als Standardfolge ergab sich nunmehr: im Kollektiv vorgetragenes Thema – Reihung von Solochorussen mit Begleitung durch die Rhythmusgruppe (auch mit Bläser-Riffs) – abschließend wieder das Thema, auch als Kollektivimprovisation. In den Jazzstilen seit dem Bebop nahm der Stellenwert des Themas als musikalisch-inhaltlicher Ausgangspunkt ab, dagegen stieg das Ansehen des Individuellen im Solospiel, wobei der Bezug zum Thema kaum noch spürbar blieb. Mitunter wurde sogar darauf verzichtet. Größere Freiheit in der melodischen Erfindung gewährte der → Modal Jazz: Anstelle halbtaktiger Harmoniewechsel konnten die Musiker nunmehr über mehrtaktige Abschnitte unter Zugrundelegung von modalen Leitern improvisieren. Dies war bereits ein Schritt zum Free Jazz der sechziger Jahre, in dem die harmonische Bindung ebenso wie die Taktbegrenzung vollends aufgegeben wurden. Als Bezugspunkte galten nun die Mitspieler, die Improvisationskunst zeigte sich im dialogisierenden Miteinander ebenso wie im kontrastierenden Solo, bei dem erweiterte Klangräume auch durch neue Spieltechniken erschlossen wurden.

Das Improvisieren hat im Rock einen wesentlich geringeren Stellenwert als im Jazz. Es leitet sich vom Blues bzw. vom Rhythm & Blues, von verschiedenen Folktraditionen und vom Jazz ab. Rockspezifische Eigenheiten (Harmonik, Instrumentarium, Sound, Effekte, Lautstärke usw.) prägen das Chorusspiel. So finden sich viele kürzere (zwölf- bzw. sechzehntaktige) Chorusse als instrumentales Zwischenspiel, die Gesangteile verbindend. Andererseits fehlt es nicht an ausgedehnten, überlangen (unter Drogen eingespielten) Soli mit oft nur geringer musikalischer Substanz bzw. endlosen pseudovirtuosen Selbstdarstellungen bei

Live-Konzerten. Das bewußte Meiden komplizierter, rasch wechselnder Harmoniefolgen führte im Rock häufig zu Chorussen über nur zwei Harmonien (oft sogar nur über einem Akkord) mit modalen, bevorzugt auch pentatonischen Wendungen. Zu exzellenten Improvisatoren in ihrem stilistischen Bereich zählen u. v. a. die Gitarristen Eric *Clapton* (geb. 1945), John *McLaughlin* (geb. 1942), Carlos *Santana* (geb. 1947), Jimi *Hendrix* (1942–1970). Vom Swing ausgehend verstärkte sich der Einsatz von Improvisationen als Arrangementseffekt auch in der Tanzmusik (Ensemblechorusse, Solochorusse). Einen großen Anteil nahm das Improvisieren z. B. in der Bar- und Combo-Tanzmusik der fünfziger/sechziger Jahre ein.

Improvised Music [engl., ′imprəvaizd ′mju:zik]: in den siebziger Jahren von britischen Musikern wie dem Saxophonisten Evan *Parker* (geb. 1944), dem Posaunisten Paul *Rutherford* (geb. 1940) oder dem Schlagzeuger und Perkussionisten Tony *Oxley* (geb. 1938) aufgebrachte Bezeichnung, mit der sie ihre Musik als europäische Form des zeitgenössischen Jazz von dem aus den USA kommenden → Free Jazz abheben wollten. Daraus ist ein relativ eigenständiger Zweig des europäischen Jazz geworden, für den eine Improvisationspraxis kennzeichnend ist, die sich bewußt außerhalb des Traditionszusammenhangs der Jazzentwicklung stellt. Mit Bezug auf die europäische Musiktradition, besonders der zeitgenössischen Musik im Umkreis und der Nachfolge von Arnold Schönberg (1874 bis 1951) und Anton Webern (1883 bis 1945), wurde hier eine neue Form des improvisierenden Musizierens zu entwickeln versucht, die dem Jazz zwar vergleichbar ist, sich von seinen in der Kultur der USA verwurzelten Spielkonventionen jedoch zugleich emanzipiert, um an dessen Stelle etwas Eigenes zu setzen. Festlegbar auf ein bestimmtes stilistisches Modell ist das allerdings nicht, auch wenn beispielsweise die Konzentration auf Klangfarbe als musikalische Ausdrucksqualität oder die weitgehende Aufhebung des für den Jazz charakteristischen, gedachten oder markierten durchgehenden Kontinuums metrisch-rhythmischer Grundeinheiten (→ Beat) durchaus allgemeine Strukturmerkmale der Improvised Music darstellen.

Lionel Hampton

Benny Goodman

Folgende Seiten:
Chick Corea
James Booker

Louis Armstrong

Uschi Brüning
Joe Sachse
Klaus Koch
Hannes Zerbe

223

Conrad Bauer
Ulrich Gumpert
Manfred Schulze

Vorhergehende Seiten:
Rosay Wortham
Aldar Pege

Seite 228:
Dizzy Gillespie
Billy Cobham

Günther Fischer

Didier Lockwood

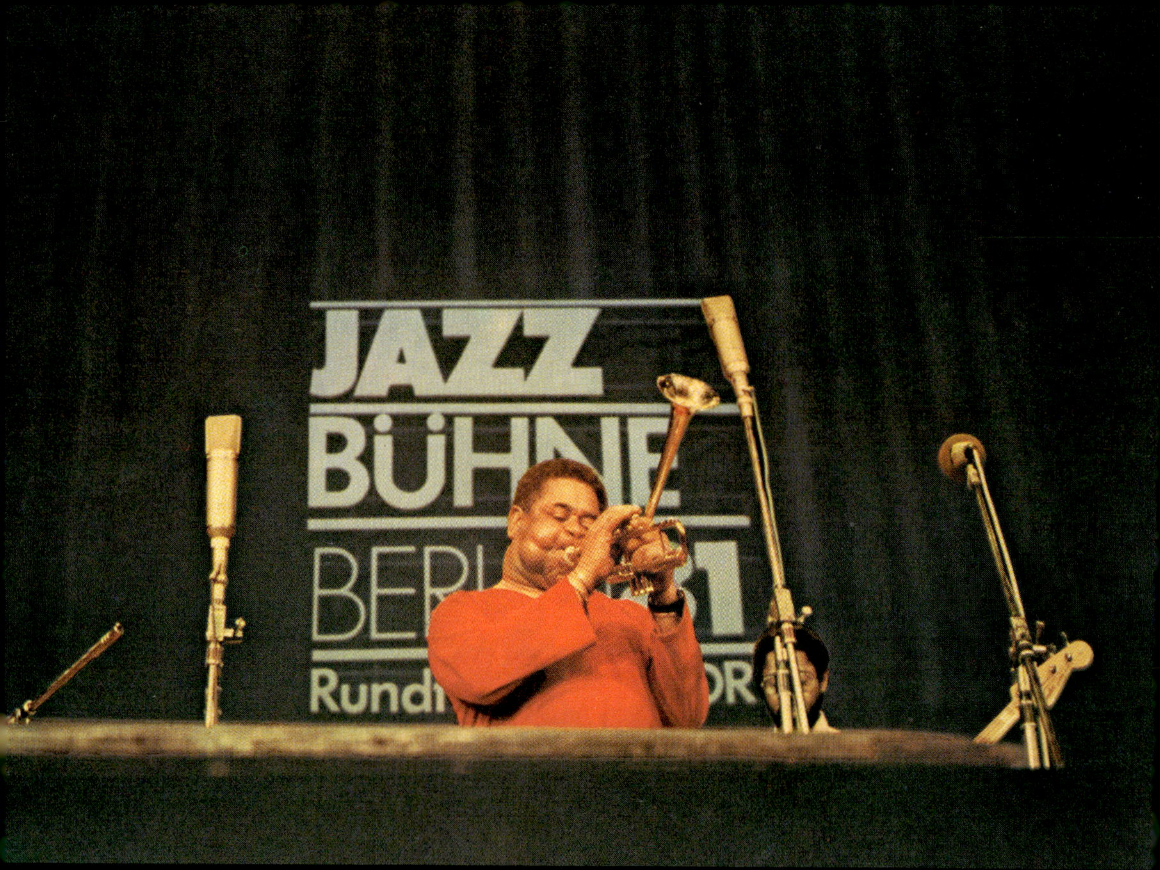
JAZZ
BÜHNE

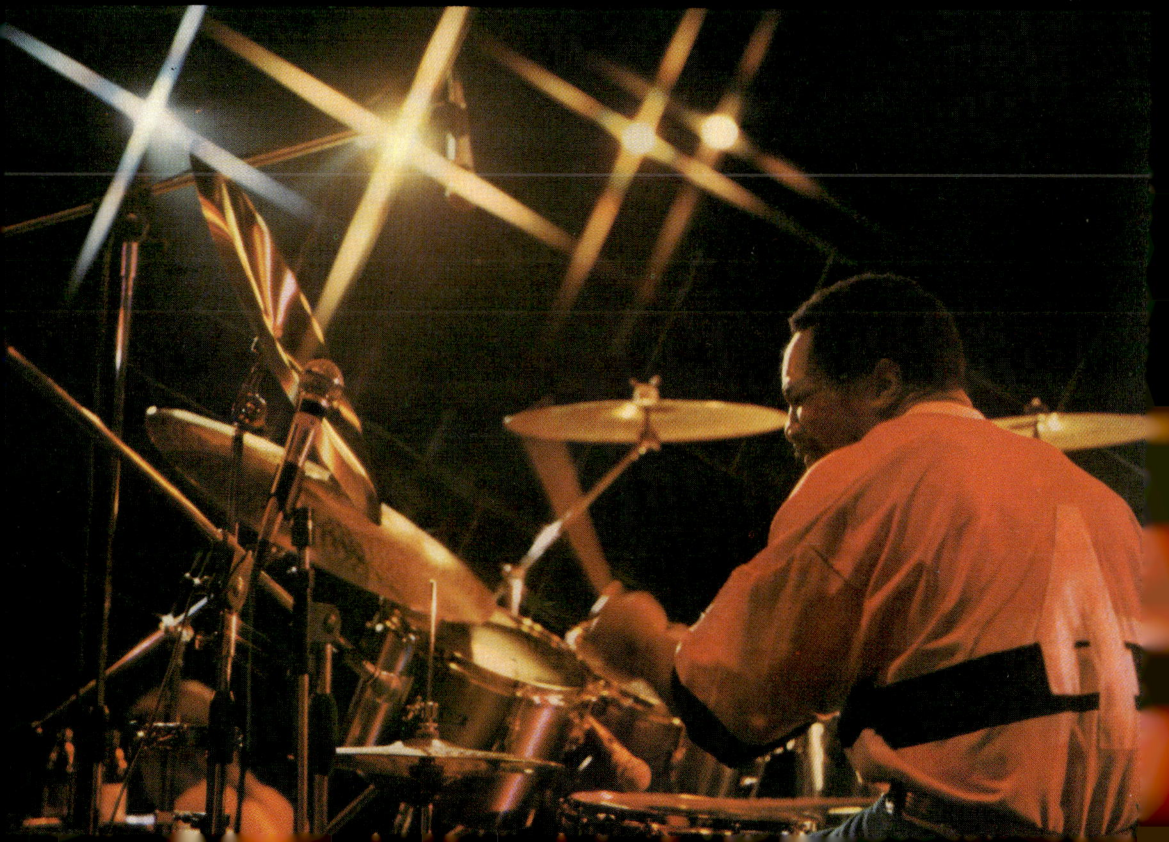

improvisierte Musik: → Improvised Music.

Indie [engl., Abk. von independent = »unabhängig«]: Bezeichnung für kleinere, von den marktbestimmenden Konzernen unabhängige Schallplattenunternehmen. Indies kamen in den dreißiger Jahren in den USA auf. Zahlreiche Jazzaufnahmen, die heute von großem historischem Wert sind, wurden von ihnen veröffentlicht. Diese meist nur für kurze Zeit existierenden Labels scheiterten in der Regel am fehlenden eigenen Vertriebssystem. Deshalb kam es häufig zu Zusammenschlüssen bzw. zu Vereinbarungen mit den großen Plattenfirmen. Indies förderten und propagierten im Rahmen ihrer Möglichkeiten seit den sechziger Jahren auch viele progressive Rockgruppen, vor allem jene, die abseits vom kommerziellen Geschehen mit neuen musikalischen und klanglichen Mitteln experimentierten oder wegen ihrer gesellschaftskritischen Haltung von den Konzernen negiert wurden. Indie-Labels verhalfen einer großen Zahl von Punk- und New-Wave-Gruppen zur Veröffentlichung und spielen seither eine wichtige Rolle in der internationalen Rockmusikentwicklung.

Input/Output [engl., 'input/'autput]: Eingang/Ausgang bei Verstärkern, elektronischen Effektgeräten, Mischpulten, Tonbandgeräten u. a. spezielle Angaben:
· output/power output (engl., 'pauə): Ausgangsleistung (in Watt)
· input/output level (engl., 'levl): Eingangs-/Ausgangs-Pegel (in dBm)
· input/output sensitivity (engl., sensi'tiviti): Eingangs-/Ausgangs-Empfindlichkeit (in dBm)
· input/output impedance (engl., im'pidəns): Eingangs-/Ausgangs-Scheinwiderstand (in Ohm)

Insider [engl., 'insaidə, sinngemäß »Eingeweihter«]: Bezeichnung für Leute, die durch ihren Beruf (als Journalist, Rundfunkredakteur usw.) und/oder persönliche Beziehungen über die internen Vorgänge der Branche informiert sind, über nicht-öffentliche Informationen, Hintergrundwissen und Detailkenntnis verfügen. Der Begriff hat auch eine leicht abschätzige Nebenbedeutung, weil die Insider meist die »Gerüchteköche« der Szene sind.

Instrumentalverstärker: spezielle → Verstärker für elektronische und elektrisch abgenommene Einzelinstrumente in separater Form oder bei Tasteninstrumenten auch als fest eingebautes Gerät. Sie dienen zu Übungszwecken und als Bühnenverstärker (z. B. für E-Gitarre und E-Baß). Die Eingliederung in eine → PA-Anlage erfolgt über Mikrophone vor dem Lautsprecher, der häufig mit dem Verstärker in einem Gehäuse untergebracht ist oder extern angeschlossen wird. Instrumentalverstärker sind in der Regel für bestimmte Instrumente optimiert, das heißt, sie richten sich sowohl im Übertragungsbereich und dessen Klangregelungsmöglichkeiten (z. B. durch eingebaute → Equalizer) als auch in der aufgebrachten Leistung (Baßverstärker benötigen 100 bis 200 und mehr Watt, Verstärker für E-Gitarre nur 50 bis 100 Watt) nach dem betreffenden Instrument. Zahlreiche Musiker (vor allem Rockgitarristen) bevorzugen trotz der qualitativen Nachteile Röhrenverstärker gegenüber transistorierten Geräten, gerade wegen des verzerrten, verschwommenen Klangs und der damit möglichen → Übersteuerungseffekte.
Instrumentalverstärker bestehen aus zwei Baugruppen (Stufen): *Vor-* und *End*verstärker (*Pre-*Amplifier, *Power-*Amplifier). Der Vorverstärker nimmt die Eingangsspannung auf und bringt sie auf einen höheren Ausgangswert. Dabei wird das Signal gleichzeitig ausgerichtet, das heißt, die → Klangregelung nach Höhen und Tiefen, die Lautstärkeregelung und eventuell auch die stereophone Verteilung (es handelt sich aber in der Regel um monophone Geräte) erfolgt im Vorverstärker. Der eigentlich spannungsverstärkende Teil (von Werten um 1 mV auf mehrere Volt) des Instrumentalverstärkers ist die Endstufe. Hier wird die Leistung erbracht, die zur Ansteuerung des Lautsprechers erforderlich ist. Auch an der Endstufe besteht die Möglichkeit der Lautstärkeregelung (Master Volume).
Wichtige Herstellerfirmen der unterschiedlichsten Varianten von Instrumentalverstärkern sind Dynacord, Echolette, Ibanez, JBL, Marshal, Music Man, Peavey, Yamaha und in der DDR Vermona.

Instrumentierung: die Übertragung einer bereits auskomponierten Vorlage (Klaviersatz,

→ Particell) in eine vorgegebene Instrumentalbesetzung (Instrumentation).

Intermezzo [ital.]: ursprünglich Bezeichnung für ein szenisches oder instrumentales Zwischenspiel in der italienischen Oper; der Begriff wurde im 19. Jh. auch auf selbständige Instrumentalstücke in der Art des Charakterstücks übertragen und fand so Eingang in die → Salonmusik. Noch heute wird er im Bereich der instrumentalen → Unterhaltungsmusik als Titel für Kompositionen verwendet, die nicht an ein festes Formmodell gebunden sind.

Interpret [abgeleitet von »interpretieren«, sinngemäß »ausdeuten, gestalten, nachschöpfen« einer kompositorischen Vorlage]: Interpreten sind Sänger oder Musiker, die nicht mit eigenen Titeln auftreten; der Begriff wird häufig aber auch einfach synonym mit Musiker bzw. Sänger gebraucht.

Interpretation: Vorgang der klanglichen Realisierung schriftlich fixierter Musik, also des Umsetzens vorher »komponierter« struktureller Abläufe in klingende Musik. In großen Teilen der populären Musik, wie zum Beispiel dem Jazz oder der Rockmusik, ist genaugenommen von einer Interpretation im strengen Wortsinn nicht mehr zu sprechen, da das Musizieren hier nicht ein bloßes Umsetzen schriftlich vorgegebener Abläufe darstellt. Allerdings wird in einem weiteren Sinne mit diesem Begriff auch die handwerklich-technische Ausführung generell bezeichnet, so daß unter Interpretation dann die spieltechnische oder gesangliche Qualität des Musizierens zu verstehen ist.

Intervall [lat., intervallum = »Zwischenraum«]: der Abstand bzw. das Verhältnis zweier Töne, die sowohl zusammen (*simultan*), z. B. in einem Akkord, als auch nacheinander (*sukzessiv*), z. B. in einer Melodie, erklingen können. Intervalle werden mit lateinischen Ordnungszahlen benannt. In einer Stammform treten die reinen Intervalle (Prime, Quarte, Quinte, Oktave, Undezime), in zwei Stammformen treten die großen bzw. kleinen Intervalle (Sekunde, Terz, Sexte, Septime; None, Dezime) auf. Reine und große Intervalle können durch chromatische Erweiterung zu übermäßigen Intervallen werden, reine und

kleine Intervalle können durch chromatische Verkleinerung zu verminderten Intervallen werden.

Übersicht (Bezugston c^1):

Die kursiv unterstellten Zahlen und Zeichen entsprechen dem von der Berklee-School verwendeten System:

rein (r) = Zahl ohne Zusatz
groß (g) = M vor der Zahl (= major)
klein (k) = − vor der Zahl
übermäßig (ü) = ♯ vor der Zahl
vermindert (v) = ♭ vor der Zahl

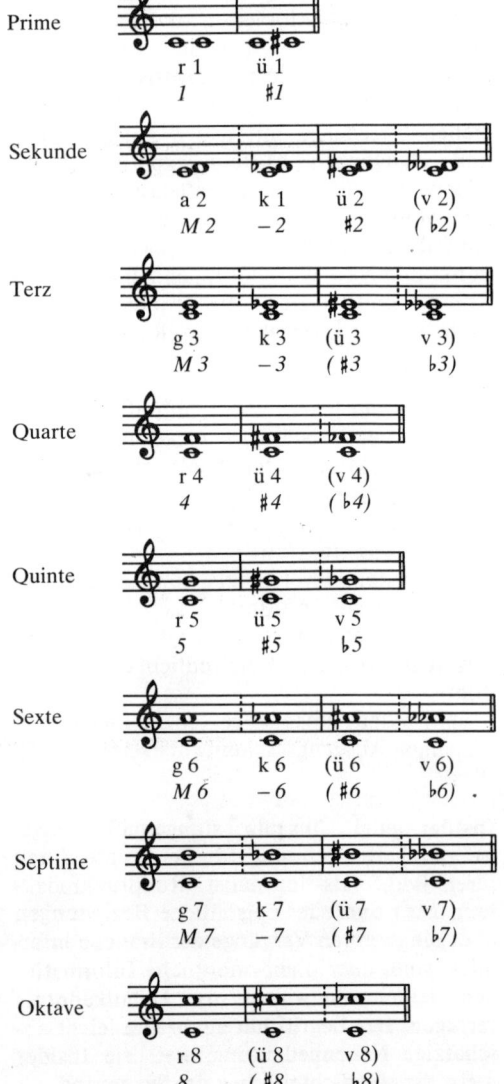

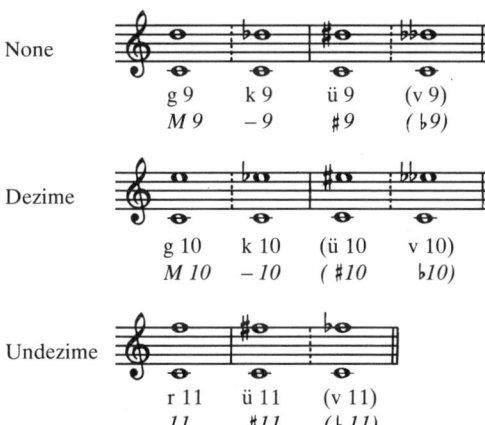

None

g 9 k 9 ü 9 (v 9)
M 9 − 9 #9 (♭9)

Dezime

g 10 k 10 (ü 10 v 10)
M 10 − 10 (#10 ♭10)

Undezime

r 11 ü 11 (v 11)
11 #11 (♭11)

Eingeklammerte Intervalle treten selten auf.

Für die populäre Musik ist die Unterscheidung in stabile und labile Intervalle von Bedeutung. Stabil sind z. B. die Tonstufen im → Dur-Moll-System, labil z. B. die → Blue Notes bzw. andere durch spezielle → Tongebung verschleierte Töne im Blues, Jazz und Rock.
→ Tritonus, → Akkordsymbolschrift.

Intonation [lat., wörtlich »An-, Einstimmung«]: 1.) das Einhalten bzw. Treffen der vorgegebenen Tonhöhe bei der Interpretation, d. h. das »saubere« Singen und Blasen, das präzise Greifen auf bundlosen Instrumenten (Violine, Kontrabaß), das Musizieren auf exakt gestimmten (→ Stimmung) Instrumenten.

Zwischentöne, → Glissandi, → Dirty Tones usw. gehören – als Stilmittel bewußt eingesetzt – zur Blues-, Jazz- bzw. Rock-Intonation;
2.) die Art und Weise der → Tongebung und -gestaltung. Im Jazz dominierte z. B. bis zum Einsatz des Cool Jazz die → Hot-Intonation und damit verbunden eine perkussive Tongebung.

Intro, Introduktion [ital./engl., ′introu, intrə′dʌkʃn, wörtlich »Einführung, Einleitung«]: zwei-, meist vier-, auch achttaktiges Vorspiel eines Jazz-, Rock- oder Poptitels. Diese Einleitung hat die Funktion, das Folgende vorzubereiten, Spannung aufzubauen. Das kann durch Verwendung von thematischem Material geschehen (Melodiefragment, Akkordfolge, Grundrhythmus des Themas), aber auch durch Voranstellen von themafremden »allgemeinen« Melodiefiguren, Kadenzen (→ Turnaround) oder Rhythmuspatterns, die lediglich das Tempo festlegen und eine gewisse Erwartungshaltung bzw. Stimmung erzeugen. Besondere Bedeutung kommt der Introduktion beim → Wiener Walzer zu; hier erfolgt eine großangelegte, z. T. sinfonisch gearbeitete »Aufforderung zum Tanz« (anderes Tempo, andere Taktart, Anklingen wesentlicher Motive der folgenden → Walzerkette) – eine Entsprechung zur → Coda. Der Begriff wird auch verwendet für Einleitungsstücke bzw. -titel zu → Konzept-Alben.

Jagdhorn: ursprünglich ventilloses Blechblasinstrument; eng mensuriertes, mehrfach kreisförmig gewundenes, leicht konisches Rohr; *Parforcehorn*: mit großem Kreisdurchmesser und ausladendem Schallstück; *Pleßhorn*: weiter mensuriert, kleiner Kreisdurchmesser, mit drei → Ventilen; Stimmung in B und Es (Tonumfang etwa wie Trompete). Jagdhörner gehören zum jagdlichen Brauchtum (traditionelle Signale), darüber hinaus zählen die Jagdhorn-Bläsergruppen zur → Blasmusik.

Jam Session [engl., dʒæm ′seʃən]: zwangloses Zusammenkommen von interessierten Musikern, um ohne Publikum, ohne festgelegte Besetzung, ohne Arrangements, sozusagen »auf Zuruf« improvisieren (»jammen«) zu können. Verbindlich sind meist lediglich die Harmoniefolge des gewählten → Themas und das Tempo. Diese »Sessions« gab es schon in New Orleans (Kollektivimprovisation), Mitte der zwanziger Jahre trat mehr und mehr das individuelle Solospiel (Reihung von → Chorussen) in den Vordergrund. Zahlreiche organisierte Jam Sessions, zunehmend auch öffentlich, sind als Mitschnitt auf Schallplatten erhalten. Derartige Improvisationstreffen gehören auch zum geselligen Leben anderer musikalischer Bereiche.

Java: im ¾-Takt stehender, kurzlebiger Modetanz der zwanziger Jahre.

Jawbone [engl., ′dʒɔ:boun, wörtlich »Kieferknochen«]: → Quijada.

Jazz [amerik., dʒæz]: afroamerikanische Form der populären Musik, die im letzten Drittel des 19. Jh. in den Südstaaten der USA aus dem spannungs- und konfliktreichen Verhältnis der in Nordamerika aufeinandertreffenden unterschiedlichen kulturellen Traditionen seiner schwarzen und weißen Bevölkerung entstand, sich weltweit ausbreitete und heute zu einem eigenständigen Bestandteil der zeitgenössischen Musikentwicklung in nahezu allen Ländern der Welt geworden ist. Auch wenn damit weiße Musiker an dieser ursprünglich von den Afroamerikanern entwickelten Musizierweise in immer größerem Maße partizipierten, ihrerseits dann neue Spielweise einbrachten, blieb das Spannungsverhältnis beider Kulturen doch ein den Jazz prägendes Moment. Der Begriff selbst entstammt dem afroamerikanischen Slang, in dem er vermutlich sexuelle Konnotationen besaß. Die Übertragung auf Musik wird der aus weißen Musikern bestehenden *Original Dixieland Jass Band* zugeschrieben, die 1917 in New York die erste Schallplattenaufnahme dazu einspielte. Die Afroamerikaner nannten ihre Musik bis dahin Dixieland Music, was mit der späteren Bedeutung dieser Bezeichnung nicht zu verwechseln ist (→ Dixieland), → Ragtime oder – durchaus zutreffend – Fake Music (von engl. *to fake* = »zurechtmachen«). Eine allgemeine Definition des Jazz ist angesichts seiner enormen stilistischen Vielfalt, der großen Bedeutung der Individualität des Musikers in dieser Musizierweise, der sich ständig verändernden sozialen Kontextbeziehungen ein nahezu aussichtsloses Unterfangen. Jazz bestimmt sich vielmehr hauptsächlich durch ästhetische Kriterien, deren musikalische Entsprechungen sich in permanenter Veränderung befinden und im Verlauf seiner Entwicklung in oft extremer Polarisierung ausgeprägt worden sind. Jazz wird definiert durch ein bestimmtes Verhältnis zur musikalischen Zeit, das in einer → swing genannten rhythmisch-dynamischen Bewegungsform des Musizierens realisiert ist; durch sein Verhältnis zur musikalischen Form, die als prinzipiell offen aus dem dialektischen Widerspruch von Komposition und Improvisation heraus entwickelt wird; und schließlich durch das Verhältnis zum Vorgang des Musizierens selbst, das im Spannungsfeld zwischen Individualität und Kollektivität als Ausdruck von Spontaneität und Vitalität aufgefaßt ist. Jeder Stil in der fast einhundertjährigen historischen Entwicklung des Jazz hat dafür neue musikalische Lösungen hervorgebracht, die Gegensätze umspannen, die vom einfachen Two-Beat-Spiel (→ Two Beat) des → New Orleans Jazz bis zu den irregulären Rhythmen in den entwickeltsten Spielweisen des → Modern Jazz, von der nahezu durchkomponierten Form des Swing-Stils (→ Swing) bis zur freien Improvisation im → Free Jazz reichen. Doch so wie der Swing die Improvisation nicht einfach durch die Komposition ersetzt, sondern sie vielmehr in diese hineinnimmt, so bedeutet die freie Improvisation im Free Jazz andererseits nicht, daß das formbildende Moment der Komposition ganz außer Kraft gesetzt ist, da es selbst im radikalen Versuch seiner Negation als Bezug anwesend bleibt. So repräsentiert beides, von gegensätzlichen Ausgangspunkten her, nur eine unterschiedliche musikalische Lösungsvariante für die dialektische Vermittlung von Improvisation und Komposition. Daß sich der Jazz damit nicht durch einen Kanon wie immer auch gefaßter Musizierprinzipien definiert, macht die Dynamik seiner Entwicklung aus, auch wenn innerhalb der einzelnen Stilkonzepte natürlich konstitutive musikalische Verbindlichkeiten existieren, und hat ihn zu einer ständigen Herausforderung an die Kreativität des Musikers werden lassen, was sich in seiner Vielzahl von Spielweisen und Stilformen niederschlägt.
Die Ursprünge des Jazz liegen in der afroamerikanischen Folklore (→ afroamerikanische Musik), in → Blues und → Ragtime. Vorbereitet worden ist er durch eine Reihe von In-

Etta Cameron

Storyville (New Orleans um 1900)

strumentalstilen, die als Straßenmusik in den Städten des Südens unter den afroamerikanischen → Street- oder Marching- bzw. → Brass Bands entstanden und oft auch unter der Bezeichnung → archaischer Jazz zusammengefaßt werden. Sie verschmolzen die Eigenheiten ihrer Folklore in Spielweise, Timbre, Rhythmus und Intonation mit dem europäischen Repertoire der → Blasmusik, das sie imitierten. Das Zusammenspiel der Bands war durch eine einfache Funktionsteilung der Instrumente geregelt, die sich später durch die Entwicklung des Jazz hindurchzieht. Große Trommel, Kleine Trommel und Tuba gaben den vom Marsch abgeleiteten Rhythmus vor (→ Rhythm Section), während Kornett, seltener Trompete, Posaune und Klarinette als Melodieinstrumente (→ Melody Section) – in der Regel noch mehrfach besetzt – den homophonen Satzaufbau der nachgespielten Stücke linear auflösten, indem die Mittelstimmen improvisierend variiert wurden. In Ragtime-Manier spielten sie dabei die Melodie synkopisch gegen das Metrum, was zur allmählichen Neutralisierung der strengen Marschrhythmik mit ihrer starren 1–3-Betonung führte. Im Ergebnis dessen fielen die Melodieakzente nicht mehr nur auf die eigentlich »leichten« Taktteile, sondern auch zwischen die metrischen Grundschläge, womit die Offbeat-Akzentuierung (→ offbeat) der Jazzrhythmik vorbereitet wurde. Im Unterschied zum synkopierten Ragtime-Stil tritt im Jazz dann an die Stelle des Taktmetrums mit seiner regelmäßigen inneren Akzentverteilung ein gleichmäßig pulsierender → Beat als metrischer Grundschlag

und Tempovorgabe, während die Akzentverteilung mit jenen dem Jazz eigentümlichen rhythmischen Spannungen sich nun aus dem Wechsel des Spiels auf dem Beat (onbeat) – d. h. mit dem Zusammenfallen von Melodiebetonung und metrischer Grundeinheit – und gegen den Beat (offbeat) – d. h. mit den Melodieakzenten zwischen den metrischen Grundschlägen – ergibt. Der Übergang vom Taktmetrum zur eigentlichen Jazzrhythmik vollzog sich über Zwischenstufen, die für die ersten Jazzformen charakteristisch sind (→ New Orleans Jazz, → Chicago-Stil) und als → Two Beat und → Four Beat bezeichnet werden. Einen großen Einfluß auf den Übergang vom Ragtime-Stil zum Jazz hatte die Entstehung der Tanzhallen Ende des 19. Jh. Die afroamerikanischen Brass Bands von der Straße musizierten hier in reduzierter Besetzung zum Tanz. Das brachte zum einen, da jetzt im Sitzen gespielt werden konnte, die Zusammenlegung von Großer und Kleiner Trommel zu dem von nur einem Musiker bedienten → Schlagzeug mit insgesamt größerer rhythmischer Flexibilität, führte zum anderen, da die viel kleinere Zahl der Musiker auch kontrolliert aufeinander zu reagieren imstande war, zur Auflösung der feststehenden Formmodelle in einem kollektiv improvisierenden Variationsverfahren.

Einen ersten Höhepunkt hatte der sich herausbildende Jazz zu Beginn des Jahrhunderts in New Orleans, was dieser Entwicklungsphase nachträglich dann die Bezeichnung → New Orleans Jazz eingebracht hat. Die hier von dem Ratsherrn Story 1897 durchgesetzte Legalisierung der Prostitution hatte ein Vergnügungsviertel in der Stadt entstehen lassen, nach ihm auch Storyville genannt, dessen zwielichtige Etablissements, unzählige Tanzhallen und Kneipen gerade den Jazzmusikern vielfältige Arbeitsmöglichkeiten boten. Als ethnischer Faktor besonderer Art kamen die in New Orleans lebenden kreolischen Musiker hinzu, die aufgrund ihrer wechselvollen Geschichte, in der sie zunächst eine den europäischen Traditionen verpflichtete Kultur ausbilden konnten, bevor sie 1889 den Schwarzen gleichgestellt wurden, einen ebenso eigenständigen wie bedeutsamen Beitrag zur Herausbildung und Entwicklung des Jazz leisteten (→ Creole Jazz). Als der durch den ersten Weltkrieg ausgelöste Arbeitskräftemangel in der auf Hochtouren gebrachten Rüstungsindustrie Tausende Südstaaten-Neger in die Industriezentren des Nordens zog, wurde Chicago zum Sammelpunkt der farbigen Musiker aus dem Süden. Inzwischen hatte der Jazz durch die 1917 verordnete Auflösung von Storyville, die im Zusammenhang mit der kriegsbedingten Umwandlung der Hafenstadt New Orleans in einen Marinestützpunkt erfolgte, auch das Zentrum seiner Entwicklung im Süden verloren. Die New-Orleans-Musiker, oft schon der zweiten Generation, fanden in Chicago eine neue Heimstatt und gründeten dort neue Bands, die auch die auf Schallplatte dokumentierten Repräsentanten des New Orleans Jazz wurden. In Chicago begannen nun erstmals auch weiße Musiker sich um einen eigenständigen Beitrag zur Entwicklung dieser Musik zu bemühen, der als → Chicago-Stil in die Jazzgeschichte eingegangen ist, während sie sich zuvor mit dem sogen. → Dixieland auf die nicht selten bloß karikierende Kopie der afroamerikanischen Jazz-Kapellen beschränkt hatten. So führten sie die Soloimprovisation in den Jazz ein, mit der sich der Übergang von dem melodiebezogenen kollektiv-variativen, polyphonen Improvisationsver-

Woody Herman Big Band

fahren des New Orleans Jazz zur solistisch freien Stimmerfindung über der Harmoniefolge des Themas vollzog. Das löste zugleich eine allmähliche Umwertung des Jazz aus, dann neben der zwar nach wie vor dominierenden Funktion als → Tanzmusik wurde er nun mehr und mehr auch um seiner selbst willen, als Form der Entfaltung individueller Kreativität und spieltechnischer Virtuosität gespielt, was sich mit einem wachsenden künstlerischen Selbstbewußtsein der Jazz-Musiker verband. Mit dem → Swing hat sich der Jazz in den dreißiger Jahren weltweit – jedoch erst einmal als Tanzmusik – durchgesetzt. Das im Swing-Stil vorherrschende Big-Band-Konzept (→ Big Band) brachte mit der Notwendigkeit des Durcharrangierens der Stücke vor allem eine wesentliche Erweiterung der harmonischen Basis für das Musizieren. Aus den Big Bands traten aber auch immer wieder kleine Experimentalformationen hervor, die, obwohl im Schatten der zunehmend kommerzieller werdenden Big-Band-Shows, sich doch als entscheidend für die Weiterentwicklung des Jazz erwiesen. Hier knüpften in den vierziger Jahren die Musiker des Bebop-Kreises (→ Bebop) an, als sie als Gegenreaktion auf den kommerzialisierten Big-Band-Swing einer Erneuerung des Jazz Bahn brachen, die sich vor dem Hintergrund des wachsenden politi-

schen Selbstbewußtseins der Schwarzen ganz bewußt gegen eine Orientierung des Musizierens an den massenhaften Unterhaltungsbedürfnissen der weißen Bevölkerungsmehrheit in den USA richtete. Das löste den Jazz endgültig aus seiner funktionalen Bindung als Tanzmusik und eröffnete damit den Musikern völlig neue künstlerische Freiräume zur Entfaltung ihrer Kreativität. Die mit dem Bebop eingeleitete Entwicklungsphase wird deshalb übergreifend oft auch als → Modern Jazz von seiner bisherigen Entwicklung abgehoben. Wachsende Individualisierung der Spielweisen, zunehmende Komplexität und Differenziertheit des Musizierens kennzeichneten jetzt den Jazz der endvierziger und fünfziger Jahre, der sich nun in die unterschiedlichsten, oft geradezu gegensätzlichen Stilrichtungen zu entwickeln begann. → Afro Cuban Jazz, → Cool Jazz, → Progressive Jazz, → West Coast Jazz, → Third Stream Music und → Hard Bop umreißen diese Spannweite und führten den Jazz immer weiter an die Grenzen seiner bis dahin noch verbindlichen musikalischen Rahmenbedingungen. Die Folge Thema–Improvisation–Thema, die vorherigen Absprachen über Formverlauf, Rhythmus und thematisches Material (→ Head Arrangement) wurden so allmählich aufgegeben und durch individuelle Spielkonzepte ersetzt. Um 1960 leitete dies die als → Free Jazz bezeichnete

Entwicklungsphase des Jazz ein, zu deren europäischem Gegenstück in den siebziger Jahren die sogen. → Improvised Music wurde. Während die Avantgarde-Musiker des Free Jazz unbeirrt von den kommerziellen Widerständen, die sich ihnen entgegenstellten, in verschiedenen Formen der Selbstorganisation und mit engagierter Eigeninitiative (→ Loft Jazz) an Kreativität als der alleinigen Voraussetzung des Musizierens festzuhalten suchten, fand der Jazz mit der um 1970 entstandenen → Fusion Music, einer Synthese mit der → Rockmusik, noch einmal zu einer, wenn auch umstritten gebliebenen, großen Breitenwirkung.

Das Konzept des Free Jazz gab auch den europäischen Jazzmusikern größeren Raum für die Entfaltung ihres eigenen Potentials. Namhafte Bands und Musiker des Jazz hatte es seit den dreißiger Jahren in Europa gegeben. Zu den herausragendsten gehörte das 1934 gegründete *Quintette du Hot Club de France* mit Django *Reinhardt* (1910–1953) und dem Geiger Stéphane *Grappelly* (geb. 1908), zwei der berühmtesten Musiker des europäischen Vorkriegsjazz. Nach dem zweiten Weltkrieg bildete sich in allen europäischen Ländern eine lebendige Jazzszene heraus, die musikalisch aber noch mehr oder weniger von den stilbildenden Vorbildern aus den USA abhängig blieb.

Auch in der DDR gab es bereits in den fünfziger Jahren mit Günter *Hörig* (geb. 1927) und seinen dem Swing verpflichteten *Dresdner Tanzsinfonikern* ein durchaus profiliertes Jazzensemble, obwohl der Jazz damals heftig umstritten war, in großer Verkürzung nicht selten als Ausdruck des sich über Westeuropa verbreitenden »Amerikanismus« mißverstanden worden ist. Das 1961 gegründete *Werner-Pfüller-Quintett*, eine Formation um den Trompeter Werner *Pfüller* (geb. 1931), sowie das von Manfred *Schulze* (geb. 1934) und Ernst-Ludwig *Petrowsky* (geb. 1933) – zwei der später namhaftesten Repräsentanten des DDR-Jazz – 1962 formierte *Manfred-Ludwig-Sextett* gehörten dann ebenso wie die auf Anregung des Rundfunks von Petrowsky 1964 gebildete Studioband *Jazz-Ensemble Studio IV* zu den Bahnbrechern des zeitgenössischen Jazz, damals noch im Idiom des Hard Bop. Das 1966 entstandene *Friedhelm-Schönfeld-Trio* in der Besetzung mit dem Saxophonisten, Klarinettisten

Günter Hörig

Ernst-Ludwig Petrowsky

Manfred Hering

Hermann Keller

Johannes Bauer

Wolfgang Fiedler

Günter Sommer

und Flötisten Friedhelm *Schönfeld* (geb. 1938), dem Bassisten Klaus *Koch* (geb. 1936) und Günter *Sommer* (geb. 1943) am Schlagzeug brachte in den Jazz der DDR jenes künstlerische Selbstbewußtsein ein, mit dem er sich in den folgenden Jahren allmählich von den amerikanischen Vorbildern emanzipierte. 1967 gründete Günther *Fischer* (geb. 1944) zunächst als Quartett, später zum Quintett erweitert, eine Formation, die sich zu einer der populärsten des Jazz in der DDR entwickelte. Mit der allmählichen Durchsetzung des Free Jazz Anfang der siebziger Jahre fand der DDR-Jazz dann schließlich zu einem eigenen künstlerischen Profil und begann eine ernstzunehmende Rolle in der Entwicklung des europäischen Jazz zu spielen. Die erste Free-Jazz-Gruppe in der DDR geht auf eine Initiative des Pianisten und Posaunisten Ulrich *Gumpert* (geb. 1945) zurück, der 1973 gemeinsam mit Ernst-Ludwig Petrowsky, Günter Sommer und dem später durch Klaus Koch abgelösten Posaunisten Conrad Bauer *Synopsis* ins Leben rief. Mit seinen *Workshop Bands* I (1972) und II (1977) hat Gumpert auch in der Folgezeit dem Jazz in der DDR immer wieder maßgebliche Impulse vermittelt. Heute hat der DDR-Jazz mit Ernst-Ludwig *Petrowsky*, Manfred *Schulze*, Günter *Sommer*, Klaus *Koch*, Ulrich *Gumpert*, Günther *Fischer*, Conrad *Bauer* (geb. 1943), dem Trompeter Hans-Joa-

chim *Graswurm* (geb. 1934), den Pianisten Hannes *Zerbe* (geb. 1949) und Hermann *Keller* (geb. 1945) oder dem Posaunisten und Geiger Hubert *Katzenbeier* (geb. 1936) eine Reihe ebenso profilierter wie international vielbeachteter Musikerpersönlichkeiten aufzuweisen, die mit den von ihnen geleiteten oder durch ihre künstlerischen Aktivitäten geprägten Ensembles das Profil der Jazzszene in der DDR maßgeblich bestimmen, den DDR-Jazz auf ein künstlerisches Leistungsniveau gebracht haben, das ihm einen eigenständigen Platz im europäischen Jazz sichert.

Jazz Dance [engl./amerik., dʒæz daːns]: Bezeichnung sowohl für alle einmal zum → Jazz getanzten Tanzstile ursprünglich afroamerikanischer Herkunft als auch für eine mit dem Jazz verbundene besondere Form des Bühnentanzes, die die typischen Bewegungsabläufe afroamerikanischer Tänze mit Elementen des europäischen Balletts, später des angloamerikanischen Modern Dance, verbindet.
Da der Jazz bis zum Ende der Swing-Ära (→ Swing) hauptsächlich als Tanzmusik gespielt wurde, war mit seinem Siegeszug durch die Welt auch die Verbreitung der entsprechenden Tanzstile verbunden. Dabei handelte es

Josephine Baker

sich um mehr oder weniger stilisierte bzw. aus rassischen Vorurteilen heraus eher karikierte Kopien afroamerikanischer Tänze, die angesichts ihrer, den europäischen Tanztraditionen völlig fremden Bewegungsästhetik sowohl unter der weißen Bevölkerung der USA wie in Europa begeisterte Aufnahme fanden, andererseits zugleich als anstößig und obszön immer wieder mit Verboten belegt waren. In Deutschland wurden sie auch als Schiebe- oder Wackeltänze bezeichnet, was auf die für alle diese Tanzstile charakteristischen selbständigen Beckenbewegungen (Pelvismotionen) und damit den Wegfall weitausholender Schrittkombinationen anspielt. Grundlage der ersten Jazz-Tänze war der → Onestep, ein in kleinen Schritten hopsendes Sich-Vorwärtsbewegen der Tänzer, zu dem Becken und Oberkörper rhythmisch verdreht wurden. Er war bereits zum → Ragtime getanzt worden. Die Art der Körperbewegung dabei konnte je nach Ausführung an bestimmte Tierbewegungen erinnern, die dann zu Modevarianten stilisiert wurden – mit gleichsam fliegenden Armen als *Turkey Trot* (Truthahn-Schritt), schwerfällig und humpelnd als *Grizzly Bear* (Bärentanz). Sie waren schon in den zehner Jahren, also noch vor dem eigentlichen Jazz, zu → Cakewalk und Ragtime auch in Deutschland ungeheuer populär. Diese Art des Tanzes gab es vom Grundprinzip her auch als → *Twostep*, also mit Wechselschritten, in einer schnellen Variante als → *Quickstep*, woraus nach dem ersten Weltkrieg dann in mäßig schnellem Tempo schließlich der → *Foxtrot* (»Fuchsschritt«) wurde. Doch all das waren Vorläufer zum eigentlichen Jazz Dance, auch wenn sie bereits die Tanzweise der amerikanischen Neger nachahmten. Der erste wirkliche Jazz Dance war der zusammen mit dem Jazz um 1920 nach Europa gekommene → *Shimmy*, ein bauchtanzähnliches Beckenkreisen mit einer rhythmischen Schüttelbewegung der Schultern, wobei sich die Tänzer gegenüberstanden. Wenige Jahre später schon, um die Mitte der zwanziger Jahre, löste ihn dann der → *Charleston* ab, ein mit raffinierten Bein- und Beckenbewegungen ausgeführter Tanz, zu dessen Verbreitung in Europa die wohl berühmteste Vertreterin des Jazz Dance, Josephine *Baker* (1906–1975), mit ihrer Bühnen-Version des Charleston den Anstoß gab. Ihm folgte, eben-

falls auf der Kombination von Bein- und Beckenbewegungen aufbauend, für kurze Zeit der → *Black Bottom*. Der → Swing brachte dann mit → *Lindy Hop*, → *Jitterbug* und → *Jive* ausgesprochen bewegungsintensive Tanzweisen mit sich, bei denen das später im Rock'n'Roll-Tanz (→ Rock'n'Roll) übliche Zurückwerfen der Tanzpartnerin (throwaway) und die akrobatischen Luftfiguren mit dem Herumwirbeln der Dame über die Schultern oder um die Hüften des Herrn aufkamen. Ebenfalls mit dem Swing verbreitete sich der allerdings schon seit der Jahrhundertwende bekannte *Tap Dance* (→ Step-Tanz). Die nach dem zweiten Weltkrieg dann zu Rock'n'Roll und → Rockmusik bis hin zur Diskomusik (→ Disco Sound) ausgebildeten Tanzformen gehen in ihren Bewegungsgrundlagen alle auf die verschiedenen Formen des Jazz Dance zurück.

Jazzkadenz: Begriffsbildung der Musiker für eine im Jazz seit den dreißiger Jahren häufig anzutreffende Akkordfolge – der Verbindung II.–V. (–I.) Stufe, deshalb auch »*II-V-Folge*«. Es handelt sich um leitereigene Vierklänge (Septakkorde), wobei anstelle der Subdominante (IV) der einfachen Kadenz nunmehr die II. Stufe erscheint. Der Streit, ob diese Stufe als Subdominantparallele oder Variantklang der Doppeldominante betrachtet werden muß, ist müßig, weil gehörsmäßig nicht belegbar. Betrachtet man beide Akkorde als Einheit, was aufgrund der praktischen Anwendung logisch ist, so steht die dominantische Funktionalität außer Frage. Die »Jazzkadenz« kann wie eine Zwischendominante auch andere Kadenzklänge einführen. Oft wird die Auflösung in den jeweiligen Tonikaklang vermieden, d. h. diese Folge erhält harmonischen Eigenwert, wird im harmonischen Ablauf strukturbildend. In der Jazzimprovisation spielt sie eine äußerst wichtige Rolle als Erweiterungsmöglichkeit der Grundharmonien; als Beispiel eine »Jazzkadenz«-Kette als Harmonievariante in den ersten vier Bluestakten (anstelle der Tonika):

| C | Hm^{7}E^7 | Am^{7}D^7 | Gm^{7}C^7 | F

Jazz Rock [engl./amerik., dʒæz rɔk]: in der zweiten Hälfte der sechziger Jahre in England und den USA aufgekommene Spielart der →

Chicago

Rockmusik, die vom Bemühen um eine Integration vor allem rhythmischer und klanglicher Elemente des → Jazz in die Rockstrukturen gekennzeichnet war. Zwar hat es auch vordem schon Berührungspunkte zwischen dem Jazz und der Rockmusik gegeben – nicht zuletzt dadurch, daß immer wieder Jazzmusiker bei Studioproduktionen oder in den Bands, die für Tourneen zusammengestellt wurden, mit Rockgruppen gearbeitet haben –, aber zu Versuchen der stilistischen Verbindung und Integration beider ist es erst ab etwa 1966 gekommen. Erste Bemühungen in dieser Richtung finden sich Mitte der sechziger Jahre sowohl an der amerikanischen Westküste, bei der Gruppe *Jeremy and the Satyrs* sowie Frank Zappas *Mothers of Invention* als auch mit der bereits 1963 formierten *Graham Band Organisation* in England, aus der mit dem Schlagzeuger Ginger *Baker* (geb. 1939), dem Bassisten Jack *Bruce* (geb. 1943) und dem Gitarristen John *McLaughlin* (geb. 1942) einige der später profilbestimmendsten Musiker des Jazz Rock hervorgingen. Baker und Bruce formierten 1966 gemeinsam mit Eric *Clapton* (geb. 1945) das Trio *The Cream*, dessen kom-

plexe Improvisationstechnik wegweisend geworden ist. Sie waren es auch, die den ersten Schritt zum Aufbrechen des starren Rockbeat (→ Beat) gingen, was bei der 1967 in England gegründeten Gruppe *Soft Machine* dann zu einem musikalisch gleichberechtigten Zusammenwirken von Rhythmusgruppe und Melodieinstrumenten innerhalb eines kollektiven Improvisationskonzeptes weiterentwickelt wurde. Damit waren die musikalischen Barrieren zwischen Jazz und Rockmusik weitgehend niedergerissen, doch führte das innerhalb der Rockmusik nicht zu einer wirklichen stilistischen Synthese von beidem. Was hier in der Folgezeit unter Jazz Rock verstanden wurde, blieb stilistisch eine durch Bläsersätze und allerlei klangliche und rhythmische Effekte angereicherte Rockmusik, der ein Wesenszug des Jazz, die Entfaltung von musikalischer Kreativität in freier Improvisation, weitgehend fehlte.

In England war es ab 1968 vor allem *Colosseum*, die mit einem auf instrumentalen Jazzphrasen basierenden und vom Saxophon geprägten Sound internationale Erfolge erzielte. In den USA begann die 1967 gegründete Gruppe *Electric Flag* im Rahmen ihres zwischen Rhythm & Blues und Rock angesiedelten, stilistisch breitgefächerten Konzepts mit

Blood, Sweat & Tears

Bläsersätzen in der Art der Blues- und schwarzen Jazzbands der endvierziger Jahre zu arbeiten. Ihr folgten *Blood, Sweat & Tears*, deren erstes Album, »Child Is Father to the Man« (1968) mit den am Stil von Stan *Kenton* und Maynard *Ferguson* orientierten Bläsersätzen eine regelrechte Jazz-Rock-Welle auszulösen begann. Zu deren kommerziell erfolgreichstem Vertreter wurde die Gruppe *Chicago*, die sich mit »Chicago Transit Authority« (1969) der Öffentlichkeit vorstellte und dann bis 1975 acht vergoldete Schallplatten (→ Goldene Schallplatte) hintereinander veröffentlichte. Die musikalische Auffassung vom Jazz Rock reduzierte sich dabei mehr und mehr auf die Formel Rockmusik + Bläsersatz und dabei blieb es auch. Mitte der siebziger Jahre ließ das Interesse am Jazz Rock generell nach, was jedoch nicht bedeutete, daß Jazz-Elemente innerhalb der Rockmusik nun keine Rolle mehr spielten. Tatsächlich hat es mit *Jethro Tull* oder Steve *Winwoods* (geb. 1948) *Traffic* auch außerhalb der unter dem Etikett Jazz Rock laufenden Gruppen jazznahe Spielweisen in der Rockmusik gegeben. Der Jazz blieb, wie vordem schon, eine ständige Quelle der Inspiration für die Rockmusiker. Doch die Idee der Synthese von Jazz und Rock, die ursprünglich einmal Ausgangspunkt gewesen

war und sich gegen die Spartierung des Musikbetriebs richten sollte, war auf dem Höhepunkt der Jazz-Rock-Welle schon kaum mehr ernst genommen und wurde innerhalb der Rockmusik dann auch nicht wieder aufgegriffen. Tragfähiger waren in dieser Richtung die Versuche von Jazzmusikern wie Miles *Davis* (geb. 1926), Chick *Corea* (geb. 1941) und Herbie *Hancock* (geb. 1940), die vom Jazz her eine solche, als *Fusion Music*, *Rock Jazz* oder *Electric Jazz* bezeichnete Synthese versuchten. Wirklich gelungen ist das im Sinne einer musikalischen Verschmelzung von beidem, die weder als Jazz noch als Rockmusik anzusprechen ist, eigentlich nur dem *Mahavishnu Orchestra* von John *McLaughlin* (geb. 1942), dessen LP »The Inner Mounting Flame« (1972) ein einzigartiges Zeugnis dafür ist. → Fusion Music.

Jazz-Samba: → Bossa Nova.

Jesus Rock [engl., ′dʒisəs rɔk]: → God Rock.

Jig [engl., dʒig]: Bezeichnung für einen englisch-irischen Volkstanz, am häufigsten im ⁶⁄₈-Takt, der jedoch auch in einer Reihe anderer Taktarten (²⁄₄, ²⁄₂, ⁹⁄₈, ³⁄₈, ⁹⁄₄, ⁶⁄₄) vorkommt. Musikalisch handelte es sich dabei ursprünglich um Tanzlieder mit satirisch-spöttischen Texten, die seit dem 16. Jh. überliefert sind. Charakteristisch ist eine als → Scotch Snap bezeichnete Synkopenbildung. Eine große Rolle spielten die Jigs als Bestandteil der weißen amerikanischen → Country Music, wobei sie hier aber hauptsächlich instrumental, auf der Fiddle (→ Violine), interpretiert wurden.

Als sogen. *Negro Jigs* wurden auf sudanesische Tänze zurückzuführende afroamerikanische Formen mit rhythmischem, klanglich differenziertem Aufstampfen bezeichnet, die schon seit dem 18. Jh. überliefert sind und aus denen sich nach 1890 der → Tap Dance entwickelte. Lewis Paine beschreibt 1851 diese Jig-Tänzer: »Man hätte glauben können, sie hätten Dampfmaschinen in ihren Körpern, in einer einzigen Minute machten sie mehr Bewegungen mit ihren Beinen als ein normaler Mensch in einem Monat.« Die Tanzveranstaltungen und -wettbewerbe hießen *Breakdown*.

Jingle [engl./amerik., ˈdʒiŋgl, wörtlich »Geklingel«]: kurze und öfter wiederholte Einblendung in das laufende Rundfunkprogramm, die mit technischen und musikalischen Effekten verbunden die Senderbezeichnung oder den Sendungstitel enthält. Aufgekommen ist dieses Rundfunkgenre nach dem zweiten Weltkrieg im amerikanischen Rundfunk, wo sie dem Hörer zur ständigen Stationsidentifikation angesichts der Vielzahl entstehender Regionalsender dienen sollte. Inzwischen ist es als Identifikationsmerkmal auch für bestimmte Sendungen und Programme üblich geworden. → Trailer.

Jitterbug [amerik., ˈdʒitəbʌg]: 1.) um 1935 in den USA entstandener Gesellschaftstanz auf Boogie-Woogie- bzw. Swing-Musik, später nach Rock'n'Roll. Jitterbug (wörtlich »Zitterwanze«) geht auf eine oft akrobatisch hüpfend-springende, improvisierte Tanzweise der Farbigen im New Yorker Harlem zurück. Zunächst von den weißen Tanzschulen abgelehnt, im nazistischen Deutschland verboten, fand er dennoch ob seines Schauwertes Eingang in das internationale Tanzprogramm; heute als *Jive* bezeichnet, dabei fälschlicherweise den lateinamerikanischen Tänzen zugeordnet (seit 1974 als Turniertanz in der DDR bestätigt).
2.) im Jazzjargon *swing* spielen bzw. danach tanzen.

Jive [amerik., dʒaiv]: 1.) → Turniertanz, → Jitterbug;
2.) Jive-Talk: Jazzjargon für doppeldeutiges bzw. unsinniges Gerede, verulken;
3.) in den dreißiger Jahren Synonym für → Swing, z. B. »Jive at Five« (Count Basie, 1939).

Jodeln: in alpenländischer Tradition verwurzeltes textloses Singen auf Lautsilben (z. B. »io«, daher der Name), auch in außereuropäischen Kulturen (z. B. bei den afrikanischen Pygmäen) anzutreffen. Das Jodeln erfolgt in kurzen Rufen, aber auch in sogen. Jodel-Liedern. Melodisch überwiegen Akkordbrechungen und entsprechende Intervallsprünge (Terzen, Sexten), wobei häufig Brust- und Kopfregister gewechselt werden. Während das Jodeln auch außerhalb der Alpen, z. B. im Harz und im Erzgebirge, als lebendige, oft virtuose Musikfolklore gepflegt wird (Wettbewerbe usw.), fehlt es nicht an Beispielen kommerzieller Verwertung, besonders in der sogen. volkstümlichen Musik (Franzl Lang u. a.). Der *Blue Yodel* wurde zum Markenzeichen Jimmie *Rodgers* (1897–1933), der zwischen den Strophen seiner Country-Lieder, sozusagen als »instrumentale« Überleitung, häufig jodelte. In der Rock- und Popmusik nutzt man diese Gesangsweise gelegentlich als humoristischen Gag.

Jota [span., ˈxɔta]: in Spanien verbreitete schnelle Lied- und Tanzform (mit typischen Tangofiguren), begleitet von Gitarre und Kastagnetten; im Dreiertakt.

Jubilee [amerik., ˈdʒuːbiliː]: Form der afroamerikanischen geistlichen Musik auf der Grundlage des christlichen Evangeliums. In den Jubilees drückt sich die auf das Diesseits, die Lebensfreude gerichtete Auslegung des Evangeliums durch die Afroamerikaner aus, die ihrem Religionsverständnis weit eher entsprach als die jenseitige und auf die Leidensgeschichte Christi bezogene Lesart der christlichen Kirche. Sie sind damit das Ergebnis einer Afrikanisierung des Christentums und ihre musikalische Gestaltung ist diesem Prozeß analog. An die Stelle der Psalmen und Hymnen christlicher Liturgie tritt hier ein eigenständiges Musizieren, das durch die rhythmische Prägung, die Call-and-response-Technik (→ Call and response), die Melodiebildungsprinzipien und die Ästhetik der afroamerikanischen Musik bestimmt ist. Das unterscheidet sie auch vom → Spiritual, der anderen Hauptform afroamerikanischer geistlicher Musik, das auf die protestantischen englischen Hymnen zurückgeht. Die Jubilees folgen vielmehr einem Religionsverständnis, in dem das Einswerden mit Gott in Trance und Ekstase, in der körperlichen Selbstaufgabe, der zentrale Bezugspunkt religiöser Musikausübung ist. Musikalisch sind sie damit den → Ring Shouts verwandt, voller rhythmischer Intensität und einer kraftvollen Musikalität, begleitet von Händeklatschen und Fußstampfen, die sich bis zu unkontrollierbarer Ekstase steigern kann. Eine große Rolle spielten sie auf den im ersten Drittel des 19. Jh. im Rahmen der Wiedererweckungsbewegung, Great Awakening, organisierten Grand Camp Meetings, auf denen sie zum Ausdruck einer fanatischen religiösen Massenhingabe gemacht wurden. Bekanntestes Beispiel eines Jubilees ist »When the Saints Go Marching In«.

Jug [engl., dʒʌg, wörtlich »Krug«]: ein vor allem von Kindern und Jugendlichen der farbigen Amerikaner im 19. Jh. genutztes Ersatz-»Musikinstrument«. Indem man in einen Tonkrug mit engem Hals rhythmisch hineinsang, ergab sich ein tiefer, dumpfer Ton, der Baßfunktion zu erfüllen hatte. Die kleinen Gruppen, die mit derartigen Instrumenten umherzogen und Blaskapellen nachahmten, werden auch als *Jug Bands* bzw. als → Spasm Bands bezeichnet. Der Jug ist auf historischen Blues-Aufnahmen zu hören.

Jugendlied: → Massenlied.

JuJu, JuJu Music [afrik., dʒudʒu]: eine der Hauptformen der populären Musik Westafrikas. Sie entstand in den zwanziger Jahren hauptsächlich in Nigeria als Straßen- und Tanzmusik aus Elementen der traditionellen Gesänge, der Trommelsprache und Kultur der Yorubas, des größten Stammes unter der Bevölkerung Nigerias. Der Name für diese Musik leitet sich von einem trommelähnlichen Instrument ab. Neben der Vielfalt der afrikanischen Trommeln wird als Melodieinstrument Gitarre oder Akkordeon eingesetzt, wonach sich die Gruppen als Guitar Bands oder Accordion Bands unterscheiden. Charakteristisch für die JuJu Music ist vor allem ihre Art von Liedern, die sich aus traditionellen Preis- und Lobgesängen entwickelt haben. Wie in ganz Schwarzafrika hatte der afroamerikanische → Rhythm & Blues in den fünfziger Jahren einen großen Einfluß auf die Entwicklung auch dieser Musik, in der die Elektrogitarre damit zu einem zentralen Instrument wurde. Ebenso haben die angloamerikanische → Rockmusik und in den letzten Jahren der → Reggae Spuren in ihr hinterlassen. Das eigenwillige Klangbild ist neben den elektrisch verstärkten Gitarren, der oft als Melodieinstrument eingesetzten → Hawaii-Gitarre, gelegentlicher Verwendung von → Synthesizern vor allem durch ein reiches afrikanisches Schlagwerk gekennzeichnet. Die Transformation aus einer Straßenmusik in eine moderne Tanzmusik ist wesentlich mit dem Namen des nigerianischen Musikers I. K. *Dairo* verbunden, der zu den Veteranen der Yoruba-Musiker gehört. Inzwischen gibt es Hunderte von professionellen Bands, die diese Musik zum Tanz bei Festlichkeiten und in den städtischen Nachtklubs spielen. Der wichtigste und in Nigeria selbst populärste Vertreter der JuJu Music ist neben Ebenezer *Obey* (geb. 1942) vor allem *King Sunny Adé and his African Beats*, der sie Anfang der achtziger Jahre als Zeugnis der enorm reichen, in Europa aber nahezu unbekannten populären Musik Schwarzafrikas auch international bekannt machte.
→ High Life.

Juke Box [amerik., dʒuːk bɔks]: → Music Box.

Juking [amerik., ˈdʒuːkiŋ]: → Boogie Woogie.

Jump [engl./amerik., dʒʌmp; auch *Jumpin'*, wörtlich »Sprung«]: Synonym für → Swing von besonderer rhythmischer Intensität, häufig in Titelbezeichnungen verwendet wie »Jumpin' at the Woodside« (Count Basie, 1938), »Jumpin' with Symphony Sid« (Lester Young, 1949).
→ Jump Blues.

Billie Holiday

Jimmy Rushing

Jump Blues [amerik., dʒʌmp bluːz]: eine vom → Swing beeinflußte Version des Blues, die auf der Grundlage der vor allem in den Städten des amerikanischen Mittelwestens (Kansas City) entwickelten Verschmelzung des Blues mit charakteristischen Elementen des → Jazz in den dreißiger Jahren entstand. Hier flossen in den Blues-Etablissements die → Big-Band- und die → Boogie-Traditionen des mittleren Westens mit dem Blues zusammen, mußte im Lärm der Lokale ein durchdringender, aber dafür rhythmisch intensiver, swingender Gesangsstil (→ Blues Shouting) herausgebildet werden, der dann zur Voraussetzung für den tanzbaren Jump Blues mit Big-Band-Begleitung wurde. Dieser erfreute sich in den vierziger Jahren vor allem bei den farbigen Industriearbeitern, die schon lange unter den großstädtischen Bedingungen lebten und den Kontakt zur volksmusikalischen Tradition inzwischen weitgehend verloren hatten, sehr gro-ßer Beliebtheit. Neben dem Sänger und Altsaxophonisten Louis *Jordan* (1908–1975) wurde dieser Stil dann hauptsächlich von Jazzsängern wie Jimmy *Rushing* (1903–1972), Helen *Humes* (1913–1981), der jungen Ella *Fitzgerald* (geb. 1918) und Billie *Holiday* (1915–1959) vertreten.
→ Blues.

Jungle Style [engl., ˈdʒʌŋgl stail, wörtlich »Dschungel-Stil«]: bezeichnet eine charakteristische, impressionistisch anmutende Klangfarbe des Orchesters Duke *Ellington* im Zeitraum von 1927 bis etwa 1932, geprägt durch → Growl- und Dämpfer-Effekte (→ Wa-Wa) der Blechbläser als Imitation von Dschungellauten (= Großstadtgeräusche), verbunden mit weich klingendem Saxophonsatz; vgl. auch Duke Ellingtons »Black and Tan Fantasy« (1927) und »Jungle Nights in Harlem« (1930).

⋆ K ⋆

Kabarett: bühnengebundene Veranstaltungsform mit musikalisch-literarischem Programm politisch-satirischen Inhalts. Der Begriff ist von der französischen Bezeichnung *Cabaret* abgeleitet, die zunächst nichts anderes als »Kneipe« bedeutete. Ende des 19. Jh. verband sich dieser Begriff allerdings mit den zur besonderen Touristenattraktion gewordenen Künstlerkneipen am Pariser Montmartre, als deren erste das 1881 eröffnete »Chat Noir« gilt. Sie waren das exklusive Gegenstück zu den Pariser Konzert-Cafés, Literaten- und Künstlertreffs, bei denen Gedichte, Texte und Lieder vorgetragen wurden. Nach diesem Vorbild, wenn auch mit gänzlich anderem Charakter, gründete der Schriftsteller Ernst Ludwig Freiherr *von Wolzogen* (1855–1934) im Theater am Alexanderplatz in Berlin 1901 unter der Bezeichnung »Buntes Theater (Überbrettl)« eine Bühne als erstes deutsches Kabarett, das sich dem massenwirksamen Varieté-Betrieb (→ Varieté) entgegenstellen wollte und eine Art gehobenes, literarisches Varieté sein sollte. Er begründete damit das literarisch-musikalische Kabarett, aus dem in den zehner und zwanziger Jahren der Typ des Kabarett-Schlagers (→ Schlager) hervorging. → Chanson, → Couplet und → Song waren hier verbreitete Formen der populären Musik, die sich hauptsächlich mit Namen wie Claire *Waldoff* (1884–1957), Trude *Hesterberg* (1892 bis 1967), Blandine *Ebinger* (geb. 1904) oder Rosa *Valetti* (1897–1937) verbanden.

Kadenz [lat., cadere = »fallen«]: 1.) in den Harmonielehren der vergangenen Jahrhunderte mit unterschiedlichem Inhalt versehener Begriff. Heute versteht man unter Kadenz charakteristische Schlußwendungen, gleichzeitig aber auch die harmonischen Beziehungen der einzelnen Stufen einer Tonleiter bzw. Tonart, ihre Funktion zum → Grundton, zur Tonika. Die einfache Kadenz enthält die quintverwandten *Hauptdreiklänge:* I. Stufe = *Tonika* (T/t), IV. Stufe = *Subdominante* (S/s). V. Stufe = *Dominante* (D/d).

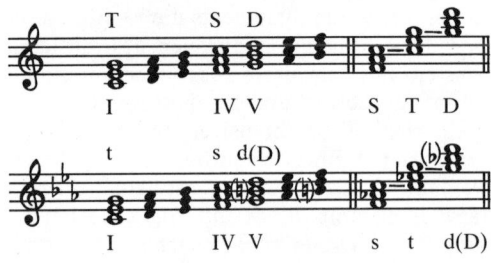

Mit den Hauptdreiklängen kann die überwiegende Mehrzahl der deutschen Volkslieder des 18./19. Jh. harmonisiert (begleitet) werden, ebenso eine Vielzahl von Schlagern.

Little Brown Jug (R. A. Eastburn)

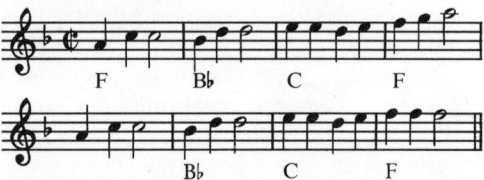

Linden-Cabaret (Berlin um 1920)

Die erweiterte Kadenz enthält außer den Haupt- auch (terzverwandte, gegengeschlechtliche) Nebendreiklänge, zusätzliche Dominanten (Zwischendominanten, → Dominantketten), (terzverwandte, gleichgeschlechtliche) Medianten und andere harmonische Verbindungen.
Nebendreiklänge: Parallel- (a), Gegen- (b) und Variantklänge (c);
Medianten: untere (d) und obere (e) Hauptmediante.

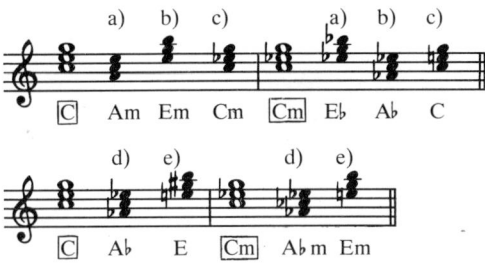

Count Basie

Auf dieser, im → Dur-Moll-System begründeten Kadenzbasis beruht die gesamte europäische Tanz- und Unterhaltungsmusik des 19. Jh. und alle davon abgeleiteten Lied- und Tanzformen des 20. Jh. Analog ergeben sich aus den → modalen und anderen Tonleitern weitere Kadenzen, die in der Folklore, aber auch im Rock Anwendung finden (→ Harmonik).
Als typische Schlußwendungen werden unterschieden: der *authentische* Schluß (D–T), im jüngeren deutschen Volkslied und im Schlager dominierend, und der *plagale* Schluß (S–T), typisch für Rock und Blues.
2.) in Anlehnung an die Solistenkadenz im klassischen Konzert in konzertanter Unterhaltungs- und Blasmusik eingefügte »freie« (ausgeschriebene) Solostellen, meist zur Darstellung virtuosen Könnens (→ Solo).

Kadenznummer: im Jargon der Jazzmusiker ein Improvisationsthema (→ Thema, → Standard) in der zweiunddreißigtaktigen AABA-Form, meist mit halbtaktigen Harmoniewechseln, zumindest im A-Teil.

Kansas-City-Stil [amerik., ′kænzəs ′siti-]: Kansas City, die im Südwesten der USA gelegene Stadt, wurde in der zweiten Hälfte der zwanziger Jahre zum Zentrum eines Jazzstils (→ Jazz), der eine lokal ausgeprägte Spielweise des → Swing darstellte. Seine Heraus-

bildung ist vor allem mit der Band des Pianisten Bennie *Moton* (1894–1935) verbunden. Als er 1926 seine Formation zur Big Band erweiterte, ließ er die Soli nicht mehr nur von der Rhythmusgruppe begleiten, sondern gab den Melodieinstrumenten unisono oder im Satz gespielte feststehende und ostinat wiederholte melodisch-rhythmische Phrasen zur Begleitung des Solisten, sogen. → Riffs, was zum herausragenden Kennzeichen dieses Stils wurde. Count *Basie* (1904–1984), der die Band nach *Motons* Tod übernahm, hat diese Begleittechnik weiter ausgebaut und in der zweiten Hälfte der dreißiger Jahre großen Einfluß damit auf den Hauptstrom der Swing-Entwicklung genommen.

Kapelle [lat./ital. cap(p)ella]: zahlenmäßig nicht festgelegte Vereinigung von Musikern. Aus der näheren Bezeichnung, z. B. Tanzkapelle, Blaskapelle, Jazzkapelle usw., ergibt sich zumindest annähernd die instrumentale Besetzung und die Art und Weise des Musizierens. Im gegenwärtigen Sprachgebrauch in der populären Musik wirkt dieses Wort antiquiert. Deshalb spricht man vorzugsweise von Gruppe, Band oder Orchester.

Kapodaster [ital. capotasto, wörtlich »Hauptbund«]: unterschiedlich gebautes Gerät, das auf den Gitarrenhals als verschiebbarer Sattel geschraubt oder geklemmt wird. Die dadurch erfolgte Verkürzung aller Saiten ermöglicht ein unkompliziertes → Transponieren, z. B. bei Liedbegleitung in grifftechnisch schweren Tonarten, und erleichtert das Akkordspiel in hohen Lagen. Mit dem Kapodaster kann der noch ungeübte Spieler den → Barré-Griff vermeiden.

Karnevalslieder: spezielle Form des Stimmungsliedes; entweder im Auftrag von Karnevalsgesellschaften entstanden oder aus dem aktuellen Angebot für diesen Zweck übernommen. Erfolgstitel sind z. B. »Bums-Valera« (Willibald Quanz, 1948), »Wer soll das bezahlen« (Jupp Schmitz, 1950), »Wir kommen alle, alle, alle in den Himmel« (Jupp Schmitz, 1952), »Am Aschermittwoch ist alles vorbei« (Jupp Schmitz, 1952), »Humba-Humba-Tätärä« (Toni Hämmerle, 1964). Die Melodie des bekannten »Narhalla-Marschs« entstammt der Oper »Le Brasseur de Preston« (1838) von Adolphe Adam. Der in Mainz stationierte österreichische Militärkapellmeister *Zulehner* (1803–1856) verwendete diese Melodie in seinem »Jocus-Marsch« (1853), der schließlich von der Mainzer Karnevalsgesellschaft übernommen und umbenannt wurde.

Kasatschok [russ.]: ukrainischer Kosakentanz, der in den sechziger Jahren als Paartanz zum → Modetanz wurde. Typisches Merkmal dieses im $\frac{2}{4}$-Takt stehenden Tanzes ist das allmähliche Beschleunigen des Tempos, mündend in lebhafte, ausgelassene Bewegungen, die der russischen Folklore entnommen sind. Das zugrunde liegende Folklorethema wird dabei mannigfaltig variiert und auch dynamisch gesteigert.

Kassette: → MusiCassette.

Kastagnetten [span., kastan'jɛtən, castana = »Kastanie«]: Klapperinstrument; seit dem Altertum in Spanien verbreitet und dort Nationalinstrument für Lied- und Tanzbegleitung (z. B. → Flamenco); charakteristische helle Klangfarbe durch Aneinanderschlagen zweier muschelförmiger, leicht gewölbter Holzschalen (Hohlraum als Resonanzverstärkung), die lose miteinander verbunden sind; zwei Typen: *Tanz*kastagnetten – in jeder Hand ein Kastagnettenpaar (links tiefer klingende, recht höher klingende) mit differenzierter Spielweise, *Stiel*kastagnetten – an einem Holzstiel gehalten.

Kazoo [engl., kə'zu:]: ursprünglich ein magisches afrikanisches Instrument (Mirliton); besteht aus einer Röhre, deren eines Ende mit

Keyboarder

einer Papiermembran verschlossen ist, was bei Hineinsingen, -summen oder -sprechen zur Stimmverschleierung bzw. -verstärkung führt. Das Kazoo wird als Kinderinstrument (z. B. im Mittelmeerraum) genutzt und fand gelegentlich in der Bluesbegleitung Verwendung (→ Spasm Bands).

Kesselpauke: → Pauke.

Keyboard [engl., 'ki:bɔ:d, wörtlich »Tastenbrett, Klaviatur«]: *Keyboards* (Pl.) – seit Ende der sechziger Jahre Sammelbezeichnung für Musikinstrumente, die über eine Tastatur gespielt werden, also → Orgel, → E-Orgel, → Klavier, → E-Piano, → Mellotron, → Clavinet und die meisten Ausführungen des → Synthesizers. Keine Berücksichtigung findet dabei die Art der Tonerzeugung, worin die genannten Instrumente erhebliche Unterschiede aufweisen (vgl. Artikel zu den einzelnen Tasteninstrumenten). Den Musiker eines Tanzorchesters oder einer Gruppe, der oft mehrere Tasteninstrumente gleichzeitig zu bedienen hat, bezeichnet man als *Keyboarder*.

KGD: → Konzert- und Gastspieldirektion.

Kinoorchester: Klangkörper für die Untermalung und Illustration von Filmvorführungen während der Stummfilmzeit. Sie kamen ab etwa 1910 auf und konnten in den Lichtspielhäusern der Metropolen durchaus die Dimensionen eines großen Sinfonieorchesters erreichen. In der Regel begleiteten sie den

laufenden Film mit einer aus dem gerade aktuellen Musikangebot kompilierten Kinomusik (→ Kinothek). Bei besonders wichtigen Filmen gaben die Filmgesellschaften allerdings auch Originalpartituren für eine entsprechende Musik in Auftrag, die dann zusammen mit dem Film in den Verleih kamen. Mit der Umstellung auf den → Tonfilm Ende der zwanziger Jahre ging die Zeit der Kinoorchester wieder zu Ende.
→ Filmmusik.

Kinoorgel [auch *Wurlitzer Orgel*]: um die Jahrhundertwende von der Wurlitzer Company in den USA zur musikalischen Illustration von Stummfilmen entwickelter und gebauter Orgeltyp mit einem kleinen Pfeifenbestand und einer großen Anzahl von Registern für entsprechend vielfältige Klangeffekte. Über die Manuale und Pedale konnten zugleich eingebaute Schlaginstrumente wie Gong, Vibraphon oder Kleine Trommel bedient werden.

Kinothek: für die → Kinoorchester der Stummfilmzeit nach typischen filmischen Situationen (Verfolgung, Flucht, Eile, Liebesschwur usw.) geordneter Katalog von passender Begleitmusik, die sich aus geeigneten Bruchstücken populärer Opern- oder Operettenouvertüren, Salonstücken (→ Salonmusik), Märschen, Tanzmusik, sowie speziell für diesen Zweck geschriebenen Filmbegleitmusiken zusammensetzte. Nach diesen Katalogen konnten die Kapellmeister der Kinoorchester dann rasch die entsprechenden Begleitmusiken für die Filme zusammenstellen. Sie hatten mit der Anlage solcher Kataloge schon begonnen, bevor diese ab 1913 zunächst in den USA mit den »Sam Fox Moving Picture Music Volumes« auch in gedruckter Form erschienen. Daraufhin begannen dann Komponisten wie Hans *May* (1886–1959), Ernö *Rappée* (1891–1945), Albert Wilhelm *Ketelbey* (1875–1959) oder Hugo *Riesenfeld* (1883 bis 1939) sich auf die Abfassung von Filmbegleitmusiken für die Kinotheken mit passendem Charakter und passender Länge zu spezialisieren.
→ Filmmusik.

Kirchentonarten: → modale Leitern.

Klamotte: umgangssprachliche Bezeichnung für ein derb komisches Musikstück, meist ein Stimmungslied.

Kinothek

Klampfe: volkstümliche, ursprünglich in Bayern verbreitete Bezeichnung für → Gitarre; aufgekommen in Deutschland nach 1900 in Verbindung mit der Jugendbewegung, in der die Gitarre beliebtestes Begleitinstrument war; auch *Zupfgeige* (vgl. Liederbuch »Der Zupfgeigenhansl«).

Klang: 1.) aus mehreren Tönen zusammengesetztes Schallereignis, das – im Gegensatz zum → Geräusch – auf einem im wesentlichen periodischen Schwingungsverlauf beruht. In der Akustik wird bereits die Verbindung von Grundton und dessen → Obertönen als Klang bezeichnet, während im allgemeinen musikalischen Sprachgebrauch dafür oft der Begriff → Ton Verwendung findet. In diesem Fall versteht man unter Klang den Mehrklang (z. B. Intervall, Akkord), also das gleichzeitige Miteinander mehrerer, in ihrer Tonhöhe klar unterscheidbarer Einzeltöne. Wichtige Eigenschaften des Klanges sind → Tonhöhe (in der akustischen Begriffsbedeutung ist dafür der Grundton ausschlaggebend), → Lautstärke, → Klangfarbe sowie Klangdauer;
2.) im weiteren Sinne auch die Beschreibung der komplexen Gehörswahrnehmung einer musikalisch-akustischen Erscheinung aus meist sehr subjektiver Sicht, z. B. hat ein Instrument einen »schönen« Klang, einen »warmen« Klang, einen »vollen« Klang usw. Dieser individuelle Klangeindruck und die damit verbundene Wertung spielt bei der Einschätzung von populärer Musik oft eine dominierende Rolle (→ Sound).

Klangfarbe: neben Tonhöhe, → Lautstärke und Zeitdauer eine der fundamentalen akustischen Eigenschaften klingender Materie und somit ein Grundbestandteil von Musik. Sie resultiert aus der Tatsache, daß natürliche Klangerzeuger neben der die Tonhöhe fixierenden Frequenz in Abhängigkeit von ihrer materiellen Beschaffenheit noch ein ganzes Spektrum von Teilschwingungen aufweisen, die an bestimmten Stellen des Frequenzspektrums eine charakteristische Intensität haben (→ Formanten) und dem erzeugten Ton so eine bestimmte Färbung geben. Deren Mischung beim gleichzeitigen Einsatz verschiedener Klangerzeuger (Instrumente) ergibt das Klangbild (→ Sound). Dieses hat als emotio-

Titelseite des »Zupfgeigenhansl«

nelles Ausdrucksmittel in der Entwicklung der populären Musik eine zunehmende Bedeutung erhalten.
Vor allem in der → Rockmusik ist mit dem Sound als zentrale ästhetische Kategorie die Klangfarbe zu einem der wichtigsten musikalischen Ausdrucksmittel geworden, wobei die Zwischenschaltung elektronischer Verstärkersysteme zwischen Klangerzeuger (Instrument) und Schallabgabe mit ihrer Vielzahl von Regelmöglichkeiten und Effekten die Klangfarbe von ihrer Bindung an die materielle Beschaffenheit des Klangerzeugers weitgehend gelöst und so beliebig veränderbar gemacht hat.
→ Klangregelung.

Klangregelung: Veränderung der Klangfarbe mit Hilfe elektronischer Schaltungsanordnungen (z. B. → Filter, → Equalizer), die den Amplitudenfrequenzgang eines Tonsignals beeinflussen, bis ein gewünschtes Klangbild realisiert ist. Dies geschieht durch das Anheben bzw. Absenken bestimmter Frequenzbereiche. Die einfachste Möglichkeit, wie sie in der Unterhaltungselektronik vorrangig Anwendung findet, stellen Regler für hohe und tiefe Tonlagen dar. Moderne Heimverstärker der HiFi-Qualität (→ HiFi) sind jedoch auch schon mit Equalizern ausgerüstet. Instrumentalverstärker besitzen Regelmöglichkeiten, die sich nach dem speziellen Klangbereich des jeweiligen Instruments richten. Bei Studioaufnahmen und Live-Konzerten mit einer → PA-Anlage erfolgt die endgültige Klangregelung der einzelnen Instrumente und Gesangsstimmen am → Mischpult. Das gesamte Frequenzspektrum kann durch Equalizer sehr differenziert beeinflußt und an verschiedene raumakustische Bedingungen angepaßt werden.

Klarinette, Abk. *cl* [ital.; engl. clarinet]: Holzblasinstrument; Schnabel-Mundstück mit einfachem, aufgebundenen oder aufgeschraubten Rohrblatt, Birne, Ober- und Unterstück mit Griffmechanik, Becher (trichterförmiges Schallstück); komplizierte Klappen- (22) und Ringmechanik (5); gerades, überwiegend zylindrisches Rohr (Grenadill); Länge der Normalklarinette in B um 66 cm; Überblasen in die Duodezime.
Gebräuchliche Arten:
· *Kleine Klarinette in Es* – Tonumfang g – b³ / notiert e – g³,
· *Normalklarinette in B* – Tonumfang d – b³ / notiert e – c⁴,
· *Klarinette in A* – Tonumfang cis – a³ / notiert wie B-Klarinette,

As-, Es-, B-, Altklarinette, Bassetthorn, Baß- und Kontrabaßklarinette

Gunter Hampel

· *Baßklarinette in B* – Tonumfang $B_1 - f^2$ (a^2) / notiert $c - g^3$ (h^3) im Violinschlüssel.
Weiterhin: *Hohe Klarinette in As, Altklarinette in Es/F,* (Bassetthorn), *Kontrabaßklarinette in B/Es.*
Die Klarinette wurde Ende des 17. Jh. aus dem Chalumeau, einem schalmeienartigen Volksinstrument, von dem Nürnberger Instrumentenbauer J. Chr. Denner entwickelt. Besonders im Laufe des 19. Jh. erhielt die Klarinette zahlreiche Verbesserungen, vor allem im Griffsystem (z. B. Übernahme der Boehmschen Ringklappen von der Flöte – Grundlage für französische, englische und amerikanische Klarinetten-Modelle; schließlich nach 1900 das von deutschen Musikern bevorzugte System O. Oehlers). Im Sinfonie- und Opernorchester erweiterte die Klarinette den bisher aus Flöte, Oboe und Fagott bestehenden Holzbläsersatz und fand auch bald Einsatz in den großen Tanz- und Unterhaltungskapellen des 19. Jh., hauptsächlich jedoch in den Militärblasorchestern, wo sie schon nach kurzer Zeit das dominierende Holzblasinstrument wurde. Diese Tradition hat sich bis in die Gegenwart erhalten: Große → Blasorchester verfügen über einen mehrfach besetzten dreistimmigen Satz von B-Klarinetten, dazu meist eine Es-Klarinettenstimme, gelegentlich sogar noch die (kleine) As-Klarinette und die Baßklarinette. Selbst in den volkstümlichen Ländlerkapellen und Bläsergruppen findet sich die (B-)Klarinette neben der Trompete. Der »Klarinettenmuckl« (Toni Daxenberger) repräsentiert jene → volkstümliche Musik, in der das Instrument auch solistische Aufgaben übernimmt. Von den Militärorchestern wurde die Klarinette in die Street und Marching Bands des → archaischen Jazz übernommen. In den Jazzbands von New Orleans und Chicago behauptete sie sich als korrespondierendes Instrument zur Lead-Stimme des Kornetts. Als

»Vater« der Jazz-Klarinette gilt Alphonse *Picou* (1879–1961). Sein berühmtes Solo in »High Society« (1905) galt als Vorbild und Prüfstein für nachfolgende Generationen. Er blies übrigens auch Anfang der zwanziger Jahre einige Zeit Es-Klarinette in der *Tuxedo Brass Band*. Aus der Vielzahl der Klarinettisten jener Jahre seien noch George *Lewis* (1900–1968), das Mitglied der »klassischen« Armstrong-Besetzungen Johnny *Dodds* (1892–1949), Jimmy *Noone* (1895–1944) und der später als Sopransaxophonist hervorgetretene Sidney *Bechet* (1897–1959) mit seinem unverwechselbaren → Vibrato erwähnt. Unter den weißen Musikern ragten u. a. der Dixieland-Klarinettist Leon *Rappolo* (1902–1943) und Frank *Teschemacher* (1906–1932) aus dem Chicago-Kreis heraus.

Nutzte man im frühen Jazz das → Saxophon lediglich als »Karinettenersatz«, später dann als zusätzliche Klangfarbe (»Nebeninstrument« der Klarinettisten), so erfolgte im Laufe der zwanziger Jahre allmählich ein grundsätzlicher Wandel, und mit dem → Swing avancierte das Saxophon zum führenden Jazzinstrument. Der Klarinette übertrug man nur noch gelegentlich solistische Passagen oder setzte sie – nunmehr Nebeninstrument der Saxophonisten – als Arrangementseffekt ein, z. B. im → Glenn-Miller-Satz oder in Fletcher Hendersons Klarinettensätzen. Trotz dieser Einschränkung verbinden sich gerade mit der Swing-Epoche die Namen einiger hervorragender Klarinettensolisten, angeführt vom »King of Swing« Benny *Goodman* (geb. 1909), der wie kaum ein anderer die Klangqualitäten der unterschiedlichsten Register in allen dynamischen Schattierungen zur Geltung brachte. Neben Goodman sind die Klarinettisten und Bandleader Woody *Herman* (geb. 1913), Artie *Shaw* (geb. 1910) und Jimmy *Dorsey* (1904–1957) zu nennen. Auch Buster *Bailey* (1902–1967) und Edmond *Hall* (1901–1967) prägten mit ihrer individuellen Spielweise viele Schallplattenaufnahmen. Im modernen Jazz konnte sich die Klarinette nur vereinzelt behaupten, z. B. durch Buddy *DeFranco* (geb. 1923) oder Jimmy *Giuffre* (geb. 1921), durch Tony *Scott* (geb. 1921) und Rolf *Kühn* (geb. 1929). Die Baßklarinette, die zwar schon der Ellington-Baritonsaxophonist Harry *Carney* (1910–1974) u. a. gespielt hatten, bezog

Woody Herman

Eric *Dolphy* (1928–1964) in neuer Manier ein und verhalf diesem Instrument – insbesonders im europäischen Jazz – zu unerwartetem Ansehen, der Holländer Willem *Breuker* (geb. 1944), der Deutsche Gunter *Hampel* (geb. 1937) u. a. führten diese Traditionslinie weiter. Neue Klangmöglichkeiten auf der Klarinette erschlossen Free-Jazz-Musiker wie Michael *Lytle* (geb. 1904). Anthony *Braxton* (geb. 1945), letzlich auch Perry *Robinson* (geb. 1938).

Ungebrochen blieb der Popularitätsgrad der Klarinette im Dixieland-Revival. Acker *Bilk* (geb. 1929) erreichte u. a. mit seinem in einer kommerziellen Swing-Dixieland-Variante eingespielten »Stranger on the Shore« (1961) einen ebenso großen Erfolg wie Chris *Barber* (geb. 1930) mit »Petite fleur« (Sidney Bechet, 1959).

Klassik-Adaption: → Adaption.

Klassik-Rock: → Classic Rock.

klassischer Blues: → Vaudeville Blues.

klassischer Jazz: → New Orleans Jazz.

Klaviatur [lat., clavis = »Taste«]: ein-, aber auch zwei- und mehrreihig angeordnete Tasten (Tastatur) oder Knöpfe (z. B. beim Knopfgriff-Akkordeon), deren Niederdrücken die Tonerzeugung auslöst. Klaviaturen werden mit den Händen (= *Manual*) oder mit den Füßen (= *Pedal*) gespielt. Als Ordnungsprinzip gilt seit dem Spätmittelalter die Stammtonreihe (weiße Tasten) und deren chromatische Veränderungen (schwarze Tasten), wobei die Farbgebung auch umgekehrt auftreten kann.

Die abgebildete Grundordnung wiederholt sich nach jeder Oktave. Mehrere Manuale (z. B. bei zweimanualigen E-Orgeln) ermöglichen unterschiedliche Klanggestaltung (Registrierung). Die englische Übersetzung → *Keyboards* (Pl.) wurde seit Ende der sechziger Jahre zum Sammelbegriff für in der Rock-, Pop- und Jazzmusik verwendete Tastinstrumente.

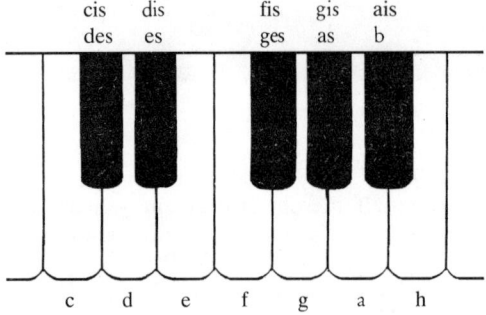

Klavier, Abk. *p* [lat., auch *Piano* bzw. *Pianoforte*]: ursprünglich Sammelbezeichnung für alle Tasteninstrumente (lat., clavis = »Taste«), unabhängig von der Art der Tonerzeugung; heute Synonym für das raumsparende *Pianino* (Saitenlage senkrecht), im weiteren Sinne jedoch auch Bezeichnung für den *Flügel*, also für beide Modelle. Da in der populären Musik der Einsatz bzw. die Funktion des Instruments unabhängig von der äußeren Gestalt ist, wird hier Klavier als Oberbegriff für Pianino und Flügel verwendet – allerdings nur bezogen auf das sogen. *akustische* Klavier, nicht auf das elektrisch verstärkte oder das auf elektronischer Tonerzeugung basierende → E-Piano.
Das Klavier ist ein besaitetes Tasteninstrument mit einer komplizierten Hammermechanik, d. h., die z. T. mehrchörig angeordneten Saiten werden mittels kleiner, mit Filz belegter, durch Tastendruck bewegter Hämmerchen angeschlagen und in Schwingungen versetzt. Der hölzerne Resonanzboden verstärkt den Klang. Die heutigen Klaviere besitzen meist zwei → Pedale: mit dem Piano-Pedal wird die Lautstärke reduziert, mit dem Forte-Pedal wird die Dämpfung aufgehoben, so daß die Saiten länger und freier schwingen können. Der Tonumfang eines großen Konzertflügels reicht von A_2 bis c^5.

Man kann das Klavier als das für die Entwicklung und Verbreitung der populären Musik wichtigste Musikinstrument bezeichnen. Lange Zeit galt es als das Hausmusikinstrument schlechthin, auf dem Schlager, Lieder und Tänze nachgespielt wurden. Als Bestandteil der → Rhythmusgruppe, aber auch als Solo- und Begleitinstrument war es in der Tanzmusik und im Jazz von nachhaltiger Bedeutung, wie bestimmte Stilrichtungen und herausragende Persönlichkeiten belegen. Letztlich diente und dient es vielen Komponisten und Arrangeuren als »Arbeitsmittel«.
Im 19. Jh. entstand in Anlehnung an Klavierwerke von Schubert, Chopin, Liszt, Mendelssohn Bartholdy u. a. Komponisten eine Vielzahl von Salon- und Charakterstücken für das »Pianoforte«, oft sentimental und pseudovirtuos, zunehmend im künstlerischen Anspruch verflachend. Beispiele dafür sind »Das Gebet einer Jungfrau« (Thekla *Badarzewska-Baranowska*, 1834–1861) und »Die Petersburger Schlittenfahrt« (Richard *Eilenberg*, 1848–1925). Dazu kam eine Flut von Bearbeitungen und → Transkriptionen von Musik aller Art – vom Militärmarsch bis zum Sinfoniesatz, in leichtem Schwierigkeitsgrad, zwei- oder vierhändig. In der Traditionslinie dieser europäischen → Salonmusik für Klavier liegt auch der → Ragtime, die erste komponierte und schriftlich überlieferte Musikform der Afroamerikaner mit dem Hauptvertreter Scott *Joplin* (1868–1917).
Das Klavier zählt zu den temperierten Instrumenten (→ temperierte Stimmung). Es bietet den Vorteil eines fast großorchestralen Klangs und eines außerordentlich breiten Tonumfangs. Mit dem Anschlag kann der Ton bezüglich Lautstärke und Artikulation erheblich modifiziert werden. Der Nachteil besteht darin, daß der Klavierton nach dem Anschlag relativ schnell verklingt; rasche Tonwiederholungen (Repetitionen) oder → Tremolo sind dagegen beliebte »Hilfsmittel« (→ Blue Ending). Die stabilen Tonhöhen lassen keine Zwischenstufen (→ Blue Notes, → Dirty Tones), »echte« (wirklich lückenlose) Glissandi oder andere Tonmanipulationen zu. Deshalb ist das Klavier eigentlich ein jazzungeeignetes Instrument, und es bedurfte etlicher »Ersatzlösungen« (z. B. → Cluster anstelle von Blue Notes) bzw. eigenständiger

Keith Jarrett

Oscar Peterson

stilistischer Entwicklungen (Piano-Stile), um das Klavier in den Jazz zu integrieren.

Im Laufe der verschiedenen Jazzstile vollzog sich ein deutlicher Funktionswandel im Gebrauch des Klaviers. Zunächst diente es primär als Harmonie- und Rhythmusinstrument, die Taktzeiten mit Akkorden markierend (linke Hand analog Baß und Große Trommel, rechte Hand analog Banjo oder Gitarre), doch schon im → Swing verlor sich dieser vordergründig perkussive Charakter, und das Melodiespiel gewann an Bedeutung, bis es schließlich im modernen Jazz dominierte. Dabei entstanden verschiedene Techniken und Spielweisen, z. B. das → Stride Piano (Willie »The Lion« *Smith*, 1897–1973), die von dem Big-Band-Satz übernommenen → Block Chords (Milt *Buckner*, geb.1915), der → Trumpet-Piano-Style (Earl *Hines*, 1905–1983) u. a. Besondere Erwähnung verdienen die solistischen Jazzklavierstile, beginnend mit den → Barrelhouse-Pianisten (→ Honky Tonk) und den Vertretern des sogen. New-Orleans-Pianos, vor allem Jelly Roll *Morton* (1885–1941), der sich um eine pianistische Synthese von Ragtime und Blues bemühte. In Harlem waren es insbesondere James P. *Johnson* (1891–1955) und Fats *Waller* (1904–1943), die mit ihrem Klavierspiel nachfolgende Generationen beeinflußten. Chicago wurde zum Zentrum des aus der instrumentalen Blues-Begleitung hervorgegangenen → Boogie-Woogie (Jimmy *Yancey*, 1894–1951, »Pine Top« *Smith*, 1904–1929, Cow Cow *Davenport*, 1894–1955, Meade »Lux« *Lewis*, 1905–1964). Dem traditionellen Jazz verbunden sind weiterhin der virtuose Art *Tatum* (1909–1956), der durch sein sparsames, exakt plaziertes Spiel berühmte Count *Basie* (1904–1984), Teddy *Wilson* (geb. 1912), Duke *Ellington* (1899–1974). Im modernen Jazz zeigte sich noch stärker die Individualität einzelner Solisten, so z. B. bei dem technisch brillanten Oscar *Peterson* (geb.1925), dem für seine kontrapunktische, kammermusikalische Spielweise berühmten Lennie *Tristano* (1919–1978), dem durch seine melodieverschleppende rechte Hand unverkennbaren Erroll *Garner* (1921–1977), dem um eine Synthese von artifizieller und populärer Musik bemühten Dave *Brubeck* (geb. 1920), weiterhin bei Thelonious *Monk* (1920–1982), John *Lewis* (geb. 1920),

Richard Clayderman

Horace *Silver* (geb. 1928), Bill *Evans* (1929–1980) u. v. a. Cecil *Taylor* (geb. 1933) und Keith *Jarrett* (geb. 1945) gehören zum Kreis der Free-Jazz-Pianisten; Chick *Corea* (geb. 1941) und Herbie *Hancock* (geb. 1940) zählen zu den namhaften Vertretern der → Fusion Music.
Das Klavier ist neben der Gitarre das beliebteste Begleitinstrument für Gesang in Kabarett, Varieté und anderen Bühnen. Während der Stummfilmzeit (→ Filmmusik) illustrierten Pianisten das Bildgeschehen. Vor dem Einsatz des elektronischen Instrumentariums war das Klavier (oft in Kopplung mit dem Akkordeon) das bevorzugte Instrument der → Alleinunterhalter. In den kleinen Besetzungen, besonders in der → Barmusik, bildete das Klavier melodisches, harmonisches und oft auch rhythmisches Zentrum (Piano-Direktion). Unzählig sind die Produktionen, in denen das Klavier als Soloinstrument fungiert, wobei sich der Bogen von großorchestralen Formen (George Gershwin, 1898–1937, »Rhapsody in Blue«, 1924; Richard *Addinsell*, 1904–1977, »Warschauer Konzert«, 1942) bis zu intimen, nostalgischen Romantics, vertreten durch den erfolgreichen Franzosen Richard *Clayderman* (geb. 1953), spannt.
Während im → Rock'n'Roll das Klavier mit charakteristischen Figuren zum Klangbild gehört, z. B. repräsentiert von ›Fats‹ *Domino* (geb. 1928) in seiner Rhythm-&-Blues-Spielweise oder dem exzentrischen Jerry Lee *Lewis* (geb. 1935), wurde es im Rock der sechziger/siebziger Jahre durch die »Elektrifizierung« zurückgedrängt. Keith *Emerson* (geb. 1944) und Elton *John* (geb. 1947) nutzten dennoch (oder gerade wieder) den unnachahmbaren Klang des »akustischen« Klaviers. Den Einsatz des Klaviers im Ensemble der anderen Keyboard-Instrumente belegt Rick *Wakeman* (geb. 1949) auf seiner LP »The Six Wives of Henry VIII« (1973).

Dollar Brand (Abdullah Ibrahim)

Klavierauszug: Zusammenfassung der für den musikalischen Zusammenhang wichtigen Orchester- und Gesangsstimmen von Bühnenwerken (Operette, Musical) oder größeren Orchesterwerken für Klavier (zwei-, selten auch vierhändig). Der Klavierauszug dient zur Einstudierung, wobei der Gesangspart nicht in der Klavierstimme (= Begleitung) enthalten ist, oder zum häuslichen Musizieren. Im letzteren Falle ist die gesamte → Partitur meist stark erleichtert im Klavierpart zusammengefaßt. Die gedruckten Ausgaben von Schlagern, Pop- und Rocktiteln u. ä. werden als *Klavierstimme* bezeichnet.

Klavierstimme: → Klavierauszug.

Klaviertrio: 1.) in der artifiziellen und der Unterhaltungsmusik die Besetzung Klavier, Violine, Violoncello – Grundbestand des → Salonorchesters;
2.) im Jazz Klavier, Baß und Schlagzeug oder Gitarre (z. B. das *Oscar Peterson Trio*), auch als Begleitformation; in der Tanzmusik der fünfziger/sechziger Jahre eine typische Barbesetzung (Foto Seite 258).

Klirrfaktor: Maß für nichtlineare → Verzerrungen. Er wird unter bestimmten festgelegten Bedingungen gemessen. Meßsignal ist ein Sinuston. Der Klirrfaktor gibt in Prozent das Verhältnis des Effektivwertes der durch die Nichtlinearität entstandenen Oberschwingungen zum Effektivwert des Gesamtsignals (Grund- und Oberschwingungen) an.

Kollektivimprovisation: spezielle Art des Stegreifspiel (→ Improvisation), bei der mehrere Musiker gleichzeitig die vorgegebene Melodie abwandeln (→ Variantenheterophonie,

Manfred-Schmitz-Trio

→ Variation) oder auf gemeinsamer harmonischer Grundlage melodische Erfindungen einbringen. Kollektivimprovisation – in diesem Falle richtiger Kollektiv*variation* – kennzeichnet den archaischen und den frühen klassischen Jazz (z. B. das Musizieren in New Orleans). Ein Gestaltungselement ist dabei z. B. das nicht nur im Blues anzutreffende (→ Call and response). Im modernen Jazz gab die modale Spielweise (→ Modal Jazz) dem gemeinsamen Musizieren neue Impulse. Das Zusammenspiel im Free Jazz ist ebenfalls als Kollektivimprovisation zu bezeichnen. Auch in anderen Bereichen der populären Musik, vor allem in der Folklore und im Rock, gehört das kollektive Stegreifmusizieren zu den häufig praktizierten Ausdrucksformen.

Kommerzialisierung [von engl. commerce = »Handel«]: Bezeichnung für die Unterordnung der künstlerischen Produktion unter die Gesetze des kapitalistischen Warenmarktes. Die bereits im Verlagswesen des 19. Jh. sich entfaltende Produktion von Musik als Ware,

die mit ihrer Speicherung auf Tonträgern und damit ihrer Verkäuflichkeit als klingender Materie geradezu gigantische Dimensionen angenommen hat (→ Musikindustrie), ist ein in sich äußerst widerspruchsvoller Prozeß, der mit dem negativ akzentuierten Begriff der Kommerzialisierung nur ungenügend erfaßt ist. So sind mit dem Vorgang der Kommerzialisierung vor allem jene Erscheinungen gemeint, die durch den Druck einer auf Maximalprofit zielenden Musikindustrie als Verflachung, Standardisierung, Verfälschung und Verwässerung künstlerischer Kreativität zum Tragen kommen, von der grobschlächtigen Anpassung ursprünglich volksmusikalischer Musikformen an die Normen einer auf Massenkonsum angelegten Musikproduktion bis zu der von Industrie wie Musikern betriebenen geschäftstüchtigen Ausrichtung des Musizierens an die gerade gängigen Erfolgsstandards des Musikmarktes. Selbst wenn damit unbestreitbare Realitäten der Produktion und Verbreitung von Musik als möglichst leicht und gewinnbringend verkäufliche Massenware beschrieben sind, so ist es doch eine Fiktion anzunehmen, daß anderes, als originell und wertvoll Eingestuftes, nicht den gleichen öko-

nomischen Mechanismen entspringen würde. Der Kommerzialisierungsgrad, das heißt die Unterordnung unter die ökonomischen Gesetze der Warenproduktion, ist ein objektiver Faktor der Entwicklung von populärer Musik und daher untauglich als ästhetisches Qualitätskriterium. Die auf einem gegebenen historischen Entwicklungsstand – etwa dem heutigen Niveau einer hochgradig monopolisierten und internationalisierten Musikindustrie – massenhaft produzierte und verbreitete Musik hat unabhängig davon, ob sie für kommerzialisiert bzw. kommerziell gehalten wird oder als eine künstlerisch eigenständige Leistung gilt, objektiv den gleichen Kommerzialisierungsgrad. Andererseits erweist sich, historisch betrachtet, der Prozeß der Kommerzialisierung auch als eine Triebkraft in der Entwicklung der populären Musik. Ihre zweifellos am höchsten kommerzialisierte Form, die → Rockmusik, ist eben zugleich auch diejenige, die mit ihrer enormen Vielfalt an Gestaltungsmöglichkeiten insgesamt den größten Raum für die Entfaltung musikalischer Kreativität und Phantasie läßt. Der Grund für diese eigentümliche und paradoxe Widersprüchlichkeit liegt in der ständig wachsenden Komplexität gesellschaftlicher Kommunikationsbeziehungen, die das Musizieren in immer höherem Maße von institutionellen und technischen Voraussetzungen (Massenmedien, Aufnahmetechnik, Herstellungstechnologien von Schallplatten, Organisations- und Verwaltungsaufwand für ihren Vertrieb usw.), also auch in immer stärkerem Maße von ökonomischen Erwägungen abhängig macht, was rückwirkend aber zugleich auch neue Möglichkeiten des Musizierens frei setzt.
Dieser Zusammenhang gilt auch dann, wenn – wie in den sozialistischen Ländern – die Eigentumsverhältnisse im Gesamtprozeß aus solchen privater Natur in gesellschaftliche umgewandelt sind. Die Produktion und Verbreitung von Musik erfolgt, solange ökonomische Regulative überhaupt notwendig sind, nämlich weiter in Warenform. Kommerzialisierung ist also in jedem Fall ein Moment von populärer Musik, so widersprüchlich deren Wirkung auch ist.

Komitee für Unterhaltungskunst der DDR: im April 1973 auf Beschluß des Ministerrats der DDR gegründetes Organ zur einheitlichen Leitung und Entwicklung der Unterhaltungskunst. Ursprünglich gehörten ihm unter Leitung des für den Bereich Unterhaltung zuständigen Stellvertreters des Ministers für Kultur Vertreter der Staatlichen Komitees für Rundfunk und Fernsehen, der → Künstleragentur der DDR, der → Konzert- und Gastspieldirektion, des VEB Zentralzirkus, des VEB Deutsche Schallplatte, des VEB Lied der Zeit, des Harth Musik Verlages sowie die Leiter des DEFA-Studios für Spielfilme an. Seine Aufgabe bestand in der Koordination und einheitlichen Orientierung der in ihm vertretenen Institutionen mit dem Ziel einer kontinuierlichen Erhöhung der Wirksamkeit der sozialistischen Unterhaltungskunst. In Anbetracht der ständig steigenden Anforderungen an die Unterhaltungskunst bei der weiteren Entwicklung der sozialistischen Gesellschaft wurde es im September 1984 mit erweiterter Aufgabenstellung und in veränderter Zusammensetzung als ehrenamtlich tätiges Gremium beim Ministerrat der DDR durch den Minister für Kultur neu konstituiert. Im Mittelpunkt seiner Tätigkeit steht jetzt das gesamte Spektrum an künstlerischer, sozialer und politischer Arbeit für alle Bereiche der Unterhaltungskunst, so daß es nunmehr zentrales Leitungsorgan und Interessenvertretung der Unterhaltungskünstler zugleich ist. Auf der Grundlage eines Statuts setzt es sich aus Sektionen für Artistik, Chanson und Liedermacher, Jazz, Gesangsinterpreten, Rockmusik, Tanz, Tanzmusik und Wortinterpreten zusammen, die allen freiberuflichen oder im Arbeitsrechtsverhältnis stehenden Künstlern der Unterhaltungskunst zur Mitgliedschaft offenstehen. Ihnen steht ein Präsidium vor, dessen ausführendes Organ das Sekretariat des Komitees ist. Angeschlossen sind dem Komitee für Unterhaltungskunst ferner Kommissionen (Tanzmusik, Internationale Arbeit, Aus- und Weiterbildung, Technik) und Beiräte (Wissenschaft, Regie/Dramaturgie, Kritiker) sowie eine *Generaldirektion*, die die Arbeit der Sektionen, Beiräte und Kommissionen des Komitees organisiert und koordiniert, für die politische und fachliche Betreuung der Unterhaltungskünstler, ihre Weiterbildung und Förderung, für die Nachwuchsentwicklung und die Durchführung von Leistungsschauen und Interpretenwettbewerben verantwortlich ist.

Kompaktbox: Bezeichnung für ein geschlossenes Lautsprechergehäuse, welches Vorder- und Rückseite der Membran akustisch voneinander trennt, also den akustischen Kurzschluß unterbindet. Im inneren des Gehäuses wird die Schallenergie von schallschluckendem Material absorbiert. Das Luftpolster im Gehäuse bewirkt eine Verschiebung der Resonanzfrequenz des Lautsprechers nach höheren Frequenzen.

Kompander: Rauschminderungssystem, bestehend aus → Kompressor und → Expander. Der Kompressor befindet sich immer vor dem kritischen, Rauschen verursachenden Übertragungsglied, der Expander dahinter. Kompander werden vorwiegend in Verbindung mit Magnettonbandgeräten eingesetzt, um das

Bandrauschen zu verringern. Durch Bandrauschen kommt es zu einer starken Einengung der übertragbaren Dynamik. Mit jedem Überspielvorgang erhöht sich zwangsläufig der Störspannungs- bzw. Rauschpegel gegenüber dem Nutzspannungspegel, so daß sehr leise Passagen eines Musikstücks vom Rauschen zugedeckt werden (siehe Skizze a).

Der Grundgedanke der Rauschminderung durch Kompander besteht darin, Signale mit geringem Pegel von einem Kompressor anzuheben, also mehr zu verstärken als laute, und sie bei der Wiedergabe von einem Expander um den gleichen Betrag abzusenken. Dabei wird auch das Rauschen abgeschwächt (siehe Skizze b).

Kompressor und Expander müssen genau aufeinander abgestimmt sein. Da es sich um → Regelverstärker handelt, die ihre Verstärkung abhängig vom Eingangssignal verändern, kann sich ihr Arbeiten bei bestimmten kritischen

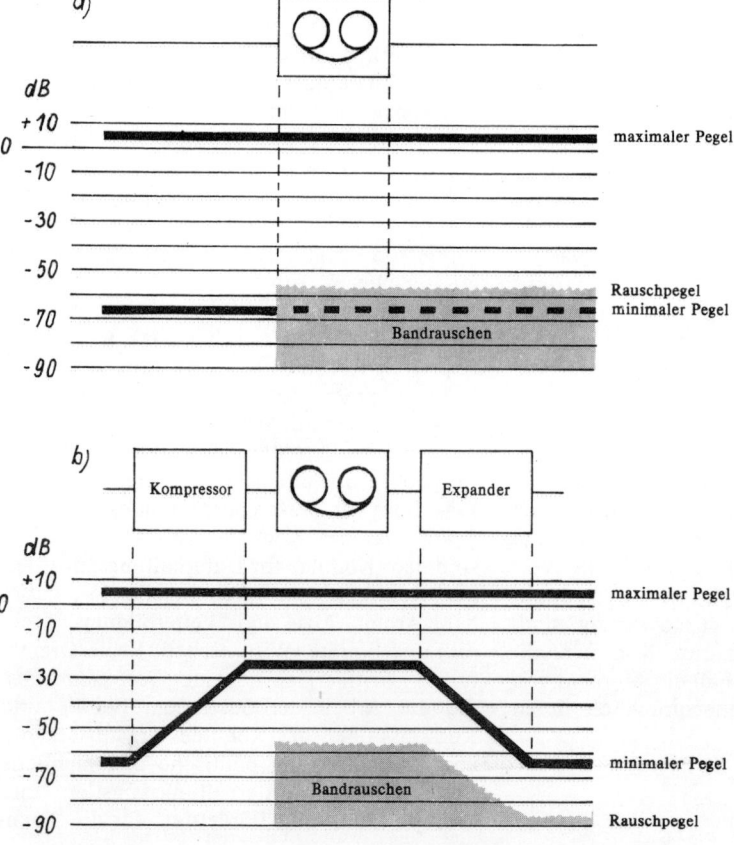

Tonsignalen als »Rauschatmen« (hörbare Pegeländerungen des Rauschens), »Pumpen« oder mit Verzerrungen als Folge von Übersteuerungen bemerkbar machen. Um diese Erscheinungen zu vermeiden, ist hoher schaltungstechnischer Aufwand zusammen mit der Optimierung aller Kenngrößen notwendig. Die verbreitetsten Kompanderverfahren sind für professionelle Zwecke Dolby A, Telcom C4 und dbx mit ihren für die Heimelektronik und den semiprofessionellen Bereich bestimmten Varianten Dolby B, Dolby C, Highcom und dbx.

Komplementärrhythmus: das sich wechselseitige Ergänzen mehrerer Stimmen zu einem durchgängigen Grundrhythmus; einfache polyrhythmische Struktur (→ Polyrhythmik), z. B.

Komplementärrhythmische Ergänzung gehört zu den grundlegenden Arbeitsprinzipien einer → Rhythmusgruppe, ist anzutreffen in allen → Perkussionsensembles afrikanischer und afroamerikanischer Herkunft, wobei die Klangspezifik der verwendeten Schlaginstrumente zusätzliche Farbe einbringt.

Komposition [lat., compositio = »Zusammengesetztes«]: das (im Gegensatz zur → Improvisation) ausgearbeitete und in Notenschrift fixierte Musikwerk als Endprodukt eines vielschichtigen kreativen Vorgangs des Urhebers (Komponisten), das durch → Interpreten zum Klingen gebracht wird. Die Komposition, das originale Musikwerk, ist das Ergebnis von musikalischem Einfall (künstlerischer Inspiration) und dessen handwerklicher Ausarbeitung auf der Grundlage von Melodie-, Harmonie- und Formenlehre, Satztechnik, Instrumentation usw. Sie ist überall und uneingeschränkt – entsprechende Qualität der Musiker vorausgesetzt – nach der Partitur bzw. Stimme – reproduzierbar. Dieser Inhalt des Kompositionsbegriffs verbindet sich mit der Entwicklung der artifiziellen europäischen Musik und kann nicht pauschal auf die populäre Musik übertragen werden. Im Gegenteil, hier bildet das vom Komponisten fixierte, gültige Werk die Ausnahme, wie z. B. die Originalpartituren von Johann *Strauß* (→ Wiener

Walzer) oder die originalen Klaviersätze von Scott *Joplin* (→ Ragtime). Komposition bedeutet in der populären Musik meist nur Vorgabe des → Themas: die harmonisierten Melodieskizzen einer zweiunddreißigtaktigen AABA-Form (→ Song), einer → Bluesformel u. ä.; oder auch nur die Absprache darüber, das gemeinsame Erarbeiten wie z. B. häufig in der Rockmusik. Die Fertigstellung obliegt dem Arrangeur (→ Arrangement), oder man nutzt das Thema lediglich als Improvisationsvorlage (→ Chorus). Der Begriff Komposition steht im Jazz, im Rock und in der Folklore meist sogar im Widerspruch zur traditionellen inhaltlichen Bedeutung, entstand er doch als Abgrenzung zum Improvisierten. Bewußt definiert man deshalb die Improvisation auch als »Stegreif-Komposition« und berücksichtigt dabei, daß selbst (oder gerade) namhafte Musiker in ihren Erfindungen oft auf bereits erprobte Wendungen zurückgreifen. Damit ist gleichzeitig der hohe Anteil individueller Interpretation als Gestaltungskomponente hervorgehoben. Als Komposition in der populären Musik müßte deshalb analog zum Begriffsinhalt in der artifiziellen Musik die Einheit von musikalischem Einfall (der »Komposition«), Arrangement, Improvisation und Interpretation verstanden werden, unabhängig davon, ob dieser kreative Prozeß durch eine Einzelperson (elektronische Musik), in der Gruppe (Rockmusik) oder auf verschiedene Personen verteilt (Popmusik, Schlager) erfolgt. Meist wird jedoch anstelle von Komposition in dieser Ganzheit von → Titel bzw. in der Rockmusik auch von »Werk« (*composed & arranged*) gesprochen.

Kompressor: → Regelverstärker, der die Dynamik, also den Abstand zwischen maximalem und minimalem Tonsignalpegel verringert. Signale mit niedrigem Pegel werden stärker angehoben als Signale mit höherem Pegel. Hohe Pegel können auch abgeschwächt werden. Der Kompressionsgrad ist meist einstellbar (je nach Gerät im Bereich von 1:1 bis 1:20) und gibt an, in welchem Verhältnis die Dynamik komprimiert worden ist. Ein Kompressionsgrad von 1:3 entspricht einer Verringerung der Dynamik auf ein Drittel. Der mit Kompressoren erzielte Effekt läßt sich als Verdichtung, Intensivierung des Klangs be-

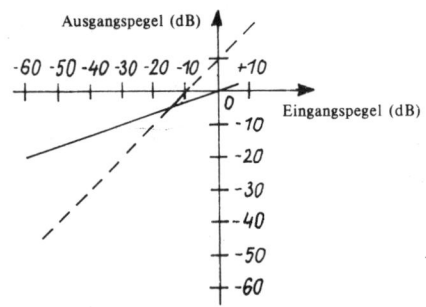

schreiben. Beim Einsatz von Kompressoren ist zu beachten, daß das Rauschen entsprechend dem Kompressionsgrad verstärkt wird. Oft sind Kompressor und → Limiter in einem Gerät enthalten. Bei der Verwendung eines Kompressors als → Effektgerät lassen sich die Ein- und Ausschwingvorgänge des angeschlossenen Instruments (z. B. E-Gitarre) verändern. Das typische Anschlaggeräusch entfällt und die Klangdauer des Tones wird verlängert (→ Sustainer).

Kontrabaß, Abk. *b* [ital. contrabasso, engl. double bass, umgangssprachliche Kurzform: *Baß*]: Streichinstrument; Baß der Violinfamilie, entwickelt aus dem Baß der Viola-da-gamba-Familie (Violone); Stimmung der vier Saiten: E_1, A_1, D, G (fünfsaitiger Kontrabaß mit tiefer C_1-Saite in populärer Musik kaum gebräuchlich); Tonumfang: $E_1 - g^1$ (mit → Flageolett bis g^3); Notierung: oktavtransponierend, eine Oktave über dem Klang, hauptsächlich im Baßschlüssel; Struktur der → Violine entsprechend, meist jedoch mit spitz zum Hals verlaufendem Oberbügel, flachem Boden, zum Hals hin abgewinkelt, Wirbel mit Zahnradmechanik zum Feinstimmen; Tonerzeugung durch Bogen (*arco*) oder mit Fingern gezupft (*pizzicato*).

Der Kontrabaß war lange Zeit das dominierende Baßinstrument in allen Bereichen der populären Musik, lediglich in der Blasmusik und davon beeinflußt im frühen Jazz hatte diese Funktion die → Tuba inne. Erst in den sechziger Jahren wurde der Kontrabaß weitgehend durch die → Baßgitarre verdrängt. Es ist üblich geworden, allgemein von *Baß* zu sprechen, unabhängig davon, ob der Musiker Kon-

trabaß oder Baßgitarre spielt; selbst Tubisten bezeichnet man oft als »Bassisten«.

Analysiert man die Funktion des Kontrabasses im Jazz, so muß ein bemerkenswerter Wandel festgestellt werden: von der Übernahme der Two-Beat-Tubastimme zum → Slap Bass, vom → Walking Bass zum → Time Keeper im Bebop, schließlich zur melodisch kontrapunktierenden, frei geführten Linie und zum Solospiel.

Am Anfang stand der Wechsel vom Streichbaß (entsprechend der europäischen Tradition im 19. Jh.) zum »gezupften« Baß. Glaubt man den Erzählungen alter Jazzer, so soll das Pizzicato-Spiel durch einen Zufall – 1911 brach Bill *Johnson* (1872–1972) bei einem Auftritt der Bogen und er mußte notgedrungen pizzicato weiterspielen – aufgekommen sein. Wie auch immer – der gezupfte Baßton entsprach

Kontrabaß

der von den Afroamerikanern bevorzugten
perkussiven → Tongebung, die durch das
Klatschen der Saite auf das Griffbrett beim
Slapin' (→ Slap Bass) noch verstärkt wurde.
Auch die rhythmische Prägnanz ist gegenüber
dem gestrichenen Ton wesentlich deutlicher.
Als »Vater« der Jazzbassisten, als bedeutendster New-Orleans-Bassist gilt Pops *Foster*
(1892–1969). Erst gegen Ende der zwanziger
Jahre hatte sich der Kontrabaß gegenüber
Tuba/Sousaphon durchgesetzt. Das im Swing
aufkommende Durchspielen aller vier Zählzeiten im $\frac{4}{4}$-Takt (*Walking Bass*) führte zu
einer eigenständigen, zunehmend auch melodisch erfundenen Baßlinie, zu hören bei John
Kirby (1908–1952), Walter *Page* (1900–1957)
u. a. Aus der Reihe der vielen guten Swing-
Bassisten sei noch Slam *Stewart* (geb. 1914) erwähnt, der durch sein (auch gestrichenes) Solospiel, zu dem er in der Oberoktave
mitsummte, auffiel. Vorbildwirkung auf die
modernen Bassisten übte trotz seiner nur kurzen aktiven Laufbahn Jimmy *Blanton*
(1921–1942) mit seinen virtuosen, bläsermä-
ßig phrasierten Chorussen und Begleitpassa-
gen aus. Ist im Bebop der Kontrabaß noch vordergründig als einziges Instrument für die
Markierung des durchlaufenden Four Beat
verantwortlich, so verliert sich in den Folgejahren diese Aufgabe mehr und mehr. Die
Bassisten erfinden kontrapunktisch zur Melodie korrespondierende Linien, wandeln den
Baß vom rhythmisch-harmonischen Fundament zum quasi Melodieinstrument, auch
wieder unter Einbezug des Bogens (arco).
Wegweisend bei diesem Prozeß waren hauptsächlich Oscar *Pettiford* (1922–1960), Ray
Brown (geb. 1926) und Charles *Mingus*
(1922–1979). Charlie *Haden* (geb. 1937) und
Scott *La Faro* (1936–1961) vervollkommneten
das Baßspiel weiter, indem sie auf dem Kontrabaß fast gitarreähnliche Passagen, früher
für unspielbar gehaltene Figuren mit stilisti-
schem Feeling ausführten; ihre Namen stehen
jedoch nur stellvertretend für eine große Zahl
hervorragender moderner Bassisten, auch auf
europäischem Boden (z. B. Pedersen, Pege,
Koch usw.).
Nachdem zunächst der Kontrabaß elektrisch
verstärkt worden war, kam dann der *E-Baß*
und schließlich Mitte der fünfziger Jahre die

Ray Brown

→ *Baßgitarre* auf. Viele Musiker spielten und
spielen sowohl Kontrabaß als auch Baßgitarre,
je nach Anforderung und Stilart. Die Baßgitarre eröffnete jedoch klanglich und spieltechnisch neue Räume, wobei Instrumentalisten
wie Jack *Bruce* (geb. 1943), Stanley *Clarke*
(geb. 1951) und Jaco *Pastorius* (geb. 1951) Pionierarbeit leisteten.
Der Einsatz des Kontrabasses reduzierte sich
in der Gegenwart auf Jazzgruppen und Unter-
haltungsmusikensembles. Im Blasorchester
werden mitunter aus klanglichen Gründen die
Tuben mit einem Kontrabaß gekoppelt. Auch
in Big Bands ist der Kontrabaß, mit der Baßgitarre im Wechsel, oft nach wie vor Bestandteil der Rhythmusgruppe.

Kontrapunkt: [von lat. punctus contra
punctum = »Note gegen Note«]: Satztechnik
bzw. Kompositionsprinzip in der → polypho-

nen Musik, auch die nach den kontrapunkti-
schen Regeln geformte (Gegen-)Stimme.
Einer Stimme wird eine zweite (dritte,
vierte …) unter Beachtung bestimmter Gesetzmäßigkeiten in der Stimmführung hinzugefügt, wobei unter Berücksichtigung des Zusammenklangs die melodische und rhythmische Eigenständigkeit aller Stimmen gewahrt bleiben muß. Da die populäre Musik
weitgehend → homophon gehalten ist, finden
kontrapunktische Techniken relativ selten Anwendung. Oft wird schon eine einfache Gegenstimme (fälschlicherweise) als Kontrapunkt bezeichnet. Kontrapunktische Linien
finden sich z. B. im Bläserdreiersatz beim Dixieland, im kontrastierenden Wechselspiel der
→ Sections in modernen Big Bands und in
der thematischen Verarbeitung in konzertanten Kompositionen.

Konzept-Album [engl. *Concept Album*]: Bezeichnung für eine Langspielplatte (→ LP),
deren Titel eine inhaltlich und/oder musikalisch geschlossene Einheit bilden. Das erste
Konzept-Album wird mit der LP »Sergeant
Pepper's Lonely Hearts Club Band« (1967)
den *Beatles* zugeschrieben. Im Zusammenhang mit dieser Platte kam der Begriff auch
auf. Schon zuvor waren jedoch mit »Freak
Out« (1966) und »We're Only in It for the Money« (1967) sowie »Absolutely Free« (1967)
von *The Mothers of Invention* Platten erschienen, die durch ihre inhaltliche Geschlossenheit de facto Konzept-Alben darstellen. Nach
der Art des realisierten Konzepts lassen sich
verschiedene Typen von Konzept-Alben unterscheiden. Der verbreitetste Typ, dem auch
die »Sgt. Pepper«-LP von den Beatles ange-
hört, ist der Songzyklus (→ Zyklus), bei dem
die Titelfolge einen musikalischen und inhaltlichen Rahmen durch Rückbezug des Schluß-
titels auf den Eingangssong erhält. Andere
Konzeptformen sind fiktive Geschichten wie
Ekseptions Reise durch die Geschichte der
Musik auf »Beggar Julia's Time Trip« (1970)
oder *Gentle Giants* fiktives Interview auf »Interview« (1976), ein einheitlicher inhaltlicher
Bezugspunkt für alle Songs einer Platte wie
für Elvis *Costellos* »Armed Forces« (1973) das
Thema Gewalt oder aber der Zusammenhang
durch ein musikalisches Verknüpfen der Titel,
eine sich durchziehende musikalische Idee

wie beispielsweise in Mike *Oldfields* »Tubular
Bells« (1973). Sonderformen des Konzept-Albums sind die Rock-Suite, die Übertragung
der Suitenform auf eine Langspielplatte
(*Emerson, Lake & Palmer*, »Tarkus«, 1971), und
die → Rock-Oper, die zwar der Bezeichnung
nach auf eine theatralische Realisierung zielt,
von Ausnahmen abgesehen jedoch zumeist
bei der akustischen Realisierung auf Schallplatte bleibt (*Kinks*, »Arthur or The Decline
and Fall of the British Empire«, 1969) bzw.
zusätzlich noch eine Schallplattenfassung in
Form des Konzept-Albums besitzt (*Who*,
»Tommy« 1969; *Pink Floyd*, »The Wall«,
1979).
Obwohl das Konzept-Album innerhalb der
Rockmusik aufgekommen ist, findet es sich
inzwischen auch in anderen Bereichen der populären Musik.

Konzert: Form der öffentlichen Aufführung
von Musik, meist gegen Entgelt in einem bestimmten Rahmen (Saal, Freilichtbühne usw.)
und von einer bestimmten Zeitdauer (norma-
lerweise zwei bis drei Stunden), wobei die Musik um ihrer selbst willen der Anlaß der Veranstaltung ist – im Unterschied zu ihrer
Aufführung bei Tanzveranstaltungen, in Bars
oder Restaurants oder ihrer Verbindung mit
anderen Formen der Bühnenpräsentation wie
bei der → Operette, dem → Musical, dem →
Varieté und der → Revue. Das Konzert spielt
in der Entwicklung der populären Musik eine
große Rolle, waren doch schon im 19. Jh. Frei-
lichtkonzerte oder die konzertante Aufführung von ursprünglicher Tanzmusik wie beim
→ Wiener Walzer beliebte Veranstaltungsformen für populäre Musik. Mit dem Jazz wuchs
die Bedeutung des Konzerts noch einmal erheblich, gab es doch dem improvisierenden
Musiker durch seinen Charakter als kollektives Musikhören frei von störenden äußeren
Einflüssen aller Art und frei von der Bindung
an außermusikalische Zwecke ganz andere
Möglichkeiten zur Entfaltung seiner Kreativität, was seit dem Swing mit seinen kleinen Ex-
perimentalensembles einer Vielzahl von
Jazzstilen bis hin zum Free Jazz den Weg geebnet hat. Mit der expandierenden Schallplattenindustrie nach dem zweiten Weltkrieg erhielt es dann für alle Formen der populären
Musik eine spezifische Funktion, erwies es

sich doch als äußerst wirksames Stimulans für den Verkauf von Schallplatten. Seither sind Konzerte die vor allem in der Rockmusik mit immensem technischen Aufwand getriebenen Live-Aufführungen von zuvor auf Schallplatte produziertem Material und werden nach bzw. zur Veröffentlichung einer Platte als großangelegte Promotion-Tourneen, nicht selten weltweit, organisiert.

Konzertina [auch *Concertina*]: ein aus der Handharmonika entwickeltes Balginstrument mit charakteristischem sechseckigem Gehäuse; Diskant- und Baßseite mit Knopfgriffanordnung für Einzeltonspiel; Einheitskonzertina mit 128 Tönen (chromatisch): Diskant

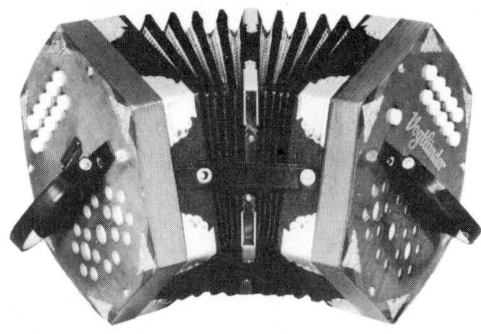

Konzertina

$g - g^3$, Baß $E - g^1$; wechseltönig gebaut (auf Zug und Druck des Balgs bei gleicher Taste zwei Töne).
1829 patentierte Charles Wheatstone seine gleichtönige »Concertina« mit einer durchgängigen, auf Diskant- und Baßseite verteilten chromatischen Tonfolge (= *English Concertina*) und löste damit eine Popularitätswelle dieses Instruments auf den Britischen Inseln aus. Der Chemnitzer Carl Friedrich Uhlig begann 1834 mit der Konstruktion der wechseltönigen *deutschen Konzertina*. Beide Typen wurden schließlich in Hunderten von Varianten gebaut. Als beliebtes Volksinstrument wurde sie sowohl solistisch als auch im Ensemble gespielt, geriet jedoch mit dem Aufkommen des leichter erlernbaren → Akkordeons in Vergessenheit und erlebte erst in jüngerer Zeit wieder einen neuen Aufschwung in den Folkgruppen, z. B. durch Louis *Killen* (geb. 1934).

Konzert- und Gastspieldirektion, Abk. *KGD*: 1960 gegründeter staatlicher Veranstaltungs-

betrieb in der DDR. Er gliedert sich in Bezirksdirektionen, die in der Regel das alleinige Recht zur Verpflichtung und Vermittlung von Künstlern für Veranstaltungen aller Art besitzen. Er plant, leitet und organisiert die Tätigkeit der frei- und nebenberuflich arbeitenden Künstler im Bereich der Unterhaltungskunst und des Konzertwesens durch eine den wachsenden Bedürfnissen nach Musik, Unterhaltung und Geselligkeit entsprechende künstlerische Programmproduktion.

Kornett, Abk. *c, co, cnt* [auch *Cornet, Piston* bzw. *Cornet à pistons*]: aus dem Cornet de poste (Posthorn) Anfang des 19. Jh. in Frankreich entstanden; drei Ventile, eng mensuriert, Rohrverlauf (in B ca. 130 cm) anfangs zylindrisch, dann überwiegend konisch, becherförmiges Mundstück, kleines Schallstück; transponierend, Tonumfang (notiert fis – c^3):
· *Kornett in B* – klingend $e – b^2$
· *Piccolokornett in Es* – klingend $a – es^3$
· *Altkornett in Es* – klingend $A – es^2$
Diese drei Typen gehören zum Instrumentarium der Militärblasorchester und finden sich heute noch in den → Brass Bands. Als Lead-Instrument dominierte das Kornett im frühen Jazz, bis es in den zwanziger Jahren von der Trompete abgelöst wurde. Musiker wie Buddy *Bolden* (um 1868–1931), Bunk *Johnson* (1879–1949), King *Oliver* (1885–1938),

Kornett, Trompete, Flügelhorn

![Don Cherry]

Don Cherry

Tommy *Ladnier* (1900–1939), Nick *La Rocca* (1889–1961), Muggsy *Spanier* (1906–1967), Bix *Beiderbecke* (1903–1931), Rex *Steward* (1907–1967) und natürlich Louis *Armstrong* (1900–1971) sind hier zu nennen. Im modernen Jazz nutzten z. B. Nat *Adderley* (geb. 1931) und Butch *Morris* (Free, geb. 1898) das Kornett. Mit einem kleinen Kornett, dem sogen. *Taschenpiston* (Pocket Trumpet), musiziert Don *Cherry* (geb. 1936).

Korpus [lat., corpus = »Körper«]: der Teil des Musikinstruments, der als Hohlraum (Resonator, → Resonanz) den Klang verstärkt (z. B. das Gitarrenkorpus, das Trommelkorpus); diese Funktion entfällt bei elektrischer und elektronischer Klangerzeugung bzw. -verstärkung.

Krakowiak [poln., wörtlich »Krakower«]: alter polnischer Nationaltanz im $^2/_4$-Takt aus der Umgebung von Krakow, der im 19. Jh. auch (neben der → Mazurka) als Gesellschaftstanz populär war. Charakteristisch sind die allmähliche Temposteigerung und der synkopierte Melodierhythmus sowie die Hüpfschritte.

Kreuzpolka: deutsche Variante der → Polka, als Gesellschaftstanz im 19., auch noch im 20. Jh. verbreitet. Charakteristisch ist das Vorkreuzen (daher der Name) und Auftippen der Füße. Beliebt wurde die Kreuzpolka nach dem Text »Siehste wohl, da kimmt er«.

Küchenlied: populäre Liedform des 19. Jh.; entstammte in der Regel der bürgerlichen Salonsphäre (→ Salonmusik), für die es von zumeist zweit- oder drittrangigen Komponisten als Kunstlied im romantisierenden Volkston verfaßt worden war. Dem entsprach ein sich in Teilen des mittleren Bürgertums in der zweiten Hälfte des 19. Jh. als Reaktion auf die Auswirkungen der kapitalistischen Industrialisierung ausbreitender Hang zum Sentimentalen. Bei diesen Liedern handelte es sich dann auch fast ausnahmslos um romantische Poesien voller Mondenschein, Liebesschmerz und Nachtigallengesang, die in einem larmoyanten leiernden Ton abgefaßt waren. Sie wurden vom Dienstpersonal der bürgerlichen Haushalte aufgegriffen, daher die Bezeichnung, und wanderten über diesen Weg in die Kleinbürgerstuben und Hinterhöfe, wo sie die unerfüllten Sehnsüchte, aber auch Kümmernisse besonders des weiblichen Teils der Großstadtbevölkerung angesprochen haben müssen. Typische Beispiele sind die noch heute bekannten Lieder »Holde Gärtnersfrau« und »Mariechen saß weinend im Garten«.

Kuhglocke: → Cencerro.

Künstleragentur der DDR: → Agentur.

★ L ★

Label [engl., ˈleibl]: Schallplattenmarke, war ursprünglich mit dem Hersteller der Platte identisch, ist jedoch durch Konzentrationsprozesse und wechselseitige Vertriebsabkommen sowie die Einführung von *Sublabels* mehr und mehr zu einem reinen Markenzeichen geworden. Große Schallplattenkonzerne vertreiben ihre Platten nicht nur unter eigenem Namen, sondern führen für den Auslandsvertrieb, für den Vertrieb bestimmter Musikrichtungen oder für bestimmte Zielgruppen unter den Käufern eine Vielzahl weiterer Marken, die als Sublabel bezeichnet werden. Darüber hinaus übernehmen sie den Vertrieb für kleinere Hersteller, selbständige Musikerlabel und der Sublabel anderer Konzerne. So hatte beispielsweise der britische EMI-Konzern 1978 75 verschiedene Schallplattenmarken im Verkauf, davon 13 eigene und 62 durch Vertriebsabkommen mit anderen Firmen. Mit dem Kauf und Verkauf von Labels, deren Übernahme durch Lizenz- oder Vertriebsabkommen, der Kontrolle scheinbar selbständig operierender Label durch Verleger- und Vertriebsoptionen hat die internationale Schallplattenindustrie einen Grad der Verflechtung erreicht, der kaum noch durchschaubar ist und durch solche Transaktionen – nicht zuletzt aus steuerrechtlichen Gründen – auch ganz bewußt verschleiert wird.
→ Musikindustrie.

Lage: 1.) Abstand des höchsten Tones zum Grundton im Akkord – a) Oktavlage, b) Terzlage, c) Quintlage;

2.) Kennzeichnung der Stimmführung innerhalb des Satzes – a) enge Lage (lückenlose Folge aller Akkordtöne), b) weite Lage (Akkordtöne weisen in der Aufeinanderfolge Lükken auf), enge und weite Lage kombiniert = gemischte Lage;

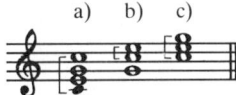

3.) Einteilung des Gesamttonumfangs von Instrumenten und der menschlichen Stimme in hohe, mittlere und tiefe Lage;
4.) Fingerstellung (Position) der Greifhand auf dem Griffbrett (Gitarre, Banjo, Streichinstrumente) z. B. Lagenspiel auf der Gitarre: 1. Lage = 1. Finger im 1. Bund, 2. Lage = 1. Finger im 2. Bund usw.

laid back [engl./amerik., leid bæk]: → relaxed.

La-La Music: → Zydeco.

Lambeth Walk [engl., ˈlæmbeθ wɔːk]: kurzlebiger Modetanz Mitte der dreißiger Jahre.

Ländler: ein seit dem Ende des 18. Jh. unter diesem Namen bekannter Volkstanz aus dem österreichisch-bayrischen Raum, der im ruhigen $\frac{3}{8}$-Takt oder $\frac{3}{4}$-Takt getanzt wird. Musikalisch ist er aus zwei, ein- oder mehrmals wiederholten Teilen aufgebaut. Er gehört zu den Traditionslinien, aus denen sich in der ersten Hälfte des 19. Jh. der → Walzer entwickelt hat.

ländlicher Blues: → Country Blues.

langsamer Foxtrott: → Foxtrott.

langsamer Walzer: auf den → English Waltz zurückgehende Walzervariante, die zum Standardprogramm der Turniertänzer gehört.

Lap Style Playing (engl./amerik., læp stail ˈpleiiŋ): Bezeichnung für die Spielweise von Gitarren (→ Hawaii-Gitarre, → Steel Guitar), bei der das Instrument auf den Knien bzw. Oberschenkeln des Musikers aufliegt (engl. lap = »Schoß«).

lateinamerikanische Musik: Sammelbezeichnung für die Musik der Weltregion, die die Staaten Mittel- und Südamerikas sowie die karibische Inselwelt umschließt. Es ist dies ein Gebiet, dessen Kultur und Sprache maßgeblich durch Einflüsse von der Iberischen Halbinsel Europas, also aus Spanien und Portugal, geprägt wurde. Die Kolonisation durch die Europäer, die mit der Entdeckung der heutigen Bahamas 1492 durch Kolumbus ihren Anfang nahm, hat über alle ethnischen und kul-

turellen, politischen und ökonomischen Unterschiede hinweg zu Gemeinsamkeiten dieser Länder mit Folgen bis in die Gegenwart hinein geführt, die dazu berechtigen, sie als Einheit anzusprechen. Auch die Musikkulturen dieser Region weisen als Resultat der rund vierhundertjährigen Kolonialherrschaft der Spanier und Portugiesen viele Gemeinsamkeiten auf, die dem mit der Kolonialgeschichte verbundenen einmal dominanten Einfluß der europäischen Kultur geschuldet sind. Die Musik der Ureinwohner Lateinamerikas, der Indios, hat sich dagegen in ihrer ursprünglichen Gestalt nur noch in fragmentarischen Resten in einigen Teilen der Urwälder Südamerikas erhalten; die Musikkultur der Azteken, Inkas und Kariben ist völlig untergegangen oder in den Mischformen der Musik der Mestizen, der Mischlinge aus Indios und Weißen, aufgegangen. Seine Ursache hat das nicht nur in der rücksichtslosen Unterdrückung der Indios, sondern viel mehr noch in ihrer faktischen Ausrottung durch die Kolonisatoren. Im Prozeß ihrer Versklavung hat ein so hoher Prozentsatz von ihnen den Tod gefunden, daß sich heute nur noch in einigen Teilen Südamerikas Nachfahren der Ureinwohner Lateinamerikas finden. An ihre Stelle traten Sklavenimporte aus Afrika in großer Zahl, so daß die afrikanischen Einflüsse zusammen mit den europäischen die Musik Lateinamerikas viel nachhaltiger geprägt haben als die in Vergessenheit geratene und dann mit ihnen untergegangene Musik der Indios.

Trotz einer gemeinsamen Geschichte und darauf gegründeter entwicklungsbedingter Gemeinsamkeiten haben die Kolonialgeschichte und die Besiedelungspolitik der Kolonialmächte in Abhängigkeit von den damit jeweils dominant gewordenen Einflüssen aber auch zu Unterschieden geführt, die die lateinamerikanische Musik regional differenzieren. So ist es auf den Karibischen Inseln, den ehemaligen zentralen Sklavenmärkten für den Umschlag der hauptsächlich aus Westafrika importierten Sklaven, sowie besonders in den Küstenbereichen Brasiliens, Kolumbiens, Venezuelas und Guatemalas zu einer stark von afrikanischen Elementen geprägten Musikentwicklung gekommen. In Argentinien, Uruguay und großen Teilen Brasiliens setzte sich die europäische Musik spanischer und portugiesischer Herkunft durch, während im mittelamerikanischen Raum die Mestizen eine eigenständige Musikkultur hervorbrachten, die von den überlieferten Resten der Musik der Indios wie von spanischen Einflüssen gespeist wurde. Eine Mischform stellen auch die Entwicklungen in Bolivien, Peru, Chile, Ekuador und Nordargentinien dar, das Gebiet der sogen. Andenfolklore, mit Musikformen, die in der rauhen Gebirgswelt der Anden weitgehend unberührt blieben. Aber auch über derartige regionale Unterschiede hinaus sind in Lateinamerika auf der Basis der spanischen, portugiesischen und afrikanischen Fremdeinflüsse sowie den Resten der Kultur der Indios vielfältig differenzierte und ungeheuer formenreiche Musikkulturen entstanden, die sich trotz der Gemeinsamkeiten in den Ursprüngen einer pauschalen Kennzeichnung entziehen, was mit dem Begriff »lateinamerikanische Musik« eher verdeckt ist. Er geht dann auch vielmehr auf die zumeist recht willkürlichen und stark europäisierten kommerziellen Importe von Einzelelementen aus der Musik dieser Region nach Europa und später den USA zurück.

Gemeinsam ist allen Formen lateinamerikanischer Musik ihre Geschichte, die mit der Unterdrückung der Kultur der Indios durch die spanischen und portugiesischen Kolonisatoren und dem von den Missionaren noch forcierten Durchsetzungsprozeß der europäischen Kultur begann. Ursprünglich europäische Tanzformen wie die Tarantella, die Pavane, die Galliarde, die Chaconne, das Menuett, die Gigue, die Contradanza, die Mazurka, die Quadrille, der Fandango – die Modetänze der spanischen Aristokratie, teils höfischen, teils folkloristischen Ursprungs –, später auch die über deutsche und österreichische Einwandererfamilien in die Region gelangte Polka und der Walzer fanden in Lateinamerika ihre Entsprechungen, wurden von den Indios und afrikanischen Sklaven auf das einheimische Instrumentarium übertragen und an ihre eigenen musikalischen Traditionen angepaßt. So entstanden etwa die lateinamerikanischen Tanztypen Mangulina, Pavana, Somprerita, Juba, Cedena, Tumba, Mason, Yuka, Maxixe und Pasillo. In Regionen mit großem afrikanischem Bevölkerungsanteil bildeten sich europäisch-afrikanische

Mischformen, überlebten selbst Rhythmen afrikanischer Herkunft in fast ursprünglicher Gestalt und erlangten über die → Samba, den → Calypso oder die → Rumba später weltweite Bedeutung. Die rituellen Musikformen wie die kultischen Gesänge und Tänze der Indios und Afrikaner verschmolzen mit den Hymnen und Chorälen des katholischen Christentums. Die so entstandenen Mischformen begannen in Lateinamerika dann ihr eigenes Leben zu führen. All das aber vollzog sich unter dem politischen Druck der Kolonisatoren und stellte einen gewaltsam erzwungenen Anpassungsprozeß dar, der im Schatten der herrschenden Kultur der Europäer verlief. Erst die Unabhängigkeitsbewegungen im frühen 19. Jh. führten diese Entwicklung aus ihrem gesellschaftlichen Schattendasein und ihrer lokalen Isoliertheit heraus, wurde sie jetzt doch ein Moment der umfassenden Suche nach nationaler Identität, die mit der Befreiungsbewegung Lateinamerikas einsetzte. Auch in den folgenden sozialen Auseinandersetzungen innerhalb der sich herausbildenden Nationalstaaten spielte die Musik als Ausdruck der sozialen Realitäten, als Mittel der politischen Artikulation der Volksmassen, eine zentrale Rolle. Noch heute gibt es etwa mit dem Rasta-Kult auf Jamaica und dem mit ihm verbundenen → Reggae Folgeerscheinungen aus dieser engen Verbindung der lateinamerikanischen Musik mit dem politisch-sozialen Widerstand der als Sklaven oder in feudaler Abhängigkeit gehaltenen Afrikaner und Indios.

Erstmals hatte damit die lateinamerikanische Musik vor dem Hintergrund der politischen Bewegungen des frühen 19. Jh. die Fesseln der europäischen Kultur abgestreift. Doch die mit der Herausbildung lateinamerikanischer Nationalstaaten an die Stelle der Kolonialmächte Spanien und Portugal tretende Handels- und Kapitalexpansion Frankreichs, Englands und der USA hatte ab Mitte des 19. Jh. erneut einen starken Prozeß der Europäisierung zur Folge, getragen von den verbliebenen aristokratischen Oberschichten und der neuen einheimischen Handelsbourgeoisie. Jetzt waren es die europäische Tanz- und Unterhaltungsmusik und der nordamerikanische Jazz, unter deren Einfluß sich nun analog eigenständige Genres der populären Musik herausbildeten, die wie der argentinische → Tango, die Samba

in Brasilien, der Calypso auf Trinidad und die kubanische Rumba in der ersten Hälfte des 20. Jh. als Tanzmusik in Europa und den USA Furore machten. Sie wurden hier freilich in einer Form adaptiert, die mit der Originalgestalt nur sehr wenig zu tun hatte, eine vergröbernde Übernahme der Grundrhythmen und einiger Instrumentationseigenheiten darstellte. Die lateinamerikanische Musik selbst versank wieder in der Isolation.

Erst die politischen Emanzipationsbewegungen der Völker Lateinamerikas in den fünfziger und sechziger Jahren, insbesondere die politischen Liedbewegungen der *Nueva Trova* in Kuba, der *Corridos* in Mexico und der *Nueva Cancione* in Chile führten die lateinamerikanische Musik endgültig aus der Abhängigkeit von der europäischen Kultur heraus. Andererseits setzte sich nun hauptsächlich über die US-amerikanische Musikindustrie mit → Ska und Reggae aus Jamaica sowie → Salsa aus Mittelamerika und der Karibik Musik lateinamerikanischen Ursprungs mit großem Einfluß auch in den internationalen Entwicklungsprozessen der populären Musik durch – ein allerdings zwiespältiger Prozeß, bedeutet er doch zugleich eine hemmungslose kommerzielle Ausbeutung der lateinamerikanischen Musikkulturen.

Insgesamt ist die Bedeutung der Musik Lateinamerikas für die Entwicklung der populären Musik in Europa und den USA kaum zu überschätzen, auch wenn sie oft nur als grausam entstelltes Exotikum, kommerziell verwertet oder als formales Beiwerk hier bekannt geworden ist.

lateinamerikanische Tänze: aus der Vielfalt mittel- und südamerikanischer Folklore hervorgegangene kommerzialisierte Formen, die für einen gewissen Zeitraum beliebte Modetänze waren und danach in das internationale → *Turniertanzprogramm* aufgenommen wurden – → Rumba (Beguine bzw. Mambo bolero), → Samba, → Cha-Cha-Cha, → Paso doble und (obwohl nicht aus Lateinamerika stammend) → Jive. Der → Tango zählt zu den → Standardtänzen.

Latin [engl., ˈlætin]: 1.) Kurzform bzw. Sammelbezeichnung für → lateinamerikanische Musik;
2.) Spielanweisung, die eine polyrhythmische

Perkussionsbegleitung im Sinne lateinamerikanischer Rhythmusstrukturen fordert.

Latin Rock [engl./amerik., ˈlætin rɔk]: in den
sechziger Jahren von dem mexikanischen
Sänger und Gitarristen Carlos *Santana* (geb.
1947) in den USA mit einer Gruppe hauptsächlich lateinamerikanischer Musiker entwickelte Spielart der → Rockmusik, die das
charakteristische Klangbild des Rock mit lateinamerikanischen Rhythmen wie → Samba,
→ Rumba und → Cha-Cha-Cha kombinierte
und mit kunstvollen Improvisationen sowie
einer spontanen Spielfreudigkeit ausfüllte.
Die 1970 erschienene LP »Abraxas« ist das
wohl gültigste Zeugnis dessen. Weitergeführt
wurde diese Richtung des Rock dann vor allem durch Splittergruppen ehemaliger San-
tana-Musiker wie *Azteca, Chepito Areas* und
Coke Excovedo.

Lautsprecher: als elektroakustische Wandler
das letzte und zugleich schwächste Glied in
der Übertragungskette. Die Forderung nach
völlig verzerrungsfreier Übertragung des gesamten Hörbereichs von 16 Hz bis 20 kHz
stellt ein kompliziertes Problem dar und kann
derzeitig von keinem Lautsprecher erfüllt werden. Diese Tatsache schlägt sich in einer Vielzahl unterschiedlichster Konstruktionen nieder. Im wesentlichen besteht der Lautsprecher
aus zwei Teilen, dem *Lautsprechersystem,* auch
Wandler oder *Speaker* genannt, und dem *Gehäuse,* der *Box* oder *Schallführung.* Manchmal
ist mit Lautsprecher auch nur das System gemeint. Von den verschiedenen Wandlerprinzi-
pien (elektrodynamisch, elektrostatisch und
piezoelektrisch) wird das elektrodynamische
am häufigsten verwendet. Bei diesem Prinzip
erzeugt ein Permanentmagnet ein konstantes
Magnetfeld in einem ringförmigen Spalt, wo
die mit der Membran fest verbundene Ring-
spule beweglich aufgehängt ist. Durch die
Spule fließt der tonfrequente Erregerstrom.
Die Kraftwirkungen der sich überlagernden
Magnetfelder bewegen die Membran, es werden Schallwellen abgestrahlt. Ein hoher Wir-
kungsgrad des Lautsprechers ist dann gegeben, wenn die Membran groß gegenüber der
Wellenlänge des klingenden Tones ist. Für
tiefe Töne müßte eine Lautsprechermembran
demnach etwa die Größe des Resonanzbodens
eines Klaviers besitzen. Durch den Einbau des

Lautsprechers in ein Horn oder Baßreflexge-
häuse wird die Tiefenwiedergabe wesentlich
verbessert. Ist die Membran klein gegenüber
der akustischen Wellenlänge, entsteht an ihrer
Vorder- und Rückseite je ein Kugelschallfeld.
Beide Felder haben die Tendenz, sich durch
ihre Gegenphasigkeit auszulöschen. Dieser Effekt wird als akustischer Kurzschluß bezeichnet und kann mit einer geeigneten Schallführung vermieden werden. Am gebräuchlichsten
sind drei Gehäuseformen: → *Kompaktbox,* →
Baßreflexbox und → *Horn.* Mit den unterschiedlichen Lautsprecherkonstruktionen versucht man, für verschiedene Anwendungs-
zwecke optimale Lösungen zu finden. Wichtige Kenngrößen eines Lautsprechers sind die
Nennbelastbarkeit (Dauerlast; mit Rauschen
gemessene Verstärkerleistung, bei der der
Lautsprecher über einen längeren Zeitraum
gerade noch nicht zerstört wird), die Betriebs-
leistung (Verstärkerleistung, die notwendig ist,
um vor dem Lautsprecher 86 dB Schalldruck
zu erzeugen), der Amplitudenfrequenzgang,
der Bündelungsgrad (Verhältnis der gesamten
zu der in Richtung Meßmikrophon abgestrahlten Leistung) und die Verzerrungen (Klirr-,
Intermodulations- und Impulsverzerrun-
gen).
Die Übertragung des gesamten hörbaren Frequenzbereichs durch einen einzelnen Lautsprecher (Breitbandlautsprecher) ist mit erheblichen qualitativen Einbußen im Klangergebnis verbunden. Man verwendet deshalb
sowohl im Studio- und Live-Gebrauch (→
PA-Anlage) als auch im Bereich der Heimelektronik (→ HiFi) Kombinationen von
Hoch-, Mittel- und Tieftonlautsprechern. Das
Klangspektrum wird von → Frequenzweichen
(→ Crossover) in kleinere Bereiche (Bänder)
zerlegt, die den speziell dafür vorgesehenen
Lautsprechern zugeführt werden. Je nach Anzahl der Bänder spricht man von 2-, 3- oder
4-Weg-Systemen. Nur auf diese Weise ist eine
relativ verzerrungsfreie Übertragung mit
einem ausgeglichenen Frequenzgang (stetiges
Verhältnis von Frequenz und Schalldruck;
kein Frequenzbereich soll hervortreten) gewährleistet. Ein weiteres Problem stellt in der
Praxis die unterschiedliche Richtwirkung von
Schallwellen dar. Während sich tiefe Frequenzen relativ gleichmäßig im Raum ausbreiten,
erfolgt die Abstrahlung hoher Frequenzen

stark gebündelt (gerichtet). Man versucht diesen in der Regel unerwünschten Effekt durch schallablenkende Reflexionsflächen (akustische Linsen) und eine entsprechende Anordnung der Lautsprecher (Hochtöner im Halbkreis, früher als Kugelstrahler) zu beseitigen.

Lautstärke: die subjektiv empfundene Intensität eines Schallereignisses, ausgedrückt in Phon. Da beim menschlichen Ohr die Hörempfindlichkeit in Abhängigkeit von der Frequenz unterschiedlich ist, entspricht diese subjektiv empfundene Schallqualität nicht linear dem in Dezibel (dB) gemessenen objektiven Schallpegel. Die Lautstärke ist in jedem Fall ein wichtiger Bestandteil des musikalischen Ausdrucks. Besondere Bedeutung hat sie jedoch in der → Rockmusik mit ihrer durchweg sehr hohen Lautstärke erhalten, womit die sinnliche Intensität von Klang bis zur physischen Berührungssuggestion gesteigert werden kann. Vor allem aber ist sie hier eine zentrale Komponente des → Sound, denn wenn die Hörempfindlichkeit sich in Abhängigkeit von der Frequenz befindet, dann gilt dieser Zusammenhang auch umgekehrt; je größer die Lautstärke, um so stärker treten bestimmte Frequenzbereiche in den Vordergrund, und das hat einen erheblichen Einfluß auf die Sound-Qualität.
→ Dynamik.

Lautstärkeschwellpedal: elektronisches → Effektgerät zur Lautstärkeregelung mit dem Fuß; wird in Zusammenhang mit elektrisch verstärkten und elektronischen Instrumenten verwendet, bei denen Dynamik (Lautstärkevariation) durch differenzierte Spielweise ungenügend oder gar nicht gegeben ist. Man kann mit dem Lautstärkeschwellpedal Töne oder Akkorde einblenden, während der Klangdauer die Lautstärke an- und abschwellen lassen und Abklingvorgängen entgegenwirken oder sie verkürzen. Lautstärkeschwellpedale sind Zubehör von E-Orgeln und E-Pianos, werden jedoch auch von Gitarristen und Bassisten verwendet, vor allem um allmähliche Einschwingvorgänge vorzutäuschen (durch langsame Pedalbewegung von leise nach laut). Bei schneller Auf- und Abbewegung des Pedals läßt sich auch ein Tremoloeffekt erzeugen. Einfache Lautstärkeschwellpedale arbeiten

mit Potentiometern. Wesentlich verschleißfreier und ärmer an Störgeräuschen sind Fußschweller mit fotoelektrischer Regelung.

Lead [engl., li:d, wörtlich »führen, leiten«]:
1.) kennzeichnet in mehrstimmigen Sätzen die melodieführende Stimme, falls diese nicht eindeutig erkennbar ist;
2.) in Zusammensetzungen (z. B. Lead-Gitarre) für das melodieführende Instrument gebräuchlich.

Leader [engl., ′li:də]: Leiter (*Bandleader* = »Kapellenleiter«), auch Satzführer (1. Bläser) in der Big Band.

Leadsheet [engl., ′li:dʃi:t]: C-Stimme, vergleichbar einer → Direktionsstimme.

Leierkasten: volkstümliche Bezeichnung der → Drehorgel.

Leitton: ein Ton, der zur Weiterführung (Auflösung) in den benachbarten oberen Ton im Abstand einer kleinen Sekunde zwingt (Halbtonschritt). Der *natürliche Leitton*, der zum oktavierten Grundton führt, ist z. B. in C-Dur h (VII. Stufe). In die entgegengesetzte Richtung weist der *Gleitton*, in C-Dur f (IV. Stufe) zu e. Aber auch andere Töne können aus melodischen oder harmonischen Gründen durch künstliche Leit- oder Gleittöne vorbereitet werden.

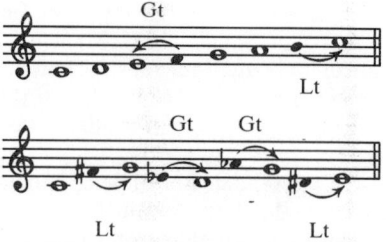

Gehäuftes Anwenden dieser Leit- bzw. Gleittönigkeit wirkt meist sentimental, oft schnulzig (Schlager).

Leistungsschau, -vergleich: bewährte Veranstaltungsform zur Dokumentation des Entwicklungsstands auf einzelnen Fachgebieten, zum Erkennen von Trends, zur Verallgemeinerung bestimmter Tendenzen, zur Qualifizierung der Teilnehmer. Im Gegensatz zur → Werkstatt haben Leistungsschauen und -vergleiche meist Wettbewerbscharakter, verbunden mit Auswertungsgesprächen oder öffentlichen Diskussionen. Zentrale Veranstaltungen für die Berufskünstler sind der im zweijährigen Turnus in Karl-Marx-Stadt stattfindende *Interpretenwettbewerb* und die primär dem Vorstellen von neuen Programmen vorbehaltene *Leistungsschau der Unterhaltungskünstler*, im Bereich des künstlerischen Volksschaffens wird seit 1962 die *Zentrale Leistungsschau der Amateurtanzmusiker* mit der Vergabe des Titels »Hervorragendes Amateurtanzorchester der DDR« durchgeführt (analoge Veranstaltungen auch in den anderen Genres, z. B. zentrale Leistungsschau der Diskomoderatoren, zentrales Blasmusikfest in Ruhla, Vogtländische Musiktage usw.). Die regelmäßigen Leistungsvergleiche (Tanzmusikfeste) der Amateurtanzmusiker in den Kreisen und Bezirken werden für die notwendigen Einstufungen genutzt.

Leslie [engl., ′lezli]: Bezeichnung für ein → Effektgerät, dessen Wirkungsweise auf dem Prinzip rotierender Lautsprecher beruht, aber auch für den mit ihm erzeugten Effekt. Der Name geht zurück auf den Erfinder bzw. die Firma, die erstmals ein solches Gerät produzierte. Der Effekt wurde entwickelt, um den Klang von E-Orgeln (Hammond-Orgel) lebendiger zu gestalten. Heute verwenden ihn auch Gitarristen. Die Originalversion dieses Effektgerätes wird auch als *Rotationskabinett* oder *Lesliekabinett* bezeichnet.
Um den konstruktiven Aufwand zu senken, läßt man nicht die Lautsprecher, sondern Schallaustrittsöffnungen bzw. -ablenkvorrichtungen rotieren. Das Eingangssignal wird zunächst in zwei Frequenzbänder (Höhen und Mitten/Tiefen) aufgeteilt, die über entsprechende eingebaute Verstärker zwei separaten Lautsprechersystemen zugeführt werden. Im oberen Teil des Kabinetts befindet sich der nach oben abstrahlende Hochtöner und über ihm eine rotierende Schallöffnung, bestehend aus zwei schräg aneinandergebauten Hörnern. Der nach unten abgestrahlte Schall des anderen Lautsprechers wird von einer sich drehenden Trommel (Styropor-Trommel) mit einer Schallaustrittsöffnung abgelenkt. Die Rotation der Hörner und der Trommel erfolgt in die gleiche Richtung, jedoch nicht synchron. Damit der Schall ringsherum austreten kann,

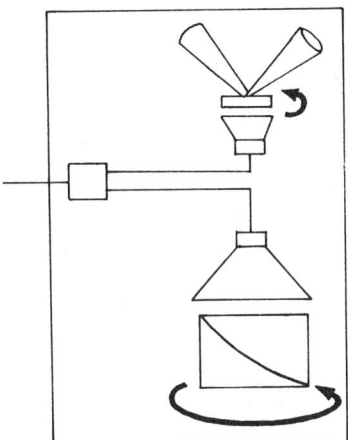

ist das Gehäuse im Abstrahlbereich offen. Als Ergebnis entsteht ein lebendigerer, schwebender Klang. Das Originalsignal wird in zweierlei Hinsicht verändert. Neben dem An- und Abschwellen der Lautstärke erfolgt eine geringfügige Änderung der Tonhöhe (Doppler-Effekt). Die Rotationsgeschwindigkeit läßt sich meist in zwei Stufen schalten, kann heute aber auch stufenlos geregelt werden. Kleine Drehzahlen bewirken den sogen. »Kathedral-Sound«, größere Drehzahlen ergeben den typischen schwirrenden Klang.
Um den Aufwand und Umfang des mechanisch-akustischen Lesliekabinetts zu reduzieren, unternahm man Versuche, diesen Effekt auf elektronischem Wege zu erzielen. Gegenwärtig gibt es mehrere Varianten, die hinsichtlich der Regelmöglichkeiten, des Einordnens in eine PA-Anlage und des Transports Vorteile besitzen. Elektronisches Leslie ist bereits häufig in moderne E-Orgeln und Synthesizer integriert, aber auch als Zusatzgerät, das zwischen Instrument und Verstärker geschaltet wird, erhältlich. Ein besonders reizvolles räumliches Klangergebnis entsteht, wenn der Effekt ständig zwischen beiden Kanälen einer Stereoanlage wechselt. Die elektronischen Leslie-Effekte haben jedoch noch nicht die Klangqualität des mechanischen Lesliekabinetts erreicht.

Letkiss [Wortschöpfung aus dem Engl., »Let's kiss« = »Laßt uns küssen«]: ein in Tempo und Rhythmik dem → Rheinländer ähnlicher Tanz, der auf dem 2. Weltkongreß der Gesellschaftstänzer im Mai 1964 im englischen

Clacton viel Beifall fand und von dort ausgehend für einige Jahre Modetanz wurde. Er basiert auf dem finnischen Paartanz *Jenkka* (auch *Finnjenkka*), der nunmehr choreographisch modernisiert in Kettenformation (Letka, finn. = »Kette«; daher auch Letka Jenkka genannt) hinter- bzw. nacheinander getanzt wird. Namengebend war letztlich das einem finnischen Volksbrauch entlehnte Küssen als choreographischer Höhepunkt. Die Musik verbindet sich mit dem finnischen *Rauno-Lehtinen-Quintett*, besonders mit dessen Pianisten Erik *Lindström* (geb. 1926), der den neuen Letkiss komponierte.

Libretto [ital., libro = »Buch«]: Textvorlage für musikalische Bühnenwerke, bezieht sich auf die Ende des 18. Jh. aufgekommene Praxis, solche Textvorlagen gesondert als Heft oder in kleinem Buchformat zu publizieren. In der populären Musik sind es vor allem die → Operetten, die auf einem durchgeschriebenen Libretto basieren. Für das → Musical dagegen, die zweite zentrale Form abendfüllender Bühnenwerke im unterhaltenden Musiktheater, wird statt dessen ähnlich dem Film ein als *Buch* bezeichnetes Szenario verfaßt, in das hinein die separat geschriebenen Songtexte montiert werden.

Lied [mittelhochdeutsch, liet = »Strophe«]: Sammelbezeichnung für kleinere, überschaubar gegliederte, in sich geschlossene Kompositionen in Einheit von Sprache und Musik; von großer historischer, regionaler und stilistischer Vielfalt vom schlichten Volkslied bis zum begleiteten Sololied, vom traditionellen → Arbeiterlied bis zum → politischen Lied der Gegenwart, vom → Schlager der Jahrhundertwende bis zum aktuellen Popsong. Vordergründige Eigenschaft ist die betont sangbare, im Tonumfang begrenzte, rhythmisch-metrisch meist dem Sprachfluß bzw. dem Wortsinn folgende Melodik (Wort-Ton-Beziehungen). Von zentraler Bedeutung für die Musik allgemein und die populäre Musik im besonderen ist das → Volkslied. In ihm vereinen sich grundlegende nationale Eigenheiten (→ Intonation). Melodik, Harmonik, Rhythmik und die Formgliederung (→ Form) des Volksliedes prägten die Tänze und beeinflußten die Instrumentalmusik. Im weitesten Sinne basiert somit die gesamte Tanz- und Unterhaltungsmusik auf europäischem und afroamerikanischem Liedgut. Neben den Volks- und Kunstliedern entstanden im 19. Jh. unzählige heitere, oft freche, aber auch rührselig-sentimentale Lieder als Hausmusik, analog dazu eine große Zahl von instrumentalen Charakterstücken (→ Salonmusik), deren Liedhaftigkeit meist schon aus dem Titel hervorging (Air, Wiegenlied, Barcarole, Lied ohne Worte usw.). Erwähnt sei auch das Chorlied, das von den sogen. Liedertafeln und anderen Gesangvereinen, besonders den Männerchören, gepflegt wurde.

Der Terminus »Lied« (amerik. → Song) hat sich auch im 20. Jh. in der Schlager- und Tanzmusik, im Jazz und im Rock erhalten, oft mit speziellen Begriffen kategorisiert, z. B. → Popular Song, → Standard, → Evergreen, → Oldie, → Traditional, häufig gleichgesetzt mit dem umgangssprachlichen → »Titel«.

Liedermacher: Personalunion von Komponist, Texter, Sänger und (in der Regel) Gitarrist; entstand in den sechziger Jahren, als die amerikanische → Folk Music mit ihren → Singer/Songwriter genannten Vertretern wie Bob *Dylan* (geb. 1941) oder Phil *Ochs* (1940–1976) weltweit Aufsehen erregte. Nach ihrem Vorbild begannen nun auch außerhalb der USA Jugendliche sich öffentlich mit sich selbst und ihrer gesellschaftlichen Umwelt auseinanderzusetzen und dafür die Form des gitarrebegleiteten Liedes zu nutzen. Die Bezeichnung zielt auf die unprätentiöse, ungekünstelte Haltung, mit der sich das verband, ging es in erster Linie doch nicht um »Kunst«, sondern um die weltanschauliche Selbstverständigung Jugendlicher, darum, Sprachrohr zu sein, auszudrücken und öffentlich zu machen, was auch andere bewegte. In diesem Sinne haben die Liedermacher so wie die amerikanischen Folk Singer mit ihren Folk- und → Protestsongs eine große Rolle in der Studentenbewegung der endsechziger Jahre gespielt. Inzwischen repräsentieren sie ein selbständig gewordenes Liedgenre der populären Musik, das beispielsweise mit Dieter *Süverkrüp* (geb. 1934), Hannes *Wader* (geb. 1942) oder Franz Josef *Degenhardt* (geb. 1931) aus der BRD sowohl im Rahmen der politischen Liedbewegung als auch als eigenständige Form intelligenter Unterhaltung, etwa mit

Hannes Wader

Franz Josef Degenhardt

Konstantin Wecker

Dieter Süverkrüp

Kurt Demmler

Gerhard Schöne

Konstantin *Wecker* (geb. 1947) aus der BRD oder den Österreichern André *Heller* (geb. 1947) bzw. Ludwig *Hirsch* (geb. 1946), seinen festen Platz in der zeitgenössischen Musikkultur hat.

In der DDR gingen die Liedermacher mit Kurt *Demmler* (geb. 1943), Hartmut *König* (geb. 1947) u. a. aus der → Singebewegung der FDJ hervor, sind aber auch hier inzwischen zu einer relativ selbständigen Erscheinung mit großer und immer noch wachsender Popularität geworden. Als Namen können dafür z. B. Gerhard *Schöne* (geb. 1952), Wolfgang *Protze* (geb. 1951), Bernd *Rump* (geb. 1947) oder Jürgen *Eger* (geb. 1954) stehen.

Lifeline [engl., ′laiflain; auch *Lifestory*]: von Management oder Plattenfirma zum Zweck der → Promotion veröffentlichte Lebensgeschichte eines Musikers, die im Hinblick auf das erwünschte → Image oft erheblich frisiert ist.

Lifestory [engl., ′laifstɔːri]: → Lifeline.

lift [engl.]: der Ton wird glissandoartig auf die geforderte Tonhöhe gebracht bzw. von dieser fallengelassen; Spieltechnik auf Blas- und Saiteninstrumenten.
→ off pitchness, → Tongebung, → bend.

Light Show [engl., ′lait ʃou]: Bestandteil der Live-Aufführung (→ Live) von → Rockmusik. Sie besteht aus einer mit den formalen Abläufen der Musik korrespondierenden rhythmisch wechselnden Kombination farbigen Scheinwerferlichts. Die Rockgruppen haben dafür in der Regel eigene Lichtanlagen – Gerüste mit beweglich daran angebrachten Scheinwerfern – und eigene Lichttechniker, die für die Lichtgestaltung während des Konzerts verantwortlich sind. Die ersten Experimente mit einer solchen Kombination von Licht und Musik wurden in der zweiten Hälfte der sechziger Jahre im amerikanischen → Psychedelic Rock gemacht. Daraus hat sich dann eine Form der Visualisierung von Musik entwickelt, die die Light Show zu einem integralen Moment der Musik selbst werden ließ. Im Zusammenhang steht das mit einer generellen Tendenz in der Entwicklung der Rockmusik zur Emanzipation des optischen Bereichs von der bloßen Begleitfunktion in ein ästhetisch konstitutives Element der Musik. Der Aufwand dafür ist inzwischen immer größer geworden. Neben farbigen Scheinwerfern, Spots und Stroboskopeffekten werden heute auch Laserstrahlen für die Gestaltung der Light Shows eingesetzt. Die bisher größte, aufwendigste und teuerste (4 Mill. Dollar) Light Show mit eigens dafür entwickelten und patentierten Lampen (Varilite) präsentierte *Genesis* bei ihrer USA-Tour 1984. Dreizehn Lichttechniker benötigten sieben Stunden Aufbauzeit vor jedem Konzert, um die 30 Tonnen schwere Lichtanlage an der Saaldecke zu montieren (dazu noch eine 20 Tonnen schwere Lautsprecheranlage). Die zweihundert installierten Lampen waren um 360 Grad drehbar und konnten jeweils sechzig verschiedene Farben (in 0,1 s wechselnd) ausstrahlen.

Limiter [engl., ′limitə, auch *Begrenzer*]: → Regelverstärker, der Tonsignale unterhalb eines bestimmten einstellbaren Spannungspegels unbeeinflußt läßt, während er höhere Signalpegel auf diesen Grenzwert herunterregelt. Er dient in der Hauptsache dazu, Pegelspitzen, die zu einer Übersteuerung des nachfolgenden Übertragungskanals (Magnetband, Schallplatte, Sender usw.) führen und damit Verzerrungen hervorrufen könnten, abzufangen. Mit frequenzabhängig arbeitenden Limitern ist es möglich, bestimmte auswählbare Frequenzbereiche zu unterdrücken (z. B. Zischlaute bei Sprachaufzeichnungen). Limiter können in verschiedene Geräte (z. B. Magnettonbandgeräte) eingebaut sein. Es gibt sie aber auch in separater Form. Aufgrund ähnlicher Funktionsweise findet man oft Limiter und → Kompressor in einem Gerät vereint.

Lindy Hop [engl./amerik., ′lindi hɔp]: um 1927 entstandener, im Zusammenhang mit dem → Swing in den USA verbreiteter Tanzstil, der nach Charles Lindbergh (1902 bis 1974) benannt ist, dem amerikanischen Fliegerpiloten, dem um 1927 die Überquerung des Atlantik gelang, der später aber durch sein öffentliches Bekenntnis zum Hitlerfaschismus ins Zwielicht geriet. Zentrum des Lindys war zunächst das berühmte Harlemer Ballhaus Savoy; von dort aus eroberte sich der Tanz bald die gesamten USA. Die Tänzer führen bei diesem Tanz im Rhythmus des ⁴/₄-Taktes hüpfende Bewegungen aus. Die für die früheren

afroamerikanischen Tänze typischen Hüftbewegungen fehlen weitgehend. Vom Lindy Hop führt die Entwicklung über → Jitterbug und → Jive bis hin zum → Rock'n'Roll.

Line up [engl., lain ʌp, wörtlich »sich in einer Linie aufstellen«]: im Rockbereich verbreitete Bezeichnung für die Besetzung einer Band.

Liner Notes [engl., ′lainə nouts]: kommentierender Text zu Schallplattenproduktionen, abgedruckt auf der Cover-Rückseite, gelegentlich auch auf der Plattenhülle oder einem Beiblatt (-heft). Diese in der artifiziellen und populären Musik verbreitete Praxis ist vergleichbar mit den Einführungen in Programmheften zu Sinfoniekonzerten oder Bühnenwerken. Der Hörer erhält Informationen über den bzw. die Interpreten, das künstlerische Anliegen, das historische Umfeld, Eigenheiten des Aufnahmevorgangs usw. Mitunter werden sogar musikanalytische Betrachtungen angestellt. Derartige, von anerkannten Musikwissenschaftlern und -kritikern verfaßte Liner Notes können eine wertvolle Hilfe beim individuellen Aneignen der eingespielten Musik sein – das belegen zahlreiche Blues- und Jazzplatten (in den USA werden sogar jährlich Preise für gelungene Plattentexte vergeben). Andererseits wollen die Liner Notes oft nur durch Superlative und reißerische Formulierungen neue Käufer animieren.

Lippentriller [engl. lip]: nur durch Veränderung der Lippenspannung (→ Ansatz) entstehende, trillerähnliche Tonhöhenverschiebung; von Trompetern in hohen Lagen geforderter Arrangementseffekt (ähnlich wie der → Shake).

Lipsi: DDR-Tanzschöpfung; 1958 nach einer musikalischen Idee von René *Dubianski* (geb. 1923) (Kombination von zwei Dreiertakten zu einem ⁶/₄-Takt mit Betonung der Zählzeiten 1 – 3 – 4 – 5 im mäßigen Tempo) und nach Schrittkombinationen der Tanzlehrer Helmut und Christa *Seifert* entstanden und auf der Tanzmusikkonferenz 1959 in Lauchhammer vorgestellt. Der Name geht auf *Lipsia* (lat. = Leipzig) zurück, den Heimatort des Autorenkollektivs.

live [engl., laiv, wörtlich »lebendig«]: bezeichnet im Unterschied zur Tonkonserve die Bühnenaufführung von Musik; auch Schallplattenaufnahmen werden damit gekennzeichnet, wenn es sich um Veranstaltungsmitschnitte handelt oder aber bei der Studioproduktion ganz bewußt auf die Nutzung der Mehrspuraufzeichnung (→ Overdubbing) mit nachträglicher Mischung (→ abmischen) verzichtet wurde.

Live Sound [engl., laiv saund]: ein im öffentlichen Musizieren (Konzertveranstaltung, Tanzabend) nachvollziehbares Klangbild – im Gegensatz zum (synthetischen) → Studio-Sound, vorgegeben im → Arrangement.

Liverpool Sound [engl., ˈlivəpu:l saund]: → Beat.

Locked Hands Style [engl./amerik., lɔkt hænds stail]: Spielweise auf dem Klavier, bei der parallel zur Melodie mit beiden Händen gleichzeitig Akkorde gespielt werden (locked hands = gefesselte Hände). Entwickelt wurde diese Technik in den vierziger Jahren durch Milt *Buckner* (geb. 1915) im Rahmen des → Swing. Weltweite Verbreitung erfuhr diese Spiel- und Satzform durch den Pianisten George *Shearing* (1919–1983).

Loft Jazz [amerik., lɔft dʒæz]: ist keine Musikrichtung, sondern eine Jazz-Szene eigener Art, eine Veranstaltungs- und Organisationsform der New Yorker Jazz-Avantgarde, die Mitte der siebziger Jahre ihren Höhepunkt hatte. *Lofts* (wörtlich »Boden, Dachboden«) werden die zumeist ein ganzes Stockwerk umfassenden Räume in den mehrstöckigen Lagerhäusern genannt. Diese in New York vor allem an der Südostseite Manhattans gelegenen Gebäude wurden gegen Ende der sechziger Jahre angesichts der chaotischen Verkehrsprobleme in der City, wachsender Grundstückssteuern und fehlender Expansionsmöglichkeiten von ihren Besitzern nach und nach geräumt. In die leerstehenden Lagerhallen zogen Maler, Bildhauer, Theatergruppen und Musiker ein, die hier sowohl billige Quartiere als auch Atelierräume oder Probenmöglichkeiten fanden. In den alten ausgedienten Lagerhäusern konnte sich so eine Kunstszene entfalten, die wegen ihrer unkommerziellen Kompromißlosigkeit andernorts einfach keinen Platz hatte. Das galt auch für die Musiker der New Yorker Free-Jazz-Zirkel (→ Free

Jazz), die hier zunächst Probenmöglichkeiten suchten und aus den Lofts dann locker organisierte Kommunikationszentren des Avantgarde-Jazz machten. Auf diese Weise entstand eine Alternative zum herkömmlichen kommerziellen Betrieb der Jazzklubs, die in den siebziger Jahren zu einem der wichtigsten, von den Musikern selbst verwalteten Forum des neuen Jazz geworden ist. In dem Maße allerdings, wie sich die Lofts als Veranstaltungsform etablierten, Zulauf und Erfolg hatten, sahen sich die Initiatoren der Loft-Konzerte selbst in die Rolle des traditionellen Veranstalters gedrängt, hatten mit Finanzierungsmodalitäten und Organisationsproblemen zu tun, begannen sich gegenseitig Konkurrenz zu machen. Als sich 1977 vier der regelmäßig Konzerte veranstaltenden Lofts zum *New York Loft Jazz Celebration*, einem dreitägigen Festival, vereinigten, zeichneten sich im Vorfeld dessen bereits die ersten Querelen ab, die danach dann zum offenen, von der Presse weidlich hochgespielten Konflikt zwischen den Lofts führten und binnen weniger Monate das Auseinanderfallen der Loft-Szene zur Folge hatten. War der zeitgenössische Jazz hier als eine engagierte Gegenkultur verstanden worden, in der sich die Suche der Musiker nach neuen, spontanen und politisch vermittelten Kommunikationsformen außerhalb der etablierten Institutionen und im bewußten Widerstand gegen sie spiegelte, so zeigte der rasche Niedergang der Lofts andererseits, wie sehr dem eine durchdachte und effektive Organisationsform fehlte, daß Spontaneität und Kreativität organisiert sein muß, will sie gegenüber einem kommerziellen Musikbetrieb bestehen.

Locomotion [engl., loukəˈmouʃən]: geselliger Modetanz Anfang der sechziger Jahre; in England unter Zugrundelegen einer langsamen, twistähnlichen Musik im $^4/_4$-Takt entstanden.

Logo [engl., ˈlougou; von griech. logos = »Wort«]: optisches Markenzeichen einer Rockgruppe, das aus dem zum graphischen Symbol umgeformten Gruppennamen besteht. Es wird auf → Poster, Plakaten, Aufklebern (→ Sticker) und Plattentaschen (→ Cover) verwendet, z. B. das auf Seite 279 oben gezeigte Logo der Gruppe *Chicago*.

Long Meter [engl., lɔŋ 'miːtə]: Verdopplung der Grundschläge, der → Beats (auch Double Beat); um als Improvisationsthema (Multi-Beat) geeignet zu sein, wurde bei vielen Melodien die Anzahl der Beats erweitert, was in der Notierung bei geraden Taktarten eine Verdopplung der Zeitdauer der Notenwerte und oft auch der Taktzahl nach sich zog. Verbunden damit kann auch eine Verdopplung des Tempos (→ Double Time) erfolgen.

Glory, Hallelujah

LP [engl./amerik., 'elpiː, Abk. für *Long Player*, 'lɔŋ 'pleiə]: 1948 durch den amerikanischen Schallplattenkonzern CBS (→ Musikindustrie) auf der Basis des damals entwickelten rauscharmen Kunststoffs Vinyl herausgebrachte Schallplatte mit einem Durchmesser von 30 cm und einer Abspielgeschwindigkeit von 33⅓ Umdrehungen pro Minute. Sie löste die 78er Schellack-Platten ab und brachte bei gleichzeitiger Verminderung des Rauschens sowie Bruchsicherheit des Trägermaterials eine fünf- bis sechsfache Verlängerung der Spieldauer. Die verlängerte Spieldauer machte sie zunächst zum bevorzugten Medium der klassischen Musik. Die enorme Popularität des → Rock'n'Roll ließ die Schallplattenfirmen dann jedoch ab Mitte der fünfziger Jahre dazu übergehen, die Single-Erfolge (→ Single) ihrer Musiker zusätzlich noch in LP-Zusammenstellungen zu veröffentlichen. Solche mehr oder weniger kommerziell motivierten Zusammenstellungen von Single-Hits sind im → Schlager bis heute üblich geblieben. Für die → Rockmusik hat sich das Verhältnis jedoch inzwischen umgekehrt. Zu den ersten, die die Spieldauer der Langspielplatte für geschlossene musikalische Zusammenhänge und größere Formen zu nutzen begannen (→ Konzept Album), gehörten die *Beatles* mit ihrer 1967 erschienenen LP »Sgt. Pepper's Lonely Hearts Club Band«. Seither hat sich die LP als das zentrale Medium für die Rockmusik behaupten können, stellen Singles hier in der Regel Auskopplungen aus Langspielplatten dar.
→ Schallplatte.

lydisches Konzept: ein vom amerikanischen Komponisten, Pianisten und Bandleader George *Russell* (geb. 1923) ausgearbeitetes harmonisch-melodisches Improvisations- und Kompositionssystem, niedergeschrieben in »The Lydian Chromatic Concept of Tonal Organization for Improvisation«, New York 1959 (1953 abgeschlossen). Der mit dem Bebop verbundene Russell formulierte, angeregt von dem Lieblingsintervall jener Zeit, der Flatted Fifth (→ Tritonus), ein methodisches Denkmodell, das ausgehend von der lydischen Tonleiter (→ modale Leitern) ermöglichte, Akkorde mit (von ihm konstruierten) Skalen zu verbinden, wobei auch der Chromatik ein besonderer Stellenwert eingeräumt wurde. Damit bereitete Russell gedanklich den → Modal Jazz vor. Sein Konzept ist gewissermaßen die erste aus dem Jazzmusizieren abgeleitete, für die Jazzpraxis geschaffene Harmonie-Skalen-Improvisationslehre.

Lyra [griech.]: Stahlstabspiel; seit 1870 in den Militärblasorchestern bei Märschen und Paraden verwendetes Instrument; äußerlich sehr repräsentativ, deshalb auch meist vor dem Orchester getragen (dem → Schellenbaum verwandt), mit buntgefärbten Roßhaaren an dem geschwungenen Rahmen. Die Metallplatten – meist zwei Oktaven Tonumfang – werden mit einem Metallhämmerchen angeschlagen.

Lyrics [engl., ˈliriks]: englische Bezeichnung für Liedtexte, die hauptsächlich im Zusammenhang mit der → Rockmusik verwendet wird und im Unterschied zu den sonst üblichen Bezeichnungen *Text* oder *Words* die besondere, »lyrische« Qualität der Rocktexte andeuten soll; kam in der zweiten Hälfte der sechziger Jahre auf, als viele Rockgruppen damit begannen, ihren Texten größere Aufmerksamkeit zu widmen und sie auf den Plattentaschen abdrucken zu lassen.

Lyricon: → Synthesizer.

⋆ M ⋆

m mi, min, minor [engl.; ˈmainə]: Moll (→ Akkordsymbolschrift).

Machiche [span., maˈtʃitʃə]: → Maxixe.

Madison [amerik., ˈmædisən]: einer der in der → Twist-Nachfolge popularisierten geselligen Tänze; 1962 in den USA entwickelt; nach Madison, der Hauptstadt des Bundesstaates Wisconsin, benannt. Der Madison wurde in Reihe getanzt und enthielt gegenüber dem Twist viele neue Schritte. Typisch für den Grundrhythmus (langsamer $\frac{4}{4}$-Takt) ist das Vorziehen (offbeat) des ersten Viertels des zweiten Taktes.

Magnettonband: wiederverwendbarer Tonträger aus einem 0,05 mm oder 0,035 mm (Langspielband) starken und 6,25 mm breiten Kunststoffband (Zelluloseazetat, Polyester, Polyvinylchlorid) mit einer magnetisierbaren Beschichtung aus Eisen-III-oxid oder Chromdioxidpulver, auf das die in elektrische Schwingungen umgesetzten Schallereignisse durch Magnetisierung der Beschichtung aufgetragen und so gespeichert werden können. Die sich aus dem elektrischen Schwingungsverlauf ergebenden Magnetisierungsschwankungen werden bei der Wiedergabe entsprechend in elektrische Schwingungen zurückverwandelt und nach Verstärkung über einen Lautsprecher wieder in Schallwellen umgesetzt. Die Löschung der magnetischen Aufzeichnung erfolgt durch erneute Magnetisierung mit einer gleichbleibend starken Hochfrequenzspannung, deren Frequenz weit über dem Hörbereich liegt. Im *Tonbandgerät* sind dafür hintereinander Tonköpfe für den Lösch-, den Aufnahme- und Wiedergabevorgang angeordnet, an denen das auf Spulen gewickelte Band mit einer standardisierten Geschwindigkeit von 4,76 cm/s, 9,53 cm/s oder 19,6 cm/s, bei Studiomaschinen mit 38,1 cm/s, früher auch mit 76,2 cm/s, vorbeiläuft. Der Bandgleichlauf ist damit neben der Qualität der Beschichtung ein wichtiger Faktor für die Güte einer Aufnahme. Wird das Band für einen Aufnahmevorgang nicht in seiner ganzen Breite (Vollspuraufzeichnung) genutzt, sondern nur zur Hälfte (Halbspuraufzeichnung), dann kann es gedreht und auch in umgekehrter Laufrichtung bespielt werden, wie das bei Heimgeräten üblich ist. Bei einer weiteren Unterteilung in vier Spuren (Viertelspuraufzeichnung) ist analog die Aufzeichnung zweier getrennter Kanäle in jeder Laufrichtung, also Stereoaufnahme, möglich.
Das Magnettonband wurde während des zweiten Weltkrieges in Deutschland entwickelt. Schon zuvor gab es analoge Versuche, bei denen die Schallereignisse ebenfalls auf magnetischem Weg auf einem Draht (Drahttongerät) festgehalten wurden. Die kommerzielle Nutzung des Magnettonbandes begann dann unmittelbar nach dem zweiten Weltkrieg in den

USA, was nicht nur die Musikproduktion tiefgreifend verändert hat, sondern auch nicht ohne Folgen für die Musik selbst geblieben ist. Schon 1947 experimentierte der Swing-Gitarrist Les *Paul* (geb. 1916) mit Playback-Aufnahmen (→ Playback) im sogen. »Sound-on-Sound«-Verfahren, indem er eine bereits fertige Aufnahme zusammen mit einer Neueinspielung auf ein weiteres Tonband umkopierte. Die 1954 erfolgte Einführung des Zweispurbandes in die Musikproduktion, 1956 der Dreispuraufzeichnung, ließ die getrennte Aufnahme einzelner Instrumente bzw. Instrumentengruppen (→ Mehrspurverfahren) und ein nachträgliches Ausbalancieren (→ abmischen) ihres Lautstärke- und Klangverhältnisses zu. Die Vergrößerung der Bandbreite auf zwei Zoll (= 50,8 mm) für den Aufnahmevorgang im Studio ermöglichte eine Erweiterung der Anzahl der Spuren auf zunächst acht (1967) bis auf vierundzwanzig und mehr, wie sie heute den internationalen Studiostandard ausmachen, wobei das Ergebnis dann anschließend gemischt auf ein Normalband umkopiert wird. Darin liegen enorme Möglichkeiten für die Gestaltung von Klangbildern, lassen sie sich doch nun schichtenweise und genau kontrolliert zusammensetzen und auch nach der Aufnahme auf elektronischem Wege im Vorgang des Abmischens noch einmal verändern. So konnte der → Sound zum eigenständigen Ausdrucksmittel werden, das für die Entwicklung der populären Musik in der Gegenwart eine zentrale Bedeutung erhalten hat.

Aber nicht nur die Produktion, auch der Umgang mit Musik ist durch das Magnettonband erheblich beeinflußt worden. Musik konnte nun auch individuell aufgezeichnet und problemlos wiedergegeben werden, was immer für den Hörer interessant ist. Sie ist damit universell verfügbar und so zu einer zentralen Freizeitbeschäftigung nicht nur Jugendlicher geworden. Die Konfektionierung des Tonbandes in der Kassette (→ MusiCassette) kommt mit seiner erheblich vereinfachten Handhabung diesem Bedürfnis weiter entgegen. Die auf diese Weise mögliche Intensität des Umgangs mit Musik hat neuen Funktionsweisen und neuen musikalischen Ausdrucksformen den Weg geebnet, was sich in der Entwicklung der → Rockmusik dann widerspiegelt.

Mainstream [engl., ˈmeinstriːm, wörtlich »Hauptstrom«]: von dem englischen Jazz-Kritiker Stanley Dance geprägter Begriff für alle Formen des → Jazz, die sich musikalisch zwischen seinen Extremen von Tradition (→ Old Time Jazz, → traditioneller Jazz) und Avantgarde (→ Modern Jazz, → Free Jazz) bewegen. Sie werden oft auch treffend als »Jazz der Mitte« bezeichnet. Musikalisch ist das kaum eindeutig festlegbar, da die Vorstellung eines musikalischen Mittelweges naturgemäß sehr relativ ist. Gemeint sind meistens aber die zeitgenössischen Erscheinungsformen des → Swing, das heißt dessen Weiterentwicklung auf der Basis der vom Modern Jazz eingebrachten klanglichen und stilistischen Möglichkeiten. Typische Vertreter in diesem Sinne sind etwa der Trompeter Roy *Eldrige* (geb. 1911), die Tenorsaxophonisten Coleman *Hawkins* (1904–1969) und Stan *Getz* (geb. 1927) sowie die Pianisten Count *Basie* (1904–1984) und Oscar *Peterson* (geb. 1925). Der Begriff wird inzwischen auch in einem weitergefaßten Sinne gebraucht und meint dann, eher abwertend, den kommerziellen Hauptstrom der populären Musik insgesamt oder in der jeweiligen Entwicklung eines ihrer Genres und ihrer Gattungen.

maj, mj, j, major [engl., ˈmeidʒə]: Dur; auch Abkürzung für große Septime (→ Akkordsymbolschrift).

Mambo [span.]: in Kuba entstandener Modetanz in schnellem bis mittlerem Tempo ($\frac{4}{4}$- bzw. $\frac{2}{4}$-Takt), der für kurze Zeit nach 1950 auch in Europa auftauchte, ehe er vom → Cha-Cha-Cha abgelöst wurde. Das Wort »Mambo« geht auf rituelle Handlungen versklavter Afrikaner aus dem Kongo-Gebiet zurück (Name einer Priesterin) und erfuhr mehrfachen Bedeutungswandel, so bezeichnete man z. B. damit auch das polyrhythmische Trommeln zu bestimmten Anlässen. Ausgangspunkt des Modetanzes bilden → Son und → Danzon. Im Refrain des Son, dem Montuno, tauchten erstmals neuartige Rhythmen auf, die von einigen Komponisten aufgegriffen und schließlich verselbständigt wurden. Beispiele dafür sind die Danzons »Bella unión« (Antonio Sanchez, 1938) und »Mambo« (Orestes López, 1939), letzterer wird namengebend gewesen sein, da in dem

Stück bereits ein mamboähnlicher Teil enthalten ist. Für die Ausprägung des modernen Mambos war jedoch die Konfrontation der kubanischen Folklore mit dem Jazz von nachhaltigem Einfluß. Während des zweiten Weltkrieges kamen viele kubanische Musiker in die USA, insbesondere nach New York, und arbeiteten vorwiegend als Perkussionisten in den Big Bands. Ihr Einfluß führte zum → Cuban Jazz. Dieser Prozeß blieb nicht ohne Rückwirkung auf die Musik Kubas. Swing-Elemente (z. B. Phrasierung und After Beat) und Arrangementsformen (z. B. Bläsersatz) ließen die → Rumba swingen, verliehen dem Mambo die modische Gestalt. Pérez *Prado* (geb. 1916), kubanischer Bandleader, verhalf dem neuen Tanz 1951 mit seinem »Rio Mambo« und weiteren Kompositionen zum endgültigen internationalen Durchbruch. Die Schrittfolge besteht aus einer Kombination von Foxtrott- und Danzonfiguren.

Rhythmusmodell:

Manager [engl., ′mænidʒə]: Verwalter sämtlicher geschäftlicher Angelegenheiten eines Musikers oder einer Gruppe; umfaßt die Beziehung zu Plattenfirmen und Agenturen, zu Rundfunk- und Fernsehanstalten, zur Presse, die Planung und Überwachung von Konzerttourneen, Werbekampagnen, die Beratung in allen Fragen des öffentlichen Auftretens, von der Auswahl der Interviewpartner aus den Massenmedien über Bühnenkleidung bis zur Programmfestlegung sowie die persönliche Betreuung auf Reisen und Tourneen. Der Manager ist sozusagen der Repräsentant des Musikers auf dem Musikmarkt, um ihm den Rücken von allen organisatorischen und geschäftlichen Fragen frei zu halten. Er schließt in seinem Namen die Verträge ab, überwacht deren Einhaltung und hat für das höchstmögliche finanzielle Einkommen zu sorgen. Er ist für den Musiker der Organisator seiner Karriere, an der er dafür mit einem vertraglich fixierten Prozentsatz an sämtlichen Honoraren beteiligt ist. In seiner Funktion drückt sich der inzwischen erreichte Grad des Zusammenhangs von organisatorischen, ökonomisch-kommerziellen und künstlerischen Faktoren aus, der ihn als Vermittler zwischen diesen Faktoren notwendig macht.

Vorformen des Managements zeigten sich bereits in den zwanziger/dreißiger Jahren in der Arbeit der Impresarios der Film- und Varieté-Agenturen. Geprägt wurde die Funktion des Managers in den fünfziger Jahren durch Colonel Tom *Parker* (geb. 1910), der erstmals eine totale Kontrolle über einen Musiker, Elvis *Presley* (1935–1977), erreicht hat und daraus eine legendär gewordene Karriere aufzubauen verstand. Nach diesem Vorbild etablierte sich das persönliche Musikermanagement zur zielgerichteten Koordination aller Aspekte einer Musikerlaufbahn, wobei der Musiker selbst mehr und mehr als ein Investitionsobjekt betrachtet wurde, dessen kommerzielles Potential es mit allen Mitteln und um jeden Preis umzusetzen galt. War dieser Typ des Managers noch in erster Linie einem beliebigen Geschäftsmann vergleichbar, so entwickelte sich in den sechziger Jahren mit der Rockmusik ein neuer Stil des Managements, in dem – oft aus einem wirklichen Interesse für eine bestimmte Musik – die künstlerische Individualität des Musikers, seine Intentionen und künstlerischen Absichten ins kommerzielle Kalkül einbezogen wurden. Obwohl das Grundinteresse das gleiche blieb, aus dem Aufbau einer Musiker- bzw. Gruppenkarriere größtmöglichen Gewinn zu ziehen, war dessen Realisierung doch nun nicht mehr völlig indifferent gegenüber der Musik, sondern auch mit künstlerischen Absichten verbunden. Brian *Epstein* (1934–1967) hat dieses Konzept mit den *Beatles* außerordentlich erfolgreich entwickelt und so den Grundstein für einen Wandel im Management gelegt. In der Folge wurden die Manager nicht nur erheblich jünger, oft gleichaltrig mit den Musikern, sondern waren – wie *Rolling-Stones*-Manager Andrew *Oldham*, der sich als Sänger versucht hatte, oder *Chicago*-Manager James *Guercio*, der zuvor als Gitarrist tätig war – ursprünglich selbst einmal Musiker gewesen. Trotzdem blieb auch jetzt die Funktion des Managers unverändert, und da es in der Regel sogar erheblicher finanzieller Mittel bedarf, um aus einem Musiker bzw. einer Gruppe einen Star zu machen, dessen Marktwert dann die Investition lohnt, liegt in der Beziehung zwischen Musikern und Managern ein permanenter Konfliktstoff, der mit oft skandalumwitterten Auseinandersetzungen, erpresserischen Geschäftspraktiken, Prozessen und Gerichtsverfahren die Entwicklung der Rockmusik ebenso geprägt hat wie an sich die Tätigkeit des Managers selbst. So widersprüchlich wie das Musikgeschäft zwischen künstlerischer Spontaneität, Kreativität und hochorganisierter kommerzieller Verwertung dessen ist auch die Funktion des Managers als Mittler zwischen beidem. Andererseits repräsentiert er als Organisator im Schnittpunkt künstlerischer, ökonomischer und organisatorischer Aktivitäten einen durchaus objektiven Prozeß wachsender Komplexität musikalischer Praxis, der ihn auch außerhalb des kapitalistischen Musikgeschäfts zu einem notwendigen Sachwalter des Musikers macht. Im Rahmen der sozialistischen Musikkultur entfällt mit dem Wegfall privater Eigentumsverhältnisse im Gesamtprozeß der Produktion und Verbreitung von Musik und damit auch im Verhältnis zwischen Manager und Musiker jedoch der wesentliche ökonomische Grund für die widerspruchsvolle Ambivalenz seiner Funktion (→ Mentor).

Mandoline, Abk. *mand, mn* (lat./arab.): Zupfinstrument; unterschiedliches Korpus (neapolitanische Rundmandoline, portugiesische Halbrundmandoline, deutsche Flachmandoline), Hals mit leicht nach hinten abgeknicktem Wirbelkopf, Griffbrett mit Bünden und Markierungen, gitarrenähnliche Wirbelmechanik; vier Doppelsaiten aus Stahl, Stimmung (wie Violine): g, d^1, a^1, e^2, Tonumfang: $g - a^3$ (nichttransponierend); Plektrumanschlag (charakteristisches Tremolo mit gleichgestimmten Saiten).
Mandola: Mandoline in größeren Dimensionen; Saitenstimmung und Tonumfang eine

Portugiesische Mandoline/Rundmandoline

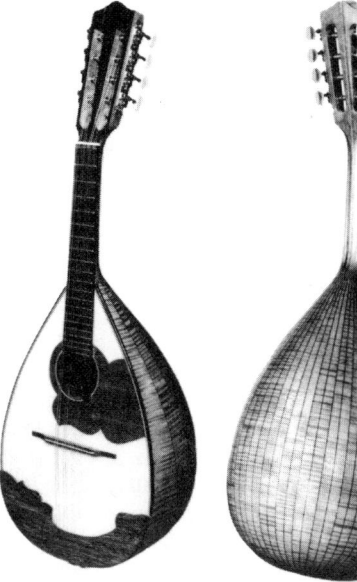

Oktave tiefer (oktavtransponierend, wie Gitarre).

Die Mandoline ist – obwohl mitunter auch im artifiziellen Bereich eingesetzt (18. Jh.) – ein ausgesprochenes Volksinstrument, besonders in Italien und Portugal. Der fünf- bis sechssaitige Mailänder Typ wich dem heute verbreiteten neapolitanischen Modell. Mit den Kolonisatoren kam das Instrument nach Lateinamerika, wo es in verschiedenen Formen verbreitet ist. Verwendung fand es auch im → Bluegrass, Hauptvertreter Bill *Monroe* (geb. 1911), und in der Country & Western Music, z. B. bei *Bob Wills and his Texas Playboys.*

Die Mandoline zählte zum Instrumentarium der → String Bands und erklang gelegentlich auch in Besetzungen des frühen Jazz. David *Grisman* demonstrierte ihre Klangmöglichkeiten im Jazz der siebziger/achtziger Jahre. Elektrisch verstärkt war sie hin und wieder auch in der Rockmusik (u. a. in Produktionen Mike Oldfields) zu hören.

Die Mandoline eignet sich zum Melodiespiel, sowohl solistisch als auch mit anderen Instrumenten zusammen, speziell im Zupfinstrumentenorchester (Arbeitermusiktradition). In den Folkgruppen fand die Mandoline wieder viele Anhänger mit oft recht beachtlichen Leistungen, ein Beispiel dafür ist Erich *Schmekkenberger* (geb. 1953) von der Gruppe *Zupfgeigenhansel.*

Mandola (ital.): → Mandoline.

Manual: → Klaviatur.

Maracas [indianisch/port., ′marakas, deutsch *Rumbakugeln,* auch *Nüsse*]: paarig verwendete, mit Steinchen, Schrot, Fruchtkernen u. a. gefüllte kleine Hohlkörper mit Stielen, ursprünglich getrocknete Kürbisse, heute Holz- oder Kunststoffkugeln. Die Maracas (Pl.) sind afrikanischen und indianischen Ursprungs, in fast allen Regionen Lateinamerikas anzutreffen. Bezeichnungen (nach Carl Gregor Herzog zu Mecklenburg): »spanisch *maraca, maracas* oder *caranganom alfandoque, chucho, guazá* in Columbien, *matraca, tscha-tscha* in Haiti, *maracá* in Brasilien, *sonajas* in Mexiko, *ayacaztli* auf altaztekisch, *chinchin* in Guatemala, *guajey* in San Domingo, *huada* bei den Araukanern in Chile, *maruga* in Kuba, *mbaracá* bei den Guaraniindianern, *nasisi* in Panama, *ieumai* in Venezuela, *shakers* im Englischen.« Die Maracas werden in den Händen gehalten, in verschiedenen Varianten wechselweise geschüttelt oder mit den Fingerspitzen angeschlagen.

March [engl., ma:tʃ]: → Marsch.

Marching Band [engl./amerik., ′ma:tʃiŋ bænd]: → Street Band.

Marching Band Jazz [engl./amerik., ′ma:tʃiŋ bænd dʒæz]: → archaischer Jazz.

Mariachi Sound [span./engl., mari′atʃi saund]: Klangbild nach den sogen. Mariachi-Orchestern, die vor allem in den mexikanischen Städten lustige, ausgelassene volkstümliche Tanzmusik (assimilierte Formen von Walzer, Marsch, Polka usw.) spielen. Vordergründig ist der zwei- oder mehrstimmige Trompetenklang, gekennzeichnet durch lautes, unbekümmertes, oft in der Intonation unsauberes und im Zusammenspiel unpräzises, aber vitales Musizieren. Eine um Perkussionisten erweiterte Rhythmusgruppe mit meist mehreren Gitarren, z. T. auch mit → Marimba, gehört zur Besetzung, ebenso Geigen.

Der charakteristische Mariachi Sound wurde durch Herb *Alperts* (geb. 1937) Tijuana Brass in den sechziger Jahren in stilisierter Form weltweit bekannt.

Herb Alpert

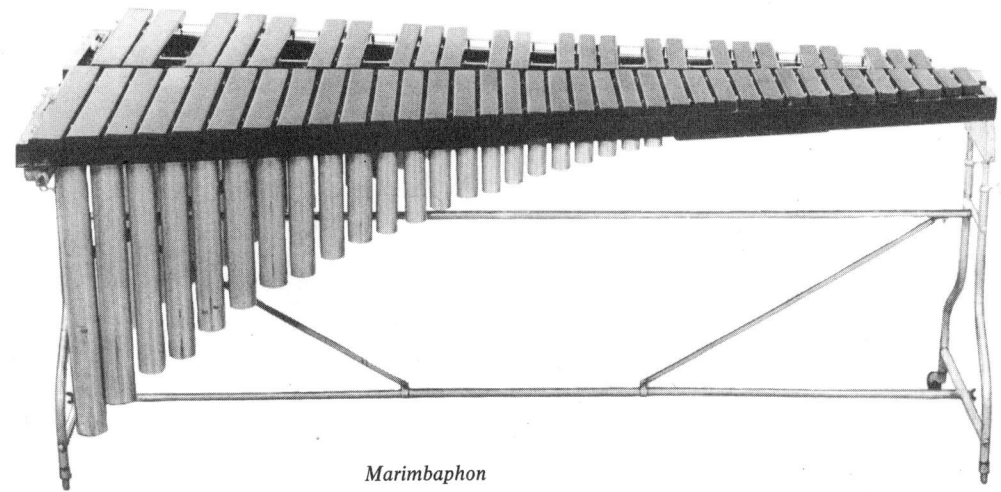

Marimbaphon

Marimba: Schlaginstrument; aus Afrika von
den Negersklaven mit nach Mittelamerika gebrachtes einfaches xylophonartiges Instrument; mit unter den abgestimmten Holzplat-
ten befindlichen Resonatoren (→ Resonanz),
ursprünglich getrocknete Flaschenkürbisse,
seit ca. 1910 auch Resonanzröhren aus Metall
(= *Marimbaphon*); Platten in Klaviaturanord-
nung, Tonumfang: $c - c^4$; heute noch in Mittelamerika weitverbreitetes Volksinstrument,
von daher als folkloristische Klangfarbe in
zahlreichen Arrangements zu lateinamerikanischen Titeln anzutreffen (z. B. im → Maria-
chi-Sound).

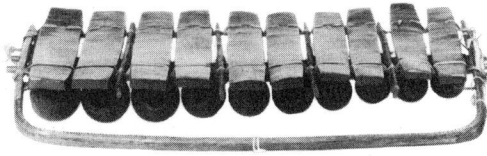

Marimba

Marketing [engl./amerik., ′maːkitiŋ]: Bezeichnung für die Verkaufsstrategie im Musikgeschäft; umfaßt alle Methoden, mit denen sich
die Plattenfirmen an die Bedingungen des
Marktes anzupassen bzw. diese für sich nutz-
bar zu machen suchen. Dazu gehören Markt-
forschung, Absatz-, Produktions- und Preispo-
litik, Eigenwerbung und → Promotion sowie
die Gestaltung von Verpackungen (Plattentaschen). Mit dem Ziel der Profitmaximierung
durch höchstmöglichen Absatz wird für jede

zu produzierende Schallplatte unter Einbeziehung aller dieser Methoden ein sorgfältig ab-
gestimmtes Verkaufskonzept entwickelt, dem
sich auch die Vorstellungen der Musiker unterzuordnen haben. Nach diesem Konzept erfolgen dann Produktion, Werbung und Vertrieb der Platte. Obwohl Marketing inzwischen
zu einer aufwendigen Angelegenheit gemacht
worden ist, im Selbstverständnis der Musikindustrie eine ihrer wichtigsten Aktivitäten darstellt, bleibt der Erfolg letztlich immer nur
sehr partiell. Trotz des Marketing-Aufwandes
bei allen großen Plattenfirmen steht jedem
ihrer Verkaufserfolge eine Vielzahl von kommerziellen Mißerfolgen gegenüber, die dann
freilich durch die immensen Gewinne im Musikgeschäft immer noch höchst profitabel ausgeglichen werden. Die Ursache dafür liegt in
der zwangsläufig unterstellten Voraussetzung,
daß die Schallplattenkäufer nur als passive
Konsumenten auf das vorhandene Angebot reagieren, eine inaktive Größe darstellen und lediglich mit geeigneten Methoden beliefert
werden müßten, um das eigene Produkt und
nicht ein anderes zu kaufen. Tatsächlich aber
ist das Verhältnis zur Musik stets ein aktiver
Prozeß, der zudem noch wesentlich von sozialen Faktoren bestimmt wird. Das macht es unmöglich, das Kaufverhalten im vorhinein genau kalkulieren zu wollen. Der soziale
Gebrauch der Musik ist niemals voll und ganz
der kommerziellen Logik der Musikindustrie
zu unterwerfen.

Marsch [ital. marcia, engl. march]: Hauptform
der Militärmusik, da durch Akzentuierung der
ohnehin betonten Taktzeiten im $\frac{2}{4}$-, $\frac{2}{2}$-, $\frac{4}{4}$-
oder $\frac{6}{8}$-Takt der Gleichschritt der marschie-
renden Truppe gefestigt wird; darüber hinaus
eine in fast allen Bereichen der populären Musik in unterschiedlicher Gestalt anzutreffende
bzw. Einfluß nehmende Erscheinung; seine
Übernahme in die artifizielle Musik sei hier
nur erwähnt.
Die militärische Funktion des Marsches ist
schon im Altertum nachweisbar. Mit der Einführung des im Tempo vorgegebenen Gleich-
schritts in das militärische Reglement im
17. Jh. und der Ablösung des bis dahin üblichen Trommelschlags durch Blasorchester
(Militärmusik) gewann der Marsch an Bedeutung, und nach und nach bildeten sich, namentlich in Preußen unter Friedrich Wilhelm I. (1688–1740), den verschiedenen
Erfordernissen entsprechende, vor allem im
Tempo differierende Typen heraus: Straßen-,
Parade-, Präsentier-, Geschwind-, Sturm-, Rei-
termärsche. Jedes Regiment erhielt einen eigenen Marsch. Zu den traditionsreichen Märschen zählen z. B. der aus der Zeit des
Dreißigjährigen Krieges stammende »Marsch
der finnländischen Reiterei«, »Der Dessauer«
aus dem 17. Jh. und der »Yorcksche Marsch«,
den Ludwig van Beethoven 1809 als »Marsch
für die böhmische Landwehr« (WoO 18) komponierte. Das letzte Beispiel belegt auch die
Praxis, Titel und Widmungen alter Märsche
auszutauschen, um sie somit der gewünschten
Ideologie unterzuordnen. Im preußischen
Heer unterschied man das »Kleine Spiel«
(Trommeln und Pfeifen) und das »Große
Spiel« (Holz- und Blechblasinstrumente mit
Schlagzeug und Schellenbaum). Weiterhin
entstanden zunehmend die sogen. Liedermär-
sche, deren → Trio aus einem bekannten
Volkslied bestand (z.B. »Kärntner Lieder-
marsch«, »Ein Jäger aus Kurpfalz«, »Das Lie-
ben bringt groß Freud«). Das Mitsingen der
Marschmelodien, oft mit selbsterfundenen
Texten, bot eine gewisse Ablenkung bei lan-
gem Marschieren, andererseits enthielten die
Originaltexte stimulierende Durchhalteparo-
len und dienten zur Verherrlichung der Monarchie.
Mit der Französischen Revolution entstand
der von der preußisch-österreichischen Tradi-

*John Philip
Sousa*

tion abweichende Revolutionsmarsch, der mit
seiner punktierten Rhythmik und häufigen
Sechzehntelauftakten einen kraftvollen, vor-
wärtsdrängenden Schwung verbreitete (vgl. die
»Marseillaise«, Rouget de Lisle, 1792). Auch
das wachsende Nationalbewußtsein, vor allem
der slawischen Nationen, prägte zahlreiche
Märsche des 18./19. Jh., z. B. den auf ungarischer Volksmusik basierenden »Rakoczy-
Marsch«, später die tschechischen Liedmär-
sche von František *Kmoch* (1848–1912). Hatte
der Feudaladel bereits den Marsch neben seiner militärischen Funktion zur Repräsenta-
tion und Ausgestaltung von Feierlichkeiten
genutzt (Ein- und Auszüge, Triumph-, Fest-,
Hochzeitsmärsche usw.), so erkannte das aufstrebende Bürgertum recht bald den unterhaltenden Aspekt des Marsches. Dieser zeigte
sich einerseits in den Konzerten der in ihrer
instrumentalen Besetzung immer mehr erweiterten Militärorchester, andererseits in von
kleinen Ensembles gespielten folkloristischen
Tanzliedermärschen. Auch der Armeemarsch
wurde nun zur Unterhaltung musiziert. Das
führte zu einer Erweiterung der Form, besonders das abschließende Trio erfuhr als Gran-
dioso häufig eine groß angelegte Steigerung.
Im 19. Jh. zählte der Marsch zu den beliebtesten Musizierformen. Unzählig sind die Märsche und Marschlieder in den Operetten, Possen, Revuen, Varietés u. a. In Wien entstand
eine folkloristische Variante in Verbindung
mit dem → Wiener Lied, die vor allem in den
Heurigen-Lokalen und Biergärten gesungen

František Kmoch

wurde, z. B. Johann *Schrammels* (1850–1893) »Wien bleibt Wien« oder Karl *Lorenz'* (1851–1909) »Jetzt trink mer noch a Flascherl Wein«. In Deutschland dominierte der Marsch nach der Reichsgründung unter Preußens Führung (1871) als Symbol militärischer Macht, z. B. »Preußens Gloria« (Gottfried *Piefke*, 1815–1884), »Alte Kameraden« und »In Treue fest« (Carl *Teike*, 1864–1922). In den USA avancierte John Philip *Sousa* (1854–1932) zum »March King«; seine Märsche »The Stars and Stripes Forever« (1897) und »The Washington Post« (1898) wurden Welterfolge.
Die Marschmusik war von gravierender Bedeutung für die Herausbildung des Jazz, z. B. für das Repertoire der → Marching und → Street Bands. Auch im Girltanz baute man zahlreiche Choreographien auf dem Marschrhythmus auf. Als musikalische Grundlage dienten dabei sogen. »moderne« Märsche – Kompositionen, in denen der Marschcharakter mit rhythmisch-stilistischen Mitteln der Tanzmusik (Swing) aufgelockert worden war, vgl. z. B. Glenn Millers »St. Louis Blues March«. Diese wechselseitigen Beziehungen zwischen Marsch und Tanzmusik halten bis in die Gegenwart an – Marschthemen werden »verschlagert«, besonders als Dixieland; Schlager werden »zackig« im Marschrhythmus gespielt. Zahlreiche Mischformen entstanden, z. B. Marsch-Fox, Marsch-Samba, Marsch-Beat usw.
In der Blas- und Militärmusik erhielt sich die

zentrale Bedeutung des Marsches auch in der Gegenwart, wobei an den fortschrittlichen Traditionen historischer Märsche angeknüpft wurde, während man aber gleichzeitig nach den neuen ideologischen Inhalten entsprechenden Kompositionsmodellen suchte. Neue Märsche schrieben in der DDR Otto *Wagner* (geb. 1924), Siegfried *Bethmann* (geb. 1915), Siegmund *Goldhammer* (geb. 1932) u. v. a.

Massenlied: ein traditionelles oder einem aktuellen Anlaß gewidmetes Lied politischen Charakters von großer Breitenwirkung, das besonders zu gesellschaftlichen Höhepunkten, bei politischen Veranstaltungen, Demonstrationen u. ä. gesungen wird. Massenlieder haben aktivierenden, aufrüttelnden, fordernden, vereinenden Charakter. Sie sind in der musikalischen Anlage meist einfach und einprägsam, werden einstimmig (Massenchor), seltener in leichten Chorsätzen, aber auch solistisch gesungen. Zu Massenliedern können Arbeiter-, Jugend- und Kampflieder, Volkslieder (oft umtextiert), mitunter auch Kompositionen aus dem Schlager- und Rockbereich (z. B. John *Lennons* »Give Peace a Chance«, 1969) werden. Ein herausragender Interpret von Massenliedern in konzertanter Form war z. B. Ernst *Busch* (1900–1980). Massenlieder entstehen in Zusammenhang mit weitgreifenden gesellschaftlichen Veränderungen. Beispiele sind »Die Internationale« (Worte: Eugène Pottier, Musik: Pierre Chrétien Degeyter) und »Brüder, zur Sonne, zur Freiheit« (Worte: Leonid P. Radin; Musik nach volkstümlichen Motiven). Das Lied der Bürgerrechtsbewegung in den USA »We Shall Overcome« geht auf ein 1950 umgedichtetes Negro-Spiritual zurück. Eine Sonderform des Massenliedes ist das *Jugendlied*, das sich in gleicher Weise an Jugendliche wendet, für die Veranstaltungen der Jugendorganisationen geschrieben wird. Massenlieder haben u. a. Dmitri *Schostakowitsch* (1906 bis 1975), Hanns *Eisler* (1898–1962), Paul *Dessau* (1894–1979), Kurt *Schwaen* (geb. 1909) und Joachim *Werzlau* (geb. 1913) komponiert.

Massenmedien: gesellschaftliche Institutionen zur Organisation und Vermittlung sozialer Kommunikation auf Massenbasis durch massenhafte Vervielfältigung von Informationen, Nachrichten, kulturellen und politischen Ereignissen und deren mehr oder weniger gleichzeitige Distribution an ein Massenpublikum. Sie konstituieren sich aus technologischen, ökonomischen, organisatorischen sowie politischen Faktoren und sind ein wesentliches Mittel der Ideologieproduktion in der Gesellschaft.

Ihre technologische Seite umfaßt die Technik und Apparaturen der Vervielfältigung, die bereits einen wesentlichen Einfluß auf die vermittelten Inhalte haben, denn diese müssen mediengerecht sein oder eben den Apparaturen entsprechend angepaßt werden. Die ökonomische Seite bestimmt den Charakter der Distribution, der Verbreitung der vervielfältigten Informationen, Nachrichten und Ereignisse, der in Abhängigkeit von den Eigentumsverhältnissen an den technischen Apparaturen als privater Warenverkauf oder als öffentlicher Verteilungsprozeß im Interesse der jeweils herrschenden sozialen Klassen und Gruppen organisiert sein kann. Auch das hat wesentlichen Einfluß auf die vermittelten Inhalte. Die organisatorische Seite der Medien stellt sich in ihrem institutionellen Zusammenhang, dem inneren Aufbau wie der Art und Weise der ihre Funktionen realisierenden Prozesse dar. Sie hat durch wachsende Arbeitsteiligkeit innerhalb der Medien zu einer immer größeren Zergliederung der vermittelten Inhalte geführt, die als Ganzheit so erst aus dem institutionell bedingten Zusammenwirken der Informations- und Medienspezialisten (Autoren, Redakteure, Programmdirektoren, verantwortliche Leiter usw.) hervorgehen, was ebenfalls auf sie zurückwirkt. Die politische Seite der Medien schließlich umfaßt ihre gesellschaftlichen Wirkungsbedingungen, die von den politisch jeweils herrschenden sozialen Kräften abhängig sind, die sowohl Platz und Stellenwert der Medien und damit ihre gesellschaftliche Reichweite definieren als auch direkten Einfluß auf die vermittelten Inhalte nehmen. Aus all dem ergibt sich, daß die Massenmedien soziale Kommunikation nicht nur vermitteln, sondern zugleich deren Inhalte auch produzieren. Was eine sozial relevante Information ist, die durch massenhafte Vervielfältigung und Distribution an ein Massenpublikum übermittelt wird, bestimmt sich so nur mittelbar aus dem gesellschaftlichen

Stellenwert des Ereignisses selbst, wird wesentlich auch in den Medien definiert und dort als solches dann erst produziert. Entscheidend dafür ist, ob das Ereignis dem Medium gerecht ist (sich z. B. in eine knappe sprachliche oder eine anschauliche bildliche Nachricht bringen läßt), ob es der Distributionsform angepaßt ist (sich verkaufen läßt, dem Interesse der politisch herrschenden sozialen Kräfte entspricht, dem herausgebildeten sozialen Umgang mit dem Medium gerecht wird, z. B. unterhaltsam ist), ob es im Raster der entstandenen arbeitsteiligen Spezialisierungen überhaupt aufgegriffen wird (Ereignisse können nur aus solchen Realitätsbereichen Eingang in die Medien finden, für die dort eine inhaltliche Zuständigkeit vorhanden ist) und schließlich welche politische Relevanz dem Medium wie dem Ereignis zugemessen wird. Damit sind die Massenmedien das wesentliche ideologische Machtmittel der jeweils herrschenden Klasse, denn in ihnen wird die soziale Realität zu massenhaft kommunizierbaren Informationen aufbereitet, dabei Wertorientierungen und Bewußtsein produziert, die den ideologischen Überbau der Gesellschaft ausmachen. Von besonders großer Bedeutung ist diese produktive Seite der Massenmedien für den kulturellen Bereich geworden, denn in dem Maße, wie vor allem die künstlerische Kultur besonders mit Musik und Film an die Technologie der Medien gebunden wurde, vollzog sich ihre Entwicklung auch nach deren Gesetzmäßigkeiten. Auf dieser Grundlage entstand bereits in den zwanziger Jahren eine alle populären Künste umfassende kapitalistisch organisierte Kulturindustrie, deren ältester und umfangreichster Zweig die → Musikindustrie ist.

Die Geschichte der Massenmedien beginnt in den dreißiger Jahren des 19. Jh. in den USA mit der täglich erscheinenden *Massenpresse.* Die Zeitung selbst ist wesentlich älter, wird hier aber zur sozialen Institution und damit zum Massenmedium durch massenhafte Herstellung und Vertrieb. Die sogen. *Printmedien* entwickelten sich im 19. Jh. dann mit gewaltiger Geschwindigkeit, was zur Entstehung von Großverlagen im Pressewesen und zur Herausbildung analog aufgebauter → *Musikverlage* vor allem in den USA (→ Tin Pan Alley) führte, in denen die Produktion von Notendrucken mehr und mehr nach industriellem Vorbild organisiert wurde. Industrialisierung wird zu einem wesentlichen Kennzeichen der Medienproduktion. Die Einführung der → *Schallplatte* Ende des 19. Jh. war der nächste, für die Musik relevante Schritt in der Medienentwicklung, der dann Anfang der zwanziger Jahre den → *Rundfunk* zur Folge hatte. Mit dem Rundfunk beginnt die Geschichte der elektronischen Medien, die sich Ende der vierziger Jahre mit der massenhaften Einführung des *Fernsehens* fortsetzt. Parallel zum Rundfunk wurde die → *Music Box* als Massenmedium zur Verbreitung von Musik eingeführt, Ende der zwanziger Jahre folgte der → *Tonfilm*. Erst in den siebziger Jahren kam es dann noch einmal auf der Basis neuer Technologien zu einer sprunghaften Entwicklung der Massenmedien, in deren Folge von den sogen. *neuen Medien* gesprochen wird. → *Compact Disc* und *Videotechnik* (→ Music Video), *Kabelfernsehen* und *Satellitendirektempfang* sowie, schon in den sechziger Jahren einsetzend, die → *MusiCassette* sind die wesentlichen Ergebnisse dessen.

Master Tape [engl., ′ma:stə teip]: spezielle Bezeichnung für das Magnettonband, auf dem im Tonstudio das im Prozeß des → *Abmischens* entstandene musikalische Endprodukt festgehalten wird. Es handelt sich dabei um ein $\frac{1}{4}$-Zoll-Tonband, dessen Laufgeschwindigkeit aus Gründen einer qualitativ hochwertigen Aufnahme zumeist bei 38,1 cm/s liegt. Das Master Tape dient als Ausgangspunkt aller weiteren Überspielungen (z.B. zur Schallplattenherstellung oder für MusiCassetten).

Maultrommel [auch *Mundharfe*]: Zupf-Idiophon asiatischer Herkunft; weitverbreitetes einfaches Volksmusikinstrument (*Brummeisen)*; blattförmig gebogener schmaler Metallrahmen mit freischwingender dünner Stahlzunge (aber auch Holzinstrumente). Man nimmt den Metallrahmen in den Mund und hält ihn mit den Zähnen. Beim Anzupfen der herausstehenden nach oben gebogenen Zunge entsteht ein Ton, der durch die Mundhöhle (→ Resonanz) verstärkt wird. Es ist bereits der dritte Oberton, da für das Ansprechen der tieferen Töne ein größerer Hohlraum vorhanden sein muß. Durch veränderte Mund- und Lip-

penstellung können weitere Obertöne erzeugt werden, so daß einfache diatonische Melodien spielbar sind. Vereinzelt begegnet man der Maultrommel, die in Deutschland im 18./19. Jh. sogar vorübergehend zum Virtuoseninstrument wurde, auch im Jazz und im Rock, jedoch mehr als Kuriosum.

Maxi-Single [engl./amerik., ′mæksi ′siŋgl]: → Single.

Maxixe [port., ma′ʃiʃə, auch *Maxixe brésilienne*]: lebhafter, fröhlicher brasilianischer Volkstanz, der gegen Ende des 19. Jh. Elemente von Polka, Lundu (einem volkstümlichen Lied- und Tanzstil), Habanera und Tango (deshalb auch als *Tango brasileiro* bezeichnet) in sich vereinte und zum Wegbereiter der Samba wurde. Afrikanischer Einfluß zeigte sich vor allem durch starke Synkopierung in Melodie und Begleitung. Der Maxixe wurde recht ausgelassen getanzt. Bald erreichte er Europa (schon 1905 führte in Camille de Rhynal in London auf der Bühne vor) und wurde 1912/13 Modetanz, blieb jedoch nur von geringer Durchschlagskraft und verschwand rasch wieder ohne nachhaltige Wirkung. Auch ein erneutes Aufleben 1924 hatte keinen Erfolg.

Mazurka [poln., ma′zurka, auch *Mazurek* bzw. *Mazur*]: polnischer Nationaltanz; seit 1600 höfischer, im 19. Jh. bürgerlicher Gesellschaftstanz, dessen Ursprung ein Tanzlied bzw. ein Sprung- und Drehtanz aus der polnischen Landschaft Masowien bildet. Die Mazurka wird in einem mittleren bis schnellen Tempo gespielt, im $\frac{3}{4}$- bzw. $\frac{3}{8}$-Takt notiert. Ein Charakteristikum bilden die rhythmischen Punktierungen und die wechselnden Betonungen der meist unbetonten Zählzeiten, z. B. erhält häufig die längste Note oder die letzte(n) Note(n) im Takt einen Akzent.
Nach der Niederschlagung des polnischen Aufstands 1831 kam die Mazurka mit Emigranten nach Paris, wurde dort zu einem nationalen polnischen Symbol und als solches popularisiert. So entstanden einerseits im artifiziellen Bereich z. B. die Mazurken für Klavier von Fryderyk Chopin, andererseits begann sich die Mazurka auf dem bürgerlichen Tanzparkett durchzusetzen; nach 1840 tanzte man sie in allen europäischen Zentren. Bekannt

war – besonders im deutschen Raum – die »Varsovienne« (»Die Warschauerin«).

Mazurka wurde als stilisierte Form zu einem Oberbegriff für verschiedene polnische Volkstänze (Mazur, Kujawiak, Oberek) und bildete letztlich sogar eine künstlerische Synthese. Als Gesellschaftstanz assimilierte sie in Deutschland und Österreich Elemente von Ländler und Walzer, erhielt eine veränderte Choreographie und mischte sich schließlich mit der Polka zur *Polkamazurka*. Diese weitverbreitete Abart war langsamer im Tempo und zeigte auch bei Beibehalten der Mazurkarhythmik eine liedhafte, gefälligere Melodiegestaltung.

Mechanicals [amerik., miˈkænikls]: im amerikanischen Musikgeschäft übliche Bezeichnung für den Teil der → Tantiemen, der sich aus dem → Urheberrecht ergibt und jede Art der mechanischen Vervielfältigung (Notendruck oder Schallplatte) eines Werkes erfaßt. Er wird abgegolten durch eine prozentuale Beteiligung am Verkaufspreis jedes einzelnen Exemplars des vervielfältigten Werkes. Nicht

berührt ist davon das → Aufführungsrecht, also die Nutzung des vervielfältigten Werkes zum öffentlichen Abspiel bzw., im Falle des Notendrucks, zur öffentlichen Aufführung. → Royalties.

mechanische Musikinstrumente: bis in die zwanziger Jahre hinein verbreiteter Typ von mechanisch, z.T. elektrisch angetriebenen Apparaturen zur Wiedergabe von Musik mittels Stiftwalzen, Lochscheiben oder Lochstreifen. Dazu zählen z.B. Spieldose, Drehorgel, Leierkasten, Orchestrion, Pianola, Phonola u.a. Diese mechanischen Musikinstrumente, besonders die letztgenannten elektromechanischen Klaviere, sind, wenn auch technisch auf einer anderen Ebene, vergleichbar mit der Schallplattenwiedergabe. Die Musik wurde, oft sogar von namhaften Interpreten gespielt, mechanisch aufgezeichnet (Melograph), dann beliebig vervielfältigt und schließlich in Cafés, Hotels oder auch zu Hause abgespielt. Auf diese Weise trugen jene Apparaturen wesentlich zur Verbreitung populärer Musik, besonders der → Salonmusik, im 19. Jh. bei. Mit dem Aufkommen der Massenmedien ging ihre Bedeutung verloren. Man begegnet ihnen gelegentlich noch auf Rummelplätzen (→ Or-

Inserat »Die Phonola«

chestrion) oder im Straßenbild (→ Drehorgel) als nostalgischer Kuriosität.
→ Player Rolls.

Medley [engl., ′medli, wörtlich »Gemisch«]: Medleys, auch → Potpourri, bilden eine beliebte Form der Bearbeitung in allen Bereichen der populären Musik. Sie bestehen aus Aneinanderreihung (Folgen von Refrains) bekannter Melodien (Volkslieder, Evergreens, Musicalausschnitte usw.), meist ohne größere Überleitungen. Medleys mit Stimmungsliedern sind z.B. eine typische Erscheinungsform der → Happy Music des Orchesters James *Last*. Oft bringen Rockgruppen in Konzerten Medleys mit eigenen, einst populären Titeln – einen »Querschnitt« ihrer Hits.

Medium [engl., ′mi:djəm]: Begriff für ein mittleres → Tempo; oft kombiniert mit der Stil- bzw. Tanzbezeichnung, z. B. Medium Beat, Medium Foxtrot.

Medien: → Massenmedien.

Mehrspurverfahren: im Bereich der Popmusik häufig genutztes Aufnahmeverfahren in Tonstudios. Dem Tonmeister stehen für die Aufnahme eines Musikstückes mehrere Tonbandspuren (in modernen Studios vierundzwanzig und mehr Kanäle) zur Verfügung. Die Methode, alle Instrumental- und Gesangsstimmen gleichzeitig auf ein Mehrspurband zu bringen, wie es z. B. bei einem Live-Konzert gar nicht anders möglich ist, nennt man Mehrspursimultanverfahren. Man verwendet es in Studios, um zwar den Musikern gemeinsames Musizieren zu ermöglichen, jedoch nicht auf die Vorteile des → Abmischens verzichten zu müssen. Der Tonmeister achtet nur darauf, daß die Einzelspuren voll ausgesteuert werden und die zu Gruppen zusammengefaßten Einzelstimmen (z. B. Schlagzeug, Bläsersätze) in sich ausgeglichen sind. Die Abmischung erfolgt in der Regel zu einem späteren Zeitpunkt. Angewendet wird das Mehrspursimultanverfahren häufig bei Big-Band-, Jazzgruppen- und Blasorchesteraufnahmen, jedoch auch bei Live-Mitschnitten.
Eine noch größere Bedeutung hat im Studio das Mehrspursynchronverfahren (→ Overdubbing). Man zeichnet die Stimmen einzeln oder in kleine Gruppen unterteilt zeitlich nacheinander (in mehreren Synchrongängen) auf jeweils getrennte Spuren des Mehrspurbandes auf. Der Vorteil dieses Verfahrens liegt darin, daß bei Fehlern (Intonations- und Spielfehlern, Temposchwankungen, Störgeräuschen) oder geringfügigen Änderungen des musikalischen Ablaufs, die sich erst während der Produktion ergeben, nicht die gesamte Aufnahme wiederholt werden muß, sondern nur die betreffende Stimme oder ein bestimmter Abschnitt in dieser Stimme. Die Reihenfolge der Arbeitsgänge beim Mehrsynchronverfahren ist verschieden. Häufig dient ein vom Schlagzeuger oder von einem elektronischen Rhythmusgerät gegebener Grundschlag als Taktmarkierung. Dadurch werden Temposchwankungen vermieden. Zur besseren Orientierung aller Beteiligten nimmt man den Harmonieablauf und den Sologesang auf sogen. Informationsspuren auf, die später wieder gelöscht werden. Die eigentliche Aufnahme beginnt mit der Rhythmusgruppe, also Schlagzeug, Percussion, Baß, Rhythmusgitarren, Tasteninstrumente. Man bezeichnet diese Spuren auch als *Backing* oder *Basis Tracks* (wörtlich »Hintergrund- oder Basisspuren«). Es folgen Soloinstrumente (z. B. Melodiegitarre, Bläsersätze, Streicher usw.), später der Background-Chor und der Sologesang, was jedoch nicht ausschließt, daß eine andere Reihenfolge der Synchronschritte vorgezogen wird und im Verlauf der Aufnahme bereits aufgezeichnete Spuren verändert bzw. erneuert werden. Den jeweils agierenden Musikern werden über Kopfhörer die bis dahin aufgenommenen Spuren eingespielt. Das kann jedoch wegen des Tonkopfversatzes zwischen Aufzeichnung und Wiedergabe nicht »Hinterband« erfolgen. Mehrspurmagnetophone sind deshalb dafür eingerichtet, daß die gerade nicht an der Aufzeichnung beteiligten Spurzonen des Aufzeichnungskopfes in der Funktion Wiedergabe arbeiten. Die vom Aufzeichnungskopf wiedergegebenen Signale werden dem Taktmischfeld zugeführt, wo man eine für den speziellen Synchrongang günstige Mischung einstellt. Diese Taktmischung ist nur als Zuspiel für die Musiker bei Synchrongängen gedacht und unterscheidet sich prinzipiell von der Mischung, die im Regieraum abgehört wird. Das Mehrspursynchronverfahren hat entscheidende Vorteile. Die musikalische und technische Perfektion kann mit vertretbarem

Aufwand sehr weit getrieben werden. Bei jedem Synchrongang richtet sich die volle Konzentration auf die gerade aufzuzeichnende Stimme. Der einzelne Künstler hat viele Versuche, eine optimale Version zu erreichen, ohne daß andere Musiker mitspielen müssen. Es gibt die Möglichkeit, mehrere Varianten, beispielsweise eines Chorus auch von verschiedenen Musikern auf Band zu bringen, um sich später für die geeignetste zu entscheiden. Die Aufnahme eines Titels kann zu einem späteren Zeitpunkt fortgesetzt werden, auch an einem anderen Ort. Außerdem ist es möglich, die fertig synchronisierte Aufnahme in einem speziellen, mit allen Raffinessen ausgerüsteten Mischstudio (Computerpulte) abzumischen, in dem die langwierige Synchronarbeit unökonomisch wäre, da man hierbei mit geringen technischen Mitteln auskommt.

In der Praxis sind Mehrspursynchron- und -simultanverfahren nicht streng getrennt. Es ist beispielsweise möglich, einen Titel mit der gesamten Big Band simultan aufzunehmen, anschließend in einigen Einzelspuren Korrekturen auszuführen und später Sologesang und Chor zu synchronisieren. Eine analoge Verfahrensweise nutzt man zuweilen, um Live-Mitschnitte für Schallplattenproduktionen aufzubereiten, das heißt, einige Stimmen werden erneuert oder hinzugefügt, und die gesamte Aufnahme wird sorgfältig abgemischt, z. B. bei den Live-Titeln auf der LP »Watch« (1978) von *Manfred Mann's Earth Band* oder dem Live-Doppelalbum (1979) der *Puhdys*. Das Extrembeispiel für musikalische Werke, die sich ohne Mehrspurverfahren nicht hätten realisieren lassen, stellen die frühen LPs von Mike *Oldfield* (»Tubular Bells«, 1973; »Hergest Ridge«, 1974; »Ommadawn«, 1975) dar. Bis auf wenige Ausnahmen wurden alle Instrumente vom Komponisten selbst eingespielt.

Melodie [griech., zusammengesetzt aus *melos* = »Lied« und *ode* = »Gesang«]: eine in sich geschlossene und gegliederte, nach bestimmten musikalisch-ästhetischen Gesetzmäßigkeiten geformte Folge von Tönen; eine eigene, unverwechselbare Gestalt, die mehr als die Summe ihrer Einzelintervalle darstellt. Der Melodieverlauf ist durch die unterschiedliche Anordnung der im jeweiligen → Tonsystem fi-

xierten Tonstufen gegeben. Die Melodie kann von jedem Ton aus gebildet werden, ist transponierbar. Der absoluten Tonhöhe kommt deshalb nur im konkreten, tonartgebundenen Zusammenhang Bedeutung zu. Zu den weiteren Eigenschaften der Melodie zählen Sangbarkeit, Plastizität und Ausdruckskraft; sie sollte originell und verständlich (leicht rezipierbar), einprägsam und nachvollziehbar sein. Aus dieser Aufzählung resultiert das Primat der Melodie in letztlich allen Bereichen der populären Musik gegenüber den anderen Elementen der Musik. Dabei darf jedoch nicht übersehen werden, daß jede Melodie ein komplexes musikalisches Gebilde ist, das in engem funktionalem Zusammenhang mit Harmonik, Rhythmik, Metrik und Dynamik steht. Daraus ergibt sich die Unterteilung der Töne in Haupt- und Nebenstufen, leitereigene und -fremde Töne (Chromatik, Alteration), harmonieeigene und -fremde Töne (Akkordtöne, Zusatztöne) usw. Die Struktur der Melodie steht bei Textvorlagen in enger Bindung zum Sprachverlauf (Deklamation, Interpunktion usw.). Diese Wort-Ton-Beziehungen zeigen sich z. B. in einem dem Sprechrhythmus verwandten Melodierhythmus, in einer der Textgliederung analogen musikalischen → Phrasierung, in einem dem Textinhalt adäquaten Spannungsbogen (z. B. Plazierung von Spitzentönen). Eine starke Gewichtung des Textes führt zu → Sprechgesang, besonders im → Rap. Kleinster Baustein ist das → Motiv; durch Reihung entstehen die → Liedformen, geprägt von Spannung und Entspannung. Die Melodie kann (→ polyphon) mit anderen gleichberechtigten Stimmen gleichzeitig verbunden werden (→ Kontrapunkt), meist aber erhält sie begleitende Akkorde (→ homophon) unterlegt. Zur Melodie treten oft in den Arrangements weniger selbständige Neben- oder Füllstimmen, sogen. Harmoniestimmen.

Von der *Gesangs*melodik (beschränkter Tonumfang, sangbare Tonschritte), die auch in einem Großteil der Instrumentaltitel (zum »Mitsingen«) anzutreffen ist, kann die *Instrumental*melodik (Tonumfang je nach Instrument, häufig auch Grenzlagen als Effekt, z. T. große Intervallsprünge, Akkordbrechungen, Tonleiterausschnitte) abgegrenzt werden. Die Geschichte der populären Musik belegt, daß in bestimmten Zeitabschnitten die spieltechnischen Möglichkeiten einzelner Instrumente die Melodik entscheidend geprägt haben, z. B. die Violine den Wiener Walzer, die Gitarre die Rockmusik, das Klavier Ragtime und Boogie Woogie. Auch die Melodik der Jazz- und Rockimprovisationen ist – abgesehen von allgemeingültigen Floskeln – weitgehend instrumental bedingt (vgl. → Scat). Der afrikanische bzw. afroamerikanische Einfluß zeigt sich im Blues, im Jazz und im Rock einerseits durch spezielle melodieformbildende Faktoren wie z. B. im Ruf-Antwort-Prinzip (→ Call and response), in Melodiepatterns, → Ostinati und → Riffs, andererseits in individuellen Gestaltungsmitteln wie z. B. → Tongebung, Phrasierung, Akzentuierung, → Verzierung usw. Nur angedeutete, »verschluckte« Töne in Swing-Soli bilden ebenso wie ausgelassene, fehlende Töne in Bebop-Phrasen ein Merkmal der → Stilistik.

Melodiestimme: Melodie in Noten, meist mit → Akkordsymbolen; oft Grundlage für das Musizieren in kleinen Besetzungen (→ Head Arrangement) und zum Improvisieren (→ Chorusbuch); Bestandteil des → Druckarrangements.

Melody Section [engl., ′melədi ′sɛkʃən, wörtlich »Melodiegruppe«]: umfaßt im Gegensatz zur → Rhythmusgruppe all jene Instrumente, die im Arrangement melodische Funktion ausüben, z. B. in den New-Orleans-Bands Kornett (Trompete), Klarinette und Posaune, in den Big Bands Saxophon-, Trompeten- und Posaunensatz.

Mellotron [auch *Novatron*]: Tasteninstrument, bei dem auf Magnettonbändern gespeicherte Tonsignale über Tastendruck abgerufen werden. Der auch verwendete Begriff »Bandschleifen«-Mellotron ist eigentlich unkorrekt, da es sich nicht um Bandschleifen, sondern vielmehr um Bandstücke mit einer Länge von entsprechend acht Sekunden Spieldauer handelt. Das Anfang der sechziger Jahre von der britischen Firma Mellotronics entwickelte Instrument diente vor allem zur Nachahmung natürlicher Klänge von Streich- und Blasinstrumenten, aber auch von Chorstimmen. Das Mellotron besitzt einen Tonumfang von drei Oktaven. Jede Taste der Klaviatur löst über einen elektrischen Kontakt die Bewegung des

entsprechenden Magnetbandes aus. Über einen Tonkopf wird das darauf gespeicherte Signal (z. B. der Ton eines Streichinstrumentes) abgenommen. Das heißt, für jedes Band existiert ein eigener Tonkopf. Ein Mellotron besitzt etwa siebzig solcher Systeme, so daß je Taste zumindest zwei unterschiedliche Tonaufzeichnungen (Klangvarianten) vorhanden sind, die jedoch nur einheitlich für die gesamte Klaviatur umgeschaltet werden können. Darüber hinaus gibt es kompliziertere Ausführungen dieses Instruments, die durch Mehrspurmagnetbänder eine wesentlich größere Auswahl an Klangmöglichkeiten bieten. Die Laufzeit eines solchen Bandes beträgt etwa acht Sekunden. Wird dieser Endpunkt erreicht oder wird die Taste losgelassen, so spult eine Zugfeder das Tonband zurück. Da die Magnetbänder einem starken Verschleiß unterliegen, gibt es entsprechende austauschbare Bandschleifensortimente. Auch die Lebensdauer und Klangqualität der Tonköpfe sind durch Bandabrieb und Verschmutzung begrenzt. Zwei weitere Nachteile bestehen im Fehlen naturgetreuer Ausschwingvorgänge sowie in den durch Gleichlaufschwankungen verursachten, minimalen Tonhöheschwankungen. Da Mellotrone mit Magnetbändern aufwendige, schwere, empfindliche und damit teure Geräte sind, wurden verschiedene Instrumente mit rein elektronischer Tonerzeugung entwickelt, die wesentlich unkomplizierter und transportfreundlicher sind (→ String-Synthesizer). Diese zweite Generation von Mellotronen arbeitet auf der Basis von Tonfrequenzgeneratoren. Weil elektronische Pianos und Orgeln auf dem gleichen Tonerzeugungsprinzip beruhen und Streicher- bzw. Bläserklänge durch geringfügige technische Erweiterungen zusätzlich produzieren können, scheint der Name Mellotron in diesem Falle ungerechtfertigt und sollte der Originalversion dieses Instruments vorbehalten bleiben. Für derartige Zusatzregister sind die Bezeichnungen *Strings-Ensemble* oder *Brass-Section* richtiger und gebräuchlicher.
Ein frühes Beispiel für den Einsatz eines Mellotrons als Melodieinstrument ist der Titel »Flying« auf der LP »Magical Mystery Tour« (1967) von den *Beatles*. Vor allem im Bereich des Art Rock Anfang der siebziger Jahre ließen sich zahlreiche weitere Beispiele finden,

u. a. bei *King Crimson*, Rick *Wakeman, Moody Blues, Gentle Giant* und *Genesis.* Diese Gruppen, die sich stark an klassischen Musizierformen orientierten, nutzten das Mellotron, um den Eindruck einer orchestralen Klangfülle mit geringem Aufwand (vor allem im Live-Gebrauch) zu erzielen. Das Mellotron war vor der Verbreitung des Synthesizers das einzige Instrument, das ziemlich naturgetreue Klangimitationen ermöglichte. Heute verwendet man bei Studioproduktionen in der Regel originale Orchesterinstrumente, weil selbst modernste Entwicklungen auf dem Gebiet der Musikelektronik deren Klang zwar (wenn auch immer vollkommener) imitieren, nicht aber ersetzen können.

Memphis [amerik., ′mɛmfis]: Mitte der sechziger Jahre verbreiteter Modetanz mit stampfendem, alle Zählzeiten des $^4/_4$-Taktes im mittleren Tempo gleich stark betonendem Rhythmus; Modelltitel »Memphis Tennessee« (Chuck Berry, 1957).

Memphis Soul [amerik., ′mɛmfis soul]: → Memphis Sound.

Memphis Sound [amerik., ′mɛmfis saund, auch *Memphis Soul*]: in der ersten Hälfte der sechziger Jahre in Memphis von dem hier ansässigen Stax/Volt-Label entwickeltes Klang- und Stilmodell des → Soul, das von den musikalischen Traditionen dieser Stadt, insbesondere einem starken Rhythm & Blues-Background (→ Rhythm & Blues) geprägt war. Andererseits waren hier, im tiefen Süden der USA, sowohl die schwarzen als auch die weißen Country-Traditionen lebendig geblieben und verschmolzen im Memphis Sound zu einer eigenartigen Mischung aus → Country Blues, Rhythm & Blues und → Country & Western. Weiße Liedform, schwarze Vokalintonation, orgelähnliche Bläserakkorde in der Begleitung und die Rhythmusmodelle des Rhythm & Blues als Basis bildeten die Hauptkennzeichen dieses Stils. Für die Einheitlichkeit des Klangs sorgte die aus schwarzen und weißen Musikern bestehende hauseigene Studioband des Stax/Volt-Labels. Typische Vertreter waren Otis *Redding* (1941–1967), Rufus *Thomas* (geb. 1917) und Carla *Thomas* (geb. 1947), Johnny *Taylor* (geb. 1937), *Sam & Dave* und *Booker T & The MG's.*

Booker T. and the MG's

Mentor: fachlich kompetenter Betreuer von Solisten und Gruppen (auch Programmen), der künstlerische und kulturpolitische Anleitung im Schaffensprozeß, in der Repertoire- und Programmgestaltung, im Auftreten, in der Medienpräsenz usw. gibt. Im Gegensatz zum → Manager, der vordergründig ökonomische Interessen vertritt, sollte der Mentor Freund und Berater sein, der seine Erfahrungen und Kenntnisse besonders Nachwuchsinterpreten zur Verfügung stellt, um sie zu fördern und zu profilieren. Mentoren arbeiten in der Regel im inhaltlich vorgegebenen Auftrag einer staatlichen oder gesellschaftlichen Leitung (→ Generaldirektion beim Komitee für Unterhaltungskunst, KGD, FDJ, FDGB usw.). Mentorenschaften bilden ein wichtiges Qualifizierungsmittel im Sinne der sozialistischen Unterhaltungskunst.

Merengue [span., me′rɛngə]: in der Karibik, besonders auf Haiti und in der Dominikanischen Republik beheimatete Lied- und Tanzform. Die Herkunft, die afrikanische und kubanische, aber auch europäische Quellen vermuten läßt, liegt im dunkeln. Ein erster

Nachweis in Haiti datiert vom Jahr 1844 (nach Fradique Lizardo). Im zweiten Drittel des 19. Jh. wurde er rasch populär und löste die Tumba francesca, einen aus der französischen → Quadrille und der karibischen Tumba entstandenen Nationaltanz, ab. Der Merengue fand Eingang als Gesellschaftstanz in die Salons der Oberschicht, hatte aber seine größte Ausstrahlung als städtische Lied- und Tanzform. Parallel zur → Habanera und musikalisch kaum exakt von ihr zu trennen, beeinflußte der Merengue nachhaltig die lateinamerikanische Folklore. Eine spezielle Spielart – dreistimmig, auch ohne instrumentale Begleitung gesungen – bildete sich in Venezuela heraus. Auch in Kolumbien und auf Puerto Rico kennt man den Merengue. Als oft aus dem Stegreif erfundenes, aktuelle Anlässe und persönliches Erleben widerspiegelndes Lied hat sich der Merengue bis in die Gegenwart erhalten. Der ursprüngliche Grundrhythmus im ²/₄-Takt erhält oft eine polyrhythmische Perkussionsbegleitung im ⁴/₄- oder Alla-breve-Takt.

Mersey Beat [engl., ′məːzi biːt]: → Beat.

Mersey Sound [engl., ′məːzi saund]: → Beat.

Metronom [griech., wörtlich »Taktmesser«]: ein 1816 vom Wiener Mechaniker Johann Nepomuk Mälzel konstruiertes mechanisches Gerät (Uhrwerk mit Pendel und verschiebbarem Gewicht), das akustische Signale in einer Zahl von 40 bis 208 Schlägen pro Minute ertönen läßt. Das Ticken bzw. Läuten markiert die Taktzeiten bzw. -schwerpunkte in exaktem Gleichmaß. Mit dem Metronom kann ein vorgegebenes Tempo konstant realisiert werden. Deshalb ist es eine nützliche Hilfe beim Üben und für die moderne Musikproduktion in den Aufnahmestudios. Hier benutzt man Metronome auf elektronischer Basis, die die Grundschläge durch optische Blinksignale (Vermeiden störender Geräusche) angeben, heute allerdings meist Rhythmusgeräte bzw. -computer.

Metrum [griech.]: in der Musik das Verhältnis bzw. die Folge der Betonungen (betont/unbe-tont), der Gewichtigkeit der Zählzeiten (schwer/leicht). Widerspiegelung des metrischen Ordnungsprinzips ist der → Takt, Ergebnis der unterschiedlichen Betonungsverhältnisse sind die einzelnen → Taktarten. Das Metrum zeigt sich in meist enger Bindung an → Rhythmus und → Tempo, an Melodik und Harmonik, Dynamik, Form u. a. Da große Bereiche der populären Musik im Tanz verwurzelt sind und die tänzerischen Bewegungsabläufe auf eindeutigen, sich wiederholenden und somit formbildenden metrischen Modellen basieren, muß die Bedeutung des Metrums als gliederndes, einer melodisch-rhythmischen Linie durch Akzentuierung letztlich Gestalt verleihendes Element hervorgehoben werden (→ Form). Als Grundmetren können Zweier- und Dreiertakt (»Marsch«- und »Walzer«-Takt) angesehen werden, die durch Kombinationen zahlreiche Modifikationen erfahren, z. B.

Die Anzahl der Striche soll die Betonungsstärke, das Gewicht symbolisieren.

Rhythmisch-metrische Erscheinungen, die → Synkope und → Hemiole, auch → Duole, → Triole und andere unregelmäßige Unterteilungen, dienen zur Konfliktbildung zwischen Melodie und Grundmetrum – ein wesentliches Spannungsfeld, nicht nur in der populären Musik. Auch die gegenmetrische Akzentbildung, z. B. → Secondary Rag, muß in diesem Zusammenhang erwähnt werden.

Die (z. T. vordergründige) metrische Gliederung ist ein Ergebnis der europäischen Musikentwicklung im artifiziellen, aber auch im nonartifiziellen Bereich, wobei sich z. B. auf dem Balkan, selbstverständlich auch in außereuropäischer Musik, spezielle Erscheinungen (z. B. gedehnte Zählzeiten in bulgarischen Rhythmen) herausgebildet haben. Im Jazz und davon abgeleiteten Formen tritt an die Stelle der metrischen Betonungsfolge der gleichmäßig akzentuierte → Beat, ein Produkt der Überlagerung von europäischem Takt und afrikanischer Musizierpraxis. Ein Musizieren ohne Metrum *(ametrisch)* trifft man in der populären Musik kaum an. Mitunter laufen aber mehrere Metren gleichzeitig ab *(polymetrisch)*, wobei jedoch meist in regelmäßigen Abständen die Hauptbetonung übereinstimmt, z. B. in lateinamerikanischen Rhythmusstrukturen. Vereinfachte Darstellung:

Mezzosopran: → Stimmgattung, die mittlere Frauenstimme.

Middle Band [engl., ′midl bænd]: Bezeichnung für eine Besetzungsform im Jazz, die musikalisch und zahlenmäßig zwischen → Combo und → Big Band einzuordnen ist, z. B. Miles *Davis Capitol Orchestra* (LP »Birth of the Cool«, 1950) in der Besetzung Trompete, Posaune, Horn, Tuba, Alt- und Baritonsaxophon, Piano, Drums, Baß.

Middle-of-the-Road [engl., ′midl ɔv ðə roud, wörtlich »die Mitte des Weges«]: Bezeichnung für jene Formen der zeitgenössischen → Popmusik, die sich stilistisch zwischen dem herkömmlichen → Schlager und der → Rockmusik bewegen, vom Schlager dessen eingängigen Melodietypus und den strukturellen

Middle of the Road

Aufbau übernehmen und mit Rhythmusmustern und Soundformeln (→ Sound) aus der Rockmusik verbinden. Typisch dafür war Anfang der siebziger Jahre die sich programmatisch so bezeichnende schottische Gruppe *Middle of the Road*, die mit ihrem »Chirpy Chirpy Cheep Cheep« (1971) dieser Entwicklung musikalisch die Richtung gewiesen hat. *ABBA, Boney M.* oder David *Cassidy* (geb. 1950) sind weitere charakteristische Vertreter dieser Art Musik, die mit der Synthese musikalisch divergierender Entwicklungen die hinter ihnen stehenden unterschiedlichen sozialen Bedürfnisse und Umgangsweisen auf den kleinsten gemeinsamen Nenner zusammenführt.

Mikrophon [Kurzform *Mikro*]: elektroakustischer Wandler, der Schallschwingungen in elektrische Wechselspannungen umformt. Man nutzt dafür das elektrostatische, elektrodynamische und piezoelektrische Prinzip. Die vor allem im Studio verwendeten Kondensatormikrophone zeichnen sich durch gute Übertragungseigenschaften (ausgeglichener Frequenzgang von 40 bis 16 000 Hz, hohe Empfindlichkeit und Aussteuerbarkeit) aus. Zur Erzeugung der Wechselspannungen dient die Kapazitätsänderung eines Kondensators. Die Schallschwingungen werden von einer Membran, die gleichzeitig eine Platte des Kondensators darstellt, aufgenommen. Durch ihre Bewegung ändert sich der Abstand beider Platten und somit die Kapazität der Mikro-

phonkapsel. Dadurch werden Ladeströme hervorgerufen, die am Ausgang der Kapsel eine dem Schalldruckverlauf entsprechende Tonsignalspannung liefern. Die zur Funktion nötige Gleichspannung wird durch ein Netzteil mittels Phantomspeisung oder eine Batterie bereitgestellt. Bei elektro-dynamischen Mikrophonen (Tauchspulenmikrophon, Bändchenmikrophon) rufen Schallschwingungen die Bewegung eines elektrischen Leiters hervor, der sich im Feld eines Dauermagneten befindet. Dadurch wird im Leiter eine Wechselspannung induziert. Dynamische Mikrophone finden wegen ihrer guten Übertragungseigenschaften und geringen Störanfälligkeit (robuste Bauweise) häufig Verwendung. Piezoelektrische Mikrophone (Kristallmikrophone) werden im musikalischen Bereich seltener eingesetzt. Das piezoelektrische Prinzip beruht darauf, daß bestimmte Kristalle (Seignettesalz, Bariumnitrat) bei Verformung elektrische Ladungen erzeugen. Ein heute nur noch in der Fernsprechtechnik gebräuchlicher Mikrophontyp ist das Kontaktmikrophon (Kohlemikrophon). Ein mit Kohlekörnern gefüllter Raum zwischen zwei Kontaktplatten dient als Widerstand. Bei Schalleinwirkung wird dieser Raum zusammengedrückt und somit der Widerstand verändert. Es entstehen jedoch gegenüber dem Originalsignal erhebliche → Verzerrungen, so daß Kontaktmikrophone für musikalische Zwecke nicht mehr in Gebrauch sind. Mikrophone sind gegenüber Schallwellen aus verschiedenen Richtungen nicht gleich empfindlich, das heißt, sie besitzen eine bestimmte *Richtcharakteristik*. Man unterscheidet die Grundformen Kugel- (a), Achter- (b) und Nierencharakteristk (c). Unter dem Begriff Nierencharakteristik sind alle Mikrophone zusammengefaßt, die gegenüber Schallwellen aus einer Richtung besonders empfindlich sind. Um dem Einfallswinkel Rechnung zu tragen, unterteilt man weiterhin in Supernieren-, Cardioid- (d), Supercardioid-, Hypercardioid- und Keulencharakteristik (e), wobei der Einfallswinkel in dieser Reihenfolge immer kleiner wird.

Die Herausbildung der Richtcharakteristika beruht auf konstruktiven Maßnahmen und hängt nicht vom Wandlerprinzip ab. Kondensatormikrophone sind oft umschaltbar für Kugel, Niere, Acht ausgeführt oder haben eine

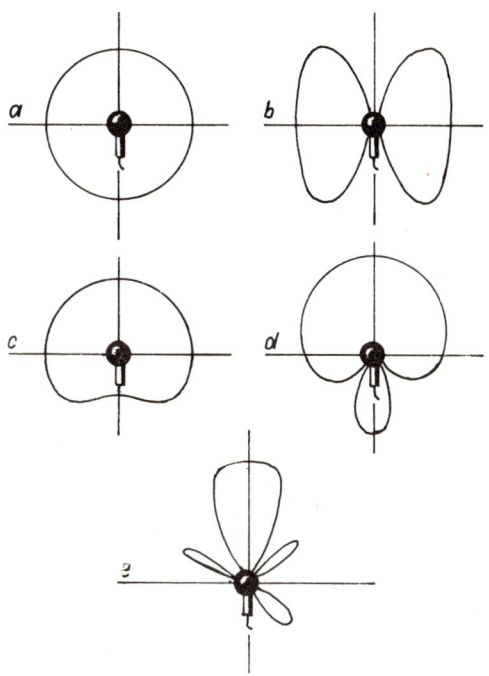

feste Richtcharakteristik. Bei dynamischen Mikrophonen stellen umschaltbare Richtcharakteristika eine Ausnahme dar. Hier dominieren Mikrophone mit Nieren- und Supernierencharakteristik. In der Praxis ist es von großer Bedeutung, ein für den Einsatzzweck geeignetes Mikrophon aus dem reichhaltigen Angebot auszuwählen. Ein »bestes Mikrophon« gibt es nicht. Mikrophone, die den Anforderungen bei Live-Konzerten mit hohen Beschallungslautstärken entsprechen, sind sehr robust und betriebssicher, übertragen hohe Schalldrücke verzerrungsfrei, haben einen hohen Bündelungsgrad und gute Klangeigenschaften. Sie sind rückkopplungsarm, körperschallunempfindlich und poppfest (wenig empfindlich gegenüber Explosivlauten). Es werden fast ausschließlich dynamische Mikrophone verwendet. Einige Mikrophone sind aufgrund ihrer Klangeigenschaften für bestimmte Aufgaben prädestiniert. Beispielsweise verwenden viele Gruppen für die Übertragung der großen Trommel das »Selection Master« D 12 von AKG. Im Studio herrschen grundsätzlich andere Bedingungen als auf der Bühne. Die Anforderungen an die Mikros in bezug auf Robustheit, Körperschallunempfindlichkeit, Bündelung, Rückkopplungsfreiheit und Poppfestigkeit sind nicht so hoch. In den Vordergrund treten die Klangeigenschaften, die sich meßtechnisch in Frequenzgang, hoher Impulstreue, niedrigem Klirrfaktor und großem Fremdspannungsabstand ausdrücken. Diesen Anforderungen werden Kondensatormikrophone in hohem Maße gerecht. Bei Synchrongängen des Mehrspurverfahrens verwendet man sie für die Aufnahme von Bläsern, Streichern und Sängern fast ausschließlich. Dynamische Mikrophone haben ihre Bedeutung im Tonstudio bei der Aufnahme der Rhythmusgrundbänder (z. B. Abnahme des Drum-Set mit etwa sieben Mikros) und bei der Aufnahme von größeren, gemeinsam musizierenden Gruppen (z. B. Big Band, Blasorchester), also dort, wo allzugroßes akustisches Übersprechen vermieden werden muß.

Stereomikrophone finden in der Popmusik nur im Studio, und auch dort nur sehr selten, Anwendung. Ihr Einsatz ist nur sinnvoll bei der Aufnahme von akustisch ausgeglichenen Gruppen. Das trifft beispielsweise für einen Saxophonsatz zu, der geschlossen auf ein Grundband synchronisiert wird.

Militärmusik: Signale und Märsche zur Organisation des militärischen Ablaufs, Lieder für den Soldatenalltag sowie anfeuernde Musik während der Schlacht (noch Ende des 19. Jh.)

Zentrales Orchester der NVA

waren ursprünglich die Hauptaufgaben der Militärmusik, weiterhin diente sie zur Rekrutenwerbung und zur Untermalung bestimmter Veranstaltungen, z. B. bei Paraden und beim Zapfenstreich. Als »Freiluftmusik« beschränkte sie sich zunächst auf lautstarke, durchdringende Blas- und Schlaginstrumente. Als im 19. Jh. die Militärorchester zunehmend auch in der zivilen Öffentlichkeit musizierten, gewann der unterhaltende Charakter an Bedeutung, und die Militärmusik wurde zum Ausgangspunkt der → Blasmusik im modernen Sinne, erweiterte das Spektrum der populären Musik. Ein Teil der Blasmusiker mußte in der Folgezeit auch ein Streichinstrument spielen können, so daß Blas- und »Konzert«-Musik dargeboten werden konnte. Militärmusik repräsentiert und propagiert die Interessen der jeweils herrschenden Klassen und Schichten und trägt zu ihrer Festigung und Bestätigung bei. Sie wurde somit in der Vergangenheit auch zum Träger aggressiver nationalistischer und faschistischer Ideologien. Anknüpfend an die progressiven historischen Traditionen dieses Genres demonstriert die Militärmusik der sozialistischen Länder demgegenüber den Klassenauftrag von Volksarmeen. Dieser neue Inhalt spiegelt sich auch in vielen Märschen, Liedern und konzertanten Kompositionen wider, die in der DDR hauptsächlich im Auftrage des Zentralen Orchesters der NVA entstanden und von diesem beispielgebend produziert werden.

Milonga [bras., im afrobrasilianischen Dialekt etwa »fröhliche Veranstaltung«]: Die Milonga geht auf afrikanische Traditionen zurück. Ihre Ausprägung erfuhr sie aus der Konfrontation von → Habanera mit Polka, Mazurka und anderen europäischen Tänzen in der zweiten Hälfte des 19. Jh. besonders in Montevideo, wobei unter dem städtischen Einfluß die afrikanischen Wesenszüge immer mehr zurückgedrängt wurden. Die Milonga wurde besonders unter der ärmeren Bevölkerung als vielfach nur improvisierte Lied- und Tanzform, auch in Argentinien, sehr populär. Sie hat an der Entstehung des → Tangos wesentlichen Anteil, blieb z. T. mit ihm identisch. Hervorzuheben ist die (damals neue) engumschlungene Tanzhaltung. Man musizierte die Milonga im mittleren, auch raschen Tempo (²/₄-Takt). Typische Melodierhythmik:

Minstrelsänger

Minstrel Show [amerik., ′minstrəl ʃou]: im 19. Jh. in Nordamerika verbreitete und außerordentlich populär gewordene Form der musikalischen Bühnenunterhaltung. Dabei handelte es sich um abendfüllende Show-Programme aus Liedern, Tänzen und kurzen Sketchen, in denen als Neger verkleidete Weiße Kultur, Musik und Verhalten der Neger zur Belustigung ihres Publikums karikierten. Die Bezeichnung dafür geht zurück auf die Minstrel genannten englischen Spielleute des Mittelalters. Herumziehende Sänger waren es auch in Nordamerika, die um die Wende zum 19. Jh. damit begannen, sich als Neger zu maskieren und in *Extravaganzas* genannten musikalisch-schauspielerischen Darbietungen eine Karikatur auf den amerikanischen Südstaaten-Neger vorzuführen. Die Darbietungen solcher *Blackface Entertainer* gehörten ab der Jahrhundertwende zur Standardnummer in den vielen Wanderzirkussen und kleinen Varieté-Theatern, wo sie als Pausenfüller dienten. Sie bildeten auch im Äußerlichen allmählich einen Typ heraus, der von der denunzierenden Komik des »Negerdandy« lebte: dem zwangsläufig vergeblichen Versuch einer minderwertigen Kreatur, den »feinen Mann« zu spielen. Ausstaffiert mit blauem Zylinder, roter Seidenjacke oder blauem Frack, gestreifter Hose, Lackschuhen, Stöck-

chen in der Hand, dem mit rußgeschwärzten Gesicht und einem breit geschminkten weißen Mund entwickelten sie einen Stereotyp, der fortan zum Sinnbild der Minstrelsy wurde. Die daneben auch verbreitete Kontrastgestalt dazu, der zerlumpte, dümmliche Plantagen-Neger, geriet demgegenüber mehr und mehr in den Hintergrund.

Bei den mit Banjo begleiteten Liedern der solistisch auftretenden Minstrel-Sänger handelte es sich um die Vorläufer der → Coon Songs. Zu den erfolgreichsten dieser frühen Minstrel-Sänger gehörten George Washington *Dixon* und vor allem Thomas Dartmouth *Rice* (1808–1860), der auch als »Vater der amerikanischen Minstrelsy« (Gilbert Chase) bezeichnet wird. Er nämlich machte diese Form der Bühnenunterhaltung landesweit und selbst im Ausland, in Europa, wirklich populär und regte damit ihren Ausbau zur abendfüllenden Show an, wobei die Verkleidung aller Mitwirkenden als Neger die besondere Attraktion

Titelblatt eines Minstrel-Songs von Th. D. Rice (1835)

blieb. Als erste ihrer Art gilt das im Februar 1843 in New York vorgestellte Show-Programm der *Virginia Minstrels*, einer vierköpfigen, mit Violine, → Banjo, → Bones und → Tamburin besetzten Gruppe – unter ihnen als Geiger auch der später zu einem der wichtigsten Komponisten für die Minstrel Shows avancierte Daniel Decatur *Emmett* (1815–1904), der vor allem aber mit dem Lied »Dixie's Land« (1859) bekannt geworden ist (→ Dixieland). Auf die *Virginia Minstrels* geht auch die Form der Minstrel Show zurück, von denen sie einen festen formalen und dramaturgischen Rahmen erhielt. Danach bestand sie aus zwei Teilen, wobei der erste eine durch kurze Dialoge locker miteinander verbundene Folge von Liedern bildete, während der zweite – auch als *Olio* bezeichnet – ein in sich geschlossenes Bühnenstück mit einem konkreten Handlungsverlauf in der Art der Posse darstellte. Den Abschluß bildete ein sogen. *Walk Around*, eine gemeinsame Gesangs- und Tanznummer der Mitwirkenden, die auf einen Negertanz zurückgeht, bei dem sich die Tänzer zu einem marschähnlichen Rhythmus im Kreis bewegen. Das musikalische Repertoire

bestand aus → Cakewalks, → Plantation Songs und → Coon Songs. Zwischen 1850 und 1870 gehörten die Shows der Blackface Minstrelsy zu den beliebtesten Formen der musikalischen Bühnenunterhaltung in den USA. In dem Maße, wie sie damit den Charakter des Sensationellen und der Attraktion verloren, versuchte man ihre Attraktivität durch eine immer größere Zahl von Mitwirkenden aufrechtzuerhalten. 1880 hatten die Minstrel-Truppen im Durchschnitt bereits hundert Mitglieder, und dieser Prozeß führte bis zum Ende des 19. Jh. schließlich zum raschen Verfall. Die Bedeutung der Minstrel Shows für die Entwicklung der populären Musik liegt zweifellos darin, daß sie mit der Nachahmung der afroamerikanischen Formen des Musizierens der Entwicklung von → Ragtime und → Jazz den Weg geebnet haben, obwohl sie mit ihrer karikierenden Typisierung des Negers eindeutig eine kulturelle Manifestation des Rassismus in den USA waren.

mischen: → abmischen.

Mischpult [auch *Mixer*]: Bezeichnung für eine mehr oder weniger umfangreiche Anlage, mit der Tonsignale zusammengefaßt und bearbeitet werden können. Die wichtigsten Baugruppen eines Mischpultes sind die *Vorverstärker* (Preamp, Gain), die *Pegelsteller* (Regler, Fader), die *Richtungsmischer* (Pan Pot), die *Abzweigregler* (Aux, Foldback, Hall Send, Echo Send, Effect Input, Monitor) und die *Schienenwahl*. Eine Vielzahl von Schaltern, Tasten und Klinken dient verschiedenen Funktionen: Abhören beliebiger Punkte des Regieweges, Einschleifen von Zusatzgeräten usw. Die für die Arbeit unerläßlichen Pegelsichtgeräte sind oft im Mischpult integriert. Summenregler fassen mehrere Kanäle zusammen.
An den Eingängen des Mischpults liegen die Mikrophonsignale, die Ausgänge elektrisch abgenommener Instrumente oder die Ausgänge des Mehrspurmagnetbandgerätes an. Am ein-, zwei- oder vierkanaligen Ausgang sind die Mastermaschinen (¼-Zoll-Magnetbandlaufwerke) und die Abhöreinrichtungen bzw. eine Saalbeschallungsanlage angeschlossen. Beim → Mehrspurverfahren dient das Mischpult zur Bereitstellung der Signale für die Einzelspuren und ist Hauptarbeitsmittel beim Mischvorgang (→ abmischen). Die

Mischpulte der zweiten Gerätegeneration basieren auf Halbleitertechnik. Die Übertragungseigenschaften, die ein hochwertiges Mischpult auszeichnen, sind:
· geradliniger Frequenzgang von 20 Hz bis 20 kHz bei geringfügigen Abweichungen von maximal einem halben dB;
· niedriger Geräuschpegel, der Geräuschspannungsabstand soll nicht kleiner als 80 dB sein;
· geringe nichtlineare → Verzerrungen, Klirrverzerrungen bei Vollaussteuerung (6 dBU) kleiner als 0,1 %;
· große Übersteuerungsreserve im ganzen Pult, mindestens 20 dB bei maximal 1 % Klirrfaktor.
Ebenso wichtig wie diese Übertragungseigenschaften sind die gute Bedienbarkeit und Übersichtlichkeit aller Funktionselemente. Die Bedeutung dieses Faktors zeigt sich besonders deutlich bei aufwendigen Anlagen, wie sie für das Abmischen von 24- oder 32kanaligen Mehrspuraufzeichnungen erforderlich sind. Die neue, dritte Generation von Mischpulten besitzt dazu ein prozeßrechnergestütztes System, das alle Regelvorgänge speichert und sie originalgetreu reproduziert. Der Tonmeister kann bei jedem neuen Durchlauf des Titels Korrekturen einbringen. Auf diese Weise ist eine sukzessive Annäherung an die Sound-Vorstellungen möglich.
Auch im Live-Gebrauch kommt dem Mischpult eine wichtige Funktion zu. Es ist Bestandteil der → PA-Anlage. Der Toningenieur hat die Aufgabe, dieselbe Klangbearbeitung wie im Tonstudio vorzunehmen, also für alle anliegenden Tonsignale Lautstärke, Höhen, Tiefen, stereophone/quadrophone Kanalverteilung usw. zu regeln und für ein ausgewogenes, seinen Vorstellungen entsprechendes Klangbild zu sorgen. Er kann außerdem verschiedene → Effektgeräte einschleifen, deren Bedienung von der Bühne aus nicht möglich ist (z.B. Hall- und Echogeräte, Equalizer). Die Anzahl der Eingänge (8, 12, 16, 20, 24 und mehr) und die Regelmöglichkeiten des Mischpultes richten sich nach dem Umfang der Anlage. Oft ist es erforderlich, mehrere Mischpulte zu kombinieren. Dabei sind vor allem separate Mixer für die Mikrophone am Schlagzeug (bzw. die Module des → Electronic Drums) und für die verschiedenen elektronischen Keyboards gebräuchlich. Beispielsweise benötigte die Gruppe *Pink Floyd* für die Realisierung ihrer aufwendigen »The Wall«-Konzerte im August 1980 im Londoner Earls Court 116 Kanäle von vier Mischpulten, wobei zu beachten ist, daß stereophone Tonsignale zwei, quadrophone vier Eingänge eines Mischpultes belegen.

Mississippi Blues [auch *Mississippi Delta Blues* oder *Delta Blues*]: regionaler Bluesstil, dessen Ursprungsgebiet das Mississippi-Delta sowie die Bundesstaaten Arkansas und Alabama im Süden der USA umfaßt. Er gilt als der prägnanteste und historisch folgenreichste Regionalstil des Blues, der später für den → Chicago Blues der vierziger Jahre eine große Rolle spielte. Charakteristisch für ihn sind markante Baßfiguren mit → offbeat geschlagenen Akkorden auf der Gitarre, die mit Oberstimmenriffs (→ Riff) wechseln, die die Gesangsstimme kontrapunktieren oder in Oktaven verdoppeln. Die Entstehung dieser Spielweise des Blues wird um 1912 datiert. Der erste bekannt gewordene Vertreter war der 1929 von einem Agenten der Schallplattenfirma Paramount entdeckte Charley *Patton* (1887–1934), der deshalb auch den Beinamen »Founder of the Delta Blues« erhielt. Als einer der letzten noch lebenden authentischen Interpreten des Mississippi Blues gilt der Sänger und Gitarrist Son *House* (geb. 1902). Weitere wichtige Vertreter dieser Bluesform sind bzw. waren die Sänger und Gitarristen Bukka *White* (1909–1977), Robert *Johnson* (1911 bis 1938), der die → Bottleneck-Spielweise der Gitarre, die unter den Bluesmen des Mississippi-Deltas sehr verbreitet war, bekannt machte, ebenso der erst kurz vor seinem Tode im Zuge des → Folk Revival der sechziger Jahre wiederentdeckte Mississippi John *Hurt* (1894–1966) und John Lee *Hooker* (geb. 1917), der später zu einem zentralen Musiker des → Rhythm & Blues wurde.
→ Blues.

mix-down [engl., miks daun]: → abmischen.

Mixer: → Mischpult.

Moan [engl./amerik., moun, wörtlich »stöhnen«]: Bezeichnung für die Klagegesänge der Negersklaven in Nordamerika, die noch aus dem afrikanischen Begräbniszeremoniell stammten. Mit der Christianisierung des nordamerikanischen Negers verlor sich diese Praxis, erhielt sich in Resten nur in der → Moaning genannten afroamerikanischen Gesangstechnik.

Moaning [engl./amerik., ′mouniŋ, wörtlich »stöhnend«]: afroamerikanische Gesangstechnik, die vor allem in der religiösen Musik der Neger (→ Spiritual), aber auch im → Blues anzutreffen ist und ihren Ursprung in den alten afrikanischen Klagegesängen hat (→ Moan).

modale Leitern [auch lat. *Modus* bzw. *Modi* (Pl.), = »Art und Weise«, oder *Kirchentonarten*]: Die siebenstufigen (heptatonischen) modalen Leitern, durch die unterschiedliche Anordnung der Halbtonschritte voneinander abgehoben, bildeten die Grundlage für die mittelalterliche Musikpraxis: Dorisch (b), Phrygisch (c), Lydisch (d) und Mixolydisch (e), dazu das später hinzugekommene Ionisch (a) und Äolisch (f), schließlich noch das Lokrisch (g).

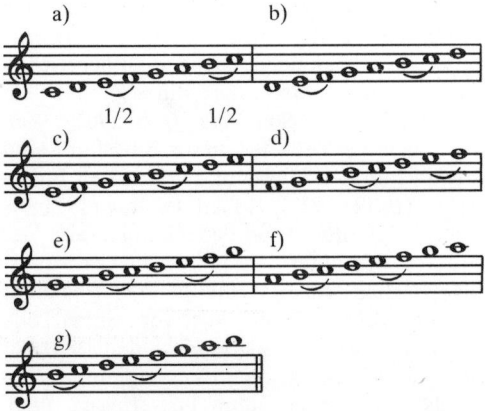

Die modalen Leitern sind nicht nur von historischem Interesse, da sie auch heute noch in verschiedenen Folkloreregionen, z. B. Irland, Schottland, England und auf dem Balkan, der Melodik und Harmonik von Liedern und Tänzen zugrunde liegen. Seit den fünfziger Jahren beziehen die Jazzmusiker verstärkt die Modi in das Musizieren ein (→ Modal Jazz). Durch Anknüpfen an folkloristische Traditionen fanden diese Leitern auch Eingang in die Rock-

musik. Im Schaffen der *Beatles* und ihrer Zeitgenossen sind zahlreiche modale Wendungen enthalten, z. B. »Eleanor Rigby« (*dorisch*; John Lennon/Paul McCartney, 1966), »Blue Jay Way« (*lydisch*; George Harrison, 1967), »Norwegian Wood« (*mixolydisch*; John Lennon/Paul McCartney, 1965).

Modal Jazz [engl./amerik., ′moudl dʒæz]: Anfang der fünfziger Jahre formulierte George *Russell* (geb. 1923) sein »Lydian Chromatic Concept« (→ lydisches Konzept), worin er die Bedeutung spezieller Leitern für die Improvisation darlegte. Damit wurde er zum (theoretischen) Wegbereiter der sogen. *modalen Spielweise (Modal Playing)*, die Ende der fünfziger Jahre aufkam. Als erste Aufnahme gilt diesbezüglich »Milestones«, 1958 vom *Miles Davis Sextet* eingespielt. *Davis* (geb. 1926) verzichtete auf die bisher üblichen halbtaktigen Harmoniewechsel, indem er den beiden Teilen seiner Komposition eine → modale Leiter unterlegte (A = dorisch, B = äolisch). Ungehemmt von ständig wechselnden Harmoniefolgen konnte sich nunmehr der Improvisierende auf die melodische Erfindung in seinem Spiel konzentrieren. Dieses Prinzip fand auch später in zahlreichen anderen Titeln Anwendung.

Beim Komponieren/Arrangieren bzw. beim Improvisieren legten die Beteiligten vorher Skalen bzw. Modi (auch → Pentatonik) fest, die Gültigkeit für einen vorgegebenen Abschnitt hatten. So entstanden einzelne, unter-

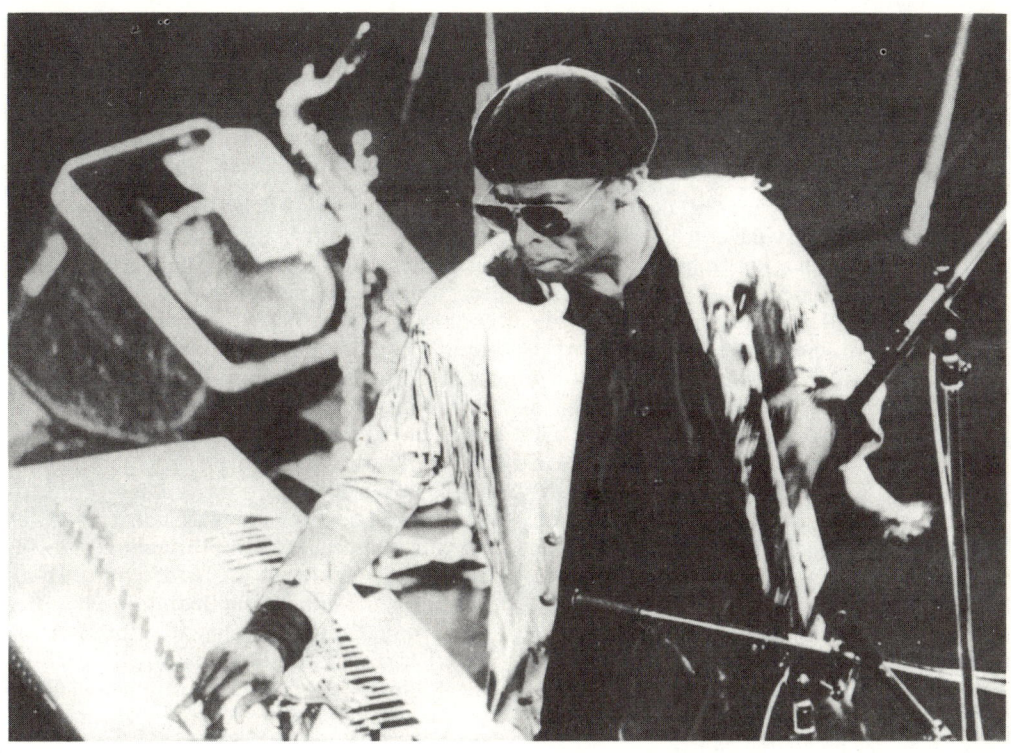

Miles Davis

einander kontrastierende Flächen, die eine großzügige melodische Entfaltung, auch wenn mehrere Musiker gleichzeitig improvisierten, zuließen. Trotz Vermeidung der Dur-Moll-Tonalität bleibt diese Musik tonal. Neben Davis muß vor allem John *Coltrane* (1926–1967) genannt werden. Der wohl bekannteste Modal-Titel ist »So What« (Miles Davis, 1959). In »Flamenco Sketches« (ebenfalls auf der LP »Kind of Blue«) weisen die modal differenzierten Improvisationen sogar unterschiedliche Taktzahlen auf. Der Modal Jazz kann als eine Brücke von der harmoniegebundenen Improvisation zum Free Jazz betrachtet werden.

Moderator: im Rundfunk und Fernsehen Bezeichnung für einen Sprecher, der selbständig und aus der Situation heraus die Vermittlung zwischen Musik und Hörer und die Verbindung der einzelnen Programmteile herstellt (moderiert).

Modern Bop [amerik., ˈmɔdən bɔp]: → Hard Bop.

Modern Jazz [engl./amerik., ˈmɔdən dʒæz]: in der Jazzliteratur verbreitete Sammelbezeichnung für alle Jazzstile (→ Jazz) nach dem → Swing bis zur Herausbildung des → Free Jazz (→ Bebop, → Cool Jazz, → West Coast Jazz, → Hard Bop), also für den Zeitraum ab Mitte der vierziger Jahre bis Ende der fünfziger Jahre. Nach dieser Einteilung der Entwicklungsgeschichte des Jazz werden die vor dem Swing verbreiteten Stile des Jazz analog als → Traditional Jazz zusammengefaßt, die Phase seiner Herausbildung dagegen wird als → archaischer Jazz bezeichnet.

Modern Swing [engl./amerik., ˈmɔdən swiŋ]: Sammelbegriff für gegenwärtige Spielweisen des → Swing, auch unter Einbeziehung von stilistischen bzw. klanglichen Elementen der neueren Jazz- und Rockmusik.

Modetanz: meist aus der Folklore hervorgegangene, stilisierte und im 19./20. Jh. stark kommerzialisierte Tanzform, die für einen

mehr oder weniger langen Zeitraum andere Tänze in den Hintergrund drängt und auf den Tanzsälen bzw. in den Massenmedien dominiert.
→ Gesellschaftstanz.

Modulation [lat.]: der Übergang von einer Grundtonart in eine andere, das Erreichen einer neuen Tonika; dazu werden Akkorde bzw. Akkordtöne der Ausgangstonart funktional umgedeutet, bereits auf die Zieltonart bezogen. In der Harmonielehre unterscheidet man die diatonische, chromatische und enharmonische Modulation, wobei dafür meist längere Akkordfolgen benötigt werden. Diese Methoden finden in der artifiziellen Musik, z. T. auch in konzertanter Unterhaltungsmusik Anwendung. In Folk, Jazz, Rock und Pop werden sie vermieden. Bei Tonartwechsel erfolgen unvorbereitete → Rückungen, häufig erhält die neue Tonika ihren Dominantseptakkord oder einen Dominantvertreter (→ Jazzkadenz) vorangestellt. Die *Ausweichung*, das kurzzeitige, nur vorübergehende Verlassen der Grundtonart (z. B. in einem Mittelteil B), gehört dagegen zu den grundlegenden harmonischen Prinzipien der populären Musik.
→ Harmonik.

Moll [lat., mollis = »weich«; engl. minor]: neben dem vorherrschenden Dur wichtiges → Tongeschlecht auch in der populären Musik. Charakteristisches Intervall ist die kleine Terz im 1. Tetrachord. Drei Molltonleitern (abweichend im 2. Tetrachord) werden unterschieden – reines bzw. natürliches (a), harmonisches (b) und melodisches (c) Moll:

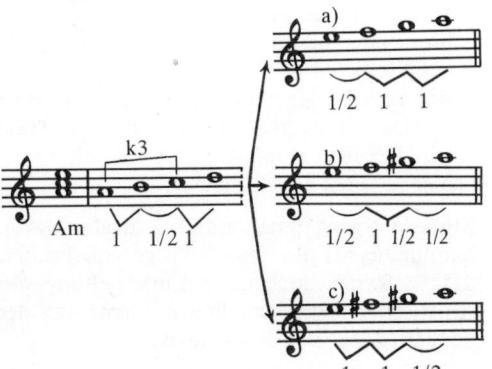

Aufgrund der sich durch den künstlichen → Leitton im harmonischen Moll ergebenden

Durdominante (→ Kadenz) war diese Leiter in der Schlager- und Unterhaltungsmusik bestimmend; erst mit dem Aufkommen der Beat- und der nachfolgenden Rockmusik trat unter Einfluß der Folklore auch das reine Moll wieder in den Vordergrund.

Monitoranlage: Tonübertragungsanlage, die es den Musikern bei Live-Konzerten ermöglicht, sich selbst und untereinander gut zu hören. Für ein rhythmisch, melodisch und harmonisch präzises gemeinsames Musizieren sind die Selbstkontrolle und das akustische Wahrnehmen der Partner von entscheidender Bedeutung. Die mit großer Schalleistung in den Saal abgestrahlte Mischung ist klanglich für den Zuschauerraum eingerichtet und mit Effekten versehen; sie wird von den Musikern auf der Bühne nur indirekt gehört und ist für sie nur wenig informativ. Deshalb gibt es für sie ein eigenes kleines PA-System – die Monitoranlage, die nur auf die Bedürfnisse der Musiker ausgerichtet ist. Die Monitormischung ist effektarm, durchsichtig und berücksichtigt die Bühnenlautstärke der Instrumente. Elektrisch abgenommene Keyboards sind beispielsweise lauter im Monitor als Baß und Gitarre, die über Bühnenanlagen gespielt werden. Die Monitormischung wird über ein gesondertes Mischpult oder über Abzweigregler (Monitor, Aux) am Saalmischpult eingestellt. Aufwendige Anlagen gestatten das Zuspiel verschiedener Mischungen. Die Monitorboxen liegen auf dem Bühnenboden und strahlen ihren Schall schräg nach oben. Besondere Probleme gibt es beim Zuspiel für die Vokalsolisten, da die notwendige hohe Schalleistung der Monitore die Gefahr der akustischen Rückkopplung in sich trägt. Das gesamte bühneninterne Wiedergabesystem nennt man auch *Stage-PA* (Bühnen-PA).
In der Tonstudiotechnik bezeichnet der Begriff Monitoranlage die hochwertige Abhöreinrichtung – das Lautsprecherwiedergabesystem, bestehend aus Lautsprechern (Studiomonitoren), Verstärkern und eventuell Kopfhörern.

Monophonie [griech.]: einkanaliges Aufnahme- und Wiedergabeverfahren. Selbst bei der Verwendung von sehr vielen Mikrophonen sind alle Einzelsignale nur in einem Kanal zusammengefaßt. Es ist daher im Gegensatz ↗

→ Stereophonie und → Quadrophonie nicht möglich, Richtungsinformationen zu übertragen. Auch die Wiedergabe über zwei Lautsprecher ändert daran nichts. Der Höreindruck ist so, als würde der Schall nur von einem fiktiven Lautsprecher ausgestrahlt, der sich zwischen den beiden tatsächlichen Lautsprechern befindet.

Im Laufe der fünfziger und sechziger Jahre begann die Stereophonie die Monophonie abzulösen. Zahlreiche ältere, monophone Aufnahmen wurden bearbeitet, um eine Verbreiterung und Richtungsverteilung des Klangbildes zu erzielen. Das ist allerdings nur begrenzt möglich, weil das zweite Signal auf technischem Wege aus dem vorhandenen Monosignal gewonnen werden muß (Pseudostereophonie). Der Begriff *monophon* wird auch für Musikinstrumente gebraucht, die sich nur einstimmig spielen lassen, (monophoner → Synthesizer), im Gegensatz zu → polyphon, also mehrstimmig spielbaren.

Montuno [span., mɔn'tuno]: Refrain des → Son.

Mood Music [engl./amerik., muːd 'mjuːzik]: eine in den vierziger Jahren aufgekommene Form der Unterhaltungsmusik, die bestimmte Stimmungen (mood = »Stimmung«) suggerieren oder erzeugen wollte. Dabei handelte es sich um eine stark kommerzialisierte Variante des Big-Band-Swing (→ Swing), die vor allem an die harmonischen und arrangiertechnischen Effekte von Duke *Ellingtons* (1899–1974) → Mood Style anknüpfte. Typische Vertreter waren Paul *Weston* (geb. 1912) und Jackie *Gleason* (geb. 1916) mit ihren Orchestern.

Eine besondere Verwendung fand die Mood Music sehr bald durch Hollywoods Filmindustrie, da sie sich vorzüglich als illustratives Mittel zur Verdeutlichung innerer psychischer Stimmungen der Filmhelden eignete. Hier entstand ein so großer Bedarf an solcher Musik, daß ähnlich den → Kinotheken ganze Kataloge bereits fertiger Aufnahmen zusammengestellt wurden. Nach der gewünschten Stimmung konnte so sehr schnell die passende Musik herausgesucht werden. Der vor allem mit dem Fernsehen weiter wachsende Bedarf an illustrativer Hintergrundmusik ließ schließlich kommerzielle Mood-Music-Bibliotheken

entstehen, die aus der vorhandenen Musik alles geeignete Material nach seinem Stimmungswert sortiert anbieten. Für private Zwecke wie die Vertonung von Amateurfilmen werden solche Zusammenstellungen inzwischen auch auf Schallplatte vertrieben.

In Europa sind die wichtigsten Anbieter von Mood-Music-Kollektionen KPM, Bruton Music und Boosey & Hawkes in London sowie die Pariser Firma Editions Montparnasse 2 000.

Mood Style [engl./amerik., muːd stail]: auf die Spielweise des Orchesters Duke *Ellington* Ende der zwanziger Jahre zurückgehender Begriff. 1930 nahm Ellington seine Komposition »Dreamy Blues«, ein Jahr später als »Mood Indigo« umbenannt, auf. Dieser Titel mit seinen fast als impressionistisch zu bezeichnenden Arrangementseffekten wurde zum Inbegriff des Mood Style. Das berühmte »Creole Love Call« (1927 eingespielt) war einer der ersten Titel dieser als »stimmungsvoll« bezeichneten Musizierrichtung. Die Verwendung von Trompeten- und Posaunendämpfern, dem tiefen Klarinettenregister und gewisse harmonische Folgen (Alterationen) bestätigen die zeitliche Nähe zum → Jungle Style.

Moog-Synthesizer [engl., muːg 'sinθəsaizə, -'sintəsaizə]: heute Markenzeichen von → Synthesizern unterschiedlicher Ausführung (z. B. Micro-Moog, Mini-Moog, Poly-Moog); lange Zeit allgemeine Bezeichnung für Instrumente dieser Art. Der amerikanische Elektroingenieur Robert A. *Moog* (geb. 1934) entwickelte 1964 das Prinzip der Spannungssteuerung, dem noch heute grundlegende Bedeutung beim Bau von Synthesizern zukommt. Die Serienproduktion von Moog-Synthesizern begann etwa 1967. Mit den ersten LP-Einspielungen von Walter *Carlos* (»Switched-on Bach« 1968) wurden diese Instrumente auch zunehmend in Europa bekannt, wegen der hohen Anschaffungskosten fanden sie vorwiegend in Tonstudios ihren Platz. Dem Wunsch zufolge, Synthesizer auch live verwenden zu können, entstand 1970 der *Mini-Moog*. Diese und ähnliche von anderen Firmen gebaute Geräte zeichnen sich durch gute Transportierbarkeit, kompakte Bauweise und übersichtliche Bedienungsmöglichkeiten aus. Im Bereich der populären Musik entwickelten sie sich zu einem wichtigen Instrument innerhalb des Keyboard-Ensembles. Aufgrund der Fortschritte in der Mikroelektronik ist es heute möglich, Synthesizer mit höheren Qualitätsmerkmalen (polyphone Spielbarkeit, Klangvielfalt usw.) in ähnlich kleinen Dimensionen zu produzieren. Zahlreiche Musiker vor allem im Bereich des Art Rock und Electronic Rock brachten zur Verwirklichung ihrer Soundideen auch umfangreichere Synthesizer-Systeme auf die Bühne, unter denen der große polyphone Moog-Synthesizer *(Poly-Moog)* lange Zeit als Spitzenprodukt galt. Auch bei Schallplattenaufnahmen ist die Verwendung eines Moog-Synthesizers vielfach gesondert hervorgehoben, z. B. beim Titel »Acquiring the Taste« auf der gleichnamigen LP (1971) von *Gentle Giant* und auf einigen LPs von *Emerson, Lake & Palmer, Tangerine Dream* und anderen.

Moritat: → Bänkelsang.

Motiv [lat. movere = »bewegen«]: die kleinste, musikalisch sinnvolle Einheit als Ausgangspunkt (»Bewegungskeim«) größerer Formen durch Reihung oder Entwicklung. Das Motiv ist nicht abgeschlossen, es drängt vielmehr zur Weiterführung. Als Motiv kann eine Tonfolge, eine Rhythmusfigur oder eine Harmoniewendung (meist kombiniert) erscheinen. Identisch mit dem Motiv ist häufig die sogen. → Headline, der »Aufhänger« in der populären Musik; so gesehen stellt ein originelles Motiv den entscheidenden Einfall für einen Titel dar. Wesentliche Methoden der motivischen Arbeit, der weiteren Formung sind Wiederholung, → Sequenz, → Variation, → Imitation, Vergrößerung und Verkleinerung, Kontrastierung (Gegenmotiv), freie Weiterführung. Motivische Verarbeitung kennzeichnet auch gutes Chorusspiel (→ Improvisation) und bildet ein Bindeglied in der Korrespondenz der Free-Jazz-Musiker.
→ Form.

Motown Sound [amerik., 'moutaun saund, auch *Tamla Motown* oder *Detroit Sound*]: in der ersten Hälfte der sechziger Jahre in den USA durch den Musikkonzern Motown Recording Corporation entwickeltes stilistisches Konzept der Soulmusik (→ Soul), dessen Erfolg das 1960 von dem Farbigen Berry *Gordy* (geb. 1929) gegründete Unternehmen zum bisher

Lamont Dozier, Eddie Holland, Brian Holland

größten schwarzen Medien-Konzern werden ließ. Gordy, der zuvor unter anderem auch kurzzeitig als Komponist im Rhythm & Blues-Bereich tätig war, gründete die Firma 1960 als Motown Records in Detroit, abgeleitet von der Bezeichnung *Motortown* für dieses amerikanische Zentrum der Automobilindustrie. Einen Monat später eröffnete er mit Tamla noch ein zweites → Label. Erste Erfolge brachten 1960 die *Miracles* mit »Way Over There« und »Shop Around«, dessen Leadsänger und Komponist Smokey *Robinson* (geb. 1940) seither zu den profiliertesten Motown-Autoren gehört und inzwischen zum Vizepräsidenten avancierte. 1961 folgten die *Marvelettes* mit »Please Mr. Postman«, das später von den *Beatles* außerordentlich erfolgreich gecovert wurde (→ Cover Version). Beide Gruppen standen ebenso wie die *Temptations, Martha and the Vandellas* und die *Supremes*, die alle schon ab Anfang der sechziger Jahre für Motown produzierten, in der Tradition der gospelbeeinflußten Rhythm & Blues-Vocalgroups (→ Rhythm & Blues) aus den fünfziger Jahren. Als Autoren arbeiteten für Motown zunächst nur Robinson und Gordy selbst. Ende 1961 kam Lamont *Dozier* (geb. 1941) dazu, der sich ab 1963 mit Brian *Holland* (geb. 1941) und Eddie *Holland* (geb. 1939) zusammentat. Aus dem Trio *Holland-Dozier-Holland* wurde ein geradezu legendäres Autoren- und Produzenten-team, das nicht nur die stilistischen Grundla-gen des Motown Sound ausarbeitete, sondern auch den Motown-Produktionen binnen dreier Jahre zu einem Anteil von etwa 75 % an allen der in den amerikanischen Hitlisten (→ Charts) des Jahres 1966 verzeichneten Schall-platten verhalf. Als ersten Titel in dem von ihnen entwickelten Sound produzierten sie 1963 mit Martha and the Vandellas »Heat Wave«. Das Kennzeichen des Holland-Do-zier-Holland-Konzepts bestand in der komple-xen Rhythmik im $\frac{8}{8}$-Metrum, die durch Beto-nung der ungeraden Achtel einen ausgespro-chen swingenden Charakter hatte und sich aus dem mit viel Becken gespielten Schlagzeug, darüber gelegtem Tamburin sowie einem star-ken, aber beweglichen Baß zusammensetzte. Dieser swingende Tanzrhythmus war dem in der Gospel-Stilistik verankerten Gesangspart mit seinen nach dem traditionellen Ruf-Ant-wort-Prinzip (→ Call and response) ablaufen-den Wechseln von Leadsänger und Vokal-gruppe unterlegt und ergab so eine nahezu perfekte Mischung aus Gospel und Pop, die durch ebenso raffinierte wie effektvolle Nut-zung der Mischtechnik bei der Aufnahme in ein äußerst vielschichtiges Klangbild einge-schmolzen war. Später wurden die Arrange-ments, die zunächst nur auf Schlagzeug, Per-kussion, Baß, Gitarre, Piano und Orgel basierten, noch mit Streichern aufgefüllt, auf diese Weise klanglich abgerundet und erheb-lich geglättet. Im Aufbau vermieden die Songs die musikalischen Standardformen und folg-ten statt dessen einem zyklischen Ablauf, in dem sich die Schlüsselmelodien und Refrains unablässig wiederholten. Mit »Back in My Arms« (1965) für die *Supremes* und »I Can't Help Myself« (1965) für die *Four Tops* hatte das Trio Holland-Dozier-Holland dieses Soundkonzept dann zu einer kommerziellen Durchschlagskraft entwickelt, die den Mo-town-Konzern zur Hit-Industrie ohnegleichen werden ließ. Jeder Verkaufserfolg der Mo-town-Künstler zog nun eine Kette von genau kalkulierten Folgetiteln gleicher Machart nach sich, so lange, bis das kommerzielle Potential des Grundeinfalls erschöpft war. Seinen Auto-renstab ergänzte Gordy 1963 durch Norman *Whitfield* (geb. 1943), der vor allem für die *Temptations* schrieb, und 1966 durch das

Team Nicholas *Ashford* (geb. 1943) und Vale-rie *Simpson*, die die Duette von Tammi *Terrell* (1946–1970)/Marvin *Gaye* (1939–1984) und die Soloaufnahmen von Diana *Ross* (geb. 1944), die Leadsängerin der Supremes, produ-zierten. Als weitere Label wurden 1963 noch Gordy sowie 1964 VIP und Soul eingerichtet, der hauseigene Verlag Jobete verwertete die Urheberrechte, für die Schulung der Stars und die Überwachung ihres Images war die Inter-national Talent Management Incorporated zu-ständig, und produziert wurde in einem fir-meneigenen Studiokomplex namens Hitsville USA, für den eine ganze Reihe versierter Stu-diomusiker arbeiteten. Gordy gab so mit sei-nem autoritär geführten Unternehmen den Autoren und Musikern einen straff durchorga-nisierten kommerziellen Rahmen, als dessen Markenzeichen das Soundkonzept der Firma fungierte. Trotzdem hatte die Konzentration künstlerisch und technisch hochqualifizierter Fachleute im Motown-Stab eine bemerkens-werte stilistische Vielfalt in den vorgegebenen Grenzen zur Folge. Zu den Klassikern des Motown Sound gehörten dann Titel wie »My Girl« (Temptations, 1965), »You Can't Hurry Love« (Supremes, 1966), »Reach Out I'll Be There« (Four Tops, 1966), »I Heard It Through the Grapevine« (Marvin Gaye, 1968), »I Want You Back« (Jackson Five, 1969) und »The Tears of a Clown« (Smokey Robinson and the Miracles, 1970).
Hinter den Motown-Aktivitäten stand als Stra-tegie der kommerziell und durchaus auch künstlerisch erfolgreiche Versuch, die Rassen-grenzen zwischen weißer Popmusik und schwarzem Rhythm & Blues endgültig nieder-zureißen, so wie dies in den fünfziger Jahren für die Jugendlichen der → Rock'n'Roll zu-stande gebracht hatte. Obwohl die für die Soulmusik charakteristische Wiederentdek-kung der Gospeltradition und ihre Säkularisie-rung auch für die Motown-Produktionen einer der wichtigsten musikalischen Bezugspunkte blieb, zielten sie doch vor allem auf den gro-ßen weißen Markt für populäre Musik in den USA, verstanden sich im Unterschied zum Memphis Soul (→ Memphis Sound) und zu den leidenschaftlichen Songs von Aretha *Franklin* (geb. 1943) oder James *Brown* (geb. 1928) vielmehr als möglichst perfekt gemachte Unterhaltung und weniger als ein spezifischer

Ausdruck für die Solidarisierung der Farbigen. Die ästhetischen Kompromisse, mit denen der Erfolg der Motown-Produktionen bei der weißen amerikanischen Bevölkerungsmehrheit erkauft war, blieben dann auch umstritten. Zwar ist es Gordy tatsächlich gelungen, seinen Musikern ein begeistertes weißes Publikum zu verschaffen und damit dem Selbstbewußtsein der Afroamerikaner auf seine Weise neuen Auftrieb zu geben, andererseits aber war ein schwarzer Kapitalismus in der Art des Motown-Konzerns kaum der Weg, die soziale Gleichstellung der farbigen Amerikaner durchzusetzen. Die restriktive Geschäftspolitik der Konzernleitung unter Gordy stieß vielmehr zuerst bei seinen Künstlern selbst auf immer größeren Widerstand. So trennte ihn 1968 ein Zerwürfnis von Holland-Dozier-Holland, die zum erfolgreichsten Autorenteam der USA geworden waren und eine der Säulen darstellten, auf denen der Motown-Komplex geruht hatte. In den folgenden Jahren verließen auch Martha and the Vandellas, die Jackson Five und die Four Tops einer nach dem anderen den inzwischen als Motown Industries firmierenden Konzern. Neue Unternehmungen, wie 1970 der Start des Rare Earth-Label, um auf dem Rocksektor Fuß zu fassen, und ab 1971 das Engagement des Konzerns im Filmgeschäft, der mit seiner Übersiedelung nach Los Angeles und dem Aufbau des Mowest-Label verbunden war, konnten nicht mehr verhindern, daß das Motown-Konzept an Boden verlor. Stevie *Wonder* (geb. 1950), der schon seit 1963 von Gordy betreut wurde und mit Beginn der siebziger Jahre als ästhetisch und kommerziell gewichtigster Musiker im Motown-Programm anzusehen war, hatte ebenso wie Marvin Gaye die uneingeschränkte künstlerische Kontrolle über seine Produktionen durchgesetzt und sich damit von der Soundschablone des Motown-Standards entfernt, der den Musikern inzwischen zum Korsett geworden war. Danach gelang es Gordy nicht mehr, zu einem relativ geschlossenen Konzept zurückzufinden. Das war den 1971 unter Schirmherrschaft der CBS gegründeten Philadelphia International Records von Kenny *Gamble* (geb. 1943) und Leon *Huff* (geb. 1942) vorbehalten, die mit dem → Philly Sound nicht nur die führende Stellung des Motown-Unternehmens als Produzent von

schwarzer Popmusik untergruben, sondern dessen Soundkonzept aus den sechziger Jahren aufgriffen und weiterentwickelten. → Soul.

Mouth Harp, Abk. *mo* [engl., mauθ ha:p]: → Mundharmonika.

Mouth Organ, Abk. *mo* [engl., mauθ 'ɔ:gən]: → Mundharmonika.

Mouth Tube [engl., mauθ tju:b]: → Talkbox.

Mucke, Mugge: im deutschen Musikerjargon ein »Geschäft« bzw. der bezahlte Einsatz eines Musikers außerhalb seiner eigentlichen Anstellung (→ Gig). Die Herkunft des Wortes ist ebenso wie seine exakte Schreibweise nicht eindeutig belegbar. *Mucken* bedeutete im 18. Jh. im Wortschatz der Bettelmusikanten soviel wie »betteln«; eine Ableitung aus dieser Zeit wäre denkbar, ebenso der Bedeutungswandel. *Mugge* gilt als Abkürzung für »Musikalisches Gelegenheitsgeschäft« (Begriffsbildung durch die Musikervermittlungen nach der Jahrhundertwende).

Multi Beat: → Beat.

Multieffektgerät: elektronisches Gerät, in dem verschiedene Effekte vereint sind, z. B. aufgrund ähnlicher Schaltungsanordnungen und häufiger gemeinsamer Nutzung. So stellen Phaser/Chorus/Flanger/Verzerrer oder Hall/Echo/Flanger/Chorus/Kompressor/Limiter häufig verwendete Kombinationen dar. Die Effekte können dabei sowohl einzeln als auch beliebig in Reihe geschaltet werden. Der Grund dafür, daß sich viele Musiker, statt auf ein Multieffektgerät zurückzugreifen, aus mehreren einzelnen Effektgeräten ein eigenes Effektboard zusammenstellen, liegt in den speziellen Soundansprüchen an einzelne Geräte und in dem Willen nach freier Auswahl und Gestaltung. Multieffektgeräte in 19-Zoll-Bauweise (→ Rack) finden häufig in Tonstudios Verwendung.

Mundharmonika, Abk. *harm, mo* [engl. harmonica, auch *Mouth Organ, Mouth Harp, Blues Harp*]: Blas- und Harmonikainstrument; 1821 von Friedrich Buschmann als »Aura« oder »Mundäoline« (Äolus – in der griechischen Mythologie der Gott der Winde) erfunden;

seither in vielen Varianten als beliebtes Volksinstrument über die ganze Welt verbreitet. Durch Luftkanäle (Kanzellen) bläst und zieht der Spieler die Luft an die auf Stimmplatten angenieteten durchschlagenden Metallzungen, die durch Metalldecken geschützt sind. Die Mundharmonika ist wechseltönig: bei Ein- und Ausatmen ergeben sich unterschiedliche Töne. Die *diatonische* Mundharmonika steht jeweils nur in einer Tonart.

In den zwanziger Jahren nahm das bis dahin diatonische Mundharmonikaspiel einen weiteren Aufschwung, neue Instrumente entstanden. Bei der für anspruchsvollere Musiker konstruierten *chromatischen* Mundharmonika sorgte ein Schieber für halbtönige Versetzung, so daß eine lückenlose Tonreihe möglich wurde. Für die Mundharmonikaorchester und Solistengruppen (Trios) baute man Baß- und Begleitmundharmonikas in unterschiedlichen Varianten.

Als *Harp* (»Harfe«) benutzten die Folk-Blues-Sänger dieses einfache (diatonische) Instrument, um ihren Gesang instrumental zu ergänzen; Sonny Boy *Williamson I* und *II* (John Lee, 1914–1948, und Rice Willie *Miller*, um 1893–1965), Sonny *Terry* (geb. 1911) und viele andere entlockten dem Instrument neuartige, stilbildende Töne (Glissandi, Tremoli, Vibrato, Zwischentöne usw.). Im modernen Jazz trat besonders der Niederländer Jean »Toots« *Thielemans* (geb. 1922) mit der chromatischen Mundharmonika hervor. Auch in der Rockmusik gewann die »Mundi« – nunmehr elektrisch verstärkt – an Bedeutung, insbesondere bei den bluesorientierten Paul *Butterfield* (geb. 1942) und John *Mayall* (geb. 1933). Von nachhaltigem Einfluß auf die gesamte Folk-Rock-Szene war das Spiel Bob *Dylans* (geb. 1941); er benutzte auch den am Hals befestigten Metallhalter für die Mundharmonika, der die Hände für das Gitarrespiel frei ließ.

Mundi: → Mundharmonika.

Musettewalzer [franz., my′zɛt-]: französische Walzervariante; zurückgehend auf einen altfranzösischen Tanz im mäßigen Tempo, der z. Z. Ludwigs XIV. sehr beliebt war und seinen Namen vermutlich von dem dudelsackähnlichen Begleitinstrument Musette erhielt. Zum Musettewalzer gehört eine typische Instrumentalbesetzung, in die das Akkordeon die

unverkennbare Klangfarbe einbringt (das sogen. Akkordeon-Musette-Register setzt sich aus der Kopplung von oberem und unterem Schwebeton bei Ausschaltung der Grundreihe zusammen). Dieser Musette-Sound wird oft zur musikalischen Charakterisierung des französischen Kolorits genutzt (vgl. z. B. den Erfolgstitel von Mireille Mathieu »Hinter den Kulissen von Paris«, Christian Bruhn, 1969; Foxtrott mit Musette-Einlage).

Musical [engl./amerik., ′mju:zikəl, Kurzform von *Musical Comedy* = »musikalische Komödie«, auch *Musical Play* = »musikalisches Spiel«]: amerikanische Gattung des musikalischen Unterhaltungstheaters in Form eines zumeist reich ausgestatteten Bühnenstücks mit gesprochenem Dialog, Gesang und Tanz. Es entstand um die Jahrhundertwende in den Unterhaltungstheatern am New Yorker Broadway aus einer, zunächst handlungsfreien, Kombination der verschiedensten Formen von musikalischer Bühnenunterhaltung, → Minstrel Show, → Vaudeville, → Operette und → Revue. Vor allem George M. *Cohan* (1878–1942) prägte als Komponist, Textautor, aber auch Regisseur und Produzent bis in die zwanziger Jahre hinein den Stil der Musical Comedy am Broadway, die mit ihrer losen

George Gershwin

Richard Rodgers und Oscar Hammerstein II

Struktur zugleich zur Basis für die Entwicklung des Tin Pan Alley Songs (→ Tin Pan Alley) wurde. Mit »Show Boat« (1927) von Jerome *Kern* (1885–1945) nach einer Textvorlage von Oscar *Hammerstein II* (1895–1960) begann dann die Entwicklung der Gattung in heutiger Form als handlungsdichtes, musikalisch durchgearbeitetes Bühnenstück. George *Gershwin* (1898–1937), Richard *Rodgers* (1902–1979), Cole *Porter* (1891–1964), Kurt *Weill* (1900–1950) und Irving *Berlin* (geb. 1888) gehörten zu den namhaftesten der unzähligen Musical-Autoren, die diese Gattung in den dreißiger, vierziger und fünfziger Jahren zu Weltruhm führten. Ihren Höhepunkt fand sie dann in Frederick *Loewes* (geb. 1904) »My Fair Lady« (1956) und Leonard *Bernsteins* (geb. 1918) »West Side Story« (1957). »Fiddler on the Roof« (»Der Fiedler auf dem Dach«, 1964) von Jerry *Bock* (geb. 1928), »Hello, Dolly« (1964) von Jerry *Herman* (geb. 1933), »Cabaret« (1966) von John *Kander* (geb. 1927) und »Hair« (1967) von Galt *MacDermont* (geb. 1928) sind weitere Marksteine der Entwicklung dieser Gattung, die zumindest in ihren besten Zeugnissen zunehmend realitätsbewußter geworden ist und auf ihre Weise ein Stück der amerikanischen Wirklichkeit aufzuarbeiten sucht. Musikalisch ist sie

in den jeweils zeitgenössischen Formen der populären Musik verwurzelt, die sie bis hin zur → Rockmusik (Hair) in stilisierter Form aufgreift. Ausgelöst durch den Welterfolg amerikanischer Musicals ist es auch in Europa vor allem seit den fünfziger Jahren zu einer selbständigen Entwicklung dieser Form des musikalischen Unterhaltungstheaters gekommen, ohne allerdings dabei dem amerikanischen Vorbild den Rang ablaufen zu können.

In der DDR ist eine eigenständige Musical-Tradition vor allem durch Guido *Masanetz* (geb. 1914) mit »In Frisco ist der Teufel los« (1962), Gerd *Natschinski* (geb. 1928) mit »Mein Freund Bunbury« (1964) und Conny *Odd* (geb. 1916) mit »Gangster lieben keine Blumen« (1970) (Neufassung von »Alarm in Pont l'Eveque«, 1958) begründet worden.

MusiCassette, Abk. *MC*: Tonbandkassette, d. h. die Verbindung des Magnettonbandes mit einem genormten Plastegehäuse zu einer festen Einheit, deren Vorteil in der unkomplizierten Handhabung besteht (statt umständli-

Gerd Natschinski

chen Bandeinfädelns nur noch Einlegen der Kassette in das Abspielgerät). Das 3,81 mm breite Band, das mit einer Geschwindigkeit von 4,75 cm/s läuft, hat je nach Stärke und damit in der Kassette unterzubringender Länge eine Abspielzeit von 30, 60, 90 oder 120 Minuten. Entwickelt und auf den Markt gebracht wurde die Kassette 1964 durch den niederländischen Philips-Konzern. Durch ihre enorme Verbreitung in den letzten Jahren ist die Kassette zu einem neuen Massenmedium geworden, was viele Plattenfirmen seit etwa Mitte der siebziger Jahre veranlaßt hat, ihre Produktionen parallel zur Schallplatte auch auf Kassette anzubieten. Nach einer Marktuntersuchung des BASF-Konzerns (vgl. Sounds, XI/1979, H. 9, 43) sind 1978 weltweit 1,15 Milliarden Kassetten verkauft worden, davon reichlich ein Viertel bereits bespielt. → Magnettonband.

Music Box [engl./amerik., ˈmjuːzik bɔks, auch *Juke Box*]: Münzautomat zum Abspiel von Schallplatten; bestückt je nach Größe mit etwa fünfzig bis maximal zweihundert Singles, deren Titel auf einer Programmtafel angezeigt sind und nach Geldeinwurf über eine Wähleinrichtung abgerufen werden können. Die Transportmechanik im Apparat entnimmt dann dem Plattenspeicher die entsprechende Single und legt sie mit dem gewünschten Titel abspielbereit auf die als automatischer Plattenspieler funktionierende Spieleinrichtung. Verstärker und Lautsprecher befinden sich ebenfalls in den in öffentlichen Lokalen aller Art aufgestellten Geräten. Eine Reihe von Fabrikaten ist zusätzlich noch mit Programmiereinrichtungen ausgerüstet und läßt so eine Vorauswahl von nicht selten zehn und mehr Titeln zu, die dann hintereinander, mit entsprechendem Mengenrabatt in der Bezahlung, zum Abspiel kommen.
Die Music Box wurde in den zwanziger Jahren in den USA eingeführt und entwickelte sich dort binnen weniger Jahre zum beherrschenden Faktor des Musikgeschäfts, waren die Automatenaufsteller doch bis in die fünfziger Jahre hinein die Hauptabnehmer von Schallplatten, wobei die damaligen Geräte für die 25cm-Schellackplatten ausgelegt gewesen sind. Ihre Bedeutung für die Entwicklung der populären Musik ist daher kaum zu überschät-

zen. Bei den in regelmäßigen, sehr bald schon wöchentlichen Abständen erfolgenden Neubestückungen des Plattenspeichers diente die durch ein Zählwerk registrierte Abspielhäufigkeit jedes Titels jeweils als Orientierung, so daß auf diese Weise die Musikbedürfnisse nach einem kommerziell gesteuerten Selektionsprinzip in überschaubare und quantifizierbare Marktstrukturen umgewandelt wurden, auf die sich wiederum die Plattenfirmen einstellten. So ist schließlich ein ökonomischer Regelkreis entstanden, der im Grundprinzip noch heute das kapitalistische Musikgeschäft beherrscht, nur daß die Orientierungsgrößen inzwischen die → Charts mit ihren Auflistungen der meistverkauften Schallplatten liefern. Erst die relativ billige → Single hat die Schallplatte dann zu einem individuell genutzten Massenmedium werden lassen und das Automatengeschäft mehr und mehr in den Hintergrund gedrängt.

Music Hall [engl., ˈmjuːzik hɔːl]: britische Form des → Varietés; der Begriff kam 1832 auf, als in Bolton (Lancashire) die Star Music Hall als erster selbständiger Theaterbau für das Varieté in England eröffnet wurde. Da hatte es jedoch auf den Kneipenbühnen, in den Pubs (Bierlokalen), den Song and Supper Rooms der Wirtshäuser, den Tavern Concert Rooms oder den Tea Gardens (Sommerbühnen im Freien) schon eine fast einhundertjährige Geschichte hinter sich, in der es als volkstümliche und urwüchsige Bühnenunterhaltung in der Tradition der Schausteller und Jahrmarktsspiele seine wesentliche Ausprägung erhielt. Von hier aus bezog die britische Music Hall eine Ästhetik der Komik, die für sie kennzeichnend blieb: einerseits die Komik des Abstrusen und Skurrilen mit der Zurschaustellung körperlicher Mißbildungen (Krüppel, Riesen, Zwerge), was in den siebziger Jahren mit den Transvestiten-Shows eine Fortsetzung fand; andererseits die lärmende Groteske mit Schimpf- und Prügelszenen, handfester Obszönität und derber Gesangskomik. Hatte dies lange Zeit nur die Funktion, den gastronomischen Betrieb florieren zu lassen durch eine willkommene Nebenbeiunterhaltung beim Zechen, so wurde mit der Einrichtung von Music Halls diese volkstümliche Unterhaltungspraxis institutionalisiert und da-

Oxford Music Hall in London (um 1860)

mit in eine Investitionsmöglichkeit für Kapital umgewandelt. Die Geschichte der britischen Music Hall ist dann auch nichts anderes als die Geschichte der Kapitalisierung des Unterhaltungsbetriebs in England. Die Gründung der ersten Music Hall zog eine schnell wachsende Zahl derartiger Unterhaltungs- bzw. Varieté-Bühnen in allen größeren Städten nach sich. Zum ersten Großunternehmer mit gleich mehreren Halls wurde schon Mitte des 19. Jh. der Geschäftsmann Charles *Morton* (1819–1894), der sich selbst als »Father of the Halls« feiern ließ. Ihm folgten Edward *Moss* (1852–1912) und Oswald *Stoll* (1867–1942), die bis zum Ausbruch des ersten Weltkrieges aus den britischen Music Halls ein hochkommerzielles Unterhaltungsimperium machten, das in den zwanziger Jahren Weltgeltung erhielt, mit der Einführung des Tonfilms Ende der zwanziger Jahre dann schließlich dem Kino als neuer Form der Massenunterhaltung weichen mußte, ohne jedoch im Showgeschäft völlig an Bedeutung verloren zu haben. An den Grundstrukturen des Programms änderte sich in diesem Prozeß nicht allzuviel, nur daß der sozialkritisch-satirische

Zug, der den Kneipenvarietés einmal seine Attraktivität verliehen hatte, verschwand und die Music Halls sich in Ausstattung und örtlicher Lage den einzelnen sozialen Schichten immer differenzierter anpaßten. Der originäre Beitrag, den die britischen Music Halls und ihre Ableger in den USA zur Geschichte der populären Musik leisteten, besteht in der hier von Sängern unter Maske vorgetragenen, ursprünglich auf die Straßenballade zurückgehenden Form des → Songs, der in den Music Halls treffend auch als *Comic and Character Song* bezeichnet wurde. Er rückte Ende des 19. Jh. ins Zentrum des angloamerikanischen Musikgeschäfts (→ Tin Pan Alley), wofür die Music Halls das Publikum organisierten.

Music Video [engl., ′mju:zik ′vidiou]: kommerziell vertriebene Videokassetten mit Live-Versionen (→ live), gelegentlich auch filmischen Umsetzungen, der Schallplattenproduktion eines Musikers oder einer Gruppe im Bereich der Pop- und Rockmusik. Mit der Verbreitung der Videotechnik in den letzten Jahren spielen sie eine immer größere Rolle und haben sich zu einer mehr oder weniger eigenständigen Präsentations- und Existenzform dieser Musik – parallel zur Schallplatte – entwickelt.
→ Videoclip.

musikalische Graphik: Musikalische Graphik – ein Begriff, der auf Roman Haubenstock-Ramati zurückgeht, der 1959 eine erste Ausstellung derartiger Werke in Donaueschingen organisierte – zählt als eine Notationsform zeitgenössischer Musik zur Aktionsschrift. Bildliche Details, zeichnerische Strukturen sollen den Musiker zur Aktion inspirieren, sollen zur Umsetzung in musikalische Figuren und Formen herausfordern. Der »Komponist« tritt in den Hintergrund; der Musiker läßt aus dem Moment, aus der Improvisation heraus ein klangliches Ergebnis entstehen, das bei jeder neuen Interpretation zu völlig anderen Resultaten führt – ein Schaffensprinzip, das der fixierten, in der Wiedergabe weitgehend festgelegten Komposition konträr gegenübersteht. Im Free Jazz, aber auch in elektronischer Musik wurde musikalische Graphik als eine Notierungsvariante wiederholt einbezogen.

Musikindustrie: kapitalistisch organisierter Gesamtzusammenhang der Herstellung und Verwertung von Musik nach den Gesetzen der industriellen Großproduktion. Voraussetzung dafür war die schon im 19. Jh. erfolgte Umwandlung von Musik in eine Ware, die sie in der Verbindung des Kapitals eines »Musikunternehmers« (Verleger, Konzertagent usw.) mit der Arbeitskraft des Musikers (bzw. Komponisten) zu einem Mittel der kapitalistischen Mehrwertproduktion werden ließ. In den USA ist auf dieser Basis im Musikverlagswesen bereits um die Jahrhundertwende die industrielle Produktion von Musik als Notendruck in Gang gekommen (→ Tin Pan Alley). Mit der Erfindung der → Schallplatte wurde es schließlich möglich, Musik auch in klingender Erscheinungsform durch ihre Bindung an diesen Tonträger industriell herzustellen, das heißt, ihre Herstellung der Anwendung von Maschinen, was zugleich massenhafte und in Arbeitsteilung organisierte Produktion bedeutet, zu unterwerfen. Das führte zunächst in Form von Schallplattenfirmen zur Herausbildung von auf Musik ausgerichteten Industriebetrieben, die in Deutschland schon 1924, gemessen am Gesamtumsatzvolumen, den vierten Platz unter insgesamt vierundvierzig Industriezweigen repräsentierten. 1929, zu Beginn der Weltwirtschaftskrise, wurden in Deutschland jährlich 30 Millionen, in den USA 80 Millionen und in Großbritannien 120 Millionen Schallplatten hergestellt. Zentralisations- und Konzentrationsprozesse sowohl in vertikaler Richtung, die Ausweitung der Plattenfirmen auf die Vertriebswege bis zum Einzelhandel mit firmeneigenen Ladenketten sowie ihre Fusionierung untereinander, als auch in horizontaler Richtung, ihre Verbindung mit ähnlich gelagerten Industriezweigen wie Film, Fernsehen, Radio, Verlagswesen, Phonoindustrie, Musikinstrumentenherstellung, haben nach dem zweiten Weltkrieg transnationale Medienkonzerne entstehen lassen, hinter denen nicht selten völlig musikfremde Kapitaleigner stehen. Die Schallplattenabteilungen sind hier nur noch ein Teilbereich der in die internationale Kommunikationsindustrie integrierten Aktivitäten dieser Firmengruppen. Trotzdem wird der 1978 insgesamt 2,15 Milliarden verkaufter Tonträger (Schallplatten und bespielte Kassetten) umfassende kapitalistische Weltmarkt von nur fünf solcher transnationalen Medienkonzernen beherrscht:
· CBS (Columbia Broadcasting System) USA,
· EMI (Electrical and Musical Industries) Großbritannien,
· Polygram BRD/Holland,
· WEA (Warner Communication) USA,
· RCA (Radio Corporation of America) USA.
Zusammen kontrollieren sie weltweit mehr als 60 % des internationalen Musikmarktes, haben aber in vielen westeuropäischen und skandinavischen Ländern einen wesentlich höheren Marktanteil, in Dänemark 1977 beispielsweise 97 %. Nahezu undurchschaubar ist das Netzwerk an Kapitalverflechtungen, das hinter ihnen steht, zumal es weit über den Musikbereich hinausgeht, aber selbst hier hinter der Vielzahl von → Labels und Querverbindungen durch Vertriebsabkommen verborgen ist. Symptomatisch dafür ist der spektakuläre Aufstieg der erst 1972 gebildeten Polygram-Gruppe. Sie entstand aus der Fusionierung der Schallplattenfirma Phonogram (früher Philips), eines Zweigbetriebes des niederländischen Philips-Konzerns, der zuvor schon die in Holland ansässige Filiale der britischen Schallplattengesellschaft Decca übernommen hatte, mit Polydor in der BRD, das für die populäre Musik zuständige Teilunternehmen der Deutschen Grammophon Gesellschaft (DGG), die zur Gruppe der Siemens Elektro AG gehört. Phonogram brachte in diese Fusion zusätzlich noch ein Vertriebsabkommen mit der CBS ein. Polygram übernahm dann nacheinander die Mercury Records (USA), MGM (Metro-Goldwyn-Mayer/USA), die Schallplattenabteilung der Filmgesellschaft gleichen Namens, RSO (Robert Stigwood Organisation/USA), Barclay (Frankreich) und 1980 schließlich die britische Decca, die zuvor jedoch schon mit dem bundesdeutschen Telefunken-Konzern zur Teldec fusioniert war. In knapp zehn Jahren war Polygram damit zu einem der drei größten Schallplattenproduzenten auf der Welt geworden. Als sie 1979 mit der → Compactdisc auf den Markt kam, waren dem auf einer anderen Ebene der Polygram-Gruppe entsprechende Aktivitäten vorausgegangen, die das Zusammenspiel der ein-

zelnen Konzernbestandteile in solchen Medienunternehmen anschaulich werden lassen. Die dazu notwendigen Abspielgeräte hatte die Phonoabteilung des Philips-Konzerns, der mit seinem früheren Phonogram-Unternehmen ja eine Säule der Polygram-Gruppe darstellt, in Kooperation mit Sony in Japan entwickelt, über das Texas Instruments aus den USA, Toshiba und Matsushita aus Japan an der Herstellung dieser Geräte beteiligt sind. Ganz ähnlich vollzog sich auch die Entwicklung der anderen vier Konzerngruppen, nur daß deren Aktivitäten einen noch größeren Bereich abdecken. Zu Warner Communications gehören beispielsweise vier unterschiedliche Firmengruppen im Medienbereich; die Musikabteilung mit Verlagen, darunter Harms, Witmark und Remick's als die ältesten Bestandteile des Unternehmens, Kassettenproduktion und die Schallplatten-Label Warner Bros., Reprise, Atlantic, Elektra/Asylum sowie WEA International als Auslandsunternehmen; die Filmabteilung mit der Warner Brothers Filmgesellschaft und Fernsehen; die Verlagsabteilung mit Warner Books, Comics, Zeitschriften und Lehrmaterialien; sowie die Kommunikationsabteilung mit Kabelfernsehen, Video und Telekommunikation. Als Kapitaleigner steht mit der Kinney Corporation hinter der Warner Communications eine Organisation, zu der Bestattungsunternehmen, Reinigungsdienste, Parkplätze, Leihwagenagenturen sowie Immobilienbesitz und ein Bankenkonsortium in New Jersey gehören.
Die Musikindustrie ist damit lediglich ein Teilbereich von weit über sie hinaus gehenden Zusammenhängen, der weder autonom funktioniert noch herausgelöst aus diesen Zusammenhängen betrachtet werden kann. Ihre Aktivitäten sind immer dem ökonomischen Interesse der jeweiligen Gesamtorganisation unterworfen. Mit ihrer marktbeherrschenden Position und der enormen Kapitalkraft diktieren diese großen Medienorganisationen auch den vielen selbständigen Plattenfirmen, die die andere Seite der Musikindustrie ausmachen – in den USA 1978 mehr als 4000 –, die Bedingungen. Nicht nur, daß diese damit Marktstrukturen vorfinden, in die sie sich einfügen müssen, da zu deren Veränderung ihnen die ökonomische Basis fehlt, im Vertrieb ihrer Platten stehen sie oft in unmittelba-

rer Abhängigkeit von den Großen. Die der hohen Kapitalkonzentration innewohnenden Zwänge schlagen so auf das Gesamtsystem der Musikindustrie durch. Im einzelnen heißt das eine wachsende Tendenz zur musikalischen Nivellierung auf vorgegebene Marktkategorien zur Vermeidung von kommerziellen Risiken, die Erhöhung der Amortisationsmarke mit dem Zwang zu entsprechender Auflagenhöhe der Platten, also ein Produktionskonzept, das nach dem musikalisch kleinsten gemeinsamen Nenner einer möglichst großen Zahl potentieller Käufer sucht, und schließlich mit der sich als Folge wachsender Kapitalkonzentration zugleich verschärfenden Konkurrenz auch ein wachsender Innovationszwang, der nicht mehr nur das Musizieren mit immer wieder neuen stilistischen Modewellen, sondern zugleich auch seine technischen Bedingungen (die aufnahme- und klangtechnischen Grundlagen) umfaßt. Die darin liegende Reduktion der Möglichkeiten des Musizierens hat andererseits immer wieder kleineren, auf bestimmte Musikrichtungen spezialisierte Unternehmen (→ Indies) einen Entwicklungsspielraum gelassen, der mit wachsendem Organisationsgrad der Musikindustrie und damit der Verfestigung ihrer immanenten Zwänge sogar größer wird. Sie vermögen auch ökonomisch tatsächlich unabhängig zu existieren, sofern sie sich musikalisch in den Lücken bewegen, die die Musikindustrie lassen muß, weil ihr Apparat zu groß dafür geworden ist, die hier erreichbaren maximalen Auflagenhöhen für sie einfach unrentabel sind.

Musikkassette, Abk. *MK*: Tonbandkassette, → MusiCassette.

Musikkorps [franz., -ko:r]: vorwiegend im militärischen Bereich verwendete Bezeichnung für ein großes → Blasorchester mit entsprechenden Aufgaben (Paraden, Märsche, Konzerte usw.) in Verbindung mit der jeweiligen Waffengattung und dem Standort; heute auch im zivilen Sektor anzutreffen, z. B. Zentrales Musikkorps der FDJ.

Musikverlag: für die Entwicklung und Drucklegung von Noten (Musikalien) und Musikbüchern verantwortliches Unternehmen, dessen Erzeugnisse durch den Buch- und Musikalienhandel vertrieben werden. Für Bühnenwerke und sinfonische Literatur wurde zusätzlich beim Verlag ein Leihbetrieb eingerichtet. Mit dem Druck und der damit verbundenen Propagierung eines Titels erwirbt der Verlag meist das Verlagsrecht, d. h., er erhält einen Prozentsatz der dem Autor durch öffentliche Veranstaltungen, Sendungen usw. zufließenden Honorare aus den Aufführungsgebühren durch die Urheberrechts- bzw. Verwertungsgesellschaften. Der Verlag vertritt gegenüber anderen Institutionen, insbesondere den → audiovisuellen Massenmedien und ausländischen Partnern, die Interessen seiner Autoren.

Im 19. Jh., vor allem nach 1850, erlebte das Verlagswesen einen großen Aufschwung, der im wesentlichen auf zwei Gründe zurückzuführen ist: Es bestand einerseits ein massenhafter Bedarf an → Salonmusik, an Tanz- und Unterhaltungsmusik allgemein, andererseits ermöglichten neue Technologien in den Druckereien bisher nicht realisierbare Massenauflagen. So entstanden Hunderte neuer kleiner Verlagsunternehmen, es kam zum Zusammenschluß von Verlagsgruppen. Eine unüberschaubare Flut von Druckerzeugnissen überschwemmte den aufnahmebereiten Markt, die Verlagskataloge boten eine unglaubliche Vielzahl und Vielfalt an Ausgaben. Verständlich, daß diese Massenproduktion einen erheblichen Qualitätsverlust an künstlerischer Substanz nach sich zog. Es überwogen Bearbeitungen für Klavier (erleichtert!), für ein Soloinstrument bzw. Gesang und Begleitung und unterschiedliche → Druckarrangements für Salon- und Blasorchester. Auch durch Abonnements und gezielte Werbung versuchten die ständig auf größeren Profit bedachten Verleger die Kauflust anzukurbeln. So bleibt festzustellen, daß im 19. Jh. bis hinein in das erste Viertel des 20. Jh. die Druckausgaben der Verlage für die Verbreitung der populären Musik bestimmend waren. Ein wichtiges Zentrum bildete die New Yorker → Tin Pan Alley. Dies änderte sich erst mit dem Aufkommen der Massenmedien – Rundfunk, Tonfilm, Schallplatte.

Die Musikalien-Editionen im Bereich der populären Musik untergliedern sich heute hauptsächlich in

· Einzelausgaben von aktuellen erfolgreichen Titeln (meist für Klavier/Akkordeon),

· Sammlungen aller Art (Schlagerparaden, → Evergreens, Operetten- und Musical-Querschnitte, diverse Liedgenres, Jazz- und Rock-Standards usw.),

· Songbooks (Zusammenfassung von Erfolgstiteln einzelner Interpreten und Gruppen, oft identisch mit einer LP),

· → Chorusbücher,

· Druckarrangements für große, mittlere und kleine Tanzmusikbesetzungen, Unterhaltungsensembles, Blasorchester und Bläsergruppen,

· Ausbildungsliteratur (Schulwerke, Etüden, Studien) in allen Schwierigkeitsgraden, in großer Zahl jedoch Elementarmaterial (Selbststudium).

Dazu gesellt sich eine inhaltlich breit gestreute Buchproduktion, von Interpreten- und Autoren-Biographien, Gruppenporträts bis zu Sachdarstellungen einzelner Genres, Lexika und Lehrbüchern.

Mute [engl., mju:t]: → Dämpfer.

Muzak [Kunstwort, 'mjusak, eigentlich *Muzak Corporation*]: eine 1934 in den USA gegründete Firma, die sich auf die Herstellung und den Vertrieb von Hintergrundmusik, sogen. *funktioneller Musik* spezialisiert hat. Sie versorgt heute rund 60 000 Abnehmer in 21 Ländern mit Musikprogrammen für Büros, Arbeitshallen, Geschäfte, Schulen, Hotels und Flughäfen und erreicht damit nach eigenen Angaben mehr als 65 Millionen Menschen täglich (Muzak at Work, Werbeprospekt der Muzak Corporation). Das hat den Namen Muzak zum Synonym für funktionelle Musik werden lassen, auch wenn inzwischen eine ganze Reihe weiterer Unternehmen dieser Art entstanden sind. Zum wichtigsten Konkurrenten der Muzak Corporation mit einer vergleichbaren internationalen Monopolstellung ist die 3 M Company (Minnesota Mining and Manufacturing Company) geworden.

Das Grundprinzip der Muzak-Programme besteht in der zielgerichteten Anwendung der physiologischen und psychischen Wirkungen der Musik für ganz bestimmte Effekte, für eine Konditionierung des Menschen auf genau definierte Ziele, ohne daß ihm dies selbst bewußt wird. Der genau kalkulierte Einsatz solcherart Hintergrundmusik soll ein Wohlbefinden erzeugen, das mit der Arbeit verbun-

dene Unlustgefühle, psychophysische Schutz-
mechanismen wie Erschöpfung, Ermüdung
usw. sowie rationale Verhaltenssteuerungen
abbaut und durch unbewußte und unbemerkte
Verhaltensstimulationen in eine gewünschte
Richtung ersetzt. Muzak gehört damit in den
Bereich des sogen. *Human Engineering* und ist
eine der perfidesten Methoden der manipulativen Beeinflussung des Menschen. Die
Haupteinsatzgebiete liegen in der Erzeugung
einer angenehmen und entspannten Atmosphäre in Flughäfen und Hotels, in der Stimulation von Spontankäufen und der Regulierung der Durchlaufzeiten des Kundenstroms
in Geschäften und Supermärkten sowie in der
Beeinflussung der menschlichen Leistungs-
kurve am Arbeitsplatz, was für die Betroffenen
nicht ohne Dauerschädigungen bleibt.

Entscheidend für die angestrebte Wirkung ist
dabei, daß funktionelle Musik nicht bewußt
wahrgenommen wird, keine Aufmerksamkeit
auf sich ziehen darf, ihr Einsatz andererseits
genau dosiert und kontrolliert erfolgen muß,
um neutralisierende Gewöhnungserscheinun-
gen auszuschalten. Ihre Hersteller bieten deshalb je nach Verwendungszweck unterschiedliche Programme an, die in der Regel aus
fünfzehnminütigen Segmenten zusammengesetzt sind, deren Abspielfrequenz sich nach
der beabsichtigten Wirkung richtet (Muzak/
München z. B. jährlich etwa 400 verschiedene
Programme, bei denen wöchentlich insgesamt
rund 3 000 Musiktitel zum Einsatz kommen).
Sie basieren auf möglichst vertrautem Material aus den verschiedenen Bereichen der populären Musik, das jedoch entsprechend bearbeitet, umarrangiert und neu produziert wird.
Die 3M Company etwa erklärt das Grundprinzip so: »Das Prinzip der 3M-Arbeitsmusik
liegt vor allem darin, eine unbewußte, von der
Arbeit nicht ablenkende Stimulierung zu erreichen. Die Musikstücke werden dem Zweck
entsprechend ausgesucht und instrumentiert.
Ihre Reihenfolge wird so gewählt, daß die melodischen und rhythmischen Elemente opti-

mal wirken« (Werbeprospekt von 3M/Neuß,
BRD).

Die Bearbeitung der ausgewählten Musikstücke erfolgt streng nach physiologischen Gesichtspunkten. Ihre Länge wird auf zwei bis
drei Minuten gekürzt, um einen entsprechenden Abwechslungsreichtum zu erzielen. Sofern die Originale Singstimmen enthielten,
sind diese durch Instrumente ersetzt, um eine
Bindung von Aufmerksamkeit durch den Text
zu vermeiden. Der Einsatz der Instrumente erfolgt abgestuft nach ihrem Reizwert; das
Klangbild beherrschen Streich- und Holzblasinstrumente, Rhythmus- und Blechblasinstrumente kommen dagegen nur sehr dosiert zur
Anwendung. Rhythmus und Tempo richten
sich nach den parallel ablaufenden Tätigkeiten, die sie synchronisieren sollen. Die Lautstärke ist in Abhängigkeit vom Einsatzort so
gehalten, daß diese Musik stets im Hintergrund bleibt. Dynamische Unterschiede werden zusätzlich noch durch eine Beschneidung
der hohen und tiefen Frequenzen auf eine
Bandbreite von 40 bis 8 000 Hz ausgeglichen,
so daß ein gleichförmiges, obertonarmes
Klangbild entsteht.

Vertrieben werden die so zusammengestellten
Programme auf Kassetten, die nur auf die dazugehörigen Abspielgeräte des jeweiligen Herstellers passen. Lediglich die Muzak Corporation ist inzwischen dazu übergegangen, ihre
Programme auch aus eigenen Sendezentralen
über Leitungen der Post direkt an die Abnehmer zu überspielen. Neben den psychophysi-
schen Auswirkungen der funktionellen Musik,
die besonders beim Einsatz am Arbeitsplatz
Dauerschäden durch die Stimulation zu permanenter Überforderung zur Folge haben
kann, den kulturellen Konsequenzen, die sich
mit dem weltweiten Einheitssound von Muzak
und der Fixierung ihrer Hörer auf eine bloß
passive Berieselung durch Musik verbinden,
sind es vor allem ethische Gründe, die gegen
einen derartigen manipulativen Mißbrauch
der Musik sprechen.

★N★

Nachhall [auch *Hall*]: Nachklingen eines Raumes, das von den vielen, in dichter zeitlicher Reihenfolge beim Hörer eintreffenden reflektierten Schallanteilen bewirkt wird. Im Gegensatz zum → Echo verschmilzt der Hall mit dem Primärschall. Die Nachhallzeit eines Raumes hängt von seinem Volumen und der Beschaffenheit seiner Begrenzungsflächen (mehr oder weniger schallschluckend) ab. Für Musik unterschiedlicher Genres und Stilepochen werden verschiedene Nachhallzeiten als optimal angesehen. So sind z. B. Zuschauerräume in Opernhäusern in der Regel weniger hallig als Konzertsäle. Die günstigste Nachhallzeit für große Konzertsäle liegt bei zwei Sekunden. Kirchen können Werte von mehreren Sekunden aufweisen. Wohnräume sind mit einer Nachhallzeit um 0,7 s »trocken«. Da für musikalische Zwecke optimale raumakustische Verhältnisse sowohl bei Aufnahmen als auch bei Live-Veranstaltungen selten existieren und durch elektrische Tonübertragungsanlagen nur bedingt oder gar nicht genutzt werden können, bedient man sich in diesem Fall verschiedener Möglichkeiten der künstlichen Hallerzeugung (→ Hallgerät).

Nachschlag: Teil der rhythmisch-harmonischen Begleitung, Markierung der unbetonten Taktteile durch Akkorde und Trommelschläge. Im Blasorchester führen meist die Hörner und 2./3. Tenorhorn (auch Es- und Baßtrompeten in der ČSSR) den Nachschlag aus, in der Partitur eines Strauß-Walzers sind 2. Violinen, Viola und Hörner dafür vorgesehen.

Ñañigó [span., njanji'gɔ]: in Kuba verbreiteter stilisierter Tanz, der auf den Kult der Geheimbrüderschaft Abakuá der Ñañigos (seit 1830 auf Kuba nachweisbar), Nachkommen des afrikanischen Stammes der Efik, zurückgeht; polyrhythmische Struktur, gekennzeichnet durch die Überlagerung von ¾- und ⁶⁄₈-Takt. (Notenbeispiel siehe rechts oben).

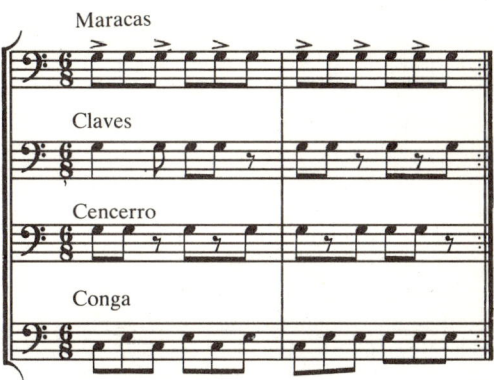

Nashville Sound [engl./amerik., 'næʃvil saund]: Ende der sechziger Jahre in den Studios von Nashville im USA-Staat Tennessee auf der Basis des → Country & Western entwickelter Sound-Standard (→ Sound) im Stil des → Country Rock, der von einer Reihe hervorragender Studiomusiker – unter dem Namen *Area Code 615* auch mit selbständigen Produktionen – getragen wurde und sich durch Transparenz, absolute Perfektion und vor allem durch seine technisch ausgefeilte klangliche Raffinesse auszeichnete. Daraufhin begannen Musiker und Gruppen der unterschiedlichsten Art, unter ihnen Bob *Dylan* (geb. 1941), *Peter, Paul & Mary, The Byrds,* Leonard *Cohen* (geb. 1934), ihre Platten in Nashville zu produzieren; Dylans LP »Nashville Skyline« (1969) oder das Album »Sweetheart of the Rodeo« (1968) der Byrds sind mustergültige Zeugnisse des Nashville Sound.

Naturtöne: → Obertöne.

Nebeninstrument: Bezeichnung für ein Instrument, das der Musiker neben seinem Hauptinstrument spielt, um zusätzliche Klangfarben in seine Gruppe einbringen zu können, z. B. als Saxophonist mit Nebeninstrument Klarinette oder Flöte.

Negro Jig [engl./amerik., 'niːgrou dʒig]: → Jig.

Negro Spiritual [engl./amerik.; 'niːgrou 'spiritjuəl]: → Spiritual.

Neue Deutsche Tanzmusik: → Neue Deutsche Welle.

Neue Deutsche Welle: 1980 aufgekommene kommerzielle Bezeichnung für die in der BRD unter dem Einfluß des britischen → Punk Rock entstandene deutschsprachige Erscheinungsform der → New Wave. 1977/78 tauchte auch hier auf lokaler Ebene eine Vielzahl neuer, meist sehr junger Bands auf, die aus dem Live-Zusammenhang (→ live) heraus nach dem Vorbild des englischen Punk Rock eine eigenständige Rockentwicklung in der BRD in Gang setzten und dabei erstmals – sieht man von Einzelerscheinungen der Jahre zuvor wie etwa Udo *Lindenberg* (geb. 1946) einmal ab – nahezu ausnahmslos die deutsche Sprache für ihre Texte nutzten. Dahinter standen die sich verschärfenden sozialen Spannungen und Konflikte in der Folge der rapide wachsenden Jugendarbeitslosigkeit, ein

damit um sich greifendes Gefühl der sozialen Hoffnungs- und Perspektivlosigkeit, das sich in der Rockmusik einen unmittelbaren Ausdruck zu verschaffen suchte, statt wie bisher diese Musik mit englischsprachigen Texten schon von vornherein auf den internationalen Vermarktungszusammenhang hin zu konzipieren. Eigenproduktion und Eigenvertrieb von Singles in kleinen Stückzahlen, kleine unabhängige → Labels (→ Indies) und alternative Plattenläden wurden zu Existenzbedingungen dafür. Über die Initiative → Rock gegen Rechts entstand ein landesweiter Zusammenhang der verschiedenen lokalen Aktivitäten, mit dem sich eine relativ stabile organisatorische Basis herausbildete. Gruppen wie *Morgenrot, Fehlfarben, Wirtschaftswunder, Hans-A-Plast, Deutsch-Amerikanische Freundschaft, Bel Ami, Din A Testbild, Ideal, Extrabreit, Einstürzende Neubauten* oder *Die tödliche Dosis* stießen so auf wachsende Beachtung auch außerhalb ihres lokalen Umfeldes. Sie alle hatten den mit dem Punk Rock aus England kom-

Nena

Trio

menden Impuls aufgegriffen und dabei dann zu jeweils eigenständigen stilistischen Konzeptionen gefunden, die sich mit ihrer oft anarchischen Grundhaltung und den schrillen Klangmustern bewußt dem herkömmlichen Rockverständnis sowie den gängigen Marktkategorien der Musikindustrie verweigerten. Trotzdem begann diese, hauptsächlich die in der BRD ansässigen Filialen der US-amerikanischen transnationalen Konzerne CBS und WEA, sehr bald sich für diese Entwicklung zu interessieren, nicht zuletzt aus einer Ende der siebziger Jahre permanent gewordenen Absatzkrise heraus, und in einem beispiellosen Vermarktungsfeldzug unter dem Etikett Neue Deutsche Welle ihren kommerziellen Ausverkauf zu betreiben. *Ideal, Bel Ami, Deutsch-Amerikanische Freundschaft* und *UKW*, wenig später *Trio* und *Nena* wurden neben einer ganzen Reihe oft auch nur kurzlebiger Gruppen zu Musterbeispielen dieser Vermarktungskampagne, die mit einer allmählichen Umrichtung auf fröhlich blödelnde Nonsenstexte (Trio, »Da Da Da«, 1981; UKW, »Sommersprossen«, 1982) zu glatten tanzbaren Rhythmusmustern verbunden war und nicht zu Unrecht die Bezeichnung *Neue Deutsche Tanzmusik* angeheftet bekam. In knapp drei Jahren war das kreative Potential dieser Entwicklung dann soweit verschlissen, daß schon 1983 von einer »Neuen Deutschen Welle« kaum noch die Rede gewesen ist. Ein großer Teil der Gruppen löste sich auf, weil ihnen mit dem ökonomischen Zusammenbruch vieler der kleinen unabhängigen Label und Veranstalter die Existenzbedingungen entzogen waren; andere,

die ihrem ursprünglichen Konzept treu zu bleiben versuchten, gingen wie Deutsch-Amerikanische Freundschaft oder Einstürzende Neubauten nach England, um bei den dortigen, ökonomisch stabileren Labels für unabhängige Musik weiter zu arbeiten; einige wie Nena oder Trio produzieren mittlerweile mit englischsprachigen Versionen ihrer Lieder wie gehabt für den internationalen Markt, wobei sich insbesondere *Nena* (geb. 1960) mit der englischen Fassung ihrer »99 Luftballons« (1983) außerordentlich erfolgreich durchgesetzt hat.

New Bop [amerik., nju: bɔp]: → Hard Bop.

Newcomer [engl., ˈnjuːkʌmə]: Bezeichnung für einen erfolgreichen Neuling im Showgeschäft.

New Grass [amerik., nju: graːs]: → Bluegrass.

New Orleans Jazz [amerik., nju: ɔːrˈliːnz dʒæz, auch *Old Time Jazz, klassischer Jazz*]: erster authentischer Jazzstil (→ Jazz), der sich um die Jahrhundertwende im Ergebnis einer allmählichen Reafrikanisierung des Marsch- und Ragtime-Spiels farbiger Bands (→ archaischer Jazz) gleichzeitig in verschiedenen Städten des Südens der USA herausbildete, in New Orleans jedoch zweifellos das Zentrum seiner Entwicklung besaß und später auch von aus New Orleans stammenden Musikern bekannt gemacht wurde. Französische und belgische Autoren, die ersten Publizisten des Jazz, gaben ihm deshalb in den dreißiger Jahren nachträglich diese Bezeichnung. Seine eigentliche Entwicklungsphase liegt zwischen der Jahrhundertwende und dem Ende der zehner Jahre. Wirklich bekannt wurde er jedoch erst Anfang der zwanziger Jahre von Chicago aus, wo sich ein großer Teil der New-Orleans-Musiker gemeinsam mit den auf der Suche nach Arbeit aus dem Süden der USA in die nördlichen Industriezentren strömenden Schwarzen angesiedelt hatte. Die 1917 im Zusammenhang mit dem Ausbau von New Orleans zu einem Marinestützpunkt erfolgte Schließung des Vergnügungsdistricts der Stadt – Storyville – hatte den Musikern hier fast schlagartig ihre Arbeitsmöglichkeiten entzogen. In Chicago leitete dann der Kornettist Joe »King« *Oliver* (1885–1938) mit seiner *Creole*

King Olivers Creole Jazz Band (1921)

Jazz Band eine der wichtigsten, auch auf Schallplatte dokumentierten Formationen ehemaliger New-Orleans-Musiker, unter ihnen die Klarinettisten Jimmy *Noone* (1895–1944) und Johnny *Dodds* (1892–1949), dessen Bruder Warren »Baby« *Dodds* (1898–1959) am Schlagzeug, mit Louis *Armstrong* (1900–1971), damals noch als Kornettist, und dem Posaunisten Edward »Kid« *Ory* (1889–1973). In Chicago formierte Louis Armstrong seine legendären *Hot Five* und *Hot*

Marching Band

Seven, gründete Jelly Roll *Morton* (1885–1941) seine *Red Hot Peppers* und Johnny *Dodds* die berühmten *New Orleans Wanderers*. Sie alle wurden zu nachträglichen Repräsentanten des New Orleans Jazz, zu dessen Pionieren neben einer Reihe kreolischer Musiker (→ Creole Jazz) vor allem noch die Kornettisten Bunk *Johnson* (1879–1949), Oscar *Celestin* (1884–1954) und Buddy *Bolden* (1868–1931) gehörten, dessen 1895 in New Orleans gegründete Band als erste eigentliche Jazzband gilt.

Im New Orleans Jazz ist das Zusammenspiel der Bands – in der Standardbesetzung mit Kornett (später statt dessen Trompete), Posaune, Klarinette, Banjo, Tuba, Schlagzeug, in den zwanziger Jahren zusätzlich noch Klavier – durch eine einfache Funktionsteilung der Instrumente geregelt. Schlagzeug, Tuba und Banjo gaben den zumeist noch vom Marsch abgeleiteten Rhythmus vor, während zur Melodievorgabe des Kornetts als der Leadstimme (→ Lead) Posaune und Klarinette in einem kollektiven Variationsverfahren kontrapunktierende melodische Varianten respondierend aus dem Stegreif dazuspielten. Mit einem durchgängigen Two-Beat-Spiel (→ Two Beat) und gelegentlichen Offbeat-Akzenten (→ offbeat) sind hier auch die wesentlichen Kennzeichen der für den Jazz charakteristi-

Baby Dodds

Bunk Johnson

Kid Ory

schen Rhythmik ausgebildet. Dieser noch ganz durch die Kollektivität des Musizierens geprägte erste Stil des Jazz hat auch später nichts von seiner Anziehungskraft eingebüßt, was ihm Ende der dreißiger Jahre eine anhaltende Renaissance einbrachte (→ Revival Jazz).

New Romantics [engl., nju: rə'mæntiks]: zwischen 1979 und 1980 aus der englischen Diskothekenszene hervorgegangene nostalgische Renaissance britischer Popmusik-Stereotype (→ Popmusik) aus den sechziger Jahren in einem weichen Electronic-Sound. Ausgangspunkt dafür war ursprünglich ein Kleidungsstil, der von den Bowie Boys genannten modebewußten männlichen Anhängern David *Bowies* (geb. 1947) nach der skurrilen Bühnenkleidung ihres Idols kreiert worden war. Eigens veranstaltete exklusive Bowie-Nights in einigen Londoner Diskotheken gaben dem Ganzen einen Rahmen, in dem aus dem pittoresken Erscheinungsbild der Bowie Boys allmählich ein Medienphänomen mit einem lasziven Hang zur Dekadenz entstand. Die zum Ritual gewordene Kostümierung in den dabei zu Kultstätten avancierten Diskotheken, insbesondere das Londoner Blitz, wurde in einen nostalgischen Musikstil transformiert, der, von phantasievoll produzierten Videoprojektionen unterstützt, eine romantische Popwelt in optischer Raffinesse als Gegenbild zum harten Realismus des → Punk heraufbeschwor. Die Kreationen der New Romantics gerieten so zu einem an der Performance Art orientierten futuristischen Medienkult, in dem die Musik selbst als bloßes Stilelement eine eher untergeordnete Rolle spielte. Das dekadente Spiel mit einer stilisierten Sinnlosigkeit offenbarte freilich in der bewußten Abkehr von der Lebensrealität britischer Jugendlicher nicht selten einen zutiefst reaktionären Charakter. Zu den Gruppen, die das Konzept der New Romantics als eine kurzlebige Modewelle im britischen Musikgeschäft etablierten, gehörten *Visage, Spandau Ballett, Adam and the Ants*. → Synthi-Pop.

New Thing [engl./amerik., nju: θiŋ]: → Free Jazz.

New Wave [engl./amerik., nju: weiv, wörtlich »neue Welle«]: Mitte der siebziger Jahre zu-

The Clash

nächst in den USA aufgekommener Begriff für
eine sich damals weitgehend außerhalb des offiziellen Musikgeschäfts anbahnende ästhetische und ideologische Neubewertung der →
Rockmusik, die so etwas wie das amerikanische Gegenstück zum wenig später für Publi-
zität sorgenden britischen → Punk Rock darstellte. Als dieser dann ab 1977 von der
Musikindustrie   aufgegriffen   wurde   und
ebenso wie auch die amerikanischen New-
Wave-Bands in den internationalen Vermarktungszusammenhang geriet, setzte sich die
neutralere amerikanische Bezeichnung allgemein durch, und aus New Wave wurde ein
Sammelbegriff, der mehr oder weniger alles
das umfaßte, was sich von dem herkömmlichen Rockverständnis abhob, wie es bis Mitte
der siebziger Jahre der Entwicklung dieser
Musik und vor allem den Aktivitäten der Musikindustrie zugrunde lag. So unterschiedlich
das in musikalischer Hinsicht auch war, in seinen ideologischen und ästhetischen Implikationen besaß es damit durchaus Gemeinsamkeiten. In jedem Fall ging es darum,

Rockmusik von dem mit den Experimenten
des → Art Rock und → Electronic Rock sowie
der Theatralik des → Glitter Rock zum Selbstzweck gewordenen artistischen Ballast zu be-
freien, diese Musik wieder auf ihre sozialen
Grundfunktionen zurückzuführen, sie wieder
zum Spiegel des Lebensgefühls Jugendlicher
werden zu lassen. Verbunden war das mit
einer Ästhetik des Minimalismus, die anstelle
der Zelebration von Technik und handwerklicher Artistik, der Gigantomanie der »Supergruppen«, nicht selten geradezu simple musikalische Grundmuster treten ließ, die dafür
aber in den ursprünglichen Funktionszusammenhang des Rock zurückvermittelten, ein
Kommunikationsmittel Jugendlicher zu sein.
Dahinter stand eine neue Generation von Musikern wie Publikum, die sich hier auf ihre
Weise, mit ihren sozialen Erfahrungen und
ohne Rücksicht darauf, was ein zur Industrie
gewordener Verwertungszusammenhang an
Normen setzte, Rockmusik als Ausdrucksmittel zu eigen machte. Am konsequentesten war
darin zweifellos der britische Punk Rock, der
dann mit seinen als → Post Punk bezeichneten Folgeerscheinungen auch zu einem zen-

Dire Straits

tralen Bestandteil der New Wave geworden ist.

Die in den USA unter dem Signum New Wave schon etwas früher einsetzende Entwicklung vollzog sich allerdings in einem gänzlich anderen Kontext, was sich zunächst auch in einer entsprechend unterschiedlichen musikalischen Erscheinungsform niederschlug. Während der Punk Rock in Großbritannien durch das proletarische Milieu, Jugendarbeitslosigkeit und die Kultur der Straße geprägt war, stand hinter der Entwicklung in den USA der künstlerische und intellektuelle Underground New Yorks, Bohemiens aus Kunststudenten, Journalisten und Aussteigern der verschiedensten Couleurs. Aus ihnen rekrutierten sich die Fan-Cliquen von Gruppen wie *Blondie, Television, Ramones, Talking Heads* oder der Sängerin Patti *Smith* (geb. 1946), die mit einem stilisierten Rückgriff auf die Rock- und Popmusik-Tradition der frühen sechziger Jahre, einer aufs Absurde zielenden Umkehrung der herkömmlichen Wertvorstellungen der ästhetischen Neubewertung der Rockmu-

sik den Weg ebneten. Was im britischen Punk Rock dann bitterer sozialer Ernst wurde, folgte hier weit stärker einem ästhetischen Kalkül, das darauf hinauslief, dem Gefühl der Entfremdung, der Frustration und sozialen Erniedrigung ein unmittelbares musikalisches Abbild zu geben. Rockmusik als musikalisches Seismogramm sozialer Befindlichkeit, als in Musik geronnene Ausstellung menschlicher Deformationen in einer als zerstörerisch begriffenen Gesellschaft, das wurde zum Kennzeichen der New Wave, weniger ein bestimmtes stilistisches Modell des Musizierens, auch wenn ein Revival des britischen Mersey Beat (→ Beat), eine Renaissance der sinnlichen Unmittelbarkeit des → Rock'n'Roll, der selbstbewußten Unbekümmertheit der amerikanischen → Garage Bands nicht zu überhören waren. Doch sind das nur, wenn auch anfänglich zumindest dominante Momente in einem sich ständig verbreiternden ästhetisch-stilistischen Spektrum. Zunächst war es der britische Punk Rock, der als Zeichen einer Neuorientierung der Rockmusik für internationales Aufsehen sorgte, erst einhellig abgelehnt, dann heftig umstritten und schließlich

Police

Ian Dury

zum Inbegriff der New Wave gemacht wurde;
mit ihm sein ursprüngliches musikalisches
Umfeld, der → Pub Rock. Auch die amerikanischen Bands fanden zuerst in England zu
einem breiteren Publikum. Britische Gruppen
wie *The Clash*, vor allem mit ihrer LP »London
Calling« (1979) und dem zwei Jahre später
veröffentlichten Dreifach-Album »Sandinista«
(1981), *Jam* mit der LP »Setting Sons« (1979),
Boomtown Rats mit »The Fine Art of Surf-
acing« (1979) oder *Siouxsie & The Banshees* mit
ihrem Album »Join Hands« (1979) waren es
dann auch, die Ende der siebziger Jahre mit
ihrem musikalischen Profil New Wave als
Konzept international durchsetzten und der
weiteren Entwicklung die Richtung wiesen,
aus der parallel zum Punk Rock in England
um sich greifenden Reggae-Welle (→ Reggae)
ein an diesem orientiertes Rhythmuskonzept
einbrachten. *Devo, Mink DeVille, Pere Ubu* und
die schon erwähnten *Talking Heads* stehen zu
diesem Zeitpunkt für den amerikanischen Teil
der New Wave. Allerdings sind hier unter der
Kategorie New Wave die ursprünglich einmal
in England und den USA relativ selbständig
voneinander verlaufenden Entwicklungen inzwischen wieder in die Strukturen der internationalen Musikindustrie eingepaßt und so in
ihrer Eigenständigkeit weitgehend aufgehoben
worden. New Wave definierte sich nunmehr
als Verkaufskonzept, bei dem es unerheblich
war, aus welchen sozialen und nationalen Zusammenhängen die Gruppen eigentlich kamen. Andererseits führte wiederum gerade das
dazu, daß im Zusammenhang mit der New
Wave erstmals auch nationale Formen der
Rockmusik außerhalb ihrer klassischen Ur-
sprungsländer England und USA stimuliert
wurden, eine ungeheure Menge neuer und
junger Gruppen die Öffentlichkeit suchte, sich
damit wieder eine lokale Musikszene ausbildete, die durch Live-Auftritte und die Aktivitäten kleiner und kleinster unabhängiger →
Label (→ Indies) gekennzeichnet ist. New
Wave bedeutete auch eine weitreichende De-
zentralisation der Produktion und des Ver-
triebs von Rockmusik, war als Verkaufskonzept auf dem internationalen Musikmarkt nur
so aufrechtzuerhalten, mit der Unverbrauchtheit und Unbekümmertheit immer wieder
neuer Bands. Auch wenn sich beispielsweise
mit Elvis *Costello* (geb. 1955), Ian *Dury* (geb.

Siouxsie and the Banshees

Deborah Harry (Blondie)

1942), *Blondie, Talking Heads, Clash, Police* oder *Dire Straits* einzelne Repräsentanten der New Wave auf längere Sicht kommerziell stabilisierten, blieben doch das kometenhafte Auftauchen neuer junger Bands, die ständige Verbreitung des musikalischen Spektrums, verbunden mit den unterschiedlichsten Revival-Bewegungen (→ Revival), des Mersey Beat, des → Ska, der Popmusik der fünfziger Jahre, der Gitarren-Gruppen der frühen sechziger Jahre, die unermüdlichen Aktivitäten unabhängiger Label und die in unübersehbarer Zahl auf die lokale Musikszene drängenden Neugründungen von Bands das herausragende Kennzeichen der New Wave. Inwieweit sich hier dann einmal auch saisonunabhängige und damit übergreifende musikalische Entwicklungstendenzen abzeichnen werden, ist mitten in diesem Prozeß nicht auszumachen.
→ Neue Deutsche Welle.

Noise Reduction System, Abk. *NRS* [engl., nɔiz ri′dʌkʃən ′sistim]: → Rauschminderungssystem.

Nonakkord, Nonenakkord: ursprünglich um eine große, kleine oder übermäßige None erweiterter → Dominantseptakkord, der sich jedoch schon im Jazz der dreißiger Jahre verselbständlgte und unabhängig von dominantischer Funktion eingesetzt wurde. Die None dient dabei lediglich als Klangfarbe. Großer (a), kleiner (b) und übermäßiger (c) Nonakkord, auch der → Sextenakkord wurde mit der None erweitert (d):

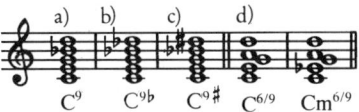

→ Akkordsymbolschrift.

Non Chords, Abk. *N.C.* [engl., nɔn kɔːds, wörtlich »ohne Akkorde«]: bezeichnete Stelle wird ohne Begleit- bzw. Stützakkorde ausgeführt (z.B. bei einem Unisono in allen Stimmen).

Nonsense Song [engl./amerik., ′nɔnsəns sɔŋ]: in der zweiten Hälfte der dreißiger Jahre im amerikanischen → Schlager aufgekommener Liedtyp, der durch einen unsinnigen Text eine komische Wirkung erzielen sollte. Solche Nonsense Songs spielten im → Swing zeitweilig eine große Rolle. Berühmte Beispiele dafür waren »The Dipsey Doodle« (Larry Clinton/ Tommy Dorsey, 1937) und »Rumpsteak Serenade« (Fats Waller, 1941). Nonsense Songs finden sich jedoch bis heute immer wieder einmal unter den Schlagerproduktionen.

Nostalgie [griech., wörtlich »Heimweh«]: Bezeichnung für eine verklärende Rückwärtsgewandtheit zur Vergangenheit; in der populären Musik durch die Musikindustrie oft überhaupt erst initiierte, auf jeden Fall aber stimulierte neuerliche Hinwendung zu einem Star oder auch einer ganzen Musikrichtung der Vergangenheit, die mit der äußerst profitablen Nachauflage der dazugehörigen Schallplattenproduktionen verbunden ist und darin auch ihren Sinn hat.

Notation: Unsere heutige Notenschrift besteht seit über 300 Jahren nahezu unverändert aus dem Fünfliniensystem, den Noten und Pausen, den Notenschlüsseln, den Taktangaben und -strichen sowie zusätzlichen Zeichen, Symbolen und verbalen Anmerkungen. Somit können alle für eine → Komposition wesentlichen Dinge (Melodie, Harmonie, Rhythmus, Metrum, Tempo, Dynamik, Artikulation, Phrasierung, Ausdrucksbezeichnungen, Spielanweisungen usw.) schriftlich fixiert und überliefert werden. Dennoch ist es unmöglich, alle Feinheiten, die den musikalischen Vortrag auszeichnen, zu erfassen. Der Interpret erhält genügend Raum, das Niedergeschriebene individuell zu gestalten. Bruchstückhaft, nur grobe Konturen zeichnend bleiben hingegen fast alle Versuche, improvisierte Musik (Jazz, Blues, außereuropäische Folklore, Rocksoli usw.) in Notenschrift festzuhalten. Charakteristische Details, Zwischentöne, Glissandi, individuelle Tonbehandlung und Timbre, swing, drive u. a. und die zunehmend an Bedeutung gewinnenden Soundbilder (Rock) einzelner Stilarten, Gruppen, Solisten, auch einzelner Instrumente lassen sich vielfach weder in Noten noch in beschreibend-erklärende Worte fassen. Deshalb erhalten die Produzenten von neu entstandenen Rocktiteln auch meist sogen. → Demo-Bänder, die die Vorstellungen der Autoren bzw. Gruppen weit umfassender, weil bereits klanglich realisiert, verdeutlichen, als es eine Klavierstimme oder ein noch so sorgsam ausgearbeitetes → Particell vermö-

gen. Hier zeigt sich ein wesentlicher Unterschied im Stellenwert der Notation: Während die artifizielle Musik vergangener Jahrhunderte durch das Partiturbild optisch erfaßbar und nachvollziehbar ist, lebt z.B. die Rockmusik mit ihren individuellen Sound- und Stilmerkmalen durch das auf der Langspielplatte festgehaltene Klangbild. Rockmusik – oder auch den Jazz – nur durch Noten kennenlernen zu wollen ist nicht möglich.

Dennoch ist es unumgänglich, zum Nachspielen und Üben, aber auch für wissenschaftliche und methodische Zwecke Gehörtes in Noten aufzuschreiben. Ob man sich dabei dem Original so weit wie möglich nähern muß, wobei ein oft sehr kompliziertes, unübersichtliches Notenbild entsteht, oder ob man beispielsweise mit einer rhythmisch vereinfachten Melodiestimme mit Harmoniebezifferung auskommt, hängt von der Zielstellung der → Transkription ab.

Zur Vereinfachung des Notenbildes werden oft aus der folkloristischen Tradition übernommene, typische melodische oder rhythmische Stilelemente, abweichend von der tatsächlichen klanglichen Realisierung notiert, z.B. der Unterschied von Achtelnotierung und triolischer Ausführung bei Swingfiguren (→ Swing). Der Musiker kennt diese Abweichungen und führt sie gefühlsmäßig (→ Feeling) richtig aus.

Weitere Notationsmöglichkeiten stellen die vor allem für die Gitarre verwendeten → Tabulaturen und die, wenn auch selten anzutreffende, → musikalische Graphik dar.

Novelty [engl./amerik., ′nɔvəlti, auch *Novelty Song*, eigentlich »Neuheit«]: in den zwanziger Jahren in den USA aufgekommene Bezeichnung für den → Schlager nach Art der serienmäßigen Tin-Pan-Alley-Produktionen (→ Tin Pan Alley).

Novelty Song: → Novelty.

No Wave [engl./amerik., nou weiv]: Bezeichnung einer Ende der siebziger Jahre in der New Yorker Avantgarde-Szene aufgekommenen Bewegung, die mit diesem Slogan auf die kommerzielle Institutionalisierung des → Punk Rock als → New Wave reagierte. Dahinter stand der Versuch, aus dem Punk Rock und seiner Verbindung mit Free-Jazz-Elementen (→ Free Jazz) sowie Geräuschcollagen ein neues Kunstkonzept, eine Art Avantgarde-Punk, zu entwickeln. Ausgegangen ist das von der 1977 gegründeten New Yorker Gruppe *DNA*. Daneben waren es vor allem *Teenage Jesus* und *Jerks*, die zu den wichtigsten erklärten No-Wave-Bands gehörten. Aus dem Begriff wurde dann allerdings schnell ein Werbegag, der als Aufdruck auf den Plattencovers anzeigen sollte, daß es sich bei den entsprechenden Platten um etwas Besonderes handele.

NRS: → Noise Reduction System.

Obertöne: über einem Grundton in charakteristischer Anordnung mitklingende Töne, die sogen. *Obertonreihe.* Bilden die Frequenzen der Obertöne ganzzahlige Vielfache zur Frequenz des Grundtones, so spricht man von harmonischen Obertönen (→Ton, →Klang). Zusammenfassendes Notenbeispiel siehe unten: Die ausgefüllten Noten stellen Obertöne dar, die in unserer Musizierpraxis kaum genutzt werden (abweichende Tonhöhen: + = zu hoch, − = zu tief).
Die *Teilton-* bzw. *Partialtonreihe* bezeichnet die Gesamtheit von Grundton und Obertonreihe; die Oktave ist also einerseits erster Oberton, andererseits zweiter Partialton.
Ausschlaggebend für den Geräuschcharakter von Perkussionsinstrumenten oder von harten Klangeinsätzen bei anderen Instrumenten sind unharmonische Obertöne, die kein ganzzahliges Schwingungsverhältnis zum Grundton aufweisen. Die → Klangfarben der Musikinstrumente und der menschlichen Stimme resultieren u. a. aus der Anzahl und Intensität der einzelnen Obertöne, die auch auf bestimmte Konstruktionsmerkmale des Instruments zurückzuführen sind. Die sich beim Überblasen auf den Blasinstrumenten ergebende Tonfolge der sogen. *Naturtöne* entspricht der Obertonreihe einschließlich Grundton (Naturtoninstrumente: Signalhorn, Jagdhorn, Fanfare). Bei den Holzblasinstru-

menten werden 3. bzw. 4. Naturton genutzt, bei den Blechblasinstrumenten in Extremfällen (→ High Note Trumpeter) reicht die Anwendung über den 16. Naturton hinaus.

obligat [ital., obligato = »verbindlich«]: bezeichnet eine zur Aufführung einer Komposition unbedingt erforderliche Stimme, z. B. Obligat-Stimme in einem → Druckarrangement.

Oboe [franz. hautbois]: Holzblasinstrument, bestehend aus Doppelrohrblatt-Mundstück, Kopfstück, Ober-, Unter- und Schallstück mit bis zu 22 Tonlöchern und Klappensystem; eng mensuriert, konische Bohrung; Länge ca. 65 cm; Überblasen in die Oktave; Tonumfang: (b) $h - f^3$ (a^3), nicht transponierend. In der Altlage steht das *Englisch Horn*; Tonumfang $e - a^2$ (c^3), transponierend (in F), notiert $h - e^3$ (g^3); Länge ca. 95 cm. Oboe und Englisch Horn fanden bisher in der populären Musik nur vereinzelt Einsatz. Im modernen Jazz sind Bob *Cooper* (geb. 1925) und Paul *McCandless* (geb. 1947) zu erwähnen.

Octavider [engl., okti'vaidə, wörtlich »Oktavteiler«, auch *Octav Divider*]: elektronisches → Effektgerät, das zu einem eingegebenen Originalsignal zusätzlich den unteren Oktavton produziert. Darüber hinaus gibt es Geräte, die im Abstand von zwei Oktaven oder mit kleine-

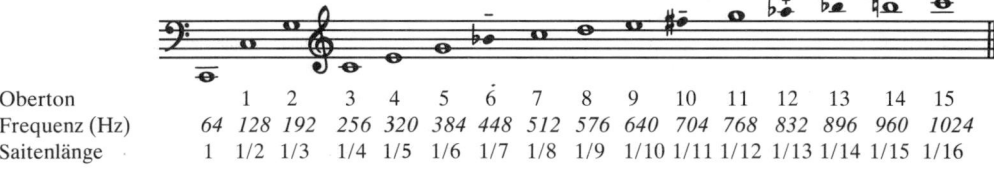

Oberton	1	2	3	4	5	6	7	8	9	10	11	12	13	14	15
Frequenz (Hz)	64	128	192	256	320	384	448	512	576	640	704	768	832	896	960	1024
Saitenlänge	1	1/2	1/3	1/4	1/5	1/6	1/7	1/8	1/9	1/10	1/11	1/12	1/13	1/14	1/15	1/16

ren einstellbaren Intervallen im Oktavraum arbeiten. Das Lautstärkeverhältnis von originalem und zusätzlichem Signal läßt sich beliebig einstellen. Die Tonhöhenverschiebung bleibt konstant. Octavider werden benutzt, um einen volleren Klang zu erzielen oder mehrstimmiges Spiel vorzutäuschen, letzteres z. B. bei Blasinstrumenten, wobei neben dem Mikrophon ein spezieller Tonabnehmer, der an den Octavider angeschlossen ist, zur Übertragung des Signals dient.

offbeat/onbeat [engl., 'ɔfbi:t/'ɔnbi:t]: Begriffspaar zur Plazierung von Tönen (Melodie) bzw. Schlägen (Rhythmus) in bezug auf den gleichmäßig ablaufenden → Beat. Offbeat und onbeat setzen also den Beat voraus, sind in taktgebundener Musik europäischer Tradition wesensfremd. Die wörtliche Übersetzung beider Begriffe gibt den Sachverhalt eindeutig wieder: *onbeat* = »auf dem Grundschlag«, Melodieton bzw. Rhythmusschlag fallen mit dem Beat zusammen; *offbeat* = »weg vom Grundschlag«, Ton bzw. Schlag kommt kurz vor oder nach dem Beat. Im Notenbild besteht zwischen einer Offbeat-Figur und einer → Synkope kein Unterschied, dennoch sind sie ihrem Wesen nach deutlich voneinander zu trennen. Die Synkope ist eine *metrische* Erscheinung, sie schafft eine Konfliktsituation durch Veränderung der Betonungsverhältnisse im → Takt. Die Offbeat-Figur ist eine → *rhythmische* Erscheinung, sie schafft Konflikte durch Verschiebung von Tönen weg vom konstanten Beat (a) oder aber z. B. bei afrikanischen Trommlergruppen durch Überlagerung des Beats mit zusätzlichen akzentuierten Schlägen (b).

Georgia on My Mind (Hoagy Carmichael, 1930)

a)
offbeat

Den Trommelrhythmus zeigt das rechts oben stehende Notenbeispiel.

b)

Die Offbeat-Verschiebung betrifft oft exponierte Töne im Melodieverlauf – Alfons Michael Dauer spricht in diesem Fall von Offbeat-*Artikulation* – oder aber ganze → Phrasen (Offbeat-*Phrasierung*). Meist erfolgt diese Verlagerung nach vorn, der Ton kommt kurz *vor* dem Beat, was quasi einen Energiestau, eine Intensitätssteigerung (in Afrika bis zur Ekstase) bewirkt. Aber der Ton kann auch kurz *nach* dem Beat erklingen, dann ist die Wirkung scheinbar schleppend, nachhinkend, vgl. dazu das Klavierspiel Erroll *Garners* (1921–1977). In beiden Fällen verspürt man die Störung des Grundbeats, die eine Erhöhung der musikalischen Spannung nach sich zieht, basierend auf dem (vertikalen) Verhältnis offbeat zu Beat, aber auch auf den (horizontalen) Beziehungen der offbeat-verschobenen Töne zueinander.

off pitchness [engl., ɔf 'pitʃnis, sinngemäß »weg von der Tonhöhe«]: umschreibender Begriff für die Eigenheit der Jazz- und Rockmusiker, die eigentliche exakte Tonhöhe durch Anschleifen, Fallenlassen, unsaubere Tongebung, Vibrato u. a. zu verschleiern.

Oi Music [engl., oi 'mju:zik]: 1980/81 in London aufgekommene, besonders gewalttätige Spielart des → Punk Rock mit stark neofaschistischem Einschlag. Sie entstammt einem Umfeld von bandenartig organisierten Straßengangs Jugendlicher, den Skinheads, so benannt nach den kahlgeschorenen Schädeln als Gruppensymbol. Diese inzwischen in ganz Großbritannien verbreitete Gruppe Jugendlicher, vor allem aus den Arbeitervierteln der Großstädte, reagiert auf ihre aussichtslose soziale Situation, auf die Erfahrung des »No future«, mit der Verherrlichung von Gewalt und einem militanten Rassismus. Das hat sie empfänglich gemacht für die Parolen der neofaschistischen British National Front. Blutige Straßenschlachten mit farbigen Jugendlichen, Überfälle auf farbige Stadtviertel, Lokale und Geschäfte nach dem Vorbild der Schlägerkommandos der faschistischen SA und ein zunehmender Rechtsradikalismus waren die Folgen. Ihre Musik transportiert den Kult der Gewalt und propagiert mehr oder weniger unverhüllt die faschistische Ideologie. Deren Vermarktung als Oi Music bezieht sich auf den Schlachtruf »oi, oi, oi …«, mit dem sie durch die Straßen ziehen. Beispiele dafür sind die Gruppen *4 Skin, The Exploited, The Business, Blitz* und *Disorder.*

Okarina [ital.]: Gefäßflöte; in der zweiten Hälfte des 19. Jh. vom Italiener G. Donati gebautes Kinder- und Volksinstrument (Karneval) aus Ton oder Porzellan von ei- bzw. muschelähnlicher Gestalt. Die in verschiedenen Größen gebaute Okarina wird mit einem schnabelförmigen Mundstück angeblasen. Sie hat acht bis zehn Grifflöcher. Arrangeure benutzen das eigenartig hohl und matt klingende Instrument gelegentlich als Italienkolorit.

Oktett [ital.]: Besetzung mit acht Musikern bzw. Komposition für acht Stimmen.

Oldie [amerik., ′ouldi]: amerikanisches Synonym zur Bezeichnung für → Evergreen, nur daß mit diesem Begriff das Alter der Stücke, mit der Bezeichnung Evergreen dagegen ihre unverbrauchte Frische hervorgehoben wird; sonst aber sind beide Begriffe deckungsgleich. Lediglich in der → Rockmusik spricht man statt von Evergreens nur von Oldies.

Old Time Jazz [engl./amerik., ould taim dʒæz]: → New Orleans Jazz.

onbeat [engl., ′ɔnbi:t]: → offbeat.

Onestep [engl., ′wʌnstep, wörtlich »Einschritt«]: nordamerikanischer Gesellschaftstanz, der vor 1910 nach Europa gelangte und dort den → Twostep ablöste, mit dem er musikalisch fast identisch ist (Kombination aus Ragtime und Cakewalk). Man spielte ihn im schnellen Tempo ($^2/_4$-, mitunter auch $^6/_8$-Takt). In Deutschland wurde er, z. T. mit Marschelementen verbunden, als Marschtanz, volkstümlich auch als → »Schieber« bezeichnet. Das war jedoch erst möglich, als der Onestep außerhalb der vornehmen Salons in den Vorortlokalen gespielt und getanzt wurde. Die gegenüber dem Twostep wesentlich vereinfachte, individuell zu variierende Schrittfolge – »gelaufene« Vor- und Rückwärtsbewegungen – verhalf ihm zu rascher Verbreitung, gleichzeitig aber auch zu unzähligen, meist nur choreographischen Abwandlungen, und es fehlte nicht an Beschwerden der Tanzlehrer über die Verschlechterung der Tanzsitten, ja sogar Polizeiverbot (1913) wurde gegen die »Schiebe- und Wackeltänze« ausgesprochen. Andererseits schufen Berufstänzer viele Onestep-Modifikationen, die vordergründig als Showdarbietungen mit oft grotesken, imitierenden, pantomimischen Bewegungen dienten, so z. B. Turkey Trot, Grizzly Bear, Judy Walk, Bunny Hug, Fish and Castle Walk (von Vernon Castle). Schon 1911 tanzte man in Paris auf der 3. Weltmeisterschaft der modernen Tänze den Onestep anstelle des Twostep. Der Ausbruch des ersten Weltkrieges verhinderte die weitere Verbreitung dieses Modetanzes, der zum Vorläufer des → Foxtrotts wurde. Bekannt wurde der »Original Dixieland One-Step« (Nick LaRocca, 1936; nach dem alten »Dixieland Jass Band One-Step«).

Open Air Concert [engl., ′oupən εə ′kɔnsət]: englische Bezeichnung für Konzerte unter freiem Himmel. Derartige Konzerte spielen in der Geschichte der populären Musik mit den Promenaden- und Platzkonzerten schon immer eine große Rolle. Die englischsprachige Bezeichnung dafür hat sich allgemein eingebürgert, als Ende der sechziger Jahre die → Rockmusik riesige Zuhörermassen unter freiem Himmel versammelte und damit nicht nur die quantitativen Grenzen der herkömmlichen Konzertform in geschlossenen Räumen sprengte, sondern das auch zu einem ideologischen Moment der Musik selbst werden ließ. Das Open Air Concert ist seitdem mit dem Nimbus einer gemeinschaftsbildenden Kraft, der Manifestation von Solidarität und Gemeinsamkeit umgeben, die sich darin erfüllt, daß seine Besucher nach einigen Zehn- oder Hunderttausenden zählen.

Open Tunings [engl., ′oupən ′tju:niŋ, wörtlich »offene Stimmungen«]: in der Folk Music verbreitete, aber auch in anderen Bereichen der populären Musik anzutreffende Stimmungsvarianten für Gitarre, Banjo u. a., abweichend von der Standardstimmung (z. B. bei Gitarren E A d g h^1 e^1). Die »offenen Stimmungen« bewirken einen volleren Klang, erleichtern bestimmte Griffe und Effekte (→ Slide Guitar). Die Saiten werden nach dem Dreiklang (= Tonika der jeweiligen Tonart) gestimmt, gebräuchlich sind z. B.

· Open C Tuning = C G c g c¹ e¹,
· Open E Tuning = E H e gis h e¹,
· Open G Tuning = D G d g h d¹ oder
        G H d g h d¹.

Operette [ital. operetta; frz. opérette, wörtlich »Werkchen«]: musikalisches Bühnenstück heiteren Charakters mit gesprochenem Dialog, Gesang und Tanz; entstand um die Mitte des 19.Jh. in Paris; mit Traditionslinien zur Opéra comique (komische Oper), zum Vaudeville-Theater (→ Vaudeville und zum Singspiel. Als selbständige Gattung konstituierte sie sich durch den musikalischen Bezug auf die jeweils aktuellen Tänze ihrer Zeit, die ihr die Substanz lieferten. Geprägt wurde sie vor allem durch Jacques *Offenbach* (1819–1880), dessen Operetten musikalisch von → Cancan und Galopp lebten. Nach seinem Vorbild schrieben in Wien Franz *von Suppé* (1819–1895), Karl *Millöcker* (1842–1899) und Johann *Strauß (Sohn)* (1825–1899) auf der Basis von → Walzer und → Polka Werke dieser Gattung, die die Blütezeit der *Wiener Operette* einleiteten. Eine Fortsetzung fand sie im Schaffen von Franz *Lehár* (1870–1948) und Emmerich *Kálmán* (1882–1953), der sich auf den ungarischen → Csárdás stützte. In Berlin waren es Paul *Lincke* (1866–1946), hauptsächlich mit dem → Marsch als musikalischer Grundlage, und Jean *Gilbert* (1879–1942) auf

der Basis des → Foxtrotts, die den Typ der *Berliner Operette* schufen.

Aus ihrem ursprünglichen Zusammenhang herausgelöste Operettenlieder gehörten zu den ersten → Schlagern. Trotzdem spielte die Operette im Entwicklungsprozeß der populären Musik nur eine nebengeordnete Rolle, obwohl sie ihre musikalische Substanz im 19. Jh. aus dieser bezog. Auf der Bühne wurde sie schon um die Jahrhundertwende von der → Revue überschattet, mit der Einführung des Tonfilms Ende der zwanziger Jahre und dann der Durchsetzung der Massenmedien Rundfunk und Fernsehen verlor sie völlig jede weiterreichende Bedeutung, wird als selbständige Bühnengattung jedoch bis heute gepflegt.

optional [engl., 'ɔpʃənl]: Spielanweisung »nach eigener Wahl« (wie → ad lib.), z. B. bei Breaks oder Chorusteilen.

opus, Abk. *op.* [lat., wörtlich »Werk«]: seit dem 17. Jh. übliche Methode der Zählung von Werken eines Komponisten; auch in der Salon- und Unterhaltungsmusik des 19. Jh. noch verbreitet.

Orchestra [engl., 'ɔ:kistrə]: Bezeichnung für größere Ensembles (auch → Big Band) aller Bereiche der populären Musik; im 19.Jh. auch gebräuchlich für kleinere Besetzungen (Synonym für → Band).

orchestrieren: das Anfertigen einer → Partitur für eine Orchester- oder Kammermusikbeset-

Jacques Offenbach   *Franz von Suppé*   *Franz Lehár*

zung nach einem Klaviersatz, einer → Direktion oder einem → Particell, ohne wesentliche Veränderung der musikalischen Substanz.

Orchestrion [griech.]: → mechanisches Musikinstrument; 1800 von J. N. Mälzel (Erfinder des → Metronoms) erstmals gebauter, später in zahlreichen Varianten hergestellter Automat, der den Klang eines Orchesters (Flöten- und Geigenwerk, Schlagzeug) auf mechanischem Wege nachahmte; bis um 1920 verbreitet, heute nur noch auf Jahrmärkten. Die gespeicherte Musik bestand aus populären Stücken und Liedern.

Orgel [engl. organ]: Die in Kirchen oder Konzertsälen stationierte Orgel mit ihren drei Hauptbestandteilen Wind-, Pfeifen- und Registerwerk findet in der populären Musik kaum Verwendung. Eine Ausnahme stellt z. B. die LP »Tarkus« (Emerson, Lake & Palmer, 1973) dar. In der Unterhaltungs- und → Salonmusik wurde das → Harmonium als Orgelersatz im 19. und auch noch im 20. Jh. verwendet. Heute bezeichnet Orgel in der populären Musik stets die → E-Orgel, die leicht transportabel ist und aktuelle Sounds bietet, ohne jedoch die Klangpracht und -fülle der »Pfeifenorgel« zu erreichen.

Orgelpunkt [im Jazz auch *Drone*]: ein über mehrere Takte gehaltener, meist tiefer Ton oder Akkord, zu dem in den anderen Stimmen melodische und harmonische Bewegungen erfolgen. Der Orgelpunkt kann auch rhythmisiert sein. Er gestattet mitunter beim Improvisieren ein Ausbrechen aus der vorgegebenen Kadenzgrundlage, oft bis ins Dissonante, bis in die → Polytonalität.

Original [engl./amerik., əˈridʒənl]: in der Swing-Ära (→ Swing) aufgekommener Begriff, der im Gegensatz zum → Standard die Originalkomposition eines Bandleaders, -musikers oder Arrangeurs bezeichnet, die eigens für die jeweilige Band geschrieben wurde.

ostinater Baß: → Ostinato; eine gleichbleibende (ggf. harmonisch angepaßte), meist dem Thema, oft auch dem gesamten Titel unterlegte Baßfigur; ein-, zwei-, seltener viertaktig. Ein markantes Beispiel für die Anwendung ostinater Baßfiguren stellt der → Boogie

Woogie (Begleitbewegung in der linken Hand) dar.

Ostinate Baßfiguren sind weiterhin typisch für viele Rocktitel (speziell im Hard Rock) und für lateinamerikanische Tänze. Durch den Einsatz des → Sequenzers bilden ostinate Baßbewegungen ein Stilmerkmal des Electronic Rock bzw. der elektronischen Popmusik.

Popcorn (Gershon Kingsley, 1971)

Ostinato [ital., wörtlich »hartnäckig, immer wiederkehrend«]: eine sich mehrfach wiederholende, gleichbleibende Melodie-, Rhythmus- oder Baßfigur (→ ostinater Baß), oft den Charakter eines Titels prägend, abhängig von den stilistischen Gegebenheiten. Das Ostinato gehört zu den grundlegenden Formungsprinzipien schwarzafrikanischer Musik; die ständige Wiederholung kurzer Melodie- oder Rhythmusmotive kann zu ekstatischen Zuständen von Musikern und Zuhörern führen.

Oszillator [lat., wörtlich »Schwingungserzeuger«]: in größerer Anzahl in E-Orgeln enthaltene, selbstschwingende elektronische Schaltungsanordnung zur Tonerzeugung. Eine Sonderform stellt der spannungsgesteuerte Oszillator (VCO) dar, bei dem die angelegte Steuerspannung die Frequenz des Oszillators bestimmt. Angewendet werden VCOs als Tonerzeuger in Synthesizern, wobei für mehrstimmiges Spiel (polyphone Synthesizer) eine entsprechende Anzahl separater VCOs notwendig ist. Ein sechsstimmig polyphon spielbarer Synthesizer enthält demzufolge sechs VCOs. Monophone (einstimmig spielbare) Synthesizer verfügen in der Regel über zwei VCOs. Oszillatoren können → Schwingungen mit verschiedenen Schwingungsformen (Sinus, Sägezahn, Rechteck) erzeugen. Davon wird bei der Klangsynthese Gebrauch gemacht.

Overdrive [engl., ˈouvədraiv]: → Verzerrer.

Ouvertüre [franz., wörtlich »Eröffnung«]: bezeichnet die musikalischen Bühnenwerken (Oper, → Operette; auch als Teil einer Schauspielmusik) zur Einleitung vorangestellten Instrumentalkompositionen. In der → Unterhaltungs-, → Salon- und → Caféhaus-Musik des 19. und frühen 20. Jh. wurden sie aus diesem Zusammenhang auch herausgelöst sowie meist in → Bearbeitungen als selbständiges Stück aufgeführt und auf diese Weise zu einem Bestandteil der populären Musik gemacht.

Overdubbing [engl., ˈouvədʌbiŋ]: → Mehrspurverfahren.

P

PA-Anlage, Public Address System [engl., ˈpʌblik əˈdres ˈsistim]: Die *PA* umfaßt den Teil einer elektroakustischen Übertragungsanlage, der zur Beschallung des Publikums eingesetzt wird, und richtet sich im Umfang nach den örtlichen Gegebenheiten (Saal- bzw. Freiluftveranstaltung) und der Art der zu übertragenden Musik. Zur PA-Anlage einer Rockband gehören Saalmischpult (→ Mischpult), das → Rack mit den dort installierten Zusatzgeräten, die → Endstufen, die → Frequenzweichen (→ Crossover), das Kabelsystem und die → Lautsprecher. Man unterscheidet Instrumente, die direkt an die PA-Anlage angeschlossen sind (elektronische Tasteninstrumente, oft auch akustische Gitarren), und solche, die einen eigenen Bühnenverstärker mit Lautsprecher besitzen und über Mikrophone in die PA gelangen (E-Gitarre). Beim E-Baß nutzt man oft beide Möglichkeiten, um auch die tiefen Frequenzen optimal zu übertragen. Die Mikrophone und die Ausgänge der elektrisch abgenommenen Instrumente werden mittels Kabel oder Bühnensender mit dem Sammelkasten (→ Stage Box) verbunden. Von hier aus erfolgt die Weiterleitung der Tonsignale mit dem Sammelkabel *(Multicore-Kabel)* zum Mischpult, das sich im Saal an einem akustisch günstigen Platz befindet. Nur hier kann ein für das Publikum optimaler Sound eingerichtet werden. Die Tonsignale liegen am Mischpult einzeln auf Reglern auf. Für die Bearbeitung und Mischung stehen neben dem Mischpult eine große Anzahl Zusatzgeräte zur Klangregelung und -kontrolle (→ Analyzer, → Filter, → Equalizer) und für bestimmte Effekte (→ Hallgeräte, → Echogerät usw.) zur Verfügung. Der meist zweikanalige, niederpeglige Ausgang des Mischpults wird eventuell wieder über Sammelkabel zur Bühne geführt, wo sich die Endstufen und → Crossover befinden. Das verstärkte Signal wird von Lautsprecherboxen in die Publikumszone abgestrahlt. Die → Monitoranlage gehört nicht zum PA-System, ist jedoch damit verbunden. Auch die teilweise recht umfangreiche Lichtanlage mancher Rockbands zählt nicht zur PA-Anlage (siehe Darstellung auf nebenstehender Seite).

Pachanga [kuban., paˈtʃanga]: 1959 entwickelter kubanischer Gesellschaftstanz im Zweiertakt, fußend auf afrokubanischer Folklore (Synthese aus Elementen von → Conga, → Mambo und → Merengue); nur nationale Bedeutung.

Pandeira [span., panˈdeːra, auch *Stabpandeira*]: brasilianische Abart des Tamburins (fehlendes Schlagfell). In einem Holzrahmen mit Handgriff sind vier oder mehr Paare kleiner Metall-

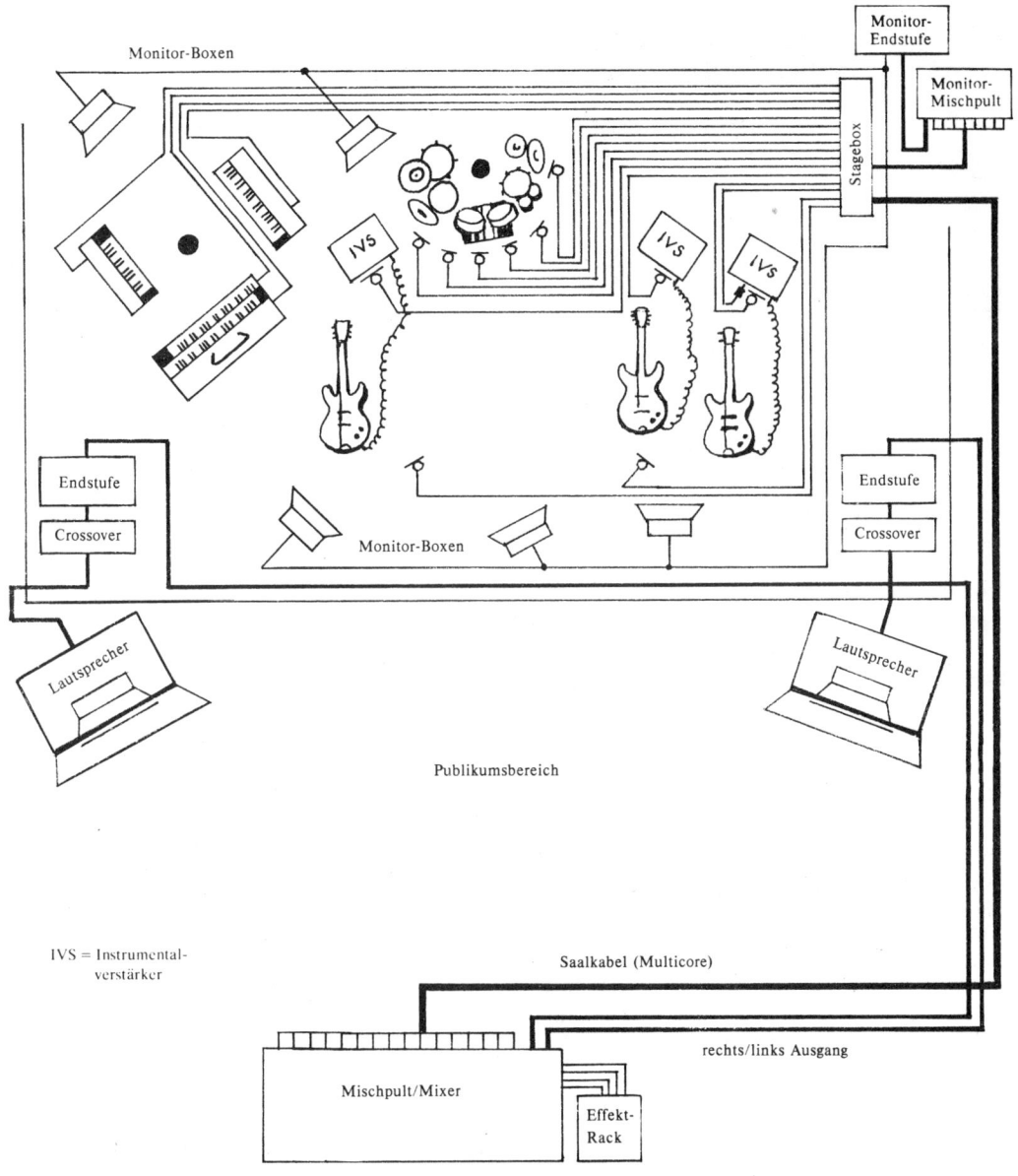

Monitor-Endstufe

Monitor-Boxen

Monitor-Mischpult

Stagebox

IVS

IVS

IVS

Endstufe

Crossover

Endstufe

Crossover

Monitor-Boxen

Lautsprecher

Lautsprecher

Publikumsbereich

IVS = Instrumental-
verstärker

Saalkabel (Multicore)

rechts/links Ausgang

Mischpult/Mixer

Effekt-Rack

schellen angebracht, die bei Schütteln, Drehen oder Aufschlagen das typische tamburin-
ähnliche Klirren ergeben. Gehört zum Samba-
Instrumentarium.

Pandeiro, Pandero [span., pan'de:ro]: volkstümliche brasilianische bzw. spanische Form
der Schellentrommel (→ Tamburin). Der etwas größer als ein Tamburin gebaute Pandeiro

zählt zum Instrumentarium der Sambamusik
(daher auch *Samba-Tamburin*).

Panflöte: Blasinstrument aus der Länge nach
angeordneten, unten verschlossenen Bambus-
röhrchen (auch Schilf, Ton, Holz). Die Länge
entspricht der Tonhöhe: kurze Pfeife – hoher
Ton, längere Pfeife – tiefer Ton. Der Musiker
bläst gegen die obere Kante des Rohres. Pan-

Gheorghe Zamfir

musikalisches Beispiel für Panoramaeffekte stellt der Schluß des Titels »Interstellar Overdrive« auf der LP »The Piper at the Gates of Dawn« (1967) von *Pink Floyd* dar. Allzu plakative Richtungseffekte werden manchmal abwertend als Ping-Pong-Stereophonie bezeichnet.

Paradiddle [engl., ˈpərədidl]: in unterschiedlicher Anordnung auf beide Hände verteilte Folgen von Einzel- und Doppelschlägen, die Jazz-Drummer von den amerikanischen Militärtrommlern übernommen haben. Die sich dabei ergebende Akzentuierung führt zu einer bewußt genutzten Störung des Metrums. Gelegentlich auch auf Keyboards angewandt, z.B.:

l. H.
r. H.

Parallelbewegung: →Stimmführung.

Parallelsatz: Gegenüber dem »klassischen« Satz, bei dem die Stimmführung »strengen«, jahrhundertealten Regeln unterliegt, läßt der Arrangeur der Jazz- und Tanzmusik die möglichen Stimmen parallel zur Melodie (der Melodie »angehängt«) verlaufen. Die Wurzeln dieser Arrangiertechnik liegen in der afrikanischen Musizierpraxis begründet. Der Parallelsatz kam über den Jazz (erste Belege dafür im New Orleans der zwanziger Jahre, vervollkommnet in den → Big Bands des → Swing) in die Tanzmusikpraxis (→ Arrangement).

Parallelsatz-Varianten am Beispiel »In the Mood« (Joe Garland, 1939):

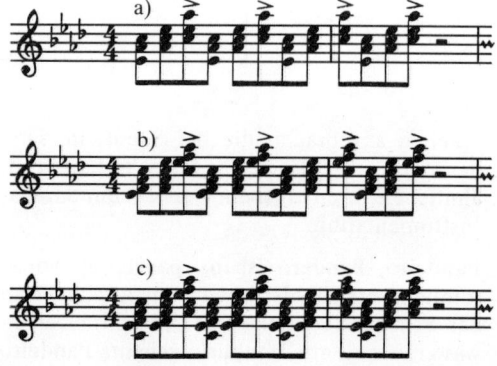

flöten, in der griechischen Mythologie das Instrument des Gottes Pan, sind historisch sehr alte Instrumente und in vielen Ländern anzutreffen. In der populären Musik verwendet man sie als folkloristisches Kolorit, z. B. in südamerikanischen Liedern wie »El Condor Pasa« (vgl. *Los Incas,* 1969; und *Simon & Garfunkel,* 1970). Bekannt wurde die Panflöte auch durch rumänische Folklore-Ensembles, als namhafter Solist gilt Gheorghe *Zamfir* (geb. 1941).

Panoramaeffekt [auch *Crossing over,* wörtlich »hinübergehen«]: Richtungseffekt, Bezeichnung für das Wechseln eines Tonsignals vom einen in den anderen Kanal einer stereophonen Übertragungsanlage; das Wandern einer Phantomschallquelle auf der Stereobasis (→ Stereophonie). Damit läßt sich der Eindruck einer räumlichen Bewegung (z. B. eines fahrenden Zuges, laufender Personen) vermitteln, vgl. z. B. die Einleitung zu Michael *Jacksons* »Thriller« (1983). Zur Erzeugung des Effekts nutzt man den Panoramaregler am Mischpult oder ein separates (an zwei Kanäle des Mischpultes anzuschließendes) Zusatzgerät. Ein

a) dreistimmig, b) vierstimmig, c) fünfstimmig (Oktavverdopplung), d) fünfstimmig (→ Nonakkord mit Sexte) – alles enge → Lage.

Paralleltonart: → Tonart.

Pariser Besetzung: im 19. Jh aufgekommene, in den französischen Caféhäusern anzutreffende Standardbesetzung des → Salonorchesters: Violine (Melodie), Violine obligat (2. Stimme), Violoncello, Kontrabaß, Klavier (kann harmonische Füllstimmen ersetzen), Schlagzeug, weiterhin (ad lib.) Flöte, Klarinette, Trompete (Kornett), Posaune.

Parodie: bezeichnet in der populären Musik die zumeist mit karikierender Absicht vorgenommene humoristische Umtextierung eines vorhandenen Liedes; ist nicht selten zugleich auch mit stilistischen Übertreibungen der musikalischen Gestaltung des Originals verbunden. Parodisten nennt man Unterhaltungskünstler, die bekannte Persönlichkeiten in Stimme und Gestik in oft überspitzter Art und Weise nachahmen (Imitator).

Part: → Stimme.

Partialtöne: → Obertonreihe.

Particell [ital., parti'tʃɛl]: auf zwei bis fünf Notenliniensystemen zusammengefaßte → Partitur, meist alle Instrumente in einheitlicher Stimmung (nicht transponiert) notiert; heute gebräuchlich in Druckausgaben von Blas- und Unterhaltungsmusik.
→ Direktion.

Partitur: In der Partitur sind alle Einzelstimmen einer → Komposition oder eines → Arrangements untereinander angeordnet und mit durchgängigen Taktstrichen versehen, so daß der Dirigent das musikalische Geschehen auf einen Blick überschauen kann. Die »klassische« Orchesterpartitur hat folgende Instrumentenaufteilung (von oben nach unten): Holzbläser (Flöten, Oboen, Klarinetten, Fagotte); Blechbläser (Hörner, Trompeten, Posaunen, Tuba); Schlaginstrumente; Klavier, Harfe; Streicher (Violinen I und II, Viola, Violoncello, Kontrabaß). Solostimmen oder Chor werden über den Streichern vermerkt. Das Blasorchester: Flöten, Oboe, Klarinetten, Fagott; Saxophone; Hörner, Trompeten, Posaunen; Schlagzeug; Flügelhörner, Tenorhörner, Bariton, Tuba. Die Big Band: Saxophone; Trompeten, Posaunen; Piano, Gitarre, Baß, Drums.

Während in der artifiziellen Musik die Partitur das Werk des Komponisten dokumentiert und der Nachwelt überliefert, wird sie in der populären Musik des 20. Jh. nur dort genutzt, wo größere, von einem Dirigenten geleitete Ensembles konzertieren oder produzieren bzw. Vorlagen für Druckarrangements notwendig sind. Natürlich werden auch Arrangements für kleine Besetzungen mitunter in Partitur niedergeschrieben, doch verlor das durch die zunehmende Beachtung des Klanglichen (→ Sound, → Demo) vor allem in der Rockmusik an Bedeutung, denn es ist unmöglich – trotz aller verbalen Hinweise und Anmerkungen –, Klangfarbeneinstellungen und andere Interpretationsfeinheiten zu notieren (→ Notation).

Party Sound [engl., 'pa:ti saund, auch *Happy Music*]: Sammelbegriff für eine fröhliche, zum Mitmachen anregende Tanzmusik (Stimmungsmusik) für gesellige Anlässe; Hauptvertreter James *Last* (geb. 1929), der mit seinem Orchester seit 1964 (Plattenvertrag mit Polydor) viele LPs im Party Sound produzierte. Das Party-Orchester, eine kleine Big Band, wird durch Sänger bzw. Gesangsgruppen als »Stimmungsmacher« mit entsprechender Geräuschkulisse bei der Produktion verstärkt. Amiga brachte Party-Sound-Platten mit dem Orchester Jo *Kurzweg* (geb. 1936) heraus.

Paso doble [span., 'pa:zo 'do:bl(ə), wörtlich »Doppelschritt«]: lebhafter spanischer Paartanz mit einfachem Schrittmaterial; meist zweiteilig. In stilisierter Form verbreitete sich dieser, auch in Lateinamerika anzutreffende Volkstanz nach 1910 in den anderen europäischen Ländern und wurde schließlich in das internationale Turniertanzprogramm aufgenommen. Der Paso doble, dessen Musik von Elementen des → Fandango und → Flamenco (Rhythmik, Harmonik) angereichert ist, existiert in zwei Varianten im $^2/_4$- bzw. $^3/_4$-Takt. Als bekannteste Komposition gilt zweifellos der »Spanische Zigeunertanz« (Pasqual Marquine) – ein $\frac{2}{4}$-Paso doble.

Rhythmusmodelle:

Passage [franz., paˈsaːʒə, wörtlich »Gang«]: rasche Folge von Tönen, z. B. Tonleiterausschnitte oder gebrochene Akkorde (→ Arpeggio), meist in virtuosen Stücken. Das Üben derartiger Passagen (→ Patterns, → Riffs) bildet eine gute Vorbereitung zur Improvisation (Speichern von Figuren, Erlangung solider Spieltechnik).

Pattern [engl., ˈpætən]: ein- oder zweitaktige rhythmische, aber auch harmonische oder melodische Figuren, die mehrfach wiederholt werden, oft den gesamten Titel beibehalten bleiben, beispielsweise → ostinate Rock-Baß-Figuren oder grundlegende lateinamerikanische Rhythmen (Claves-Beat, Bossa-Nova-Beat u. a.). Auch Improvisationsmuster (Standardphrasen) werden als methodische Hilfe in sogen. Patternsammlungen gedruckt angeboten.

Pauken [ital. timpani, engl. kettle drums]: wichtigstes Schlaginstrument im traditionellen Orchester (auch Salon-, Unterhaltungs- und Blasorchester); Kesselpauken mit Schnüren Ende des 15. Jh. in Europa bekannt, ab 16. Jh. auch Schraubenpauken, Konstruktion der Maschinenpauken erst im 19. Jh. (Pedal-

pauke 1872); halbkugelförmiger Kupferblechkessel mit kleiner Öffnung am Boden zum Luftausgleich; mit Metallreifen befestigtes Schlagfell (Kalb oder Kunststoff); Flügelmuttern, Kurbel, Drehvorrichtung oder Pedalmechanismus zum Stimmen der Pauke; Anschlag mit Filz-, Leder- oder Holzschlegeln; in verschiedenen Größen gebaut: Baßpauke (D – A), Große Pauke (F – d), Kleine Pauke (A – fis), Hohe Pauke (e – c^1).
Pauken sind in der populären Musik, abgesehen von oben genannten Besetzungen, relativ selten. Einige Beispiele finden sich wiederholt in Mike *Oldfields* LPs (z. B. »Tubular Bells«, 1973) oder, jedoch mehr als Effekt bzw. Gag, bei Popgruppen, z. B. *Schowaddywaddy*.

Payola [amerik., ˈpeioulə]: Mitte der fünfziger Jahre in den USA im Zusammenhang mit der kommerziellen Verbreitung des → Rock'n'Roll aufgekommene Praxis, die → Discjockeys in den Radiostationen für das → Airplay von Schallplatten zu bezahlen. Den Hintergrund dafür bildete die in den fünfziger Jahren sich herausbildende Funktion des Rundfunks als wichtigstem Werbeträger für die Plattenindustrie. 1960 wurde diese Praxis durch den Federal Bribery Act (Bestechungsgesetz) verboten und in den Radiostationen gleichzeitig Programmdirektoren eingeführt, die die Discjockeys überwachten. Der Discjockey verlor von da ab jene einflußreiche Rolle, die er – wie Alan *Freed* (1922–1965) zum Beispiel – bei der Popularisierung des Rock'n'Roll einmal besessen hatte.
→ Musikindustrie.

Pedal: 1.) Hebel für Spielfunktionen, der mit dem Fuß betätigt wird, um die Hände zu entlasten und ihnen das ungehinderte Spiel des Instruments zu erlauben; Hilfsmittel zur Bedienung von Klangreglern (Klavier, Vibraphon), Effektgeräten (z. B. Wah-Wah, Lautstärkeschwellpedal), Transpositionsvorrichtungen (Harfe, Pedal Steel Guitar) oder zusätzlichen Instrumenten (z. B. Große Trommel, Hi-Hat);
2.) mit den Füßen zu spielende Klaviatur (Baßpedal einer Orgel).

Pedal Steel Guitar [engl., ˈpedl stiːl giˈtaː]: → Steel Guitar.

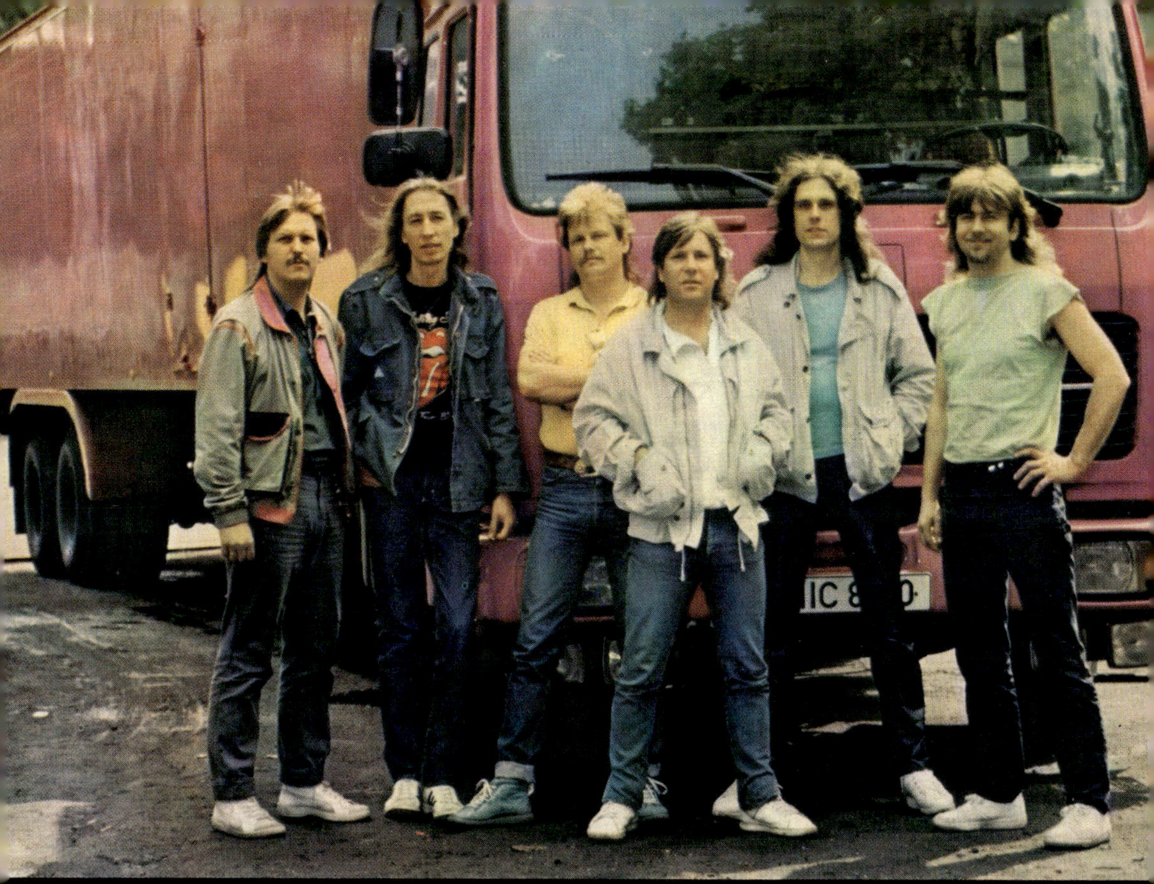

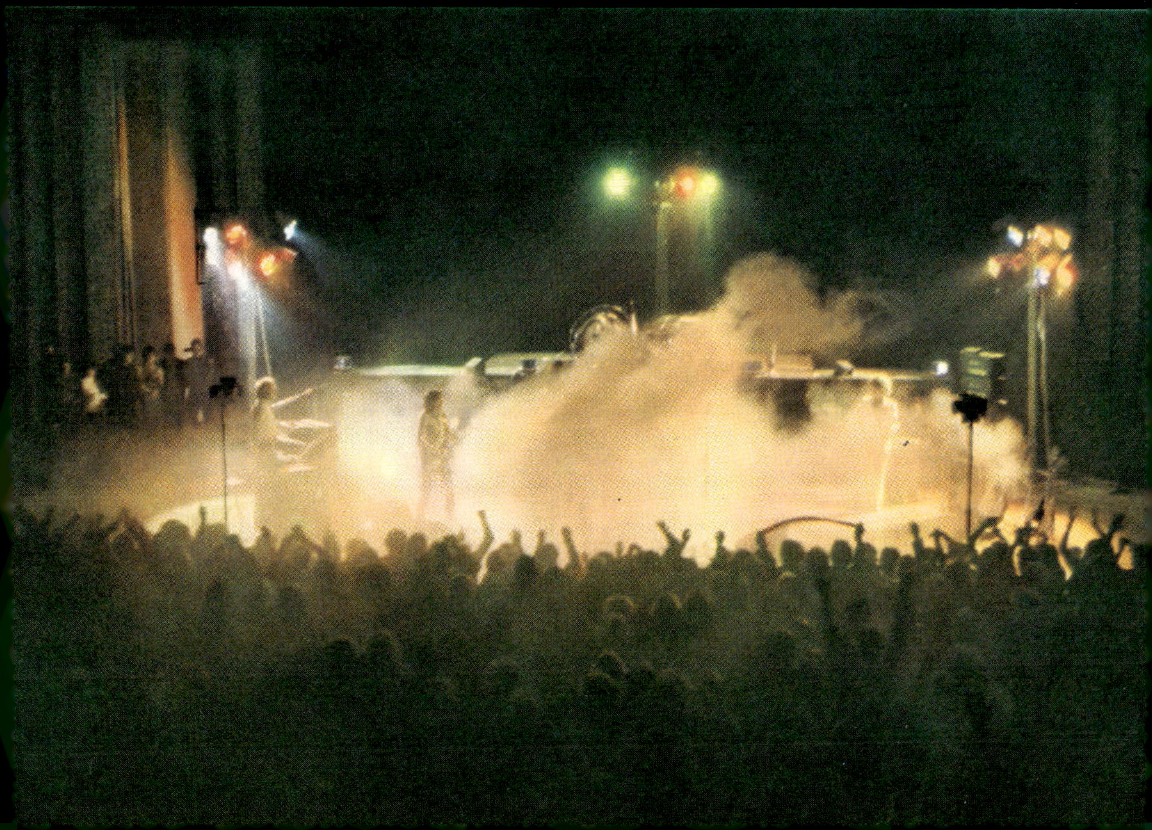

Vorhergehende Seite:
Karat
Puhdys

Puhdys

Reform

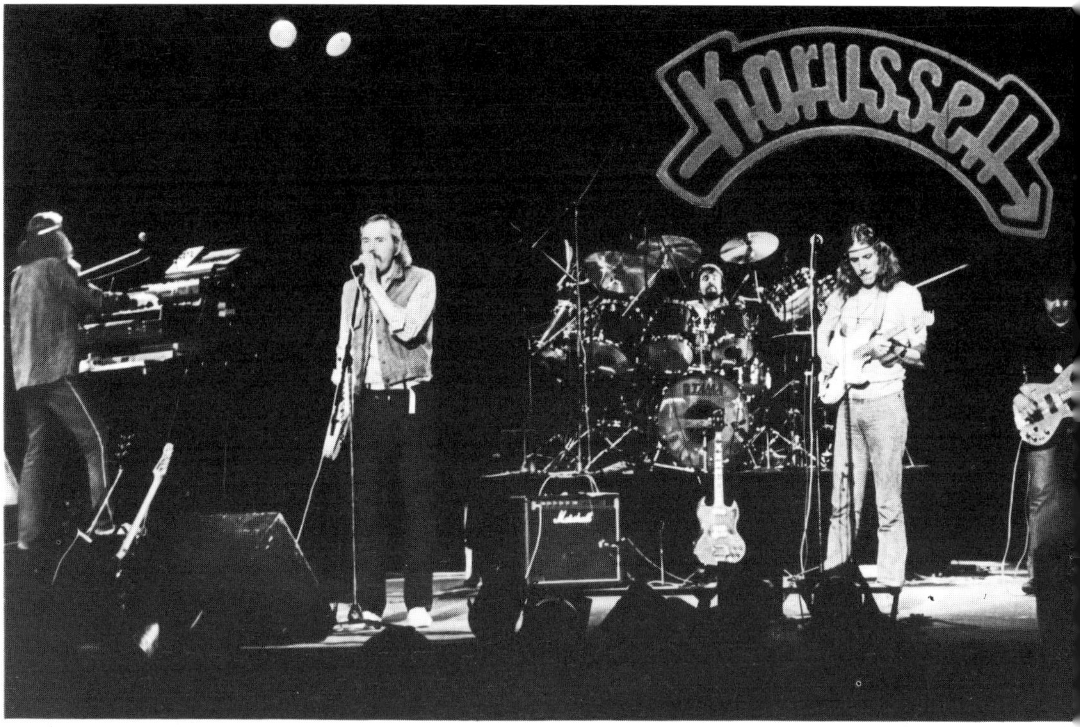
Karussell

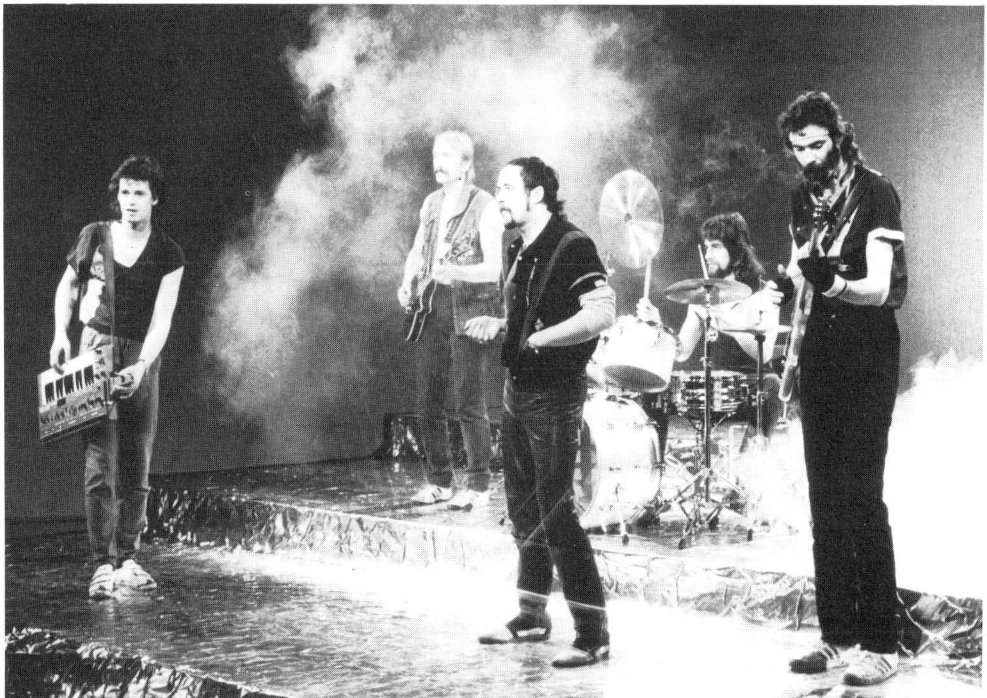

Berluc
Dialog
Pankow
Mona Lise

Seiten 342/343:   *Seiten 346/347:*   *Seite 348:*
City   *Karat*   *Werbung (Rockhaus, Berlin)*

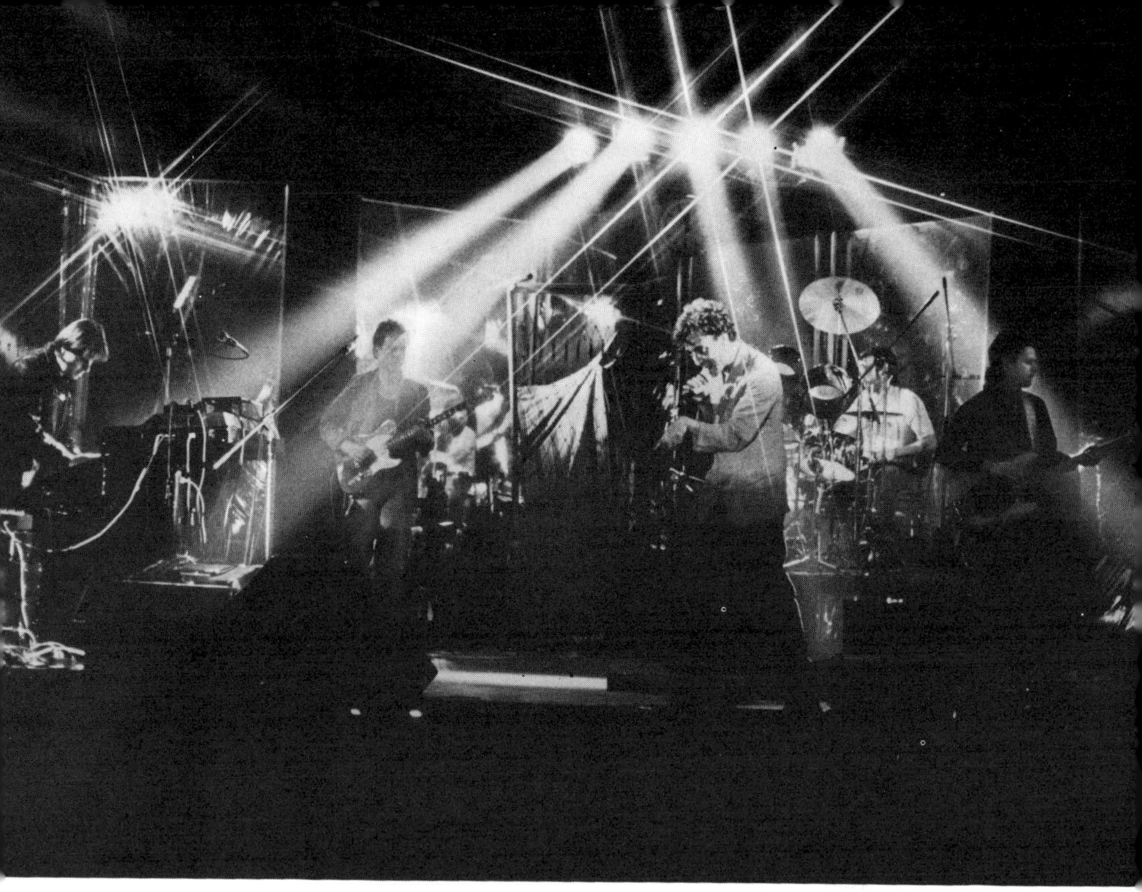

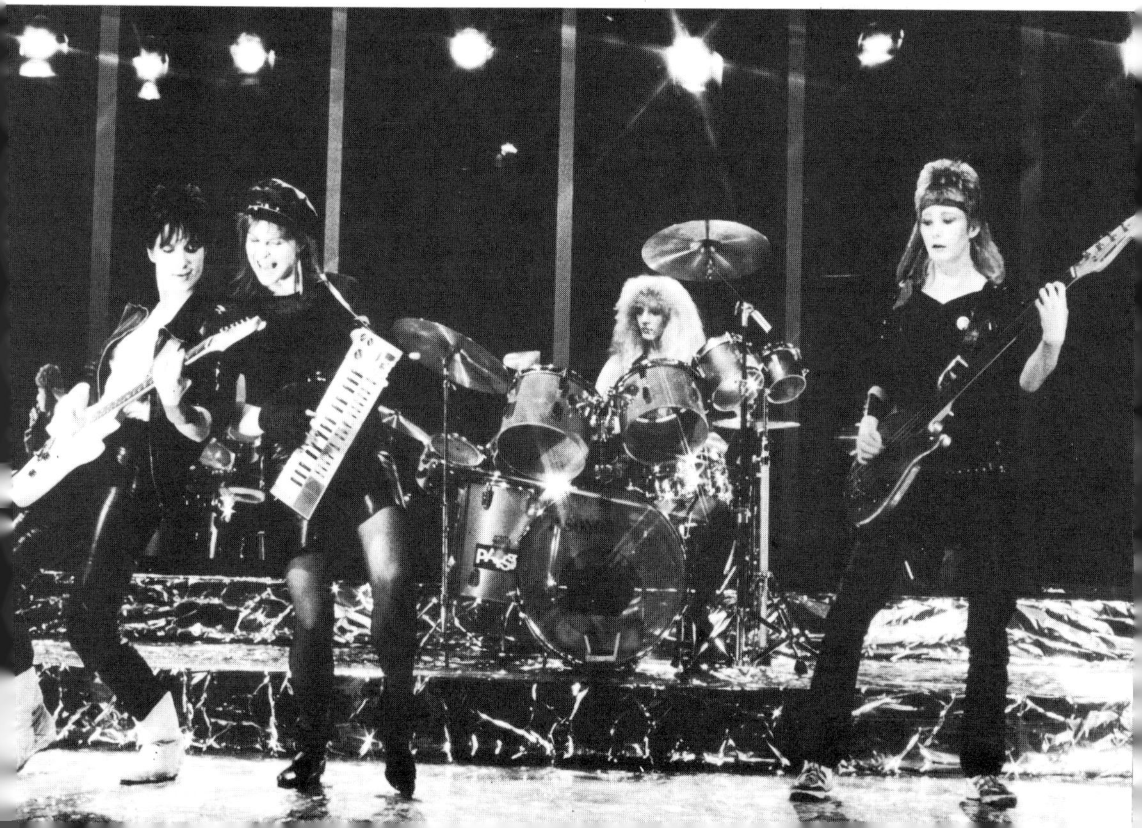

Skorpio
Cieslaw Niemen
Brigitte Stefan und Meridian
Silly
Stern Meißen

STERN MEISSEN

Pegel: logarithmisches Verhältnismaß; anzutreffen z. B. als Spannungs- und Leistungspegel in der Tontechnik und als Schalldruckpegel in der Akustik. Pegelmaße sind u. a. → dB und phon. Sie werden der logarithmischen Beziehung zwischen Schalldruck und Lautstärkeempfinden eher gerecht als Angaben von Schalldrücken in Mikrobar und Tonsignalspannungen in Millivolt (s. auch → Hörvermögen). Man unterscheidet absolute und relative Pegel. Bei absoluten Pegeln bezieht sich das Verhältnis auf einen festen Wert. Für Schalldruckpegel ist das der Schalldruck an der Hörschwelle von 1000 Hz, für Spannungspegel eine Spannung von 775 mV. Ihr Pegel ist jeweils 0 dB. Um absolute gegenüber relativen Pegeln kenntlich zu machen, versieht man sie manchmal, aber nicht in jedem Falle, mit einem Zusatz, z. B. dBU für absolute Spannungspegel. Relative Pegel sind Differenzen absoluter Pegelwerte. Es ist beim Umgang mit Pegeln zu beachten, daß z. B. ein Zuwachs von 6 dB eine Verdopplung des Schalldrucks bzw. der Spannung bedeutet und daß eine Zunahme von 40 dB dem hundertfachen Wert entspricht.

Penny Whistle [engl., ′peni ′wisl, auch *Tin Whistle*]: irische Blechflöte mit sechs Grifflöchern (ähnlich der Blockflöte); in vielen Folkgruppen anzutreffendes Instrument, vereinzelt auch in Rock und Jazz.

Pentatonik [griech., pente = »fünf«]: fünfstufige Tonreihen unterschiedlicher Struktur (*ahemitonisch* = halbtonlos, *hemitonisch* = mit Halbtonschritten); eines der ältesten Tonsysteme, vor allem in außereuropäischer Musik; häufig Grundlage der schwarzafrikanischen Folklore, daher oft in afroamerikanischem Liedgut anzutreffen.
Ahemitonische Pentatonik, z. B.:

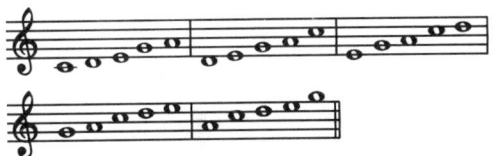

Pentatonik besitzt ursprünglich (im Gegensatz zum → Dur-Moll-System) keine harmonische Bindung. So haben sich vermutlich aus dem zunächst Nebeneinander von afrikanischer Pentatonik und europäischem Dur/Moll auf amerikanischem Boden im späteren Miteinander die → Blue Notes im afroamerikanischen Musizieren herausgebildet. Noch heute wird bei Blues- und Rockimprovisationen gern auf pentatonische Wendungen zurückgegriffen. Dabei unterscheidet man aus methodischen Gründen (jedoch theoretisch unlogisch) mitunter in »Dur«- und »Moll«-Pentatonik. Kommt in einem Dur-Stück z. B. die »Moll«-Pentatonik zur Anwendung, so stehen die beiden wichtigen Blue Notes zur Verfügung.

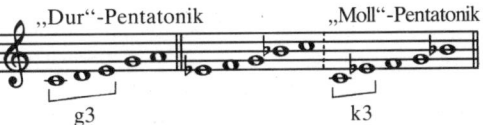

Hemitonische Pentatonik ist u. a. in japanischer und indonesischer Musik anzutreffen (z. B. die Pelog- und Slendro-Leitern in der Gamelan-Musik).

Percussion, Abk. *perc* [engl., pə:′kʌʃn]: → Perkussion.

Perkussion [lat., percussio = »Schlag«, engl. percussion]: 1.) Sammelbegriff für alle

Nana Vasconcelos

Family of Percussion

Schlaginstrumente außer dem traditionellen → Schlagzeug (Drums), insbesondere für die lateinamerikanischen Rhythmusinstrumente (→ Bongos, → Cabaza, → Cencerro, → Claves, → Conga, → Maracas, → Timbales, → Tubo usw.). Perkussionisten werden oft zusätzlich zum Schlagzeuger eingesetzt; einer der ersten war der Kubaner Chano *Pozo* (1915–1948) in der Dizzy-*Gillespie*-Big-Band 1947/48. Zu nennen sind weiterhin Mongo *Santamaria* (geb. 1927), Airto *Moreira* (geb. 1941) und Nana *Vasconcelos* (geb. 1944), letzterer nutzte in einer seiner LPs den eigenen Körper als »Rhythmusinstrument« (»Body Music«).
2.) Begriff für die Tonbildung bei elektronischen Musikinstrumenten.

Perkussionsensemble: Gruppe von Musikern, die ausschließlich mit Schlaginstrumenten auftreten, wobei die klangliche Vielfalt dieser Membranophone und Idiophone zur rhythmisch-melodischen Gestaltung genutzt wird; Funktionsteilung nach dem Vorbild afrikanischer Trommlergruppen: Solist (Master-Trommler, improvisierte Schlagfolgen = »Melodie«funktion), Begleittrommler (meist zwei bis drei, mit festgelegten, sich wiederholenden Patterns) und Baßtrommler (ostinate Grundfigur, → Time-Keeper-Funktion).

Perkussionsrhythmus: eine selbständige oder begleitende Rhythmusfläche, die auf Schlaginstrumenten (→ polyrhythmisch) ausgeführt wird, z. B. bei afrikanischen Trommlern und lateinamerikanischen Rhythmusgruppen.

Perpetuum mobile [lat.]: in der → Salonmusik des 19. Jh. beliebte Form einsätziger Instrumentalstücke mit ununterbrochener, gleichmäßiger und schneller Bewegung, sozusagen eine musikalische Umsetzung der mit diesem Begriff eigentlich gemeinten, nicht realisierbaren sich selbst bewegenden Maschine.

Personality Show [engl./amerik., pə:sə'næliti ʃou]: abendfüllendes Bühnenprogramm (→ Show) eines Schlagerinterpreten, das ganz oder hauptsächlich von ihm bestritten wird. *Personality* meint dabei die Ausstrahlungskraft des Interpreten, die ihm eigentümliche Art und Weise der Darbietung, seinen Habitus, alle zum Bestandteil seines → Image gemachten Seiten seiner Persönlichkeit. Bei einer Personality Show steht der Interpret als → Star mit seiner Person im Zentrum des Programms. Weitere Mitwirkende erscheinen als »seine« Gäste. Die Personality Shows sind in den frühen fünfziger Jahren im amerikanischen Showgeschäft vor allem für das Fernsehen entwickelt worden. Im Zusammenhang mit den Personality Shows entstanden auch die sogen. → Entertainer.

Phaser [engl., 'feizə]: elektronisches → Effektgerät, bei dem das Prinzip der veränderlichen Phasenverschiebung zwischen zwei Tonsignalen klanglich ausgenutzt wird. Der Phaser besitzt einen Signaleingang und einen Ausgang, bei stereophon ausgelegten Geräten zwei Ausgänge. Wichtigster Bestandteil eines Phasers ist eine Verzögerungseinheit (Delay, → Verzögerungsgerät), mit der das Eingangssignal zeitverschoben wird. Bei Summation von originalem und verzögertem Signal entstehen frequenzabhängige Gebiete mit Verstärkung bzw. Auslöschung. Sind die Amplituden beider Signale gleich groß, kann es zu völligen Auslöschungen, sogen. Nullstellen einer Kammfilterkurve (sie bezeichnet den sich ergebenden Frequenzgang) kommen.

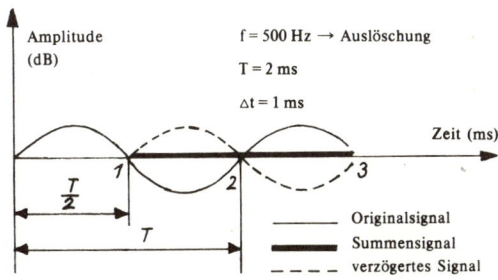

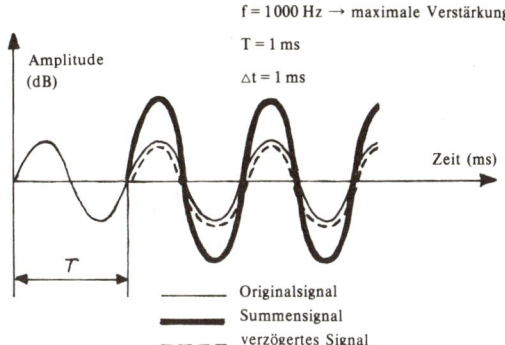

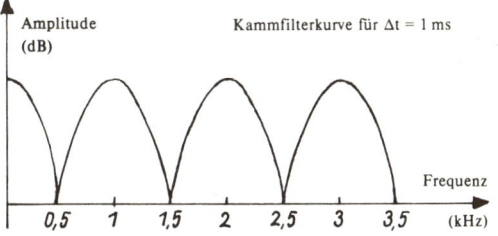

Die Skizze setzt eine konstante Verzögerungszeit von 1 ms voraus. Diese Verzögerungszeit wird jedoch zur Erzielung des Phasing-Effekts ständig variiert. Das bedeutet, daß die Kammfilterkurve ununterbrochen das gesamte Frequenzspektrum überstreicht.
Folgende Abbildung zeigt das Prinzip eines Phasers mit einer Verzögerungsstufe, dessen Verzögerungszeit ($\triangle t$) durch einen Funktionsgenerator im Bereich 1 ... 10 ms gesteuert wird.

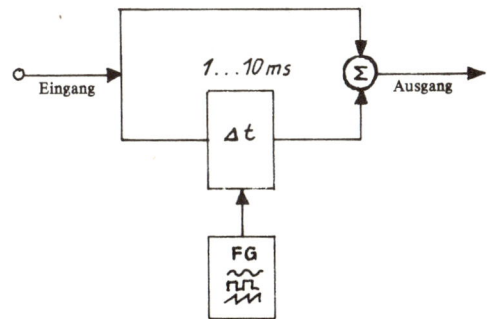

Die tiefste Frequenz, für die sich Auslöschung ergibt (Nullstellen 1. Ordnung der Kammfilterkurve) wandert zwischen 50 und 500 Hz. Alle anderen Nullstellen wandern analog dazu mit. Phasing-Effekte äußern sich in einer ständigen periodischen Veränderung des Klangspektrums (Schwebung).

Früher wurden derartige Effekte erzielt, indem man das gleiche Signal auf zwei Tonbandgeräte aufnahm und abspielte. Laufen beide beim Abspielvorgang nicht synchron oder verschiebt man den Tonkopf bei einem Gerät mechanisch, ergibt sich beim Zusammenspiel der nun nicht mehr phasengleichen Signale Anhebung und Auslöschung der Amplituden. Heute liegen Phaser (auch *Phase Shifter*, wörtlich »Phasenverschieber«) als vollelektronische Geräte in separater Form vor oder sind Bestandteil eines → Multieffektgeräts. Bei aufwendigeren Effektschaltungen, die auf dem Phasing beruhen, gibt es eine große Anzahl von Einflußfaktoren: die Wahl der Verzögerungszeiten, deren Änderungsbereiche und die Art der Steuerung (automatische Steuerung durch einen Funktionsgenerator mit bestimmter Kurvenform oder Erzeugung der Steuerspannung aus dem Eingangssignal durch einen Hüllkurvenfolger), die Rückführung des Ausgangs auf den Eingang (Feedback, Regeneration), die Art der Zusammenschaltung und die Mischung der Komponenten. Die Soundmöglichkeiten sind demzufolge weit gefächert, und es haben sich neben Phasing auch die Begriffe *Flanging* (→ Flanger) und *Chorus* (→ Chorus-Effekt) für die Beschreibung solcher Effekte durchgesetzt. Mit Phasing werden deutliche und relativ langsame Spektralmodulationserscheinungen bezeichnet, die oft mit Richtungseffekten kombiniert sind.

Philadelphia Sound [engl./amerik., filə'delfiə saund]: → Philly Sound.

Philly Sound [engl./amerik., 'fili saund, auch *Philadelphia Sound*]: Bezeichnung für die nach dem → Motown Sound der sechziger Jahre ab etwa 1972 von Philadelphia ausgehende zweite große, den amerikanischen Musikmarkt überschwemmende Soulmusik-Welle (→ Soul), die sich wie auch der Motown Sound durch einen charakteristischen Klangstereotyp auszeichnete. Die Bezeichnung ist abgeleitet von den *Philly Sigma Sound Studios*, die zu den 1971 von dem farbigen Autoren- und Produzententeam Kenny *Gamble* (geb. 1943) und Leon *Huff* (geb. 1942) unter Schirmherrschaft der CBS (→ Musikindu-

strie) gegründeten Philadelphia International Records gehörten. Hier entstand mit einer festen Mannschaft von Studiomusikern, die als *MFSB Band* (Mothers, Fathers, Sisters, Brothers) auch mit selbständigen Produktionen hervortrat, unter Leitung von Gamble und Huff sowie Thom *Bell* (geb. 1943) als Arrangeur die aufnahme- und arrangiertechnische Klangschablone des Philly Sound. Dessen auffallendstes Kennzeichen waren die üppigen → Arrangements, mit denen die Soul-Stilistik in eine leicht konsumierbare und perfekt verpackte Fließbandware umgewandelt wurde. In der Rekordzeit von nur einem Jahr entwickelten sich die Philadelphia International Records damit zu dem nach dem Motown-Konzern größten von Farbigen geführten Musikunternehmen in den USA. Zum Markenzeichen wurde ein technisch makelloses Klangbild, das trotz seiner Fülle ein Höchstmaß an Transparenz aufwies. Das Schlagzeug, ergänzt durch → Marimba und → Vibraphon als Rhythmusinstrumente, erhielt eine überdimensionierte klangliche Präsenz und kontrastierte einem rhythmisch filigranen Streicher-Background (→ Background), gegen den die übrigen Instrumente wie die Singstimme aufnahmetechnisch scharf abgesetzt waren. An die Stelle der 2-4-Betonung im Soul trat ein gleichmäßig pulsierender, federnder Achtelbeat (→ Beat), der den um die Mitte der siebziger Jahre folgenden → Disco Sound vorbereitet hat. Zum Erfolg verholfen haben dem Philly Sound Sänger und Gesangsgruppen wie *Harold Melvin and the Blue Notes* (»If You Don't Know Me By Now«, 1972), *The O'Jays* (»Love Train«, 1973), Billy *Paul* (geb. 1934, »Me and Mrs. Jones«,1972) und *The Three Degrees* (»When Will I See You Again«, 1974). Nachahmer fand er dann bei allen wichtigen Produzenten schwarzer Musik, unter anderem mit Gloria *Gaynor* (geb. 1949, »Never Can Say Goodbye«, 1974), Barry *White* (geb. 1944, »Can't Get Enough of Your Love, Babe«, 1974) und George *McCrae* (geb. 1944, »Rock Your Baby«, 1974).

Phrase [griech.]: eine kleine in sich geschlossene Tongruppe, ein musikalischer Gedanke, z. B. die Einheit Motiv und Anschlußglied. Das Erkennen und Üben sogen. Standardphrasen (auch Riffs oder Patterns) aus Rock, Jazz und Blues gewährt dem Lernenden Hilfe beim Improvisieren.

Phrasierung: die sinnvolle plastische Gliederung eines größeren oder kleineren musikalischen Ablaufs, die Verdeutlichung des Formgefüges bei der Interpretation (→ Phrase), wobei sich das Phrasieren aus dem Zusammenwirken aller musikalischen Elemente ableitet. Im Jazz bildet die Phrasierung ein auf afrikanische Traditionen zurückgehendes Wesensmerkmal, ist sie in erheblichem Maße an der Melodiebildung beteiligt. Sie zeigt sich in der auf den → Beat bezogenen Plazierung einzelner Töne, insbesondere aber in der rhythmisch-metrischen Verschiebung zusammengehöriger Figuren (Patterns, Phrasen), in der Offbeat-Phrasierung (→ offbeat), aber auch in der → Artikulation der Töne, der → Dynamik, dem → off pitchness u. a. In ihr kommt die Individualität des Jazzmusikers zum Ausdruck. Gleichzeitig prägt sie aber auch das Erscheinungsbild einzelner Stilarten, wobei ihr Stellenwert gegenüber anderen Kriterien (z. B. der → Tongebung) im modernen Jazz gewachsen ist (Wandel zur Legato-Spielweise). Sinnvolles Phrasieren bildet ein wesentliches Merkmal guter Interpretation in allen Bereichen der populären Musik.

Piano [engl., 'pjænou]: → Klavier.

Piccolo, Abk. *picc:* → Flöte.

Picking Style [engl./amerik., 'pikiŋ stail]: → Finger Picking.

Pick up [engl./amerik., pik ʌp, wörtlich »mitnehmen, abnehmen«]: 1.) → Tonabnehmer;
2.) → Auftakt.

Picture Disc [engl., 'piktʃə disk]: Schallplatten, auf deren Vinyl als Verkaufsgag ein mehrfarbiges Bild aufgebracht ist.

Pièce [franz., pjɛːs(ə), wörtlich »Stück«]: früher Bezeichnung einer Komposition oder Bearbeitung im Bereich der → Salon- und Unterhaltungsmusik; heute: Titel.

Piezo(-Lautsprecher) [griech., pi'eːtso]: → Lautsprecher, der nach dem piezoelektrischen Wandlerprinzip arbeitet. In der Regel handelt es sich dabei um Hochtonlautsprecher.

Piston [franz., pis'tɔ̃]: → Kornett.

pitch bending [engl./amerik., pitʃ 'bendiŋ]: → bend.

Pitch-to-Voltage-Section [engl., pitʃ tə 'voultidʒ 'sekʃən]: Baueinheit (Modul) im → Synthesizer, die es ermöglicht, den Synthesizer durch ein anderes Instrument (z. B. E-Gitarre, Blasinstrument) anzusteuern, indem die konkrete Tonhöhe (Pitch) in eine bestimmte Steuerspannung (Voltage) umgewandelt wird. Mit dem Entstehen jedes neuen Tones müssen außerdem Trigger-Impulse erzeugt werden. Synthesizer, die speziell für diesen Zweck vorgesehen sind (z. B. Gitarren-Synthesizer), bezeichnet man auch als *Pitch-to-Voltage-Synthesizer.*

Pitch Transposer [engl., pitʃ træns'pouzə, wörtlich »Tonhöhenversetzer«]: elektronisches → Effektgerät, das dem Funktionsprinzip eines → Harmonizers entspricht.

pizzicato [ital.]: Spielanweisung für Streichinstrumente »die Saiten mit den Fingern anreißen« (nicht mit dem Bogen = *arco*); typische Spielweise auf dem → Kontrabaß im Jazz und in der traditionellen Tanzmusik; beliebter Arrangementseffekt bei Streichern (vgl. »Pizzicato-Polka«, Johann und Josef Strauß, 1869).

Plagiat: Diebstahl geistigen Eigentums durch ungesetzliche Verwendung eines urheberrechtlich geschützten Werkes, das nicht nur die vollständige Wiedergabe eines fremden Werkes unter eigenem Namen, sondern auch die Übernahme wesentlicher Züge oder Teile von ihm umfaßt. In der Musik geht es dabei in der Regel um die Entlehnung von musikalischen Einfällen, Melodien oder Melodieteilen, Texten und Songtiteln. Der Nachweis eines Plagiats ist mit zivilrechtlichen Konsequenzen und der Herausgabe der auf diese Weise widerrechtlich erworbenen → Tantiemen verbunden. In einem moralischen Sinne wird von Plagiat gesprochen, wenn solche Übernahmen aus nicht oder nicht mehr geschützten Werken erfolgen, die so eigentlich keine Urheberrechtsverletzungen darstellen. Keine Plagiate sind → Parodien, die zwar auch von einem fremden Werk ausgehen, aber eine eigene schöpferische Leistung darstellen.
→ Urheberrecht.

Stephen Collins Foster

Plantation Song [engl./amerik., plæn'teiʃən soŋ]: Bezeichnung für die von den amerikanischen Blackface Minstrelsy (→ Minstrel Show) des 19. Jh. gesungenen Lieder angeblich afroamerikanischer Herkunft. Die Bezeichnung gibt vor, daß es sich um Lieder handeln würde, die von den Sklaven auf den Plantagen des Südens gesungen worden seien. Tatsächlich handelte es sich jedoch zumeist um bloße Nachahmungen dessen, was man dafür hielt, und das hatte mit den Liedern der Plantagen, den → Worksongs und → Field Hollers, so gut wie nichts zu tun. Vielmehr wurde mit den Plantation Songs aus dem Schicksal der Neger eine sentimentale Unterhaltungsware gemacht; die meisten der Plantation Songs waren mit scheinheiliger Rührseligkeit dem Los von weiblichen Sklaven auf den Farmen des Südens gewidmet. Ein typisches Beispiel dafür und zugleich eines der seinerzeit populärsten Lieder dieser Art war das »Darling Nelly Gray« (1846) von B. R. *Hanby*, die tragische Geschichte einer Sklavin, die von ihrer Heimatfarm weg verkauft wird. Der bedeutendste Schreiber solcher Plantation Songs war Stephen Collins *Foster* (1826–1864), einer der wichtigsten Komponisten des amerikanischen populären Liedes.

Playback [engl., 'pleibæk]: hauptsächlich und häufig beim Fernsehen genutztes Verfahren, bei dem die Interpreten zu einem über Lautsprecher eingespielten Tonband die Ausführung der Musik für das Publikum und die Kamera imitieren. Angewendet wird das Playback, um musikalische und klangliche Perfektion, wie sie nur im Tonstudio realisierbar ist, für eine Fernsehsendung oder eine Publikumsveranstaltung auszunutzen. Beim Playback-Verfahren kommt es darauf an, daß die Bewegungen der Interpreten beim Spielen und Singen synchron zur eingespielten Musik verlaufen. Eine Sonderform stellt das *Halbplayback-Verfahren* dar, wo nur ein Orchestergrundband eingespielt wird, auf dem der Solist noch nicht enthalten ist. Er bringt sein Solo in der Veranstaltung live zur Darbietung.

Player Rolls [engl., 'pleiə rouls, auch *Piano Rolls*]: gegen Ende des 19. Jh. aufgekommene Rollen aus reißfestem Papier bzw. Pergament, in die mittels einer Mechanik beim Aufspielen durch einen Pianisten Löcher (entsprechend den gedrückten Tasten) gestanzt wurden. Das Fertigstellen derartiger Rollen, die zunehmend die älteren Holz- und Metallwalzen (Stiftwalzen) verdrängten, war auch auf zeichnerischem Wege möglich. Die so festgehaltene Musik konnte man auf den mechanischen Klavieren wiedergeben. Das gelochte Papier lief über eine Leiste mit Luftkanälen (pro Taste eine Kanzelle). Sobald ein Loch einen Kanal freigab, löste die dadurch angesaugte Luft eine Mechanik aus, die den Anschlag der Klaviertaste zur Folge hatte. Diese Player Rolls konnten in beliebiger Anzahl vervielfältigt werden und waren somit ein in der damaligen Zeit wichtiges Verbreitungsmittel von Musik, da derartige mechanische, zunehmend auch elektrische Klaviere (Phonola, Pianola) bis in die zwanziger Jahre hinein in vielen Hotels und anderen Vergnügungslokalitäten anzutreffen waren. Berühmte Solisten und Komponisten hinterließen auf diesen Rollen »ihre« Interpretation. Auch einige Ragtime-Einspielungen, z. B. von Scott *Joplin* (1868–1917) selbst, haben sich auf diese Weise erhalten. Ohne den Vertrieb der Player Rolls hätte sich der Ragtime nicht so rasch in den USA und auch in Europa durchsetzen können.

Playlist [engl./amerik., 'pleilist]: eine im amerikanischen Rundfunk Ende der vierziger Jahre im Zusammenhang mit der Herausbildung des *Format Radio* (→ Rundfunk) als Repertoire-Grundlage des Musikprogramms eingeführte Titelliste. Die Festlegung der Musikprogramme auf die in den Playlists enthaltenen Titel hat den Sinn, den Stationen ein ganz bestimmtes musikalisches Profil (Format) zu geben, das sie sofort hörbar voneinander abhebt. Im kommerziell organisierten Rundfunkwesen der USA war das die Konsequenz aus der nach dem zweiten Weltkrieg rasch wachsenden Zahl lokaler Radiostationen und der sich damit erheblich verschärfenden Konkurrenz im Bereich des Rundfunks. Die Stationen spezialisierten sich mit ihren Playlists auf jeweils bestimmte Musikrichtungen, die auf diese Weise zugleich neue Bedingungen und Möglichkeiten ihrer Entwicklung erhielten. So bildeten etwa die Rhythm & Blues-Stationen (→ Rhythm & Blues), die ihre Playlists auf die afroamerikanische Musik ausgerichtet hatten, einen wichtigen Faktor in der Entwicklung des Rhythm & Blues und bei der Herausbildung des → Rock'n'Roll. Die Auswahl der Titel für die Playlist erfolgte durch die Programmdirektoren konsequent nach bestimmten Gesichtspunkten, die von der Zielgruppe der Station abhängig waren.

Als im Verlauf der fünfziger Jahre durch den geschäftlichen Zusammenschluß lokaler Radiostationen zu überregionalen Senderketten neue Besitzstrukturen im amerikanischen Rundfunk entstanden, erwies sich die mit der Ausrichtung der Playlists auf bestimmte Musikrichtungen zugleich vorgenommene Einschränkung des Hörerpotentials als kommerziell hinderlich. So wurde ein neuer Typ von Playlists eingeführt, das *Top-Forty-Programm*. Dabei ist die Playlist auf die Top Forty (→ Hit) der Woche reduziert, die in dauernder Wiederholung, unterbrochen nur durch Nachrichten und Werbung, ausgestrahlt werden. Eine derartig radikale Reduzierung der Programmvielfalt degradiert die Musik endgültig zum bloßen Mittel für die Realisierung des eigentlichen Programminhalts, der Werbung.

Für das Verständnis der Entwicklung der populären Musik in den USA seit dem zweiten Weltkrieg ist diese Programmform auf der Basis von Playlists eine entscheidende Voraussetzung.

Plektrum [lat., griech. plektron]: Plättchen, auch Stäbchen, zum Anreißen der Saiten von Gitarre, Baßgitarre, Banjo, Mandoline, Zither, Bouzouki u. a. Das heute meist aus Kunststoff hergestellte Plektrum wird zwischen den Fingern gehalten. Durch Wechsel von Finger- und Plektrumanschlag, aber auch durch Material und Haltung des Plektrums lassen sich unterschiedliche Klangfarben erzielen, die charakteristisch für bestimmte Stile und Sounds sind.

Plektrumgitarre: → Gitarre.

Pleßhorn: → Jagdhorn.

plucked [engl., plʌkt]: Spielanweisung »gezupft, pizzicato« (Kontrabaß, → Slap Bass).

Plunger Mute [engl., 'plʌndʒə mju:t]: → Dämpfer; »Plumper's Plunger«, also Klempner-Gummi-Sauger, wurden in den zwanziger Jahren tatsächlich als Trompetendämpfer verwendet.

Pogo [engl., 'pougou]: im Zusammenhang mit dem → Punk Rock entstandener Tanzstil, dessen Bezeichnung sich von einem gleichnamigen alten englischen Kinderspielzeug ableitet. Es bestand aus einem mit zwei Fußbrettern versehenen Stock, dessen unteres Ende in eine starke Spiralfeder überging. Der mit der Spiralfeder auf den Boden aufgesetzte und senkrecht gehaltene Stock konnte auf den seitlich angebrachten Fußbrettern bestiegen werden und ließ dann eine hüpfende Vorwärtsbewegung zu. Die hüpfende Auf- und Niederbewegung dieses Tanzstils ist dem so ähnlich, daß ihm das die Bezeichnung Pogo eingebracht hat. Gelegentlich findet sich der Begriff auch zur Kennzeichnung einer nur schwer genauer zu beschreibenden musikalischen Qualität des Punk Rock, eben seiner Eignung für diese Art des Tanzens.

politisches Lied: Liedgenre mit einer primär politischen Funktion und vorwiegend operativen Charakters, das agitierend, propagierend, mobilisierend, solidarisierend, reflektierend in die Klassenauseinandersetzungen eingreift. Es ist die Waffe derjenigen, die ihrer bedürfen, weil sie andere nicht haben, der Machtlosen,

Mikis Theodorakis' »Cantos General« beim 10. Festival des politischen Liedes in Berlin

Entrechteten, Ausgebeuteten und Unterdrückten, deren stärkste Kraft die Kollektivität ist, die als Massenprozeß zu organisieren das Lied, die Gemeinsamkeit im Gesang, die künstlerische Formulierung einer gemeinsamen Weltsicht oder auch die analytische Schärfe politischer Poesie, ein wichtiges Mittel ist. Es ist daher mit den revolutionären Hauptströmen der Gegenwart, mit den politisch progressiven Bewegungen in allen Teilen der Welt verbunden, entspringt oft unmittelbar den politischen Auseinandersetzungen oder entsteht als Reaktion auf aktuelle politische Ereignisse. Es kann Aufruf zu revolutionärem Handeln, Form des politischen Widerstandes, Mittel der Solidarisierung und Gemeinschaftsbildung, Anklage oder Manifest sein, kann Privates auf seine politische Dimension hin transparent machen oder Politisches in privaten Zusammenhängen vermitteln. Aufgaben, Inhalte und Formen des politischen Liedes sind ungemein vielfältig und abhängig von den jeweiligen politischen Bedingungen. Diese Vielfalt unterscheidet es auch vom traditionellen → Arbeiterlied, in dessen Traditionen das politische Lied der Gegenwart verwurzelt ist und das es weiterführend einbegreift. Der operative Charakter dieses Liedgenres bedingt musikalisch solche Mittel, die sich ohne großen Aufwand realisieren lassen, was eine besondere ästhetische Ökonomie der Mittel zur Folge hat, ohne doch einen hochentwickelten künstlerischen Anspruch auszuschließen. Die Möglichkeiten reichen hier vom gitarrenbegleiteten Vortragslied der → Liedermacher, dem Kampflied, dem → Song in der Eislerschen Tradition über das Lied zum Massensingen (→ Massenlied) bis hin zu → Folklore, Rockmusik (→ Polit Rock) und Liedertheater. Auch hier entscheidet der politische Zweck über den Einsatz der Mittel, und das ist unter den unterschiedlichen gesellschaftlichen Bedingungen und vor dem Hintergrund jeweils unterschiedlicher kultureller Traditionen in den einzelnen Ländern und Weltregionen sehr verschieden. In den ausgehenden sechziger Jahren wurde das politische Lied zu einer internationalen Bewegung. Die Verschärfung der politischen Widersprüche in Westeuropa und den USA mit der Studentenbewegung als Reaktion darauf (→ Protestsong), die Anti-Vietnamkrieg-Bewegung, die revolutionären Prozesse in Chile im Zusammenhang mit der Bildung der Unidad Popular und dem Sieg Allendes, die Auswirkungen dessen auf Mittel- und Lateinamerika, die wachsenden Aktivitäten nationaler Befreiungsbewegungen in Afrika waren die wichtigsten Bedingungen dafür. Überall spielte das Lied eine wachsende Rolle. Nationale Liedbewegungen entstanden, die wie Nueva Canción in Chile, Nueva Trova in Kuba, die → Singebewegung der FDJ in der DDR und eine Vielzahl ähnlicher Aktivitäten in anderen Ländern sich um das politische Lied und seine Entwicklung bemühten. Zur wichtigsten Plattform dessen wurde ab 1970 das Festival des politischen Liedes in Berlin.

Polit Rock: Bezeichnung für politisch engagierte → Rockmusik, deren Schwerpunkt auf der agitatorischen Funktion des Textes liegt, wogegen die Musik in erster Linie als Trans-

portmittel fungiert. Das setzt freilich voraus, daß die Musik, statt mehr oder weniger auswechselbar gerade gängigen Rock-Klischees zu folgen, in ihrer Gestaltung so angelegt ist, daß sie die Texte tatsächlich auch inhaltlich weiterzugeben imstande ist. Das kann auf sehr verschiedene Weise geschehen, hat in jedem Fall aber damit zu tun, daß die musikalische Gestaltung in eine bestimmte Funktion zum Text gebracht wird – bestätigt, entlarvt, hervorhebt, auf Zusammenhänge hindeutet usw. In diesem Sinne ist Rockmusik beispielsweise von BRD-Gruppen wie *Ton Steine Scherben* und *Lokomotive Kreuzberg* oder auch der niederländischen Rockgruppe *Bots* eingesetzt worden. Auf der gleichen Grundlage hat in der BRD die Gruppe *Floh de Cologne* mit durchgestalteten und theatralisch umgesetzten Programmen wie »Profitgeier« (1971), »Lucky Streik« (1973), »Geyer-Symphonie« (1973) oder »Prima Freiheit« (1978) eine Tradition des politischen Rock-Kabaretts begründet, die dann etwa von Gruppen wie *Schmetterlinge* oder *Erste Allgemeine Verunsicherung* aus Österreich aufgegriffen wurde.
Zwar hat Rockmusik in jedem Fall immer auch mit Politik zu tun, macht ihre politische Seite – wie vermittelt auch immer – ein wesentliches Stück ihrer sozialen Sprengkraft aus; was den Polit Rock davon abhebt, ist sein fortschrittliches, sozialistisches Verständnis von Politik sowie die konsequente Nutzung

Floh de Cologne

der Musik für die Umsetzung des politischen Anliegens.

Polka [tschech.]: um 1830 in Böhmen aufgekommener, in der tschechischen Volksmusik verwurzelter Gesellschaftstanz, der zwischen 1840 und 1850 zu einer der Popularität des Walzers vergleichbaren Tanzmode in aller Welt wurde. Die Herkunft des Namens ist nicht geklärt, möglicherweise vom Tschechischen *pulka* (= »Halbschritt«, bezogen auf die Choreographie) oder von »Polin« als Ausdruck der Verehrung für die polnischen Revolutionäre von 1830/31 – einige Musikforscher vermuten sogar polnischen Ursprung der Polka. Zweifelsohne liegt die rasche Verbreitung der Polka, ebenso wie bei der → Mazurka, in der Anteilnahme des fortschrittlichen Bürgertums am Ringen der slawischen Völker um nationale Unabhängigkeit und Souveränität begründet. Die Polka wurde ein Bestandteil des Nationalbewußtseins, wurde zum Inbegriff der tschechischen Musik, letztlich auch durch das Schaffen Bedřich Smetanas (stilisierte Polka-Elemente in der Oper »Die verkaufte Braut«, in der sinfonischen Dichtung »Mein Vaterland«, im Kammermusikschaffen u. a.). Bedeutendster tschechischer Polka-Komponist des vergangenen Jahrhunderts war František *Hilmar* (1803–1881), u. a. »Esmeralda-Polka« (1856). Johann *Strauß (Sohn)* (1825–1899) schuf 117 Polkas, darunter die »Tritsch-Tratsch-Polka« (1858) und die »Pizzicato-Polka« (1869).
Bemerkenswert ist, daß die Polka ein Tanz aller Schichten war und in der zweiten Hälfte des 19. Jh. zu einer wahren, die Alltagsnöte vergessenmachenden Tanzwut führte. Außerhalb Böhmens verband sie sich mit anderen Tänzen zu lokalen Formen, z. B. *Polka française, Wiener Polka, Bayrische Polka*, den unzähligen Spielarten in Lateinamerika, aber auch Abwandlungen wie *Kreuzpolka, Schnellpolka* usw. Ein allgemeingültiges Tempo festzulegen verbietet diese Vielfalt ohnehin. Selbst die heute in der ČSSR musizierten Polkas zeigen eine Spannweite von schnell bis mäßig. Die Begleitung besteht aus Haupt- und Nachschlag (²/₄-Takt). Achttaktigkeit bestimmt den Formaufbau, wobei die ABA-, aber auch die ABC-Form (mit → Trio) dominieren.
Zu einem Welterfolg wurde u. a. die Polka

»Rosamunde«/»Škoda Lásky« (Jaromír Vejvoda, 1934). Auch außerhalb der ČSSR hat sich die Polka bis in die Gegenwart in der volkstümlichen Blasmusik erhalten, wo sie neben Marsch und Walzer das Programm bestimmt. Im Schlagerbereich findet sie sich hin und wieder – besonders in humoriger Art.

Poll [engl./amerik., poul]: von Zeitschriften durchgeführte Meinungsumfrage unter Lesern oder Kritikern nach den besten Musikern und Gruppen, manchmal auch Produzenten des Jahres, oft noch in verschiedene Kategorien unterteilt (Art des Instruments, Stilrichtung usw.). Gelegentlich haben solche Umfragen zusätzlich noch Negativkategorien, fragen zugleich also nach den schlechtesten Musikern usw. Eingeführt worden ist diese Art der Meinungsumfrage in den dreißiger Jahren von der Jazz-Zeitschrift *Down Beat*. Die Sieger solcher Umfragen wurden damals noch zu Bands zusammengestellt und in eigens dafür veranstalteten Konzerten vorgestellt (→ All Stars).

Polonaise [franz., pɔlɔˈnɛːz; poln. polonez; ital. polacca]: 1.) polnischer Schreittanz im gemessenen ³/₄-Takt (ursprünglich in geradem Takt) mit typischem Rhythmus:

$$\frac{3}{4}$$

Als Instrumentalstück beliebte Form der → Salonmusik.
2.) geselliger Umzug bei Karnevals- oder sonstigen Tanzveranstaltungen durch den Saal und angrenzende Räumlichkeiten zu Marsch- und Wanderliedern im ²/₄- bzw. ⁴/₄-Takt oder zu eigens dafür komponierten Titeln, z. B. »Polonäse Blankenese« (Werner Böhm-Thorn, 1982).

Polymetrik [griech.]: → Metrum.

polyphon [griech., wörtlich »vielstimmig«]: Jede Stimme eines mehrstimmigen Satzes ist gleichberechtigt, ist im melodisch-rhythmischen Ablauf selbständig, wobei jedoch bestimmte Regeln des Zusammenklangs (→ Kontrapunkt) beachtet werden müssen. Gegensatz: → homophon. Im Old Time Jazz ergab sich z. B. aus dem improvisierten Miteinander von Kornett, Klarinette und Posaune eine von afrikanischen Traditionen geprägte freie Polyphonie. Im Cool Jazz zeigte sich dagegen eine mehr am europäischen Vorbild (J. S. Bach) geschulte Polyphonie, selbstverständlich auf moderner Jazz-Harmonik basierend, z. B. Lennie *Tristanos* »Intuition« (1949). Völlige Gleichberechtigung aller Stimmen kennzeichnet auch den Free Jazz, wobei das erimprovisierte Klangergebnis gewissermaßen als »Zufalls«-Polyphonie bezeichnet werden kann. Polyphone Strukturen lassen sich in vielen Produktionen der Rockmusiker nachweisen, obwohl Rockmusik primär homophon verläuft (Dominanz der Gesangsmelodie!). Die öfters anzutreffende rhythmisch-melodische Verselbständigung der Baßgitarrenstimme läßt z. B. in bezug auf Lead-Gitarre und Keyboards ein polyphones Geflecht entstehen. Bewußter Einsatz dieses Satzprinzips kennzeichnet Gruppen wie *Yes*, *Genesis* und *Gentle Giant*. Polyphone Strukturen zeigt auch der Titel »Goodbye Toulouse« (1977) der Punk-Gruppe *The Stranglers*.

Polyrhythmik [griech., engl. cross rhythm]: das gleichzeitige Ablaufen mehrerer verschiedenartiger, eigenständiger Rhythmen. Unterschieden werden Unterteilungs- (a), → Komplementär- (b) und Konfliktrhythmen (c).

Im weitesten Sinne muß jede Art von populärer Musik, ausgenommen einstimmig vorgetragene, als polyrhythmisch bezeichnet werden, weil arrangementbedingt immer mehrere Rhythmuslinien gleichzeitig ablaufen (→ Rhythmus). Im engeren Sinne bezeichnet Polyrhythmik jedoch nur Strukturen, die von Gegensätzlichkeit und Vielschichtigkeit der einzelnen (perkussiven) Stimmen bestimmt sind, wie das z. B. in afrikanischen Trommlergruppen gegeben ist. Polyrhythmik prägt die

Rhythmusmodelle (→ Begleitrhythmen) vieler lateinamerikanischer Tänze und zählt zu den, wenn auch unterschiedlich genutzten Gestaltungsprinzipien in Jazz und Rock.

polytonal: gleichzeitig auf mehrere tonale Zentren (Tonikas) bezogene Musik, das gleichzeitige Musizieren in verschiedenen Tonarten; häufigste Form: → bitonal. Polytonalität kann – meist zufällig – bei freier Kollektivimprovisation (Free Jazz, Art Rock) entstehen, kann aber auch ein bewußt eingesetztes, von artifizieller Musik übernommenes Kompositionsprinzip sein (z. B. in der → Third Stream Music).

Popmusik [engl./amerik. pop music]: abgeleitet als Kurzform von dem Begriff → *Popular Music*, aber mit einem musikalisch spezifischeren Sinn; bezeichnet solche Musik, die die Stilistik und Soundformen des Rock (→ Rockmusik) mit der universellen Verkäuflichkeit des → Schlagers verbindet, im allgemeinen also eine Synthese aus beidem darstellt. Doch für das hier charakteristische Moment der universellen Verkäuflichkeit ist weniger

ABBA

die musikalische als vielmehr die inhaltliche Nähe zum Schlager entscheidend, ein mehr oder weniger unverbindlicher Unterhaltungsanspruch mit Bezug auf »Allgemeinmenschliches«, formal raffiniert und perfekt gemacht, aber inhaltlich bedeutungslos, somit ohne besondere Affinität zu den Bedürfnissen und der Lebensweise, den Ansprüchen einer bestimmten sozialen Gruppe. Musterbeispiel unter der Vielzahl von Gruppen und Interpreten ist dafür die schwedische Gruppe *ABBA*.

Im deutschsprachigen Schrifttum findet sich dieser Terminus gelegentlich auch in einer sehr ungenauen Verwendung und einfach synonym mit dem Begriff → populäre Musik.

populäre Musik: Ensemble sehr verschiedenartiger Genres und Gattungen der Musik, denen gemeinsam ist, daß sie massenhaft produziert, verbreitet und angeeignet werden, im Alltag wohl fast aller Menschen, wenn auch im einzelnen auf unterschiedliche Weise, eine bedeutende Rolle spielen. Zwar hat sich die Zusammensetzung dieses Ensembles musikalischer Genres und Gattungen im Verlauf der Geschichte immer wieder verändert, insgesamt aber umfaßt die populäre Musik

· die verschiedenen Formen der praktisch angewandten Musik wie die Marschmusik (→ Marsch) oder die → Tanzmusik;

· die verschiedenen Typen der → Unterhaltungsmusik wie die → Salonmusik, die → Caféhaus-Musik, die → Barmusik, die → Blasmusik und die sogen. »populäre Klassik«;

· die musikalischen Formen des unterhaltenden Musiktheaters wie die → Operette, das → Musicals, aber auch die musikalischen Possen und Schwänke des 19. Jh.;

· Genremischformen wie die Musik der → Revue, des → Vaudeville, des → Varietés, des → Kabaretts, der → Music Hall, des Zirkus, der → Estrade;

· aus ihrem ursprünglichen ethnischen und funktionalen Zusammenhang herausgenommene und zur Darbietung gebrachte bzw. durch die → Massenmedien verbreitete → Volksmusik;

· einzelne selbständig gewordene Liedformen wie das → Couplet, das → Chanson, den → Schlager, das → Brettllied, aber auch die volkstümlichen Lieder des 19. Jh. wie die → Gassenhauer, → Küchenlieder, → Bänkellieder,

→ Moritaten, die → politischen Lieder wie die → Topical Songs, → Protestsongs, → Union Songs und Strike Ballads;

· besonders in der Zeit vor dem zweiten Weltkrieg die → Filmmusik;

· für das 20. Jh. mit zunehmender Bedeutung die verschiedenen Formen der → afroamerikanischen Musik bis hin zum → Jazz;

· seit Anfang der sechziger Jahre die → Rockmusik;

· Musik als emotionelles Stimulans oder rein illustratives Mittel, als musikalischen Hintergrund für artistische oder sportliche Darbietungen (Eiskunstlauf), die Musik zur Werbung, die funktionelle Musik in der Art der → Muzak, → Signature Tunes usw.

Die Bezeichnung populäre Musik dafür ist abgeleitet von dem amerikanischen Terminus → *Popular Music,* der – so unscharf dieser Begriff auf den ersten Blick auch scheint – den Sachverhalt, um den es geht, weit genauer bezeichnet als Begriffsbildungen wie »leichte Musik«, »Tanz- und Unterhaltungsmusik«, »U-Musik«

und dergleichen. Im Unterschied dazu ist die Bezeichnung populäre Musik nämlich nicht allein an die Musik gebunden, sucht diese so verschiedenartigen Genres und Gattungen nicht vergeblich auf ein oder mehrere musikalisch definierte Kriterien wie eben leichte Faßlichkeit und Eingängigkeit (leichte Musik) oder Tanzbarkeit und Unterhaltsamkeit (Tanz- und Unterhaltungsmusik) festzulegen. Sie verweist vielmehr darüber hinaus auf den *Funktions- und Wirkungszusammenhang* einer solchen Musik, in dem ihre Popularität, also ihr Verbreitungsgrad und damit ihr realer Stellenwert in der Lebenspraxis großer Massen von Hörern, ein wesentliches Moment ist. Das schließt nicht aus, daß es darunter immer auch Entwicklungen gibt, die stärker experimentellen Charakter tragen und nicht unmittelbar das Kriterium massenhafter Verbreitung erfüllen. Mittelbar stehen aber auch sie letztlich im gleichen Zusammenhang, denn sie zielen mit künstlerischen Experimenten auf die Funktions- und Wirkungsbedingungen von populärer Musik und setzen sich früher oder später dann doch zumindest partiell in den massenwirksamen Formen dieser Musik um. Allein schon an der bloßen Aufzählung dessen, was an Musik einmal populär war oder es heute ist, läßt sich ablesen, wie wenig dem mit einer rein musikalischen Definition beizukommen ist, denn neben musikalisch beschreibbaren Formen und Typen (z. B. Chanson, Couplet, Schlager, die Stilformen von

Jazz oder Rockmusik) spielen eine wesentliche Rolle Besetzungsstereotypen (Blasmusik), Aufführungsorte (Caféhaus-Musik, Barmusik), Darbietungsformen (Bühnenaufführung von Volksmusik als Form der populären Musik im Unterschied zur musikalischen Praxis des Volkes selbst), Gebrauchsweisen (Tanz- und Marschmusik), Veranstaltungsformen in der Kombination mit anderen Künsten (z. B. Revue, Kabarett), Inhalte (die musikalische Komödie als Operette oder Musical), Verbreitungsgrad (z. B. bei der Filmmusik, denn nicht jede Filmmusik ist populäre Musik, oder bei der sogen. »populären Klassik«), Rezeptionsweisen in der Kombination mit außermusikalischen Sachverhalten (Aneignung von Musik als Hintergrund für artistische, sportliche Darbietungen, bei der Werbung usw.) und soziale Trägerschichten (z. B. afroamerikanische Musik als die Musik der schwarzen Amerikaner, Rockmusik als jugendspezifische Form von Musik). Dennoch liegen in der Bestimmung dieses so unterschiedlich zusammengesetzten Ensembles musikalischer Genres und Gattungen als populäre Musik durchaus übergreifende Merkmale, die sie von anderen Formen der Musik abheben und zugleich dem inneren Zusammenhang musikalischer und sozialer Faktoren hier gerecht werden.

So bedarf die Popularität von Musik ihrer Produktion und Verbreitung auf einer Massenbasis, denn nur dann vermag sie auch massenhaft angeeignet und also populär zu werden. Die populäre Musik ist damit an technische und finanzielle Apparaturen gebunden, die ihre massenhafte Produktion und Verbreitung überhaupt erst ermöglichen. Das erste bedeutende Medium der Massenproduktion von Musik waren die Musikverlage (→ Sheet Music), denen mit der Einführung der Lithographie Anfang des 19. Jh. eine massenweise billige Herstellung von Notendrucken möglich wurde. Mit der kommerziellen Nutzung des Edisonschen Phonographen ab 1892 (→ Schallplatte) folgten dem die technischen Massenkommunikationsmittel und schließlich die heutigen audio-visuellen Massenmedien. Aber die Massenproduktion und -verbreitung von Musik ermöglicht nicht nur ihre massenhafte Aneignung, sondern hat die Popularität von Musik vielmehr nun unmittelbar auch zur Voraussetzung, weil anders diese immer auf-

Dean Reed

wendigeren technischen und finanziellen Apparaturen sinnvoll nicht in Bewegung zu setzen sind. Massenproduktion von Musik setzt ein massenhaftes Bedürfnis nach Musik, nach Musikrezeption voraus, das im Zuge der Herausbildung der auf die kapitalistische Produktionsweise gegründeten bürgerlichen Gesellschaft, der Zerstörung der feudalen oder halbfeudalen ländlichen Produktionsweise entstanden ist. Die gesellschaftliche Durchsetzung der industriellen Massenproduktion auf kapitalistischer Grundlage bedeutete die Konzentration großer Massen von Menschen an den Zentren der Produktion und im Ergebnis des Industrialisierungsprozesses die Angleichung der Lebensbedingungen über ehemalige nationale und territoriale Besonderheiten hinweg. Als Folge des kapitalistischen Systems der Arbeitsorganisation mit seiner Trennung von Arbeits- und Wohnstätte, der stundenmäßigen Fixierung der Arbeitszeit und damit der Herausbildung von »Freizeit« als besonderer Lebensform, die von den isolierten Reproduktionsbedürfnissen der Arbeitskraft beherrscht wird, lösen sich die überlieferten kulturellen Aktivitätsformen mit der Volksmusik als aktiver Musikpraxis der Volksmassen auf. Die nun massenhaft gleichen Lebensbedingungen führen zur Ausbildung massenhaft gleicher Bedürfnisse, wobei insbesondere in der neuentstandenen Lebensform »Freizeit« sich auch das Bedürfnis nach Musik als Bestandteil einer sich hier herausbildenden Massenkultur – aber jetzt mit den Massen als

bloß noch musikalischen Konsumenten, nicht mehr auch Produzenten – behauptet. Durch die kapitalistische Industrialisierung der Gesellschaft sind also die Produktions- und Wirkungsbedingungen von Musik entscheidend verändert worden. In diesem Zusammenhang wird nun Popularität zu einer besonderen *sozialen Qualität* von Musik, die ihr aus dem Umstand erwächst, daß die hier für massenhaft gleiche Bedürfnisse massenhaft produzierte und verbreitete Musik von eigens darauf spezialisierten Komponisten hergestellt wird, nicht mehr aus der musikalischen Praxis der Massen selbst hervorgeht wie die Volksmusik. Jetzt nämlich muß Musik noch *bevor* sie ihre Hörer erreicht, um sie überhaupt erreichen zu können, die Eigenschaft der Popularität im Sinne ihrer Eignung für eine solche massenhafte Produktion, Verbreitung und Aneignung besitzen. Das aber umfaßt weit mehr als nur besondere musikalische Merkmale, schließt die *sozialen Bedingungen und Verhältnisse* ihrer Produktion, Verbreitung und ihrer Rezeption mit ein. Zunächst erscheint das als ein Aspekt der Warenform von Musik, die sie angenommen hat, als durch ihre Produktion und Verbreitung auf einer Massenbasis auch Verwertungsbedingungen für Kapital gesetzt waren und ein selbständiges Musikunternehmertum (Verleger, Musikalienhändler, Agenturen, Musikveranstalter usw.) sich herausbilden konnte. Hier reduziert sich Popularität auf das Moment der Verkäuflichkeit von Musik. Das jedoch ist nur ein quantitativer Indikator für eigentlich qualitative Prozesse. So umfaßt die Popularität von Musik
· ihre Eignung für die jeweiligen Produktions- und Verbreitungstechnologien (z. B. Anpassung in Satzweise und Faktur an variables Druckarrangement; Anpassung an vorgegebene Spieldauer der Schallplatte von maximal 4½ min bis zur Einführung der Langspielplatte bzw. 3 min bei der Single usw.);
· ihre Realisierbarkeit in Aufführungsstätten, in denen sie wirklich Massen von Hörern zugänglich ist, bei gleichzeitiger Anpassung an die jeweiligen akustischen Gegebenheiten und daraus folgenden Besetzungsformen (Blasorchester für Darbietung unter freiem Himmel, kleine Besetzungen in Tanzbars und Cafés usw.);

Udo Jürgens

· ihre Funktionen in der Lebenspraxis der Massen, die durch den gesellschaftlichen Charakter der Lebensweise geprägt sind und sowohl a) praktisch vermittelte Gebrauchsansprüche wie die musikalische Organisation körperlicher Bewegungsabläufe beim Tanzen oder Marschieren, b) geistig vermittelte Ansprüche wie die Erfahrung individueller Subjektivität, der Genuß- und Erlebnisfähigkeit, die Betätigung und Bestätigung des eigenen Selbst, als auch c) reproduktive Ansprüche wie Erholung, Entspannung, Geselligkeit einschließen und zugleich mit besonderen Aneignungsweisen wie einer vorwiegend zerstreuten, als begleitendes Moment für andere Formen der Lebenstätigkeit organisierten Rezeption verbunden sind. Zusammenfassend werden diese Funktionen im Alltag ihrer Hörer auch als Unterhaltung bezeichnet. Realisiert ist das durch die Häufung und Bevorzugung einzelner musikalischer Gestaltungsmittel, ohne daß das angesichts der realen Verschiedenartigkeit der populären Musik, ihrer unterschiedlichen Wurzeln und Traditionsbezüge, ihrer durch die Entwicklung der Gesellschaft Veränderungen unterliegenden Funktions- und Wirkungsbedingungen, sich ändernden Produktions- und Verbreitungsformen, auf einen Katalog von musikalischen Techniken und Verfahrensweisen festzuschreiben wäre. Aber im Unterschied zur artifiziellen Tradition der Musik entwickeln sich die Genres und Gattungen der populären Musik in der Betätigung und Bestätigung eines durch viele zugleich und gleichartig vollzogenen Umgangs mit Musik im Alltag, nicht in einer vom Alltag abgehobenen, besondere Zeit, Aufmerksamkeit und Konzentration erfordernden anschauenden Aneignung. Damit wird die Variantenbildung von relativ feststehenden, im kollektiven Gebrauch ausgeschiedenen Strukturmodellen (Liedform, Tanzrhythmen, Blues-Schema usw.) zur Grundlage dieser Musik, die darin mit einer relativen Kurzlebigkeit oft auch aufgeht. Die Zentriertheit um einen Grundton im Sinne eines tonalen Aufbaus, Bewegungsvorgänge nachbildende Metren und rhythmische Formeln wie überhaupt die Körperbezogenheit des Musikalischen auch in Form der Nachsingbarkeit beispielsweise, die Reihung und Gruppierung einer relativ begrenzten, im Gedächtnis spei-

Edita Pjecha

Barbara Thalheim

Hanna-Maria Fischer

Peter Horton

cherbaren und damit auch bei dekonzentrierter Aufnahme nachvollziehbaren Anzahl komplexer musikalischer Grundelemente (harmonische, melodische und rhythmische Formeln usw.), eine klare und überschaubare Gliederung und Periodisierung des musikalischen Ablaufs zumeist nach dem Symmetrieprinzip lassen sich als allgemeinste musikalische Merkmale der populären Musik fixieren. Dahinter steht ein anderer Begriff von Kunst, mit anderen ästhetischen Wertbeziehungen und sozialen Normativen als in der klassisch-romantischen Tradition einer weltanschaulich und erkenntnistheoretisch fundierten »Tonkunst«, für den die Subjektivität des Ausdrucks durch eine immer differenzierter strukturierte Gestaltung musikalischer Abläufe, Konstruktivität als rationalisierte Formung eines beziehungsreich in sich ruhenden »Werk«-Ganzen, das der Entschlüsselung bedarf und Verstehen voraussetzt, keine Rolle spielen.

Damit ist die populäre Musik also ein Ensemble von musikalischen Genres und Gattungen, das aus den durch die kapitalistische Industrialisierung der Gesellschaft tiefgreifend veränderten Funktions- und Wirkungsbedingungen für Musik hervorgegangen ist, als Bestandteil von Massenkultur funktioniert und auf einer Massenbasis produziert und verbreitet wird. Die Popularität dieser Genres und Gattungen ist eine ihnen eigene besondere soziale Qualität, in der sich ihre Eignung für eine derartige massenhafte Produktion, Verbreitung und Aneignung ausdrückt. Popularität als besondere soziale Qualität von Musik umfaßt sowohl die sozialen Bedingungen und Verhältnisse ihrer Produktion, Verbreitung und Aneignung in Gesellschaft als auch im Zusammenhang damit spezifische musikalische Besonderheiten, in denen sich ihre gesellschaftlichen Existenzbedingungen jeweils musikalisch realisieren.

Entstanden ist die populäre Musik Anfang des 19. Jh., als die gesellschaftlichen Bedingungen ihrer Existenz im Zusammenhang mit der kapitalistischen Industrialisierung der Gesellschaft wie auch die technischen Voraussetzungen ihrer massenhaften Produktion und Verbreitung durch die Einführung der Lithographie in das Verlagswesen herausgebildet waren. Ihre Entstehung vollzog sich auf zwei

Eurhythmics

unterschiedlichen Wegen, die beide durch die Warenbeziehung vermittelt sind und den Charakter der populären Musik bis heute geprägt haben: einmal über die Professionalisierung der Volksmusik und zum anderen über die Popularisierung der Kunstmusik. Der Übergang der volksmusikalischen Tradition an professionelle Komponisten begann bereits gegen Ende des 18. Jh. Er war eine Folge des mit der Veränderung in der Lebensweise der Massen verbundenen rasch steigenden Musikbedarfs, der dazu führte, daß die Volkslieder und Volkstänze nun für das Volk zunächst in möglichst genauer Kopie der Eigenarten dieser Musik von sich darauf spezialisierenden Komponisten gleichsam »nachkomponiert« wurden. Typisch in dieser Hinsicht waren die volkstümlichen Lieder, die in der Nachahmung des Volksliedes entstanden, wie auch die Herausbildung etwa des → Walzers aus dem volksmusikalischen → Ländler. Ganz ähnliche Vorgänge lassen sich später dann auch etwa bei der Umwandlung des → Country Blues in den → Vaudeville Blues (→ Blues) oder der euroamerikanischen Volksmusik in die →

Country & Western Music beobachten. Die Volksmusik hörte damit nun nicht etwa auf zu existieren, entwickelte sich angepaßt an die Bedingungen des Lebens in der Stadt vielmehr weiter, obwohl sie unter den Bedingungen der städtischen Lebensweise mehr und mehr in den Hintergrund geriet. Die Popularisierung der Kunstmusik als eine weitere Wurzel der populären Musik steht im unmittelbaren Zusammenhang mit der bürgerlichen Emanzipationsbewegung und dem Aufklärungsbestreben des revolutionären Bürgertums, das 1781 in Johann Heinrich Pestalozzis Forderung »Das ganze Volk soll an der Musik teilhaben« (Johann Heinrich Pestalozzi, Die Abendstunde eines Einsiedlers, Gesammelte Werke I, Leipzig/Berlin 1927, 271) seinen auf die Musik übertragenen Ausdruck fand. Durch Bearbeitungen wurden Teile oder ganze Werke Anfang des 19. Jh. für Aufführungen auf Plätzen, in Caféhäusern, Restaurants – überall da, wo sie das Volk erreichen konnten – und für die Hausmusik vor allem der kleinbürgerlichen Schichten des Volkes eingerichtet. Auch in die verschiedenen Formen der Gebrauchsmusik gingen musikalisch-stilistische Techniken der artifiziellen Tradition ein, etwa in die Tanzmusik in Form des Quartett-Walzers, eines Vorläufers des → Wiener Walzers, so wie dieser selbst vor allem dann als Konzertwalzer eine Synthese mit der artifiziellen Musik darstellt. Allerdings fanden diese ideologisch motivierten Demokratisierungsbestrebungen im Musikleben ihre Grenzen an den ökonomischen Interessen des Bürgertums, die sich nun auch bei der Musikproduktion und -verbreitung zunehmende Geltung verschafften, so daß solche Popularisierungsversuche der Kunstmusik real einer Trivialisierung und Verflachung gleichkamen, zumal etwa die Praxis der Bearbeitung – ökonomisch außerordentlich profitabel, weil das gleiche Musikstück in unterschiedlichen Bearbeitungen gleich mehrfach verkauft werden konnte – die Vorlagen zwangsläufig auf ihre harmonisch-melodischen Umrisse und den Oberstimmenverlauf reduzierte. Besonders charakteristisch dafür war dann die → Salonmusik, die die artifizielle Tradition unmittelbar in die populäre Musik, vor allem in Form der Haus- und Caféhaus-Musik, zu übertragen suchte und so die darin liegende Tendenz zur

Verflachung und Banalisierung bis hin zum musikalischen Kitsch um so deutlicher werden ließ. Doch die Übernahme von musikalischem Material, Verfahrensweisen und Techniken aus der artifiziellen Musiktradition blieb ein wichtiges Moment in der Entwicklung der populären Musik bis zur Rockmusik unserer Tage, auch wenn die ursprünglich einmal zugrunde liegende Absicht der Popularisierung der Kunstmusik für die populäre Musik selbst dann keine Rolle mehr spielte, sie unter den Bedingungen ihrer massenhaften Produktion als Ware vielmehr in ein äußerst widersprüchliches Verhältnis zur artifiziellen Musiktradition geriet, das oft auch als polarer Gegensatz in der Gegenüberstellung von »ernst« und »leicht« aufgefaßt worden ist (s. u.).

So ist also die populäre Musik ein Syntheseprodukt aus volksmusikalischen Traditionen einerseits und der artifiziellen Musiktradition andererseits und hat sich in dieser Synthese bis in die Gegenwart hinein entwickelt. Schon das markiert einen prinzipiellen Unterschied zur Volksmusik, so daß die populäre Musik

Dalida

nicht etwa als eine lineare Weiterentwicklung der Volksmusik unter nur veränderten Bedingungen anzusehen ist. Vielmehr werden auch die aus der Volksmusik unmittelbar übernommenen Tanz- oder Liedformen gerade dadurch zum Bestandteil der populären Musik, daß sie aus der volkstümlichen Praxis herausgelöst werden. So unterscheidet sich die populäre Musik von der → Volksmusik eben auch
· durch die ihr zugrunde liegende klare Trennung von musikalisch produzierenden und musikalisch konsumierenden Gruppen, wogegen zu den Wesensmerkmalen der Volksmusik gehört, daß hier die musikalische Praxis nicht auf einer solchen Trennung beruht, obwohl auch die Volksmusik schon etwa seit dem 12. Jh. mit den Spielleuten einen professionellen Musikerstand kannte;
· durch die ausgewiesene Autorenschaft eines Komponisten, wogegen Volksmusik anonym bleibt und einem ständigen Prozeß kollektiver Veränderung (Umsingen) unterliegt;
· durch die Verbreitungsform auf der Basis technischer Medien (Druck oder Schallaufzeichnung), während die Volksmusik in mündlicher Überlieferung verbreitet wird;
· durch ihre Massenproduktion als Ware nach zunehmend industriellem Muster und deren Organisation auf einer arbeitsteiligen Grundlage (Trennung von Komponist, Arrangeur, Texter usw.);
· durch ihre Funktionen in der Lebenspraxis ihrer Hörer, die sich mit den Veränderungen in der Lebensweise ebenfalls erheblich verändert haben und nun in Richtung Unterhaltung tendieren.

Trotz allem blieb jedoch die Volksmusik in ihren verschiedenen Erscheinungsformen bis heute eine der wichtigsten Wurzeln der populären Musik, wurden immer wieder Volksmusikpraktiken unterschiedlichster Herkunft auch unmittelbar in die populäre Musik übernommen (beispielsweise setzt sich das Liedrepertoire von Joan Baez hauptsächlich aus neu textierten alten englischen Balladen und Volksliedern aus dem Gebiet der Appalachen im Osten der USA zusammen), ohne aber eben darin weiter Volksmusik zu sein.

Einen Wendepunkt für die Entwicklung der populären Musik bedeutete die Einführung des Schallaufzeichnungsverfahrens nach dem

Prinzip des Edisonschen Phonographen und auf dieser Grundlage dann die Herausbildung der technischen Massenkommunikationsmittel. Nicht nur wurde die populäre Musik damit tatsächlich zu einem alltäglichen Bestandteil der Lebensbedingungen der Menschen, in der technischen Konserve dem unmittelbaren und beliebigen Zugriff verfügbar gemacht, sondern vor allem konnte sie nun auch in ihrer klanglichen Realisierung industriellen Produktionsmethoden unterworfen, in ihrer fertigen klanglichen Gestalt als Ware vertrieben werden. Daraus ging zum einen als qualitativ neuartiges Moment eine Symbiose von Musik und Technik, zum anderen aber auch ein neues Verhältnis zwischen Musik und Ökonomie hervor. Schon die Verlagsproduktion hatte mit der Massenherstellung von Notendrucken einen Grad der Industrialisierung und ökonomischen Rationalisierung erreicht, in dem die ökonomischen Notwendigkeiten (Effektivitäts- und Absatzzwang) gegenüber den künstlerischen Belangen eine zunehmende Priorität erhielten. Nun entstand eine hochgradig monopolisierte → Musikindustrie als Bestandteil der kapitalistischen Kultur- und Unterhaltungsindustrie mit der Produktion und dem Vertrieb von Schallplatten im Zentrum, die die Herstellung von Musik in einen Wirtschaftszweig verwandelte, der heute zu den umsatzstärksten Industriebereichen innerhalb des kapitalistisch organisierten Wirtschaftssystems gehört. Für die populäre Musik bedeutete das, daß ihre Entwicklung nun nicht minder auch ökonomischen Gesetzmäßigkeiten folgen muß, daß die Ökonomie zu einem nicht mehr bloß äußerlichen, sondern zu einem immanenten Moment von Musik geworden ist. Daraus erwächst ihr die Tendenz zur musikalischen Standardisierung, zur Produktion nach dem Gesetz der Serie und unter dem Gesetz der Ökonomie der Zeit. Zum Ausdruck dessen werden die musikalischen Modewellen, die sich nach den Absatzinteressen der Industrie richten, in immer rascherer Folge einander ablösen, die nationalen Grenzen von Musikkultur zu sprengen beginnen und sich als internationale Erscheinungsform der Entwicklung der populären Musik behaupten. Zugleich erscheint in dem Maße, wie hier die Musik industrialisiert und internationalisiert wird, sie selbst immer stärker personalisiert,

Marianne Mendt

zugeschnitten auf die Person des → Stars, als Bestandteil seines → Image. Trotzdem wäre es verfehlt, darin nur eine kommerzielle Deformation von Musik sehen zu wollen, nur den Ausdruck der Kunstfeindlichkeit kapitalistischer Kulturindustrie. Vielmehr verbirgt sich dahinter eben auch eine qualitativ neue gesellschaftliche Organisationsform von musikalischer Praxis, mit anderen, nämlich vorwiegend arbeitsteiligen Methoden der Produktion von Musik, in der die eigentlich schöpferische Leistung Ergebnis einer kollektiven Anstrengung und nur noch in dieser Form möglich ist. Hier wird die Musik zum unmittelbaren Resultat des Zusammenwirkens vieler an der Herstellung ihrer klanglichen Gestalt beteiligten Menschen, ist als Einzelleistung der herausragenden Individualität des traditionellen Komponisten unmöglich geworden, weil schöpferische Idee, die Bedingungen ihrer Realisation (die organisatorischen und technischen Voraussetzungen ihrer Aufführung und Produktion) und ihre Realisierung selbst (das Musizieren einschließlich seiner technischen Umsetzung im Studio) nicht mehr voneinander getrennte gesellschaftliche Sphären (Komponist, Verlagswesen, Konzertwesen, Musiker), sondern zu einer Einheit geworden sind. Neben dem Komponisten und Arrangeur sind die Produzenten und Toningenieure in den Studios der Massenmedien, die Techniker bei der Live-Aufführung heute gleichermaßen schöpferisch am künstlerischen Gesamtergebnis beteiligt. Auch die Rolle der Interpreten hat sich dabei insofern verändert, als auch ihr Anteil an dem künstlerischen Endergebnis mittlerweile so groß geworden ist, daß sie zumeist nun nicht mehr austauschbar sind, ohne daß ein anderes Stück Musik entsteht.

Eine nachhaltige Konsequenz daraus ist die Bildung von Gruppen wie in der Rockmusik als eine kollektive Einheit von in der Regel Komponist, Arrangeur, Texter, Interpret, Techniker und Organisatoren (Management). In einer solchen Organisationsform musikalischer Praxis liegt eine Vielzahl neuer Möglichkeiten des Musizierens, die mit der Verbindung von Musik und Technik, der Erschließung neuer klanglicher Ausdrucksmöglichkeiten für die Musik, mit ihrer Ausrichtung auf die Massen als Adressaten, auf die massenhaft gemachten individuellen Erfahrungen und daraus hervorgehenden neuen Inhalten des Musizierens, mit ihrer Verankerung in der Erlebniswelt, der Phantasie und dem Lebenszusammenhang der Massen, mit der Freisetzung neuer Genüsse und neuartiger Umgangsweisen mit Musik im Alltag verbunden sind. Freilich setzt sich das unter den Bedingungen der Produktion von Musik als Ware in den Verhältnissen kapitalistisch organisierter Kulturindustrie nur sehr widersprüchlich durch, ist behaftet zugleich auch mit der gegenläufigen Tendenz zur Einschrän-

Miriam Makeba

kung der musikalischen Produktivität, ihrer Normierung und Standardisierung nach den Mustern der einmal zu Erfolg gekommenen Titel (→ Kommerzialisierung), ihrer Eingliederung in die ideologischen Mechanismen herrschaftsstabilisierender Bedürfnisabwehr und manipulativer Bedürfnisbefriedigung.

Populäre Musik ist heute also eine hochgradig industrialisierte Form von Musik mit einer verwirrenden und kaum noch überschaubaren Vielfalt von Erscheinungsformen, die im raschen Wechsel der Modewellen einander ablösen und in hohem Maße personalisiert, auf die Stars ihrer Interpreten ausgerichtet sind. Als Bestandteil kapitalistischer Kulturindustrie bewegt sich ihre Entwicklung in Widersprüchen, in denen sie zum einen ein Ausdruck der Entfaltung musikalischer Produktivkräfte im Gesamtzusammenhang der modernen Massenkommunikationsmittel und den in ihnen freigesetzten neuen sozialen, technischen und musikalischen Möglichkeiten des Musizierens, zum anderen aber zugleich auch ein Moment der ökonomischen und ideologischen Reproduktion des Kapitalismus ist.

Vom Standpunkt der artifiziellen Musik aus, wie er sich in der traditionellen Musikwissenschaft niedergeschlagen hat, ist in dieser Widersprüchlichkeit immer nur die eine, auf die Reproduktion des Kapitalismus ausgerichtete Seite gesehen worden und die populäre Musik als Negation von Kunst, Surrogat, Kitsch und bloßer Kommerz der Musik als Tonkunst schematisch gegenübergestellt worden, was seinen Ausdruck auch in pauschalen begrifflichen Festlegungen wie »U-« und »E-Musik«, »ernste« und »leichte« Musik, »Kunst-« und »Trivialmusik« usw. gefunden hat. Übersehen worden ist darin, daß die ästhetischen Maximen der artifiziellen Kunstpraxis auf die populäre Musik nicht übertragbar sind, weil sie in ästhetischen Wertbeziehungen ganz anderer Natur verankert ist, die sich in der Kunstpraxis der Massen herausgebildet haben, mit

einem anderen Begriff von Kunst, anderen sozialen und musikalischen Erfahrungen, anderen Vorstellungen über Wesen und spezifische Leistungsfähigkeit von Kunst, anderen sozialen Normativen und anderen Gebrauchs- und Umgangsweisen mit Musik verbunden sind. Zwar ist die populäre Musik in ihrer ästhetischen Spezifik tatsächlich etwas ganz anderes als die artifizielle Musik. Wenn das aber aus einem Unterschied zu einem Gegensatz gemacht wird, ihre Verschiedenheit von den Traditionen der artifiziellen Musik als deren Negation erscheint, dann sind die Kunsterfahrungen nur einer sozialen Schicht, des Bildungsbürgertums, normativ verallgemeinert, und das steht im Widerspruch zur realen Bedeutung der Volksmassen als Produzenten wie Konsumenten auch in der bürgerlichen Gesellschaft.

Ebensowenig ist die populäre Musik als bloßes Ergebnis der manipulativen Zurichtung der Bedürfnisse der Massen auf das Absatzinteresse der Kulturindustrie zu verstehen. Wohl führt die Produktion von Musik als einer Ware mit dem Ziel der Realisation von Profit zu einer Selektion von solchen musikalischen Formen und entsprechenden Bedürfnissen, die diesem Zweck dienstbar zu machen sind – ideologisch wie ökonomisch –, auch zur Nivellierung der künstlerischen Ansprüche auf den kleinsten gemeinsamen Nenner eines immer größeren Kreises potentieller Käufer. Andererseits aber erfolgt in dem gleichen Zusammenhang und als notwendige Bedingung der Profitmaximierung die Ausrichtung von Musik auf die Lebensrealität und Erlebniswelt der Massen, und das in den technisch fortgeschrittensten Formen des Produzierens. So ist die populäre Musik hier zwar nicht die Musik der Volksmassen, weil im Interesse und von den Agenten des Kapitals in der Musikindustrie produziert und verbreitet. Aber sie ist eine Konsequenz aus der durch den Kapitalismus hervorgebrachten neuen sozialen Qualität der Rolle der Massen in der Gesellschaft insgesamt (Massen als Produzenten des materiellen Reichtums, Massen als Konsumenten, im politischen Sinne der bürgerlichen Demokratie Massen als Wähler usw.) und insofern Ausdruck eines zwar widerspruchsvollen, aber fortschrittlichen Prozesses im Verhältnis von Kunst und Massen.

Mit der Umwandlung der bürgerlichen in Richtung auf eine sozialistisch organisierte Musikkultur, die an der zur Herrschaft gelangten Arbeiterklasse als des fortgeschrittensten Teils der Volksmassen orientiert ist, gerät die populäre Musik ins Zentrum von Musikkultur, denn unter den qualitativ neuen gesellschaftlichen Gesamtbedingungen des Sozialismus sind die Massen nicht mehr bloß Objekt, sondern werden zum Subjekt des Gesellschaftsprozesses. Die Konsequenzen, die es daraus zu ziehen gilt, bedeuten die Organisation von Musikkultur tatsächlich als Kultur der Massen, in der ihre Kunsterfahrungen mit den erreichten fortgeschrittensten Formen des Produzierens von Musik und mit dem musikalischen und politischen Fortschritt verbunden sind. Darin erhält die populäre Musik dann eine neue historische Perspektive, die sie zu einem Moment der wirklich freien Entfaltung der Persönlichkeit in einem sozialen Massenprozeß machen kann.

Popular Music [engl./amerik., ˈpɔpjulə ˈmjuːzik, wörtlich »populäre Musik«]: kommerzielle Kategorie und Bezeichnung einer Rubrik in den → Charts, unter der die jeweils meistverkauften Musiktitel zusammengefaßt

sind. Musikalisch ist der in den USA aufgekommene Begriff an den dortigen Gegebenheiten orientiert, wo diese Kategorie zunächst mit jenen für die weiße Bevölkerungsmehrheit produzierten sentimental-schwülstigen → Schlagern in der Swing-Tradition ausgefüllt war. Typisch für dieses amerikanische Verständnis der Popular Music waren Frank *Sinatra* (geb. 1915) oder Bing *Crosby* (1903–1977), das heißt Lieder mit gefälligen, emotionsbeladenen Melodien, fülligen Arrangements mit Streicher- und Bläsersätzen sowie Vokalchor im → Background. Allerdings entzieht sich der Begriff als eine vorwiegend an kommerziellen Gegebenheiten orientierte Kategorie einer musikalisch-stilistischen Definition, selbst wenn mit der Ausrichtung der Musikindustrie auf diese Kategorie natürlich auch musikalische Tatsachen geschaffen worden sind und geschaffen werden, die meistverkauften Produktionen zur Norm und Schablone für nachfolgende Produktionen wurden und sich so musikalische Stereotype herausbildeten, die mit dem Begriff jeweils korrespondieren. Aber nicht das ist entscheidend, die Bezeichnung Popular Music ist kein musikalischer Stilbegriff, sondern vielmehr die Funktion dieses Begriffs als kommerzielles Warenzeichen, als Angebotsetikett und Umschreibung eines zentralen Teilbereichs des Musikmarktes mit allem, was an Produktions-, Vertriebs- und Verkaufsmethoden dazugehört. Und dieser veränderte sich natürlich im Verlaufe der Entwicklung, verschob sich mehr und mehr in Richtung Rockmusik, die heute nun in dieser Kategorie dominiert.

In der Kurzform *Pop Music* hat dieser Begriff seit den sechziger Jahren dann aber doch einen eingrenzbaren speziellen musikalischen Sinn erhalten, meint hier – den durch die → Rockmusik hervorgerufenen Veränderungen auch in der Zusammensetzung der absolut meistverkauften Produktionen folgend – Musikformen, die die Stilistik und klanglichen Möglichkeiten des Rock mit der universellen Verkäuflichkeit des Schlagers kombinieren (→ Popmusik), wobei die Kurzform der Bezeichnung hier zur terminologischen Unterscheidung dient.

In einem neutralen Sinn hat sich der Begriff Popular Music als Oberbegriff für alle massenhaft produzierten und verbreiteten Musikformen in der Wissenschaft und internationalen wissenschaftlichen Publizistik eingebürgert, mit den entsprechenden Äquivalenten anderer Sprachen (→ populäre Musik).

Popular Tune [engl./amerik., ˈpɔpjulə tjuːn, abgeleitet von Popular Music, englischer Ausdruck für »volkstümliche Melodie«]: ein im amerikanischen Showgeschäft benutzter Begriff für bekannte, beliebte Titel (Themen, Stücke); wurde z. B. im → Swing für als Spielvorlage genutzte Schlagermelodien verwendet.

Posaune, Abk. *tb* [engl. trombone]: Blechblasinstrument mit doppelt U-förmig gebogenem, weitgehend zylindrischem Rohrverlauf (269 cm bei Tenorposaune), mittelgroßem Schallstück, Kesselmundstück; im 15.Jh. Konstruktion des Zuges, seit Anfang des 17. Jh. heutiges Zugsystem; seitdem auch Bau im

Albert Mangelsdorff

Stimmwerk (Diskant-, Alt-, Tenor-, Baß-, Kontrabaßposaune); im 19. Jh. Erweiterung der Mensur. Charakteristikum der Posaune ist der Zug, der ein chromatisches Blasen ermöglicht. Durch stückweises Herausziehen (sieben Positionen) wird das Rohr verlängert, der Ton klingt jeweils um einen Halbtonschritt tiefer. Neben der sogen. *Zugposaune (Slide Trombone)* baute man nach 1835 auch *Ventilposaunen (Valve Trombone)*, bei denen die chromatische Skala durch das Ventilsystem (→ Ventil) erreicht wurde. Als Standardinstrument gilt die Tenorposaune, wobei das im Jazz und im Tanzmusikbereich verwendete Modell enger mensuriert ist. Tonumfang $E - f^2$, Pedaltöne $E_1 - B_1$; Grundstimmung in B, jedoch nichttransponierend in Baß- bzw. Tenorschlüssel notiert. Die mit dem sogen. Quartventil (zugeschaltetes Rohr senkt Gesamtstimmung nach F) versehene Tenorbaßposaune bietet einen lückenlosen Tonumfang von $D_1 - f^2$. Klangver-

Paul Rutherford

änderung geschieht durch verschiedene → Dämpfer (→ Growl).

Als Fundament- bzw. Harmonieinstrument gehört die Posaune als drei- oder vierstimmiger → Satz zum Blasorchester. Wie die Trompete (Kornett) kam sie von dort über die → Street Bands zum Jazz, um zunächst den anderen Melodieinstrumenten die harmonisch-rhythmische Stütze zu geben. Kid *Ory* (1889–1973) erregte in New Orleans mit seiner → Tailgate-Technik, dem posaunentypischen Verschleifen (→ Glissando) von Intervallen durch Betätigung des Zuges, Aufsehen. Um das Melodiespiel auf der Posaune machte sich in dieser frühen Phase insbesondere Jimmy *Harrison* (1900–1931) verdient. Charlie *Green* (1900–1936), Miff *Mole* (1898–1961), Tommy *Dorsey* (1905–1956) und Jack *Teagarden* (1905–1964) gehören zu den führenden Posaunisten des traditionellen Jazz und des Swing. Bill *Harris* (1916–1973), vor allem aber Jay Jay *Johnson* (geb. 1924), dessen virtuose Technik auch das Spiel auf dem Achtelnoten-Beat erlaubte (→ Bebop), prägten die Posaunisten des modernen Jazz. Johnsons Zusammenarbeit mit Kai *Winding* (geb. 1922) in der Besetzung zwei Posaunen mit Rhythmusgruppe bescherte dem Jazzpublikum eine neue Klangfarbe. Slide *Hampton* (geb. 1932) veröffentlichte 1979 eine LP mit neun namhaften Posaunisten unter dem Titel »World of Trombones«. Die Entwicklung der letzten Jahre wurde vor allem von europäischen Posaunisten getragen – Albert *Mangelsdorff* (geb. 1928), der auch durch seine Soloauftritte

und das bis zu fünftönige Akkordblasen (durch Nutzen der → Obertöne) berühmt wurde; weiterhin von Paul *Rutherford* (geb. 1940), Eje *Thelien* (geb. 1938) und den beiden DDR-Posaunisten Conrad *Bauer* (geb. 1943) und Hubert *Katzenbeier* (geb. 1936). Mit der Ventilposaune schuf sich Bob *Brookmeyer* (geb. 1929) einen Namen.

In den Big Bands setzte sich der Vierersatz durch, der klanglich den Trompetensatz in der Tiefe ergänzt und oft mit diesem gekoppelt wird. Mitunter fordern Arrangeure als Unterstimme eine Baßposaune. Die gehaltenen Pedaltöne dienen als wirkungsvoller Effekt. Solistisch treten Posaunisten überwiegend bei Sweet-Titeln in Erscheinung.

Position: 1.) die Fingerstellung der Greifhand auf dem Griffbrett (= Lagenspiel);
2.) die einzelnen Zugstellungen auf der → Posaune.

Poster [engl., ′poustə, wörtlich »Plakat«]: war ursprünglich nichts anderes als der öffentliche Anschlag zur Ankündigung eines Konzerts. Die Sammelleidenschaft der Fans von Musikern und Gruppen hat dazu geführt, daß zunächst die Plakate selbst nach dem Konzert verteilt und dann eigens für diesen Zweck

Ankündigungsplakat »Ella Fitzgerald«

meist sehr effektvoll gestaltete Werbeplakate hergestellt wurden, für die sich diese englische Bezeichnung allgemein eingebürgert hat.

Post Punk [engl., poust pʌnk]: Folgeerscheinung des britischen → Punk Rock, die sich mit Beginn der achtziger Jahre innerhalb der angloamerikanischen Rockmusik als ein Bestandteil der sogen. → New Wave herausgebildet hat. Mit dem Punk Rock hat sie allerdings lediglich dessen destruktive Grundhaltung gemeinsam; mit ihrer bewußten Verweigerung aller Spielkonventionen und Formen des Rock, der Vermeidung der Rock'n'Roll-Klischees und ihrer formalen Dekonstruktion unterscheidet sie sich zugleich gravierend von ihm. Es ist das ein Versuch, durch das Infragestellen von Musik über ihre systematische Destruktion in Lärm und Geräusch oder einen roboterhaften musikalischen Gleichlauf den Hörer mit der Erfahrung von Entfremdung, Unterdrückung und Deformation unmittelbar zu konfrontieren, Angst, Verzweiflung, Paranoia, Gewalt und Chaos darstellbar zu machen. Fragwürdig bleibt das nicht nur dadurch, daß es die alles andere als grundlosen Ängste zum ästhetischen Spiel umfunktioniert und damit bestätigt, Entfremdung zum ästhetischen Genuß werden läßt, sondern vielmehr noch, weil es den Hörer in dieser Situation beläßt, Deformationen des Menschen voller Zynismus durch eine ausgeklügelte Nachbildung der ihn deformierenden Situationen und Erfahrungen zu vertiefen sucht, statt sie überwinden zu helfen, ihre sozialen Ursachen aufzuzeigen. Typische Vertreter dieser Richtung des Rock sind die britischen Gruppen *Throbbing Gristle*, *Public Image Ltd* und die ehemalige Punk Rock Band *Gang of Four*.

Potpourri [franz., 'pɔtpuri, wörtlich »Allerlei«]: eine besonders von Unterhaltungs- und Blasorchestern seit Anfang des 19. Jh. bevorzugte Form von lose aneinandergereihten Folgen aus Sinfoniethemen, Opern- und Operettenmelodien, die dem Unterhaltungsbedürfnis, gleichzeitig aber auch der mühelosen Aneignung von »ernster« Musik (stark vereinfacht: Konzentrat »schöner Stellen«) durch breite Schichten des Bürgertums entsprachen. Daneben gab es Potpourris mit Märschen, Walzern, Volksliedern u. a. Diese Zusammenstellung bekannter und beliebter Melodien wird heute meist als → Medley bezeichnet.

Power [engl., 'pauə, wörtlich »Kraft, Stärke, Gewalt«]: unter Rockmusikern gebräuchlich für engagiertes, intensives und kräftig-lautes Musizieren (ein Konzert »mit Power fahren«, einen Titel »powern«).

Power Mouth [engl., 'pauə mauθ]: → Talkbox.

Preset-Synthesizer [engl., pri:'set 'sinθəsaizə, pri:'set 'sintəsaizə]: im Gegensatz zu den frei programmierbaren Synthesizern handelt es sich hierbei um Geräte mit einer unterschiedlichen Anzahl von Festprogrammen, die sich in der Regel klanglich an bestimmte Instrumente anlehnen. Danach richtet sich auch die Bezeichnung der einzelnen Programme (Register), z. B. Strings (Streicher), Brass (Blechblasinstrumente), Piano, Harpsichord usw. In diese Kategorie sind auch Drum- und Gitarrensynthesizer einzuordnen. Zumeist besteht die Möglichkeit, die gespeicherten Klänge zu modulieren. Zu diesem Zweck verfügt der Synthesizer über → Filter, um die Klangfarbe individuell nachzuregeln, über Modulationsgeneratoren für verschiedene Effekte oder auch über → Envelope-Generatoren zur exakten Produktion bestimmter Tonkonturen. Das Zusammenwirken der einzelnen Baugruppen geschieht auf Basis der Spannungssteuerung, so daß die Bezeichnung Synthesizer für diese Instrumente gerechtfertigt ist. Im Live-Gebrauch bieten sie gegenüber den frei programmierbaren Synthesizern den Vorteil, daß die aufwendigen Einstellvorgänge entfallen, und gegenüber anderen Keyboards weisen sie zum Teil erhebliche technische und klangliche Vorzüge auf. So ist z. B. das Bandschleifen-Mellotron im Lauf der siebziger Jahre vom → String-Synthesizer verdrängt worden. Aus spielpraktischen Erwägungen versehen viele Hersteller auch frei programmierbare Synthesizer zusätzlich mit einigen Festprogrammen (Presets). Außerdem können bei einigen Instrumenten »in Heimarbeit« gefundene Sounds gespeichert und später abgerufen werden.

Primás [ung., 'prima:ʃ]: Leiter einer Zigeunerkapelle; Vorgeiger; → Stehgeiger.

prima vista [ital.; engl. sight reading, wörtlich »auf den ersten Blick«]: Bezeichnung für das »Spielen vom Blatt«, d. h., der Musiker muß die ihm vorgelegte Stimme ohne vorherige Vorbereitung (Üben) abspielen bzw. absingen.

Diese Praxis ist z. B. unumgänglich bei Programmbegleitung in Varietés, bei geselligen Veranstaltungen u. ä., wenn Solisten, Artisten, Tänzer usw. kurzfristig anreisen. Das Primavista-Spiel gehört zur Qualifikation eines Berufsmusikers.

Producer [engl., prə'dju:sə]: → Produzent.

Produzent (engl. producer): im → Studio der für die Realisation einer musikalischen Produktion verantwortliche Leiter; sein Aufgabenfeld umfaßt sowohl technische, organisatorische als auch künstlerische Aspekte, die ihn zum Mittler zwischen den künstlerischen Vorstellungen der Musiker und ihrer technischen Umsetzung durch die Aufnahmetechniker machen. Er organisiert und überwacht den Gesamtprozeß einer Produktion, von den terminlichen Festlegungen, wann wer im Studio zu sein hat, ob, wann und welche → Studiomusiker zusätzlich gebraucht werden, über den eigentlichen Aufnahmevorgang, für dessen künstlerisches Resultat er verantwortlich zeichnet, bis zum abschließenden Mischen (→ abmischen) der Aufnahme. Seine Funktion ist ein Ausdruck des zunehmend kollektiven Charakters der Musikproduktion und ihrer wachsenden Abhängigkeit vom Zusammenspiel musikalischer, technischer, ökonomischer und organisatorischer Faktoren, das zu realisieren dem Produzenten obliegt. Die Bedeutung dieser Funktion hat sich für das musikalische Gesamtergebnis mit der immer weiter gehenden künstlerischen Nutzung der technischen Möglichkeiten des Studios in den letzten zwanzig Jahren gewaltig erhöht. Ohne einen guten Produzenten vermag auch der beste Musiker seine Kreativität nicht mehr umzusetzen. Ausgezeichnete Produzenten genießen inzwischen einen ähnlichen Status wie die Musiker selbst. Der Typ des modernen Produzenten ist vor allem durch Phil *Spector* (geb. 1940) geprägt worden, der Anfang der sechziger Jahre mit außerordentlichem Erfolg die spezifischen klanglichen Möglichkeiten des Studios zu nutzen begann. Später waren es vor allem George *Martin* (geb. 1926) als Produzent der *Beatles*, Felix *Pappalardi* (geb. 1940) als Produzent der *Cream*, Quincy *Jones* (geb. 1933) als einer der ersten erfolgreichsten Vertreter seines Metiers, u. a. mit Produktionen für *Little Richard*, Aretha *Franklin*, Herbie *Hancock* sowie Michael *Jackson*; und in jüngster Zeit Brian *Eno* (geb. 1948) und Trevor *Horn* (geb. 1948), die sich neben einer ganzen Reihe anderer als Produzenten einen Namen machten. Der außerordentliche Stellenwert dieser Funktion hat vor allem viele Rockgruppen auch dazu übergehen lassen, ihre Aufnahmen unter eigener Regie zu produzieren. Trotzdem bleibt die Tätigkeit des Produzenten, ob nun von einem mitwirkenden Musiker oder einem darauf spezialisierten Experten ausgeübt, eine unentbehrliche Integrationsfunktion bei der Musikproduktion.

Progressive Country [engl./amerik., prə'gresiv 'kʌntri]: → Redneck Rock.

Progressive Jazz [engl./amerik., prə'gresiv dʒæz]: eine vor allem mit dem Namen des Bandleaders Stan *Kenton* (1912–1979) verbundene Weiterentwicklung des → Swing in Richtung auf die europäische moderne Musik aus der zweiten Hälfte der vierziger Jahre; gekennzeichnet durch eine erhebliche Erweiterung der → Big Band und ihre Ergänzung mit bis dahin im Jazz ungebräuchlichen Instrumenten wie Flöte, Oboe, Waldhorn, Fagott, Harfe usw., der Nutzung von thematischem Material, das an die zeitgenössische Sinfonik angelehnt war, und einer stärkeren Einbeziehung lateinamerikanischer Rhythmusstrukturen. Eine große Rolle spielten dafür Jazzkom-

Phil Spector

Stan Kenton

Klänge (→ Electronic Rock), ungewöhnliche Klanggestaltung durch → Collage oder einfach auch nur die Erweiterung eines Titels durch langgezogene Improvisationen. Mitte der siebziger Jahre war dieser Begriff dann schließlich so verschlissen, daß er aus dem Sprachgebrauch der Rockmusik wieder verschwand.

Promoter [amerik., prə'moutə, wörtlich »Förderer«]: Bezeichnung für einen Organisator von Konzerten und Festivals. Einen Namen gemacht haben sich damit zum Beispiel Bill *Graham* (geb. 1931), der ehemalige Besitzer der Fillmore Musiktheater in San Francisco, der Geburtsstätte des → Psychedelic Rock; Norman *Granz* (geb. 1918), Manager und Organisator der Jazz-Konzertreihe »Jazz at the Philharmonic«, ein im Juli 1944 im Philharmonic Auditorium von Los Angeles begonnenes Unternehmen, das dann auf Tourneen durch alle Erdteile geschickt wurde; und George *Wein* (geb. 1925), Manager und Chef der Newport Festivals (→ Folk Revival).

Promotion [amerik., prə'mouʃən, wörtlich »Reklame«]: im Musikgeschäft Gesamtheit der Mittel und Methoden, die zur Verkaufsförderung eines Musikers oder seiner Schallplatten eingesetzt werden. Dazu gehören die Organisation von Medienpräsenz, insbesondere in Rundfunk und Fernsehen, aber auch die möglichst häufige Erwähnung in allen Spielarten der Presse, Tourneeprogramme, Anzeigenwerbung, Empfänge, der zielgerichtete Versand von eigens zu diesem Zweck zusammengestellten Informationsmaterialien (Infos) und von Freiexemplaren der Schallplatten des betreffenden Musikers. Als besonders aggressive Sonderform der Promotion hat sich das sogen. → Hype herausgebildet.
→ Marketing.

Promotional Copy [engl., prə'mouʃnl 'kɔpi]: → Acetate.

ponisten und Arrangeure wie John *Graas* (1924–1962), Bob *Graettinger* (1923–1957) oder Bill *Russo* (geb. 1928). Auch wenn der pseudosinfonische Stil dieser Spielart des Jazz eine recht kurzlebige Erscheinung blieb, kam aus den Big Bands des Progressive Jazz doch eine ganze Reihe später in → West Coast Jazz und → Cool Jazz stilbildender Musiker.

Progressive Rock [engl./amerik., prə'gresiv rɔk]: Anfang der siebziger Jahre von den Plattenfirmen benutztes Etikett für die von ihnen herausgebrachten Produktionen des → Art Rock. Mit der Suggestivkraft dieses Begriffs wurde vor allem Kundenfang betrieben, und so verlor sich sehr schnell, nicht zuletzt in der Verwendung durch den angloamerikanischen Rockjournalismus, der konkrete Bezug auf irgendeine bestimmte Musikrichtung. Progressiv war alles das, was im Zusammenhang der Rockmusik den Charakter des Ungewöhnlichen und Ungewohnten hatte. Das konnten die Einmontierung von → Zitaten oder die Experimente mit Sinfonieorchestern des Art Rock sein, die Einbeziehung elektronischer

Protestsong: Mitte der sechziger Jahre im Rahmen der amerikanischen → Folk Music entstandenes Liedgenre, in dem in musikalischer Anlehnung an die Strukturen der angloamerikanischen Volksmusik dem Protest vor allem Jugendlicher gegen die US-amerikanische Intervention in Vietnam Ausdruck verliehen, sehr bald aber auch der amerikanische

Kapitalismus insgesamt zum Gegenstand einer kritischen und oft radikal ablehnenden Auseinandersetzung gemacht wurde. Über einen romantisch-utopischen Antikapitalismus gelangte das in den Grundpositionen zwar kaum hinaus, hatte im Prozeß des politischen Bewußtwerdens einer Generation junger Amerikaner aber eine wichtige Funktion. Zu den Begründern und Hauptvertretern dieses sich vor allem durch seinen sozialkritischen Textinhalt definierenden Liedgenres gehörten Bob *Dylan* (geb. 1941), Joan *Baez* (geb. 1941), Phil *Ochs* (1940–1976) und Pete *Seeger* (geb. 1919).
→ Topical Song.

Pseudonym: Deckname, der zur Verschleierung der Identität willkürlich angenommen wird. Pseudonyme spielen in der populären Musik aus den unterschiedlichsten Gründen eine sehr große Rolle. Der häufigste Grund für die Annahme eines Pseudonyms ist die Werbewirksamkeit des Namens. So werden allzu gewöhnliche oder auch besonders komplizierte und lange Namen durch geeignete Pseudonyme ersetzt, wie zum Beispiel Robert Zimmermann durch Bob *Dylan* oder Joachim Krauledat durch John *Kay* (Leadsänger von Steppenwolf). Pseudonyme können auch typische und dadurch populäre Spitznamen sein wie *Little Richard* für Richard Penniman oder *Professor Longhair* für Roy Bird. Die Annahme eines Pseudonyms kann sich auf Familienrücksichten gründen oder auch nur zeitweilig (bei bloßem Arbeiten zum Broterwerb als Studiomusiker zum Beispiel) erfolgen. Sie kann zur Verschleierung von Vertragsverletzungen dienen, wenn entgegen getroffenen Vereinbarungen Aufnahmen bei anderen als der Vertragsfirma vorgenommen werden (aus diesem Grund veröffentlichte Dizzy *Gillespie* beispielsweise Aufnahmen unter Izzy Goldberg, Gabriel, B. Bobstein und John Birks). In den sechziger Jahren war der Übertritt zum Islam für viele farbige Jazzmusiker der Grund, einen arabischen Namen anzunehmen, zum Beispiel Art *Blakey* als Abdullah Ibn Buhaina. Gelegentlich ist die Annahme eines Pseudonyms auch mit der durchaus werbewirksamen totalen Verschleierung der persönlichen Identität verbunden, wie etwa im Falle des Musikers *Sun Ra*, von dem weder Name noch Herkunft, Nationalität und Geburtsdatum genau bekannt sind.

Psychedelic Rock [amerik., saikə′delik rɔk, auch *Acid Rock*]: zwischen 1966 und 1968 in San Francisco vor dem Hintergrund der sich dort um die High Ashbury herausbildenden Hippie-Kultur entwickelte Spielart der → Rockmusik, die offen auf Drogenerfahrung bezogen war, unter Drogeneinfluß entstand und mehr oder weniger auch als Hintergrundmusik für den Drogenkonsum galt. Diese Musik war wesentlich auf den Live-Zusammenhang orientiert, wo sie eine durch Blues und Jazzimprovisation inspirierte Exegese von Klang und Elektronik im Rahmen von überlangen → Kollektivimprovisationen darstellte. Angeblich entsprach sie mit ihrer zerfließenden Formlosigkeit den Visionen und Halluzinationen, wie sie durch Drogen hervorgerufen werden können. Die vorgeblich bewußtseinserweiternde Wirkung von Drogen, die von den Hippies damals zur revolutionären Kraft ideologisiert worden war, ist später zu Recht stark in Zweifel gezogen worden, als sich das Rauschgift in allen kapitalistischen Industriestaaten als ein sozial nicht mehr zu bewältigendes Problem erwies, das jährlich eine steigende Zahl von Todesopfern fordert. Letztlich ist die Kapitalismuskritik der Hippies dann auch im Drogennebel verdunstet, statt tatsächlich zu einer gesellschaftsverändernden Kraft zu werden. Begonnen hatte es mit dieser Musikalisierung von Drogenerfahrung und der Popularisierung von LSD durch Rockmusik im März 1966 mit einem Festival, dem *Bay Area Extravaganza*, das u. a. auch von Ken *Ke*-

Jefferson Airplane

sey, Autor von »One Flew over the Cuckoo's Nest« (deutsch »Einer flog über das Kukkucksnest«), veranstaltet worden war und zum praktischen Exempel seiner neuen Heilslehre, der Revolutionierung des Bewußtseins durch LSD, werden sollte. Aus diesem Massenrausch von über fünftausend Menschen ging der Kern der Hippie-Bewegung und der Anstoß zum Psychedelic Rock hervor, der dann im Jahr darauf, in dem als »Summer of Love« berühmt gewordenen Sommer 1967 mit den Massenfestivals der Hippies, seinen Höhepunkt hatte. Der Begriff Psychedelic Rock kam für das 1967 erschienene Album »Surrealistic Pillow« der *Jefferson Airplane* auf. Neben ihnen waren es vor allem die Gruppen *Grateful Dead, Charlatans* und *Quicksilver Messenger Service*, deren Musik für den Psychedelic Rock stand. Auch die *Beatles* und die *Rolling Stones* haben mit ihren Alben »Sgt. Pepper's Lonely Hearts Club Band« (1967) bzw. »Their Satanic Majesties Request« (1967) einen eigenwilligen Beitrag zu dieser Spielart der Rockmusik geleistet. Doch die englische Version des Psychedelic Rock wurde damals hauptsächlich von *Pink Floyd* mit ihren Alben »The Piper at the Gates of Dawn« (1967) und »A Saucerful of Secrets« (1968) vertreten.
Ende der sechziger Jahre, als deutlich wurde, daß die Hippies mit ihrem Anspruch auf alternative Lebensformen auf der Basis von LSD, der Veränderung des amerikanischen Kapitalismus durch die »psychedelische Revolution« gescheitert waren, scheitern mußten, verlor sich auch der Psychedelic Rock. Was er hinterlassen hat für die weitere Entwicklung der Rockmusik war neben einem subtilen Klangempfinden vor allem der Umgang mit Licht (→ Light Show) als einer zusätzlichen Dimension zur Musik.
→ San Francisco Sound, → West Coast Rock.

Pub Rock [engl., pʌb rɔk, abgeleitet von engl. pub = »Kneipe«]: Ende der siebziger Jahre im Zusammenhang mit der → New Wave von der englischen Musikzeitschrift *Melody Maker* nachträglich eingeführte Bezeichnung für einen Bereich der britischen → Rockmusik, der am Rande der großen Vermarktungswellen ihre Entwicklung von den Anfängen an beglei-

tet hat – die lokale Musikszene (→ Szene) mit ihren in den Kneipen tingelnden Bands. Als durch die Punk-Revolte (→ Punk Rock) die lokale Musikszene insgesamt eine erhebliche Aufwertung erfuhr, eigens dafür kleine, unabhängige → Label entstanden, wurde auch eine Vielzahl von Gruppen nach oben gespült, deren Wirkungskreis sich bis dahin auf Live-Auftritte zum Wochenende in einer der vielen Kneipen vor allem in London beschränkt hatte. Trotz aller Amateurhaftigkeit und des selbstbewußt zur Schau gestellten Dilettantismus zeichneten sie sich durch ihre Unverbrauchtheit und die soziale Nähe zu ihrem Publikum aus, was sie im Zuge der mit dem Punk Rock verbundenen Umwertung der Rockmusik ausgesprochen attraktiv machte. Musikalisch waren diese Gruppen bei dem für sie Machbaren geblieben, einer simplen, am → Rhythm & Blues und → Rock'n'Roll orientierten Spielweise, die schon in den Jahren 1962 bis 1964 hier dominiert hatte, als Gruppen wie die *Rolling Stones*, die *Animals* oder die *Yardbirds* noch zu diesem Umfeld gehörten. Einer musikalisch-stilistischen Festlegung entzogen sie sich natürlich, und das führte zu dem von ihrem Auftrittsort abgeleitete Etikett Pub Rock, als diese Gruppen als Bestandteil der New Wave auch ins Blickfeld der internationalen Rockentwicklung gerieten. Dabei blieben sie aber zumeist das, was sie waren, denn gerade dadurch waren sie ja auch interessant geworden; mit der Konsequenz, daß sie über ein oder zwei Single-Erfolge weder hinauskommen konnten noch wollten, sich konsequent dem Star-Kult verweigerten. Für die einzelnen Gruppen bedeutete das, daß sie immer nur kurzzeitig einen über die lokalen Grenzen hinausreichenden Bekanntheitsgrad hatten, auch wenn das Phänomen insgesamt bis heute eine Komponente der New Wave ausmacht. Typische Beispiele waren etwa *Ducks Deluxe, Bees Make Honey* und *Help Yourself*. Zu den Stars dieser Szene mit länger anhaltendem Erfolg entwickelten sich dann jedoch insbesondere Ian *Dury* (geb. 1942) und die Gruppe *Dr. Feelgood*, mit deren Namen sich das in der zweiten Hälfte der siebziger Jahre hauptsächlich verband.

Punk Rock [engl., pʌnk rɔk, von engl. punk = »Abfall, Müll«]: soziale und musikali-

*Johnny Rotten
(Sex Pistols)*

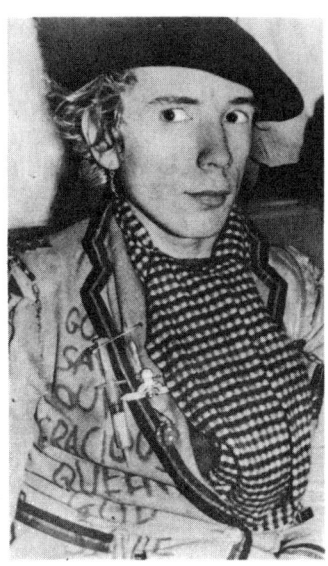

sche Erscheinungsform der → Rockmusik, die
in der zweiten Hälfte der siebziger Jahre in
Großbritannien massiv aus dem von Jugendarbeitslosigkeit und sozialer Hoffnungslosigkeit
geprägten Milieu der Kneipen (→ Pub Rock)
vor allem Londons hervorbrach und für die
weitere Entwicklung des Rock tiefgreifende
Konsequenzen hatte. Die Bezeichnung steht
für ein ganzes Programm, das diese Musik
dann kennzeichnete. Ausgelöst worden war
diese Entwicklung mit dem im Januar 1977
erschienenen »Anarchy in the UK« der *Sex
Pistols*, das einem sich bis dahin unterschwellig und abseits vom Rockgeschäft herausgebildeten Mißmut britischer Jugendlicher aus den
sozialen Unterschichten angesichts der wachsenden Distanz zwischen ihren sozialen Erfahrungen und den kunstvollen Experimenten
des → Art Rock der mittsiebziger Jahre Luft
verschaffte. Immer deutlicher zeichnete sich
zu diesem Zeitpunkt ab, daß die Rockmusik
zu einer Angelegenheit anonymer Geschäfts-
leute in den Chefetagen der Schallplattenfirmen geworden war, ihre ursprüngliche rebelli-
sche Kraft längst verloren und sich mit dem
ästhetischen und technischen Hochleistungs-
perfektionismus der »Supergruppen« von ihrer
Basis weit entfernt hatte. Die Reaktion darauf
fiel mit der radikalen Ablehnung der bis dahin
für die Rockmusik gültigen klanglichen und
technischen Standards, mit einem Kult des

Dilettantismus, der rituellen Stilisierung des
Häßlichen, einer bewußt abstoßenden Gossen-
poesie und einem aberwitzigen Lärm anstelle
der studiotechnischen Klangexperimente von
vordem entsprechend extrem aus. Die *Sex Pistols*, die dies als Konzept öffentlich machten,
einem kompromißlosen Nihilismus in der
Rockmusik Bahn brachen, zogen eine ganze
Welle von jungen Gruppen nach sich. Mit
*Clash, Damned, Buzzcocks, Slaughter & The Dogs,
Jam, Stranglers, Vibrators, Siouxsi & The Banshees,*
um nur die prominentesten zu nennen, trat
eine neue Generation von Musikern mit einer
geradezu verzweifelten Destruktivität an die
britische Öffentlichkeit und sorgte mit ihrem
Aufzug aus dem von Sicherheitsnadeln zu-
sammengehaltenen Wohlstandsmüll, der aus-
gesuchten Häßlichkeit ihrer Erscheinung
und der provozierenden Unflätigkeit ihres
Auftretens für Schlagzeilen.
Gemeinsam war den britischen Punk Bands
der Haß auf die Musikindustrie und auf die
Elite der Superstars mit ihrer bornierten
Gleichgültigkeit gegenüber dem Publikum
und ihrer überzüchteten und inhaltsleeren
Virtuosität. Die Rebellion gegen die Musikindustrie stand zugleich für die Revolte gegen
ein krisengeschütteltes und von wachsenden
sozialen Spannungen gezeichnetes Gesell-
schaftssystem, deren Teil sie war, und das sich
im Gefühl des »No Future« Ausdruck verschaffte. Den Punk Bands wurde die Bühne
zum Podium, um Abscheu, Frustration, das
tötende Gefühl der Langeweile und ihre
eigene soziale und menschliche Deformation
auszustellen. Verbunden war das mit einer
Neubewertung des → Rock'n'Roll, der Anfänge der Rockmusikentwicklung, auf die musikalisch nicht nur bewußt zurückgegriffen
wurde, sondern die mit dem Flair des Musik-
zum-Selbermachen, der betonten Unprofes-
sionalität, dem Rock auch seine soziale
Sprengkraft zurückgeben sollten. Der rebelli-
sche Widerstand gegen jeden und alles über-
zog diesen Rückgriff auf die musikalischen
Ausgangspunkte aber mit einer intoleranten
Ästhetik der Wildheit, die mit ohrenbetäuben-
den und schmerzhaften → Feedbacks, schrillen Gitarren, lärmenden Verzerrungen und
einem wahnsinnigen Tempo zum eigentlichen
Ausdrucksmittel des Punk wurde.
Auch wenn es damals schien, als sei der briti-

sche Punk Rock die hemmungslose Negation der Rockgeschichte, so etwas wie die Stunde Null des Rock, so hatte doch auch er seine musikalischen Vorläufer und bezog sich auf seine Weise auf die bisherige Entwicklung des Rock. Der Begriff Punk, im Rockjournalismus als abschätzige Charakterisierung ästhetischer Unbedarftheit und musikalischen Dilettantismus eingeführt, kennzeichnete in den USA schon seit Mitte der sechziger Jahre eine Spielart des Rock, die sich die Verweigerung der von den Medien zelebrierten Rock-Ästhetik zum Programm gemacht hatte. Statt des prätentiösen Rock-Kults, wie er sich mit dem → Psychedelic Rock damals anbahnte, blieben die vor allem aus Texas und Kalifornien stammenden Bands bei einer Musik voller Energie und Aggressivität, nach dem Vorbild der frühen *Kinks, Rolling Stones* und *Who.* Das brachte sie zwangsläufig ins Abseits des Rockgeschäfts; eine Position, die sie selbstbewußt behaupteten und mit der herausfordernden Ablehnung der herkömmlichen kulturellen Bewertungsstandards verbanden. Ihr Wirkungsfeld reduzierte sich auf einen engen lokalen Anhängerkreis in kleinen Clubs, ihr Probendomizil waren zumeist Garagen, was ihnen auch die Bezeichnung *Garage Bands* eingebracht hat. Sie nannten sich *Barbarians, Shadow of Knight, Seeds, Elevators, Sonics,* soweit ihre Namen trotz allem irgendwo einmal auf Schallplatte auftauchten. Es war die Musik Tausender kurzlebiger Schülerbands, die es auf eine Teilhabe am Rockgeschäft mit Plattenproduktionen, → Promotion und → Management gar nicht abgesehen hatten. Anfang der siebziger Jahre fand ihre grobe, ungeschliffene Musikalität dann allerdings professionelle Nachahmer, in dem damals von Transvestitentum, Skurrilität und grotesken Absurditäten beherrschten New Yorker Rock-Underground, dessen Credo eine kunstvoll stilisierte Dekadenz war. Als Konzept wurde das durch eine Tournee der *New York Dolls* nach Großbritannien gebracht; eine Gruppe, die mit ihren bewußt simplifizierten Rock'n'Roll-Klischees für viele britische Punk Bands der ersten Stunde dann einen wichtigen musikalischen Bezugspunkt abgab. Doch in Großbritannien wurde aus dem der abseitigen Phantasie gelangweilter Rockparvenues entsprungenen unverbindlichen Bühnenspektakel sozia-

ler Ernst, aus dem dekadenten Spiel mit einer minimalistischen Zwei-Akkorde-Ästhetik der bittere Zynismus des britischen Punk Rock. Trotz aller Destruktivität und der im Grunde völlig nihilistischen »No-Future«-Attitüde gab er der Rockmusik doch damit eine soziale Dimension zurück, die im Prozeß ihrer klangtechnischen und ästhetischen Vervollkommnung auf der Strecke geblieben war, holte sie aus den Aufnahmestudios auf die Straße zurück und versuchte, sie der Kontrolle durch die Musikindustrie wieder zu entreißen. Letzteres blieb eine Fiktion, auch wenn im Gefolge des Punk Rock zumindest eine Dezentralisierung der Musikindustrie bewirkt wurde. Es waren kleine, unabhängige und oft erst auf Initiative von Musikern oder kleinen Schallplattenläden entstandene Label wie Rough Trade, Stiff, Chiswick, Small Wonder oder Step Forward, auf denen die Verbreitung dieser Musik erfolgte, bis sich dann auch die Großen des Musikgeschäfts wie EMI, CBS oder Polydor entsprechende Optionen an dem sehr bald schon als kommerziell vielversprechend eingeschätzten neuen Trend sicherten. Die kompromißlose Destruktivität, mit der die ersten Punk Bands angetreten waren, ließ sich auch vor dem sozialen Hintergrund, den das in Großbritannien besaß, naturgemäß nicht lange aufrechterhalten. Es geriet schnell an eine Grenze, wo das Musizieren selbst im Chaos versank und Rockmusik damit überhaupt in Frage gestellt wurde. Die *Sex Pistols,* Initialgruppe der Bewegung, lösten sich so 1978 nach einer chaotischen USA-Tournee auf. Was folgte, war einerseits ein musikalisch bewußtes Ausschreiten der Rocktradition mit entscheidenden Bezugspunkten im frühen Mersey Beat (→ Beat) bei Gruppen wie den *Pretenders,* den *Only Ones* oder den *Skids,* andererseits die Verdichtung sozialer Grunderfahrungen in einem Konzept der musikalischen Verfremdung, wie es Gruppen wie *The Fall, Joy Division, Swell Maps, Gang of Four* und *The Pop Group* entwickelten. Inhaltlich wurde der zynische Nihilismus der Anfänge durch Gruppen wie die *Tom Robinson Band, Jam* und vor allem *The Clash* von einem stärker politisch akzentuierten sozialen Engagement abgelöst, das dann in der Kampagne → Rock Against Racism auch in außermusikalischen Aktivitäten einen Niederschlag fand. Und schließlich entstand im Rahmen der britischen Punk-Entwicklung mit Gruppen wie den *Raincoats*, den *Slits, X-Ray Spex, Penetration* und *Essential Logic* erstmals auch eine von Frauen und ihrer Problematik bestimmte Rockrichtung, die sich in Aktivitäten wie → Rock Against Sexism eine öffentlich wirksame Plattform eigener Art verschaffte. Damit kristallisierten sich allmählich wieder musikalische Perspektiven heraus, die Ende der siebziger Jahre dann in das → New Wave genannte Sammelsurium von Spielweisen und Stilkonzeptionen mündeten. Lediglich der → Oi Music genannte Ableger des Punk griff den zynischen Nihilismus der Anfänge auf und führte ihn in eine ausgesprochen faschistoide Richtung weiter. Der auf

neue musikalische Perspektiven zielende Impuls des Punk Rock dagegen ist dann neben den USA in allen westeuropäischen Ländern, in Skandinavien und selbst in Japan aufgegriffen worden und hat mit dem Konzept einer Rockentwicklung von »unten«, aus dem lokalen Zusammenhang heraus, dem Selbstvertrieb von Schallplatten, dem Aufbau unabhängiger Label, zur Herausbildung nationaler Entwicklungsformen von Rockmusik in der jeweiligen Landessprache geführt (→ Neue Deutsche Welle), die die internationale Musiklandschaft entscheidend verändert haben.

→ Post Punk.

Quadrille [franz./span., ka'dri:j/ka'driljə]: Dieser französische Hoftanz z. Z. Napoleons I. (Kontertanz für vier Tänzer oder Paare mit charakteristischen Tanzschritten und -figuren im Viereck) wurde bald abgewandelt in die bürgerlichen Salons des 19. Jh. übernommen (Quadrille française) und als Modetanz über ganz Europa und auch in Übersee verbreitet. Die Quadrille bestand ursprünglich aus fünf, später sechs unterschiedlichen Sätzen (Touren), häufig zweiunddreißigtaktig, $\frac{2}{4}$- und $\frac{6}{8}$-Takt überwogen. Die Beliebtheit dieser bis ins 20. Jh. hinein populären Tanzart war auch darin begründet, daß das musikalische Material aus bekannten Opern- oder Operettenmelodien, aus Liedern oder anderen Tänzen bestand, die – wie ein → Potpourri – aneinandergereiht wurden. Der französische Komponist Philippe *Musard* (1792–1859), der eigene Konzerte auf den Champs-Elysées und Bälle in der Pariser Opéra Comique gab, wobei immer wieder neue Quadrillen zur Aufführung kamen, trug den Beinamen »Quadrillenkönig«. Auch Johann *Strauß* (Vater und Sohn) hinterließen zahlreiche Tänze dieses Typs, so faßte z. B. der Sohn Themen seiner Operetten in der »Fledermaus-Quadrille« (1874) und der »Zigeunerbaron-Quadrille«

(1885) zusammen. Im 19. Jh. bildeten sich zahlreiche Abarten heraus: als Gesellschaftstänze (z. B. Kuß- und Lach-Quadrille; mit abschließendem Walzer als sogen. Walzer-Quadrille), aber auch als Volkstänze (z. B. der niederdeutsche Bunte; der Sechser-, Achter- oder Zwölfertanz im süddeutschen Raum). Nicht übersehen werden darf der Einfluß dieses Tanzes auf zahlreiche lateinamerikanische Folkloreformen, ja sogar auf die Herausbildung des Jazz durch das Spielen europäischer Tanzmusik in New Orleans.

Quadrophonie: vierkanaliges Aufnahme- und Wiedergabeverfahren, das den Hörer räumlich in ein Klanggeschehen einbezieht, weil er Schall aus allen horizontalen Richtungen wahrnimmt.

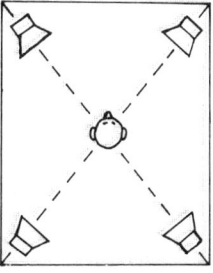

Die vier Lautsprecher bilden die vier Eckpunkte eines Rechtecks. Es werden aufeinander bezogene Signale mit Phasen- und Intensitätsunterschieden wiedergegeben, wie sie z. B. entstehen, wenn man ein Orchester mit vier im Rechteck aufgestellten Mikrophonen aufnimmt. Die wahrgenommenen Einzelschallquellen (fiktive oder Phantomschallquellen) liegen nicht wie bei der → Stereophonie nur auf den Basislinien, sondern füllen die gesamte Fläche, deren Ecken die Lautsprecher markieren. Wenn die vorderen und hinteren Kanäle gleichrangig sind, scheint sich der Hörer inmitten des Klangkörpers zu befinden. Soll dagegen die Schallquelle (z. B. Orchester) vor dem Hörer bleiben, übertragen die beiden hinteren Kanäle hauptsächlich Rauminformationen und dienen einer deutlichen Tiefenstaffelung. Man kann einen Solisten vor das Orchester treten lassen und einen Chor in den Hintergrund rücken. Quadrophone Verfahren wurden Ende der sechziger Jahre in den USA entwickelt und in Europa erstmals 1971 auf der Internationalen Funkausstellung in Berlin (West) vorgestellt. Die Quadrophonie findet im Bereich der populären Musik als Aufnahmeverfahren nur gelegentlich Anwendung, etwa bei avantgardistischen Experimenten (z.B. LP »Atem« von Tangerine Dream, 1973). Das Problem der Speicherung auf Schallplatte liegt in der notwendigen Reduzierung der vier auf zwei Kanäle, aus denen anschließend wieder die vier Ausgangssignale gewonnen werden müssen. Es gibt einige technische Lösungen dafür (SQ-, QS-, CD4-, UMX-Verfahren), aber keine internationale Normung, so daß sich keines dieser Verfahren durchsetzen konnte. Die Einführung quadrophon ausgestrahlter Rundfunksendungen stößt auf das Hindernis, daß die Möglichkeit des gleichzeitigen stereophonen und monophonen Empfangs dieser Sendungen bestehen muß, was komplizierte Matrizierungsverfahren erfordern würde und einen erheblichen Kostenaufwand zur Folge hätte. Außerdem sind die Bedingungen für quadrophones Hören im Wohnraum nicht immer gegeben. So entsteht ein optimaler Höreindruck nur bei der Aufstellung von vier Lautsprechern im Rechteck und beim Aufenthalt in dessen Zentrum, also im Schnittpunkt der Diagonalen. Der Pseudo-Quadro-Effekt, mit dem einige Geräte ausgestattet sind, ist keineswegs dem echten Quadroeindruck gleichzusetzen, denn die beiden zusätzlich angeschlossenen Lautsprecher erhalten lediglich durch elektronische Schaltungen manipulierte Signale, die aus den zwei Stereokanälen gewonnen werden.
Bedeutung hat die Quadrophonie hauptsächlich im Live-Gebrauch. So experimentierten bereits zu Beginn der siebziger Jahre Rockbands (z. B. *Pink Floyd, Stern Meißen*) mit derartigen räumlichen Effekten.

Quartett [ital.; engl. quartet]: 1.) Besetzung mit vier Instrumentalisten (z. B. Modern Jazz Quartet – Piano, Vibraphon, Baß, Drums; Dave Brubeck Quartet – Altsaxophon, Piano, Baß, Drums) oder vier Sängern (Vokalquartett, z. B. ABBA; Golden Gate Quartet; Crosby, Stills, Nash & Young); häufige Combobesetzung im Tanzmusikbereich, auch im Rock (z. B. Beatles; Pink Floyd; Queen); 2.) Komposition für vier Stimmen, z. B. Streichquartett (zwei Violinen, Viola, Violoncello) als Standardtyp der Kammermusik.

Quickstep [engl., ′kwikstep, wörtlich »Geschwindigschritt«]: schnelle Variante des → Foxtrotts (Alla-breve-Takt). Die Bezeichnung geht auf einen Vorschlag von M. Pierre und Florence Purcell 1924 zurück, um den Tanz von der langsamen Form, dem Slowfox, zu unterscheiden. Die Modewelle des Charleston verhinderte zunächst eine größere Popularisierung, die erst nach 1927 einsetzte. Der → Swing ließ auch den Quickstep nach 1930 rhythmisch lockerer werden. Zahlreiche Merkmale anderer Modetänze hinterließen ihre Spuren. Der Quickstep zählt zu den Standardtänzen im Turnierprogramm.

Quijada [span., ki′xa:da, auch *Guijada, Jawbone*]: in der kubanischen Folklore verwendetes Rasselinstrument, bestehend aus einem Esels- oder Ochsenkiefer. Durch leichten Anschlag der Kinnlade verursachen die im Kiefer nur noch locker verankerten Zähne ein rasselndes, klapperndes Geräusch. Da dieses »Instrument« sehr zerbrechlich ist, gibt es eine klangliche Imitation unter dem Namen *Vibra-Slap*: In einem Holzkästchen lose schwingende kleine Stahlstäbchen werden durch Anschlag mittels einer Holzkugel auf das Kästchen in Bewegung versetzt.

Quintett [ital.; engl. quintet]: 1.) Besetzung mit fünf Instrumentalisten (z. B. Louis Armstrongs Hot Five – Kornett, Klarinette, Posaune, Banjo, Piano; Quintette du Hot Club de France – Violine, drei Gitarren, Baß; typische Bebop-Combo – Trompete, Saxophon, Piano, Baß, Drums) oder fünf Sängern (z. B. Love Generation); häufigste Combobesetzung im Tanzmusikbereich, auch im Rock (z. B. The Rolling Stones; Deep Purple; Puhdys; Karat);
2.) Komposition für fünf Stimmen, z. B. Bläserquintett (Flöte, Oboe, Klarinette, Horn, Fagott) in der Kammermusik.

⋆R⋆

Race Music [engl./amerik., reis 'mju:zik]: kommerzielle Bezeichnung für die → afroamerikanische Musik, die sich in Anlehnung an die Anfang der zwanziger Jahre eingeführten → Race Records etwa zur gleichen Zeit im amerikanischen Musikgeschäft einbürgerte. Bezeichnet wurde damit unterschiedslos jene Musik, die, weil von schwarzen Musikern eingespielt, angesichts der Rassentrennung auch im Musikgeschäft nur für die afroamerikanische Bevölkerungsminderheit in den USA bestimmt war. Als Ende der vierziger Jahre dafür der neutralere Begriff → Rhythm & Blues aufkam, verschwand dieses abwertende Etikett allmählich wieder aus dem Sprachgebrauch.

Race Records [engl./amerik., reis 'rekɔ:ds]: Anfang der zwanziger Jahre von dem damaligen Recording Director der New Yorker Okeh Recording Company, Ralph S. Peer, eingeführte Bezeichnung für die mit schwarzen Musikern produzierten Schallplatten, die aufgrund der Rassentrennung auch im Musikgeschäft nur für die afroamerikanische Bevölkerungsminderheit bestimmt waren und somit in den Angebotskatalogen durch eine entsprechende Etikettierung als solche erkennbar sein sollten. Die erste dieser Aufnahmen entstand im Februar 1920 mit Mamie *Smith* (»That Thing Called Love«/»You Can't Keep a Good Man Down«), die im gleichen Jahr ebenfalls bei Okeh auch den ersten → Blues (»Crazy Blues«) einspielte. Auf die Herstellung von Race Records spezialisierten sich zunächst kleinere Firmen wie Okeh, Black Swan, Black Patti, Oriole, Gennet und Paramount, die während der Weltwirtschaftskrise ab 1929 jedoch alle wieder verschwanden. Dafür richteten dann die großen Firmengruppen sogar eigene Sub-Label (→ Label) für ihre Race-Record-Serien ein, denn inzwischen hatte sich herausgestellt, daß hier ein eigener und zudem äußerst profitabler Markt entstanden war, da die schwarzen Musiker für ihre Aufnahmen kaum bezahlt wurden. Die Race Records waren dann auch in erster Linie eine rücksichtslose Ausbeutung der afroamerikanischen Musik. Andererseits wurden auf ihnen zugleich wichtige Zeugnisse dieser Musik dokumentiert und ihr mit der Schallplatte ein Medium erschlossen, das für ihre weitere Entwicklung entscheidende Bedeutung haben sollte. 1949 ersetzte die amerikanische Musikzeitschrift

Race Records

Billboard in ihren → Charts diesen eindeutig pejorativen Begriff kommentarlos durch die neutralere Bezeichnung → Rhythm & Blues, womit er aus dem Sprachgebrauch wieder verschwand.

Rack [engl., ræk, wörtlich »Gestell«]: Rahmen, der verschiedene Zusatzgeräte mit Standardmaßen (Breite: 19 Zoll, Höhe: ganzzahliges Vielfaches von 44 mm) aufnimmt, die zur Ausrüstung eines Studios oder z. B. einer Rockband bei Live-Konzerten gehören. Die im Rack einzubauenden Geräte können den Erfordernissen entsprechend angeordnet und bei Bedarf ausgetauscht werden. Sie befinden sich im Blickfeld des Tonmeisters und sind gut zugänglich. Genügend Platz für die Anschlußkabel und die Belüftung der Gerätekühlflächen ist gewährleistet. Im Live-Betrieb finden Racks in transportsicheren Behältern Verwendung.

Râga [Sanskrit]: Modus bzw. Tonskala in der indischen Musik mit fixierten Intervallabständen. Von den in den alten Sanskritschriften beschriebenen weit über zehntausend möglichen Varianten sind heute noch etwa dreihundert im Gebrauch. Auf der Grundlage dieser mündlich überlieferten Râgas werden nach vorgegebenen Regeln melodische Gestalten improvisierend geformt, die bestimmte Zustände und Gefühlsinhalte (Tageszeiten, Jahreszeiten, Religion) symbolisieren. Dem Musiker obliegt es, mit diesem Material bei seinen Zuhörern in zeitlich sehr ausgedehnten Improvisationen – allein das Vorspiel, das Vorstellen des Râgas, dauert mitunter bis zu einer Stunde – entsprechende Emotionen zu wecken. Den einzelnen Tönen des Râgas kommen unterschiedliche Bedeutungen im Melodieverlauf zu. Wesentlich sind der ständige Grundtonbezug (Zentralton), die Bewegungsrichtung der Melodie, Anfangs- und Schlußton. In den dem freien Vorspiel (Alâpa) folgenden Sätzen erhält der Râga eine ebenfalls überlieferte Rhythmisierung (→ Tâla). Zu den profiliertesten indischen Musikern und Sitar-Spielern zählt Ravi *Shankar* (geb. 1920), der auch als »Guru der Popmusik« apostrophiert wurde, wobei man wohl die Schar seiner Nachahmer (die jedoch nicht einmal annähernd ihr Vorbild erreichten) im Blickfeld hatte. → Râga Jazz, → Râga Rock.

Râga Jazz: Sammelbezeichnung für Jazzstücke, in denen Einflüsse indischer Folklore (→ Râga) spürbar sind, z. B. bei Yusef *Lateef* (geb. 1921), auch Einsatz von → Sitar und → Tablas (nebenstehendes Bild).

Râga Rock: Begriffsbildung für Rockmusik, die in mehr oder weniger starkem Maße Elemente der indischen Musik assimiliert hat. Dieser Einfluß zeigt sich in direktem Mitwirken indischer Musiker, im Einbeziehen typischer Melodie- (→ Râga) oder Rhythmusmodelle (→ Tâla) oder im Spielen indischer Instrumente (→ Sitar, → Tabla). George *Harrisons* (geb. 1943) Neigung zur indischen Philosophie und Musik führte bereits 1965 zum Einsatz der Sitar in »Norwegian Wood« und fand – nach längeren Studien bei Ravi *Shankar* (geb. 1920) – vor allem im Titel »Within You, Without You« (1967, unterstützt von indischen Freunden) seinen künstlerischen Niederschlag. Andere Gruppen, z. B. die *Birds*, *Yardbirds* und *Jefferson Airplane*, experimentierten (teilweise schon vor den Beatles) ebenfalls mit Klangbildern der indischen Musikkultur. Von größerem Einfluß auf die Rockszene war der überaus erfolgreiche Auftritt eines der bedeutendsten Repräsentanten der indischen Musik, Ravi *Shankar*, 1967 auf dem Monterey Pop Festival. Auch in zahlreichen Aufnahmen John *McLaughlins* (geb. 1942) ist nach 1969 indischer Einfluß, besonders in den Improvisationen, nachweisbar. Rückblickend muß jedoch festgestellt werden, daß eine tatsächliche Synthese von indischer Musik und Rock nicht stattgefunden hat, hauptsächlich wohl deshalb, weil Europäer bzw. Amerikaner schwerlich in der Lage sind, tieferen Zugang zu Inhalt, Symbolkraft und Technik der traditionellen indischen Kultur zu finden.

Ragtime [amerik., 'rægtaim]: ein etwa ab 1870 im Mittelwesten der USA von Negerpianisten entwickelter Klavierstil, der auf dem Höhepunkt seiner Entwicklung, zwischen 1895 und 1915, zur ersten komponierten und aufgeschriebenen Musikform der Afroamerikaner wurde. Die Bezeichnung dafür geht auf die stark synkopierte Spielweise der Oberstimmenmelodie zurück und bedeutet soviel wie »zerrissene Zeit«. Sie soll das erste Mal mit dem 1893 erschienenen »Ma Ragtime Baby«

Charlie Mariano mit indischen Musikern

von Fred *Stone* verwendet worden sein. Die musikalischen Quellen, die diesen Klavierstil geformt haben, sind sehr unterschiedlicher Natur und reichen von den → Coon Songs, → Plantation Songs und vor allem den → Cakewalks der → Ministrel Shows über das → Barrelhouse Piano bis hin zur traditionellen europäischen → Salonmusik des 19. Jh. Der musikalische Aufbau ist an die mehrteilige Form des Marsches angelehnt, wobei zwei, drei oder vier und manchmal sogar fünf verschiedene sechzehntaktige, später auch zweiunddreißigtaktige Themen aneinandergereiht werden, verbunden durch kurze Zwischenspiele und mit Einleitung und abschließender Coda versehen. In Abhängigkeit von der Gegend, aus der der Ragtime kommt, lassen sich unterschiedliche, vor allem in der Rhythmik ausgeprägte Regionalstile festmachen. Der stark am Marschrhythmus angelehnte und auch zuerst entstandene Stil war nach der Stadt Sedalia benannt. In St. Louis kam es zur Ausbildung eines durchlaufenden → Beat anstelle der Marschrhythmik, und in New Orleans entstand schließlich eine Spiel-

weise, die hauptsächlich mit dem Namen von Jelly Roll *Morton* (1885–1941) verbunden ist und den beweglichen → Walking Bass in den Ragtime einführte. Übergreifend über derartige regionale Besonderheiten fand der Ragtime eine klassische Ausprägung dann bei Scott *Joplin* (1868–1917), der neben James *Scott* (1886–1938), Tom *Turpin* (1873–1922) und Joseph *Lamb* (1887–1960) zu den erfolgreichsten Komponisten von Piano-Rags ge-

Scott Joplin

hörte. Sein »Maple Leaf Rag« (1899) ist noch heute so etwas wie ein musikalisches Synonym für die »Kunst des Ragtime«. Von ihm ist mit »Treemonisha« (1911) sogar auch eine Ragtime-Oper überliefert, der Versuch einer Synthese des Ragtime-Stils mit der großen Form der europäischen Oper.

Obwohl der Ragtime ausschließlich als ein Klavierstil entwickelt worden war, führte die Popularität, die er fand, recht schnell auch zu seiner Adaption durch Blaskapellen, zur Umarbeitung für Banjo solo und zur Übertragung auf Singstimme mit Klavierbegleitung. Der in der Hauptsache unter den afroamerikanischen → Brass Bands der Südstaaten verbreitete Band-Ragtime hat bei der Herausbildung des → Jazz eine wichtige Rolle gespielt. Die Ragtime-Songs dagegen wurden schnell zu einer Angelegenheit kommerzieller Songschreiber, unter denen Charles N. *Daniels* (1878–1943) mit »Silver Heels« (1909) und »Moonlight and Roses« (1919) sowie Egbert *van Alstyne* (1882–1951) u. a. mit seinem »In the Shade of the Old Apple Tree« (1905) die wohl bedeutendsten waren. Wie sehr die Ragtime-Mode dann in der kommerziellen Tin-Pan-Alley-Produktion (→ Tin Pan Alley) um sich griff, belegt zum Beispiel Irving *Berlins* (geb. 1888) »Alexander's Ragtime Band« (1911), der zum Welterfolg wurde.

Um 1920 ging der Ragtime in New York in den → Harlem Stride Style über und beeinflußte auf diese Weise eine ganze Reihe namhafter Pianisten des Jazz.

Railroad Song [engl./amerik., ˈreilroud sɔŋ]: spezielle Art der → Worksongs, die von den farbigen Eisenbahnarbeitern beim Bau der Schienenstränge in den USA zur Arbeitserleichterung und zur Organisierung rhythmisch gleichförmiger Tätigkeiten erfunden und gesungen wurden. Grundlage bildete der Wechselgesang von Aufseher (Vorsänger) und Arbeitern (Chor) (→ Call and response).

Rap [amerik., ræp]: Ende der siebziger Jahre in den USA aufgekommener Musikstil, der im Sommer 1979 in der Diskoszene New Yorks fast schlagartig Furore machte. Der Begriff ist abgeleitet von dem amerikanischen Slangausdruck *to rap* (= »quasseln«) und bezieht sich auf die vor allem in den afroamerikanischen

Diskotheken entwickelte rhythmische Schnellsprechpraxis der Discjockeys, die mit rasanten Wortkanonaden und dem raffinierten Ineinanderfahren von Titelfragmenten im raschen Wechsel eine äußerst dynamische, zum Tanzen animierende Atmosphäre erzeugten. Dafür wurde eine als *scratching* bezeichnete spezielle Technik entwickelt, bei der die Platten durch Zwischenlegen einer Filzscheibe auf dem Plattenteller beweglich gemacht sind, trotz laufendem Plattenteller angehalten und mit der Hand rhythmisch hin und her bewegt werden können, so daß aus der Musik heraus ein rhythmisiertes Geräusch entsteht, das jederzeit durch Loslassen der Platte wieder in Musik übergehen oder zu einer auf einem weiteren Plattenspieler laufenden Platte hinzugemischt werden kann. Ende der siebziger Jahre wurde das in einen Musikstil umzusetzen versucht, der der Praxis, unterschiedliche Ausschnitte aus einem oder mehreren Titeln auf diese Weise zu einer virtuosen Mixtur zusammenzufahren, optimal angepaßt war. Seine Wurzeln liegen in der afroamerikanischen → Soul und → Funk Music sowie der Straßenmusik der Ghettos. Dieses ganz auf die Rhythmik hin angelegte Klangmuster des Rap basiert auf einem raffinierten Wechselspiel zwischen Schlagzeug und beweglich springendem Funk-Baß, worüber noch eine Fülle zusätzlicher Perkussionseffekte (→ Perkussion) gelegt sind, so daß davon eine geradezu zwingende motorisch stimulierende Wirkung ausgeht. Unterstützt wird das durch einen die Schnellsprechpraxis der Discjockeys imitierenden rhythmisch skandierten Sprechgesang – das charakteristische Kennzeichen des Rap – und einen akustischen → Background, der mit Händeklatschen, Zwischenrufen, Lachen und dem ausgelassenen Reagieren auf den Sänger durch Antwortrufe oder Mitsingen die Atmosphäre des unbeschwerten Tanzvergnügens in der Diskothek nachzubilden sucht. Dazwischen sind riffartige Bläserphrasen (→ Riff) geschoben, die sich ebenfalls dem rhythmischen Grundmuster anpassen. Bei der Live-Aufführung (→ live) werden die Sänger von einem Discjockey begleitet, der ihnen die Musik aus Plattenaufnahmen des instrumentalen Backgrounds zusammenmischt. Dafür wurden den an das Format der Maxi-Single (→ Single) angepaßten Raps auf der B-Seite der

Platte das sogen. Grundband (Basic Tracks) noch einmal beigegeben.

Einer der ersten Titel in diesem Stil war »Rapper's Delight« (1979) von der Gruppe *Sugarhill Gang*, die mit ihren Plattenlabel (→ Label) Sugar Hill Records diese Art Musik so weit monopolisiert hat, daß nahezu alle originalen amerikanischen Rap-Produktionen unter diesem Markenzeichen laufen. Daneben waren es vor allem die ehemaligen Discjockeys *Grandmaster Flash* (geb. 1957) mit seinen *Furious Five* und »The Birthday Party« (1981) und Kurtis *Blow* (geb. 1956) mit »Christmas Rap« (1979), die dem Rap auch international zu einem raschen Durchbruch verholfen haben und aus ihm *die* Musikmode der beginnenden achtziger Jahre werden ließen, die in allen möglichen Spielarten der populären Musik dann aufgegriffen wurde.
→ Break Dance.

RAR: → Rock Against Racism.

Raspa [span.]: mexikanischer Gesellschaftstanz im raschen ⅝-Takt, der auf einem folkloristischen Erntetanz basiert; gehörte in Europa um 1950 zu den erfolgreichen Nachkriegstänzen.

Raubpressungen: → Bootlegs.

Rauschen: Signal, das sich aus sehr vielen, dicht beieinander liegenden Spektralanteilen zusammensetzt. Es tritt als störende Komponente überall in der elektroakustischen Übertragungskette auf (z. B. als Widerstandsrauschen, Transistor- und Röhrenrauschen, Bandrauschen). Genormtes Rauschen dient als Meßsignal. Dafür sind vornehmlich weißes und rosa Rauschen geeignet. *Weißes* Rauschen umfaßt den gesamten Frequenzbereich von hörbarem Schall. Die Energie ist gleichmäßig auf alle gleich großen Frequenzabschnitte verteilt. *Rosa* Rauschen unterscheidet sich von weißem Rauschen nur dadurch, daß der gleichmäßigen Energieverteilung nicht Frequenzintervalle, sondern gleiche musikalische Intervalle (z. B. Terz oder Oktave) zugrunde liegen. Es enthält deshalb stärkere tieffrequente und schwächere hochfrequente Anteile als weißes Rauschen. Weißes und rosa Rauschen können von Rauschgeneratoren erzeugt werden und finden als Klangmaterial Verwendung in Rock- und elektronischer Musik.

Rauschminderungssysteme, Abk. *RMS*: Rauschminderungssysteme dienen dazu, im Übertragungskanal auftretendes störendes Rauschen zu unterdrücken. Die Bezeichnung weist darauf hin, daß das Rauschen nur gemindert, nicht aber vollständig eliminiert werden kann. Rauschminderung auf eine einfache Weise erfolgt z. B. in Radios oder Verstärkern mit wiedergabeseitigen Filtern (Tiefpässe hoher Grenzfrequenz), die hohe Frequenzanteile, in denen das Rauschen besonders stört, absenken. Der Nachteil dieser Methode besteht darin, daß auch das Tonsignal beeinflußt wird (lineare Verzerrung). Um den Frequenzgang insgesamt zu linearisieren, setzt man deshalb vor dem kritischen Übertragungsglied zusätzlich oft ein Filter ein, das die später vorgenommene Höhenabsenkung durch die entsprechende Höhenanhebung ausgleicht (z. B. bei UKW-Sendern und -Empfängern). Damit erhöht sich aber die Gefahr von Übersteuerungen im Übertragungsweg. Eigentliche Rauschminderungssysteme sind aufwendiger und komplizierter, weil sie auf Tonsignale differenziert reagieren. Zu ihnen gehören *Noise Gates*, die beim Mehrspurverfahren verwendet werden, um den Kanal abzuschalten, auf dem keine Modulation vorhanden ist. Universeller einsetzbar sind → *Kompander*, die außerdem die Rauschunterdrückung nicht nur in Pausen, sondern auch bei anliegenden Tonsignalen gewährleisten.

Rebop [amerik., ′ri:bɔp]: → Bebop.

recorded, Abk. *rec* [engl., ri′kɔ:did, wörtlich »aufgenommen, eingespielt«]: Hinweis mit Datum auf Schallplatten-Cover.

Recorder, Abk. *rec* [engl., ri′kɔ:də]: 1.) → Blockflöte;
2.) Aufnahmegerät *(Tape Recorder)*.

Reco-Reco [span., ′reko′reko]: Schrapinstrument, dem → Guiro verwandt, jedoch brasilianischer Herkunft. Über die in den ca. 40 cm langen, hölzernen, zylindrischen oder bauchigen Resonanzkörper eingelassenen Querrillen wird mit einem oben gefächerten Holzstäbchen oder einer Stahlnadel gerieben; heute vielfach als Metallkörper (Spring-Reco-Reco). Der Reco-Reco gehört zum Instrumentarium der Sambamusik.

Redneck Rock [amerik., 'rednek rɔk, auch *Progressive Country*]: von dem amerikanischen Slangausdruck *redneck* für »Südstaatler« abgeleitete Bezeichnung für eine Anfang der siebziger Jahre in Texas aufgekommene Spielart des → Country Rock, die sich selbst allerdings weniger als Rockmusik, sondern vielmehr als eine Alternativbewegung zu den musikalischen und inhaltlichen Klischees der kommerziellen Country & Western Music aus Nashville und ihren Entstehungsbedingungen dort verstand. An die Stelle der Klischees von der Pionierzeit der Landnahme mit dem Mythos des Präriehelden trat hier eine persönlichere und realistischere Sicht auf Nordamerika, seine Geschichte, seine Größe und seine Widersprüche, die sich auch musikalisch mit stilistischen Anklängen an die Rockmusik den Stereotypen des → Nashville Sound entzog. Lokales Zentrum dieser Entwicklung war Austin/Texas. Die wichtigsten Impulse gingen von ehemaligen Sängern und Songschreibern aus der Hitfabrik Nashvilles aus, die wie Willie *Nelson* (geb. 1933), Waylon *Jennings* (geb. 1937) und Jerry Jeff *Walker* (geb. 1942) während ihrer glücklosen Startversuche in Nashville die nüchtern kalkulierten Mechanismen des Country & Western-Geschäfts in den USA am eigenen Leib erfahren hatten.

Reed Section [engl., ri:d 'sekʃən]: Saxophonsatz bzw. Holzbläsergruppe (reed = »Rohrblatt«) in der → Big Band.

Reel [engl., ri:l]: Bezeichnung für einen alten englischen Volkstanz in geradem, meist $\frac{4}{4}$-, aber auch $\frac{2}{4}$- oder $\frac{6}{4}$-Takt mit lebhaftem Charakter. Das jeweils erste Viertel im Takt ist betont. Verbreitung fand er auch in Schottland und Irland. Eine große Rolle haben die Reels dann in der → Country Music Nordamerikas gespielt, wo sie zum Standardrepertoire vor allem der Fiedler gehörten. Von ihnen übernahmen sie die afroamerikanischen Volksmusiker, und bei den schwarzen Landarbeitern wurden sie als Tanzmusik so populär, daß im 19. Jh. die Bezeichnung Reel oft als Synonym für die weltliche Musik der Neger insgesamt galt.

Refrain [franz., rəˈfrɛ̃:, auch Kehrreim]: meist am Ende von → Strophen wiederkehrende, gleichbleibende Text- und Melodiewendungen, in der Folklore verbreitet. In der populären Musik, vor allem im Schlager, hat der Refrain zentrale Bedeutung, er enthält die → Headline, den »Aufhänger«. In der Regel prägt sich über einen längeren Zeitraum auch nur dessen prägnante Melodie-Text-Zeile ein. Im Jazz dienen die Refrains von → Evergreens bzw. → Standards als Improvisationsgrundlage (→ Chorus). Oft werden die Refrains von bekannten Titeln als → Medley zusammengefaßt.
→ Form.

Refrainsänger: Angehöriger einer Tanzmusikformation oder eines Tanzorchesters, der bei der Instrumentalversion eines → Schlagers – in der Regel neben seiner Aufgabe als Instrumentalist – den Refrain zu singen hatte. Solche Instrumentalversionen mit eingesungenem Refrain waren vor allem in den zwanziger und dreißiger Jahren verbreitet.

Regelverstärker: → Verstärker, dessen Verstärkungsgrad vom Eingangspegel abhängig ist. Die aus dem Eingangssignal gewonnene Steuergleichspannung bestimmt den Verstärkungsgrad. Allen Änderungen des Eingangspegels folgt das automatische Einstellen der Verstärkung nicht trägheitslos, sondern erst nach einer gewissen, wenn auch sehr kurzen Regelzeit. Einregelzeiten liegen in der Größenordnung von Milli-, mitunter auch Mikrosekunden, während Ausregelzeiten mehrere Zehntelsekunden betragen können. Die Regelzeiten müssen auf das zu verarbeitende Material abgestimmt sein. Andernfalls kommt es bei bestimmten Eingangssignalen zum »Pumpen«, einer Verfälschung des ursprünglichen Signals, die aus plötzlich notwendigen großen Verstärkungsänderungen und deren Trägheit resultiert. Regelverstärker finden Verwendung in Effektgeräten (→ Kompressor, → Expander, → Limiter) und Rauschminderungssystemen (→ Kompander).

Reggae [ˈregei]: Mitte der sechziger Jahre auf Jamaika aus dem → Ska entstandene Musikform, die gleichermaßen als Tanzmusik, als rituelle Musik der schwarznationalen religiösen Befreiungsbewegung des Rastafari-Kults als auch als musikalischer Ausdruck des sozialen Protests der Ghettobevölkerung anzusehen ist und damit eine Art Schnittpunkt der sozialen

Misty in Roots

und kulturellen Widersprüche dieser Karibik-Insel abgibt. Im Prozeß der Entwicklung des Ska zum Reggae spielte der Rastafari-Kult, dem auch die meisten der Reggae-Musiker verpflichtet sind, eine entscheidende Rolle. Reggae entstand durch eine Reafrikanisierung des Ska genannten Mischprodukts aus karibischer Musiktradition und US-amerikanischer schwarzer Popmusik, zunächst dem → Rhythm & Blues, dann dem → Soul. Eben das aber entsprach der religiösen Verehrung Afrikas im Rastafari-Kult, der im afrikanischen Kontinent das »gelobte Land« eines kommenden Messias sah, durch den dann alle Schwarzen zurück auf den Boden ihrer Vorväter, zurück in ihre einstmalige Freiheit geführt werden würden. Der Rastafari-Kult vermittelte damit der schwarzen Bevölkerung Jamaikas ein neues Selbstbewußtsein, das schließlich auch zur politischen Kraft wurde. Im Reggae durchdringt sich beides und steht zugleich nebeneinander, immer aber eingebettet in eine starke Sehnsucht nach Afrika, nach der eigenen kulturellen und ethnischen Identität. Musikalisch bedeutete das, daß in den Ska die komplexe und vielschichtige Rhythmik

schwarzafrikanischer Musik eingebracht wurde, die ihn, verbunden mit einer erheblichen Verlangsamung des Tempos, dem Wegfall der Bläser, einer Elektrifizierung und der Ablösung des Klaviers durch die Orgel, gleichsam von innen heraus allmählich vollständig okkupierte. Das Ergebnis wurde nach einer 1967 außerhalb Jamaikas als erstem Reggae bekannt gewordenen Produktion der *Maytals* (»Do the Reggay«) benannt. Hauptkennzeichen ist neben der unablässigen Wiederholung der zentralen Textaussagen in sich gleichbleibenden musikalischen Passagen vor allem der im Zusammenwirken aller Instrumente aufgebaute komplexe Rhythmus mit

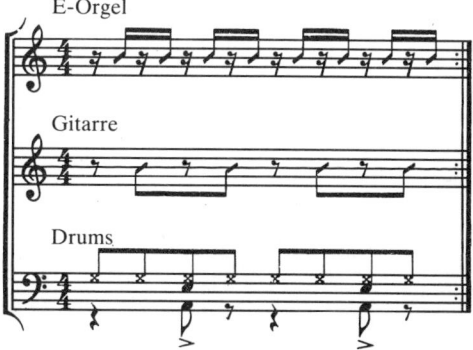

seiner auffälligen 2–4-Betonung und den vielfältigen synkopischen Brechungen.

Die Botschaften der Reggae-Texte sind in einer für Außenstehende kaum verständlichen Metaphernsprache abgefaßt.

Es war dann hauptsächlich Bob *Marley* (1945–1981) mit seinen *Wailers* und Platten wie »Rastaman Vibration« (1976), »Exodus« (1977) oder »Survival« (1979), der diese Musik ab 1976/77 weltweit bekannt machte. Weiter sind es Peter *Tosh* (geb. 1944), Linton Kwesi *Johnson* (geb. 1952) und die Gruppe *Black Uhuru*, die neben einer Reihe anderer Musiker und Gruppen jamaikanischen Reggae repräsentieren. Auch in Großbritannien ist es durch hier lebende jamaikanische Musiker zu einer relativ eigenständigen Reggae-Entwicklung gekommen. Ein recht frühes Beispiel dafür stellt Dandy *Livingstone* (geb. 1945), erster namhafter britischer Reggae-Star, mit seinem »Rudy a Message to You« (1967) dar. Doch verband sich der britische Reggae vor allem in der zweiten Hälfte der siebziger Jahre dann hauptsächlich mit den Namen von *Steel Pulse, Asward, Misty* und *Black Slate*. Über sie ist der Grundrhythmus des Reggae Ende der siebziger Jahre in den → New Wave genannten Entwicklungsstrom der → Rockmusik übernommen worden und hat hier die Spielweise vieler Gruppen nachhaltig geprägt. Beispiele für New-Wave-Bands mit starken Reggae-Einflüssen sind etwa *Police* mit ihren LP-Produktionen »Outlandos D'Amour« (1978) oder »Regatta De Blanc« (1979) bzw. *Clash* mit ihrem »London Calling« (1980), um nur diejenigen zu nennen, die damit stilbildend geworden sind.

→ Dub, → Dub Version.

Register: Tongruppe mit gleichen Klangeigenschaften, z.B.

· Brust- und Kopfregister der menschlichen Stimme (nahtloser Übergang durch sogen. Registerausgleich),

· Pfeifen gleicher Bauart und Klangcharakteristik in der Orgel,

· zusätzlich zuschaltbare Zungenreihen im Akkordeon,

· unterschiedliche Saitenbezüge im Cembalo,

· Stimm- bzw. Instrumentengruppen im Orchester (im → Blasorchester z.B. Holz, »en-

ges« und »weiches« Blech usw.; Vorbereitung in sogen. *Registerproben*).

Das Zu- und Abschalten bzw. Kombinieren einzelner Klangfarben nennt man *Registrieren*. Dieser Vorgang, der beim Musiker (Keyboarder) Klangsinn und Gespür für kontrastreiche, jedoch titel- bzw. arrangementsgemäße Gestaltung voraussetzt, ist in der Rock- und Popmusik besonders bei den elektronischen Musikinstrumenten von großer Bedeutung für den Gesamtsound einer Gruppe. Moderne → E-Orgeln verfügen z.B. über zahlreiche Festregister, die meist den Klang traditioneller Instrumente nachbilden, aber auch über eine große Menge frei wählbarer Registereinstellungen, getrennt für jedes Manual, mit anderen Effekten kombinierbar. Beim → Synthesizer verwendet man – aus der Computertechnik übernommen – für die Klangfarbeneinstellung meist den Begriff *Programmieren*.

Reissue [engl., ˈriːˈisjuː, wörtlich »Wiederausgabe«]: Wiederveröffentlichung alter, bereits historischer Schallplattenaufnahmen; spielt eine große Rolle in der Entwicklung des → Jazz, wo das häufig mit der Erneuerung traditioneller Jazzstile (→ Revivals) verbunden war. Die ersten Reissues wurden bereits in den dreißiger Jahren gemacht.

relaxed [engl./amerik., riˈlækst, wörtlich »entspannt«]: eine Grundeigenschaft des Jazzmusizierens – die innere Gelöstheit des Musikers ermöglicht erst jene typischen Eigenheiten wie → swing und → drive. Relaxed bedeutet aber nicht entspannt im Sinne von spannungslosem Dahinspielen, sondern fordert Intensität in der musikalischen Gestaltung. Im Jazz auch Synonym für »hinter dem Beat spielen«; im Rock auch als *laid back* bezeichnet.

Release [engl., riˈliːs]: → Bridge; auch Bezeichnung der Stelle, an der die Musiker beim Chorusspiel wechseln.

Remake [engl./amerik., riːˈmeik]: Neueinspielung eines alten Musikstücks meist aus technischen Gründen, um es in besserer Klangqualität zur Verfügung zu haben.

Reminiszenz [lat., wörtlich »Wiederkehr, Erinnerung«]: Anklänge an bereits gehörte musikalische Wendungen innerhalb eines Titels; meist abgewandelte Wiederholung als bewährter Kompositions- oder Arrangiereffekt. Bewußte Reminiszenzen an Erfolgstitel erfolgen häufig unter marktstrategischen Aspekten (bereits Bewährtes »verkauft« sich mehrmals). Unbewußte Reminiszenzen, ungewollte Anklänge an bereits bekannte Titel, sind bei der Massenproduktion populärer Musik unvermeidbar, jedoch dürfen sie kein → Plagiat darstellen. → Zitat.

Remix [engl./amerik., 'riːˈmiks]: Neumischung eines Titels (→ abmischen) auf der Basis des Mehrspur-Originalbandes, wobei der Titel nicht selten völlig zerlegt und von Grund auf mit hinzugemischten Klangeffekten, Neuzuspielungen von Instrumenten sowie einer oft weitreichenden klanglichen Veränderung des vorhandenen Materials neu zusammengesetzt wird. Besonders im Zusammenhang mit der Disco Music (→ Disco Sound) war die Neumischung bereits erschienener Titel noch einmal als Disco Version, als sogen. *Dance Mix*, ein recht häufig verwendetes Verfahren. Die New Yorker Firma Hot Mix hat sich seitdem auf diese Praxis spezialisiert, versucht oft mit erheblichem Aufwand an die Originalbänder auch schon älterer → Hits heranzukommen, um sie als Remix erneut auf den Markt zu bringen.

Repertoire [franz., repɛrˈtŏaːr]: Gesamtheit aller Stücke, die ein Interpret, eine Gruppe, ein Orchester, eine Bühne beherrscht und aufführen kann. Aus dem Repertoire werden dann die Titel für das jeweilige Programm (Tanzabend, Konzert, Show usw.) bzw. die Stücke für den Spielplan (Theater, Ballett usw.) ausgewählt.

Resonanz [lat., wörtlich »Widerhall«]: das Mitschwingen eines Körpers in der Schwingung (Grund- oder Obertonbereich) eines anderen Körpers mit dem Ziel der Klangverstärkung und -beeinflussung. Sowohl die menschliche Stimme als auch der Ton der meisten Musikinstrumente bedürfen aufgrund ihrer geringen Grundlautstärke der Resonanzverstärkung. Während unsere Stimme Resonanz durch den Nasen-Rachen-Raum und den Brustkorb erhält, gibt es bei den Instrumenten unterschiedlichste Resonatoren, z.B. das Korpus bei Gitarre und Violine, Rohr und Schall-

trichter bei den Blasinstrumenten, den Kessel bei der Pauke, das Resonanzfell bei Trommeln, den Resonanzboden beim Klavier, den Mundraum bei der Maultrommel usw. Die Bedeutung und Wirkung des Resonanzkörpers wird deutlich, wenn man den elektrisch verstärkten Klang einer Akustik-, Halbresonanz- und Brettgitarre miteinander vergleicht. Elektrisch verstärkte und elektronische Instrumente können auf das natürliche Resonanzprinzip verzichten. Die daraus resultierenden unterschiedlichen Klangfarben werden in der populären Musik maximal genutzt.

Revival [engl., riˈvaivəl, wörtlich »Wiederbelebung«]: Bezeichnung für das erneute Auf- und Weiterleben einer bereits historisch gewordenen Musik- oder Stilrichtung. → Revival Jazz, → Folk Revival.

Revival Jazz [engl./amerik., riˈvaivəl dʒæz]: Bezeichnung für die Ende der dreißiger Jahre einsetzende Renaissance von → New Orleans Jazz und → Dixieland, die vor allem von weißen Amateurbands getragen war und sich nach dem zweiten Weltkrieg dann auch in Europa, mit den Bands von Chris *Barber* (geb. 1930) und Ken *Colyer* (geb. 1928) vor allem in England, fortsetzte. Sie war mit einem breiten Interesse am historischen Jazz verbunden, das sich in der Gründung von Jazzklubs, in der einsetzenden systematischen Sammlung historisch-biographischen Materials, der Wiederveröffentlichung früher Jazz-Schallplatten sowie der Suche nach noch lebenden New-Orleans-Musikern und nachträglichen Platteneinspielungen mit ihnen niederschlug. Der Kornettist und Trompeter Bunk *Johnson* (1879–1949) kam so 1942 zu ersten Schallplattenaufnahmen, Musiker wie der Klarinettist George *Lewis* (1900–1968) hatten Ende der dreißiger Jahre auf diese Weise ein Comeback, nachdem ihre Zeit schon der Vergessenheit anheimgefallen schien. Damit ist dieser umfassenden Renaissance des New Orleans Jazz und Dixieland die Bewahrung vieler wichtiger Zeugnisse der Jazzgeschichte zu verdanken. → Revival.

Revue [frz., rəˈvy]: bühnengebundene Veranstaltungsform unterhaltenden Charakters, die

Revue im Friedrichstadtpalast Berlin

das musikalische Gegenstück zum → Varieté darstellt, wie dieses von der Kombination musikalischer, tänzerischer, artistischer und zirzensischer Darbietungen zu einem abendfüllenden Programm lebt, den Schwerpunkt dabei jedoch auf die musikalische Komponente legt. Während das Varieté sein Programmprinzip in der Vielfalt des Dargebotenen hat, folgt die Revue einem thematischen Leitgedanken, der als Folge von Bildern aufgebaut wird, die sich nach dem Nummernprinzip zusammensetzen. Ihren Ursprung hat die Revue im französischen Vaudeville-Theater (→ Vaudeville), wo sie 1830 in Mode kam. Das anfänglich noch stark ausgeprägte zeitkritische Moment in den Revuen trat mit ihrer Integration in den entstehenden bürgerlichen Unterhaltungsbetrieb zunehmend in den Hintergrund, dafür wuchs der Aufwand an äußerer Ausstattung. Es entstand die sogen. *Ausstattungsrevue*, als deren erste die 1886 im Pariser Theater Folies-Bergère inszenierte Revue »Place aux Jeunes« gilt. Nach französischem

Vorbild verbreitete sich die Revue um die Jahrhundertwende über ganz Europa und fand dann auch in Berlin eines ihrer europäischen Zentren. Berliner Theater wie das Apollo und das Metropol mit ihren großen Ausstattungsrevuen, Theaterensembles wie das des Theaters im Admiralspalast (heutiges Metropol-Theater) unter Hermann *Haller* (1871–1943), des Großen Schauspielhauses (des früheren Friedrichstadtpalasts) unter Erik *Charell* (1895–1973) oder der Komischen Oper unter James *Klein* (1868–?, Schicksal nach 1933 ungeklärt) wurden zu international führenden Revue-Unternehmen. In musikalischer Hinsicht machten sich hier neben Meistern der Berliner → Operette wie Paul *Lincke* (1866–1946) u. a. mit den Revuen »Donnerwetter – tadellos« (1908) und »Halloh, die große Revue« (1909), Victor *Hollaender* (1866–1940) u. a. mit den Revuen »Auf ins Metropol« (1905) und »Die Nacht von Berlin« (1911) sowie Walter *Kollo* (1878–1940) u. a. mit den Revuen »Drunter und Drüber« (1923), »Revue, Achtung! Welle 505!« (1925) und »An und Aus« (1926) vor allem die Komponisten Hugo *Hirsch* (1884–1961) u. a. mit

den Revuen »Das hat die Welt noch nicht gesehn« (1924), »Berlin ist Mode« (1927) und
der aus Wien gebürtige Ralph *Benatzky*
(1884–1957) mit der Revue »Für Dich«
(1925) einen Namen.
Die Revue spielte in den zehner und zwanziger Jahren eine große Rolle für die Entwicklung des → Schlagers, denn ihre Struktur mit
der Aneinanderreihung nur lose verbundener
Einzelnummern verlangte nach einem selbständigen Liedtyp, der – sofern nicht aus den
damals beliebten Operetten entnommen –
nunmehr eigens dafür geschrieben wurde und
in vielen Fällen dann nach den im Jah-
resrhythmus wechselnden Revuen als Schlager
ein Eigenleben führte. Auf den Revuebühnen
der zwanziger Jahre wurden auch die ersten
großen Stars des Schlager geboren. In den Musikfilmen und Filmrevuen (→ Filmmusik) der

dreißiger Jahre fand diese Entwicklung eine
Fortsetzung und zugleich ihren Höhepunkt.
Die Revue hat als Form der musikalischen
Bühnenunterhaltung seither auch gegen Kino
und Fernsehen bzw. im Rahmen von letzte-
rem ihren Platz durchaus behauptet, für die
Entwicklung der populären Musik und hier
insbesondere des Schlagers ihre einstmalige
Bedeutung jedoch verloren.

Rheinländer: um 1840 aufgekommener deutscher Paartanz im ruhigen $2/4$-Takt. Im Rheinländer verbindet sich die deutsche Volkstanz-
tradition mit der zur damaligen Zeit dominierenden Polka (Franz Magnus Böhme spricht
1886 in »Geschichte des Tanzes in Deutschland« von *Rheinländerpolka*). Der gemütliche,
z. T. etwas behäbige Charakter kommt in zahlreichen, noch heute bekannten Titeln zum

Paul Lincke

Ausdruck: »Es geht nichts über die Gemüt-
lichkeit«, »Im Grunewald ist Holzauktion«,
»Immer an der Wand lang« usw. Auch die
»Bayrische Polka« ist eine Rheinländer-Va-
riante. Außerhalb Deutschlands bezeichnete
man ihn als → Schottisch.

Rhythm & Blues, Abk. *R & B* [engl./amerik.,
ˈriðm ænd bluːz]: Sammelbezeichnung für die
nach dem zweiten Weltkrieg in den USA aus
der afroamerikanischen Blues-Tradition heraus entstandenen professionalisierten Formen
einer schwarzen Tanz- und Unterhaltungsmusik. Sie wurde im Juni 1949 von der amerikanischen Branchenzeitschrift *Billboard* eingeführt, um – angesichts des kommerziellen
Stellenwerts dieser Musik – das bis dahin übliche diskriminierende Etikett → Race Music
bzw. → Race Records für die entsprechende
Rubrik der wöchentlich veröffentlichten Ver-

kaufslisten von Schallplatten, den → Charts,
durch einen neutraleren Begriff zu ersetzen.
1969 löste ihn dann der Begriff → Soul in den
Billboard-Charts ab. Obwohl er wie alle diese
kommerziellen Kategorien denkbar unpräzise
ist, fällt seine Einführung zeitlich doch ungefähr mit dem Prozeß der Verschmelzung städtischer Bluesformen (→ City Blues) und afroamerikanischer Tanzmusik wie dem → Hot
Jazz, dem → Harlem Jump, dem → Stomp
oder dem → Boogie zusammen. Freilich sind
die Grenzen hier äußerst fließend, denn der
→ Jump Blues, der schon in den dreißiger
Jahren entstand, ist ebenfalls ein solches Ver-
schmelzungsprodukt, so wie andererseits auch
reine Blues-Aufnahmen aus dem Umfeld des
→ Chicago Blues oder des → West Coast
Blues jetzt unter Rhythm & Blues rubriziert
wurden. Trotzdem entspricht das, was Ende
der vierziger Jahre hier als Rhythm & Blues
etikettiert worden ist, zugleich einer Entwicklungsphase des städtischen Bluesidioms, die

Muddy Waters

von den nach dem zweiten Weltkrieg veränderten Bedingungen für das Musikmachen
und -hören geprägt war. In den total übervöl-
kerten Ghettos der nordamerikanischen Großstädte hatte sich das afroamerikanische Indu-
strieproletariat mehr und mehr den städtischen Lebensformen anpassen müssen und
damit auch von den volksmusikalischen Traditionen ihrer Kultur entfernt. Das Bedürfnis
nach Zerstreuung in dem städtischen Milieu
der Kneipen und Tanzlokale war ständig im
Ansteigen. Andererseits tauchte als Folge des
Big-Band-Sterbens während des zweiten Weltkrieges jetzt eine Vielzahl kleiner Formationen auf, die ihren Lebensunterhalt mit Tanzmusik zu bestreiten suchten. Die kriegsbe-
dingte Schellack-Verknappung – damals
wichtigster Rohstoff zur Schallplatten-Herstel-
lung – hatte ein übriges getan, um der Live-
Musik wieder einen kräftigen Aufschwung zu
geben. Diese kleinen Bands interpretierten
das Repertoire des City Blues, griffen die Boogie-Tradition auf und spielten natürlich die
Tanzmusik-Standards der Vorkriegszeit, alles
auf die Möglichkeiten ihrer Besetzung übertragen. Den von den Bläsersätzen getragenen
Big-Band-Sound der Tanzmusik der Vorkriegszeit (→ Swing) suchten diese erheblich
kleineren, meist nur etwa sechs Musiker umfassenden Ensembles wenigstens annähernd
mit einem Saxophon oder Saxophon und
Trompete zu reproduzieren. Gegenüber den
Bands des City Blues, die in der Regel ohne
Bläser gearbeitet hatten und als reine Begleit-
ensembles für die Blues-Sänger und -Gitarri-
sten fungierten, wurden jetzt die Instrumente
(Gitarre, Baß, Schlagzeug, Trompete, Saxophon, Klavier) solistisch besetzt und erhielten
eine eigenständige Funktion im Ensemblespiel. Zusammengehalten wurde das Ganze
durch einen hart markierten Grund-Beat, der
zugleich das an innerer Spannung ersetzte,
was durch die Übertragung ursprünglich solistischer Spielweisen des Blues und Boogie
Woogie ins Ensemblespiel verlorenging. Um
sich im allgemeinen Lärm der Kneipen und
Tanzlokale durchsetzen zu können, wurde
laut, aggressiv und wild gespielt. Die elektrisch verstärkte Gitarre, die im City Blues
längst Fuß gefaßt hatte, wurde neben dem Saxophon zum wichtigsten Kennzeichen dieses
Sounds. Musikalisch dominierte bei diesen

B. B. King

Bands der ⁴⁄₄-Rhythmus des schwarzen Swing
mit seiner → After-Beat-Betonung und der
⁸⁄₈-Rhythmus des Boogie Woogie, wobei dieser
oft punktiert in der Art des → Stomp und →
Shuffle gespielt wurde. Später bildete sich
auch ein ¹²⁄₈-Muster mit je vier Achteltriolen
heraus, das sich dann in den Piano-Figuren
des frühen → Rock'n'Roll wiederfindet. Die
durchlaufenden Baßmuster waren der Riff-
Technik des Swingstils (→ Riff) entlehnt und
wiesen Gemeinsamkeiten mit den rollenden
Boogie-Bässen (→ Boogie Woogie) auf. In der
Melodik waren die Blues-Intonationen un-
überhörbar. Seinen wohl typischsten Vertreter
fand dieser Mischstil des Rhythm & Blues in
Louis *Jordan* (1908–1975) und seinen *Tympany Five*. Die Titel »Choo Choo Ch'Boogie«
(1946), »Caldonia« (1945) und »Blue Light
Boogie« (1950) sind charakteristische Beispiele für diese Spielweise. Wichtige Musiker
des Rhythm & Blues waren dann Johnny *Otis*
(geb. 1921), Wynonie *Harris* (geb. 1915), die
Tenorsaxophonisten Illinois *Jacquet* (geb.
1922) und Big Jay *McNeely* (geb. 1928) und
natürlich die Sänger und Gitarristen des City
Blues wie John Lee *Hooker* (geb. 1917),
Muddy *Waters* (1915–1983), Aaron T-Bone
Walker (1910–1975) und B. B. *King* (geb.
1925), deren Aufnahmen ab 1949 unter
Rhythm & Blues subsumiert wurden, unabhängig davon, ob sie tatsächlich diesen swing-
und boogiebeeinflußten Mischstil oder im
Idiom des → Chicago Blues bzw. des → West
Coast Blues spielten. Mit Aufnahmen von

Fats *Domino* (geb. 1928), Little *Richard* (geb. 1932) und Chuck *Berry* (geb. 1931) wurde diese Form des Rhythm & Blues einige Jahre später dann zu einem Bestandteil des → Rock'n'Roll.

Die Verbreitung und Popularität, die Rhythm & Blues Ende der vierziger Jahre aufweisen konnte und die ihn schließlich in der ersten Hälfte der fünfziger Jahre unter dem Etikett Rock'n'Roll auch bei weißen Jugendlichen favorisierten, waren hauptsächlich das Verdienst der zahlreichen nach dem Krieg entstandenen kleinen lokalen Plattenfirmen. Die großen Schallplattenkonzerne hatten mit der Schellack-Verknappung während des Krieges ihre Race-Record-Serien eingestellt und damit diesen Markt solchen kleinen Firmen überlassen. Aus den oft nur Ein-Mann-Betrieben wie die *Specialty* von Art Rupe, *Peacock* von Don Robey und *Aristocrat* der Gebrüder Leonard und Phil Chess gingen dann die großen Rhythm & Blues-Produzenten hervor, die sich wie die inzwischen expandierte *Spezialty Records* in Los Angeles, die *Chess Records* in Chicago und *Atlantic* in New York voll und ganz auf dieses Repertoire spezialisierten und dieser Musik ein immer größeres Publikum erschlossen. Rhythm & Blues wurde zu einer Industrie eigener Art, die in den letzten drei Jahrzehnten wesentliche Auswirkungen auf die Entwicklung der populären Musik hatte. Als ein weiterer Faktor kamen zu Anfang der fünfziger Jahre noch spezielle Rhythm & Blues-Radiostationen hinzu. Sie waren auf die afroamerikanische Bevölkerung ausgerichtet und setzten in ihrer Programmstruktur auf das kommerzielle Potential des Rhythm & Blues. Rhythm & Blues hatte sich als selbständiger Sektor der amerikanischen Musikindustrie etabliert. Für die schwarze Musik bedeutete das Funktions- und Wirkungsbedingungen, die nun zunehmend von den Gesetzen des Showgeschäfts bestimmt wurden, und so hat der Rhythm & Blues dann auch ein gegenüber dem noch in der volksmusikalischen Tradition verwurzelten City Blues insgesamt verändertes Erscheinungsbild. Die Texte verloren ihre sozialkritische Komponente, eher groteske, wilde Bühnenshows begleiteten die Auftritte der Musiker.

Doch die bisher skizzierte Entwicklung ist nur eine Komponente in dem schillernden Phäno-men Rhythm & Blues. Ab 1951 tauchten in dieser Kategorie Aufnahmen auf, die von schwarzen Gesangsgruppen mit einem äußerst gepflegten, mehrstimmigen gospelbeeinflußten Interpretationsstil getragen wurden. Die Sentimentalität der meisten dieser Songs machte sie zu einem unmittelbaren Abbild der weißen Schlager. Der mehrstimmige Vokalsatz mit seinem figurenreichen, melismatischen Gesangsstil und dem Aufbau nach dem Ruf-Antwort-Prinzip (→ Call and response) war aus der Gospeltradition übernommen, wo er von Gruppen wie den *Pilgrim Travellers* oder den *Dixie Hummingbirds* gepflegt wurde. Harmonische Gestaltung und Begleitarrangements glichen dagegen ebenso wie die Inhalte dieser Lieder dem herkömmlichen Schlager der weißen Amerikaner. Schon in den dreißiger Jahren war dieser Musiktyp durch die *Ink Spots* begründet worden. An ihrem Vokalsound mit der Kontrastierung von hoher Falsettstimme und tiefen Baßstimmen haben sich mehr oder weniger alle der Rhythm & Blues-Gesangsgruppen orientiert. Die erste Gruppe, die diese Tradition mit großem Erfolg zum Bestandteil des Rhythm & Blues machte, waren die *Dominoes* mit »Do Something for Me« (1951) und »Sixty Minute Man« (1951). Typisch für diese so ganz andere Seite des Rhythm & Blues sind dann Aufnahmen wie »Baby, Don't Do It« (1953) mit den *Five Royales*, »Honey Love« (1954), »Money Honey« (1953) mit den *Drifters* und »Only You« (1955) mit den *Platters*. Daneben gab es eine Unzahl solcher schwarzen Vokalgruppen, die in den fünfziger Jahren den Rhythm & Blues-Markt regelrecht überschwemmten, aber meist nach ein oder zwei Hits wieder verschwanden.

Auf dieser gospelorientierten Linie entwickelte sich Rhythm & Blues in den sechziger Jahren zu einem außerordentlich hohen professionellen Standard, der hauptsächlich durch die Aktivitäten von drei Plattenfirmen geprägt wurde: nach wie vor der Atlantic Records in New York, die mit Solomon *Burke* (geb. 1935), Wilson *Pickett* (geb. 1941) und Aretha *Franklin* (geb. 1942) einen Mischstil aus Gospel und Blues entwickelte, für den sich dann die Bezeichnung → *Soul* einbürgerte; der Stax Records in Memphis, die mit Rufus *Thomas* (geb. 1917), Johnny *Taylor* (geb. 1937), Otis *Redding* (1941–1967) und *Booker T*

& *The MG's* den → *Memphis Sound* kreierte; und schließlich von dem gewaltigen Medienkomplex des Motown-Konzerns in Detroit, der mit dem nach ihm benannten → *Motown Sound* und Gruppen wie den *Marvelettes*, den *Miracles*, den *Temptations* und den *Supremes* sowie dem Sänger Stevie *Wonder* (geb. 1950) den ästhetisch und kommerziell gewichtigsten Beitrag vorzuweisen hatte. Mit der Bluestradition stand diese Entwicklung freilich nur noch sehr bedingt in Zusammenhang, so daß es nur folgerichtig war, als ab 1969 der inzwischen aufgekommene Begriff Soul die Bezeichnung Rhythm & Blues endgültig verdrängte.

Rhythm Section [engl./amerik., 'riðm 'sekʃən]: → Rhythmusgruppe.

Rhythmus [griech.]: die zeitliche Gestaltung und Ordnung von Musik. Rhythmus, in diesem umfassenden Sinne definiert, umfaßt drei grundlegende musikalische Elemente, die jeweils ein spezielles Zeitverhältnis repräsentieren:
· der *Rhythmus im engeren Sinne*, die Folge und Beziehungen der relativen Tondauern untereinander, das Verhältnis kurz – lang,
· das → *Metrum*, die Folge und Beziehungen der Betonungen bzw. Gewichte der einzelnen Taktzeiten, das Verhältnis betont/schwer – unbetont/leicht,
· das → *Tempo*, das die absolute Tondauer festlegende Zeitmaß, das Verhältnis schnell – langsam.
Das Zusammenwirken dieser drei Elemente sei an einem Beispiel erläutert: die Figur

♪.♪♩ stellt zunächst nur ein relatives

Zeitverhältnis dar, nämlich 3:1:4, bezogen auf Sechzehntelbasis (= Rhythmus); die Betonung ♪.♪♩ oder ♪.♪♩ verdeutlicht

die Gewichtigkeit einzelner Zählzeiten (= Metrum); das Festlegen ♩ = 100 ergibt die konkrete, exakt meßbare Dauer der einzelnen Notenwerte (= Tempo). Rhythmus, Metrum und Tempo stehen wiederum in engem Zusammenhang mit Melodik, Harmonik, Form, Dynamik u. a. Grundbestandteilen der Musik und bilden häufig ein wesentliches, mitunter sogar dominierendes Merkmal des stilistischen Erscheinungsbildes bestimmter Stilrichtungen. Die Komplexität des Rhythmischen

äußert sich in der populären Musik in vielerlei Gestalt. Fast immer laufen mehrere rhythmische Ebenen entsprechend der Arrangementsfunktion (bei einheitlichem Tempo) gleichzeitig ab. So sind z. B. zu trennen: Melodie- (a), Background- (b), Begleit- (c) und Baßrhythmen (d), oft in sich nochmals unterteilt. Modell:

Noch weitaus komplizierter und vielfältiger sind die rhythmischen Abläufe in afrikanischen und lateinamerikanischen → Perkussionsensembles (→ Polyrhythmik).
Zur Darstellung rhythmischer Abläufe im Notenbild dienen die Notenwerte und Pausenzeichen, die relative Zeitdauern symbolisieren:

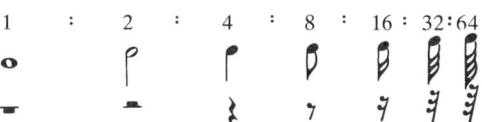

Punktierung (innerhalb des Taktes) und Überbindung (über den metrischen Schwerpunkt und auch über den Taktstrich hinaus) bewirken eine Verlängerung der Dauer.

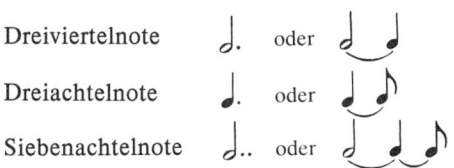

Spezielle rhythmische Erscheinungen sind → Duole, → Triole, → Tresillo, → Cinquillo, → Synkope, → offbeat.
→ Begleitrhythmus, → Komplementärrhythmus, → Rhythmusgruppe.

Rhythmusgerät: elektronisches Gerät zur automatischen Produktion rhythmischer Abläufe bzw. Begleitungen mit klanglicher Anlehnung an das herkömmliche Schlagzeuginstrumentarium. Rhythmusgeräte werden häufig in E-Orgeln oder anderen Keyboards eingebaut, aber auch in vielen Varianten als Zusatzgerät angeboten. Die Palette reicht von kleinen Rhythmusmaschinen mit einer geringen Auswahl an Grundrhythmen bis zum frei programmierbaren digitalen Drum-Computer. Die unterschiedlichen Ausführungen dienen vor allem Alleinunterhaltern, kleineren Tanzcombos ohne Schlagzeuger und im Bereich des häuslichen Musizierens als rhythmisches Begleitinstrument (oft in Kombination mit einer → Begleitautomatik). Mit ihrer technischen Vervollkommnung fanden Rhythmusgeräte in zunehmendem Maß in der diskoorientierten und elektronischen Rockmusik Verwendung. Im Titel »In the Air Tonight« von Phil *Collins* (LP »Vace Value«, 1981) erklingt zusätzlich zum Rhythmuscomputer ein natürliches Schlagzeug. Die einfachsten Rhythmusmaschinen weisen acht oder mehr auswählbare Grundrhythmen auf, die sich nur im Tempo und in der Lautstärke verändern lassen. Davon ausgehend verfügen kompliziertere Rhythmusgeräte über zahlreiche weitere Möglichkeiten. Zu einer großen Anzahl fest programmierter Grundrhythmen, deren Bezeichnung auf die jeweilige Tanzart zurückgeht, können weitere freie Speicher hinzukommen, deren Kapazität es erlaubt, ausgedehnte rhythmische Abläufe mit eingefügten Breaks selbst zu programmieren. Beim Ablauf der Grundrhythmen kann das »Schlagzeug« beliebig zusammengestellt bzw. die Lautstärkeabstufung der einzelnen Instrumente verändert werden. Es besteht die Möglichkeit, weitere Rhythmusinstrumente (z. B. Tamburin, Bongos, Congas, Kuhglocke, Claves, Maracas, Händeklatschen) zu ergänzen. Durch Tastendruck oder über einen Fußschalter lassen sich → Breaks bzw. → Fill ins hinzufügen. Auch das Ein- und Ausschalten des Rhythmusgeräts kann per Fußschalter erfolgen. Elektronische Rhythmusgeräte weichen im Klangergebnis teilweise erheblich von einem originalen Schlagzeug ab. Vor allem die exakte Einhaltung des Metrums, aber auch die relativ konstante Impulsfolge und Dynamik offenbaren den maschinellen Charakter. Dies gilt mit gewissen Einschränkungen auch für die modernen digitalen Drum-Computer. Durch die digitale Speicherung originaler Klänge der einzelnen Rhythmusinstrumente gelingt es, bei der Wiedergabe einen naturgetreuen Schlagzeugsound zu erzielen. Die erweiterte Speicherkapazität läßt es zu, den rhythmischen Verlauf ganzer Musikstücke vorzuprogrammieren. Diese Programme können auf Kassetten gespeichert werden. Verschiedene Geräte sind mit weiteren Effekten ausgerüstet, z. B. variable Stimmung einzelner Tom-Toms oder die zufällige minimale Verzögerung von Schlagimpulsen, um das »unpräzise« Trommeln eines Schlagzeugers nachzuahmen.

Rhythmusgruppe [engl. rhythm section]: Zusammenfassung der Instrumente, die für den → Begleitrhythmus (Grundrhythmus, → Beat) und das harmonische Fundament verantwortlich sind. Die Trennung in → Melody und Rhythm Section vollzog sich schon im frühen Jazz und wurzelt in der afrikanischen Musizierpraxis. Die traditionelle Rhythmusgruppe umfaßt Schlagzeug, Gitarre (früher Banjo), Baß (Baßgitarre, Kontrabaß, früher Tuba bzw. Sousaphon), Keyboards (früher Klavier), wobei einige der genannten Instrumente vorübergehend Melodiefunktion erhalten können. In Rockgruppen führen häufig nur Baßgitarre und Schlagzeug (gelegentlich noch Rhythmusgitarre) den Grundrhythmus aus. In lateinamerikanischen Tänzen wird die Rhythmusgruppe durch zusätzliche Perkussionsinstrumente wie Claves, Maracas, Chocallo, Tumba, Conga, Bongos, Timbales, Cencerro, Giuro, Tamburin, Triangel u. a. vergrößert. Im weiteren Sinne gibt es – obwohl nicht so bezeichnet – auch eine Rhythmusgruppe im Blasorchester (Hörner und Tenorhorn II/III als Begleitung/Nachschlag; Tuba und Fagott als Baß; Schlagzeug) und im Sinfonieorchester, z. B. bei Strauß-Walzern (Hörner, 2. Violinen und Viola als Begleitung; Kontrabaß, auch Tuba und Fagott als Baß; Pauken und Schlagzeug).
Weltberühmt wurde im Jazz die »All-American Rhythm Section« des Orchesters Count Basie mit Walter *Page* (b) (1900–1957), Freddie *Green* (g) (geb. 1911), Jo *Jones* (dr) (1911–1985) und Count *Basie* (p) (1904–1984).

Riff [engl., rif]: in Jazz und Rock verbreitete melodisch-rhythmische Technik, gekennzeichnet durch ständige (→ ostinate) Wiederholung einer zwei- oder viertaktigen Melodiefigur (Motivreihung). Der Riff bleibt auch bei Harmoniewechsel weitgehend unverändert. Er wird häufig als → Background für einen chorusspielenden Solisten verwendet, wobei der Riff quasi die Beantwortung (Ruf-Antwort-Prinzip, → Call and response) übernimmt und durch die gleichbleibende Wiederholung spannungssteigernd wirkt. Im Big-Band-Arrangement erscheint der Riff häufig in kräftigem → Unisono, aber auch im Satz. Die Riff-Technik geht auf afrikanische Musiziertraditionen zurück und tauchte im Jazz erstmals in den zwanziger Jahren (Kansas City) auf. Zahlreiche Kompositionen basieren auf Riff-Themen, z. B.

Swingin' the Blues (Count Basie, 1939; Zweitakt-Riff)

Cool Blues (Charlie Parker, 1946; Viertakt-Riff)

Rim Shot [engl., rim ʃɔt]: Spielanweisung »Randschlag« (Drums), gleichzeitiges Anschlagen von Fell und Trommelrand.

Ring Shout [amerik., riŋ ʃaut]: religiöses Tanzritual der nordamerikanischen Neger, das auf einen *Saut* genannten westafrikanischen Kulttanz zurückgeht; daher auch die Bezeichnung, die mit dem englischen *shout* (= »Ruf, Geschrei«) nichts zu tun hat. Die Ring Shouts gehören zu jenen Formen der afroamerikanischen Kultur, in denen sich der Bezug auf die afrikanischen Ursprünge am unmittelbarsten erhalten hat. Es handelt sich dabei um einen Rundtanz, der sich, begleitet von Händeklatschen und Fußstampfen, im monotonen Wechsel von Vorsänger und den chorisch antwortenden Tänzern (→ Call and response) zu allmählicher Ekstase steigert, um schließlich in einen Trancezustand hineinzuführen, in dem der Tänzer im völligen Außersichsein zu einer psychischen Läuterung findet.

Ringmodulator [auch *Produktmodulator*]: selbständiges elektronisches → Effektgerät oder Modul im → Synthesizer. Ein Ringmodulator verfügt über zwei Eingänge, die mit zwei zeitlich veränderlichen Spannungen gespeist werden. Die Frequenzen der Eingangssignale bestimmen den Effekt, der erzeugt wird. Liegen beide Eingangsfrequenzen im Tonfrequenzbereich, kommt es zu einer Frequenzversetzung. Der Ringmodulator bildet die Summen- und Differenzfrequenzen. Bezogen auf d^1 (293 Hz) und a^1 (440 Hz) würden sich Frequenzen von 147 Hz (440 Hz − 293 Hz) und 733 Hz

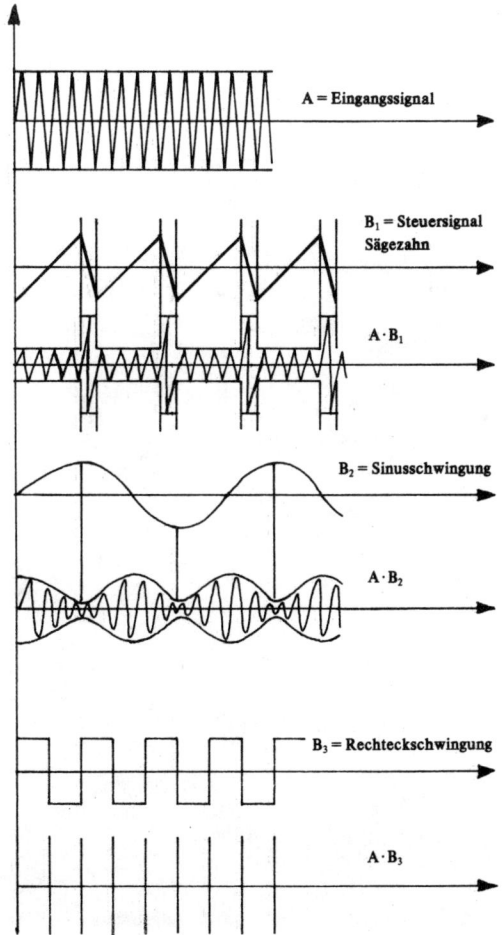

(440 Hz + 293 Hz) ergeben, was etwa den Tönen d und fis^2 entspräche. Die ursprünglichen Töne d^1 und a^1 werden im Ringmodulator also nicht zu einer reinen Quinte zusammengefaßt, wie es in einem Mischpult passieren würde (additive Mischung). Aufgrund der multiplikativen Signalverarbeitung ergeben sich völlig neue, aus den Eingangsfrequenzen nur schwer ersichtliche Intervallbeziehungen. Noch komplizierter Frequenzverhältnisse entstehen, wenn nicht einzelne Sinustöne, sondern Klänge und Klanggemische dem Produktmodulator zugeführt werden. Es ergibt sich ein rauhes, unnatürlich kratziges, verzerrtes Klangbild, das sich besonders für bedrohliche, unheilverkündende Effekte eignet. Liegen an den Eingängen eine Tonsignalspannung und eine niederfrequente ·Steuerspannung an, verhält sich die Amplitude des Ausgangssignals proportional zur Änderung der Steuerspannung. Für verschiedene Steuerspannungen ergeben sich folgende Ausgangssignale (siehe Skizze Seite 399).

Die menschliche Stimme klingt durch einen Ringmodulator kratzend und ohne konkrete Tonhöhe, wie beim Titel »21st Century Schizoid Man« auf der Live-LP »Earthbound« (1972) von *King Crimson* zu hören ist. Ein weiteres Beispiel stellt der Titel »Hey Jude« in der Fassung von Don *Ellis* (LP »Don Ellis at Fillmore«, 1970) dar, wo der Trompetenklang teilweise durch einen Ringmodulator verfremdet wurde.

RIO: → Rock In Opposition.

rip [engl.]: Der Ton wird unter Einbeziehung von diatonischen bzw. chromatischen Durchgangstönen auf die geforderte Tonhöhe gebracht bzw. von dieser fallengelassen. Spieltechnik auf Keyboards, Vibraphon, Xylophon u. ä.
→ off pitchness, → Tongebung.

Roadies [engl./amerik., 'roudi:s, Kurzform von »Road Crew«]: das für den technisch-organisatorischen Ablauf einer Tournee oder Ein-

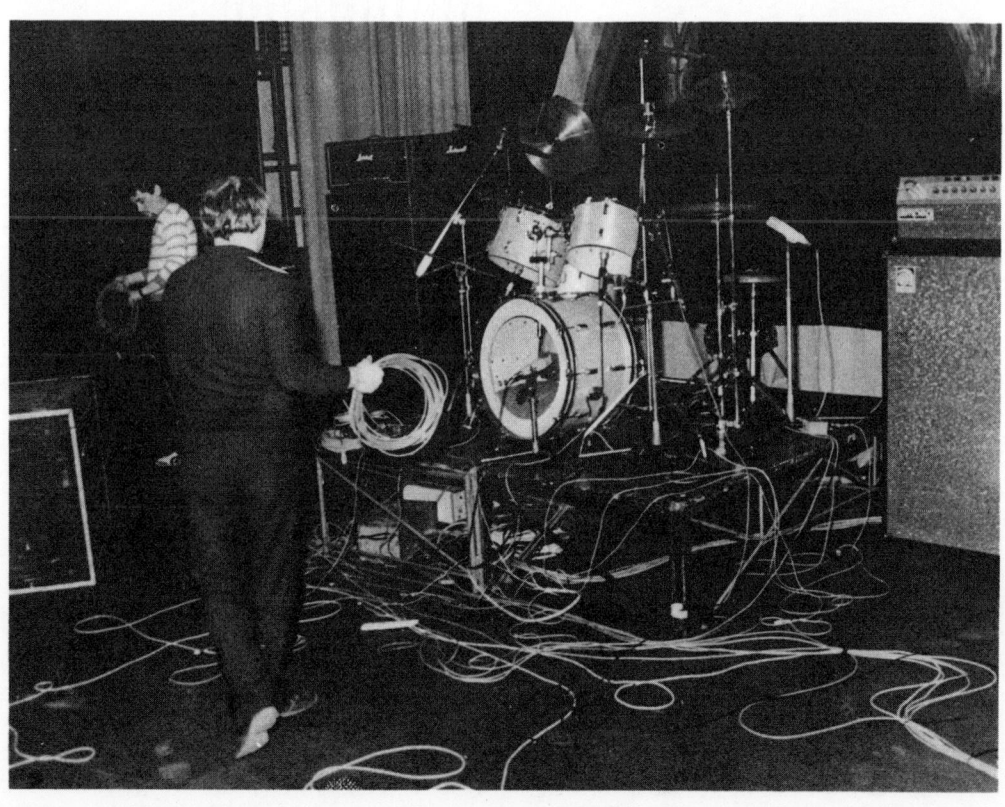

zelveranstaltung verantwortliche Begleitteam einer Rockgruppe (Instrumenten- und Anlagentransport sowie deren Auf- und Abbau, auch Ton- und Lichttechnik sowie Bühnenhilfe, Musikerbetreuung, Werbung usw.). Die Anzahl der Roadies hängt von der Größe der Gruppe bzw. vom Aufwand der Show ab.

Robot [engl./amerik., ′roubɔt]: → Electric Boogie.

Rockabilly [amerik., ′rɔkəbili]: in der ersten Hälfte der fünfziger Jahre hauptsächlich in Memphis/Tennessee entstandene frühe Spielart des → Rock'n'Roll. Genaugenommen handelte es sich um nichts anderes als eine Rhythm & Blues-Imitation (→ Rhythm & Blues) durch weiße Country & Western-Musiker (→ Country & Western), bei der naturgemäß jedoch spieltechnische und klangliche Eigenheiten sowie Besonderheiten des vokalen Interpretationsstils der Country & Western-Tradition erhalten blieben. Mit einer wirklichen stilistischen Synthese beider Traditionen der Musik des amerikanischen Südens – wie oft behauptet – hatte das aber trotz allem nicht viel zu tun. Die Absicht bestand vielmehr in einer möglichst stilgetreuen Imitation des damals auch bei weißen Jugendlichen immer populärer gewordenen Rhythm & Blues. Ausgegangen ist diese Entwicklung von der 1950 gegründeten Sun Records in Memphis, die zunächst mit Elvis *Presley* (1935–1977), dessen frühe Aufnahmen ausnahmslos dem Rockabilly zugehören, und später dann mit Carl *Perkins* (geb. 1932) sowie Jerry Lee *Lewis* (geb. 1935) die wichtigsten Repräsentanten dieser Spielart des Rock'n'Roll aufgebaut hat.

Rock Against Racism, Abk. *RAR* [engl., rɔk ə′genst ′reizizm, wörtlich »Rock gegen Rassismus«]: 1976 in Großbritannien von einigen Punk- und Reggae-Bands (→ Punk Rock, → Reggae) ins Leben gerufene Kampagne gegen die zunehmenden Aktivitäten der rechtsradikalen, neofaschistischen britischen National Front, die mit einem ausgeprägt militanten und wachsenden Rassismus gegenüber der farbigen Bevölkerungsminderheit verbunden waren. Provoziert worden war diese Initiative nicht zuletzt dadurch, daß mit Eric *Clapton*, Rod *Steward* und David *Bowie* prominente bri-

Symbole von Rockbewegungen

tische Rockmusiker öffentliche Sympathieerklärungen für die National Front abgegeben hatten. Daraufhin begannen einige damals noch völlig unbekannte Punk-Bands gemeinsam mit Reggae-Musikern als den Vertretern der Musik der farbigen Jugendlichen unter dem Motto Rock Against Racism erste Konzerte zu veranstalten. Unter ihnen waren Gruppen, die wie die *Clash* oder die *Tom Robinson Band* nicht zuletzt durch ihr Engagement in der RAR-Bewegung später zu prominenten Vertretern des britischen Punk Rock wurden. »Love Music – Hate Racism« (Liebt Musik – haßt Rassismus) und »Nazis are no fun« (Nazis sind kein Spaß) hießen ihre Losungen, der fünfzackige Stern wurde zum Symbol ihrer Bewegung. Als 1977 in London ein nationales RAR-Büro gegründet wurde, das sich im Rahmen der *Anti Nazi League* organisierte, nahmen landesweit RAR-Komitees ihre Arbeit auf und begannen mit Konzerten, Festivals und Tourneen aus Rock Against Racism eine politische Kampagne mit Massenbasis zu machen, die schließlich auch auf andere westeuropäische Länder übergriff, 1979 in der BRD die Bewegung → Rock gegen Rechts auslöste. An den sogen. *Anti Nazi Rallyes* in London, von der Anti Nazi League und den RAR-Komitees organisierte demonstrationsartige Umzüge mit abschließender Manifestation, beteiligten sich 1978 sechzigtausend Jugendliche, 1979 achtzigtausend. Zu den teilnehmenden Gruppen gehörten neben Clash und der Tom Robinson Band u a. *X Ray Spex, Gang of Four, Stiff Little Fingers,* Elvis *Costello* und schließlich auch die *Who* sowie britische Reggae-Bands wie *Misty, Steel Pulse* und *Aswad*. Das Spektrum der hier engagierten Gruppen verbreiterte sich rasch und griff über Punk und Reggae hinaus auch auf andere Musikrichtungen über. Sehr bald schon zeichnete sich allerdings ab, daß so einig sich alle Beteiligten im »Gegen« waren, in dem »Wofür« die Meinungen der Musiker wie der hinter der RAR-Bewegung stehenden politischen Gruppierungen doch weit auseinandergingen. Als die Ziele der Aktivitäten von Rock Against Racism auf soziale Probleme wie die Jugendarbeitslosigkeit, auf die Friedensbewegung, auf die sozialen Ursachen für wachsenden Rechtsradikalismus ausgeweitet wurden, führte das zur Zersplitterung und damit zum Auseinanderdriften der Massen von Jugendlichen, die die RAR-Bewegung zu einem nicht unbedeutenden Faktor im politischen Leben Großbritanniens gemacht hatten. Die Grundidee von Rock Against Racism, mit Rockmusik Jugendliche politisch zu mobilisieren, wurde auch von anderen Initiativen aufgegriffen, zu deren wichtigsten die Kampagne → Rock Against Sexism gehörte.

Rock Against Sexism [engl., rock ə'genst 'seksism, wörtlich »Rock gegen Sexismus«]: 1979 in London konstituierte Bewegung für die Gleichberechtigung der Frau in der Rockmusik wie in der Gesellschaft insgesamt. Die Ziele dieser hauptsächlich von Frauenbands getragenen Initiative richteten sich gegen die Vermarktung der Frau in den kapitalistischen Medien, in der Werbung und in der Rockmusik, gegen die geschlechtsspezifische Festlegung sozialer Rollen nach dem Muster des »typisch Weiblichen« und »typisch Männlichen« sowie gegen einen männlichen Chauvinismus, der den Frauen das Recht auf ihre Selbstbestimmung abspricht. Der prominenteste Musiker, der diese Ziel mitgetragen und popularisiert hat, war freilich ein Mann: der schon als Aktivist von → Rock Against Racism in Erscheinung getretene Tom *Robinson* (geb. 1950). Seine Titel »Proud to Be Glad« (1979) und »Power in the Darkness« (1979) halfen das musikalische und politische Programm von Rock Against Sexism mitzuformulieren. In der praktischen Arbeit standen die Organisation von Auftritten, die Unterstützung der Bewegung gegen die Verschärfung

Tom Robinson

des Abtreibungsgesetzes in Großbritannien, die »National Abortion Campaign«, und die Unterstützung weiblicher Musiker und Bands im Vordergrund. Das erste große Konzert fand mit den Gruppen *Delta Five, Gang of Four, Spoilsports* im Juli 1979 in London statt und löste ähnliche Initiativen in anderen britischen Städten aus, die auch auf verschiedene westeuropäische Länder übergriffen. Der musikalische Hintergrund dafür lag im → Punk Rock.

Die schon im Namen der Bewegung zum Ausdruck gebrachte Fixierung auf den Sexismus, den Hegemonieanspruch des männlichen Sexualverhaltens, verfehlte allerdings das im Wesen soziale Problem der Unterdrückung der Frau. Auch wenn deshalb die Arbeit der Organisation Rock Against Sexism nicht von Dauer war, sich schnell abzeichnete, daß mit einer Kampagne gegen den Sexismus dem Problem der Unterdrückung der Frau nicht beizukommen ist, hat sie doch dem Selbstbewußtsein weiblicher Rockmusiker großen Auftrieb gegeben und Frauenrockbands zum Partner der Frauenrechtsbewegung überall in den kapitalistischen Ländern gemacht.

Rock für den Frieden: seit 1982 jährlich im Berliner Palast der Republik als Gemeinschaftsveranstaltung der Generaldirektion beim → Komitee für Unterhaltungskunst, des Zentralrates der FDJ und der Direktion des Palastes stattfindende Friedensmanifestation der DDR-Rockmusik. Über zwei Abende mit einer Vielzahl von Konzerten und Aktivitäten (Aktion Friedensfest, Solidaritätsauktion, Ausstellungen, Diskussionen, Verkaufsständen usw.) in allen Räumen des Palastes versammeln sich hier Tausende Jugendliche und die führenden Rockformationen der DDR, um in einer von wachsenden Spannungen gezeichneten Welt dem Friedenswillen der jungen Generation Ausdruck zu verleihen. Die dafür entstandenen Friedenslieder wie »No Bomb« (*Berluc*, 1983), »Das war's« (*NO 55*, 1983), »Keiner will sterben« (*Karussell*, 1983) oder »Jericho« (*NO 55*, 1984), »Europa«

Petra Zieger und die Smokings bei »Rock für den Frieden« im Palast der Republik (Berlin)

(*Rockhaus*, 1984) und »Wir sitzen alle im selben Boot« (*Karussell*, 1984) haben der DDR-Rockmusik einen entscheidenden Zuwachs an gesellschaftspolitischem Engagement gebracht.

Rock gegen Rechts: 1978 auf Initiative einiger Hamburger Rockgruppen nach dem Vorbild der britischen Bewegung → Rock Against Racism in der BRD ausgelöste Kampagne gegen die wachsenden Umtriebe neofaschistischer Organisationen. Binnen weniger Monate wurde daraus ein breites Aktionsbündnis aller fortschrittlichen Jugendorganisationen und einer Vielzahl von Rockbands, das sich anläßlich der Organisation einer großangelegten Gegendemonstration gegen das sogen. »Deutschlandtreffen« bundesdeutscher Neonazis am 17.6.1979 in Frankfurt am Main formiert hatte und dann unter der Losung »Stoppt Strauß« mit Konzerten und Manifestationen vor allem der Kandidatur des CSU-Politikers Franz Josef Strauß für das Amt des Bundeskanzlers zur Bundestagswahl 1980 entgegentrat. Die Rock-gegen-Rechts-Konzerte entwickelten sich zugleich zur Plattform für die Herausbildung einer eigenständigen und

deutschsprachigen Rockmusik in der BRD, von der nicht unwesentliche Impulse auf das ausgingen, was wenig später unter dem Etikett → »Neue Deutsche Welle« vermarktet werden sollte. Sie führten die Musiker aus ihrer lokalen Isolation heraus, ließen Selbsthilfe-Initiativen zur Klärung existenzieller Probleme wie die Beschaffung von Probenräumen, die Organisation von Auftrittsmöglichkeiten oder den Aufbau unabhängiger Plattenvertriebsnetze entstehen, die zur Basis der »Neuen Welle« wurden. Zu den Gruppen und Musikern, die auf Rock-gegen-Rechts-Konzerten im Zeichen des fünfzackigen Sterns und der brennenden Gitarre, später auch des roten Dreiecks, das in faschistischen Konzentrationslagern die politischen Häftlinge kennzeichnete, gegen den wachsenden Rechtstrend in der BRD-Öffentlichkeit demonstrierten, gehörten u. a. auch *Floh de Cologne*, *Backboard*, Jutta *Weinhold*, Udo *Lindenberg*, *Franz K.*, *Extrabreit* und die *Gebrüder Engel*. Eine Fortsetzung fanden die Aktivitäten von Rock gegen Rechts dann im Rahmen der Friedensbewegung der BRD.

Rock In Opposition, Abk. *RIO* [engl., rɔk in ɔpəˈziʃən]: 1978 in London gegründete internationale Kooperative progressiver Rockgruppen und -musiker aus verschiedenen westeuropäischen Ländern, die sich zum Ziel gestellt hatte, auf der Basis gegenseitiger Selbsthilfe eine aktive Arbeit außerhalb der Strukturen des kapitalistischen Musikgeschäfts zu organisieren, um so eine funktionierende Alternative zu den angloamerikanischen Rockstandards aufzubauen, deren Vorherrschaft es den Rockmusikern in den meisten westeuropäischen Ländern unmöglich macht, ihr eigenes Potential zu entfalten. Rock wurde hier als soziale Verantwortung begriffen, die wahrzunehmen den politischen Kampf gegen den Kapitalismus einschloß. In der Einheit von politischem und musikalischem Fortschritt ging es um die Entwicklung einer neuen Form von Rockmusik, die das fortgeschrittenste musikalische Material aus allen Bereichen der Musik zur Synthese bringt. Als aktive Mitglieder gehörten der Kooperative die britische Rockgruppe *Henry Cow* sowie das aus ihren Mitgliedern gebildete Rocktrio *Art Bears*, die französischen Gruppen *Etron Fou Leloublan* und *Art*

Zoyd, die belgischen Gruppen *Univers Zero* und *Aqsak Maboul*, *Samla Mammas Manna* aus Schweden und *Stormy Six/Macchina Maccheronica* aus Italien an. Das erste gemeinsame Festival der RIO-Gruppen fand im Frühjahr 1978 statt, schon ein Jahr zuvor war dem ein Konzert unter gleichem Motto vorangegangen, in dessen Folge sich die Kooperative der damals unter diesem Motto aufgetretenen Gruppen herausbildete. Es folgten weitere Festivals mit einer immer größeren Zahl von Gruppen, die sich dem Anliegen der zur Bewegung gewordenen Idee von »Rock in Opposition« anschlossen, so im Frühjahr 1979 in Mailand, im Herbst des gleichen Jahres in Uppsala, im April 1980 in Reims und im November 1980 in Maubeuge. Daneben wurde mit *Recommended Records* ein alternatives Produktions- und Vertriebsnetz für Schallplatten aufgebaut, das auf die ästhetischen und politischen Zielstellungen der RIO-Bewegung verpflichtet war und das Erzielen privater Gewinne durch den Verkauf von Musik ausschloß. Zu den Musikern und Gruppen, die auf den RIO-Festivals auftraten, zum Teil hier auch erst aus dem Kontakt der Gruppen untereinander hervorgingen, und deren Platten über Recommended Records vertrieben wurden bzw. werden, gehörten u. a. *This Heat* und *The Work* aus Großbritannien, der englische Sänger und Musiker Robert *Wyatt*, *Pere Ubu* und die Gruppe *Muffins* aus den USA, *Present* aus Belgien, *Conventum* aus Kanada, *Z. N. R* aus Frankreich, *Vogel* aus der Schweiz, *Faust* aus der BRD, *Kräldjursanstalten* aus Schweden und *Picchio Dal Pozzo* aus Italien. Für eine Musikerkooperative war damit der Rahmen freilich gesprengt. 1981 löste sich die Organisation »Rock In Oppositon« formell wieder auf. Sie hatte ihre Funktion erfüllt und somit ihre praktische wie politische Notwendigkeit verloren, kam es nun doch vielmehr darauf an, an die Stelle des Tourneebetriebs über international organisierte Festivals eine möglichst breite nationale Basis zu setzen. Recommended Records wurde dafür in Zusammenarbeit mit selbstverwalteten Vertriebsorganisationen und unabhängigen Plattenfirmen aus verschiedenen westeuropäischen Ländern zur Plattform.

Rock Jazz [engl./amerik., rɔk dʒæz]: → Fusion Music.

Rock-Kabarett: → Polit Rock.

Rockmusik: Form der populären Musik, die
auf Jugendliche, ihre Bedürfnisse, sozialen Erfahrungen, geistigen und kulturellen Ansprüche bezogen ist und auf den technisch fortgeschrittensten Produktions- und Verbreitungs-
bedingungen basiert, damit zugleich das
bisher letzte Entwicklungsstadium der → populären Musik repräsentiert. Die Bezeichnung
dafür ist Mitte der sechziger Jahre in den USA
aufgekommen und stellt eigentlich eine Kurzform des Begriffs *Rock'n'Roll Music* dar, die
darauf verweisen sollte, daß diese um 1960 in
England entstandene, 1964 mit dem phänomenalen Erfolg der *Beatles* als sogen. British
Invasion den amerikanischen Musikmarkt
überflutende Musik letztlich im →
Rock'n'Roll der fünfziger Jahre verwurzelt ist.
Als ab 1965 die US-amerikanische Musikindustrie die Initiative für die Entwicklung auch
dieser Musik, von der sie zunächst förmlich
überrollt worden war, nach und nach wieder
übernahm, bürgerte sich der amerikanische
Terminus *Rock* bzw. *Rock Music* anstelle der
ursprünglichen britischen Bezeichnung →
Beat dann allgemein ein. Seine Handhabung
ist allerdings äußerst uneinheitlich, da nur selten versucht wurde, ihn genauer zu bestimmen. In der Regel wird er als pauschaler Oberbegriff für Gruppen und Musiker verwendet,
die sich in der einen oder anderen Weise musikalisch auf den Rock'n'Roll beziehen oder
beziehen lassen, zum Teil ist er rückwirkend
auf den Rock'n'Roll selbst ausgedehnt, wird
nicht selten aber auch mit einem wertenden
Akzent gebraucht, im Sinne von Ehrlichkeit,
Authentizität des Musizierens und Gegensatz
zu → Popmusik. Die Schwierigkeiten einer
genauen Bestimmung dessen, was mit dem
Begriff Rockmusik gemeint ist, resultieren aus
der musikalischen und stilistischen Vielfalt,
den unterschiedlichen, oft gegensätzlichen
Spielkonzeptionen und Musikauffassungen,
die sich mit ihm verbinden und es völlig unmöglich machen, ihn auf eine, wie immer
auch gefaßte, ganz bestimmte Spielweise festlegen zu wollen. Rockmusik definiert sich
vielmehr ästhetisch und soziologisch. Sie ist
bestimmt durch die kollektive Identität von
Texter, Komponist, Arrangeur und Interpret
in der Rockgruppe. Das hat die traditionelle

Mick Jagger und John Lennon

Hierarchie dieser Funktionen, in der der
Komponist, die komponierte musikalische
Struktur dominiert, aufgebrochen und die
strukturellen Faktoren hinter solchen der
klangsinnlichen Erscheinungsform von Musik
zurücktreten lassen (→ Sound), die hier durch
eine Kombination aus technischen und personellen Faktoren gebildet wird und an die Pro-
duktions- und Reproduktionsbedingungen der
→ Massenmedien, insbesondere der →
Schallplatte, gebunden ist. Dem entspricht
eine innere Organisation des Musizierens, das
durch die metrisch-rhythmischen Spannungsverhältnisse des → Beat geregelt wird und auf
der Grundlage mehr oder weniger feststehen-
der Strukturformeln (→ Patterns) die Interak-
tion des Musizierens selbst zum Ausgangspunkt hat. In soziologischer Hinsicht ist Rockmusik als Bestandteil der Lebensweise und
Kultur Jugendlicher bestimmt und eingebettet
in ein multimediales Umfeld, zu dem Druck-
graphik und Fotografie (→ Poster, → Cover),
Film und Video (→ Filmmusik, → Music Video), Literatur und Presse (→ Charts) gehö-

Pink Floyd

ren. Die konkrete musikalische Realisierung dieser Bestimmungen ist weitgehend offen und läßt eine enorme Breite von Spielweisen und Stilkonzeptionen zu, auch wenn darin der Bezug auf die afroamerikanische Tradition des → Blues und die von ihm abgeleiteten Musizierformen dominiert. Doch hat die Rockmusik in ihrer Entwicklung Einflüsse aus allen Genres und Gattungen der Musik, von der → Folklore bis zum → Jazz, von der Klassik bis zur Moderne aufgenommen und verarbeitet.

Ihre Entstehung durch Amateurmusiker um 1960 in Großbritannien vollzog sich in unmittelbarer Beziehung auf den amerikanischen Rock'n'Roll bzw. afroamerikanischen → Rhythm & Blues, aus deren Nachspiel heraus sie sich entwickelte. Obwohl es dabei natürlich auch zu musikalischen Veränderungen und Umwandlungsprozessen kam, da mit Rock'n'Roll und Rhythm & Blues professionell produzierte Musik, auf kulturellen Traditionen fußend, die in England selbst keine Basis hatten, mit der Naivität und Unbekümmertheit von Amateuren unter völlig anderen Voraussetzungen zu kopieren versucht wurde, erwies sich darin ein anderes Moment als viel entscheidender. Mit dem britischen Beat war eine Musikpraxis entstanden, die zunächst außerhalb des etablierten Medienzusammenhangs von den Jugendlichen selbst getragen und organisiert worden ist, von ihnen in ein Umfeld hingestellt wurde, das in Kellerklubs

und Vorstadtlokalen dem Musizieren die Erfahrungswelt Jugendlicher aufprägte, sich mit ihrem Alltag verband und darin Funktionen erhielt, die ihm das an Unmittelbarkeit und sinnlicher Direktheit des Ausdrucks zurückgaben, was auch der Rock'n'Roll inzwischen längst wieder verloren hatte. Populäre Musik wurde hier als kulturelle Praxis neu formiert, und das hat die mit dem britischen Beat dann auch musikalisch eingeleiteten Veränderungen, die aufkommenden neuen Spielweisen, eben zu weit mehr als lediglich einer wieder neuen Musikmode werden lassen. Als die Musikindustrie auf diese Entwicklung reagierte, sah sie sich einer Musikpraxis gegenüber, für die sich ihre traditionellen Produktions- und

Roxy Music

Verbreitungsmethoden, das ihr zugrunde liegende Produktionskonzept, endgültig als untauglich erwiesen. Jene Kriterien, nach denen in den fünfziger Jahren auch der Rock'n'Roll dann schließlich doch wieder in musikalisches Rohmaterial für die massenhafte Fabrikation von Hits verwandelt worden war, griffen jetzt nicht mehr, weil zum einen die Identität von Texter, Komponist, Arrangeur und Interpret in der Gruppe eine Zerlegung des Musizierens durch die professionellen Spezialisten der Musikindustrie in kalkulierbare formalisierte Effekte nach den herkömmlichen Methoden nicht mehr zuließ, zum anderen Musik so unmittelbar in den Alltag und die Lebensweise Jugendlicher integriert, von ihren Wertvorstellungen geprägt war, daß ein wie bisher lediglich auf Unterhaltung zielendes Verkaufskonzept ins Leere gehen mußte. Mit der Rockmusik etablierte sich als neues Produktionskonzept der Musikindustrie anstelle des traditionellen strukturorientierten, das sich vor allem auf den melodischen Aufbau der Songs konzentriert hatte (→ Tin Pan Alley, → Song) und über diesen kommerziellen Erfolg kalkulierbar zu machen versuchte, jetzt ein soundorientiertes Konzept, das die entstandene Gruppenidentität von Komponist, Texter, Arrangeur und Interpret respektierte und sich statt dessen auf den aufnahmetechnischen Vorgang im Studio, die technische Qualität von Musik konzentrierte. Das hat enorme Möglichkeiten des Musizierens freigesetzt, die in der Entwicklung der Rockmusik, in der Vielfalt ihrer Spielweisen und Stilkonzeptionen auch realisiert worden sind, zugleich jedoch mit dem Vorantreiben der Verbindung von Musik und Technik das Musizieren auf eine industriell-technische Grundlage gestellt, die seiner kommerziellen Verwertung völlig neue Perspektiven eröffnete. Auch die Verkaufskonzepte paßten sich rasch der Tatsache an, daß für die Jugendlichen diese Musik mit ästhetischen und kulturellen Werten verbunden war, die sich nicht mehr bloß auf Unterhaltung festlegen ließen. Rockmusik wurde als Generationssymbol vermarktet, an die Stelle der synthetischen Traumwelt bürgerlicher Unterhaltung trat die Stilisierung der realen Welt, an die Stelle des entsozialisierten Stars das Arbeiterjugend-Image der *Beatles* und das Großstadtrebellen-Image der *Rolling Stones.*

Mitte der sechziger Jahre hatte die Rockmusik, die bis dahin unter der Bezeichnung Mersey Beat bzw. mit ihrer wachsenden internationalen Ausstrahlung auch British Beat eine rein britische Angelegenheit war, neben den Beatles und Rolling Stones von Gruppen wie den *Kinks, The Who, Yardbirds, Animals, Hollies* und einer unübersehbaren Vielzahl weiterer Bands aus verschiedenen englischen Großstädten repräsentiert wurde, ihre ursprüngliche lokale, dann nationale Spezifik verloren, begann sich mit internationaler Dimensionierung zu entwickeln. Während die britische Entwicklung mit *Pink Floyd, Soft Machine* und *The Nice* nun vor allem in eine Richtung ging, die die klangliche Seite des Musizierens zu erweitern suchte, kamen aus der Tradition der amerikanischen → Folk Music und der in ihrem Rahmen entstandenen Protestsong-Bewegung (→ Protestsong) neue musikalische und inhaltliche Impulse, die sich einerseits im Konzept des → Folk Rock niederschlugen, andererseits eine Politisierung der Rockmusik zur Folge hatten, die im → San Francisco Sound Ende der sechziger Jahre ihren Höhepunkt hatte. Doch was immer auch an neuen Ansätzen und stilistischen Konzepten in dieser Zeit aufkam, geprägt worden sind die sechziger Jahre durch die *Beatles* und die *Rolling Stones,* deren Alben »Aftermath« (1966), »Between the Buttons « (1967), »Their Satanic Majesties Request« (1967), »Beggars Banquet« (1968) und «Sticky Fingers« (1971) ebenso zu Marksteinen der Entwicklung der Rockmusik wurden wie die Beatles-Alben »Revolver« (1966), »Sgt. Pepper's Lonely Hearts Club Band« (1967) und das sogen. White Album, »The Beatles« (1968).
Ende der sechziger Jahre setzte der Prozeß der Aufsplitterung in sich immer hektischer einander ablösende Spielweisen und Stilkonzeptionen ein, der damit zu tun hatte, daß eine einigermaßen verbindliche Musikauffassung mit dem Zerfall der politisch-sozialen Bewegung Jugendlicher in Westeuropa und den USA nach den Studentenunruhen des Jahres 1968 verlorenging, ein neues ästhetisches Selbstverständnis gefunden werden mußte; andererseits die Musikindustrie sich endgültig dieser Musikpraxis bemächtigt und Rockmusik selbst in eine Industrie verwandelt hatte, die auf ständige musikalische Innovationen

Thomas Natschinski

Scheselong

Prinzip

drängte. → Classic Rock, → Art Rock, →
Hard Rock, → Soft Rock, → Country Rock,
→ Electronic Rock, → God Rock, → Latin
Rock, → Jazz Rock und → Glitter Rock markieren die unterschiedlichen musikalischen
Wege, denen die weitere Entwicklung nun
folgte und sich dabei mit formalen Experimenten, einem Hang zum technischen Perfektionismus und der Gigantomanie der Super
Groups immer weiter von ihrer ursprünglichen
sozialen Basis entfernte. 1976 wurde das in
Großbritannien vor dem Hintergrund wachsender sozialer Spannungen in der Folge der
um sich greifenden Jugendarbeitslosigkeit,
dem sich ausbreitenden No-Future-Pessimis-
mus vor allem der Arbeiterjugend schließlich
zum Auslöser einer radikalen Neuorientierung, die sich mit dem → Punk Rock Geltung
verschaffte und dann in die verschiedenen
Spielweisen der → New Wave mündete. Das
brachte nicht nur entscheidende neue Perspektiven des Musizierens, das wieder unmittelbar auf die sozialen Lebensrealitäten Jugendlicher zu reagieren begann, mit dem
Versuch, zu dezentralisierten, von den transnationalen Medienkonzernen (→ Musikindustrie) unabhängige Produktionsformen zu finden, erstmals auch außerhalb Großbritanniens
und der USA nationalen Entwicklungen des
Rock in Westeuropa Raum gab (→ Neue
Deutsche Welle). Es führte auch zu einem
neuen politischen Verständnis der Rockmusik, das sich in Bewegungen wie → Rock
Against Sexism, → Rock Against Racism oder
→ Rock gegen Rechts niederschlug. Weiterreichend als hier und von anderen musikalischen und politischen Ausgangspunkten her
wurde mit der Bewegung → Rock In Opposition zur gleichen Zeit eine Kritik der sozialen
Existenzbedingungen der Rockmusik innerhalb kapitalistisch organisierter Gesamtver-
hältnisse eingeleitet und in Richtung eines sozialistischen Funktionsverständnisses dieser
Musik umzusetzen versucht.

In den sozialistischen Ländern selbst ist die
Rockmusik dann auch in erster Linie durch
den prinzipiell veränderten Charakter ihrer sozialen Existenzbedingungen gekennzeichnet.
Sie ist hier in den gesellschaftlich organisierten Gesamtzusammenhang der Entwicklung
von Kultur und Lebensweise einbezogen, als
kultur- und jugendpolitisch wesentliches Mo-

Wolfgang Ziegler (WIR)

Jürgen Kerth

ment dessen begriffen. Das gibt ihr einen gesellschaftlichen Stellenwert, der sie ins Zentrum der geistig-kulturellen und ideologischen
Auseinandersetzungen rückt und ihr auf diese
Weise neue soziale Wirkungsdimensionen eröffnet. Die soziale Relevanz, die sie damit er-

Ed Swillms (Karat)

Bayon (Christoph Theusner, Sonny Thet)

Lift

electra

hält, hat dann auch ihre Inhalte, ihre musikalischen Erscheinungsformen und das ihr
eigene multimediale Umfeld geprägt, sich in
einem eigenständigen künstlerischen Profil
niedergeschlagen. Auch in der DDR stand die
erste Phase ihrer Entwicklung in den Jahren
1965 bis 1971 ganz im Zeichen des Bemühens
um künstlerische Eigenständigkeit, zumal es
nicht wenige Vorurteile damals gab, die den
Erfolg dessen schon von vornherein in Zweifel
zogen. Vor allem die Gruppe *Team 4* bzw.
dann *Thomas-Natschinski-Gruppe* um Hartmut
König (geb. 1947) als Texter und Thomas *Natschinski* (geb. 1947) als Komponist leistete hier
mit dem Versuch, über deutschsprachige
Texte und unter Nutzung der Erfahrungen der
→ Singebewegung der FDJ diese neuen Möglichkeiten des Musizierens in den Zusammenhang eines engagierten Verhältnisses Jugendlicher zum Alltag in der DDR einzubringen,
eine Pionierarbeit, die der weiteren Entwicklung den Weg wies. Haltungen zu formulieren, in denen sich die soziale Wirklichkeit des
DDR-Alltags auf eine Weise spiegelt, die Engagement herausfordert, gab der Rockmusik

in der DDR eine Funktion, in der sie sich zunächst inhaltlich, mit einer Erweiterung des
Spektrums an Themen und Gegenständen,
und dann mehr und mehr auch musikalisch
von den angloamerikanischen Rockstandards
entfernte und zu einem eigenen Entwick-
lungskonzept fand. Gruppen wie die *Puhdys*
mit ihrem »Geh dem Wind nicht aus dem
Wege« (1972), *Panta Rhei* mit »Hier wie ne-
benan« (1973), *electra* mit »Tritt ein in den
Dom« (1972), das *Joco-Dev-Sextett* mit »Sta-
pellauf« (1972) und die Gruppe *WIR* mit »Soll
das alles sein« (1972) sowie »Black Power«
(1973) markieren diesen Weg. Als ein weiteres
wesentliches Moment für die Herausbildung
eigenständiger Grundlagen des Musizierens
erwies sich die Entdeckung einer neuen Art
von Poesie, wie sie nicht nur in den zwischenmenschlichen Beziehungen, sondern auch im
Alltag, in der Reflexion des eigenen Selbst, im
Anspruch auf die Subjektivität des einzelnen
in ihrer verschiedengestaltigen Brechung
durch die Gesellschaft erkundet und sprach-
lich wie musikalisch sehr sensibel zu artikulieren versucht wurde. »Stell dich mitten in den

Regen« (1972) der Gruppe *Bayon*, »Das
kommt, weil deine Seele brennt« (1974) von
electra oder »Nachts« (1972) von *Panta Rhei*
waren dafür in jenen Jahren maßstabsetzend.
Mit den nach dem Vorbild der FDJ-Singebewegung durch den Jugendverband ab 1972 regelmäßig organisierten Werkstattwochen, die
zum Forum der damals ca. fünftausend Amateurgruppen wurden, und den von den Medien
als »Aktion Rhythmus« mit einer jährlichen
öffentlichen Bilanzveranstaltung 1970 initiier-
ten Entwicklungsgruppen aus Produzenten,
Autoren und führenden Rockformationen
hatte inzwischen eine kontinuierliche Entwicklung eingesetzt, die in den folgenden Jahren in ein komplexes System von Fördermaß-
nahmen mündete. Unter diesen Bedingungen
wurde das international ausgebildete Reser-
voir an Spielweisen von Gruppen wie *Panta
Rhei*, *Bayon*, *Lift*, den *Puhdys*, *electra* oder
Stern-Combo-Meißen in ebenso eigenwillige wie
unverwechselbare individuelle Musikauffassungen umgesetzt, die ab Mitte der siebziger
Jahre an Breite und Vielfältigkeit gewannen.
Daß das nicht ohne Widersprüche verlief, ist
an der Entwicklung einer Gruppe ablesbar, die

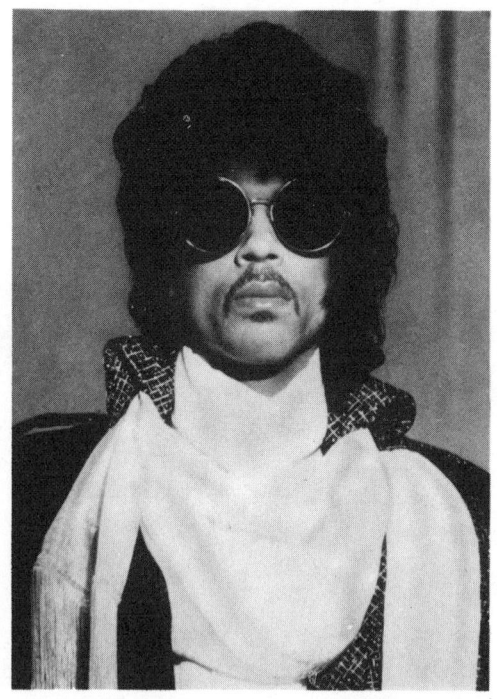

Prince

seinerzeit zu den profiliertesten Vertretern der
DDR-Rockmusik gehörte, der *Klaus-Renft-
Combo*. Sie verließ 1975 den von ihr einmal
entscheidend mitgeprägten Weg und machte
sich zum Sprachrohr der Auffassung, daß eine
engagierte Rockmusik sich nicht für, sondern
angeblich nur gegen den Sozialismus entwik-
keln könne, einer Auffassung, die ad absurdum zu führen einmal ihr eigenes Anliegen
war. Ähnlich reagiert haben auch in den folgenden Jahren immer wieder einmal Gruppen
und Musiker und in der Konsequenz dann der
DDR den Rücken gekehrt. Der reale Entwicklungsprozeß der DDR-Rockmusik hat solche
Auffassungen widerlegt, nicht nur das ihr eigene Engagement, das Herausfordernde ihres
sozialen Impetus als produktives Ferment in
die Gestaltung der sozialistischen Gesellschaft
eingebracht, sondern damit auch eine beacht-
liche internationale Anerkennung gefunden.
Im Ergebnis dessen entstanden Produktionen,
in denen das künstlerische Profil der DDR-
Rockmusik mit unterschiedlichsten stilistischen Mitteln eine gültige Ausprägung erfahren hat. Das reicht von dem melodiebetonten
Sound der *Puhdys* und ihrer dafür wohl über-

Gianna Nannini

zeugendsten elften LP »Computer-Karriere«
(1983) oder der Gruppe *Karat* und ihrem Album »Der blaue Planet« (1982) über den Ly-
rismus von *Lift*, ihrer LP »Spiegelbild« (1981),
der philosophisch reflektierenden LP »Reise
zum Mittelpunkt des Menschen« (1981) von
Stern Meißen, den bluesorientierten Rockkon-
zepten mit Jürgen *Kerths* (geb. 1948) LP »Glo-
riosa« (1982) und *Engerlings* LP »Tagtraum«
(1981), den Elektronik-Experimenten Reinhard *Lakomys* (geb. 1946) auf seiner LP »Das
geheime Leben« (1982) bis zum explosiven
Alltagsrealismus von *Citys* LP »Unter der
Haut« (1983), *NO 55* »Kopf oder Zahl« (1984)
oder *Pankows* »Kille Kille« (1983), dem sozialen Engagement von *Karussells* »Entweder–
Oder« (1980) und dem inhaltlich und musikalisch hochverdichteten Rockkonzept von *Sillys*
LP »Mont Klamott« (1983). Damit sind nur
einige Eckpunkte herausgegriffen, in denen
die sozialen Wirkungsdimensionen der DDR-
Rockmusik am überzeugendsten in den musikalischen Gestaltungskonzepten selbst vermittelt sind. Neue Impulse gingen auf dieser
Basis Anfang der achtziger Jahre von den
Live-Spektakeln der Gruppe *Pankow* aus. Die
theatralisch umgesetzten Rockshows »Ein Tag
im Leben des Paule Panke« (1982) und »Hans
im Glück« (1984) haben sowohl mit dem sozialen Realismus der Darstellung als auch mit
der sich zu den neuartigen internationalen
Entwicklungstendenzen der → New Wave in
Beziehung setzenden Plastitizität des Musizierens der DDR-Rockmusik künstlerisches
Neuland erschlossen, das besonders von jüngeren Gruppen wie *Juckreiz*, *Scheselong* oder
der *Gaukler-Rockbühne* als Anregung aufgegriffen worden ist. Mit dem seit 1982 jährlich
stattfindenden Festival → Rock für den Frieden hat die DDR-Rockmusik inzwischen nun
auch eine Plattform erhalten, auf der sie ihre
gesellschaftspolitische Relevanz mit dem ge-
bündelten Potential ihrer künstlerischen Leistungsfähigkeit unter Beweis stellt.

Rock'n'Roll, Abk. *R & R* [amerik., rɔkn'roul;
auch *Rock and Roll, Rock & Roll*]: kommerzielles Etikett für ein Konglomerat im einzelnen
recht verschiedenartiger Formen der populären Musik Nordamerikas sowohl aus der weißen → Country & Western- als auch der afroamerikanischen → Rhythm & Blues-Tradi-

Alan Freed

tion, die sich in den Jahren 1954 bis 1958 mit
einer bis dahin nicht gekannten Vehemenz
und vor allem über die tiefen Rassenschranken hinweg unter der amerikanischen Jugend
durchgesetzt und in der Konsequenz zur Herausbildung eines spezifischen kulturellen
Marktes für Jugendliche mit weitreichenden
Folgen für die etablierte Musikindustrie geführt haben, wenige Jahre später zum Ausgangspunkt der → Rockmusik (→ Beat) wurden. Die Bezeichnung ist der Blues-Sprache
entnommen, wo sie einen vieldeutigen Slang-
Ausdruck zur Umschreibung des Geschlechts-
verkehrs und zugleich für rhythmische Bewegungsvorgänge anderer Art, die Schienenstöße
der Eisenbahn, das Tanzen in der typischen
afroamerikanischen Form, darstellt. Die
Phrase *rock and roll* gehörte zum Standardvo-
kabular vieler Rhythm & Blues-Texte, in deren Titeln sie sich häufig auch findet, wie beispielsweise in dem 1947 erschienen »Good
Rockin' Tonight« von Roy *Brown* (1925–1981)
oder in »Rock All Night Long« von den *Ra-
vens* aus dem Jahre 1948. Als allgemeine Bezeichnung zunächst für solche Rhythm &
Blues-Songs, die bei den weißen Jugendlichen
auf immer größere Resonanz stießen, wurde
sie von dem Radio-Discjockey (→ Discjockey)
Alan *Freed* (1922–1965) eingeführt, der seine
Sendung Record Rendezvous bei der Station
WJW in Cleveland überwiegend auf afroamerikanischen Rhythm & Blues für weiße Hörer
spezialisierte und sie 1953 in *The Moon Dog
Rock and Roll House Party* umbenannte. Ab

1954 lief sie als *Alan Freed's Rock'n'Roll Party* über die Station WINS in der Musikmetropole New York, wo sie eine für die damalige Zeit ungewöhnliche Popularität erzielte. Seine Musikauswahl erwies sich dabei als so verkaufsintensiv, daß diese Titel dann schließlich auch im großen Stil unter dem Etikett Rock'n'Roll vermarktet wurden.

Die rasche Ausweitung des Rhythm & Blues Anfang der fünfziger Jahre über die Rassenschranken hinweg hatte ihre soziale Ursache in der Situation der weißen amerikanischen Nachkriegsjugend. Dem Konformitätsdruck und Leistungszwang wurde eine Philosophie des Lebensgenusses um seiner selbst willen entgegengesetzt, wofür die Musik der Schwarzen mit ihrer rhythmischen und sinnlichen Intensität nicht nur ein ideales Identifikationsobjekt abgab, sondern zugleich – weil in der amerikanischen Öffentlichkeit aus rassistischen Gründen als anstößig und amoralisch, vor allem aber als primitiver Ausdruck des »Ganz unten« in der sozialen Hierarchie vehement abgelehnt – die Funktion einer Art Oppositionssymbols erhielt. Eine wichtige Rolle spielten in diesem Prozeß die

Bill Haley and his Comets

vielen Rhythm & Blues-Radiostationen (→ Rhythm & Blues), die – obwohl auf schwarze Hörer abgestellt – weiße Jugendliche mit dieser Musik bekannt machten und eine entsprechende Nachfrage erzeugten. Die Einführung der billigen Portable Receiver, der Kofferradios, hatte die Voraussetzung für einen eigenständigen Umgang Jugendlicher mit diesem Massenmedium geschaffen. In der Rhythm & Blues-Rezeption weißer Jugendlicher dominierten Interpreten wie Fats *Domino* (geb. 1928) mit seinem »The Fat Man« (1950), Lloyd *Price* (geb. 1934) mit »Lawdy Miss Clawdy« (1952), Ruth *Brown* (geb. 1928) mit ihrem »5-10-15 Hours« (1952) und Joe *Turner* (geb. 1911) mit »Chains of Love« (1951) und »Sweet Sixteen« (1952). Schon 1952 wurde der Gesamtumsatz auf dem Rhythm & Blues-Markt mit etwa 15 Millionen Dollar geschätzt, und diese Zahl verdoppelte sich noch einmal bereits im Jahr darauf. Für die etablierte Industrie auf dem weißen Markt der Popular Music (→ Tin Pan Alley) bedeutete diese um sich greifende Begeisterung für die afroamerikanische Musik unter ihren potentiellen Käufern, den weißen Jugendlichen, einen empfindlichen Verlust von Marktanteilen. Sie reagierte auf ihre Weise und produzierte die erfolgreichsten Rhythm & Blues-Titel mit den bei

ihr unter Vertrag stehenden weißen Musikern einfach nach. Eher einen Zufallstreffer hatten mit diesem Verfahren der → Cover Versions schon 1954 die Mercury Records, als sie mit der kanadischen Gruppe *Crew Cuts* den Titel «Sh-Boom» des schwarzen Vokalensembles *Chords* noch einmal herausbrachten. Mit Perry *Comos* (geb. 1912) Fassung von *Gene and Eunices* »Ko Ko Mo« (1955) bei der RCA Victor und Pat *Boones* (geb. 1934) Versionen von Fats *Dominos* »Ain't It a Shame« (1955) sowie *Little Richards* »Tutti Frutti« (1955) begann dann die systematische Ausbeutung der Rhythm & Blues-Charts (→ Charts). Im Zusammenhang damit wurden auch Bill *Haley* (1927–1981) mit Joe *Turners* (geb. 1911) »Shake, Rattle and Roll« (1954) und Elvis *Presley* (1935–1977) mit Willie Mae *Thorntons* (1926–1984) »Hound Dog« (1956) populär.

Während solche Nachproduktionen erfolgreicher Rhythm & Blues-Titel zunächst noch voll und ganz an den Produktionsnormen und der Ästhetik der Tin-Pan-Alley-Schlagerfabrik (→ Tin Pan Alley) orientiert waren, versuchten sowohl Bill Haley als auch vor allem Elvis Presley die Eigenheiten der schwarzen Originale zu imitieren, ihre rhythmisch-betonte Intensität mit der starken Hervorhebung des → Beat, die Gesangstechnik des Shouting (→ Shout), ihren aggressiven und aufreizenden Sound. Damit wurde die Ästhetik der schwarzen Musik zu einem immer beherrschenderen Faktor auf dem Popsektor und fand in den weißen amerikanischen Jugendlichen eine neue soziale Basis.

Für die möglichst stilgetreuen Imitationen des schwarzen Rhythm & Blues durch weiße Sänger ursprünglich aus der Country & Western-Tradition des Südens wie Elvis *Presley*, Carl *Perkins* (geb. 1932) und Jerry Lee *Lewis* (geb. 1935) kam damals auch die Bezeichnung *Rockabilly* auf. Mit einer stilistischen Synthese von Country & Western und Rhythm & Blues, als der der Rock'n'Roll oft insgesamt – zwar erheblich verzerrt und damit falsch, aber weitverbreitet – definiert wird, hat aber auch das nichts zu tun. Vielmehr handelte es sich um eine Kopplung beider Traditionen durch die Schallplattenindustrie, denn derartige Rhythm & Blues-Imitationen erschienen auf Singles häufig mit einem Country & Western-Song auf der Rückseite.

Ab 1955, angefangen mit Chuck *Berrys* (geb. 1931) »Maybellene«, setzten sich dann schließlich auch die afroamerikanischen Originale des Rhythm & Blues auf dem nationalen amerikanischen Markt der Popular Music durch, der bis dahin ausschließlich von weißen Musikern und ihren Firmen beherrscht worden war. Damit geriet die Struktur des amerikanischen Musikmarktes, wie sie sich in den Auflistungsmodalitäten der → Charts mit ihren verschiedenen Rubriken am deutlichsten spiegelte, erheblich in Bewegung, was zu einem äußerst harten Konkurrenzkampf um Marktanteile führen sollte. Immer häufiger erschienen unter den *Top Hundred Singles* der Pop-Charts nun Aufnahmen, die zugleich auf dem Rhythm & Blues-Markt für schwarze Käufer zu den Hits gehörten, und zwar von schwarzen wie von weißen Interpreten. Elvis *Presleys* Version von »Hound Dog« (1956) erreichte 1956 als erster Titel sogar die Spitzenposition sowohl in der Pop- als auch der Country & Western- und der Rhythm & Blues-Rubrik der Billboard-Charts. Dieses als → Crossover bezeichnete Phänomen ist für den Rock'n'Roll dann auch weit eher kennzeichnend als irgendein spezifisches musikalisch-stilistisches Kriterium. Das Verkaufsetikett Rock'n'Roll repräsentierte nicht etwa einen neuen musikalischen Stil, sondern jene Rhythm & Blues-Titel, die sich bei den weißen Jugendlichen durchgesetzt hatten (sogen. Rhythm & Blues-Crossover), deren Nachproduktionen durch weiße Musiker und die Rockabilly-Version der Rhythm & Blues-Stilistik. Allerdings ist der Rock'n'Roll mit dem Rhythm & Blues insofern auch nicht einfach identisch, als er zum einen durch Weiße interpretiert wurde, die von einer ganz anderen Art des Musizierens herkamen, was sowohl an der Art der Intonation als auch vor allem an der rhythmischen Umsetzung dieser Stilistik spürbar blieb. Zum anderen zwang das die schwarzen Musiker selbst zu Konzessionen an ihre neue weiße Hörerschaft, denn ihre Musik war in der Vermarktung als Rock'n'Roll nicht mehr der kulturelle Ausdruck der afroamerikanischen unterdrückten Minderheit in den USA, sondern wurde vielmehr immer zielgerichteter für die viel größere Käuferschicht der weißen amerikanischen Jugendlichen produziert. Das änderte seine Inhalte, die Texte wa-

Elvis-Presley-Fans

ren den Erfahrungsbereichen weißer Jugendlicher in Elternhaus, Schule und Freizeit angeglichen, änderte seine Präsentationsformen, die zunehmend von Showeffekten und Bühnengags beherrscht wurden (Little Richards Klavierakrobatik, Chuck Berrys Entengang, »duck walk«, Elvis Presleys Hüftenschwenken usw.), und bedeutete musikalisch eine Selektion solcher Titel und Spielweisen aus der vielschichtigen Rhythm & Blues-Tradition, die als → hot, als ungezügelt, wild und besonders nonkonformistisch galten.

Insgesamt lassen sich in dem, was damals unter dem Verkaufsetikett Rock'n'Roll vermarktet wurde, grob fünf verschiedene Spielweisen unterschiedlicher Herkunft unterscheiden, die sich jeder einheitlichen Festlegung auf gemeinsame stilistische Kriterien entziehen. Den Rock'n'Roll in der Chicagoer Rhythm & Blues-Tradition repräsentierten vor allem Chuck *Berry* und Bo *Diddley* (geb. 1928). Der Rock'n'Roll aus New Orleans, wie er von Fats *Domino*, Lloyd *Price*, dem Sänger und Pianisten Roy *Bird*, genannt *Professor Longhair* (geb. 1918), und *Little Richard* vertreten wurde, stand in der Blues- und Boogie-Tradition des Südens (→ Blues, → Boogie Woogie). Der

gospelbeeinflußte Rhythm & Blues der schwarzen Vokalgruppen wie der *Drifters*, der *Coasters*, der *Dominoes* bildete nach 1955 ebenfalls einen eigenständigen Bestandteil des Rock'n'Roll. → Jump Blues und → Western Swing zählten zu den Grundlagen des Rock'n'Roll im Combo-Sound aus dem amerikanischen Norden, für den Bill *Haley* mit seinen *Comets* und *Freddie Bell and the Bell Boys* die Repräsentanten waren. Die einzige Spielweise des Rock'n'Roll, die in Zusammenhang mit diesem Verkaufsetikett erst aufkam und nicht schon lange vorher existiert hatte, war die Rockabilly-Imitation der afroamerikanischen Musik aus dem Süden der USA durch weiße Sänger wie Elvis *Presley*, Carl *Perkins*, Jerry Lee *Lewis* und die Texaner Roy *Orbison* (geb. 1936) und Buddy *Holly* (1936–1959). Gemeinsamkeiten lassen sich durch den Bezug aller dieser Spielweisen auf die Blues- und Rhythm & Blues-Tradition lediglich in der durchgängigen Verwendung der → Bluesformel und, als Folge der eindeutigen Funktion, für die Jugendlichen in erster Linie Tanzmusik zu sein, in der ausgeprägten Betonung des Grundrhythmus ausmachen.

Ende der fünfziger Jahre hatte die etablierte Musikindustrie die Situation dann so weit unter ihrer Kontrolle, daß ihre Produktionsformen das Erscheinungsbild der populären Musik in den USA wieder beherrschten. Einerseits verdrängte der → Twist 1959/60 den Rock'n'Roll, mit dem der Sänger Chubby *Checker* (geb. 1941) das inzwischen zum Tanzstil avancierte Hüftenschwenken von Elvis Presley zu einem sportlichen Massenvergnügen auf dem Tanzsaal noch einmal für alle Altersgruppen des Tanzpublikums ausbaute (»The Twist«, 1960; »Let's Twist Again«, 1961), andererseits wurde der neu entdeckte Teenager-Markt nun mit kurzlebigen Idolen beliefert, die wie Paul *Anka* (geb. 1941), *Anette* (geb. 1942), Connie *Francis* (geb. 1938) oder Brenda *Lee* (geb. 1944) kaum älter waren als ihr Publikum und wieder Songs nach dem bewährten Muster der Tin-Pan-Alley-Tradition verkauften (Brill Building Pop).

Trotzdem hatte der Rock'n'Roll eine Reihe von Konsequenzen, die zur Voraussetzung für die weitere Entwicklung der populären Musik

Elvis Presley

werden sollten und ihn schließlich zum Ausgangspunkt der → Rockmusik gemacht haben. Deren entscheidendste war die Ausrichtung der Hauptaktivitäten der Musikindustrie auf die altersspezifischen Bedürfnisse Jugendlicher, deren Umgangsweisen mit Musik wie deren Lebensgefühl und Lebensanschauungen sich nun immer nachdrücklicher sowohl im Text als auch musikalisch Geltung verschafften, verbunden mit der Formierung eines speziellen Jugendmarktes und – darin eingeschlossen – der Herausbildung spezifischer Jugendmedien. Jugendzeitschriften und -magazine, die Filmindustrie, Radio- und Fernsehsendungen und natürlich der gewaltig expandierende Schallplattenmarkt, dessen Umsatzraten mit der Verbreitung des Rock'n'Roll um fast dreihundert Prozent gestiegen waren, schufen mit der Kategorie »Teenager« ein Konsumleitbild eigener Art. Auf dieser Basis wurden die Strukturen der Produktion und Verbreitung von Musik immer komplexer, wurde sie selbst immer unmittelbarer an die Massenkommunikationsmittel und die Entwicklung entsprechender Technologien in diesem Bereich gebunden. Die Schallplatte begann sich damit als die beherrschende Existenzform von populärer Musik durchzusetzen. Und schließlich waren mit der Durchsetzung des Rock'n'Roll auch die Traditionen der afroamerikanischen Musik zu einem integralen Bestandteil der populären Musik geworden, was die weitere Entwicklung nachhaltig geprägt hat.
→ Rockmusik.

Rockoper: Sonderform des → Konzept-Albums, obwohl dem Begriff nach eigentlich auf eine theatralische Realisierung abgezielt ist. Zur Aufführung auf einer Opernbühne kommt es jedoch in den seltensten Fällen, und selbst dann liegt vorher eine Schallplattenfassung vor. Mit der traditionellen Oper und ihrem einfachen, überschaubaren Handlungsablauf hat die Rockoper trotz der Bezeichnung auch kaum etwas zu tun; wenn überhaupt, dann sind die betreffenden Werke immer nur mit immensem Aufwand aufführbar. In der Regel handelt es sich um Song-Zyklen (→ Zyklus), die als Oper bezeichnet sind, wenn in ihnen Menschen und ihre Konflikte im Mittelpunkt stehen. Dann aber spiegeln die Songs oft nur

das Innenleben der Hauptfiguren, und das ist auf einer Bühne eben kaum darstellbar. Ein Teil der Rockopern ist formal dem Oratorium verwandt und daher auch als *Rockoratorium* bezeichnet, wobei in der Verwendung beider Begriffe eine sinnvolle Unterscheidung nicht mehr möglich ist. Die erste Rockoper stammt von der britischen Formation *Nirvana*, »The Story of Simon Simopath – A Science Fiction Pantomine« (1967). Es folgten »Tommy« (1967) – eines der wenigen Beispiele, bei denen es zu einer Aufführung gekommen ist – und »Quadrophenia« (1973), beide von den *Who*, sowie »Arthur or The Decline and Fall of the British Empire« (1969), »Soap Opera« (1975) und »Schoolboys in Disgrace« (1975) von den *Kinks*, um nur die wichtigsten herauszugreifen.
Keine Rockopern sind die Musicals mit Rockmusik wie »Hair« (1967), »Jesus Christ Superstar« (1971) und »Evita« (1978), denn hier hat die Rockmusik die Funktion einer reinen Bühnenmusik, die Musiker treten nicht in Erscheinung, und die Komponisten sind in der Regel auch keine Rockmusiker. Das schließt nicht aus, daß die Rockmusik andererseits durchaus neuartige theatralische Formen hervorgebracht hat. Nur gehen die weder im traditionellen Begriff der Oper noch in dem des herkömmlichen Musiktheaters auf. Zu erwähnen ist in diesem Zusammenhang die amerikanische Gruppe *The Tubes* mit ihren eigenwilligen Bühnenspektakeln, vor allem aber die Inszenierung der »Wall«-Show von *Pink Floyd* (1979). Weitere herausragende Versuche dieser Art gab es in der DDR mit der theatrali-

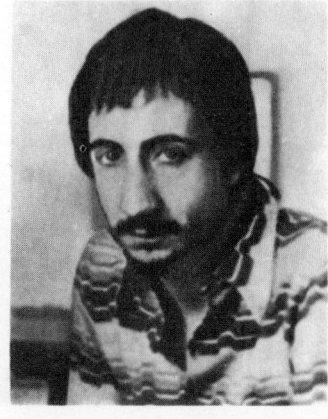

Pete Townshend
(The Who)

»Rockballade« (Thomas Bürkholz/Andreas Knaup)
mit der Gruppe SET im Leipziger Schauspielhaus

schen Realisierung von Horst *Krügers* (geb.
1942) »Rosa Laub« (1979), der »Rockballade«
(1982) von Thomas Bürkholz (geb. 1949), den
Rockspektakeln »Ein Tag im Leben des Paule
Panke« (1982) und »Hans im Glück« (1984)
der Gruppe *Pankow* sowie in der VR Ungarn
mit »István a Király« (1983) von Szörényi *Le-
vente* (geb. 1943) und Bródy *János* (geb.
1946).

Rockoratorium: → Rockoper.

Rocksteady [engl., ˈrɔkstedi]: in England aus
dem dort → Bluebeat genannten jamaikanischen → Ska durch Veränderungen in der Instrumentation (Wegfall von Piano und Bläsern, dafür E-Baß, Gitarre und Orgel als
dominierende Instrumente) und im Tempo
(Verlangsamung) entwickelte Musikform, die
sich 1965/66 an die Bluebeat-Welle anschloß.
Der Übergang vom Ska bzw. Bluebeat zum
Rocksteady wurde hauptsächlich von dem in
Jamaica geborenen Sänger und Musiker
Prince *Buster* (geb. 1939) getragen, dessen »Al

Capone« (1967) und »Ghost Dance« (1965)
ebenso erfolgreich wie stilbildende Rock-
steady-Produktionen waren. Diese Musik blieb
dann von den farbigen Jugendlichen in England eigentlich bis zu der in der zweiten
Hälfte der siebziger Jahre einsetzenden Reggae-Welle (→ Reggae) favorisiert, auch wenn
sie es nur noch selten – 1969 etwa mit Desmond *Dekkers* (geb. 1942) »The Israelites«
oder 1970 mit dessen »You Can Get It If
Really Want« – zu nennenswerten Hits
brachte.

Röhrenholztrommel: Perkussionsinstrument;
zwei unterschiedlich lange, fest miteinander
verbundene, von den Enden her ausgehöhlte
Holzstäbe von ca. 5 bis 6 cm Durchmesser, die
an der Großen Trommel befestigt wurden; seit
den zwanziger Jahren in der Tanz- und Unterhaltungsmusik verbreitetes Effektinstrument,
heute meist durch → Wood Blocks ersetzt.

Röhrenholztrommel

Roll [engl., roul, wörtlich »Wirbel«]: Spielanweisung für Schlagzeuger.

Romanze [span.]: in der → Salon- und Unterhaltungsmusik anzutreffendes instrumentales Charakterstück lyrischen Inhalts, der → Ballade verwandt, ohne festgelegte Form.

Rondo [ital.]: Reihungsform mit gleichbleibendem Refrain (A) und wechselndem Zwischenteilen (Couplets), z. B. A B A C A D … A; in der Folklore anzutreffender geselliger Liedtyp – dem Chorrefrain stehen solistische, häufig frei erfundene Strophen gegenüber; analoge Form auch in der Instrumentalmusik (klassisches Rondo z. B. A B A C A B A), vgl. z. B. den oft adaptierten »Türkischen Marsch« (Wolfgang Amadeus Mozart, Klaviersonate A-Dur, KV 331).

Roto-Toms: → Tom-Tom.

Royalties [amerik., ′rɔiəltis]: im amerikanischen Musikgeschäft übliche Bezeichnung für jenen Teil der → Tantiemen, der sich aus dem → Aufführungsrecht an einem Musikstück ergibt. Er wird durch eine gesetzlich festgelegte Gebühr für jede öffentliche Nutzung des Werkes in Form der Aufführung (bei Notendrucken) oder des Abspiels in Rundfunk, Diskotheken usw. (bei Tonträgervervielfältigung) abgegolten. → Mechanicals.

rubato [ital., wörtlich »geraubt, weggenommene Zeit«, auch *Tempo rubato*]: Der Hinweis rubato besagt, daß der Interpret die Melodie bei gleichbleibendem Grundtempo der Rhythmusgruppe (»gebundenes« Rubato), gelegentlich aber auch unter Einbezug der Begleitung (»freies« Rubato), geringfügig abwandeln, beschleunigen oder verzögern kann, also individuell gestalten soll. Rubati sind nicht notierbar; sie dienen dem lebendigen Musizieren und der Ausdruckssteigerung, können drive-erzeugend (Jazz, Rock) wirken (nicht mit offbeat zu verwechseln). Das Rubato ergibt sich vorwiegend aus dem melodisch-rhythmischen Verlauf, unterstützt die Textaussage (Chanson) und hebt das metrische Prinzip, die Formstruktur hervor.
Der Musiktheoretiker Hugo Riemann beschrieb diese Erscheinung (1884) in noch umfassenderem Sinne mit dem Begriff *Agogik*

(agein, griech. = »führen«). Agogische Gestaltungselemente sind z. B. Crescendi in Verbindung mit Anziehen des Tempos (etwa bei längeren Auftakten), Hervorheben einzelner Töne oder Tongruppen (agogischer → Akzent), Dehnungen bzw. Verhalten vor melodischen Höhepunkten, Einschnitte (Zäsuren) usw. Man vergleiche in diesem Zusammenhang Partitur- und Klangbild Straußscher Walzer. Die Agogik belebt »in ihren feinsten Graden die rationale Exaktheit der Rhythmik durch jene ›Ungenauigkeit‹, die alles organische Geschehen von mechanischem unterscheidet« (Peter Benary, Rhythmik und Metrik, Köln 1967, 65).

Rückkopplung [engl. feedback]: entsteht innerhalb einer elektroakustischen Übertragungsanlage, wenn die Mikrophone bzw. Tonabnehmer den von den Lautsprechern abgestrahlten Schall zu stark aufnehmen (akustische Rückkopplung), und ist hörbar als Dröhnen oder Pfeifton. Unter Rückkopplung versteht man in der Physik die Rückführung eines Teils des Ausgangssignals auf den Eingang. Bei Phasengleichheit von zurückgekoppelter Spannung und Eingangsspannung wird die Dämpfung der Schwingung vermindert bzw. aufgehoben, wobei Selbsterregung eintreten kann. Mikrophone einer elektroakustischen Übertragungsanlage nehmen neben dem eigentlichen Signal (Sänger) auch den Schall der Lautsprecher auf und leiten ihn wieder zum Verstärker. Das nochmals verstärkte Signal gelangt über Lautsprecher und Mikrophon erneut zum Verstärker. Dieser sich ständig steigernde Kreislauf endet mit einem Pfeifton. Man versucht diese unbeabsichtigte und störende Erscheinung bei Live-Veranstaltungen weitgehend auszuschließen. Die Aufstellung der Mikrophone erfolgt neben bzw. schräg hinter den Lautsprechern der → PA-Anlage. Man benutzt → Mikrophone mit ausgeprägter Richtwirkung (Nieren-, Supernieren-, Keulencharakteristik).
Verschiedene Rockmusiker erzeugen Rückkopplungseffekte bewußt als musikalisches Gestaltungsmittel, indem sie ihr Instrument (z. B. E-Gitarre) in die Nähe des vom jeweiligen Instrumentalverstärker angesteuerten Lautsprechers bringen. Die Schwingungen verstärken sich dabei ständig über den Kreislauf

Lautsprecher – E-Gitarre (Saiten, Korpus, Tonabnehmer) – Verstärker – Lautsprecher usw. Auf diese Weise entstehen Heultöne, wie sie z. B. typisch für das Gitarrenspiel von Jimi *Hendrix* (1942–1970) waren.

Rückung: typische harmonische Erscheinung in der Jazz- und Rockmusik. Akkorde werden halb- bzw. ganztönig nach oben oder unten »gerückt« (Parallelverschiebung). Zweifellos besteht dabei ein enger Zusammenhang mit der Gitarrespieltechnik (bundweises »Verschieben« von Akkorden). Rückungen können aber auch das gesamte Thema betreffen, indem bei Wiederholung eine benachbarte (meist höhere) Tonart gewählt wird.

Ruf-Antwort-Prinzip: → Call and response.

Rumba [span./kuban.]: Sammelbezeichnung für eine Vielzahl historischer und gegenwärtiger Lied- und Tanzformen auf Kuba von großer rhythmischer, melodischer, formaler und choreographischer Variationsbreite. Die Herkunft der Rumba liegt im dunkeln. Der kubanische Musik- und Folkloreforscher Fernando Ortiz vermutet den Ursprung in der Calinda, einem afrikanischen Tanz zur Sklavenzeit, aus dem die kubanische Yuka hervorging, die zum Ausgangspunkt einiger Rumbaformen Ende des 17. Jh. wurde. Andere Autoren (z. B. Urfeu) geben als Quelle den Tango Congo, einen Tanz der Bantus, an. Viele dieser Rumbalieder und -tänze, die besonders unter den armen, unterprivilegierten Schichten beliebt waren, blieben bis zum heutigen Tag in ihrer Ausstrahlung auf Kuba beschränkt. Als wichtige Zentren werden Havanna, Matanzas und die in der Nähe befindlichen Zuckerrohrplantagen genannt. Charakteristisch für diese offenen Paartänze mit ihren recht unterschiedlichen und z. T. komplizierten Schrittfolgen sind auf afrikanische Traditionen zurückgehende Hüft- und Beckenbewegungen, ein »wollüstiges und zugleich harmonisches Beckenwackeln« (Ortiz).
Gemeinsames Merkmal aller Rumbatypen ist die polyrhythmische Begleitung (→ Maracas, → Claves, → Timbales u. a.) im $\frac{2}{2}$- oder $\frac{4}{4}$-Takt mit → Cinquillo und → Tresillo. Häufig dienten Fässer, Kisten, Mobiliar u. ä. als Trommelersatz.
In Kuba verbreitete Rumbaformen sind Gua-

guancó, Yambú und Columbia. Die wohl älteste Rumba-Variante ist der *Yambú*, ein ruhiger Paartanz mit erotischen Akzenten. »El Yambú« tauchte um die Mitte des 19. Jh. auf und wird heute meist nur noch von älteren Kubanern getanzt. Spanischer Einfluß zeigt sich in der Versform (Decima), afrikanisch ist der responsorische Gesang Solo/Chor. Auch die *Columbia* weist dieses Merkmal auf. Sie ist eine ländliche Rumba, ein Männertanz, jedoch nur noch selten anzutreffen. Ein weiteres Kennzeichen äußert sich in den Anspielungen auf den Abakuá-Kult der Ñañigos. Die heute beliebteste Form der Rumba ist der städtische *Guaguancó* – echte, lebendige Volkspoesie. Über dem Polyrhythmus werden Melodiepatterns ständig wiederholt, wiederum im Wechsel von Chor und Solist. Dabei gibt es viel Raum für Improvisationen, oft ekstatisch gesteigert. Der Tanz ist ebenfalls durch erotische, mitunter groteske Bewegungen gekennzeichnet. Die Texte geben den Alltag, vor allem der farbigen Bevölkerung, wieder. Auch im Theater hat sich eine spezielle Rumba herausgebildet (*Rumba abierta*). Einflüsse der Rumbas lassen sich in → Guaracha, → Carioca, → Beguine, → Conga, → Mambo, → Cha-Cha-Cha u. a. Tänzen nachweisen. Über New York kam schließlich die Rumba um 1930 in stilisierter, kommerzialisierter Art, vor allem rhythmisch vereinfacht, nach Europa. Dabei gab es zwei Varianten: die schnelle, in England choreographierte Rumba (Cuban Style) und der langsame Rumba-Bolero (Square Style), der auf dem europäischen Festland getanzt wurde. Die Nazis verboten die Rumba als »entartete« Musik, aber auch in den anderen Ländern ließ das Interesse nach. Nach dem zweiten Weltkrieg besann man sich wieder auf diesen reizvollen Tanz, und schließlich wurde die langsame Square-Rumba in das Standardtanzprogramm aufgenommen. Der erste internationale Rumba-Erfolgstitel war »The Peanut Vendor« (M. Simons, 1931).

Rundfunk: Institution für die drahtlose Übermittlung von Musik und Sprache über elektromagnetische Wellen an einen großen Kreis individueller Abnehmer; besteht aus einem redaktionellen, einem technischen und einem programmproduzierenden Bereich. Der erste regelmäßig arbeitende Rundfunkbetrieb wurde 1921 in Pittsburgh, USA, aufgenommen; in Deutschland begann die Geschichte des Rundfunks mit der Eröffnung des »deutschen Unterhaltungsrundfunks« am 29. 10. 1923. Heute ist sein Verbreitungsgrad nahezu universell, nicht nur hat in allen hochentwickelten Industrieländern faktisch jeder Haushalt einen Rundfunkempfänger, durch Autoradio und Kofferradio ist er hier darüber hinaus noch zu einem mehr oder weniger ständigen Begleiter der Menschen geworden. Da die Musik mit etwa 70 % den weit größten Programmanteil stellt, hat der Rundfunk einen immensen Einfluß auf die Entwicklung der populären Musik genommen. Das begann bereits in den frühen zwanziger Jahren mit dem Aufbau des kommerziell organisierten Rundfunkwesens in den USA. Darin wurde die Musik in ein Funktionselement des Verkaufs der Dienstleistung Werbung umgewandelt, dessen Wirksamkeit zunächst rein quantitativ, nach den Einschaltquoten bestimmt war, mit der Einführung des *Format Radios* in den vierziger Jahren, der Einschränkung des Programms auf einen bestimmten Musiktyp (→ Country & Western, → Rhythm & Blues usw.), in der Ausfilterung einer möglichst festumrissenen Zielgruppe bestand. Da die Abspielhäufigkeit eines Titels im Rundfunk sich auf den Plattenverkauf auswirkt (→ Airplay), schlug diese Funktionalisierung der Musik unmittelbar auf die Produktionskonzepte der Plattenfirmen durch, wurde hier zum Produktionskriterium populärer Musik. Gleiches gilt für das in Zusammenhang mit dem → Rock'n'Roll in den fünfziger Jahren entwickelte Top-Forty-Format, mit dem auf die als Folge wachsender Senderdichte aufgetretene Gewohnheit reagiert wurde, schon nach kurzer Hördauer die Station wieder zu wechseln. Das Musikprogramm setzt sich hier nur noch aus den vierzig als Schallplatte meistverkauften Titeln der Woche zusammen, die mit abgestufter Häufigkeit wiederholt werden, um auch bei nur kurzer Hördauer mit möglichst hoher Wahrscheinlichkeit eine Bindung der Aufmerksamkeit des Hörers für die Realisierung des Werbeauftrags zu erzielen. Für die Plattenfirmen bedeutete das die äußerst zugespitzte Alternative, mit ihren Produktionen entweder in dieser Auswahl der Top Forty plaziert zu sein, wobei sich dann der Verkauf der Platte durch ständiges Abspiel im Rundfunk noch gewaltig potenzierte, oder aber einen ebenfalls potenzierten kommerziellen Mißerfolg hinnehmen zu müssen; eine Polarisierung, die erhebliche Konsequenzen für die Produktions- und Vertriebspolitik und damit für die Entwicklung der populären Musik hatte. Die Einführung des UKW-Rundfunks (*FM Radio*) in den sechziger Jahren führte in den USA zur Herausbildung eines ganz andersgearteten Programmkonzepts als das der Mittelwellen-Stationen (*AM Radio*), die klanglichen Möglichkeiten dieser Übertragungsart traten hier als Alternative in den Vordergrund mit der Konsequenz, daß eine klanglich ausgefeilte und in größeren zeitlichen Dimensionen entfaltete → Rockmusik auf der Grundlage der Langspielplatte (→ LP) bis hin zum → Konzept-Album Raum erhielt. Weiter war es die Einführung der relativ billigen und transportablen Kofferradios in den fünfziger Jahren, die Jugendlichen einen selbständigen und ihrem Alter entsprechenden Zugang zu diesem Medium ermöglichte, was zur Bedingung für den Rock'n'Roll als der ersten jugendspezifischen Musikform geworden ist.

Auch für die sozialistischen Länder gilt dieser zentrale Stellenwert des Rundfunks im Entwicklungsprozeß der populären Musik, nur daß er hier, auf andere gesellschaftliche Grundlagen gestellt, wesentlich anders gelagerte Funktionen erfüllt. Hier wirkt er zugleich auch als Musikproduzent und seine Programmgestaltung ist an den sozialen Bedürfnissen der herrschenden Arbeiterklasse orientiert. Er ist einem kulturpolitischen Gesamtkonzept integriert, das er aktiv mitgestaltet und wesentlich trägt. Für das Musikprogramm bedeutet das die Einbettung in einen übergreifenden Entwicklungszusammenhang, den der Herausbildung der sozialistischen Kultur und Lebensweise als sozialem Massenprozeß. Ohne den Rundfunk als Produzent, Förderer und Musikpropagandist wäre beispielsweise die Entwicklung einer in ihrem Charakter eigenständigen Rockmusik in der DDR unmöglich gewesen.
→ Massenmedien.

Rural Blues [engl./amerik., ˈruərəl bluːz]: → Country Blues.

⋆ S ⋆

Salonmusik: abgeleitet vom bürgerlichen Salon, dem Gesellschafts- bzw. Empfangszimmer in den Wohnungen des Großbürgertums, das sich durch die hier mehr oder weniger regelmäßig veranstalteten Abendgesellschaften im 18. Jh. von Frankreich ausgehend zu einem literarisch-politischen Kommunikationszentrum des Bürgertums entwickelte. Dabei war es üblich, den Abend musikalisch zu umrahmen, wofür – der Exklusivität des Ganzen entsprechend – zumeist berühmte Virtuosen geladen wurden. Im Verlauf des 19. Jh. sind diese Abendgesellschaften von immer breiteren Schichten des Bürgertums imitiert worden und verloren dadurch in sozialer wie künstlerischer Hinsicht ihre Exklusivität. Die musikalische Umrahmung besorgte nun die Dame des Hauses oder deren Töchter, in der Regel auf dem Piano. Dafür entstand eine massenhafte Klavierliteratur, die sowohl den spieltechnischen Möglichkeiten musikalischer Laien als auch der prestigebeladenen Funktion einer möglichst attraktiven Umrahmung bürgerlicher Geselligkeit angepaßt war. Von vornherein tendierte sie damit zur Veräußerlichung eines auf Sentimentalität und Scheinvirtuosität zielenden Gehalts, hatte sie doch mit dem Anspruch auf spieltechnische Brillanz und emotionaler Ausdruckskraft etwas zu sein, was sie hier gar nicht mehr sein konnte. Diese Ambivalenz rückte sie in die Nähe des musikalischen Kitsches, als der ein immer größer werdender Teil ihrer Produktion auch anzusprechen ist. Zu ihren herausragenden Kennzeichen gehörten dann auch eine ausgeprägte Sentimentalität, zugleich als Reflex auf die durch den Rationalismus der kapitalistischen Industrialisierung geprägten Lebensweise, eine tonmalerische Bildhaftigkeit, der Hang zum Exotischen in Form von musikalischen Anklängen an orientalische und andere Folklore (bzw. das, was man dafür hielt) und die Verselbständigung spieltechnischer Effekte zu scheinbarer Virtuosität. Das Repertoire setzte sich zusammen aus Charakter- und Genrestücken ohne feste Form mit meist sehr bildhaften Titeln (»Der brüllende Löwe«, »Glok-

ken des Himmels« usw.), aus auf spieltechnische Effekte hin angelegte Vortragsstücke meist in Form stilisierter Tanzmusik (Walzer, Polonaise usw.), aus Charakterstücken mit exotischem Einschlag (Barkarole, Tarantella, Rhapsodie espagnol usw.) und einer Vielzahl von Bearbeitungen diverser Orchestermusik, entweder als gekürztes und vereinfachtes Klavierarrangement oder in der Zusammenstellung als → Potpourri beliebter Melodien. Um 1830 tauchte dafür die Bezeichnung Salonmusik auf, wobei sich ihre charakteristischen Eigenschaften massenhaft erst in der zweiten Hälfte des 19. Jh. auszuprägen begannen. Unter den darauf spezialisierten Komponisten ragten schon in quantitativer Hinsicht solche heraus, die sich auch als Interpreten auf die hier immer sichtbarer gewordenen Marktmechanismen einließen: Carl *Czerny* (1791 bis 1857), Franz *Hünten* (1793–1878), Friedrich *Kalkbrenner* (1788–1849), Henri *Herz* (1803 bis 1888). Die Masse der hier wirkenden Komponisten ist allerdings längst der Vergessenheit anheimgefallen. Typische und zugleich ebenso berühmte wie berüchtigte Beispiele der bürgerlichen Salonmusik sind das 1852 entstandene »La Prière d'une Vierge« (Gebet einer Jungfrau) der polnischen Pianistin Thekla *Badarzewska-Baranowska* (1834–1861) sowie das »Ave Maria. Méditation sur le 1er prélude de Bach« (1859) des französischen Komponisten Charles *Gounod* (1818–1893), eine Bearbeitung des C-Dur-Präludiums von J. S. Bach.

Gegen Ende des 19. Jh. wanderte diese Musik auch in die Caféhäuser und Restaurants, wo sie auf eine kleine Instrumentalbesetzung (→ Salonorchester) übertragen wurde und schließlich darin eine, vereinzelt bis in unsere Tage reichende Fortsetzung fand (→ Caféhaus-Musik). Sie selbst überlebte noch über die Jahrhundertwende hinaus in der bürgerlichen Hausmusik und auch als Spielliteratur im Klavierunterricht, mußte dann aber dem neuen Medium Schallplatte endgültig weichen. Im Zuge der Nostalgiewelle (→ Nostalgie) wurden auch einige Salonstücke neu produziert.

Salonorchester: unterschiedlich besetzte Instrumentalensembles der Unterhaltungsmusik (→ Salonmusik), die sich im 19. Jh. in drei Standardformen in den Zentren Paris, Wien und Berlin herausbildeten. Grundbestand bildet das *Klaviertrio* (Klavier, Violine, Violoncello), seltener das Streichquartett. Die Leitung hat meist der → *Stehgeiger*, der mit der 1. Violinstimme auch die Melodieführung übernimmt. 2. Violine und Viola (→ Nachschlag in Doppelgriffen) erhalten die akkordische Begleitung, das Violoncello führt melodische Passagen, Nebenstimmen oder mit dem Kontrabaß Baßfunktion aus. Das Klavier tritt begleitend und solistisch in Erscheinung, das Schlagzeug hat rhythmische und lautmalerische Aufgaben. Hinzutretende Blasinstrumente sind melodisch oder harmonisch eingesetzt. 1868 bezieht der österreichische Kapellmeister Margold das → Harmonium in sein auch über die Grenzen des Landes bekanntes Salonorchester ein, das bald allerorts zu einem unentbehrlichen, auch fehlende Stimmen ersetzenden Füllinstrument wurde. Bestimmend waren lange Zeit die → Wiener und die etwas größere → Pariser Besetzung, die auch die Grundlage für die riesige Zahl von → Druckarrangements bildeten. In Deutschland kam Ende des 19. Jh. die noch erweiterte → Berliner Besetzung auf; um die Jahrhundertwende zählte man bereits über zweihundert Ensembles, um 1910 waren in Deutschland fast zwanzigtausend Berufsmusiker in diesem Bereich tätig. Das Repertoire der Salonorchester bestand überwiegend aus Bearbeitungen klassischer Kompositionen und Opern, → Potpourris und Unterhaltungsstükken. Gute Ensembles verfügten über bis zu Tausend »Concert- und Salon-Piècen«, die für die beliebten Wunschkonzerte zur Verfügung standen. Auftrittsorte bildeten vor allem die Caféhäuser und Hotels, auch Kurpromenaden usw., bis gegen 1930 engagierte man sie auch zur musikalischen Untermalung von Filmen. Dominierte in den Programmen der Salonorchester ursprünglich das Konzertante, so nahm nach 1910 die Tanzmusik einen immer größeren Raum ein, das Caféhaus wurde nach und nach zum Tanzcafé. Die Besetzungen reduzierten sich. Aus vielen Salonorchestern wurden nach 1919 Tanzkapellen: die Geige gab die Melodieführung an das Saxophon ab,

an die Stelle des Harmoniums trat das Akkordeon, Klavier, Baß und Schlagzeug bildeten nunmehr die (dem Jazz entlehnte) Rhythmusgruppe, das Banjo trat hinzu. Auch der zunehmend stärkere Einfluß der neuen Medien (Tonfilm, Schallplatte, Rundfunk) zwang die Orchester zu einer höheren Attraktivität, sowohl Konzert- (Unterhaltungs-) als auch Tanzmusik, nach Möglichkeit sogar noch ein Show-Programm, mußten in guter Qualität und Repertoirebreite geboten werden. Das Salonorchester in der ursprünglichen Form verlor seine Funktion.

Salsa [span., wörtlich »Geschmack, scharf Gewürztes«]: bedeutet ursprünglich in lateinamerikanischer Musik soviel wie der Begriff swing für den Jazz, d. h. die musikalisch-rhythmische Essenz dieser Musik. In den sechziger Jahren benutzte der US-Amerikaner Jerry *Masucci* Salsa als kommerzielles Etikett für die von seinem 1965 gegründeten Label Fania Records vertretene Musik. Fania All Star Bands setzten sich aus kubanischen Exilmusikern zusammen, die die kubanische Musik der fünfziger Jahre nun für ein nichtkubanisches Publikum produzierten. Traditionelle Genres wie → Son, → Rumba oder → Cha-Cha-Cha verschmolzen dabei mit Einflüssen sowohl aus der US-amerikanischen Rock- und Popmusik als auch aus der Musik Mittelamerikas und des karibischen Raums, insbesondere mit dem → Merengue aus Mexiko und dem → Reggae aus Jamaica. Die polyrhythmische Struktur blieb erhalten (Rhythmusgruppe mit mehreren Perkussionisten), die akustische Gitarre wurde durch die E-Gitarre ersetzt. Da Salsa als Sammelbezeichnung zu verstehen ist, kann auch kein einheitliches Rhythmusmodell angegeben werden; häufig tritt der → Tresillo (→ Clave Beat) auf. Als auslösendes Moment für die Salsa-Mode gelten die Produktionen von Carlos *Santana* und seinen Musikern auf der LP »Abraxas« (1970), vor allem der Erfolgstitel »Oye Como Va« (Tito Puente). Zum bestimmenden Zentrum des Salsa wurde der New Yorker Stadtteil Spanish Harlem. In den siebziger Jahren begann Salsa allmählich in dem → Latin Music genannten Marktsektor (→ Charts) zu dominieren und spielte schließlich mit kommerziellen Versionen, z.B. von *Kid Creole and the Coconuts* und Joe *Jack-*

son (geb. 1955), auch in den Pop Charts eine Rolle. Die recht nachhaltige Salsa-Welle blieb nicht ohne Rückwirkung auf die Soul-, Rock- und Popmusik. Die Verbreitung dieser Musik hat schließlich auch in Lateinamerika selbst zu ihrer Aufnahme und Weiterentwicklung geführt, wieder auf der Basis der authentischen Ursprünge. Wichtige Beiträge zur Profilierung des Salsa kommen nun aus Venezuela (Oscar *D'Leon*, geb. 1943), Panama und Kuba selbst (*Son 14*). Auch das überall in Lateinamerika anzutreffende → politische Lied wurde vom Salsa beeinflußt. Salsa hat in dieser Region etwa einen der Rockmusik in Europa und den USA vergleichbaren Stellenwert, wird auch als Alternative zu dieser verstanden und propagiert.

Samba [port.]: brasilianische Lied- und Tanzform in vielen Varianten. Edison Carneiro (Folguedos Tradicionais, Rio de Janeiro 1974) beschreibt 35 verschiedene Sambatypen, ohne dabei lokale Spielarten berücksichtigen zu können, die sicher an die Hunderte zählen. Obwohl erst im 19. Jh. erwähnt, lassen sich die Quellen der Samba bis in die Zeit der Sklaverei zurückverfolgen, denn Ausgangspunkt bilden afrikanische Reigentänze rituellen Charakters, speziell der Bantus, die heute noch in den Sambas di morro der städtischen Karnevalsgesellschaften anzutreffen sind. Die Herkunft des Namens kann von *semba* (= »Tanz«) aus dem Kongo-Sprachgebiet erfolgt sein, obwohl dann die Bezeichnung Samba schon in älteren Aufzeichnungen überliefert sein müßte. Aus den Reigentänzen der Sklaven – in Brasilien zunächst als → Batuque zusammengefaßt – entstanden unter den neuen Umweltbedingungen und unter Einfluß der von den Kolonisatoren mitgebrachten europäischen Tänze in den vergangenen Jahrhunderten viele eigenständige Folkloreformen, die mehr oder weniger typische musikalische und choreographische Merkmale der Samba-Familie aufweisen. Besonders nach der Aufhebung der Sklaverei 1888 läßt sich eine unübersehbare Vielfalt von Tanz- und Musizierstilen belegen, konzentriert in den Städten Rio de Janeiro, Bahia und São Paulo, aber auch in den ländlichen Bereichen. Die große Beliebtheit europäischer Modetänze im 19. Jh., besonders der Polka, führt zu weiteren Mischformen

(man bezeichnet scherzhaft die brasilianische Polca als »Großmutter der Samba«).
Nach Claus Schreiner (Musica Latina, Frankfurt/Main 1982) war es 1917 der brasilianische Musiker *Donga*, der als erster seine Komposition »Pelo Telefone« als *Samba Carnevalesca* offiziell registrieren ließ und damit einen Standardtyp der städtischen Samba schuf, der viele Nachahmer fand. Im folgenden wuchs die Popularität dieses Tanzes sowohl unter der Bevölkerung der Armenviertel wie auch in den mittelständischen Schichten, besonders aber vor und während der Karnevalszeit (Ecolas de Samba). Musiker wie *Pixinguinha* und *Sinho*, Sänger wie Francisco *Alves* verhalfen der Samba auch in den aufkommenden Massenmedien zu hohem Ansehen. Schon 1924/25 tanzte man auch in Europa nach Samba-Rhythmen, nachdem bereits vor 1915 mit dem → Maxixe ein Vertreter der Samba-Familie Aufsehen erregt hatte. Mit der zunehmenden Industrialisierung Brasiliens um 1930 und der Verschärfung der Klassengegensätze zeigte sich auch eine stärkere Kommerzialisierung der reichhaltigen Musikfolklore. Den vielgestaltigen volkstümlichen Sambas wurde (z. T. von professionellen Komponisten) ein bald international propagiertes »Einheitsmodell« gegenübergestellt. Eine der bekanntesten Sambas dieses Typs schrieb 1942 Ary *Barroso* – »Brasil«. Um 1950 wurde die Samba noch ein-

mal weltweit in vereinfachter Form zum Modetanz. Sie blieb Bestandteil des Standardprogramms der Turniertänzer. Ein Abkömmling der Samba, die → Bossa Nova, setzte sich Anfang der sechziger Jahre auf dem internationalen Parkett durch und war durch sein Jazz Feeling besonders unter den Musikern bebliebt.

Während die polyrhythmische Begleitung der Samba und die → Offbeat-Phrasierung der Melodie noch heute den afrikanischen Ursprung erkennen lassen, sind Melodieführung und Harmonik europäisch geprägt. Der Grundrhythmus besteht aus einem Zwei-Takt-Pattern (im $\frac{4}{4}$- bzw. $\frac{2}{2}$-Takt), oft mit → Cinquillo (siehe Notenbeispiel Seite 425).

Zum typischen Samba-Instrumentarium gehören → Chocallo, → Cabaza, → Pandeiro, → Conga, → Reco-Reco und Gitarren (Cavaquinho, Violão).

Sample-and-Hold-Section [engl., ′sa:mpl ənd hould ′sekʃən]: Zufallsgenerator; Baueinheit (Modul) im → Synthesizer.

Sampler [engl., ′sæmplə]: englische Bezeichnung für Sammelplatten, das heißt Langspielplatten, die Aufnahmen verschiedener Interpreten oder zu unterschiedlichen Zeiten erschienene Aufnahmen eines Interpreten enthalten. Solche Sammelplatten können aus rein kommerziellen Gründen zusammengestellt sein, in der häufigsten Form als »The Best of …« bzw. »Greatest Hits«, oder aber nach inhaltlichen Gesichtspunkten ausgewählte Querschnitte durch einen Musikstil, eine regionale Musikszene o. ä. darstellen.

San Francisco Sound [engl./amerik., sæn frən′sisko saund]: Bezeichnung für die in den Jahren 1965 bis 1968 aus San Francisco kommende Musik, bei der es sich um ein Sammelsurium aus Blues, Folk, Country und Rockmusik in der Art des → Psychedelic Rock handelte. Eine wichtige Rolle für die Herausbildung einer eigenständigen Musikszene in San Francisco, die dann zeitweilig den Stellenwert eines Rockzentrums in den USA besaß, spielten die von dem Manager Bill *Graham* im *Fillmore Auditorium* der Stadt, einem alten Kinosaal, organisierten Konzerte. Sie entwickelten sich mit Auftritten der *Charlatans*, der *Grateful Dead, Jefferson Airplane,*

Janis Joplin

Quicksilver Messenger Service und den *Youngbloods* zu einer Hochburg des Psychedelic Rock, um den herum im Fillmore Auditorium psychedelische Dichterlesungen, Happenings und Theatervorstellungen stattfanden. San Francisco Sound wurde damit zum Synonym für eine Musik, die durch lange Improvisationen, starke Einflüsse aus der indischen und arabischen Musik, elektronische Klangverfremdungen und Geräuschmontagen gekennzeichnet war. Die Veranstaltungen im Fillmore Auditorium – als sie Ende 1967 in den Carousel Ballroom verlagert wurden, ging dieser als *Fillmore West* in die Rockgeschichte ein – bildeten zugleich den Kern der als alternativ verstandenen Kultur der Hippies, jugendlicher, zumeist studentischer Aussteiger aus der bürgerlichen Gesellschaft, die unter der Losung »Love and Peace« aus den zwischenmenschlichen Beziehungen heraus eine menschlichere Welt zu schaffen hofften. Aus Musik, Drogen und Poesie sollte eine Sensibilisierung des Menschen, eine Erweiterung seines Bewußtseins für neue Erfahrungsräume hervorgehen, die über die Revolutionierung des individuellen Bewußtseins und Verhaltens zur politischen Kraft, zur Revolution der Jugend werden sollte. San Francisco Sound definierte sich über diese, revolutionär gemeinte Funktion der Musik. Auch wenn das an den realen Verhältnissen letztlich scheitern mußte, die psychedelische Revolution der Jugend sich als Illusion erwies, als säuberlich abgesteckte Spielwiese für Aussteiger, ist daraus doch eine Ästhetik erwachsen, die mit dem Bewußtsein für den Zusammenhang von Sinnlichkeit und Politik auf das politische Verständnis von Rockmusik nicht ohne Folgen geblieben ist. Der San Francisco Sound ist, darin eingebettet, dann auch weit mehr als nur Musik gewesen; er war der Sound einer Stadt, auf die sich damals die Hoffnungen der Jugendlichen in den USA wie in weiten Teilen Westeuropas richteten. Einbezogen waren darin auch politisch engagierte Folk-Rock-Bands (→ Folk Rock) wie *Country Joe & The Fish*, weißer Blues mit Janis *Joplin* (1943–1970) und *Big Brother and the Holding Company* sowie Musiker wie Mike *Bloomfield* (geb. 1943) und Al *Kooper* (geb. 1944).

Sapo cubana [span.]: Schrapinstrument; Bambusraspel, dem → Guiro verwandt, jedoch kleiner. Die Querrillen des ca. 30 cm langen Bambusrohrs sind durch einen etwa 1 cm breiten

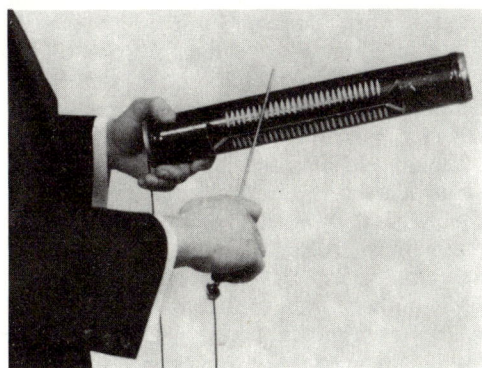

Sapo cubana

ten Längsschlitz unterbrochen. Dadurch bildet sich ein Resonanzraum, der das beim Darüberstreichen mit einem Metallstäbchen entstehende Geräusch verstärkt.

Sattel: eingelassene Querleiste am oberen Ende des Griffbretts mit Einkerbungen zur Führung der Saiten bei Streich- und einigen Zupfinstrumenten (z. B. Gitarre, Banjo). Der Sattel beendet den schwingenden Teil der Saiten (= »O. Bund«). Durch → Barré und → Kapodaster wird ein die Saitenlänge verkürzender »künstlicher« Sattel geschaffen.

Satz: 1.) Zusammenfassung mehrerer Instrumente, das »Spielen im Satz« (Trompetensatz, Saxophonsatz, Blechsatz usw., aber auch → Shearing-Satz, → Four-Brothers-Satz usw.);
2.) Teil eines zyklischen Werkes, z. B. → Suite, →Concerto usw.;
3.) Setzweise, z. B. → polyphoner oder → homophoner Satz, auch vierstimmiger, fünfstimmiger … Satz im → Arrangement.

Satzführer: erster Bläser in einer Instrumentengruppe (z. B. Saxophonsatz), der bei Proben und Aufführungen für einheitliches, präzises Musizieren verantwortlich ist.

Satzprobe: im Zusammenhang mit der Big-Band-Arbeit aufgekommener Begriff, ähnlich der Registerprobe im sinfonischen Orchester. Jeder *Satz* (Saxophone/Trompeten/Posaunen/ auch Rhythmusgruppe und Gesangssatz) bereitet unter Leitung des → *Satzführers* durch Einstudierungen bzw. Übungen innerhalb der Instrumentengruppe die Gesamtprobe vor. Diese Praxis festigt die Einheitlichkeit des Satzes und spart Zeit bei der Gesamtprobe.

Saxophon: Holzblasinstrument, obwohl aus Messing gefertigt; Mundstück mit einfachem Rohrblatt (wie Klarinette), weit mensuriertes konisches Rohr, Überblasen in die Oktave und Grifftechnik wie Oboe; in Familie gebaut:
· *Sopranino* (in Es): $des^1 - ges^3$, transponierend (notiert $b - es^3$);
· *Sopran* (in B): $as - des^3$, transponierend (notiert $b - es^3$);
· *Alt* (in Es): $des - a^2$, transponierend (notiert $b - fis^3$);
· *Tenor* (in B): $As - es^2$, transponierend (notiert $b - f^3$);
· *Bariton* (in Es): $Des - as^1$, transponierend (notiert $b - f^3$);
· *Baß* (in B): $As_1 - des^1$, transponierend (notiert $b - es^3$).
Kontrabaß- (in Es) und *Subkontrabaß*-Saxophon (in B) sind ebenso wie das Sopranino

Sopran-, Alt-, Tenor- und Baritonsaxophon

kaum gebräuchlich. Notierung aller Saxophone im Violinschlüssel. (Übersicht der gebräuchlichen Formen siehe oben.)

Das Saxophon ist eine Erfindung des belgischen Instrumentenbauers Adolphe *Sax* (1814–1894), die er Anfang der vierziger Jahre des 19. Jh. in Paris vervollkommnete und 1846 patentieren ließ. Mit seiner Konstruktion wollte er für die Militärblasorchester ein klangliches Bindeglied zwischen Holz- und Blechbläsern schaffen. Deshalb baute er das Instrument auch gleich in verschiedenen Größen, vom Sopran bis zum Baß. Die Blasmusiker griffen diese Neuentwicklung rasch auf, und nur in wenigen Ländern, z.B. auch in Deutschland, negierte man zunächst das nach seinem Erfinder benannte Instrument. Heute kann es, obgleich mancherorts immer noch über Fragen der Klangqualität und -mischung gestritten wird, zur Grundbesetzung des → Blasorchesters gezählt werden.

Obwohl das Saxophon aufgrund seines stark wandlungsfähigen, individuell gestaltbaren Tones und seiner grifftechnischen Beweglichkeit allen Anforderungen der Jazzmusiker gerecht wurde, kam es relativ spät in den Jazz.

In den USA war das Saxophon in den Militärblasorchestern seit Ende des 19.Jh. und später auch in den kommerziellen Tanzkapellen anzutreffen. Die New-Orleans-Musiker verwendeten es mehr oder weniger vom Arrangement und vom Klang her als Klarinettenersatz. Und erst Ende der zwanziger Jahre erhielt es endgültig in Chicago seine musikalische Eigenständigkeit. Mit der Herausbildung der → Big Band formierte sich auch der Saxophonsatz von der Vierstimmigkeit (1931 durch Don Redman) zur Fünfstimmigkeit (1933 durch Benny Carter) in der Standardbesetzung von zwei Alt- und zwei Tenorsaxophonen und einem Baritonsaxophon. Diese Variante .hat sich trotz vieler Experimente, vgl. z. B. → Four-Brothers- und → Glenn-Miller-Satz, bis in die Gegenwart erhalten.

Als Vaterfigur des *Sopransaxophons* gilt Sidney *Bechet* (1897–1959). Er widmete sich, von der Klarinette kommend, ausschließlich diesem Instrument, das er mit voluminösem Ton und starkem Vibrato blies, wobei er gleichzeitig die andersartigen Klangqualitäten des Sopransaxophons gegenüber der Klarinette verdeutlichte. Bechet beeinflußte damit nachfolgende

Generationen. Nur selten fügte sich das Sopran auch als Leadstimme in den traditionellen Saxophonsatz ein, z. B. bei Charlie *Barnet* (geb. 1913). Heute findet man es in den Big Bands öfters, z. B. bei *That Jones/Mel Lewis.* Wegbereiter im modernen Jazz wurde Steve *Lacy* (geb. 1934), doch den eigentlichen wesentlichen Durchbruch erzielte John *Coltrane* (1926–1967) mit dem vielbeachteten Solo in »My Favourite Things« (1961). Wayne *Shorter* (geb. 1933) hatte mit seinem Sopransaxophon erheblichen Anteil am Sound des *Miles Davis Quintets* in der zweiten Hälfte der sechziger Jahre und danach von *Weather Report.* Weiterhin sind zu nennen Charlie *Mariano* (geb. 1923), Klaus *Doldinger* (geb. 1936), Barbara *Thompson* (geb. 1944) u. a.

Die erste Blütezeit des *Altsaxophons* liegt in der Swing-Zeit. Vor allem der durch seine Tongebung und Ausdrucksstärke bekannte Johnny *Hodges* (1906–1970) und der auch als Arrangeur hervorgetretene, für den Saxophonsatz wegweisende Benny *Carter* (geb. 1907) gelten als hervorragende Swing-Altisten, ebenso Pete *Brown* (1906–1963) und Willie *Smith* (1908–1967). Markanteste Persönlichkeit dieses Instruments, aber darüber hinaus auch stilbildend für den Bebop, war Charlie *Parker* (1920–1955). In ihm vereinen sich experimentelle Kreativität und brillante Technik, an seinem Spiel orientierten sich nicht

nur Saxophonisten. Den vibratoarmen Cool Sound (→ Cool) repräsentieren Lee *Konitz* (geb. 1927) in Weiterführung der Lennie-Tristano-Schule und Paul *Desmond* (geb. 1924) vom Dave-Brubeck-Quartet. Als West-Coast-Musiker verdient Bud *Shank* (geb. 1926) Erwähnung, der auch schon eingangs der sechziger Jahre zusammen mit indischen Musikern (Ravi Shankar) spielte. Ornette *Coleman* (geb. 1930) und Eric *Dolphy* (1928–1964) nutzten das Altsaxophon zur freien und kammermusikalischen Spielweise. Cannonball *Adderley* (1928–1975), Phil *Woods* (geb. 1931), die jüngere Generation mit Anthony *Braxton* (geb. 1945) und Arthur *Blythe* (geb. 1940) – das sind nur einige Namen aus der großen Zahl der Jazz-Altsaxophonisten.

Dominierendes Instrument, besonders im modernen Jazz bis in die sechziger Jahre hinein, ist zweifellos das *Tenorsaxophon.* Seine Geschichte beginnt mit Coleman *Hawkins* (1904–1969), der ein gutes Jahrzehnt mit seinem expressiven vollen, sonoren Ton und seiner Improvisationsgabe als der Exponent dieses Instruments gilt. Einen Gegenpol bildet Lester *Young* (1909–1959), der mit der vibratoarmen Tongebung schon in den Dreißigern etwas von der Cool-Spielweise vorwegnahm. Er stand in den vierziger/fünfziger Jahren im Vordergrund. Sowohl die Hawkins- als auch die Young-»Schule« lassen sich im Musizie-

Klaus Doldinger   *Peter Brötzmann*   *Bud Shank*

Felix Slováček   *Pharoah Sanders*   *Dexter Gordon*

ren vieler namhafter Tenoristen nachweisen. Wichtige Musiker des modernen Jazz sind u.a. der auch längere Zeit in Europa wirkende Dexter *Gordon* (geb. 1923), eine bestimmende Erscheinung im Bebop (Hard Bop, Neobop), Sonny *Rollins* (geb. 1929), dessen Individualität sich in der Tongebung ebenso zeigt wie in der eigenwilligen Behandlung von Melodik und Rhythmik beim Improvisieren, Stan *Getz* (geb. 1927), ein typischer Cool-Musiker, der Anfang der sechziger Jahre im Zusammenwirken mit dem Gitarristen Charlie Byrd die → Bossa Nova propagierte. Erwähnt sei noch Roland *Kirk* (1936–1977), der sowohl als exzellenter Techniker als auch besonders durch das gleichzeitige Spielen von zwei, auch drei Saxophonen auffiel. Zu den stilbildenden Tenorsaxophonisten gehört ferner der bereits erwähnte John *Coltrane*. Mit seiner modalen Improvisationsmethode (→ Modal Jazz), dem Einbeziehen exotischer Skalen und den sogen. → Sheets of Sound inspirierte er die jüngere Generation. Neue Klangmöglichkeiten, insbesondere das Einbeziehen extrem hoher Lagen durch die Überblastechnik, erschlossen die Free-Jazz-Saxophonisten, so z. B. Archie *Shepp* (geb. 1937), Albert *Ayler* (1936–1970) und Pharoah *Sanders* (geb. 1940). Ergänzend seien noch Peter *Brötzmann* (geb. 1941) und Ernst-Ludwig *Petrowsky* (geb. 1933) genannt. Unter den zahlreichen namhaften Jazz-Rock-

Musikern ragt Wayne *Shorter* (geb. 1933) heraus. Das *Baritonsaxophon* war im Jazz lange Zeit Domäne von Harry *Carney* (1910–1974), Satzbläser im Ellington-Orchester und Solist mit vollem, oft rauhem Ton. Erst im modernen Jazz fand er in Serge *Chaloff* (1923–1957) und Gerry *Mulligan* (geb. 1927), dann auch in Pepper *Adams* (geb. 1930) gleichermaßen technisch perfekte wie stilistisch überzeugende Nachfolger. Die jüngere Generation vertreten vor allem Hamiet *Bluiett* und Henry *Threadgill*.

Die tiefste Stimme im Saxophonsatz übernimmt in der Regel das Baritonsaxophon. Das doch recht unbewegliche *Baßsaxophon* erscheint nur in Ausnahmefällen, z. B. blies es Boyd *Raeburn* (1913–1966) seit 1946 in seinem Orchester. Anthony *Braxton* (geb. 1945), der das Bariton im Free Jazz heranzog, setzte sogar das *Kontrabaßsaxophon* ein. Gelegentlich trifft man bei Dixielandgruppen ein Baßsaxophon als Baßstimme an (im Chicago-Stil wurde auf diese Art öfters die Tuba ersetzt).

Über die Swing-Big-Bands und Combos kam das Saxophon auch in der kommerziellen Tanzmusik verstärkt zum Einsatz. Einerseits wurde der komplette Fünfer-Saxophonsatz übernommen, andererseits trat es als stimmungsvolles Soloinstrument (Sweet) hervor. In den fünfziger Jahren übernahmen viele Tanzorchester die harte, aggressive solistische

Saxophon-Spielweise des Rock'n'Roll. Der →
Twist brachte für das Bariton oft titellange stu-
pide Begleitformeln. Mit dem Aufkommen
der Beatmusik verlor der Saxophonsatz an Bedeutung. Zahlreiche sogen. Party-Orchester
besetzten nur noch zwei bis drei Saxophone.
Die Klangnuancen der verschiedenen Saxo-
phontypen bieten sich jedoch nach wie vor für
solistische Zwecke an, bekannt wurde z. B. der
tschechische Sopransaxophonist Felix *Slova-
ček* (geb. 1943).

War das (Tenor-)Saxophon als Erbe des
Rhythm & Blues im Rock'n'Roll noch als Soloinstrument in den Instrumentalteilen unentbehrlich, so mußte es in der Rockmusik seit
den sechziger Jahren der Gitarre weichen.
Vielfach werden → Studiomusiker zu einer
LP-Produktion – oft nur für einen Titel – herangezogen. Bekannt wurde z. B. Raphael *Ra-
venscrofts* Solo in »Baker Street« (Gerald Raf-
ferty, 1978). Doch gibt es einige namhafte
Gruppen, die das Saxophon ständig in ihren
Sound integrieren, z. B. *Roxy Music, Supertramp*, natürlich *Weather Report* u. a. Jazz-
Rock-Bands.

Scat [engl./amerik., skæt, von scatter = »zer-
streuen, zerreißen«, auch *Bop Scat* oder *Scat
Vocal*]: Gesangsform, bei der anstelle des Textes zusammenhanglose, lautmalerisch improvisierte Silben gesungen werden. Diese Art
des Singens findet sich – bis zu ekstatischen
Zuständen gesteigert – in der schwarzafrikanischen Folklore und wurde von den Afroamerikanern besonders bei religiösen und kultischen Anlässen (Spiritual, Shouts, → Voodoo-
und Shango-Kult, Macumba u. a.) praktiziert.
Das Scat-Singen kam frühzeitig in den Jazz
(nach Jelly Roll Morton soll um 1906 Joe
Simms der erste gewesen sein), wichtige Vertreter sind Louis *Armstrong* (1900–1971, z. B.
in »Heebies-Jeebies«, 1926, sowie »Hotter
Than That«, 1927) und Cab *Calloway* (daher
sein Spitzname »The Hi-De-Ho-Man«, geb.
1907). Einen Höhepunkt erlebte das Scat-Singen im Bebop (Bop Scat), wo der Vokalist,
quasi ein Instrument imitierend, mit den
Instrumentalisten (auch im Chorusspiel) wett-
eiferte. Ella *Fitzgerald* (geb. 1918) demonstrierte

Ella Fitzgerald

diese Gesangsmanier überzeugend in ihrer schnellen Version von »How High the Moon« (1951) u. a. Titeln. Die musikalisch-stilistisch günstigste Silbenwahl ist eine Frage des → Feelings. Scat Singing wurde auch hin und wieder in Pop- und Rockmusik angewandt, häufig bei Klassik-Adaptionen (z. B. *Swingle Singers*, *King's Singers* u. a.).

Schallplatte: Tonträger in Form einer in ihren Abmessungen genormten (→ LP, → Single) ein bis zwei Millimeter starken Kunststoffscheibe aus Vinyl (Mischpolymerisat aus Polyvinylchlorid und Polyvinylazetat), auf die beiderseitig eine spiralförmige Rille aufgebracht ist. Die Speicherung des Tonsignals erfolgt durch Vertiefungen (Tiefenschrift) bzw. bei der Stereoschallplatte durch seitliche Ausbuchtungen beider Flanken der Rille (Flankenschrift). Bei Abtastung mit einer Nadel (Saphir) kann das Tonsignal wieder hörbar gemacht werden, indem die Nadelbewegung über eine winzige Induktionsspule im Abtastsystem des Plattenspielers in elektrische Schwingungen umgesetzt wird, die entsprechend verstärkt an einen Lautsprecher weitergegeben werden.
Schallplatten werden gepreßt, wobei zuvor über ein mehrstufiges sogen. Vater-Mutter-Sohn-Verfahren eine Preß-Matrize hergestellt werden muß. Dabei wird das Tonsignal über eine Aufnahmeapparatur, die einen Stichel steuert, zunächst in eine Lackfolie geschnitten. Von dieser wird auf elektrolytischem Weg eine Negativkopie (Vater) angefertigt, bei der die Rillen nun als Erhebungen erscheinen. Diese Negativkopie wird ebenfalls wieder auf galvanischem Weg in ein Positiv (Mutter) zurückverwandelt, das nun akustisch geprüft werden kann, und abschließend davon noch einmal auf dem gleichen Weg erneut ein Negativ (Sohn) als Preßmatrize hergestellt. Das Grundprinzip der Schallplatte ist bereits 1877 von Thomas A. Edison in den USA zum Patent angemeldet worden. Sein Phonograph schnitt die Schallwellen auf mechanischem Weg in Staniolwalzen ein. Zehn Jahre später, 1887, entwickelte der Amerikaner Emil Berliner auf dieser Grundlage das Grammophon, wobei er die Walzen durch Platten aus rundem Zinkblech ersetzte. 1890 kamen die ersten, noch einseitig bespielten Schallplatten

aus Hartgummi heraus, und 1898 erfolgte die Einführung von Schellack als Trägermaterial. 1903 erhielt die Schallplatte mit 30 cm Durchmesser und einheitlicher Abspielgeschwindigkeit von 78 Umdrehungen in der Minute international genormte Abmessungen, was eine Spieldauer von 4,5 Minuten ergab. Die ersten doppelseitig bespielten Schallplatten erschienen 1904. 1921 wurde das noch heute gebräuchliche Vater-Mutter-Sohn-Verfahren als Herstellungstechnologie entwickelt. Ein Jahr später, 1922, löste das elektro-akustische Aufnahmeverfahren die bis dahin übliche Methode der mechanisch-akustischen Schallaufzeichnung ab, wobei es noch bis 1925 dauerte, daß die erste elektro-akustisch aufgenommene Schallplatte erschien. 1946 wurde das → Magnettonband als Zwischenträger in den Aufnahmevorgang eingeschaltet, 1948 die zuvor als Schneidmaterial verwendeten Wachsplatten durch Lackfolien ersetzt. 1948 tritt an die Stelle von Schellack das Vinyl, und die Langspielplatte mit 30 cm Durchmesser und einer Umdrehungsgeschwindigkeit von $33\frac{1}{3}$ Umdrehungen in der Minute kommt auf den Markt. Parallel dazu entsteht das 17-cm-Single-Format mit 45 Umdrehungen pro Minute. 1956 folgt die Stereoschallplatte und als vorläufig letzter Schritt Ende der siebziger Jahre schließlich die Digitalplatte (→ Compact Disc).
Die Entwicklung der populären Musik ist seit dem Edisonschen Phonographen untrennbar mit der Entwicklungsgeschichte der Schallplatte verbunden. Sie gab, dem technischen Entwicklungsstand entsprechend, Länge der Stücke und Tonumfang vor. Auf ihrer Grundlage entstand eine → Musikindustrie im heutigen Sinne, nach deren Gesetzen fortan die Musikentwicklung erfolgte. Als folgenreichste technische Neuerungen erwiesen sich jedoch die Zwischenschaltung des Magnettonbands, das die Mehrspuraufzeichnung (→ Overdubbing) und damit die zunehmende Verlagerung der Entwicklung auf die klangliche Seite von Musik zur Folge hatte; und die Einführung der billigen Single, die aus der Schallplatte erst wirklich ein Massenmedium machte.
→ Massenmedien.

Schallplattenunterhalter, Abk. *SPU*: → Diskomoderator.

Monika Hauff
Klaus-Dieter Henkler

Frank Schöbel

Nana Mouskouri
Katja Ebstein
Fernsehballett

Gitte Haenning
Roland Kaiser
Adamo
Amanda Lear

Vicky Leandros
Milva

Costa Cordalis

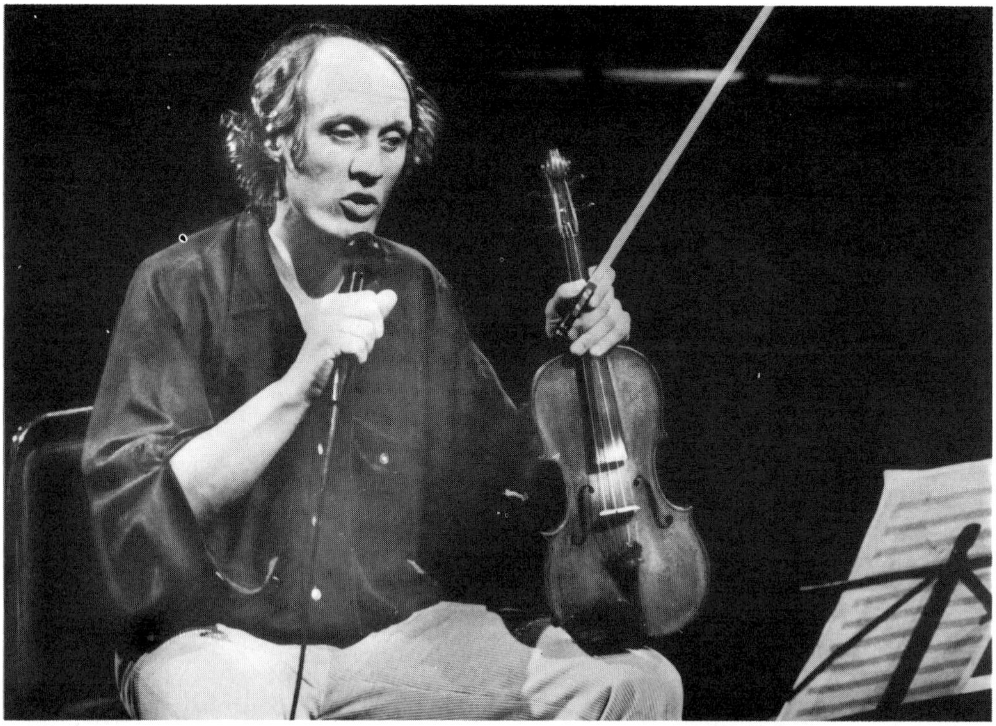

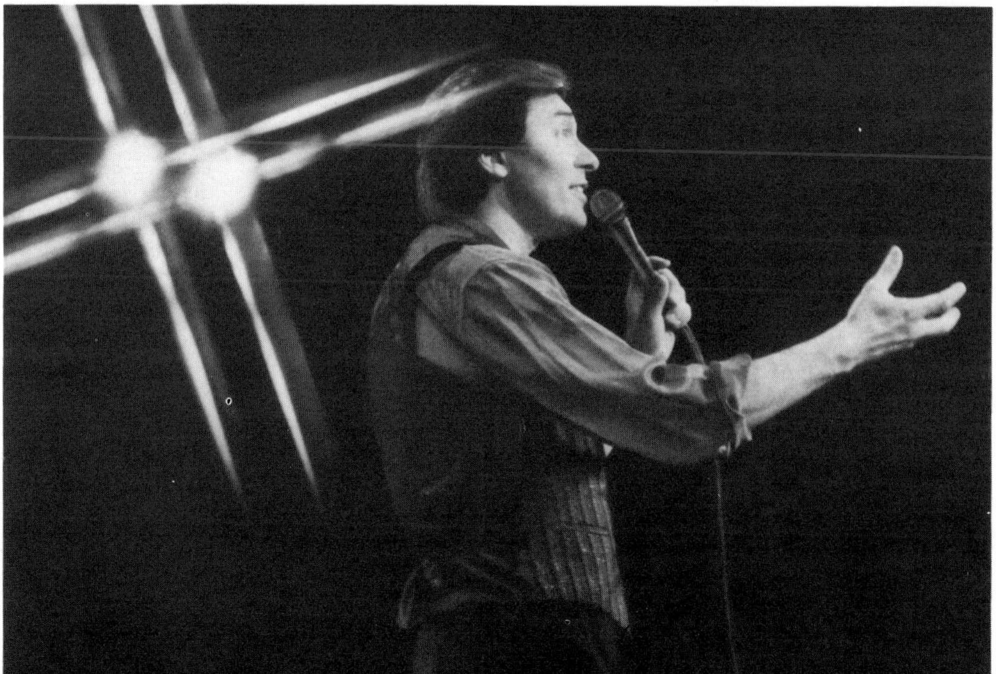

Hermann van Veen
Karel Gott

Josef Laufer
Vaclav Neckář
Jiři Korn und
Helena Vondráčkova

Regina Thoss
Dagmar Frederic
Michael Hansen

Ina-Maria Federowski
Jörg Hindemith
Hartmut Schulze-Gerlach (Muck)
Maja-Cathrin Fritsche

GES
Jürgen Walther

Billy Preston und Syreeta
The Supremes

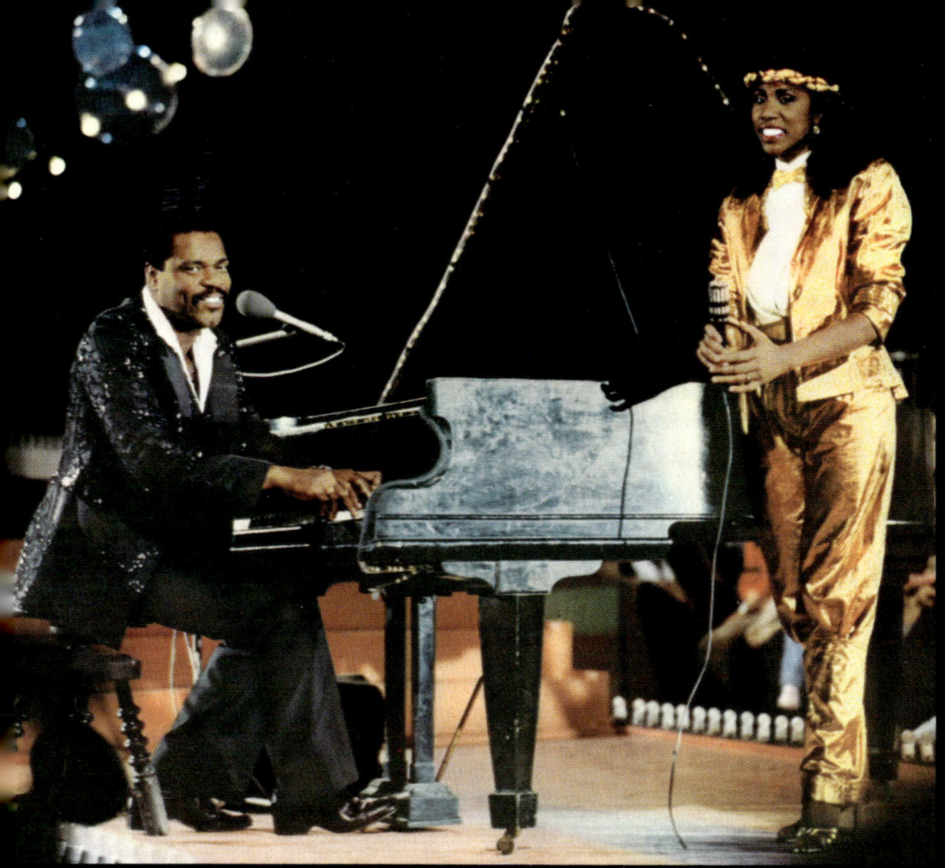

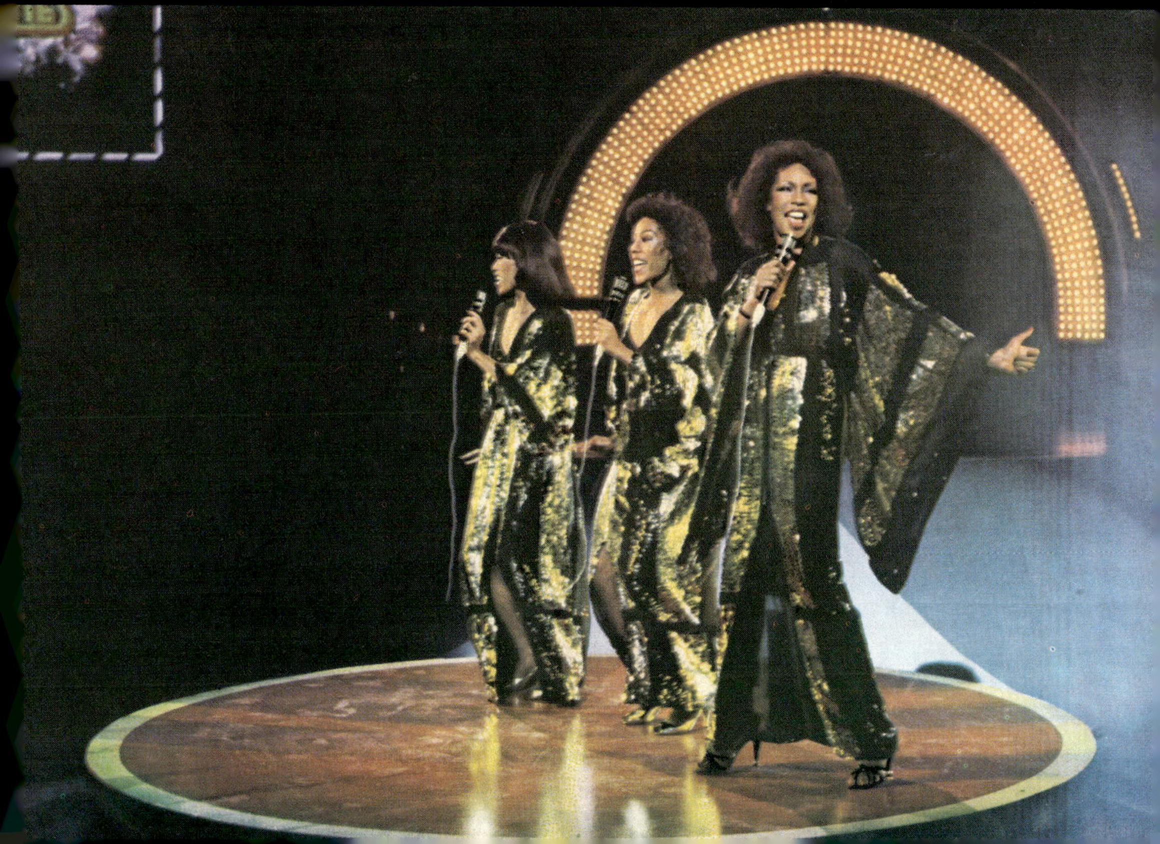

Harry Belafonte

Gisela May

Scheitholz, Scheitholt: schon in der Antike bekanntes Saiteninstrument; von Michael Praetorius (1571–1621) als »billich unter die Lumpen Instrumenta« klassifiziert; von besonderer Bedeutung als Vorläufer von → Zither, → Dulcimer u. a. Das Scheitholz besteht heute aus einem länglichen vierkantigen Kästchen mit Metallbünden, das quer zum Spieler liegt. Es hat bis zu fünf Metallsaiten, die Stimmung ist unterschiedlich. Die Saiten werden mit den Fingern gezupft, aber mit einem Holzstäbchen entsprechend der Tonhöhe verkürzt. Diese »Schmalzither« ist bis zum heutigen Tage in der Folklore lebendig geblieben und findet darüber hinaus auch in der Musikerziehung Verwendung.

Schellenbaum: mit Glöckchen und Schellen behangenes Prunkinstrument (Schüttel-Idiophon), das den Militärorchestern vorangetragen wird; ursprünglich Standarte der türkischen Reiter (Janitscharenmusik), seit Ende des 18. Jh. auch in Europa verbreitet; dekorativ gefärbte Roßhaarbündel an beiden Seiten, zusätzliche Embleme, Symbole usw.; heute oft durch → Lyra ersetzt.

Schellentrommel: → Tamburin.

Schieber: volkstümliche Bezeichnung für eine einfache, weit verbreitete Tanzweise. Die von Vortänzern demonstrierten und von Tanzlehrern in den Salons der reichen Oberschicht übermittelten Tanzschritte zu den zahlreichen, nach der Jahrhundertwende auch in Deutschland bekannten nordamerikanischen Gesellschafts- und Modetänzen blieben den Handwerkern und Arbeitern weitgehend unbekannt. Doch bald erklang die Musik zu Cakewalk, Ragtime, Twostep, Onestep usw. auch in ihren Vorortlokalen. Da musikalisch nur wenig Unterschiede erkennbar waren, erfand man einfache, vom Marschtanz abgeleitete »Einheitsschritte«, die zu all diesen Tänzen paßten. Dieses »Schieben« und »Wackeln« erregte Ärgernis bei Tanzlehrern und Polizei, konnte jedoch trotzdem nicht unterbunden werden. Nach 1912 verwendete man diese Schritte auch für den Tango, ja sogar für den Boston im $\frac{3}{4}$-Takt. Zahlreiche Titel bzw. Textstellen jener Zeit belegen die Beliebtheit des Schiebers (z. B. »Max, du hast das Schieben raus«, Walter Kollo, 1919). Letztlich entstand

sogar aus der Synthese dieser neuen Tänze (wesentliches Kennzeichen bildete die Synkope) mit dem Marsch ein typisch deutscher, relativ eigenständiger Musiktyp, »Schieber« genannt.

Schlagbaß: heute nicht mehr gebräuchliche umgangssprachliche Bezeichnung für den in der Jazz- und Tanzmusikpraxis → pizzicato (d. h. gezupft bzw. »geschlagen«) gespielten → Kontrabaß; vgl. dazu auch → Slap Bass (= »Klatschbaß«).

Schlaggitarre: bis in die sechziger Jahre hinein gebräuchliche, umgangssprachliche Bezeichnung für die als Rhythmusinstrument in der Tanzmusikpraxis (»Schlagen« der akkordischen Begleitung) eingesetzte Gitarre, auch Synonym für → Plektrumgitarre.

Schlager: um die Jahrhundertwende aus den mit der sich herausbildenden → Musikindustrie verbundenen Mechanismen der Produktion und Verbreitung von Musik als Ware entstandene Form des populären Liedes. Der Begriff kommt eigentlich aus der Handelssprache, wo er einen Verkaufserfolg gleich welcher Art und womit bezeichnete. Auf Musik bezogen tauchte er gegen 1880 in Wien das erste Mal auf, ebenfalls als kommerzieller Erfolgsbegriff, der auf alle möglichen Genres und Gattungen der populären Musik, insbesondere auf die populären Tanzmelodien jener Zeit wie → Walzer, → Polka oder Galopp, aber auch auf Einzelstücken aus → Operetten, aus Possen und Schwänken sowie auf → Couplets und → Gassenhauer Anwendung fand. Als die Komponisten dann dazu übergingen, ihre Kompositionen an den einmal zu Erfolg gekommenen Stücken zu orientieren, und die Verleger begannen, ihre Produkte gleich von vornherein mit dem Erfolgskennzeichen »Schlager« zu versehen, um damit als Kaufanreiz für die Notendrucke jene Popularität zu suggerieren, die diese Lieder ja eigentlich erst einzulösen hätten, entstand aus diesen so unterschiedlichen Formen der populären Musik allmählich eine selbständige musikalische Gattung, der Schlager. Sie ist sowohl gekennzeichnet durch die kommerziellen Mechanismen ihrer Entstehung als auch durch die Wandlungen im Musikgebrauch, die sich als Folge der auf die Industrialisierung gegründe-

Jean Gilbert

Walter Kollo

Peter Igelhoff

ten Lebensweise vollzogen. So ist der Schlager seinem Wesen nach multifunktional, das heißt zugleich Musik zum Tanzen wie zum Zuhören, Spiegel des Lebensgefühls seiner Zeitgenossen wie auch unaufdringliche Hintergrundmusik. Dem entspricht andererseits ein leicht produzierbares stereotypes musikalisches Grundmodell, das sich im Verlauf seiner Entstehungsgeschichte als optimal herausgebildet hat und auf den unterschiedlichen Traditionslinien des populären Liedes, insbesondere dem städtischen Gassenhauer, aufbaut. Mit seiner Kombination von Konstanten – dem formalen Aufbau nach dem Vers-Refrain-Schema, der Kadenz-Harmonik (→ Kadenz), der sequenzartigen (→ Sequenz), formelhaften Melodik, der begrenzten Thematik mit hohem Allgemeinheitsgrad – und Variablen – den verschiedenen Typen des → Begleitrhythmus, dem → Arrangement – stellt es eine Art Baukastenprinzip dar, nach dem Elemente aus den unterschiedlichsten Bereichen der populären Musik, vom → Jazz über die → lateinamerikanische Musik bis hin zur → Rockmusik zu Schlagern synthetisiert und so kommerziell verwertet werden können. Den damit zwangsläufig verbundenen Verlust an Ausdruckskraft ersetzt die persönliche Ausstrahlung des Interpreten, der die schon bald in Arbeitsteilung von Komponist, Arrangeur und Texter hergestellten Einzelbestandteile

zusammenzuhalten hat und aus dem Schlager eine hochgradig personalisierte Form von Musik werden ließ.

Die ersten Schlager in diesem Sinne kamen aus dem Bereich des → Wiener Liedes und waren mit dem Namen von Alexander *Girardi* (1850–1918), einem österreichischen Schauspieler, Sänger und Komiker, als Interpreten verbunden, dessen enorme Popularität dem Wiener Lied als Schlager auch im Ausland zu schnellem Durchbruch verhalf. Die Tradition des Wiener Liedes lebte im Schlager noch lange unmittelbar fort, ist mit Liedern wie »Im Prater blühn wieder die Bäume« (1916) oder »Zwei Herzen im Dreivierteltakt« (1930) von Robert *Stolz* (1880–1975) bis heute lebendig geblieben. Als im Anfang des 20. Jh. das Wiener Lied auch Berlin erreichte, wurde die Praxis, populär gewordene Lieder selbständig als Schlager zu verbreiten, sehr schnell aufgegriffen. Vor allem die Komponisten der Berliner Operette, Paul *Lincke* (1866–1946), Victor *Hollaender* (1866–1940), weiterhin Jean *Gilbert* (1879–1942), Rudolf *Nelson* (1878–1960) und Walter *Kollo* (1878–1940), begannen jetzt ihre Kompositionen für das musikalische Unterhaltungstheater so anzulegen, daß gleich von vornherein Einzelnummern als Schlager herauslösbar waren. Auf diese Weise entstanden inzwischen klassisch gewordene Beispiele der Gattung wie »Das macht die Berliner Luft«

und »Schenk mir doch ein kleines bißchen Liebe«, die aus Paul Linckes Operette »Frau Luna« (1899) kamen, oder »Puppchen, du bist mein Augenstern« aus Jean Gilberts Operetten-Posse »Puppchen« (1912).

Mit dem Zerfall der österreichisch-ungarischen Monarchie im Ergebnis des ersten Weltkrieges verlagerte sich der Schwerpunkt der Entwicklung des europäischen Schlagers dann endgültig auf Berlin. Hier hatten sich neben der Operette die Revue-Bühnen (→ Revue) und → Kabaretts inzwischen als die verbreitetste Form der musikalischen Bühnenunterhaltung etabliert, die nicht nur zu einer wichtigen Plattform für die sehr bald schon alles überschwemmenden musikalischen Einflüsse aus Amerika wurden, sondern vor allem auch die Herausbildung und Entwicklung des Schlagers als eigenständigen Liedtyp stimulierten, fand er hier doch eine geradezu ideale Heimstatt. Neben den schon erwähnten Komponisten, die nun auch für die Revue-Bühnen zu arbeiten begannen, machten sich hier vor allem Hugo *Hirsch* (1884–1961) u. a. mit den Revuen »Das hat die Welt noch nicht gesehn« (1924) und »Berlin ist Mode« (1927) sowie der aus Wien gebürtige Ralph *Benatzky*

Comedian Harmonists

(1884–1957) u. a. mit der Revue »Für Dich« (1925) einen Namen. Typische Beispiele aus der Unzahl der für solche Revuen geschriebenen Lieder mit ihrer meist nur kurzlebigen Popularität waren seinerzeit etwa »Adieu, Mimi« (1926) von Ralph Benatzky oder »Ein Flip – ein Gin – ein Mädel« (1926) von Walter Kollo. Mit der Operetten-Diva Fritzi *Massary* (1882–1969) fand der Schlager in den zwanziger Jahren hier auch seinen ersten großen Star. Im Gegensatz zu den Revue-Schlagern, die ganz auf den Schauwert der Darbietung ausgerichtet waren, vor allem von den fülligen Orchester-Arrangements lebten, entstand in den intimeren Kabaretts ein eher chansonähnlicher (→ Chanson), witzig-pointierter Liedtyp oft ausgesprochen frivolen Charakters. Er wurde nicht mehr »besetzt« wie noch die großen Revuen, sondern unmittelbar für seine Interpreten und deren persönliche Eigenart geschrieben. Trude *Hesterberg* (1892–1967), Gussy *Holl* (1888–1979), Claire *Waldoff* (1884–1957) und Otto *Reutter* (1870–1931) profilierten sich hier noch in der Vorkriegszeit mit Couplets, deren kommerzielle Verwertung sie in das Umfeld des Schlagers brachte; eine Traditionslinie, die in den zwanziger Jahren dann durch Blandine *Ebinger* (geb. 1904), Annemarie *Hase* (1900–1971), Rosa *Valetti* (1897–1937) und die *Comedian*

Lilian Harvey   *Fritzi Massary*   *Johannes Heesters*

Harmonists fortgesetzt wurde. Zu den Komponisten, die sich in den zwanziger Jahren darauf spezialisierten, gehörten insbesondere Fred *Raymond* (1900–1954) und Rudolf *Nelson*, aber auch Walter *Kollo* und Friedrich *Hollaender* (1896–1976). Beispiele für diesen Schlagertyp sind etwa »Ich hab das Fräul'n Helen baden sehn« (1925) und »In einer kleinen Konditorei« (1928) von Fred Raymond, »Tante Paula liegt im Bett und ißt Tomaten« (1928) und »Mein Papagei frißt keine harten Eier« (1928) von Walter Kollo sowie »Veronika, der Lenz ist da!« (1930) und »Ich hab für dich 'nen Blumentopf bestellt« (1930) aus dem Repertoire der Comedian Harmonists.

Die Bedeutung von Kabarett und Revue liegt aber nun nicht nur in der Herausbildung des Schlagers als selbständigen Liedtyp, für den der strenge achttaktige Periodenbau ebenso charakteristisch wurde wie die auf den Dreiklangsbildungen beruhende Melodik mit ihren häufigen Akkordbrechungen und der Sequenzierung kurzer Floskeln sowie die prägnante, von den Tanzformeln (→ Tanzmusik) abgeleitete Rhythmik. Beide hatten vor allem die Funktion eines Katalysators für die nach dem ersten Weltkrieg rapid zunehmenden musikalischen Einflüsse aus den USA. Schon in den zehner Jahren hatte Irving *Berlins* (geb. 1888) »Alexander's Ragtime Band« (1911) als Schlager auch in Europa Furore gemacht. Die

Jazz-Faszination (→ Jazz) und die aus dem → Jazz Dance abgeleiteten Tanzmoden führten in den zwanziger Jahren zu einem immer stärkeren Interesse an der populären Musik Amerikas. Es kam zu Gastspielen amerikanischer Ensembles und Orchester mit immensem Erfolg, die Revue-Bühnen begannen sich an den Broadway-Shows zu orientieren. Einen Höhepunkt fand diese Entwicklung mit den Ende der zwanziger Jahre aus den USA kommenden ersten kommerziellen Tonfilm-Produktionen (→ Filmmusik), »The Jazz Singer« (Regie: L. Bacon, 1927) und »The Singing Fool« (Regie: L. Bacon, 1928). Nach ihrem Vorbild entstand jetzt eine Unzahl von Film-Musicals, Musikfilmen und Film-Revuen, die fortan zur Basis für die Entwicklung des Schlagers wurden. Filme wie »Liebeswalzer« (Regie: W. Thiele, 1929), »Die drei von der Tankstelle« (Regie: W. Thiele, 1929) oder »Die Privatsekretärin« (Regie: W. Thiele, 1930) verhalfen in Deutschland dem Film-Schlager zum Durchbruch, für den in dieser Zeit vor allem zwei Namen von Komponisten einstanden. Das waren Werner Richard *Heymann* (1896–1961) mit der Musik zu den genannten drei Filmen und einem Lied, das damals um die Welt ging, »Das gibt's nur einmal«, in der englischen Version als »It Only Happens Once in a Life-time«, aus dem UFA-Film »Der Kongreß tanzt« (Regie: E. Charell, 1931), und

Friedrich *Hollaender* mit der Musik zu dem
Sternberg-Film »Der blaue Engel« (Regie:
E. Sternberg, 1930), der mit Liedern wie »Ich
bin die fesche Lola« und vor allem »Ich bin
von Kopf bis Fuß auf Liebe eingestellt« die
Karriere von Marlene *Dietrich* (geb. 1901) begründete. Singende Filmschauspieler wie
Hans *Albers* (1891–1960), Willy *Fritsch*
(1901–1973), Lilian *Harvey* (1907–1968) sowie ab Mitte der dreißiger Jahre auch Johannes *Heesters* (geb. 1903) und Marika *Rökk*
(geb. 1913) wurden jetzt zum Inbegriff des
Schlagers. Daß seine Entwicklung äußerlich
scheinbar unberührt von dem politischen Zerfall der Weimarer Republik und dem Macht-
antritt des Hitler-Faschismus in Deutschland
die auf die Katastrophe des zweiten Weltkrieges zusteuernden dreißiger Jahre hindurch
weiterlief, mit dem Ausbau des Rundfunknet-
zes sogar eine ausgesprochene Konjunktur erhielt, darf über seine Indienstnahme für die
geistige Aufrüstung des deutschen Volkes
nicht hinwegtäuschen. Im Gegenteil: Die ge-
mütvolle Liebesleid- und Liebeslust-Idylle der
Schlagerlyrik konnte bestens als Ausweis für
eine intakte »Volksgemeinschaft« herhalten
und so über das wahre Gesicht des faschistischen Deutschland hinwegtäuschen. Daß der
eskalierende faschistische Rassenwahn unmittelbar nach 1933, der »Säuberungs«-Fanatis-
mus des Goebbelsschen Propagandaapparates
und die Repressalien der zur Durchsetzung
der »Gleichschaltungs«-Ideologie aufgebauten
»Reichskulturkammer« viele der führenden
Schlagerkomponisten und -interpreten, der

Marlene Dietrich und Friedrich Hollaender

Veranstalter von Revue und Kabarett aus
Deutschland vertrieb, schien angesichts der
beispiellosen Konjunktur, die die musikalische Unterhaltung im faschistischen Deutschland erhielt, kaum bemerkt worden zu sein.
Jean *Gilbert* und Rudolf *Nelson* emigrierten
1933, Victor *Hollaender* und Friedrich *Hollaender* 1934, Marlene *Dietrich* hatte Deutschland
schon 1932 den Rücken gekehrt, die *Comedian
Harmonists* mußten 1935 gehen, und dieses
Schicksal teilten viele. Trotzdem ging die Produktion von Schlagern als Folge der Emigran-
ten-Welle nach 1933 nicht etwa zurück, son-

Orchester Jack Hylton

dern erreichte einen sogar beträchtlichen quantitativen Aufschwung, zumal der nun um sich greifende militante Nationalismus mit seiner hysterischen Jazz- und Swing-Feindlichkeit dem deutschen Schlager auch die lästige Konkurrenz aus Übersee vom Halse schaffte. Selbst der Ausbruch des zweiten Weltkrieges brachte für diese Sparte des Musiklebens nicht etwa Einschränkungen. Sie wurde mit der Goebbelsschen »Anordnung zur Neugestaltung des Rundfunkprogramms« aus dem Jahre 1942 sogar für »kriegswichtig« erklärt. Typische Beispiele der Schlagerproduktion jener Zeit, deren äußere Harmlosigkeit gerade ihre ideologische Funktion im faschistischen Deutschland ausmachte, waren etwa Lieder wie »Ich tanze mit dir in den Himmel hinein« (1937) von Friedrich *Schröder* (1910–1972), »Wenn ein junger Mann kommt« (1940) von Franz *Grothe* (1908 bis 1982), »Kauf dir einen bunten Luftballon« (1944) von Anton *Profes* (1898–1976), »Im Leben geht alles vorüber« (1940) von Peter *Kreuder* (1905–1981) und die »Lili Marleen« (1940) von Norbert *Schultze* (geb. 1911), der sich ansonsten als Komponist für die faschistischen Kriegspropagandafilme und die Musikbedürfnisse der Wehrmacht unrühmlich hervorgetan hat. Unter den Interpreten war es vor allem Zarah *Leander* (1907–1981), mit deren Namen sich der Schlager im faschistischen Deutschland nicht zu Unrecht hauptsächlich verband, kam sie doch mit einer für die damalige Zeit typischen Mischung aus Pathos und Sentimentalität der faschistischen Ideologie von der »Opferbereitschaft« und der »Schicksalshaftigkeit« zweifellos am nächsten.

Nach dem zweiten Weltkrieg belieferte zunächst die amerikanische Musikindustrie das aus den Trümmern wiedererstehende Westeuropa mit musikalischer Unterhaltung. Damit wurden die musikalischen Einflüsse aus den USA hier immer bedeutsamer, wurde eine Amerikanisierungswelle eingeleitet, die lediglich noch nationale Umsetzungen der von den USA ausgehenden internationalen Trends zuließ. → Rumba und → Samba, ab Mitte der fünfziger Jahre der → Calypso, mit ihm → Mambo und → Cha-Cha-Cha, danach der → Twist und Anfang der sechziger Jahre schließlich die → Bossa Nova, waren die aus den USA importierten Modelle, verbunden jeweils

Freddy Quinn

Rex Gildo

mit entsprechenden Tanzmoden, an denen sich die Schlagerproduktion in Westeuropa fortan orientierte, bis ab Mitte der sechziger Jahre die → Rockmusik diesen traditionellen Schlagertyp immer mehr in den Hintergrund

Zsuzsa Koncz

Mireille Mathieu

Paola

Nino De Angelo

drängte bzw. jene als → Popmusik bezeichneten Mischformen entstehen ließ. Die Schallplatte, die nach dem Krieg zum Medium für die Entwicklung des Schlagers geworden war, hatte zudem seine kommerzielle Verwertung in einem Ausmaß ermöglicht, das ihn immer kurzlebiger machte, einen immer rascheren Verschleiß produzierte, der auch seine Interpreten erfaßte.

Walter Kubiczeck

Horst Krüger

Arndt Bause

In der DDR stand die Schlagerproduktion der ersten Jahre erst einmal ganz im Zeichen des Bemühens um ein Zurückdrängen allein des quantitativen Übergewichts der bürgerlichen Musikindustrie. Große Verdienste erwarben sich dabei Komponisten wie Walter *Eichenberg* (geb. 1922) u. a. mit »Hör' mein Herz« (1958), Gerd *Natschinski* (geb. 1928) u. a. mit »Viola, Viola« (1954) und »Damals« (1959), Georg *Möckel* (geb. 1924) u. a. mit »Das wünsch' ich mir« (1958), Jürgen *Herrmann* (geb. 1927) u. a. mit »Nimm die Blumen und geh'« (1957) und Wolfgang *Kähne* (geb. 1928) u. a. mit »Eine Welt ohne dich« (1958). Versuche, dem Schlager in der DDR musikalisch ein völlig eigenständiges nationales Gepräge geben zu wollen, scheiterten dabei freilich nicht nur an den in diesen Gattungen wirkenden bürgerlichen Traditionen, sondern auch an der Einseitigkeit der ästhetischen Auffassungen, mit denen sich das verband. So sah sich diese Gattung vor dem Hintergrund der idealisierten Vorstellung vom »unterhaltenden Kunstwerk« auf eine ideologisch-ästhetische Erziehungsfunktion festgelegt, deren Überbetonung an ihrer realen Komplexität vorbeiging. Die allmähliche Überwindung derartig verengter Konzeptionen in den sechziger Jahren, mit der auch die Unterhaltungsfunktion dieser Musik im Kontext der Lebensweise in der sozialistischen Gesellschaft ins Blickfeld rückte, hatte dann eine spürbare musikalische Profilierung zur Folge, die sich besonders in Titeln von Walter *Kubiczeck* (geb. 1931), u. a. seinem »Kofferradio-Boogie« (1961), Ralph *Petersen* (geb. 1938), u. a. seinem »Zwei Küsse beim nach Hause gehn« (1965), Horst *Krüger* (geb. 1942), u. a. »Der Minirock« (1967), und vor allem Frank *Schöbel* (geb. 1942), u. a. seinem »Lieb' mich so, wie dein Herz es mag« (1967), niederschlug. Ansätze zu einer wirklichen Entwicklung des Schlagers finden sich in der DDR jedoch erst in den siebziger Jahren, als damit begonnen wurde, seine traditionellen musikalischen Standards vor allem unter dem Einfluß der DDR-Rockmusik allmählich aufzubrechen, Elemente aus Rock, Jazz und Chanson in ihn einzubringen. Damit entstand ein Liedtyp, der wohl musikalische Eigenheiten des Schlagers wie das Vers-Refrain-Schema und die strenge achttaktige Periodisierung aufgreift, aber stilistisch der Rockmu-

Helga Brauer

Hans-Jürgen Beyer und Roland Neudert

Fred Frohberg

Peter Tschernig

Schlagzeug, Abk. *d, dr* [engl. drums]: Sammelbezeichnung für eine Gruppe von Schlaginstrumenten. Während im sinfonischen Orchester der Pauker (→ Pauke) vom Schlagzeuger,
der für das gesamte Schlaginstrumentarium
verantwortlich zeichnet, unterschieden wird,
hat sich ausgehend vom Jazz in der populären
Musik weitgehend die Aufteilung in *Schlagzeuger* (Grundinstrumentarium: Große →
Trommel, Kleine Trommel, → Tom-Toms, →
Becken, → Hi-Hat) und *Perkussionist*(en), z.B.
für das lateinamerikanische Rhythmusinstru-
mentarium, durchgesetzt. Von der Janitscharenmusik, den Musikgruppen des türkischen
Heeres, übernahmen nach 1720 die europäischen Militärblasorchester Große und Kleine
Trommel, Becken, → Triangel, → Schellenbaum, → Tamburin u.a. Die Verteilung dieser
Instrumente auf Einzelspieler findet sich z.B.
heute noch in den tschechischen Blasorchestern. Ende des 18. Jh. hatte sich die »Türkische Musik« (historisches Synonym für Janitscharenmusik) auch im Sinfonieorchester und
davon abgeleitet im Unterhaltungs- und →
Salonorchester (einschließlich Pauken) durchgesetzt und war für das 19.Jh. bestimmend.
Von den Blasorchestern wurde das auf verschiedene Spieler verteilte Schlaginstrumentarium in die → Street und → Brass Bands des
archaischen Jazz übernommen, z.T. sogar mit
mehreren Trommlern, aber schon mit auf der
Großen Trommel aufmontiertem Becken.
Eine entscheidende Neuerung – ausgelöst
durch die zunehmende Verlagerung der Musik der Marching Bands vom Freien in den
Saal (Tanz) – war das Zusammenfassen der
Perkussionsinstrumente auf eine Person. Dieser Prozeß vollzog sich in den USA zwischen
1890 und 1910, wobei noch nicht belegt ist,
wer (wo und wann) als erster die sitzende
Spielweise einführte. Voraussetzung bildete
die Konstruktion der *Fußmaschine* für die
Große Trommel (vermutlich um 1890) und
später (nach 1920) der *Charleston-Maschine*
bzw. Hi-Hat. Der Schlagzeuger bediente nunmehr Kleine Trommel und Becken mit den
Händen (Trommelstöcken), Große Trommel
und Hi-Hat mit den Füßen. Verständlich, daß
es geraume Zeit dauerte, bis der Drummer

Eva-Maria Pieckert

sik oder dem Jazz annähert und durch ein
entfaltetes Wort-Ton-Verhältnis sowie die
starke Ausrichtung auf die Persönlichkeit seiner Interpreten auch deutliche Bezüge zum
Chanson aufweist. Auf neue Weise sind darin
auch Momente der Lebensweise des DDR-Alltags eingebracht. Verbunden ist dieser Liedtyp
vor allem mit den Namen von Günther *Fischer*
(geb. 1944), u. a. »Der Tag beginnt« (1971),
Reinhard *Lakomy* (geb. 1946), u.a. »Heute bin
ich allein« (1972), Arndt *Bause* (geb. 1936),
u.a. »Je t'aime« (1979), und Thomas *Natschinski* (geb. 1947), u.a. »Berührung« (1980). Aus
der Vielzahl der Interpreten, die den Entwicklungsprozeß des DDR-Schlagers begleitet haben, seien stellvertretend hier Helga *Brauer*
(geb. 1936), Bärbel *Wachholz* (1938–1984)
und Fred *Frohberg* (geb. 1925), Monika *Hauff*
(geb. 1944) und Klaus-Dieter *Henkler* (geb.
1944), Dagmar *Frederic* (geb. 1945), Frank
Schöbel und Regina *Thoss* (geb. 1946), Gaby
Rückert (geb. 1951) und Eva-Maria *Pieckert*
(geb. 1955) genannt.

Art Blackey

(englische Bezeichnung für Schlagzeuger) sein zusammengeführtes Instrumentarium beherrschte. Und zunächst war ein Verlust an rhythmischer Intensität und Vielgestaltigkeit (bezogen auf die in den Street Bands anzutreffende Polyrhythmik) zu verzeichnen.

In der Funktion des Schlagzeugs existiert ein wesentlicher Unterschied zwischen traditioneller artifizieller und populärer Musik. Während das Schlaginstrumentarium im sinfonischen Bereich vordergründig dazu dient, dynamische Steigerungen und Fortissimo-Stellen zu unterstützen oder spezielle Effekte einzubringen, obliegt dem Drummer im Jazz und allen davon beeinflußten Bereichen die Aufgabe, den Grundrhythmus (→ Beat) zu markieren, das Tempo zu halten (→ Time Keeper) bzw. die anderen Musiker durch sein rhythmisch-klanglich intensives Musizieren zu inspirieren. Damit bleibt zunächst wenig Raum für eigene Soli, und tatsächlich hält sich das Schlagzeug im frühen Jazz sehr im Hintergrund, beschränkt sich auf das Betonen der Zählzeiten. Im New Orleans Jazz traten

Baby *Dodds* (1898–1959), der auch als erster kurze → Breaks trommelte, und Zutty *Singleton* (1898–1975) hervor. Weiße Trommler, z. B. Ben *Pollack* (1903–1971), lassen ein stärkeres Hervorheben der zweiten und vierten Zählzeit spüren. Mit dem Aufkommen des Swing hat sich auch das Schlagzeug vergrößert: neben Großer und Kleiner Trommel sowie Hi-Hat gehören nun auch mehrere Tom-Toms und Becken (auch Nietenbecken) zur Standardausrüstung. Von der Spielweise her trennen sich Big-Band- und Combo-Drummer. Chick *Webb* (1902–1939) und der virtuose Gene *Krupa* (1909–1973) führten aufbauend auf solistischen Breaks das Schlagzeug-Solo ein, letzterer trommelte z. B. ein größeres Solo 1937 in der Goodman-Aufnahme von »Sing, Sing, Sing« (Louis Prima). Dave *Tough* (1908–1948), vor allem aber Jo *Jones* (1911–1985), Mitglied der »All-American Rhythm Section« im Count-Basie-Orchester, bezogen das Becken, das vorher hauptsächlich für Effekte gedient hatte, in den durchlaufenden Grundrhythmus mit ein.

Charakteristische Swing-Figur:

$$\frac{4}{4}$$

Als einer der ersten spielte Jones auch den gleichmäßigen → Four Beat auf der Großen Trommel. Stilbildend für den → Bebop und die moderne Schlagweise überhaupt wurde Kenny *Clarke* (geb. 1914): oben abgedruckter Rhythmus als → Ostinato auf dem Becken (wirkt als klanglicher Background und Begleitrhythmus, → Time Keeper ist Baß), 2–4-Betonung auf Hi-Hat, Offbeat-Einwürfe auf Kleiner Trommel, Akzente (kein Grundbeat) auf Großer Trommel (→ Bombs, → Explosion). Diesen Prozeß perfektionierte Max *Roach* (geb. 1925). Weiterhin sind u. a. zu nennen der mit dem Dave Brubeck Quartet bekannt gewordene Joe *Morello* (geb. 1917), Louie *Bellson* (geb. 1924; spielte als erster mit zwei großen Trommeln) und Art *Blakey* (geb. 1919) – Blakey studierte in Afrika originale Techniken und Rhythmen, die er in sein Schlagzeugspiel einfließen ließ (vgl. seine LP »The African Beat«, 1962), auch gründete er, wie viele nach ihm, ein Perkussionsensemble (z. B. vier Drummer, fünf Perkussionisten; LP »Orgy in Rhythm«, 1967). Das Schlagzeug erfuhr im modernen Jazz wie letztlich alle Instrumente der Rhythmusgruppe eine beträchtliche Emanzipation, übernahm auch melodische Aufgaben, dialogisierte mit dem Chorussolisten usw. Während Blakey und Roach die sogen. Fill-in-Schule (→ fill in) repräsentierten, vertrat Danzil *Best* (1917–1965) die Fill-out-Richtung (→ fill out), das Erzeugen einer kontinuierlichen Klangfläche mit der Besen-Technik, typisch für den → Cool Jazz und später für zahlreiche Barbesetzungen. Die vom Beat gelöste, sich dem jeweiligen Solisten anpassende Spielweise von Elvin *Jones* (geb. 1927) beeinflußte viele Schlagzeuger der sechziger Jahre. Er verwendete den rechten Fuß auf der Großen Trommel bei solistischen Passagen quasi als »dritte Hand«. Sonny *Murray* (geb. 1937) demonstrierte wohl am überzeugendsten die Eingliederung des Schlagzeugs in das Free-Jazz-Ensemble, er negierte den Beat und schuf mit seinem kontrastreichen Spiel Spannungsbögen von großer Intensität. Die jüngste Generation repräsentiert u. a. der Trommler der Gruppe *Stuff* Steve *Gadd* (geb.

1950). Als der technisch vollkommenste Drummer der Welt wird oft der dem Swing und Mainstream Jazz verbundene Buddy *Rich* (geb. 1917) bezeichnet.

Die Schlagzeuger der Rockmusik brachten zunächst, abgesehen von der veränderten Stilistik, wenig Neues ein, zumal sie in der Mehrzahl nur mittelmäßige Leistungen boten (Amateure!), vgl. z. B. Ringo *Starr* (geb. 1940) von den Beatles. Rockmusik fordert auch vom Schlagzeuger primär einfache und kompromißlose Rhythmusarbeit, kräftiges, engagiertes »Durchziehen«, eingebettet in den Gesamtsound der Gruppe. Minutenlange Rock-Schlagzeug-Soli sind oft dramaturgischer Programmhöhepunkt mit entsprechender Show. Hervorzuheben sind Ginger *Baker* (geb. 1939; Cream), Phil *Collins* (geb. 1951; Genesis), Bill *Bruford* (geb. 1948; Yes) und Carl *Palmer* (geb. 1950; E,L&P). Anfang der siebziger Jahre ließ im Zusammenhang mit dem Jazz Rock eine neue Schlagzeugergeneration aufhorchen, Billy *Cobham* (geb. 1944; besonders in den drei LPs mit dem Mahavishnu Orchestra), Tony *Williams* (geb. 1945) und Alphonse *Mouzon* (geb. 1948; u. a. Weather Report) seien hier stellvertretend genannt.

Seit einigen Jahren liegen auch Solo-LPs von einigen (zumeist europäischen) Drummern vor, z. T. Live-Mitschnitte, die die gesamte Bandbreite klanglich-rhythmischer Nuancierung des gegenwärtigen Schlagzeugspiels erkennen lassen, z. B. von Pierre *Favre* (geb. 1937) und Günter *Sommer* (geb. 1943).

Die Notierung des Schlagzeugs im Notensystem ist nicht vereinheitlicht; hier ein Überblick:

Große Trommel (a), Kleine Trommel (b), Tom-Toms (c), Hi-Hat geschlagen (d), nachschlagend (e), Becken (f); insgesamt (g).

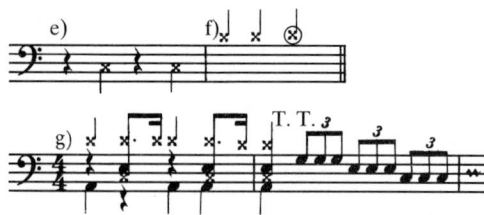

Schnulze: Bezeichnung für → Schlager und Lieder, die voller Gefühlsklischees und sentimental bis zur Rührseligkeit sind; eine Erscheinungsform des musikalischen Kitsches. Bevorzugte inhaltliche Motive sind Liebesschmerz und Heimweh.

Schottisch: um 1800 aufgekommener, zwischen 1830 und 1840 in Deutschland beliebter Gesellschaftstanz im $\frac{2}{4}$-Takt im gemäßigten Tempo. Die Bezeichnung »schottischer« bzw. »Ecossaise-Walzer« zeigt an, daß der Schottisch die Geradtaktigkeit mit der Walzerdrehung als Novum verbindet. Nach 1840 verdrängte die Polka zunächst nur in der Stadt, später auch auf dem Land den Schottisch, wobei der Begriff anfangs oft als Synonym für die Polka diente. Eng mit ihm verwandt ist der Rheinländer. Charakteristisch für den Schottisch sind die Auftaktigkeit und die klare achttaktige Formbildung.

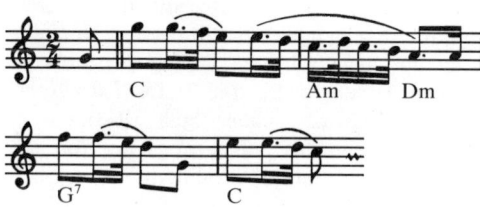

Schrammelbesetzung: auf die → Schrammelmusik zurückgehender Besetzungstyp, ursprünglich ein Quartett mit zwei Violinen, Gitarre, Klarinette (später durch Akkordeon ersetzt); heute meist als Schrammel-Duo (Gitarre, Akkordeon) oder -Trio (Violine, Gitarre, Akkordeon).

Schrammelmusik: Neben dem → Wiener Walzer und dem → Wiener Lied zählt die Schrammelmusik mit zu den populärsten Erscheinungen der reichhaltigen österreichischen Unterhaltungsmusik des 19. Jh. Namengebend für diese Heurigen-Musik waren die Gebrüder *Schrammel* – Johann (1850–1893)

und Josef (1852–1895). Die Schrammels haben diesen Musiktyp nicht »erfunden«, vielmehr bauten sie auf einer langjährigen, im Volk verwurzelten typisch »Weaner« Tradition auf. Beide Geiger, gründeten sie 1878 mit dem Gitarristen Anton Strohmayer ein Trio, das sich bald in den Wiener Weinlokalen großer Beliebtheit erfreute. 1886 kam der Klarinettist Georg Dänzer dazu. Nach dessen Tod 1893 wurde ein Knopfakkordeon (volkstümlich als »Schrammelorgel« bezeichnet) besetzt. Dieses originale Schrammelquartett fand viele Nachahmer, auch außerhalb Österreichs. Gelegentlich musizierte man auch mit Volkssängern zusammen. Das Repertoire bestand aus volkstümlichen Liedern und Tänzen, Walzern, Märschen u. ä. Johann Schrammel selbst komponierte (wie auch sein Bruder) über 150 Stücke, u. a. den heute noch beliebten Marsch »Wien bleibt Wien« (1887).

Schüttelrohr: → Tubo.

Schwingung: zeitlich periodische Änderung einer oder mehrerer physikalischer Größen, bestimmt durch folgende Merkmale:
· *Periodendauer, Schwingungsdauer* (T) – Dauer einer vollständigen Schwingung,
· *Elongation* – Momentanwert der Auslenkung aus der Ruhelage,
· *Amplitude* (A) – Maximalwert der Auslenkung,
· *Frequenz* (f) – Anzahl der Schwingungen pro Sekunde,
· *Phase* – momentaner Schwingungszustand entsprechend dem Phasenwinkel φ.
Die Sinusschwingung – auch harmonische Schwingung genannt – läßt sich aus der Bewegung eines Punktes auf einer Kreisbahn ableiten. Während der Periodendauer T vollführt der Punkt eine Umdrehung: Die sich ändernde physikalische Größe ist (in diesem Fall) der Abstand von der Horizontalen. (Siehe Skizze Seite 459 oben.)
Die Sinusschwingung hat deshalb grundlegende Bedeutung, weil sich alle periodischen Verläufe in mehrere sinusförmige Schwingungen zerlegt darstellen lassen (harmonische Analyse). Die Sinusschwingung ist also Grundbaustein aller Schwingungskurven. Schwingungen sind die Ursache von Tönen. Sie werden mit Musikinstrumenten auf unterschiedliche Weise erzeugt, entstehen aber im-

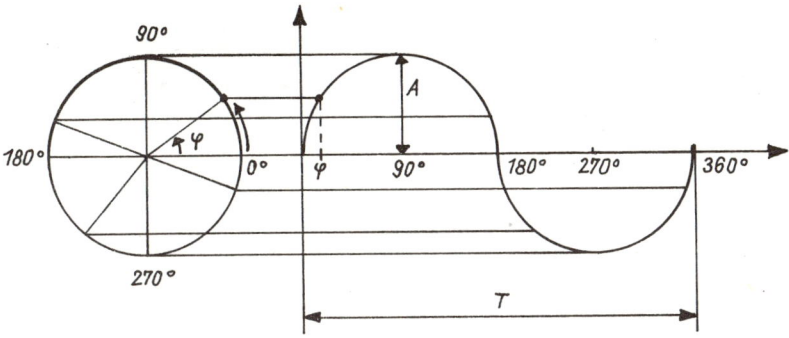

mer durch die Bewegung elastischer Gebilde. Eine Ausnahme stellt die elektrische bzw. elektronische Tonerzeugung dar. Man unterscheidet freie und erzwungene Schwingungen. Bei der *freien* Schwingung bleibt das schwingende System nach dem Anstoß sich selbst überlassen. Ihre Amplitude nimmt wegen der Dämpfung bis zum völligen Stillstand ab (z.B. Schwingung einer gezupften Saite). Die Frequenz bleibt dabei konstant. Sie ist nur von der Bemessung des Systems (Saitenlänge, Saitenspannung, Querschnitt und Materialkonstante) abhängig, also nicht von der Stärke der Anregung. Man nennt diese Frequenz deshalb Eigenfrequenz. Die *erzwungene* Schwingung tritt auf, wenn ein Erregersystem (Saite) mit einem zweiten schwingfähigen System (Korpus) gekoppelt ist und es zu einer Schwingung in der Erregerfrequenz veranlaßt. Die Energieübertragung ist maximal, wenn die Erregerfrequenz der Eigenfrequenz des angekoppelten Systems entspricht (→ Resonanz).

Die betrachteten mechanischen Schwingungen pflanzen sich als Welle in schalleitenden Medien fort (Luft, Wasser, feste Körper). Für die Akustik ist hauptsächlich die Schallausbreitung in der Luft von Interesse. Sie erfolgt mit einer Geschwindigkeit von ungefähr 340 Metern pro Sekunde und ist durch die Übertragung periodischer Schwankungen des Luftdrucks gekennzeichnet. Schallschwingungen von 16 Hz bis 20 kHz können vom menschlichen Ohr wahrgenommen werden. Die Amplitude der Schwingung hat Einfluß auf das Lautstärke-, ihre Frequenz auf das Tonhöhenempfinden (→ Hörvermögen). Die Akustik versteht unter einem Ton eine Schallschwingung mit sinusförmigem Verlauf, die in reiner Form jedoch kaum auftritt. Herkömmliche akustische Instrumente erzeugen immer aus mehreren Sinuskurven zusammengesetzte Schwingungen, also Grund- und → Obertöne. Diese werden jedoch kaum getrennt wahrgenommen und verschmelzen so zu einem Höreindruck, daß die umgangssprachliche Bezeichnung Ton dafür durchaus gerechtfertigt ist. Viele Instrumente erzeugen außer harmonischen auch unharmonische Teiltöne, die dem Klang mehr oder weniger geräuschartigen Charakter verleihen (z. B. zahlreiche Perkussionsinstrumente).

Es gibt folgende Grundtypen von Schwingungsformen:

· *Sinusschwingung* – keine Obertöne, läßt sich nur elektronisch erzeugen.

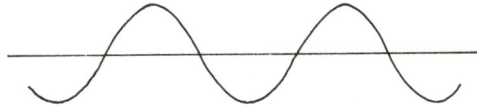

· *Dreieckschwingung* – wenige und nur geradzahlige Obertöne, weicher Klang.

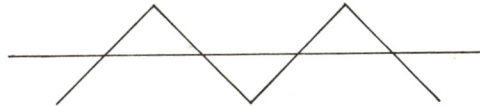

· *Sägezahnschwingung* – sehr obertonreich (geradzahlige und ungeradzahlige Obertöne), heller Klang, der Schwingungsform der gestrichenen Saite (Violine) ähnlich.

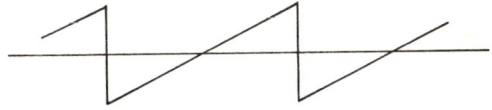

· *Rechteckschwingung* – obertonreich, aber nur ungeradzahlige Teiltöne wie bei Klarinette, heller aber härterer Klang (Skizze S. 460).

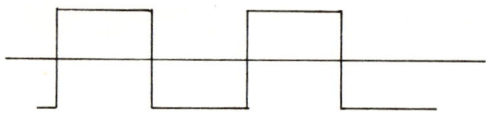

· *Impulsschwingung* – sehr obertonreich, je länger der Abstand zwischen den Impulsen, desto mehr Obertöne.

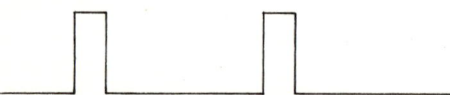

Score [engl., skɔ:]: → Partitur.

Scotch Snap [engl., skɔtʃ snæp]: auch lombardischer Rhythmus genannt; rhythmische Figur Sechzehntel/punktiertes Achtel; anzutreffen in der ungarischen (→ Csárdás) und schottisch/irischen Folklore, von daher Einfluß auf afroamerikanische Musizierformen.

Scratch [engl./amerik., skrætʃ]: → Rap.

Screamer [engl., ′skri:mə]: → Verzerrer.

Secondary Rag [engl./amerik., ′sekəndəri ræg]: Bezeichnung für eine Folge von Achteln in Dreiergliederung, gegen das Grundmetrum akzentuiert; oft anzutreffende melodisch-metrische Erscheinung im Ragtime und im Old Time Jazz.

Twelfth Street Rag (Euday L. Bowman, 1914)

Section [engl., ′sekʃən, wörtlich »Gruppe«]: bezeichnet die Sätze innerhalb der → Big Band, auch die Unterscheidung von Melodie- und Rhythmusgruppe (Melody bzw. Rhythm Section).

Seguidilla [span., segi′dilja]: 1.) in verschiedener Gestalt und Tempogebung in Spanien (Andalusien) verbreitetes Tanzlied im Dreiertakt (lebhaftere S. bolera, gemäßigte S. manchega, langsamere S. gitana); charakteristischer Begleitrhythmus mit Gitarre, → Kastagnetten und → Tamburin (Notenbeispiel rechts oben).

2.) in Spanien gesungene und getanzte musikalisch-literarische Form, die schon im 17./18. Jh. auch in Bühnenwerken (Tonadilla, Zarzuela) anzutreffen war und Einfluß auf zahlreiche lateinamerikanische Lieder und Tänze nahm.

Septakkord, Septimenakkord: ein um eine Terz erweiterter → Dreiklang, also ein Vierklang. Wichtige Typen: großer Septakkord in Dur (a) und Moll (b), kleiner Septakkord in Dur (c) und Moll (d), halbverminderter (e) und verminderter (f) Septakkord.

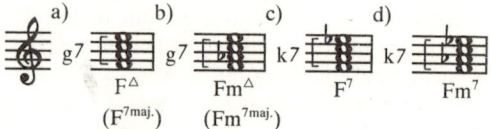

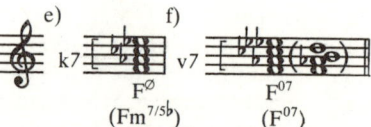

Die leitereigenen Septakkorde in Dur und Moll:

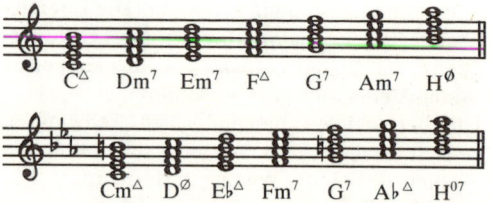

Die Jazzharmonik baut auf diesen leitereigenen Vierklängen auf. Ausgangsklang bildet der große Septakkord (△) in Dur und Moll auf der I. Stufe (Tonika), der auch auf der IV. Stufe (Subdominante) anzutreffen ist – der *Major*-Akkord. Die Dominante (V) erscheint fast immer als kleiner Durseptakkord (7) (→ Dominantseptakkord). → Parallel- und Gegenklänge treten als kleine Mollseptakkorde (m⁷) auf.
Der verminderte Septakkord (07) steht häufig in dominantischer Funktion (als primloser Dominantseptnonakkord), als Einführungs- oder Wechselklang. Außerdem bildet er durch

seine mehrfachen Auflösemöglichkeiten ein gutes Modulationsmittel. Dem halbverminderten Septakkord (ø) begegnet man vorwiegend in Mollkadenzierungen.

Orfeu negro (Louis Bonfa, 1959)

→ Akkordsymbolschrift.

Septett [ital.]: Besetzung mit sieben Musikern bzw. Komposition für sieben Stimmen.

Sequenz [lat., sequentia = Folge]: (z. T. mehrfache) Wiederholung einer melodischen Figur oder einer harmonischen Folge bzw. eines Motivs auf einer anderen (höheren oder tieferen) Tonstufe; ein häufig anzutreffendes Formungsprinzip in allen Bereichen der populären Musik, besonders im Schlager und in der Folklore.

The Drunken Sailor (Shanty)

Lady Jane (Mick Jagger/Keith Richard, 1966), rhythmisch veränderte (r) und harmonisch angepaßte (h) Sequenz

Sequenzer [lat., auch *Sequencer, Sequential Controller* oder *Sequential Voltage Source*]: Baueinheit (Modul) im → Synthesizer. Mit einem Sequenzer können Folgen von Steuerspannungen programmiert und einzeln oder mehreren Sektionen des Synthesizers zugeführt werden. Im häufigsten Fall äußert sich dies klanglich in ständig wiederkehrenden Intervallfolgen, die vielen Electronic-Rockgrup-

pen, aber auch oft in der Diskomusik als harmonische und rhythmische Grundlage dienen. Es richtet sich nach der Aufnahmekapazität des jeweiligen Sequenzers, wieviele Schritte *(Steps)* die Folge besitzen kann und wieviele Sequenzen sich gleichzeitig programmieren lassen. Die Eingabe erfolgt entweder direkt durch Einspielen über das Keyboard oder durch spezielle Vorrichtungen am Gerät. Während des sich ständig wiederholenden Ablaufs der Sequenz können mit Hilfe bestimmter elektronischer Schaltungen deren Geschwindigkeit und unabhängig davon auch die Tonhöhe verändert werden. Moderne analoge, vor allem aber digitale Sequenzer verfügen teilweise über weit mehr als hundert Speicherplätze oder die Möglichkeit, mehrere Synthesizersektionen gleichzeitig anzusteuern und somit jede Tonhöhe mit einer eigenen Klangfarbe und Lautstärke zu versehen. Beispiele für die Übereinanderschichtung unterschiedlicher Sequenzen lassen sich z. B. auf zahlreichen LPs von *Tangerine Dream* finden.

Session [engl., ′seʃən]: Kurzform für → Jam Session.

Session-Musiker: Musiker, der an einer → Jam Session teilnimmt.

Set [engl., set, wörtlich »Serie, Reihe«]: im Zusammenhang mit der Rockmusik verbreitete Bezeichnung der für den Live-Auftritt einer Band zusammengestellten Titel aus ihrem Repertoire. Eine Gruppe spielt beispielsweise am Abend drei Sets, d. h. dreimal einen »Block« von x Minuten.

Sextenakkord: Dreiklang mit hinzugefügter großer Sexte (sixte ajoutée), typischer Klang des Swing und der swingbeeinflußten Tanzmusik, hauptsächlich in Tonika- und Subdominantfunktion, gelegentlich auch im Rock anzutreffen (→ Akkordsymbolschrift).

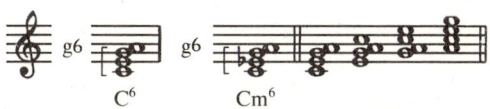

Die Sexte tritt in diesem Zusammenhang auch als melodiebestimmender Ton auf, wie im folgenden Notenbeispiel deutlich wird.

Moritat von Mackie Messer (Kurt Weill, 1928)

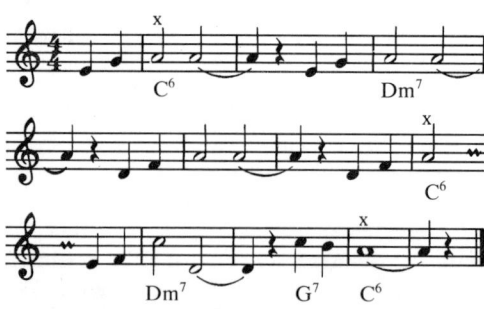

Sextett [ital., engl. = Sextet]: 1.) Besetzung mit sechs Instrumentalisten oder Sängern (z. B. Hazy-Osterwald-Sextett; Benny Goodman Sextet);
2.) Komposition für sechs Stimmen.

Shake [engl., ʃeik, wörtlich »schütteln«]: 1.) aus England kommender Modetanz der sechziger Jahre, der seinen Namen aus dem Schütteln von Armen und Oberkörper beim Tanzen erhielt; mittleres Tempo im $^4/_4$-Takt, gleichmäßiges Akzentuieren aller Zählzeiten.
2.) trillerähnlicher Effekt, der durch Schütteln der Trompete bei gleichbleibender Tonhöhe entsteht; Lippentriller innerhalb einer Naturtonreihe (→ Obertöne) auf Trompete und Posaune.

Shanty [engl., ʃænti]: Arbeitslied der Seefahrer aus der Zeit der Handelsschiffahrt mit Segelschiffen. Die Bezeichnung ist wahrscheinlich abgeleitet vom französischen *chanter* (= »singen«). Die Shanties halfen die beim Segelsetzen, Ankerhieven, Straffen der Taue usw. notwendige Koordination im Tätigkeitsablauf der Matrosen herbeizuführen. Sie stellten ursprünglich eine von der spontanen Improvisation lebende reichhaltige Volksmusikpraxis dar. Gesungen wurden sie nach den Vorgaben eines Vorsängers, wobei die Mannschaft mit dem chorischen Refrain im Rhythmus ihrer Arbeitsabläufe einfiel. Neben der Arbeitsorganisation dienten sie auf den langen Fahrten auch der Unterhaltung der Seeleute, begleitet oft von einem Akkordeon. In den fünfziger Jahren erlebte das Shanty dann als Bestandteil des → Schlagers eine zweifelhafte Renaissance, wobei es zum Klischee von Seefahrer-Romantik und Fernweh wurde. Das

in diesem Zusammenhang wohl am bekanntesten gewordene Shanty ist das »The Banks of Sacramento«.
→ Worksong.

Shearing-Satz [engl., ʃiəriŋ-]: von dem blinden englischen Pianisten George *Shearing* (1919–1983) in dessen Quintett (p, vib, g, b, dr) eingeführte Spielweise im engen fünfstimmigen Satz (5. Stimme verdoppelt die Melodie in der Unteroktave), sogen. → Locked Hands Style. Diese »Blockakkord«-Technik fand viele Nachahmer und ist mit einigen bekannten Titeln verbunden, so z. B. mit Shearings »Lullaby of Birdland« (1952).

Sheet Music [engl., ʃiːt ˈmjuːzik, sinngemäß »gedruckte Musik«]: Bezeichnung für Verlagsausgaben von populärer Musik (→ Songbooks, → Chorusbücher, → Druckarrangements usw.)

Sheets of Sounds [engl./amerik., ʃiːts ɔv saunds, sinngemäß »Klangflächen«]: 1.) von dem amerikanischen Jazzkritiker Ira Gitler geprägter Begriff für eine von John *Coltrane* (1926–1967) entwickelte Spielweise auf dem Tenorsaxophon. Coltrane blies in der zweiten Hälfte der fünfziger Jahre die über den modalen Leitern (→ Modal Jazz) gebildeten, auch alterierten Akkorde in rasenden, rhythmisch kaum notierbaren Arpeggien, so daß das Klangergebnis einem gleichzeitig erklingenden Akkord ähnelte. »Die Noten jagten einander so schnell und mit so viel Ober- und Untertönen, daß sie die Wirkung eines Pianisten hatten, der schnell viele verschiedene Akkorde anschlägt, aber es dabei doch fertigbringt, bestimmte einzelne Noten und ihre vibrierenden Untertöne zu artikulieren« (Leroi Jones, zitiert nach Joachim E. Berendt, Das große Jazzbuch, Frankfurt/Main ^{5}1982, 131).
2.) breit angelegte, meist ohne begleitende Rhythmusfiguren versehene Klangflächen in meditativer Rock- und Jazzmusik, Ende der sechziger/Anfang der siebziger Jahre anzutreffen; ein Stilmerkmal elektronischer Rockmusik.

Shimmy [engl./amerik., ʃimi]: Ende des 19. Jh. in den USA entstandener afroamerikanischer Tanz, der nach dem ersten Weltkrieg auch in Europa populär wurde. Im Shimmy sind afrikanische Relikte in der Choreographie unübersehbar: das Schütteln der Schultern, das Bewegen des gesamten Körpers (die Legende besagt, daß eine farbige Amerikanerin, die ein beschmutztes Hemd vom Leib schütteln wollte, Urheberin des Shimmys ist). Obwohl der Tanz von den »seriösen« Tänzern zunächst abgelehnt wurde – in New York bestand sogar ein generelles Verbot –, kam der Shimmy über Paris nach Europa. Allerdings gaben ihm französische Tanzlehrer eine neue, »sittsamere« Schrittfolge. In dieser Variante eroberte er sich die europäischen Metropolen und verdrängte den seit 1919 beliebten Jazz Dance (einen Modetanz, der meist unter der Bezeichnung »Jazz« bekannt war). Der Shimmy löste nach 1920 eine umfassende Modewelle aus (Shimmy-Frisuren, Shimmy-Kleidung, Shimmy-Schuhe usw.). Er ist ein »Platztanz«, d. h. die Schritte werden auf engstem Raum ausgeführt. Neu und nachfolgende Tanzfiguren beeinflussend war dabei das Aufsetzen des gesamten Fußes (nicht nur des Ballens wie bisher). Wie viele seiner Vorgänger läßt sich der Shimmy musikalisch auf Ragtime und Cakewalk zurückführen. 1924 ebbte seine Popularität ab; ein Jahr später mußte er dem → Charleston weichen.

Shout [engl./amerik., ʃaut; auch *Shouting*]: rhythmisierter musikalischer Ruf auf einem Hauptton und einem oder mehreren Nebentö-

nen, der seinen Ursprung im afrikanischen Kultgesang hat; begründete einen Gesangsstil fast schreienden Charakters, der von den Afroamerikanern als Mittel der höchsten Erregung in ihrer Musik verwendet wurde, später auch einfach nur um gegen den Lärm in den großstädtischen Kneipen und Clubs durchdringen zu können. Typische Shouter waren die Bluessänger Jimmy *Rushing* (1903–1972) und Joe *Turner* (geb. 1911).
→ Blues Shouting.

Show [engl./amerik., ʃou]: Bezeichnung für die Gesamtheit der optischen und gestischen Mittel zur Bühnenpräsentation von Musik, von den Bewegungsformen der Musiker, ihrem Bühnenverhalten, über licht- und pyrotechnische Effekte (künstlicher Nebel) bis hin zu zusätzlichen Darbietungen als Begleitelement und Blickfang für die Musik (z. B. → Go-Go-Girls). Mit der in den USA schon in den vierziger Jahren begonnenen Verselbständigung dieser Elemente zum eigentlichen Veranstaltungsinhalt, so daß die Musik dann nur noch der Anlaß für ein vieldimensionales Gesamtprodukt aus Stars, Tanz, Licht und Bewegung ist, spricht man von der Show auch als einer Veranstaltungsform, deren Kennzeichen die sinnliche Attraktivität des Ganzen ist. Feste Formen gibt es dafür nicht, wenngleich zwischen der Show als einer Ensemble-Veranstaltung und einer solchen als Personalveranstaltung (→ Personality Show) unterschieden wird.

Jimmy Rushing mit der Count Basie Big Band

Showcase [engl./amerik., 'ʃoukeis, wörtlich »Schaukasten«]: Bezeichnung für ein Big-Band-Arrangement, das so gestaltet ist, daß es einen Solisten besonders herausstellt. Begriff und Praxis solcher Arrangements kommen aus dem → Swing.

Shuffle-Rhythmus [engl., 'ʃʌfl]: charakteristische Rhythmusfigur – notiert (a), gespielt (b).

a)

b)

Im Shuffle-Rhythmus ist die Begleitung (linke Hand) des Boogie-Woogie gehalten. Aber auch für den Chicago-Stil gilt der Shuffle als eine typische Rhythmuserscheinung, die von dort aus in den Swing gelangte. Aus dem Bereich der Tanzmusik muß in diesem Zusammenhang das Orchester Ray *Conniff* erwähnt werden, bei dem der Shuffle-Rhythmus als Arrangementseffekt zum Klangbild gehörte.

Sideman [engl./amerik., 'saidmæn]: Big-Band-Musiker ohne solistische Funktion (Chorus), z. B. Satzbläser; heute auch Bezeichnung für Begleitmusiker in kleinen Formationen, die »im Hintergrund« agieren.

Sight Reading [engl., sait 'ri:diŋ]: → prima vista.

Signalhorn: ventilloses Blechblasinstrument; wurde Anfang des 19. Jh. als Instrumententyp Ausgangspunkt der → Bügelhörner; gehört heute zum Instrumentarium der Spielleute (Spielmannszüge); Tonmaterial besteht aus → Naturtönen; speziell komponierte Signalhorn-Märsche.

Signal Processor [engl., 'signl prə'sesə]: elektronisches Gerät, das es ermöglicht, einen → Synthesizer durch ein anderes Instrument anzusteuern. Der Signal Processor wandelt als Bindeglied zwischen Synthesizer und z. B. E-Gitarre oder einem Blasinstrument die eingehenden Signale (Tonhöhe, Tonimpulse) in Steuerspannungen und Trigger-Impulse um, die der Synthesizer verarbeiten kann. In verschiedene Synthesizer ist eine solche Einrichtung bereits integriert (→ Pitch-to-Voltage-Section).

Signature Tunes [engl./amerik., 'signitʃə tju:ns]: Erkennungsmelodien, dabei kann es sich um ganze Musiktitel handeln, wie die → Theme Songs der Swing-Bands aus den dreißiger und vierziger Jahren (→ Swing), oder auch um Titelfragmente bzw. eigens für diesen Zweck geschriebene kurze Melodien. Signature Tunes sind z. B. Fanfaren, wie sie zur Ankündigung der Rundfunk- oder Fernsehübertragungen von Sportveranstaltungen benutzt werden, Pausenzeichen des Rundfunks zur Stationsidentifikation und die bei den meisten Tanzkapellen üblichen Titelfragmente zur Ankündigung der Tanzpausen.

Singebewegung der FDJ: 1967 aus der Veranstaltung von → Hootenannies hervorgegangene kulturelle Massenbewegung des Jugendverbandes der DDR, in der das Singen und Liedermachen in den Mittelpunkt der kulturellen Freizeitgestaltung Jugendlicher und der Kulturarbeit der FDJ gerückt wurde. Sie ist ein wichtiger Teil auch der politischen Arbeit des Jugendverbandes und hat durch ihn eine Organisationsform erhalten, die den vielgestaltigen Freizeitbedürfnissen Jugendlicher entspricht, in ihrem wesentlich offenen Charakter zum Mitmachen animiert und der Kreativität Jugendlicher einen Raum zur Entfaltung gibt. Lokales und organisatorisches Zentrum der FDJ-Singebewegung ist der → Singeklub, der von den Grundorganisationen des Jugendverbandes in Schulen, Betrieben, Lehrlingsausbildungsstätten, in Hochschulen und Universitäten getragen wird. Neben dem Singen bietet er Möglichkeiten auch zu vielfältigen anderen Formen der Freizeitgestaltung. Material, Anleitung, Beratung, Auftritts- und Diskussionsmöglichkeiten für neue Programme erhalten die Singeklubs in den von Bezirks- oder Kreisleitungen der FDJ organisierten Singezentren, während die regelmäßig durchgeführten Werkstattwochen ein Forum für den Erfahrungsaustausch und Leistungsvergleich darstellen. Höhepunkt sind die jährlich mit breiter internationaler Beteiligung in Berlin stattfindenden Festivals des politischen Liedes (→ politisches Lied). Die Singebewegung ist in der Tradition des proletarisch-revolutionären Liedes (→ Arbeiterlied) verwurzelt,

Oktoberklub

hat in deren Weiterführung, dem Bemühen um inhaltliche Konkretisierung auf den sozialistischen Alltag in der DDR (»DDR konkret«) sowie dem Aufgreifen von Anregungen aus dem Folksong (→ Folk Music), der internationalen Folklore, dem internationalen politischen Lied und der Rockmusik jedoch durchaus eigenständige musikalische und künstlerische Formen hervorgebracht. Bildete in den ersten Jahren dabei das Mitsingelied einen Schwerpunkt, also Lieder, die in ihrer musikalischen und textlichen Gestaltung so angelegt waren, daß sie spontan aufgegriffen und mitgesungen werden konnten, so verlagerte sich das im Verlaufe der Entwicklung immer mehr auf das bühnengebundene Vortragslied. Das hat zwar einen Verlust an Operativität mit sich gebracht, auch den künstlerischen Anspruch erhöht, zugleich aber eine Vertiefung und Erweiterung des inhaltlichen Anliegens ermöglicht, in deren Folge mit geschlossenen Liederprogrammen, vor allem jedoch dem Liedertheater neuartige Wege der künstlerischen,

literarisch-musikalischen Wirklichkeitsaneignung beschritten wurden. Dazu gehört auch die Wiederentdeckung der Volksmusik aus der Zeit des Bauernkrieges oder des städtischen Volksliedes aus der Zeit der 1848er Revolution, die durch Folkloregruppen eine Neuinterpretation und selbständige Weiterentwicklung erfahren haben. Aus der Singebewegung der FDJ ist so eine zwischen den traditionellen Institutionen angesiedelte politische Kunstszene mit einer Vielzahl von Querverbindungen zwischen den Künsten hervorgegangen, die eine wesentliche Bereicherung des kulturellen Alltags in der DDR gebracht hat.

Singeklub: lokales Zentrum und damit wichtigste Organisationsform der → Singebewegung der FDJ, wird im Rahmen der Grundorganisationen der FDJ an Betrieben, Schulen und Hochschulen der DDR von einer Singegruppe getragen und ist neben der musikalisch-künstlerischen Arbeit hier vor allem auch eine Form der Freizeitgestaltung in Gemeinschaft Jugendlicher. Namhaftester Singeklub ist der *Oktoberklub.*

Han Bennink

Singende Säge: Holzsäge mit großem langen Sägeblatt (Idiophon). Die mit den Knien oder Füßen gehaltene Säge wird mit einem Streichbogen angestrichen, wobei die unterschiedlichen, ineinander übergehenden Tonhöhen durch entsprechendes Bewegen bzw. Biegen des Sägeblatts entstehen. Dieses vorwiegend von Artisten (Musical-Clowns) genutzte Instrument ist gelegentlich auch als Kuriosität in anderen Bereichen anzutreffen.

Singer/Songwriter [engl./amerik., ′siŋə/ ′sɔŋraitə]: in den USA gebräuchliche Bezeichnung für → Liedermacher, das heißt für eine Personalunion von Sänger, Textdichter und Komponist. Sie war vor allem in der Folk- und Protestsong-Bewegung (→ Folksong, → Protestsong) der sechziger Jahre verbreitet und hat hier mit Bob *Dylan* (geb. 1941), Joan *Baez* (geb. 1941), Phil *Ochs* (1940–1976), Judy *Collins* (geb. 1939) und dem Kanadier Leonard *Cohen* (geb. 1934) ihre bisher bedeutendsten Repräsentanten hervorgebracht. → Songwriter.

Singers [engl., ′siŋəz, wörtlich »Sänger« (Pl.)]: Bezeichnung für Gesangsgruppen, z. B. Singers Unlimited, Swingle Singers.

Single [engl./amerik., ′siŋgl]: Ende der vierziger Jahre von dem amerikanischen Schallplattenkonzern RCA Victor (→ Musikindustrie) eingeführtes Schallplattenformat auf der Basis des damals neu entwickelten bruchsicheren und rauscharmen Kunststoffs Vinyl mit einem 17 cm-Durchmesser und einer Abspielgeschwindigkeit von 45 Umdrehungen pro Mi-

nute, was einer Spieldauer von etwa drei Minuten je Seite entspricht. Um die eingesetzte Preßmasse auf ein Minimum zu reduzieren, ist das nicht benötigte Mittelstück der Platte in der Regel ausgespart, so daß es zu ihrem Abspiel eines Zentrierstücks bedarf. Angesichts ihrer kurzen Spieldauer enthält sie auf jeder Seite nur einen Titel, daher auch die Bezeichnung. Die Einführung dieses Formats bedeutete eine regelrechte Revolutionierung des Musikgeschäfts, denn der niedrige Preis ließ die Single zu einem direkten Mittel des Massenkonsums von Musik werden, was den Verkauf von Notendrucken (→ Sheet Music) und damit das traditionelle Verlagsgeschäft mit populärer Musik (→ Tin Pan Alley) endgültig in den Hintergrund drängte. Ihre begrenzte Spieldauer brachte freilich gleichzeitig auch eine Standardisierung der Songs auf das Single-Format mit sich. Der Siegeszug der Single war verbunden mit der Durchsetzung des → Rock'n'Roll in den USA, der zur ersten massenhaft auf Schallplatte vertriebenen Musik wurde. Bis dahin waren mit Ausnahme der den eher exklusiven Käuferschichten vorbehaltenen klassischen Musik die Schallplatten hauptsächlich an die Aufsteller von Musikautomaten (→ Music Box) gegangen. In der Folge wurde der Verkauf von Singles zum wichtigsten Gradmesser für das kommerzielle, unterschwellig damit oft auch für das künstlerische, Potential eines Musikers. Das Verhältnis von Vorder-(A-) und Rück-(B-)seite der Single war entsprechend der kommerziellen Logik des Musikgeschäfts graduell noch einmal abgestuft, da nur eine Seite, die A-Seite, ein wirklicher → Hit zu sein brauchte, um die Platte optimal zu verkaufen. Es galt also solche Kombinationen herauszufinden, bei denen ein Song mit hoher Verkaufswahrscheinlichkeit auf der A-Seite stets einen schwächeren auf der B-Seite mit sich ziehen konnte, um nicht etwa durch die Verbindung zweier Titel mit hoher Verkaufsträchtigkeit auf einer Schallplatte kommerzielles Potential zu vergeuden. Die Langspielplatten (→ LP) waren demgegenüber zunächst nichts anderes als eine nachträgliche Kompilation der Single-Hits eines Interpreten. Erst in der Rockmusik kehrte sich dieses Verhältnis allmählich um und es wurde in der zweiten Hälfte der sechziger Jahre dann die Langspielplatte zum Aus-

gangspunkt, aus der die Singles nur noch Auskopplungen darstellen, um die LP-Verkäufe
zu stimulieren. Dabei können für die Single-
Auskopplungen auch neue Versionen der Titel
produziert werden, um sie der Spieldauer dieses Formats anzupassen. Gegen Ende der siebziger Jahre, ausgelöst durch den → Punk
Rock, vollzog sich jedoch ein zeitweiliger
Wandel innerhalb der Rockmusik im Verhältnis zu den Singles. Einer neuen Generation
junger Musiker und Gruppen wurden sie wieder zum adäquaten Medium, was einen ausgesprochenen Kult mit der Single zur Folge
hatte. Im Zusammenhang damit erschienen
auch sehr ausgefallene Single-Formate auf
dem Markt, sogenannte *Maxi-Singles*, bei denen die Abspielgeschwindigkeit von 45 Umdrehungen pro Minute beibehalten bleibt, deren Durchmesser aber wie bei einer Langspielplatte auf 30 cm (12-inch-Singles) vergrößert
ist (→ Schallplatte).

Single Note [engl., ′siŋgl nout, wörtlich »Ein-
zelnote«]: Bezeichnung für einstimmige Spielweise (im Gegensatz zum akkordischen Spiel),
z. B. bei Klavier, Gitarre, Banjo (hier auch →
Single-String-Technik).

Single-String-Technik [engl., ′siŋgl striŋ-]:
Einzelsaitenspiel auf der Gitarre, seltener auf
dem Banjo.

Sirtaki [griech.]: griechischer Volkstanz, der
durch die Filmmusik zu »Alexis Sorbas« von
Mikis *Theodorakis* (1965) international bekannt und als geselliger Modetanz verbreitet
wurde. Der langsam beginnende Sirtaki wird
in Tempo und Dynamik zunehmend gesteigert, wobei die Tanzenden einen Kreis oder
eine Kette bilden. Zum Instrumentarium gehören die mandolinenähnliche → Bouzouki,
Flöten und Handtrommeln. Typisch sind, besonders am Anfang, Akzente auf den unbetonten Taktzeiten (Händeklatschen).

Sitār [persisch]: Saiteninstrument persischen
Ursprungs (13. Jh.), zählt zum Grundinstrumentarium der indischen Musik; birnenförmi-
ges Holzkorpus mit sehr langem Hals, an dem
oberhalb ein zweiter kleinerer Resonanzkörper angebracht ist; bis zu zwanzig verschieb-
bare brückenartige Metallbünde, die entsprechend der geforderten Tonreihe (→ Râga) am
Hals befestigt werden; vier Spielsaiten (Stahl,

Sitarspielerin

Darm), zwei bis drei Bordunsaiten, bis zu
zwanzig Resonanzsaiten unterhalb der Bünde;
wichtig für Klangcharakteristik ist die aus El-
fenbein gefertigte Stegplatte (Beeinflussung
der schwingenden Hauptsaiten); Anschlag mit
Metallplektrum; komplizierte, differenzierte
Spieltechnik. Die Sitār erklingt oft in Verbindung mit *Tamboura* (auch Tanpura; Saiteninstrument mit begleitender Baßfunktion) und
→ *Tabla*. Bekanntester Sitār-Virtuose ist Ravi
Shankar (geb. 1920), der sowohl dieses Instrument wie die traditionsreiche indische Musik
überhaupt in den fünfziger/sechziger Jahren
weltweit popularisierte. Ein frühes Beispiel der
Übernahme der Sitār in die Beatmusik stellt
»Norwegian Wood« (John Lennon/Paul
McCartney, 1965) dar.

Sizzle Cymbal [engl., ′sizl ′simbəl]: Nietenbek-
ken (→ Becken).

Ska [ska:]: in den fünfziger Jahren auf Jamaika entstandene Spielweise des US-amerikanischen → Rhythm & Blues, vor allem seiner in den Südstaaten verbreiteten Version
(Louis Jordan, Fats Domino), auf der Grund-

lage des einheimischen *Mento*, einer jamaikanisierten Form des → *Calypso*. Dabei wurden jeweils die ersten beiden Achtel der für den Rhythm & Blues charakteristischen Achteltriolen zusammengefaßt, das letzte dagegen scharf akzentuiert. Diesem von Gitarre, Klavier und Bläsern getragenen Rhythmus war in Schlagzeug und Baß ein ¼-Beat (→ Beat) mit markanter 2–4-Betonung unterlegt, so daß das Ganze wie zwei übereinanderliegende, parallellaufende Rhythmen wirkte:

Gitarre
Klavier

Baß

Drums

Ausgangspunkt für diese Entwicklung waren Anfang der fünfziger Jahre die *Sound System* genannten mobilen Diskotheken im Freien, deren Plattenbedarf schon bald allein durch USA-Importe nicht mehr gedeckt werden konnte, so daß sich die → Discjockeys (in Jamaika »Sound System Men«) talentierte Sänger von der Straße in die Studios holten und für den Eigenbedarf Platten produzieren ließen. Sie enthielten auf der Rückseite noch einmal den gleichen Titel wie auf der A-Seite, nur ohne Melodie und Gesang, lediglich mit dem Rhythmushintergrund, auf den die Discjockeys dann draufsprechen oder -singen und die Tänzer zum Mitmachen animieren konnten. Diese Praxis der Sound System Men hat die Entwicklung der populären Musik in Jamaika entscheidend geprägt, bekam die rhythmische Basis doch damit eine mehr oder weniger eigenständige Funktion. Mit Byron *Lee*, Oven *Gray* und Prince *Buster* wurde diese Musik auch in Großbritannien, hier unter dem Namen → Bluebeat, bekannt. Musikalisch ist der Ska ein unmittelbarer Vorläufer des → Reggae, wobei hier allerdings dann die Rhythmik wesentlich vielschichtiger und komplexer wurde.
→ Ska Rock.

Ska Rock [engl., ska: rɔk]: im Zusammenhang mit der Reggae-Welle (→ Reggae) Ende der siebziger Jahre in Großbritannien aufgekommene Spielweise der → Rockmusik, die auf dem ebenfalls markant 2-4-betonten, aber wesentlich simpleren Rhythmus eines Reggae-Vorläufers, dem → Ska, aufgebaut ist. Dieser hatte Anfang der sechziger Jahre unter der Bezeichnung → Bluebeat schon einmal vor allem unter den farbigen Jugendlichen Großbritanniens eine große Rolle gespielt. Bekanntester Ska-Rock-Vertreter: *The Selecter.*

Skeleton-Arrangement [engl., ˈskelitn əˈreindʒmənt, wörtlich »Skelett, Umriß«]: Rahmen-Arrangement, aufgekommen in der Zeit des Chicago Jazz, in dem Einleitung, Schluß sowie das Thema, evtl. noch Background-Stellen festliegen, alles andere jedoch für die individuelle spontane Gestaltung durch die Jazzmusiker offenbleibt; Zwischenstufe vom → Head- zum ausgeschriebenen → Arrangement.

Skiffle [engl./amerik., ˈskifl]: Der Begriff ist ursprünglich eine afroamerikanische Slangbezeichnung für die in den frühen zwanziger Jahren in Chicago unter den schwarzen Ghetto-Bewohnern aufgekommenen House Rent Parties, häusliche Geselligkeiten mit Musik – meist einem Bluespianisten –, auf denen durch Verkauf von selbstgekochtem Essen und selbstgebrauten Likören versucht wurde, die Wohnungsmiete (House Rent) zusammenzubringen. Er ist nach dem zweiten Weltkrieg in England aufgegriffen worden, als dort als Reaktion auf den kommerziell gewordenen Big-Band-Jazz (→ Big Band) des → Swing eine Erneuerungswelle einsetzte, die dem Jazz durch Rückgriff auf seine Frühphase in New Orleans (→ New Orleans Jazz) sowie seine volksmusikalischen Quellen etwas von der früheren Ursprünglichkeit zurückgeben wollte. Unter Skiffle wurde hier Jazz als nichtprofessionelle Volksmusik verstanden. Das Instrumentarium des englischen Skiffle, Gitarre, Banjo, papierverkleidete Kämme, → Kazoo, Waschbrett und Seifenkistenbaß, stellte tatsächlich jedoch eine Anleihe bei den afroamerikanischen → Jug- und → Washboard-Bands der dreißiger Jahre mit ihrer Straßenmusik-Variante des Jazz dar, wogegen das Repertoire auf den → Folk Blues *Leadbelly*s (1885–1949) und die Folksongs (→ Folk Music) Woody

Guthries (1912–1967) zurückging. Historische Mißverständnisse dieser Art änderten freilich nichts daran, daß aus den zunächst unter jazzbegeisterten Studenten aufgekommenen Skiffle-Bands in den fünfziger Jahren eine bis dahin beispiellose Amateurmusikbewegung mit Massenbasis wurde, aus der sich dann die meisten der frühen Mersey-Beat-Bands (→ Mersey Beat) rekrutierten. Lonnie *Donegans* (geb. 1931) »Rock Island Line« (1954), die Skiffle-Version eines Leadbelly-Songs, erreichte 1956 sogar die britischen Hitparaden. Aber nicht nur als Auslöser einer breiten Amateurmusikbewegung, auch mit den im Zusammenhang damit massenhaft entstehenden Kellerklubs als eigenständigem Freizeitraum Jugendlicher ist die Skiffle-Bewegung in Großbritannien zu einer unmittelbaren Voraussetzung der britischen Beatmusik geworden. Gegen 1958 klang der Skiffle-Boom wieder ab. Die Skiffle-Bands begannen sich wie die späteren *Beatles* dem → Rock'n'Roll zuzuwenden oder aber sie wechselten musikalisch zum → Rhythm & Blues, der sich in England damals wachsender Beliebtheit erfreute. Lediglich im Rahmen der Ostermarsch-Bewegung blieb die Skiffle-Musik, als musikalisches Transportmittel politischer Texte, noch bis Anfang der sechziger Jahre lebendig.

Slap Bass, Slappin'-Technik [engl., slæp beis, wörtlich »Schlagbaß«]: Spieltechnik aus der Zeit des frühen Jazz (um 1910) auf dem Kontrabaß, die der für den Jazz typischen perkussiven Tonerzeugung entgegenkommt. Beim Pizzicato schnellt die Saite durch sehr starkes Anreißen bis auf das Griffbrett zurück, was ein zusätzliches, klatschendes Geräusch ergibt. Pops *Foster* (1892–1969) gilt neben Bill *Johnson* (1872–1972) als Hauptvertreter dieser Spielweise, die nach 1935 als »unkünstlerisch« und technisch unvollkommen abgelehnt wurde, gelegentlich aber von Free-Jazz-Bassisten als ausdruckssteigerndes Mittel wieder aufgegriffen worden ist.

Slap Tongue [engl./amerik., slæp tʌŋ, wörtlich »Schlagzunge«; Analogie zu »Schlagbaß«, → Slap Bass]: Variante der → Hot-Intonation auf Saxophon und Klarinette. Mit einer speziellen Zungentechnik erhält der Ton beim Anblasen ein knallendes, explosives Geräusch, das in den zwanziger Jahren oft zu hören war, z. B.

bei Coleman *Hawkins* (1904–1969); später als »unmodern« verpönt.

Slide Guitar [engl., slaid gi'ta:]: → Bottleneck.

Slide Trombone [engl., slaid trɔm'boun]: Zugposaune (→ Posaune).

Slop [engl., slɔp]: Bezeichnung für billige Kleidung, getragen von den Jugendlichen der sechziger Jahre beim gleichnamigen Modetanz, der locker und entspannt getanzt wurde. Der Slop hatte ein mittleres Tempo; der ⁴⁄₄-Takt erhielt häufig Achtelunterteilung mit Offbeat-Akzenten.

slow [engl., slou; auch *slowly*, wörtlich »langsam, schleichend«]: als Adjektiv häufig für Tempoangabe und Charakterisierung von Tänzen (→ Slowfox, Slow Waltz).

Slowfox [engl., 'sloufɔks]: → Foxtrot.

Slow Rock [engl., slou rɔk]: eine in Verbindung mit dem Rock'n'Roll Anfang der sechziger Jahre entstandene langsame Tanzart, deren wichtigstes Kennzeichen eine triolische Begleitfigur ist. Bekannte liedhafte Kompositionen bauten auf diesem Modell auf, z. B. »Merci, Chérie« (Udo Jürgens, 1966).

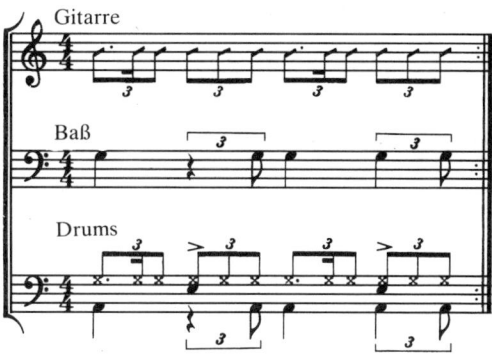

Small Band [engl., smɔːl bænd]: kleine Jazzformation (→ Combo).

smear [engl., smiə, wörtlich »schmieren«]: Verschleifen der Töne, »Ineinander-Schmieren«; besonders bei Blasinstrumenten gefordert.
→ off pitchness, → Tongebung.

Snare Drum [engl., snɛə drʌm]: Kleine → Trommel.

Snares off/Snares on [engl., snɛəs ɔf, – ɔn]: Spielanweisung für Schlagzeuger »Schnarrsaiten der Kleinen Trommel entspannen/spannen«.

Soft Rock [engl./amerik., sɔft rɔk, wörtlich »sanfter Rock«]: Gegenbegriff zu → Hard Rock, der aber im Unterschied zu diesem nicht eine einigermaßen fest umrissene Spielweise, sondern vielmehr einfach die Negation, das Gegenteil von diesem meint. Entsprechend unscharf ist dann auch die Verwendung dieses Begriffs. Er kann sich sowohl auf Produktionen aus dem stilistischen Bereich des → Folk Rock wie auch auf solche des → Country Rock beziehen, er kann die schlagerhaften Versionen des Rock, die im allgemeinen als → Popmusik firmieren, wie auch einfach nur die langsamen und leisen Lieder im Repertoire einer Gruppe meinen, unabhängig von deren stilistischer Einordnung. Als musikalischer Stilbegriff ist er daher untauglich, als Bezeichnung für eine »sanfte«, ruhige und leise Spielweise von Rockmusik, welcher Art auch immer, ist er zwar kaum von großem Erkenntniswert, wird seine Daseinsberechtigung im journalistischen Sprachgebrauch aber wohl nicht verlieren.

Solo [ital.]: Bezeichnung für einen musikalischen Abschnitt, der vom Einzelspiel eines Musikers, im Unterschied zum Kollektiv- oder Ensemblespiel, bestritten wird. Es kann durch Rhythmus und Harmonie sparsam begleitet oder mit einem völligen Pausieren aller anderen Instrumente verbunden sein. Je nach dem auf diese Weise solistisch hervortretenden Instrument spricht man von Schlagzeugsolo, Gitarrensolo usw. Das Wechselspiel von Solo und Ensemble ist vor allem für den → Jazz ein wichtiges musikalisches Organisationsprinzip, das der Spannung zwischen der Indi-

vidualität des Musikers und dem Kollektiv des Ensembles einen musikalischen Rahmen setzt. Die Angabe »Flöte solo«, z. B. auf dem → Cover einer LP, besagt, daß der Flötist allein (ohne instrumentale Begleitung) musiziert.

Son cubano [span.]: afrokubanische Lied- und Tanzform, die um 1920 in der Provinz Oriente entstand und rasche Verbreitung in Kuba fand. Der Son hat eine lange Geschichte; der älteste überlieferte »Son da Ma Teodora«, auf die farbige Volkssängerin Teodora Ginés zurückgehend, soll aus dem frühen 17. Jh. stammen. Auch in anderen mittelamerikanischen Regionen – besonders in Mexiko – ist der Begriff »Son« für eine Vielzahl unterschiedlichster Lieder und Tänze bekannt. Der Son cubano setzt sich aus zwei Teilen zusammen: *Lento* (= Vers, acht- bis zwölftaktig) und *Montuno* (= Refrain, meist viertaktig). Der Montuno ist schneller und rhythmisch intensiver – auf ihn geht der → Mambo zurück. Der Son bietet viel Spielraum zur Improvisation. Charakteristisch für diesen neuen Son ist das starke Einbeziehen afrokubanischer Polyrhythmik, ausgeführt auf Claves, Bongos, Maracas, Tres (dreisaitiges Zupfinstrument), Marimbula u. a. Auch der Wechselgesang von Chor und Solist verweist auf afrikanische Traditionen.

Song [engl., sɔŋ, wörtlich »Lied, Gesang«]: bezeichnete in den englischen → Music Halls des 19. Jh. und ihren Vorläufern, den Kneipenvarietés, das zu Amüsement und Unterhaltung dargebotene Vortragslied in Strophenform mit wiederkehrendem Refrain, das in seinem humoristischen, gelegentlich auch melodramatisch-sentimentalen Charakter auf die Tradition der Straßenballade zurückging. Es lebte vom Volkswitz, der Parodie und Persiflage. So kam es auch in die amerikanischen Music Halls und Vaudeville-Theater und wurde hier von den sich Ende des 19. Jh. herausbildenden Verlagen (→ Tin Pan Alley) aufgegriffen, die es zum Hauptgegenstand ihrer kommerziellen Aktivitäten machten. Unter ihrem Einfluß erfuhr es eine Standardisierung, in deren Verlauf sich bis zu den zwanziger Jahren ein zweiunddreißigtaktiges Formmodell herausbildete, das zur Standardform des *Tin-Pan-Alley-Song* bzw. des amerikanischen Schlagers wurde und dann sowohl im Jazz eine tragende Rolle spielte als auch in Rock'n'Roll und Rockmusik seine Spuren hinterlassen hat. Die Verleger entdeckten sehr bald, daß über den kommerziellen Erfolg eines Liedes hauptsächlich der wiederkehrende Refrain, dessen Einprägsamkeit und Nachvollziehbarkeit, entschied. In dem Maße, wie sich bei der Produktion solcher Lieder der Schwerpunkt immer mehr auf den Refrain verschob und die eigentlich auch inhaltlich das Gerüst bildenden erzählenden Strophen an Bedeutung verloren, verselbständigte er sich, bis die Songs schließlich nur noch aus dem variierten Refrain (Chorus) bestanden. Der achttaktige Refrain des ursprünglichen Songs in Strophenliedform wurde damit zur Grundlage eines Formmodells, das sich auf der textlich variierten Wiederholung dieser acht Takte, unterbrochen nur durch einen kontrastierenden, meist instrumentalen Zwischenteil (Bridge), aufbaut. Diese sogen. *zweiunddreißigtaktige Chorusform* des Tin-Pan-Alley-Songs hat den Ablauf *AABA*, wobei der dreimal wiederkehrende achttaktige Teil A musikalisch und inhaltlich dem ehemaligen Refrain (Chorus) entspricht, während der ebenfalls achttaktige Zwischenteil B (Bridge) das stereotype Wiederholungsschema als musikalischer Kontrast auflockert. Verbunden war damit natürlich auch eine inhaltliche Begrenzung, da der Song so seinen erzählenden Charakter verlor und nun auf das mehr oder weniger undifferenzierte Wiedergeben einiger Grundstimmungen festgelegt war. Mit dem lyrisch-sentimentalen, dem melodramatischen und dem → Novelty Song bildeten sich drei Grundtypen heraus, die für die Tin-Pan-Alley-Produktion fortan charakteristisch wurden. Auch wenn sich durch Verlängerung oder Verkürzung der einzelnen Formteile und eine von dem formalen Schema gelegentlich abweichende musikalische Gestaltung (AABC, ABAC, ABCA) Varianten ergaben, blieb das Grundmuster der zweiunddreißigtaktigen Chorusform doch die Vorlage für Tausende von Tin-Pan-Alley-Songs. Es verlor seine zentrale Bedeutung erst, als im Zusammenhang mit der Durchsetzung des Rock'n'Roll die Musikverlage ihre jahrzehntelang führende Position im Musikgeschäft an die Plattenfirmen abtreten mußten und der Notendruck zu einem sekundären und dann schließlich nur noch urheberrechtlich interessanten Element der Musikproduktion wurde. Neben der dreiteiligen Bluesform (→ Bluesformel) hat die zweiunddreißigtaktige Chorusform des Tin-Pan-Alley-Song die Entwicklung der populären Musik in den USA insgesamt jedoch so entscheidend geprägt, daß sie sich auch im Rock'n'Roll und in der Rockmusik, allerdings flexibler gehandhabt, immer wieder findet.

In Deutschland löste die Songtradition der britischen Music Hall in den zwanziger Jahren eine ganz andersgeartete Entwicklung aus, die hauptsächlich von Kurt *Weill* (1900–1950) und Hanns *Eisler* (1898–1962) getragen wurde. Der Song hatte als Vortragslied damals längst auch die deutschen Kabarettbühnen (→ Kabarett) und → Varietés erobert. Im Zusammenhang mit Brechts Theaterkonzeption griffen Weill und Eisler ihn auf und integrierten ihn in die Bühnenmusiken zu den Brechtschen Stücken. Entsprechend den Anforderungen der Theaterästhetik von Brecht nach einem »gestischen« Musizieren, das nicht emotionale Stimmungen nachbildet, sondern die Vorgänge auf der Bühne in ihrem sozialen Gehalt musikalisch transparent machen hilft, hinweisend und aufzeigend ist, nicht einfühlend oder den Intellekt betäubend, entstand ein Songtyp, der durch seinen lapidaren, vom Jazz beeinflußten rhythmisch aggressiven Melodieduktus gekennzeichnet ist und sich das erste Mal in der »Dreigroschenoper« (1928) von Brecht und Weill voll ausgebildet findet. Eisler bezog diese Form des Songs, die formal an den strophischen Aufbau mit Refrain gebunden blieb, in seine Kampfmusik für das Proletariat ein und gab ihr ein unverwechselbares Gepräge. Man spricht in diesem Zusammenhang auch von einem *Song-Stil.*

Songbooks [engl., ˈsɔŋbuks]: gedrucktes Notenmaterial (Klavierstimme mit Text, → Akkordsymbolen und oft Gitarre-Griffdiagrammen) von Rock- und Popgruppen bzw. Solisten; entweder Sammlung (Anthologie, »The Best of ...«) oder die Titel einer LP, häufig bebildert.

Song Plugger [amerik., sɔŋ ˈplʌgə; auch *Boomer*]: entstand als neuer Berufszweig Anfang des 20. Jh. im amerikanischen Verlagswesen (→ Tin Pan Alley) und bezeichnete eine Art Verlagsvertreter. Die Song Plugger hatten als Angestellte der Musikverlage die Aufgabe, die Sänger und Musiker persönlich von den Neuheiten ihres Verlages zu überzeugen, sie zur Übernahme der neuesten Songs in ihr Repertoire zu animieren und dann Song und Sänger in die notwendige Aufmerksamkeit der Noten kaufenden Öffentlichkeit (→ Sheet Music) zu bringen. Zur Realisierung dieser Aufgabe war so ziemlich jedes Mittel erlaubt, was die Song Plugger mit einer Atmosphäre aus Korruption und Bestechung, lärmender Aufdringlichkeit und rücksichtslosem Geschäftsgebaren umgab. Mit dem Aufkommen der Schallplatte verlagerte sich der Schwerpunkt ihrer Aktivitäten auf die Plattenfirmen, um dort für die Veröffentlichung der Titel ihres Verlages zu sorgen. Als der Notendruck gegen Anfang der fünfziger Jahre zu einer Nebenerscheinung des Musikgeschäfts geworden war, ging der Berufszweig des Song Plugger an die Schallplattenindustrie über, wo er noch heute eine wichtige Rolle spielt. Hier obliegt ihm die Aufgabe, für ein möglichst häufiges → Airplay der Platten zu sorgen.

Songwriter [engl., 'sɔŋraitə, wörtlich »Liederschreiber«]: Bezeichnung für Liedautoren, die Textdichter und Komponist in einer Person sind. Zu den bedeutendsten Songwritern gehören Carole *King* (geb. 1941), Kris *Kristofferson* (geb. 1936), Bob *Dylan* (geb. 1941) und John *Lennon* (1940–1980).
→ Singer/Songwriter.

Sophisticated Blues [engl./amerik., sə'fisti-keitid blu:z]: gelegentlich anzutreffende Bezeichnung für Bluesformen mit starkem Einfluß der europäisch orientierten weißen Musiktradition in den USA, wie sie für die Entwicklung des → Vaudeville Blues in der zweiten Hälfte der dreißiger Jahre kennzeichnend war.
→ Sophistication.

Sophistication [engl./amerik., səfisti'keiʃən, wörtlich »Verfälschung«]: Bezeichnung für den Anpassungsprozeß der afroamerikanischen Kultur an die herrschende, europäisch beeinflußte weiße Kultur in den USA. Sie ist zum einen das Resultat der systematischen kommerziellen Verwertung der kulturellen Ausdrucksformen der Afroamerikaner; zum anderen aber drücken sich in diesem Prozeß auch die sozialen, ethnischen und kulturellen Veränderungen aus, denen die Neger bei zunehmender Integration in die amerikanische Gesellschaft selbst unterworfen sind. Das einseitig nur als Verfälschung zu begreifen, läuft damit auf die unbewußt rassistische These hinaus, die kulturelle Identität des amerikanischen Negers sei einzig in seinem Sklavendasein gewahrt, denn hier seien seine Lebensformen und der kulturelle Ausdruck dessen tatsächlich unverfälscht und authentisch. Es handelt sich dabei aber vielmehr um einen in sich widersprüchlichen kulturellen Assimilationsvorgang, dessen Widersprüche in der Widersprüchlichkeit der sozialen Situation der Afroamerikaner in den USA begründet sind. In einem musikalisch engeren Sinne versteht man darunter das Einfließen von Ausdrucksmitteln aus der europäischen Tradition, wie die Funktionsharmonik, das Taktmetrum, Melodiebildungsprinzipien und Momente der Klangästhetik europäischer Musik in die afroamerikanische Musik. Obwohl das auf Kosten von charakteristischen Eigenheiten der afroamerikanischen Musik gegangen ist, wäre andererseits deren heutige weltweite Bedeutung in → Jazz und → Rockmusik ohne sie undenkbar.
→ Sophisticated Blues.

Sopran: 1.) → Stimmgattung, die hohe Frauen- bzw. Knabenstimme;
2.) Kurzform für → Sopransaxophon.

Sopransaxophon, Abk. *ss*: → Saxophon.

Sordino [ital.]: → Dämpfer.

Soul [engl./amerik., soul, wörtlich »Seele«, auch »Triebkraft, Kern«]: in den sechziger Jahren aufgekommene Bezeichnung für die populäre Musik der Afroamerikaner, die mit Veränderungen im Musikverständnis der schwarzen Bevölkerungsminderheit in den USA wie auch mit musikalisch-stilistischen Entwicklungen verbunden war. Ab 1969 wurde durch diesen Begriff dann zunächst in dem führenden amerikanischen Musikmagazin *Billboard* die Bezeichnung → Rhythm & Blues für die entsprechende Rubrik der → Charts ersetzt und aus Soul damit ein allgemeines Verkaufsetikett für schwarze Popmusik.

Die Anfang der sechziger Jahre einsetzenden Wandlungen im Musikverständnis der Afroamerikaner standen in unmittelbarem Zusammenhang mit der Verschärfung des Rassenkonflikts in den USA und dem sich vor diesem Hintergrund herauskristallisierenden neuen gesellschaftlichen Selbstverständnis der Schwarzen. Sichtbarstes Anzeichen dafür, daß die Afroamerikaner ihren Status in der amerikanischen Gesellschaft neu zu definieren begannen, war am 28. August 1963 anläßlich des 100. Jahrestages der Proklamation der Sklavenbefreiung durch Lincoln der große Marsch auf Washington, der nicht nur als Demonstration für die immer noch nicht verwirklichte Gleichstellung der schwarzen Bevölkerungsminderheit in den USA gedacht war, sondern zugleich dem erwachten politischen Selbstbewußtsein der Black Liberation einen machtvollen Ausdruck verlieh. Blutige Aufstände in den Neger-Ghettos und schwere Rassenkrawalle in verschiedenen amerikanischen Großstädten mündeten in eine schwarze Separatistenbewegung, die unter der Losung »Black Power« dem Kampf der Farbigen um ihre Gleichberechtigung eine politische Basis zu geben versuchte und 1966 mit der Gründung der Black Panther Party dafür auch eine organisatorische Plattform schuf. Mit dem Schlagwort »Black is beautiful« war dabei nicht nur den Minderwertigkeitsgefühlen der Schwarzen selbst der Kampf angesagt, sondern auch, statt dem verhängnisvollen Weg möglichst unauffälliger Integration in die Gesellschaft der Weißen, das Recht auf die eigene soziale und kulturelle Identität artikuliert. Die Rückbesinnung auf die eigenständigen Traditionen der afroamerikanischen Kultur wurde so zum politischen Symbol, zum Katalysator für das erwachende Selbstbewußtsein der Farbigen. Der Begriff Soul stand für die Quelle, für den Ursprung dieser Traditionen in der durch jahrhundertelange Unterdrückung geformten Mentalität der Afroamerikaner. Ihre Solidarisierung zur Black Power, zur machtvollen Bewegung um gleiche Rechte, verstand sich im Sinne einer Brüderschaft aller Schwarzen, die sie zu »Soulbrothers« und »Soulsisters« werden ließ. So bekamen auch die Konzerte schwarzer Musiker mehr und mehr den Charakter von Manifestationen, die die Gemeinschaft der Farbigen im Musikerlebnis, in sei-

James Brown

ner emotionalen Intensität mit einer fast kathartischen Wirkung, zusammenschweißen sollten. Eine ausgeprägte Emotionalität, in der sich Kraft und Verzweiflung auf eigentümliche Weise mischten, war dafür ebenso kennzeichnend wie der bewußte Rückgriff auf spezifisch afroamerikanische musikalische Ausdrucksformen, wie sie am unmittelbarsten noch die Gospeltradition (→ Gospel) bewahrt hatte. Der melismatische Interpretationsstil des Gospel Singing, der unermüdlich aber in wachsender Erregung sich wiederholende Begleitrhythmus, die nach dem alten Ruf-Antwort-Prinzip (→ Call and response) agierenden schreienden Background-Chöre und die interpunktierend eingefügten Bläser-Riffs (→ Riff) wurden zu stilbildenden Merkmalen der Soulmusik.
Herauszubilden begonnen hatte sich die Stilistik dieser Musik bereits in der Mitte der fünfziger Jahre innerhalb des → Rhythm & Blues, vor allem unter dem Einfluß des Sängers und Pianisten Ray *Charles* (geb. 1930). Seinem »I Got a Woman« (1955) lag das Gospel »My Je-

sus is All the World to Me« zugrunde und »This Little Girl of Mine« (1955) entstand aus dem Gospel »This Little Light Of Mine«. Beides waren reine Übertragungen von Gospelsongs in den Rhythm & Blues-Sound der fünfziger Jahre, die nur die religiösen Textinhalte durch minimale Textveränderungen aus der Liebe zu Gott in die weltliche Liebe zu einer Frau umwandelten. In das 1959 erschienene »What'd I Say« von Ray Charles war die Gospelstilistik dann schon ohne direkte Übernahme eines Gospelsongs integriert und damit der Grundstein für eine musikalische Weiterentwicklung des Rhythm & Blues gelegt, die schließlich den Namen Soul erhielt.

Nach dem Vorbild von Ray Charles produzierten noch in der zweiten Hälfte der fünfziger Jahre auch James *Brown* (geb. 1928) und Sam *Cooke* (1935–1964), der seine Karriere ursprünglich sogar als Gospelsänger begonnen hatte, eine solche Verbindung von Rhythm & Blues-Sound und Gospel. Waren das jedoch noch mehr oder weniger individuelle Stilkonzepte, so gilt als Beginn der eigentlichen Soulphase die Herausbildung übergreifender stilistischer Gemeinsamkeiten bei einer ganzen Reihe von Musikern, die wie schon Ray Charles ausnahmslos von der New Yorker Plattenfirma Atlantic Records betreut wurden und den neuen gospelbeeinflußten Stil konsolidieren halfen. Die hauptsächlichen Repräsentanten dessen waren Solomon *Burke* (geb. 1935), der mit »Just Out of Reach« (1961) das Atlantic-Konzept eröffnete, Wilson *Pickett* (geb. 1941), Joe *Tex* (geb. 1933) und ab 1967 dann Aretha *Franklin* (geb. 1942). Die unmittelbare Nähe zur Gospeltradition blieb für das stilistische Profil der Atlantic-Produktionen kennzeichnend. Die inbrünstige Leidenschaftlichkeit der Sänger erinnerte an die Prediger in den schwarzen Kirchen, ebenso wie die Machart ihrer Lieder musikalisch dem Aufbau der Gospelsongs folgte. Das Fundament aus dröhnenden Bässen und einem harten, treibenden Begleitrhythmus kam dagegen wie auch die effektvollen Bläserriffs aus dem Rhythm & Blues. Typisch dafür und zugleich einer der größten Soulerfolge der sechziger Jahre war Wilson *Picketts* »In the Midnight Hour« (1965). Zur gleichen Zeit begann die

Ray Charles

ausschließlich für Schwarze arbeitende Radiostation WOL in Washington D.C. als Soul Radio zu senden und die Atlantic-Produktionen zu ihrem Programminhalt zu machen, was den Begriff Soul als verbindliche Bezeichnung für diese Musik allgemein durchsetzen half.

Eine zweite wichtige Linie der Soulentwicklung war durch ein Vertriebsabkommen bis 1968 ebenfalls mit der New Yorker Atlantic Records verbunden, das Konzept des Stax/Volt-Labels aus Memphis. Mit Otis *Redding* (1941–1967), Rufus *Thomas* (geb. 1917) und Carla *Thomas* (geb. 1947), Johnny *Taylor* (geb. 1937), *Sam & Dave* und *Booker T & The MG's* entstand hier eine Version dieser Musik, die auch als → *Memphis Sound* bezeichnet wurde. Für das unverwechselbare Profil der Stax-Produktionen sorgte eine hauseigene Studioband, in der sowohl schwarze als auch weiße Musiker mit einem für den amerikanischen Süden typischen Country-Background vereinigt waren. Das führte zu einer Kombination von Country-Blues-Einflüssen (→ Country Blues) mit weißen Country & Western-Elementen (→ Country & Western) im Rhythmus und in den Begleitarrangements, während die orgelähnlichen Akkorde der Bläser, die Pianoarpeggios und die vokale Interpretationstechnik in der schwarzen Gospeltradition standen. Die Arrangements waren einfach und schlicht, dafür aber von beeindruckender Durchsichtigkeit und Geschlossenheit, eine Folge auch des weitgehenden Verzichts auf ein nachträgliches Abmischen der Aufnahmen und stattdessen der unmittelbaren Aufzeichnung der Studio-Sessions. Großen Anteil an diesem Konzept, für das Aufnahmen von Otis *Redding* wie »Respect« (1965) und »I've Been Loving You Too Long« (1965) charakteristisch sind, hatte das Autorenteam Isaak *Hayes* (geb. 1938) und David *Porter* (geb. 1937), das die meisten der Stax-Produktionen auch als Produzenten betreute.

Mit dem → *Motown Sound* lieferte die Motown Corporation in Detroit die dritte Komponente der Soulmusik. Ausgangspunkt für diese Entwicklungslinie war der gospelorientierte Vokalstil der Rhythm & Blues-Gesangsgruppen aus den fünfziger Jahren (→ Rhythm & Blues), der bei Motown durch die *Marvellettes*, die *Supremes*, die *Miracles* und die *Temptations* eine Fortsetzung fand. Die Grundlagen der Mo-

town-Stilistik entwickelte ab 1963 das Auto-
ren- und Produzententeam Brian *Holland* (geb.
1941), Lamont *Dozier* (geb. 1941) und Eddie
Holland (geb. 1939), die ihr Konzept erstmals
mit dem Titel »Heat Wave« (1963) für *Martha
and the Vandellas* vorstellten. Ihre Songs waren
nach einem zyklischen Muster aufgebaut
(ABABCC), das eine unaufhörliche, ins Ohr
gehende Wiederholung der Schlüsselmelodien und Refrains brachte. Die komplexe
Rhythmik entstand aus einem nonstop durchlaufenden, von den Bläsern interpunktierten
Perkussionsgeflecht, für das die schnellen
Baßläufe und die rasselnden Tamburins den
Rahmen lieferten. Die raffinierte Nutzung der
Aufnahme- und Mischtechnik hatte ein äußerst vielschichtiges Klangbild voller Effekte
zur Folge, das von einem Perfektionismus
zeugte, der zum Kennzeichen des Motown
Sound wurde. Mit der Soul-Gemeinschaft der
Farbigen hatte das freilich nur wenig zu tun,
obwohl die Motown Corporation der erste und
damals noch einzige von Schwarzen geführte
Medienkonzern der USA war. Die Motown-
Produktionen waren vielmehr auf den weißen
Markt der Popmusik ausgerichtet, wo sie
einen immensen Erfolg zu verzeichnen hatten
und die Motown Corporation zu einem regelrechten Musik-Imperium machten. Die immer häufigere Einbeziehung von Streichern in
die Arrangements markierten diesen Prozeß
der Verbindung von afroamerikanischer Gospelstilistik und weißer Pop-Ästhetik zu einem
gefälligen musikalischen Unterhaltungspro-
dukt wohl am deutlichsten. Trotzdem verstand
es das Motown-Team, das eine Reihe hochqualifizierter Fachleute sowohl im technischen als auch im künstlerischen Bereich aufzuweisen hatte, das Konzept des Konzerns
sehr vielseitig auszubauen. So reichte das
Spektrum dann auch von der romantischen
Linie der *Miracles,* deren Leadsänger Smokey
Robinson (geb. 1940) zugleich zu den erfolgreichsten Motown-Autoren gehörte, über den
Gospelstil der *Four Tops,* den Soul-Gruppenge-
sang der *Temptations* bis zum Popsound der
Supremes und einer eher rockigen Soul-Va-
riante wie bei den *Jackson Five.*
Repräsentierten die Programme von Atlantic
Records, Stax Records und Motown mit ihrem
jeweiligen Musiker- und Autorenstamm die
drei großen zentralen Trends der Soulentwick-

Stevie Wonder

lung, so gab es darüber hinaus auch in den
Katalogen anderer Firmen immer wieder profilierte Vertreter der Soulmusik. Der wichtigste und erfolgreichste unter ihnen war zweifellos James *Brown* (geb. 1928), dessen aggressive
Soul-Stilistik der archaischen Unmittelbarkeit
schwarzer Gospelmusik verpflichtet blieb.
Sein »Say It Loud – I'm Black and I'm
Proud« (1968) wurde auf dem Höhepunkt der
Black Liberation zum klassischen Ausdruck
des schwarzen Selbstbewußtseins. Danach ließ
die Soulbewegung als soziale, politische und
musikalische Artikulation der Farbigen in den
USA auffallend nach. Die Ermordung Martin
Luther Kings im April 1968 führte zu Desillusionierung und Resignation. Die Musik freilich blieb, nur daß sie ihren ursprünglichen
sozialen Hintergrund in dieser Form verloren
hatte und statt der kollektiven Leistung wieder
in individuelle Stilkonzepte aufsplitterte. Stevie *Wonder* (geb. 1950), ebenfalls aus der Mo-
town-Mannschaft, hat der Soulmusik dann in
den siebziger Jahren mit unangefochtener
Konsequenz den Stempel seiner außerordentlich kreativen Persönlichkeit aufgedrückt und

mit seinen Alben »Music of My Mind«
(1972), »Talking Book« (1972) und »Inner-
visions« (1973) den ästhetisch gewichtigsten
Beitrag zur schwarzen Musik vorgelegt.
Inzwischen war der Soul-Begriff zu einem allgemeinen Verkaufsetikett für schwarze Popmusik geworden und eine zweite Welle der
Soul-Entwicklung, die ab 1972 in Philadelphia
ihren Ausgangspunkt nahm und danach als →
Philly Sound bezeichnet wurde, ist dann auch
vor allem eine nach dem Fließbandverfahren
gefertigte kommerzielle Tanzmusik, die mit
den Werten der afroamerikanischen Kultur
nur noch sehr bedingt zu tun hat. Sie wurde
ihrerseits zum Grundstein für den → *Disco
Sound* der siebziger Jahre.

Soul Jazz [amerik., soul dʒæz]: → Hard
Bop.

Sound [engl., saund, wörtlich »Klang«]: ist in
der → Rockmusik das zentrale strukturelle
und ästhetische Kriterium des Musizierens,
meint hier aber – über die ursprüngliche Bedeutung hinausgehend – die Gesamtheit aller
die sinnliche Qualität von Musik bestimmenden Faktoren. Diese umfassen sowohl ihre
technische Seite, von der Wahl des Instrumen-
tenfabrikats, der Gitarrensaite, des geeigneten
Mikrophons, entsprechender Verstärker- und
Lautsprechertypen bis hin zum Einsatz diverser Effektgeräte (→ Effekte), der klanglichen
und technischen Aussteuerung am Mischpult
oder den Aufnahmevorgängen im → Studio;
sie umfassen weiter die → Interpretation,
Spieltechnik, Spielweise, Phrasierung usw.,
das → Arrangement als auch eine Reihe von
strukturellen Komponenten der Komposition
(z. B. Lautstärke, Harmonik, Stimmführung,
charakteristische melodische Floskeln und
Wendungen). Die damit verbundene Umwertung der musikalischen Parameter auf ihre
klangsinnliche Qualität hin hat ausgehend
von der Rockmusik mehr oder weniger auch
andere Formen der zeitgenössischen populären Musik erfaßt, so daß dann häufig nicht
mehr von → Stil, sondern stattdessen von
Sound gesprochen wird (→ Motown Sound,
→ Philly Sound, → Disco Sound).

Soundcheck [engl., 'saundtʃek]: bei Live-Auftritten einer Rockgruppe Kontrolle und Einstellung ihrer Anlage vor dem Konzert, um
einen auf die Raumakustik bezogenen optimalen → Sound zu erreichen.

Soundtrack [engl./amerik., 'saundtræk]: amerikanische Bezeichnung für die Tonspur eines
Films. Da diese gelegentlich auch auf Schallplatte separat veröffentlicht wird, ist dieser Begriff umgangssprachlich meist mit → Filmmusik gleichgesetzt. Eine der erfolgreichsten
Soundtrack-Veröffentlichungen war das Album »Easy Rider« (1969) aus dem gleichnamigen Film von Dennis Hopper.

Sousaphon [amerik., suːzə'fon]: Blechblasinstrument; in den USA auf Vorschlag des Mu-
sikmeisters des Marinekorps John Philip *Sousa*
(1854–1932) von der Firma Conn 1908 gebaute → Tuba in kreisförmiger Windung (wie
→ Helikon) und mit weit ausladendem, nach
vorn geöffnetem Schalltrichter (direkte Klang-
abstrahlung, Showeffekt). Tonumfang, Stimmung und Notierung wie Tuba. Das Sousaphon war im New Orleans Jazz das eigentliche
Baß-(Tuba-)instrument, wie historische Fotos
belegen. Heute wird es, auch wegen seiner optischen Wirkung, gern in Dixielandgruppen
und Blasorchestern eingesetzt.

Sousaphon- und Tubabläser

Southern Rock [engl./amerik., ′sʌðən rɔk]: →
Country Rock.

Space Sound [engl., ′speis saund, wörtlich
»Weltraum-Klang«]: Bezeichnung für ein
Klangbild, das durch Nachhall- und Echoeffekte
sowie elektronische Verfremdungen
einen bewußt irrealen, künstlich-synthetischen
Science-Fiction-Charakter erhält. Ein
typischer Vertreter dessen ist die Gruppe
Kraftwerk aus der BRD.

Spasm Bands [engl., spæzm bænds]: kleine
Musiziergruppen zur Zeit des → archaischen
Jazz; meist aus Jugendlichen, die mit diversen
Gegenständen europäische Instrumente nachahmten
oder einfache afrikanische Instrumente
nutzten; Vorläufer der Jazzbands, Vorbild
der → Skiffle-Gruppen; Instrumentarium:
umgestülpte Bottiche (→ Tubs), Waschbrett,
Töpfe und Koffer als Trommel- und
Schlagzeugersatz, → Jug (enghalsige Flasche,
auch Krug, zum Hineinblasen als Baßstimmenersatz),
→ Kazoo (Rohr mit Papiermembran
als Trompetenersatz), mit Seidenpapier
umwickelter Kamm, Stockbaß, dazu Mundharmonika,
Banjo u. a. A. M. Dauer unterscheidet
von den Spasm Bands die zur gleichen
Zeit anzutreffenden sogen. *Jug-, Tub-* und
Washboard Bands, die zwar das gleiche Ersatzinstrumentarium
verwendeten, jedoch damit
afrikanische Musiziertraditionen weiterführten.

Special Guest [engl., ′speʃəl gest, sinngemäß
»Stargast«]: Bezeichnung für einen namhaften
Interpreten, der im Programm einer Gruppe
oder auch bei einer Produktion aus künstlerischen
oder ökonomischen (Umsatzsteigerung)
Gründen als Gast mitwirkt. Das kann auch
über einen längeren Zeitraum der Fall sein,
wie es z. B. das gemeinsame Auftreten von *The
Band* und Bob *Dylan* wiederholt bewies.

Spezialarrangement: für eine bestimmte Besetzung,
oft auch für einen gezielten Verwendungszweck
(Studioproduktionen, besondere
Veranstaltungen und Programme) angefertigte
Bearbeitung (→ Arrangement). Im Gegensatz
zum → Druckarrangement kann der Bearbeiter
im Spezialarrangement alle individuellen

Bob Dylan mit The Band

Eigenheiten eines Klangkörpers (künstlerische Stärken und Schwächen) berücksichtigen und ein den Vorstellungen des Kapellenleiters entsprechendes eigenes, eigenwilliges Klangbild (Sound) schaffen.

Spiritual [amerik., 'spiritjuəl; auch *Negro Spiritual*]: Form der afroamerikanischen geistlichen Musik, die auf die protestantischen, vor allem methodistischen Hymnen der englischen Kirche zurückgeht. Entstanden sind die Spirituals in den unabhängigen schwarzen Kirchen, deren erste, die African Methodist Episcopal Church, 1794 gegründet worden ist. Vorausgegangen war dem seit dem Ende des 17. Jh. der Prozeß der Missionierung der Negersklaven, ihrer Bekehrung und christlichen Unterweisung durch die Kirche, was das Absingen von Kirchenliedern einschloß. Unter dem massiven ideologischen Druck der Kirche vollzog sich hier die Bekanntschaft mit der der kulturellen Tradition der Neger völlig fremden europäischen Musik – ein Vorgang von insgesamt entscheidender Bedeutung für die Herausbildung einer eigenständigen afroamerikanischen Musik. Ging es im Rahmen der christlichen Missionierungsbestrebungen allein um die musikalische Anpassung der Afroamerikaner an das ihnen vorgegebene Liedgut, so begannen sie es in den schwarzen Kirchen dann mit der ihnen eigenen Musikalität zu durchdringen. Das Ergebnis dieses Umformungsprozesses war das Spiritual. Obwohl so die musikalische Grundlage der Spirituals europäische Kirchenlieder sind, finden sich in ihnen mit dem Wechsel von Vorsänger und Chor (→ Call and response), Offbeat-Phrasierung (→ offbeat), → Bluestonalität und dem Parallelismus der Stimmführung zugleich die typischen Kennzeichen → afroamerikanischer Musik. Die Spirituals, bis zur Aufhebung der Sklaverei Mitte des 19. Jh. neben den → Worksongs so gut wie die einzige den Negern erlaubte Form der Musikausübung, entwickelten sich innerhalb der schwarzen Kirchen dann zu einer sehr vielschichtigen Musik, die sich keineswegs auf ihren religiösen Inhalt reduzierte. Dieser verband sich vielmehr mit dem Freiheitswillen der Negersklaven, war oft von ausgesprochener Doppeldeutigkeit und hat die Spirituals, weit über die bloße Form religiöser Kunstausübung hinaus, zu einer zentralen Komponente im Freiheitskampf der Afroamerikaner gemacht.

Ab 1871 wurden die Spirituals durch die Tourneen der *Fisk Jubilee Singers* – einem Chor aus Studenten der Fisk University in Nashville, Tennessee, der ersten schwarzen Universität in den USA – auch außerhalb der Kirchen bekannt.
→ Jubilee, → Gospelsong.

Sprechgesang: in verschiedenen Bereichen der populären Musik anzutreffende vokale Ausdrucksvariante zwischen Sprechen und Singen; meist ohne exakt vorgegebene Tonhöhe, häufig rhythmisch gebunden, dem Sprachrhythmus folgend; als ausdruckssteigerndes Element bei inhaltlich exponierten Textstellen in Songs und Chansons, auch im Jazz (besonders im Free Jazz, z. B. bei John Coltrane und Albert Ayler) und im Rock (typisch für einige New-Wave-Titel, Charakteristikum des → Rap: Negierung des Melodischen zugunsten einer vordergründigen soundbestimmenden Rhythmik). Wird der Sprechgesang gleichzeitig von mehreren vorgetragen (z. B. im politischen Lied, im Kabarett u.ä.), so trifft der Begriff *Sprechchor* zu.

SPU: → Diskomoderator.

Square Dance [engl./amerik., skwɛə da:ns]: eine der Hauptformen des nordamerikanischen Volkstanzes, bezeichnet nach der Art, wie er getanzt wurde, durch jeweils vier Paare im Viereck zueinander (square = »Viereck«). Musikalisch hat er seine Quellen vermutlich in ganz unterschiedlichen europäischen Volkstänzen, aus denen einzelne Elemente zu einem neuen Ganzen verschmolzen sind. Seine traditionellen Begleitinstrumente sind Akkordeon, Banjo, Fiddle und Gitarre.
→ Country Music.

städtischer Blues: → City Blues.

Stage Act [engl., steidʒ ækt, wörtlich »Bühnenaufzug, -handlung«]: im Zusammenhang mit der → Rockmusik verbreitete Bezeichnung für die Aktionen und Präsentationsformen der Musiker auf der Bühne, wichtigster Bestandteil ihrer → Show.

Stage Box [engl., steidʒ bɔks, wörtlich »Bühnenkasten«]: bei Live-Veranstaltungen mit größeren elektroakustischen Übertragungsanlagen gebräuchlicher Sammelkasten, der sich auf der Bühne befindet. Er dient als reines Verbindungsglied zwischen einpaarigen Tonsignalleitungen (von den einzelnen Mikrophonen und elektrisch abgenommenen Instrumenten) und dem vielpaarigen Sammelkabel (Multicore), das zum Mischpult führt.

Stage-PA [engl., ′steidʒ pi:′ei]: → Monitoranlage.

Standard [engl., ′stændəd]: ein bei Publikum und Musikern beliebter und bekannter älterer Titel, ein → Evergreen bzw. → Oldie, der zum »Standard«-Repertoire zählt und oft als Improvisationsthema bei → Jam Sessions dient. Die Bebop-Musiker versahen z. B. alte Swing-Themen mit neuen Melodien, so konnten sie weiterhin über die ihnen vertrauten Harmonien improvisieren, hatten aber stilistisch angepaßte Melodievorlagen; aus »Indiana« (James F. Hanley, 1917) wurde beispielsweise »Donna Lee« (Charlie Parker, 1947).

Standardtänze: vom Internationalen Tanzlehrerverband festgelegtes Grundrepertoire an → Gesellschaftstänzen für das Ausbildungsprogramm der Tanzschulen und für die Wettbewerbe der Turniertänzer. Zu den Standardtänzen zählen → Foxtrott (Quickstep), langsamer Foxtrott (Slowfox, Blues), → Wiener Walzer, → langsamer Walzer und → Tango. → lateinamerikanische Tänze.

Star [engl./amerik., sta:, wörtlich »Stern«]: kommerzielle Bezeichnung für die höchste Stufe der Popularität eines Musikers, Sängers, ursprünglich Filmschauspielers. Der Begriff hat inzwischen allerdings einen ausgesprochen inflationären Gebrauch erfahren, da er eine solche Popularität auch suggeriert und auf diese Weise erreichen helfen soll. Auf seine allmähliche Neutralisierung ist dann mit der Bezeichnung *Superstar* reagiert worden, eine an sich unlogische nochmalige Steigerung des Begriffs.

Steel Drums [engl., sti:l drʌms, wörtlich »Stahltrommeln«]: auf Trinidad beheimatete Schlaginstrumente (Idiophone) mit bestimmter Tonhöhe; ursprünglich aus leeren Öl- bzw. Petroleumfässern gefertigt, auf deren nach innen gewölbter Oberseite sich unterschiedlichen Tonhöhen entsprechende, handwerklich

gehämmerte Flecken befinden. Die Unterseite bleibt offen, die Zargenhöhe richtet sich nach der Stimmlage des Instruments. Durch Anschlag bzw. Wirbel ergibt sich ein typischer, zwischen Gong- und Marimbaklang liegender Ton. Die meist unsaubere Stimmung gehört zu dem ungewöhnlichen Klangbild. Steel Drums werden ihrer Funktion gemäß in verschiedenen Größen gebaut. Die Solo-Lead-Drum, das Melodieinstrument, hat einen z. T. chromatischen Tonumfang von über zwei Oktaven; die Begleitinstrumente werden paarweise von einem Musiker gespielt; von den Bass-Steel-Drums benötigt ein Spieler vier bis fünf Trommeln, um den Oktavraum von C_1 bis C zu überbrücken. Die exakte Angabe der Tonaufteilung innerhalb einer Trinidad-Steel-Drum-Band bringen K. Peinkofer und F. Tannigel im »Handbuch des Schlagzeugs« (Mainz 1981, 67/68). Diese Instrumente wurden durch die → Calypsos, besonders aber durch den → Reggae in aller Welt bekannt. Die Gruppen umfassen bis zu dreißig Musiker und spielen oft recht virtuos.

Steel Guitar [engl., sti:l gi′ta:]: elektrisch verstärkte Gitarre ohne Resonanzkörper, die beim Musizieren waagerecht auf den Knien gehalten wird oder auf einer festen Unterlage (Spieltischchen) aufliegt; sechs- oder mehrsaitig, in verschiedenen Stimmungen, auch zwei und drei Griffbretter, um häufiges Umstimmen zu vermeiden; Bottleneck-Spielweise (→ Bottleneck): linke Hand verkürzt die Saiten in gleitender Bewegung ohne Berührung der Bundstäbe mit einem Stahl- oder Kunststoffstäbchen (Steel bzw. Bar), ergibt typischen Glissando-Effekt (slide) mit Vibrato; Finger der rechten Hand reißen die Saiten mit Fingerpicks an.
Aus diesem Instrument wurde die *Pedal Steel Guitar* entwickelt, auf der mit bis zu zehn Pedalen und mehreren Kniehebeln eine Veränderung der Tonhöhe (Umstimmen) sowie Regulierung von Lautstärke, Hall und Glissando möglich sind. Steel-Gitarren finden Einsatz im → Folk Rock, im → Bluegrass und in der Country & Western Music, als Effektinstrument auch in Schlager- und Popmusik.

Stehgeiger: Leiter und (meist) 1. Geiger (Konzertmeister) eines Unterhaltungsensembles (→ Salonorchester), der sowohl geigend als

Barnabas von Geczy

ten. Darin besteht zugleich der Unterschied zu dem anderen zweikanaligen Verfahren, wo jeder Kanal unterschiedliche Tonsignale überträgt.

Wenn zwei in üblicher Weise aufgestellte Lautsprecher zur gleichen Zeit gleiche Signale abstrahlen, scheint sich die Schallquelle in der Mitte zwischen beiden Lautsprechern zu befinden.

fiktive
Schallquelle

Basis

auch gelegentlich mit dem Bogen dirigierend die anderen Musiker führt. In seiner Stimme (Violine I/Direktion) sind Hinweise für die anderen Instrumentalisten enthalten. Als Prototyp des weltmännischen Stehgeigers kann Johann *Strauß (Sohn)* (1825–1899) gelten, in dem sich schon im 19. Jh. Künstlerpersönlichkeit, Startum und Geschäftsmann vereinten.

Steptanz [auch *Tap Dance*]: eine Form des Tanzes, bei der aus den locker bewegten Beinen heraus mit dem Aufschlagen von Fußspitze oder Hacken ein zusätzlicher Rhythmus zur Musik erzeugt wird. Die Praxis des Steptanzes ist eigentlich von den amerikanischen Negern aufgebracht worden, kam über die → Minstrel Shows des 19. Jh. schließlich in den → Jazz und war besonders während der Swing-Ära in den dreißiger Jahren (→ Swing) auch als Form des Bühnentanzes außerordentlich populär.
→ Jazz Dance.

Stereophonie: ursprünglich mehrkanalige Tonsignalübertragung zur Vermittlung eines plastischen und räumlich verteilten Klangbildes. Da aber eine räumliche Wiedergabe bereits mit nur zwei Lautsprechern simuliert werden kann, wurde Stereophonie die Bezeichnung für ein zweikanaliges Aufnahme-, Übertragungs- und Wiedergabeverfahren, bei dem beide Kanäle gleiche Signale, aber mit Intensitäts- und Laufzeitunterschieden enthal-

Diese fiktive Schallquelle (Phantomschallquelle) läßt sich in Richtung jenes Lautsprechers verschieben, der das Tonsignal etwas eher oder mit größerer Lautstärke wiedergibt. Auf diese Weise kann die gesamte Basis ausgefüllt werden. Sind Laufzeitunterschiede des auf beide Ohren treffenden Schalls für das Richtungsempfinden maßgebend, spricht man von Laufzeitstereophonie, im Gegensatz zur Intensitätsstereophonie, wo Pegelunterschiede den stereophonen Eindruck bestimmen. Stereophone Aufnahmen lassen sich mit einem Stereomikrophon, mit einem distanzierten Mikrophonpaar oder mit richtungsgeregelten Einzelmikrophonen durchführen (→ Mikrophon). Diese Möglichkeiten werden in der Praxis häufig kombiniert. Ein Stereomikrophon, auch Koinzidenzmikrophon genannt, hat zwei gegeneinander verdrehbare Kapseln mit umschaltbarer Richtcharakteristik. Jede Kapsel speist einen Kanal. Die Richtungsinformationen ergeben sich aus den Intensitätsunterschieden der beiden Kanäle. Sie entstehen, weil der Hauptempfangsbereich der beiden Mikrophonsysteme (Nierencharakteristik) wegen des eingestellten Winkels zueinander in verschiedene Richtungen zeigt. (Siehe Skizze auf Seite 482 oben.)
Das erste System bevorzugt den von der lin-

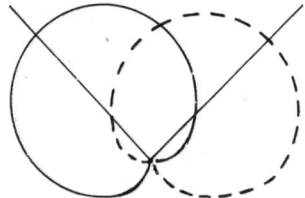

ken, das andere den von der rechten Seite eintreffenden Schall. Die Bezeichnung für diese Art der stereophonen Übertragung ist *XY-Stereophonie*. Wenn dagegen eine Kapsel mit Kugel- oder Nierencharakteristik ein Mittensignal (M-Signal) und die um 90 Grad gedrehte zweite Kapsel mit Achtercharakteristik ein Seitensignal (S-Signal) liefert, handelt es sich um *MS-Stereophonie*.

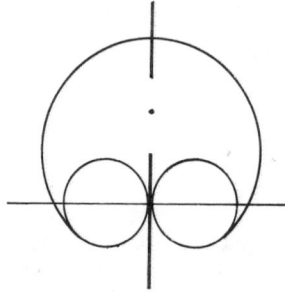

Es ist möglich, mit Stereoumsetzern (z. B. Differentialübertrager) auf elektrischem Wege XY-Signale in MS-Signale und umgekehrt MS-Signale in XY-Signale umzuwandeln. Werden statt eines Stereomikrophons zwei gleiche Mikrophone in einem gewissen gegenseitigen Abstand für Stereoaufnahmen verwendet, entstehen hauptsächlich Laufzeitdifferenzen. So erreicht der Schall von der linken Seite eines Klangkörpers das linke Mikrophon eher als das rechte. Da ihn der linke Lautsprecher auch eher wiedergibt, wird die Schallquelle an entsprechender Stelle links geortet. Bei diesem auch *AB-Technik* genannten Verfahren ist die Mittenabbildung problematisch; oft erscheint klanglich ein »Loch« in der Mitte. Als Kombination von Intensitäts- und Laufzeitstereophonie kann die *OSS-Technik* angesehen werden (OSS = optimales Stereosignal). Zwei Mikrophone mit Kugelcharakteristik sind im Ohrabstand von 16 cm angeordnet, zwischen ihnen befindet sich eine mit Dämmaterial versehene Scheibe mit einem

Durchmesser von 30 cm. Aufnahmen mit der »Scheibe« vermitteln einen sehr natürlichen Raumeindruck. Sie haben außerdem im Gegensatz zu Kunstkopfaufnahmen den Vorzug, für Kopfhörer- und für Lautsprecherwidergabe geeignet zu sein.

Der *Kunstkopf* ist in seinen wichtigsten Abmessungen dem menschlichen Kopf nachgebildet. Dort, wo sich die Trommelfelle befinden würden, sind Mikrophone eingesetzt. Beim Hören von Kunstkopfaufnahmen (nur über Kopfhörer) fühlt sich der Hörer in den Aufnahmeraum versetzt; eine Illusion, zu der andere, von Lautsprechern wiedergegebene Stereoaufnahmen nicht führen. Alle bisher beschriebenen Verfahren dienen dazu, in sich stimmige, ausgewogene Klangkörper aufzunehmen und die räumlichen Gegebenheiten des Aufnahmesaales weitgehend einfließen zu lassen. Von entscheidender Bedeutung ist der Standort der Hauptmikrophone (Stereomikrophon, distanziertes Mikrophonpaar, OSS-Anordnung, Kunstkopf). Die Möglichkeiten klanglicher Beeinflussung und technischer Manipulation sind gering. Dieser Nachteil entfällt, wenn einzelnen Instrumenten oder Instrumentengruppen Mikrophone zugeordnet werden. Die *Polymikrophonie* ist sogar erforderlich bei Aufnahmen von unausgeglichenen Klangkörpern oder in ungünstigen Räumen. Die von den einzelnen Mikrophonen stammenden einkanaligen Signale können beliebig bearbeitet (z. B. gefiltert, verhallt) und anschließend zu einem Stereoklangbild zusammengefügt werden, indem mittels einer speziellen Spannungsteilerschaltung (Richtungsmischer bzw. Pan Pot am Mischpult) jedes Einzelsignal auf beide Stereokanäle verteilt wird. Das Teilungsverhältnis bestimmt die Richtung. Signale mit geringem oder ohne Übersprechanteil kann man in beliebiger Richtung abbilden und auch effektvoll nach der einen oder anderen Seite wandern lassen (→ Panoramaeffekt).

Die Geschichte der Stereophonie reicht bis ins vorige Jahrhundert zurück (1881 wurden im Rahmen der »Ersten Internationalen Elektrotechnischen Ausstellung« in Paris Opernaufführungen mittels Telephontechnik stereophon übertragen). Die erste brauchbare stereophone Schallplattenaufnahme gelang 1935 der Bell Phone Company (Washington). Aber erst mit der Entwicklung und qualitativen Verbesserung der Langspielplatte in den fünfziger Jahren konnte sich das bereits 1931 von dem englischen Ingenieur Alan Dower Blumlein erfundene Stereoaufzeichnungsverfahren (Flankenschrift) international durchsetzen. Die erste stereophone Langspielplatte, eine Aufnahme von Tschaikowskis »Nußknackersuite«, stammt aus dem Jahr 1956 von der amerikanischen Plattengesellschaft Mercury. Der Rundfunk begann mit der Ausstrahlung von Stereosendungen auf UKW Anfang der sechziger Jahre. Die ständige Verbesserung der Übertragungstechnik (→ HiFi) stellt höhere Ansprüche an das musikalische Material. So ist vor allem im Bereich der Popmusik eine deutliche Entwicklung zu sehen vom Spielen mit stereophonen Effekten bis hin zum Einsatz der Stereophonie als Mittel zur bewußten Ausdrucksgestaltung (z. B. *Beatles* »I Am the Walrus«, 1967) und dem Experimentieren mit → Quadrophonie (z. B. Live-Konzerte von *Pink Floyd* Ende der sechziger Jahre bis hin zu den »The Wall«-Konzerten 1980).

Stichnoten: kleingedruckte Noten (im Gegensatz zur normalen Notengröße), die dem Musiker Auskunft über den Stimmenverlauf anderer Instrumente geben, so daß er notfalls diesen Part übernehmen kann. In Stichnoten sind mitunter auch spieltechnische Erleichterungen oder Transpositionen (Es/B-Stimme im → Druckarrangement) angegeben.

Sticker [engl., ′stikə]: Aufkleber mit dem → Logo einer Band.

Sticks [engl., stiks]: Trommelstöcke; als Spielanweisung für Schlagzeuger »mit Stöcken«, z. B. nach Gebrauch der → Besen.

Stil: Komplex von charakteristischen musikalisch-strukturellen (rhythmischen, harmonischen, melodischen, formalen) und interpretatorischen (spieltechnischen, klanglichen, agogischen) Merkmalen, die als Resultat übergreifender Gestaltungsprinzipien einer Gruppe von Musikstücken gemeinsam sind. In der populären Musik definieren sich die verschiedenen Stilrichtungen jedoch nicht allein nach solchen musikimmanenten Kriterien, sondern hier hat der Stilbegriff auch eine außermusikalische, nämlich kommerzielle Dimension, bezeichnet zugleich ein mehr oder

weniger scharf umrissenes Segment des Musikmarktes einschließlich der dazugehörigen Verkaufs- und Vertriebsstrategien, der dahinter stehenden Zielgruppe, fungiert als eine Art Markenzeichen. Das macht eine eindeutige Festlegung von Stilkriterien hier oft sehr schwierig. So gibt es Stilrichtungen, deren gemeinsames Merkmal in erster Linie darin besteht, daß die damit bezeichneten Titel wie beim → Bluebeat von einem bestimmten Schallplattenlabel (→ Label) vertrieben werden, bei anderen dagegen, wie etwa dem → Hard Rock, sind es rhythmische, formale und klangliche Merkmale, die ihn als Stil auszeichnen, wieder andere, z. B. der → Chicago-Stil im Jazz oder der → Chicago Blues, sind erst einmal durch ihre gemeinsame lokale Herkunft gekennzeichnet usw. In jedem Fall finden sich natürlich, unabhängig davon, auf welcher Ebene der Stilbegriff im konkreten Einzelfall angesiedelt ist, deutliche oder weniger deutlich ausgeprägte musikalische Entsprechungen. Aber die Trennschärfe der dafür maßgebenden musikalischen Kriterien ist sehr unterschiedlich und ihre Bedeutung kann im Laufe der kommerziell gesteuerten Entwicklung einer Stilrichtung für den jeweiligen Stil sehr unterschiedlich sein. Entscheidend ist, daß in der populären Musik, wenn von → Texas Blues oder → Chicago Blues, von → New Orleans Jazz oder → West Coast Jazz, von → Hard Rock, → Folk Rock, → Country Rock oder → Punk Rock usw. als von Blues-, Jazz- oder Rockstilen gesprochen wird, dem niemals ein nur musikimmanentes Stilverständnis zugrunde liegt, die dominant stilprägenden Kriterien in jedem konkreten Fall von anderer Natur sind und im Verlauf der Entwicklung eines Stils sich von der musikalischen auf die außermusikalische Ebene oder umgekehrt verlagern können.

Stilistik: umgangssprachliche Begriffsbildung durch Musiker, kaum inhaltlich exakt fixierbar. Stilistik resultiert aus charakteristischen Merkmalen einer bestimmten Musizierrichtung, ohne jedoch deren Gesamtheit (→ Stil) zu erfassen. Vordergründig beinhaltet Stilistik Fragen der Rhythmik, der → Artikulation und → Phrasierung. Ein Musiker spielt z. B. »mit falscher Stilistik« (→ zickig), wenn er Swing-Figuren ohne Triolen-Feeling ausführt.

Stimmbücher: gedruckte oder handschriftliche Sammlung von Kompositionen bzw. Themen, bei der die einzelnen Instrumentalstimmen separat vorliegen, z. B. Marschbücher oder → Chorusbücher.

Stimme [auch *Part*]: die einzelne Instrumental- oder Vokalstimme in einer Komposition (zusammengefaßt in der → Partitur); im → Satz als Unter-, Mittel- und Oberstimme; im → Arrangement als Melodie- (Lead-), Begleit- (Rhythmus-), Baß-, Mittel-, Gegen-, Neben- und Füllstimme; im → Druckarrangement als → Direktions-, C-, B- und Es-Stimme.

stimmen, einstimmen: Exakt gestimmte Instrumente bilden die Voraussetzung für ein »sauberes« Zusammenspiel. Bezugspunkt ist der auf der Londoner Konferenz 1939 international vereinbarte Stimmton $a^1 = 440$ Hz (bei Bläserbesetzungen oft auch b^1). Von diesem Ton ausgehend reguliert jeder Musiker im Rahmen der Möglichkeiten sein Instrument (Spannen bzw. Entspannen der Saiten bei Gitarre, Geige, Baß usw.; Verlängern bzw. Verkürzen der Rohrlänge bei Blasinstrumenten; Tonhöhen-Einstellung bei elektronischen Instrumenten). Dazu gehört ein gutes, ausgebildetes Gehör, technische Hilfsmittel bilden die → Stimmgeräte. Durch äußere Einflüsse (Temperaturschwankungen, Luftzug, manuelle Beanspruchung) kann eine Verstimmung auftreten, deshalb sollte nach einer gewissen Zeitspanne das Instrument nachgestimmt werden. Bei → Produktionen, deren Fertigstellung sich oft über mehrere Tage erstreckt, wird der Stimmton dem Urband vorangestellt.

Stimmführung: das Fortschreiten der einzelnen Stimmen im → Satz nach bestimmten Regeln (z. B. → Kontrapunkt) oder Überlieferungen (z. B. → Parallelsatz). Es werden unterschieden: Parallel- (a), Gegen- (b) und Seitenbewegung (c).

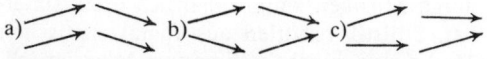

Einige Bereiche der populären Musik (z. B. Unterhaltungs- und Blasmusik) unterliegen den in der europäischen Tradition begründeten Regeln des »strengen« Satzes (u. a. Liegenlassen gemeinsamer Töne, Prinzip des kürzesten Weges, Vermeidung von Oktav- und Quintparallelen), wie sie in grundlegender Form in der vierstimmigen → Kadenz zum Ausdruck kommen.

In afrikanischer und afroamerikanischer Folklore findet man dagegen eine mitunter sogar harmonische Gesetzmäßigkeiten negierende Parallelführung aller Stimmen (→ Barbershop Harmony). Ein typisches Beispiel paralleler Rückungen zeigt sich im Blues (Takte 9–12 der → Bluesformel):

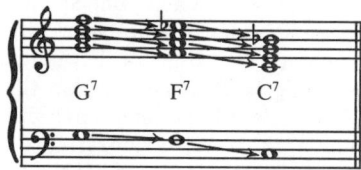

Von besonderer Bedeutung in der Stimmführung ist die → Baßstimme. Im Jazz und im Rock überwiegt der Parallelsatz, abhängig von der jeweiligen Stilart, wobei oft Prinzipien des traditionellen Satzes einbezogen werden.

Stimmgattung, Stimmlage: Einteilung entsprechend dem Tonumfang der menschlichen Singstimme, auch auf Instrumentenfamilien (z. B. Saxophone, Blockflöten) übertragen.
   Sopran $c^1 – a^2$,
· Mezzosopran $a – f^2$,
· Alt $g – c^2$ (f^2),
· Tenor $c – a^1$ (c^2),
· Bariton $G – g^1$,
· Baß $F – e^1$.

Stimmgerät [auch *Tuner*]: elektronisches Hilfsmittel zur Überprüfung der → Stimmung eines Instruments. Gegenüber herkömmlichen Methoden (Einstimmen nach Stimmgabel, Stimmpfeife oder nach einem Instrument, z. B. Klavier, Oboe) hat das elektronische Stimmgerät den Vorteil, daß der Musiker nicht mehr auf das Hören angewiesen ist. Es läßt sich einerseits eine absolut genaue Stimmung realisieren, und andererseits wird ein schnelles Nachstimmen während eines Live-Konzertes ermöglicht, ohne dabei störende Nebengeräusche hervorzurufen bzw. selbst von der hohen Lautstärke gestört zu werden. Das Gerät enthält ein Mikrophon und einen Eingang (Klinke) für elektrisch abgenommene Instrumente. Die Betriebsart »Eichen« erlaubt das Einstellen einer von 440 Hz abweichenden Grundstimmung. Die Töne (z. B. der zu stimmenden Saiten) werden der Reihe nach vorgewählt. Beim Anspielen der Saite vergleicht die batteriegespeiste Elektronik des Stimmgeräts die Sollfrequenz mit der tatsächlichen. Zur Anzeige dient ein Zeigerinstrument oder ein LED-Display. Die Skala ist in Hz und in cent geeicht. Stimmgeräte sind entweder universell einsetzbar oder für bestimmte Instrumente (z. B. Gitarre, Harfe) optimiert.

Stimmung: 1.) das Einstimmen eines Instruments bzw. das Stimmen innerhalb eines Kollektivs;
2.) die Grundstimmung eines Instruments, bezogen auf die Tonhöhe der Saiten (z. B. Gitarre: E A d g h e¹ bzw. → offene Stimmungen) oder die Grundtonreihe eines Blasinstruments (z. B. Altsaxophon in Es, Tenorsaxophon in B);
3.) die im Tonsystem begründete, nach akustischen Gesetzmäßigkeiten berechnete Ordnung der Tonhöhen und Intervallabstände. Die *reine* Stimmung basiert auf den natürlichen Intervallverhältnissen von Oktave, Quinte, Quarte, großer und kleiner Terz in der → Obertonreihe, sie ist jedoch für das praktische Musizieren in unserem Kulturkreis durch unterschiedlich große Ganztonschritte kaum geeignet. Die Teilung der Oktave in zwölf gleichgroße Halbtonschritte umging dieses Problem und ergab die seit dem 18. Jh. gebräuchliche *temperierte* Stimmung. Die dabei auftretende geringfügige Unreinheit der Intervalle, gehörmäßig kaum relevant, wird überwogen von dem Vorteil, daß seither das Musizieren auf Instrumenten mit festen Tonhöhen (z. B. Tasten- und Bundinstrumenten) in allen Tonarten möglich ist. Außereuropäischen Tonsystemen liegen z. T. andere Berechnungen zugrunde. Experimente mit eindeutig definierten Viertel- oder Dritteltönen traten in der populären Musik kaum auf. Eine Ausnahme bildet somit die »Studie für Viertelton-Trompete« von Pavel *Blatný*, eingespielt vom Orchester Gustav *Brom* (1966).

Stimmungslied: im 19. Jh. im Kleinbürgertum aufgekommene Form des populären Liedes geselligen Charakters. Es war den typischen Geselligkeitsformen des Kleinbürgertums wie

Hana und Dana

Dampferfahrt, Kleingartenfest, Kremserfahrt und Wirtshausrunden angepaßt, rekrutierte sich zum Teil aus Restbeständen des traditionellen Volksliedes, zum Teil aus der zeitgenössischen Tanzmusik. Walzer, Polka, Rheinländer und Marsch dominierten dabei unter den musikalischen Vorlagen, die sich stets durch leichte Nachsingbarkeit auszeichneten. Das Stimmungslied hat sich dann bis in die Gegenwart hinein erhalten, wobei es immer wieder neuen Zuwachs aus der laufenden Schlagerproduktion, inzwischen nun schon durch eigens für dieses Bedürfnis geschriebene Lieder, bekam.

Stock-Arrangement [engl./amerik., ˈstɔk əˈreindʒmənt]: in den zwanziger Jahren bei den Tanzorchestern gebräuchliche kommerzielle Arrangements, die gedruckt vertrieben wurden und so eingerichtet waren, daß sie von jeder Band gespielt werden konnten. Sie verloren an Bedeutung als mit dem Aufkommen des → Swing für die Orchester individuelle Arrangements geschrieben wurden.
→ Druckarrangement.

Stomp [amerik., stʌmp, wörtlich »Stampfen«]: ein auf afrikanischer Tradition beruhender afroamerikanischer Tanz mit sich ständig wiederholender rhythmischer → Pattern. Mit *stomping* bezeichnet man eine melodisch-rhythmische Eigenheit im New Orleans Jazz: über dem gleichmäßig ablaufenden → Beat der Rhythmusgruppe im raschen Tempo erklingt die Melodie, der eine sich wiederholende, häufig zwei- oder viertaktige rhythmische Formel *(Stomp Pattern)* zugrunde liegt, wobei sich jedoch die Tonhöhe, der Melodieverlauf ändert, weiterentwickelt (im Gegensatz zum rhythmisch-melodisch gleichbleibenden → Riff). Jelly Roll *Morton* (1885–1941) will nach eigenen Aussagen bereits 1906 mit dem »King Porter Stomp« als erster dieses Prinzip kompositorisch verarbeitet haben. Die Bezeichnung Stomp taucht mehrfach in Titeln auf, z. B. »Sugar Foot Stomp« (King Oliver, 1923), »Mahogany Hall Stomp« (Spencer Williams, 1928?).

Stop-Time-Technik [engl., stɔp taim-]: Arrangementseffekt im New Orleans Jazz und Chicago-Stil, bei dem die Rhythmusgruppe den fortlaufenden → Beat unterbricht und ge-

meinsam mit den Melodieinstrumenten nur akzentuierte Akkordschläge (meist auf die erste, mitunter auch auf die dritte Taktzählzeit) ausführt, während ein Instrumentalist (oder Sänger) die entstehenden Pausen mit → Breaks ausfüllt. Diese *Stops* finden sich häufig als Steigerung gegen Ende des Titels, sie können auch aneinandergereiht die Länge eines → Chorus ausfüllen *(Stop Chorus)*.

straight [engl./amerik., streit, wörtlich »gerade, direkt«]: im Jazz aufgekommener Terminus, der einerseits das exakte, notengetreue Musizieren ohne eigenes Abwandeln, ohne Improvisation fordert (z. B. ein vorgegebenes Solo in einem Big-Band-Arrangement), der andererseits als Hinweis für gleichmäßiges Betonen der vier Zählzeiten (→ Beat) im Grundrhythmus gilt. *Straight eights* bedeutet binäre Spielweise, also das Ausführen gleichmäßiger Achtel (keine Triolisierung).

Straight Mute [engl., streit mju:t]: spitzer → Dämpfer.

Street Band [engl./amerik., stri:t bænd, auch *Marching Band*]: in der Mitte des 19. Jh. in den Südstaaten der USA aufgekommene Blaskapellen der Afroamerikaner, die vermutlich durch den billigen Verkauf des alten Instrumentariums der Militärkapellen bei der Auflösung der Südstaatenarmee nach dem Ende des amerikanischen Sezessionskrieges 1861–1865 entstanden sind. Sie waren in der zweiten Hälfte des 19. Jh. eine sehr verbreitete Form des negerischen Musizierens und sind als Vorläufer der frühen New Orleans Jazz Bands (→

Street Band

New Orleans Jazz) anzusehen. Bei den Mitgliedern solcher Bands handelte es sich um Amateure, die sich zusammenfanden, um zu den weltlichen und religiösen Festen des afroamerikanischen Gemeinwesens, auf Paraden, Umzügen und Begräbnissen Musik zu machen. Die Besetzung bestand in der Regel aus Kornett bzw. Trompete, Posaune, Klarinette, Tuba, Großer und Kleiner Trommel, wobei bereits eine deutliche Funktionsteilung der Instrumente in Melodie- und Rhythmusgruppe, wie sie für den → Jazz später charakteristisch ist, vorgenommen wurde. Das Repertoire setzte sich aus Märschen, Quadrillen, Polkas, → Coon Songs und → Ragtimes zusammen. Der Ragtime beeinflußte vor allem durch seine rhythmische Gestaltung der Melodie die Musik der Street Bands so nachhaltig, daß sich ein spezieller Ragtime-Stil herausbildete, der die musikalischen Vorlagen in der Art des Ragtime interpretierte. Eine der wenigen in der Überlieferung namentlich bekannt gewordenen Street Bands waren die *Bunk Johnson Street Paraders*, die um die Jahrhundertwende von dem Kornettisten und Trompeter Bunk *Johnson* (1879–1949) gegründet worden sind.

Streichquartett: nach 1750 weitverbreitete Besetzungsform in der artifiziellen Kammermusik, für die eine umfangreiche Literatur entstand – 2 Violinen, Viola und Violoncello. Da diese Besetzung selbst in der Unterhaltungs- und Salonmusik kaum anzutreffen war, wirkte der Einsatz des Streichquartetts (in Verbindung mit einer Akustikgitarre) in »Yesterday« (John Lennon/Paul McCartney, 1965) als eine Sensation. Für »Eleanor Rigby« benötigten die *Beatles* 1966 sogar ein Doppelquartett, also vier Violinen, zwei Violen und zwei Violoncelli.

Stride Piano [engl., straid 'pjænou, stride = »weiter Schritt«]: Begriff für die im → Ragtime und teilweise auch in einigen Jazz-Klavierstilen (→ Barrelhouse Piano, Blues) verwendete Begleittechnik in der linken Hand: Wechsel vom Baßton und Begleitakkord. Als »Father of the Stride Piano« wird James P. *Johnson* (1891–1955) bezeichnet.

Strike Ballad [engl., straik 'bæləd]: → Union Song.

String Band [engl./amerik., striŋ bænd]: Bezeichnung für eine kleine Instrumentalformation aus Saiteninstrumenten wie sie sich in der Tanzmusik sowohl der euroamerikanischen als auch der afroamerikanischen Volksmusiktradition findet. Besetzt waren sie mit Fiedel oder Mandoline, Banjo, Gitarre, später auch Ukelele.

Strings [engl., striŋz, wörtlich »Saiten«]: 1.) Sammelbezeichnung für Streichinstrumente, Synonym für Streicher; 2.) Zusätzliche Baugruppe bzw. Register (Strings-Section, Strings-Ensemble) in elektronischen Orgeln und Pianos zur Nachahmung von Streicherklängen (→ Mellotron).

String-Synthesizer [engl., striŋ 'sinθəsaizə, –'sintəsaizə]: speziell zur Nachahmung des Klangs von Streichinstrumenten konzipierter, fest programmierter → Synthesizer (→ Preset-Synthesizer). Die Tonerzeugung geschieht auf rein elektronischem Weg durch Generatoren. Die Tastatur ist fester Bestandteil des Instruments und dient nicht wie sonst beim Synthesizer zur Abgabe von Steuerspannungen. Vielmehr werden über die Tasten elektrische Kontakte zu den jeweiligen Generatoren geschlossen. Dadurch lassen sich String-Synthesizer polyphon spielen. Außerdem sind sie mit spannungsgesteuerten Filtern (VCF), → Envelope- und Modulationsgeneratoren, also spezifischen Synthesizerbausteinen zur individuellen Nachregelung der von den Tongeneratoren erzeugten Klänge ausgerüstet. Aufgrund ihrer technischen (geringere Abmessungen, kompakte Bauweise, Wartungsfreiheit) und klanglichen Vorzüge konnten sich die String-Synthesizer als vollelektronische Variante des → Mellotrons durchsetzen. Dennoch erreichen auch die modernen Instrumente kaum den originalen Streicherklang, erst recht nicht den einer solistisch eingesetzten Violine oder eines Violoncellos. Sie werden deshalb vorwiegend als stimmungschaffendes und klangfüllendes Background-Instrument verwendet. Ein qualitativer Sprung gelang auch in diesem Fall durch die Einführung der digitalen Tonerzeugung.

Strophe [griech.]: die aus mehreren, meist auf Reimen endenden Versen bestehende metrische Formeinheit in Dichtung und Liedschaffen, wobei die Verszeilen von gleicher oder ungleicher Länge sein können. Mehrere Strophen ergeben das Gedicht bzw. den Liedtext. Im sogen. *Strophenlied* liegt allen Strophen die gleiche Melodie zugrunde; oft wird sie auch bei der Wiederholung mehr oder weniger stark verändert (= variiertes Strophenlied). Viele deutsche und ausländische Volkslieder sind Strophenlieder, z. B. »Das Wandern ist des Müllers Lust«, »Muß i denn zum Städtele hinaus«, »Am Brunnen vor dem Tore«, analog auch zahlreiche Rock- und Popsongs, z. B. »Morning Has Broken« (Cat Stevens, 1971). Verbreiteter ist jedoch in der populären Musik der Liedtyp mit Strophen abschließendem → Refrain.

Studio: Einrichtung zur Aufzeichnung von Musik auf Tonträger, bestehend aus einem Aufnahme- und einem Regieraum sowie der dazugehörigen Aufnahme- und Mischtechnik (→ abmischen). Es wird von einem Techniker-Team unter Leitung eines Tonmeisters, der für den eigentlichen Aufnahmevorgang verantwortlich ist, betreut. Das Studio hat mit seinen sich ständig vervollkommnenden technischen Möglichkeiten zur Differenzierung und Beeinflussung von Klang, insbesondere seit der Einführung der Mehrspurtechnik (→ Overdubbing) und dem damit verbundenen nachträglichen Abmischen der Aufnahme einen immer größeren Stellenwert in der Entwicklung der populären Musik bekommen. So zeichnet sich seit den sechziger Jahren eine Reihe ihrer Stilformen wie → Memphis -, → Motown -, → Philly - und → Disco Sound nicht mehr bloß durch musikalisch-strukturelle Merkmale, sondern weit stärker noch durch eine bestimmte Nutzung der Aufnahmetechnik im Studio aus. Dabei ist für das klangliche Endergebnis bereits die akustische Beschaffenheit des Aufnahmeraums, oft durch frei aufgestellte Reflektoren und Schallabsorber variabel gemacht, von nicht unmaßgeblicher Bedeutung. Gleiches gilt für die Wahl der Mikrophonfabrikate und ihre Aufstellung im Raum, für die Aufnahmeprozedur, für den gesamten technischen Standard des Studios und natürlich für die Qualifikation des technischen Personals. Obwohl die großen Plattenkonzerne wie CBS, RCA oder EMI (→ Musikindustrie) über hauseigene Einrichtungen verfügen, haben sich weltweit unabhängige Studios etabliert, die durch entsprechende technische Ausrüstung und ein hochqualifiziertes Personal, zu dem auch die an das Studio gebundenen → Studiomusiker gehören, ein jeweils ganz bestimmtes Klangbild herzustellen in der Lage sind, das andernorts nicht kopierbar ist. Zu ihnen gehören z. B. die Electric Lady Studios in New York, die Muscle Shoals Sound Studios in Alabama, die Trident Recording Studios in London, George *Martin*s AIR Studio in London und die Münchner Musicland Studios.

Studio-Musiker: an ein Aufnahmestudio (→ Studio) vertraglich fest gebundene Begleitmusiker, die zu jeder Produktion zur Verfügung stehen. Bei der Produktion von Rockgruppen übernehmen sie die Instrumentalparts, die noch zusätzlich gebraucht werden, bei Solisten spielen sie das gesamte Begleitarrangement (→ Arrangement) ein und prägen damit nicht selten einen das Studio kennzeichnenden → Sound.

Studio-Sound: ein speziell im → Studio für die → Produktion erzeugtes Klangbild, das beim → Live-Musizieren nicht nachvollziehbar ist.

Substitutklänge: → Vertreterklänge.

Subtone [engl., 'sʌbtoun]: bei ruhigen Titeln (Sweet) verwendete Spielweise auf Saxophon und Klarinette, bei der die Töne vor allem in der Tiefe nur gehaucht, mit viel Luft geblasen werden.

Suite [frz., 'sviːt(ə) wörtlich »Folge«]: mehrteiliges musikalisches Formmodell, das aus einer Abfolge lose verbundener, in sich geschlossener Einzelstücke besteht. Der Begriff wurde bereits im 16. Jh. der französischen Tanzpraxis entnommen, wo er die Aneinanderreihung von Tänzen bezeichnete. Die Suite bestand dann auch aus einer bestimmten Abfolge stilisierter Tänze und spielte in dieser Form in der Instrumentalmusik des 17. und 18. Jh. eine große Rolle. In der populären Musik wurde auf diesen Begriff in Zusammenhang der → Rockmusik zurückgegriffen als mit der als →

Art Rock bezeichneten Richtung um 1970 mehrteilige Werke auftauchten, die sich ebenfalls nur aus einer Aneinanderreihung von Einzelstücken zusammensetzten. Erstes Beispiel dafür ist die 1969 von der englischen Formation *The Nice* herausgebrachte Produktion »Ars Longa Vita Brevis«.

Superstar [engl./amerik., ʹsjuːpəstaː]: → Star.

Surf Music [amerik., səːf ʹmjuːzik]: Bezeichnung für eine 1962 in den USA vor allem von den *Beach Boys* kreierte Musikrichtung, deren Texte sich hauptsächlich um das Surfing, also das Wellenreiten drehten. Was die Musik anging, so wurde der damals als Tanzmusik beliebte Gitarrensound der High-School-Bands aufgegriffen und chorische Vokalharmonien in meist sehr hoher Lage, oft im → Falsett, darüber gesetzt. Ein einfacher, vom → Rock'n'Roll herkommender Grundrhythmus korrespondierte dann den unbeschwerten Melodien, mit denen Surfing, Freizeit, Sonne, Mädchen und Strand als neuer Ausdruck des *American way of life* gefeiert wurden. Musikalisch war diese Richtung bereits seit 1961 durch Gruppen wie die *Bel-Aires* (»Mr. Moto«, 1961), die *Gamblers* (»Moondagw«, 1961), die *Revels* (»Church Key«, 1961) und vor allem den Sänger und Gitarristen Dick *Dale* (geb. 1929) (»Let's Go Trippin'«, 1961) vorbereitet worden, die *Beach Boys* gaben ihr dann jedoch mit ihrem »Surfin' Safari« (1962) – der erste landesweite Hit im neuen Trend – die inhaltliche Ausrichtung auf das Wellenreiten und das kalifornische Strandleben. Nach ihrem

Beach Boys

Vorbild entstanden mit den *Tornados*, den *Surfaris* und *Dave Myers and the Surftones* eine Reihe von ausgesprochenen Surf Bands. Als sich das Thema Surfing zu erschöpfen begann, wechselten die Inhalte der Songs vom Wellenreiten auf das Autofahren, wofür dann die Bezeichnung *Hot Rod Music* aufkam. Das vokale und musikalische Grundgerüst blieb aber dasselbe, so daß es sich damit lediglich um eine Variante der Surf Music handelt. Später nannte man das ganze auch einfach *California Music*. Der Durchbruch der *Beatles* auf dem amerikanischen Markt verdrängte ab 1964 die Surf Music; um 1966 war sie als kommerzieller Trend zu Ende. Zu einem kurzen → Revival kam es 1974 noch einmal, als die LP »Surfin' USA« (1963) der Beach Boys erneut aufgelegt wurde.

sus, suspension [engl., səsʹpenʃən]: Vorhalt (→ Akkordsymbolschrift).

Sustainer [engl., səsʹteinə, wörtlich »Stütze«]: elektronisches → Effektgerät, mit dem die Klangdauer eines Tones verlängert werden kann. Im Funktionsprinzip entspricht der Sustainer einem → Kompressor. Oft findet man Sustainer als eingebauten Effekt in elektronischen Tasteninstrumenten, beispielsweise in E-Pianos, wo sie die Funktion des Forte-Pedals (Aufhebung der Dämpfung) des Klaviers übernehmen.

Swamp Rock [engl./amerik., swɔmp rɔk]: Rockvariante der → Cajun Music, in die das traditionelle Instrumentarium dieser auf französische Einwanderer zurückgehenden Volksmusikpraxis in den USA, Akkordeon, Fiedel, Triangel und Gitarre, integriert ist. Die Bezeichnung spielt auf den Ursprungsort dieser Spielweise der Rockmusik in der sumpfigen Landschaft des Südwestens von Louisiana an (swamp = »Sumpf«). Hauptvertreter ist der Sänger und Fiedler Doug *Kershaw* (geb. 1936), der mit seinen Gruppen *Rusty* und dann *Doug's Music Makers* und Titeln wie »You Fight Your Fight« (1969), »I'm Just a Nobody« (1976) oder »Hello Woman« (1981) seit den sechziger Jahren unbeirrt und konsequent diese Richtung des Rock verficht.

Sweet [engl./amerik., swiːt, wörtlich »süß, lieblich, angenehm«]: seit den zwanziger Jahren

Sammelbezeichnung für melodiebetonte, mitunter sentimental-schnulzige, kommerziell geprägte Tanzmusik (Sweet Music); vorwiegend Streicherbesetzungen mit Solobläsern, aber auch langsame, stimmungsvolle Big-Band-Musik (z. B. Glenn Millers »Moonlight-Serenade«, 1939); heute oft als »Musik zum Träumen« angeboten.

Sweet Jazz [engl./amerik., swi:t dʒæz]: → Symphonischer Jazz.

Sweet Music [engl./amerik., swi:t 'mju:zik]: zwischen den zwanziger und vierziger Jahren in den USA gebräuchliche Bezeichnung für sentimentale Tanzmusik.

Swing [amerik., swiŋ]: in der zweiten Hälfte der zwanziger Jahre vor allem in den Big Bands von Fletcher *Henderson* (1898–1952) und Duke *Ellington* (1899–1974) sich herausbildender Stil des → Jazz, der ab Mitte der dreißiger Jahre durch die spektakulären Erfolge des Orchesters von Benny *Goodman* (geb. 1909) zu einem Massenphänomen wurde, das die Jugend der damaligen Zeit in seinen Bann zog und mit einer Reihe wilder Tanzmoden verbunden war. Eingeleitet wurde diese Entwicklung durch die um des Schauwerts willen vereinzelt vorgenommene Erweiterung des kleinen Jazz-Ensembles auf die Ausmaße einer → Big Band, denn das zog zwangsläufig Veränderungen des Musizierens nach sich. So

trat an die Stelle des bis dahin für den Jazz charakteristischen spontanen Aufeinanderreagierens im Rahmen vorher getroffener Absprachen (→ Head Arrangement) jetzt das geschriebene Arrangement, denn anders war das Zusammenspiel bei einer größeren Anzahl von Musikern nicht mehr zu organisieren. Hinter jeder erfolgreichen Band stand damit im Swing ein profilierter Arrangeur. Die Ausdrucksmöglichkeiten für die Musiker blieben nun völlig auf die eingefügten Soli beschränkt. Die durcharrangierten Stücke ließen dafür aber einen erheblichen Ausbau der harmonischen Basis zu, so daß immer kompliziertere Akkordfolgen mit spätromantisch-impressionistischen Einflüssen, chromatischen Vorhalts-, Durchgangs- und Wechselakkorden das musikalische Geschehen zu beherrschen begannen. Damit setzte sich auch der homophone Satzaufbau, der sich im → Chicago-Stil schon angedeutet hatte, endgültig durch. Zum wichtigsten Kennzeichen der neuen Spielweise, das ihr ab Mitte der dreißiger Jahre dann auch den Namen gab, wurde jedoch eine → swing genannte rhythmisch-dynamische Bewegungsform des Jazz, die hier mit durchgängigem Offbeat-Spiel (→ offbeat) ganzer Melodiepassagen (Offbeat-Phrasierung) eine besondere Dominanz erhielt und ihr das an rhythmischer Intensität zurückgab, was sie durch die schwerfälligere Big-Band-Besetzung zwangsläufig verlor. So wurde zum Stilkrite-

Orchester
Fletcher Henderson,
1925
(in der Mitte hinten:
Louis Armstrong;
vorn links:
Coleman Hawkins)

Duke Ellington

rium hier, was zuvor nur als Mittel der Ausdruckssteigerung an den melodischen Höhepunkten eingesetzt war.

Als erste weiße Band dieses Stils begann das *Casa Loma Orchestra* des Altsaxophonisten Glen *Gray* (1906–1963) ab Ende der zwanziger Jahre mit der Popularisierung des Swing. Wirklich durchgesetzt hat er sich jedoch ab 1935 dann mit dem Orchester von Benny *Goodman.* Eine nicht unwesentliche Rolle spielte der Rundfunk dabei, eine zwischen Dezember 1934 und Mai 1935 als Werbekampagne von der National Biscuit Company organisierte Radio-Show mit drei Bands unterschiedlicher Stilrichtung, darunter auch das Benny Goodman Orchestra, die über die Rundfunkstationen der NBC wöchentlich landesweit ausgestrahlt wurde und den Siegeszug des Swing einleitete. »Let's Dance« (1934), die Erkennungsmelodie des Goodman-Orchesters, wurde zum Synonym für den Swing. In der Folge dessen kamen fast schlagartig noch eine Reihe anderer Bands zu großer Popularität, die dann neben dem Goodman-Orchester zu den Hauptrepräsentanten des Swing gehörten: die Band des Klarinettisten Artie *Shaw* (geb. 1910), die die ersten Aufnahmen im Jazz mit Streichern machte, das Ensemble des Pianisten Earl *Hines* (1905–1983) und die *Dorsey Brothers Band* der Brüder Jimmy und Tommy *Dorsey* (1904–1957 bzw. 1905–1956) mit Glenn *Miller* (1904–1944) als Arrangeur, der später selbst eine zu Welterfolg gekommene Band leitete. Daß die künstlerischen Leiter jetzt Instrumente vertraten, die bisher nicht als Lead-Instrumente (→ Lead) üblich gewesen sind, weist darauf hin, daß mit dem

Swing-Stil sich auch die Funktion einzelner Instrumente veränderte. So wurden nun alle Rhythmusinstrumente auch als vollwertige und gleichberechtigte Soloinstrumente behandelt, was insbesondere dem Klavier eine weitaus größere Bedeutung eingebracht hat. Die Klarinette war jetzt häufig als Soloinstrument eingesetzt, und es entstand der Bläsersatz, der die Blasinstrumente wie einen einheitlichen, in sich geschlossenen und homogenen Klangkörper führt. Mit der E-Gitarre, dem Vibraphon und dem Xylophon kamen neue Melodieinstrumente hinzu. Immer deutlicher prägte sich im Swing auch der Doppelcharakter aus, den der Jazz inzwischen angenommen hatte. Swing war sowohl eine Tanzmusik, die in den dreißiger Jahren zunächst in den USA, dann weltweit, eine Popularität erhielt wie nie Musik zuvor. Das führte freilich auch zur kommerziellen Anpassung an den massenhaften Publikumsgeschmack, der durch die Tin-Pan-Alley-Schlager (→ Tin Pan Alley) jener Jahre geprägt war und den Jazz von seinen ursprünglichen Wurzeln in der afroamerikanischen Musik weit entfernte. Aus den Big Bands lösten sich aber auch kleine Experimentalformationen heraus, Trios, Quartette und Combo-Besetzungen (→ Combo) bis zu acht Mann, die den klanglichen Möglichkeiten unterschiedlicher Instrumentalkombinationen nachgingen und die Ausdrucksmittel des Jazz auf der Grundlage des Swing-Stils zu erweitern suchten – ein Prozeß, der Mitte der vierziger Jahre dann im → Bebop eine Fortsetzung fand. Mit dem Konzert der *Goodman*-Band vom Januar 1938 in der New Yorker *Carnegie Hall* eroberte der Swing erstmals dem Jazz sogar auch den bürgerlichen Konzertsaal. Ende der dreißiger Jahre nahmen dann noch zwei bis dahin nur lokal entwickelte Spielweisen großen Einfluß auf den Hauptstrom der Swing-Entwicklung, mit dem Orchester von Count *Basie* (1904–1984) der → Kansas-City-Stil und mit den *Chickasaw Syncopators* des Saxophonisten Jimmie *Lunceford* (1902–1947) der im New Yorker Stadtteil Harlem entwickelte → Harlem Jump. Beides waren schwarze Spielweisen des Swing mit einem starken Blues-Einfluß. Das Ende der Swing-Ära wurde durch den Eintritt der USA in den zweiten Weltkrieg ausgelöst, denn die sich häufenden Einberufungen zum Militär machte es in den

Earl Hines

hat; swing ist somit ein Resultat des andauernden Konflikts zwischen → Beat als Basis für den Grund- bzw. Begleitrhythmus und offbeat im Melodierhythmus. Joachim E. Berendt formuliert, daß das Wesen des swing »in der Überlagerung zweier verschiedener Zeitebenen liegt ... Der swing bezieht sich auf ... die gemessene, objektive Zeit und auf die psychologische, gelebte. Gleichzeitig bezieht er sich einerseits auf afrikanisches, andererseits europäisches Zeitgefühl.« (Das große Jazzbuch, Frankfurt/Main 1982, 206/7). Dieses Spannungsverhältnis erlebt der Jazzmusiker, spürt der aufgeschlossene Hörer. Die gefühlsmäßige Aufgliederung des Grund-Beats in kleinere Einheiten (Multi-Beat) läßt die Swing-Intensität wachsen. Dazu bedarf es nicht einer speziellen Rhythmusgruppe, diesen Vorgang vollzieht der Musiker in sich selbst. Einen ersten Höhepunkt erfuhr diese legere, dennoch gespannte (aber nicht verkrampfte) Spielweise in den dreißiger Jahren im gleichnamigen Jazzstil (→ Swing). Doch auch die folgenden Jazzstile, selbst der Free Jazz, wären ohne swing nicht denkbar, nur zeigt er sich hier in modifizierter Art und Weise. Auch in der Rockmusik ist swing spürbar, deutlicher oft noch im Tanzmusikbereich.

Swingtett [ital.]: hinsichtlich der Anzahl der Musiker nicht festgelegte Besetzung (→ Combo), die swinggemäß (→ swing) musiziert.

Symbole, Symbolschrift: → Akkordsymbolschrift.

Symphonischer Jazz [auch *Sweet Jazz*]: Anfang der zwanziger Jahre von Paul *Whiteman* (1896–1967) mit seinem Orchester entwickelte Form von konzertanter → Unterhaltungsmusik, in die Jazzelemente integriert waren. Die Bezeichnung bezieht sich auf den verwendeten Orchesterapparat, der im Unterschied zur → Big Band des Jazz auf die klassisch-romantische Musik zurückging. Ein dafür typisches Beispiel ist die 1924 durch das Orchester Paul Whitemans uraufgeführte »Rhapsody in Blue« von George *Gershwin* (1898–1937).

Symphonic Rock [engl./amerik., sim'fɔnik rɔk]: → Art Rock.

meisten Fällen unmöglich, die Big Bands zu halten. Nach dem Krieg kam es innerhalb der kommerziellen Tanzmusik zu einer Renaissance des Swing-Stils, die Jazzentwicklung selbst führte mit dem Bebop nicht nur vom Swing, sondern von da ab auch von der Funktion des Jazz als Tanzmusik weg.

swing, swinging [engl./amerik., swiŋ, wörtlich »schwingen, schaukeln«]: eines der Grundelemente des Jazzmusizierens; ein sich aus dem rhythmisch-melodischen Ablauf ergebendes, zeitlich gefühlsmäßig spürbares Phänomen, das mit Worten kaum erklärbar ist. Swing entstand aus der Konfrontation afrikanischer und europäischer Musikkultur in den USA und prägte sich erst allmählich im Zuge der Jazzentwicklung in verschiedenen Intensitätsstufen aus. Da swing ursprünglich weder in Afrika noch in Europa bekannt war, liegt es nahe, daß sich diese Eigenheit aus dem Überlagern der metrischen Gliederung (→ Metrum) europäischer Musik mit der afrikanischen → Offbeat-Phrasierung herausgebildet

synchronisieren [griech., wörtlich »gleichschalten, gleichlaufend machen«]: das Aufnehmen weiterer Instrumental- und Vokalstimmen auf das bereits produzierte Grundband in einem sogen. Synchrontermin im Studio. Das Grundband kann ein Mehrspur- oder ¼-Zoll-Stereoband sein. Verwendet man letzteres, wird das Grundband umgezeichnet und dabei die zu synchronisierende Stimme hinzugemischt. Der Musiker bekommt das Signal der wiedergebenden Bandmaschine eingespielt. Da sich die Fremdspannung bei jedem Umzeichnungsprozess erhöht, sind mehr als drei Synchrongänge in dieser Art ohne Rauschunterdrückungsmaßnahmen nicht ratsam. Diese Probleme gibt es beim Synchronisieren auf Mehrspurbänder nicht. Das Mehrspursynchronverfahren (→ Mehrspurverfahren) erlaubt das beliebige Synchronisieren der Einzelspuren in bezug auf Häufigkeit und Reihenfolge. Dem Musiker wird die Taktmischung über Kopfhörer eingespielt, damit er seinen Einsatz findet und das notwendige → Feeling einbringt. Die Mehrspurmaschine gestattet den elektronischen Schnitt (Punch in/ out), wenn einzelne Stellen (innerhalb einer Spur) verbessert werden müssen. Das häufige Wiederholen und Anschneiden ist nicht nur eine musikalisch-handwerkliche und tontechnische Notwendigkeit, sondern z. B. in der Rockmusik auch häufig noch ein kreativer Prozeß, ein Ringen um die beste künstlerische Umsetzung.
Synchronisation ist auch bei der Filmproduktion notwendig. Um bei der Bildaufzeichnung Arbeitsgeräusche nicht unterdrücken zu müssen, findet die Tonaufzeichnung später im Studio statt. Auch die Aufnahme eines übersetzten Textes für einen Film erfolgt in einem Synchronverfahren, wobei eine annähernde Synchronität zwischen Sprache und Lippenbewegungen der Schauspieler im Bild hergestellt wird (vgl. aber → Playback). Die Synchronisation erfolgt in → Takes.

Syncopated Music [engl./amerik., ˈsiŋkəpeitid ˈmjuːzik, wörtlich »synkopierte Musik«]: bis in die zwanziger Jahre hinein in den USA vor allem in Presseberichten und dergleichen anzutreffende fälschliche Bezeichnung für den → Jazz, die auf dem oberflächlichen Höreindruck beruhte und den der Jazzrhythmik eigentümlichen → offbeat als Synkope mißverstand. Beide – offbeat und Synkope – haben miteinander jedoch nichts zu tun, denn die Synkope ist eine Schwerpunktverlagerung innerhalb des europäischen Taktmetrums, die Betonung einer eigentlich unbetonten Zählzeit, wogegen es sich beim offbeat um die Position eines Melodieakzentes in bezug auf den gleichmäßig betonten Grundschlag (→ Beat) der Jazzrhythmik handelt.

Synkope [griech., wörtlich »Zusammenziehen, Verkürzen«]: die Verlagerung des Akzents einer betonten Taktzeit auf die vorangehende, eigentlich unbetonte Taktzeit, z. B.

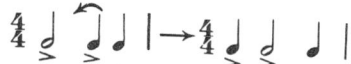

Synkopierung setzt die metrische Betonungsfolge des → Takts voraus. In der populären Musik muß also die taktgebundene Synkope (europäische Tradition) von der → Offbeat-Phrasierung in beatgebundenen Stilarten (afrikanische Tradition) unterschieden werden. Synkopen finden sich z. B. in Polka und Ragtime.

Skoda Lásky / Rosamunde (Jaromír Vejvoda, 1934)

The Entertainer (Scott Joplin, 1902)

Synthesizer [griech./engl., ˈsinθəsaizə, ˈsintəsaizə, wörtlich »durch Synthese verbinden, aufbauen«]: Der Synthesizer stellt den Höhepunkt eines langwierigen Entwicklungsprozesses von Instrumenten mit elektronischer Tonerzeugung dar, dessen ausschlaggebender Grundgedanke das Streben nach maximaler Klangvielfalt und Kontrolle aller Klangentstehungs- und Verlaufprozesse ist. Unter diesem Gesichtspunkt muß auch die Herausbildung der neuen digitalen Synthesizer-Generation gesehen werden. Die Bezeichnung Synthesizer wurde erstmals für ein 1955 von der amerikanischen Firma RCA durch H. F. Olson und H. Belar entwickeltes Instrument verwendet. Es handelte sich um eine lochstreifengesteuerte Apparatur, die etwa die Ausmaße eines Zimmers einnahm. Mit einer zweiten erweiterten Version experimentierte ab 1959 das elektronische Studio der Columbia/Princeton-Universität (New York). Dieses Gerät besaß → Oszillatoren zur Tonerzeugung, → Filter zur Klangfarbengestaltung sowie Bauteile zur halbautomatischen Steuerung des Tonverlaufs (Hüllkurve, Vibrato, Tremolo) und wies somit bereits Elemente des modernen Synthesizers auf. Den entscheidenden Impuls zur weiteren Entwicklung im Synthesizerbau gab 1964 der amerikanische Elektroingenieur Robert A. *Moog* (geb. 1934), indem er nach zahlreichen Experimenten das Prinzip der Spannungssteuerung (Voltage Control) einführte. Durch das Zusammenfügen einer Vielzahl von differenziert regelbaren Einzelfunktionen wurde es möglich, Töne, Klänge und Geräusche unterschiedlichster Art zu erzeugen sowie diese selbst produzierten, aber auch von außen zugeführten Klangstrukturen individuell zu beeinflussen. Die Serienproduktion von Instrumenten dieser Art begann etwa 1967. Aufgrund des hohen Anschaffungspreises verwendete man sie zunächst in Tonstudios. Zahlreiche Firmen entwickelten auf der Basis der Spannungssteuerung eigene, raumsparend gebaute und leicht transportable Synthesizer, die im Laufe der siebziger Jahre in zunehmendem Maße Eingang in die populäre Musik fanden. Mit Beginn der Synthesizerentwicklung lassen sich zwei Grundrichtungen trennen. Auf der einen Seite versucht man Geräte herzustellen, die es ermöglichen, zahlreiche andere Instrumente (Streicher, Bläser, Chor, Drums) zu imitieren. Diese sogenannten → *Preset-Synthesizer* verfügen über eine bestimmte Anzahl fest programmierter Klänge, die sich ohne aufwendige Einstellvorgänge über Registerschalter abrufen lassen. Die Ein- und Ausschwingeigenschaften sind dem jeweils nachzuahmenden Instrument an-

gepaßt, können aber zum Teil auch individuell nachgeregelt werden. Zur exakten Einstellung eines gewünschten Sounds dienen außerdem zusätzliche Klangfilter (z. B. → String-Synthesizer). Der Wunsch, den Klang in jeder Phase steuern zu können und ohne Anlehnung an herkömmliche Instrumente mit selbsterzeugten Klangprozessen zu experimentieren, führte zur Entwicklung der *frei programmierbaren Synthesizer*. Die ernsthafte Arbeit mit solch einem Instrument setzt jedoch die genaue Kenntnis musikalisch-akustischer Gesetzmäßigkeiten, vor allem der Struktur und des zeitlichen Verlaufs eines Klanggeschehens voraus. Die großen Fortschritte im Bereich der Mikroelektronik ermöglichten es, neben den ursprünglich nur monophon (einstimmig) spielbaren Synthesizern bald auch polyphone (mehrstimmig spielbare; vier, sechs, acht und mehr Töne können gleichzeitig erklingen) Instrumente anzubieten. So konnte der Synthesizer über seine anfängliche Rolle als Instrument für Solopassagen und Soundeffekte hinauswachsen und sich mit seinen fast unbegrenzten Klangmöglichkeiten einen wichtigen Platz vor allem im Ensemble der Keyboards sichern. Vollpolyphone, frei programmierbare Synthesizer besitzen für jede Taste der Klaviatur einen kompletten Synthesizer als Grundbaustein. Diese aufwendigen Geräte sind häufig in Form eines Modulsystems angelegt (z. B. Roland System 100 M oder System 700). Der Vorteil eines solchen Instruments gegenüber kompakten Synthesizern besteht darin, daß die eigenständigen Module (einschließlich Keyboard) nach persönlichem Ermessen verbunden, ergänzt und ausgetauscht werden können. Mit Beginn der achtziger Jahre erlangte eine neue, auf digitaler Basis arbeitende Synthesizer-Generation zunehmend Bedeutung (→ *digitale Synthesizer*). Wichtige Herstellerfirmen der verschiedenen Synthesizer-Modelle sind: ARP, Crumar, EMS, Korg, Moog, Oberheim, PPG, Roland, Sequential Circuits, Siel, Teisco, Yamaha und andere.

Trotz dieser Vielz   leiben die einzelnen Baugruppen eines Synthesizers und die Prinzipien ihres Zusammenwirkens bei allen Modellen gleich. Grundlegende signalerzeugende Elemente des Synthesizers sind Oszillatoren. Innerhalb dieser Baugruppe, die man als *Vol-*

tage-Controlled-Oscillator (*VCO*, spannungsgesteuerter Oszillator) bezeichnet, wird die → Fußtonzahl (Oktavlage) und Wellenform (Dreieck-, Sägezahn-, Rechteck-, Impulswelle, Rauschen, aber keine reinen Sinusschwingungen, → Schwingung) des Signals sowie die Gesamtstimmung des Instruments (Pitch) festgelegt. Diese Eigenschaften, die sich durch Regler manuell einstellen lassen, bestimmen den Charakter des entstehenden Tones. Ein Synthesizer besitzt in der Regel zwei und mehr VCOs, die einzeln steuerbar sind. Eine weitere, in manchen Instrumenten ebenfalls mehrfach vorhandene Baugruppe ist das *Voltage-Controlled-Filter* (*VCF*, spannungsgesteuertes → Filter). In der Regel verwendet man Tiefpaßfilter, um den Klang obertonärmer und weicher zu gestalten. Viele Synthesizer sind mit kombinierbaren Hoch- und Tiefpaßfiltern ausgerüstet. Die Einsatzfrequenz der Filter (Cut-off-Frequency) kann man durch einen Regler stufenlos einstellen. Nachdem der Ton im VCF eine bestimmte Klangfarbe erhielt, gelangt die Information nunmehr in den *Voltage-Controlled-Amplifier* (*VCA*, spannungsgesteuerter Verstärker). Hier wird die Tonkontur und Lautstärke festgelegt, bevor das Signal das Instrument verläßt. Außer einem Volumenregler (auch in Form eines Lautstärkeschwellpedals) besitzt der VCA kaum weitere Einstellmöglichkeiten. Seine wichtigste Aufgabe besteht darin, die Steuerspannungen einer nderen genständigen Synthesizer-

Baugruppe, des → *Envelope-Generators* (*EG*, Hüllkurvengenerator) zu verarbeiten, das heißt den dynamischen Verlauf (Ein- und Ausschwingvorgänge) des Tones proportional der vom EG erzeugten Spannungskontur zu verwirklichen. Die Steuerspannungen des EG können jedoch auch dem VCO oder VCF zugeführt werden und auf diese Weise Tonhöhen- bzw. Klangfarbenveränderungen hervorrufen. Eine weitere Regeleinheit des Synthesizers, die vor allem zur Effektgestaltung dient, ist der *Low-Frequency-Oscillator* (*LFO*, Niederfrequenzoszillator) oder auch *Modulations-Generator (MG)*. Es handelt sich dabei um einen Generator, der niederfrequente Wechselspannungen (0 Hz bis 30 Hz) produziert, die als Steuerspannungen den verschiedenen Baugruppen zugeführt werden können. Wirkt der LFO auf den VCO ein, so schwankt die Tonhöhe entsprechend der Frequenz und Wellenform (verschiedene Einstellungen sind möglich) des LFO. Es entsteht ein Vibratoeffekt. In entsprechender Weise lassen sich Klang- oder Lautstärkeänderungen hervorrufen, indem man die Steuerspannung des LFO dem VCF oder VCA zuführt. Alle Baugruppen eines Synthesizers können sich durch das Prinzip der Spannungssteuerung uneingeschränkt gegenseitig beeinflussen, und erst in ihrem unmittelbaren Zusammenwirken entsteht der vom Musiker gewünschte Klang. Spannungssteuerung heißt, daß die einzelnen Sektionen in sich geschlossene elektronische

Reinhard Lakomy

Schaltungen sind, die nur durch angelegte Spannungsquellen geregelt werden und selbst Steuerspannungen produzieren. Alle manuellen Einstellmöglichkeiten gehen auf dieses Prinzip zurück. Die Zusammenschaltung der jeweiligen Baugruppen geschieht über Festverkabelung innerhalb und Steck- und Kabelverbindungen oder Kreuzschienenfelder außerhalb des Geräts. Zur manuellen Steuerung einzelner Sektionen dient ein Handrad. Es erzeugt stufenlos Regelspannungen, so daß Effekte wie Glide (Portamento), Vibrato, Wah-Wah, Crescendo, Decrescendo usw. auch manuell hervorgerufen werden können. Synthesizer sind häufig aus spielpraktischen Gründen mit einer Tastatur (Keyboard) verbunden. Jede Taste entspricht einem bestimmten Gleichspannungswert, der als Steuerspannung in der Regel zum VCO weitergeleitet wird und den Oszillator in der entsprechenden Frequenz schwingen läßt. In diesem Fall »hört« man den Spannungsunterschied der einzelnen Tasten als Intervall (Tonhöhendifferenz). Ebenso wäre es möglich, mit der Tastatur das VCF oder den VCA anzusteuern, um auf diese Weise mit Klangfärbungen und dynamischen Differenzierungen zu arbeiten. Mit dem Niederdrücken einer Taste wird gleichzeitig ein Trigger-Impuls (Impuls zur Auslösung eines Schaltsignals) hervorgerufen und dem EG zugeführt, damit der im VCO entstehende Ton die vorprogrammierten Konturen (Ein- und Ausschwingvorgänge) erhält.

hält. Das Zusammenwirken der einzelnen Grundbausteine eines Synthesizers soll die Abbildung auf Seite 494 verdeutlichen.

Je nach Größe und Einsatzgebiet des Instruments enthalten Synthesizer weitere Baugruppen. *Rauschgeneratoren* (Noise-Generators) können weißes oder rosa Rauschen und somit Effekte wie Brandungsgeräusche, Donnerschläge, Regen, Wind usw. erzeugen. Metallische Klänge (Glocken) lassen sich mit Hilfe eines → *Ringmodulators* erzielen. Ein *Zufallsgenerator* (auch Sample-and-Hold-Section) entnimmt einem ihm zugeführten Rauschsignal in regelbaren Abständen den momentanen Spannungswert und ruft, indem er ihn als Steuerspannung an andere Baugruppen (VCO, VCF, VCA usw.) weiterleitet, entsprechende Effekte (z. B. unregelmäßige Tonhöhenschwankungen) hervor.

Mit einem → *Sequenzer* kann man Folgen von Steuerspannungen programmieren, die den einzelnen Sektionen des Synthesizers zugeführt werden können. Die Möglichkeiten des Hinzufügens weiterer Baugruppen, Effektgeräte, Misch- und Klangregelungseinrichtungen sind unbegrenzt.

Die technischen Probleme eines Synthesizers lassen sich am besten beim Spielen über eine Tastatur meistern (Steuerspannungen, Trigger-Signale, Bedienung der manuellen Regelvorrichtungen). Trotzdem können auch andere Instrumente einen Synthesizer ansteuern. Dazu sind als Bindeglieder sogen. *Signal*

Processors oder *Pitch-to-Voltage-Converter* (wörtlich »Umformer von Tonhöhe in Spannung«) erforderlich, welche die Töne herkömmlicher Instrumente in elektrische Steuersignale umwandeln, die der Synthesizer verarbeiten kann. Jeder Synthesizer läßt sich durch ein solches zusätzliches Gerät bzw. Modul z. B. über eine E-Gitarre oder einen E-Baß spielen. In der Regel verwendet man jedoch Gitarren- und Baß-Synthesizer, die speziell für diese Instrumente konzipiert wurden. Der Instrumentalist muß sich auf ein solches Gerät, selbst wenn es sich nur um einen monophonen Preset-Synthesizer handelt, besonders einstellen, weil geringe Tonhöhenschwankungen (unsauberes Greifen) und leicht nachschwingende Saiten den Ton bzw. Klang zusätzlich beeinflussen. Gitarren-Synthesizer gibt es auch in polyphon spielbaren Ausführungen, die jedoch spezielle Tonabnehmer und Übertragungskabel voraussetzen.

Unter Bezeichnungen wie *Lyricon* oder *Variaphon* bieten einige Firmen Preset-Synthesizer an, die ausschließlich den Klang von Blasinstrumenten, jedoch mit zahlreichen weiteren Effektmöglichkeiten erzeugen. Die Ansteuerung kann über eine Tastatur oder ein spezielles Blasinstrument erfolgen. Zur Umwandlung der Luftschwingungen in elektrische Steuerspannungen dienen Reed Transducer (Tonhöhe) und Wind Transducer (Lautstärke). Zur Klangerweiterung und Effektgestaltung beim Schlagzeug nutzt man sogen. *Drum-Synthesizer*, die häufig Spielflächen (ähnlich den Trommelfellen) und elektronische Schaltungen in einem Gehäuse vereinen. Über besondere Tonabnehmer kann auch ein herkömmliches Schlagzeug über einen Synthesizer gespielt werden. Der in ein Steuersignal umgewandelte Aufschlagimpuls gelangt zu Oszillatoren, Filtern und anderen Synthesizerbausteinen, so daß sich Tonhöhe, Dauer, Intensität und Klangfarbe variabel gestalten lassen. Etwa 1980 entwickelte die englische Firma Simmons ein neues System, die → Electronic Drums.

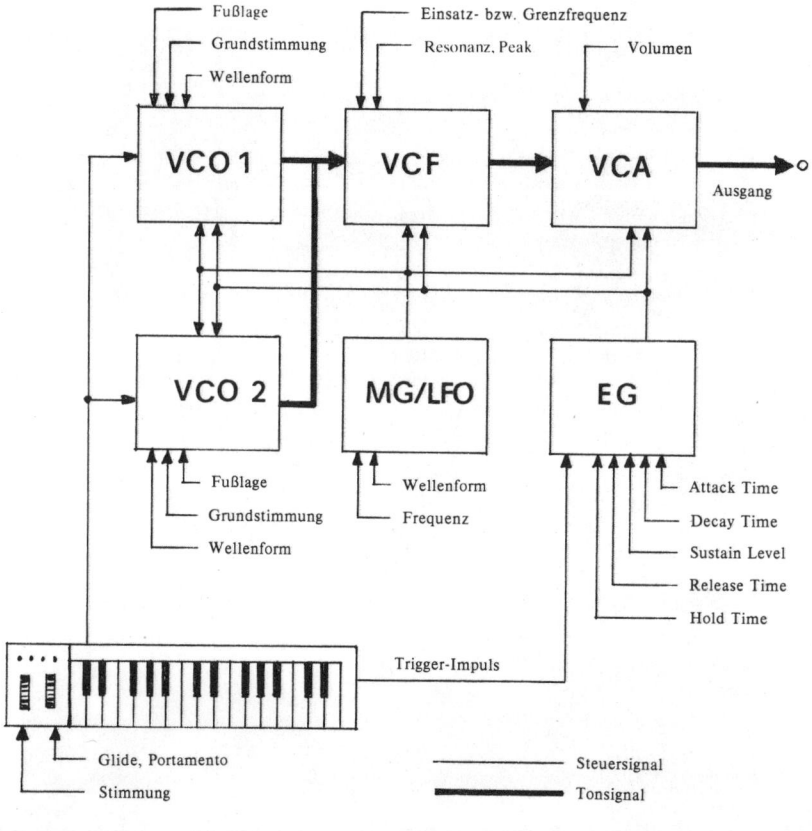

Durch Walter *Carlos* (geb. 1939), z. B. LPs »Switched-on Bach« (1968) und »The Well-Tempered Synthesizer« (1968), wurde der Synthesizer gegen Ende der sechziger Jahre allgemein bekannt, und zahlreiche Musiker der Rock-, später auch der Jazzszene begannen, mit diesem neuartigen Instrument zu experimentieren, z. B. LP »Electronic Sound« (1969) von George *Harrison* (geb. 1943). Mit der beginnenden Serien- und Massenproduktion und den damit verbundenen geringeren Anschaffungskosten konnten sich immer mehr Bands einen Synthesizer kaufen. Die moderne Diskomusik wäre ohne fortgeschrittene Möglichkeiten elektronischer Tonerzeugung undenkbar. Zahlreiche Musiker und Bands, die, von neuen avantgardistischen Tendenzen beeinflußt, den Synthesizer zu ihrem Grundinstrumentarium machten, prägten mit Beginn der siebziger Jahre eine neue Spielart der Rockmusik, den Electronic Rock. Zu den wichtigsten Vertretern in Geschichte und Gegenwart zählen z. B. *Tangerine Dream, Kraft-*werk, Peter *Baumann* (geb. 1953), Larry *Fast* (geb. 1950), Michael *Hoenig* (geb. 1952), Jean-Michel *Jarre* (geb. 1948), Reinhard *Lakomy* (geb. 1946), Gábor *Presser* (geb. 1948), Eberhard *Schoener* (geb. 1938), Klaus *Schulze* (geb. 1947) und Isao *Tomita* (geb. 1932). Zahlreiche Gruppen der New Wave vor allem in England nutzen ebenfalls vorwiegend elektronisches Instrumentarium, u. a. John *Foxx* (geb. 1951), *Ultravox, Human League* und *Tubeway Army.*

Synthi-Pop [engl.]: 1982 in Großbritannien aufgekommene und dann schnell ins Zentrum des internationalen Musikgeschäfts aufgerückte Spielart von Popmusik auf der Basis eines durch → Synthesizer und → Electronic Drums dominierten Klangbildes. Die eingängigen und kurzlebigen Hits der zumeist sehr jungen Gruppen wie *Duran Duran, Yazoo, ABC, Frankie Goes to Hollywood, Bronski Beat* oder *Depeche Mode,* die sich selbstbewußt als Alternative zur → New Wave verstehen, haben seitdem vor allem die Diskotheken förmlich über-

Frankie Goes to Hollywood

schwemmt. Der Erfolg dessen hat zweifellos mit dem Fluidum von Modernität und Zeitgemäßheit zu tun, das in dem technisch bestimmten Sound liegt und nicht zuletzt im Interesse der Elektronik-Industrie auch sehr geschickt vermarktet wird.

Die modisch verrückte Aufmachung der Gruppen, die ganz im Gegensatz zu der stilisierten Häßlichkeit vor allem der Punk-, aber auch vieler New-Wave-Bands steht, paßt sich zugleich ideal in eine von der Ästhetik der Werbung beherrschte Medienlandschaft ein, so daß der geradezu kometenhafte Aufstieg dieser Musikrichtung keineswegs verwunderlich ist.

Szene: im Jargon der Rockmusiker und -journalisten verbreitete Bezeichnung für die Innenseite des Rockbetriebs und seine lokale Ausprägung. Gemeint sind damit die Veranstaltungsorte und Veranstaltungen mit dem dazugehörigen Publikum und den dazugehörigen Bands, die lokalen → Insider und das ganze Spektrum an mittelbar oder unmittelbar mit der Musik verbundenen Aktivitäten. Dahinter steht die freilich irrige Vorstellung, das Ganze sei wie eine Bühnenszene, die sich mit einem Blick überschauen ließe. Der Begriff ist eigentlich die deutsche Umschreibung des Englischen *scene*, was soviel wie »Schauplatz« bedeutet. Er ist auch im Jazz gebräuchlich.

★ T ★

Tabla [ind.]: Perkussionsinstrument; kleine indische Trommel arabischer Herkunft, die meist mit der *Banya* paarig mit den Fingern, Handflächen und -ballen virtuos geschlagen wird (Tabla nur mit linker Hand, Banya nur mit rechter Hand). Während die aus Holz gefertigte Tabla ein kegelstumpfförmiges Korpus hat, ist die halbkugelförmige Banya aus Metall; Größe: bis 30 cm hoch, bis 25 cm Felldurchmesser. Beide Trommeln können durch regulierbare Fellspannung gestimmt werden. Der Klang erhält seine charakteristische Färbung durch einen in der Nähe der Fellmitte aufgetragenen Kreis aus einer Paste, ein Relikt alter kultischer Bräuche. Die Banya fun-

giert als Baßinstrument, die Tabla dient der Variierung der rhythmischen Patterns (→ Tâla). Mit dem wachsenden Interesse an indischer Musik bezog man diese Trommeln auch in den Jazz und den Rock ein (→ Râga Jazz, → Râga Rock), Beispiele dafür sind u. a. George *Harrison*s LP »Wonderwell Music« (1968) und John *McLaughlin*s Shakti-Produktionen (1976–1978) mit dem Tabla-Trommler Zakir Hussain. Musikethnologisch bedeutsam ist Ravi *Shankar*s LP »Anthology of Indian Musik« (1967).

Tabulatur: Die Tabulatur stellt eine spezielle Form der → Notation von Musik für Bundin-

Tabla und Bania

strumente (Gitarre, Banjo, Mandoline u. a.) dar. Melodien und Akkorde werden als Griffe in ein Liniensystem, das der Saitenzahl und -anordnung entspricht, notiert. Tabulaturen gab es schon vom 14. bis 18. Jh. für Lauten- und Gitarrenmusik, aber auch für Tastinstrumente, danach wurden sie von der Notenschrift abgelöst. Heute nutzt man wiederum diese Griffschrift, leider nicht vereinheitlicht, in Druckausgaben für notenunkundige Käufer, vor allem aber als Lernhilfe für Anfänger. Wir unterscheiden Tabulaturen, aus denen melodisch-harmonische Verläufe ersichtlich sind, und Griffdiagramme, die nur einen bestimmten Akkord wiedergeben.

Tabulaturbeispiel:

Yesterday (John Lennon/Paul McCartney, 1965)

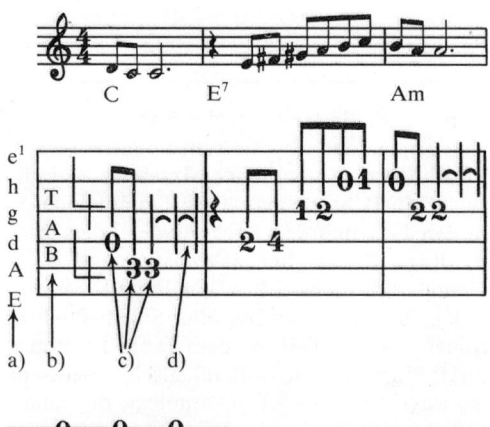

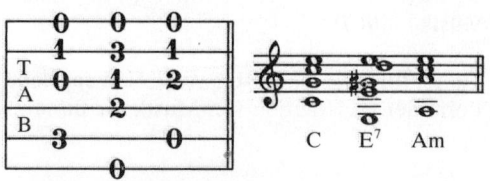

a) Saitenfolge: tiefste Saite unten, höchste Saite oben
b) Abkürzung und Symbol für Tabulatur
c) gegriffener Bund auf der bezeichneten Saite
d) rhythmische Notierung: Viertel als Grundschlag, größere Werte mit Überbindung

Griffdiagrammbeispiel (siehe rechts oben):
a) Akkordsymbol
b) x = nicht gegriffene (abgedämpfte) Saite
c) Barré (Querschnitt) mit Fingerangabe
d) Bundstäbchen

e) gegriffener Bund mit und ohne Fingerangabe
f) Lagenbezeichnung (römische Ziffer)

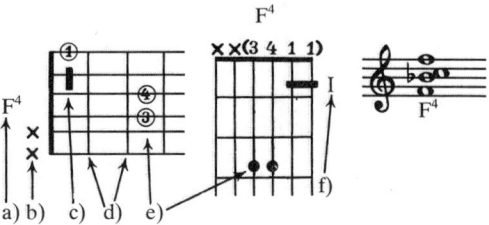

Tafelmusik: historische Form der Unterhaltungsmusik, die an Fürstenhöfen und Königshäusern, aber auch bei Veranstaltungen des reichen städtischen Bürgertums ausgeführt wurde; lebt heute in der dezenten musikalischen Untermalung in Speiselokalen (Dinner Music) fort.
→ Caféhaus-Musik.

Tag [engl., tæg, wörtlich »Anhang, Zusatz«]: an einen Chorus oder das abschließende Thema angefügte Schlußwendung (→ Ending), meist eine kurze, zweitaktige, häufig wiederholte Tonika, z. B. in C-Dur ‖: Em^7 A^7|Dm^7 G^7 :‖. Tags können – kollektiv improvisiert – eine wirkungsvolle Schlußsteigerung ermöglichen (vgl. viele Aufnahmen des Old Time Jazz).

Tailgate [engl., 'teilgeit]: charakteristische → Glissando-Passagen auf der Posaune, typisch für den → New-Orleans-Stil. Tailgate bezeichnet eigentlich die hintere Ladeklappe der → Band Wagons, die bei den Umzügen heruntergelassen werden mußte, damit der hinten sitzende Posaunist ungehindert seinen Zug ausziehen konnte.

Take [engl., teik]: in der Musikproduktion verwendeter Begriff, der ein auf Tonband aufgenommenes Stück Musik bezeichnet, gleich, ob es sich um einen ganzen Titel, einen Abschnitt daraus oder nur wenige Takte handelt. Die einzelnen Takes werden bei Produktionen auf ¼-Zoll-Band (»Schnürsenkel«) fortlaufend numeriert, um die Übersicht beim Abhören und Cuttern zu behalten. Die Take-Nummern werden mit auf Band aufgesprochen. In der Regel ergibt sich in der Aufnahmepraxis eine große Anzahl Takes, da die Titel oft in kürzeren Teilstücken und diese in mehreren Versionen aufgenommen werden. Meist besteht das dann zur Veröffentlichung freigegebene, in gemeinsamer Verantwortung von Musikern, Tonmeister und Produzent entstandene Produkt aus einem Zusammenschnitt verschiedener Takes. Bei Mehrspurproduktionen werden ebenfalls längere Stücke in kürzere Takes zergliedert. Da jedoch Mehrspurbänder nicht mechanisch geschnitten werden, erfolgt der Zusammenschnitt der einzelnen Takes erst nach dem Abmischen auf ¼-Zoll-Band.

In der Filmproduktion bezeichnet Take einen kurzen Ausschnitt der Arbeitskopie, der für die Musikunterlegung und zur Sprachsynchronisation zwecks mehrfachen Abspielens zu einer Schleife zusammengefügt wird.

Takt: metrisches Ordnungsprinzip (→ Metrum), Zusammenfassung mehrerer Zählzeiten entsprechend ihrer Betonungsfolge. Im Notenbild sind die Takte durch Taktstriche optisch voneinander getrennt. Das unterschiedliche Verhältnis von betonten und unbetonten Zählzeiten bzw. Taktteilen drückt sich in den → Taktarten aus. Die Taktangabe (als mathematischer Bruch dargestellt: untere Zahl = rhythmischer Grundwert des Taktes, obere Zahl = Anzahl der Grundwerte im Takt) befindet sich im Notenbild eingangs der ersten Notenzeile nach Notenschlüssel und Vorzeichnung. Der Takt dient auch als Orientierungshilfe beim Aufschreiben des Jazz, obwohl dieser auf dem → Beat basiert.

Taktarten: die unterschiedlichen Erscheinungsformen des → Takts. Der (gerade) Zweiertakt resultiert aus dem Wechsel von betont/unbetont, der (ungerade) Dreiertakt aus der Folge betont/unbetont/unbetont. Diese beiden Grundformen im Notenbild:

Bilden zwei Zweiertakte eine metrische Einheit, so spricht man von zusammengesetzten Taktarten. Dabei erhält die Zählzeit 1 die Hauptbetonung, die erste Zählzeit der zweiten Takthälfte eine Nebenbetonung, z. B:

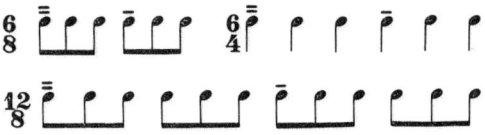

Bei einem zusammengesetzten Dreiertakt schwächt sich die Betonungsstärke ebenfalls ab:

In der populären Musik dominiert der Zweiertakt. Im ²⁄₄-Takt werden meist Polka, Ragtime, Tango (⁴⁄₈) und Habanera notiert; im ²⁄₂-Takt (Alla-breve-Takt = »in Halben«, Zeichen ₵) stehen z. B. schneller Foxtrott, die raschen Spielarten von Rumba, Samba, Mambo, Bossa Nova u. a. lateinamerikanischen Tänzen. Die häufigste Taktart ist jedoch der ⁴⁄₄-Takt, nicht nur in der Tanzmusik, sondern auch in Blues, Jazz und Rock. Die Geradtaktigkeit hat z. B. im frühen Jazz, bedingt durch den Einfluß des Marsches (Marching Jazz), fast Ausschließlichkeitsanspruch. Selbst im Modern Jazz überwiegt eindeutig der ⁴⁄₄-Takt (→ Four Beat). Der ³⁄₄-Takt verbindet sich zunächst mit dem Walzer und seinen vielfältigen regionalen Modifikationen. Doch die Gegenüberstellung der Grundrhythmen von Walzer und Mazurka oder Paso doble (³⁄₄-Form) belegt die Variabilität des Dreiermetrums.

Durch Zusammenfügen von Zweier- und Dreiertakten ergeben sich die sogen. kombinierten Taktarten, z. B. ⁷⁄₄, ⁵⁄₄ u. a.

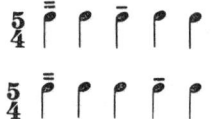

Take Five (Paul Desmond, 1959)

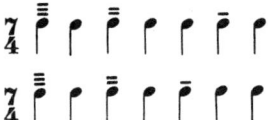

Die bisher besprochenen einfachen, zusammengesetzten und kombinierten Taktarten werden als gleichmäßige Taktarten bezeichnet, da – wie aus der Unterteilung in kleinere Notenwerte ersichtlich – die einzelenen Taktzeiten in gleichem Verhältnis zueinander stehen (1:1). Es gibt aber auch Lied- und Tanzbeispiele, in denen Taktzeiten »gedehnt« werden (z. B. 1:1½, in Noten ♩ ♩.= ⅝, beispielsweise in der Balkan-Folklore. Im Unterschied zum gleichmäßigen, kombinierten ⁵⁄₄-Takt bezeichnet man diesen ⅝-Takt, dessen gedehnte Taktzeit nicht gezählt, sondern »gefühlt« wird, als ungleichmäßig. Im Jazz und im Rock wurde in Anlehnung an Folklore wiederholt auch mit diesen ungleichmäßigen Taktarten experimentiert, z. B. durch Dave *Brubeck* (geb. 1920) und Don *Ellis* (1934 bis 1978).

Blue Rondo à la Turk (Dave Brubeck, 1960)

taktieren: den »Takt schlagen«. *Dirigieren* – vom Begriffssinn her weit umfassender als *Taktieren* – ist in der populären Musik nur dort anzutreffen, wo größere Ensembles (Unterhaltungs- und Blasorchester, Big Bands) aus Gründen des einheitlich organisierten musikalischen Ablaufs einer künstlerischen und optischen Leitung (Dirigent) bedürfen. In den Jazz-, Rock- und Tanzmusikgruppen wird der Takt zum Finden eines einheitlichen Tempos »vorgegeben«, d. h. der Schlagzeuger oder ein anderer Musiker (Kapellenleiter) zählt (tritt mit dem Fuß, klopft mit den Trommelstöcken) bei schnellem Tempo zwei Takte (a), bei langsamem Tempo einen Takt (b) vor (Notenbeispiel oben rechts).

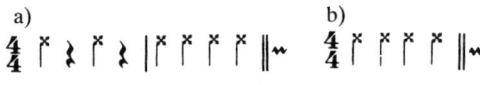

Taktwechsel: Unterbrechung des gleichmäßigen, sich ständig wiederholenden → Metrums; in der populären Musik, die vordergründig zum Tanzen konzipiert ist, kaum anzutreffen (notwendige Bindung der Schrittfolgen bzw. Bewegungen an regelmäßige Betonungsfolgen in der Musik). Taktwechsel finden sich, oft der Wortdeklamation (Text) folgend, in (»Hör-«) Rockmusik und in der Folklore (ein typisches Beispiel stellt der bayrische Zwiefache dar), wobei meist der rhythmische Grundwert, die Zähleinheit, erhalten bleibt (also z. B. ⁴⁄₄ zu ³⁄₄, selten ⁴⁄₄ zu ³⁄₈.

Bayrischer Zwiefacher

A Day in the Life (John Lennon/Paul McCartney, 1967)

Derartige Taktwechsel beleben den melodischen Fluß, sprengen den starren, meist auch in der Hörgewohnheit fest verwurzelten metrischen Rahmen.

Tâla [Sanskrit]: das der indischen Musik zugrunde liegende rhythmische Konzept. Ein Tâla setzt sich aus mehreren oder vielen dreiteiligen rhythmischen Grundfiguren zusammen und kann bis zu über hundert Zeiteinheiten, die sowohl vom Musiker als auch vom Hörer erfaßt und nachvollzogen werden, betragen. Die Tâlas werden aneinandergereiht und abgewandelt, stets in engster Beziehung zur Melodie (→ Râga). So entsteht eine unendlich große rhythmische Vielfalt, die verständlicherweise einige Jazz- und Rockmusiker auf der Suche nach neuen Ausdrucksmöglichkeiten inspirierte, vgl. z. B. Don *Ellis* (1934–1978) »The New Rhythm Book«, Hollywood 1972.

Talkbox [engl., 'tɔkbɔks, wörtlich »Sprechkasten«, auch *Voice Box*, *Power Mouth* oder *Talking Bag*]: Effektgerät, mit dessen Hilfe Instrumentalklänge (zumeist E-Gitarre) in den Mund des Musikers gelangen, wo sie klanglich manipuliert und phonetisch geformt werden können. Die zwischen Verstärker und Lautsprecher zu schaltende Talkbox besitzt zu diesem Zweck einen kleinen Lautsprecher (Treiber) in ihrem Gehäuse. Ein an der Box befestigter Plastikschlauch leitet die vom Treiber erzeugten Schallwellen in den Mund des Instrumentalisten. Die Mundhöhle dient dabei als Resonanzraum (vgl. Maultrommel). Durch Veränderung der Mundstellung und des Rachens lassen sich unterschiedliche Klangfarben erzielen und auf dem Instrumentalton verständliche Wörter sprechen. Die Talkbox kann also neben der Klangbereicherung eines Instruments auch zur Verfremdung der menschlichen Stimme genutzt werden. Die weitere Übertragung der vom Mund ausgehenden Schallwellen geschieht über ein Mikrophon. Seit Beginn der siebziger Jahre werden Talkboxen im Bereich der Rockmusik hin und wieder eingesetzt (z. B. *Iron Butterfly*, Jeff *Beck*).

Talking Blues [engl./amerik., 'tɔ:kiŋ blu:z]: Form der Blues-Interpretation, bei der zwischen die Bluesstrophen durch musikbegleitete, gesprochene Passagen, oft als Rede und Gegenrede von Sänger und Publikum, eingeschoben werden.

Talking Effects [engl./amerik., 'tɔ:kiŋ i'fekts]: Bezeichnung für eine (dem → Growl ähnliche) Trompeten- und Posaunen-Spielweise, bei der durch entsprechenden → Ansatz und zusätzliche → Dämpfer eine »sprechende« Tongebung erzielt wird. Hauptvertreter: der Trompeter Rex *Stewart* (1907–1967) und der Posaunist Joe *Nanton* (1904–1948).

Talk-Over [engl., tɔ:k'ouvə]: → Dub Version.

Tambora: → Conga Drum.

Tamburin [franz.]: Perkussionsinstrument; einfellige Schellentrommel; der mit einem Fell überspannte Holzreifen enthält bis zu zwanzig Schellenpaare aus Messingblech, die beim Anschlagen oder Schütteln zusätzlich ein klirrendes Geräusch ergeben. Diese historisch sehr alte Trommelform ist in vielerlei Gestalt verbreitet (auch ohne Fell: → Pandera, → Pandeiro) und zählt z. B. in Spanien und Lateinamerika zum Volksmusikinstrumentarium (→ Flamenco, → Samba). In der Schlager- und Popmusik unterstützt das Tamburin (meist jedoch als felloses Variante) häufig den Grundrhythmus (beliebtes Zusatzinstrument für Sänger bei Live-Auftritten).

Tamla Motown (amerik., 'tamla 'moutaun]: → Motown Sound.

Tamtam: → Gong.

Tango: aus Argentinien stammender Gesellschaftstanz; heute → Standardtanz. Die Herkunft des Wortes »tango« ist ungewiß. Erste schriftliche Belege nach 1800 sagen aus, daß es als Synonym für Feste und Belustigungen der versklavten Afrikaner gebraucht wurde, und zwar in Südamerika, aber auch in Kuba. Die für den späteren Tango bestimmenden rhythmischen Figuren sind in vielen anderen afroamerikanischen Liedern und Tänzen auf dem gesamten Kontinent anzutreffen.
Die Herausbildung des Tangos begann im letzten Viertel des 19. Jh. in Buenos Aires. Nach Beendigung des Krieges gegen Paraguay 1876 setzte ein riesiger Einwandererstrom aus Europa ein, gleichzeitig zog ein Teil der Landbevölkerung auf der Suche nach besseren Verdienstmöglichkeiten in die argentinische Metropole (Gesamtbevölkerung Argentiniens 1852 1,2 Mill.; 1895 3,6 Mill. – davon über eine Mill. in Europa gebürtig!) – ein Nationalitätengemisch, vergleichbar mit der Situation in New Orleans z. Z. der Jazzentstehung. Die Folgezeit brachte einen großen wirtschaftlichen Aufschwung, was jedoch gleichzeitig zur Verschärfung der Klassengegensätze führte. Musikalisch gesehen bot sich eine immense Vielfalt (nach Claus Schreiner, Musica Latina, Frankfurt/Main 1982, 318); »Polkas, Mazurkas, Walzer, Xotis aus Mittel- und Osteuropa, Kontertänze, Quadrillen und ihre kreolischen

Varianten, Lieder und Tänze aus dem Mittelmeerraum (besonders aus Italien und Spanien), kubanische Musik, die Musik der Candombe-Gruppen und die argentinische Musik der Pampas mit den Cifras, Cielitos und Estilos.« In diesem Umfeld formte sich der Tango. Seine eigentlichen Quellen bilden die → *Habanera* bzw. der *Tango andaluz* (speziell Melodik), der afroargentinische *Candombe* (speziell Rhythmik) und die → *Milonga* (speziell Choreographie). Obwohl es schon kurz vor der Jahrhundertwende einen weitgehend eigenständigen Tango-Musizierstil gab, wurde der Name Tango noch längere Zeit als Synonym für Habanera und Milonga benutzt. Einer der ersten Tangos, der auch international Durchschlagskraft bewies, war »El Choclo« (1905) von Angel Gregorio *Villoldo*, genannt »El Papa del Tango crillo«. Mit diesem und anderen »Originaltangos« begann schon bald nach der Jahrhundertwende der Siegeszug in Europa, ausgehend von Paris. Dort war es vor allem der Tanzlehrer Camille de *Rhynal*, der durch eine entsprechende Choreographie aus dem argentinischen Volkstanz einen Gesellschaftstanz schuf. 1907 veranstaltete er ein erstes erfolgreiches Tangoturnier in Nizza. Mit dem Tango und dem etwa gleichzeitig propagierten brasilianischen → Maxixe kam ein Hauch pseudoromantischer Exotik auf das Tanzparkett, und es fehlte nicht an staatlichen und kirchlichen Verboten gegen die »verwilderten Tanzsitten«, gegen die »unschicklichen Negertänze«. Dabei bezog man sich einerseits auf die Herkunft des Tangos aus den Vergnügungslokalitäten und Bordellen der Hafen- und Randgebiete von Buenos Aires, andererseits auf die engumschlungene Tanzhaltung und die z. T. obszönen Bewegungen (ein Relikt der Milonga). Dennoch war der Triumph nicht aufzuhalten. Spätestens 1912 hatte er die europäischen Zentren erobert und verblieb zunächst bis zum Ausbruch des ersten Weltkrieges.

Neben Musik und Tanz überrollten bald andere Tango-»Moden« das Publikum: In Paris erfand man die »robe de Tango« (die lange Damengarderobe erhielt einen langen seitlichen Schlitz, der das Bein freilegte – nicht nur modisches Attribut, sondern auch Notwendigkeit, um die Tanzschritte ausführen zu können), anderenorts gab es Tango-Frisuren, Tango-Schuhe, Tango-Parfüm usw. Von London ausgehend, wurde der »Tango-tea« (Five o'clock tea) eingeführt, die ersten Tanzcafés öffneten. Diese Tangoflut ist ein frühes Beispiel weitverzweigter kommerzieller Verwertung bzw. Vermarktung von aktuellen Strömungen der populären Musik.

In seiner südamerikanischen Heimat nahm der Tango bald eine bestimmende Rolle im Musikgeschehen ein. Der Tanz profilierte sich, auch unter Rückwirkung der europäischen Kommerzvarianten. Als die grundlegende Besetzung ist das *Orquestre Tipica* zu nennen, besetzt mit Geigen, Bandoneons, Klavier und Baß (später erweitert). Von weit größerer Bedeutung wurde jedoch die volkstümliche, zum Zuhören bestimmte Liedform, die bis in die Gegenwart eine typisch argentinische Erscheinung von großer inhaltlicher Spannweite geblieben ist. Spiegelten sich schon in den frühen, vielfach dialektgefärbten Tangoliedchen die aus den krassen Klassenunterschieden erwachsenden Konflikte wider, so spitzte sich dies im Laufe des 20. Jh. zu. Engagierte Tango-Sänger/Autoren mußten ihr Land verlassen, protestierten mit ihren Liedern aus der Emigration. Daneben zweigte sich eine (besonders nach Einführung der Massenmedien) gemäßigte, aber dennoch lebensnahe, auch gesellschaftskritische Liedform ab, deren populärster Vertreter Carlos *Gardel* (1885–1935) wurde. Einflüsse des Jazz (Swing) und der internationalen Tanzmusik mischten sich mit den traditionellen Elementen, verdrängten sie sogar zeitweise, so daß es heute in Argentinien Bestrebungen der nationalen Wiederbelebung der einfachen, unverfälschten Tangopoesie ebenso gibt wie künstlerische Stilisierung in orchestraler Form, z. B. durch Astor *Piazolla* (geb. 1921).

Nach dem ersten Weltkrieg erschien in Europa, speziell in Deutschland, auch der Tango wieder, jedoch zunehmend in veränderter Gestalt. Er war liedhafter, einfacher, weicher in seinem Begleitrhythmus, verhaltener und langsamer im Tempo. Man sprach (im Gegensatz zum vorwiegend instrumentalen *Tango argentino* vor 1914) vom *Tango milonga*. Im Laufe der zwanziger Jahre assimilierte dieser Tangotyp Merkmale anderer Modetänze (z. T. sogar Jazzelemente wie Offbeat-Phrasierung). Es entstand eine typisch deutsche Va-

riante – das vielfach sentimentale, pseudoromantische *deutsche Tangolied* (auch als *Tango-Serenade* propagiert), eine Domäne inländischer Autoren, z. B. »Ich küsse ihre Hand Madame« (Ralph Erwin, 1928), »In einer kleinen Konditorei« (Fred Raymond, 1928), »O Donna Clara« (Jerzy Petersburgski, 1930), »Capri-Fischer« (Gerhard Winkler, 1945). Auch die Choreographie wurde verändert: zwischen 1920 und 1922 fanden in England drei Konferenzen zur Standardisierung der Schritte statt, schließlich erklärte man 1929 die z. T. noch heute gültigen Kombinationen (unter Einbeziehung von Foxtrott- und Boston-Schritten) für verbindlich. Der Tango gehörte nunmehr zu den Standardtänzen. Mehrere Filme wurden diesem Tanz gewidmet: 1930 »Ein Tango für dich« (Robert Stolz), 1934 »La Paloma« (Will Meisel), 1937 »La Habanera« (Lothar Brühne). Im Bereich der Unterhaltungsmusik entstanden konzertante Kompositionen, die sich bis in die Gegenwart erhalten haben, z. B. »Blauer Himmel« (1936) und »Poesie« (1937) von Joe Rixner, »Jalousie« (Jacob Gade, 1937), »Tango Bolero« (Juan Llossas, 1938), »Olé Guapa« (Amadeo Malando, Pseudonym des Holländers Ari van Maasland, 1941). Auch während der Nazizeit durfte der Tango (trotz seiner Herkunft) getanzt werden. Nach dem zweiten Weltkrieg verlor er an Wirksamkeit. Dennoch eroberte sich hin und wieder ein Tango (nunmehr meist lustig, oft sogar grotesk) eine Spitzenposition in den Hitparaden, z. B. »Badewannen-Tango« (Gerhard Jussenhoven, 1962), »Kriminaltango« (Piero Trombetta, 1960).
Der Begleitrhythmus zeigt sich heute in zahlreichen Spielarten, notiert im $^2_4$-($^4_8$-)Takt, seltener im $^4_4$-Takt (Schlagertypen). Meist bevorzugt man das gleichmäßige Akzentuieren aller vier Achtel, oft mit einer zusätzlichen Betonung auf dem letzten Sechzehntel (quasi wie eine vorgezogene 1 des zweiten Taktes; Offbeat-Charakter).

Tantiemen [franz., tã'tjɛ:mən]: Gesamtheit der sich aus dem → Urheber- und Leistungsschutzrecht ergebenden Zahlungen an Autoren, Verleger und Interpreten. So steht dem Urheber einer individuellen künstlerischen Leistung (Komponist, Arrangeur, Texter) das Recht an der finanziellen Beteiligung an den aus der Vervielfältigung seines Werkes erzielten Einnahmen (→ Mechanicals) sowie ein Entgelt für jede öffentliche Aufführung und Sendung seines Werkes (→ Royalties) zu (→ Aufführungsrecht). Die Ansprüche der Interpreten bei der Vervielfältigung ihrer künstlerischen Leistung (auf Schallplatte) oder öffentlichen Sendung (in Rundfunk und Fernsehen) regelt das Leistungsschutzrecht, das ihnen ebenfalls eine finanzielle Abgeltung sichert. Im einzelnen ist das durch nationale gesetzliche Bestimmungen geregelt. Die entsprechenden Rechtsverhältnisse im internationalen Verkehr ergeben sich aus dem Welturheberrechtsabkommen sowie der 1886 erzielten, später mehrfach revidierten Berner Übereinkunft zum Schutze von Werken der Literatur und der Kunst. Obwohl die Tantiemen für jedes einzelne Exemplar eines vervielfältigten Werkes oder einer vervielfältigten Leistung bzw. für jede einzelne Aufführung eines Musikstückes in der populären Musik nur sehr gering sind, erreichen sie durch die quantitativen Dimensionen hier im Falle wirklicher Verkaufserfolge nicht selten Millionenhöhe und stellen so die wichtigste Einnahmequelle für Autoren und Interpreten dar. Eingezogen werden die Tantiemen von speziellen Organisationen (ASCAP, AWA, BMI, GEMA), die die Urheber- Aufführungs- und Leistungsschutzrechte kontrollieren, die daraus hervorgehenden Einnahmen verwalten und wieder verteilen.

Tanz: → Gesellschaftstanz.

Tanzmusik: Im heutigen Sprachgebrauch hat sich der ursprünglich weitgefaßte Sinngehalt des Wortes, nämlich »Musik zum Tanzen«, wobei jegliche Art des Tanzes einbezogen wurde, verloren. Tanzmusik bedeutet heute Musik des → Gesellschaftstanzes, Musik zum geselligen Tanzen, und grenzt sich ab von Ballettmusik, Musik zum Volkstanz, Kulttanz usw., wobei die Grenzen fließend, die Bereiche oft vermischt sind (moderne Ballette nutzen z. B. auch Tanzmusik als Ballettmusik). Tanzmusik hat Unterhaltungsfunktion und beeinflußt in dieser Eigenschaft bewußt und unbewußt Fühlen und Denken ihres Millionenpublikums. Mit der Herausbildung der ka-

Tanzstreichorchester Berlin (Leitung: Jürgen Hermann)

pitalistischen Vergnügungsindustrie wurde sie zur kommerziell produzierten und verbreiteten Ware degradiert, einer Ware, die hohen ökonomischen, aber auch ideologischen Profit im Sinne der herrschenden Klasse einbrachte. Mit dem Aufkommen der Massenmedien Rundfunk, Fernsehen und besonders der Schallplatte vollzog sich ein Gebrauchswandel: Sie diente nunmehr primär zum Hören (bis hin zur »Überbrückungsmusik« in Magazin-Sendungen oder als Werbeträger), sekundär zum Tanzen.

Tanzmusik soll Stimmung erzeugen, Atmosphäre schaffen, zur Bewegung aktivieren. Sie ist im Formaufbau klar überschaubar gegliedert, hat eine eingängige Melodik mit meist einfacher Kadenzharmonik und einen durchlaufenden, tempokonstanten → Begleitrhythmus, der meist das wichtigste Identifikationsmerkmal bildet. Die Dauer eines Titels beträgt im allgemeinen zwei bis vier Minuten. Durch die Massenproduktion unterliegt die Tanzmusik einem großen Verschleiß, das bedingt ein ständiges Suchen nach neuen Klangreizen. So folgten eine Vielzahl konträrer, aber auch ähnlicher Modetänze aufeinander. Als wichtigste Quellen bestätigen sich immer wieder die europäische und die afroamerikanische Folklore in ihren unterschiedlichsten Erscheinungsformen, in unserem Jahrhundert beson-

ders die Musik der Afroamerikaner in den USA, in Kuba, Brasilien, Trinidad, Jamaika und Puerto Rico. Die Produzenten der Musikindustrie formten daraus standardisierte Rhythmusmodelle, Tanzlehrer erfanden dazu Schrittfolgen, so daß die kommerzielle Tanzmusik letztlich nur noch ein Zerrbild der echten Folklore darstellte. Einflüsse des Jazz, des Blues und seit den sechziger Jahren der Rockmusik fügten interessante Farbtupfer hinzu. Mit dem Aufkommen des Rock als die spezifische und massenwirksame »Jugendtanzmusik« wurde die traditionelle Tanzmusik (und damit auch der Begriff) dem Schlager gleichgesetzt – das Wort selbst kam aus der Mode, fehlte im Sprachgebrauch der Jugend und tauchte erst im Zusammenhang mit der sogen. »Neuen Deutschen Tanzmusik« (→ Neue Deutsche Welle) kurzzeitig wieder auf.

Tanzorchester: Ensemble der Tanzmusik; meist größere Besetzung (Big Band), umgangssprachlich aber auch für Combo-Formationen verwendet. Spezielle Typen: Tanzstreichorchester (mit Streichern und Holzbläsern), Tanzschauorchester (mit eigenem Showbeitrag).

Tap Dance [engl./amerik., tæp da:ns]: → Steptanz.

Techno-Pop: → Synthi-Pop.

Tanzmusikanten im 19. Jahrhundert

Teeny Beat [engl., 'ti:ni bi:t]: europäische Entsprechung zum amerikanischen → Bubble-
gum; kam in den sechziger Jahren als Bezeichnung für die Musik einiger englischer
Gruppen wie *Tremoloes* und *Dave Dee, Dozy,
Beaky, Mick & Tich* auf. Gemeint ist nichts anderes als die musikalische Ausrichtung auf die
Jüngsten unter den Teenagern, was sich mit
einer naiven Unbekümmertheit des Musizierens und sehr simplen musikalischen Strukturen verband.

Tempelblocks [engl., 'tempel blɔks]: Perkussionsinstrument; ausgehöhlte kugelförmige
Hartholztrommel mit maulförmigem Klang-
schlitz an der Vorderseite; mehrere Tempelblocks in unterschiedlicher Größe an einem
Ständer befestigt; Anschlag mit Trommelstök-
ken oder Schlegeln; Einsatz als Effektinstrument (exotisches Kolorit) in verschiedenen
Tonhöhen.

Tempelblocks

temperierte Stimmung: → Stimmung.

Tempo [ital., wörtlich «Zeit»]: das Zeitmaß,
der Schnelligkeitsgrad eines vorgetragenen
Musikstücks, bezogen auf den dem Takt zu-
grundeliegenden Zählzeitwert. Erst das konkrete Tempo gibt die exakte Zeitdauer der Notenwerte an. Es wird durch Metronomzahlen
(→ Metronom) oder den Hinweis
»4 Takte = x Sekunden« festgelegt. Relative
Tempoangaben überwiegen, z. B. in der Unterhaltungsmusik z. T. durch italienische Adjektive (*andante, allegro* usw.), in Druckausgaben
auch durch englische Adjektive (*fast, slowly*
usw.), oft nur durch Hinweis auf einen Tanztyp oder eine stilistische Richtung (Schnell-

polka, Medium-Beat usw.). Das Tempo muß
in Abhängigkeit von den anderen musikalischen Elementen gewählt werden, d. h. die
Melodie mit ihren Harmonien, das Arrangement in seiner stilistischen Bestimmtheit fordert meist ein bestimmtes Tempo. Wird dieses
auch nur geringfügig verändert, so bleibt oft
die beabsichtigte Wirkung aus, der Titel »tritt
auf der Stelle«, »geht nicht los«, swingt nicht.
Das Finden des titelgerechten Tempos erfordert → Feeling und → Timing. Seit altersher
verbindet sich das Tempo mit dem menschlichen Puls. Speziell die Tempi von Rock und
Diskomusik sind häufig in diesem Zusammenhang zu betrachten. Die Spannweite der
in der populären Musik anzutreffenden Tempi
ist groß, jedoch überwiegt ein mittleres Zeitmaß. Rasche Tempi werden häufig gefühlsmäßig (→ Multi-Beat) um die Hälfte reduziert
(Mittreten, Tanzen). Andererseits gewährt das
»Umsteigen« in das doppelte Zeitmaß (→
Double Time) eine Intensitäts- und Spannungssteigerung.
Ein wesentliches Charakteristikum jeglicher
Tanzmusik besteht im durchgängig gleichbleibenden Grundtempo. Geringfügige Abweichungen davon sind Ausdruck lebendigen
Musizierens und werden neuerdings sogar zur
Stimulierung einer Live-Atmosphäre in
Rhythmuscomputer einprogrammiert. Starke
Temposchwankungen dagegen – meist Ausdruck handwerklicher Schwächen der entsprechenden Musiker – zerstören den musikalischen Fluß. Ein im modernen Jazz und in
einigen Rockrichtungen praktiziertes drama-
turgisches Mittel zur Kontrastgestaltung sind
Tempowechsel, überwiegend im Verhältnis
1:2 und umgekehrt. Diese erfolgen meist ab-
rupt, selten durch stetige Tempobeschleuni-
gung (*accelerando*) oder Temporeduzierung (*ri-
tardando, ritenuto*). Tempowechsel kennzeichnet z. B. den → Csárdás (langsamer A-Teil,
rascher B-Teil), allmähliche Tempoübergänge
finden sich beim → Sirtaki und beim → Letkiss.
Die Normierung des Tempos von Tänzen
durch Tanzlehrer für den Turnier- und Gesellschaftstanz ist zur Ausführung des verbindlichen Schrittmaterials notwendig, stellt jedoch
eine beträchtliche Einengung der ursprünglichen Vielfalt der folkloristischen Formen dar.
Samba- und Rumbamusik läßt sich in ihrer

Originalgestalt ebensowenig in ein Tempo-schema pressen wie etwa Lied oder Marsch. Die für den Turniertanz verbindlichen Tempoangaben sind:

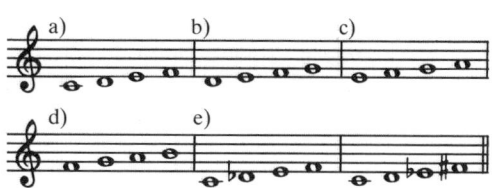

	Takte/Minute	8 Takte in
Foxtrott (Quickstep)	50–52 T.	9–10 Sek.
langsamer Foxtrott	30–32 T.	15–16 Sek.
Wiener Walzer	60 T.	8 Sek.
langsamer Walzer	30–31 T.	16 Sek.
Tango	33–34 T.	14 Sek.
Paso doble (2/4)	60 T.	8 Sek.
Rumba (Mambo bolero)	30–32 T.	15–16 Sek.
Samba	54–56 T.	9 Sek.
Cha-Cha-Cha	32–34 T.	14–15 Sek.

Um große Fertigkeiten oder artistisches Können darzustellen, wird oft bei Slowdarbietungen das Tempo in obere Grenzbereiche verlagert.

Tenor: 1.) → Stimmgattung, die hohe Männerstimme;
2). Kurzform für → Tenorsaxophon.

Tenorhorn: Tenorinstrument der Familie der → Bügelhörner in unterschiedlicher Form (meist oval); drei → Ventile, weitgehend konischer Rohrverlauf (Länge ca. 265 cm), Bechermundstück; transponierend in B (Violinschlüssel), Tonumfang fis – c^3, klingend E – b^1. Das Tenorhorn ist Melodieinstrument im → Blasorchester (1. Tenorhorn), zusätzlich besetzte Tenorhörner (2. und 3. Stimme) gehören zur Begleitung (Nachschlag). Es eignet sich gut für Soli.

Tenorsaxophon, Abk. *ts*: → Saxophon.

Terzett [ital.]: 1.) drei Sänger(innen), z.B. Bee Gees, The Supremes, Peter, Paul & Mary, Medium-Terzett;
2.) Komposition für drei gleiche Instrumente bzw. solistische Singstimmen.
→ Trio.

Tetrachord [griech., wörtlich »Vierklang«]: Grundlage für die Bildung siebenstufiger Skalen und für die modale → Improvisation. Grundlegend sind z. B. ionisches (Dur-) (a), dorisches (Moll-) (b), phrygisches (c) und lydisches (d) Tetrachord. Auch Tetrachorde mit $1\frac{1}{2}$-Tonschritten werden genutzt (e), siehe Notenbeispiel rechts oben.

Aus den Tonschritten ergeben sich unterschiedliche Spannungsverhältnisse: Halbtonschritt drängt zur Weiterführung, Ganztonschritt verhält sich neutral, $1\frac{1}{2}$-Tonschritt teilt das Tetrachord.

Texas Blues [amerik., ′teksəs blu:z]: regionale Bluesformen aus dem Südwesten der USA, wie sie vor allem in den Bundesstaaten Texas, Oklahoma und Missouri zu finden sind. Um einen einheitlichen Regionalstil des ländlichen Blues handelt es sich dabei etwa im Unterschied zum → Mississippi Blues nicht. Hier hatte die Berührung sehr verschiedenartiger musikalischer Traditionen, die auf die relativ späte Besiedelung von Texas und Oklahoma durch ehemalige Siedler aus den östlichen Südstaaten und auf Einflüsse von ethnischen

Blind Lemon Jefferson

Minderheiten wie den Mexikanern oder den deutschstämmigen Einwanderern in diesem Gebiet zurückzuführen sind, eine Vielzahl unterschiedlicher Blues-Spielweisen entstehen lassen. Charakteristisch ist trotz allem eine weniger akkordbetonte Gitarrenbegleitung und eine reich entwickelte Melodik. Als frühester Vertreter des Blues aus dieser Region gilt ein Musiker namens Henry *Thomas*. Wichtige Repräsentanten dieser Entwicklung sind Texas Alger *Alexander* (1896-1932) und Lightnin' *Hopkins* (geb. 1912), der als einer der letzten Vertreter des ursprünglichen Texas Blues gilt und ihn zu einer raffinierten, leicht swingenden Spielweise entwickelt hat. Zum populärsten Musiker des Texas Blues wurde jedoch Blind Lemon *Jefferson* (1897-1930), der ab 1926 bei der Schallplattenfirma Paramount mehr als achtzig Titel aufnahm. In den beginnenden vierziger Jahren wurde der Blues dieser Region zur Grundlage des großstädtischen → West Coast Blues.
→ Blues.

Texas Rock [amerik., ˈteksəs rɔk]: → Country Rock.

Thema: Im Gegensatz zur artifiziellen Musik, wo das Thema als in sich geformter, jedoch für die weitere Entwicklung (thematische Arbeit) offener musikalischer Grundgedanke definiert wird, aus dem sich letztlich ein ganzes Stück, ein ganzer Satz ableiten kann, wird in den von Improvisation lebenden Bereichen der populären Musik das Thema mit der Improvisationsgrundlage (meist dem Refrain = → Chorus) gleichgesetzt. Man spielt Chorusse über das Thema »...«, wobei hier das Thema eine abgeschlossene Liedform (→ Form) ist, die sowohl als Formeinheit wie auch als harmonisches Grundgerüst bestehen bleibt.

Theme Song [engl./amerik., θiːm sɔŋ]: Erkennungsmelodie einer Band, kam in den dreißiger Jahren bei den großen Swing-Big-Bands (→ Swing) auf, um auch bei Rundfunksendungen von ihren Anhängern sofort identifiziert werden zu können. Noch heute bekannte Theme Songs sind z. B. »Take The A-Train« (Billy Strayhorn, 1941), die Erkennungsmelodie der Big Band von Duke *Ellington* (1899-1974), »One O'Clock Jump« (Count

Basie, 1938), die Erkennungsmelodie des Orchesters von Count *Basie* (geb. 1904), oder »Let's Dance« (Benny Goodman, 1934), das Benny *Goodman* (geb. 1909) für sein Orchester während der dreißiger und vierziger Jahre benutzte.
→ Signature Tunes.

Third Stream Music (engl./amerik., θəːd striːm ˈmjuːzik, »Musik des dritten Stroms«]: in den fünfziger Jahren von dem amerikanischen Komponisten Gunther *Schuller* (geb. 1925) entwickeltes Konzept einer Synthese von Jazz und Neuer Musik, das als »dritter Weg« zwischen den Polen von populärer Musik und »ernster« Musik der zeitgenössischen Musikkultur eine neue Perspektive eröffnen wollte. Mit seiner »Symphony for Brass and Percussion« (1950) und den »Conversations« (1959) für Streichquartett und das Modern Jazz Quartet schuf er dafür Werke, die seinerzeit als richtungsweisend galten. Durchzusetzen vermochte sich dieses Konzept allerdings nicht, versucht es doch auf musikalischer Ebene die Lösung von Widersprüchen innerhalb der zeitgenössischen Musikkultur, für die vielmehr soziale Gründe ausschlaggebend sind. Aufgegriffen wurde dieser Ansatz mit dem »Concerto for Jazzband and Symphony Orchestra« (1954) u. a. von Rolf *Liebermann* (geb. 1910) sowie 1971 noch einmal mit den »Actions for Free Jazz Orchestra« von Krzysztof *Penderecki* (geb. 1933).

Timbales [span.]: meist paarig verwendete kubanische Einfelltrommeln mit zylindrischen Metallzargen von ca. 20 cm Höhe (auch halbkugelige, einer kleinen Pauke ähnliche Typen); unterschiedliche Felldurchmesser (30-35 cm). Die auf einen Metallständer montierten Trommeln werden mit zwei dünnen, ca. 30 cm langen Timbalesstäben im Stehen angeschlagen. Die Timbales kann man wie die Bongos bis zu einer Quinte aufeinander abstimmen, die Stellung ist jedoch meist umgekehrt – größere Trommel links. In der kubanischen Musik übernimmt der Timbalero die Funktion des Schlagzeugers, er »hält« Rhythmus und Tempo. Die Timbales haben sich außerhalb Kubas nur vereinzelt durchgesetzt. Bekannt wurde der Mexikaner José *Areas* mit seinem vitalen Timbales-Spiel in der Gruppe von Carlos *Santana* (geb. 1947).

Timbre [franz., tɛ̃:br]: Bezeichnung für die Klangfarbe eines Instruments bzw. häufiger noch der Stimme eines Sängers; hat mit der zunehmenden Bedeutung des → Sound in der populären Musik einen ästhetisch immer größeren Stellenwert bekommen.

Time Keeper [engl./amerik., taim 'ki:pə, sinngemäß »Tempohalter«]: Bezeichnung für das Instrument, das vordergründig dazu dient, das Tempo zu bestimmen, zu fixieren; in den frühen Jazzstilen z. B. die Große Trommel, auf der die Takthauptzeiten (1 und 3 im ⁴⁄₄-Takt) geschlagen wurden; im Bebop übernahm diese Funktion der Baß mit dem Schlagzeug (Bekken, Hi-Hat) gemeinsam.

Timing [engl., 'taimiŋ, wörtlich »Wahl des richtigen Zeitpunkts«]: Begriff für das »richtige« Tempo, in dem Phrasierung und Artikulation gut zur Wirkung kommen, aber auch für das stilistische Empfinden, die Töne rhythmisch-metrisch in den Zeitablauf einzuordnen (Joe Viera: »das swinggemäße Plazieren der Töne«).

Timpani [ital.]: → Pauken.

Tingeltangel: in der zweiten Hälfte des 19.Jh., um 1870, in Berlin aufgekommene mundartliche Bezeichnung für die Singhallen, die sich nach dem Vorbild der englischen → Music Halls und der französichen → Cafés chantants in den sechziger Jahren des vergangenen Jahrhunderts überall in Deutschland etablierten und eine abendfüllende Folge von Liedern, Couplets, Wort- und Gesangskomik mit Instrumentalbegleitung boten. Die lautmalerisch-spöttische Bezeichnung Tingeltangel wurde, der Entwicklung der Singhallen folgend, schnell zum Synonym für einen billigen Amüsierbetrieb; und in dieser Bedeutung hat sich der Begriff bis heute auch erhalten.

Tin Pan Alley [engl./amerik., tin pæn 'æli, wörtlich »Blechpfannen-Allee«]: von dem Komponisten Monroe H. *Rosenfeld* 1900 in einem Artikel für den *New York Herald* aufgebrachte Bezeichnung für den New Yorker Verlagsdistrikt, damals in der 28th Avenue unmittelbar hinter dem Broadway. Er assoziierte mit diesem Begriff den pausenlosen Lärm aus den Fenstern der Musikverleger in ihren kleinen Büros zu ebener Erde, den die von Verleger zu

Charles K. Harris

Verleger laufenden Komponisten beim Vorspielen ihrer Songs verursachten. Der scherzhaft gemeinte Begriff blieb hängen und wurde zum Synonym für die amerikanische Musikindustrie jener Jahre und ihr Produkt, das Urbild des modernen → Schlagers.

Mit der Ende des 19. Jh. erfolgten Herausbildung und dem dann rasch expandierenden Verlagswesen in den USA begann die kommerzielle Verwertung von Musik als Notendruck (→ Sheet Music) in einem bis dahin unbekannten Ausmaß, das die Entwicklung der populären Musik nachhaltig geprägt und die weltweite Vormachtstellung der amerikanischen Musikindustrie bis in die Gegenwart hinein begründet hat. Das Fehlen einer entwickelten eigenständigen bürgerlichen Musikkultur mit entsprechenden Traditionen auch im Verlagswesen führte hier zu einer ebenso unbekümmerten wie rücksichtslosen Übertragung der Methoden und Geschäftspraktiken des Kapitalismus der freien Konkurrenz auf die Musikproduktion. Binnen weniger Jahre, bis 1910, erreichte so die jährliche Gesamtauflage an verkauften Notendrucken bereits mehr als zwei Milliarden Exemplare (nach Isaac Goldberg, Tin Pan Alley. A Chronical of American Popular Music. New York 1930, 218). Aber nicht allein in quantitativer Hinsicht entwickelte sich die nordamerikanische Musikindustrie auf der Basis der rasch wachsenden Musikverlage zu einem Zentrum der Entwicklung der populären Musik. Ihre aggressi-

ven Verwertungsmethoden führten schnell zu
einer optimalen Anpassung der Musik selbst
an die Bedingungen einer rein profitorientier-
ten Produktionstechnologie, was mit der
zweiunddreißigtaktigen Chorusform des Tin-
Pan-Alley-Songs (→ Song) die Ausbildung
formaler Standards zur Folge hatte, die weltweit zum Vorbild für die kommerzielle Musikproduktion wurden. Als die großen Verlagshäuser wie *Witmark & Sons, Marks and Stern,
Harris, Shapiro, Bernstein & Co., Harms, Jerome
H. Remick & Co.* und die *Leo Feist Music Publishing Company* in den neunziger Jahren des
vorigen Jahrhunderts entstanden, da waren es
die populären → Coon Songs aus den → Minstrel Shows, die sie angesichts ihrer Popularität recht risikolos als Notendruck in Loseblatt-
Ausgaben unter die Leute bringen konnten.
Vordem hatte in den USA der Notendruck
von populärer Musik kaum eine Rolle gespielt. Die Broadway-Bühnen in New York
mit ihren Vaudeville- und Varieté-Shows (→
Vaudeville, → Varieté) sowie die anlaufende
Musical-Produktion (→ Musical) boten dann
mit ihrem unerschöpflichen Bedarf an populären Liedern nicht nur einen idealen Absatz-
markt für die neu entstandene Industrie, sondern lieferten ihr zugleich eine äußerst
wirksame Werbung; was am Broadway Erfolg
hatte, das ließ sich als Notendruck auch landesweit verkaufen. Die daraus erwachsende
Konzentration der Musikverlage um den
Broadway herum bedeutete eine zusätzliche
Verschärfung der ohnehin schon großen Konkurrenz und führte zu entsprechend aggressiven Verkaufsmethoden. Das *Song Plugging*
(→Song Plugger) als Form des Direktverkaufs
durch Verlagsvertreter sollte zum Inbegriff
dessen werden. Auch die schöpferische Seite
der Musikproduktion wurde von den geschäftstüchtigen New Yorker Musikverlegern
zunehmend rationalisiert und Herstellungs-
methoden nach industriellem Vorbild zu unterwerfen versucht. Waren die Komponisten
mit ihren Songs anfänglich noch zu den Verlegern gekommen, um sie zum Druck anzubieten, so wurden sie alsbald schon zu Verlagsan-
gestellten, die ihre Songs auf Bestellung aus
einem Büro heraus zu liefern hatten. Zwischen 1920 und 1930 setzte dann noch eine
zusätzliche Spezialisierung ein, nach der die
Komponisten die Texte ihrer Lieder nicht

Victor Herbert

mehr selbst verfaßten, sondern dies von haus-
eigenen Textern besorgen ließen. Um die New
Yorker Verlagshäuser längs des Broadway
gruppierten sich so eine Gruppe von Autoren,
die über zwei Generationen hinweg die Entwicklung der populären Musik in den USA
weitgehend bestimmt hat und zum Inbegriff
der Tin Pan Alley wurde.
Der erste Tin-Pan-Alley-Hit entstand bereits
1892 mit dem zum → Evergreen gewordenen
»After the Ball« von Charles K. *Harris*
(1867–1930), das schon nach wenigen Jahren
eine Auflagenhöhe von zwei Millionen Exemplaren überschritt. Der Komponist gründete
mit den Einnahmen aus diesem, damals im
Selbstverlag erschienen Lied noch im Erschei-
nungsjahr sein eigenes Verlagshaus, das dann
zu den Säulen der Tin Pan Alley gehörte. Auf
die gleiche Weise entstand 1902 das nicht
minder berühmte Unternehmen Harry von *Til-
zers* (1872–1946), der 1900 mit »A Bird in a
Gilded Cage« einen immensen Verkaufserfolg
hatte und mit über zweitausend Songs, viele
davon in Millionenauflage, zu einem der bedeutendsten frühen Songschreiber der Tin Pan
Alley gehörte. Weiter waren es Paul *Dreiser*
(1857–1906, Bruder des Schriftstellers Theo-
dore Dreiser), Victor *Herbert* (1859–1924) und
George M. *Cohan* (1878–1942), die mit ihren
Liedern zum kommerziellen Aufstieg von Tin
Pan Alley um die Jahrhundertwende beitrugen. Bei den frühen Tin-Pan-Alley-Songs handelte es sich zumeist um als »Waltz Song« bezeichnete → Walzer, eine Nachwirkung des

legendären Amerika-Gastspiels von Johann *Strauß* (1825–1899) aus dem Jahre 1872. Mit dem immensen Erfolg des »Alexander's Ragtime Band« (1911) von Irving *Berlin* (geb. 1888) trat der → Ragtime anstelle des Walzers als bevorzugter Grundrhythmus in der Liedbegleitung, bis auch er in den zwanziger Jahren dann den sich in immer rascherer Folge einander ablösenden modischen Tanzrhythmen weichen mußte. Inzwischen war u. a. mit Jerome *Kern* (1885–1945), George *Gershwin* (1898–1937) und Cole *Porter* (1891–1964) eine neue Generation von Tin-Pan-Alley-Autoren herangewachsen, die innerhalb der eng gezogenen formalen Grenzen nun vor allem die Harmonik der Lieder zu einer ausufernden Chromatik entwickelten.

Die Verlagshäuser, die sie belieferten, waren durch Konzentrationsprozesse inzwischen zu riesigen Firmenkonglomeraten verbunden, die wie die aus der Vereinigung der Verlage Harms, Witmark & Sons und Remick's hervorgegangene Warner Brothers Company auch im Filmgeschäft aktiv wurden, Produktionsstätten für Schallplatten, ganze Kinoringe und eigene Druckereien besaßen. → Filmmusik wurde in den dreißiger Jahren dann auch zu einem Hauptfeld der Tin-Pan-Alley-Aktivitäten. Als sich in den fünfziger Jahren mit der Herausbildung des → Rock'n'Roll der Schwerpunkt des Musikgeschäfts auf die Schallplatte verlagerte, brachte das schließlich das Ende der Verlagsimperien der Tin Pan Alley. Die Musikindustrie formierte sich neu auf der Basis neuer Methoden der Produktion, kommerziellen Verwertung und Verbreitung von Musik.
→ Musikindustrie, → Musikverlag.

Tin-Pan-Alley-Song [engl./amerik., tin pæn ′æli sɔŋ]: → Song.

Tin Whistle [engl., tin ′wisl]: → Penny Whistle.

Titel: heute gebräuchliche umgangssprachliche Bezeichnung in der populären Musik für Stück, Werk, Lied, Komposition u. ä., z. B. Spitzentitel, Titelliste (Repertoireverzeichnis), → Titelsong.

Titelsong: ein dem Bühnenwerk, Film oder einer LP den Namen gebendes Stück bzw. Lied.

Tom-Tom, Abk. *t-t*: Schlaginstrument; ursprünglich chinesische Holztrommel mit kunstvoll bemalten Fellen; heute ein- und zweifelliger Trommeltyp mit zylindrischer Holzzarge in unterschiedlichen Größen; Felle mittels Metallreifen befestigt und durch Spannschrauben auf eine ungefähre Tonhöhe (Tom-Tom-Satz etwa von G-c^1) stimmbar; Befestigung entweder an Großer Trommel (Hänge-Tom) oder auf eigenen verstellbaren Metallfüßen (Stand-Tom). Die Tom-Toms kamen in den zwanziger Jahren in den Jazzbands auf und unterlagen im Laufe der Zeit vielen modeklanglich bedingten Bauabwandlungen, z. B. bevorzugen die Rockdrummer Toms mit wesentlich längerer Zarge (sogen. *Power Toms*). Die Vorliebe für ein- bzw. zweifellige Typen wechselte mehrfach, auch in Abhängigkeit von elektrischer Verstärkung.

Von den in den USA entwickelten Tom-Tom-Spielen setzten sich in den siebziger Jahren die von der Firma Remo konstruierten *Roto-Toms* durch; bestehend aus bis zu dreizehn auf einem Gestell in gleicher Höhe angebrachten einfelligen und zargenlosen Instrumenten, deren Tonhöhe sich etwa im Rahmen einer Oktave durch Veränderung der Fellspannung über eine mit der Hand drehbare Spirale variieren läßt.

Ton [griech./lat.]: durch periodische Schwingungen eines Mediums hervorgerufenes Schallereignis, das im Gegensatz zum → Geräusch eine exakt bestimmbare Tonhöhe aufweist. Der Begriff wird physikalisch-akustisch und musiktheoretisch unterschiedlich definiert. Jeder natürliche, mit Hilfe eines Musikinstruments oder der menschlichen Stimme hervorgebrachte Ton setzt sich aus dem Grundton und dessen → Obertönen zusammen. In diesem Sinn findet der Begriff Ton im allgemeinen musikalischen Sprachgebrauch Anwendung. Als kleinstes Element des musikalischen Ausdrucks verfügt der Ton über grundlegende Eigenschaften wie → Tonhöhe, → Lautstärke, → Klangfarbe und Tondauer (→ Rhythmus), weitere Charakteristika ergeben sich aus dem musikalischen Zusammenhang. In der populären Musik sind darüber hinaus → Tongebung, → Artikulation und andere spezifische Merkmale zusätzlich von Bedeutung. Akustiker bezeichnen nur sinusförmige Schwingungsverläufe (Sinustöne) als Ton. Die in der Praxis vorkommende Mischung von Grundton und Oberwellen gilt bereits als → Klang. Reine Sinustöne lassen sich nur elektronisch erzeugen und wurden erst mit dem Aufkommen des modernen elektronischen Instrumentariums genutzt.

Tonabnehmer [engl. pick up]: wandeln mechanische Schwingungen von festen Körpern in tonfrequente elektrische Schwingungen um; zu finden bei Instrumenten mit elektrischer Tonabnahme bzw. -verstärkung, aber beispielsweise auch als Abtastsystem eines Plattenspielers (Nadeltonverfahren). In der Musizierpraxis werden hauptsächlich das elektromagnetische und das piezoelektrische Prinzip genutzt. Ein *elektromagnetischer Tonabnehmer* besteht aus Dauermagnet und Spule. Für eine direkte Tonabnahme müssen die Schwingungselemente (Saite, Zunge, Profilscheibe) aus magnetisch leitfähigem Material (z. B. Eisen) bestehen. Bewegen sie sich im Feld des Dauermagneten, so wird dessen magnetischer Fluß variiert. Diese Flußänderung bewirkt die Induktion einer Tonsignalspannung in der Spule, die sich im Takt der Saitenschwingung ändert. Das Signal wird einem Verstärker zugeführt und durch einen Lautsprecher hörbar gemacht. Anwendung findet der elektromagnetische Tonabnehmer bei E-Gitarre, E-Baß, Fender-Piano, Hammond-Orgel, Hohner-Clavinet und anderen Instrumenten. Bei Gitarrentonabnehmern unterscheidet man zwei Formen: *Single coil pick up* mit einer Spule und einem hellen, harten Klangergebnis und *Humbucking pick up* mit zwei nebeneinanderliegenden Spulen und einer weicheren Färbung. Von entscheidendem Einfluß auf die Klangfarbe ist außerdem die Stellung des Tonabnehmers. Dicht beim Steg entsteht ein harter, heller Klang. Befindet sich der Tonabnehmer näher am Gitarrenhals bzw. Griffbrett, wird der Klang voller und dunkler. Baßgitarren besitzen meist zwei, E-Gitarren drei separate Tonabnehmer, die sich in ihrer Lautstärke getrennt dosieren lassen, so daß bereits dadurch Klangmanipulationen möglich sind. Die Tonabnahme bei vielen elektrischen Tasteninstrumenten erfolgt ebenfalls elektromagnetisch. So schwingen beim Fender-Piano Metallstäbe im magnetischen Feld, bei der Hammond-Orgel drehen sich Profilscheiben.

Der *piezoelektrische Tonabnehmer* ist dagegen ein Körperschallempfänger, der Schwingungen beliebiger Körper überträgt. Seine Wirkungsweise beruht darauf, daß durch Druckschwankungen in bestimmten Kristallen (Seignettesalz) elektrische Ladungen entstehen. Obwohl der Klang von piezoelektrischen Abnehmern oft unbefriedigend ist, haben sie ihre Bedeutung dort, wo die Übertragung von Instrumenten mit elektromagnetischen Tonabnehmern aufgrund eisenloser Schwingungselemente oder mit Mikrophonen wegen hohen Übersprechens und Rückkopplungsgefahr bei größeren Beschallungslautstärken nicht möglich ist.

tonal: auf eine Zentraltonart festgelegte, auf eine Tonika bezogene Musik. Die tonale Gebundenheit ist ein wesentliches Merkmal populärer Musik, bi-, poly- oder atonale Erscheinungen bilden Ausnahmen.

Tonalität: → Tonsystem.

Tonart: Tongeschlecht und Tonleiter mit konkret benanntem Grundton (z. B. C-Dur-Tonleiter, c-Moll-Tonleiter) und den sich daraus ableitenden harmonischen Beziehungen (→ Kadenz); ein Titel steht in C-Dur oder c-Moll usw., ablesbar an der eingangs der Notenzeile angegebenen Vorzeichnung. Aus der Instrumentalbesetzung ergeben sich häufig aus Gründen der Spieltechnik und → Intonation bevorzugte Tonarten. So bewegen sich gitarrenbetonte Rockmusik, aber auch streicherorientierte Unterhaltungsmusik (Wiener Walzer) häufig in Kreuz-Tonarten (E-, H-, A-Dur), bei Bläserbesetzungen finden sich dagegen überwiegend Be-Tonarten (B-, Es-, As-Dur). Bei Gesangstiteln hängt die Wahl der Tonart vom Stimmumfang des Interpreten ab.
Dur- und Molltonarten mit gleicher Vorzeichnung nennt man *Paralleltonarten* (z. B. F-Dur/d-Moll = 1♭), mit gleichem Grundton *Varianttonarten* (z. B. F-Dur/f-Moll; unterschiedliche Vorzeichnung).

Tonband: → Magnettonband.

Tonbandkassette: → MusiCassette.

Tonbildung: → Tongebung.

Tonfilm: Kopplung von Bild und Ton auf einem Filmstreifen durch Anbringen einer Tonspur neben dem Bild, die eine bildsynchrone Filmvertonung ermöglicht. Obwohl nach dem zweiten Weltkrieg auch ein *Magnettonverfahren* eingeführt wurde, mit einer Magnetspur ähnlich dem Tonband (→ Magnettonband) neben dem Bild, dominiert in den Kinos nach wie vor das *Lichttonverfahren*, bei dem die Tonfrequenzen in Lichtschwankungen umgewandelt und neben dem Bildstreifen aufbelichtet werden, was bei der Projektion dann umgekehrt einen auf eine Fotozelle gerichteten Lichtstrahl entsprechend abdunkelt oder unterbricht. Dieses nach 1918 von den deutschen Ingenieuren Hans Vogt, Joseph Masolle und Joseph Engel entwickelte Verfahren wurde 1922 in den Berliner Alhambra-Lichtspielen der Öffentlichkeit vorgestellt, stieß bei der deutschen Filmindustrie jedoch auf Ablehnung und ging 1927 schließlich an den Amerikaner William Fox. Die ersten Tonfilme kamen Ende der zwanziger Jahre dann auch aus den USA. Schon zuvor hatte es allerdings immer wieder Versuche gegeben, Bild und Ton miteinander zu verbinden. So stellte 1907 in Paris die französische Firma Pathé ein erstes »Tonbild« vor, ein Film mit Grammophonbegleitung; ein Prinzip, das der Deutsche Oskar Meßter mit seinem »Biophon« zum *Nadeltonverfahren*, der gleichzeitigen oder getrennten, aber synchronen Aufnahme von Film und Schallplatten und ihres gemeinsamen Abspiels, ausbaute. Erst das Lichttonverfahren hat dann jedoch eine synchronstabile Filmvertonung ermöglicht. Für die Entwicklung der populären Musik war das von entscheidender Bedeutung, wurde der Tonfilm doch nun zu einem Massenmedium auch für die Musikverbreitung. Die → Schlager der dreißiger und vierziger Jahre sind fast ausnahmslos als → Filmmusik entstanden und so bekannt geworden. Außerdem bot der Musikfilm damals noch so gut wie die einzige Möglichkeit, die mit dem Tonfilm nun neu hinzugekommen und für die internationale Filmindustrie äußerst hinderlichen Sprachbarrieren zu umgehen. Das erklärt die Konzentration auf dieses Filmgenre vor allem im ersten Jahrzehnt der Tonfilmzeit, bedeutete zugleich eine neue Dimension in der Entwicklung der populären Musik.

Tonfrequenzgenerator [auch *Niederfrequenzgenerator* (NF-Generator)]: allgemeine Bezeichnung für ein elektronisches Gerät zur Erzeugung von tonfrequenten elektrischen Schwingungen. Generatoren sind tonerzeugende Baugruppen in elektronischen Instrumenten (E-Orgel, E-Piano, Synthesizer), geben Steuerimpulse (Synthesizer, Rhythmusgerät) oder dienen als Meßmittel (Pegeltongenerator). Einige wichtige Generatortypen sind: *RC-Generator* (ein aus Widerstand und Kondensator bestehender Schwingkreis erzeugt reine Sinusschwingungen), *Schwebungssummer* (aus der Überlagerung zweier hochfrequenter Schwingungen, von denen eine in ihrer Frequenz durch einen Kondensator beeinflußbar ist, ergeben sich sinusförmige Schwebungen), *Rauschgenerator* (zur Herstellung von weißem oder rosa → Rauschen), *Impulsgenerator*, *VCO* (spannungsgesteuerter → Oszillator, → Synthesizer) und *DCO* (digital gesteuerter Oszillator, → digitale Synthesizer).

Tongebung: ein wesentliches Gestaltungsmittel in der populären Musik, insbesondere in Folk, Jazz und Rock; tritt in stilbedingter und personengebundener Vielfalt und Differenzierung auf; wirkt in Zusammenhang mit → Artikulation und → Phrasierung. Im Gegensatz zum traditionellen europäischen Klangideal vom »reinen, schönen, sauberen« Ton, nach dem der akademisch ausgebildete Sänger und Musiker strebt und das seine Widerspiegelung in der Interpretation von artifizieller Musik findet, unterliegt das Singen und Musizieren in anderen Kulturen, insbesondere außerhalb Europas, anderen ästhetischen Ansprüchen. Der Afrikaner südlich der Sahara nutzt beispielsweise seine Stimme mit all ihren klanglichen Varianten, vom Innig-lyrisch-Verhaltenen bis zum Aggressiv-brutal-Schrillen, um das auszudrücken, was ihn momentan bewegt bzw. was dem vorgetragenen Inhalt entspricht, auch das Nachahmen von Tierlauten und Umweltgeräuschen wird dabei einbezogen. In diesem Sinne verwendet er die Musikinstrumente als Erweiterung der ihm von der Natur gegebenen stimmlichen Möglichkeiten (in der Nyanja-Sprache bedeutet »Musikinstrument« in der Übersetzung »jenes Unbelebte, welches ständig singt«). Eine weitere Eigentümlichkeit in der Tongebung zeigt sich beim Afrikaner darin, den natürlichen Klang von Stimme bzw. Instrument zu verändern, zu verschleiern. Diese afrikanischen Traditionen haben die Tongebung im Jazz und später im Rock grundlegend beeinflußt.

Da Jazz- und Rockmusiker nicht wie der Musiker im Sinfonieorchester Vorgegebenes interpretieren, sondern weitgehend Eigenes vorstellen, nimmt auch die individuelle, teilweise dem Zeitgeschmack untergeordnete Tongebung als ausdruckssteigerndes Mittel bei der Interpretation einen wichtigen Platz ein. So entstanden und entstehen unzählige Vortragsmanieren und → Effekte im vokalen und instrumentalen Bereich, z. B. in der Melodiegestaltung (Anschleifen, Ziehen und Fallenlassen von Tönen, → Vibrato, → Dirty Tones, → growl usw.) und im Instrumenteneinsatz (unterschiedlichste Anblas- und Anschlagsvarianten, → Dämpfer bei Blechblasinstrumenten, diverse → Effektgeräte für das Rockinstrumentarium usw.). Neue Möglichkeiten der Tongebung erschlossen sich der populären Musik durch Einbeziehung von elektronischen Instrumenten, insbesondere durch den → Synthesizer.

Tongeschlecht: die Zuordnung einer Ton- oder Akkordfolge bzw. eines ganzen Titels zu → Dur und → Moll. In der populären Musik überwiegt dabei das Dur-»Geschlecht«. Ein beliebter harmonischer Kontrast besteht im Wechsel des Tongeschlechts innerhalb einer Komposition, z. B. Verse in Moll, Refrain in Dur (fast ein Stilmerkmal beim Tango).

Tonhöhe [engl. pitch]: die für das Erkennen eines musikalischen Zusammenhangs grundlegende Eigenschaft eines → Tones, die vom menschlichen → Gehör wahrgenommen und in Relation zu anderen Tönen gebracht werden kann; abhängig von der Anzahl der tonerzeugenden Schwingungen pro Sekunde (→ Frequenz). Während das exakte Treffen und Einhalten der vorgegebenen bzw. gewünschten Tonhöhen (→ Intonation) dem europäischen Klangideal entspricht und kennzeichnend für die davon geprägte populäre Musik ist, gehört es beispielsweise zu den musikalisch-ästhetischen Vorstellungen der Afrikaner, die angestrebte Tonhöhe in bestimmtem Zusammenhang zu verschleiern, den Ton zu ziehen, zu schleifen, fallenzulassen usw. (→ off pitch-

ness). Diese, auch die → Tongebung betreffende Eigenheit (→ Hot-Intonation) gehört zum Erscheinungsbild zahlreicher afroamerikanischer Musizierformen, insbesondere des Blues und des Jazz.

Tonleiter [engl. scale, auch *Skala*]: eine innerhalb des Oktavraums stufenweise geordnete Folge von Tönen in charakteristischer Anordnung von Halb-, Ganz- und Eineinhalbtonschritten, wobei die Töne untereinander in funktionalem Zusammenhang stehen (bezogen auf den Grundton). Die Auswahl der Töne ist unterschiedlich, gebräuchlich sind fünfstufige (pentatonische), siebenstufige (heptatonische) und mehrstufige Leitern. In der Tonleiter vereint sich das Tonmaterial (= Materialleiter) einer Epoche oder Musizierrichtung oder einer bestimmten Region (Folklore). So enthält die sogen. → Bluestonleiter den von den Blues-Sängern und -Musikern genutzten Tonvorrat. Diese Skalen sind also keine theoretische Erfindung, sondern eine praktische Abstraktion aus Vorhandenem. Sie werden als Modell transponiert, d. h. von jedem beliebigen Ton aus gespielt (→ Tonart). Ein Musiker kann sich aber auch eine (künstliche) Tonleiter konstruieren, die Grundlage für seine Komposition oder Improvisation wird.

Spätestens seit dem → Modal Jazz und George Russells → lydischem Konzept steht die Bedeutung der Tonleitern als Improvisationsbasis fest: Mit bestimmten Akkorden verbinden sich bestimmte Leitern, d. h., der Improvisierende denkt in Skalen. Aus den gebräuchlichen Akkorden leiten sich einige Tonleitern ab, die außerhalb des Jazz kaum Anwendung finden.

Übersicht der in der populären Musik (speziell im Jazz) verwendeten Tonleitern:

a) Durtonleiter/Ionisch
b) Molltonleiter/Äolisch
c) Dorisch
d) Phrygisch
e) Lydisch
f) Mixolydisch
g) Lokrisch
h) Pentatonik
i) Ganztonleiter
j) Zigeuner-Dur
k) Zigeuner-Moll

l) Flamenco-Tonleiter
m) verminderte Tonleiter
n) halbverminderte Tonleitern
o) übermäßige Tonleiter

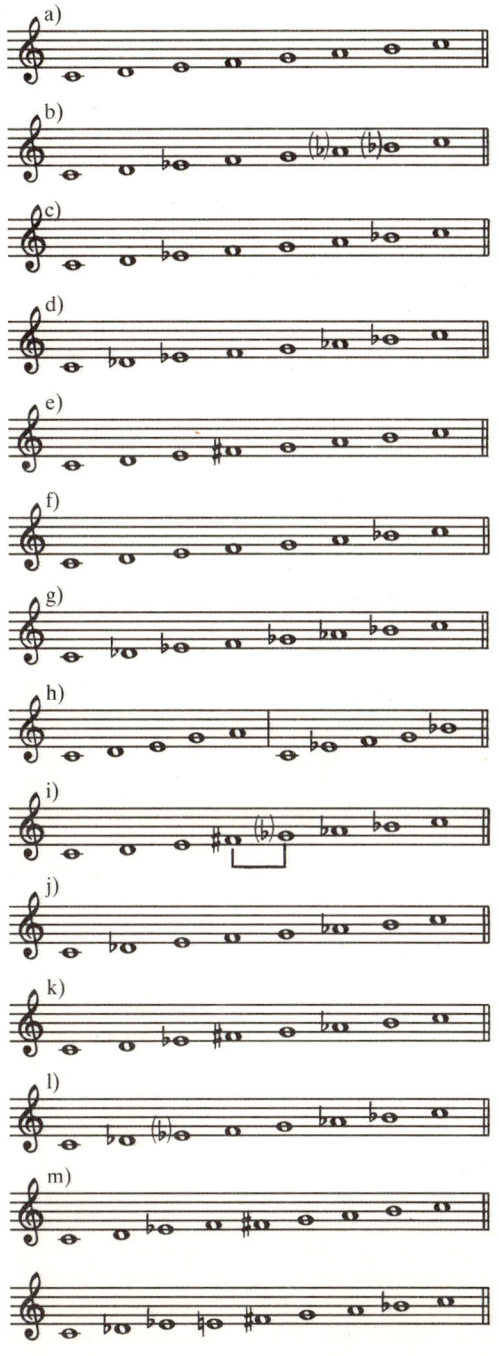

Vgl. weiterhin die in den Stichworten → Bluestonalität und → chromatische Tonleiter notierten Beispiele.

Tonmeister [engl. sound engineer, auch *Tonregisseur*]: fungiert bei Studioproduktionen als Aufnahmeleiter. Er legt eine Aufnahmekonzeption vor, führt bei der Produktion Klang- und Musikregie und ist für den Bandschnitt (cuttern) verantwortlich. Bei Konzertveranstaltungen liegen die Musikübertragung bzw. die Realisierung einer hochwertigen Beschallung in seinen Händen. Um diese Aufgaben zu erfüllen, ist eine fundierte technische sowie musikalische Ausbildung notwendig. In dem Maße, wie der Tonmeister den Einsatz der ihm zur Verfügung stehenden technischen Mittel beherrscht und mit den Fragen der Musikausübung und Interpretation des jeweiligen Musikgenres vertraut ist, kann er seiner eigenschöpferisch gestaltenden Funktion gerecht werden.

Tonsystem: das Einordnen eines gebräuchlichen Tonvorrats in den Oktavraum, gleichzeitig aber auch die Beziehungen der einzelnen Tonstufen zueinander. Das Tonsystem als Widerspiegelung einer bestimmten Musizierpraxis hängt ab von der geographischen Region (vgl. den Tonvorrat des deutschen Volkslieds mit dem der Balkan-Folklore oder außereuropäischen Formen), der historisch-zeitlichen Zuordnung (vgl. z. B. die mittelalterlichen Modi mit dem nach 1600 aufgekommenen Dur-Moll-System) und den unterschiedlichen stilistischen Richtungen (→ Stil). In der populären Musik überwiegt das → Dur-Moll-System durch den Einfluß der europäischen Musiktradition des 18./19. Jh. Afrikanische bzw. afroamerikanische Elemente sind die durch die → Blue Notes charakterisierte → Bluestonalität und die → Pentatonik. Darüber hinaus finden im Jazz (→ Modal Jazz) und im Rock mitunter auch → modale Leitern als Tonsysteme Verwendung. *Tonalität* bedeutet den Bezug innerhalb des Tonsystems auf einen

Grund- oder Zentralton (melodische Tonalität) bzw. auf einen Grundakkord (Tonika; harmonische Tonalität) und die damit verbundene Differenzierung der einzelnen Tonstufen in ihrem funktionalen Zusammenhang. → Tonleiter, → Tongeschlecht, → Tonart.

Tonträger: technische Systeme zur Speicherung bzw. Konservierung klingender Musik. Die wichtigsten heute gebräuchlichen Tonträger sind die → Schallplatte und das → Magnettonband.

Top Hit [engl./amerik., tɔp hit]: → Hit.

Topical Song [engl./amerik., 'tɔpikəl sɔŋ, wörtlich »aktuelles Lied«]: in den USA gebräuchlicher Begriff für Lieder zu aktuellen politischen oder gesellschaftlichen Themen, wie sie besonders in der Folksong-Bewegung der sechziger Jahre (→ Folksong) verbreitet waren. Sie gehen zurück auf die Tradition des amerikanischen Arbeiterliedes und wurden vor allem durch Woody *Guthrie* (1912–1967), Cisco *Houston* (1918–1961) und Pete *Seeger* (geb. 1919) geprägt. Den Topical Songs liegen Volks- oder Arbeiterlieder bzw. diesen nachempfundene Melodien zugrunde, die mit Bezug auf aktuelle politische Ereignisse neu textiert sind. Aufgegriffen wurde diese Tradition in den sechziger Jahren von Bob *Dylan* (geb. 1941), Tom *Paxton* (geb. 1937), Joan *Baez* (geb. 1941) und Phil *Ochs* (1940–1976). → Protestsong.

Total Music [engl./amerik., 'toutl 'mju:zik]: → Free Jazz.

Track [engl., træk]: Bezeichnung für die Tonspuren auf einem Mehrspurband (→ Magnettonband), aber auch auf einem Film (→ Soundtrack). Im weiteren Sinne wird der Begriff zugleich für die auf der Schallplatte enthaltenen Musikstücke verwendet, so daß man dann von den Tracks statt den Titeln einer Platte spricht.

Traditional [engl./amerik., trə'diʃənl]: überlieferte »traditionelle« Melodie unbekannten Ursprungs, meist aus der Volksmusiktradition. Bei deren Verwendung als Grundlage für einen neuen Titel erscheint die Angabe *traditional* anstelle des Komponistennamens. Tra-

ditionals sind wie die Volkslieder urheberrechtlich nicht geschützt.

Traditional Jazz [engl./amerik., trə'diʃənl dʒæz]: in der Jazzliteratur verbreitete Sammelbezeichnung für alle Jazzstile (→ Jazz) vor dem → Swing (→ New Orleans Jazz, → Dixieland, → Chicago-Stil), also für den Zeitraum von etwa der Jahrhundertwende bis zum Ende der zwanziger Jahre. Nach dieser Einteilung der Entwicklungsgeschichte des Jazz wird die Phase seiner Herausbildung im letzten Drittel des 19. Jh. bis zur Jahrhundertwende auch als → archaischer Jazz bezeichnet, während die nach dem Swing etwa ab Mitte der vierziger Jahre bis zum Aufkommen des → Free Jazz um 1960 dominanten Jazzstile analog als → Modern Jazz zusammengefaßt sind.

Trailer [engl./amerik., 'treilə]: kurze und zumeist öfter wiederholte Einblendung in das laufende Rundfunkprogramm zur Vorschau auf eine bestimmte Sendung; enthält neben dem Sendetermin Hinweise auf den Inhalt der Sendung und ist zur Erzeugung von Aufmerksamkeit in der Regel mit technischen und musikalischen Effekten gekoppelt. → Jingle.

Transkription [lat., wörtlich »Überschreibung«]: 1). das übertragen der Originalpartitur in eine andere Instrumentalbesetzung, wobei die kompositorische und klangliche Substanz des Werkes weitestmöglich erhalten bleiben soll, z. B. das Umschreiben einer Komposition für Sinfonieorchester auf großes Blasorchester, aber auch die Übertragung von Liedern und kleinen Instrumentalstücken für Klavier (z. B. bei Franz Liszt). Insofern unterscheidet sich die Transkription von der → Bearbeitung und dem → Arrangement. 2). die Wiedergabe von Tonaufzeichnungen (z. B. alte Blues und Spirituals) in Notenschrift; auch von beispielgebenden Improvisationen für analytische Zwecke oder zum Üben.

transponieren [lat., wörtlich »übersetzen, übertragen«]: das Übertragen einer Melodie bzw. eines Stückes in eine andere als die vorgegebene Tonart, die intervallgetreue Wiedergabe von einem anderen Ausgangston (Grundton). Das Transponieren gehört zur Musizierpraxis der populären Musik, z. B. bei der Begleitung eines Gesangsinterpreten, dessen Tonumfang nicht der im → Druckarrangement geforderten Stimmlage entspricht. → transponierende Instrumente.

transponierende Instrumente: Bezeichnung für Musikinstrumente, bei denen Klang und Notierung voneinander abweichen; betrifft einen Großteil des Instrumentariums der populären Musik. Zu den transponierenden Instrumenten zählen auch jene, die in Klang und Notierung um eine Oktave differieren, also z. B. Gitarre, Baßgitarre, Kontrabaß, Piccoloflöte usw.

Tremolo [ital., tremulo = »zitternd«]: möglichst schnelle Wiederholung eines Tones (bei der Mandoline durch rasches wechselndes Anreißen der benachbarten gleichgestimmten Saiten, bei Streichinstrumenten rasche Folge von Ab- und Aufstrichen, bei Blasinstrumenten auch → Flatterzunge) oder schneller gleichmäßiger Wechsel von zwei oder mehr Tönen. Letzteres ist eine typische Spielweise auf dem Klavier, um das Verklingen eines Akkords zu verhindern, z. B. bei Blues- und Boogie-Woogie-Pianisten.

Tresillo [span., tre'siljo, wörtlich »Triole«]: grundlegende Rhythmus-Pattern in der latein-

Übersicht:

Stim-mung	Instrumente	Transposition a) ausgehend von Notierung b) ausgehend vom Klang	Ton c^1 (Klang) wird notiert
in C (hoch)	Piccoloflöte, Glockenspiel, Celesta	a) Klang eine reine Oktave höher b) Notierung eine reine Oktave tiefer	c
in Es (hoch)	Kleine Klarinette	a) Klang eine kleine Terz höher b) Notierung eine kleine Terz tiefer	a
in D (hoch)	Kleine Trompete	a) Klang eine große Sekunde höher b) Notierung eine große Sekunde tiefer	b
in C	alle nichttransponierenden Instrumente (z. B. Violine, Klavier, Flöte, Posaune u. a.)	a) Klang wie Notierung b) Notierung wie Klang	c^1
in B	Trompete, Flügelhorn, Klarinette, Sopransaxophon	a) Klang eine große Sekunde tiefer b) Notierung eine große Sekunde höher	d^1
in A	Klarinette	a) Klang eine kleine Terz tiefer b) Notierung eine kleine Terz höher	es^1
in G	Altflöte	a) Klang eine reine Quarte tiefer b) Notierung eine reine Quarte höher	f^1
in F	Horn, Englisch Horn	a) Klang eine reine Quinte tiefer b) Notierung eine reine Quinte höher	g^1
in Es	Altsaxophon, Horn, Althorn, Es-Trompete	a) Klang eine große Sexte tiefer b) Notierung eine große Sexte höher	a^1
in C (tief)	Gitarre, Laute, Baßgitarre, Kontrabaß, Kontrafagott	a) Klang eine reine Oktave tiefer b) Notierung eine reine Oktave höher	c^2
in B (tief)	Tenorhorn, Tenorsaxophon, Baßklarinette, Baßtrompete	a) Klang eine große None tiefer b) Notierung eine große None höher	d^2
in Es (tief)	Baritonsaxophon	a) Klang eine große Terzdezime tiefer b) Notierung eine große Terzdezime höher	a^2

amerikanischen Folklore (z. B. im → Clave-Beat), vermutlich kubanischen Ursprungs; auch im Jazz (z. B. schon in Handys »St. Louis Blues«, 1914) und in der Rock- und Popmusik (häufig als Baßfigur) verbreitet. Der Tresillo stellt keine exakte → Triole dar, er könnte aus der Überlagerung eines Dreier- mit einem Vierermetrum entstanden sein.

Triangel [lat., triangulum = »Dreieck«]: Perkussionsinstrument; zu einem gleichseitigen Dreieck gebogener Stahlstab von unterschiedlicher Länge; wird mit Stahl- oder Eisenschlegel angeschlagen; seit 14. Jh. in Europa bekannt, Ende des 18. Jh. (angeregt durch Janitscharen-Musik) auch ins → Blasorchester übernommen (vgl. L. v. Beethovens Originalpartitur zum »Marsch der böhmischen Landwehr« = »Yorkscher Marsch«); seither Effektinstrument in Unterhaltungsmusik, auch in Perkussionsgruppen von lateinamerikanischen Tänzen vertreten.

Trio [ital.]: 1). Komposition für drei Stimmen (Instrumente);
2). Besetzung mit drei Instrumentalisten (drei Vokalisten = → Terzett). Wie in der Kammermusik (Klaviertrio, Streichtrio usw.) haben sich auch in der Tanzmusik spezielle Triobesetzungen herausgebildet, z. B. Bartrio (Klavier, Baß, Schlagzeug), auch (sich selbst begleitende) Gesangs- und Instrumentaltrios, Mundharmonikatrio (Melodie-, Begleit- und Baßmundharmonika). Namhafte Trios im Jazz waren z. B. das *Benny Goodmann Trio* (Klarinette, Klavier, Schlagzeug) und das *Oscar Peterson Trio* (Klavier, Baß, Gitarre bzw. Schlagzeug); im Rock z. B. *The Cream* (Gitarre, Baß, Schlagzeug), *Emerson, Lake & Palmer* (Keyboards, Gitarre, Schlagzeug), *The Police* (Gitarre, Baß, Schlagzeug) und *Tangerine Dream* (Electronics);
3). kontrastierender (B-) Mittelteil von Tanzsätzen in ABA-Form, z. B. im Menuett. Die ursprüngliche Dreistimmigkeit dieses Teils gab den Namen;
4). abschließender Formteil von Märschen und Polkas, meist in der Subdominant-Tonart stehend. Das Trio ist oft ein bekanntes Lied

(wird mitgesungen) oder erhält aufgrund seiner eingängigen Melodik nachträglich eine Textierung, vgl. Märsche von František *Kmoch* (1848–1912) nach tschechischen Volksliedern.

Triole [ital.]: rhythmische Erscheinung, bei der bei gleicher Zeitdauer ein zweiteiliger Notenwert dreifach unterteilt wird (»drei für zwei«), z. B.

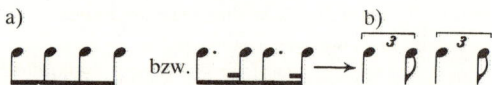

Triolen sind sowohl in der Melodie als auch in der Begleitung in allen Bereichen der populären Musik anzutreffen, ergeben sie doch durch ihre Konfliktbildung (3 »gegen« 2) ein rhythmisches Spannungsverhältnis. Von grundlegender Bedeutung ist das sogen. Triolenfeeling (ternäre Spielweise), das – zurückzuführen auf die schwarzafrikanische Musizierpraxis – z. B. im Blues und im Jazz zu einem Wesensmerkmal (→ Stilistik) geworden ist: Das Musizieren von Achtelunterteilungen vollzieht sich entgegen der Notierung in einer Triolenunterteilung, besonders im mittleren Tempo.

a) Notierung, b) Ausführung

a)   b)

Tritonus [lat., wörtlich »Dreitonschritt«]: Terminus für die übermäßige Quarte (z. B. c-fis), die den Oktavraum halbiert (»Halboktave). Das Komplementärintervall, die verminderte Quinte (z. B. c-ges), die Flatted Fifth, hat den gleichen Tonabstand, demzufolge auch den gleichen Klangcharakter. Die Begriffe Tritonus und Flatted Fifth, letzterer von den Jazzmusikern bevorzugt, werden in der Praxis oft beliebig ausgetauscht, was auch mit der → enharmonischen Umdeutung der Intervalltöne zusammenhängt. In der Harmonik der Jazz- und Popmusik spielen diese Intervalle eine wichtige Rolle, z. B. als zu mehrdeutiger Auflösung führende Akkordtöne in Septakkorden.
(Notenbeispiel Seite 521 oben).

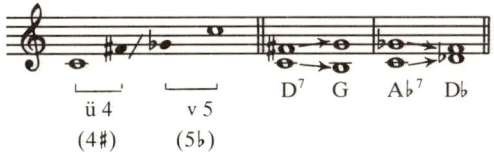

ü 4   v 5
(4♯)   (5♭)

D⁷   G   A♭⁷   D♭

Auch der verminderte Septakkord kann als Schichtung zweier Tritoni erklärt und entsprechend vieldeutig aufgelöst werden (g - cis / b - e). In der Melodik des Bebop, wie des modernen Jazz überhaupt, gewannen Tritonus bzw. Flatted Fifth große Bedeutung, indem sie als Ziel- oder Spitzenton charakteristischer Phrasen von der Tonika wegführten bzw. zur zeitweiligen Verschleierung des harmonischen Gefüges beitrugen. Neben Bluesterz und -sept wurde die Flatted Fifth in den vierziger Jahren schließlich (gleichberechtigte) dritte → Blue Note.

Tromba [ital.]: → Trompete.

Trombone [engl., trɔm′boun]: → Posaune.

Trommel [engl. drum, franz. tambour]: 1.) im weiteren Sinne (instrumentenkundlich jedoch ungenau) Sammelbezeichnung für Membranophone (»Fellklinger«) und einige Idiophone (»Selbstklinger«), z. B. → Wood Block, → Tempelblocks usw.;
2.) im engeren Sinne Schlaginstrumente gleicher Struktur, jedoch unterschiedlicher Abmessungen mit unbestimmter Tonhöhe, d. h. nur begrenzt stimmbar (→ Schlagzeug):
· *Kleine Trommel* (engl. snare drum): zylindrisches Korpus (Zarge) aus Messing oder Holz, Größe (7–19 cm Höhe, 30–38 cm Durchmesser) abhängig von Musikrichtung und Klangvorstellung (Modegeschmack); Schlag- und dünneres Resonanzfell, heute meist aus Kunststoff (strapazierfähiger als Tierfell; z. B. Pin-Stripe, Bleckcenter, Fiberskin); Felldruckreifen mit Spannschrauben; bis zu 18 sogen. Schnarrsaiten (Drahtspiralen) unter dem Resonanzfell hellen den Klang auf (snare on), Schnarrsaiten entspannt (snare off) – dumpfer Klang; auf Trommelständer gelagert; Anschlag mit Trommelstöcken oder → Besen.
Aus der Rühr- oder Landsknechtstrommel wurde im 19. Jh. die Kleine Trommel mit schmalerer Zarge entwickelt, die vorwiegend in der → Salonmusik, dann aber auch im Jazz Einsatz fand. Die Bezeichnung »Kleine Trom-

mel« setzte sich jedoch erst nach der Jahrhundertwende durch. Typische Spieltechniken neben Einzelschlägen (Offbeat-Akzenten) und Wirbeln: das aus der hochentwickelten Militärtrommeltechnik abgeleitete → Paradiddle, Randschläge (→ Rim Shot), Kreuzschlag (Stick on Stick), Besenarbeit (→ fill out) usw.
Große Trommel (engl. bass drum, ital. gran cassa): mit Janitscharen-Musik nach Europa gekommen und seit 19. Jh. Baßinstrument der Schlagzeuger; Struktur in entsprechend größeren Abmessungen wie bei Kleiner Trommel, jedoch ohne Schnarrsaiten. Die Größe ist stark modeabhängig: früher oft überdimensional und sehr schmal, dann auch extrem kleiner Durchmesser und langes Korpus, heute in der Tanzmusik ca. 30–40 cm Zargenhöhe, 45–60 cm Felldurchmesser; Fellspannung bei Marschtrommeln vereinzelt noch durch Hanfseile; in Blas- und Konzertmusik auch aufmontiertes Becken zum Gegenschlagen.
Während die Große Trommel bei Marschmusik vom Spieler an einem Riemen befestigt vor dem Körper getragen und mit einem dicken Filzschlegel geschlagen wird, nutzt der sitzend musizierende Jazzschlagzeuger seit Ende des vergangenen Jh. die Fußmaschine, ein Mechanismus, der das Anschlagen mit dem Fuß ermöglicht. Schwankend ist die Zahl der Felle: Jazztrommler spielen meist mit zwei Fellen; in der Popmusik, wo – bedingt durch die elektrische Übertragung – ein kurzer, prägnanter Sound bevorzugt wird, reicht das Schlagfell aus (mitunter wird auch das Resonanzfell ausgeschnitten). Hin und wieder begegnet man Schlagzeugern, die mit zwei Großen Trommeln arbeiten, erstmals Louie *Bellson* (geb. 1924), aber z. B. auch Ginger *Baker* (geb. 1939); vereinzelt Einsatz von zwei Fußmaschinen an einer Trommel.

Trompete, Abk. *tp* [ital. tromba, engl. trumpet]: Blechblasinstrument; schon seit der Antike in Europa in einfacher, unterschiedlicher Form bekannt, seit 15. Jh. auch in Bügelform; Naturtoninstrument um 1820 mit drei → Ventilen versehen, seither chromatische Skala ausführbar; Kesselmundstück, anfangs zylindrischer, dann konischer Rohrverlauf, mittelgroßes Schallstück. Zwei Modelle sind zu unterscheiden: Trompete mit Perinét-Ventilen, sogen. »Jazztrompete« (a), oder mit Zylinderventilen (b), erstere oft auch enger mensuriert.

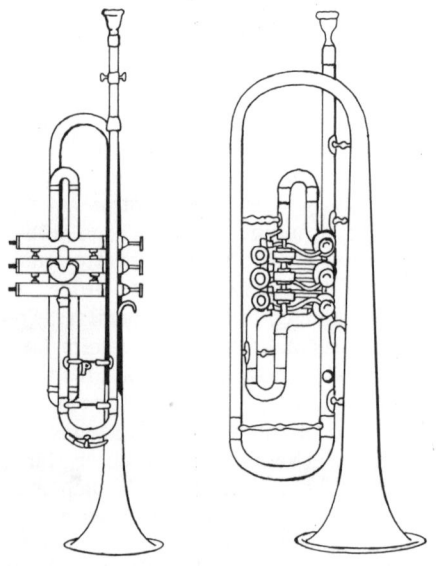

Die Trompete ist ein → transponierendes Instrument – Grundstimmung in B (auch C). Die kleine Trompete hat meist D-Stimmung, steht aber auch in hoch Es, F, A und B. Weitere Modelle sind die tiefe Es- und die Baßtrompete in B. Notierung des Tonumfangs von fis bis c³ und höher. Die Normaltrompete klingt eine große Sekunde tiefer.

Aufgrund ihres durchdringenden, markanten Klangs nahm die Trompete von jeher eine exponierte Stellung ein, schon beginnend bei den Hof- und Feldtrompetern und den Trompeterzünften im Mittelalter. Große Kunstfertigkeit verlangte das sogen. *Clarinblasen*, das Musizieren (ohne Ventile!) bis in den 17. Naturton hinauf (vgl. den Einsatz der Trompete in den Werken J. S. Bachs).

Nach Einführung der Ventile wuchs die Bedeutung der Trompete im 19. Jh. als Melodie- und Signalinstrument in den Militärblasorchestern. Es entstand eine Vielzahl von Bravour-Polkas, Fantasien u. a. Charakterstücken für Solotrompete, z. B. »Die Post im Walde« (Heinrich Schäffer, gest. 1874).

Sowohl ihre Klangeigenschaften als auch die Möglichkeit, den Ton durch differenzierten → Ansatz individuell zu formen (→ Tongebung),

sicherten der Trompete im Jazz eine führende Position (→ Lead-Stimme) im Instrumentarium. Wenn auch in den Street- und New-Orleans-Bands noch das → Kornett dominierte, so behauptete sich die Trompete spätestens seit Ende der zwanziger Jahre. Louis *Armstrong* (1900–1971) setzte mit seinem Trompetenspiel Maßstäbe für nachfolgende Musikergenerationen. In den → Big Bands formte sich allmählich der Vierersatz (vier Trompeten, vier Posaunen als Brass Section) heraus. Interessante Klangnuancen brachten einige Trompeter des Ellington-Orchesters ein (→ Jungle Style), so z. B. → growl, → Waw-Waw und andere Effekte mit → Dämpfern (Bubber *Miley*, 1903–1932; Cootie *Williams*, geb. 1908). Auch die → Half Valve Technique und die → Talking Effects (Rex *Stewart*, 1907–1967) sind in diesem Zusammenhang zu nennen. Das geschmeidige, an Saxophonklang (Benny Carter) und -phrasierung orientierte Trompetenspiel von Roy *Eldridge* (geb. 1911) führte zum modernen Jazz. Hier bildet Dizzy *Gillespie* (geb. 1917) die Zentralfigur. Die seinem Musizieren zugrunde liegende melodisch-lineare, harmonische und rhythmische (Achtelnoten-Beat) Neuorientierung (→ Bebop) paarte sich mit Virtuosität und ausgeprägtem Feeling. Armstrong und Gillespie sind die beiden herausragenden, stilbildenden Jazztrompeter.

Wesentliche Impulse gaben dem modernen Jazz u. a. Miles *Davis* (geb. 1926), Chet *Baker* (geb. 1929), Art *Farmer* (geb. 1928) und Freddie *Hubbard* (geb. 1938). Eine spezielle Richtung bildeten die sogen. »Wolkenkratzer«-Trompeter (→ High Note Trumpeter), die extrem hohe Lagen einbezogen (Charly *Shavers*, 1917–1971; Maynard *Ferguson*, geb. 1928; Arturo *Sandoval*, geb. 1949). Schließlich sei noch auf die im Free Jazz verwendeten neuartigen Spieltechniken (Geräusche, Vierteltöne usw.) hingewiesen, die sich z. B. bei Don *Cherry* (geb. 1936) und Manfred *Schoof* (geb. 1936) zeigten.

Vom Jazz kommend, zumindest von ihm beeinflußt, sind sowohl Trompeter in Rockbands (→ Jazz Rock; wie Lew *Soloff*, geb. 1944, Ian *Carr*, geb. 1945, und Bill *Chase*, 1935–1974) als auch in Swing-Tanzorchestern (wie Harry

Manfred Schoof

Tomasz Stanko

Art Farmer

James, 1916–1983, Ray *Anthony*, geb. 1922 – um nur einige, auch als Bandleader anerkannte Musiker zu nennen). In den sechziger Jahren kreierte der Trompeter Herb *Alpert* (geb. 1937) einen neuen, für einige Zeit aktuellen Sound (Tijuana Brass). Weltweit war der Erfolg des Sweet-Trompeters Nini *Rosso* (geb. 1930), z. B. mit »Il Silenzio« (1965).
Die hohe (»Bach«-)Trompete wird gelegentlich als spezielle Klangfarbe herangezogen; berühmt ist ihr Einsatz in dem Beatles-Titel »Penny Lane« (John Lennon/Paul McCartney, 1967).
Es-Trompeten gehören z. B. zum → Nachschlag in tschechischen Blasorchestern; auch die Baßtrompete ist dort anzutreffen. Im Jazz blies u. a. Shorty *Rogers* (geb. 1924) die Baßtrompete solistisch, jedoch gehört dies zu den Raritäten.

Trugschluß: harmonische Erscheinung (→ Harmonik), bei der anstelle der erwarteten Tonika ein Vertreter- bzw. Mediantklang erscheint.
· in Dur: Dominante – Tonikaparallele, z. B. G^7 – Am (anstelle von C)
· in Moll: Dominante – Tonikagegenklang, z. B. G^7 – As (anstelle von Cm)
· mediantisch: G^7 – A (C) oder G^7 – A♭ (C).
Öfters anzutreffen in Evergreens und Standards (Swing-Harmonik).

Trumpet [engl., ′trʌmpit]: → Trompete.

Trumpet Piano Style [engl./amerik., ′trʌmpit ′pjænou stail]: von Earl *Hines* (1905–1983) in Anlehnung an Louis Armstrongs Trompeten-Spielweise Ende der zwanziger Jahre eingeführter Klavierstil, gekennzeichnet durch Einzelstimmenspiel (keine Akkorde) in der rechten Hand mit »hornartiger« Phrasierung, Oktaven und → Tremoli zur Tonverlängerung; fand in den dreißiger Jahren zahlreiche Nachahmer.

Tub [engl., tʌb, wörtlich »Bottich, Kübel, Faß« auch *Washtub*]: als Schlagzeug-Ersatz in den → Spasm Bands und später in den Skiffle-Gruppen (→ Skiffle) genutzter Holzkübel oder -bottich; auch im Blues belegt.

Tuba [lat.]: Blechblasinstrument, Baß der → Bügelhörner; 1835 *Baßtuba* in F von J. G. Moritz und W. Wieprecht patentiert, 1845 *Kontrabaßtuba* in B von V. F. Červený konstruiert (1883 *Kaiserbaß*); Bechermundstück, konisches Rohr (Länge um 360 cm bei F-Tuba, um 540 cm bei B-Tuba), vier bis sechs → Ventile, relativ schmales, nach oben gerichtetes Schallstück; Tonumfang: Des_1 – f^1 bei F-Tuba, C_1 – c^1 bei B-Tuba; Notierung nichttransponierend im Baßschlüssel (z. T. abweichend in Blasmusik, z. B. Schweiz – transponiert im Violinschlüssel). Beide Stimmungen sind, durch ein Umschaltventil regulierbar, in der sogen. Doppeltuba vereint. Tuba ist im weiteren Sinne auch Sammelbezeichnung für andere Baßinstrumente, wie → Helikon und → Sousaphon, die nur im äußeren Bau und einigen Klangeigenschaften abweichen.

Die Tuba wurde als Baßinstrument für die Blasorchester konstruiert, wo sie auch heute noch, meist mehrfach besetzt, das harmonische Fundament bildet. Bis zum Ende der zwanziger Jahre war sie auch (meist in Form des Sousaphons) der Baß in den Jazzbands, bis der → Kontrabaß diese Funktion übernahm. Als Satz- und Soloinstrument tauchte die Tuba im modernen Jazz wieder auf, z. B. durch Don *Butterfield* (geb. 1923), Howard *Johnson* (geb. 1941) und Red *Callender* (geb. 1918). Bei Blood, Sweet & Tears blies 1971 Dave *Bargeron* (geb. 1942) ein Tuba-Solo in »Go Down Gamblin« (Fred Lipsius/David Clayton-Thomas). Heute gehört die Tuba zum Grundinstrumentarium der Dixieland-Formationen und vieler volkstümlicher Bläsergruppen, vereinzelt auch der Big Bands.

Tubo [span., wörtlich »Röhre«, auch *Chocallo* (span.), *Chocalho* oder *Chovolo* (port.), deutsch *Schüttelrohr*]: brasilianisches Rhythmusinstrument; besteht aus einer an den Enden verschlossenen Bambusröhre (auch aus Holz oder Metall) unterschiedlicher Länge und Stärke, die mit getrockneten Früchten, Steinchen u. ä. gefüllt ist. Beim gleichmäßigen Schütteln entsteht ein markantes, durchdrin-

gendes Rasselgeräusch, das zum Grundrhythmus der Samba gehört.

Tumba, Tumbadora: → Conga Drum.

Tune [engl./amerik., tju:n, wörtlich »Melodie, Lied, Weise«]: wird in verschiedenen musikalisch-historischen Zusammenhängen zur näheren Begriffsbestimmung verwendet, z. B. → Popular Tune (bekannte Melodie, beliebtes Stück), → Signature Tune (Erkennungsmelodie).

Tuner [engl., 'tju:nə, wörtlich »Stimmer«]: → Stimmgerät.

Turkey Trot [amerik., 'tə:ki trɔt]: → Jazz Dance.

Turnaround [engl., tə:nə'raund, auch *Turnback*]: Jazzjargon, sinngemäß »sich um die eigene Achse drehen«. Akkordfolge, die am Ende einer acht- oder mehrtaktigen Phrase anstelle der Schlußharmonie zur harmonischen Belebung erscheint und häufig zwei, aber auch vier Takte umfassen kann. Turnarounds beginnen meist mit der Tonika und enden dominantisch zur neuen Tonika hinleitend, z. B.:

I	VIm^7	IIm^7	V^7
C	Am^7	Dm^7	G^7
I	VI^7	IIm^7	V^7
C	A^7	Dm^7	G^7
I	$IIIm^7$	IIm^7	V^7
C	Em^7	Dm^7	G^7
$IIIm^7$	VIm^7	IIm^7	V^7
Em^7	Am^7	Dm^7	G^7
I	$\flat IIIm^7$	IIm^7	$\flat II^7$
C	$E\flat m^7$	Dm^7	$D\flat^7$
I	$\flat III^7$	$\flat VI^7$	$\flat II^7$
C	$E\flat^7$	$A\flat^7$	$D\flat^7$

Turnarounds können auch zur harmonischen Grundlage einer Komposition werden, vgl. Gershwins »I Got Rhythm« (1930).

Bob Stewart

$B\flat$ Gm^7 Cm^7 F^7 $B\flat^7$ Gm^7Cm^7 F^7 $B\flat$

Turnback [engl., 'tə:nbæk]: → Turnaround.

Turniertanzprogramm: das »Welttanzprogramm«; vom Internationalen Rat für Gesellschaftstanz 1963 in London für die Wettbewerbe der Turniertänzer festgelegte → Gesellschaftstänze; umfaßt *Standardprogramm:* → Foxtrott (Quickstep), langsamer Foxtrott (Slowfox, Blues), → Wiener Walzer, → langsamer Walzer und → Tango; sowie *lateinamerikanisches Programm:* → Rumba (Beguine bzw. Mambo bolero), → Samba, → Cha-Cha-Cha, → Paso doble und → Jive.

Tusch: Signal für ein markantes Ereignis in einer geselligen Veranstaltung, das die Aufmerksamkeit der Gäste erwecken soll (z. B. Auftritt eines Prominenten, Geburtstag eines Gastes u. ä.). Der Tusch besteht in der Regel aus einem (mehrfach wiederholten) aufsteigenden Dreiklang mit abschließender Fermate (meist D-Dur) bzw. dem Quintintervall.

Tutti [ital., wörtlich »alle«]: bezeichnet im Gegensatz zum → Solo das Musizieren aller Ensemblemitglieder.

Twangy Sound [amerik., 'twæŋgi saund, vom englischen twang = »scharfer, heller Ton«]: Bezeichnung für eine Spielweise der E-Gitarre, bei der durch Verwendung von Echogeräten (→ Echo) eine schwirrende, schwebende Melodielinie von makelloser klanglicher Prägnanz entsteht. Aufgebracht hat diese Spielweise Ende der fünfziger Jahre der amerikanische Gitarrist Duane *Eddy* (geb. 1938), als nach der Rock'n'Roll-Welle (→ Rock'n'Roll) für kurze Zeit Gitarren-Instrumentals (→ Instrumental) in den USA sehr populär waren. Nachgeahmt wurde das dann von den englischen *Shadows* mit großem Erfolg (z. B. in »Apache«, 1960), bis sich unter dem Einfluß von → Blues und → Rhythm & Blues mit der Herausbildung der → Rockmusik die Klangästhetik des Gitarrespiels in einer ganz anderen Richtung entwickelte.
→ Beat.

Tweeter [engl., 'twi:tə]: Hochtonlautsprecher (→ Lautsprecher).

Twist [engl., wörtlich »drehen, winden«]: Ende der fünfziger Jahre nach der Rock'n'Roll-Welle aufgekommener, weitverbreiteter Modetanz; bekannt geworden durch Chubby *Checker*

Foxtrott (Frank Wiegand/Barbara Straube)

(geb. 1941) mit »The Twist« (1960) und »Let's Twist Again« (1961). Die motorische Musik mit ihrem gleichmäßigen, kurz gespieltem Achtelbeat ($^4/_4$-Takt) ist ebenso unverkennbar wie die drehende Beckenbewegung der Tänzer in leichter Kniebeuge. Der Twist wurde von der US-amerikanischen Musikindustrie forciert, als die Popularität des Rock'n'Roll nachließ und brachte wiederum große Umsätze. Eine musikalische Quelle ist der Rhythm & Blues, die typische Choreographie geht auf afrikanische Tänze zurück.

Two Beat [engl., tu: bi:t, wörtlich »Zweischlag«]: metrisches Ordnungsprinzip (→ Metrum) im → archaischen Jazz, im → New Orleans Jazz und im Dixieland (daher auch Two-Beat-Stile); vom Marsch und vom Ragtime übernommen, blieb bis zum Aufkommen des → Beat (Four Beat) Mitte der zwanziger Jahre. Kennzeichnend für den Two Beat ist das marschtypische Betonen der Zählzeiten 1 und 3, wobei jedoch im Unterschied zur Abnahme der Betonungsstärke im $^4/_4$-Takt (1 stärker als 3) beim Two Beat diese beiden Zählzeiten gleichmäßig akzentuiert werden. Innerhalb der Rhythmusgruppe, in der alle vier Zählzeiten gespielt werden, übernehmen Tuba (Baß) und Große Trommel diese Akzentuierung. Bald erfolgte ein zusätzliches, oft noch stärkeres Hervorheben der ursprünglich unbetonten Zählzeiten 2 und 4, bezeichnet als → After Beat (Nachschlag).

Twostep [engl., ′tu:step, wörtlich »Zweischritt«]: zählt mit dem → Cakewalk zu den ersten Tänzen, die um die Jahrhundertwende von Nordamerika kommend in Europa nach und nach die traditionellen Tänze des 19. Jh. ablösten. Musikalisch enthält der Twostep wenig Eigenständiges, vielmehr lehnt er sich rhythmisch wie melodisch an → Ragtime und Cakewalk an (schnelles Tempo, $^2/_4$-Takt, Synkopierung), mit denen er sogar oft in Untertiteln zu gedruckten Kompositionen verbunden wurde (z. B. »Ragtime-Twostep«). Namengebend war die aus dem Cakewalk abgeleitete, mit vereinfachten Polkaschritten kombinierte Choreographie, insbesondere eine aus zwei Schritten bestehende Cakewalk-Figur. Zunächst wurde der Twostep, wie auch die anderen aus den USA importierten Gesellschaftstänze, in den exklusiven Klubs der Reichen getanzt. 1909 gehörte er zum Programm der 1. Weltmeisterschaft im modernen Tanz in Paris. Mit dem Aufkommen des einfacheren → Onesteps um 1910 in Europa verlor der Twostep zunehmend an Popularität.

★ U ★

Übersteuerungseffekt: besonders bei Rock-Gitarristen (→ Hard Rock) beliebter Effekt, der durch starke nichtlineare → Verzerrung in einem Verstärker (besonders Röhrenverstärker) entsteht. Instrumentalverstärker besitzen oft getrennte Lautstärkeregler für Vor- und Endstufe. Den Effekt erzielt man durch maximale Einstellung beim Vorverstärker (Übersteuerung) und entsprechende Reduzierung auf die Endlautstärke durch den Endstufenregler (Mastervolume). Bei Transistorverstärkern tritt dieser Effekt wesentlich später und schwächer auf. Deshalb werden batteriebetriebene Vorverstärker als separates Effektgerät angeboten oder bereits in das Korpus einer E-Gitarre eingebaut (→ Verzerrer). Wird der Effekt jedoch durch die Übersteuerung des Kraftverstärkers (Endstufe) erreicht, so geht ein satter und verzerrter Sound zwangsläufig mit einer hohen Endlautstärke einher. Verminderung der Lautstärke ist durch das Einschleifen eines Dämpfungsgliedes (Power Attenuator) zwischen Verstärker und Lautsprecher möglich, ohne daß der Sound beeinflußt wird. Der Power Attenuator (wörtlich »Kraftdämpfer«) setzt einen Teil der Verstärkerleistung in Wärme um.

Ukulele [hawaiisch]: Zupfinstrument; Kleingitarre portugiesischen Ursprungs (Machete), auf Hawaii und in Abwandlungen auch in Südamerika verbreitet; vier Stahlsaiten, Stimmung: a, d^1, fis^1, h^1 bzw. g, c^1, e^1, a^1, nichttransponierend; Saiten werden mit Metallplektrum (Schlagring) angerissen und mit einem Metallstab (Kamm), nicht mit den Fingern, verkürzt; Einsatz: Folklore, seit den zwanziger Jahren mitunter auch in Tanz- und Unterhaltungsmusik, vereinzelt in Jazz und Rock.

U-Musik: Kürzel für → Unterhaltungsmusik, wird in dieser Form umgangssprachlich oft auch als Oberbegriff für die Genres und Gattungen der → populären Musik gebraucht und so dem für die → artifizielle Musik stehenden Kürzel E-Musik gegenübergesetzt. Rubrizierungen dieser Art haben sich vor allem bei Urheberrechts- bzw. Verwertungsgesellschaften und in der Rundfunkpraxis herausgebildet.

Underground [engl./amerik., ′ʌndəgraund, wörtlich »Untergrund«]: der Begriff wurde Mitte der sechziger Jahre von einigen amerikanischen Rockbands als programmatischer Ausdruck ihres Selbstverständnisses geprägt, die wie Frank Zappas *Mothers of Invention*, die *Fugs* oder *Country Joe & The Fish* aufgrund ihrer antibürgerlichen Grundhaltung, des politischen Anarchismus ihrer Texte und ihres oft auch musikalisch provozierend zur Schau gestellten Nonkonformismus einem Medienboykott ausgesetzt waren und damit tatsächlich so etwas wie einen »musikalischen Untergrund« repräsentierten. Das änderte sich in der zweiten Hälfte der sechziger Jahre, und als 1968 die CBS einen → Sampler unter dem Titel »That's Underground« herausbrachte, wurde aus dem Begriff ein Markenzeichen für radikalen Nonkonformismus in der Rockmusik, das Jimi *Hendrix* (1942–1970) ebenso einschloß wie die avantgardistischen Experimente der Mothers of Invention oder Rockbands in der Art der *MC5*. Underground hatte sich zum Verkaufskonzept der Plattenfirmen gewandelt, das auf den immer größer gewordenen Kreis der Anhängerschaft aus der Studentenbewegung zielte. Stilistisch war das nicht festlegbar, da einerseits die »Botschaften« der Texte hier oft eine größere Rolle spielten als deren musikalische Umsetzung, andererseits die Plattenfirmen in diese Kategorie hineinzustopfen versuchten, was immer nur ging. Musikalisch hat dieser Begriff also kein Äquivalent. Als allzu offensichtlich wurde, daß der Underground als Verkaufskonzept der Musikindustrie kein solcher mehr war und damit als Angebotsetikett auch nicht mehr taugte, verschwand der Begriff wieder aus dem Sprachgebrauch von Musikern, Journalisten und Plattenfirmen. Nach 1969 war davon schon nicht mehr die Rede.

Union Song [engl./amerik., 'juːnjən sɔŋ]: Bezeichnung für die Lieder der amerikanischen Gewerkschaftsbewegungen (von Trade Union = »Gewerkschaft«), die die Arbeiter zum Eintritt in die Gewerkschaften aufforderten. Sie begannen mit der Herausbildung einer organisierten Gewerkschaftsbewegung in den USA Ende des 19. Jh. als Kampflieder der Arbeiterklasse eine große Rolle zu spielen. Als eines der ersten Lieder dieser Art gilt das »Storm the Fort, Ye Knights of Labor«, das in den Reihen der Knights of Labor entstand, einem der ersten nordamerikanischen Gewerkschaftsverbände mit Massenbasis. In den dreißiger und vierziger Jahren wurden

viele dieser Lieder vor allem von Woody *Guthrie* (1912–1967) zu neuem Leben erweckt. Eine Sonderform sind die Streiks begleitenden *Strike Ballads*, von denen einige zu Symbolen der amerikanischen Gewerkschaftsbewegungen wurden, z. B. »Which Side Are You On?« (Almanac Singers).

unisono [ital., wörtlich »im Einklang«]: Parallelbewegung der Stimmen in Primen oder Oktaven (→ Intervall); Arrangiereffekt als Gegensatz zum Satzspiel; stilistisches Merkmal des → Bebop: Die Themen werden meist auf Trompete und Tenorsaxophon im Unisono vorgestellt.

Unterhaltungsmusik: kaum eindeutig festlegbare Form von Hintergrundmusik, die sich ausschließlich funktional, als Hintergrund zu oder für Unterhaltung, definiert. Was das jeweils ist oder sein kann, hängt sehr von den konkreten Bedingungen ab und entsprechend unscharf ist der Begriffsgebrauch. Die Bezeichnung kam für die im zweiten Drittel des 19. Jh. einsetzende Verwendung von Musik in Restaurants und Gaststätten auf, die der Musik eine hauptsächlich atmosphärische Funktion zuwies; sie sollte dem Gast unaufdringlich Kurzweil verschaffen, ihn unterhalten, und zugleich die Gespräche der Gäste akustisch abschirmen. Dafür kristallisierte sich dann mit der → Caféhaus-Musik, nachdem zuvor geeignete Musikstücke von den Kapellenleitern individuell für diesen Zweck bearbeitet worden waren, ein instrumentaler Musiktyp heraus, der dieser atmosphärischen Funktion optimal angepaßt war. Mit dem Aufkommen des Rundfunks in den zwanziger Jahren erweiterten sich die Möglichkeiten für eine solche beiläufige Musikrezeption ganz erheblich und jener instrumentale Musiktyp in der Form des Intermezzos, der Serenade oder des bearbeiteten Tanztitels fand entsprechend den neuen Bedingungen eine Weiterentwicklung im Orchesterarrangement. Zugleich konnten durch das Radio nun auch alle möglichen anderen Musikformen in gleicher Weise als' Hintergrund für die verschiedenen Verrichtungen des Alltags genutzt werden. Die separate Lautstärkeregelung im Rundfunkgerät machte diese Funktion unabhängig von bestimmten akustischen Gegebenheiten, die vordem zu sparsamen und hauptsächlich mit

Streichern besetzten Instrumentalarrangements gezwungen hatten. Unterhaltungsmusik wurde so bis in die fünfziger Jahre zu einem Oberbegriff für alle im Rundfunk gesendeten oder produzierten Formen der populären Musik, ein Begriffsgebrauch, der sich umgangssprachlich mit dem Kürzel → U-Musik weitgehend bis heute erhalten hat. In den fünfziger Jahren setzte mit der Internationalisierung der Rundfunkprogramme, dem Vordringen von Folklore, Jazz und später der Rockmusik aber auch eine Problematisierung dieses ohnehin nur im deutschsprachigen Raum verbreiteten Begriffs ein, wurde doch immer sichtbarer, daß er in der Verwendung als Oberbegriff für die verschiedensten Formen der populären Musik keineswegs geeignet war, die von ihnen jeweils realisierten ganz unterschiedlichen Umgangsweisen mit Musik abzudecken. Andererseits hat sich jener unspezifische instrumentale Musiktyp, der darin aufgeht, Hintergrund zu sein, wofür auch immer, bis heute erhalten und verdient zu Recht die Bezeichnung Unterhaltungsmusik, sofern man darunter ein unaufdringliches, keinerlei Aufmerksamkeit absorbierendes, aber atmosphärisch anregendes Musizieren versteht. Das ist dann naturgemäß nicht an bestimmte musikalische Formen gebunden, schränkt sich aber auf Instrumentalmusik mit dominantem Streicherklang im Arrangement ein.

upbeat [engl., ʼʌpbiːt]: → Auftakt.

uptempo [engl., ʼʌptempou]: Spielanweisung »sehr rasches Tempo«.

Urban Blues [amerik., ʼəːbən bluːz]: → City Blues.

Urheberrecht: nationale und internationale Bestimmungen und Regelungen, die auf dem Gebiet der Musik die Stellung des Urhebers (Autor, Komponist, Texter, Arrangeur) eines Werkes (Titels) in rechtlicher, ökonomischer und sozialer Hinsicht sichern. Das betrifft insbesondere die Wahrung seines geistigen Eigentums und materiellen Interesses bei der Verbreitung bzw. Vervielfältigung durch Massenmedien, Verlage u. a. in Abstimmung mit den gesellschaftlichen Erfordernissen. Im Urheberrecht wird zwischen »geschützten« und »freien« Werken unterschieden. Die Schutzfrist endet im allgemeinen fünfzig Jahre nach dem Tode des Urhebers (z. B. in der DDR), in einigen Ländern erfolgte eine Schutzfristverlängerung (in der BRD z. B. auf siebzig Jahre).
→ Copyright, → Tantiemen.

Valse [franz., vals]: → Walzer.

Valse Boston [franz., engl./amerik., vals ʼbɔstən]: → Boston.

Valve Trombone [engl., vælv trɔmʼboun]: Ventilposaune (→ Posaune).

Vamp [engl., væmp]: ständig wiederholter Akkord oder mehrtaktige Harmoniefolge als Begleitfigur vor einem Solo- oder Ensembleeinsatz.

Variaphon: → Synthesizer.

Varianttonart: → Tonart.

Variation [lat., variatio = »Veränderung«]: die Abwandlung einer vorgegebenen musikalischen Gestalt nach melodischen, harmonischen, rhythmischen, satztechnischen, instrumentatorischen u. a. Gesichtspunkten; grundlegendes Formungsprinzip in der Musik überhaupt. Während bei der → Improvisation dem → Thema eigenständige, individuelle Erfindungen gegenübergestellt werden, entsteht die Variation (oft unter Einhaltung fester Regeln) in enger Beziehung zur Vorlage. Zahlreiche sogen. »Improvisationen«, z. B. im Old Time Jazz, sind lediglich Variationen, da die Melodie nur umspielt bzw. abgewandelt wird.

Variation setzt Wiederholung voraus. Wiederholung im Kleinen (Motivreihung, → Sequenz, → Riff, → Ostinato usw.) und Wiederholung im Großen (AABA-Form, Reprise, gesamtes Thema) sind die wichtigsten Gestaltungsprinzipien im Formaufbau der populären Musik, da das Wiederhören bzw. -erkennen von Bekanntem ein leichteres Rezipieren ermöglicht. Selten treten diese Wiederholungen jedoch notengetreu auf, meist erfolgt eine mehr oder weniger große Veränderung, sei es in einem anderen Rhythmus, in abgewandelter Intervallstruktur, sei es im Arrangement oder im Sound. Dieses Variieren bewirkt einen neuen Hörreiz, es bringt das Alte in veränderter Gestalt. Möglichkeiten dafür sind z. B.

· in der *Melodie* das Verändern von Sequenzen, das Figurieren, Diminuieren und Verzieren, unterschiedliche Offbeat-Phrasierung,
· im *Rhythmus* Austausch von Notenwerten, zusätzliche Akzentuierungen, Takt- und Tempowechsel, Änderung des Begleitrhythmus,
· im *Harmonischen* das Hinzufügen von Zwischenklängen und Zusatztönen, Alterationen, neue Kadenzierung,

· in der *Form* Dehnung oder Straffung der Formteile, Einschieben von Phrasen,
· in der *Dynamik* gegensätzliche Lautstärkegrade,
· im *Arrangement* Lagen- und Registerwechsel, Austausch von Solo- und Tuttistellen, Hinzufügen oder Weglassen von (Gegen-) Stimmen, Tonartwechsel, andere Baßführung, neue Instrumentenkombination,
· im *Sound* andere Registrierung bzw. Klangfarbeneinstellung, Zuschaltung von Effektgeräten.

Variationsfolgen (Zyklen) nach Vorbildern aus den artifiziellen Bereichen waren besonders für Soloinstrumente mit Orchesterbegleitung als virtuose Bravourstücke in der Unterhaltungs-, Blas- und Salonmusik des 19. Jh. beliebt, z. B. die unzähligen Variationen über das Thema »Karneval in Venedig«.

Varieté [franz., varie′te]: bühnengebundene Veranstaltungsform unterhaltsamen Charakters, die sich aus einem vielfältigen Ensemble von Einzelelementen unterschiedlicher Kunstgattungen sowie sportlichen und zirzensischen Darbietungen zusammensetzt. Akrobatik, Musik, Tanz, Wort und Magie sind hier in loser Folge nach dem Nummernprinzip zu einem abendfüllenden Programm vereint, dessen Un-

Girl-Tanz (Fernsehballett Berlin)

terhaltungswert in der Vielfalt des Dargebotenen besteht. Als Programmform findet es sich bereits im 18. Jh. in englischen Kneipen, Wirtshaustheatern, Pubs (Bierlokalen) und sogen. Song and Supper Rooms, Gaststätten mit Gesangseinlagen. Als eigenständige Veranstaltungsform etablierte es sich mit der Herausbildung der britischen → Music Halls Mitte des 19. Jh. Ähnlich verlief die Entwicklung auch in Frankreich, nur daß der Ausgangspunkt hier in den Pariser Konzert-Cafés lag. Selbst die Bezeichnung Music Hall wurde in Frankreich übernommen, während der Begriff Varieté dem Vaudeville-Theater (→ Vaudeville) vorbehalten blieb. In Deutschland waren die in der zweiten Hälfte des 19. Jh. entstandenen, den britischen Music Halls vergleichbaren Singspielhallen der Ausgangspunkt der Varieté-Entwicklung. Hier wurde auch der französische Begriff dafür eingeführt, der sich um die Jahrhundertwende dann allmählich international durchzusetzen begann. Die Funktion des Varietés für die Entwicklung der populären Musik besteht vor allem in der in seinem Zusammenhang erfolgten Herausbildung des Gesangsstars. In musikalischer Hinsicht selbst ist es kaum prägend geworden, da seinem Charakter entsprechend mehr oder weniger alle jeweils aktuellen Formen der populären Musik als Programmbestandteil eingesetzt werden konnten. Lediglich das populäre Lied, in Frankreich vor allem das → Chanson, sonst hauptsächlich der → Schlager, fand in den zehner und zwanziger Jahren auch im Varieté einen relativ eigenständigen Platz. Weit wichtiger war dafür dann allerdings die → Revue, das musikalische Gegenstück zum Varieté.

Vaudeville [franz., vod'vil]: der Begriff bezeichnete ursprünglich die als Einlagen in die Volkskomödien eingebauten populären Lieder, später nur noch die in den Komödien üblichen abschließenden Rundgesänge, dann die Singspiele in den Volkstheatern, schließlich diese Theater selbst, aus denen im Verlauf des 19. Jh. Unterhaltungsbühnen in der Art des → Varieté, jedoch mit stärkerem Akzent auf den musikalischen Darbietungen, wurden. Die Herkunft des Begriffs selbst ist ungeklärt, leitet sich wahrscheinlich aber von *voix de ville* (= Stimme der Stadt) ab, zumal die in die Komödien eingebauten Lieder tatsächlich so et-

was wie die »Stimme des Volkes« repräsentierten. In diesem Sinne wurde er schon im 16. Jh. für die Liedeinlagen in den Stegreifspielen italienischer Komödianten benutzt, die in jener Zeit zahlreich in Paris gastierten. *Opéra en vaudeville* oder *Comédie vaudeville* nannte man im frühen 18. Jh. dann die Vorläufer der komischen Oper, wogegen die volkstümlichen Singspiele in Frankreich inzwischen Vaudeville hießen, mit Bezug auf die schon zuvor verbreiteten abschließenden Rundgesänge, in denen die auf der Bühne agierenden Personen die Moral des Stücks mit einem Refrain zum Mitsingen fürs Publikum vortrugen. 1791 wurde in Paris das *Théâtre de Vaudeville* gegründet, das bis 1925 bestand und der unterhaltenden Komödie, der Vaudeville-Komödie gewidmet war. Vaudeville als Stätte der Bühnenunterhaltung, im Unterschied zum ernsthaften oder jedenfalls ernstzunehmenden Theater, als der moralischen Anstalt des Bürgertums, und auch im Unterschied zum Musiktheater, weil mehr als nur Musik umfassend, so wurde der Begriff außerhalb Frankreichs übernommen und begründete besonders in Nordamerika die Tradition der massenwirksamen Unterhaltungsbühne, in denen zunächst die → Minstrel Shows, später musikalische Bühnenunterhaltung der verschiedensten Art (→ Vaudeville Blues) eine Heimstatt fanden. In den USA verwischten sich dabei die Grenzen zwischen der britischen → Music Hall, dem französischen Vaudeville und dem → Varieté weitgehend. Die amerikanischen Vaudeville-Theater, die gelegentlich auch Music Hall genannt wurden und zumeist eigentlich Varieté betrieben, gingen schließlich in den späteren Musical-Bühnen (→ Musical), den Nightclubs und Cabarets auf.

Vaudeville Blues [amerik., 'voudəvil blu:z], auch *klassischer Blues*]: städtischer Bluestyp, der sich etwa um die Jahrhundertwende auf den Varieté-Bühnen der Vaudeville-Theater (→ Vaudeville) in den amerikanischen Großstädten herausgebildet hat. Die volksmusikalische Tradition des Blues (→ Country Blues) wurde hier zu einer komponierten Form der Bühnenunterhaltung, die auf die Praxis der Theatersongs zurückging. Darin lag der Beginn für eine eigenständige Entwicklung des Blues unter den sozialen Bedingungen der von der Industrieproduktion in den Großstädten geprägten Lebensweise (→ City Blues). Hier aber beginnt auch die kommerzielle Verwertung dieser Musik, setzt ihre Verbreitung durch die Massenmedien auf einem spezialisierten Markt für schwarze Käufer ein (→ Race Music), was die Festlegung auf ein standardisiertes Formmodell, der → Bluesformel, zur Folge hatte. Der mit der Massenproduktion des Blues zunächst als Notendruck, später auf Schallplatte, ständig steigende quantitative Bedarf zog professionelle Texter und Komponisten an, die zu den ursprünglichen volksmusikalischen Traditionen oft nicht den geringsten Kontakt hatten und sich stattdessen an formalen Momenten orientierten, die sie für typisch und charakteristisch hielten. So wurde die dreiteilige zwölftaktige Bluesform schließlich zu einem verbindlichen Muster. Als erster gedruckter Blues dieser Art gilt der 1912 veröffentlichte »Memphis Blues« von William Christopher *Handy* (1873–1958). Zunächst waren es hauptsächlich Weiße, die die Verlage mit Blueskompositionen belieferten; vor allem Irving *Berlin* (geb. 1888) und Walter *Donaldson* (1893–1947). Später setzten sich hier mit Perry *Bradford* (1893–1970), James P. *Johnson* (1891–1955), Noble *Sissle* (1889–1976) und Clarence *Williams* (1893 bis 1965) auch farbige Musiker als Autoren durch.

Die musikalischen Veränderungen gegenüber dem ländlichen Country Blues hatten eine we-sentliche Ursache aber auch in den Bedingungen der Bühnendarbietung. So verlagerte sich das Schwergewicht jetzt auf die Interpretation, denn dieser Blues wurde für professionelle Bühnensänger, in der Hauptsache Frauen, geschrieben. Damit die Stimme in den Theatersälen wirklich trug, denn technische Hilfsmittel kannte man ja noch nicht, ist die melodische Gestaltung jetzt vor allem auf Tragfähigkeit der Stimme, das heißt auf große Melodiebögen, angelegt worden. In der Begleitung begannen sich analog Klavier bzw. kleine Bands aus dem typischen Jazzinstrumentarium dieser Zeit (Klavier, Posaune, Trompete, Klarinette) durchzusetzen. Ein charakteristisches Beispiel für diesen Bluestyp ist etwa W. C. Handys »Empty Bed Blues« (1931).

Eingang gefunden in die zahlreichen Vaudeville-Theater hatte der Blues zunächst durch die → Minstrel-Shows. Gertrude »Ma« *Rainey* (1886–1939) – Sängerin bei den *Rabbit Foot Minstrels* aus Port Gibson, Mississippi – soll schon 1902 einen Blues in ihr Programm aufgenommen haben. Danach spezialisierte sie sich auf ein solches Repertoire und wurde so zur ersten Bühneninterpretin dieser Musik. Eine große Rolle für die Verbreitung und Popularisierung des Blues auf den Bühnen der Vaudeville-Theater spielte dann die 1909 gegründete *Theatre Owners and Bookers Association* (T. O. B. A.), ein Tournee-Theaterunternehmen für das schwarze Publikum im Süden, das fast alle späteren Sängerinnen des Vaude-

Ma Rainey
mit der Georgia Jazz Band

Bessie Smith

ville Blues durchlaufen haben. 1920 erschien schließlich auch die erste Schallplattenproduktion dieser Musik, der »Crazy Blues« von Perry *Bradford* mit Mamie *Smith* (1883–1946) und ihren *Johnny Dunn's Original Jazz Hounds.* Mit dem Erfolg dieser Aufnahme – sie wurde schon im ersten Monat nach ihrem Erscheinen mehr als fünfundsiebzigtausendmal verkauft – etablierte sich etwa ab 1922 eine solche Schallplattenproduktion afroamerikanischer Musik eigens für eine schwarze Käuferschicht (→ Race Records). Zu den herausragenden Interpretinnen dieses Bluestyps, die ihm im nachhinein auch das Attribut »klassisch« eingebracht haben, gehörten dann neben Gertrude »Ma« Rainey und Mamie Smith vor allem Ida *Cox* (1889–1968), Clara *Smith* (1894–1935) und »The Empress of the Blues« (die Kaiserin des Blues) Bessie *Smith* (1894?–1937). Sie vermochten mit ihren Interpretationen trotz der hier einsetzenden Tendenz zur Kommerzialisierung und standardisierten Massenproduktion dem Blues die individuelle Authentizität des subjektiven Ausdrucks sozialer Erfahrungen zu erhalten. Ihr Ende fand diese Entwicklung – von vereinzelten Ausläufern in den dreißiger Jahren abgesehen – mit dem Zusammenbruch der amerikanischen Schallplattenindustrie während der Weltwirtschaftskrise 1929 bis 1933. Die meisten der vorwiegend kleineren Firmen, die die Produktion des Vaudeville Blues in den zwanziger Jahren getragen hatten, mußten Bankrott anmelden und danach ging unter dem Einfluß der Marktpolitik der großen Schallplattenkonzerne dieser Bluestyp in eine Form der kommerziellen Unterhaltungsmusik über.
→ Blues.

VCA, VCF, VCO: → Synthesizer.

Velvet Mute [engl., ′velvit mju:t]: »samtiger, weicher« → Dämpfer.

Ventil [lat., ventus = »Wind«]: mechanische Vorrichtung zur Regulierung des Luftstroms in Orgel und Blasinstrumenten. Um auf Blechblasinstrumenten eine lückenlose chromatische Skala ausführen zu können, erfanden F. Blühmel und H. Stölzel die Pumpventile (franz. pistons), die die Zuschaltung von kleineren Rohrwindungen ermöglichten, verbessert 1839 vom Franzosen E.-F. Périnet. Auch die später konstruierten Zylinder- oder Drehventile erfüllen diese Funktion. Die Mehrzahl der Blasinstrumente verfügt über drei Ventile. Die Rohrverlängerung bewirkt eine Erweiterung des Tonraums nach unten (analog dem Herausziehen des Posaunenzugs): 1. Ventil = Ganztonschritt, 2. Ventil = Halbtonschritt, 3. Ventil = $1\frac{1}{2}$-Tonschritt, 4. Ventil (bei tiefen Instrumenten) = $2\frac{1}{2}$-Tonschritt. Durch Kombination, z. B. bei Trompete:

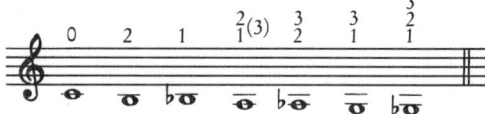

Dem Ausgleich von instrumentenbedingten Intonationsschwierigkeiten dienen mitunter sogen. Kompensationsventile. Durch Umschaltventile kann die Grundstimmung des Instruments verändert werden (z. B. Quartventil an der Posaune, Umschaltventil von F- zu B-Tuba usw.).
→ Half Valve Technique.

Verse [engl., və:s, deutsch »Vers, Strophe«]: Schlager und → Popular Songs gliedern sich in zwei Teile: Verse (A) und → Refrain (B). In den Versen werden die dem Refrain zugrunde liegenden Gedanken textlich vorbereitet, präzisiert, erweitert oder in Handlung umgesetzt. Der im Vers aufgebaute musikalische Spannungsbogen (häufig mit Dominantschluß) drängt zur Weiterführung in den Refrain. Für das Improvisieren wird meist der Refrain (→ Chorus) genutzt, deshalb sind die → Jazzstandards und Evergreens meist nur als Refrain überliefert.

Verstärker [engl. amplifier, Abk. *amp*]: Die in allen Bereichen der Tonübertragungstechnik anzutreffenden Verstärker sind elektronische Schaltungsanordnungen, in denen aktive Bauelemente (Röhren, Transistoren, integrierte Schaltkreise) enthalten sind. Die Aufgaben und Eigenschaften von Verstärkern sind äußerst vielfältig und lassen sich aus der Bezeichnung spezieller Geräte bereits ableiten: Leistungsverstärker (→ Endstufe), Trennverstärker, → Regelverstärker, spannungsgesteuerter Verstärker, (VCA, → Synthesizer), Vorverstärker, Verzerrerverstärker, Baßverstärker, → Instrumentalverstärker, Wiedergabeverstärker. Verstärker haben prinzipiell die Eigenschaft, Eingangssignale (elektrische Spannungen, Ströme, Leistungen) auf ein höheres Niveau anzuheben. Das Verhältnis zwischen Ausgang und Eingang wird als Verstärkungsgrad in dB oder als Faktor angegeben.

Vertreterklänge [auch *Substitutklänge*]: in der → Harmonik der populären Musik verwendetes Akkordmaterial, das anstelle der Hauptdreiklänge (T, S, D bzw. I, IV, V) als harmonische Bereicherung erscheint. Vertreterklänge sind z. B. die Parallel-, Gegen- und Variantklänge (→ Kadenz), im Jazz auch die sogen. Tritonusdominante (Dominantsubstitut), z. B. für $G^7 - C Db^7 - C$.

Verzerrer (auch *Blender, Distortion, Fuzz, Overdrive* oder *Screamer*): elektronisches → Effektgerät, das zum Erzielen von Übersteuerungseffekten eingesetzt wird, ohne dabei auf die ursprüngliche Verfahrensweise (Übersteuerung der Vorstufe eines Kraftverstärkers) zurückzugreifen (→ Übersteuerungseffekt, vgl. auch → Verzerrungen). Mit einem zusätzlichen Verzerrer ist der Verzerrungsgrad unabhängig von der Endlautstärke beliebig einstellbar. Erreicht wird der Effekt durch die Ausnutzung nichtlinearer Kennlinienbereiche eines Transistorverstärkers. Es entstehen Klirrverzerrungen, so daß im Ergebnis ein einzeln gespielter Ton zwar noch erkennbar bleibt, Akkorde jedoch fast Geräuschcharakter erhalten.

Moderne Verzerrer in Form kleiner, zwischen Instrument und Verstärker zu schaltender Zusatzgeräte können hinsichtlich des Verzerrungsgrades, des Klanges und der Lautstärke geregelt werden. Spezielle Verzerrer sind dafür ausgelegt, den Sound von übersteuerten Röhrenverstärkern nachzubilden. Trotzdem benutzen einige Gitarristen nach wie vor Röhrenverstärker zur Erzielung von Übersteuerungseffekten. Verzerrer eignen sich aufgrund ihres aggressiven verschwommenen Klangergebnisses vorwiegend für den Einsatz bei Solopassagen (vor allem bei E-Gitarren). Sie wurden vor allem im Bereich des Hard Rock – in den zweitaktigen Gitarrenriffs z. B. bei *Deep Purples* »Smoke on the Water« (1972), *Rolling Stones* »Satisfaction« (1965) oder sämtlichen Titelanfängen von der *AC/DC*-LP »Highway to Hell« (1979) – und des Psychedelic Rock teilweise in übertriebener Häufung verwendet.

Verzerrungen: Als Verzerrung wird allgemein jede Art einer Veränderung des originalen Tonsignals bezeichnet. Man muß davon ausgehen, daß selbst die besten Übertragungsketten nicht verzerrungsfrei arbeiten können. Das Ziel technischer Entwicklung liegt deshalb darin, das Maß der Verzerrungen unter Beachtung hörphysiologischer und -psychologischer Gesetzmäßigkeiten in sinnvoller Weise so gering zu halten, daß sie nicht wahrnehmbar werden. Verzerrungen sind nicht in jedem Falle negativ zu bewerten, da sie in bestimmten Fällen als bewußt erzeugtes Mittel (z. B. durch → Filter, → Equalizer, → Verzerrer, → Ringmodulator) zur Klanggestaltung dienen. Man unterscheidet grundsätzlich lineare und nichtlineare Verzerrungen. Lineare Verzerrungen entstehen, wenn der übertragene Pegel frequenzabhängig ist, wenn also bestimmte Frequenzbereiche bevorzugt, andere gedämpft werden. Sie sind Folge der nicht ideal geradlinigen Frequenzgänge aller Glieder der Übertragungskette (Mikrophone, Lautsprecher, Verstärker, Magnettonbandgeräte). Durch lineare Verzerrungen hervorgerufene Veränderungen können durch → Klangregelung annähernd wieder ausgeglichen werden. Diese Möglichkeit besteht bei nichtlinearen Verzerrungen nicht. Diese treten an Bauelementen mit nichtlinearen Übertragungskennlinien auf und sind dadurch gekennzeichnet, daß zusätzliche Obertöne (Harmonische) und nichtharmonische Summen- und Differenztöne (Kombinationstöne) entstehen.

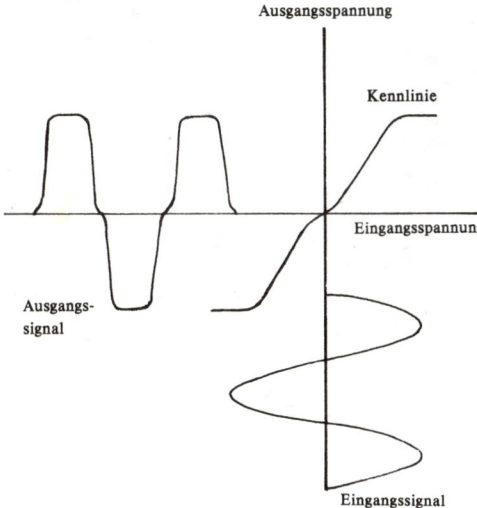

Das gebräuchlichste Maß für die nichtlinearen Verzerrungen ist der → Klirrfaktor. Im Studio wird häufig auch der Differenztonfaktor gemessen. In der Übertragungs- und Speichertechnik sind nichtlineare Kennlinien sehr häufig anzutreffen (z.B. Kennlinien von Transistoren und Röhren, Magnetisierungskurve des Magnetbandes). Dennoch ist nicht ständig ein »Zerren« zu hören. Die Schaltungen sind so ausgelegt, daß der gesamte zu übertragende Pegelbereich bis zum Maximalpegel von +6 dBm oder darüber hinaus (Reserve) den linearen oder quasilinearen Abschnitt der Kennlinien nutzt. Wird ein gewisser Eingangspegel überschritten, hat der nichtlineare Bereich der Kennlinie Einfluß. Man spricht von Übersteuerung. Nichtlineare Verzerrungen verursacht auch das menschliche Ohr. Es werden subjektive Ober- und Kombinationstöne gebildet. Das läßt sich leicht beim Hören mehrerer hoher Sopranstimmen beobachten.

Verzierungen: zur Abwandlung (→ Variation) bzw. Ausschmückung einer Melodie eingefügte Töne oder Tongruppen. Die in der artifiziellen Musik standardisierten, der europäischen Musiktradition entstammenden Verzierungen wie Vorschlag, Nachschlag, Triller,

Pralltriller, Mordent, Doppelschlag u. a. werden in den von afrikanischem bzw. afroamerikanischem Einfluß überlagerten Bereichen der populären Musik nur gelegentlich verwendet (z.B. in Klaviermusik, in Bebop-Themen). Bei der Melodievariation im Old Time Jazz zeigen sich – wie analog später auch im modernen Jazz und in der Rock- und Popmusik – ausschmückende Elemente z. B. im Verschleifen der Töne (→ glissando, → smear), Ziehen bzw. Fallenlassen von Tonhöhen (→ bend, → lift, → rip, → whip, → off pitchness), → Dirty Tones, → growl u. a. → Effekte. Ebenso können rhythmische Melodieveränderungen (→ offbeat, Tonwiederholungen, → arpeggio) verzierenden Charakter erhalten. Verzierungen werden vor allem bei Wiederholung bereits gehörter, also bekannter Formteile eingefügt, um dem Hörer einen neuen Reiz zu bieten, andererseits dienen sie als ein ausdrucksteigerndes Gestaltungsmittel.

Verzögerungsgerät [auch *Delay Unit]:* Gerät, das elektrische Tonsignale erst nach kurzzeitiger Speicherung weitergibt. Bei längeren Verzögerungszeiten entstehen → Echos. → Echogeräte sind also spezielle Verzögerungseinheiten. Da die meisten elektronischen Verzögerungsmittel kurze und auch lange Zeiten realisieren, tauchen beide Bezeichnungen für ein und dasselbe Gerät auf. Zum Verzögern von Tonsignalen können Bandmaschinen dienen, die damit eine Nebenfunktion erfüllen. Der Abstand zwischen Aufzeichnungs- und Wiedergabekopf und die Bandgeschwindigkeit bestimmen den Zeitversatz. Es gibt auch spezielle Verzögerungsmaschinen, bei denen der Abstand der Tonköpfe veränderlich ist. Elektronische Verzögerungsgeräte können wesentlich vielseitiger sein. Das Tonsignal wird entweder in analoger Form von sogen. Eimerkettenschaltungen oder als digitales Signal gespeichert. Neben der Wahl der Verzögerungszeiten in einem großen Bereich besteht die Möglichkeit, sie durch → Oszillatoren zu steuern. Analoge und digitale Delays werden im Studio häufig zum Verzögern des → Nachhalls verwendet, um den Eindruck eines größeren Raums zu erzielen. Sie können aber auch zur künstlichen Dopplung von Gesangs- und Instrumentalstimmen dienen. Wenn die Verzögerungszeit von einem Zufallsgenerator

gesteuert wird, entstehen durch die unregelmäßig wechselnde Zeitverschiebung zwischen
Original- und zugemischtem verzögerten Signal geringfügige Lautstärke- und Frequenz-
unterschiede, die zu einer chorischen Klangwirkung führen. Durch schnelle periodische
Änderung der Verzögerungszeit (vom Oszillator gesteuert) lassen sich Phasing-Effekte erzielen (→ Phaser).

Vibraphon, Abk. *vb, vib* [lat., vibrare = »zit-
tern«; engl. Kurzform vibes]: Metallstabspiel;
1916 in den USA konstruiert (noch ohne Pe-
daldämpfung), als Vibraphone seit den dreißiger Jahren bezeichnet (mit Pedal); abgestimmte Metallplatten (ca. 4–5 cm breit,
1,2 cm stark, Länge entsprechend der Tonhöhe) in Klaviaturform in einem Gestellrah-
men angeordnet. Unter jeder Klangplatte ist
eine Metallresonanzröhre angebracht (Abmes-
sung entsprechend der Tonhöhe), an deren
oberem Ende eine durch einen Elektromotor
angetriebene Metallscheibe in einstellbaren
Geschwindigkeiten rotiert, d. h. die Röhre periodisch öffnet und schließt. Dadurch entsteht
nach dem Anschlag ein regelbarer Vibratoeffekt. Der lange Nachhall kann durch eine mit
dem Pedal zu bedienende Dämpfungsvorrichtung verkürzt werden. Anschlagmittel: spezieller Schlegel mit Gummiköpfen (auch Filz, Le-
der u. a.); Tonumfang: f–f^3 (nichttransponierend); Melodie- und Akkordspiel.
Das Vibraphon eroberte sich aufgrund seiner
Klangeigenschaften einen achtbaren Platz im
Jazzinstrumentarium, besonders im modernen
Jazz. Hauptvertreter sind Lionel *Hampton*
(geb. 1913) und Milt *Jackson* (geb. 1923).

Milt Jackson

Hampton hat das Instrument in der Swing-Ära
der dreißiger Jahre (vorwiegend in Benny-
Goodman-Combos) populär gemacht und repräsentiert die vitale, expressive Spielweise.
Jackson, vor allem als Vibraphonist des *Modern Jazz Quartet* bekannt, besticht durch seine
vorwiegend in langsamen Balladen hörbare
komplizierte Harmonik und die ideenreichen
Improvisationen. Für viele Nachfolger (z. B.
Gary *Burton*, Tom van der *Geld*, geb. 1947, und
Walt *Dickerson*, geb. 1931) gilt er als Orientie-
rungspunkt, auch wenn sich Spieltechnik und
-auffassung beträchtlich weiterentwickelt haben. Gary *Burton* (geb. 1943) bezog das Instrument (auch mit elektrischer Verstärkung) in
den Jazz Rock ein, vgl. die LP »Good Vibes«
(1970). Einsatz fand das Vibraphon weiterhin
(als Zusatzinstrument) in der Tanz- und Barmusik der fünfziger/sechziger Jahre, namentlich unter dem Einfluß des Klangbilds des
George Shearing Quintet.

vibrato [ital., wörtlich »gebebt«]: geringes,
gleichmäßiges Verändern der Tonhöhe (= Frequenzvibrato); wichtiges musikalisches Gestaltungsmittel im Gesang und Instrumentalspiel; dafür oft spezielle Vorrichtungen (z. B.
Vibratohebel an der E-Gitarre, Regelschalter
in E-Orgeln, Modulationsgenerator im Synthesizer). Ein vibratoähnlicher Effekt – das

Vibraphon

Tremolo – entsteht durch rasche Lautstärke-veränderung (= Amplitudenvibrato), z. B. beim Vibraphon.

Videoclip [engl., ˈvidiouklip]: ursprünglich für Werbezwecke im Fernsehen auf Videoband produzierte musikalisch-optische Version eines Musiktitels. Mit der Verbreitung der Videotechnik in den letzten Jahren, der Heimvideorecorder, werden solche optisch umgesetzten Versionen von Pop- und Rockmusik nun inzwischen auch in Zusammenstellungen analog der Schallplatte als → Music Video vertrieben. Obwohl damit nun Schallplatten parallel bereits auch als Videokassette erscheinen, spezielle Fernsehsendungen entstanden sind und mit dem Music Television Channel in den USA sogar ein Kabelfernsehkanal rund um die Uhr mit Videoclips gefüllt ist, hat sich die optische Seite noch kaum von den Klischees der Werbung gelöst. Der Sänger oder die Sängerin als Star in einer zum Titelinhalt mehr oder weniger passenden Umgebung und eingebettet in ein auf größtmögliche ästhetische Attraktivität zielendes Sammelsurium optischer Reize bildet hier nach wie vor den allgemeinen Standard. In der Möglichkeit Musik auch optisch umsetzen und als Videokassette massenhaft verbreiten zu können, verbunden mit den Möglichkeiten der Videotechnik auch zur elektronischen Bildsynthetisierung, liegen zweifellos aber Perspektiven, deren Reichweite heute noch gar nicht absehbar ist.

Videodisc: [engl., ˈvidiondisk]. Bildplatte, 1978 in den USA unter der Bezeichnung *Magnavision* als Gemeinschaftsprojekt des niederländischen Philips-Konzerns und der amerikanischen Plattenfirma MCA kommerziell eingeführt, nachdem 1971 bereits ein von der Telefunken-AG und der Schallplattenfirma Decca unter der Bezeichnung *TED* entwickeltes System auf dem Musikmarkt gescheitert war. Seither gibt es international eine ganze Reihe unterschiedlicher Videodisc-Systeme (*Selecta Vision* von RCA, weiter Sony, JVC, Matsushita), die, obwohl nicht kompatibel (die Platten passen immer nur auf die Geräte des jeweiligen Herstellers), doch alle nach dem gleichen Grundprinzip arbeiten. Die ähnlich der → Compact Disc mit einem Laserstrahl abgetasteten Platten enthalten in digita-

lisierter Form (→ Digital Recording) neben der musikalischen noch zusätzlich eine visuelle Information, die nach Abtastung getrennt voneinander verarbeitet werden und dann Musik und Bild gleichzeitig wiedergeben. Die gegenüber der Videokassette (→ Music Video) relativ hohen Kosten für Wiedergabegeräte wie Platten stehen der Verbreitung der Bildplatte außerhalb spezieller Anwendungsgebiete (Computer-Kommunikation, Wissenschaft) derzeit noch entgegen, so daß die Videodisc trotz entsprechender Anstrengungen seitens der Musikindustrie für die populäre Musik ein nach wie vor nur untergeordneter Faktor ist. Bedeutung hat sie hier eigentlich nur im Zusammenhang mit den Videodisc-Automaten, die analog der → Music Box öffentlich aufgestellt sind und nach Einwurf entsprechender Münzen die jeweils gewählte Platte automatisch zum Abspiel bringen. Aber auch da hat sie sich gegenüber der Videokassette als selbständiges Medium nicht profilieren können, d. h. was optisch hier zur Musik abläuft, unterscheidet sich in keiner Weise von den vorproduzierten Videokassetten.

Viertelnoten-Beat: → Beat.

Viola, Abk. *va* [ital., auch *Bratsche*]: Streichinstrument, Alt der Violinfamilie; Stimmung der vier Saiten: c, g, d¹, a¹; Tonumfang: c – a³ (mit → Flageolett bis e⁴); Notierung: nichttransponierend im Alt- und Violinschlüssel; zur Struktur: → Violine, etwas größeres Korpus.
In der populären Musik nur in Verbindung mit Violine oder anderen Streichinstrumenten verwendet, z. B. als Begleitinstrument (→ Nachschlag mit 2. Violinen) in den Strauß-Walzern, als Background oder Melodiesatz. Als Solist trat im Rock der experimentierfreudige John *Cale* (geb. 1942) mit seiner elektrisch verstärkten Viola in der Gruppe *The Velvet Underground* (1965–1968) hervor.

Violine, Abk. *v, vi* [ital. violino, engl. violin, umgangssprachlich *Geige*]: Streichinstrument, Sopran der Violinfamilie; Stimmung der vier Saiten: g, d¹, a¹, e² ; Tonumfang: g – a⁴ (mit → Flageolett bis d⁵); Notierung: nichttransponierend im Violinschlüssel. Die Struktur zeigt unsere umseitige Abbildung.

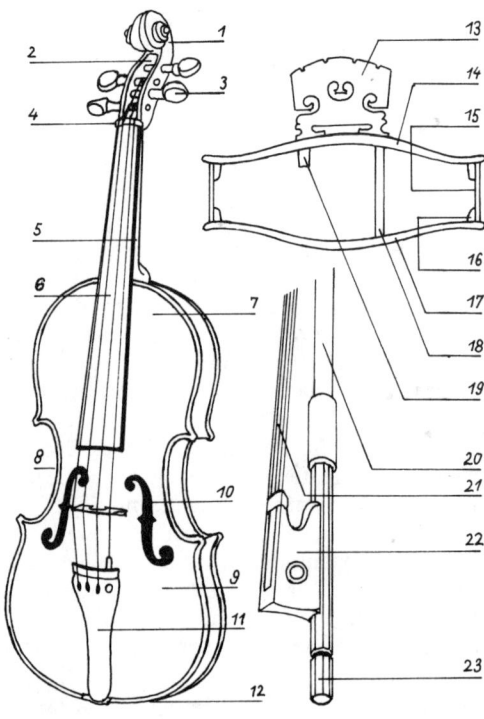

1 Schnecke
2 Wirbelkasten
3 Wirbel
4 Obersattel
5 Hals
6 Griffbrett
7 Oberbügel
8 Mittelbügel
9 Unterbügel
10 F-Loch
11 Saitenhalter
12 Untersattel
13 Steg

14 Decke
15 Zarge
16 Reifchen
17 Boden
18 Stimme
19 Baßbalken

Bogen:
20 Stange
21 Bezug
22 Frosch
23 Schraube

Die Violine nimmt in der Tanz- und Unterhaltungsmusik des 19. Jh. jene dominierende Stelle ein, die heute die Gitarre in der Rockmusik inne hat. Die führenden Musiker, Kapellenleiter und Komponisten (meist in Einheit) waren Geiger (→ Stehgeiger), als Beispiele seien Joseph *Lanner* (1801–1843) und Johann *Strauß* (*Vater*, 1804–1849, und *Sohn*, 1825–1899) genannt. Die spieltechnischen Möglichkeiten des Instruments prägten einen Großteil der Kompositionen (vgl. Strauß-Walzer: »geigerische« Melodien, Wahl der Tonarten usw.). Das trifft ebenso auf die

kleinen Ensembles zu (→ Schrammelmusik). Der Stellenwert der Violine ist auch aus der Struktur der → Druckarrangements ersichtlich; sowohl in der → Pariser wie auch in der → Wiener und → Berliner Besetzung führt die Violine (→ obligat). Diese Tradition lebte auch auf amerikanischem Boden fort. So finden sich vereinzelt in den Ragtime- und New-Orleans-Bands Geiger, die jedoch bald den Bläsern weichen mußten. Seither nimmt die Violine eine gewisse Sonderstellung im Jazz ein. Der erste bedeutende Jazzgeiger war Joe *Venuti* (1904–1978), der schon 1926/27 durch sein virtuoses Spiel und seine Akkordtechnik Aufsehen erregte (vgl. die Duos mit dem Gitarristen Eddie Lang). In den dreißiger Jahren profilierte sich als Mitglied des berühmten *Quintette du Hot Club de France* Stéphane *Grappelly* (geb. 1908) als einer der besten europäischen Jazzgeiger. Stuff *Smith* (1909–1967), dessen derbes, rhythmisch forciertes Spiel im Kontrast zu Venuti und Grappelly stand, nutzte als erster die Möglichkeit der elektrischen Verstärkung (Kontaktmikrophon an der Decke der Violine). Zu den wichtigsten Persönlichkeiten, die letztlich in den sechziger Jahren eine »Geigenwelle« im Jazz (und Jazz Rock) auslösten, gehören der Franzose Jean-Luc *Ponty* (geb. 1942), der Pole Zbigniew *Seifert* (1946–1979) und der Franzose Didier *Lockwood* (geb. 1956).

Als *Fiedel* (nicht mit der historischen Fidel zu verwechseln) bzw. *Fiddle* bezeichnet, gehört die Geige nach wie vor zum Volksmusikinstrumentarium mit z. T. abweichender Spielweise und -haltung. Man begegnet ihr letztlich

Jean-Luc Ponty

Georgie Gogow (City/Enno)

überall in Europa, besonders aber in Irland, Schottland, England und Skandinavien. Von dort kam sie auch mit den Auswanderern nach Amerika, wo sie seither zum unverkennbaren Klangbild der → Country Music gehört. Eine Vielzahl unterschiedlicher Fiddle Styles entstand. Wohl namhaftester Vertreter ist der in Nashville beheimatete Vassar *Clements* (geb. 1928). Sein »Lonesome Fiddle Blues«, vor allem aber der mit dem Gitarristen Doc Watson eingespielte »Black Mountain Rag« sind bleibende Dokumente des → Bluegrass. In Weiterführung dieser folkloristischen Traditionslinie fand die Violine Eingang in die Rockmusik, zuächst in den → Folk Rock der sechziger Jahre in den USA und England, bald aber auch in den → Jazz Rock. Hier muß an erster Stelle der schon erwähnte *Ponty* zitiert werden, der seinem Instrument auch durch elektronische Möglichkeiten neue Klangqualitäten entlockte – Belege dafür sind die in Zusammenarbeit mit Frank Zappa entstandenen LPs »Aurora« (1976) und »Enigmatic Ocean« (1977). Neben ihm sind Jerry *Goodman* (geb. 1943; zunächst bei *The Flock*, dann im *Mahavishnu Orchestra* u. a.) und Don Sugarcane *Harris* (geb. 1938) zu nennen (z. B. LP »Fiddler on the Rock«, 1971). Eine Synthese aus traditionellen Streichertechniken und rockästhetischen Klangvorstellungen bildet das von Georgie *Gogow* eingespielte Solo im Titel »Am Fenster« (1978) der Gruppe *City*. Mit nachgerade artistischem Können begeistern immer wieder die Geigensolisten von

Folkloreensembles aus den Balkanländern und von Zigeunerkapellen (Primás = Vorgeiger). Das Violinspiel prägt z.B. auch die Melodik des → Csárdás.

Der Einsatz der Violine in der gegenwärtigen Tanzmusikpraxis beschränkt sich weitgehend auf das Tanzstreichorchester bzw. auf Backgroundfunktion bei Schlagerproduktionen. Als Solist trat u. a. Helmut *Zacharias* (geb. 1920) hervor.

Violoncello, Abk. *vc* [ital., violon'tʃɛlo, Kurzform *Cello*]: Streichinstrument, Baß (Tenor) der Violinfamilie; Stimmung der vier Saiten: C, G, d, a (also eine Oktave tiefer als die der → Viola); Tonumfang: C – a^2 (mit → Flageolett bis a^4); Notierung: nichttransponierend im Baß-, Tenor- und Violinschlüssel; zur Struktur: wie → Violine, entsprechend größere Dimensionen, wird auf dem Boden mit einem Stachel aufgesetzt.

In der populären Musik des 19 Jh. wurde das Violoncello als Melodie- und Baßinstrument eingesetzt, z. T. auch in kleinen Besetzungen (→ Klaviertrio). Heute ist es in diesem Sinne in den Unterhaltungsensembles anzutreffen. Im Jazz begannen zunächst in den vierziger Jahren Bassisten das Instrument als Zusatzinstrument heranzuziehen: Harry *Babasin* (geb. 1921), der 1947 das Violoncello mit → Pizzicato-Spielweise eingeführt haben soll, und Oscar *Pettiford* (1922–1960) bekannt wurde sein Pizzicato-Cello-Chorus in Ellingtons Schallplatten-Einspielung von »Take the A-Train« (1950). Das Verdienst, das Violoncello als eigenständiges Instrument in den Jazz eingeführt zu haben, gebührt Fred *Katz* (geb. 1919), ein ausgebildeter Konzertcellist, der 1955/56 im *Chico Hamilton Quintet* musizierte. Mittlerweile haben sich auch Ron *Carter* (geb. 1937) und Sam *Jones* (1924–1981) um das Instrument verdient gemacht. Kaum Beachtung fand das Violoncello bisher in der Rockmusik, sieht man von einigen Experimenten (*The Move, Electric Light Orchestra*) ab.

Virtuose: ein Künstler (Sänger, Musiker) mit hervorragender, meisterhafter Gesangs- bzw. Spieltechnik. Das Virtuose spielt in der populären Musik, besonders in ihrer kommerziellen Verwertung, eine wichtige Rolle. So fehlte es im vergangenen Jh. nicht an Bravour-Polkas, Konzert-Fantasien, Solo-Variationen u. a.

für Blas- und Unterhaltungsorchester, in denen sich Solisten dem staunenden Publikum präsentierten. Der Showwert vieler Varieté- und Programmdarbietungen von reisenden Starmusikern basiert leider auch heute oft nur auf (pseudo-)artistischem Können ohne größeren musikalischen Gehalt. Künstlerische Meisterschaft verbindet Gestaltungskraft und Virtuosität.

vocal, Abk. *voc* [engl., ˈvoʊkəl]: Gesang, gesungen, mit der menschlichen Stimme ausgeführt; Gegensatz: → instrumental.

Vocoder [engl., voʊˈkoʊdə]: elektronisches Gerät, das für die Computertechnik entwickelt wurde, um die menschliche Sprache synthetisch produzieren zu können und heute im Bereich der populären und elektronischen Musik nicht nur zur effektvollen klanglichen Verfremdung der Stimme dient, sondern ein universell einsetzbares Effektgerät darstellt. Vereinfachend kann man die Funktionsweise eines Vocoders mit den Vorgängen beim Sprechen und Singen darstellen. Das Schwingen der Stimmbänder ist eine Komponente (Basissignal), die Artikulation durch Zunge und Lippen ist die zweite Komponente (Steuersignal) des Sprechens oder Singens beim Menschen. Der Vocoder vermag das komplexe Sprachsignal, wenn es ihm über ein Mikrophon zugeführt wird, mittels seiner Elektronik in seine Bestandteile zu zerlegen. Analog dazu werden Instrumentenklänge und Geräusche verarbeitet. Bereits 1939 gelang es amerikanischen Wissenschaftlern, die originale Sprache in codierter Form aufzunehmen und wiederzugeben. Nach diesem Prinzip arbeiten noch die heutigen Vocoder. Der Aufnahmeteil (*Coder*, wörtlich »Verschlüsseler«) analysiert die Stimme im gesamten Frequenzspektrum (aufgeteilt in mehrere Frequenzbänder). Mit dem Wiedergabeteil (*Voder*, Abk. für Voice Operation Demonstrator) wird das analysierte Signal auf der Basis von Rauschen neu aufgebaut (reproduziert).
Moderne Vocoder für die Musikpraxis haben Eingänge für zwei unterschiedliche Signale, die jeweils in ihre Komponenten aufgeteilt werden. Erfüllen die Eingangssignale bestimmte technische Voraussetzungen, ist es möglich, ein Signal zu synthetisieren, welches das Basissignal des ersten und das Steuersignal des zweiten Eingangssignales besitzt. Man kann beispielsweise die Stimme eines Sängers durch einen Orgelklang so ersetzen, daß der mehrstimmige Orgelsatz den Gesangstext artikuliert.
Durch Kombination verschiedener Eingangssignale und technische Manipulationen sind vielfältige Soundmöglichkeiten erreichbar. Beispiele für den Einsatz eines Vocoders lassen sich z. B. auf der LP »Mensch–Maschine« (1978) von *Kraftwerk* oder am Anfang des Titels »Bent Cold Sidewalk« auf der LP »Cyclone« (1978) von *Tangerine Dream* finden.

Voice [engl., vɔis]: Stimme.

Voice Box [engl., vɔis bɔks]: → Talkbox.

Vokalensemble: Gesangsgruppe, die allein (a cappella) oder mit Instrumentalbegleitung, solistisch oder in → Background-Funktion auftritt; in allen Bereichen der populären Musik in kleiner Besetzung (Terzett, Quartett …) bis zum Chor anzutreffen.

Vokalise: textloses Singen auf beliebige Vokale oder Silben; gebräuchlich für Einsingen und für Übungszwecke, aber auch als kontrastierendes Element in vielen Titeln der populären Musik anzutreffen.

Vokalist: Sänger.

Volkslied: → Volksmusik.

Volksmusik: gehört mit ihren beiden wichtigsten Erscheinungsformen, dem *Volkslied* und dem *Volkstanz*, zu den wesentlichsten musikalischen Quellen der → populären Musik, von der sie sich hauptsächlich durch ihre lokale und regionale Bindung, die mündliche Tradierung und das weitgehende Zusammenfallen von Musikausübung und -aneignung, also das Fehlen des Vortrags- und Darbietungscharakters, unterscheidet. Volksmusik ist damit ein bestimmtes historisches Entwicklungsstadium massenhafter Musikpraxis, das mit der Durchsetzung der auf die industrielle Großproduktion gegründeten Lebensweise, der scharfen Teilung von Arbeitszeit und Freizeit sowie den damit einsetzenden neuartigen Reproduktionsbedürfnissen der Arbeitskraft durch die populäre Musik abgelöst wurde. Die Grenzen sind hier freilich nicht nur fließend, so wie sich auch die Formen der Lebensweise mitein-

ander vermischen und zwischen Stadt und Land erheblich voneinander unterscheiden können, sondern durch oft langdauernde Übergangsprozesse mit historischen Zwischenformen wie das städtische Straßenlied (→ Gassenhauer) gekennzeichnet. Das macht eine genaue Bestimmung von Volksmusik außerordentlich schwierig, zumal schon der durch das Bürgertum aufgebrachte Begriff dafür zu einer Reihe von Mißverständnissen Anlaß gibt, immer wieder Neubewertungen erfahren hat, die ihn nahezu unbrauchbar machen. Gemeint ist mit ihm ja mitnichten die Musik des »Volkes« – ein ebenfalls schon problematischer Begriff in diesem Zusammenhang –, sondern lediglich die Musikpraxis der unteren sozialen Schichten und dabei wiederum meist diejenigen Formen, die den bürgerlichen Wertvorstellungen vom »Volk« entsprachen. Als Johann Gottfried Herder (1744–1803) vor dem Hintergrund des sich herausbildenden bürgerlichen Nationalbewußtseins 1773 den Begriff »Volkslied« mit seiner Sammlung »Stimmen der Völker in Liedern« prägte, ging er von einem nationalen Volksverständnis aus,

das für die bürgerliche Volksmusikforschung richtungsweisend geblieben ist. Nicht als Volksmusik anerkannt und als solche gesammelt wurden damit die Lieder, die in die politischen Auseinandersetzungen ihrer Zeit einbezogen waren, durch ihren eindeutigen Klassencharakter der Suche nach einer nationalen Identität entgegenstanden. Der Begriff »Volkstanz« kam sogar erst im 20. Jh. auf, als Gegenbegriff zum → Gesellschaftstanz.

Auch wenn die vom europäischen Bürgertum geprägten ideologischen Implikationen dieser Begriffe unbedingt mitzudenken sind, was ihre Anwendung auf die Kulturen Asiens oder Afrikas etwa unmöglich macht, beziehen sie sich natürlich auf eine historisch reale Erscheinungsform von Musikpraxis, die aus der ständischen Gliederung des Musiklebens im frühen Mittelalter hervorgegangen ist und in Tanz und Lied ihre Hauptformen besitzt. Das ständische Organisationsprinzip feudaler Gesellschaftsordnung mit seinen klaren sozialen und kulturellen Trennungslinien zwischen den Ständen hatte zur Folge, daß sich hier jeweils nach eigenen Gesetzmäßigkeiten und sozialen Normen standesgebundene Formen von Musikpraxis ausbildeten. Der Begriff Volksmusik bezieht sich dabei auf diejenigen Formen des Musizierens, die in der Musikpraxis der leibeigenen Bauernschaft, der bäuerlich-dörflichen Gemeinschaften ihren Ursprung haben und sich angesichts der sozialen Barrieren zwischen den Klassen und Schichten auch in relativer Selbständigkeit entwickelten. So blieben sie ein unmittelbarer Spiegel der Lebensweise ihrer sozialen Träger, eingebunden in die alltäglichen Lebensprozesse oder in die rituellen Feste des dörflichen Gemeinwesens, schriftlos tradiert, geprägt durch die lokalen Besonderheiten. Das führte trotz eines im einzelnen begrenzten Repertoires an Liedern und Tänzen, die zumeist auch noch an ganz bestimmte Anlässe gebunden waren (Tänze für bestimmte Feste, Lieder zu Verrichtungen des Alltags usw.), zu einer enormen Formenvielfalt, zumal die schriftlose Tradierung zwangsläufig mit reichhaltigen Variantbildungen verbunden war, jedes Lied und

Scherbelberger Musikanten

jeder Tanz von Generation zu Generation Veränderungen erfuhr, dabei mit der historischen Veränderung der Lebensweise seiner sozialen Träger immer wieder neue Impulse für seine Entwicklung erhielt.

Volkstanz: → Volksmusik.

volkstümliche Musik: umgangssprachliche Begriffsbildung für eine Richtung innerhalb der populären Musik im deutschsprachigen Raum, deren Zielgruppe überwiegend ältere Publikumsschichten sind. Die »volkstümliche Musik« wurde aus marktstrategischen (Schallplatte) und sendepolitischen (Rundfunk), letztlich kommerziellen Gründen in den kapitalistischen Ländern als Gegengewicht zur jugendorientierten Rock- und Popmusik in den letzten Jahrzehnten konzipiert und forciert. Auch in der DDR widmen sich zahlreiche Gruppen und Solisten dem wachsenden Bedürfnis nach dieser Art von Musik. Das Adjektiv »volkstümlich« soll auf einfache, leicht rezipierbare musikalische Strukturen verweisen, die der deutsch-österreichischen Volksmusik und der Tanz- und Unterhaltungsmusik des 19. Jh. entsprechen. In den Programmen fin-

den sich überwiegend Polkas, Märsche, Walzer, Ländler, Lieder, Jodler u. ä. Die in Umfragen wiederholt bestätigte Beliebtheit dieser Musik führte zu »volkstümlichen Hitparaden« und festen Sendungen im Rundfunk und zu gezielten Plattenproduktionen. Volks- und Heimattümelei bis hin zu revanchistischen Aussagen sind dabei in der kapitalistischen Musikindustrie leider ebenso anzutreffen wie überzogene Sentimentalität und primitive Massenproduktion. Positiv hingegen ist das Anknüpfen an echte folkloristische Traditionen und deren Weiterführung zu werten. Neben großen → Blasorchestern und Unterhaltungsensembles musizieren vor allem kleine Besetzungen in der Art der *Original Oberkrainer* oder *Egerländer Musikanten* (häufig z. B. Trompete, Klarinette, Akkordeon, Tuba/Bariton, Schlagzeug). In der DDR zählen dazu die *Scherbelberger Musikanten*, die *Pleißentaler Musikanten*, die *Pößnecker Musikanten*, die *Gessentaler Blasmusikanten* u. v. a.

Voodoo [afroamerik., ʹwudu:, auch *Voudou*]: kultisch-religiöse Tanzfeste der Afroamerikaner als Weiterführung afrikanischer Traditionen auf amerikanischem Boden. Eine erste ausführliche Beschreibung der Voodoo-Tänze datiert bereits von 1797. Zentren des Voodoo-Kults waren u. a. Haiti und New Orleans. In New Orleans dominierten Kongolesen, während auf Haiti auch Westafrikaner ihren Einfluß geltend machten. Die Voodoo-Tänze (z. B. Bamboula, Calenda) führten durch heftige Bewegungen des gesamten Körpers, besonders aber durch Schütteln von Kopf und Schulter zu ekstatischen Zuständen, wobei sich die Tanzenden von afrikanischen Gottheiten besessen glaubten. Als Begleitinstru-

mentarium dienten Trommeln (soweit erlaubt) und diverse Natur-Geräuschinstrumente (Rasseln, Klappern, Esels- bzw. Ochsenkiefer usw.). Händeklatschen und Gesang animierten die Tänzer. Die Voodoo-Tänze – in New Orleans wurden sie bis gegen 1900 vor den Stadttoren getanzt – nahmen nachhaltig Einfluß auf die Herausbildung zahlreicher afroamerikanischer Tanzformen (→ Jazz Dance) und Musizierstile.

Vorhalt: akkord- bzw. harmoniefremder Ton (Töne) auf betontem Taktteil in einer Melodie oder in einem Klang, der sich in einen Akkordton auflöst. Das Vorhalten von Tönen war eine häufig praktizierte Form der Melodiebildung (-erfindung) beim Improvisieren nach Akkordsymbolen. Vorhalte in einer Melodie:

Santa Lucia (italienisches Volkslied)

Vorhaltsakkorde, besonders der »$^7/_4$-Akkord« (→ Akkordsymbolschrift; Quartvorhaltsakkord) haben sich z. B. in der Rockmusik verselbständigt, d. h., sie werden nicht aufgelöst.

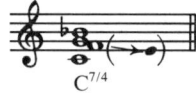

★ W ★

Wah-Wah-Pedal: elektronisches → Effektgerät, dessen Bezeichnung auf die hervorgerufene charakteristische Klangveränderung, die einem gesprochenen »Wah-Wah« ähnelt, zurückzuführen ist (auch Wow-Wow-Effekt). Das in Pedalform gebaute Gerät beinhaltet

einen kleinen Verstärker, der ein bestimmtes Frequenzband besonders hervorhebt (vor allem im Obertonbereich), was eine teilweise recht erhebliche Veränderung der Klangfarbe zur Folge hat. Die Selektion des jeweiligen Frequenzbereichs geschieht durch ein regelbares Filter. Bedient man das als Potentiometer ausgelegte Fußpedal, so verschiebt sich das hervorgehobene Frequenzband nach oben bzw. unten. Entsprechend der Geschwindigkeit der Bewegung und dem rhythmischen Abstand der Impulse erfolgt die Veränderung des Klangspektrums. Die Funktion des Pedals kann auch ein Kniehebel (z. B. an einer E-Orgel) übernehmen. Heute werden Wah-Wah-Effektgeräte angeboten, bei denen eine elektronische Schaltung den durch die Fußbewegung hervorgerufenen Effekt ersetzt. Die Geschwindigkeit der Klangveränderung bleibt hierbei konstant, läßt sich jedoch unterschiedlich einstellen. Vor allem in den Jahren um 1970 setzten u. a. Gitarristen wie Jimi *Hendrix* oder Eric *Clapton* das Wah-Wah-Pedal häufig ein. Besondere Beliebtheit erlangte es im Bereich der Soulmusik. Zuweilen wird der Wah-Wah-Effekt auch zur Klangmanipulation bei elektronischen Tasteninstrumenten (E-Orgel, E-Piano) und E-Bässen verwendet.

Waldhorn: → Horn.

Walking Bass [engl., ′wɔ:kiŋ beis, wörtlich »gehender, spazierengehender Bass«]: typische Fortschreitung der Baßstimme in Viertelbewegung auf allen Zählzeiten (Einheit von Rhythmus- und Beatfunktion), im Gegensatz zur Baßführung im frühen Jazz mit dem Spielen im → Two Beat (Slap Bass). Der »Walking«-Effekt ergibt sich aus der gleichmäßigen Bewegung (mit drive und swing musiziert), meist ohne Tonwiederholungen und in kleinen Intervallabständen. Der Begriff tauchte auf im Zusammenhang mit der Profilierung des → Boogie Woogie (linke Hand!). Die »Walking«-Spielweise setzte sich im Swing durch und wurde auch in den nachfolgenden Jazzstilen verwendet. Bassisten, die diese Technik einführten und verfeinerten, waren z. B. John *Kirby* (1908–1952) und Jimmy *Blanton* (1921–1942).

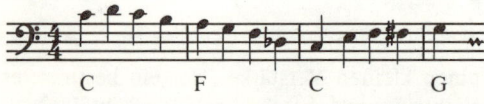

C   F   C   G

Walzer: im letzten Drittel des 18. Jh. im österreichisch-bayrischen Raum entstandener Drehtanz im ³⁄₄-Takt mit deutlicher Betonung des ersten Viertels. Er geht auf ähnlich gearbeitete Volkstänze wie den → Ländler, den Deutschen Tanz und deren regionale Ausprägungen als Steirer, Dreher usw. zurück. Das Walzen als Form des Einzelpaartanzes, die Drehung der Paare in geschlossener Tanzhaltung um sich selbst, dabei die Tanzfläche umrundend, bildete hier seit dem Mittelalter den Abschluß des Tanzreigens. Die Verselbständigung dessen zu einem eigenständigen Tanz vollzog sich dann im Bürgertum, das diese Tanzpraxis angesichts ihrer sinnlichen Vitalität, auch der aus dem Körperkontakt der Tänzer resultierenden erotischen Komponente als Ausdruck einer gegen die erstarrten Konventionen der feudalen Aristokratie gerichteten Lebenshaltung begeistert aufgriff. Moralische Verurteilungen, Streitschriften gegen das Walzen wie die 1797 von Salomo Jakob *Wolf* verfaßte »Erörterung der wichtigsten Ursachen der Schwäche unserer Generation in Hinsicht auf das Walzen und Beweis, daß das Walzen eine Hauptquelle der Schwäche des Körpers und Geistes unserer Generation sey« sowie lokale Verbote dieses Tanzes waren die Folge, die jedoch den Siegeszug des Walzers im Bürgertum nicht aufzuhalten vermochten. Mit einem minimalem Vorziehen des zweiten Viertels im Takt (dem »Wiener Nachschlag«) wurde er hier der drehenden Körperbewegung optimal angepaßt, was ihm einen gleichsam schwebenden Charakter vermittelte. Im Wien des 19. Jh. erhielt er dann als → Wiener Walzer schließlich seine klassische Ausprägung, die ihn weltweit bekannt machte und nationale Abarten wie den → Boston in den USA und den langsamen → English Waltz in Großbritannien entstehen ließ.

Waschbrett: → Washboard.

Washboard [engl., ′wɔʃbɔ:d, wörtlich »Waschbrett«]: als Perkussionsinstrument umfunktioniertes Waschbrett; wurde mit Deckeln und Töpfen behangen als Schlagzeugersatz in den sogen. Washboard Bands und → Spasm Bands genutzt; später auch in → Skiffle- und Dixielandgruppen übernommen. In rhythmischen Bewegungen wird mit den Fingerspitzen, oft auch wegen des härteren, prägnanteren Klangs mit Fingerhüten, über die gewellte Oberfläche gestrichen. Einige Waschbrett-Spieler wurden durch ihre Schallplatteneinspielungen bekannt, z. B. Jimmy *Bertrand* (1900–1960) mit

Johann Strauß (Sohn) mit seiner Kapelle

seinen *Washboard Wizards* aus Chicago (Aufnahmen 1926–1929) und die als »Lady Washboard« bezeichnete Beryl *Bryden* (geb. 1926).

Beryl Bryden (»Lady Washboard«)

Wa-Wa, Wah-Wah: → Dämpfer für Trompeten und Posaunen, mit dem Froschgequake, Kinderlallen u. ä. täuschend ähnlich imitiert werden kann. Der Bläser erzielt diese Effekte mit dem Ansatz, besonders aber durch Regulierung der aus der Dämpferöffnung austretenden Luft mittels der Hand (→ Jungle Style).

Werkstatt: Veranstaltungsform zur politischen, künstlerisch-ästhetischen und handwerklichen Qualifizierung in allen Bereichen des musikalischen Volkskunstschaffens und der Berufskünstler. Während dieser Werkstätten werden neue Kompositionen und Programme vorgestellt, das von Solisten und Gruppen Dargebotene diskutiert und mit Fachleuten beraten. Die Werkstatt dient somit als Podium für Neues, für schöpferische Experimente, ist Streitgespräch und Erfahrungsaustausch gleichermaßen. Auf Anregung des Zentralrats der FDJ wurden seit 1967 jährlich zentrale Werkstattwochen für die → Singeklubs organisiert, die ihre Entsprechung in den Kreisen und Bezirken haben. 1972 fand die erste zentrale FDJ-Werkstattwoche Jugendtanzmusik statt, die in regelmäßigen Abständen in Suhl weitergeführt wird. Diese schon bewährten Traditionen sind mittlerweile auf alle Genres übertragen worden. Spezielle Zielstellungen (Texte, Kompositionen, Nachwuchsgruppen, Soundfragen usw.) ver-

deutlichen dabei den Weiterbildungscharak-
ter. Werkstätten halfen somit bei der Profilierung von Gruppen und Interpreten und förderten die Wirksamkeit einzelner Genres.

West Coast Blues [engl./amerik., west koust
blu:z]: regionale städtische Spielweisen des
Blues (→ City Blues) wie sie Anfang der vierziger Jahre in den Industriegebieten an der
amerikanischen Westküste entstanden. Hier-
her führte der Zustrom von Abwanderern vor
allem aus den südwestlichen Bundesstaaten
der USA, aus Texas, Oklahoma, Missouri und
Arkansas, die in den Industriebetrieben der
Großstädte ein menschenwürdigeres Los als
auf den Farmen und Plantagen des Südens zu
finden hofften. Mit der kriegsbedingten An-
kurbelung der amerikanischen Rüstungsindustrie Anfang der vierziger Jahre setzte noch
einmal eine regelrechte Abwanderungswelle
aus den ländlichen Südstaaten ein, in deren
Folge die regionalen Bluestraditionen nun in
die Großstädte übertragen wurden (→ Chicago Blues). Musiker wie die Sänger und Gitarristen Lowell *Fulson* (geb. 1921), Amos *Mil-
burn* (geb. 1926) und Aaron T-Bone *Walker*
(1910–1975), die mit dem Strom der Landarbeiter an die Westküste gekommen waren,
brachten die traditionellen Spielweisen des →
Texas Blues aus ihrer ursprünglichen Heimat
mit. Sie trafen damit auf den hier sehr populären swingbeeinflußten → Jump Blues, was zu
städtischen Mischformen führte, die als West
Coast Blues zusammengefaßt werden. Darin
lag dann einer der musikalischen Ausgangspunkte für die spätere Entwicklung des
Rhythm & Blues.
→ Blues.

West Coast Jazz [engl./amerik., west koust
dʒæz, auch *California Jazz*]: 1951/52 an der
amerikanischen Westküste, hauptsächlich in
Los Angeles, Hollywood und San Francisco,
von → Cool Jazz und → Progressive Jazz ge-
speiste, zugleich aber auch als Gegenreaktion
zu ihnen entwickelte Spielweisen des → Jazz,
für die der englische Kritiker Stanley Dance
dann den Ausdruck West Coast Jazz prägte.
Gemeinsames Kennzeichen der im einzelnen
sehr unterschiedlichen Richtungen und Schulen des Jazzgeschehens in der ersten Hälfte
der fünfziger Jahre an der amerikanischen
Westküste war das Bemühen um eine Rückbe-

Gerry Mulligan

sinnung auf die Ursprünglichkeit des →
Swing wie sie sich seinerzeit mit dem Namen
Count *Basies* (1904–1984) verband, also einer
bewußten Vereinfachung des Musizierens auf
der Grundlage des klassischen Rhythmus-
Ideals mit einer prägnanten und nachvollziehbaren Melodieführung, vitaler Spielfreude
und Direktheit des musikalischen Ausdrucks,
ohne jedoch die klanglichen und spieltechnischen Neuerungen des → Modern Jazz wieder
aufzugeben. Eine wesentliche Rolle spielte dabei der Baritonsaxophonist Gerry *Mulligan*
(geb. 1927), der, vom Cool Jazz kommend,
mit seinem Quartett zusammen mit dem
Trompeter Chet *Baker* (geb. 1929), dem Bassisten Bob *Whitlock* (geb. 1931) und dem
Schlagzeuger Chico *Hamilton* (geb. 1921) den
Anstoß für diese Synthese aus Neu, d.h. Modern Jazz, und Alt, d.h. Swing, gab und mit seinen verschiedenen Ensembles in den folgenden Jahren der Entwicklung hier den Weg
wies. Vom Progressive Jazz her war es hauptsächlich der Trompeter Shorty *Rogers* (geb.
1924), der vor allem mit seinen Big-Band-Ar-

rangements dem West Coast Jazz entscheidende Impulse vermittelte. Ihnen folgte bis Mitte der fünfziger Jahre eine Vielzahl von Musikern wie etwa die Trompeter Don *Fagerquist* (1927–1974), Pete und Conte *Candoli* (geb. 1923 bzw. 1927), die Saxophonisten Jack *Montrose* (geb. 1928) und Jimmy *Giuffre* (geb. 1921) und der Schlagzeuger Larry *Bunker* (geb. 1928), um nur einige zu nennen, bis sich Mitte der fünfziger Jahre dann die Aufmerksamkeit der amerikanischen und internationalen Jazz-Öffentlichkeit dem → Hard Bop von der Ostküste der USA zuzuwenden begann.

West Coast Rock [engl./amerik., west koust rɔk]: Sammelbezeichnung für → Rockmusik, die durch Musiker und Gruppen von der Westküste der USA repräsentiert wird, eigentlich unabhängig von Spielweise und stilistischer Orientierung. Allerdings stand der Begriff in der ersten Hälfte der sechziger Jahre mehr oder weniger für die kalifornische Musikentwicklung, für die Unbeschwertheit des kalifornischen Urlaubsparadieses, für → Surf Music, → Hot Rod, Songs über das Meer, Autofahren und die Ausgelassenheit einer problemlosen Tanzmusik – etwas, was sich in den *Beach Boys* personifizierte. In der zweiten Hälfte der sechziger Jahre, als sich San Francisco zeitweilig zum Rockzentrum der USA entwickelte, wurde der Begriff synonym mit → San Francisco Sound und → Psychedelic Rock, stand für die Integration von Rockmusik in die alternativen Lebensformen der Kommunen wie sie die Hippies zu praktizieren suchten. Gemeint waren dann Gruppen wie *Jefferson Airplane*, *Grateful Dead*, *Quicksilver Messenger Service*, *Doors* und *Big Brother and the Holding Company* mit Janis *Joplin*.

Western Music ['westən 'mju:zik]: → Country & Western, → Western Swing.

Western Swing [engl./amerik., 'westən swiŋ]: Ende der dreißiger Jahre geprägter Begriff für eine in Texas und Oklahoma entstandene Synthese aus → Country & Western und → Swing. Der Swing hatte sich über den Rundfunk im gesamten Territorium der USA als kommerziell erfolgreiche Hör- und Tanzmusik durchgesetzt und wurde nun in den Tanzsälen im Süden des Landes mit der traditionellen Country Music konfrontiert. Bob *Wills*

(1905–1975) war einer der ersten, der die dem europäischen Musiziergefühl verpflichtete Country Music mit → swing durchsetzte und diese neue Spielweise mit seinen *Texas Playboys* propagierte. Die Rundfunk-Werbestationen griffen diese, mittlerweile als Western Swing kommerziell etikettierte Musik auf und verbreiteten sie landesweit. Auch Bill *Haley* (1927–1981) war mit seiner ersten Band *Four Aces of Western Swing* (ab 1948) ursprünglich ein Vertreter dieser regionalen Tanzmusikform, bevor er sich zum Rock'n'Roll-Interpreten profilierte.

whip [engl./amerik., wip]: kurzes, schnelles Glissando zu oder von einem Ton (→ off pitchness).

Wiederholung: → Variation.

Wiener Besetzung: im 19 Jh. aufgekommene kleinste Standardbesetzung des → Salonorchesters: Violine, Violine → obligat, Violoncello (auch Kontrabaß), (Flöte), Klavier, Schlagzeug.

Wiener Lied: Wien war schon um 1800 eine Großstadt mit einer reichhaltigen städtischen Folklore. Hunderte einfach gehaltener Lieder, meist in lustiger, gemütvoller Grundhaltung, in denen sich der Wiener Alltag widerspiegelte, entstanden anonym im Volk, wurden von ihm gesungen, aufgenommen. Es war lebendige, unverfälschte Volksmusik. Eine wichtige Quelle bildeten die → Ländler, die in Melodik und Rhythmus nachempfunden wurden, aber auch beschwingte Märsche. In den Biergärten und Heurigenlokalen sang man diese Lieder in der Freizeit ebenso wie bei vielen gleichförmigen Arbeitsvorgängen, deren Monotonie mit Gesang überbrückt werden sollte. Kleine Instrumentalensembles, wie sie Jahrzehnte später durch die Gebrüder *Schrammel* (→ Schrammelmusik) bekannt wurden,

spielten diese Lieder und ähnliche Tanzstücke auch bei familiären Anlässen.

Nach der Revolution von 1848 vollzog sich ein spürbarer Wandel, der inhaltliche und ökonomische Gründe hatte. Mehr und mehr verloren diese Wiener Lieder ihre echte Volkstümlichkeit, sie wurden zu einer Unterhaltungsmusik, die zur Festigung der Monarchie beitragen sollte, umfunktioniert. Eine Flut, z. T. minderwertiger, nunmehr professionell geschaffener Lieder entstand. Das Heitere blieb, bekam jedoch zunehmend einen rührseligen, sentimentalen Anstrich, die »Weaner G'mütlichkeit« erhielt eine gewisse Verklärung, wurde zu einem Markenzeichen dieser Musik. Die in der zweiten Hälfte des 19. Jh. einsetzende Massenproduktion läßt sich z. B. an einigen Autoren belegen: Johann *Sioly* (1843–1911) schrieb etwa zehntausend (!) Lieder, Karl *Lorenz* (1851–1909) über zweitausend, Ludwig *Gruber* um tausend – verständlich, daß bei einer derartigen Anzahl ein Qualitätsverlust einsetzen mußte. Und dennoch haben sich einige dieser Lieder bis in die Gegenwart erhalten – nicht zuletzt durch ihre Interpreten, z. B. den Wiener Volkssänger Alexander *Girardi* (1850–1918), durch den Filmschauspieler Hans *Moser* (1880–1964), durch Peter *Alexander* (geb. 1926), Michael *Heltau* (geb. 1933) u. a. Auch im 20. Jh. entstanden Wiener Lieder, z. B. »Im Prater blühn wieder die Bäume« (Robert Stolz, 1916), »I hab' die schönen Maderln net erfunden« (Ludwig Schmidseder, 1938) und Hermann *Leopoldis* (1888–1959) Kompositionen »In einem kleinen Café in Hernals«, »Schön ist so ein Ringelspiel« und »Ich bin ein stiller Zecher«. Seit einigen Jahren entwickelt sich auch ein neuer, sozialkritischer Liedtyp. André *Heller* (geb. 1947) führt das auf »das neuentstandene, unchauvinistische Dialektbewußtsein und ein damit verbundenes Besinnen auf die – jenseits vom wehleidigen Schmäh – beeindruckende Kraft Wiens« zurück. »Der Wiener Dialekt ist ein Blutsbruder der Musik und kann in Verbindung mit dieser seine unverlogensten, betroffenmachendsten Wirkungen erzielen« (1979).

Michael Heltau

Wiener Walzer: in den zwanziger Jahren des 19. Jh. hauptsächlich von den Komponisten und Kapellenleitern Josef *Lanner* (1801–1843) und Johann *Strauß* (Vater) (1804–1859) in Wien entwickelter Walzertyp (→ Walzer), der zur beherrschenden Erscheinungsform der Tanz- und Unterhaltungsmusik im Europa des 19. Jh. geworden ist. Dabei handelte es sich um eine musikalisch geschlossene, durch Introduktion und Coda umrahmte Folge (sogen. Walzerkette) von fünf Einzelwalzern, die aus je zwei kontrastierenden sechzehntaktigen Teilen aufgebaut waren, deren erster unter Umständen auch wiederholt und so die zweiteilige zur dreiteiligen Form erweitert werden konnte (AB oder ABA). Vorbild dafür war Carl Maria v. *Weber*s (1786–1826) »Aufforderung zum Tanz« (op. 65) aus dem Jahre 1819, das dem formalen Aufbau des Wiener Walzers die Vorlage lieferte. Das typisch »wienerische« Idiom im Melodieduktus ging auf Eigentümlichkeiten der bayrisch-österreichischen Volksmusik zurück, an deren verschiedenartigen Drehtänzen im $3/4$-Metrum (Steirer, Dreher, Schuhplattler) schon Michael *Pamer* (1782–1827) mit seinen mit zwei Violinen, Streichbaß und chromatischer Harmonika besetzten Quartett-Walzer, einem Vorläufer des Wiener Walzers, angeknüpft hatte. Er war es auch, der die standardisierte Begleitformel des Wiener Walzers mit Grundton auf dem ersten, Quartsextakkord auf dem zweiten und dritten Viertel aufgebracht hatte. Als Folge einer wachsenden Tanzbegeisterung im ersten Drittel des 19. Jh., die riesige Tanzetablissements in Wien entstehen ließ, trat an die Stelle der Quartett-, später auch Sextett- und Septettbesetzungen im Wiener Walzer dann der große Orchesterapparat, so daß in ihm volksmusikalische Tanzmusiktraditionen mit den Traditionen der sinfonischen Musik in Orchesterbehandlung und Satzweise zusammenliefen. Von Johann *Strauß* (Sohn) (1825–1899) ist das schließlich auf eine künstlerische Höhe geführt worden, die ihm mit Gastspielen in ganz Europa und selbst in den USA schon zu Lebzeiten Weltgeltung und den Beinamen »Walzerkönig« einbrachte. In seinen Kompositionen stehen die zu einem Walzer gehörenden Einzelwalzer untereinander in einem musikalisch-thematischen Zusammenhang, dem eine Art poetisches Programm, das im Titel

Johann Strauß (Vater)   *Johann Strauß (Sohn)*   *Joseph Lanner*

vorgegeben ist, zugrunde liegt. Die bekanntesten Beispiele dafür und zugleich klassisch gewordene Zeugnisse des Wiener Walzers insgesamt aus seinem Schaffen sind »An der schönen blauen Donau« (op. 314; 1867), »Geschichten aus dem Wiener Wald« (op. 325; 1868), »Frühlingsstimmen« (op. 410; 1882) und der »Kaiserwalzer« (op. 437; 1888).

Wire Brush [engl./amerik., ′waiə brʌʃ]: → Besen.

Wood [engl., wud]: Kurzform für Woodwind Instruments (= Gruppe der Holzblasinstrumente).

Wood Block [engl., wud blɔk, auch *Holzblocktrommel*]: Perkussionsinstrument; länglicher, rechteckiger, an den Seiten ausgehöhlter Hartholzblock; unterschiedliche Größen ermöglichen Abstimmung der Tonhöhen; Anschlag mit Trommelstöcken oder anderen Schlegeln; ersetzt heute die früher in der Tanz- und Unterhaltungsmusik gebräuchlichen → Röhrenholztrommeln (z. B. zur Imitation von Pferdegetrappel).

Workshop [engl., ′wə:kʃop]: Veranstaltung, zu der mehrere Musiker, meist mehrere Gruppen ähnlicher stilistischer Richtung eingeladen werden, um im gemeinsamen Musizieren Neues zu experimentieren und Gedanken auszutauschen oder aber vordergründig an der

Qualifizierung junger Nachwuchsmusiker mitzuhelfen. Im Ergebnis derartiger Workshops entstanden oft interessante Mitschnitte, die mitunter sogar als LP erschienen sind.

Worksong [engl./amerik., ′wə:ksɔŋ]: Arbeitslied, das durch das gemeinsame Singen bei der Arbeit kollektive Arbeitsabläufe rhythmisch koordinieren hilft, der Eintönigkeit der Arbeit entgegenwirkt und ihre Härte mildern soll. Die bekannteste Form sind neben den → Shanties der Seeleute die Worksongs der amerikanischen Negersklaven. Sie gehen auf die in den afrikanischen Kulturen verbreitete Praxis der Begleitung der Arbeit durch Musik, Trommeln und Gesang zurück und waren lange Zeit die einzige Art der Musikausübung, die die Black Codes, die restriktiven, protestantisch-puritanischen Sklavengesetze, den Negern in Nordamerika erlaubten. Das hatte zur Folge, daß sich in ihnen neben der Koordination von Arbeitsabläufen wie dem Hacken des Feldes, dem Baumwollpflücken, beim Verlegen von Eisenbahnschienen oder im Bergwerk auch der Freiheitswille, die Auflehnung gegen die unmenschliche Fronarbeit, gegen die erbarmungslose Härte des Sklavendaseins Ausdruck verschaffte und die Worksongs so zu einer zentralen künstlerischen Ausdrucksform der amerikanischen Neger machte. Als solche gehörten sie zu den wichtigsten Wur-

zeln des → Blues. Durch den noch unmittelbaren Zusammenhang mit der kulturellen Überlieferung Afrikas hat sich in den Worksongs das afrikanische Erbe noch lange erhalten, kommt in Sprachformen, Rhythmen und Melodiebildung zum Tragen und ging so in die sich herausbildende afroamerikanische Kultur ein. Musikalisch sind die Worksongs von den Notwendigkeiten der Arbeitsorganisation geprägt, was sich in den prägnanten, auf die körperliche Bewegung bezogenen Rhythmen und im Verhältnis von Vorsänger und Chor (→ Call and response) niederschlägt. Das Notenbeispiel gibt einen typischen Worksong wieder, wobei das chorisch antwortende »Hah« deutlich den Bezug zu einer gemeinsamen Arbeitsbewegung (das Fallen der Hacken bei der Feldarbeit, der Äxte beim Bäumefällen usw.) zeigt.

Ausgangspunkt der Entwicklung waren jedoch einstimmige, chorisch gesungene Worksongs, bevor es zu der, für die afroamerikanische Musik später insgesamt typischen Ausprägung nach dem hier abgebildeten Ruf-Antwort-Prinzip kam. Mit der Aufhebung der Sklaverei und dem Wegfall der kollektiven Zwangsarbeit entstanden auch solistische Formen des Worksongs. Eine Sonderform des Worksongs ist der ebenfalls solistische → Field Holler.
→ afroamerikanische Musik.

worryin' [engl./amerik., ˈwʌriːn, wörtlich »sich quälend«]: Bezeichnung der Bluessänger für eine bei der vokalen Interpretation des → Blues mögliche melismatische Verzierung jeder Textsilbe mit mehreren Notenwerten.

Wurlitzer-Orgel: → Kinoorgel.

Xylophon, Abk. *x, xyl* [griech., wörtlich »Holzklinger«]: Holzstabspiel; als Xylophon seit Anfang des 19. Jh. bekannt, als Strohfiedel und »hulze glechter« (Hölzernes Gelächter) schon im 15. Jh. erwähnt; an Schnüren befestigte, abgestimmte Hartholzstäbchen (ca. 3 cm breit, 1,5–3 cm stark, 13–38 cm lang); meist in chromatischer Folge in trapezförmiger Anordnung (vierreihig) auf Stroh- oder Gummiwalzen gelagert, aber auch in zweireihiger Klaviaturform; notierter Tonumfang: c^2-d^5 (klingend c^1-d^4), oktavtransponierend.
Abgesehen von vereinzelten solistischen Pas-sagen in Unterhaltungsmusikarrangements oder als Soundkomponente in Poptiteln wird das Xylophon für artistische Darbietungen in Varietés u. ä. benutzt, wofür einige spezielle Kompositionen entstanden, z. B. »Zirkus Renz«.

Xylophon

★Z★

zickig: Musikerjargon für veraltete, unmoderne Spielweise (→ Stilistik); amerikanische Entsprechung: → corny.

Ziehharmonika: Bezeichnung für eine einfache diatonische Handharmonika. Mit einem Knopfdruck sind bei Zug und Druck des Faltenbalgs zwei verschiedene Töne möglich (= wechseltönig). Die Anordnung der Spielknöpfe läßt nur das Musizieren in benachbarten Tonarten zu (z. B. zweireihig: G- und C-Dur; dreireihig: G-, C- und F-Dur). Besonders im häuslichen, volkstümlichen Bereich verwendet (Wiener Modell).

Zitat: identifizierbares Bruchstück eines bereits bekannten Werkes, das in ein neues Stück so eingefügt ist, daß es als solches erkennbar bleibt. Das kann in parodierender Absicht erfolgen, zur inhaltlichen Konkretisierung dienen, ironisch gemeint sein, eine Huldigung darstellen oder aber das bloße Resultat eines witzigen Einfalls vorstellen. Das zitierte Werk kann sowohl ein fremdes als auch ein eigenes (Selbstzitat) sein. Vor allem in der → Rockmusik gibt es eine Fülle von Beispielen für diese Technik, die in dem Maße an Bedeutung gewonnen hat, wie die Rockmusik mit einem eigenständigen künstlerischen Anspruch aufgetreten ist. Die *Beatles* benutzen in ihrem »All You Need Is Love« (1967) beispielsweise Zitate aus der Marseillaise, aus dem durch das *Glenn Miller Orchestra* bekannt gewordenen Swing-Schlager »In the Mood« (1939), aus dem Volkslied »Greensleeves« und aus ihrem eigenen »She Loves You« (1963). Ein Beispiel für ein ironisches Zitat ist das Kopfmotiv des 1. Satzes der 5. Sinfonie von Beethoven im »Roll Over Beethoven« (1973) des *Electric Light Orchestra.*
Eine Sonderform des Zitats ist das *Stilzitat,* bei dem keine konkreten Stücke, sondern nur die stilistischen Eigentümlichkeiten bestimmter Entwicklungsetappen der Musik oder einzelner ihrer Genres und Gattungen zitiert werden. Auch dafür finden sich besonders unter den Titeln der *Beatles* eine Vielzahl von Bei-

spielen, wie etwa in ihrem »Penny Lane« (1967) durch die Verwendung der sogen. Bach-Trompete oder aber die Anklänge an den Ragtime-Stil in ihrem »When I'm Sixty Four« (1967). Ein berühmt gewordenes Beispiel ist auch »A Whiter Shade of Pale« (1967) der englischen Gruppe *Procol Harum,* das auf einem Stilzitat in der Art des Bachschen Kantatenstils aufbaut.

Zither [von griech./lat. *cithara* zu *cither* und *Zitter*]: gezupftes Saiteninstrument mit flachem Resonanzkasten, der auf einem Tisch oder den Knien des Spielers aufliegt. Über dem Griffbrett mit 29 Bünden der sogen. Konzertzither sind fünf Saiten aus Metall für das Melodiespiel gespannt, die in Normalstimmung (der »Münchner Stimmung«) in a^1, a^1, d^1, g und c, aber auch in der »Wiener Stimmung« a^1, d^1, g^1, g und c gestimmt sein können. Dazu kommen bis zu 42 Freisaiten aus Darm oder Kunststoff für die Begleitung. Während die Griffbrettsaiten, mit der linken Hand gegriffen, meist mit einem Metallring am Daumen der rechten Hand oder einem Plektrum angeschlagen werden, zupft man die Freisaiten mit den verbleibenden Fingern an. Gesamttonumfang (vom Bautyp abhängig): Griffbrettsaiten $c - d^4$, Freisaiten $F_1 - f^1$.
Die Zither hat sich vermutlich schon seit dem 15. Jh. in den Ostalpen aus dem → Scheitholz entwickelt und wurde im 19. Jh. zu einem Modeinstrument, für das zahlreiche Bearbeitungen (→ Salonmusik), aber auch Originalkompositionen entstanden. Es kam zur Gründung von Zithervereinigungen. Johann Strauß leitete z. B. seinen Walzer »Geschichten aus dem Wienerwald« (1868) mit einem Zither-Solo als folkloristisches Kolorit ein. Das wohl bekannteste Zither-Solo, das »Harry-Lime-Thema«, entstammt dem Film »Der dritte Mann« (Anton Karas, 1949).
Spezielle Formen der Zither sind die volkstümliche → Akkordzither und die in den USA verbreitete → Autoharp.

Zufallsgenerator: Baueinheit (Modul) in → Synthesizer und → Verzögerungsgerät.

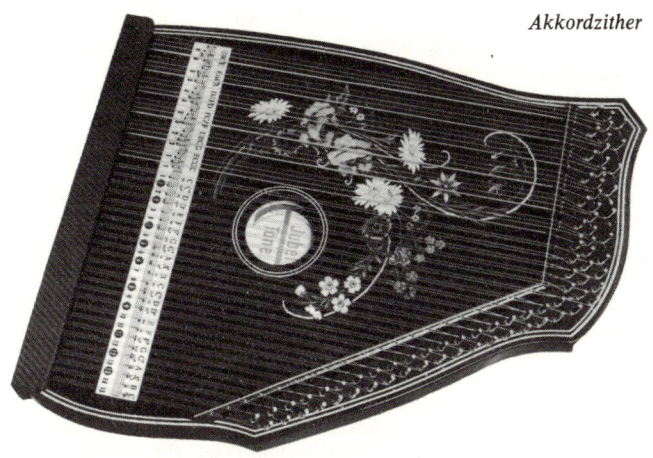

Akkordzither

Zusatztöne [auch *Farbtöne*]: dem Grundakkord hinzugefügte Töne zur klanglichen Bereicherung, harmonischen Verdichtung und funktionalen Verschleierung, auch als zusätzliches Improvisationsmaterial. Wichtige Zusatztöne sind – abhängig von Melodik, harmonischer Funktion, Stilistik, Tempo, Besetzung u. a. – große Sexte, kleine bzw. große Septime, None und Undezime (→ Akkordsymbolschrift). Mit dem Aufkommen des Satzspiels in der Big Band in den zwanziger/ dreißiger Jahren (→ Swing) erfolgte auch die »Aufstockung« der Akkorde mit fünf und mehrfacher Terzschichtung, zunehmender → Alteration und Chromatisierung.
Zusatztöne eines Tonikadreiklangs (a) und eines Dominantdreiklangs (b):

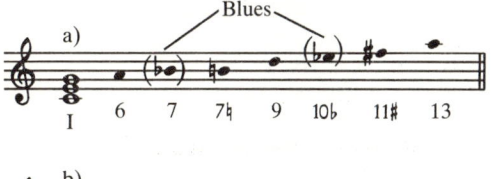

In Folklore und Rockmusik werden Zusatztöne nur sparsam verwendet.

Zydeco [franz./amerik., ʹzaidəkɔ, auch *La-La Music*]: lokal begrenzter ungewöhnlicher Ableger des → Blues, der von den französisch sprechenden Schwarzen Nordamerikas in Louisiana und Ost-Texas aus der → Cajun Music der französischen Siedler in Verbindung mit dem Blues entwickelt wurde. Als rhythmisch ausgeprägte Form von Tanzmusik, die aber deutliche Blues-Elemente enthält und auf Akkordeon, Violine und Gitarre gespielt wurde, gewann Zydeco gegen Ende der dreißiger Jahre sehr an Popularität. Einer der bekanntesten Interpreten dieser Musikrichtung war dann der Zydeco-Fiedler Clifton *Chenier* (geb. 1925). Als erster schwarzer Interpret dieser Musik gilt jedoch Amadie *Ardoin* (gest. 1946), der Ende der zwanziger Jahre einige Schallplattenaufnahmen davon machte.

Zyklus: Form der Zusammenstellung mehrerer musikalisch und inhaltlich aufeinander bezogener Einzelstücke zu einem übergreifenden Ganzen, oft durch Wiederholung des Eingangsstücks am Schluß auch formal unterstützt. In der → Rockmusik finden sich im Zusammenhang mit den → Konzept-Alben nicht selten derartige Zusammenstellungen von Titeln zu Song-Zyklen. Ein Beispiel dafür, zugleich das erste seiner Art, ist die Langspielplatte »Sgt. Pepper's Lonely Heart Club Band« (1967) der *Beatles*.

Bibliographie

Nachfolgende Zusammenstellung enthält eine Auswahl der wichtigsten Literatur zur populären Musik. Nicht aufgenommen sind Zeitschriften-Aufsätze, biographisch- und personenorientierte Publikationen, analytische Arbeiten theoretischen (ästhetischen, soziologischen usw.) und musiktheoretischen Charakters, Bildbände, sofern deren Textteil nicht als relativ selbständige Darstellung anzusehen ist, akademisches Schrifttum (Dissertationen usw.) und Musikalien (einschließlich Lehr- und Unterrichtsmaterialien). In den Proportionen folgt die Literaturauswahl zu einzelnen Gattungen der konzeptionellen Gesamtanlage vorliegender Publikation (vgl. Vorwort).

1. Enzyklopädien und Lexika

Alphabeat, *Who's Who in Pop*, (Century 21), London 1969

American Society of Composers, Authors and Publishers, *ASCAP Biographical Dictionary*, zusammengestellt durch Jaques Cattell Press, (Bowker) New York, London [4]1981

Arnaudon, Jean-Claude, *Dictionnaire du blues*, (Editions Filipacchi) Paris 1977

Baggelaar, Kristin/Milton, Donald, *The Folk Music Encyclopedia*, (Thomas Y. Crowell) New York 1976, (Omnibus Press) London 1977

Bane, Michael, *Who's Who of Rock*, (Facts on File) New York 1981

Baxter, J.R./Polk, Videt (Hrsg.), *Gospel Song Writers Biography*, (Stamps-Baxter) Dallas, Tex., Chattanooga, Ten., 1971

Berindei, Mihai, *Dictionar de Jazz*, (Editura ştiinţifică şi enciclopedică) Bucareşti 1976

Bogaert, Karel, *Blues Lexicon*, (Standaard Uitgeverig) Antwerpen 1971

Bohländer, Carlo/Holler, Karl-Heinz, *Reclams Jazzführer*, (Reclam) Stuttgart 1970, [2]1977; erweitert und überarbeitet als: *Jazzführer*, (Edition Peters) Leipzig 1980

Brock, Hella/Kleinschmidt, Christoph (Hrsg.), *Jugendlexikon Musik*, (Bibliographisches Institut) Leipzig 1983, [2]1984

Brown, Len/Friedrich, Gary, *The Encyclopedia of Rock and Roll*, (Tower) New York 1970

dies., *The Encyclopedia of Country and Western Music*, (Tower) New York 1971

Brunschwig, Chantal/Calvet, Louis-Jean/Klein, Jean-Claude, *100 ans de chanson française*, (Editions Du Seuil) Paris 1972

Charpentreau, Jacques/Vernillar, France, *Dictionnaire de la chanson française*, (Larousse) Paris 1968

Claghorn, Charles Eugene, *Biographical Dictionary of American Music*, (Parker) West Nyack, N.Y., 1974

Cross, Colin/Kendall, Paul/Farren, Mick, *Encyclopedia of British Beat Groups & Solo Artists of the Sixties*, (Omnibus) London 1980

Dachs, David, *Encyclopedia of Pop/Rock*, (Scholastic Book Services) New York 1972

Dellar, Fred, *NME Guide to Rock Cinema*, (Hamlyn) Feltham, Middx., 1981

Ehnert, Günter, *Rock in Deutschland*, (Taurus) Hamburg 1975

Feather, Leonard, *The Encyclopedia of Jazz in the Sixties*, (Horizon) New York 1967

Frame, Pete, *Rock Family Trees*, (Omnibus) London 1980

Fredericks, Vic, *Who's Who in Rock'n'Roll*, (Fell) New York 1958

Gaines, Steve, *Who's Who in Rock'n'Roll*, (Popular Library) New York 1975

Gammond, Peter/Clayton, Peter, *Dictionary of Popular Music*, (Philosophical Library) New York 1961

Gentry, Linnel, *Encyclopedia of Country, Western and Gospel Music*, (University Press) Murfreesboro, Tenn., 1964

Given, Dave, *The Dave Given Rock'n'Roll Stars Handbook. Rhythm and Blues Artists and Groups*, (Exposition) Smithtown, N.Y., 1980

Gold, Robert S.A., *Jazz Lexicon*, (Knopf) New York 1964

Green, Stanley, *Encyclopaedia of the Musical Film*, (Oxford University) New York, Oxford 1981

Hardy, Phil/Laing, Dave, *The Encyclopedia of Rock. Volume I: The Age of Rock'n'Roll*, (Panther/Granada) St. Albans, Herts, 1976; *Volume II: From Liverpool to San Francisco*, (Hanover/Panther) St. Albans, Herts, 1976, (Panther/Granada) St. Albans, Herts, 1977; *Volume III: The Sounds of the Seventies*, (Panther/Granada) St. Albans, Herts, 1976

Harrigan, Brian/Dome, Malcolm, *Encyclopedia Metallica. The Bible of Heavy Metal*, (Bobcat) London 1981

Harris, Sheldon, *Blues Who's Who. A Biographical Dictionary of Blues Singers*, (Arlington House) New Rochelle, N.Y., 1979

Hebey, Jean-Bernard, *Encyclopédie illustrée du rock*, (R.T.L. Editions) Paris 1981

Herzhaft, Gérard, *Encyclopédie du blues*, (Fédérop) Lyon 1979

Hibbert, Tom, *The Dictionary of Rock Terms*, (Omnibus) London 1983

Jablonski, Edward, *The Encyclopedia of American Music*, (Doubleday) Garden City, N.Y., 1981

Jones, F.O., *A Handbook of American Music and Musicians*, (DaCapo) New York 1971 [Reprint der Ausgabe von 1886]

Kinkle, Roger D., *The Complete Encyclopedia of Popular Music and Jazz 1900–1950*, 4 Bde, (Arlington House) New Rochelle, N.Y., 1974

Kneif, Tibor, *Sachlexikon Rockmusik. Instrumente, Stile, Techniken, Industrie und Geschichte*, (Rowohlt) Reinbek b. Hamburg 1978; überarbeitet und erweitert ²1980

Laade, Wolfgang, *Jazz-Lexicon*, (Hatze) Stuttgart 1953

Lexikon Pop. Ein Sachwort-ABC der Unterhaltungsmusik von Operette und Schlager bis Folklore, Jazz und Rock, (Breitkopf & Härtel) Wiesbaden 1977

Logan, Nick/Woffinden, Bob, *The Illustrated New Musical Express Encyclopedia of Rock*, (Salamander/Hamlyn) London 1976; (Harmony/Crown Publishers) New York 1977; vollständig überarbeitet als: *The Illustrated Encyclopedia of Rock*, (Salamander/Hamlyn) London 1982

Macken, Bob/Fornatale, Peter/Ayres, Bill, *The Rock Music Source Book*, (Anchor/Doubleday) Garden City, N.Y., 1980

Marchbank, Pearce/Marchbank, Miles, *The Illustrated Rock Almanac* (Paddington) London 1977

Matzner, Antonín/Poledňák, Ivan/Wasserberger, Igor (Hrsg.), *Encyklopedie Jazzu a Moderní Populární Hudby (Část Věcná)*, (Supraphon) Praha 1980; überarbeitet und erweitert: (Supraphon) Praha ²1984

Meeker, David, *Jazz in the Movies. A Guide to Jazz Musicians, 1917–1977*, (Arlington) New Rochelle, N.Y., 1978

Moore, Thurston, *The Country Music's Who's Who 1960*, (Heather) Denver 1960; *1964*, (Heather) Denver 1964; *1965*, (Heather) Denver 1965; *1966*, (Heather) Denver 1966; *1970*, (Record World) New York 1970; *1972*, (Record World) New York 1972

Nite, Norm N., *Rock On. The Illustrated Encyclopedia of Rock'n'Roll. The Solid Gold Years*, (Thomas Y. Crowell) New York 1974

ders. (mit Newman, Ralph M.), *Rock On. Volume II: The Illustrated Encyclopedia of Rock'n'Roll. The Modern Years 1964 – Present*, (Thomas Y. Crowell) New York 1978

Orovio, Helio, *Diccionario de la música cubana*, (Letras Cubanas) La Habana 1981

Ortiz Oderigo, Nestor R., *Diccionario del Jazz*, (Ricordi Americana) Buenos Aires 1959

Panassié, Hugues/ Gautier, Madeleine, *Dictionnaire du jazz*, (Editions Albin Michel) Paris 1971

Pareles, Jon/Romanowski, Patricia (Hrsg.), *The Rolling Stone Encyclopedia of Rock & Roll*, (Rolling Stone Press/Michael Joseph) London 1983

Paulin, Don, *Das Folk-Music-Lexicon*, (Fischer) Frankfurt/Main 1980

Peellaert, Guy/Schober, Ingeborg, *Rock dreams. Bildergeschichte und Rock-Lexikon und Discographie. 20 Jahre Popmusik von A–Z*, (Schüneman) München 1973

Rachlin, Harvey, *The Encyclopedia of the Music Business*, (Harper & Row) New York 1981

Raffé, W. G., *Dictionary of the Dance*, (Barnes) New York, London 1964

Rasaf, Henry, *The Folk, Country and Bluegrass Musician's Catalogue*, (St. Martin's) New York 1982

Roxon, Lillian, *Lillian Roxon's Rock Encyclopedia*, (Workman/Grosset) New York 1969, ²1971, ³1978 (überarbeitet und erweitert durch Ed Naha)

Saffioti, Tito, *Enciclopedia della canzone populare e della nouva canzone politica*, (Teti) Milano 1978

Schmidt-Joos, Siegfried/Graves, Barry, *Rock-Lexikon*, (Rowohlt) Reinbek b. Hamburg 1973, überarbeitet und erweitert ²1975

Shaw, Arnold, *Dictionary of American Pop/Rock*, (Schirmer Books) New York 1982

Shestack, Melvin, *The Country Music Encyclopedia*, (Thomas Y. Crowell) New York 1974, (Omnibus) London 1977

Siniveer, Kaarel, *Folk Lexikon*, (Rowohlt) Reinbek b. Hamburg 1981

Southern, Eileen, *Biographical Dictionary of Afro-American and African Musicians*, (Greenwood) Westport, Conn., London 1982

Stambler, Irwin, *Encyclopedia of Popular Music*, (St. Martin's) New York 1965

ders./Landon, Grelan, *The Encyclopedia of Folk, Country and Western Music*, (St. Martin's) New York 1969

ders., *Encyclopedia of Pop, Rock and Soul*, (St. Martin's) New York 1974, (St. James) London 1974

Suppan, Wolfgang, *Lexikon des Blasmusikwesens*, (Fritz Schulz) Freiburg im Breisgau 1973

Swann, Peter, *Encyclopedia of Rock*, (Tempo Books) New York 1968

Tardos, Péter, *Rock Lexikon. Második, javított és bővített kiadás*, (Zenemükiadó) Budapest 1982

Ténot, Frank, *Dictionnaire du jazz*, (Larousse) Paris 1967

Testoni, Gian Carlo u. a., *Enciclopedia del Jazz*, (Messaggerie Musicali) Milano 1954

The Harmony Illustrated Encyclopedia of Rock, (Harmony Books) New York o.J.

Unterhaltungskunst A–Z, (Henschel) Berlin 1975, ²1977 [= Taschenbuch der Künste]

Vinson, Lee, *Encyclopedia of Rock*, (Drake) New York 1976

Wetzel, Lutz G./Kloons, Herbert, *Handbuch der populären Musik*, (Bock + Herchen) Bad Honnef 1983

Who's Who in Rock, (Omnibus) London 1979

Wilmeth, Don B. (Hrsg.), *The Language of American Popular Entertainment. A Glossary of Argot, Slang and Terminology*, (Greenwood) Westport, Conn., London 1981

Wölfer, Jürgen, *Handbuch des Jazz*, (Heyne) München 1979

Wood, Graham, *An A to Z of Rock'n'Roll*, (Studio Vista) London 1971

York, William, *Who's Who in Rock Music*, (Atomic) Seattle, Wa., 1978, (Barker) London, (Scribner's) New York ²1982

2. Diskographien

Bauer, Roberto, *The New Catalogue of Historical Records, 1898–1908/09*, (Sidgwick & Jackson) London 1970

Billboard Research Aids, (Billboard Chart Research) Los Angeles 1981

Blackstone, Orin, *Index to Jazz. Jazz Recordings, 1917–1944*, (Greenwood) Westport, Conn., 1978

Blair, John, *The Illustrated Discography of Surf Music, 1959–1965*, (J. Bee Productions) Riverside, Ca., 1978

Clee, Ken, *The Directory of American 45 RPM Records*, 3 Bde, (Selbstverlag) o.O., o.J.

Colonna, David, *The San Francisco Sound. A Discography of LP's*, (Songs & Records International) Burbank, Ca., 1975

Cullaz, Maurice, *Guide des disques de jazz. Les 1000 meilleurs des spirituals, gospel songs, blues, rhythm and blues, jazz, et leurs histoire*, (Buchet-Castel) Paris 1971

Dellar, Fred/Lazell, Barry, *The Omnibus Rock Discography*, (Omnibus) London 1983

Ferlingere, Robert D., *A Discography of Rhythm and Blues and Rock and Roll Vocal Groups*, (Selbstverlag), Pittsburg, Pa., 1976

George B./DeFoe, Martha, *Volume: International Discography of the New Wave* (One Ten Records) New York 1980

dies., *International New Wave Discography: Volume 1982/1983*, (One Ten Records) New York, (Omnibus) London 1982

Gonzales, Fernando L., *Disco-File 1902–1976*, (Selbstverlag) New York 1977

Harrison, Max u. a., *Modern Jazz 1945–70. The Essential Records*, (Aquarius) London 1975

Hit Guide. US Chart Singles 1964–1970, (Taurus Press) Hamburg o.J.

Hounsome, Terry/Chambre, Tim, *New Rock Records* (Blandford) Poole, Dorset 1981

Jasper, Tony, *The British Record Charts 1955–1979*, (Futura) London 1980

Jones, Alan u. a., *Chart File 1982*, (Virgin) London 1982

Laing, Ralph/Sheridan, Chris, *Jazz Records. The Specialist Labels*, 2 Bde(Jazzmedia) Copenhagen 1981

Lange, Horst H., *Die deutsche Jazz-Discographie. Eine Geschichte des Jazz auf Schallplatten von 1902–1955*, (Bote & Bock) Berlin(West) 1955

ders., *Die deutsche »78er« Discographie der Jazz- und Hot-Dance-Musik 1903–1958*, (Colloquium) Berlin(West) 1968

Leadbitter, Mike/Slaven, Neil, *Blues Records. A Complete Guide to 20 Years of Recorded Blues: 1942–1966*, (Oak) London 1968

Lesueur, Daniel, *Les disques rares des années 60*, (Selbstverlag) Clamart o.J.

Marsh, Dave/Stein, Kevin, *The Book of Rock Lists*, (Rolling Stone Press/Dell) New York 1981, (Rolling Stone Press/Sidgwick & Jackson) London 1981

Mawhinney, Paul C., *Music Master: The 54 RPM Record Directory. 35 Years of Recorded Music, 1947 to 1982, Vol. I: Listed by Title; Vol. II: Listed by Artist*, (Record Rama) Philadelphia 1983

McCarthy, Albert/Morgan, Alun/Oliver, Paul/Harrison, Max, *Jazz on Record. A Critical Guide to the First 50 Years: 1917–1967*, (Hanover Books) London 1968

Moter, Hermann, *Reggae Discography*, (Minotaurus Project) Pfungstadt 1983

Murrells, Joseph, *The Book of Golden Discs. The Records That Sold a Million*, (Barrie & Jenkins) London ²1978

Nugent, Stephen/Gillett, Charlie, *Rock Almanac. Top Twenty American and British Singles and Albums of the 50's, 60's and 70's*, (Doubleday) New York 1978

Osborne, Jerry/Hamilton, Bruce, *Popular & Rock Records, 1948–1978*, (O'Sullivan Woodside) Phoenix, Arizona, 1978

Pitts, Michael/Harrison, Louis H., *Hollywood on Record. The Film Stars' Discography*, (Scarecrow) Metuchen, N.J., 1978

Raymond, Jack, *Show Music on Record. From the 1890's to the 1980's; a Comprehensive List of Original Cast and Studio Cast Performances Issued as Commercial Phonograph Records, Covering Music of the American Stage, Screen and Television, With Composer, Performances and Other Selected Collateral Recordings*, (Ungar) New York 1982

Rice, Jo/Rice, Tim/Gambaccini, Paul/Read, Mike, *The Guinness Book of Hits of the 70's*, (Guinness Superlatives) Enfield, Middx., 1980

dies., *The Guinness Book of British Hit Singles*, (Guinness Superlatives) Enfield, Middx., 1981

dies., *The Guinness Book of 500 Number One Hits*, (Guinness Superlatives) Enfield, Middx., 1982

Rust, Brian/Debus, Allen G., *The Complete Entertainment Discography from the Mid-1890s to 1942*, (Arlington House) New Rochelle, N.Y.; 1973

Rust, Brian, *The American Label Book*, (Arlington House) New Rochelle, N.Y., 1978

Shaw, Greg, *New Wave on Record. England & Europe 1975–1978*, (Bomb) Burbank, Ca., 1978

Solomon, Clive, *Record Hits. The British Top 50 Charts 1954–1976*, (Omnibus) London 1977, ²1978

The Complete Bootlegs Checklist & Discography, (Babylon) Manchester 1978, ²1982

Tobler, John/Jones, Alan, *The Rock List Album*, (Plexus) London 1982

Townley, Eric, *Tell Your Story. A Dictionary of Jazz and Blues Recordings, 1917–1950*, (Storyville) Chigwell 1976

Whitburn, Joel, *Top Pop Records 1940–1955*, (Record Research) Menomonee Falls, Wis., 1973

ders., *Top Pop Records, 1955–1972*, (Record Research) Menomonee Falls, Wis., 1973

ders., *Top Rhythm and Blues Records. 1949–1971*, (Record Research) Monemonee Falls, Wis., 1973

ders., *Top LP's 1945–1972*, (Record Research) Menomonee Falls, Wis., 1974

3. Historische Überblicksdarstellungen allgemeineren Charakters

Chappel, William, *The Ballad Literature and Popular Music of the Olden Time*, 2 Bde (Dover) New York 1966

Cohen, David/Greenwood, Ben, *The Buskers. A History of Street Entertainment*, (David & Charles) Vancouver, (Newton Abbot) London 1981

Czerny, Peter/Hofmann, Heinz P., *Der Schlager. Ein Panorama der leichten Musik, Bd. I*, (Lied der Zeit) Berlin 1968

Dachs, David, *Anything Goes. The World of Popular Music*, (Bobbs-Merrill) Indianapolis, Ind., 1964

Dennison, Sam, *Scandalize My Name. Black Imagery in American Popular Music*, (Garland) New York & London 1982

Dorůžka, Lubomir, *Populárna hudba – priemysel, obchod, umenie*, (Opus) Bratislava 1978

Ewen, David, *Panorama of American Popular Music. The Story of Our National Ballads and Folk Songs, the Songs of Tin Pan Alley, Broadway, and Hollywood, New Orleans Jazz, Swing, and Symphonic Jazz*, (Prentice-Hall) Englewood Cliffs, N.J., 1957

ders., *The History of Popular Music. Popular Songs, the Musical Theatre, and Jazz in America from Colonial Times to the Present*, (Barnes & Noble) New York 1961

ders., *American Popular Songs from the Revolutionary War to the Present*, (Random House) New York 1966

ders., *Great Men of American Popular Song*, (Prentice-Hall) Englewood Cliffs, N.J., 1970

ders., *All the Years of American Popular Music*, (Prentice-Hall) Englewood Cliffs, N.J., 1972

Field, James, *American Popular Music 1875–1950*, (Musical Americana) Philadelphia 1956

Ford, Ira W., *Traditional Music of America*, (E.P. Dutton) New York 1940

Fuld, James, *American Popular Music 1875–1950*, (Musical Americana) Philadelphia 1956

Gammond, Peter/Harricks, Raymond (Hrsg), *The Big Bands*, (Stephen) Cambridge 1981

Hamm, Charles, *Yesterdays. Popular Song in America*, (Norton) New York 1979

Harris, Charles K., *After the Ball. Forty Years of Melody*, (Frank-Maurice) New York 1926

Jackson, Arthur, *The World of Big Bands. The Sweet and Swinging Years*, (David & Charles) Vancouver, (Newton Abbot) London 1977

Kanter, Kenneth Aaron, *The Jews in Tin Pan Alley. The Jewish Contribution to American Popular Music, 1830–1940*, (Ktav) New York 1982

Kuhnke, Klaus/Miller, Manfred/Schulze, Peter, *Geschichte der Pop-Musik. Bd. I (bis 1947)*, (Archiv für Populäre Musik/Eres) Bremen 1976

Lee, Edward, *Musik of the People. A Study of Popular Music in Great Britain*, (Barrie & Jenkins) London 1970

Levy, Lester S., *Grace Notes in American History. Popular Sheet Music from 1820–1900*, (University of Oklahoma) Norman, Okla., 1967

ders., *Flashes of Moriment. A Century of Humorous Songs in America 1805–1905*, (University of Oklahoma) Norman, Okla., 1971

Malone, Bill C., *Southern Music – American Music*, (University Press of Kentucky) Kentucky 1979

McCarthy, Albert J., *The Dance Band Era. The Dancing Decades from Ragtime to Swing: 1910–1950*, (Chilton) Philadelphia 1971

Morris, Berenice Robinson, *American Popular Music. The Growing Years, 1800–1900*, (F. Watts) New York 1972

Nanry, Charles, *American Music. From Storyville to Woodstock*, (Transaction) New Brunswick, N.J., 1975

Otterbach, Friedemann, *Die Geschichte der europäischen Tanzmusik. Einführung*, (Heinrichshofen) Wilhelmshaven 1980

Palmer, Tony, *All You Need Is Love. The Story of Popular Music*, (Grossman) New York 1976; deutsch als: *All You Need Is Love. Vom Blues zum Swing, von Afrika zum Broadway, vom Jazz zum Soul und Rock'n'Roll*, (Droemer-Knaur) München, Zürich 1977

Pearsall, Ronald, *Victorian Popular Music*, (Gale Research) Detroit 1973

ders., *Popular Music of the Twenties*, (David & Charles) London 1976

Rublowsky, John, *Popular Music*, (Basic Books) New York 1967

Sablosky, Irving L., *American Music*, (University of Chicago) Chicago 1969

Shaw, Arnold, *Popular Music from Minstrel Songs to Rock'n'Roll. From One Hundred Years of Music in America*, (Schirmer) New York 1961

Simon, George T., *The Big Bands*, (Macmillan) New York/London 1967

Spaeth, Sigmund, *A History of Popular Music in America*, (Random House) New York 1948

Toll, Robert C., *On With the Show. The First Century of Show Bussiness in America*, (Oxford University) New York 1976

Whitcomb, Ian, *After the Ball. Pop Music from Rag to Rock*, (Allen Lane) London 1972

Wilder, Alec, *American Popular Song – The Great Innovators 1900–1950*, (Oxford University) New York 1972

Wootton, Richards, *Honky Tonkin'. A Travel Guide to American Music*, (East Woods) Charlotte, N.C., (Travelaid Publishing) London 1980

4. Afroamerikanische Musik, Rhythm & Blues, Soul

Balmir, Guy-Claude, *Du chant au poème. Essai de littérature sur le chant et la poésie populaire des noirs américans*, (Payot) Paris 1982

Bas-Rabérin, Philippe, *Le blues moderne 1945–1979*, (Albin Michel) Paris 1979

Berendt, Joachim Ernst (Hrsg.), *Blues*, (Nymphenburger Verlagsanstalt) München 1957, (Edition Gerig) Köln 1970

Berlin, Edward A., *Ragtime. A Musical and Cultural History*, (University of California) Berkeley, London 1980

Betrock, Alan, *Girl Groups. The Story of a Sound*, (Delilah) New York 1982

Blackwell, Louis S., *The Wings of the Dove. The Story of Gospel Music in America*, (Danning) Norfolk, Va., 1978

Blesh, Rudi/Harriet, Janis, *They All Played Ragtime*, (Knopf) New York 1950; überarbeitet: (Oak) New York ⁴1971

Bonds, Ray, *The Illustrated History of Black Music*, (Salamander) London 1982

Brewer, J. Mason, *American Negro Folklore*, (Quadrangle) Chicago 1968

Broven, John, *Walking to New Orleans. The Story of New Orleans Rhythm and Blues*, (Blues Unlimited) London 1974

ders., *Rhythm & Blues in New Orleans*, (Pelican) Gretna, La., 1978

Burt, Jesse/Allen, Duance, *The History of Gospel Music*, (K & S) Nashville, Tenn., 1971

Charters, Samuel Barclay, *The Country Blues*, (Rinehart) New York 1959, (Michael Joseph) London 1960; deutsch als: *Die Story vom Blues*, (Nymphenburger Verlagsanstalt) München 1962

ders., *The Roots of the Blues. An African Search*, (Boyars) Boston, London 1981

Cleaver, Eldridge, *Soul on Ice*, (McGraw-Hill) New York 1968, (Jonathan Cape) London 1969

Cone, James H., *The Spirituals and the Blues. An Interpretation*, (Seabury) New York 1972; deutsch als: *Ich bin der Blues und mein Leben ist ein Spiritual. Eine Interpretation schwarzer Lieder*, (Chr. Kaiser) München 1973

Courlander, Harold, *Negro Folk Music U.S.A.*, (Columbia University) New York 1970

ders., *A Treasury of Afro-American Folklore*, (Crown) New York 1976

Dauer, Alfons Michael, *Blues aus 100 Jahren. 43 Beispiele zur Typologie der vokalen Bluesformen*, (Fischer) Frankfurt/Main 1983

Dennison, Tim, *The American Negro and his Amazing Music*, (Vintage) New York 1963

Dixon, Christa, *Wesen und Wandel geistlicher Volkslieder. Negro Spirituals*, (Jugenddienst) Wuppertal 1967

Emery, Lanne Fauley, *Black Dance in the United States from 1619 to 1970*, (National Press) Palo Alto, Cal., 1972

Epstein, Dena J., *Sinful Tunes and Spirituals. Black Folk Music to the Civil War*, (University of Illinois) Urbana 1977

Evans, David, *Big Road Blues. Tradition and Creativity in the Folk Blues*, (University of California) Berkeley, London 1982

Feather, Leonard G., *A History of the Blues*, (Hansen) New York 1972

Federighi, Luciano, *Blues nel mio animo, temi e poesia del blues*, (Mandadori) Milano 1981

Ferris, William R., *Blues from the Delta*, (Studio Vista) London 1970

Fischer, Miles Mark, *Negro Slave Songs in the United States*, (Cornell University) Ithaka, N.Y., 1953, (Russell & Russell) New York 1968

Fox, Ted, *Showtime at the Apollo*, (Holt Rinehart & Winston) New York 1983

Garland, Phyl, *The Sound of Soul*, (Regnery) Chicago 1969

Garon, Paul, *Blues & The Poetic Spirit*, (Eddison) London 1975

Groia, Philip, *They All Sang on the Corner. New York City's Rhythm and Blues Vocal Groups of the 1950's*, (Edmond) Setauket, N.Y., 1973; überarbeitet: (Edmond) Setauket, N.Y., 1974; (Phillie Dee) ²1983

Groom, Bob, *The Blues Revival*, (Studio Vista/November Books) London 1971

Günther, Helmut, *Grundphänomene und Grundbegriffe des afrikanischen und afro-amerikanischen Tanzes*, (Universal Edition) Wien 1970 [= Beiträge zur Jazzforschung/Studies in Jazz Research 1]

ders., *Die Tänze und Riten der Afro-Amerikaner. Vom Kongo bis Samba und Soul*, (Dance Motion) Bonn 1982

Handy, William Christopher, *Father of the Blues*, (Macmillan) New York 1941; Reprint: (Macmillan) New York 1970

Haralambos, Michael, *Right On. From Blues to Soul in Black America*, (Eddison) London 1974

Heilbut, Tony, *The Gospel Sound. Good News and Bad Times*, (Simon & Schuster) New York 1971

Herzhaft, Gerard, *Le blues*, (P.U.F.) Paris 1981

Hughes, Langston/Meltzer, Milton, *Black Magic. A Pictorial History of the Negro in American Entertainment*, (Prentice-Hall) Englewood Cliffs, N.J., 1967

Jackson, Clyde Owen, *The Songs of Our Years – a Study of Negro Folk Music*, (Exposition) New York 1968

Josen, David A./Tichenor, Trebor Joy, *Rags and Ragtime. A Musical History*, (Seabury) New York 1978

Jones, LeRoi, *Blues People. The Negro Experience in White America and the Music That Developed from It*, (Thomas Y. Morrow) New York 1963; deutsch als: *Blues people. Schwarze und ihre Musik im weißen Amerika*, (Melzer) Darmstadt 1969

ders., *Black Music*, (Morrow) New York 1968, (McGibbon and Kee) London 1969

Katz, Bernard (Hrsg.), *The Social Implications of Early Negro Music in the United States*, (Arno) New York 1969

Keil, Charles, *Urban Blues*, (University of Chicago) Chicago 1966

Kochmann, Thomas, *Rappin' and Stylin' Out*, (University of Chicago) Chicago 1977

Krehbiel, Henry Edward, *Afro-American Folksong. A Study in Racial and National Music*, (Ungar) New York 1913, ²1969

Kofsky, Frank, *Black Nationalism & The Revolution in Music*, (Pathfinder) New York 1970

Lang, Iain, *Background of the Blues*, (Worker Music Association) London o.J. (1943)

Leadbitter, Mike, *Delta Country Blues*, (Blues Unlimited) Bexhill-on-Sea 1968

ders. (Hrsg.), *Nothing But the Blues. An Illustrated Documentary*, (Hanover) London 1971

Lehmann, Theo, *Negro Spirituals. Geschichte und Theologie*, (Eckart) Witten 1965

ders., *Blues and Trouble*, (Henschel) Berlin 1967

Lerma, Dominique-René de, *Reflections on Afro-American Music*, (Kent State University) Ohio 1973

ders., *Black Music in Our Culture. Curricual Ideas on the Subjects, Materials and Problems*, (Kent State University) Kent 1970

Levine, Lawrence W., *Black Culture and Black Consciousness: Afro-American Folk Thought from Slavery to Freedom*, (Oxford University) New York 1977

Locke, Alain, *The Negro and His Music. Negro Culture and History*, (Kennikat) Washington, N.Y., 1968

Lovell, John, *Black Song. The Forge and the Flame. The Story of How the Afro-American Spiritual Was Hammered Out*, (Macmillan) New York, London 1972

Mauro, Walter, *Il blues e L'America nera*, (Garzsanti) Milano 1977

McCutchean, Lynn Ellis, *Rhythm and Blues*, (Beatty) Arlington, Virg., 1971

McKee, Margaret/Chisenhall, Fred, *Beale, Black and Blue. Life and Music on Black Americans Main Street*, (Louisiana State University) Baton Rouge, La., 1981

Morath, Max, *Guide to Ragtime*, (Hollis Music) New York 1963

Murray, Albert *Stomping the Blues*, (McGraw-Hill) New York 1976

Oakley, Giles, *The Devil's Music. A History of the Blues*, (BBC Publications) London 1976; deutsch als: *Blues, die schwarze Musik*, (Gustav Lübbe) Bergisch Gladbach 1981

Oliver, Paul, *Blues Fell This Morning*, (Cassell) London 1960; amerik. Ausgabe als: *The Meaning of the Blues*, (Collier) New York 1975

ders., *Conversation with the Blues*, (Cassell) London 1962

ders., *Screening the Blues. Aspects of the Blues Tradition*, (Cassell) London 1968; amerik. Ausgabe als: *Aspects of the Blues Tradition*, (Oak) New York 1970

ders., *The Story of the Blues*, (Barrie & Jenkins) London 1969; deutsch als: *Die Story des Blues*, (Rowohlt) Reinbek b. Hamburg 1978

ders., *Savannah Syncopators. African Retentions in the Blues*, (Studio Vista) London 1970

Olsson, Bengt, *Memphis Blues and Jug Bands*, (Studio Vista/November Books) London 1970

Oster, Harry, *Living Country Blues*, (Folklore Associates) Detroit, Mich., 1969

Palmer, Robert, *Deep Blues*, (Viking) New York 1981

Petrie, Gavin (Hrsg.), *Black Music*, (IPV Specialist and Professional) London 1974

Ricks, George Robinson, *Some Aspects of the Religious Music of the United States Negro. An Ethnomusicological Study with Special Emphasis on the Gospel Tradition*, (Arno) New York 1977

Roach, Hildred, *Black American Music. Past and Present*, (Crescendo) Boston 1973

Roberts, John Storm, *Black Music of Two Worlds*, (Morrow) New York 1974, (Allen Lane) London 1974

Rowe, Mike, *Chicago Breakdown*, (Eddison) London 1973; Neuausgabe als: *Chicago Blues. The City and the Music*, (DaCapo) New York 1982

Rublowsky, John, *Black Music in America*, (Basic Books) New York 1971

Russell, Tony, *Blacks, Whites and Blues*, (Stein & Day) New York 1970, (Studio Vista) London 1970

Schafer, William J./Riedel, Johannes, *The Art of Ragtime. Form and Meaning of an Original Black American Art*, (Louisiana State University) Baton Rouge, La., 1973

Shaw, Arnold, *The World of Soul. Black America's Contribution to the Pop Music Scene*, (Cowles) New York 1970; deutsch als: *Soul. Von den Anfängen des Blues zu den Hits aus Memphis und Philadelphia*, (Rowohlt) Reinbek b. Hamburg 1980

ders., *Honkers and Shouters. The Golden Years of Rhythm and Blues*, (Macmillan) New York 1978

Silverman, Jerry, *Folk Blues*, (Macmillan) New York 1958

Southern, Eileen, *The Music of Black Americans. A History*, (Norton) New York 1971
dies., *Readings in Black American Music*, (Norton) New York 1971
Tallmadge, William H., *Afro-American Music*, (State University College) Buffalo, Tex., 1969
Toop, David, *The Rap Attack. African Jive to New York Hip Hop*, (Pluto) London 1984
Waldo, Terry, *This Is Ragtime*, (Hawthorne Books) New York 1976
Walton, Ortiz M., *Music. Black, White & Blue. A Sociological Survey of the Use and Misuse of Afro-American Music*, (Morrow) New York 1972
Warrick, Mancel/Hillsman, Joan R./Manno, Anthony, *The Progress of Gospel Music. From Spirituals to Contemporary Gospel*, (Vantage) New York 1977
Zenetti, Lothar, *Peitsche und Psalm. Geschichte und Glaube, Spirituals und Gospelsongs der Neger Nordamerikas*, (Pfeiffer) München 1963; überarbeitet und erweitert: (Pfeiffer) München ²1967

5. Lateinamerikanische Musik, Reggae

Åhlén, Carl-Gunnar, *Det mesta om Tango*, (Svenska Dagbladets) Lund 1984
Araujo, Ari/Hard, Erika Franziska, *Expressões da cultura popular*, (Vozes) Rio de Janeiro 1978
Aretz, Isabel (Hrsg.), *America Latina en su musica*, (Unesco) Paris 1977
Assante, Ernesto, *Reggae*, (Savelli) Rom 1980
Barbosa, Orestes, *O samba*, (Funarte) Rio de Janeiro 1978
Barcia, José, *Tango tangueros y tangocosas*, (Editiones Plus Ultra) Buenos Aires 1976
Barrett, Leonard, *The Rastafarians. Sounds of Cultural Dissonance*, (Beacon) Boston 1977
Behague, Gerald, *Music in Latin America. An Introduction*, (Prentice-Hall) Englewood Cliffs, N.J., 1979
Boot, Adrian/Thomas, Michael, *Jamaica. Babylon on a Thin Wire*, (Thames and Hudson) London 1976
Briand, René, *Crónicas del tango alegre*, (Centro Editor de América Latina) Buenos Aires 1972
Clarke, Sebastian, *Jah Music. The Evolution of the Popular Jamaican Song*, (Heinemann Educational Books) London 1980
Constant, Denis, *Aux sources du reggae*, (Paranthèses) Paris 1982
Davis, Stephen, *Reggae Bloodlines. In Search of the Music and Culture of Jamaica*, (Anchor) New York 1977
ders./Simon, Peter (Hrsg.), *Reggae International*, (Knopf) New York 1983, (Thames and Hudson) London 1983
Elder, John D., *From Congo Drum to Steelband*, (University of West Indies) Trinidad 1969
Gobello, José, *Crónica general del tango*, (Editorial Fraterna) Buenos Aires 1980

Guimarães Vagalume, Francisco, *Na roda do samba*, (Funarte) Rio de Janeiro 1978
Hoppe, Ulrich, *Reggae*, (Heyne) München 1981
Kallyndys, Rolston/Dalrymple, Henderson, *Reggae – A People's Music*, (Studio Vista) London o.J. (1981)
Michels, Peter M., *Steelbands in Trinidad*, (Network) Frankfurt/Main 1980
Muniz, José, *Panorama do samba santista. Documentário folclórico e carnevalesco*, (Ypiranga) Santos (São Paulo) 1976
Ortiz, Fernando, *El Engano de las Razas*, (Editiones de Ciencas Sociales) La Habana 1975
Ortiz, Fernando, *Los Negros Esclavos*, (Editiones de Ciencas Sociales) La Habana 1975
Pedote, G./Pinardi, L., *Reggae*, (Gammalibri) Milano 1980
Reichardt, Dieter, *Tango – Verweigerung und Trauer*, (Klaus D. Vervuert) Frankfurt/Main 1981
Reinoso, Pablo, *Tango*, (Favre) Paris 1982
Sábat, Hermengildo, *Tango mio*, (Ameris) Madrid 1982
Schreiner, Claus, *Musica Latina. Musikfolklore zwischen Kuba und Feuerland*, (Fischer) Frankfurt/Main 1982
Sealey, John/Malm, Krister, *Music in the Caribbean*, (Hodder & Stoughton) London 1982
Slonimsky, Nicolas, *Music of Latin America*, (DaCapo) New York 1972
Storm, John, *The Latin Tinge. The Impact of Latin American Music on the United States*, (Oxford University) New York 1979
Tobler, John/McKenzie, Cathy, *Bob Marley. The Roots & Reggae*, (Star/Wyndhams) London o.J.
Vieth, Udo/Zimmermann, Michael, *Reggae*, (Fischer) Frankfurt/Main 1981
Warner, Keith, *The Trinidad Calypso*, (Heinemann Educational) London 1982

6. Jazz

Asriel, Andre, *Jazz. Analysen und Aspekte*, (Lied der Zeit) Berlin 1966; überarbeitet und erweitert: ²1977, ³1985
Backus, Rob, *Fire Music. A Political History of Jazz*, (Vanguard Books) o.O. 1976
Baresel, Alfred, *Das Jazz-Buch*, (J. H. Zimmermann) Leipzig 1926; überarbeitet als: *Das neue Jazzbuch*, (J. H. Zimmermann) Leipzig 1929
Bartsch, Ernst, *Neger, Jazz und tiefer Süden*, (F. A. Brockhaus) Leipzig 1956
Bataschev, Aleksej, *Sovjetskij dschaz*, (Muzyka) Moskva 1973
Berendt, Joachim Ernst, *Der Jazz; eine zeitkritische Studie*, (Deutsche Verlags-Anstalt) Stuttgart 1950
ders., *Das Jazzbuch. Entwicklung und Bedeutung der Jazzmusik*, (Fischer) Frankfurt/Main 1953

ders., *Das neue Jazzbuch*, (Fischer) Frankfurt/Main 1959; überarbeitete und erweiterte Neuausgabe: *Das Jazzbuch. Von Rag bis Rock*, (Krüger) Frankfurt/Main 1976; überarbeitete und erweiterte Neuausgabe: *Das große Jazzbuch. Von New Orleans bis Jazz Rock*, (Fischer) Frankfurt/Main 1982

ders., (Hrsg.) *Die Story des Jazz*, (Deutsche Verlags-Anstalt) Stuttgart 1975; (Rowohlt) Reinbek b. Hamburg 1978

ders., *Ein Fenster aus Jazz. Essays, Portraits, Reflexionen*, (Fischer) Frankfurt/Main 1977; überarbeitet und erweitert: (Fischer) Frankfurt/Main ²1978

Blesh, Rudi, *Shining Trumpets. A History of Jazz*, (Knopf) New York 1946; (Cassel) London ⁴1958

ders., *This Is Jazz. An Exposition of New Orleans Jazz*, (Jazz Music Books) London 1945

Bohländer, Carlo, *Das Wesen der Jazzmusik*, (Grahl & Niclas) Frankfurt/Main 1954

ders., *Jazz – Geschichte und Rhythmus*, (Schott) Mainz 1979

Borneman, Ernest, *A Critic Looks at Jazz*, (Jazz Music Books) London 1946

Cerri, Livio, *Mezzo secolo di jazz*, (Nistri-Lischi) Pisa 1981

Charters, Samuel Barclay/Kundstadt, Leonard, *Jazz. A History of the New York Scene*, (Doubleday) New York 1962

Chilton, John, *Jazz*, (Holder & Stoughton) London 1979

Collier, James Lincoln, *Inside Jazz*, (Four Winds) New York 1973

ders., *The Making of Jazz. A Comprehensive History*, (Mc Gibbon) London 1978

Comolli, Jean-Louis/Charles, Philippe, *Free Jazz – Black Power*, (Champs Libre) Paris 1971; deutsche Ausgabe: (Fischer) Frankfurt/Main 1974

Coryell, Julie/Friedman, Laura, *Jazz-Rock Fusion. The People – The Music*, (Marion Boyars) London 1978

Criel, Gaston, *Swing*, (Vrac) Paris 1982

Dale, Rodney, *The World of Jazz*, (Phaidon) London 1980

Dankworth, Avril, *Jazz. An Introduction to Its Musical Basis*, (Oxford University) London 1968

Dauer, Alfons, M., *Jazz – Die magische Musik*, (Schünemann) Bremen 1961

ders., *Der Jazz: seine Ursprünge und seine Entwicklung*, (E. Röth) Kassel 1958, ³1977

Dorigné, Michel, *Jazz. I: Les origines du jazz, le style nouvelle orléans et ses prolongements*, (Ecole des Loisirs) Paris 1968

Feather, Leonard, *Inside Be-bop*, (Robbins) New York 1949

ders., *The Book of Jazz. A Guide to the Entire Field*, (Horizon) New York 1957

ders., *Inside Jazz*, (DaCapo) New York 1977

Finkelstein, Sidney W., *Jazz. A People's Music*, (Citadel) New York 1948; deutsch als: *Jazz*, (G. Hatje) Stuttgart 1951

Giddins, Gary, *Riding on a Blue Note. Jazz and American Pop*, (Oxford University) New York, London 1981

Goffin, Robert, *Aux frontières du jazz*, (Editions du Sagittaire) Paris 1932

ders., *Jazz from the Congo to the Metropolitan*, (Doubleday) Garden City, N.Y., 1944

ders., *La Nouvelle-Orléans*, (Editions de la Maison française) New York 1946

Gridley, Mark, *Jazz Styles*, (Prentice-Hall) Englewood Cliffs, N.J., 1978

Günther, Helmut/Grimmer, Manfred, *Theorie und Praxis des Jazz-Dance*, (Selbstverlag) Stuttgart 1972

Günther, Helmut, *Jazzdance. Geschichte/Theorie/Praxis*, (Henschel) Berlin 1980

Henry, Robert E., *The Jazz Ensemble. A Guide to Technique*, (Prentice-Hall) Englewood Cliffs, N.J., 1981

Hentoff, Nat, *Jazz Is*, (Random House) New York 1976

Hentoff, Nat/McCarthy, Albert (Hrsg.), *Jazz*, (Grove) New York 1959; Neuausgabe als: *Jazz. New Perspectives on the History of Jazz*, (DaCapo) New York 1974

Hobson, Wilder, *American Jazz Music*, (Norton) New York 1939

Hodeir, André, *Hommes et problèmes du jazz*, (Au Portulan/Flammarion) Paris 1954; englisch als: *Jazz. It's Evolution and Essence*, (Grove) New York 1956

Huber, Leonard V., *New Orleans – A Pictoral History*, (Crown) New York 1971

Jost, Ekkehard, *Sozialgeschichte des Jazz in den USA*, (Fischer) Frankfurt/Main 1982

Kmen, Henry A., *Music in New Orleans. The Formative Years, 1791–1841*, (Louisiana State University) Baton Rouge, La., 1967

Koebner, Franz W., *Jazz und Shimmy*, (Eysler) Berlin 1921

Kotek, Josef, *Kronika české synkopy. Půlstoletí českého jazzu a moderní populární hudby v obrazech a svedéctví současníků I: 1903–1938*, (Supraphon) Praha 1975

Lange, Horst H., *Jazz in Deutschland. Die deutsche Jazz-Chronik 1900–1960*, (Colloquium) Berlin(West) 1966

Leonard, Neil, *Jazz and the White Americans. The Acceptance of a New Art Form*, (Chicago University) Chicago 1962

Malson, Lucien, *Histoire du jazz et de la musique afro-américaine*, (Union générale d'éditions) Paris 1967; erweitert und überarbeitet: (Union générale d'éditions) Paris ²1976

McCarthy, Albert, *Big Band Jazz. The Definitive History of the Origins, Progress, Influence, and Decline of Big Jazz Bands*, (Putnam's Sons) New York 1974

McRae, Barry, *The Jazz Cataclysm*, (Barnes) Brunswick, N.Y., 1967

Mecklenburg, Carl Gregor, *Stilformen des Jazz 1. Vom Ragtime zum Chicago-Stil*, (Universal Edition) Wien 1973

ders., *Stilformen des modernen Jazz. Vom Swing zum Free Jazz*, (Koerner) Baden-Baden 1979 [= Sammlung musikwissenschaftlicher Abhandlungen, Bd. 63]

Meeker, David, *Jazz in the Movies*, (Talisman Books) London 1981

Morgan, Alun, *Modern Jazz. A Survey of Developments since 1939*, (Gollancz) London 1957

Morris, Ronald L., *Wait until Dark. Jazz and the Underworld, 1880–1940*, (Bowling Green University Popular Press) Bowling Green, Ohio, 1980

Munzlinger, Tony, *Jazz*, (Gerig) Köln 1965

Newton, Francis, *The Jazz Scene*, (Monthly Review Press) New York 1960; (Jazz Book Club) London 1960

Noglik, Bert/Lindner, Heinz-Jürgen, *Jazz im Gespräch*, (Neue Musik Berlin) Berlin 1978

Noglik, Bert, *Jazzwerkstatt International*, (Neue Musik Berlin) Berlin 1981; (Rowohlt) Reinbek b. Hamburg 1984

Ostransky, Leroy, *The Anatomy of Jazz*, (University of Washington) Seattle, N.Y., 1960; (Greenwood) Westport, Conn., 1973

ders., *Understanding Jazz*, (Prentice-Hall) Englewood Cliffs, N.J., 1977

ders., *Jazz City. The Impact of Our Cities on the Development of Jazz*, (Prentice-Hall) Englewood Cliffs, N.J., 1978

Panassié, Hugues, *Le jazz hot*, (Corrêa) Paris 1934

ders., *The Real Jazz*, (Smith & Durrell) New York 1942; deutsch als: *Die Geschichte des echten Jazz*, (Signum) Gütersloh, o.J.

Peasants, Henry, *Serious Music – And All That Jazz*, (Simon & Schuster) New York, (Gollanzc) London 1969

Pollillo, Arrigo, *Jazz: la vicenda e i protagonisti della musica Afro-Americana*, (Mondadori) Milano 1975; deutsch als: *Jazz: Geschichte und Persönlichkeiten*, (Goldmann/Schott) Mainz/München 1981

Rose, Al, *Storyville – New Orleans*, (University of Alabama) Alabama 1974

Russell, Ross, *Jazz Style in Kansas City and the Southwest*, (University of California) Berkeley 1971

Sargeant, Winthrop, *Jazz, Hot and Hybrid*, (Arrow) New York 1938; (DaCapo) New York ³1975

Schafer, William John, *Brass Bands and New Orleans Jazz*, (Louisiana State University) Baton Rouge, La. 1977

Schreiner, Claus, (Hrsg.), *Jazz aktuell*, (Schott) Mainz 1968

Schuller, Gunther, *The History of Jazz. Vol 1: Early Jazz. Its Roots and Musical Development*, (Oxford University) New York 1968

Stearns, Marshall W., *The Story of Jazz*, (Oxford University) New York 1956; London 1970

ders.,/Stearns, Jean, *Jazz Dance; the Story of American Vernacular Dance*, (MacMillan) New York 1968

Stoddard, Tom, *Jazz on the Babary Coast*, (Storyville) Chigwell, Essex, 1982

Tanner, Paul/Gerow, Maurice, *A Study of Jazz*, (Brown) Dubuque, Iowa, 1973

Tirro, Frank, *Jazz. A History*, (Norton) New York 1977

Turner, Frederick, *Remembering Song. Encounters with the New Orleans Jazz Tradition*, (Viking) New York 1982

Ulanov, Barry, *A History of Jazz in America*, (Viking) New York 1955; deutsch als: *Jazz in Amerika*, (Max Hesse) Berlin(West) 1958

ders., *A Handbook of Jazz*, (Viking) New York 1957

Vulliamy, Graham, *Jazz and Blues*, (Routledge & Kegan Paul) London 1982

Williams, Martin, *The Art of Jazz. Essays on the Nature and Development of Jazz*, (Grove) New York 1960

Williams, Martin, *The Jazz Tradition*, (Oxford University) New York 1970

ders., *Jazz Masters of New Orleans*, (MacMillan) New York 1967; (DaCapo) New York 1978

Williams, Mike, *The Australian Jazz Explosion*, (Angus & Robertson) Sydney 1981

Wilmer, Valerie, *Jazz People*, (Allison and Busby) London 1970; (Bobby-Merrill) Indianapolis 1971

ders., *As Serious as Your Life. The Story of the New Jazz*, (Quartet) London 1977

7. Country Music, Country & Western, Folk Music

Abrahams, Roger D./Foss, George, *Anglo-American Folksong Style*, (Prentice-Hall) Englewood Cliffs, N.J., 1968

Ames, Russell A., *The Story of American Folk Song*, (Grosset & Dunlap) New York 1960

Artis, Bob, *Bluegrass*, (Hawthorne Books) New York 1975

Bane, Michael, *The Outlaws. Revolution in Country Music*, (Doubleday) New York 1978

Brand, Oscar, *The Ballad Mongers – The Use of the Modern Folksong*, (Funk and Wagnalls) New York 1967

Carawan, Guy/Carawan, Candy, *Voices from the Mountains*, (Knopf) New York 1975

Carr, Patrick (Hrsg.), *The Illustrated History of Coun-*

try Music, (Doubleday/Dolphin) Garden City, N.Y., 1980

Chalker, Bryan, Country Music, (Phoebus) London 1976

Corbin, Everett J., Storm Over Nashville. A Case Against Modern Country Music, (Ashlor) Nashville, Tenn., 1980

Daigle, Pierre V., Tears, Love, and Laughter. The Story of the Acadians, (Acadian Publishing Enterprise) Church Point, La., 1972

Denisoff, R. Serge, Sing a Song of Social Significance, (Bowling Green University Popular Press), Bowling Green, Ohio, 1972

Denselow, Robin/Laing, Dave/Schröder, Tom/Shelton, Robert, Folksong, (Rowohlt) Reinbek b. Hamburg 1978

DeTurk, David A./Poulin A. (Hrsg.), The American Folk Scene. Dimensions of the Folksong Revival, (Dell) New York 1967

Dunson, Josh, Freedom in the Air. Song Movements of the 60's, (International Publishers) New York 1965

Farah, Cynthia, Country Music. A Look at the Men Who've Made It, (C. M.) El Paso 1981

Ford, Ira W., Traditional Music of America, (Dutton) New York 1940

Fuchs, Walter, Die Geschichte der Country Music. Zentren-Stile-Lebensläufe, (Lübbe) Bergisch Gladbach 1980

Grafmann, Howard/ Manning, B.T. (Hrsg.), Folk Music USA, (Citadel) New York 1962

Greenway, John, American Folksongs of Protest, (Octagon Books) New York [2]1970

Grissim, John, Country Music. White Man's Blues, (Paperback Library) New York 1970

Guthrie, Woody, Bound for Glory, (Dutton) New York 1943; (Pan) London 1974

Hemphill, Paul, The Nashville Sound. Bright Lights and Country Music, (Simon & Schuster) New York 1970; deutsch als: Nashville Sound. Die Welt der Country & Western Music, (Rainer Wunderlich) Tübingen, Stuttgart 1971

Hill, Fred, Grass Roots. Illustrated History of Bluegrass and Mountain Music, (Academy Books) New York 1981

Hurst, Jack, Nashville's Grand Ole Opry, (Abrams) New York 1975

Joyner, Charles W., Folk Song in South Carolina, (University of South Carolina) Columbia, S. C., 1971

Lloyd, Albert Lancaster, Folksong in England, (Lawrence and Wishart) London 1967

Lomax, Allan, The Folk Songs of North America, (Cassell) London 1960

Malone, Bill C., Country Music USA, (University of Texas) Houston, Tex., 1967

McDaniel, William R./Seligmann, Harold, The Grand Ole Opry, (Greenberg) New York 1952

Nettl, Bruno, Folk Music in the United States. An Introduction, (Wayne State University) Detroit 1976

Phillips, Stacy/Kosek, Kenny, Bluegrass Fiddle Styles, (Oak) New York 1978

Price, Steven D., Old as the Hills. The Story of Bluegrass Music, (Viking) New York 1975

Rosen, David M., Protest Songs in America, (Aware) Westlake Village, Cal., 1972

Schneerson, Grigorij, Amerikanskije pjesni, (Sovetskij kompozitor) Moskva 1976

Shelton, Robert/Goldblatt, Burt, The Country Music Story. A Picture History of Country and Western Music, (Castle Books) Secaucus, N.J., 1966

Strachwitz, Chris/Welding, Pete, The American Folk Music Occasional, (Oak) New York 1970

Tosches, Nick, Country. The Biggest Music in America, (Stein & Day) New York 1977

Van der Horst, Brian, Folk Music in America, (Watts) New York 1972

Vassal, Jacques, Folksong, une histoire de la musique populaire aux États-Unis, (Albin Michel) Paris 1971; überarbeitet und erweitert als: Folksongs, racines et branches de la musique folk des États-Unis, (Albin Michel) Paris 1977

Wolfe, Charles K., The Grand Ole Opry. The Early Years, 1925–35, (Old Time Music) London 1975

8. Rock/Pop

Andersson, Muff, Music in the Mix, (Ravan) Johannesburg 1981

Anscombe, Isabelle, Not Another Punk Book, (Aurum) London 1978

Anthony, Gene, The Summer of Love, (Celestial Arts) Millrae, Ca., 1980

Aprile, Al/Mayer, Luca, La musica rock-progressiva Europa, (Gammalibri) Milano 1980

Arias, José Ragué, Los movimientos pop, (Editions Grammont) Barcelona 1975; deutsch als: Pop. Kunst und Kultur der Jugend, (Rowohlt) Reinbek b. Hamburg 1978

Baker, Glenn A./Coupe, Stuart, The New Music, (Bay Books) Sydney, (Ring) London 1980

Bane, Michael, White Boy Singin' the Blues. The Black Roots of White Rock, (Penguin) New York, Harmondsworth 1982

Barnes, Ken, Twenty Years of Pop, (Kenneth Mason) London 1973

Barsamian, Jacques/Jouffa, Francois, L'Age du rock'n'roll, (Ramsay) Paris 1980

Bartnik, Norbert/Bordon, Frieda, Keep on Rockin'. Rockmusik zwischen Protest und Profit, (Beltz) Weinheim, Basel 1981

Beckman, Dieter/Martens, Klaus, Star-Club, (Rowohlt) Reinbek b. Hamburg 1980

Belz, Carl, The Story of Rock, (Oxford University) New York 1969; überarbeitet: [2]1972

Benson, Dennis C., *The Rock Generation*, (Abington) Nashville, Tenn., 1976

Birch, Ian, *The Book with No Name* [New Romantics], (Omnibus) London 1981

Bird, Brian, *Skiffle. The Story of Folk Song with a Jazz Beat*, (Robert Hale) London 1958

Blair, Dike/Anscomb, Elizabeth, *Punk. Punk Rock, Style, Stance, People, Stars*, (Urizen) New York 1978

Boeckman, Charles, *And the Beat Goes On. A History of Pop Music in America*, (Luce) Washington 1972

Bollelli, F./Gatti, R. (Hrsg.), *Il rock e altre storie*, (Arcana) Rom 1980

Burt, Rob/North, Patsy, *West Coast Story*, (Hamlyn) London 1977

Bygrave, Mike, *Rock*, (Watts) New York 1978

Byrne, John, *The Story of Pop*, (Heinemann Educational) London 1975

Caraman-Fotea, Daniela/Lungu, Florian, *Disco, ghid-rock*, (Ed. muzicală) București 1977

Carmichael, Hoagy, *The Stardust Road*, (Indiana University) Blommington, Ind., 1983

Carson, Tom, *Twisted Kicks*, (And/Or) Berkeley, Cal., 1981

Christgau, Robert, *Any Old Way Chose It. Rock and Other Pop Music: 1967–1973*, (Penguin) Baltimore, Minn., 1973

Clark, Dick/Robinson, Richard, *Rock, Roll & Remember*, (Thomas Y. Crowell) New York 1976

Cohn, Nik, *Awopbopaloobopalopbamboom. Pop from the Beginning*, (Weidenfels & Nicholson) London 1969; überarbeitete amerik. Ausgabe als: *Rock from the Beginning*, (Pocket Books) New York 1969; deutsch als: *A WopBopaLooBopALopBamBoom. Pop History*, (Rowohlt) Reinbek b. Hamburg 1971

Coon, Caroline, *1988: The New Wave Punk Rock Explosion*, (Orbach & Chambers) London 1977

Costa, Salvador, *Punk*, (Producciones Editoriales) Barcelona 1977

Cumming, Tony, *The Sound of Philadelphia*, (Eyre Methuen) London 1975

Dachs, David, *Anything Goes. The World of Pop Music*, (Bobbs-Merrill) Indianapolis, Ind., London 1964

ders., *American Pop*, (Scholastic Book Services) New York 1969

Daufouy, Phillippe/Sarton, Jean-Pierre, *Pop Music/Rock*, (Champs Libre) Paris 1972

Davis, Julie (Hrsg.), *Punk*, (Millington) London 1977

Denisoff, R. Serge, *Great Day Coming*, (University of Illinois) Urbana, Ill., 1971

Dister, Alain, *Le rock anglais. De Tommy Steele à David Bowie*, (Albin Michel) Paris 1973

Doney, Malcolm, *Summer in the City. Rock Music & Way of Life*, (Lion) Berkhamsted 1978

Doukas, James N., *Electric Tibet. The Chronicles and Sociology of the San Francisco Rock Musicians*, (Dominion) North Hollywood, Cal., 1969

Downig, David, *Future Rock*, (Panther) St. Albans, Herts 1976

Duncan, Robert, *The Noise. Rock'n'Roll and the Transformation of America*, (Ticknor & Fields) New Haven, Conn., 1983

Ehrenstein, David/Reed, Bill, *Rock on Film*, (Delilah) New York 1982

Eisen, Jonathan (Hrsg.) *The Age of Rock. Sounds of the American Cultural Revolution*, (Vintage Books) New York 1969

ders. (Hrsg.), *The Age of Rock 2. Sights and Sounds of the American Cultural Revolution*, (Vintage Books) New York 1970

Ellis, Royston, *The Big Beat Scene*, (Four Square) London 1961

Farren, Mick/Snow, George, *Rock'n'Roll Circus*, (Pierrot) London 1978

Faule, Didier (Hrsg.), *Special Pop*, (Albin Michel) Paris o.J.

Flattery, Paul, *The Illustrated History of British Pop*, (Wise) London 1973

Fletcher, Peter, *Roll Over Rock*, (Stainer & Bell) London 1981

Floh de Cologne (Hrsg.), *Rock gegen Rechts. Beiträge zu einer Bewegung*, (Weltkreis) Dortmund 1980

Fong-Torres, Ben (Hrsg.), *What's That Sound? The Contemporary Music Scene from the Pages of Rolling Stone*, (Rolling Stone Press/Anchor Books) New York 1976

ders. (Hrsg.), *The Rolling Stone Rock'n'Roll Reader*, (Bantom) New York 1974

Fradkina E. (Hrsg.), *Pop-muzika. Vzgljadi i mnenija*, (Sovetskij kompozitor) Leningrad 1977

Gabree, John, *The World of Rock*, (Fawcett) Greenwich, Conn., 1968

Garms, Thomas/Döpfner, M.O.C., *Neue Deutsche Welle. Kunst oder Mode?*, (Ullstein) Frankfurt/Main, Berlin(West), Wien 1984

Gillett, Charlie, *The Sound of the City. The Rise of Rock'n'Roll*, (Outerbridge & Dienstfrey) New York 1970; überarbeitete Neuausgabe: (Souvenir) London 1983; deutsch als: *The Sound of the City*, (Zweitausendundeins) Frankfurt/Main 1979

ders. (Hrsg.), *Rock File*, (New English Library) London 1972

ders. (Hrsg.), *Rock File 2*, (Panther/Granada) St. Albans, Herts 1974

ders./Frith, Simon (Hrsg.), *Rock File 3*, (Panther/Granada) St. Albans, Herts 1975

dies. (Hrsg.), *Rock File 4*, (Panther/Granada) St. Albans, Herts 1976

dies. (Hrsg.), *Rock File 5*, (Panther/Granada) St. Albans, Herts 1978

Gleason, Ralph J., *The Jefferson Airplane and the San Francisco Sound*, (Ballantine) New York 1969

Gorman, Clem, *Backstage Rock*, (Pan) London 1978

Grossman, Lloyd, *A Social History of Rock Music. From the Greasers to the Glitter Rock*, (McKay) New York 1976

Guralnick, Peter, *Feel Like Going Home. Portraits in Blues & Rock'n'Roll*, (Sunrise/E. P. Dutton) New York 1971; (Omnibus) London 1978

Hall, Douglas Kent/Clark, Sue C., *Rock. A World Bold as Love*, (Regnery) Chicago 1970

Hechinger, Grace/Hechinger, Fred, *Teenage Tyranny*, (Duckworth) New York 1964

Hefley, James C., *How Sweet the Sound*, (Tyndale) Wheaton, Ill., 1981

Hennessy, V., *Punk. We're All in the Gutter*, (Quartet) London 1978

Herman, Gary, *Rock'n'Roll Babylon*, (Plexus) London 1982

Hibbard, Don/Kaleialoha, Carol, *The Role of Rock*, (Prentice-Hall) Englewood Cliffs, N.J., 1983

Hodenfield, Chris, *Rock '70*, (Pyramid) New York 1970

Hoffmann, Paul, *Rockstory. Drei Jahrzehnte Rock & Pop Music von Presley bis Punk*, (Ullstein) Frankfurt/Main, Berlin(West), Wien 1981

Hopkins, Jerry, *The Rock Story*, (Signet/New American Library) New York 1970

Jahn, Mike, *Rock. A Social History of the Music, 1945–1972*, (Quadrangle) New York 1973

ders., *Rock. From Elvis Presley to the Rolling Stones*, (Quadrangle) New York 1973

Jasper, Tony, *Simply Pop*, (Queen Anne) London 1975

Jenkenson, Philip/Warner, Alan, *Celluloid Rock*, (Lorrimer) London 1975

Johnson, Derek, *Beat Music*, (Hansen) Copenhagen, (Chester) London 1969

Johnson, Gary, *The Story of OI – A View from the Dead-End of the Street*, (Babylon) Manchester 1981

Jones, Wayne, *Rockin', Rollin', Rappin'*, (Goldmine) Fraser, Ill., o.J.

Kaiser, Rolf-Ulrich, *Das Buch der neuen Popmusik*, (Econ) Düsseldorf, Wien 1969

ders., *Rock-Zeit. Stars, Geschäft und Geschichte der neuen Pop-Musik*, (Econ) Düsseldorf, Wien 1972

Kingsman, Daniel, *American Music. A Panorama*, (Collier-Macmillan) New York 1981

Kneif, Tibor (Hrsg.), *Rock in den 70ern. Jazzrock, Hardrock, Folkrock und New Wave*, (Rowohlt) Reinbek b. Hamburg 1980

ders., *Rockmusik. Ein Handbuch zum kritischen Verständnis*, (Rowohlt) Reinbek 1982

Kouwenhoven, John, *Made in America*, (Doubleday/Anchor) New York 1962

Laing, David, *The Sound of Our Time*, (Sheed & Ward) London 1969

ders./Dallas, Karl/Deneselow, Robin/Shelton, Robert, *The Electric Muse: The Story of Folk into Rock*, (Eyre Methuen) London 1975

Lasch, Stefan, *PS. Rock-Musik*, (Tribüne) Berlin 1980; überarbeitet und erweitert: (Tribüne) Berlin ²1983

Leiber, Jerry/Stoller, Mike, *Baby, That Was Rock & Roll*, (Harcourt Brace) New York 1978

Leukert, Bernd (Hrsg.), *Thema: Rock gegen Rechts. Musik als politisches Instrument*, (Fischer) Frankfurt/Main 1980

Lydon, Michael, *Folk Rock. Portraits from the Rock Pantheon*, (Dial) New York 1971

Mabey, Richard, *The Pop Process*, (Hutchinson Educational) London 1969

Marcus, Greil (Hrsg.), *Rock and Roll Will Stand*, (Beacon) Boston 1969

ders. (Hrsg.), *Stranded. Rock and Roll for a Desert Island*, (Knopf) New York 1979

Marks, J./Eastman, Linda, *Rock and Other Four Letter Words*, (Bantam) New York 1968

May, Chris/Phillips, Tim, *British Beat*, (Sociopack Publications) London 1974

May, Chris, *Rock'n'Roll*, (Scion/Sociopack Publications) London o.J.

Miller, Jim (Hrsg.), *The Rolling Stone Illustrated History of Rock & Roll*, (Random House) New York 1976; erweitert und überarbeitet als: *The Rolling Stone Illustrated History of Rock & Roll 1950–1980*, (Random House) New York 1980; deutsch als: *Rolling Stone. Bildgeschichte der Rockmusik. 1: Von Sonny Boy Williamson zu den Beach Boys, 2: Von den Searchers zu Bruce Springsteen*, 2 Bde., (Rowohlt) Reinbek b. Hamburg 1979

Napier-Bell, Simon, *You Don't Have to Say You Love Me*, (New English Library) London 1982

Nassour, Ellis/Broderick, Richard, *Rock Opera. The Creation of Jesus Christ Superstar*, (Hawthorne) New York 1973

Norell, Tim: Wahlberg, Ulf, *Popcorn*, (Cambridge University) Cambridge 1982

O'Donnell, Jim, *The Rock Book*, (Pinnacle) New York 1975

Palmer, Myles, *New Wave Explosion. How Punk Became New Wave Became the 80's*, (Proteus) London 1982

Palmer, Robert, *Baby, That Was Rock & Roll. The Legendary Leiber & Stoller*, (Harvest/HBJ) New York 1978

Palmer, Tony, *Electric Revolution*, (B&N) London 1971; deutsch als: *Electric Revolution. Die Inside-Story der Pop-Stars*, o.O., o.J.

Pascall, Jeremy, *Story of Pop*, (Phoebus) London 1974

ders., *The Illustrated of Rock and Roll*, (Hamlyn) Feltham, Middx., 1978

Peck, Ira (Hrsg.), *The New Sounds*, (Scholastic Book Services) New York 1966

Peinemann, Steve B., *Die Wut, die du im Bauch hast: politische Rockmusik*, (Rowohlt) Reinbek b. Hamburg 1980

Penth, Boris/Franzen, Günter, *Last Exil. Punk: Leben im toten Herzen der Städte*, (Rowohlt) Reinbeck b. Hamburg 1982

Petrie, Gavin, *Pop Today*, (Hamlyn) London 1974

ders., (Hrsg.), *Rock Life*, (Hamlyn) Feltham, Middx., 1974

Pichaste, David, *A Generation in Motion. Popular Music and Culture in the Sixties*, (Schirmer/Macmillan) New York 1979

Plaumann, Klaus, *The Beat Age*, (Zweitausendundeins) Frankfurt/Main 1978

Pollock, Bruce/Wagman, John, *The Face of Rock&Roll – Images of a Generation*, (New English Library) London 1978

Pollock, Bruce, *When Rock Was Young. A Nostalgic Review of the Top 40 Era*, (Holt, Rinehart & Winston) New York 1981

Punk? Boheme – Kunst. Punk Rock oder Der vermarktete Aufruhr, (Verlag Freie Gesellschaft) Frankfurt/Main 1978

Raisner, Albert, *L'Aventure Pop*, (Robert Laffont) Paris 1973

Redd, Lawrence N., *Rock Is Rhythm and Blues. The Impact of Mass Media*, (Michigan State University) East Lansing, Mi., 1974

Reid, Jan, *The Improbable Rise of Redneck Rock*, (Heidelberg) Austin, Tex., 1974

Richards, Stanley (Hrsg.), *Great Rock Musicals*, (Stein & Day) New York 1979

Robinson, Richard/Zwerling, Andy, *The Rock Scene*, (Pyramid) New York 1971

Robinson, Richard, *Electronic Rock*, (Pyramid) New York 1972

ders., *Pop, Rock and Soul*, (Pyramid) New York 1972

ders., *Rock Revolution. From Elvis to Alice – The Whole Story of Rock and Roll*, (Curtis) New York 1973

Rockwell, John, *All American Music*, (Knopf) New York 1983

Rogers, Dave, *Rock'n'Roll*, (Routledge & Kegan Paul) London 1982

Ross, Michael, *Rock Beyond Woodstock*, (Petersen) Los Angeles 1970

Sanders, Ellen, *Trips. Rock Life in the Sixties*, (Scribner) New York 1973

Sarlin, Bob, *Turn It Up (I Can't Hear the Words)*, (Simon & Schuster) New York 1974

Saville, Jimmy, *As It Happens*, (Barrie & Jenkins) London 1974

Schafe, William J., *Rock Music. Where It's Been, What It Means, Where It's Going*, (Augsburg) Minneapolis, Minn., 1972

Schaffner, Nicholas, *The British Invasion: From the First Wave to the New Wave*, (McGraw-Hill) New York 1982

Schöler, Franz (Hrsg.), *Let It Rock. Eine Geschichte der Rockmusik von Chuck Berry und Elvis Presley bis zu den Rolling Stones und dem Allman Brothers*, (Carl Hanser) München, Wien 1975

Schröder, Rainer M., *Rock Made in Germany – Die Entwicklung der deutschen Rockmusik*, (Heyne) München 1980

Scothrum, Jan, *Rock/Beat*, (Politikens Forlag) København 1974

Seuss, Jürgen/Dommermuth, Gerold/Maier, Hans, *Beat in Liverpool*, (Europäische Verlagsanstalt) Frankfurt/Main 1965

Shaw, Arnold, *The Rock Revolution. What's Happening in Today's Music*, (Collier-Macmillan) London, New York 1969

ders., *The Rockin' 50's. The Decade That Transformed the Pop Music Scene*, (Hawthorne) New York 1974; deutsch als: *Rock'n'Roll. Die Stars, die Musik und die Mythen der 50er Jahre*, (Rowohlt) Reinbek b. Hamburg 1978

Silver, Caroline, *The Pop Makers. British Rock'n'Roll*, (Scholastic Book Services) New York 1966

Sinclair, John/Levin, Robert, *Music and Politics*, (World Publishing) New York 1971

Skai, Hollow, *Punk*, (Sounds) Hamburg 1981

Somma, Robert (Hrsg.), *No One Waved Goodbye. A Casualty Report on Rock and Roll*, (Fusion Magazine/Outerbridge & Dienstfrey) New York 1971

Stark, Jürgen/Kurzawa, Michael, *Der große Schwindel? Punk – New Wave – Neue Welle*, (Verlag Freie Gesellschaft) Frankfurt/Main 1981

Steward, Tony (Hrsg.), *Cool Cats. 25 Years of Rock'n'Roll Style*, (Eel Pie) London 1981

Tobler, John/Frame, Peter, *25 Years of Rock*, (Optimum/Hamlyn) Feltham, Middx., 1980

Trow, Mike, *The Pulse of '64. The Mersey Beat*, (Vantage) New York 1964

Uslan, Michael/Solomon, Bruce, *Dick Clark's the First 25 Years of Rock&Roll*, (Dell) New York 1981

Van de Horst, Brian, *Rock Music*, (Watts) New York 1973

Wale, Michael, *Vox Pop. Profiles of the Pop Process*, (Harrap) London 1972

Whitcomb, Ian, *Rock Odyssey*, (Doubleday) New York 1983

Williams, Paul, *Outlaw Blues. A Book of Rock Music*, (E. P. Dutton) New York 1969

Wise, Herbert (Hrsg.), *Professional Rock and Roll*, (Collier/Macmillan) New York 1967; (Macmillan) London 1968

Wölfer, Jürgen, *Die Rock- und Popmusik. Eine umfassende Darstellung ihrer Geschichte und Funktion*, (Heyne) München 1980

Yorke, Ritchie, *The History of Rock'n'Roll*, (Eyre Methuen) London 1971

9. Populäres Lied: Schlager, Chanson

Barbier, Piere, *Histoire de France par les chansons*, (Gallimard) Paris 1961

Busse, Burkhard, *Der deutsche Schlager. Eine Untersuchung zur Produktion, Distribution und Rezeption von Trivialliteratur*, (Athenaion) Wiesbaden 1976

Czerny, Peter/Hofmann, Heinz P., *Der Schlager. Ein Panorama der leichten Musik, Bd. I*, (Lied der Zeit) Berlin 1968

Erisman, Guy, *Histoire de la chanson*, (Waleffe) Paris 1967

Ewen, David, *The Life and Death of Tin Pan Alley. The Golden Age of American Popular Music*, (Funk and Wagnalls) New York 1964

Haas, Walter, *Das Schlagerbuch*, (List) München 1957

Helms, Siegmund (Hrsg.), *Schlager in Deutschland*, (Breitkopf & Härtel) Wiesbaden 1972

Kayser, Dietrich, *Schlager – das Lied als Ware. Untersuchungen zu einer Kategorie der Illusionsindustrie*, (Metzler) Stuttgart 1975

Kraushaar, Elmar (Hrsg.), *Rote Lippen. Die ganze Welt des deutschen Schlagers*, (Rowohlt) Reinbek b. Hamburg 1983

Lohr, Stasi, *Drum hab i Wean so gern. Wien und seine Lieder*, (Goldmann) München 1982

Mezger, Werner, *Schlager – Versuch einer Gesamtdarstellung unter besonderer Berücksichtigung des Musikmarktes der Bundesrepublik Deutschland*, (Tübinger Vereinigung für Volkskunde) Tübingen 1975

Meyer, Hazel, *The Gold in Tin Pan Alley*, (J.B. Lippincott) Philadelphia, New York 1958

Neef, Wilhelm, *Das Chanson*, (Koehler u. Amelang) Leipzig 1972

Richter, Lukas, *Die Berliner Gassenhauer. Darstellung, Dokumente, Sammlung*, (Deutscher Verlag für Musik) Leipzig 1970

ders. (Hrsg.), *Mutter, der Mann mit dem Koks ist da. Berliner Gassenhauer*, (Deutscher Verlag für Musik) Leipzig 1977

Rösler, Walter, *Das Chanson im deutschen Kabarett 1901–1933*, (Henschel) Berlin 1980

Schmidt-Joos, Siegfried, *Geschäfte mit Schlagern*, (Schünemann) Bremen 1960

Schulz-Koehn, Dietrich, *Vive la chanson. Kunst zwischen Show und Poesie*, (Bertelsmann) Gütersloh 1969

Shepherd, John, *Tin Pan Alley*, (Routledge & Kegan Paul) London 1982

Sperr, Monika, *Das große Schlagerbuch. Deutsche Schlager 1800 – heute*, (Rogner & Bernhard) München 1978

Worbs, Hans Christoph, *Der Schlager. Bestandsaufnahme, Analyse, Dokumentation*, (Schünemann) Bremen 1963

10. Musikalische Bühnenunterhaltung: Minstrelsy, Vaudeville, Music Hall, Operette, Musical, Revue, Varieté, Kabarett

Baral, Robert, *Revue. The Great Broadway Period*, (Fleet) New York 1970

Bemmann, Helga, *Berliner Musenkinder-Memoiren. Eine heitere Chronik von 1900–1930*, (Lied der Zeit) Berlin 1981

Bez, Helmut/Degenhardt, Jürgen/Hofmann, Heinz P., *Musical – Geschichte und Werke*, (Lied der Zeit) Berlin 1980

Bordman, Gerald, *American Operetta. From 'HMS Pinafore' to 'Sweeney Todd'*, (Oxford University) New York, London 1981

ders., *American Musical Comedy. From Adonis to Dreamgirls*, (Oxford University) New York, London 1982

Caradec, Francois/Weill, Alain, *Le café-concert*, (Hachette) Paris 1980

Castle, Charles, *The Folies Bergére*, (Methuen) London 1982

Clerc, Julien/Clerc, Mayol, *Le music hall français*, (Oliver Orban) Paris 1978

Czech, Stan, *Das Operettenbuch*, (Muth'sche Verlagsbuchhandlung) Stuttgart 1960

Druxman, Michael B., *The Musical. From Broadway to Hollywood*, (Barnes) South Brunswick, (Yoseloff) London 1980

Duncan, Edmondstoune, *The Story of Minstrelsy*, (Singing Tree) Detroit 1968

Feschotte, Jacques, *Histoire du music-hall*, (P.U.F.) Paris 1965

Gáspár, Margit, *A múzsák neveletten gyermeke*, (Zenemukiadó Vállalat) Budapest 1963; deutsch als: *Operette von der Antike bis Offenbach*, (Lied der Zeit) Berlin 1969

Grun, Bernard, *Kulturgeschichte der Operette*, (Langen/Müller) München 1961; erweitert: (Lied der Zeit) Berlin 1967

Green, Stanley, *Broadway Musicals of the 30's*, (DaCapo) New York 1982

ders., *The World of Musical Comedy*, (Ziff/Davis) New York 1960

Greul, Heinz, *Bretter, die die Zeit bedeuten. Die Kulturgeschichte des Kabaretts*, 2 Bde., (Deutscher Taschenbuch Verlag) München 1971

Günther, Ernst, *Geschichte des Varietés*, (Henschel) Berlin 1978

Hadamowsky, Franz/Otte, Heinz, *Die Wiener Operette*, (Bellaria) Wien 1947

Hirschhorn, Clive, *The Hollywood Musical*, (Octopus) London, (Crown) New York 1981

Hösch, Rudolf, *Kabarett von gestern und heute*, (Henschel) Berlin 1972

Jando, Dominique, *Histoire mondiale du music hall*, (Delarge) Paris 1979

Kislan, Richard, *The Musical. A Look at the American Musical Theater*, (Prentice-Hall) Englewood Cliffs, N.J., 1980

Kothes, Franz-Peter, *Die theatralische Revue in Berlin und Wien 1900–1938. Typen, Inhalte, Funktionen*, (Heinrichshofen) Wilhelmshaven 1977 [= Taschenbücher zur Musikwissenschaft Nr. 29]

Laurie, Joe, *Vaudeville. From the Honky-Tonks to the Palace*, (Kennikat) Post Washington, N.Y., 1972

Lee, Edward, *Folksongs and Music Hall*, (Routledge & Kegan Paul) London 1982

Lewine, Richard/Simon, Alfred, *Songs of the American Theatre*, (Dodd & Mood) New York 1973

Mander, Raymond/Mitchenson, Joe, *British Music Hall*, (Studio Vista) London 1965

dies., *Revue. A Story in Pictures*, (Taplinger) New York 1971

Nathan, Hans, *Dan Emmett and the Rise of Early Negro Minstrelsy*, (University of Oklahoma) Norman, Oklah., 1962

Pflicht, Stephan, *Musical-Führer*, (Goldmann/Schott) München 1980

Root, Deane L., *American Popular Stage Music, 1860–1880*, (UMI Research) Ann Arbor, Mi., 1981

Sampson, Henry T., *Blacks in Blackface. A Source Book on Early Black Musical Shows*, (Scarecrow Press) Metuchen, N.J., London 1980

Schiffman, Jack, *Uptown. The Story of Harlem's Apollo Theatre*, (Oxford University) New York 1971

Schneidereit, Otto, *Operette A – Z. Ein Streifzug durch die Welt der Operette und des Musicals*, (Henschel) Berlin 1965

Sennett, Ted, *Hollywood Musicals*, (Abrams) New York 1981

Sevran, Pascal, *Le music hall français, de Mayal à Julien Clerc*, (Orban) Paris 1978

Smith, Cecil Michener, *Musical Comedy in America*, (Theatre Arts Books) New York 1970

dies./Litton, Glenn, *Musical Comedy in America*, (Theatre Arts Books) New York 1981

Toll, Robert C., *Blacking Up. The Minstrel Show in Nineteenth-Century America*, (Oxford University) New York 1974

Wittke, Carl Frederick, *Tambo and Bones. A History of the American Minstrel Stage*, (Duke University) Durham 1930; Reprint: (Negro Universities) New York 1968

11. Musikindustrie und Massenmedien

Archer, Gleason L., *History of Radio to 1926*, (American Historical Company) New York 1938

Barnouw, Eric, *History of Broadcasting in the United States*, (Oxford University) New York 1966

Bart, Teddy, *Inside Music City USA*, (Aurora) Nashville, Tenn., 1970

Benjaminson, Peter, *The Story of Motown*, (Grove) New York 1979

Blaukopf, Kurt, *Technik, Wirtschaft und Ästhetik der Schallplatte*, (Braun) Karlsruhe 1970 [= Schriftenreihe Musik und Gesellschaft, Heft 7/8]

Cable, Michael, *The Pop Industry. Inside Out*, (W. H. Allen) London 1977

Calvert, Robert, *Hype*, (New English Library) London 1981

Chapple, Steve/Garofalo, Reebee, *Rock'n'Roll Is Here to Pay. The History & Politics of the Music Industry*, (Nelson-Hall) Chicago 1977; deutsch als: *Wem gehört die Rockmusik? Geschichte und Politik der Musikindustrie*, (Rowohlt) Reinbek b. Hamburg 1980

Chew, V.K., *Talking Machines, 1877–1914. Some Aspects of the Early History of the Grammophone*, (Her Majesty's Stationery Office) London 1967

Collins, Rodney, *Radio Luxembourg 1979*, (Radio Luxembourg) London 1978

Coster, Michel de, *Le disque, art ou affaires?*, (PUG) Grenoble 1976

Davis, Clive/Willwerth, James *Davis. Inside the Record Business*, (Ballantine Books) New York 1974

Delong, Thomas A., *The Mighty Music Box. The Golden Age of Musical Radio*, (Amber Crest Books) Los Angeles 1980

Denisoff, R. Serge, *Solid Gold. The Popular Record Industry*, (Transaction) Brunswick, N.J., 1975

Doncaster, Pat, *Discland. A Panorama of the Fabulous World of the Grammophone Record*, (Daily Mirror) London 1956

Escott, Colin/Hawkins, Martin, *Catalyst. The Sun Records Story*, (Aquarius/Argus Books) Watford, Herts, 1975; überarbeitet als: *Sun Records: The Brief History of the Legendary Record Label*, (Omnibus) London 1980

Feist, Leonard, *An Introduction to Popular Music Publishing in America*, (National Music Publishers' Association) New York 1980

Gammond, Peter/Horricks, Raymond, *The Music Goes Round and Round*, (Quartet Books) London 1980

Gee, Gary, *Music Manual. A Guide to the UK Music Industry*, (Eccentric Music) London 1982

Gelatt, Roland, *The Fabulous Phonograph. From Edison to Stereo*, (Appleton-Century-Croffs) New York 1965

Gillett, Charlie, *Macking Tracks. Atlantic Records and the Growth of a Multi-Billion Dollar Industry*, (Sunrise Books) London 1974

Goldberg, Isaac, *Tin Pan Alley. A Chronicle of the American Popular Music Racket*, (John Day) New York 1930; (Ungar) New York 1960

Grose, Günter, *Von der Edisonwalze zur Stereoplatte. Die Geschichte der Schallplatte*, (Lied der Zeit) Berlin 1981

Harker, Dave, *One For the Money. Politics and Popular Song*, (Hutchinson) London 1980

Harris, Herby/Farrar, Lucien, *How to Make Money in Music. A Guidebook for Success in Today's Music Business*, (Arco) New York 1977

Helms, Siegfried, *Musik in der Werbung*, (Breitkopf & Härtel) Wiesbaden 1981

Hennion, Antoine, *Les professionnels du disque; une sociologie des variétés*, (A.M. Métailié) Paris 1981

Hirsch, Paul, *The Structure of the Popular Music Industry*, (University of Michigan) Ann Arbor, Mi., 1969

Hoover, Cynthia A., *Music Machines – American Style*, (Smithsonia Institut) Washington 1971

Karshner, Roger, *The Music Machine*, (Nash) Los Angeles 1971

Krieger, Susan, *Hip Capitalism*, (Sage) Beverly Hills, London 1970

Krivine, J., *Jukebox. Saturday Night*, (New English Library) London 1977

Lambert, Dennis/Zalkind, Ronald, *Producing Hit Records,* (Schirmer) New York, (Collier Macmillan) London 1980

Lawrence, Sharon, *So You Want to Be a Rock and Roll Star*, (Dell) New York 1976

Lowe, Jacques/Millar, Russell/Boar, Roger, *The Incredible Music Machine*, (Quartet) London 1982

Lynch, Vincent/Henkin, Bill, *Jukeboxes. The Golden Age*, (Thames & Hudson) London, (Lancaster-Miller) Berkeley, Cal., 1981

Mabey, Richard, *Behind the Scene*, (Penguin) Harmondsworth 1968

Marcuse, Maxwell F., *Tin Pan Alley in Gaslight*, (Century) Watkins Glen, N.Y., o.J.

Metz, Robert, *CBS. Reflections in a Bloodshot Eye*, (Playboy) Chicago 1975

Monoco, Bob/Riordan, James, *The Platinum Rainbow. How to Succeed in the Music Business Without Selling Your Soul*, (Swordsman) Sherman Oaks, Cal., 1980

Moorcook, Michael, *The Great Rock'n'Roll Swindle*, (Virgin) London 1981

Morse, David, *Motown – and the Arrival of Black Music*, (Collier/Macmillan) New York 1971

Palmer, Tony, *How to Make a Million Out of Pop Music*, (Hansen) London 1971

Plimmer, Martin, *The Rock Factory*, (Proteus) London 1982

Rapaport, Diane Seward, *How to Make and Sell Your Own Record*, (Quick Fox) New York 1979

Read, Oliver/Welch, Walter L., *From Tin Foil to Stereo*, (Sams) Indianapolis, Ind., 1975

Sadler, Barry, *Everything You Want to Know About the Record Industry*, (Aurora) Nashville, Tenn., 1978

Shemel, Sidney/Krasilovsky, William M., *This Business of Music*, (Watson-Guptill) New York 1971

Sieber, Wolfgang, *Die Hitparade. Studie zu einer Vermittlungsform von Pop-Musik*, (Frisinga) Freising 1982

Smith, Joseph C., *The Day the Music Died*, (Grove) New York 1981

Soromäki, Maarti/Haarma, Jukka, *The International Music Industry*, (Finish Broadcasting Company) Helsinki 1978

Southhall, Brian, *Abbey Road. The Story of the World's Most Famous Recording Studios*, (Stephens) London 1982

Stein, Howard/Zalkind, Ronald, *Promoting Rock Concerts*, (Zadoc/Schirmer) New York 1979

Spitz, Robert Stephen, *The Making of Superstars. Artists and Executives of the Rock Music World*, (Anchor/Doubleday) Garden City, N.Y., 1978

Stokes, Geoffrey, *Star-Making Machinery. Inside the Business of Rock'n'Roll*, (Vintage) New York 1977

The Music Industry. Markets and Methods for the Seventies, (Billboard) New York 1970

Tobler, John/Grundy, Stuart, *The Record Producers*, (BBC Publications) London 1982

Toll, Robert C., *The Entertainment Machine. American Show Business in the Twentieth Century*, (Oxford University) New York, London 1982

Vernon, Paul, *The Sun Legend*, (Steve Lane) London 1969

Wallis, Roger/Malm, Krister, *Big Sounds From Small Peoples. The Music Industry in Small Countries*, (Constable) London 1984

Whitcomb, Ian, *Tin Pan Alley. A Pictorial History 1919–1939*, (Paddington) New York 1975

White, Hooper, *How to Produce an Effective TV Commercial*, (Crain Books) Chicago 1981

Williams, John R., *This Was ›Your Hit Parade‹*, (Courier-Gazette) Rochland, Maine 1973

Witmark, Isodore/Goldberg, Isaac, *The Story of the House of Witmark. From Ragtime to Swingtime*, (L. Furman) New York 1939

Young, Jean/Young, Jim, *Succeeding in the Big World of Music*, (Little Brown) Boston 1977

12. Harmonik, Rhythmik, Improvisation, Arrangement

Das Arrangierbuch, (Lied der Zeit) Berlin 1967

Aebersold, Jamey, *A New Approach to Jazz Improvisation*, (Selbstverlag) New Albany [5]1979

Baker, David, *Arranging and Composing for Small Ensemble: Jazz, Rhythm & Blues, Jazz Rock*, (University of Chicago) Chicago 1970

ders., *Jazz Improvisation: A Comprehensive Method of Study for All Players*, (University of Chicago) Chicago 1969

Baresel, Alfred, *Der Rhythmus in der Jazz- und Tanzmusik*, (Hohner) Trossingen 1955

ders., *Jazz-Harmonielehre*, (Hohner) Trossingen [5]1963

Bohländer, Carlo, *Harmonielehre*, (Schott) Mainz 1961

Braslawski, Daniel Abramowitsch, *Estraden-Ensemble*, (o.A.) Moskau 1974

Busch, Sigi, *Jazz & Pop Musiklehre*, (amp) Rottenburg 1983

Collier, Graham, *Jazz: Ein Führer für Lehrer und Schüler*, (Heinrichshofen) Wilhelmshaven 1982

Ellis, Don, *The New Rhythm Book*, (Ellis Music Enterprises) North Hollywood 1972

Garcia, Russel, *Das moderne Arrangement* (Edition Modern), Band I: München 1961, Band II: München 1979

Giuffre, Jimmy, *Jazz Phrasing and Interpretation*, (Associated Music) New York 1969

Gocht, Joachim/Heubach, Micha/Hurdelhey, Rolf/ Peukert, Kurt/Ziegenrücker, Wieland (Hrsg.), *Arrangieren Rock und Pop*, (Lied der Zeit) Berlin 1982

Grove, Dick, *Arranging Concepts: A Guide to Writing Arrangements for Stage Band Ensemble*, (Dick Grove) Studio City 1972

Hála, Vlastimil, *Základy aranžování moderní populární hudby*, (Panton) Praha 1980

Harz, Fred, *Guitar Jazz Harmony*, (Gerig) Köln 1978

Jerrentrup, Ansgar, *Entwicklung der Rockmusik von den Anfängen bis zum Beat*, (Bosse) Regensburg 1981

Jungbluth, Axel, *Jazz Harmonielehre. Funktionsharmonik und Modalität*, (Schott) Mainz 1981

Kawakami, Genichi, *Arranging Popular Music. A Practical Guide*, (Yamaha) Tokyo 1975

Kramarz, Volkmar, *Harmonieanalyse der Rockmusik: Von Folk und Blues zu Rock und New Wave*, (Schott) Mainz 1983

LaPorta, John, *A Guide to Jazz Phrasing and Interpretation*, (Berklee Press) Boston 1972

ders., *A Guide to Improvisation*, (Berklee Press) Boston 1966

Mancini, Henry, *Sounds and Scores*, (Northridge Music Inc.) New York 1973

Markewich, Reese, *Inside Outside. Substitute Harmony in Modern Jazz and Pop Music*, (Oxford University) New York 1967

Mecklenburg, Carl, Gregor/Scheck, Waldemar, *Die Theorie des Blues im modernen Jazz*, (Heitz) Strasbourg & Baden-Baden 1963

Mehegan, John, *Jazz Improvisation, Vol. I: Tonal and Rhythmic Principles*, (Watson-Guptill Publ.) New York 1959; *Vol. II: Jazz Rhythm and the Improvised Line*, (Watson-Guptill Publ.) New York 1962; *Vol. III: Swing and Early Progressive Piano Styles*, (Watson-Guptill Publ.) New York 1964; *Vol. IV: Contemporary Piano Styles*, (Watson-Guptill Publ.) New York 1965

Pöhlert, Werner, *Grundlagenharmonik und grundlagenharmonisches Denken*, (Selbstverlag) Einhausen 1983

ders., *Der Dauerquintfall. Grundlagen zur Improvisation & Komposition, zum Begleiten & Liedermachen*, (Zimmermann) Frankfurt 1985

Praveček, Jindřich, *Instrumentationslehre für Blasorchester*, (Deutscher Verlag für Musik) Leipzig 1981

Ricigliano, Daniel A., *Popular and Jazz Harmony for Composers, Arrangers, Performers*, (Donato Music) New York 1967/69

Russel, George, *The Lydian Chromatic Concept of Tonal Organization for Improvisation*, (Concept Publications) New York 1959

Russo, William, *Composing for the Jazz Orchestra*, (University of Chicago) Chicago 1961

Sebesky, Don, *The Contemporary Arranger*, (Alfred) Sherman Oaks 1974

Stanton, Kenneth, *Jazz Theory. A Creativ Approach*, (Taplinger) New York 1982

Sternberg, Friwi, *Wege zum Chorusspiel. Eine methodische Anleitung zur Improvisation in der Jazz- und Tanzmusik für Melodieinstrumente*, (Deutscher Verlag für Musik) Leipzig ²1983

The Berklee Correspondence Course, (Berklee Press) Boston 1971

Therhoff, Fred, *Dictionary of Dance Rhythms*, (Bosworth) London 1964

Velebný, Karel, *Jazzová praktika, Vol. I:* (Panton) Praha 1967; *Vol. II:* (Panton) Praha 1978

Viera, Joe, *Arrangement und Improvisation*, (Universal Edition) Wien 1971

ders., *Grundlagen der Jazzharmonik*, (Universal Edition) Wien ⁹1983

ders., *Grundlagen der Jazzrhythmik*, (Universal Edition) Wien ²1970

Wheaton, Jack, *Basic Modal Improvisation Techniques for Keyboard Instruments*, (First Place Music) Santa Monica 1972

Ziegenrücker, Wieland, *Die Tanzmusikwerkstatt. Eine die Spezifik der Tanz- und Unterhaltungsmusik berücksichtigende allgemeine Musiklehre*, (Deutscher Verlag für Musik) Leipzig 1972

13. Instrumente, Akustik, Sound

Bacon, Tony, *Rock Hardware. The Instruments, Equipment and Technology of Rock*, (Blandford Press) Poole, Dorset 1981

Blauert, Jens, *Räumliches Hören*, (Hirzel) Stuttgart 1974

Brüderlin, René, *Akustik für Musiker*, (Bosse) Regensburg 1981

Eimert, Herbert/Humpert, Hans Ulrich, *Das Lexikon der elektronischen Musik*, (Bosse) Regensburg 1973

Engel, Georg, *Elektromechanische und elektronische Musikinstrumente, Teil I–IV*, (Militärverlag der DDR) Berlin 1974 ders., *Musikelektronik*, (Militärverlag der DDR) Berlin 1982

Fabbri, Franco, *Electronica e musica. Gli strumenti i personggi la storia*, (Fabbri) Milano 1984

Goddijn, Hans, *Elektronik in der Popmusik*, (Franzis) München 1980

Geher, Eugen, *Hobby-Musikelektronik*, (R. Pflaum) München 1981

Herrmann, U. F., *Handbuch der Elektroakustik. Technik und praktische Anwendung*, (Hüthig) Heidelberg ²1983

Hormann, Karl/Kaiser, Manfred, *Effekte in der Rock- und Popmusik: Funktion, Klang, Einsatz*, (Bosse) Regensburg 1982

Jecklin, Jürg, *Lautsprecherbuch. Arbeitsweise, Aufbau, Gehäuse und Eigenschaften moderner Lautsprecher*, (Telekosmos) Stuttgart 1967

ders., *Musikaufnahmen. Grundlagen, Technik, Praxis*, (Franzis) München 1980

Lemme, Helmuth, *Elektro-Gitarren*, (Frech) Stuttgart 1982

ders., *Gitarrenverstärker*, (Frech) Stuttgart 1980

Meyer, Jürgen, *Akustik und musikalische Aufführungspraxis*, (Das Musikinstrument) Frankfurt/Main 1972

Mitchell, Tony (Hrsg.), *The Sounds Book of the Electric Guitar*, (Spotlight) London 1980

Morales, H., *Latin American Rhythm Instruments*, New York ²1954

Ortiz, Fernando, *Los instrumentos de la música afrocubana, Vol. I – V*, (Editiones de Ciencas Sociales) Habana 1952–55

Pape, Winfried, *Instrumentenhandbuch. Streich-, Zupf-, Blas- und Schlaginstrumente in Tabellenform*, (Gerig) Köln 1971

Pawera, Norbert, *Mikrofon-Praxis*, (Arsis) Bergkirchen 1981

Peinkofer, Karl/Tannigel, Fritz, *Handbuch des Schlagzeugs. Praxis und Technik*, (Schott) Mainz ²1981

Pfau, Ernst, *Tonbandtechnik. Grundlagen, Technik, Praxis*, (Fischer) Frankfurt/Main 1973

Rieländer, Michael M., *Reallexikon der Akustik*, (Das Musikinstrument) Frankfurt/Main 1982

Schöler, Franz, *High Fidelity Technik*, (Rowohlt) Reinbek b. Hamburg 1981

Stander, Wilhelm, *Einführung in die Akustik*, (Heinrichshofen) Wilhelmshaven ²1980

Wehmeier, Rolf/Kemmelmeyer, Karl-Jürgen, *Popsound aktuell: Playbacks, Partituren, Hintergründe*, (Bosse) Regensburg 1982

Zeraschi, Helmut, *Die Musikinstrumente unserer Zeit*, (Deutscher Verlag für Musik) Leipzig 1978

Zwicker, Eberhard/Feldtkeller, Richard, *Das Ohr als Nachrichtenempfänger*, (Hirzel) Stuttgart 1967

14. Verschiedenes

Clarke, Michael, *The Politics of Pop Festivals*, (Junction) London 1982

Danielou, Alain, *Einführung in die indische Musik*, (Heinrichshofen) Wilhelmshaven 1972; überarbeitet und erweitert: (Heinrichshofen) Wilhelmshaven ²1982 [= Taschenbücher zur Musikwissenschaft Nr. 36]

Farren, Mick, *Get On Down. A Decade of Rock and Roll Posters*, (Futura/Dempsey and Squires) London 1976

Faulkner, Robert R., *Hollywood Studio Musicians. Their Work and Careers in the Recording Industry*, (Aldine/Atherton) Chicago, New York 1971

Fuhr, Werner, *Proletarische Musik in Deutschland 1928–1933*, (Alfred Kümmerle) Göppingen 1977 [= Göppinger Akademische Beiträge Nr. 101]

Goldmann, Frank/Hiltscher, Klaus, *The Gimmix Book of Record*, (Virgin) London 1981

Griffin, Alistair, *On the Scene at the Cavern*, (Hamish Hamilton) London 1964

Günther, Helmut/Schäfer, Helmut, *Vom Schamanentanz zur Rumba*, (Ifland) Stuttgart 1975

ders./Haag, Hubert, *Von Rock'n'Roll bis Soul. Die modernen Poptänze*, (Ifland) Stuttgart 1976

Hall, Stuart/Whannel, Paddy, *The Popular Arts*, (Hutchinson Educational) London 1964

Hanisch, Michael, *Vom Singen im Regen. Filmmusical gestern und heute*, (Henschel) Berlin 1980

Hanson, Kitty, *Disco Fieber*, (Heyne) München 1979

Hudson, James A., *Fillmore East & West*, (Scholastic Book Services) New York 1970

Kirchenwitz, Lutz (Hrsg.), *Lieder und Leute. Die Singebewegung der FDJ*, (Neues Leben) Berlin 1982

Lammel, Inge, *Das Arbeiterlied*, (Reclam) Leipzig 1970; überarbeitet: (Reclam) Leipzig ³1980

Lang, Michael, *Woodstock Festival Remembered*, (Ballantine) New York 1979

Limbacher, James L., *Keeping Score. Film Music 1972–1972*, (Scarecrow) Metuchen, N.J., London 1981

Mackay, Andy, *Electronic Music*, (Control Data) Minneapolis, Minn., 1982

Marshall, Jim/Wolman, Baron/Hopkins, Jerry, *Festival! The Book of American Music Celebrations*, (Macmillan) New York 1970

Martin, John, *America Dancing. The Background and Personalities of Modern Dance*, (Dance Horizons) New York 1968

Mendelsohn, Harold, *Mass Entertainment*, (College & University Press) New Haven, Conn., 1966

Moore, Alex, *Gesellschaftstanz*, (Ifland) Stuttgart ¹⁰1978

Mosco, Carner, *The Waltz*, (Max Parrish) London 1950

Moßmann, Walter/Schleuning, Peter, *Alte und neue politische Lieder*, (Rowohlt) Reinbek b. Hamburg 1978

Neißer, Horst F./Mezger, Werner/Verdin, Günter, *Jugend in Trance? Diskotheken in Deutschland*, (Quelle & Meyer) Heidelberg 1981

Panov, Peter, *Militärmusik in Geschichte und Gegenwart*, (ohne Verlagsangabe) Berlin 1938

Passman, Arnold, *The Deejays*, (Macmillan) New York 1971

Preston, Mike, *Tele-Tunes Compiled*, (Record Information Centre) London o.J.

Salch, Dennis, *Rock Art. The Golden Age of Record Album Covers*, (Comma/Ballantine) New York 1977

Santelli, Robert, *Aquarius Rising. The Rock Festival Years*, (Delta/Dell) New York 1980

Schulze, Erich, *Urheberrecht in der Musik*, (De Gruyter) Berlin ^{5}1981

Schutte, Sabine, *Der Ländler. Untersuchungen zur musikalischen Struktur ungeradtaktiger österreichischer Volkstänze*, (Heitz) Baden-Baden 1970 [= Sammlung musikwissenschaftlicher Abhandlungen 52]

See, David, *How to Be a Disc Jockey*, (Hamlyn) Feltham, Middx., 1980

Smith, Douglas/Barton, Nancy, *International Guide to Music Festivals*, (Quick Fox) New York 1980

Spitz, Robert Stephen, *Barefoot in Babylon. The Creation of the Woodstock Music Festival, 1969*, (Viking) New York 1979

Stankiewicz, Andrzej, *Dyskoteka w stylu retro*, (Nasza Księgarnia) Warszawa 1981

Stock, Walter, *Film und Musik. Eine Dokumentation über Musikfilm und Filmmusik*, (Bundesgemeinschaft für Jugendfilmarbeit und Medienerziehung) Aachen 1977

Strobach, Hermann, *Deutsches Volkslied in Geschichte und Gegenwart*, (Akademie-Verlag) Berlin 1980

ders., *Shanties*, (Hinstorff) Rostock 1968

Thiel, Wolfgang, *Filmmusik in Geschichte und Gegenwart*, (Henschel) Berlin 1981

Thomas, Alex, *Die deutsche Tonfilmmusik*, (Bertelsmann) Gütersloh 1962

Thomas, Tony, *Music for the Movies*, (Tantivy) London 1973

Uvarova, Elisabetha D., *Russkaja sovjetskaja estrada*, (Iskustvo) Moskva 1977

Personen- und Gruppenregister

Die halbfett gedruckten Zahlen kennzeichnen die Abbildungen

Fotonachweis

Wir danken nachfolgend aufgeführten Fotografen, Institutionen und Schallplattenfirmen für die Unterstützung beim Bereitstellen von Fotomaterial.

Akademie der Künste der DDR, Berlin (1), A&M Records (1), ARIOLA Eurodisc (3), Erwin Buge, Leipzig (2), CBS Records International (11), VEB Deutsche Schallplatten, Berlin (1), EMI Electrola (6), Volker Ettelt, Berlin (1), Zentrales Archiv des Friedrichstadtpalastes, Berlin (3), Stefan Göök, Leipzig (1), Archiv Günter Große, Berlin (4), Günter Gueffroy, Berlin (28), Volker Hedemann, Berlin (1), Jens Herbst, Leipzig (1), Barbara Köppe, Berlin (4), Manfred Krause, Berlin (2), Volkhard Kühl, Berlin (2), Künstler-Agentur der DDR, Berlin (2), Eckardt Kuschmitz, Leipzig (1), Reinhard Küttner, Eberswalde (15), Archiv VEB Lied der Zeit Musikverlag, Berlin (6), Ute Mahler, Lehnitz (5), Werner Mahler, Lehnitz (4), Märkisches Museum, Berlin (1), Archiv Heinrich Martens, Berlin (2), Archiv der Zeitschrift Melodie und Rhythmus, Berlin (2), Archiv der Zeitschrift Musikforum, Leipzig (5), Musima (Demusa), Klingenthal (14), Phonogram (5), Polydor (17), Privatier, Berlin (3), Uli Pschewoschny, Berlin (12), RCA (3), Werner Reinhold, Leipzig (2), Evelyn Richter, Leipzig (1), Sigurd Rosenhain, Leipzig (16), Rundfunk der DDR, Berlin (1), Joachim Schulz, Berlin (2), Herbert Schulze, Neu-Buch (41), Otto Sill, Berlin (75), Simmons (1), Strinitz, Leipzig (1), Wolfgang Swietek, Leipzig (1), Helga Wallmüller, Leipzig (2), WEA Music Corporation (8), Klaus Winter, Berlin (38)

Die übrigen Fotos entstammen den Archiven des VEB Deutscher Verlag für Musik und der Autoren.